Sabrina Fusetti

Monte Iato – Gli inizi
Complessi stratigrafici dalla protostoria all'età classica

STUDIA IETINA XII

Zürcher Archäologische Forschungen

Band 10

Herausgegeben von Christoph Reusser

Sabrina Fusetti

Monte Iato – Gli inizi

Complessi stratigrafici dalla protostoria all'età classica

Verlag Marie Leidorf GmbH · Rahden/Westf.
2025

414 Seiten zzgl. 110 Tafeln

Bibliografische Information der Deutschen Nationalbibliothek

Sabrina Fusetti:
Monte Iato – Gli inizi. Complessi stratigrafici dalla protostoria all'età classica.
(Zürcher Archäologische Forschungen; Bd. 10)
ISBN 978-3-86757-670-3

Die Deutsche Nationalbibliothek verzeichnet diese Publikation in der Deutschen Nationalbibliografie.
Detaillierte bibliografische Daten sind im Internet über http://dnb.d-nb.de abrufbar.

Gedruckt auf alterungsbeständigem Papier

Verlag Marie Leidorf GmbH
Geschäftsführer: *Dr. Bert Wiegel*
Stellerloh 65 · D-32369 Rahden/Westf.

Tel.: +49/(0)5771/ 9510-74
Fax: +49/(0)5771/ 9510-75
E-Mail: info@vml.de
Internet: www.vml.de

ISBN 978-3-86757-670-3
ISSN 2196-3584

Herausgegeben für den Fachbereich Klassische Archäologie
des Instituts für Archäologie der Universität Zürich,
Rämistrasse 73, CH-8006 Zürich
www.archaeologie.uzh.ch/de/klarch

Umschlagentwurf: Mark Manion, Communication Arts, CH-Laupen
Titelvignette: Katalognummer **858** (T 453) in diesem Band
Satz, Layout und Bildnachbearbeitung: Mark Manion, Commusication Arts, CH-Laupen
Redaktion: Sabrina Fusetti, Zürich

Ai miei fratelli – di sangue e non

INDICE

RINGRAZIAMENTI

Il presente volume presenta la rielaborazione della tesi di dottorato eseguita presso l'Istituto di Archeologia, Dipartimento di Archeologia Classica dell'Università di Zurigo difesa il 27 gennaio 2020 (ordinamento PVO 09). La bibliografia di riferimento è stata aggiornata alle pubblicazioni edite fino al 2021. La ricerca è stata sostenuta dal 2015 al 2018 dalla borsa di studio universitaria «Forschungskredit Candoc dell'Università di Zurigo, grants no. [FK-15-062 / FK-17-070]» e per dieci mesi (2017/2018) da una supplementare residenza all'Istituto Svizzero di Roma.

La documentazione del lotto di materiali proveniente dall'insediamento di Monte Iato è stata possibile grazie alla grandissima disponibilità e al sostegno del direttore dello scavo Christoph Reusser e del suo collaboratore scientifico Martin Mohr. La possibilità di usufruire nel corso degli anni, non solo dell'infrastruttura a San Cipirello, ma anche dell'aiuto dei fotografi Frank Tomio, Drazen Aulic-Baumgartner, Chantal Knecht, Massimo Gatto Monticone e dei disegnatori Carla Buoite, Luca Cappuccini e Bianca Ravalli è stata essenziale per giungere alla conclusione delle indagini. A tutte le persone coinvolte esprimo la mia più sincera gratitudine. Ai miei relatori, il Prof. Dr. Christoph Reusser e il Prof. Dr. Nunzio Allegro, riservo una grande riconoscenza per avermi seguita, incoraggiata e sostenuto durante questi anni.

Desidero ringraziare inoltre Christoph Reusser e la dott.ssa Florinda Notarstefano del Dipartimento di Beni Culturali, Università del Salento* per avermi accordato il permesso di pubblicare i risultati preliminari delle analisi gascromatografiche condotte su una selezione di vasi ceramici provenienti da Monte Iato.

Rivolgo un ringraziamento particolare anche a Holger Baitinger per il permesso di lettura e utilizzo del suo preziosissimo manoscritto riguardante i reperti metallici di età protostorica e arcaica ritrovati sul Monte Iato e alla ceramologa-archeologa Regula Herzig Mötteli per le sue preziose osservazioni riguardo all'utilizzo delle suppelettili da cucina e il diritto di pubblicare un suo schizzo riassuntivo.

Nel corso di tanti anni di ricerca le persone che, a vario titolo, hanno agevolato, contribuito e sostenuto la realizzazione di questo volume sono molteplici. Per i preziosi consigli sui materiali indigeni, per il sostegno e la loro expertise ringrazio calorosamente Francesca Spatafora e Stefano Vassallo. Ai Professori Holger Baitinger, Luca Cappuccini, Gioacchino Falsone, Erich Kistler, Elena Mango, Clemente Marconi, ed ai ricercatori Claudia Abatino, Thomas Dauth, Rossana De Simone, Cecilia Guastella, Regula Herzig Mötteli, Matthias Hoernes, Ruth Irovec, Christina Leypold, Stephan Ludwig, Nicole Moelk, Florinda Notarstefano, Birgit Öhlinger, Marek Palaczyk, Eva Riediker-Liechti, Alfonsa Serra, Marta Terranova, Ellen Thiermann, Caterina Trombi e Benjamin Wimmer esprimo la mia gratitudine per la loro grandissima disponibilità. Un caloroso ringraziamento va ai direttori del parco archeologico di Monte Iato Ferdinando Maurici, Enrico Caruso, Francesca Spatafora, Lucina Gandolfo, Stefano Zangara e Domenico Targia così come a tutti i custodi dell'Antiquarium Case D'Alia, i quali si sono dimostrati sempre disponibili.

Un ringraziamento speciale va ai responsabili dei numerosi saggi indagati dal presente volume, in particolare Martin Mohr, Martin Bürge e Christian Russenberger, per la loro documentazione, ma anche per la disponibilità offertami nel caso necessitasti eventuali chiarimenti. Ringrazio ulteriormente di cuore per la loro meticolosa documentazione Rahel Göldi, Melanie Giger, Dimitra Hatzikonstantinou-Bürge e Daniel Käch.

Per la revisione del testo e i supplementari controlli ringrazio particolarmente Aurora Taiuti, Cheyenne Peverelli, Anna Rossi, Martin Bürge, Eleonora Bechi e India Matheson.

Per la grandissima disponibilità e per l'amicizia regalatami durante i miei soggiorni a San Cipirello ringrazio, dal più profondo del mio cuore, l'intera famiglia Micciché, in particolare il mio nonno adottivo Giuseppe Micciché, sempre pronto ad aiutarmi e ad

* Le analisi con gascromatografia-spettrometria di massa sono state realizzate presso il Laboratorio di chimica organica del Dipartimento di Scienze e Tecnologie Biologiche ed Ambientali (Di.S.Te.B.A.) dell'Università del Salento. La pubblicazione completa dei risultati è in corso di preparazione. Questo progetto, dal titolo «Auf der Suche nach der historischen Dimension mediterraner Ernährung. Naturwissenschaftliche Analysen zur Verwendung antiker Koch- und Vorratsgefässe mit Hilfe der Gaschromatographie an Funden aus Italien», è stato finanziato dalla fondazione per la ricerca scientifica dell'Università di Zurigo (Stiftung für wissenschaftliche Forschung an der Universität Zürich).

occuparsi del mio benessere. Mi è stata donata una seconda famiglia siciliana.

Un ringraziamento particolare va altresì a tutte le persone che nell'arco degli anni mi hanno sostenuta in tutti i modi possibili immaginabili: Eleonora Bechi, la famiglia Caldarella-Ferruggia, la famiglia Caldarella-Miraglia, Daniela Dysli, Roman Flury, Denise e Alfredo Fusetti, Agata Guirard, Ilaria Gullo, Tanja Hangartner, Julia Held, Chantal Knecht, Natascia Minder, Aleksandra Mistireki, Raphaël Ochsenbein, Cheyenne Peverelli, Anna Rossi, Lidia Sanzone, Marc Scherrer, Giorgio Schiavo, Aurora Taiuti e Tim Wehrle. Un profondo ringraziamento personale – infinito e per incommensurabili ragioni – va a Karin e Ilario Minder.

E infine, il ringraziamento più doveroso e sentito di tutti: Grazie, a tutta la lunga serie di operai che con passione collaborano agli scavi da tanti anni e rappresentano le figure chiave per le ricerche archeologiche di Monte Iato. Grazie per tutta la vostra fatica e la passione condivisa per l'archeologia.

Questo volume è dedicato a mio fratello Alfredo e al mio mentore Martin. Ad Alfredo, che sempre mi ha sostenuto in qualsiasi modo gli fosse possibile, per essere sempre stato presente nella mia vita e, soprattutto, per essere la mia vera famiglia: senza di lui, oggi, non sarei la persona che sono. A Martin, per avermi accompagnata in tutta la mia vita scientifica come un fratello, per avermi affidato i suoi contesti più cari, per avermi seguita, incoraggiata e, soprattutto, per aver creduto in me – nonostante tutto – fino alla fine. A loro venga dedicato questo mio più grande lavoro, alle persone senza le quali non ce l'avrei mai fatta.

1 INTRODUZIONE

Un titolo *importante*, colmo di aspettative ancora prima di iniziare la vera e propria lettura del volume: «Monte Iato – Gli inizi. Complessi stratigrafici dalla protostoria all'età classica». Quanto iniziò come un progetto finalizzato alla creazione di una cronotipologia delle produzioni fittili comunemente chiamate nella ricerca *indigene*, si trasformò presto in uno studio complessivo di tutti i ritrovamenti provenienti da una selezione[1] di contesti chiusi stratificati dalle origini dell'insediamento di Monte Iato al suo presumibile abbandono – o forte recessione demografica – verso il 460/450 a.C.

Fondamentale importanza è stata dunque conferita alla comprensione e presentazione dei contesti di provenienza dei materiali, spesso precocemente pubblicati in indagini preliminari, con interpretazioni discrepanti da quanto invece è stato possibile elaborare grazie ad un'analisi approfondita sia del contesto archeologico sia dei materiali in essi ritrovati. Prerogative, queste, ritenute inderogabile per un'analisi di tipo cronologico delle produzioni *indigene*. Oltre alle presentazioni dei dati stratigrafici correlati da diagrammi sono state ampiamente trattate le datazioni dei vari contesti, elaborate tramite reperti d'importazione e/o imitazioni di classi meglio indagate, attestanti – nella maggior parte dei casi – di uno spettro di cronologie affermate. I materiali *allotri* a quanto definito *indigeno* in questo volume sono stati presentati *integralmente*, fornendo così al lettore il più alto grado di trasparenza dei risultati realizzabile e la possibilità futura di eventuali precisazioni e correzioni dei risultati.

Lo scopo primario di questa indagine è la presentazione dei materiali fittili *indigeni* in un quadro cronologico basato su stratigrafie affidabili – un *desideratum* nella ricerca sin dall'inizio delle loro scoperte alla fine del XIX secolo nella parte orientale dell'isola. I materiali *indigeni*, che cosa s'intende di preciso? Un termine utilizzato dalla ricerca in vari modi, con sfumature etniche, con significati cronologici intrinsechi, in opposizione alle produzioni allotrie all'isola o allotrie alle *colonie* tramandate dalle fonti, limitato a volte addirittura a determinate produzioni. In questo volume, con il termine *indigeno* s'intendono tutte le produzioni fittili realizzate, indipendentemente dalla loro cronologia e decorazione, in tecniche di manifattura e tradizione locale. Locale inteso come *isolano* e non specificamente per le produzioni iatine effettuate verosimilmente *in loco*. Gli autori di tali produzioni non sono inoltre intesi come appartenenti ad un *ethnos* specifico né all'interno delle suddivisioni tramandate da Tucidide né riguardanti le popolazioni autoctone isolane. Ciascun individuo, di qualsivoglia etnia, proveniente da qualsiasi insediamento o polis poteva essere l'autore delle produzioni ceramiche in tecniche di manifattura di tradizione locale. Per queste ragioni le ceramiche trattate in questo volume passeranno da quelle acrome e da fuoco a quelle più riconosciute dal termine *indigeno* nella ricerca: quelle attestanti decorazioni. Allo stesso tempo il termine non è un indicatore cronologico ma comprenderà sia i materiali protostorici che quelli arcaici e classici.

Dopo una breve introduzione storico-archeologica del sito[2] è stata affrontata un'analisi sulla datazione dell'installazione dell'insediamento di Monte Iato[3], ritenuta inderogabile per un discorso di sviluppo cronologico dei materiali *indigeni*. Fondamentale, per questa indagine, è stata, oltre ad una breve presentazione di contesti e materiali ceramici datanti, l'indagine di Holger Baitinger sui reperti metallici di coeva datazione ai contesti qui indagati[4]. Estrapolando quanto ritenuto rilevante per una datazione dell'installazione dell'insediamento il lettore affronterà innanzitutto un'analisi basata integralmente sulle osservazioni, determinazioni e, in parte, datazioni di Baitinger riviste in chiave critica e finalizzate ad un discorso cronologico di frequentazione dell'area. In questo ambito sono state controllate anche le associazioni di materiali editi, per evitare un circolo vizioso di datazioni tra materiali *indigeni* e reperti metallici. Queste analisi, accompagnate da quanto elaborato sulla base dei materiali ceramici protostorici provenienti da uno dei contesti chiusi più antichi indagato all'interno del volume, confluiranno parallelamente alla nuova proposta di datazione dell'installazione dell'abitato iatino rispetto a quella da

1 Per una panoramica generale di tutti i contesti di epoca protostorica, arcaica e classica conosciuti, all'attuale stato della ricerca sul Monte Iato, si rinvia ad una pubblicazione in collaborazione con l'Università di Innsbruck: Kistler et al. in preparazione.

2 Cfr. capitolo 1.1 *Il quadro storico-archeologico di Monte Iato.*

3 Cfr. capitolo 1.2 *Datazione dell'installazione dell'insediamento di Monte Iato.*

4 Baitinger in preparazione.

lungo proposta da Hans Peter Isler[5], già accennata in relazioni edite[6], ma mancanti di argomentazioni al riguardo. Seguirà una presentazione dettagliata della metodologia adottata per l'elaborazione del volume: dai criteri di selezionamento dei contesti, a quelli di documentazione, alla scelta delle cronologie assolute di riferimento e alle definizioni di determinati termini utilizzati.

La presentazione dei contesti di rinvenimento e dei materiali datanti al loro interno è stata affrontata in dettaglio[7], poiché considerati aspetti chiave per le indagini cronologiche dei materiali *indigeni*. Il tentativo è stato quello di offrire una documentazione tale da consentire una verifica, anche dal punto di vista stratigrafico, dei risultati emergenti[8].

Il nucleo del volume è rappresentato dalle indagini dei materiali *indigeni*, finalizzato alla creazione di una cronotipologia dei materiali[9]. In seguito ad un'introduzione sulla storia degli studi di queste ceramiche[10], il nuovo approccio di ricerca proposto sulla base dei contesti iatini[11] e la presentazione della metodologia statistica utilizzata[12], saranno presentate le definizioni morfologiche[13] e quelle delle classi[14] presenti fra i materiali. Un breve exkursus, all'interno delle definizioni morfologiche, sarà dedicato alle attestazioni di fori di sospensione delle morfologie *indigene*[15], presentando un'eventuale funzionalità alternativa delle suppellettili. La parte più ricca di informazioni sarà esposta all'interno delle analisi statistiche dei reperti *indigeni*, suddivisi per contesti di provenienza[16]. Al suo interno verranno esposti gli andamenti di *tutti* i materiali presenti all'interno dei contesti, concentrandosi sulle attestazioni dei trattamenti di superficie dei materiali definiti come *indigeni* in correlazione a, quando presenti, le tecniche decorative utilizzate. Pur presentando le associazioni morfologiche suddivise per classi – ritenute importanti per la distinzione tra accorgimenti funzionali o decorativi di alcune tecniche utilizzate –, si omette l'indicazione quantitativa delle forme presenti per contesto, ritenuta non rilevante per gli scopi di questo volume. L'eccezione è fornita dai dati quantitativi degli attingitoi, poiché rilevanti per alcune osservazioni cronologiche sulle classi e – come descritto in seguito – gli inventari dell'edificio A e 1 nel quartiere dell'agorà. Le tendenze cronologiche emergenti dalle analisi statistiche saranno correlate con quelle emergenti dagli altri contesti all'interno di ogni singolo sottocapitolo. La sintesi delle analisi statistiche agevolerà, infine, la lettura dei dati complessivi emergenti[17].

Tenendo conto dei grandi limiti creati dallo stato di frammentazione dei materiali iatini provenienti da un contesto insediativo, saranno presentate, quando rilevabili, le osservazioni sui cambiamenti morfologici dei materiali in chiave cronologica suddivisi per forme[18]. I cambiamenti, nettamente meno precisi rispetto a quanto visibile dalle analisi statistiche delle classi, saranno riassunti alla fine delle singole indagini[19].

In chiave cronologica sono state indagate – in via preliminare – le tecnologie di modellazione utilizzate, prive di dati quantitativi ed esposte unicamente secondo alcune osservazioni effettuate durante le indagini[20]. Segue una presentazione degli impasti macroscopicamente ritenuti iatini secondo criteri statistici, confermati in seguito anche dalle analisi archeometriche, in chiave, oltre descrittiva, cronologica[21]. Si è omesso un elenco oppure un tentativo di ordinamento cronologico dettagliato delle sintassi decorative presenti sui reperti, poiché ritenuti troppo legati alla determinazione dei centri di produzione vascolare dei reperti: ogni atelier ceramico poteva creare una determinata sintassi decorativa in periodi diversi. Tuttavia, è stato possibile effettuare determinate osservazioni di tipo tecnico delle esecuzioni decorative, una delle quali con valenza anche cronologica[22].

Si concluderanno le indagini dei materiali con la presentazione della seriazione cronotipologica dei materiali *indigeni* emergenti dalle analisi dei contesti stratigraficamente chiusi di Monte Iato.

La sintesi finale del volume, infine, sottolineerà una selezione dei numerosi risultati emergenti dalle presenti indagini.

Il lettore che si aspetterà una suddivisione delle ceramiche *indigene* in termini comunemente affermati nella ricerca resterà deluso. L'osservazione di trattamenti di superficie diversificati in combinazione alle tecniche decorative attestate su singoli frammenti

5 Da ultimo Isler 2009a, 135.
6 Mohr – Notarstefano 2017, 135; Kistler 2020, 44; Reusser 2021, 123; Montana et al. 2021, 1.
7 Cfr. capitolo 2 *Contesti di rinvenimento*.
8 Cfr. appendici A–D.
9 Cfr. capitolo 3 *Materiali indigeni*.
10 Cfr. capitolo 3.1.1 *Lo stato della ricerca delle ceramiche indigene in Sicilia*.
11 Cfr. capitolo 3.1.2 *Il nuovo approccio di ricerca sulla base dei contesti iatini*.
12 Cfr. capitolo 3.1.3 *Analisi statistiche – pro e contra*.
13 Cfr. capitolo 3.2.1 *Definizioni morfologiche*.
14 Cfr. capitolo 3.2.2 *Definizioni delle classi*.
15 Cfr. capitolo 3.6 *Seriazione cronotipologica delle ceramiche indigene*
16 Cfr. capitolo 3.3 *Analisi dei reperti indigeni provenienti dai contesti indagati*.
17 Cfr. 3.3.12 *Sintesi delle analisi statistiche*.
18 Cfr. 3.4 *Osservazioni sui cambiamenti morfologici dei materiali*.
19 Cfr. 3.4.19 *Sintesi sui cambiamenti morfologici attestati dai reperti*.
20 Cfr. 3.5.1 *Tecnologie di modellazione*.
21 Cfr. 3.5.2 *Impasti*.
22 Cfr. 3.5.3 *Sintassi decorativa*.

– in precise fasce cronologiche sulla base delle stratigrafie – ha portato ad una suddivisione dei materiali molto più dettagliata rispetto alle classi edite. La decostruzione delle classi ceramiche *indigene*, sia protostoriche che arcaiche e classiche, finora definite dalla ricerca è stata dunque ritenuta necessaria per lo studio complessivo dei materiali provenienti da due tradizioni di studi ceramici diversi. In questo modo è stata possibile un'osservazione più precisa dei cambiamenti presentati dalle produzioni all'interno di un'impalcatura cronologica fornita dai contesti stratigrafici fonte di analisi.

Variata rispetto alle presentazioni usuali nella ricerca dei materiali *indigeni* sarà anche l'ordinamento dei reperti all'interno del catalogo: esclusivamente morfologico/funzionale per i materiali *indigeni*, omettendo un ordinamento secondo la classe ceramica 'decorativa' d'appartenenza.

Gli unici lotti di materiale presentati integralmente saranno quelli dell'inventario dell'edificio A e il suo rinnovamento attestato dall'edificio 1 nel quartiere dell'agorà[23], trattandosi degli unici inventari provenienti da strati d'uso presi in considerazione per lo studio delle ceramiche *indigene*[24]. Oltre alle analisi di consumo già edite da Martin Mohr per gli inventari dei vani dell'edificio 1[25] sarà possibile presentare un catalogo integrale dei ritrovamenti attestati, funzionale anche per confronti di tipo morfologico. In questi casi verranno espresse alcune riflessioni supplementari a quanto edito su aspetti funzionali e di modalità d'uso delle ceramiche.

---

23 Cfr. capitoli 2.3.2 / 3.3.6 *Quartiere agorà – edificio A (ca. 550–500/490 a.C.)* e 2.3.3 / 3.3.7. *Quartiere agorà – edificio 1 (ca. 500/490–460/450 a.C.)*.

24 Si omette una presentazione integrale dei materiali provenienti dall'edificio a due vani del quartiere orientale vista la forte erosione degli strati verso sud. In questo caso le associazioni di materiali non presentano uno stato di conservazione tale da permettere analisi di consumo realistiche. Inoltre, lo strato di prima fase è considerabile come un riempimento adibito alla costruzione del piano di calpestio di seconda fase dell'edificio. Queste premesse non permettono dunque un'attribuzione dei materiali come facenti parti di un inventario in uso *in primary deposition* (per il concetto: Kistler – Mohr 2015, 388 con nota 27).

25 Kistler – Mohr 2015, in particolare 388. 391 figg. 22.12; 22.14 con bibliografia precedente.

1.1 Il quadro storico-archeologico di Monte Iato

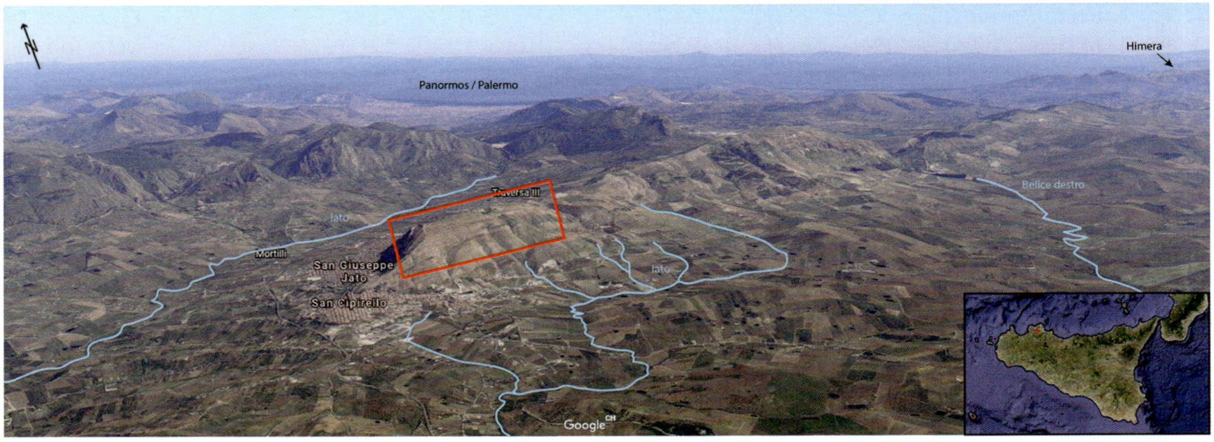

Fig. 1: Localizzazione del pianoro dell'insediamento di Monte Iato, da S-SO.

L'insediamento di Monte Iato (PA) si trova su di un settore sommitale pianeggiante impostato sui pendii della formazione di Amerillo[26] e in sommità sulle calcareniti di Corleone[27]; delle formazioni formate dunque da successioni carbonatiche mesozoico-terziarie, geomorfologicamente più stabili rispetto ad altre regioni siciliane[28]. L'altura, la quale sommità raggiunge gli 852 m s.l.m. mentre la spianata dell'abitato ca. 830 m s.l.m., si erge fra le foci del Belice destro e la valle del fiume Jato. Ai suoi piedi sono situate le odierne città di San Cipirello e San Giuseppe Jato. Il sito sorge alla fine della catena montuosa che separa la parte orientale dell'isola dalla Conca d'Oro dell'antica Panormos, distante 25 km dall'insediamento. Dalla sommità del Monte vi è un controllo visivo a 360 gradi del paesaggio circostante: dal passo della Portella della Paglia, alla conca di Castellamare del Golfo, la vallata del fiume Jato, la valle del Belice fino alle pendici settentrionali di Monte Adranone (fig. 1).

In epoca protostorica, arcaica e classica la posizione dell'insediamento ricoprì presumibilmente un ruolo strategico di particolare importanza: da un lato il contatto visivo dagli insediamenti *indigeni* di Monte Pietroso, Monte Maranfusa, Entella, Castellazzo di Poggioreale, Montagnoli fino alle pendici settentrionali di Monte Adranone avrebbe permesso una rete di comunicazione visiva fra insediamenti limitrofi verso meridione, proseguibile fino alla foce del fiume Belice, nei pressi dell'insediamento di Castello della Pietra e – in seguito – Selinunte[29]. Dall'altro il controllo totalitario verso il passo che divide la Conca d'Oro di Panormos – emporio fenicio a partire dal VII sec. a.C. – dalla koiné indigena della vallata del Belice suggerisce l'importanza del sito rispetto al controllo, ai contatti e agli scambi fra le popolazioni locali dell'entroterra e le popolazioni stanziate sulle coste. Un'importanza intuibile anche sulla base delle strutture di epoca tardo-arcaica/classica ritrovate durante le indagini archeologiche nel quartiere occidentale: il grande edificio a due piani[30], che in ogni suo aspetto indica il notevole prestigio del sito di Monte Iato ad un livello probabilmente *indigeno* interregionale[31].

La posizione strategica di Monte Iato lo situa in un *middle ground* coloniale[32] fra il mondo sicano, elimo, le colonie greche di Selinunte e Himera, nelle vicinan-

26 *Carta Geologica d'Italia*, foglio 607: "AMM: calcari selciferi bianco lattei sottilmente stratificati. Verso l'alto calcari massivi passanti a calcari ceroidi a grana finissima alteranti a calcilutiti bianco-rosate. Megabrecce carbonatiche ad elementi di piattafoma carbonatica mesozoica (non distinte in carta). Spessore totale fino a 200 m. Contengono foraminiferi planctonici delle biozone indicative del Cenomaniano-Maastrichtliano e del Paleocene – Eocene superiore e nannofossili calcarei indicativi delle biozone CC 17–26. Limite inferiore graduale e concordante con HYB o discordante su BCH e INI. Ambiente di piattaforma pelagica. Cretacico superiore – Eocene".

27 *Carta Geologica d'Italia*, foglio 607: "CCR: arenarie calcaree, marne siltose verdastre, biocalciruditi, biocalcareniti, ed arenarie glauconitiche a laminazione incrociata con bioclasti, macroforaminigeri rimaneggiati o in posto (*Miogipsyna* spp.) e denti di squaloidi (*Carcharodon* sp.). Spessore tra 30 e 80 m. Contengono foraminiferi planctonici (biozone a *Globorotalia kugleri*, a *Praeorbulina glomerosa* s.l, a *Orbulina suturalis-Paragloborotalia peripheroronda*). Limite inferiore graduale e continuo su RDE. Ambiente costiero e deltizio. Aquitaniano – Langhiano".

28 Di Maggio et al. 2015, 23.

29 Fenomeno già attestato anche per l'entroterra imerese: Papa 2014; Burgio 2012, 167–168 fig. 4; Belvedere 2010.

30 In seguito, denominata "Casa tardo-arcaica" nel volume. In tutti i rapporti preliminari editi da Hans Peter Isler nominata come "Casa a cortile tardo-arcaica". È denominata invece "Casa tardo-arcaica" in tutte le pubblicazioni degli scavi dell'Università di Innsbruck dirette da Erich Kistler. Kistler 2020; Per il progetto: https://www.uibk.ac.at/projects/monte-iato/fwf/i/index.html.de (10.02.2022); per la bancadati dei materiali: Kistler et al. 2017b; Kistler – Mohr 2016; Kistler – Mohr 2015; Öhlinger 2015, 140–149.

31 In relazione con il tempio di Afrodite: Kistler – Mohr 2015; Kistler – Mohr 2016.

32 Secondo la definizione di Malkin 2002, 151–153.

ze degli empori fenici di Mozia, Panormos e, più tardi, Solunto. Il controllo sia sulla pianura fertile circostante verso meridione e occidente che sulle rotte principali NS e EO della regione viene rispecchiato dai reperti ceramici arcaici rinvenuti nell'insediamento: oltre a importazioni corinzie, ioniche, laconiche, attiche, etrusche, massaliote e "*regio-coloniali*[33]" provenienti ragionevolmente da contatti con le popolazioni insediatesi sulle coste, sembra essere attestata una rete di scambio ivi tra insediamenti *indigeni*, concentrata verosimilmente lungo l'asse del fiume Belice. Inoltre, l'influenza della presenza fenicia, altresì difficilmente tangibile, è attestata dalle tecniche di manifattura di vasellame da fuoco di alcuni reperti del sito.

Le promettenti premesse geografiche del sito furono presto riconosciute: inizialmente individuato dal Professor Vincenzo Tusa alla fine degli anni '60, gli scavi del sito archeologico ebbero inizio nella primavera del 1971 da parte della Missione Archeologica dell'Istituto di Archeologia dell'Università di Zurigo[34]. Dal 2011 vi si aggiunsero gli scavi dell'Università di Innsbruck indaganti un'area specifica del pianoro[35]. L'altipiano dell'insediamento (ca. 830 m s.l.m.) copre un'area di ca. 40 Ha e vanta un dislivello di approssimativamente 100 m fra le varie zone insediative. Le sue caratteristiche topografiche, ripidi pendii rocciosi lungo il versante nord, ovest e sud e una risalita più agevole dal versante orientale, lo rendono facilmente difendibile. Non sono attestate sorgenti d'acqua sulla sommità: l'approvvigionamento idrico era possibile grazie ad una piccola fonte ai piedi del Monte oppure – soluzione attestata anche archeologicamente – grazie al recupero dell'acqua piovana[36].

L'estensione dell'abitato, al più tardi in epoca arcaica, era presumibilmente comparabile a quello della successiva, e meglio documentata, fase medievale del sito corrispondente all'intera estensione del pianoro racchiuso dalla cinta muraria: pressoché in ogni saggio indagato è presente – anche se non sempre in strato – materiale collocabile in quest'epoca, lasciando presumere strutture nelle zone limitrofe (fig. 2). Più limitati i ritrovamenti di epoca protostorica, concentrati – all'attuale stato della ricerca – soprattutto nell'area del quartiere occidentale situata topograficamente nell'area centrale del pianoro[37]. Anche nella zona occidentale dell'altipiano, non soggetta ad indagini di scavo, sono presumibili zone abitate: le prospezioni geomagnetiche e georadar svolte dall'Archaeological Prospection Services of Southhampton University e dalla British School at Rome nel 2009[38] attestano difatti strutture pluristratificate in profondità, collocabili ipoteticamente forse già a partire dall'epoca protostorica o arcaica[39]. L'insediamento protostorico, arcaico e classico, a differenza dalle fasi successive, sembra svilupparsi in piccoli nuclei abitativi – *compounds*[40] – adattandosi alle caratteristiche geomorfologiche del terreno, solitamente installati direttamente sulla roccia vergine[41]. Lo sviluppo dell'insediamento di Monte Iato a partire dalla sua installazione attesta più fasi distinte in epoca protostorica, arcaica e classica[42]. Comune a tutti i contesti finora indagati è il loro presumibile abbandono – o forte riduzione demografica – verso il 460/450 a.C.[43], datazione comune ad una lunga serie di insediamenti della Sicilia occidentale[44].

33 Per la definizione, cfr. 1.3.4. *Nomenclature e definizioni.*
34 Bloesch – Isler 1972, 33 con nota 1 per la bibliografia precedente nominante il sito. Per le pubblicazioni degli scavi: collana *Studia Ietina I-XI*; rapporti preliminari di scavo annuali in *Antike Kunst* e fino al 2008 in *Sicilia Archeologica*. Per una panoramica generale dei contesti, nel frattempo superata, Isler 2000a, 27–106; per un aggiornamento generale sulle ultime attività di scavo: Reusser 2021. Per la storia del Monte Iato: Isler 2000a, 13–27, in dettaglio per quella medievale: Weiss 2019, 19–45. Per le fonti letterarie: Isler 2000a, 107–116.
35 Quartiere occidentale, saggi WQ450ss.: zona della "Casa tardo-arcaica" fino al cosiddetto tempio di Afrodite: per tutte le pubblicazioni e il progetto nello specifico: https://www.uibk.ac.at/projects/monte-iato/ (10.02.2022).
36 Attestazioni di numerose cisterne – pubbliche e private – sono attestate sia per l'epoca arcaica sia per quelle successive. Per l'epoca arcaica si tratta verosimilmente della cisterna orientata in direzione EO situata a meridione del quartiere arcaico-classico dell'agorà, lunga minimo 14 m, cfr. 2.3 *Il quartiere arcaico-classico dell'agorà*. Per le epoche successive sono testimoniate la grande cisterna pubblica ad ovest dell'agorà (fig. 2; Isler 2009b, 100–101) e, fra altre, quelle private della casa a peristilio I (Dalcher 1994, 15. 19–20).
37 Scavi dell'Università di Innsbruck in prossimità nell'area della successiva "Casa tardo-arcaica" e contesti nella zona orientale della casa a peristilio I indagati in questo volume.
38 Documentazione inedita. E. Richley, Monte Iato. Sicily, Italy. Geophysical Survey Report May 2010. Archivio dell'Istituto di Archeologia, Dipartimento di Archeologia Classica, Università d Zurigo.
39 Reusser 2021, 122.
40 Secondo la definizione di Kistler 2011, 131.
41 In alcune aree di scavo (quartiere arcaico-classico dell'agorà, quartiere della "Casa tardo-arcaica") è stato possibile individuare zone in cui la roccia è stata leggermente levigata per assicurare un migliore innesto delle fondamenta murarie adibite agli edifici di epoca arcaica. Per una panoramica dello sviluppo dell'insediamento a partire dalla sua installazione al 460/450 a.C.: Kistler et al. in preparazione.
42 Per lo sviluppo dettagliato dell'insediamento: Kistler et al. in preparazione.
43 Per una panoramica dei contesti iatini abbandonati verso il 460/450 a.C. con bibliografia: Kistler et al. in preparazione.
44 Per una lista completa (abbandoni datati tra il 480 e ca. il 460 a.C.): Vassallo 2000, 984–992. Il vistoso abbandono dei centri d'altura potrebbe essere stato causato, come proposto da Spatafora (Spatafora 2003b, 70 con nota 136), da presunte calamità naturali. Vassallo invece propone come causa il nuovo assetto politico dopo la battaglia del 480 a.C. di Himera contro i Cartaginesi, che portò ad un cambiamento delle modalità politiche di gestione del territorio da parte delle colonie greche di Akragas e Selinus, implicando un ridimensionamento delle autonomie degli insediamenti *indigeni* (Vassallo 2000, 993–999). Analogamente, l'interpretazione di Anello 2000 aggiunge l'elemento dell'ascesa ad un ruolo di egemonia dell'area di Segesta che portò verosimilmente alla battaglia fra Segesta e Selinus nel 454 a.C. riportata da Diodoro Siculo (Diod., 11, 86, 2; per l'interpretazione dei contendenti: Anel-

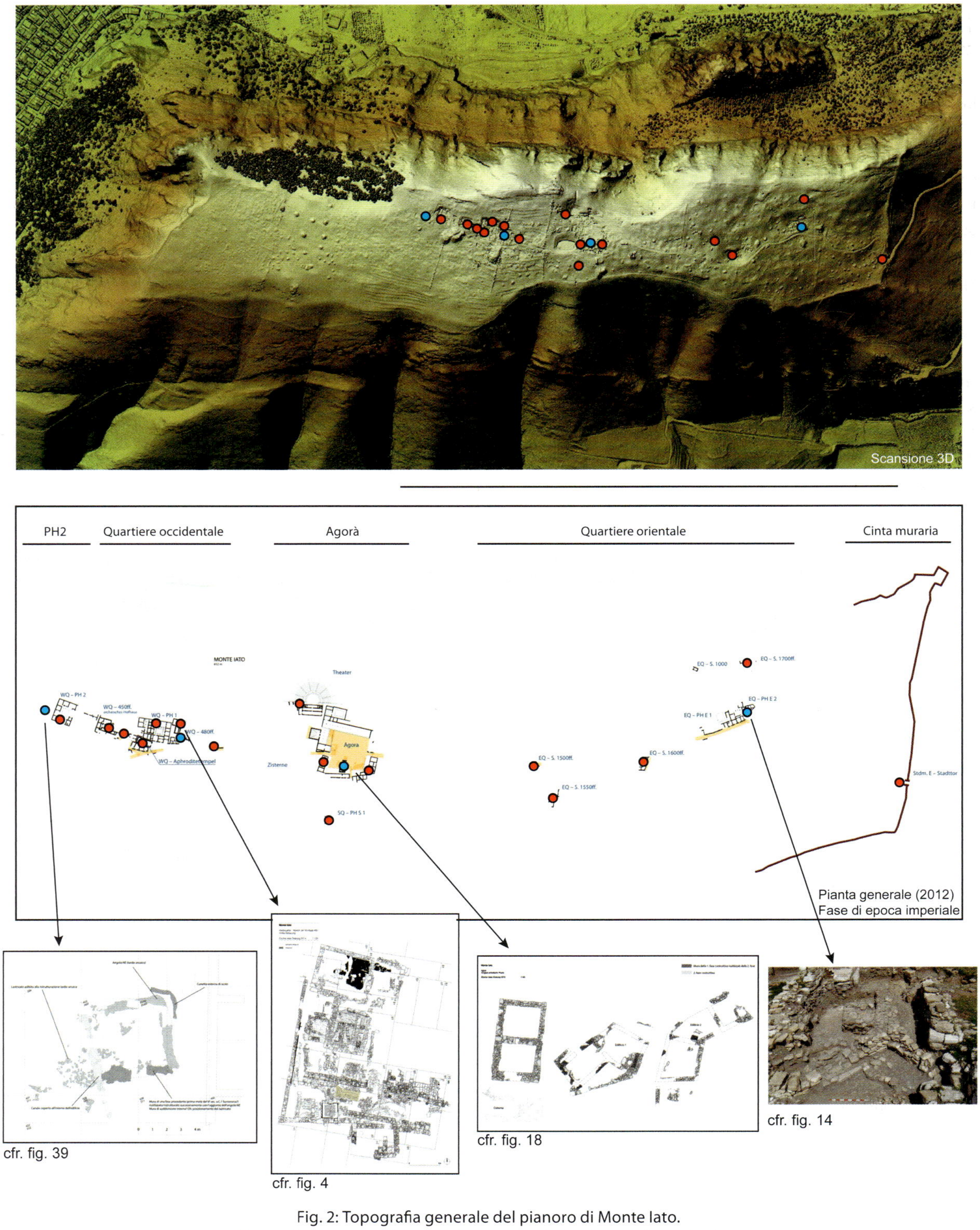

Fig. 2: Topografia generale del pianoro di Monte Iato.
Rosso: ritrovamenti di reperti di epoca protostorica, arcaica e classica.
Blu: contesti indagati dal presente volume.

1.2 Datazione dell'installazione dell'insediamento di Monte Iato

La fase iniziale dell'insediamento di Monte Iato è stata collocata temporalmente, nell'ambito delle passate ricerche, nel primo millennio a.C.[45]. Le argomentazioni portate nel corso delle ricerche iatine riguardanti una datazione fra il 1000 e l'850 a.C., sono state principalmente sostenute dalla presenza in contesti cronologicamente successivi di ceramica «piumata»[46] e dalle attestazioni di fondi di capanne in materiale deperibile[47]. La revisione della datazione della ceramica *indigena* «piumata» nell'ambito della Sicilia occidentale elaborata nella presente indagine, grazie ai nuovi risultati emersi dal contesto chiuso situato ad est della casa a peristilio 1 – uno dei più antichi scavati all'attuale stato della ricerca sul Monte e sempre considerato come un contesto chiave per la datazione dell'installazione dell'insediamento[48] – riapre dunque il dibattito in merito alla collocazione cronologica della prima fase antropica dell'insediamento iatino. Omettendo in un primo momento i risultati emersi dallo studio dei materiali ceramici *indigeni* presentati all'interno del volume, è stato ritenuto necessario comprovare la datazione proposta sulla base ceramica con quanto finora noto della prima fase dell'insediamento. All'attuale stato della ricerca, uno degli indicatori cronologici ritenuto affidabile per la determinazione dell'installazione dell'abitato – oltre alle datazioni fornite da reperti ceramici d'importazione ritrovati in altri contesti del Monte – è la cronologia dei metalli fornita dalle indagini di Holger Baitinger sui reperti metallici della prima età del Ferro e arcaici ritrovati sul sito[49]. I ritrovamenti metallici più antichi dell'insediamento sono risalenti alla fine del II millennio a.C. / inizio I millennio a.C. e testimoniati, all'attuale stato della ricerca, unicamente da due reperti: un frammento di una lama con resti dell'attacco del manico in bronzo[50], proveniente da uno strato presumibilmente tardo-arcaico presso l'edificio O[51] nel quartiere occidentale, e un frammento di fibula ad arco semplice a tutto sesto con schema decorativo a zone alternate[52], proveniente dallo strato di distruzione della *popina* a sud dell'agorà datante in prima età Imperiale[53]. Entrambi i contesti di provenienza di questi reperti sono dunque più recenti e non in fase con la datazione tipologica dei reperti bronzei. Baitinger avanza nel primo caso una possibile interpretazione della lama in bronzo B 1021[54] come possibile offerta votiva, visto il suo ritrovamento presso l'edificio presumibilmente cultuale O[55]. Nel caso della fibula ad arco semplice B 1572, invece, Baitinger suggerisce un'interpretazione di tesaurizzazione del reperto dovuta al valore intrinseco della lega metallica, e dunque probabilmente giunto sul Monte Iato successivamente all'installazione dell'insediamento

lo 2000, 18). L'insediamento di Monte Iato, a differenza ad esempio di Colle Madore (Vassallo 1999e, 71–72), non mostra evidenze archeologiche di un abbandono a causa di episodi violenti (calamità naturali oppure belliche), bensì un orizzonte di abbandono unitario suggerendo piuttosto un argomento a favore della tesi di Vassallo 2000 combinata con quella di Anello 2000. Similmente Russenberger 2017, 80 con nota 5. Per i ritrovamenti dalla seconda metà del V alla fine del IV sec. a.C., in relazione ai ritrovamenti numismatici Frey-Kupper 2013, 75–76. Per il progetto indagante questo "De-empowerment on Monte Iato around 460/50 BCE": https://www.uibk.ac.at/projects/monte-iato/fwf/zwischen-aphrodite-tempel-und-spaetarchaischem-haus-iii/ (10.02.2022).

45 Da ultimo Isler 2009a, 135.

46 Isler 2000a, 17. *"Tale ceramica (...) viene associata al periodo detto di Cassibile e datata tra il 1000 e l'850 a.C. L'insediamento sul Monte Iato potrebbe dunque risalire agli inizi del primo millennio a.C"*. Anche nell'articolo riassuntivo di Isler sull'epoca arcaica viene ribadita la datazione agli inizi del I millennio a.C. (Isler 2009a, 135) presumendo successivamente una datazione per gli strati più antichi di Iato verso il IX sec. a.C. (Isler 2009a, 141 *"Die ältesten untersuchten Horizonte können möglicherweise noch ins 9. Jh. v. Chr. zurückgehen"*) seguita dall'argomentazione della presenza di ceramica «piumata»: Isler 2009a, 142–143; argomentazione inizialmente esposta in: Isler 1990a, 279.

47 Isler 2009a, 141 con nota 33 per la bibliografia precedente.

48 Cfr. 2.1 per il contesto; 3.3.1 in particolare 3.3.1.6 per l'inquadramento cronologico dei materiali. Il contesto era stato interpretato da Isler (da ultimo: Isler 2009a, 141–144) come una successione di due piani di calpestio con i rispettivi strati d'uso, revisionati in questo volume come riempimento pluristratificato unitario (cfr. anche Reusser 2021, 123 nota 7 [Isler 2009a, 141 fig. 4]). In dettaglio cfr. 2.1 *Riempimento nella zona orientale della casa a peristilio I.*

49 Baitinger in preparazione. Tutte le seguenti informazioni riguardo ai reperti, le loro determinazioni e datazioni – se non esplicitamente contrassegnate – sono basate su questo prezioso manoscritto ancora inedito.

50 B 1021 (Baitinger in preparazione, no. 72). Il frammento di dimensioni molto piccole; 4.2 x 4.0 cm – ricorda secondo Baitinger lame di coltelli della tarda epoca del Bronzo. In epoca tardo-arcaica le lame di coltelli o pugnali sono invece forgiati solitamente in ferro. Per i confronti e le argomentazioni: Baitinger in preparazione.

51 Kistler et al. in preparazione con bibliografia.

52 B 1572 (Baitinger in preparazione, no. 1: fibula del tipo Lo Schiavo 29, cfr. Lo Schiavo 2010, 111–115 nn. 98–133 tavv. 13–16: Riediker-Liechti 2020 no. 1730). Questa tipologia di fibula è attestata nella Sicilia orientale nella necropoli di Pantalica (fase I) e nei ripostigli di Niscemi e Modica indicanti una datazione fra la fine del II millennio e l'inizio del I millennio a.C. La fibula è all'attuale stato della ricerca l'unico esemplare ritrovato in Sicilia occidentale. Per i confronti e le argomentazioni: Baitinger in preparazione.

53 "Brandschicht" ricoprente lo strato d'uso del vano occidentale ("Raum B") della *popina* (Riediker-Liechti 2019, 389 fig. 1). Per l'informazione ringrazio E. Riediker-Liechti.

54 Baitinger in preparazione, no. 72.

55 Mohr in preparazione, con bibliografia precedente. L'interpretazione come contesto votivo è suggerita, oltre dalla pianta dell'edificio, dai reperti ritrovati nel riempimento del pavimento a mosaico della fase ellenistico-romana dell'edificio (Mohr in preparazione; Reusser 2021, 123; Mohr 2021, 123–124; Mohr 2019, 128; Mohr – Reusser 2018, 98) tra i quali figurano due punte di lancia in ferro (V 1127; V 1128), due puntali di lancia in ferro (V 1129; V 1130) e una figurina fittile taurina con dettagli dipinti nella tradizione della ceramica indigena a decorazione dipinta T 215 (Mohr in preparazione; Mohr – Reusser 2018, 98 con note 73–75 con bibliografia precedente; Russenberger 2015, 108 fig. 6.7), così come dal ritrovamento di due frammenti fittili inerenti al rivestimento del *geison* dell'edificio rappresentanti una leonessa attaccante un toro (A 1633 A–B: Mohr in preparazione; Mohr – Reusser 2018, 97 con nota 69; Mohr – Reusser 2017, 101–102 fig. 3, tav. 15, 2 con bibliografia precedente).

come «Altmetall»[56]. Eliminando dunque l'interpretazione dei due reperti come possibilmente relativi alla prima fase dell'insediamento è necessario analizzare i restanti 90 reperti metallici di epoca protostorica e arcaica ritrovati sul Monte Iato[57], in relazione alle ulteriori conoscenze cronologiche ricavate dalle indagini di scavo, al fine di apportare una serie di nuovi dati rispetto all'installazione del sito. Gli strati di vita risalenti all'installazione dell'insediamento ritrovati in giacitura secondaria (riempimento) provenienti dal contesto situato ad est della casa a peristilio 1 (fig. 2, quartiere occidentale) risalgono verosimilmente alla seconda metà – fine dell'VIII/VII sec. a.C.[58]. Postulando un rapporto di posteriorità della formazione del riempimento rispetto all'installazione dell'abitato – trattandosi di un riempimento costruttivo formato da strati antropici decontestualizzati – vi sono attualmente unicamente altri sei elementi attribuibili ad un periodo precedente al VII sec. a.C., che potrebbero indicare una possibile frequentazione antecedente del sito: sei frammenti di fibule in bronzo ritrovate in vari contesti sul Monte[59]. Quattro di esse[60] sono ascrivibili alle fibule serpeggianti meridionali con occhiello e spillone ricurvo, ritrovate – fatta eccezione per I-B 52[61] – all'interno di contesti medievali. La datazione di questa tipologia di fibule risale all'VIII sec. a.C. grazie a numerosi confronti provenienti, in primo luogo, dalla Sicilia orientale[62]. Di grande importanza sono, per quanto riguarda un possibile uso coevo delle fibule all'insediamento, le precise osservazioni di Baitinger: sia la fibula I-B 52[63] che B 2030[64] sono state intenzionalmente ripiegate su sé stesse e fratturate, per di più nello stesso identico modo. Lo stato di conservazione delle fibule è spiegabile unicamente, secondo Baitinger, da una frattura intenzionale del reperto e *non* interpretabile dall'usura della fibula sugli indumenti. La tipologia di rottura lascia presumere l'utilizzo delle due fibule iatine I-B 52 e B 2030 non come oggetti d'uso quotidiano, ma conservati per il loro valore materiale, analogamente alle situazioni attestate in altri contesti siculi[65]. Il terzo frammento di fibula serpeggiante meridionale B 613[66], oltre ad essere anch'essa intenzionalmente frantumata conservando unicamente la parte dello spillone più largo – e dunque con più materiale – consiste in un'importazione dall'Italia meridionale. Questo tipo di fibula è altrimenti completamente assente all'interno dei contesti siciliani. Per queste due ragioni – la frattura intenzionale e l'assenza del tipo in Sicilia – rende inverosimile il collegamento della presenza dello spillone della fibula B 613 con un oggetto coevo all'abitato di Monte Iato, divenuto inutilizzabile o smarrito in maniera casuale. Dato il suo stato di conservazione, il quarto frammento di fibula B 224[67] risulta con tutta probabilità inquadrabile unicamente all'interno delle fibule serpeggianti, e dunque non più precisamente analizzabile per una datazione della prima frequentazione del sito. Le restanti due fibule ascrivibili ad un periodo precedente, o coevo, alla datazione proposta in questo volume degli strati più antichi ritrovati sul Monte Iato sulla base dei materiali ceramici (metà/fine VIII–VII sec. a.C.) sono di tipologie diverse. Il frammento di fibula B 1411[68] attesta una variante della fibula a gomito ingrossato con apofisi laterali di tipo 'elimo'[69]. L'analogia con l'unico confronto proveniente probabilmente da una necropoli di Segesta[70] suggerisce, secondo Baitinger, addirittura la produzione di entrambi gli esemplari all'interno della stessa bottega[71]. L'esemplare iatino è stato ritrovato anche in questo caso in un contesto fuori fase: all'interno della fossa di fondazione della casa a peristilio 1 datante, secondo quanto edito al primo ellenismo[72]. Seppure il tipo di fibula sia datato grazie ai *t.a.q.* dei

56 Sulla tesi di circolazione di frammenti di oggetti metallici basata sul valore del materiale e non sull'utilizzo del reperto forgiato, per quanto riguarda la Sicilia: Baitinger 2016, in particolare: 178–182.

57 Cifra basata sulla disposizione di Baitinger in preparazione tenente conto di tutti i ritrovamenti inventariati degli scavi dal 1971 al 2021.

58 Cfr. 2.1. per il contesto; 3.3.1. per i materiali. Per altri contesti risalenti verosimilmente all'installazione dell'insediamento: cfr. nota 95. Si segnala, inoltre, un focolare impostato sulla roccia ritrovato durante una pulizia generale del quartiere occidentale nel 2017 (Reusser 2021, 123). Il focolare è difatti stratigraficamente anteriore al riempimento indagato nel presente volume (cfr. 2.1. per il contesto; 3.3.1. per i materiali) ad una quota di ca. 30 cm più bassa rispetto al lastricato e a 30–40 cm inferiore alla quota dell'edificio attestato dalle buche di palo. (OK focolare: 830.29 m s.l.m.; OK roccia in prossimità del focolare: 830.23 m s.l.m. FB2017, WQ Schnitt 492, Reinigung Feuerstelle,106–108. OK lastricato 2001: 830.58–61; Quote della roccia naturale intorno alla buca di palo più occidentale ritrovata in prossimità del lastricato orientale: 830.65/74/83/73/64/69. L'area risulta idonea per lo scavo degli strati di vita verosimilmente più antichi del Monte in giacitura primaria.

59 I-B 52 (Baitinger in preparazione, no. 2); B 2030 (Baitinger in preparazione, no. 3); B 613 (Baitinger in preparazione, no. 4); B 224 (Baitinger in preparazione, no. 5); B 1992 (Baitinger in preparazione, no. 6); B 1411 (Baitinger in preparazione, no. 7).

60 I-B 52; B 2030; B 613; B 224.

61 I-B 52 è stata rinvenuta nello strato dal quale fu ricavata una canaletta di scolo inerente ad un edificio della prima metà del VI sec. a.C. scavata dall'équipe dell'Università di Innsbruck, Kistler et al. 2014, 178–179 fig. 26.

62 Per le datazioni e i confronti puntuali: Baitinger in preparazione.

63 Baitinger in preparazione, no. 2.

64 Baitinger in preparazione, no 3.

65 La stessa tipologia di rottura è attestata da una fibula all'interno del ripostiglio di Giarrantana, chiaramente con funzione primaria adibita alla tesaurizzazione del metallo. Per i riferimenti, Baitinger in preparazione.

66 Baitinger in preparazione, no. 4.

67 Baitinger in preparazione, no. 5.

68 Baitinger in preparazione, no. 7; Isler 2000b, 113–114, tav. 21, 3; Isler 1999a, 13. 16 fig. 18; Isler 2016, 172 nota 56 fig. 11; Isler 2009a, 145 nota 53.

69 Lo Schiavo 2010, 751 variante della tipologia ritrovata a Segesta no. 6763.

70 Lo Schiavo 2010, 751 no. 6763 tav. 531, 6763.

71 Baitinger in preparazione, no. 7.

72 Dalcher 1994.

complessi di Bitalemi e S. Anna nel VII sec. a.C.[73] il reperto è stato modificato tramite l'aggiunta posteriore di un occhiello. Il reimpiego della protome a forma di quadrupede della fibula come pendaglio indica l'uso prolungato di questo ritrovamento, inducendo un certo riguardo nell'introduzione del reperto come argomento per la datazione dell'installazione dell'insediamento di Monte Iato. La fibula poteva essere giunta nell'insediamento già in forma di pendaglio e non necessariamente essere stata utilizzata sul Monte Iato *prima* come fibula e *in seguito* reimpiegata in loco come monile.

Di grande interesse per la datazione dell'insediamento risulta invece la fibula B 1992[74]. La fibula a gomito ingrossato con apofisi laterali di tipo 'elimo'[75] B 1992 proveniente da un contesto con *t.a.q.* 500/490 a.C.[76] è spesso stata pubblicata come uno dei reperti più antichi ritrovati sul Monte Iato[77]. La fibula, come determinato da Baitinger, appartiene alla tipologia Lo Schiavo 372 e a differenza dei casi precedenti, non mostra evidenze di frammentazione intenzionale[78]. Il suo ritrovamento in un contesto di riempimento mostrante un *t.a.q.* verso il 500/490 a.C. potrebbe rappresentare, a differenza della fibula I-B 52, un effettivo smarrimento / caduta in disuso di un reperto proveniente dall'insediamento di Monte Iato. Seppure il ritrovamento di questa tipologia di fibula sia caratteristico per la Sicilia occidentale[79], mancano ancora – secondo Baitinger – delle associazioni datanti sicure; l'esemplare di Monte Iato B 1992 ritrovato in un contesto della seconda metà del VI sec. a.C., fornisce unicamente un *t.a.q.* per la fibula, datante invece, secondo Baitinger, ancora nell'VIII sec. a.C.[80]. La circolazione del tipo fu collocata da Fulvia Lo Schiavo secondo i contesti di ritrovamenti del santuario di Bitalemi, in quello di S. Anna di Agrigento e in uno sull'acropoli di Selinunte *"nel VII secolo, e non troppo verso la fine esso"*[81]. L'importanza conferita alla datazione della fibula B 1992 di tipologia Lo Schiavo 372 – tipica per la Sicilia occidentale – ha portato ad un'analisi dettagliata dei contesti di rinvenimento editi di queste fibule, utilizzati come criteri per la datazione del tipo metallico[82]. Fu difatti ritenuta necessaria una verifica delle associazioni di rinvenimento per evitare la ripresa di datazioni di materiale metallico basate sulle cronologie dei materiali *indigeni*[83].

Le verifiche su quanto sia edito per i materiali di Bitalemi, S. Anna e l'acropoli di Selinunte hanno portato alle stesse conclusioni tratte da Fulvia Lo Schiavo: la tipologia di fibula 372 è verosimilmente prodotta a partire dalla metà / seconda metà dell'VIII sec. con un periodo di circolazione durante tutto l'arco del VII sec. a.C.[84]. Importanti per la datazione della tipologia di fibula Lo Schiavo 372 è, inoltre, la sua associazione con il tipo Lo Schiavo 370[85] in contesti di necropoli *indigene* nell'entroterra centrale dell'isola[86]. Precisando le conclusioni tratte da H. Baitinger e S. Verger[87], l'analisi dei contesti di ritrovamento delle fibule del tipo Lo Schiavo 370 ha portato ad una datazione

73 Lo Schiavo 2010, 751. Per una datazione più precisa vedi le argomentazioni per la seguente fibula B 1992.

74 Baitinger in preparazione, no. 6; Isler 2009a, 157 fig. 26; Isler 2008, 135 nota 22 tav. 25, 5.

75 Tipo 372 di Lo Schiavo 2010, 749–751.

76 La fibula B 1992 è stata ritrovata all'interno del riempimento del piano di calpestio esterno, più recente, fra l'abitazione 1 e 2 del cosiddetto quartiere arcaico-classico sottostante l'agorà. Cfr. fig. 18.

77 In questo senso: Isler 2009a, 157 fig. 26 con bibliografia precedente (erroneamente definita come fibula serpeggiante).

78 Baitinger in preparazione, no 6.

79 Baitinger in preparazione; Lo Schiavo 2009; Lo Schiavo 2010, 750–751;

80 Baitinger in preparazione.

81 Lo Schiavo 2010, 751. Lo Schiavo 2010, 750–751; Bitalemi: nn. 6751–6752; S. Anna: nn: 6753–6754; Acropoli di Selinunte: Lo Schiavo 2010, 751 nota 5. Lo Schiavo 2009, 739 *"La datazione dei complessi di Bitalemi e di S. Anna copre tutto l'arco del VI secolo: è chiaro però che, proprio perché si tratta di depositi votivi, vanno considerati terminus ante quem per la creazione e la circolazione del tipo, che con ogni probabilità va invece collocato* ***nel pieno VII secolo*** *[...]"*.

82 Dubbi espressi sulle datazioni dei materiali tramite ritrovamenti di fibule anche in: Leighton 2012, 80–81 *"Moreover, the dating or duration of even the more chronologically sensitive artefacts, such as fibulae, may have a larger margin of error than ist sometimes suggested"*. Per un esempio di una fibula datata tra il IX e la metà dell'VIII sec. a.C. ritrovata all'interno di uno strato d'insediamento di VI–V sec. a.C. cfr. Leighton 2012, 80–81.

83 Per le problematiche delle datazioni dei materiali *indigeni* della Sicilia occidentale, cfr. 3.1.1 *Lo stato della ricerca delle ceramiche indigene in Sicilia*.

84 Di primaria importanza è il ritrovamento della tipologia di fibula (Lo Schiavo 2010, 751 nota 5) in stratigrafie chiuse datate tramite materiali d'importazione, verificati anche secondo le cronologie attuali, sull'acropoli di Selinunte. Contesto di rinvenimento: strato B' del "Saggio nella strada E.2". Cfr. de La Genière 1975, 75 tav. XX, 4. La fibula inoltre, seppure sia frammentaria, non sembra essere stata – dalla documentazione fotografica – volontariamente frammentata o ripiegata su sé stessa (de La Genière 1975, 75. 90 no. 6 tav. XX, 4. Per la stratigrafia: 68–84 fig. 2.). In questo senso, essa sembra essere interpretabile come un reperto caduto in disuso e in fase alla stratigrafia scavata dell'abitato di pieno VII sec. a.C. sull'acropoli di Selinunte (cfr. anche de La Genière 1975, 75.). Il *t.a.q.* dato dallo strato C' sigillante lo strato B' attestante la fibula (de La Genière 1975, 68–78 in particolare fig. 2.) è datato tra la fine del VII e l'inizio del VI sec. a.C. Esso potrebbe essere verosimilmente anche abbassato fino alla prima metà del VI sec. a.C. secondo le nuove cronologie di datazione delle coppe greco-orientali di Schlotzhauer 2001, cfr. in particolare: de La Genière 1975, 75. 90 no. 3 tav. XX, 3.

85 Lo Schiavo 2010, 746–749. Ritrovata anche sul Monte Iato nel 2021, B 2382, cfr. Baitinger in preparazione, no. "Nachtrag" (tipo Lo Schiavo 370, varietà A).

86 Baitinger in preparazione. Strato 5 della tomba a camera 25 di Polizzello (Panvini 2006a, 233 no. C [inv. MS 283 – fibula tipo Lo Schiavo 372]; Panvini 2006a, 234 nn. A–C [inv. MS 281; MS 267; MS 272 – fibule tipo Lo Schiavo 370 – Fibula a gomito serrato e staffa lunga, tipo realmese] contesto datato nel VIII–VII sec. a.C., cfr. Panvini 2006a, 230); Cozzo S. Giuseppe di Realmese: cfr. *infra*.

87 Baitinger in preparazione; Verger 2011, 39. Le similitudini formali del tipo 372 con le fibule serpeggianti di tipologia siciliana (tipo 370) permettono, secondo gli autori, una datazione delle fibule tipo Lo Schiavo 372 nel corso dell'VIII sec. a.C.

della produzione e circolazione del tipo tra la metà del VIII[88] e la fine del VII sec. a.C., se non oltre, confermate oltre ai contesti in associazione con materiale d'importazione[89] anche da quelli in associazione con materiali *indigeni*[90]. Entrambe le tipologie – Lo Schiavo 370 e 372 – attestate anche sul Monte Iato sono

88 Lo Schiavo 2010, 748.

89 **Polizzello: strato 5 della tomba a camera 25** (Panvini 2006a, 230–234) presenta associazione fra metalli e materiali *indigeni*. La **tomba 9** [citata da Lo Schiavo 2010, 748]), presenta altresì associazioni di metalli con materiali *indigeni* (Palermo 1981, 118–120 nn. 204–217 tavv. XLV–XLVI).
Per evitare un circolo vizioso di datazioni fra metalli e materiali *indigeni* è necessario osservare le associazioni presenti nelle tombe della necropoli di **Cozzo S. Giuseppe di Realmese**: la fibula tipo Lo Schiavo 370 varietà A e B corrisponde al tipo 7 di Albanese Procelli, datato nella fase avanzata I B e all'inizio della fase I C della necropoli (seconda metà VIII – prima metà VII sec. a.C: Albanese Procelli 1982, 579–580. 600, in particolare 580 per le argomentazioni di datazioni fino alla metà del VII sec. a.C.).
Tutte le fibule del tipo Lo Schiavo 370 varietà A, proveniente dalla necropoli di Cozzo S. Giuseppe, si trovano in tombe senza associazioni con ceramica d'importazione e, dunque, di difficile datazione unicamente sulla base di altri metalli, ceramiche *indigene* o materiali vitrei (per le sepolture, senza ceramiche d'importazione, con attestazioni della varietà A: **tomba E31** [Albanese Procelli 1982, 502–503 nn. 1–8; Lo Schiavo 2010, 746 no. 6703]; **tomba D37** [Albanese Procelli 1982, 491 nn.1–14; Lo Schiavo 2010, 746 no. 6705]; **tomba D17** [Albanese Procelli 1982, 485 nn. 1–9; Lo Schiavo 2010, 746–747 no. 6706]; **tomba G41** [Albanese Procelli 1982, 536 nn. 1–6; Lo Schiavo 2010, 747 no. 6707; **tomba E60** [Albanese Procelli 1982, 521–522 nn. 1–8; Lo Schiavo 2010, 747 no. 6708]. Per le sepolture, senza ceramiche d'importazione, con attestazioni associate della varietà A e B: **tomba C8** [Albanese Procelli 1982, 454–457 nn. 1–14; Lo Schiavo 2010, 746. 749 nn. 6704. 6723]).
Le fibule del tipo Lo Schiavo 370 varietà B, invece, compaiono all'interno della necropoli di Cozzo S. Giuseppe, oltre che in tombe senza materiali d'importazione e, nel caso della tomba C8, in associazione con la varietà A (cfr. supra), talvolta anche in associazione con ceramiche d'importazione e/o imitazione, di datazione più verificabile (per le sepolture con materiali d'importazione o d'imitazione di essi, con attestazioni della varietà B: **tomba C3** [Albanese Procelli 1982, 451–452: metalli (nn. 1–2), ceramica *indigena* (nn. 3–4. 7), ceramiche d'importazione e/o imitazione (no. 5 e forse no. 6); Lo Schiavo 2010, 747 no. 6716]; **tomba D22** [Albanese Procelli 1982, 487–488: metalli (nn. 1–8), ceramica *indigena* (nn. 9–14), ceramiche d'importazione e/o imitazione (nn. 15–16); Lo Schiavo 2010, 748 Nr.6721]; **tomba C45** (Albanese Procelli 1982, 478–483: metalli (nn. 1–21), ceramica *indigena* (nn. 22–32), ceramiche d'importazione (no. 33); Lo Schiavo 2010, 748 Nr. 6724]). Per le sepolture, senza ceramiche d'importazione, con attestazioni della varietà B: **tomba A19** [Albanese Procelli 1982, 443 nn. 1–2; Lo Schiavo 2010, 747 no. 6717]; **tomba G54** [Albanese Procelli 1982, 539–540 nn. 1–10; Lo Schiavo 2010, 747 no. 6718 (marcata erroneamente come proveniente dalla tomba G59)]; **tomba E56** [Albanese Procelli 1982, 517–520 nn. 1–16; Lo Schiavo 2010, 747 no. 6720]; **tomba E34** [Albanese Procelli 1982, 504–505 nn. 1–15; Lo Schiavo 2010, 748 no. 6722].
Ricordando l'associazione nella **tomba C8** di una fibula tipo Lo Schiavo 370 varietà A integra (Lo Schiavo 2010, 746 no. 6704) e una della varietà B, in stato di conservazione frammentario (Lo Schiavo 2010, 749 no. 6723) sembra possibile elaborare, grazie alle associazioni della varietà B, delle conclusioni cronologiche anche per la varietà A. Omettendo i ritrovamenti di fibule frammentarie o contorte della varietà B, finite nei corredi eventualmente per altre ragioni e non poiché veramente in uso, risulta di particolare interesse il ritrovamento della fibula di varietà B integra (Albanese Procelli 1982, 451 no. 1 figg. 28, 1; 29, 1) all'interno del corredo della **tomba C3**. La tomba fu ritrovata con *"porta quasi integra tranne una grossa scheggiatura all'architrave e allo stipite sinistro"* e presenta *"alcuni frammenti di ossa umane completamente disfatte"*, suggerendo un contesto di ritrovamento integro, e non sconvolto (Albanese Procelli 1982, 451). La fibula integra di tipo 370 varietà B (Lo Schiavo 2010, 747 no. 6716) è associata, oltre a materiale *indigeno*, a una coppa d'imitazione greco-orientale di tipo *B1*, analoga a **38**, **100** e **101** trattate nel presente volume (cfr. Albanese Procelli 1982, 452 no. 5. 607. 613 no. 59B fig. 29, 5 descritta come *"a vasca bassa, breve orlino obliquo e piede anulare, dipinti in vernice nera compatta e densa, con a risparmio una stretta banda tra le anse, il fondo ed un filetto all'interno dell'orlo, con sovraddipinti in qualche esemplare filetti rossi. Argilla beige a parete sottile"*). La determinazione, a posteriori, della presunta coppa greco-orientale di tipo *B2* (cfr. Albanese Procelli 1982, 452 no. 6 fig. 29, 6; 607. 613 no. 59C) non è verificabile dalla documentazione grafica all'interno della pubblicazione di Albanese Procelli, ed è dunque omessa in modo preliminare per una proposta di datazione del corredo della tomba C3. La datazione del corredo della tomba C3 di Cozzo S. Giuseppe di Realmese presenta, dunque, una fibula integra del tipo Lo Schiavo 370 varietà B in associazione ad una coppa greco-orientale *B1*, databile secondo le nuove proposte di datazione di Schlotzhauer, tra la fine del VII e la metà del VI sec. a.C. La presenza, inoltre, di una presunta coppa *B2* potrebbe ulteriormente riabbassare la datazione del corredo. Lo stretto legame fra le datazioni del tipo Lo Schiavo 370 varietà A e B sono sottolineate anche dal loro ritrovamento associato all'interno della tomba C8, attestante, inoltre, quella di varietà A in stato integro, e quella della varietà B in stato frammentario. Alla luce della presenza di un reperto integro della varietà B nella tomba C3 che attesta un corredo datante tra la fine del VII e la metà del VI sec. a.C., sembra inverosimile limitare una datazione della circolazione delle fibule a gomito serrato e staffa lunga, di tipo realmese (tipo Lo Schiavo 370, sia della varietà A sia di quella B) unicamente durante il corso dell'VIII sec. a.C.

90 All'interno dei contesti di ritrovamento di fibule sia di tipo Lo Schiavo 370 sia di tipo 372 in associazione a ceramiche *indigene*, è possibile osservare vasellame eseguito con l'utilizzo del tornio, di manufattura elevata, che presenta una decorazione dipinta monocroma – assai difficilmente databile ancora nel VIII sec. a.C. All'interno dello **strato 5 della tomba a camera 25 di Polizzello** (Panvini 2006a, 230–234 [VIII–VII sec. a.C.]) sono presenti due anfore ed un vaso a calice a decorazione dipinta monocroma con evidente utilizzo del tornio per la loro manufattura (anfore: Panvini 2006a, 230–231 nn. B [inv. MS 257]. E [inv. MS 248]; vaso a calice: Panvini 2006a, 232 no. D [inv. MS 245]) associate alle già citate fibule integre di tipo Lo Schiavo 370 (Panvini 2006a, 234 nn. A–C [invv. MS 281. MS 267. MS 272] e di tipo Lo Schiavo 372 (Panvini 2006a, 233 no. C [inv. MS 283]). All'interno della **tomba 9 di Polizzello** la fibula incompleta di tipo Lo Schiavo 370 varietà B (Lo Schiavo 2010, 748 no. 6725) è associata ad un'anforetta e ad un vaso a calice, entrambi a decorazione dipinta monocroma, verosimilmente eseguiti o perlomeno rifiniti al tornio, indicanti una datazione nel VII sec. a.C. (anforetta: Palermo 1981, 119 no. 204 tav. XLVI; vaso a calice: Palermo 1981, 120 no. 206 tav. XLV), già proposta anche da Dario Palermo (datazione no. 204: Palermo 1981, 135 *"tra la fine del VIII e il corso del VII sec. a.C."*; datazione no. 206: Palermo 1981, 134–135, non nominata esplicitamente, ma messa in relazione ai reperti nn. 163 e 196 *"potrebbero rientrare tutti nell'ambito del VII sec. a.C."*). Anche le associazioni di fibule, in un caso integre e nell'altro incomplete, di tipo Lo Schiavo 370 e 372 con materiali *indigeni* sembrano indicare una circolazione del tipo ancora durante il VII sec. a.C. Un'inizio della produzione e circolazione della fibula di tipo Lo Schiavo 370 nell'VIII sec. a.C., seppure basata sulle ceramiche *indigene* modellate a mano, sembra plausibile osservando le associazioni all'interno delle sepolture di Cozzo S. Giuseppe di Realmese (**tomba C8**: Albanese Procelli 1982, 454–457, in particolare nn. 10–14 figg. 30, C8; 31, 10–14; **tomba E60**: Albanese Procelli 1982, 522 nn. 6–8 figg. 50, E 60; 95, 6–8; **tomba E56**: Albanese Procelli 1982, 519–520 nn. 12–16 figg. 50, E 56; fig. 91, 12–16; **tomba E34**: Albanese Procelli 1982, 505 no. 15 figg. 70, E 34; 76, 15).

dunque databili tra la seconda metà dell'VIII sec. e il corso del VII sec. a.C.[91] in correlazione alle conclusioni tratte, indipendentemente, dalle cronologie dei materiali *indigeni* provenienti dal contesto ad est della casa a peristilio I, presentato all'interno del volume[92].

Oltre alle indagini di Baitinger sui materiali metallici e alle conclusioni tratte dall'analisi di uno dei contesti chiusi più antichi presentate in questo volume è necessario – per avanzare una nuova proposta di datazione della fase d'installazione dell'insediamento di Monte Iato – aggiungere delle osservazioni su quanto ritrovato in altri contesti del sito.
I materiali provenienti dai sondaggi, un tempo interpretati come fondo di capanna ad ovest del cosiddetto tempio di Afrodite scavato nel 1976, ripreso nel 1982–1983, sono stati visionati, in via preliminare, e presentano lo stesso spettro ceramico ritrovato all'interno del riempimento ad est della casa a peristilio 1, indicando, allo stato attuale della ricerca, la genesi degli strati nel corso del VIII sec. a.C.[93]. Le recenti indagini dell'area da parte dell'équipe dell'Università di Innsbruck smentiscono la presenza di un fondo di capanna[94]. I materiali presenti all'interno delle stratigrafie ivi ritrovate permetteranno tuttavia in futuro una seriazione cronologica per i materiali *indigeni* di VIII–VII sec. a.C.[95].

Oltre agli strati ritrovati in prossimità del cosiddetto tempio di Afrodite, vi è una sola struttura sul Monte Iato di poco successiva alla fase d'installazione, ritrovata nel corso degli scavi del 2014. Si tratta presumibilmente di un edificio di forma rettangolare o absidale[96] attestato al momento da sole tre buche di palo

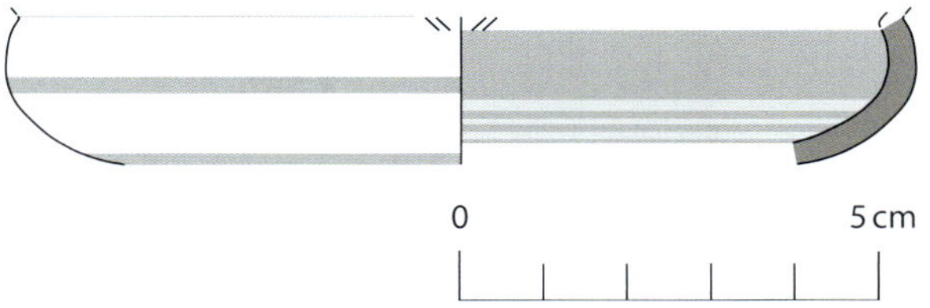

Fig. 3: K 30781 *fuori catalogo*.

innestate direttamente nella roccia[97] (figg. 4. 10–11). Cronologicamente l'edificio in materiale deperibile sostenuto da pali in rovere[98] possiede un *t.a.q.* fornito dal parziale occultamento della buca di palo orientale da un apprestamento di pietre[99] di datazione tardo-arcaica/classica[100]. L'indicatore cronologico invece ancora più preciso è dato dal ritrovamento, all'interno della buca occidentale, di un frammento di parete di coppa greco-orientale *B1* (**K 30781** fig. 3), datante verso il 620/610–550 a.C.[101].

91 Monte Iato: B 1992 (Baitinger in preparazione no. 6; Isler 2009a, 157 fig. 26; Isler 2008, 135 nota 22 tav. 25, 5) e B 2382 (Baitinger in preparazione, "Nachtrag").
92 Cfr. capitoli 2.1 / 3.3.1 *Riempimento nella zona orientale della casa a peristilio I (t.a.q. verso il 600 a.C.)*.
93 Isler 1982, 23–24, figg. 32–34; Isler 1983a, 41–42 tav. 13, 3; Isler 1983b, 30–31, fig. 33; Isler 1984a, 31–32, tav. 7, 4; Isler 1990a, 279–280 nota 6; Isler 2009a, 141 nota 33 fig. 3. Cfr. anche Reusser 2021, 123 nota 7. Ringrazio Judith Fuchs per la sua precisa descrizione e documentazione grafica dei reperti (Fuchs 1996).
94 Kistler et al. 2018b, 28.
95 Kistler et al. 2018b, 22–31 (Bereich IV). Di notevole importanza sarà anche l'analisi dei materiali provenienti dallo strato protostorico: Kistler et al. 2018b, 19–21 (Bereich III).
96 Le campate fra una buca e l'altra misurano rispettivamente da quella occidentale a quella orientale: 317.4 cm; da quella centrale a quella orientale: 298.6 cm. L'allineamento delle buche è leggermente curvilineo (figg. 4; 10–11), argomentazione non sufficiente per presupporre un andamento absidale dell'edificio o per poter ricostruirne con sicurezza una pianta. Confrontando, difatti, l'orientamento delle singole buche da altri contesti, non è possibile presumere con sicurezza l'andamento della struttura (per alcuni confronti di buche con andamento curvilineo relative a strutture rettangolari o absidiali: Leighton 2012, 77 fig. 1.44 per contest della fine dell'età del Bronzo – prima età del ferro). Campate tra pali esterni di ca. 3 m sono attestate, ad esempio, anche nella struttura rettangolare di Grammichele, Poggio dei Pini (Randazzo 2000, 74–75 con nota 43 fig. 8, datata tra la fine dell'età del Bronzo e gli inizi dell'età del ferro) o nell'insediamento di Lentini, Metapiccola (per un riassunto: Frasca 1995, 419–422; per una descrizione dettagliata: Rizza 1957, 66–67; per la pianta: Leighton 2012, 77 fig. 1.44a, datata fra il XI e il IX sec. a.C.).
97 Per il ritrovamento delle buche di palo: Reusser et al. 2015, 113. 117. fig. 1 tav. 20, 4. Edificio citato anche in Reusser 2021, 123. Per alcuni confronti con strutture analoghe con pali innestati direttamente nella roccia: Morgantina (Edifici 16W, 29, 31: Leighton 2012, 64–74 figg.1.38–1.43. Per l'edificio 16W in particolare: Leighton 2012, 39–64); Segesta (Benelli et al. 1992, 100); Sabucina (Capanna 16b, 21b, 22–23b: Mollo Mezzena 1993, 147–151.)
98 La determinazione del legno è stata effettuata grazie all'analisi dei carboni proveniente dai riempimenti delle buche di palo. Cfr. Reusser et al. 2015, 117 con nota 47.
99 Nella bibliografia nota come "spätarchaische Steinsetzung", cfr.: Mohr – Reusser 2017, 96 con fig. 2 in alto a destra. La sua relazione con il largo muro con orientamento EO settentrionale (USM 31) non può, all'attuale stato della ricerca, essere stabilito con sicurezza. Riguardo alla revisione dell'interpretazione dell'apprestamento di pietre come fondamenta di un muro con orientamento NS di epoca tardo-arcaica (Reusser et al. 2015, 117 con nota 50) cfr. Mohr – Reusser 2017, 96 nota 28.
100 Riguardo alla datazione dell'apprestamento v. Mohr – Reusser 2017, 96–97 in particolare nota 30. La datazione è data da un lato dal ritrovamento di un frammento d'orlo di skyphos cosiddetto ionico a bande K 31883 (*fuori catalogo*; Mohr – Reusser 2017, 97 nota 30) e da un frammento di collo/spalla di una forma aperta di grandi dimensioni (cratere a colonnette?) con decorazione a linguette K 32333 (*fuori catalogo*; Mohr – Reusser 2017, 97 nota 30 [erroneamente determinato come fr. d'orlo di kylix del tipo Kassel Cup]) nella fossa di fondazione di USM 31. Dall'altro dal ritrovamento nello strato che si appoggia all'alzato del muro conservato nella parte orientale di un frammento di parete di una forma aperta attica a figure nere K 32318 rappresentante, probabilmente, la parte superiore di un personaggio maschile, senza barba, rivolto verso destra, conservato a partire dall'altezza del mento fino a poco al di sotto del collo (Mohr – Reusser 2017, 96 nota 30).
101 K 30781 (*fuori catalogo*): REPH1, S2014, WQ480/495/496, Ab. 602. Lu: 2.9 cm; La: 2.3 cm; Dm: indet.; S: 0.3–0.4 cm; AC: 1.8 cm. Colori: impasto: marrone 10YR 6/4; sup.int.: vn marrone-nera 10YR 3/1 con suddipinture rosse-marroni 10R 4/3; sup.est: beige 10YR 7/3. Impasto: C: semiduro; DS: estremamente depurato; DI: piccoli; Del: impasto omogeneo, numerosi vacuoli puntiformi; Mod: al tornio veloce. Fr. di parete con attacco del labbro di coppa *B1* di produzione regio-coloniale. All'interno vn con resti di tre linee in suddipintura rossastra; all'esterno acromo mostrante resti di tre parti verniciate: all'attaccatura del labbro; una linea sulla vasca;

Il frammento è stato ritrovato – più precisamente – all'interno del riempimento formatosi dallo spazio negativo del palo, indicando dunque un *t.a.q.* per la caduta in disuso dell'edificio[102], probabilmente causata da un incendio[103]. La struttura sembra dunque essere cronologicamente collocabile ancora nel VII sec. a.C.

Infine, è interessante constatare la presenza all'interno del riempimento della prima metà del VI sec. a.C. trattato in questo volume di un frammento di kotyle – forse – protocorinzia[104] (**61**) rappresentante presumibilmente, allo stato attuale della ricerca, il reperto ceramico d'importazione più antico ritrovato sul Monte Iato[105]. Seppure una datazione precisa, dato lo stato di conservazione del frammento, appaia azzardata, una sua eventualmente datazione in epoca protocorinzia (fine dell'VIII/VII sec. a.C.) rispecchierebbe nuovamente quanto finora elaborato.

Come sinteticamente illustrato sopra, in base sia ai contesti finora scavati sia ai ritrovamenti, pare necessario abbassare la datazione degli inizi dell'abitato di Monte Iato rispetto a quanto pubblicato da Hans Peter Isler. Le prime frequentazioni del sito possono risalire alla seconda metà / fine dell'VIII sec. a.C. Dati riguardanti una frequentazione regolare e dunque un'installazione stabile sul pianoro di Monte Iato sembrano tuttavia concentrarsi durante il corso del VII sec. a.C.

1.3 Metodologia

1.3.1 Selezionamento dei contesti e degli strati stratigraficamente affidabili

L'elaborazione di una nuova cronotipologia di materiali, indifferentemente da quali essi siano e in quale epoca essi siano collocati, necessitano, ad avviso dell'autrice, di una notevole quantità di reperti provenienti da contesti stratificati chiusi. La quantità deve essere tale da poter affrontare – secondo un rigore scientifico – delle analisi di tipo statistico. I dati rientranti nelle statistiche non possono attestare – quanto possibile – problematiche inerenti criteri soggettivi dello studioso. Per queste ragioni i contesti selezionati, qui presentati per l'elaborazione di una nuova cronotipologia delle ceramiche *indigene,* dovevano presentare il più alto grado di affidabilità stratigrafica possibile.

In seguito alla visione di minimo 40'000 frammenti, considerati dai rapporti preliminari come idonei per l'elaborazione di una cronologia, si è proseguito – dopo numerosi scarti sia in base al materiale sia sulla base della documentazione stratigrafica originale – con la documentazione dettagliata di ca. 17'000 frammenti. Un secondo attento riesame della documentazione di scavo e del materiale documentato ha infine ulteriormente limitato la scelta degli strati stratigraficamente affidabili, portando all'elaborazione statistica di un totale di 11'547 frammenti considerati provenienti *con sicurezza* da strati di epoca protostorica, arcaica e classica senza intacchi dello strato di nessun tipo da strutture posteriori. I ritrovamenti faunistici sono stati omessi dai conteggi, data la loro integrale documentazione effettuata da Claudia Abatino.

Non sono stati presi in considerazione i materiali d'importazione – probabilmente appartenenti ai rispettivi contesti –provenienti dagli strati disturbati limitrofi. La decisione è stata presa per non creare falsificazioni cronologiche nell'analisi delle ceramiche *indigene*. Per questa ragione risulteranno variazioni nella presenza o assenza di materiale già pubblicato come relativo al contesto in esame.

---

resti sulla parte inferiore della forma. Pubblicato in: Reusser et al. 2015, 117 nota 51; Reusser 2021, 123.
La datazione proposta in questa sede è data dalle datazioni tradizionali di queste tipologie di coppe in Sicilia tenente conto della revisione di Schlotzhauer 2001 (cfr. 1.3.3. *Ceramica greco-orientale*). Per la corrispondenza delle coppe *B1* con il tipo 10 di Schlotzhauer: Schlotzhauer 2001, 23–24. Per la descrizione dettagliata del nuovo tipo: Schlotzhauer 2001, 111–115. In generale per i criteri di datazione: Schlotzhauer 2001, 337–345. Per frammenti del tipo Schlotzhauer 10 con variante della decorazione kγ, analoghi a K 30781: Schlotzhauer 2001, 337. 341. 530 no. 245 tav. 40 (tipo 10, 3.B datato **620/610–600/590**); Schlotzhauer 2001, 337. 341. 533 no. 258 tav. 42 (tipo 10,5.C datato **610/600–ca. 550** a.C.).

102 All'interno della buca è stato possibile distinguere nettamente due strati: uno a matrice sabbiosa di colore giallo presente unicamente ai lati della buca, l'altro a matrice limo-argillosa di colore marrone-nero con una forte concentrazione di carboni, presente unicamente nella parte centrale, di forma – in sezione – conica. Il frammento K 30781 proviene dallo strato limo-argilloso marrone-nero; FB2014, Abhub 601–602, 111–117, in particolare 115–116.

103 A causa dei carboni determinati di rovere ritrovati nelle buche. Cfr. nota 98.

104 **61:** Cfr. 2.3.1.1.1. *Determinazione cronologica dei reperti.*

105 Per una pubblicazione preliminare sulle più antiche importazioni sul Monte Iato, non più considerabile come elenco completo ma ancora attuale per quanto riguarda i reperti più antichi: Isler 1999b, in particolare 146 con nota 47 fig. 9–10 (K 15511; K 16965 *fuori catalogo.* kotylai in stile lineare (PCT – CA). Per delle fotografie a colori: Isler 2009a, 147 fig. 12). Il frammento K 16965 (Isler 1999b fig. 10) potrebbe, analogamente al reperto trattato **61**, essere datato più largamente a partire da minimo il Protocorinzio Medio (cfr. reperti elencati a nota 317). Lo stesso vale anche per K 15511 (Isler 1999b fig. 9) analogo, per esempio, a Jacobsen – Handberg 2010, 231 no. A885 datato nella prima metà del VII sec. a.C. Per quanto riguarda una loro datazione fino al CA: cfr. le stesse osservazioni per quanto riguarda la precisione della decorazione di **61** (cfr. nota 318). La coppa greco orientale K 21643 citata da Isler come di tipo A2 collocabile al VII sec. a.C. (Isler 2009a, 147 nota 67) potrebbe trattarsi, dalla documentazione fotografica, anche di un'imitazione regio-coloniale di tipo *B2*.

1.3.2 Stato di conservazione del materiale e criteri di documentazione

Tutti i materiali recuperati dai contesti presi in considerazione sono conservati nei magazzini della Missione dell'Università di Zurigo a San Cipirello. L'alto grado di frammentazione dei reperti conservati – di dimensione in parte pressoché minuscole – permette inoltre di affermare che sia stato raccolto tutto il possibile durante gli scavi – un fattore inderogabile per indagini di natura statistica di materiali archeologici. Un altro fattore ritenuto molto importante per le indagini di tipo cronotipologico è lo stato di conservazione dei reperti. I reperti, nel caso della presente indagine provenienti da un contesto d'insediamento, possono attestare sia un alto grado di frammentarietà, quando provenienti da riempimenti, sia inventari d'eccezione attestati da forme pressoché integre. La grande differenza fra gli stati di conservazione dei materiali pone un limite alle presenti indagini: oltre alle varie difficoltà di comparazione di dati tra un contesto e l'altro[106] porta soprattutto all'eventuale mancanza di riconoscimento di sviluppi morfologici dei reperti durante i vari lassi di tempo – non riconoscibili data l'alta frammentarietà del materiale in determinati contesti. Lo stato di conservazione dei reperti di Monte Iato presenta tuttavia anche un aspetto positivo dell'indagine. Rispetto a siti con suoli fortemente acidi, l'insediamento iatino presenta un pH del terreno tendente al neutro, come dimostrato dall'ottima conservazione di ossa e dalle superfici del materiale vascolare. Non sono pressoché mai presenti concrezioni geologiche sui materiali e, vista la composizione del terreno, le superfici sono raramente integralmente "erose": un dato importante per analisi di sviluppo di tecniche decorative vascolari. Questo fattore ha inoltre permesso un'osservazione dettagliata dei trattamenti di superficie, anche se talvolta conservate solo in minime parti.

Onde evitare falsificazioni delle informazioni sulla base di una selezione dei materiali si è proceduto alla documentazione dettagliata totale di ogni singolo frammento proveniente dai contesti selezionati. Per le stesse ragioni, anche i criteri documentati sono stati scelti in ordine di raggiungere la maggiore obiettività possibile. Per questioni di tempistiche sono state utilizzate due varianti di documentazione. Da un lato un'analisi dettagliata, seguita dall'assegnazione di numero d'inventario, esecuzione di fotografie professionali sia del reperto che dell'impasto, disegni quando necessari, di tutti i frammenti:

- possibilmente datanti secondo cronologie già affermate
- morfologicamente riconoscibili.

Seguiti dall'inventariazione regolare di:

- minimo un esemplare per tipologia decorativa
- minimo un esemplare per trattamento delle superfici diversificato
- minimo un esemplare per tipologia d'impasto diversa[107].

Questi reperti, analogamente ai materiali non ceramici egualmente considerati per rigore di completezza dei contesti presi in considerazione, sono stati descritti e documentati dettagliatamente secondo i seguenti criteri:

- riconoscimento del reperto: numero d'inventario, materiale, forma, classe vascolare, centro di produzione e stato di conservazione
- descrizione del reperto: forma dell'orlo/fondo/ansa/presa/parete
- dati quantitativi del reperto: numero di frammenti, lunghezza[108], larghezza[109], ev. diametro, spessore, altezza conservata
- informazioni riguardanti i trattamenti di superficie (interne ed esterne) e le gamme cromatiche delle decorazioni: colore della superficie interna ed esterna; colore dell'impasto; presenza di un'ingubbiatura e la sua eventuale colorazione, tecnica di decorazione, colore della decorazione
- descrizioni dettagliate degli elementi di decorazione così come la presenza di incrostazione bianca per quanto riguarda la classe della ceramica a decorazione incisa e impressa
- tipo e tracce di lavorazione dei reperti (interne ed esterne)
- eventuali tracce d'uso
- presenza e riferimento quantitativo riguardo ai fori di sospensione o riparazione
- descrizione degli impasti: consistenza, densità degli sgrassanti, dimensione degli inclusi, descrizione degli inclusi, presenza di difetti di cottura
- assegnazione al gruppo d'impasto
- riferimenti alla documentazione: rapporti preliminari, anno, saggio, battuta, strato, numero delle fotografie nella banca dati dell'Istituto di Archeologia, Dipartimento di Archeologia Classica dell'Università di Zurigo, numero della documentazione grafica del reperto, cenni bibliografici riferiti alla pubblicazione passata del reperto
- confronti bibliografici per il reperto, datazione e osservazioni supplementari.

Tutte le caratteristiche delle vernici, delle ingubbiature, degli impasti, delle inclusioni e delle tecniche di lavorazione sono state distinte secondo criteri autop-

106 Cfr. *3.1.3 Analisi statistiche – pro e contra.*

107 Se non già coperta dalle scelte secondo i criteri sovra elencati.

108 Intesa come massima estensione in direzione "orizzontale", secondo l'orientamento corretto del reperto.

109 Intesa come massima estensione in direzione "verticale", secondo l'orientamento corretto del reperto.

tici con l'aiuto di una lente d'ingrandimento geologica (x10). La documentazione cromatica dei reperti diagnostici è stata assegnata grazie alle carte Munsell Soil Color Charts del 2000[110] unicamente a condizioni di luce naturale esterna indiretta. Le informazioni cromatiche tramite Munsell sono state fornite per colore/i dell'impasto, superfici interne ed esterne, colori delle decorazioni, dei rivestimenti e degli ingobbi. Per i criteri di consistenza dell'impasto – ovvero la resistenza all'azione della scalfittura, penetrazione e abrasione del manufatto[111] – sono stati utilizzati i criteri della scalfittura tramite una punta di acciaio[112] e quella del suono[113]. Il termine *tenero* indica una scalfittura tramite una minima pressione dell'unghia; *semiduro* una scalfittura minima tramite l'unghia grazie ad una pressione maggiore rispetto agli impasti definiti *teneri*; *duro* quando non più scalfibile con l'unghia bensì con la punta d'acciaio. Per l'assegnazione del grado di densità degli sgrassanti sono stati utilizzati i seguenti criteri: *poco depurato* (< 5 inclusi per cm^2); *medio depurato* (5–10 inclusi per cm^2); *molto depurato* (10–20 inclusi per cm^2); *estremamente depurato* (>20 inclusi per cm^2). La scala granulometrica di riferimento per la dimensione degli inclusi dell'impasto ceramico è quella di tipo geologico[114] avente i seguenti criteri: *molto piccoli* (dimensione degli inclusi tra 0.002–0.063 mm); *piccoli* (0.063–0.2 mm); *medi* (0.2–0.63 mm); *grandi* (0.63–2.0 mm); *molto grandi* (2.0–6.3 mm). Le tecniche di modellazione dei vasi sono suddivise in *modellazione a mano, al tornio lento* e *al tornio veloce*. I criteri di distinzione scelti per la descrizione del tornio sono basati sull'osservazione della regolarità delle tracce di lavorazione sulle superfici[115].

110 Munsell 2000. Seppure in archeologia l'assegnazione del colore Munsell sia corrente è importante tener conto dei limiti di questa metodologia. La tabella, creata espressamente per la documentazione di gamme cromatiche di terreni geologici, non contiene tutte le colorazioni invece presenti nelle ceramiche – ovvero delle argille dopo il processo di cottura. Inoltre, le piccole dimensioni dell'occhiello e le condizioni di luce non sempre identiche, possono ingannare le indicazioni soggettive assegnate durante la documentazione. La descrizione di "nero" del catalogo, senza assegnazione di numero Munsell, è riferita ad un nero intenso, non classificabile tramite le tavole, inerente nella maggior parte dei casi alle vernici nere sature, di qualità, dei reperti d'importazione.

111 Cuomo di Caprio 2007, 129–130.

112 Una scalfitura tramite punta di acciaio corrisponde al valore 3–5 della scala di Mohs, tramite l'unghia al valore 1–2 (Cuomo di Caprio 2007, 73–74; Schneider 1989, 11).

113 L'acutezza del suono emesso da una lieve percussione del reperto indica la temperatura di cottura delle ceramiche. Più il suono risulta meccanico, più alte furono le temperature di cottura (Cuomo di Caprio 2007, 130).

114 Schneider 1989, 12.

115 Cuomo di Caprio 2007, 177. L'utilizzo del tornio, definito dall'autrice *primitivo*, non permette una produzione regolare a causa dell'insufficienza della forza centrifuga generata dallo strappo del piano girevole da parte del vasaio. Per questa ragione le linee di tornitura risultano irregolari in caso di utilizzo di un tornio primitivo/lento e regolari in caso dell'utilizzo di un tornio veloce.

I trattamenti delle superfici sono stati indicati con *lisciatura*[116], *lucidatura*[117] e se visibile *steccatura*[118]. Sia le decorazioni, sia i rivestimenti, sia i trattamenti di superficie rilevati sono stati espressamente distinti secondo la zona del vaso dove attestate (interno / esterno / orlo / fondo). Infine, è stata specificata la presenza di tracce di bruciato, fuliggine o incrostazioni di natura probabilmente organica.

Dall'altro lato, tutti i reperti non inventariati secondo gli standard dello scavo, formati pressoché unicamente da frammenti di parete sono stati elaborati a rigore statistico documentando, a differenza degli altri, unicamente un numero leggermente minore di criteri:

- Le dimensioni sono unicamente state fornite per lo spessore del reperto, criterio utile per un'eventuale determinazione morfologica.
- Le gamme cromatiche sono state fornite con termini soggettivi e non secondo le tavole Munsell.
- I frammenti hanno ottenuto un numero consecutivo *interno* e sono stati fotografati in gruppo, nell'ordine consecutivo corretto, solitamente da un solo lato quando non presentanti caratteristiche particolari su entrambe le superfici.

È dunque possibile per ogni singolo frammento dei contesti ottenere, su richiesta, una scheda di documentazione correlata da fotografia permettendo così un'assoluta trasparenza dei dati a disposizione per futuri accertamenti o revisioni delle conclusioni qui presentate.

1.3.3 Cronologie assolute di riferimento

L'indagine di tipo cronotipologica dei reperti *indigeni* si basa sulla datazione di reperti d'importazione di produzioni meglio note e studiate, in particolare su quella della ceramica corinzia, greco-orientale e, in seguito, attica.

116 Quando il reperto mostra una superficie levigata, opaca ad esposizione alla luce solare, dovuto alla mancata chiusura dei pori (molecole) della superficie esterna. Il raggio di luce a contatto con la materia subirà in questo caso una riflessione diffusa, dovuto all'irregolarità della superficie vascolare.

117 Quando il reperto mostra una superficie brillante/riflettente ad esposizione alla luce solare, dovuta alla chiusura dei pori (molecole) della superficie esterna. Questo effetto è unicamente raggiungibile tramite un processo di lavorazione supplementare prima della cottura di forte levigatura della superficie vascolare, ev. con un panno umido. Più la superficie è fortemente levigata più il raggio di luce subirà una riflessione speculare a contatto con la materia creante l'effetto comunemente chiamato di *brillantezza* della superficie.

118 Unicamente indicato se oltre alla lucidatura fosse possibile indicare l'utilizzo di uno strumento, osseo o ligno, utilizzato per la levigazione delle superfici lasciante tracci regolari – solitamente leggermente impresse – sulla superficie.

Ceramica corinzia

La cronologia della ceramica corinzia, da sempre discussa e valente come fossile guida temporale per il periodo tra l'VIII e il VI sec. a.C. svolge un ruolo fondamentale per la presente indagine. Non volendo riprendere, da principio, le ben note problematiche di questo costrutto cronologico[119], si indicano le scelte di datazione in termini *assoluti* adottati.

La fase più importante per tutta l'impalcatura utilizzata in questa ricerca è la datazione del Corinzio Antico e Medio – attestata da diversi reperti in vari contesti analizzati – decisiva per la suddivisione in fasi dei ritrovamenti di ceramica *indigena*.

Tenendo conto delle revisioni proposte negli ultimi decenni[120] e le critiche esposte da Cornelis W. Neeft sulle datazioni assolute della ceramica corinzia proveniente da contesti cultuali o da necropoli[121] si riprendono, ciò nonostante, le datazioni assolute elaborate da Christiane Dehl-von Kaenel nel 1995 sulla base dei reperti provenienti dal Santuario della Malophoros a Selinunte[122], ritenute, all'attuale stato della ricerca, ancora quelle più idonee per un contesto siciliano. La scelta delle cronologie assolute di riferimento ha tenuto conto anche delle associazioni ritrovate nei contesti iatini, in particolare all'interno degli strati di vita dell'edificio a due vani del quartiere orientale[123]. Concentrandosi sugli elementi considerati datanti sono presenti, durante la prima fase dell'edificio, sicuramente tre reperti d'importazione corinzia (**1–3**: datazione CA – CM) attestati, in un caso, da una kotyle figurata quasi integra **1** facente verosimilmente parte dell'inventario. Nella seconda fase sono altresì presenti reperti corinzi di datazione CA – CM (**10–11**), ma con grado di frammentazione molto alto, non prettamente indicanti con sicurezza un loro effettivo uso in fase con l'edificio. I materiali corinzi possono, in questo caso, eventualmente essere considerati anche "residuali", presenti all'interno dell'edificio o sui pavimenti oppure più verosimilmente interpretabili come frammenti utilizzati come smagranti degli alzati delle pareti in argilla, in seguito crollati. Tuttavia, oltre ai materiali corinzi altamente frammentari, sono attestati nella seconda fase più reperti d'importazione o imitazione greco-orientale, fra tutti la coppa *B1* quasi integra **14**, più che verosimilmente facente parte dell'inventario della seconda fase. Abbiamo dunque da un lato, in un contesto insediativo, la prima fase priva di reperti greco-orientali ma con l'attestazione di una kotyle datante al Corinzio Antico-Medio; dall'altro una seconda fase con quasi nessun reperto corinzio ma l'attestazione di una coppa *B1* quasi integra verosimilmente d'importazione greco-orientale. Grazie alle nuove datazioni delle coppe greco-orientali di Schlotzhauer, basate sulle datazioni di contesti stratigrafici chiusi[124], lo spettro di datazione dei frammenti greco-orientali o d'imitazione dei frammenti presenti nella seconda fase del contesto indicano una cronologia verso il secondo quarto – metà del VI sec. a.C. (cfr. tab. 2). La coppa *B1* pressoché integra (**14**), può inoltre verosimilmente essere datata ancora più precisamente verso il 560–550 a.C.[125]. Le conclusioni, osservando le proposte di datazione assolute della ceramica corinzia, indicano l'idoneità di più cronologie per datare la prima fase dell'edificio con materiali corinzi del CA – CM:

A) secondo Dehl-von Kaenel[126]
CA: ca. 620 – 600/590 a.C.
CM: ca. 600/590 – **570 a.C.**

Oppure

B) secondo Tiverios / Skarlatidou[127]
CA: ca. 610/605 – 580 a.C.
CM: ca. 580 – **560/555 a.C.**

La datazione della prima fase dell'edificio potrebbe funzionare con quella della seconda fase sia con la proposta di Dehl-von Kaenel (1. fase: ca. 620–570 a.C.; 2. fase: ca. 570–550 a.C.) sia con quella di Tiverios/Skarlatidou (1. fase: ca. 610/05–560/555 a.C.; 2. fase: ca. 570–550 a.C.) presupponendo, per la datazione di Tiverios/Skarlatidou, che la prima fase dell'edificio sia da porre piuttosto nella prima metà della cronologia assoluta proposta.

Seppure sia stata scelta la cronologia di Dehl-von Kaenel[128] è importante sottolineare il costrutto cronologico artificiale utilizzato[129] e l'idoneità di più crono-

119 Per la storia dello studio: Lambrugo 2013, 227–233; Iozzo 2012, 21–23; Dehl-von Kaenel 1995, 32–42; Fusetti 2013, 34–37; Per le notevoli problematiche: Neeft 2012; Rouillard et al. 2010.

120 Amyx 1988, in particolare volume II, 397–434; Tiverios 1991, 631–632; Dehl-von Kaenel 1995, 32–42; Skarlatidou 2002. La proposta di Tiverios, riproposta da Skarlatidou, pone la datazione del Corinzio Medio tra il 580–560/555 a.C.; quella di Dehl-von Kaenel tra il 600/590–575/570 a.C. – variazione minima rispetto a quella stabilita da Amyx tra il 595/590–570 a.C.

121 Neeft 2012, in particolare 489–492.

122 Dehl-von Kaenel 1995, 32–42.

123 Cfr. 2.2 *Strati di vita – Edificio quartiere orientale*. Si esclude, da una valutazione di associazioni, il contesto del riempimento costruttivo ritrovato sull'agorà sottostante l'edificio A, vista la sua natura di riempimento.

124 In dettaglio cfr. *infra*.

125 Cfr. 2.2.1.2.1 *Determinazione cronologica dei reperti*.

126 Dehl-von Kaenel 1995, 32–42.

127 Tiverios 1991, 631–632; Skarlatidou 2002.

128 PCA: ca. 725/720–700 a.C.; PCM (I e II): ca. 700–650 a.C.; PCT: ca. 650–640/630 a.C.; TR: ca. 640/630–625/620 a.C.; CA: ca. 625/620–600/590 a.C.; CM: ca. 600/590–570 a.C.; CTI: ca. 570–550/540 a.C.; CTII: *post* 550/540 a.C. Cfr. CVA Berlin 6, 18–19 per le fasi dal PCA al CA; Dehl-von Kaenel 1995, 42 per le fasi dal CA al CTII.

129 Per le problematiche in particolare: Neeft 2012, 493.

logie assolute di riferimento per le stratigrafie trovate sul Monte Iato. Revisioni future delle cronologie di riferimento avranno dunque un grande impatto anche sulle datazioni dei materiali *indigeni* elaborate nel presente volume.

Per la datazione in particolare di frammenti di *black-kotylai* sono basilari le cronologie fornite da Claudia Lambrugo elaborate grazie ad una selezione di contesti dalla necropoli arcaica di Gela[130]. Oltre alle sue nuove osservazioni cronologiche dovute al riesame dei numerosi corredi, sono confluiti all'interno delle indagini confronti provenienti dall'Archivio Ceramografico Corinzio *dell'Archaeologisch Centrum* dell'Università di Amsterdam[131] curato da Cornelis W. Neeft – non pubblicamente accessibili – e i risultati della nuova seriazione tipologica e cronologica delle *black-kotylai* sviluppata su reperti provenienti da Butrinto da parte di Neeft – ancora inedita[132].

Ceramica greco-orientale

Le datazioni proposte in questa sede rispetto alle importazioni e imitazioni della classe greco-orientale, in particolare delle coppe definite secondo la tipologia proposta in origine da François Villard e Georges Vallet *B1 e B2*[133], sono basate sulle indagini di Udo Schlotzhauer del 2001[134]. La cronotipologia delle coppe greco-orientali è stata elaborata grazie a contesti stratificati affidabili provenienti da Mileto, dal territorio limitrofo della Ionia meridionale fino a Samos con riprese puntuali di ritrovamenti provenienti dal bacino del Mediterraneo orientale e africano, dall'Italia, dalla regione del Mar Nero e dalla costa occidentale dell'Asia Minore incluse gli arcipelaghi limitrofi[135]. Le tipologie da lui elaborate per le coppe *B1*, corrispondenti grosso modo al suo tipo 10, e per le coppe *B2,* corrispondenti grosso modo al suo tipo 9[136], tengono conto non solo delle morfologie attestate ma anche delle decorazioni presenti sulla forma. Per queste ragioni, le datazioni proposte per i reperti iatini saranno fornite da una combinazione di confronti morfologici e decorativi sulla base delle suddette indagini risultanti notevolmente abbassate rispetto alle cronologie tradizionali delle coppe greco-orientali.

130 Lambrugo 2013.
131 Prefazione di David Ridgway in: Lambrugo 2013, 11.
132 Lambrugo 2013, 351–352. Bibliografia del manoscritto *Neeft Bouthrotos* (Lambrugo 2013, 445).
133 Villard – Vallet 1955, 14–31 figg. 4. 5.
134 Schlotzhauer 2001. La tesi di dottorato difesa nel 2001 è stata aggiornata per la versione open source fino al 2014.
135 Schlotzhauer 2001, XI–XII.
136 Per le varie terminologie fornite dalla ricerca e comparazioni con la nuova tipologia di Schlotzhauer: Schlotzhauer 2001, 11–65 con tabella riassuntiva 19–20.

Osservazioni

Le necessità grafiche della presente indagine non permettono una scelta più obbiettiva, adoperata ad esempio da Claudia Lambrugo[137], limitando una definizione cronologica relativa dei materiali assegnando unicamente i valori datanti in *segmenti verbali* come Corinzio Antico o Medio, sicuramente più *neutrali* rispetto alle datazioni in seguito proposte in cifre assolute. Gli intervalli cronologici sono da intendere come valori in futuro variabili a dipendenza delle future revisioni rispetto alle datazioni dei materiali corinzi e greco-orientali.

1.3.4 Nomenclature e definizioni

Reperti considerati datanti

All'interno dei paragrafi dedicati ai reperti datanti, saranno discussi tutti i frammenti ceramici relativi a produzioni diverse da quelle definite in questo volume *indigene*. L'elenco sarà integrale, includendo anche tutti i frammenti non più precisamente determinabili dall'autrice o inerenti a produzioni con cronologie di riferimento non particolarmente dettagliate.

Coppe greco-orientali

Per le coppe di origine greco-orientale, tra le più diffuse nel bacino del Mediterraneo e ampiamente imitate, viene scelta la nomenclatura secondo la tipologia proposta in origine da Villard – Vallet 1955. La nomenclatura secondo la loro tipologia, nel frattempo superata, sia per quanto riguarda le morfologie che i centri di produzione[138] rimane nel gergo scientifico ancora diffusa come quella più comprensibile. Questa verrà riferita nel testo in andamento corsivo accompagnata nelle note dai confronti secondo le altre tipologie di riferimento.

Centri di produzione degli elementi considerati datanti

In mancanza di analisi archeometriche degli impasti, l'assegnazione del centro di produzione delle classi è notoriamente pressoché impossibile. Unicamente per le classi non *indigene* verranno indicate, secondo le metodologie autoptiche tradizionali, un'indicazione rispetto al centro di produzione intese come *verosimilmente d'importazione* oppure *di produzione regio-coloniale.*

137 Lambrugo 2013, 233.
138 Per le morfologie: Schlotzhauer 2001, 11–354. Per i centri di produzione: Schlotzhauer 2001, 358–464.

Produzioni regio-coloniali

In mancanza di una nomenclatura appropriata per definire i centri di produzione di tutte le forme d'imitazione / ispirazione / adattamento / assimilazione di morfologie ceramiche d'importazione dai centri greci (intesi soprattutto come corinzi, greco-orientali e attici), verrà utilizzata la denominazione *di produzioni regio-coloniali*. La problematica della nomenclatura unicamente *coloniale* sta nella restrizione intrinseca del termine dei centri di produzioni considerati come quelli unicamente riferiti dalle fonti scritte in Magna Grecia: restrizione di stampo ellenocentrico non prettamente verificabile dalla ricerca[139]. Inoltre, l'alto grado di specializzazione attestato ad esempio anche dagli scarti di fornace da Entella, producente fra altri anche imitazioni di coppe *ioniche* di produzione locale[140], rafforza l'assunzione che non solo centri magno greci avessero delle capacità elevate per produrre reperti considerati d'imitazione. La differenziazione autoptica, inoltre, fra frammenti di coppe di produzione *indigena* o di produzione *coloniale* è notoriamente non sempre così evidente come assumibile. Spesso la distinzione è prettamente soggettiva dall'autore e reperti, ad esempio, considerati da alcuni *indigeni* vengono considerati da altri *coloniali*[141]. Seppure il termine *regionale* porti con sé altre grandi problematiche di definizione rispetto a quanto si definisca *locale* si predilige questa nomenclatura come aggiunta al termine *coloniale* per le produzioni d'imitazione. *Regionale* in questo volume è inteso come qualsiasi area geografica estesa a tutta la Magna Grecia (e volendo anche oltre), formata da centri di produzione non situati in città coloniali tramandate dalle fonti scritte ma aventi un grado di specializzazione tale da produrre reperti vascolari *d'imitazione*. L'esclusione, *a priori*, dell'esistenza di officine vascolari dislocate dalle città coloniali, aventi un *know how* tale da poter competere con le produzioni nei centri coloniali, viene considerato dall'autrice, non verificabile.

139 Centri di produzioni sicelioti o magno-greci sono raramente verificati da analisi di scarti di fornace di tipo archeometrico riguardanti le produzioni cosiddette *coloniali* di coppe ad esempio *ioniche*.

140 Guglielmino 2000, 706–707 con tav. CXXVI, 3–4 per le coppe B2 di produzione entellina.

141 Come unico esempio fra tanti venga citato il frammento iatino K 26611 (*fuori catalogo*) considerato come coppa a filetti di produzione verosimilmente imerese in: Isler 2012a, 91 con nota 7 fig. 146. Tutti i criteri autoptici del frammento, dall'impasto alla decorazione, allo stato di conservazione della superficie, alla saponosità al tatto, sono perfettamente confrontabili anche con produzioni in *ceramica indigena a decorazione dipinta*.

2 CONTESTI DI RINVENIMENTO

In funzione della creazione di una cronotipologia dei materiali *indigeni* sono state analizzate dieci fasi cronologiche provenienti da quattro contesti chiusi di Monte Iato[142].

"Riempimento nella zona orientale della casa a peristilio I" denominato sulla base delle pubblicazioni di questo contesto, definito nell'edito come "strati di vita nella zona orientale della casa a peristilio I". Il contesto, non legato contestualmente alla casa a peristilio I di epoca ellenistico-romana, si trova nel quartiere occidentale del Monte Iato (WQ491/492). Il contesto fornisce dati per una fase cronologica.

"Strati di vita – Edificio quartiere orientale" indica la successione di due fasi cronologiche all'interno del vano settentrionale dell'edificio scavato. Vi è la presenza di una terza fase, cronologicamente più ampia, attestata dai due strati rimescolati erosi verso sud provenienti sia dalla prima che dalla seconda fase dell'edificio. All'interno delle pubblicazioni il termine coniato per denominare il contesto è lo stesso o leggermente variato per quanto riguarda il termine "edificio".

"**Quartiere arcaico-classico sottostante l'agorà**[143]" indica l'intera area indagata presentante numerosi contesti di datazione arcaica e classica. Presi in analisi saranno le successioni rappresentate dalla **genesi dell'edificio 1** presentante tre fasi cronologiche distinte: un riempimento adibito alla costruzione dell'edificio A; lo strato di abbandono dell'edificio A soprastante e, infine, il rifacimento dell'edificio A denominato in seguito edificio 1, ampiamente pubblicato da Martin Mohr e ben noto all'interno della ricerca per il suo inventario in ottimo stato di conservazione. La terminologia di "Haus 1" riferita unicamente all'ultima fase dell'edificio presentante l'inventario ben conservato (edificio 1) è già ampiamente stata utilizzata all'interno delle pubblicazioni di Martin Mohr. Per non cambiare la terminologia già coniata per quest'ultima fase dell'edificio, si sono introdotte le terminologie di "edificio A" (più antico dell'edificio 1) e del rispettivo riempimento adibito a tale costruzione. In termini di conteggio di contesti il suddetto può essere calcolato come un unico contesto attestante tre fasi distinte.

Infine, il quarto contesto indagato si tratta dell'**"edificio ad oikos",** denominato nella ricerca come "tempio ad oikos", presentante due riempimenti adibiti ai rispettivi piani di calpestio attestati all'interno dell'edificio datati *ante* 460/450 a.C. Una "terza fase" può essere riferita ad una cronologia più estesa visto la mancata distinzione in un sondaggio del piano di calpestio di prima fase. A determinate quote i materiali dello strato saranno riferiti di prima o seconda fase.

Verrà unicamente fatto riferimento ad un quinto contesto integralmente indagato **"strati di vita nella zona occidentale della casa a peristilio II**". Anche in questo caso il contesto non è legato contestualmente alla casa a peristilio II trattandosi unicamente di un'indicazione geografica. Il contesto non rientrerà all'interno delle statistiche sulle quali si baserà la cronotipologia elaborata. Tuttavia, confluirà una selezione di reperti all'interno del catalogo per ragioni di rarità di attestazioni o buoni stati di conservazione.

Per ragioni di documentazione interna si forniscono le quote superiori in termini tecnici tedeschi: "OK" indica l'"**O**bere **K**ante" ovvero la quota superiore di uno strato o di una struttura. Il termine "UK" indica invece la quota inferiore ("**U**ntere **K**ante").

2.1 Riempimento nella zona orientale della casa a peristilio I

Il contesto più antico preso in considerazione dalla presente indagine, si tratta di un riempimento stratificato situato nel cosiddetto quartiere occidentale WQ480 rappresentante, all'attuale stato della ricerca, uno dei contesti stratificati più antichi ritrovati sul Monte Iato (fig. 4–11; appendici A.1–2). La sua importanza non è unicamente riferibile agli scopi della presente indagine, bensì anche rispetto alla genesi dell'insediamento di Monte Iato, i quali inizi erano stati collocati da Hans Peter Isler verso il X–IX sec. a.C.[144]. L'area indagata, scavata tra il 2002 e il 2006 nell'area

142 I contesti integralmente documentati ammontano in realtà a cinque, riferibili a 11 fasi (tab. 10). Come in seguito riferito, il contesto delle strutture ad ovest della casa a peristilio II è stato omesso dalle statistiche per l'elaborazione della cronotipologia del materiale. Cfr. 2.4 *Strati di vita nella zona occidentale della casa a peristilio II.*

143 In seguito, denominato quartiere arcaico-classico dell'agorà.

144 Cfr. nota 46–47.

Fig. 4: Pianta generale del quartiere occidentale con posizionamento in verde del riempimento definito "ad est della casa a peristilio I".

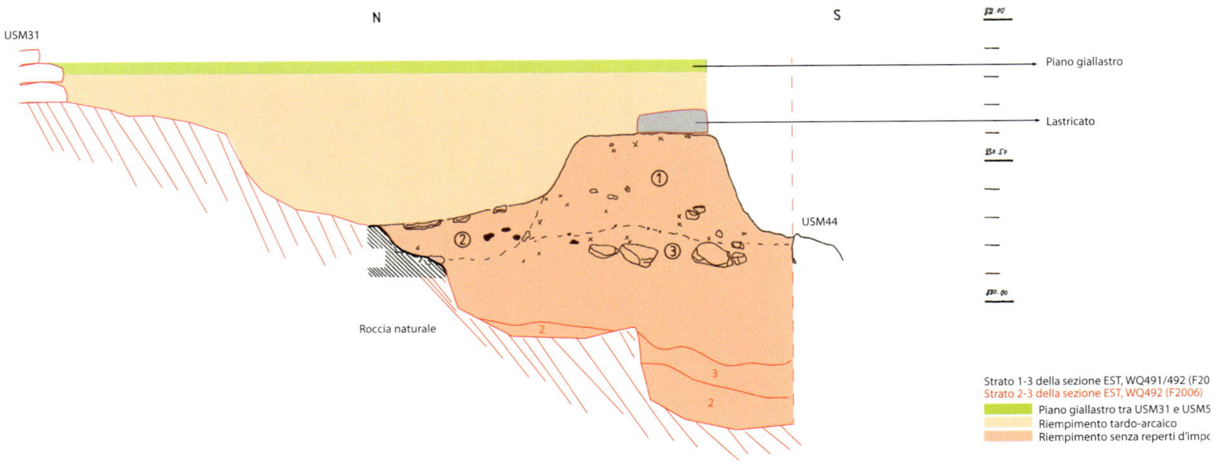

Fig. 5: Profilo ricostruttivo NS tagliante il contesto di riempimento.

orientale adiacente alla casa a peristilio I, furono inizialmente interpretati come una successione di strati inerenti a due piani di calpestio distinti con i loro rispettivi strati di vita[145]. La particolarità degli strati è l'assoluta mancanza di materiale d'importazione. L'interpretazione del contesto come una successione di cinque strati, cronologicamente distinti l'uno dall'altro, portò alla formulazione da parte di Hans Peter Isler di una preliminare cronotipologia spaziante tra il IX e l'VIII sec. a.C. per i materiali *indigeni* ritrovati[146]. L'analisi dei materiali ha invece permesso di osservare la natura di riempimento dei cinque strati distinti durante lo scavo, come dimostrano vari frammenti combacianti tra loro provenienti dai diversi strati[147]. L'attestazione di questi frammenti indica una deposizione pressoché contemporanea del materiale rinvenuto. Si tratta dunque di un riempimento artificiale, costituito secondo i rapporti di scavo, da cinque strati giacenti direttamente sulla roccia[148].

Il terreno ridepositato fu prelevato da un'altra zona del Monte – plausibilmente limitrofa – allo scopo di livellare l'area che in questo punto presenta uno scoscendimento naturale della roccia di conformazione a "scalini"[149] (fig. 5).

Per comprendere la genesi del riempimento è necessario ampliare l'analisi del contesto a tutta la fascia fra le due larghe mura USM31 e USM51 (fig. 4[150]). Il piano di calpestio fra queste mura è formato da un battuto compatto, di pietra arenaria farinosa frammista a pie-

145 Isler 2003, 81–82; Isler 2004a, 77; Isler 2004b, 14–15 fig. 29; Isler 2005a, 106; Isler 2005b, 8 fig. 32–36; Isler 2006a, 67–68; Isler 2006b, 7 fig. 35–40; Isler 2007, 112; Isler 2009a, 141–144. Per la documentazione originale: FB2002; FB2003a; FB2004a; FB2005a; FB2006a.

146 Isler 2009a, 141–144 con bibliografia precedente rispetto alle sue proposte di datazione, anche Isler 2007, 112; Isler 2006a, 68 con nota 27; Isler 2005a, 105.

147 Si trattano di 30 reperti: **164. 210. 219. 470–474. 486. 505. 628. 678. 717–718. 758. 763. 803. 821. 823. 872. 884.** K 24241; K 31981 A–C; K 32009; K 32053; K 32133; K 32134; K 32137; K 32138; K 32192 A–B; Da notare è anche l'affermazione di Isler "*Das spärliche Fundmaterial hat keine Differenzierung zwischen den oberen, im Vorjahr untersuchten Schicht mit vergleichbarem Material und der jetzt abgetragenen Schicht direkt über dem Fels erlaubt*" (Isler 2005a, 106), attestando una prima intuizione sulla natura degli strati di età contemporanea. Per una visualizzazione grafica dei reperti combacianti (unicamente quelli più rilevanti) cfr. appendice A.2.

148 Inizialmente descritti da Isler (Isler 2009a, 141–144) come cinque periodi, interpretati partendo dalla roccia come: uno strato di riempimento (Isler 2007, 112; FB2006a, 57 denominato come "älteste Schicht") formato principalmente da pietra arenaria sfaldata, di spessore molto fine; un piano di calpestio (Isler 2006a, 67; Isler 2007, 112; FB2006a, 18. 57 denominato come "ältere Schicht") formato da terreno giallastro dovuto alla pietra arenaria sfaldata, inclusioni di carboni e pietre calcaree in quantità molto elevata; un secondo piano di calpestio più recente (FB2005a, 9 denominato come "Schicht 3") indicato inizialmente come piano con focolare (Isler 2004a, 77, citata ancora anche in Isler 2005a, 106 con nota 36; Isler 2006a, 67–68 con nota 21 seppure già in FB2004a, 7 fu notato che "*Die im Vorjahr [F03] beobachtete Feuerstelle (vgl. FB2003a, S. 111 u. 187) erweist sich als durchlaufende, schwarze Brandschicht, welche – wie schon erwähnt – im nördlichen Bereich von einer Schicht aus Sandsteinmehl überdeckt war.*" smentendo l'interpretazione dello strato come piano di calpestio con focolare) formato da terreno argillo-sabbioso di colore marrone scuro con numerose pietre calcaree; e una successione di due strati di vita (FB2005a, 9 denominati "Schicht 1" e "Schicht 2"; Isler 2004a, 77; Isler 2006a, 68) formati entrambi da un terreno sabbio-argilloso con inclusioni di carboni, in parte pietra arenaria sfaldata e pietre calcaree, differenziati unicamente dalla colorazione dello strato – "Schicht 1": marrone (FB2005a, 13); "Schicht 2": marrone scuro (FB2005a, 10). La successione di strati, visibile anche grazie alle stratigrafie, corrisponde all'introduzione di un riempimento al fine di livellare le aree in cui la roccia naturale presenta delle vaste cavità. La tecnica utilizzata, inoltre, è analoga a quella del riempimento della prima metà del VI sec. a.C. presente nel quartiere arcaico-classico dell'agorà (cfr. 2.3.1.): la parte direttamente a contatto con la roccia è stata inizialmente riempita per la maggior parte della cavità da pietre calcaree di medie-grandi dimensioni (visibile in: Isler 2006b, 23 fig. 35), interpretato dai responsabili dei saggi come piano di calpestio di prima fase, per poi in seguito correggere i dislivelli con strati di terreno (interpretati come successioni di strati di vita).

149 Scalini nettamente visibili in Isler 2007, tav. 13, 2 con in primo piano il muro di prima epoca imperiale in direzione EO (USM 44).

150 La pianta è stata documentata in annate successive agli scavi, ragione per la quale determinate aree non corrispondono perfettamente a quanto attestato dalla documentazione originale e dalle fotografie, in particolare si osservi la posa del lastricato (v. *infra*) e figg. 6 e 9.

Fig. 6: Contesto alla fine dello scavo del 2003, da E.

tre calcaree di piccola dimensione di colore giallastro di datazione tardo-arcaica/classica[151]. Questo piano si appoggia direttamente al largo muro settentrionale USM31 e sigilla alle quote più alte[152] il riempimento qui indagato (fig. 5[153]). Come strato preparatorio, sotto il battuto giallastro è attestato nella parte settentrionale uno strato di ca. 40 cm di spessore a matrice argillo-sabbiosa di colore marrone. All'interno di questo strato sono attestati frammenti di coppe lato K 480 (K 22012[154]; K 21992[155]), un frammento di coppa B2 (K 22015[156]) e un frammento d'orlo di coppa C concave lip K 22017[157] indicanti la formazione dello strato in epoca tardo-arcaica/classica (fig. 5 [arancione chiaro]). Nella parte meridionale invece, a partire dalla quota di ca. 830.34 m.s.l.m, corrispondente al

151 Kistler et al. in preparazione. Per la datazione del largo muro settentrionale in direzione EO (USM 31), grazie ai ritrovamenti trovati in più saggi di scavo: Mohr in preparazione; Mohr – Reusser 2018, 95 nota 54; Reusser et al. 2015, 117; Isler 2009a, 170; Isler 2004a, 76; Isler 2004b, 14; Isler 2003, 81; FB2003a, 81–93. Per l'interpretazione dell'area fra le due larghe mura con il piano di calpestio giallastro, fonte di recente dibattito: come edificio sacrale M: Isler 2009a, 170 con nota 200 per la bibliografia precedente; come muri di terrazzamento dediti ad una zona esterna: Mohr – Reusser 2018, 95–97 fig. 2; come possibile collegamento viario EO fra il quartiere dell'agorà e il cosiddetto tempio di Afrodite: Kistler et al. 2018a, 259; come mura inerenti ad un grande edificio rettangolare oppure come mura di contenimento, esprimendo i dubbi sull'interpretazione di Mohr: Reusser 2021, 123 con nota 17. Da ultimo tematizzante le varie interpretazioni: Mohr in preparazione.

152 830.88 m s.l.m. nell'area del riempimento.

153 La sezione è **ricostruttiva** per una migliore comprensione della genesi del contesto e non corrisponde 1:1 ad una sezione completa, vista la mancanza della documentazione. Le linee nere sono riprese dalla sezione originale "WQ491/492, Sezione Est dell'area 1-Meter Streifen, F2005". Le linee rosse sono riprese dalle sezioni originali "WQ492, Sezione Est dell'area Erdsteg, F2006" per quanto riguarda gli strati e l'andamento della roccia nella parte inferiore. L'andamento della roccia è ripreso nella parte superiore dalle fotografie. Le quote degli strati indicate nella sezione ricostruttiva sono corrette. Documentazione verificabile all'Università di Zurigo.

154 *Fuori catalogo.* REPH1, F2003, WQ491/492, Ab. 4; Lu: 2.5 cm; La: 2.7 cm; Dm: 15 cm; S: 0.3 cm; AC: 2.1 cm. Colori: impasto: marrone 5YR 6/6; sup.est: marrone 7.5YR 7/4; vn: marrone nero 7.5YR 3/1. Impasto: C: semiduro; DS: estremamente depurato; DI: piccoli; Del: impasto omogeneo e compatto, bianchi puntiformi, vacuoli puntiformi; Mod: al tornio veloce. Fr. d'orlo di coppa lato K 480 senza decorazione a fiamme. All'esterno vn con banda acroma. All'interno vn con linea sottile risparmiata nella parte superiore della forma.

155 *Fuori catalogo.* REPH1, F2003, WQ491/492, Ab. 2; Lu: 3.3 cm; La: 2.7 cm; Dmest: 8.7 cm; S: 0.7 cm; AC: 1.6 cm. Colori: impasto: marrone 7.5YR 6/4; Nucleo: grigio 7.5YR 5/1; sup.est: vn: marrone nero 7.5YR 3/1–2. Impasto: C: semiduro; DS: estremamente depurato; DI: piccoli; Del: impasto omogeneo e compatto, mica, vacuoli puntiformi; Mod: al tornio veloce. Fr. di fondo con piede a tromba di coppa lato K 480. All'esterno vernice stesa a pennellate orizzontali. Sulla superficie inferiore della forma banda orizzontale in vn.

156 *Fuori catalogo.* REPH1, F2003, WQ491/492, Ab. 4; Lu: 3.7 cm; La: 2.6 cm; Dmest: 3 cm; S: 0.4 cm; AC: 0.9 cm. Colori: impasto: marrone-rosso 5YR–10R 6/6; Nucleo: grigio 5YR 5/1; sup.int.: marrone-rosso 2.5YR/5YR 7/4 con vn marrone-nera 2.5YR 4/1–2 e marrone-rossa 10R 5/6; sup.est: vn rossa 10R 5/6. Impasto: C: semiduro; DS: estremamente depurato; DI: piccoli; Del: impasto omogeneo e compatto, mica, vacuoli puntiformi; Mod: al tornio veloce. Fr. di fondo con attacco di piede a tromba di coppa *B2* di produzione regio-coloniale. All'esterno vernice rossa stesa in modo molto saturo; all'interno vn con cerchiello risparmiato acromo. Tra cerchiello e parte in vn linea in vernice più diluita risultata rossastra.

157 Erroneamente citato come frammento di *vicup* in Isler 2004a, 76 con nota 43, v. Mohr in preparazione.

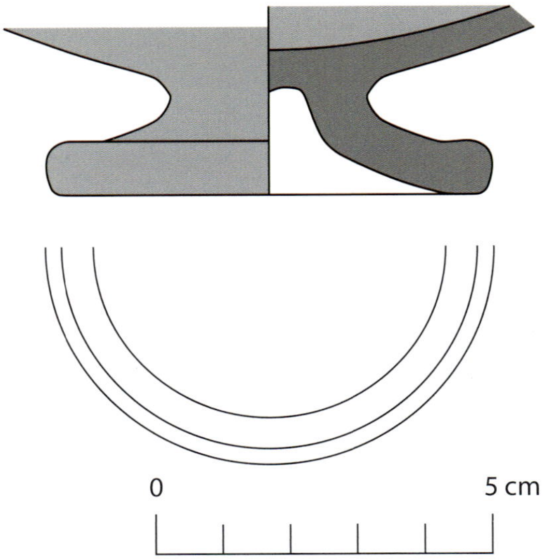

Fig. 7: K 20381 (*fuori catalogo*).

Fig. 8: Lastricato orientale in rapporto a USM51, da O (F2003).

secondo cambiamento netto "a scalino" della roccia naturale[158], inizia la successione dei cinque strati di riempimento privi di materiale d'importazione indagati in questo volume (fig 5 [arancione scuro]). Nella parte meridionale, ove lo strato di livellamento dell'area tardo-arcaico/classico in funzione del piano giallastro è attestato unicamente fino alla quota di ca. 830.70 m s.l.m., furono messe in luce delle lastre calcaree, citate nella documentazione, ma non documentate in pianta. Grazie alla documentazione fotografica (fig. 6) è possibile verificare l'andamento di queste lastre e, così, anche l'interpretazione corretta della responsabile del saggio, come continuazione del lastricato scavato nel 2001 più ad est[159]. Alla stessa quota viene anche identificato un cambiamento di strato, confermato dall'analisi del materiale (appendice A.1). Tutti gli strati sottostanti tale quota, ove viene documentata la continuazione del lastricato, si presentano come chiusi e attestanti unicamente materiale *indigeno*. Il lembo di lastricato orientale, ritrovato durante lo scavo del 2001, è stato datato da Hans Peter Isler grazie ad un frammento di Exaleiptron meso-tardo corinzio[160] ritrovato nella zona limitrofa al lastricato: vista la datazione dello strato sottostante il piano giallastro, all'epoca, verso l'inizio del VI – prima metà del VI sec. a.C., conclude che il lastricato debba essere coevo o leggermente più antico[161]. Questo frammento di Exaleiptron proviene, in realtà, dallo scavo del piano di calpestio giallastro e dunque non è utilizzabile in questo senso per la datazione del lastricato orientale. La datazione dello strato soprastante il lastricato è, invece, altresì da collare in epoca tardo-arcaica/classica[162], confermato anche da un fondo con piede a tromba integra di coppa C concave lip a vernice nera di produzione regio-coloniale[163] ritrovata direttamente sopra il lastricato[164] (fig. 7).

La presenza delle numerose lastre in pietra calcarea nell'area del successivo piano di calpestio tra USM31 e USM51 – lastre sigillanti il riempimento privo di materiale d'importazione – è stata recentemente interpretata come sottopavimento o "massicciata" in funzione della costruzione del battuto giallastro tardo-arcaico/classico[165], in particolare in ragione della loro posa in relazione alle mura USM31 e USM51 (figg. 4. 6).

Le fotografie di scavo mostrano tuttavia che lungo USM51 non è esclusa la presenza di una fossa di fondazione di ca. 15–20 cm di larghezza tra il lastricato e

158 Secondo la documentazione in pianta a quota: 830.33 m s.l.m.

159 FB2003a. Quote riportate per il lastricato orientale: 830.58–61 m s.l.m. Anche dalla documentazione fotografica è possibile vedere che la lastra più occidentale scavata nel 2003 sembra più alta rispetto a quelle orientali, spiegando la differenza di ca. 10 cm delle quote riportate.

160 Isler 2003, 82 tav. 20, 7 (K 20747).

161 Isler 2003, 82 «*Nördlich des Bereichs mit dem Pflaster sitzt die archaische Schicht auf dem Sandsteinfelsen. Sie enthielt in diesem Bereich, abgesehen vom Schulterfragment eines aufgrund seiner Form mittel- bis spätkorinthisch zu datierenden Exaleiptron (K 20747, Taf. 20, 7) nur einheimische Keramik, darunter auch mehrere Fragmente von geschlossenen Piumata-Gefässen. Aufgrund der genannten Importstücke kann die Schicht in die erste Hälfte, möglicherweise noch in das frühe 6. Jahrhundert v. Chr. datiert werden;* ***das Pflaster muss gleichzeitig oder etwas älter sein***».

162 Mohr in preparazione; Mohr – Reusser 2018, 95 nota 54.

163 FB2001a, 33 (K 20381). REPH1, F2001, WQ491/492, SE-Bereich, Ab. 1; Lu: 7.6 cm; La: 6.7 cm; Dmest: 6.7 cm; S: 0.4 cm; AC: 3.0 cm. Colori: impasto: marrone 2.5YR 5/4–6; sup.int.: vn; sup.est: vn; vn: marrone nero 10YR 3/1. Impasto: C: semiduro; DS: estremamente depurato; DI: piccoli-medi; Del: Inclusi piccoli-medi, marroni di forma arrotondata, saltuari bianchi puntiformi (calcarei?), vacuoli puntiformi e più radi di forma allungata; Mod: al tornio veloce. Fr. di fondo con piede a tromba di produzione *regio-coloniale* imitante una coppa C plain rim. Sia all'interno che all'esterno vernice nera. Parte inferiore del fondo acromo con macchie di vernice diluita, impronte digitali del vasaio?

164 Smentita dunque anche la datazione del lastricato indicata in Isler 2003, 82, fornita dal frammento di parete di kotyle corinzia con decorazione a raggiera K 20858 e il frammento di fondo con piede ad anello di coppa *B1* di produzione regio-coloniale K 20859.

165 Mohr – Reusser 2018, 95 nota 54.

il muro tardo-arcaico/classico, indicante un taglio degli strati in funzione della posa successiva del muro EO (fig. 8)[166], smentendo una posa del lastricato con funzione di massicciata in fase al piano di calpestio giallastro ritrovato fra USM31 e USM 51.

La messa in posa delle lastre, inoltre, attesta in alcuni punti quote di ca. 15–20 cm inferiori a quelle del battuto giallastro (fig. 5)[167]. Il dislivello potrebbe essere interpretato come un espediente funzionale al drenaggio del piano giallastro[168] oppure, come in seguito illustrato, come un piano di calpestio di una fase precedente. Il lastricato, secondo le fotografie, e non la documentazione in pianta avvenuta anni dopo la messa in luce della struttura, è posato con orientamento pianeggiante e attesta un andamento relativamente regolare. Le quote, inoltre, corrispondono a quelle della roccia naturale soprastante l'area, ove è presente l'edificio attestato dalle buche di palo, suggerendo una relazione fra le due strutture (fig. 9)[169].

La relazione fra l'edificio attestato dalle buche di palo, il lastricato e il riempimento qui indagato è inoltre suggerita anche dal contesto scavato nel 2016 adiacente la buca di palo orientale[170] (figg. 10–11 [zona verde a destra]). Anche in questa zona è difatti stato possibile attestare, direttamente sulla roccia, uno strato privo di materiali d'importazione, del tutto comparabili con quelli del riempimento qui indagato[171]. Anche la successione degli strati qui trovati è perfettamente confrontabile con quanto elaborato per il contesto del riempimento discusso sopra preso in analisi dalla presente indagine: lo strato superiore, in relazione alla continuazione in quest'area di USM31, viene caratterizzato come a matrice argillo-sabbiosa di colore giallastro, probabilmente interpretabile come la parte inferiore di quanto definito "battuto"

166 La presenza di una fossa di fondazione in funzione di USM51 è stata confermata dall'allora assistente scientifico di scavo M. Bürge (11.02.2022). Lo scavo della fossa era stato iniziato nella parte occidentale, in prossimità del lastricato, ma non precisamente fra USM51 ed il lastricato (FB2001a, 113–115 Ab. 204–206). L'interruzione successiva dello scavo ha impedito la documentazione della fossa.

167 OK quote piano giallastro: 830.92/830.88/830.86 m s.l.m. OK quote lastre: 830.73/830.70 m s.l.m.

168 Come indirettamente suggerito nella pubblicazione di M. Mohr in: Mohr – Reusser 2018, 95 nota 54 e confermato oralmente da M. Mohr. Tuttavia, i piani di calpestio in calce, diffusi in tutti i contesti arcaici di Monte Iato, non presentano solitamente un sottopavimento come neppure una massicciata posata così regolarmente come quella presente in questo contesto. Questo espediente si tratterebbe di un *unicum* sul Monte Iato.

169 Quota lastricato, parte orientale scavata nel 2001: 830.58 – 61 m s.l.m.; OK continuazione lastricato verso O, scavate nel 2003: 830.70 – e minori m s.l.m. osservando le fotografie (quote non documentate in dettaglio); Quote della roccia naturale intorno alla buca più occidentale ritrovata in prossimità del lastricato: 830.65/74/83/73/64/69 m s.l.m.

170 Saggio 497, Sondaggio S2016. Cfr. Mohr – Reusser 2017, 96 fig. 2.

171 Mohr – Reusser 2017, 96–97 nota 30, in particolare la seconda parte, dove viene anche indicato in maniera preliminare il legame con il contesto qui studiato. FB2016, 75–123.

Fig. 9: Lastricato, da S (F2003).

nel resto del quartiere[172]. I materiali ivi contenuti rispecchiano quanto prevedibile: oltre a una grande quantità di materiale *indigeno* e alcuni frammenti di epoca tardo-arcaica[173] sono presenti, a causa del riuso dell'area in epoca ellenistico-romana, anche alcuni frammenti di quest'epoca[174]. Segue poi uno strato a matrice argillo-sabbiosa di colore marrone contenente pietre calcaree e numeroso materiale *indigeno,* fra i quali frammenti di ceramica a decorazione dipinta arcaico-classica[175] e, inoltre, frammenti di ceramica a vernice nera[176], interpretabile come il riempimento tardo-arcaico/classico importato nell'area in funzione del battuto giallastro. Infine, collocato direttamente sulla roccia, è stato scavato un imponente riempimento presentante unicamente materiale *indigeno* identico nella composizione ai materiali provenienti dagli strati del riempimento qui indagato, scavato tra il 2002 e il 2006[177]. La quota superiore del riempimento formato integralmente da reperti *indigeni* scavato nel 2016 corrisponde nuovamente a quella della roccia in prossimità della buca orientale[178].

La corrispondenza fra le quote più alte dei riempimenti formati unicamente da materiale *indigeno,* le forti analogie fra i materiali in essi ritrovati, le quote dei lembi di lastricato ritrovati nell'area e quella della roccia presso le buche di palo, potrebbero indicare un'azione contemporanea di livellamento di tutta l'area in funzione dell'edificio attestato dalle buche di palo. In quest'ottica, l'attestazione delle numerose lastre sigillanti il riempimento formato esclusivamente da materiali *indigeni,* indicano un'interpretazione delle lastre come battuto esterno e/o interno all'edificio in materiale deperibile piuttosto che una sua costruzione in funzione della messa in posa del battuto giallastro tardo-arcaico/classico[179].

Allo stato attuale della ricerca sembra dunque che tutta l'area situata a sud del largo muro tardo-arcaico/classico con orientamento EO (USM31) venne livellata a causa della formazione naturale della roccia, mostrante forti dislivelli verso sud in questo punto, per impostare il grande edificio in materiale deperibile attestato dalle tre buche di palo innestate nella roccia (figg. 10–11[180]). Indifferentemente dalle possibili ricostruzioni basate sulla posizione delle buche, la conformazione naturale della roccia in questa zona mostra forti dislivelli verso meridione impedendo qualsiasi costruzione di grandi dimensioni senza opere di livellamento artificiali. Seguendo le possibili proposte ricostruttive dell'edificio, la localizzazione dell'area del riempimento qui indagato (figg. 10–11 [zona verde a sinistra]) indica, verosimilmente, uno spazio esterno in diretta prossimità dell'edificio. Seppure l'area non fosse stata livellata in funzione della costruzione dell'edificio, la necessità di raggiungere questo edificio o di usufruire dello spazio immediatamente esterno ad esso, per logica, necessitava di un'opera di livellamento. Come ancora oggi visibile visitando lo scavo, il raggiungimento dell'area delle buche è tutt'altro che agevole proseguendo unicamente sulla conformazione della roccia naturale. I riempimenti formati da più strati ritrovati sia nella parte occidentale dell'area sia nella parte orientale presentanti unicamente materiale *indigeno* possono dunque essere interpretati come gli strati artificiali introdotti nell'area per livellare l'intera zona in funzione dell'edificio, sigillati in origine dal lastricato in pietre calcaree. La proposta ricostruttiva utilizzante le buche come pali centrali, portanti e dunque verosimilmente impiantati nella roccia (fig. 11), indicano una corrispondenza anche con il lastricato, probabilmente adibito a piano di calpestio esterno dell'a-

172 FB2016, 77 Ab. 301.
173 Più frammenti di ceramica a vernice nera, purtroppo non inventariata, e il frammento di parete a figure nere K 32318 (cfr. nota 100).
174 FB2016, 81: non inventariati: 1 fr. lucerna del tipo Delos X, 1 fr. d'orlo con incasso per il coperchio di forma da cucina ellenistico-romana.
175 Unicamente elencata in FB2016, 87 ma visionata durante lo scavo nel 2016 a San Cipirello dall'autrice. Le decorazioni bicrome corrispondono ai reperti dei contesti dell'edificio 1 dell'agorà e del riempimento dell'edificio ad oikos qui presentati.
176 FB2016, 93 (K 32333 a figure nere, cfr. nota 100); Mohr – Reusser 2017, 96–97 nota 30 identificato erroneamente come un frammento d'orlo di kylix del tipo Kassel Cup. In realtà si tratta di un frammento di spalla con attacco del collo di forma aperta di grandi dimensioni (cratere? Dinos?) attica a figure nere con decorazione a linguette a colori alterni. Spessore della parete: 0.5–0.6 cm.
177 Materiali visionati durante lo scavo a San Cipirello dall'autrice.
178 Quota superiore riempimento: 830.26 m s.l.m. (FB2016, 96 Abhub 304); Quota roccia in prossimità della buca orientale: 830.30 m s.l.m. All'interno della battuta 304 è necessario far notare la presenza di un frammento d'orlo di forma aperta in vernice nera di produzione regio-coloniale K 32336 riferibile ad un'imitazione di *one-handler* del tipo Agora XII, 289 no. 738 fig. 8. In questo caso è necessario far notare che la differenza fra i due strati non era netta in tutta l'area, e come osservato dal responsabile del saggio *"der Übergang zwischen Steinpackung und der archaischen Schicht war sehr schwierig zu definieren; deshalb enthielt Abhub 304 noch Material der jüngeren Steinpackung"* (FB2016, 96). Vista l'osservazione dello scavatore e nonostante l'attestazione di un unico frammento non *indigeno*, si ritiene la quota superiore del riempimento, privo di materiali d'importazione, come affidabile.
179 Come proposto da M. Mohr in: Mohr – Reusser 2018, 95 nota 54. L'interpretazione alternativa fornita in questo volume non impedisce un eventuale rimaneggiamento delle lastre del lastricato, già presente nell'area, durante la costruzione del battuto giallastro in epoca tardo-arcaica/classica. La loro mancanza, infatti, nell'area settentrionale del riempimento qui indagato potrebbe indicare un'asportazione in funzione della nuova struttura EO, seppure le ragioni dell'asporto in questo punto restino ignote.
180 Le ricostruzioni dell'edificio in materiale deperibile sono completamente arbitrarie e proposte unicamente per una migliore comprensione della correlazione fra i riempimenti, i lembi di lastricato e l'edificio. Non si esclude una possibile ricostruzione dell'edificio come rettangolare: le tre buche di palo potrebbero essere interpretate come limite esterno con andamento rettilineo di un edificio. Cfr. nota 97 e la presenza – non verificata sullo scavo – di un'eventuale quarta buca di palo ad ovest visibile in: Reusser et al. 2015, tav. 20, 4.

Fig. 10: Proposta ricostruttiva dell'andamento dell'edificio attestato dalle buche di palo. Pali adibiti alla circonferenza esterna dell'edificio.

Fig. 11: Proposta ricostruttiva dell'andamento dell'edificio attestato dalle buche di palo. Pali adibiti al sostegno centrale della struttura.

rea[181]. Sulla base delle riflessioni presentate sopra è possibile supporre un primo livellamento dell'area, in prossimità dell'edificio attestato dalle buche di palo, in fase con l'edificazione del grande edificio in materiale deperibile. Successivamente, dopo la caduta in disuso dell'edificio attestato dalle buche di palo e verosimilmente dopo un determinato periodo senza attività antropiche, fu ripresa in uso tutta la zona in età tardo-arcaica/classica, attestata dai vari edifici tardo-arcaici in quest'area con l'installazione dei due muri con orientamento EO (USM31. USM51) e dal rispettivo piano giallastro. La presenza puntuale nell'area fra le due larghe mura tardo-arcaiche/classiche di riempimenti di epoca precedente, impiegati per il livellamento della conformazione della roccia naturale, verosimilmente in funzione dell'edificio in materiale deperibile, può essere riferita ad un loro riutilizzo durante le opere costruttive per l'installazione del nuovo piano di calpestio giallastro: vista la presenza dei riempimenti di epoche più antiche nell'area, funzionali per il livellamento dell'area anche in vista della nuova struttura, non necessitavano una loro asportazione totale fino alla roccia. Più probabilmente, come è analogamente attestato per ogni fase sul Monte lato, la tendenza è quella di riutilizzare quanto possibile, di quanto sia già presente in loco. Secondo questa supposizione la zona venne, come attestato anche dallo strato superiore tra la quota superiore del riempimento senza materiale d'importazione e il piano di calpestio giallastro di datazione tardo-arcaica/classica, nuovamente livellata e rialzata in funzione della nuova struttura *senza* intaccare i riempimenti già presenti di epoca precedente (fig. 5). Vista la diretta prossimità fra il contesto delle buche di palo e il riempimento posto ad occidente qui indagato, così come al riempimento scavato nel 2016 in diretta prossimità della buca orientale, tenendo oltretutto conto della conformazione della roccia in quest'area – estremamente disomogenea e non funzionale per un raggiungimento agevole dell'edificio attestato dalle buche di palo – si ritiene verosimile un'interpretazione degli strati importati antropicamente in quest'area come finalizzati all'opera di costruzione e dunque, in fase con l'erezione dell'edificio in materiale deperibile. Una loro totale asportazione in epoca tardo-arcaica/classica in funzione dell'installazione delle mura USM31 e USM51 con piano di calpestio giallastro sembra sia da escludere.

Secondo questa nuova interpretazione del contesto, i materiali presenti nel riempimento qui indagato presenterebbero un *terminus ante quem* fornito dal ritrovamento del frammento di coppa *B1* all'interno dello strato di distruzione del palo in rovere della buca occidentale verso la prima metà del VI sec. a.C.[182] (K 30781 fig. 3 con note), ponendo così la datazione dei materiali *indigeni*, provenienti dal riempimento di livellamento occidentale, grosso modo nel VII sec. a.C. Una datazione della formazione del riempimento in questione verso la fine del VII / inizio VI sec. a.C. sembra inoltre essere confermata dal rapporto statistico fra i materiali *indigeni* presenti: pochissimi frammenti attestano tipologie decorative ampiamente più attestate nei contesti successivi, in particolar modo in quelli datati grazie a reperti d'importazione fra l'ultimo quarto del VII e il primo quarto del VI rispettivamente alla prima metà del VI sec. a.C. nel quartiere orientale e sull'agorà[183]. Anche sulla base dei materiali *indigeni*, dunque, una chiusura del riempimento verso il 600 a.C. appare verosimile.

Le argomentazioni presentate per una datazione dei materiali *indigeni* ante il 600 a.C. potranno in futuro essere verificate dallo scavo del lastricato orientale ancora *in situ:* lo scavo della fossa di fondazione fra le lastre e USM51 confermerebbe l'anteriorità del lastricato sigillante gli strati chiusi presi in esame rispetto alle mura tardo-arcaiche/classiche e, in seguito, la successione degli strati sottostanti – se nuovamente confrontabili e verosimilmente trovanti attacchi con i reperti qui presentati – potrebbero confermare l'interpretazione di un livellamento uniforme dell'area verso la fine del VII sec. a.C.

181 L'andamento della struttura sarà verosimilmente anche in futuro non verificabile a causa dei forti rimaneggiamenti ellenistici-romani nella zona settentrionale e le strutture già scavate di epoca medievale nell'area meridionale alla ricostruzione proposta.

182 Cfr. fig. 3 (K 30781) con nota 101.

183 Cfr. stat. 2.1; stat. 4.1; capitoli 3.3.2 e 3.3.5. con tavole contrassegnate per il quartiere orientale di prima fase "(contesto: ca. 630/620–570 a.C.)" e per il riempimento adibito alla costruzione dell'edificio A "(contesto: ca. ultimo quarto VII sec. –550 a.C.)".

2.2 Strati di vita – Edificio quartiere orientale

Fig. 12: Quartiere orientale – Pianta della casa a peristilio E1/E2 con localizzazione delle strutture arcaiche indagate.

Durante le campagne di scavo dal 2004 al 2006 è stato possibile indagare un'area arcaica sottostante il cortile della cosiddetta casa a peristilio E2 situata nel quartiere orientale del Monte[184] (figg. 2. 12–13). Si tratta di un'abitazione di almeno due vani, conservata solo in parte a causa di rimaneggiamenti dell'area meridionale in epoca medievale e nell'area occidentale dalla costruzione della casa a peristilio E2 ellenistico-romana[185] (figg. 12–13). Le strutture conservate rappresentano uno dei contesti più antichi ritrovati durante le indagini sul Monte, attestanti uno zoccolo formato da pietre calcaree di medie dimensioni – conservato fino all'altezza di 60 cm[186] – adibito probabilmente al sostegno di un alzato in materiale organico formato da argilla frammista a pietre e materiale fittile di piccole dimensioni[187]. La mancanza di tegole nel contesto lascia ipotizzare una copertura in materiale deperibile[188]. I due vani si adattano alla topografia del terreno rispettandone i dislivelli naturali presenti; il vano settentrionale si trova ad una quota di circa 54 cm più alta rispetto a quella del vano meridionale[189]. Il dislivello viene superato grazie ad un

Fig. 13: Pianta dettagliata delle strutture indagate.

passaggio interno comunicante fra i due vani formato da tre scalini[190] (fig. 14). Grazie ad un'analisi approfondita del contesto[191] è stato possibile individuare due fasi di vita di questo edificio: la prima fase è attestata con certezza nel vano settentrionale formato da un piano di calpestio (appendice B.1 [strato 3]) con il suo annesso strato di vita e/o abbandono soprastante (appendice B.1 [strato 5]). Il vano meridionale, pur non presentando materiale datante nello strato soprastante il piano, era verosimilmente già in uso durante la prima fase dell'edificio: il passaggio comunicante tra i due vani rispetta la quota del piano nel vano meridionale attestando il primo scalino ad una altezza di 15 cm. Rispettivamente il passaggio sembra essere stato esistente fin dal principio anche nel vano settentrionale, visto il piano di calpestio poggiante sulle pietre dello scalino più alto. I piani di calpestio sono formati da un battuto argilloso molto compatto, mescolato a numerose piccole scaglie di pietre calcaree e pietre arenarie macinate; nel vano settentrionale esso presenta una colorazione rosso-arancione[192].

184 Il muro orientale, allora interpretato come muro curvilineo, insieme ai suoi piani esterni (purtroppo troppo sconvolti per essere presi in considerazione da un punto di vista di una cronotipologia di materiali *indigeni*) sono stati indagati già nel 2002 (Isler 2003, 89). Per l'edificio indagato: Isler 2009a, 152 fig. 16a-b. Per i rapporti di scavo preliminari: Isler 2005a, 109 fig. 2, tav. 21, 3 (vano sud); Isler 2006c, 540 fig. 288; Isler 2007, 114–115, tav. 14, 2.b. Per la documentazione originale di scavo: FB2004b; FB2006b.

185 Cfr. Isler 2009a, 152.

186 Muro divisorio OK: 789.34 m s.l.m.; piano di calpestio vano meridionale, angolo NE: 788.75 m s.l.m.

187 Per proposte di ricostruzione: Spatafora 2003b, 71–74 figg. 93–94. Per analogie dei contesti: Spatafora 2003b, 65–67 fase 1. Per l'indiretta proposta di un alzato in materiale organico, analogo alla costruzione degli edifici sul Monte Maranfusa: Isler 2005a, 109. Alzati lapidei sono testimoniati su Monte Iato fino ad un'elevazione di 0.8 m (capanna protostorica degli scavi dell'Università di Innsbruck: Kistler et al. 2015, 142).

188 Per una proposta di copertura: Spatafora 2003b, 71–73, in particolare fig. 94.

189 Quota mediana del piano di calpestio del vano meridionale: 788.60 m s.l.m.; Quota mediana del piano di calpestio del vano settentrionale: 789.14 m s.l.m.

190 Nelle pubblicazioni (Isler 2007, 115; Isler 2009a, 152) si tratta di un solo scalino. Secondo la documentazione di scavo (FB2006b, 108) di tre scalini di, rispettivamente (dal vano meridionale verso quello settentrionale): 17 cm; 19 cm; 21 cm. L'ultimo scalino è di 3 cm più alto rispetto al piano di calpestio del vano settentrionale.

191 Per i contesti di provenienza e la successione di scavo: appendici B.2–3.

192 Appendice B.1, strato 3. Per quello meridionale: fig. 14; FB2006b, 19. Secondo il responsabile del saggio (M. Bürge), la colorazione rosso-arancione del battuto del vano settentrionale è da ricondurre ad un'azione intenzionale di surriscaldamento della superficie, per crearne l'effetto cromatico (FB2006b, 242). Battuti di colorazione simile sono stati ritrovati, ad esempio, anche nell'e-

Fig. 14: Edificio quartiere orientale, da S.

All'interno del vano meridionale è stato possibile identificare un focolare di forma circolare addossato al muro orientale della struttura[193]; accanto alla quale sono stati ritrovati una pignatta[194] e una fusaiola[195] in situ[196] (fig. 14).

All'interno del vano settentrionale addossato al muro orientale, nell'angolo SE si trova una costruzione formata da pietre calcaree di media-grande dimensione, ben stratificate, formanti una sorta di piedistallo di 1,20 m (NS) x 1,0 m (EO) per un'altezza max. di 56 cm[197]. La costruzione trova un confronto nell'edificio 2 del quartiere arcaico-classico dell'agorà (fig. 18 [edificio 2, vano centrale, addossato al muro meridionale vicino all'angolo SE = tratto murario di una fase precedente, riutilizzata]). Seppure la sua funzione rimanga indeterminata[198], è possibile immaginare una sua funzione come zona di appoggio per funzioni di natura casalinga, oppure, come proposto dal responsabile dei saggi scavati del contesto qui presentato, per l'elaborazione di materie prime[199].

La seconda fase è invece stata identificata unicamente nel vano settentrionale. Il compatto battuto di pietra calcarea giallastra macinata[200], sigillante lo strato di vita di prima fase sottostante[201], è conservato in parte solo per uno spessore di ca. 1–2 cm[202]. Associato ad esso, vi è uno strato di vita, che raggiunge in alcuni punti anche 20 cm di spessore, formato da terreno di colore marrone a matrice argillo-limosa con rade inclusioni di carboni e pietre calcaree di piccole

dificio O, cfr.: Mohr – Reusser 2018, tav. 17, 1 a destra. Seppure l'espediente non possa essere confermato, sembra ciononostante possibile escludere una distruzione dell'edificio a causa di un incendio, vista la totale assenza di tracce di bruciato sui materiali ritrovati, rendendo eventualmente plausibile la proposta di M. Bürge.

193 Secondo la pianta il focolare si trova esattamente dell'angolo cfr.: Isler 2009a, 152 fig. 16a-b; Isler 2005a, 109 fig. 2 tav. 21, 3. Posizione smentita dalla documentazione di scavo (FB 2004b, 305) e dalla documentazione fotografica.

194 **778** di consistenza estremamente friabile.

195 **845**.

196 Per la pignatta **778**: FB2004b, 300; Per la fusaiola **845**: FB2004b, 302.

197 Isler 2007, 115. Per le misure: FB2006b, 196.

198 Isler 2007, 115.

199 FB2006b, 243. I numerosi oggetti litici ritrovati durante lo scavo, indicano, secondo Martin Bürge, una possibile elaborazione di pelli all'interno dell'edificio. Si smentisce, tuttavia, la possibilità di collocamento di un telaio da tessitura nell'angolo NE del vano settentrionale, da lui postulato nel rapporto di scavo. La concentrazione dei frammenti di pesi da telaio ritrovati nell'angolo NE del piedistallo ad alte quote rispetto al piano di calpestio (W 2105, W 2112, W 2113, W 2114 *fuori catalogo*) provengono in realtà da strati disturbati di età ellenistica, superiori in quota anche rispetto a quelli disturbati di epoca tardo-arcaica/classica (cfr. *infra*). La cottura dei pesi da telaio ad alte temperature smentisce, inoltre, secondo l'autrice, la loro attribuzione ad un telaio da tessitura di epoca arcaica inerente all'edificio a due vani.

200 FB2006b, 167–168.

201 Appendice B.1, strato 5. Lo strato si presenta a matrice argillo-limosa di colore marrone chiaro con rade inclusioni di carboni, in parte di medie dimensioni e poche pietre calcaree di piccole dimensioni.

202 Appendice B.1, strato 6.

Fig. 15: Luogo di ritrovamento in situ dei frammenti di pithos **725**.

dimensioni[203]. La mancanza di questa fase nel vano meridionale – sia per quanto riguarda un piano di calpestio, sia uno strato di vita – non è necessariamente dovuto ad un abbandono dell'uso del vano; difatti gli strati d'uso sia di prima fase (strato 5) che di seconda fase (strato 7) del vano settentrionale sono in parte erosi verso meridione a causa della differenza di quota fra i due vani, causato dal naturale dislivello della roccia in quest'area[204]. L'accumulo di materiale proveniente dal vano settentrionale, ritrovato direttamente sopra lo strato di distruzione (verosimilmente di prima fase) del vano meridionale potrebbe aver cancellato le possibili tracce di un'eventuale seconda fase di quest'ambiente. La potenza del "rimescolamento" dello strato eroso dal vano settentrionale e accumulato nell'area del vano meridionale è ben documentato dal ritrovamento del fondo di pithos **725**. Due grandi frammenti di questo fondo sono infatti stati ritrovati adiacenti e capovolti sopra lo scalino superiore del passaggio fra i due vani (fig. 15 [a sinistra]). L'indagine del materiale ha portato alla ricostruzione di più della metà della circonferenza del fondo del pithos **725**, dimostrando che i due frammenti fotografati sullo scavo, non sono in realtà attigui (fig. 15 [a destra]). Per quanto riguarda le strutture interne è possibile asserire che il piedistallo descritto nella prima fase del vano settentrionale rimase in uso anche dopo la messa in posa del piano di calpestio giallastro[205]. In questa fase la sua altezza max. raggiungeva però i 39 cm, a dispetto dei 56 cm della fase precedente[206]. In entrambi i casi il piano d'appoggio era molto basso, richiedendo probabilmente un suo uso da seduti sul piano di calpestio.

Seppure tutte le fasi siano presenti, secondo la documentazione originale della sezione, anche nell'angolo NE del vano settentrionale – direttamente a nord del piedistallo – gli strati scavati in quest'area risultano disturbati da reperti di epoca tardo-arcaica[207].

203 Appendice B.1, strato 7.

204 Seppure non sia stata documentata la sezione nell'area del vano meridionale, è stato possibile trovare negli strati superiori, ben riconoscibili durante lo scavo del 2004 (definiti come «strato nero» e «strato marrone» FB2004b, 210–213; 215–235; 240–260), nove reperti che trovano attacchi con frammenti provenienti dagli strati di vita del vano settentrionale (per attacchi con il primo strato di vita (no. 5): **1** A–G; Per attacchi con il secondo strato di vita (no. 7): **9** A–D; **14**; **413**; **577**; **579** A–C; **635**; **721** A–E; **722** A–B) Cfr. per una selezione di reperti combacianti mostranti i luoghi di ritrovamento: appendici B.4–5. Anche osservando la documentazione della sezione stratigrafica occidentale del vano settentrionale è possibile intuire che lo strato 7 (strato di vita di seconda fase del vano settentrionale) potesse continuare anche verso sud: cfr. appendice B.1.

205 Come è possibile vedere dai rapporti stratigrafici documentati nella sezione di scavo (appendice B.1), il piano di calpestio (strato 6) si appoggia alla struttura di pietre cosiddetto «piedistallo» (no. 2).

206 Altezza del piano di calpestio di seconda fase (no. 6) secondo la documentazione di scavo (FB2006b, 164): 789.35 m s.l.m. Altezza max. del «piedistallo» (FB2006b, 196): 789.74 m s.l.m.

207 Già nella documentazione originale è riferita la difficile distinzione dei limiti degli strati in quest'area (FB2006b, Sondage 2, Ab. 22–23, 25, 27, 41–42, 35, 37–40). In questa zona risulta molto difficile anche seguire l'interpretazione degli strati da parte del responsabile del saggio. Seppure indichi la presenza di zone "disturbate" sia a nord del «piedistallo» sia a sud del muro EO settentrionale, sembra che il materiale sia stato comunque rimescolato con gli strati definiti uguali a quelli ritrovati nella zona adiacente a occidente – area ben documentata invece sia dalla sezione stratigrafica, sia dall'uniformità dei ritrovamenti scavati nei vari strati ritrovati. Anche analizzando la documentazione fotografica risulta molto difficile riconoscere i limiti di queste perturbazioni successive. Il materiale ritrovato all'interno delle battute dichiarate pertinenti agli strati d'uso della zona adiacente, inoltre, non trova attacchi e non risultano omogenei rispetto alle loro morfologie e

Fig. 16: Dettaglio del rifacimento dell'angolo NO dell'edificio a due vani, da N.

Questa condizione è da riferire all'angolo NE del vano presentante una tecnica di costruzione nettamente diversa rispetto a quelle attestate dalle altre mura conservate dell'edificio. Le mura di prima e seconda fase dell'edificio mostrano una costruzione a doppio paramento di larghezza pari a ca. 60 cm, grazie all'utilizzo di pietre arenarie di media-grande dimensione, tendenzialmente squadrate in superficie, posate con andamento regolare[208]. L'angolo NE invece è formato da pietre calcaree di piccola-media dimensione, piuttosto tondeggianti, senza paramenti esterni – non verosimilmente adibito come zoccolo portante un alzato superiore (fig. 16). Presumibilmente il rifacimento di quest'angolo è da porre in relazione ad un contesto posto direttamente a nord, purtroppo troppo sconvolto dalla costruzione della casa a peristilio E2 in epoca ellenistico-romana, per comprenderne il contesto arcaico.

Il materiale ritrovato in quest'area mostra chiaramente un intaccamento di epoca successiva[209] relazionabile con il riadattamento della tecnica muraria visibile dalla documentazione (fig. 16). Per non falsificare le successioni cronologiche elaborate per la ceramica *indigena* si è deciso di non tenere conto dei reperti provenienti dall'area a nord del piedistallo, verosimilmente disturbati.

2.2.1.1 Reperti datanti della prima fase dell'edificio

All'interno dello strato di prima fase del contesto, individuato con sicurezza unicamente nel vano nord[210], sono presenti otto reperti di produzioni riferibili a ceramiche d'importazione o imitazioni di esse, eventualmente databili grazie alle cronologie già affermate (**1–8**)[211]. Quattro reperti sono riferibili a vasi potori in ceramica corinzia d'importazione (kotylai e coppe: **1–4**); quattro a produzioni d'imitazione verosimilmente regio-coloniali, adibiti probabilmente altresì al consumo di bevande (skyphoi, ev. coppe, forma aperta indeterminata: **5–8**). Le datazioni, quando possibile elaborarle con sicurezza, indicano una cronologia dello strato tra il Corinzio Antico e quello Medio (tab. 1: ca. 630/620–570 a.C.).

trattamenti di superficie a quelli ritrovati all'interno del resto del vano settentrionale. Osservando la forte erosione degli strati tra il vano nord e sud dell'edificio è ipotizzabile, dunque, un'analoga erosione di un possibile contesto tardo-arcaico/classico posizionato a settentrione del vano nord dell'edificio, ad una quota più alta, rimescolando gli strati a nord del piedistallo.

208 Cfr. anche FB2006b, 242.

209 Cfr. 2.2.1.4 *Reperti datanti della ristrutturazione nell'angolo NE dell'edificio.*

210 All'interno dei reperti di prima fase sono stati integrati i materiali provenienti dallo strato eroso da nord verso sud attestanti attacchi con quelli riferibili, con sicurezza, allo strato di prima fase del vano nord.

211 Stat. 2.2: 8 records (unità riconosciute), 33 frammenti; 3.50%fr.; 1.11%rec (dei materiali totali).

2.2.1 1.1 Determinazione cronologica dei reperti

Ceramica corinzia
Kotylai

La kotyle corinzia a decorazione figurata **1**, grazie alla ricomposizione grafica dei 23 frammenti ritrovati, vanta un profilo integro e la ricostruzione della rappresentazione esterna: una decorazione a raggiera, delimitata da tre linee orizzontali, seguita da un fregio zoomorfo rappresentante tre pantere con corpo allungato (due verso sinistra[212], una verso destra[213]). Gli ornamenti riempitivi sono formati per la maggior parte da rosette graffite[214] e, in quantità minori, da punti in parte graffiti[215]. I confronti pertinenti la morfologia della forma, lo schema e lo stile decorativo indicano una datazione della kotyle fra il Corinzio Antico e Medio[216].

Di difficile identificazione è il frammento di parete di kotyle corinzia **2**. Nella parte esterna è visibile la parte anteriore di un animale verso destra, con corpo fortemente arrotondato e andamento verticale del petto. Gli arti sono rappresentati in stile molto semplificato: di lunghezza limitata e con la parte anteriore delle estremità rivolta verso l'alto. L'animale è rappresentato stante su di una linea orizzontale, probabilmente di suddivisione del fregio zoomorfo presente sulla kotyle. Sulla destra sono visibili altre due macchie di colore, quella superiore probabilmente identificabile con una rosetta. Comune alle rappresentazioni conservate sul frammento è la mancanza di linee graffite. Il frammento rappresentante verosimilmente un quadrupede – una pantera o un leone – trova confronti, sia per quanto riguarda la rappresentazione dell'animale che gli ornamenti riempitivi, presso varie forme ascrivibili unicamente al periodo tra il Corinzio Antico e soprattutto Medio[217]. La mancanza di linee graffite sul frammento del contesto potrebbe, da un lato, essere causato dallo stato di conservazione del reperto, leggermente abraso nelle zone dove i confronti mostrano linee graffite; dall'altro potrebbe invece identificare più verosimilmente il frammento come una kotyle del Corinzio Antico o Medio in "Silhouette Style"[218].

212 Inv. **1**a e Inv. **1**f mostrano la presenza di minimo due pantere verso sinistra.

213 **1**c mostra il muso di una pantera verso sinistra. Calcolando il diametro della kotyle è impossibile posizionare più di tre quadrupedi sulla forma.

214 **1**a–b, d–e, g.

215 Per quanto riguarda i punti non graffiti: **1**a–b. Per i punti graffiti: **1**b–c.

216 Per la morfologia: Dehl-von Kaenel 1995, 261 no. 1799 tav. 81 (non corrisponde l'ingrossamento del fondo per la parte centrale (CA). Per il piede ad anello: Corinth VII, 2, 123 no. An 129 tav. 112 (tardo CA). Analogo ma con fondo più sottile e rialzato: Corinth VII, 2, 113 no. An 86 fig. 1 tav. 66 (CA per via dello stile, eventualmente CA – CM). Per lo schema decorativo (raggiera, tre linee orizzontali, fregio zoomorfo con rosette graffite): Corinth VII, 2, 111 no. An 66 fig. 2 tavv. 66. 90 (senza pantera, inizio CM); Corinth VII, 2, 115 no. An 86 fig. 1 tav. 66 (senza pantera, CA – CM). Per lo schema decorativo, analoghi: Corinth VII, 2, 36 no. 112 tav. 18 (kotyle, con aggiunta di colore rosso, fregio zoomorfo parziale, CM); Corinth VII, 1, 66 no. 253 tav. 34 (CA). Per la parte inferiore con raggiera analoga, fregio zoomorfo delimitato da linee orizzontali e ornamenti riempitivi analoghi: Dehl-von Kaenel 1995, 274 no. 1980 tav. 50 (due linee, ariete e pantera, CA – CM); 275–276 no. 1993 tav. 50 (due linee, pantera e capra, CA – CM). Per la rappresentazione della pantera con corpo allungato: Dehl-von Kaenel 1995, 133 no. 742 tav. 17 (oinochoe, CA – CM); 132 no. 740 tav. 16 (oinochoe, CM); 135 nn. 775. 778. 779 tav. 17 (oinochoai; CM); 276 no. 1997 tav. 50 (kotyle, CA – CM); 279 no. 2025 tav. 51 (kotyle, CA – CM); 225 no. 1588 tav. 39 (piatto, CA – CM); Corinth XV, 3, 112 no. 534 tav. 26 (kotyle, CM); 117 no. 575 tav. 27 (kotyle, CM); 107 no. 509 tav. 97 (kotyle, CM); Perachora 1962, 218 no. 2133 tav. 73 (oinochoe, tardo CA); Amyx – Lawrence 1996, 16 no. 48 tav. 13 (kotyle, CA); Corinth VII, 2, 24–25 nn. 50–53 tav. 8 (kotylai, CA); Boardman – Hayes 1966, 37–38 nn. 314–315. 325–326. 329 tav. 23 (kotylai, CM). Per i dettagli del muso, in particolare le orecchie a forma di ferro di cavallo (**1c**): Dehl-von Kaenel 1995, 119 no. 617 tav. 12 (oinochoe, CA); 122 no. 653a tav. 13 (oinochoe, CA – CM); 132 no. 740 tav. 16 (oinochoe, CM); 137 no. 794 tav. 18; (oinochoe, CM); 145 no. 848a tav. 21 (olpe, CA); 147 no. 868 tav. 21 (olpe, CA); 256–257 no. 1763 tav. 44 (kotyle, CA); 259 no. 1786 tav. 45 (kotyle, CA – CM); 259 no. 1789 tav. 45 (kotyle, CA); Corinth XV, 3, 117 no. 573 tav. 97 (kotyle, CM). Per la raggiera in dettaglio: tutti gli esempi elencati, mostranti una raggiera, possono essere definiti analoghi a quella del reperto **1** del contesto.

217 Per la posizione della creatura con arti divaricati di minima lunghezza e petto verticale, stanti su linee orizzontali, con ornamenti riempitivi a macchie o rosette graffite: Kotylai, pantere, datate al CA: Corinth VII, 2, 24–25 nn. 51–53 tav. 8 (macchie); 25 no. 55 tav. 9 (cerchi con punto centrale); 26 nn. 58–59 tav. 9 (macchie e rosette graffite); Amyx – Lawrence 1996, 15 no. 42 tav. 11 (macchie, in parte graffite; pantera rappresentata in uno stile molto abbozzato); Kotylai, leoni: Corinth VII, 2, 25 no. 54 tav. 9 (rosette puntinate abbozzate). Datate al CM: Kotylai, pantere: Corinth VII, 2, 36 nn. 107–108 tav. 17 (macchie con graffiti paralleli); Corinth XV, 3, 108–109 nn. 519. 524 tav. 25 (rosette graffite); 112 no. 536 tav. 26 (macchie e rosette graffite); 112 no. 537 tav. 26 (rosette graffite); 113 no. 545 tav. 26 (macchie, rosette graffite, rosette puntinate abbozzate e graffite); 118 no. 578a tav. 28 (macchie, rosette graffite); Dehl-von Kaenel 1995, 280 nn. 2038–2039 tav. 51 (macchie in parte graffite irregolarmente). Su di un oinochoe trilobata, pantera, datata nel CM: Dehl-von Kaenel 1995, 132 no. 740 tav. 16 (macchie in parte graffite). Su di aryballoi, pantere, datate al CM: Amyx 1988, 150 no. 18 tav. 58, 1 (macchie e rosette graffite); Amyx – Lawrence 1996, 23 no. 75 tav. 20 (rosetta graffita con doppio cerchio centrale). Per esemplari di alabastra datanti tra il CA – CM (per le datazioni Perachora 1962, 141–142): leoni: Perachora 1962, 142 no. 1520 tav. 59 (rosette graffite). Su coppe, pantere, datate al CM: Amyx 1988, 195 no. 2 tav. 78, 1 (rosette graffite). Su un coperchio, pantera, datate al CA: Corinth XV, 3, 86 no. 390 tav. 20 (macchie, macchie con graffiti paralleli, rosette graffite); Pissidi datate tra il CA – CM, leoni: Dehl-von Kaenel 1995, 200 no. 1272 tav. 34 (macchie in parte graffite). Su exaleiptra datate al CA, pantere: Dehl-von Kaenel 1995, 215 no. 1510 tav. 37 (macchie, rosette graffite).

218 Per la problematica di datazione di kotylai in questo stile: Dehl-von Kaenel 1995, 252 con bibliografia precedente. Per esempi in „Silhouette Style" di forme datate al CA: Corinth VII, 1, 66 no. 256 tav. 35; Boardman – Hayes 1973, 13 no. 1886 tav. 6; Corinth XV, 3, 226. 230–232 nn. 1261 – 1276 tavv. 52–53; Dehl-von Kaenel 1995, 290–291 nn. 2421–2423. 2462–2465 tavv. 53–54; CVA Gela 2, III C, 13–14 tavv. 23, 1–4; 24, 1. 2 (fine VII sec. a.C.); Van der Wielen-Van Ommeren – De Lachenal 2006, 232 nn. 31–33 figg. 12.31–12.33. Per le forme mesocorinzie: Boardman – Hayes 1966, 37 nn. 306–307 tav. 22; Corinth XV, 3, 226. 232–237 nn. 1277–1311 tavv. 53–54; Dehl-von Kaenel 1995, 291–292 nn. 2614–2616 tav. 54; Kustermann Graf 2002, 112 no. 29/O 173 tav. XIX; Jacobsen – Handberg 2010,

Attribuibile alle kotylai corinzie è infine il frammento d'ansa a bastoncello semicircolare **3**, non precisamente databile[219].

Coppe

Il frammento d'orlo **4** è stato identificato come una coppa corinzia datante al Corinzio Antico[220]. La qualità dell'impasto e della stesura della vernice si differenzia rispetto a quello delle altre kotylai ritrovate nel contesto (**1. 2**): nel caso di **4** l'impasto è leggermente meno depurato e la vernice meglio conservata, ma di colore marrone irregolare, ragione per la quale l'ansa conservata del contesto (**3**) non sembra appartenere a questo reperto.

Classi di produzione regio-coloniali d'imitazione corinzia o greco-orientale

- Non precisamente databili sono infine quattro reperti di produzione regio-coloniali (**5–8**):
- un frammento di fondo di skyphos d'ispirazione corinzia con decorazione a linee e bande orizzontali esterne, verniciato all'interno con tondo acromo (**5**);
- un frammento di orlo leggermente estroflesso di skyphos (o coppa?) con banda interna risparmiata e banda irregolare esterna (**6**);
- un fondo con piede ad anello estroflesso di skyphos verniciato all'interno con tondo risparmiato e banda esterna (**7**)[221];
- un frammento di vasca di forma aperta di grandi dimensioni con resti di decorazione a bande (?) sia all'interno che all'esterno (**8**).

Da un punto di vista funzionale i reperti sono attribuibili in tre casi verosimilmente a vasi potori (**5–7**) e in uno, forse, ad una forma adibita alla preparazione di alimenti (**8**).

2.2.1.2 Reperti datanti della seconda fase dell'edificio

All'interno dello strato di seconda fase del contesto, individuato con sicurezza unicamente nel vano nord[222], sono presenti 17 reperti di produzioni riferibili a ceramiche d'importazione o imitazione di esse, eventualmente databili grazie alle cronologie già affermate (**9–24. 411**)[223]. Quattro reperti sono riferibili a vasi potori in ceramica corinzia d'importazione o imitazione (kotylai: **10–13**) presentanti stati di conservazione molto frammentari. Questi – non necessariamente facenti parte dell'inventario in uso in questa fase del vano – potrebbero rappresentare frammenti residuali oppure elementi smagranti dell'alzato in materiale deperibile. Notevole è la quantità di coppe di tipologia *B1* rappresentata da otto reperti di produzione greco-orientale e/o d'imitazione (**14–20. 411**) e addirittura da un'adattazione della morfologia in bucchero sottile (**9**). Infine, sono presenti quattro reperti non più precisamente determinabili, riferibili a coppe di produzioni regio-coloniali (**21–24**). Le datazioni, quando possibile elaborarle con sicurezza, indicano una cronologia dello strato tra ca. il 570/560 e il 540 a.C. (tab. 2). Interessante è notare il cambiamento di preferenze d'importazioni per il consumo potorio nella seconda fase dell'edificio. Nella prima fase furono utilizzate principalmente kotylai corinzie figurate per il consumo di bevande; nella seconda, le preferenze del consumo potorio vertono nettamente sulle coppe con decorazioni a bande di tipologia greco-orientale *B1*.

2.2.1.2.1 Determinazione cronologica dei reperti

Bucchero
Coppe d'imitazione greco-orientale

I cinque frammenti (**9**) sono ricostruibili graficamente formando un profilo pressoché integro. In origine a stralucido, visibile ancora in minima parte sul frammento **9** C, si tratta di una delle rare importazioni di bucchero sul Monte Iato[224]. La forma, non ancora attestata sul sito, è riferibile ad una coppa d'ispirazione

146 no. A493 (con linee graffite ma analogo alla parte corrispondente conservata sul frammento iatino). Per le forme datate tra il CA – CM: Dehl-von Kaenel 1995, 252 [non presenti nel catalogo]; Van der Wielen-Van Ommeren – De Lachenal 2006, 232 no. 33 fig. 12.33. Rara è la presenza di fregi zoomorfi in questo stile rappresentanti altri animali rispetto a dei quadrupedi (cani). Nel caso del santuario di Malophoros si trattano di 24 individui (Dehl-von Kaenel 1995, 251). Si escludono le forme datate al CT in questo stile a causa della mancanza di confronti per gli ornamenti riempitivi (cfr. Corinth XV, 3, 226. 237–238 nn. 1312–1319 tav. 54).

219 Si suppone l'attribuzione ad una kotyle, e non ad una coppa, a causa dello stato di conservazione della vernice, analogo a quello di tutti i frammenti di kotylai del contesto.

220 Per la morfologia e lo schema decorativo conservato: Dehl-von Kaenel 1995, 247 no. 1723 tav. 81. Analogo: Boardman – Hayes 1966, 117 no. 1320 fig. 17; Corinth VII, 1, 67 no. 278 fig. 23 tav. 36; Perachora 1962, 79 nn. 699–700 tav. 29.

221 L'impasto risulta leggermente diverso dal frammento di orlo **6**. Ciò nonostante, non si esclude che potrebbe trattarsi della stessa forma.

222 All'interno dei reperti di seconda fase sono stati integrati i materiali provenienti dallo strato eroso da nord verso sud attestanti attacchi con quelli riferibili, con sicurezza, allo strato di seconda fase del vano nord.

223 21 records (unità riconosciute). Quattro frammenti di pareti di forme aperte a vernice nera sono stati esclusi dall'inventario regolare e sono state elencate, nelle statistiche, nella colonna riferita all'inventario interno. Cfr. stat. 3.2: 53 frammenti; 4.63%fr.; 2.38%rec (dei materiali totali).

224 Per i ritrovamenti editi di bucchero sul Monte Iato: Caflisch 1991, 19 nn. 1–2 (K 1202; K 4072); Isler 1990b, 19 fig. 35 (K 11724); Isler 1999b, 145 (K 11730; K 13295); Isler 2003, 86–87 tav. 20, 10 (K 21062); Mohr – Reusser 2018, 94 nota 46 (K 32911). Si trattano di sette esemplari più i due reperti presentati in questo volume (**9. 60**). Per la diffusione di reperti etruschi in ambito siciliano: Albanese Procelli 2001, 294–297; Gras 1985.

greco-orientale della tipologia *B1* in bucchero sottile, confrontabile con le forme Gran-Aymerich 2671c1[225] e 4122a1[226]. Le coppe greco-orientali esercitano a partire dall'ultimo quarto del VII sec. a.C. un grande influsso nelle morfologie in bucchero dell'Etruria meridionale, ampiamente attestate nella produzione locale[227]. La forma non sembra trovare confronti in ambito siciliano[228]. Le datazioni dei confronti indicano una produzione di queste coppe tra l'ultimo quarto del VII fino alla fine del VI sec. a.C.[229].

Ceramica corinzia o d'imitazione

Kotylai

Il frammento di parete della parte inferiore di una kotyle corinzia o d'imitazione[230] **10** mostra all'esterno una decorazione a raggiera con raggi, ancora distinti, datante tra il Corinzio Antico e quello Medio[231].

Il frammento di parete **11** di kotyle corinzia a decorazione figurata con dettagli graffiti mostra sulla parte superiore il resto di una linea orizzontale – probabilmente di suddivisione di un fregio – e probabilmente la parte superiore del corpo di un quadrupede verso destra: la linea graffita sinistra potrebbe rappresentare una delle linee leggermente semicircolari, solitamente ritrovabili sul ventre di rappresentazioni animali (costole), quella a destra, invece, tale di conclusione indicante la scapola[232]. Il posizionamento della linea orizzontale superiore esclude rappresentazioni di felini – come leoni o pantere – a causa del mancante spazio tra il dorso dell'animale e la linea delimitante il fregio per una rappresentazione della testa dei felini, solitamente raffigurati in posizione eretta. Gli unici confronti ritrovati con una raffigurazione analoga della scapola, spesso invece rappresentata con un graffito a forma di semicerchio o uncinata, in relazione alla posizione della linea orizzontale di delimitazione del fregio, sono animali pascenti. I confronti sono tutti datati tra il Corinzio Antico e quello Medio[233].

L'ansa a bastoncello semicircolare **12** è presumibilmente attribuibile ad una kotyle. Non è possibile datare il frammento con precisione[234].

Verosimilmente d'imitazione regio-coloniale, infine, il frammento di parete di kotyle in vernice nera **13** non inquadrabile cronologicamente.

Ceramica greco-orientale e classi d'imitazione regio-coloniali

Coppe B1[235]

La coppa in vernice nera **14**, di probabile importazione, attesta all'interno bande irregolari sia acrome che suddipinte di rosso; all'esterno una banda acroma all'altezza dell'ansa, la zona inferiore della forma acroma e una linea suddipinta di rosso all'altezza del ventre, corrispondente ad una variante di decorazio-

225 Gran-Aymerich 2017, 66 no. 2671 tav. 41 (in particolare variante c1) con bibliografia. Forme attestate a partire dal secondo quarto del VI fino al IV sec. a.C. corrispondente alla tipologia Rasmussen *bowl* 1 (Rasmussen 1979, 124), seppure il frammento iatino sia unicamente comparabile con la variante c1. La variante c1, non presente in Rasmussen, non permette di fornire i dati secondo la sua tipologia di riferimento. La forma più analoga al frammento iatino, proposta da Rasmussen è quella di tipologia *cup* 1a, seppure con decorazione graffita e morfologia non perfettamente puntuale (Rasmussen 1979, 116–117 nn. 206. 207 tipo 1a-b tav. 37 datante al VII sec. a.C.).

226 Gran-Aymerich 2017, 79–80 nn. 4110. 4124, in particolare no. 4122 variante a1 tav. 91. Per un confronto proveniente dalla Collezione Poggiali di Firenze: Cherici 1988, 51–51 no. 35 tavv. XI. XXXV, c.

227 Gran-Aymerich 2017, 66 no. 2671 tav. 41; 79 no. 4110 tav. 91; 80 no. 4124 tav. 80.

228 Gran-Aymerich 2017, 79–80 no 4110. Nell'elenco delle zone di diffusione della forma non sono elencati rinvenimenti siciliani. La ricerca di confronti in ambito siciliano ha ugualmente portato alla mancanza di riferimenti.

229 Ultimo quarto del VII sec. a.C.: Gran-Aymerich 2017, 80 riferito per il no. 4124. Fine del VI sec. a.C. secondo i contesti elencati da Cherici 1988, 51–52 no. 35 (datazione secondo Gran-Aymerich 2017, no. 2671c1 tav. 41 = Chierici 1988, no. 35: VI o V sec. a.C.).

230 Per produzioni di ceramica d'imitazione corinzia: Neeft 1996.

231 La decorazione a raggiera corinzia viene rappresentata a partire dal secondo quarto del VI sec. a.C. come decorazione astratta formata da semplici linee verticali o leggermente curvate. La datazione del cambiamento dello stile è data da un reperto ritrovato a Corinto con graffito πιε mostrante la lettera Epsilon a forma di B (Brann 1956, 359 no. 24 figg. 1–2 tav. 55). La datazione epigrafica trova confronti sulla metope di Itys dal santuario di Apollo di Thermos così come su due pinakes datate nel secondo quarto del VI sec. a.C. (Per la datazione epigrafica cfr. Payne 1931, 158). Il secondo quarto indica dunque un t.a.q. per la datazione di raggiere con raggi definiti. I confronti diretti indicano e confermano una datazione antecedente: Dehl-von Kaenel 1995, 281 no. 2061 tav. 51 (CM); 262 no.1834 tav. 46 (CM); 275–276 no. 1993 tav. 50 (CA – CM). Osservazioni sullo sviluppo delle raggiere verso delle linee irregolari durante il CM per quanto riguarda le kotylai a decorazione lineare: Dehl-von Kaenel 1995, 253 nota 537. Analogamente l'osservazione di Payne 1931, 279–280 no. 201 fig. 9a per il reperto 309 no. 973 fig. 151 con raggi lineari, mai ritrovato in contesti datanti nel CA.

232 Non è stato possibile trovare confronti per altre tipologie di rappresentazione.

233 Dehl-von Kaenel 1995, 212 no. 1483 tav. 36 (caprone pascente verso destra, CA (?); 259 no. 1787 tav. 45 (caprone pascente verso sinistra, CA – CM); Payne 1931, no. 725 tav. 18, 3 (caprone pascente verso destra, CA); Corinth VII, 2, 115 no. An 85 tav. 92 (caprone pascente verso destra, CA – CM); 110 no. An 60 tav. 95 (toro pascente verso destra, CM); 116 no. An 91 tav. 99 (toro pascente verso destra, fine CA); Amyx – Lawrence 1996, 16 no. 48c tav. 13 (caprone pascente verso destra, CA); 24 no. 84 tav. 21 (animale pascente verso destra, CM).

234 Per l'attribuzione ad una kotyle cfr. nota 219.

235 Per la nomenclatura utilizzata: 1.3.4 *Nomenclature e definizioni*. Vista la finalità del materiale *«d'importazione»* in questa sede come elementi unicamente datanti si rinuncia alla ricerca di confronti puntuali delle forme, vista la diffusione e quantità di coppe *ioniche* in contesti nel bacino del Mediterraneo e l'ormai superata datazione delle forme.

ne fra quelle definite da Schlotzhauer "kγ" e "mγ"[236] attestate su coppe di tipologia 10[237]. I confronti puntuali per quanto riguarda la morfologia della forma in combinazione con le decorazioni attestate permettono di datare la forma verso il 560–550 a.C.[238].

Il frammento d'orlo con attacco d'ansa **15** di produzione regio-coloniale in vernice nera mostra suddipinture interne rosse e, all'esterno, una banda acroma all'altezza dell'ansa e una linea suddipinta rossa. I confronti puntuali indicano una datazione tra la fine del VII e la metà del VI sec. a.C.[239].

Il frammento di fondo con piede ad anello **16**, di probabile importazione, verniciato sia all'interno che sulla superficie esterna conservata, è databile grazie ai confronti fra il 570/560 al 530/520 a.C.[240].

Egualmente d'importazione sembra essere il fondo con piede ad anello **17**, presentante uno spessore delle pareti molto sottile. Unicamente la superficie interna è verniciata. Il confronto indica una datazione verso il 550 a.C.[241].

Riferibili a delle coppe *B1*, a causa della loro decorazione, sono tre frammenti di parete **18**, **19** e **20** con resti di linee suddipinte all'interno della vasca di produzione regio-coloniale. Il frammento **18** è attribuibile ad una coppa verniciata all'esterno attestante nella parte superiore una banda irregolare acroma; l'interno è completamente verniciato con linea suddipinta. I frammenti **19** e **20** sono invece attribuibili a coppe con parte inferiore acroma all'esterno; la parte interna è completamente verniciata con linee rosse-marroni suddipinte. Tutti i frammenti indicano nuovamente una decorazione di tipologia Schlotzhauer "kγ" e "mγ" datanti tra la fine del VII e la metà del VI sec. a.C.[242].

Infine, il frammento di parete **411** può essere riferito formalmente come di produzione *indigena*. La morfologia del reperto presenta, in questo caso, un'analogia così pronunciata con i modelli greco-orientali che permette un suo inquadramento come elemento datante, seppure sia di derivazione da modelli d'importazione allotri all'isola. In analogia, dunque, con le produzioni regio-coloniali il frammento può essere inquadrato nelle classificazioni di coppe *B1* e datato, largamente, fra la fine del VII e la fine del VI sec. a.C. [243].

Coppe indeterminate

Non precisamente databili, o identificabili, sono i tre frammenti di parete di coppe di produzione regio-coloniale **21**, **22**, **24** e il frammento con attacco d'ansa riferibile ad una coppa **23** in vernice nera di diverse qualità.

2.2.1.3 Reperti datanti di prima o seconda fase

Come individuato attraverso le indagini del contesto, una notevole parte degli strati di vita/distruzione del vano settentrionale sono erosi verso il vano meridionale (appendici B.4–5). Seppure siano stati distinti durante lo scavo due strati apparentemente diversi, l'analisi dei frammenti combacianti ha verificato un grande rimescolamento dei reperti appartenenti sia alla prima che alla seconda fase del vano settentrionale negli strati erosi verso meridione (v. sopra cap. 2.2.1). Nonostante il materiale ritrovato all'interno

236 Schlotzhauer 2001, 112. La tipologia di decorazione "k" definisce coppe interamente verniciate all'interno e attestanti all'esterno una parte verniciata dall'orlo alla spalla e una nella zona del piede. La tipologia "m" mostra all'interno larghe bande verniciate e all'esterno una zona verniciata dall'orlo alla spalla. L'aggiunta della lettera "γ" indica suddipinture rosse, bianche o di entrambi i colori. Il reperto **14** viene considerato una variante tra le due: la non perfetta compatibilità con la tipologia "m" è data dalla decorazione interna della forma attestante un'unica "banda" irregolare acroma.

237 Le coppe di tipologia 10 possono essere grosso modo comparate con quelle definite solitamente *B1* secondo la tipologia di Villard – Vallet 1955 e *III* di Boldrini 1994. Per le varie terminologie e comparazioni con la tipologia qui utilizzata: Schlotzhauer 2001, 11–65, in particolare con tabella riassuntiva 19–20.

238 Per l'andamento della forma in generale, schiacciata, con piede analogo ma orlo non perfettamente analogo: Schlotzhauer 2001, 544 no. 309 tav. 50 (tipo 10,11D, **560/550–520/510**). Per l'andamento della parte superiore analogo: Schlotzhauer 2001, 534–535 nn. 264. 266 tav. 44 (tipo 10 sottovarianti 6-7C [6C: **610/600–550**; 7C: **600/590–550**]; datazione precisa del no. 266: **610/600–600/590)**. Con vasca più profonda: Schlotzhauer 2001, 541 no. 296 tav. 49 (tipo 10,10C, **570/560–530/520**). Per la variante di decorazione: Schlotzhauer 2001, 529 no. 238 tav. 39 (tipo: kγ, **620/610–550**); Schlotzhauer 2001, 534–535 nn. 263–264 tavv. 43–44 (tipo mγ, **610/600–550**). L'intervallo di sovrapposizione delle varie datazioni è da porre tra il 560–550 a.C. Vista la datazione creata da una combinazione di elementi, una datazione più ampia è ovviamente possibile.

239 Per la morfologia della forma con decorazione analoga: Schlotzhauer 2001, 529 nn. 238–239 tav. 39 (tipo 10,2B, **620/610–550**); 530–531 no. 246 tav. 40 (tipo 10,3B, **620/610–550**); 534–535 no. 264 tav. 44 (tipo 10,6C, **610/600–550**). Per la decorazione: analogo (tipo kγ/mγ): 529 no. 237 tav. 39 (tipo 10,2B, **620/610–550**); per quanto riguarda l'interno: 533 no. 258 tav. 42 (tipo 10,5C, **610/600–550**); 534–535 no. 264 tav. 44 (tipo 10.6C, **610/600–550**). Datazione unitaria dei gruppi tra il **620/610 al 550 a.C.** (tipo 10,5–6C: 610/00–550).

240 Analogo per la morfologia e corrispondente per la decorazione conservata: Schlotzhauer 2001, 546 no. 322 tav. 52 (tipo 10,13C, **570/560–530/520**).

241 Analogo per la morfologia e la decorazione: Schlotzhauer 2001, 547 no. 325 tav. 52 (tipo 10,13D, datazione del tipo: **550–520/510**; datazione puntuale del confronto **550 a.C.**).

242 Schlotzhauer 2001, 341. 356 fig. 103 tav. 37–44 Tipologie di forme mostranti queste tipologie di decorazione: 10,1–6C: **620/610–550 a.C.**

243 Imitante forme Schlotzhauer 2001, tipo 10.2–13 datate fra il 620/610 e il 520/510 a.C.: Schlotzhauer 2001, 341 con tavv. 37–52.

degli strati erosi non possa essere utilizzato per una suddivisione in fasi specifiche[244], è possibile asserire la loro provenienza da un contesto chiuso. La datazione, in questo caso, terrà conto di una cronologia più ampia, elaborata dalle datazioni di entrambe le fasi dell'edificio tra ca. il 630/620 fino al 540 a.C.

All'interno degli strati erosi di prima e seconda fase del contesto del vano settentrionale, individuati alle quote più alte nel vano meridionale, sono presenti 27 reperti di produzioni riferibili a ceramiche d'importazione o imitazione di esse, eventualmente databili grazie alle cronologie già affermate (**25–51**)[245]. Dodici reperti sono riferibili a vasi potori in ceramica corinzia d'importazione o imitazione (kotylai figurate: **25–31. 33**; kotyle *black-glazed*: **32**; kotyle di tipo indeterminato: **34**; coppe: **35. 37**), sei di produzione greco-orientale o d'imitazione (coppe *B1*: **38–43**), sei di produzione regio-coloniale (coppe: **44–46. 48**; skyphoi [?]): **47**; di tipo indeterminato aperta: **51**) per un totale di 24 reperti d'importazione o imitazione riferibili unicamente a vasi potori. I rimanenti tre reperti sono riferibili, in un caso, verosimilmente ad un contenitore ad uso cosmetico (alabastron o aryballos corinzio: **36**): gli altri due a forme chiuse, indeterminate, possibilmente di servizio da tavola (**49. 50**). Gli spettri morfologici rispecchiano quelli di prima e seconda fase dell'edificio attestando otto kotylai corinzie figurate – verosimilmente appartenenti alla prima fase – e sei coppe *B1*, presumibilmente attinenti alla seconda fase.

Le datazioni, quando possibile elaborarle con sicurezza, indicano una cronologia degli strati erosi tra ca. il 630/620 fino al 540 a.C. confermando quanto elaborato per i reperti provenienti dagli strati chiusi di prima e seconda fase dell'edificio (tab. 3).

2.2.1.3.1 Determinazione cronologica dei reperti

Ceramica corinzia e d'imitazione
Kotylai figurate

La kotyle a decorazione figurata **25**, composta da nove frammenti, mostra una raggiera delimitata da tre linee orizzontali seguite da un fregio zoomorfo rappresentante una pantera e un volatile, entrambi verso destra. Gli ornamenti riempitivi del fregio sono rappresentati da rosette graffite e macchie circolari, in parte, irregolari. Sul frammento **25** C è conservata la linea orizzontale di delimitazione superiore del fregio zoomorfo. Gli animali sono rappresentati con corpi allungati e arti tozzi. Sia la rappresentazione dipinta sia graffita è realizzata in maniera fugace. Per quanto riguarda lo schema decorativo e lo stile decorativo i confronti indicano una datazione del reperto tra il Corinzio Antico e Medio[246].

Attribuibili alle kotylai corinzie a decorazione figurata sono sicuramente altri tre frammenti d'orlo (**26–28**). Indeterminati, se appartenenti a kotylai a decorazione figurata o lineare, sono invece i due frammenti **29** e **30**. Seppure la morfologia dei reperti potrebbe indicare una differenziazione cronologica delle forme[247], la loro decorazione indica nuovamente una datazione comune fra il Corinzio Antico e Medio[248].

Attribuibile, infine, alle kotylai a decorazione figurata con dettagli graffiti è il frammento di parete **31**. Lo stato di conservazione della superficie non permette un'identificazione più precisa del reperto.

Kotylai black-glazed

Il frammento d'orlo **32** appartiene al gruppo dei *black-glazed skyphoi*[249] chiamati anche *dunkelgrun-*

244 Ad eccezione dei reperti mostranti attacchi con tali riferibili, con sicurezza, alla prima rispettivamente seconda fase del vano settentrionale.

245 Appendice E.1: 31 records (unità riconosciute). Quattro frammenti di parete di forme aperte a vernice nera sono state esclusi dall'inventario regolare. Si ritrovano all'interno delle statistiche nella colonna dell'inventario interno fra gli strati erosi. In totale: 53 frammenti, 3.31%fr.; 2.31%rec (dei materiali totali).

246 Per quanto riguarda lo schema decorativo (raggiera, linee orizzontali, fregio zoomorfo con pantera e ornamenti riempitivi analoghi) cfr. **1** nota 216. Per quanto riguarda il volatile, identificabile a causa del collo con andamento ad "S", in particolare analoghi per quanto riguarda le zampe tozze e fugacemente dipinte: Dehl-von Kaenel 1995, 78–79 no. 306 tav. 5 (cigno, CM); 89 no. 370 tav. 6 (cigno, CA); 106 no. 522 tav. 9 (gallo [?], CA); 121 no. 629 tav. 12 (anatra, CA – CM); 133 no. 742a tav. 17 (volatile, CA – CM); 160 no. 985 tav. 25 (volatile, CM); 168 no. 1061d tav. 26 (cigno, CA); 213 no. 1489 tav. 36 (cigno, CA [?]). Per quanto riguarda l'occhio con pupilla graffita analogo: Dehl-von Kaenel 1995, 281 no. 2063 tav. 52 (CM).

247 **26–28** trovano confronti morfologici con kotylai risalenti al CA; **29–30** invece con forme datate al CM.

248 **26**: Per la morfologia: Dehl-von Kaenel 1995, 293 no. 2685 tav. 81 (CA). Per la decorazione: Dehl-von Kaenel 1995, 258 nn. 1769. 1771 tav. 45 (CA); 272 no. 1911 tav. 48 (CM); 274 no. 1927 tav. 49 (CA – CM); 276 no. 1997 tav. 50 (CA – CM); 279 no. 2025 tav. 51 (CA – CM); 280 nn. 2040. 2059 tav. 51 (CM); 281–283 nn. 2063. 2109. 2114. 2118. 2163 tav. 52 (CM); 285 no. 2187 tav. 52 (CM). **27**: seppure di diametro più piccolo rispetto alla kotyle **26** trova gli stessi confronti sia per quanto riguarda la morfologia, sia la decorazione. **28**: Per la morfologia: Dehl-von Kaenel 1995, 261 no. 1799 tav. 81 (CA). Per la decorazione: Dehl-von Kaenel 1995, 263 no. 1839 tav. 46 (CM). **29**: Per la morfologia: Dehl-von Kaenel 1995, 283 no. 2164 tav. 81; Bruni 2009, 67 no. 105 tav. IX (CM). Per la decorazione: probabilmente analogo ai confronti forniti per **26** seppure un'attribuzione alla figurata sia incerta. **30** sembra essere databile unicamente nel CM. Per la morfologia: Dehl-von Kaenel 1995, 282 no. 2115 tav. 81; Bruni 2009, 67 no. 105 tav. IX. Per la decorazione, seppure si tratti di un esempio figurato: Dehl-von Kaenel 1995, 281 no. 2061 tav. 51.

249 Corinth XIII, 106. Per la distinzione dei *black-glazed skyphoi* rispetto agli skyphoi in *black polychrome style* di Payne: Corinth XIII, 102.

dige Kotylen[250] o *Kotylen mit polychromem Dekor*[251]. Vista la mancanza di nette variazioni, sia nella morfologia delle forme sia nella decorazione, la datazione di questo gruppo è imprecisa[252]. Varianti cronologiche sono attestate nella morfologia del piede (non conservato tra i reperti iatini) e nella decorazione delle raggiere[253]. La morfologia dell'orlo della kotyle **32** sembra appartenere al gruppo iii[254] di Blegen, Palmer, Young[255], seppure lo schema decorativo delle linee suddipinte non corrisponda[256]. Lo schema decorativo del frammento, con all'esterno linee suddipinte all'altezza delle anse (dall'alto: bianca, bianca, paonazza [più larga], bianca), trova i confronti più vicini fra le kotylai datanti tra il Corinzio Antico e Medio[257], seppure questa datazione sia, come già accennato, da considerare piuttosto largamente, vista l'assenza di nette variazioni di queste produzioni nel corso del tempo.

250 Dehl-von Kaenel 1995, 253. 293–294.
251 CVA Berlin 6, 67. Per la problematica della denominazione *skyphos* o *kotyle:* Amyx 1988, 457–458.
252 Dehl-von Kaenel 1995, 253. Per lo sviluppo morfologico e decorativo con bibliografia: CVA Berlin 6, 67. In generale, secondo Dehl-von Kaenel le linee paonazze sono tipiche per le forme del Tardo Protocorinzio e il Corinzio Antico, seppure Blegen, Palmer, Young in Corinth XIII distinguono il gruppo iii esclusivamente da esempi con linee paonazze datanti nella seconda metà del VI sec. a.C. Per la problematica dell'ampia datazione anche: Payne 1931, 279 inerente al reperto no. 201 fig. 9, a; Weinberg 1948, 223 inerente al reperto no. D46; CVA Oxford 2, 61 inerente al reperto III C, tav. 1, 32.
253 Dehl-von Kaenel 1995, 253 con nota 537. Per le raggiere cfr. anche nota 212.
254 Per la distinzione dei *black-glazed skyphoi* in tre gruppi a dipendenza della morfologia del piede e della decorazione: Corinth XIII, 106.
255 Corinth XIII, 107 fig. 11.
256 Nel caso dei reperti di Corinto da una a quattro linee orizzontali di colore paonazzo all'interno della forma sotto l'orlo (Corinth XIII, 210–211. 218 nn. 248–1. 249–2. 250–10. 255–1. 268–1 fig. 11). Datazione: seconda metà del VI sec. a.C. Nello stesso gruppo vengono anche elencati altri esempi di skyphoi senza decorazione paonazza all'interno (Corinth XIII, 208. 212. 217 nn. 240–2. 252–2. 264–2) seppure, anche in questi casi, non corrisponda la decorazione esterna.
257 Comune per la maggior parte delle kotylai datate tra il CA e il CM è la presenza all'interno della forma di una linea orizzontale bianca suddipinta sotto l'orlo, mancante sul reperto **32**. Per quanto riguarda lo schema decorativo, fatta eccezione per la linea interna, sono analoghe le kotylai del gruppo i in Corinth XIII, 106 descritte con linee bianche interne ed esterne alla forma in prossimità dell'orlo, tre linee bianche sotto le anse, tra le quali una o due di colore paonazzo. Analizzando i reperti del gruppo gli unici due confronti analoghi, seppure mostranti unicamente un'unica linea paonazza, delimitata da una linea bianca sopra- e sottostante: Corinth XIII, 189 nn. 168–2 e 168–3 datanti nel CM. Per decorazioni analoghe datanti al CA: Corinth XV, 3, 270 no. 1482 tav. 62 nominante nel catalogo altri 8 vasi simili (non elencati dettagliatamente nel catalogo), rappresentanti una linea paonazza racchiusa da linee bianche; Boardman – Hayes 1966, 40 no. 426 tav. 27; Weinberg 1948, 223 nn. D48. D50 tav. 81; Per esempi senza linea interna bianca, ma non corrispondenti per quanto riguarda di preciso la decorazione esterna: Bruni 2009, 68 nn. 109–112 tav. 11 (CA – CM); CVA Gela 2, III C, 14 tav. 24, 4 (CA, con schema esterno bianco, paonazzo, bianco); analogamente Corinth VII, 2, 140 no. An. 212 tav. 64 (CA).

Kotylai, tecnica decorativa indeterminata

Il frammento di fondo, senza piede ad anello conservato, di kotyle corinzia **33** mostra sulla superficie inferiore due cerchi concentrici con punto centrale[258]. La presenza di cerchi concentrici in questa posizione su kotylai, attestata ad esempio anche sul reperto del contesto di prima fase **1**, non è prettamente un elemento databile: da un lato, la verosimile ampia cronologia di circolazione di questo motivo, dall'altro, la mancanza di rappresentazioni di questo dettaglio nelle pubblicazioni non permette un restringimento cronologico del reperto.

Il frammento, probabilmente di kotyle corinzia **34**, documentato e fotografato nel 2004 ma non più ritrovato nei depositi durante lo studio del materiale, sembra essere riferibile alla parte inferiore della forma. All'esterno è visibile una banda orizzontale verniciata e una parte acroma soprastante. Una banda delimitante una zona acroma in questa posizione è relazionabile alle kotylai a decorazione figurate o lineare. Si esclude l'appartenenza del frammento alla classe dei *black-glazed skyphoi.*

Coppe

Il frammento d'orlo con attacco d'ansa di coppa corinzia **35** sembra rappresentare una leggera variante, osservando la morfologia dell'orlo leggermente estroflesso, di coppa a decorazione lineare datante al Corinzio Antico[259].

Forme chiuse – Alabastra (?)

Visto l'alto grado di frammentazione del reperto **36** una sua datazione precisa appare azzardata. Esso conserva solo il piano del labbro con decorazione a corone di foglioline con l'attacco del collo ed è presumibilmente attribuibile ad un alabastron di piccole dimensioni[260]. La ricerca di confronti risulta problematica vista la mancanza di documentazione fotografica per quanto riguarda il piano del labbro di

258 Vista la frammentazione del reperto non è da escludere una decorazione inerente alla superficie interna di una forma.
259 Per la morfologia sembra rientrare in una variante fra le coppe: Dehl-von Kaenel 1995, 247 nn. 1720. 1723 tav. 81. Analogo: Boardman – Hayes 1966, 35 no. 1320 fig. 17; Con labbro più ingrossato verso l'interno: Boardman – Hayes 1973, 57 no. 2232 fig. 23. Tutti i confronti mostrano una banda orizzontale risparmiata all'esterno. Lo stato di conservazione del reperto **35** non permette di stabilire la presenza o mancanza di questa banda.
260 Analogo per quanto riguarda la forma e la decorazione, riferibili ad alabastra: Naukratis III, 293 no. Rh/Al 2 tav. 40e (CA); CVA St. Petersburg 9, 45–46 tav. 26, 1–5 fig. 69 (CA). Analoghi per la decorazione a foglioline sul piano del labbro, eseguite leggermente in modo irregolare con concentrazione di colore sulle punte: Boardman – Hayes 1966, 29 no. 41 tav. 8 (CM); di diametro maggiore: Payne 1931, 290 no. 600 tav. 18 (CA); Corinth XV, 3, 154–155 nn. 781. 785 tav. 36 (CM); Perachora 1962, 153 nn. 1613. 1622 tav. 63 (CA).

queste forme nelle pubblicazioni di maggiore riferimento[261]; lo stesso vale per la mancata conservazione dell'orlo del labbro sul reperto **36** solitamente decorato. Relativamente rari anche i disegni dei profili di queste forme[262].

Coppe d'imitazione corinzia di produzione regio-coloniale

I frammenti di coppa di produzione regio-coloniale **37** presentano la superficie interna ed esterna verniciata, ad eccezione di una banda acroma all'altezza della spalla. Riferibile ad una coppa di tipo corinzio trova confronti puntuali ad Himera. Le datazioni sia del contesto imerese sia dei confronti indicano una cronologia tra la fine del VII sec. e il 580/560 a.C.[263].

Ceramica greco-orientale e classi d'imitazione regiocoloniali
Coppe B1

I frammenti d'orlo di coppa di produzione regio-coloniale **38** in vernice nera attestano all'interno linee suddipinte di rosso mentre all'esterno un'unica banda verniciata dall'orlo alla spalla. Secondo la morfologia dell'orlo, l'andamento della vasca e la decorazione i frammenti possono essere datati tra la fine del VII alla metà del VI sec. a.C.[264].

Il frammento d'orlo di coppa di produzione regio-coloniale **39** in vernice nera non attesta suddipinture o linee acrome. La combinazione delle datazioni trovate per i confronti pertinenti la morfologia del reperto indicano una datazione verso la metà del VI sec. a.C.[265].

Di produzione regio-coloniale sono anche i frammenti di fondo con piede ad anello **40** e **41**.

Il fondo **40** attesta all'esterno unicamente una sottile linea orizzontale nera sulla vasca, altrimenti acroma; all'interno è completamente verniciato ad eccezione di una banda acroma. I confronti permettono una datazione del reperto verso la metà del VI sec. a.C.[266]. Più larga la datazione del frammento **41**, fra la fine del VII sec. e il 540/530 a.C.[267], completamente verniciato all'interno e attestante all'esterno della vernice unicamente nella parte superiore conservata.

Il frammento di vasca con attacco del labbro **42** di produzione regio-coloniale in vernice nera mostra suddipinture rosse sia all'interno che all'esterno della forma. I confronti per lo schema decorativo con suddipinture sia interne che esterne permette unicamente una datazione fra la fine del VII e la metà del VI sec. a.C.[268]. Di probabile importazione si tratta invece il frammento di parete **43** con banda acroma all'esterno e suddipinture nere su vernice rossa all'interno. La datazione, basata unicamente sullo schema decorativo, è da porre tendenzialmente fra la fine del VII e la metà del VI sec. a.C. [269].

Frammenti indeterminati di produzione regio-coloniale – Coppe / Skyphoi (?)

Non più precisamente databili sono infine, tra le forme aperte:

- un'ansa a bastoncello semicircolare riferibile presumibilmente ad una coppa di produzione regio-coloniale (**44**);
- un frammento di vasca di coppa con decorazione a bande orizzontali presumibilmente d'importazione (**45**);
- un frammento di vasca di coppa probabilmente d'ispirazione greco-orientale di produzione regio-coloniale (**46**);

261 Ad esempio: Amyx 1988; Corinth VII, 1; Dehl-von Kaenel 1995.
262 In Dehl-von Kaenel 1995 ad esempio un unico disegno di alabastron di fase transizionale (86 no. 352 tav. 77) seppure siano pubblicati vari esempi di aryballoi e alabastra in forma fotografica (tav. 1–6). CVA St. Petersburg 9 dedicato agli aryballoi e alabastra corinzi offre un'ampia rassegna di disegni così come CVA St. Petersburg 7, dedicato agli aryballoi corinzi. Profili di aryballoi anche in Van der Wielen-Van Ommeren – De Lachenal 2006, 100–114. Da notare è la mancanza di confronti puntuali, per quanto riguarda la morfologia degli orli di aryballoi raffigurati, per il frammento iatino.
263 Per produzioni coloniali, analogo: Himera V, Blocco 3, 164 no. 603 tav. LXXI (proveniente da un contesto tra il 648–580/60 a.C. cfr. 145 Vano 52 strato *"da m -0,40 a m -0,70"*.); Blocco 1, 63 no. 642 tavv. XIV. XXIII (con filetti sull'orlo; contesto: seconda metà VII–inizio VI sec. a.C.). Di produzione corinzia: Himera V, Blocco 4, 195 no. 71 tavv. LXXVIII. LXXXIV (fine VII–primi decenni del VI sec. a.C.).
264 Analoghi per la morfologia, compatibili anche per lo schema decorativo: Schlotzhauer 2001, 529 nn. 238. 239 tav. 39 (tipo 10,2B, **620/610–550**). Per decorazione analoga all'esterno appartenenti allo stesso tipo 528–529 nn. 235–236 tav. 39. Schema di decorazione k–ky.
265 Per la morfologia: Schlotzhauer 2001, 526–527 no. 225 tav. 37 (tipo 10,2B, **620/610–550**); 541 no. 295 tav. 49 (tipo 10,10C, **570/560–530/520**). La combinazione risulterebbe in una datazione verosimilmente tra il 570/560 e il 550 a.C. Si propone una datazione verso la metà del VI a causa della produzione regio-coloniale del reperto **39**.
266 Analogo per la morfologia e compatibile per la decorazione attestata all'interno del tipo: Schlotzhauer 2001, 547 no. 325 tav. 52 (tipo 10.13D, **550–520/510**). Datazione puntuale del confronto: Schlotzhauer 2001, 547 no. 325: **550 a.C.**
267 Per morfologie analoghe ma non perfettamente puntuali: Schlotzhauer 2001, 537–538 no. 278 tav. 46 (tipo 10,8C [piede ad anello meno estroflesso] **610/600–540/530**); 528 no. 231 tav. 38 (tipo 10,2B [con interno del piede rifinito] **620/610–550**); 534–535 nn. 263–264 tav. 43–44 (tipo 10,6C [con interno del piede rifinito] **610/600–550**).
268 Schlotzhauer 2001, 341. 356 fig. 103 tavv. 37–50. Tipologie di forme mostranti questo schema decorativo: 10,1C–10.7B fatta eccezione per sottotipi 4B; 5C: **620/610–550 a.C.**
269 Schlotzhauer 2001, 341. 356 fig. 103 tavv. 37–44. Tipologie di forme mostranti queste tipologie di decorazione: 10,1–6C: **620/610–550 a.C.**

- un frammento di parete di forma aperta (skyphos?) in vernice nera molto evanida di produzione presumibilmente regio-coloniale (**47**)[270];
- un frammento di vasca di coppa in vernice nera di produzione presumibilmente regio-coloniale (**48**).

Indeterminati – tra le forme chiuse:

- un frammento di parete in vernice nera di produzione presumibilmente regio-coloniale (**49**);
- numerosi frammenti combacianti a vernice rossa (**50**) purtroppo non ritrovati nei magazzini e, dunque, non determinabili.

Tra le forme indeterminate:

- un frammento di fondo con piede ad anello di produzione presumibilmente regio-coloniale, di buona qualità, acromo con sottile linea in vernice all'esterno (**51**).

2.2.1.4 Reperti datanti della ristrutturazione nell'angolo NE dell'edificio

A scopi di trasparenza delle indagini vengono elencati in seguito i frammenti d'importazione e/o imitazione provenienti dall'angolo NE del vano settentrionale, considerato disturbato dal rifacimento delle fondamenta delle mura in epoca tardo-arcaica/classica e da una verosimile erosione degli strati proveniente dall'area settentrionale all'edificio (**52–59**).

2.2.1.4.1 Determinazione cronologica dei reperti

Ceramica laconica (?)
Aryballos

Il frammento di parete di forma chiusa di piccole dimensioni (**52**)[271] mostra all'esterno, sulla parte superiore, una zona verniciata nera seguita da una zona acroma campita da due linee sottili rosse-marroni[272]. Il reperto, seppur molto frammentario, potrebbe essere riferibile ad un aryballos laconico[273], inerente al gruppo G[274] o K[275] di Stibbe[276]. I confronti ritrovati, fortemente analoghi per quanto riguarda lo schema decorativo ma non perfettamente puntuali, indicherebbero una datazione fra la fine del VII e la metà del VI sec. a.C. del frammento[277].

Classi a vernice nera e figurate di produzione regio-coloniale
Stemmed dish

I frammenti combacianti d'orlo **53** sono riferibili ad una coppetta *stemmed dish*[278] della tipologia *convex*

270 Inizialmente inventariata dai responsabili del saggio come frammento di kotyle corinzia. L'impasto non corrisponde ai frammenti corinzi d'importazione. Potrebbe trattarsi di un reperto d'imitazione corinzia.

271 Diametro interno della forma: 7 cm.

272 La differenza di colorazione potrebbe essere dovuta allo stato di conservazione del reperto. Osservando la colorazione delle linee inferiori comparate alla zona verniciata di nero, si potrebbe dedurre una applicazione in origine delle stesse ocre argillose per tutte le parti conservate.

273 La resa delle linee orizzontali, particolarmente sottili non trovano confronti tra le produzioni corinzie, in particolare né per quanto riguarda gli aryballoi né gli alabastra a decorazione lineare solitamente mostranti linee orizzontali ampiamente più larghe rispetto a quelle visibili sul reperto in questione. Anche lo schema decorativo conservato non ha trovato confronti pertinenti fra i reperti corinzi. Durante la ricerca fra i reperti corinzi si è fatta attenzione a tutte le forme chiuse, non esclusivamente a quelle rientranti in uno spettro di diametro interno di ca. 7 cm. Per quanto riguarda la resa delle linee sottili di produzione corinzia, unicamente: Moschonissioti 2017, 358 fig. 30.4 (aryballos PC Medio–Tardo proveniente da Mende).

274 Stibbe 2000, 34: Il gruppo è caratterizzato da aryballoi globulari con parte superiore della forma completamente verniciata di nero (fatta eccezione per il piano del labbro) e parte inferiore solitamente a fondo bianco. La parte inferiore può essere decorata in varie modalità. La produzione, largamente esportata nel resto della Grecia, in Sicilia e sulla penisola italiana viene datato secondo i contesti fra la fine del VII sec. a.C. fino al terzo quarto del VI sec. a.C. Luoghi di ritrovamenti in Sicilia di aryballoi del Gruppo G: Selinunte (G1; G44), Monte San Mauro (G3), Catania (G33–35), Gela (G36–38; Ismaelli 2011, 132 no. 377 tav. 22), Monte Bubbonia (G39–40), Naxos (G41–42), Monte Navone (G43), Bitalemi (inedito Inv. 16380, citato in Ismaelli 2011, 132 note per no. 377).

275 Stibbe 2000, 38: Il gruppo è formato da aryballoi globulari con piede ad anello. Caratteristica del gruppo è l'utilizzo di argille con colorazioni più chiare, beige chiare, insolite per le produzioni laconiche. Per questa ragione spesso le decorazioni di questo gruppo di aryballoi si trovano direttamente sulla superficie acroma, analogamente al frammento iatino. Il gruppo K viene contraddistinto rispetto al gruppo G, per quanto riguarda la decorazione, dalla mancanza sulla parte superiore della forma di una zona completamente verniciata di nero (Stibbe 2000, 34). La produzione, largamente esportata, viene datata fra la fine del VII sec. a.C. e la metà del VI sec. a.C. Luoghi di ritrovamento in Sicilia di aryballoi del Gruppo K: Himera (K13), Agrigento (K14). Da Himera: Himera II, 796 tomba 38 no. NI 1109 tav. CXXII,11.

276 I gruppi G e K di Stibbe sono strettamente relazionabili tra di loro: G viene definito come una variante semplificata del Gruppo K (Stibbe 2000, 34). Per quanto riguarda ritrovamenti di ceramica laconica in Sicilia: Pelagatti – Stibbe 1990, in particolare: 69–72. 123–233.

277 Per quanto riguarda la decorazione lineare su superficie di colore chiaro, in tutti i confronti realizzata con un ingobbio color crema, considerati come decorazioni non canoniche del relativo gruppo: Stibbe 2000, 115 no. G1 fig. 29 tav. 3.5 (sottogruppo Ga; da Selinunte, banda paonazza tra due linee marroni, considerato come uno degli esempi più antichi del gruppo; primo quarto del VI sec. a.C.: Stibbe 2000, 34); 117 no. G50 tav. 3.7 (sottogruppo Gc; da Sparta, banda tra due linee sottili verniciate nere; considerato analogo a G1, dunque, verso il 600 a.C. Stibbe 2000, 34); 121 no. K1 fig. 42 tav. 4.6 (sottogruppo Ka, da Sparta, banda racchiusa da due linee sottili soprastanti e una sottostante di colore nero, considerato come l'esempio più antico del gruppo dunque ultimo quarto del VII sec. a.C. Stibbe 2000, 38); 123 no. K15 fig. 49 tav. 5.2 (sottogruppo Kb, da Cerveteri, banda paonazza tra due linee sottili nere sopra e sotto, secondo quarto del VI sec. a.C. Stibbe 2000, 39). Figurato ma analogo per quanto riguarda la zona superiore della decorazione: Stibbe 1972, 192 nota 2 no. 357 tav. 132, 1–3 nominato unicamente come confronto per il pittore della Chimaira.

278 Agora XII, 138–142. 303–306 nn. 957–995 fig. 9 tav. 35.

and small[279] di produzione regio-coloniale. Le forme di imitazione trovano numerosi confronti in contesti siciliani tardo-arcaici[280] e vengono datati, analogamente ai modelli attici, tra l'ultimo quarto del VI sec. e i primi decenni del V sec. a.C.[281].

One-handler (?)

Il frammento d'orlo leggermente estroflesso e svasato all'interno **54** è riferibile ad una coppetta in vernice nera con parete leggermente carenata esterna. Il reperto, di probabile produzione regio-coloniale, può essere inserito all'interno delle coppe di piccole dimensioni d'ispirazione probabilmente attica[282] ben attestate in altri contesti siciliani[283]. La datazione dei modelli tra il 520 e la prima metà del V sec. a.C. corrisponde alle datazioni dei contesti di ritrovamento di queste forme di probabile imitazione[284].

Small bowl-steep wall (?)

Discorso analogo per il frammento d'orlo ingrossato e appuntito verso l'esterno di coppa in vernice rossa **55**. Completamente verniciato all'interno e sull'orlo risulta analogo, per quanto riguarda la morfologia dell'orlo, alle *small bowl-steep wall* dell'agorà ateniese seppure di diametro ampiamente maggiore. La produzione è da porre probabilmente, secondo i modelli, verso la prima metà del V sec. a.C.[285].

Coppe Iato K 480

Attribuibile ad una coppa di tipologia Iato K 480 è il frammento di parete c n attacco d'ansa **56**. La tipologia definita da Roman Beat Caflisch secondo uno dei primi ritrovamenti integri del Monte Iato con numero d'inventario K 480[286] è ben nota grazie a diversi studi a riguardo[287]. La diffusione di queste coppe è comunemente datata tra la fine del VI e gli inizi del V sec. a.C. Secondo i dati emergenti dai contesti presi in analisi in questo volume, il limite inferiore all'attuale stato della ricerca è da porre verso il 460/450 a.C., data dell'abbandono o forte recessione demografica dell'insediamento arcaico-classico di Monte Iato.

279 Agora XII, 140–141. 304–305 nn. 966–985 fig. 9 tav. 35.
280 Per confronti: Del Vais 2003, 324 nota 54 e 56.
281 Per i modelli attici datati fino al 460 a.C.: Agora XII, 141. Per la morfologia, analogo: Del Vais 2003, 343 no. G 124 fig. 284.
282 Analoghe le *one-handler* attiche: Agora XII, 124–127 nn. 724–775 fig. 8, tavv. 30–31. 56.
283 Del Vais 2003, 324. 339 nn. G 109–G 112 fig. 283 con ulteriori confronti.
284 Nota precedente, contesti tardo-arcaici dal Monte Maranfusa.
285 Agora XII, 132–133. 296 nn. 843–847 fig. 9 tav. 33.
286 Caflisch 1991, 54–64.
287 Oltre a Caflisch 1991: Bechtold 2008, 253–254; Denaro 2003a, 288–291 nn. N39–53; Michelini 2002a, 161–163; Alaimo et al. 2000; Vassallo 1999c; Guglielmino 1997, 937–940; Vassallo 1996a; Michelini 1995, 43 con nota 174.

Skyphoi, crateri (?), exaleiptra (?)

Non più precisamente determinabili sono i frammenti di parete **58** riferibili ad uno skyphos attico a vernice nera, di alta qualità, e un frammento di parete di forma aperta **57** di grandi dimensioni in vernice nera di produzione verosimilmente regio-coloniale (cratere?).

Riferibile, per quanto riguarda la forma, presumibilmente ad un exaleiptron attico con decorazione a bande, il frammento **59** inizialmente determinato come frammento di lucerna, mostra uno stato di conservazione troppo frammentario per essere determinato con sicurezza. La datazione del frammento resta indeterminata[288].

2.3 Il quartiere arcaico-classico dell'agorà

La nomenclatura dell'area deriva dalla scoperta tra il 1994 e il 2011 di numerose strutture di epoca arcaico-classica in una fascia che si estende in direzione EO nell'area meridionale sottostante l'agorà di epoca ellenistico-romana[289] (figg. 17–18). Gli interventi di ristrutturazione dell'area con l'innesto di un grande spazio aperto lastricato circondato da edifici pubblici di grandi dimensioni incisero radicalmente sulla topografia della zona. Per edificare il lastricato ellenistico-romano fu difatti necessaria una grande opera d'interro della parte meridionale a causa della conformazione naturale della roccia in pendenza da nord verso sud. Le indagini archeologiche hanno constatato che il riempimento della zona meridionale può raggiungere in alcuni punti fino a 0.5 metri di altezza[290]. Il ritrovamento di contesti arcaici-classici, delimitati in quest'area meridionale, è presumibilmente da attribuire alle azioni in epoca ellenistico-romana, sigillanti i contesti preesistenti. Nella zona settentrionale difatti, la pavimentazione degli edifici circostanti l'agorà si innesta direttamente sul terreno roccioso, affiorante in quest'area ad una quota superiore rispetto alla parte meridionale dell'area. Questo fenomeno lascia dunque ipotizzare un'asportazione di ogni livello arcaico-classico presente nella parte

288 Per frammenti di exaleiptron provenienti dai contesti indagati in questa sede, in miglior stato di conservazione cfr. **145**.
289 Per un primo inquadramento di quest'area: Mohr 2012, 23. Descrizione dell'area e interpretazione delle strutture comparate con quelle della "Casa tardo-arcaica" e il tempio di Afrodite: Kistler - Mohr 2016, 83–87; Kistler - Mohr 2015. Rapporti preliminari sull'area di scavo: M. Mohr in: Reusser et al. 2010, 119; M. Mohr in: Reusser et al. 2011, 82; M. Mohr in: Reusser et al. 2012, 118 con nota 31.
290 Comunicazione orale M. Mohr.

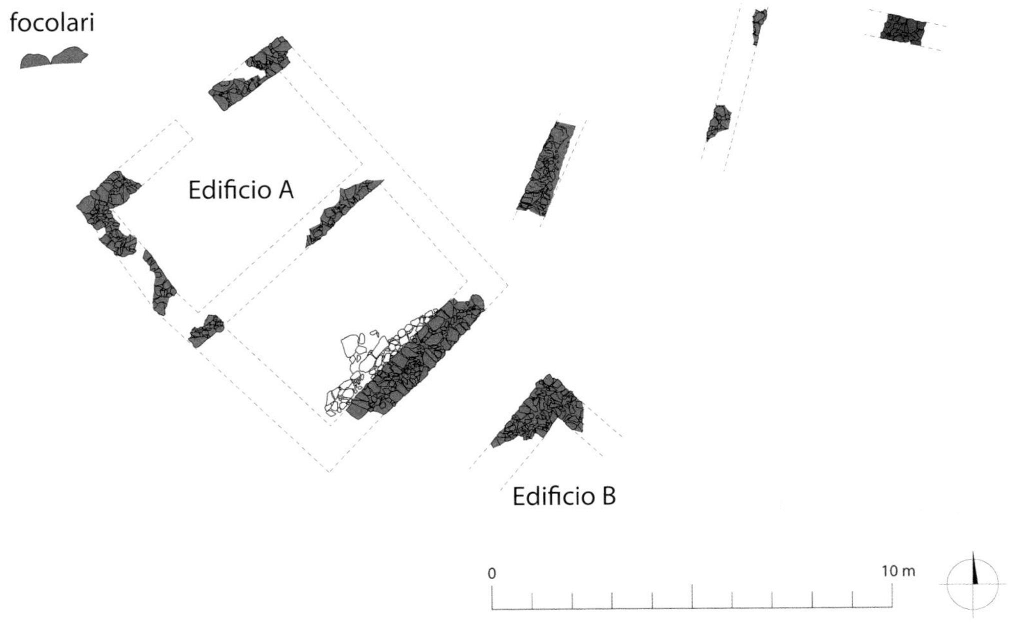

Fig. 17: Quartiere dell'agorà – Pianta generale della prima fase costruttiva.

settentrionale dell'area durante i lavori di costruzione in epoca ellenistico-romana[291].

Le opere d'interro della zona meridionale dell'area sigillarono e conservarono una parte dell'abitato arcaico-classico di Monte Iato. Il quartiere indagato presenta quattro fasi distinte e fatta eccezione per l'edificio 2, sono conservati in ogni contesto parte degli inventari arcaici-classici.

Datazione	Contesti conosciuti
Ultimo quarto VII – 1. metà VI sec. a.C.	**Riempimento adibito alla costruzione dell'edificio A (cap. 2.3.1.)**
2. metà VI–fine VI sec. a.C.	**Edificio A (cap. 2.3.2.)** Edificio B Tratti murari
Ca. 500/490–480 a.C.	**Edificio ad oikos (cap. 2.3.4.1.)** **Ristrutturazione edificio A** → Edificio 1 (cap. 2.3.3) Rialzamento delle quote di calpestio esterne Edificio 2 Cisterna (?)
Ca. 480/470–460 a.C.	**Ristrutturazione dell'edificio ad oikos (cap 2.3.4.2.)** Rialzamento delle quote di calpestio esterne

Quartiere arcaico-classico dell'agorà. In grassetto i contesti indagati dal presente volume[292]

A causa dell'ottimo stato di conservazione del lastricato della piazza ellenistico-romana lo scavo del quartiere arcaico-classico è stato unicamente effettuato nelle zone ove il lastricato non era conservato[293], fatta eccezione per un sondaggio effettuato nel 2015 ad ovest dell'edificio "ad oikos". Questo ha portato, soprattutto per quanto riguarda gli inventari degli edifici A e 1, unicamente ad uno scavo parziale dell'inventario originale e presumibilmente ancora conservato *in situ* sotto al lastricato.

Alla prima fase costruttiva, databile tra la metà del VI sec. e il 500/490 a.C., sono attribuibili un edificio a due vani (A) nella parte nordoccidentale dell'area con annessi i resti di due focolari esterni[294], i resti di un secondo edificio (B) attestato da un angolo nordorientale, e vari tratti murari con funzioni e ricostruzioni incerte nella parte orientale (fig. 17). Le tecniche costruttive sono riferibili a zoccoli lapidei con alzati in una sorta di *pisé* e coperture in materiale organico.

Verso il 500/490 a.C. muta la topografia del quartiere (fig. 18). L'edificio A e l'area circostante subiscono un rifacimento: Il piano di calpestio esterno all'edificio A fu rialzato grazie ad un'opera di interro artificiale nella parte settentrionale, occidentale e meridionale all'edificio. L'ambiente meridionale dell'edificio A viene abbandonato, aggiungendo bensì un nuovo vano a pianta trapezoidale, con lato SO ad andamento semicircolare, ad est dell'ambiente settentrionale ancora in uso (figg. 17–18), denominato in seguito edificio 1[295].

291 Durante le indagini del porticato ellenistico settentrionale dell'agorà è stato possibile asserire che vi furono lavori di sbancamento della roccia in quest'area. Difatti il piano di calpestio interno del porticato si trova ad una quota di 1.60 m inferiore alla roccia naturale circostante l'edificio. Cfr. Isler 1994a, 35.

292 Per una visione d'insieme, anche dei contesti non trattati con precisione in questo volume: Kistler et al. in preparazione.

293 In genere nelle zone adibite alle fosse di scarico di epoca medievale.

294 Cfr. 2.3.2 *Strato di vita dell'edificio A.*

295 Cfr. 2.3.3 *Strato di vita dell'edificio 1.*

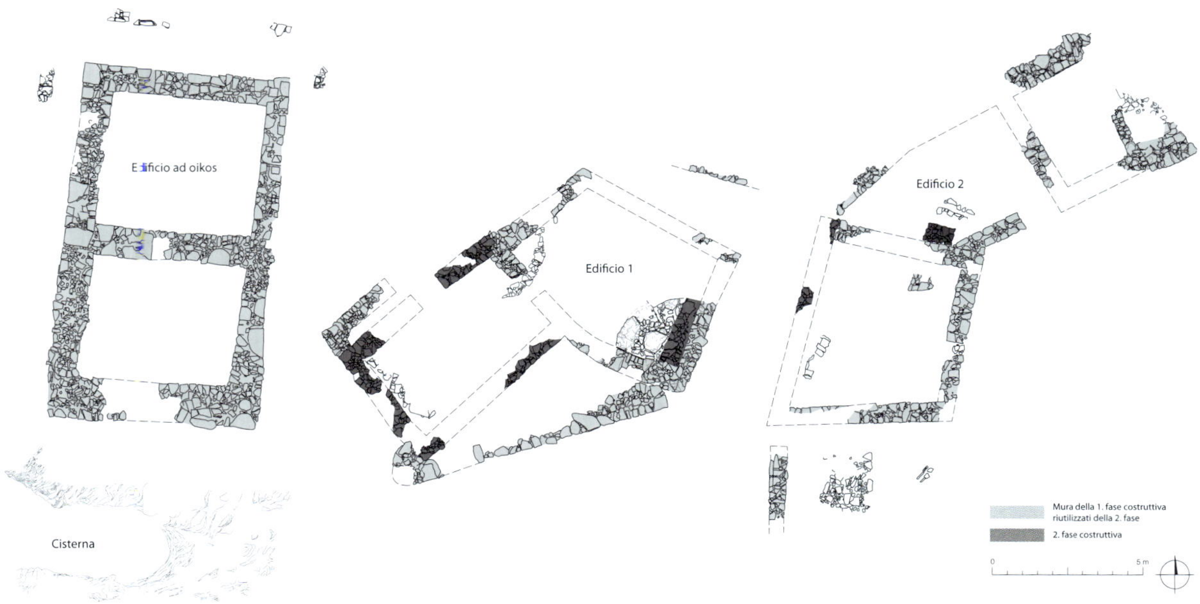

Fig. 18: Quartiere dell'agorà – Pianta generale della seconda fase costruttiva.

Nella parte orientale, adiacente all'edificio 1, sorge un secondo edificio (2) di almeno tre vani (fig. 18). A differenza dell'edificio 1, quest'ultimo conserva solo in alcune zone, molto ridotte, l'inventario e i piani di calpestio[296]. L'edificio 2 presenta più fasi, indicate dai rapporti murari[297], purtroppo non databili precisamente a causa dello stato di conservazione degli strati annessi. Le tecniche costruttive utilizzate per gli alzati dei due edifici (1 e 2) restano verosimilmente immutate – zoccoli lapidei con alzati in una sorta di *pisé* e coperture in materiale organico.

Il nuovo assetto insediativo verso il 500/490 a.C. è verosimilmente causato dall'erezione di un edificio a due vani con orientamento NS ad ovest dell'edificio 1: il cosiddetto edificio ad oikos con funzione verosimilmente pubblica (figg. 18. 38)[298]. All'esterno sul lato occidentale dell'edificio è attestata una grande area aperta, priva di costruzioni, interpretata come zona adibita a feste cultuali relazionabili all'edificio ad oikos[299] (fig. 18 a sinistra [non visibile sull'immagine]).

Verso il 480/470–460 a.C. l'edificio ad oikos e l'area circostante subiscono nuovamente un rifacimento. L'edificio viene ristrutturato[300]: la copertura in materiale deperibile viene rimpiazzata da una copertura corinzia in tegole e coppi di forma poligonale[301]. Antistante all'entrata, sul lato breve settentrionale dell'edificio, è attestata presumibilmente l'aggiunta di un muro, verosimilmente a Π[302] (fig. 38). Il piano di calpestio interno all'edificio viene rialzato – in corrispondenza con l'innalzamento complessivo dell'area esterna di tutto il quartiere di mediamente 40 cm[303] – formato da un battuto d'argilla e pietra arenaria macinata.

Infine, è attestata una lunga cisterna di almeno 14 m di lunghezza in direzione EO ricavata direttamente nella roccia a sud dell'edificio ad oikos (fig. 18 [la pianta non rappresenta la cisterna in tutta la sua lunghezza]). Seppur il suo riempimento è stato unicamente scavato nelle zone superiori, è possibile asserire, in modo preliminare, un *t.a.q.* per la fine del suo utilizzo in prima età ellenistica e dunque, eventualmente, ancora attribuibile al quartiere arcaico-classico[304].

296 Isler 2009b, 98.
297 I due vani settentrionali, appoggianti al muro settentrionale dell'ambiente trapezoidale limitrofo all'edificio 1, sono sicuramente successivi alla costruzione dei vani meridionali. Una situazione analoga è documentata anche nell'area settentrionale della struttura, presentante un largo muro in direzione NE-SO appoggiante ad un angolo SO preesistente. Cfr. fig. 18.
298 Elaborato nella presente indagine, cfr. 2.3.4. *Riempimenti dell'edificio "ad oikos" del quartiere arcaico-classico dell'agorà.*
299 Mohr 2012, 24.
300 In dettaglio cfr. 2.3.4. *Riempimenti dell'edificio "ad oikos" del quartiere arcaico-classico dell'agorà.*
301 Da ultimi in relazione alla fase tardo-arcaica/classica dell'agorà rispetto alla zona del tempio di Afrodite: Kistler – Mohr 2016, 83–87; Kistler – Mohr 2015, 386; Öhlinger 2015, 147–149, con bibliografia precedente. Per quanto riguarda la copertura in tegola: Isler 2009b, 99 con nota 49, tav. 16, 8; Mohr 2012, 24.
302 Per il ritrovamento e la datazione: Mohr – Reusser 2017, 92–94. Con sicurezza l'aggiunta del muro è attestata sul lato occidentale dell'edificio.
303 Parte orientale e meridionale all'edificio 2: Reusser et al. 2011, 77. Fra gli edifici 1 e 2: Reusser et al. 2011, 80 con bibliografia precedente.
304 Mohr 2012, 24. La cisterna è stata difatti in seguito completamente sigillata dal terrapieno creato per l'installazione del lastricato dell'agorà in epoca ellenistico-romana. Numerosi frammenti combacianti ritrovati all'interno di tale opera di livellamento, a quote nettamente diverse tra di loro, indicano l'azione uniforme di riempimento della cisterna datante in via preliminare non prima della fine del IV sec. a.C.: Isler 2003, 81.

2.3.1 Riempimento adibito alla costruzione dell'edificio A[305]

Fig. 19: Grigio scuro: prima fase costruttiva (edificio A, focolari, edificio B).
Grigio chiaro: seconda fase costruttiva (edificio 1 con muro di terrazzamento, edificio ad oikos).
Rossastro: area del riempimento indagato.
Rosso: posizionamento della sezione orientale del riempimento adibito alla costruzione dell'edificio A (appendice C).

La fase più antica del quartiere è attestata da un riempimento artificiale formato da cinque strati di terreno ridepositato, prelevato presumibilmente da una zona limitrofa all'area (appendice C)[306]. Vista l'attestazione di reperti combacianti fra gli strati è possibile postulare la formazione del riempimento in un'unica azione costruttiva (appendice C). Quest'ultimo fu utilizzato per livellare la conformazione della roccia, in questo punto mostrante una forte pendenza verso sud, per l'edificazione successiva dell'ambiente meridionale dell'edificio a due vani "A" (Fig. 17)[307]. La tecnica utilizzata per il riempimento è simile a quella attestata nel contesto del quartiere occidentale[308]. Direttamente sopra la roccia è presente un accumulo di pietre di media-grande dimensione (fig. 20. Appendice C [strato 4–5]) introdotto verosimilmente per una maggiore stabilità e velocità nell'esecuzione dei lavori.

Gli strati soprastanti l'accumulo invece si presentano a matrice argillosa, verosimilmente introdotti per un grado di livellamento più preciso in visione della costruzione del vano meridionale dell'edificio A (appendice C, [strati 6–8]). Il riempimento è sigillato dal piano di calpestio del vano meridionale dell'edificio

305 Per la documentazione originale sia dell'edificio A che dell'edificio 1 scavati principalmente da Martin Mohr: FB1997a-b; FB2001b; FB2003b; FB2004c; FB2005b, FB2006c; FB2009; FB2010; FB2011.

306 Già presentato in modo preliminare: Mohr 2012, 24; Per il *fingerprint* dei reperti del riempimento: Kistler – Mohr 2016, 83–87 fig. 4–5 sulla base dei dati elaborati in Fusetti 2013 (nel frattempo superati). Per il rapporto preliminare: Isler 2004a, 75–76. Nell'area dell'agorà non sono attestate strutture coeve al riempimento. La sua presenza, tuttavia, testimonia azioni antropiche in questo quartiere precedenti ai contesti edificati ritrovati.

307 Per la scoperta del piano di calpestio dell'edificio di prima fase: Isler 2002a, 114; per la contestualizzazione del piano di calpestio giallastro di prima fase sigillante questo riempimento: Isler 2004a, 75. Per la preliminare descrizione del riempimento indicante la presenza di reperti con frammenti combacianti proveniente da più strati: Isler 2004a, 76.

308 Cfr. nota 148. Pietre visibili in Isler 2006b, 23 fig. 35.

Fig. 20: Strato 5 della sezione (appendice C). Accumulo di pietre, da N (F2003).

A (fig. 22. Appendice C [strato 9]) formato in quest'area da un battuto compatto argilloso con inclusioni di pietra arenaria macinata. Nella parte meridionale del vano è, inoltre, attestata una banda di malta color rosato, a ridosso di una fascia di lastricato formato da pietre calcaree di media dimensione addossate al muro meridionale dell'edificio (visibili nella sezione appendice C [strati nn. 11 e 2]).

2.3.1.1 Reperti datanti del riempimento adibito alla costruzione dell'edificio A

All'interno del riempimento adibito alla costruzione dell'edificio A sono presenti 20 reperti di produzioni riferibili a ceramiche d'importazione o imitazione di esse, eventualmente databili grazie alle cronologie già affermate (**60–79**)[309].

Quindici reperti sono riferibili a vasi potori attestati da un kantharos in bucchero (**60**), sette in ceramica corinzia (sei kotylai: **61–66**; una coppa: **67**) una coppa *B1* di verosimile importazione greco-orientale (**70**) e sei coppe d'ispirazione corinzia o greco-orientale (**71–76**). I rimanenti cinque reperti attestano due forme chiuse in ceramica corinzia (da tavola: **68**; indet: **69**) e tre frammenti di anfore da trasporto vinarie attiche della tipologia *à la brosse* (**77–79**[310]).

Le datazioni, quando possibile elaborarle con sicurezza, indicano una cronologia della formazione del riempimento verso la metà del VI sec. a.C. I reperti più antichi attestati rispecchiano quanto elaborato per le fasi più antiche dell'insediamento: saltuari frammenti datanti presumibilmente a partire dalla seconda metà / fine dell'VIII sec. a.C. con una concentrazione di reperti datanti a partire dall'ultimo quarto del VII sec. a.C. (tab. 4).

2.3.1.1.1 Determinazione cronologica dei reperti

Bucchero
Kantharoi

Il reperto **60** è riferibile ad un kantharos di tipologia 3e di Rasmussen[311]. La tipologia con parete troncoconica con attacco di anse a nastro impostate sulla carena è evidenziata da una serie di incisioni *a punta di diamante*: sul frammento **60** la decorazione è attestata da un unico arco inciso. I kantharoi di questa tipologia, *fossili guida* del commercio etrusco, trovano ampie attestazioni e confronti in tutto il bacino del mediterraneo[312]. Il reperto è databile tra la fine del VII e la metà del VI sec. a.C.[313].

Ceramica corinzia
Kotylai

Il ritrovamento del frammento di parete di kotyle di produzione corinzia **61** è particolarmente importante poiché potrebbe trattarsi di uno dei reperti d'importazione più antichi ritrovati sul Monte Iato[314]. Nonostante l'alto grado di frammentazione, il frammento denota un'alta qualità sia rispetto allo stato di conservazione della vernice, apportata già in origine in maniera satura[315], sia alla precisione della decorazione a linee orizzontali. All'esterno è visibile un difetto di cottura, altamente regolare, creante colori diversi della superficie dell'impasto: beige-giallo sulla parte superiore, tendente all'arancione sulla parte inferio-

309 Cfr. stat. 4.2: 20 records (unità riconosciute), 27 frammenti, 1.81%fr.; 1.85%rec (dei materiali totali).

310 Una loro attribuzione allo stesso esemplare è incerta, ragione per la quale vengono elencati separatamente.

311 Rasmussen 1979, 104–106 nn. 166–172 tavv. 31–32. Corrisponde alla tipologia: Gran-Aymerich 2017, 78 no. 3760 tavv. 84–88. Per la forma del kantharos in generale: Naso – Trojsi 2009, 135. Per i reperti ritrovati sul Monte Iato cfr.: nota 224.

312 Gran-Aymerich 2017, 78 riferito per no. 3760; Caflisch 1991, 19; Villard 1962, 1627 con riferimenti nelle note 3 e 4; Gras 1980-1981, 113; Albanese Procelli 2001, 297; Albanese Procelli 2005, 316; Naso – Trojsi 2009, 135; von Hase 1989, 364. Per la distribuzione della forma: von Hase 1989, 365 fig. 27; aggiornamenti in: Albanese Procelli 2005, 315 nota 16; Gran-Aymerich 2017, tav. 392 con elenco meno dettagliato di von Hase 1989, 365 fig. 27.

313 Gran-Aymerich 2017, 78 no. 3760. In ambito siciliano viene prediletta una datazione entro il primo quarto del VI sec. a.C. cfr. Panvini – Sole 2009a, 109 no. VII/100 con bibliografia. In questo caso, per non falsificare le datazioni del contesto, si preferisce utilizzare la datazione aggiornata di recente elaborazione di Gran-Aymerich.

314 Cfr. nota 105.

315 Un analogo stato di conservazione è altrimenti unicamente dato dal reperto **62** e **66** per quanto riguarda i ritrovamenti provenienti dal Monte Iato presi in considerazione (inclusi i frammenti scartati per affidabilità stratigrafica).

re[316]. La precisione dell'esecuzione della decorazione così come il difetto di cottura, suggeriscono un'attribuzione del frammento alle kotylai in stile subgeometrico databili a partire dal Protocorinzio Antico all'inizio del Corinzio Antico[317]. Vista la rarità di confronti pertinenti datati al Corinzio Antico per quanto riguarda la precisione della decorazione e la qualità della produzione[318] si predilige una datazione del frammento ancora in epoca protocorinzia, nonostante l'alto grado di frammentazione del reperto.

Il frammento d'orlo di kotyle **62** a vernice rossa in stile lineare appartiene alle kotylai a decorazione subgeometrica datate tra il protocorinzio e il Corinzio Medio. L'interspazio fra i tratti verticali e le linee orizzontali conservate sul frammento permette di identificare la decorazione come una parte del pannello centrale di fregio metopale di queste kotylai, campiti solitamente da linee a tremolo / linee a sigma. I confronti della morfologia dell'orlo e della decorazione nel pannello centrale a tratti verticali permette un restringimento della datazione del frammento fra il Corinzio Antico e quello Medio[319].

Attribuibili ai *black-glazed skyphoi*[320] sono i frammenti **63** e **64**. Lo stato di conservazione dell'orlo con attacco di parete **63** non permette un'attribuzione da un punto di vista morfologico della forma ai gruppi di Blegen, Palmer e Young[321]. La linea bianca suddipinta, conservata all'interno della forma sotto l'orlo, è comune a tutte le suddivisioni cronologiche delle kotylai in questione e trova confronti datanti dal Tardo Protocorinzio al Corinzio Medio[322]. La decorazione conservata sul reperto **64** (all'interno, linea acroma lungo l'orlo seguita da una linea orizzontale bianca suddipinta; all'esterno, teoria di linea bianca, paonazza e bianca) permette di restringere la datazione, rispetto al reperto precedente, al Corinzio Antico possibilmente fino al Corinzio Medio[323]. Il frammento

316 L'osservazione del difetto di cottura, spesso identificabile analogamente su kotylai protocorinzie, sembra riinviare ad una cottura ad impilaggio semplice (senza distanziatori) delle forme. In questo modo la kotyle alla base della pila subirà una cottura regolare della parte esterna. Tutte le altre vanteranno all'esterno un difetto di cottura tendenzialmente orizzontale poco al di sotto dell'altezza delle anse e all'interno una colorazione unica tendente al rosso, dovuta al mancato completamento del processo di riduzione durante la cottura. Per esempi di impilamento di kotylai corinzie, in questo caso miniaturistiche: Boardman – Hayes 1966, nn. 533–7. 454–8 tav. 27. Per gli aspetti generali della cottura creante macchie d'impilaggio: Cuomo di Caprio 2007, 325. Questa osservazione porterebbe alla formulazione di un cambiamento di processi di cottura delle forme tra l'epoca protocorinzia e corinzia, raffinata in epoca corinzia, grazie all'uso di distanziatori (visto il mancante difetto di cottura sulle forme di epoca corinzia).

317 Per l'inquadramento delle kotylai con decorazione in stile subgeometrico e confronti bibliografici per la datazione della forma dal PCA al CA: CVA Berlin 6, 65. Datanti in epoca protocorinzia, esempi: Corinth VII, 1, 39 no. 123 fig. 14 tav. 17 con riferimenti bibliografici di confronti pubblicati anteriormente (pannello a chevrons; PCA – VII sec. a.C., con difetto di cottura); Corinth XV, 3, 35–40 nn. 111–113a. 114. 115a. 122b. 133. 135. 136. 138a. 140 tavv. 7–8 (pannello a chevrons, quando conservato con difetto di cottura, PCA); Perachora 1962, 51–53 nn. 374. 375. 377–379 tav. 19 (pannello a tremoli verticali e chevrons, quando conservato con difetto di cottura, PC); 67–69 nn. 492–495. 504. 507–508. 511. 513. 520–522. 525–555 tav. 25 (pannello a chevrons, quando conservato con difetto di cottura, PC); 66–67 nn. 469. 474. 475. 477. 479–481. 483. 484. 486 tav. 26 (pannelli con decorazione geometrica, meandri e losanghe, quando conservato con difetto di cottura, PC); 69 nn. 556–567 tav. 27 (pannello a tremoli verticali, quando conservato difetto di cottura, PC); CVA Oxford 2, III C, 61 tav. 1, 30. 31 (pannello a tremoli verticali, difetto di cottura, no. 30: prima metà del VII sec. a.C.; no. 31: fine VIII sec. a.C.); CVA Berlin 6, 65–67 tav. 32, 1–5 (pannello a tremoli verticali, tav. 32, 1–2 con difetto di cottura; datazione nn. 1–4: PCM; no. 5: PC – Corinzio [?]); Weinberg 1948, 211 no. C12 tav. 75 (pannello a chevrons, difetto di cottura, PCA); Jacobsen – Handberg 2010, 229 nn. A872–A875 (pannello a *wire birds*, quando conservato difetto di cottura, PCA); 230–231 nn. A881. A885 (pannello a tremoli verticali, difetto di cottura, PCA – PCM; prima metà VII sec. a.C.); 232–233 nn. A886–A887. A891–A895 (pannello a tremoli verticali, difetto di cottura, prima metà del VII sec. a.C.); 234–235 nn. A896. A899 (prima metà del VII sec. a.C.; fine PCA – PCM); 236–237 no. A906 (pannello a tremoli, difetto di cottura, tardo PCM – PCT); 239 no. A926 (pannelli ad asterischi, PCM – PCT); Van der Wielen-Van Ommeren – De Lachenal 2006, 223–224 no. 1 fig. 12.1 (PCA – PCM); 224 no. 3 fig. 12.3 (pannello a tremoli, difetto di cottura, PCA – PCM); 225 no. 4 fig. 12.4 (pannello a tremoli, PCM); 225 no. 5 fig. 12.5 (pannello a tratti verticali, PCT – TR); Cuozzo et al. 2006, 159 nn. 47. 48 fig. 48 tav. 4, 1–2 (PC); Panvini – Sole 2009a, 91 no. VII/57 (pannello a tremoli, difetto di cottura, PCA – PCM); Johansen 1966, 24. 77 tav. IX, 6 (pannello a tremoli, difetto di cottura, TR).

318 Datati al CA, analoghi per la qualità della decorazione e produzione unicamente: Corinth VII, 1, 64–65 nn. 245–246 tav. 33; Lo Porto 1960, 107 no. 51, 7 fig. 82, g; Lambrugo 2013, 113–114 no. BSA 173.9 fig. 44 (TR – CA). Datati al CA ma non analoghi per quanto riguarda la precisione della decorazione: Corinth XV, 3, 270 no. 1481 tav. 62; Boardman – Hayes 1966, 40 no. 412 tav. 26; Villard – Vallet 1955, 24 tav. IX, B; Orlandini 1956, 291. 292 fig. 4 (datato dall'Orlandini nel PC, revisionato da Dehl-von Kaenel 1995, 253 con nota 540 nel CA); Van der Wielen-Van Ommeren – De Lachenal 2006, 239 nn. 57–60 figg. 12, 57–60 (CA – CM).

319 Per la morfologia della forma datante al CM: Giudice et al. 1992, 60–61 nn. C74–C79 (datate tra il 590–570 a.C.). Per quanto riguarda la decorazione a tratti verticali lineari al posto di tremoli: Meola II, 1997, 110 no. T. 143.1 = Meola III, 1998, tavv. VII. 12 (*"tipo di origine subgeometrica, ripreso nel CA avanzato e nel CM"*); Fourmont 1981, 16 fig. 17a (ultimo terzo VII sec. a.C. – CM); Corinth VII, 1, 64–65 nn. 245–246 tav. 33 (CA). Jacobsen – Handberg 2010, 235 nn. A901–A902 (datato dagli autori nel tardo PCM – PCT seppure le forme sembrano indicare una datazione al CM).

320 Per l'inquadramento della classe cfr. note 249–251.

321 Corinth XIII, 106 fig. 11.

322 Per elencare solo alcuni esempi: datato al PCT sottolineando la durata della produzione: CVA Oxford 2, III C, 61 tav. 1, 32; analogamente: Payne 1931, 279 no. 201 fig. 9a; Corinth VII, 1, 43 no. 140 fig. 17 tav. 18. Datati alla fine del VII sec. a.C. (CA): Weinberg 1948, 222–223 nn. D46–D52 tav. 81; Corinth VII, 2, 140 no. An 212 tav. 64; CVA Gela 2, III C, 14 tav. 25, 1; Dehl-von Kaenel 1995, 293 no. 2685 tav. 54. Datati alla fine del CA: Corinth VII, 2, 137 no. An 196 tav. 64. Datati all'inizio del VI sec. a.C. (CM): Brann 1956, 358–359 no. 22 tav. 54; Corinth XIII, 106 group i fig. 11 (tutti i reperti elencati tranne nn. 192-2 e X-123 datati al CA).

323 Per la forma e la decorazione datanti al CA: Weinberg 1948, 223 nn. D47. D50 tav. 81; Corinth VII, 2, 121 no. An 114 tav. 65. Boardman – Hayes 1966, 40 no. 426 tav. 27; Lambrugo 2013, 137 no. BGR 313.8 fig. 74.8; 194 no. VG 20.7 fig. 131.7 (fine TR – CA con datazione più precisa 626–605 a.C.) Confronti per la decorazione esterna, senza linea bianca interna datanti al CA: Corinth VII, 2, 127. 140 nn. An 212. An 150 tav. 64; CVA Gela 2, III C, 14 tav. 24, 4. Per la forma e la decorazione analoghe (una riga paonazza in più

di parete di kotyle corinzia **65** in vernice nera è probabilmente da attribuire a questa sottoclasse di materiali, seppure non sia possibile un inquadramento tipologico e cronologico più preciso.

Il frammento di parete relativa alla parte inferiore di una kotyle corinzia **66** mostra una decorazione a raggiera. I raggi sono ancora triangolari ma più sottili alla base con interspazi più larghi rispetto, ad esempio, a quelli attestati sul frammento **10** del contesto del quartiere orientale. I confronti puntuali per la decorazione, tenente conto della larghezza della base e l'interspazio dei raggi, porta ad una datazione al Corinzio Medio del reperto[324].

Coppe

Il frammento di parete della parte inferiore della forma **67** è attribuibile, unicamente a grandi linee, ad una coppa corinzia con decorazione lineare verniciata sia all'interno che all'esterno. La datazione di questa classe, raramente attestata nelle pubblicazioni[325], sembra concentrarsi nel Corinzio Antico[326], seppure le attestazioni di queste forme – troppo rare – devono ancora essere verificate da nuovi scavi con un lasso cronologico più ampio[327].

Forme chiuse – da tavola

Malgrado l'alto grado di frammentazione della parete di forma chiusa **68** è stato possibile, grazie ai resti di decorazione visibili, attribuire la forma ad un vaso da tavola. La decorazione presenta due coppie di linee graffite verticali, su sfondo in vernice nera, delimitate da cinque linee orizzontali suddipinte: tre linee di colore paonazzo racchiuse da due linee bianche. Il motivo – l'evoluzione della decorazione ad ovoli, ora semplificato tracciando alla fine della decorazione una linea orizzontale al posto di quella semicircolare – trova unicamente confronti su oinochoai, olpai e in rari casi su delle *neck-amphorai* datate tra il Corinzio Antico e l'inizio del Corinzio Tardo[328].

Forme chiuse – indeterminata

Appartenente al Corinzio Medio sembra essere anche il frammento, molto piccolo, di parete di forma chiusa con rappresentazione figurata senza dettagli graffiti **69**. La rappresentazione trova confronti nelle decorazioni a palmette e fiori di loto presenti come ornamento di separazione in fregi zoomorfi[329]. Il frammento mostra, nella parte superiore conservata, due bande arcuate nere tangenti (in direzione opposta), analoghe alle parti terminali degli ornamenti a palmette e fiori di loto. La macchia conservata di colore giallo sottostante potrebbe riferirsi, per analogia con i confronti, del resto di una rosetta di campitura.

Ceramica greco-orientale e classi d'imitazione regio-coloniali

Coppe B1

Il frammento **70** di fondo con piede ad anello di coppa *B1*, di probabile importazione, è completamente verniciato con due linee suddipinte all'interno, mentre all'esterno, acromo. La morfologia della forma con basso piede estroflesso appuntito è datata secondo la cronologia di Schlotzhauer fino alla fine del VI sec. a.C.[330]. La decorazione suddipinta all'interno permette di restringere la datazione al secondo quarto del VI sec. a.C.[331].

all'esterno) datanti fino al CM: Corinth VII, 2, 120 no. An 112 tav. 65; Corinth XIII, 106–108 Group i fig. 11. Analoghi per la forma e la decorazione esterna, seppure con linee orizzontali paonazze in più datanti tra il TR – CA: Lambrugo 2013, 115 nn. BSA 173.10–11 fig. 44 con datazione più precisa verso il 625–605 a.C.

324 Analoghi per quanto riguarda la decorazione datanti al CM: Dehl-von Kaenel 1995, 292 nn. 2615–2616 tav. 54; Bruni 2009, 70 no. 122 tav. XII. Tutti i confronti presi in considerazione datanti al Corinzio Antico non mostrano analogie dettagliate per quanto riguarda la sottigliezza e l'interspazio dei raggi, indicando piuttosto un'evoluzione della decorazione in direzione degli esempi più tardi mostranti semplici linee rettilinee o leggermente curvate. Per la datazione degli esempi di raggiera semplificati cfr. nota 231.

325 Osservazione anche in: Dehl-von Kaenel 1995, 246 con nota 505. Dehl-von Kaenel mette in relazione le saltuarie attestazioni di queste forme, in particolare a Selinunte, a causa presumibilmente del mancato raccoglimento dei frammenti di parete verniciati durante i vecchi scavi.

326 Dehl-von Kaenel 1995, 247 nn. 1720–1725 tav. 81.

327 Per confronti inerenti coppe verniciate all'interno e all'esterno, di altre tipologie rispetto a quelle citate di Dehl-von Kaenel: Bruni 2009, 72 nn. 142. 144–145 tav. XIV (CA e CT1); Van der Wielen-Van Ommeren – De Lachenal 2006, 252 no. 30 fig. 13.29 (PCT).

328 Oinochoai con decorazione a lingue rettangolari con banda policroma sottostante formate da variazioni di linee bianche e paonazzo datate al CA: Corinth VII, 2, 128. 130–133 nn. An 163. An165. An171. An178. An180 tavv. 50. 51; Corinth VII, 1, 62 no. 227 tav. 31. Datate al CM: Dehl-von Kaenel 1995, 113–114 nn. 594. 599. 600 tav. 11; Corinth XV, 3, 292 no. 1596 tav. 64. Datate all'inizio del CT: Corinth VII, 2, 108 nn. An 49. An52 tavv. 56. 62; Brann 1956, 356 no. 4 tav. 52 (secondo quarto del VI sec. a.C.). Olpai datate al CA: Corinth VII, 2, 125 nn. An143. An 145 tav. 57; Neck-Amphorai datate al CA: Corinth VII, 2, 131. 136 nn. An170. An192 tav. 57.

329 Dehl-von Kaenel 1995, 182 no. 1132 tav. 31 (pisside). Con dettaglio graffito: Dehl-von Kaenel 1995, 176 no. 1088 tav. 29 (pisside). Escludo l'interpretazione come un fregio a palmette e fiori di loto presenti solitamente sulle spalle delle forme chiuse a causa della dovuta presenza – nel caso di un fregio – di una palmetta al posto della macchia gialla visibile sul frammento iatino.

330 In generale per le morfologie con basso piede ad anello e larghe vasche: Schlotzhauer 2001, tav. 44–52 tipo 10,6C–10.13D (**610/600–520/510**). Non sono stati trovati confronti puntuali per la morfologia del piede, il più analogo: 547 no. 328 tav. 52 (tipo 10.C, **580/570–520/510**). Per un confronto puntuale del reperto: Boldrini 1994, 160 no. 308 tav. 8 tipo IIIa datata convenzionalmente al 620–570 a.C. (cfr. Boldrini 1994, 159).

331 Schlotzhauer 2001, 341. 356 fig. 103 tav. 37–44 Tipologie di forme mostranti suddipinture all'interno della forma: 10,1–6C: **620/610–550 a.C.** La combinazione della datazione grosso modo della morfologia (cfr. nota precedente) tra il **580/70–520/510** e la datazione della decorazione: **580/570–550** a.C.

Coppe di produzione regio-coloniale d'imitazione corinzia o greco-orientale

Il reperto **71** è riferibile ad una coppa in vernice nera con decorazione a bande acrome all'esterno d'ispirazione corinzia. I confronti sia fra i reperti di produzione corinzia, verosimilmente utilizzati come modelli, sia di quelli di produzioni regio-coloniali indicano una datazione tra la fine del VII e la prima metà del VI sec. a.C.[332].

Il frammento d'orlo **72** si tratta ugualmente di una coppa d'ispirazione corinzia, mostrante unicamente la parte interna e una banda sul labbro in vernice marrone. Anche in questo caso, analogamente alla coppa **71**, i confronti di produzione coloniale indicano una datazione tra la fine del VII e la prima metà del VI sec. a.C.[333].

I frammenti di coppa **73** attestano una decorazione a vernice nera con banda acroma sulla vasca esterna. L'orlo è più estroflesso e assottigliato esternamente rispetto alle produzioni di coppe d'ispirazione corinzie del contesto. Anche in questo caso vi sono confronti di tipologie analoghe di produzione regio-coloniale ritrovate in Sicilia occidentale datate tra la fine del VII e la prima metà del VI sec. a.C. [334].

Il reperto **74** mostrante una decorazione a bande suddipinte e acrome all'esterno, trova morfologie analoghe sia fra reperti di coppe decorate *a filetti* di tradizione corinzia sia fra alcuni decorati a bande di tradizione greco-orientale[335].

Infine, il fondo di coppa con piede ad anello **75** e un frammento di vasca **76**, entrambi in tradizione greco-orientale, ricordano tendenzialmente una coppa *B1*.

Anfore da trasporto

Attiche – à la brosse del tipo 1502

I tre frammenti di parete **77–79** sono riferibili a delle anfore da trasporto attiche di tipo *à la brosse* con decorazione a bande distinte in vernice diluita[336]. La tipologia, di tipo Agora 1502[337], mostrante bande distinte, trova confronti in tutto il bacino del mediterraneo[338] ed è, secondo alcune indagini, cronologicamente successiva alla variante decorativa eseguita a spazzola[339]. Contesti chiusi di ritrovamenti di questa tipologia dall'agorà ateniese indicano una loro verosimile produzione tra il secondo quarto del VI fino alla metà del V sec. a.C.[340].

332 Analoghi di produzione coloniale: Da Monte Iato: Isler 1999b, 150 no. 10 (K 16963); Da Himera: Himera V, 164 no. 603 tav. LXXI (da un contesto di fine VII–inizio VI); da Selinunte: de La Genière 1975, 90 tav. XX fig. 3 no. 1 tav. A, 6 (*ante* secondo terzo del VI sec. a.C.); 94 fig. 4 no. 3 tav. D, 9 (*ante* secondo quarto del VI sec. a.C.); Con labbro leggermente più distinto: Fourmont 1992, 63 no. 79/2109 fig. 6 (fine VII–inizio VI sec. a.C.). Per esempi analoghi ma di produzione corinzia: Himera V, 195 no. 71 tavv. LXXVIII. LXXXIV (in vernice nera con fascia risparmiata all'interno e all'esterno, contesto fine VII–primi decenni del VI sec. a.C.); Himera V, 202 no. 447 tavv. LXXXI. LXXXVII (contesto: fine VII–inizio VI sec. a.C.); Dehl-von Kaenel 1995, 247 nn. 1721–1722 (CA); Corinth VII, 1, 68 no. 286 fig. 26 tav. 36 (CA); Boardman – Hayes 1973, 56 no. 2232 fig. 23 (CA).

333 Analoghi di produzione coloniale: Isler 1999b, 150 nn. 9–10; Fourmont 1992, 63 no. 79/2109 fig. 6; de La Genière 1975, 94 fig. 4 no. 3 tav. D, 9; Himera V, 202 no. 447 tavv. LXXXI. LXXXVII.

334 Analoghi di produzione coloniale: Fourmont 1992, 63 fig. 6 no. 79/2109; de La Genière 1975, 91 tav. XXI no. 2 tav. A 13; Mertens 2003, 296 no. SL 691 fig. 374; 326 no. SL 8645 fig. 327; 344 no. SL 1158 fig. 345; Allegro 1997, 260 no. 39 fig. 16; Denaro 2003a, 288 no. N38 fig. 241; de La Genière 1975, 95 tav. XXVI nn. 6–7 tav. D, 17–18 coppe con labbro a filetti; Con orlo retto: Mertens 2003, 294 no. SL 1051 fig. 373.

335 Analoghe, *a filetti*: Maruggi 1996, 263 no. 219; Mertens 2003, 382 no. SL 771 fig. 415; de La Genière 1975, 89 tav. XX no. 2 tav. A, 4 (*skyphos con labbro a filetti*); Fourmont 1992, 63 fig. 6 no. 79/2123 (con stacco tra l'orlo e vasca meno pronunciato). Analoghe *a bande*: Frasca 1995, 539 no. 280 fig. 184.

336 Per confronti dell'impasto: Villard 1960, 49 definita in questo caso di produzione ionica. Per la tipologia 1502 a bande distinte: Bîrzescu 2012, 182–184; Sacchetti 2012, 51 con note 283–287.

337 Agora XII, 192–193. 341 no. 1502 tav. 64.

338 Elenco esemplificativo: da Himera: Vassallo 2002, 53–54 no. 96 = Panvini – Sole 2009a, 460 no. TA/176. Da Debelt, Bulgaria: Tzochev 2011, 82–83 tav. 2, 7. Da Cerveteri, Tomba Martini Marescotti: Rizzo 1990, 18 fig. 13. Da Vulci, necropoli dell'Osteria, tomba in proprietà Radicetti: Rizzo 1990, 100 no. XII.1 fig. 181. Da Marsiglia: Villard 1960, 49–50 nn. 2. 4–9 tavv. 26–28. Da Corinto: Thorne Campbell 1938, 606 nn. 207–209 fig. 29. Per ulteriori reperti provenienti da contesti datanti: Bîrzescu 2012, 182–183. Per esempi eseguiti ancora a spazzola ma indicanti già la distinzione d'intensità di colore in bande distinte, oltre all'esempio dell'agorà ateniese: Broneer 1938, 183 fig. 21; Vanderpool 1938, 378 no. 9 fig. 14.

339 Bîrzescu 2012. 182–184; Sacchetti 2012, 51 con bibliografia.

340 Bîrzescu 2012, 182–184 propone una datazione tra il terzo quarto del VI sec. e il primo quarto del V sec. a.C. elencando una lunga lista di luoghi di ritrovamento della tipologia di anfora in contesti chiusi. L'inizio della produzione, visto il contesto dell'anfora *eponima* 1502 indica in ogni caso una possibilità di datazione a partire dal 575 a.C. (Agora XII, 192–193. 341 no. 1502), seppure la datazione sia riferita ad una produzione a spazzola con bande d'intensità diversa. Come riferito da Sacchetti 2012, 51 non è ancora possibile determinare con sicurezza una scansione cronotipologica delle tipologie morfologiche e soprattutto decorativo all'attuale stato della ricerca, ragione per la quale propongo ancora in base alle indagini dell'agorà ateniese, una datazione partente dal secondo quarto del VI sec. a.C. Sacchetti 2012, 51 invece propone una datazione tra la metà del VI e la metà del V sec. a.C. La fine della produzione di datazione più tarda rispetto alle indagini di Bîrzescu 2012 si basa sulle indagini fondamentali di Lawall 1995, 34–47. Seppure Bîrzescu abbia preso in considerazione i contesti studiati da Lawall sembra non aver tenuto conto dei cinque depositi chiusi della metà del V sec. a.C. (Lawall 1995, 37) unicamente citati da Lawall rimasti altrimenti inediti, attestanti 16 esemplari della variante Agora 1502 a bande distinte. Per questa ragione la datazione proposta per i frammenti iatini viene proposta dalla combinazione dei risultati delle indagini dell'agorà ateniese, di Bîrzescu, di Sacchetti e di Lawall.

2.3.2 Strato di vita dell'edificio A

Fig. 21: Grigio scuro: prima fase costruttiva (edificio A, focolari, edificio B).
Grigio chiaro: seconda fase costruttiva (edificio 1 con muro di terrazzamento, edificio ad oikos).
Rosso: area indagata dell'edificio A.

L'edificio A, il quale piano di calpestio del vano meridionale sigilla il riempimento precedentemente descritto, presenta una pianta rettangolare, formata da due ambienti adiacenti in senso NO-SE con ingresso nella parte mediana del lato nordoccidentale[341] (fig. 17). Il vano settentrionale, essendo stato utilizzato fino in epoca tardo-arcaica/classica, verrà descritto successivamente[342]. Lo scavo di questa fase, presentante materiali provenienti da stratigrafie chiuse, si limita a due sondaggi effettuati nel vano meridionale indagando ca. più del 50% dell'area del vano (fig. 21). Il vano meridionale presenta un piano di calpestio formato, dove possibile, dalla roccia naturale levigata (sondaggio angolo NE, fig. 24), mentre nell'area del riempimento da uno strato giallo-grigio a matrice uniforme, consistente in frammenti di pietra arenaria macinata compattati sul terreno. Nella parte meridionale del vano è inoltre attestata una banda di malta color rosato, a ridosso di un appostamento di lastrine di pietre calcaree addossate al muro meridionale – una soluzione inusuale per quanto riguarda i piani di calpestio altrimenti trovati nell'insediamento. Nell'angolo nord-occidentale dell'area indagata dal sondaggio meridionale è attestata una zona circolare di cenere, indicante probabilmente la posizione di un focolare (fig. 22). Nel vano settentrionale, invece, il piano di calpestio è stato ricavato – perlomeno per quanto riguarda il suo riutilizzo successivo – nella parte occidentale dalla roccia naturale opportunamente livellata, mentre nella parte orientale la roccia è stata regolarizzata da uno strato di terreno compatto coperto da lastre di pietra calcarea[343].

341 Vano settentrionale, superficie interna: 4.6x5.7m; vano meridionale superficie interna: 3.3x5.8m; edificio totale esterno: 8.90x6.85m. Per il vano settentrionale cfr. 2.3.3 *Strato di vita dell'edificio 1.*

342 Per la scoperta della parte settentrionale dell'edificio, riutilizzato anche nella fase successiva: Isler 2007, 108.

343 Piano di calpestio attribuibile alla seconda fase della costruzione verso il 500/490 a.C. Cfr. *infra*. Vista la semplicità della tecnica viene assunta la stessa tipologia di pavimentazione anche per la prima fase del vano.

Fig. 22: Sondaggio S del vano, da O (F2003). Frammenti di **649** *in situ* sul piano di calpestio. Battuto argilloso sigillante il riempimento adibito alla costruzione dell'edificio A

Fig. 23: focolai a nord-ovest dell'ingresso.

Le differenze di quota fra i due vani (ca. 70 cm[344]) potrebbero essere state sormontate da una sorta di scala nell'area mediana fra i due vani[345], purtroppo non più attestabile a causa di un canale di epoca ellenistica, innestato direttamente sopra la parte settentrionale dei resti del muro EO di separazione fra i due vani[346]. Non da escludere, visto lo stato di conservazione del contesto privo dell'attestazione delle mura di chiusura orientale e occidentale, è la presenza in origine di entrate separate.

Alla fase di utilizzo dell'edificio sono attribuibili due focolai adiacenti, presumibilmente circolari, ritrovati in prossimità dell'ingresso (fig. 17). È stato possibile indagare solo le tracce ritrovate direttamente sulla conformazione naturale dell'assetto roccioso della loro parte settentrionale[347] (fig. 23). I focolai sono formati da uno strato di argilla cruda, stesa direttamente sulla roccia, risultante in seguito cotta dall'esposizione alle temperature del fuoco appiccato sopra di esso[348].

L'edificio presenta dunque tre zone adibite alla preparazione di pasti: due di media-grande dimensione esterne all'ingresso nel vano settentrionale, posti direttamente sulla roccia (figg. 17. 23) e una di piccole dimensioni interna nella parte occidentale del vano meridionale dell'edificio (fig. 22).

2.3.2.1 Analisi dell'inventario

I materiali indagati provengono integralmente dal vano meridionale e interpretabili come facenti parte dell'inventario in uso al momento dell'abbandono, come visibile dalla documentazione fotografica dei reperti *in situ* (figg. 22. 24–25).

L'inventario del vano conservato attesta in totale 22 reperti (fig. 26). Esso è formato da due vasi potori d'importazione (kotyle corinzia: **80**; coppa *B2*: **81**), due scodelle di tipologie diverse (in ceramica dipinta monocroma: **356**; con decorazione incisa e rivestimento opaco: **355**) una lekane a bande (**82**), un frammento di pisside in ceramica dipinta monocroma (**737**), un coperchio in ceramica dipinta monocroma **752** (ev. una scodella), un'idria in ceramica dipinta monocroma (**598**), tre contenitori di grandi dimensioni (globulare in ceramica dipinta bicroma, stamnos/olla **650**; globulare in ceramica acroma: **649**; fondo forma aperta: **196**), sette pesi da telaio tendenzialmente troncopiramidali (**834–840**), un sostegno a clessidra modellato a mano (**827**), due astragali (**954–955**) e un frammento di corno bovino fittile (**859**).

Seppure i sette pesi da telaio furono ritrovati uno accanto all'altro[349] è interessante notare – al contrario di quanto ci si possa aspettare – che non fanno parte né morfologicamente né per quanto riguarda la tipologia d'impasto ad una produzione seriale. Per quanto riguarda gli impasti, seppure siano tutti appartenenti a tipologie conosciute anche nelle produzioni di forme modellate a mano da fuoco dell'insediamento – verosimilmente di produzione locale – sono attestate quattro varianti diverse utilizzate per la produzione dei pesi da telaio[350]. Le morfologie di altezza e for-

344 Vano settentrionale: 828.34–828.40 m s.l.m. Vano meridionale: 827.66–827.69 m s.l.m.

345 Analogo al contesto nel quartiere orientale, cfr. fig. 14. In questo caso la differenza di quota ammonta unicamente a 54 cm.

346 Reusser et al. 2010, 116 tav. 21, 3 con nota 17 per la bibliografia precedente. La zona è inoltre ulteriormente perturbata anche da fosse di scarico di epoca medievale: Reusser et al. 2010, 116.

347 Per la scoperta e la descrizione dei focolai: Isler 2006a, 65–66 tav. 16, 2. Sulla pianta sono documentati come due semicerchi limitrofi.

348 I confronti forniti da Isler 2006a, 66 nota 11 da Maranfusa si trattano di piastre fittili dai bordi ben definiti, non comparabili con questi focolai impostati direttamente sulla roccia. Analogo invece il focolaio ritrovato durante delle pulizie nel quartiere occidentale sul Monte Iato, sottostante il lembo di lastricato non ancora scavato, ad est del riempimento dell'VIII–VII sec. a.C. Cfr. nota 58.

349 Reusser et al. 2010, 117 con nota 22.

350 **837** (*single*); **834** / **836** / **839** (impasto analogo); **838** / **840** (impasto analogo); **835** (*single*).

Fig. 24: Sondaggio nord del vano (S2009), da NE strato d'uso con lekane **82** *in situ*.

Fig. 25: Dettaglio della lekane **82** *in situ*, da SW (S2009).

me diverse l'uno dall'altro sottolineano la produzione diversificata del *set* ritrovato. In tre casi è possibile osservare dei segni a X incisi prima della cottura. Su due pesi della stessa tipologia d'impasto il segno è apportato, in un caso, sulla superficie laterale (**834**), dall'altro sulla superficie superiore del reperto (**836**). Il peso dei reperti è analogo, facendo forse intuire un loro utilizzo combinato (ca. 91–97 g)[351]. Nell'altro esemplare (**835**) attestante un segno sulla superficie superiore, di tipologia d'impasto diversa, invece il peso sembra non essere compatibile per un utilizzo comune (77.09 g). La non idoneità di un utilizzo contemporaneo dei pesi è infine attestato anche dal quarto esemplare conservato quasi integralmente **837** attestante un peso di 116.01 g[352]. Alla luce delle diversità presentate dai singoli pesi da telaio ritrovati all'interno del vano meridionale si esclude la loro attribuzione ad un unico *set* di pesi e di conseguenza la ricostruzione della presenza di un telaio da tessitura "fisso". I pesi sembrano piuttosto far parte di una scelta ritenuta non più utilizzabile – e dunque lasciata all'interno del vano – durante la ristrutturazione dell'edificio A modificato nel successivo edificio 1.

La mancanza, fatta eccezione per il sostegno a clessidra modellato a mano **827**, di reperti adibiti alla preparazione di alimenti su fuoco non deve per forza stupire. Difatti, analogamente alla fase successiva, le forme da fuoco potevano trovarsi nel vano settentrionale in prossimità dei due focolari esterni.

La presenza del frammento di corno fittile **859**, indeterminato se facente parte di una statuetta oppure come singolo elemento *pars pro toto*[353], di simbologia verosimilmente legata – come proposto da Rossana De Simone – a valori di fertilità e riproduzione non è inusuale in un contesto d'abitato[354].

2.3.2.2 Reperti datanti della prima fase dell'edificio A

Unicamente tre reperti possono considerarsi datanti all'interno della prima fase dell'edificio A, dovuto verosimilmente, da un lato, alla limitata area oggetto di scavo, dall'altro dell'abbandono del vano[355]. Si trattano di due vasi potori di produzione corinzia rispettivamente greco-orientale (**80. 81**) e di una lekane a bande di produzione regio-coloniale (**82**).

Le datazioni elaborate indicano, vista la presenza della lekane a bande **82** databile tra la fine del VI e l'inizio del V, un uso dell'edificio nella seconda metà del VI

351 **834**: 91.52 g; **836**: 97.63 g.

352 In questo caso è possibile l'attestazione di un segno a croce incisa prima della cottura sulla superficie superiore della forma. Lo stato di conservazione del reperto non permette di identificarlo con sicurezza.

353 A partire dall'età del Bronzo sono attestati anche unicamente corna come oggetti fittili a sé stanti: Sedita Migliore 1981, 25 fig. 6b per un reperto a tre corna fittile. Per la simbologia del toro e di rappresentazione *pars-pro-toto* di esso: Öhlinger 2015, 167 con bibliografia. Per un altro esemplare ritrovato sul Monte Iato: Kistler et al. 2018, 294 no. I-T 21 nota 168 fig. 38, d. Si esclude una sua interpretazione come applicazione plastica a forme vascolari visto la tipologia d'impasto non comparabile con quelli dei reperti vascolari trovati sul Monte Iato attribuibili alle produzioni *indigene*. Per le applicazioni plastiche su forme vascolari: Trombi 2003a. Per un esempio di applicazioni fittili a forma di corna su morfologie vascolari: D. Tanasi in: Panvini et al. 2009a, 50 no. 16.

354 De Simone 2003, 367 con confronto proveniente da Maranfusa no. T 91.

355 Cfr. stat. 5.2: 3 records (unità riconosciute), 24 frammenti; 17.39%fr.; 13.64%rec (dei materiali totali).

Fig. 26: Associazioni di materiali provenienti dal vano meridionale dell'edificio A.

sec. a.C. La cronologia rispecchia anche i dati elaborati della chiusura del riempimento adibito all'edificio verso il 550 a.C. (tab. 5, cfr. tab. 4).

2.3.2.2.1 Determinazione cronologica dei reperti

Ceramica corinzia
Kotylai

Il frammento d'orlo **80** appartiene al gruppo dei *black-glazed skyphoi*[356]. Il reperto attesta una linea suddipinta di colore bianco all'interno e lungo l'orlo – risparmiato – è stata aggiunta un'ulteriore linea in suddipintura bianca. La morfologia dell'orlo, leggermente rientrante, indica un'appartenenza al gruppo i di Blegen, Palmer, Young[357]. I confronti indicano una cronologia tra la fine del VII e il secondo quarto del VI sec. a.C.[358].

Ceramica greco-orientale e classi d'imitazione regio-coloniali
Coppe B2[359]

Seppure il frammento di parete **81**, di probabile importazione, vanti un alto grado di frammentazione è possibile attribuirlo ad una coppa di tipologia *B2*. Il reperto trova confronti, per quanto riguarda la decorazione con linea sottile su superficie acroma esterna e verniciato all'interno, con tipi datanti tra l'inizio del VI sec. e il 550/540 a.C.[360].

Lekane

Il reperto quasi integro **82** è riferibile ad una lekane a bande di produzione coloniale, produzione ben conosciuta in ambito siciliano. I confronti indicano una datazione alla fine del VI – inizio V sec. a C.[361].

2.3.3 Strato di vita dell'edificio 1

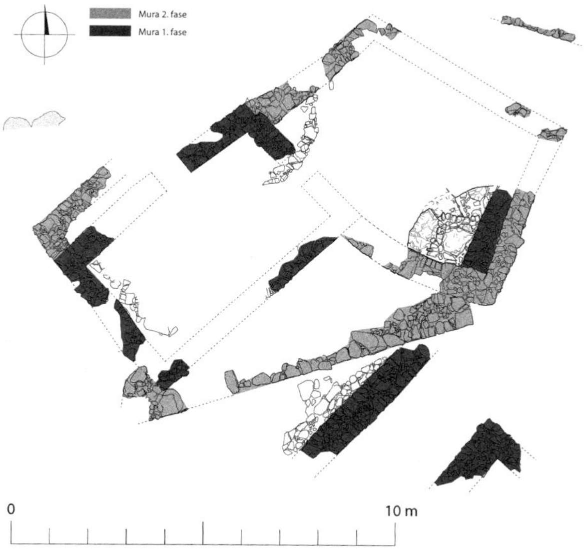

Fig. 27: Pianta dell'edificio A (grigio scuro) e dell'edificio 1 (grigio chiaro).

La successiva fase di frequentazione dell'area è documentata da un rifacimento dell'edificio A, chiamato in seguito edificio 1 (figg. 18 [edificio 1]. 27)[362]. Il piano di calpestio esterno all'edificio fu rialzato grazie ad un'opera di interro artificiale sia nella parte settentrionale che occidentale all'edificio. Il vano settentrionale continua a rimanere in uso mentre l'ambiente meridionale viene in questa fase abbandonato; in compenso viene annesso un nuovo ambiente nella parte orientale dell'edificio[363]. Esso presenta una pianta trapezoidale caratterizzata sul lato SO da un andamento semicircolare. Il nuovo ambiente, più grande rispetto a quello della fase precedente (6.80 x 4 m)[364], presenta lungo il muro SE un tratto di muro della fase precedente, rasato sulla parte superiore, riutilizzato come area d'appoggio e presumibilmente di esposizione di una parte dell'inventario del vano (v. infra)[365]. Inoltre, l'aggiunta del vano crea la

356 Per la classe cfr. **32** del quartiere orientale.
357 Corinth XIII, 106 fig. 11 in particolare 197 no. 190.2.
358 Lambrugo 2013, 195 no. VG 20.9 (640–605 a.C.); 115 no. BSA 173.10 (625–605 a.C.; datazione tomba ca. 600 a.C.); Corinth XIII, 197 no. 190.2 (secondo quarto del VI sec. a.C.).
359 Per la scelta della nomenclatura cfr. 1.3.4 *Nomenclature e definizioni*. Le datazioni assolute, quando trattanti di reperti di probabile importazione sono basate sulle indagini di Schlotzhauer 2001 (cfr. nota 235). Per le coppe *B2* di produzione regio-coloniale il limite inferiore di datazione è da porre verso la fine del VI sec. a.C., se non ai primi decenni del secolo successivo (cfr. con bibliografia e la problematica dei ritrovamenti da Velia: Boldrini 1994, 163 con nota 42, datazione proposta per il tipo IV: 580–520/500 a.C.; Caflisch 1991, 26 con nota 60; Camera 2015, 190 con nota 19.
360 Per la morfologia e la decorazione: Schlotzhauer 2001, 516–517 nn. 172. 173. 175–179 tavv. 30–31, (tipo 9,1C) attribuiti al tipo 9.1B (tipo 9.1B, **600/590–550/540**, tipo 9.1C, **590/580–550/540**).
361 Himera V, 40–41 nota 52; 68 nn. 906. 930 tavv. 17. 27 (fine VI–inizio V sec. a.C.); Tréziny 1989, 63. 69 no. 271 fig. 45 (per la morfologia anche no. 276 fig. 45; fine VI–inizio V, per la tipologia unicamente a bande definite di V sec. a.C.); Allegro – Vassallo 1992, 108–109 nn. 106. 112 figg. 6. 7 tav. XVIII, 2 (fine VI – inizio V sec. a.C.); Bacci – Tigano 1999, 142 nn. S/93–95 (seconda metà VI sec. a.C.).

362 Edificio 1 messo in relazione con il tempio ad oikos comparato con la "Casa tardo-arcaica" e il cosiddetto tempio di Afrodite: Kistler – Mohr 2015, 386–388. Inerente alla descrizione dell'edificio 1 a due vani: Kistler – Mohr 2016, 85 con nota 25: Cfr.: Mohr in, Reusser et al. 2010, 116–120 fig. 1 tav. 21, 3–5; Mohr in, Reusser et al. 2011, 76–78. 80–82 fig 3 tav. 17, 1–2. 4; Mohr in, Reusser et al. 2012, 116–118 fig. 3 tav. 14, 1. 2; Mohr 2012, 24 fig. 1.
363 Per la smentita interpretazione del vano orientale come casa monolocale (cfr. da ultimo Isler 2009b, 99): Reusser et al. 2010, 118 con nota 33.
364 Kistler – Mohr 2016, 85. Vano meridionale edificio A, superficie interna: 3.3x5.8m.
365 Per la scoperta dell'angolo sudorientale del vano: Isler 1998, 42 tav. 10, 9; per l'area di appoggio dell'inventario sul muro rasato di una fase precedente: Isler 2007, 109. Per il ritrovamento degli altri reperti dell'inventario sul piano di calpestio: Isler 2007, 109. Da ultimi su questa fase: Kistler – Mohr 2015, 388; Mohr 2012, 24. In particolare, sugli inventari di entrambi i vani: Kistler – Mohr 2016, 85 con nota 26; Kistler – Mohr 2015, 388 con nota 23. Sull'inventa-

Fig. 28: Ingresso del vano occidentale, da O (S2009).

Fig. 29: Passaggio comunicante (secondario) tra il vano orientale e occidentale, da E (S2009). Ben visibile è l'addossamento del muro N del vano E all'angolo del vano O preesistente.

necessità di un'apertura (secondaria) comunicante con il vano occidentale[366]. Contemporaneamente o di poco successivo alla costruzione del nuovo vano orientale è attribuibile la costruzione di un muro di contenimento in direzione NE-SO, tagliante in senso obliquo il vano meridionale della fase precedente (figg. 27. 22 [visibile a sinistra]), oramai caduto in disuso. Quest'opera di costruzione rialza il livello meridionale esterno dell'edificio ristrutturato di ca. 40–50 cm rispetto alla fase precedente, sigillando lo strato di abbandono del vano meridionale dell'edificio A di prima fase (sondaggio settentrionale, figg. 21. 24)[367]. Sul lato settentrionale dell'edificio, dopo l'innalzamento artificiale del piano esterno, fu edificato un muro a "L" raddoppiante l'angolo nordoccidentale dell'edificio 1. Questa aggiunta strutturale può essere interpretata, da un lato come opera di protezione da eventuali infiltrazioni acquifere provenienti da nord, vista la conformazione rocciosa a quote superiori dell'area settentrionale della zona[368]; dall'altro come muro di sostegno dovuto al rialzamento della quota esterna in quest'area, sottraente la pressione dovuta al terreno aggiunto artificialmente dall'originario angolo nordoccidentale dell'edificio. La ristrutturazione dell'edificio portò dunque all'installazione di due vani comunicanti con andamento EO. L'ingresso principale rimane quello originario, della fase precedente, nella parte mediana del muro nordoccidentale del vano occidentale (fig. 28).

I focolari antistanti, presenti durante la prima fase costruttiva dell'edificio A cadono in disuso visto l'innalzamento delle quote esterne di calpestio. Grazie alla conformazione del piano di calpestio conservato nei due vani è possibile rilevare un passaggio interno fra il vano occidentale e quello orientale, passante per la parete orientale dell'ambiente occidentale (fig. 29)[369].

Difatti, ove reso possibile dalla conformazione naturale della roccia, il piano di calpestio è stato creato levigando quest'ultima[370]. Nelle zone ad andamen-

rio del vano orientale: Mohr 2012, 24; Reusser et al. 2010, 119–120 tav. 22, 1. 4–5. Kistler – Mohr 2016, 87 con nota 27; Isler 2009a, 154. 156–157 figg. 19. 24. Reusser et al. 2012, 116–118 tav. 14, 3. 4 con bibliografia precedente. Per l'inventario del vano occidentale: Reusser et al. 2010, 117–118 tav. 22, 3. 6; Isler 2007, 108–109 tav. 15, 5.12 con bibliografia precedente.

366 Reusser et al. 2010, 119.

367 Già presentato in modo preliminare: Mohr 2012, 24. Reusser et al. 2010, 119 tav. 21, 3 con nota 37.

368 Reusser et al. 2010, 119 con nota 39.

369 Reusser et al. 2010, 119.

370 Per il vano orientale: Isler 2007, 109.

Fig. 30: Angolo NE del vano occidentale, da N (S2009).

to irregolare, invece, sono state intraprese opere di livellamento (per l'angolo NE del vano occidentale: fig. 30). Nella parte occidentale del vano ovest, per risolvere la problematica del dislivello della roccia naturale, è attestato uno strato di terra compatto coperto da lastre di media dimensioni in pietra calcarea[371]. Anche nel vano orientale è attestata la stessa metodologia di livellamento nell'angolo NO, continuante nel passaggio verso il vano occidentale, così come nell'angolo SO[372] (figg. 18. 27).

Nell'angolo SO sono inoltre attestate due fosse circolari, scavate nella roccia, per l'alloggiamento di due grandi pithoi, i quali frammenti sono stati ritrovati *in situ*[373] (fig. 37).

371 Reusser et al. 2010, 117 tav. 21, 4.
372 Isler 2007, 109; Reusser et al. 2010, 117–119 tav. 21, 4–5.
373 Nelle pubblicazioni è stato riferito che nelle fosse d'alloggiamento fossero presenti il grande pithos **732** e il piccolo pithos con prese forate **663**. Reusser et al. 2012, 117. **663** e **732** (732 citato come 'pithos senza numero d'inventario' in Kistler – Mohr 2016, 86 con nota 28; Kistler – Mohr 2015, 388 con nota 24; **663** citato come 'Pithos con 3 Ösehenkel' in Kistler – Mohr 2016, 86 con nota 29. Kistler – Mohr 2015, 388 con nota 25. Reusser et al. 2012, 117 nota 24; Reusser et al. 2010, 119 con nota 41 tav. 22, 1; Isler 2009a, 154. 156 fig. 20; Isler 2007, 110 tav. 15, 15). Seppure i frammenti del piccolo pithos **663** furono ritrovati in quest'area, la probabilità che esso avesse bisogno di una fossa d'alloggiamento è minima. Più verosimile è che all'interno della seconda fossa d'alloggiamento fosse presente il pithos **733** identificato solo successivamente come reperto diverso dal pithos **732** e ritrovato insieme agli altri frammenti. In seguito, verrà riferito **733** come il pithos ritrovato nella seconda fossa di alloggiamento.

All'interno dell'edificio 1 è stato anche possibile indagare una canaletta di drenaggio ricavata direttamente dalla roccia lungo il muro settentrionale del vano occidentale, coperta in un punto da una tegola piana corinzia (*stroter*)[374], un focolare e uno strato di cenere attiguo[375] (fig. 30).

La ristrutturazione dell'edificio, modificante l'orientamento originario di prima fase da in direzione NO-SE (edificio A) a in direzione NE-SO nella seconda fase (edificio 1), è probabilmente da collegare sia alla stabilità della struttura – migliorata nella seconda fase – sia all'innalzamento di quote esterne dell'area, verosimilmente in visione della costruzione dell'edificio ad oikos limitrofo (v. *infra*). La planimetria dell'edificio 1 difatti permette, per la maggior parte dell'estensione, un appoggio di entrambi i vani direttamente sulla roccia, a differenza del vano meridionale della prima fase (edificio A) abbandonato, poggiante unicamente su di un terrapieno artificiale.

La tecnica costruttiva degli alzati rimane analoga alla fase precedente: in muratura a doppio paramento e copertura in materiale deperibile[376].

374 Per una panoramica delle strutture ritrovate in quest'area: FB2011, 32.
375 Isler 2007, 108 tav. 13, 1; Reusser et al. 2010, 118 tav. 21, 4.
376 Per quanto riguarda l'alzato in muratura a doppio paramento: Comunicazione orale M. Mohr. Una copertura in materiale deperibile viene assunta a causa della totale mancanza di frammenti di tegole fra i materiali del contesto.

2.3.3.1 Analisi dell'inventario

Fig. 31: Aree indagate dell'edificio 1, vano occidentale e orientale.

I sondaggi indaganti l'edificio 1 coprono ca. 35% della superficie del vano occidentale, rispettivamente, ca. 30% del vano orientale. I reperti ritrovati non rispecchiano dunque l'inventario completo di un edificio di epoca tardo-arcaica/classica, bensì rappresentano una scelta fortuita dovuta alle modalità di scavo[377] (fig. 31).

Nel vano occidentale (fig. 34) sono attestati soprattutto reperti adibiti allo stoccaggio e alla preparazione di cibi e bevande[378]. Per quanto riguarda le ceramiche da fuoco – tutte modellate a mano – sono presenti in totale tre teglie (**808**[379]**. 809. 810**), due pignatte (**800. 801**[380]**. 802**) e due olle (**812. 813**) rappresentanti uno spettro di possibilità variabili fra le modalità di preparazione degli alimenti[381] (fig. 32).

377 Sono stati unicamente scavati i punti nei quali il lastrico ellenistico-romano dell'agorà non era conservato (cfr. 2.3 *Il quartiere arcaico-classico dell'agorà*). Per quanto riguarda il vano orientale è possibile uno stato di conservazione dell'inventario ragionevolmente completo vista la concentrazione di reperti ritrovati nell'angolo SO del vano. Apparentemente, prima dell'abbandono dell'insediamento, i materiali sembrano essere stati ammassati nella zona dell'area di appoggio qui presente. Kistler – Mohr 2015, 390 sui limiti delle indagini di consumo.

378 Kistler – Mohr 2015, 387–388 con bibliografia precedente.

379 Proveniente dal vano orientale.

380 Proveniente dal vano orientale.

381 Nelle teglie sono presupposti alimenti richiedenti un processo di arrostimento; nelle pignatte invece piuttosto degli stufati, zuppe, puree o pietanze a base di cereali. Da un punto di vista tecnico – come elaborato da Aleksandra Mistireki e Regula Herzig Mötteli – le forme vascolari da cucina più alte necessitano un loro riempimento fino all'orlo con una sostanza liquida o semiliquida per evitare rotture della forma. Il riempimento completo della forma è necessario per compensare le differenze termiche tra la parte alta e bassa della forma durante il processo di cottura – in questo caso riferibile alla modalità d'utilizzo delle pignatte. Per gli aspetti tecnici, le osservazioni riguardo alla corrispondenza tra forme e modalità di cottura, in specifico per le tradizioni riferite dalle fonti inerenti all'ambito greco: Mistireki 2019, 38–39. I risultati preliminari delle analisi gascromatografiche indicano, in maniera preliminare, la presenza di tracce di resina di pinaceae all'interno della pignatta **802.** Questo dato suggerisce un verosimile apporto di un rivestimento interno alla forma, in resina, per migliorare l'impermeabilità della forma (metodologia conosciuta anche per forme da cucina tornite e anfore da trasporto).

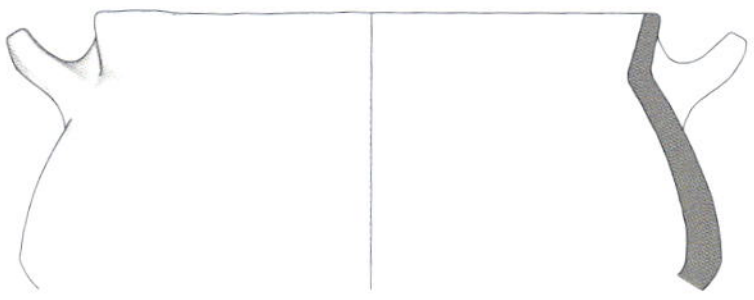

800. Inv. K 27010 (M: 1:6)

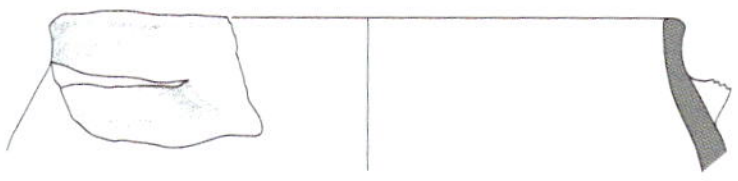

801. Inv. K 24112 (M: 1:5)

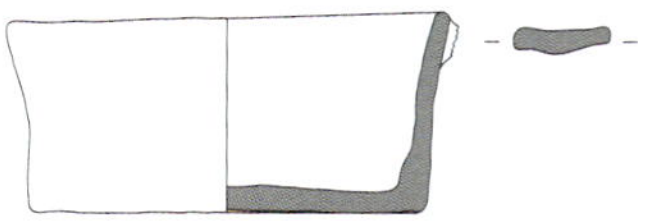

802. Inv. K 24108 (M: 1:5)

808. Inv. K 28437 (M: 1:6)

809. Inv. K 23906 (M: 1:6)

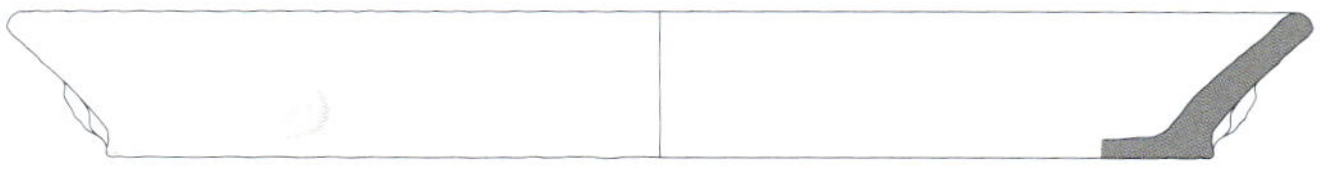

810. Inv. K 27009 (M: 1:6)

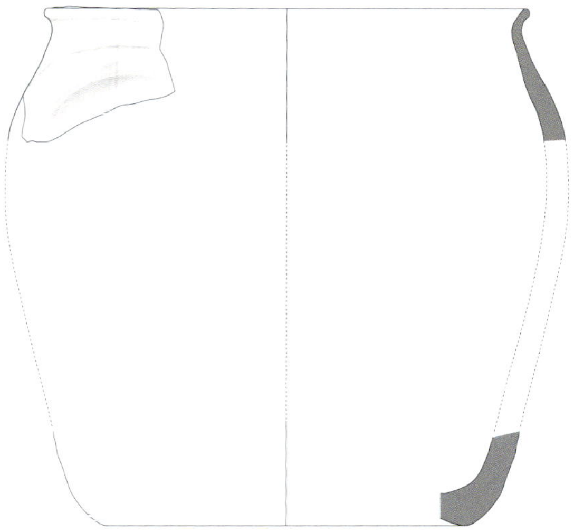

812. Inv. K 27106 (M: 1:5)

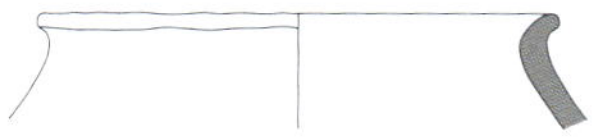

813. Inv. K 27289 (M: 1:5)

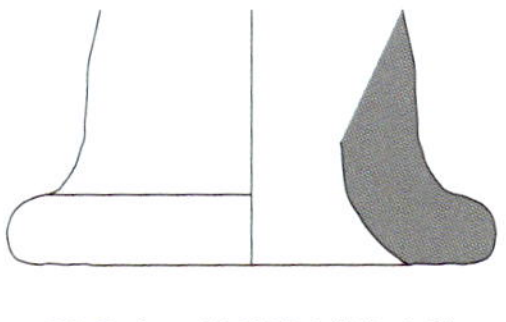

829. Inv. V 3556 (M: 1:3)

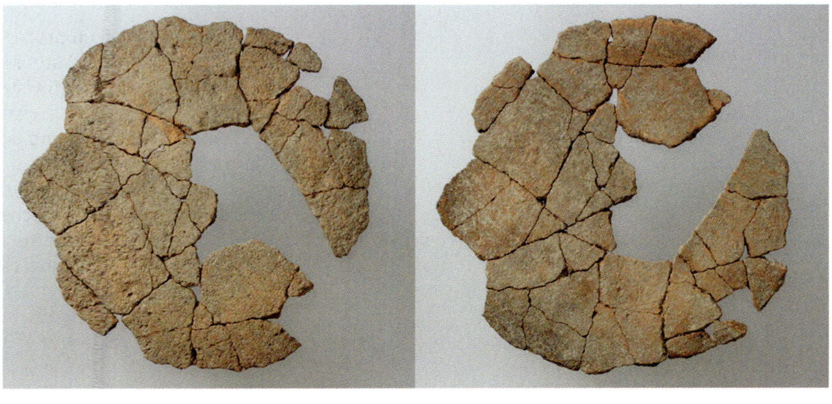

832. Inv. V 3560

833. Inv. V 3559

Fig. 32: Inventario adibito alla cottura di alimenti ritrovato all'interno dell'edificio 1.

Per la cottura è attestata la presenza di una piastra fittile circolare pressoché integra **832** e di un frammento di una seconda piastra **833** con l'impressione di una struttura a griglia sulla superficie superiore[382]. Correlato a questo uso, infine, è stato ritrovato un sostegno a clessidra modellato a mano **829**. Per quanto riguarda la piastra **832**, le sue dimensioni (Dm: ca. 25 cm, spessore ca. 1 cm) indicano un suo utilizzo mobile[383]. La modalità di cottura in questo caso è ricostruibile in due varianti. La prima modalità, verosimile a causa delle sue dimensioni, è un suo utilizzo soprastante i sostegni a clessidra, quest'ultimi poggianti attorno alla brace su di un piano. Il piano può essere la roccia naturale, la roccia naturale livellata grazie ad uno strato di argilla (esempio focolari esterni dell'edificio A, fig. 23) oppure un piano di cottura presentante una piastra fittile di grandi dimensioni fissa come attestato dall'esempio quadripartito di Monte Maranfusa[384] o dagli esemplari di Montagnoli[385], di Castellazzo di Poggioreale[386] e di Sabucina[387]. In questo caso la piastra circolare di piccole dimensioni poteva fungere direttamente da piano di cottura per alimenti come, ad esempio, delle sorte di focacce oppure come piano d'appoggio per le forme vascolari[388] (fig. 33[389]).

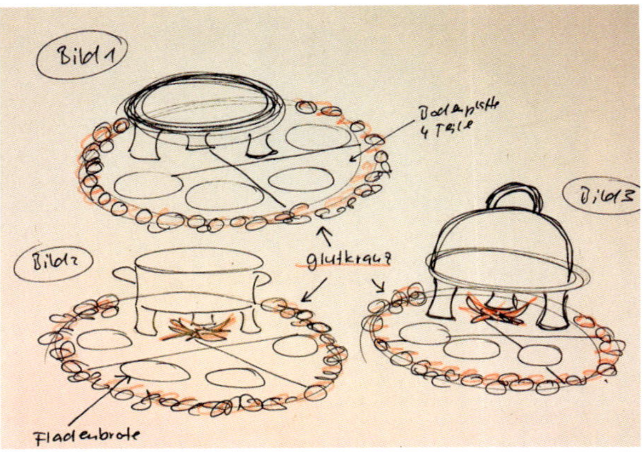

Fig. 33: Schizzo interpretativo del posizionamento di piastre fittili e sostegni (© R. Herzig Mötteli).

Una seconda modalità d'utilizzo delle piastre fittili di piccole dimensioni è ipotizzabile come reperto adibito a zona di cottura poggiante direttamente sul piano. In questo caso, la brace veniva posta direttamente sulla piastra o ai suoi lati, sulla quale veniva in seguito posizionata o direttamente la forma vascolare, oppure – analogamente al caso precedente – i sostegni a clessidra seguiti da una seconda piastra e/o la forma vascolare. Se la piastra venisse interpretata come piano sottostante di cottura, essa poteva ipoteticamente trovare una sua funzione per le cotture di alimenti all'interno dei vani, proteggendo il piano di calpestio dalle esposizioni al calore. È difatti interessante notare che tutte le zone interpretate come focolai nelle presenti indagini[390] non presentano zone eccessivamente estese, o colpite da esposizioni prolungate a fonti di calore, ma piuttosto piccole aree circolari di ca. 20–30 cm di diametro (analoghe alle dimensioni della piastra **832**) presentanti soprattutto concentrazioni di cenere non particolarmente spesse. Un utilizzo delle piastre fittili di piccola dimensione come zone mobili d'appoggio della brace all'interno dei vani potrebbe spiegare le attestazioni minime di aree di terreno bruciato attestate dalle indagini di scavo[391] (fig. 30). In questo caso le piastre rivestivano una funzione unicamente adibita a zona d'appoggio della brace, vista l'impossibilità di posizionamento su di una piastra di 20–30 cm sia della brace che di un eventuale alimento (focaccia) o pignatta. Non si esclude un'interpretazione multifunzionale della piastra: adibita a zona d'appoggio per la brace; come

382 La struttura a griglia è verosimilmente riferibile alla zona d'appoggio del vasaio durante il processo d'essicamento della piastra.
383 La piastra **832** fu ritrovata altamente frammentata nella zona interna adiacente l'ingresso del vano e ricostituita durante l'elaborazione del materiale. La mancanza di osservazioni particolari di zone di cenere o simili in questa limitata zona di rinvenimento durante lo scavo rende maggiormente plausibile un suo utilizzo mobile all'interno dell'edificio.
384 Spatafora 2003b, 50–51 fig. 67–69. Piastre fittili quadripartite sono attestate anche a Montagnola di Marineo (Spatafora 2014, 377–378 fig. 8b; Spatafora 2009a, 626 fig. 416; Spatafora 2009b, 373–374 fig. 12) e a Ustica (risalente all'età preistorica: Spatafora 2014, 375–377 fig. 8a). La quadripartizione del piano di cottura attestato di ca. 60 cm di diametro può essere interpretato – secondo la ceramologa e archeologa Regula Herzig Mötteli – come una soluzione funzionale di produzione. La grandezza della piastra, soggetta in ogni caso ad alto rischio di rottura durante l'uso (vista la frequente esposizione ad alte temperature fortemente variabili date dalla brace), potrebbero essere già state da principio prodotte separatamente. Queste, oltre ad essere più maneggevoli e leggere durante il trasporto, troverebbero più agevolmente posto anche all'interno della camera di cottura. Per le informazioni ringrazio Regula Herzig Mötteli.
385 Castellana 2000, 265 tav. XXXVIII.1; 265 nota 5.
386 Giglio Cerniglia et al. 2012, 246 fig. 434.
387 Panvini 2006a, 58 no. 2888 (Dm: 52 cm; S: 1–1.5 cm).
388 La presenza o meno di tracce di bruciato sulla superficie inferiore delle forme non è un elemento indicante un loro diretto o indiretto uso a contatto con la brace. Eventuali tracce di fuliggine possono scomparire a causa di processi post deposizionali nel terreno oppure a causa di esposizioni prolungate ad agenti atmosferici o d'utilizzo causanti un degrado della superficie. Discolorazioni delle superfici vascolari causati da processi di cottura riducente post-produzione – dunque a contatto con la brace/fuoco – possono ugualmente scomparire se le forme, in un seguente utilizzo, sono esposte all'interno del fuoco di cottura ad atmosfere ossidanti. Per queste osservazioni ringrazio Regula Herzig Mötteli.
389 Vista l'assenza di attestazioni di frammenti attribuibili ad una campana di cottura provenienti da contesti protostorici, arcaici e classici di Monte Iato si esclude, all'attuale stato della ricerca, un utilizzo della piastra fittile come piano d'appoggio adibito alla cottura di alimenti necessitanti l'utilizzo di una campana di cottura (fig. 33, Bild 3).
390 Edificio del quartiere orientale (fig. 24); Vano meridionale edificio A (fig. 22); Angolo NE del vano occidentale dell'edificio 1 (fig. 30).
391 Le limitate tracce all'interno degli edifici potrebbero essere anche relazionate ad opere frequenti di pulizia. Ciò nonostante, vista l'attestazione dei piani di calpestio formati da battuti argillosi, lastricati o dalla roccia naturale, è ipotizzabile che le tracce di calore provocate da frequenti azioni di cottura sulla brace dovrebbero presentarsi tuttavia in maniera molto più distinta rispetto a quanto attestato archeologicamente.

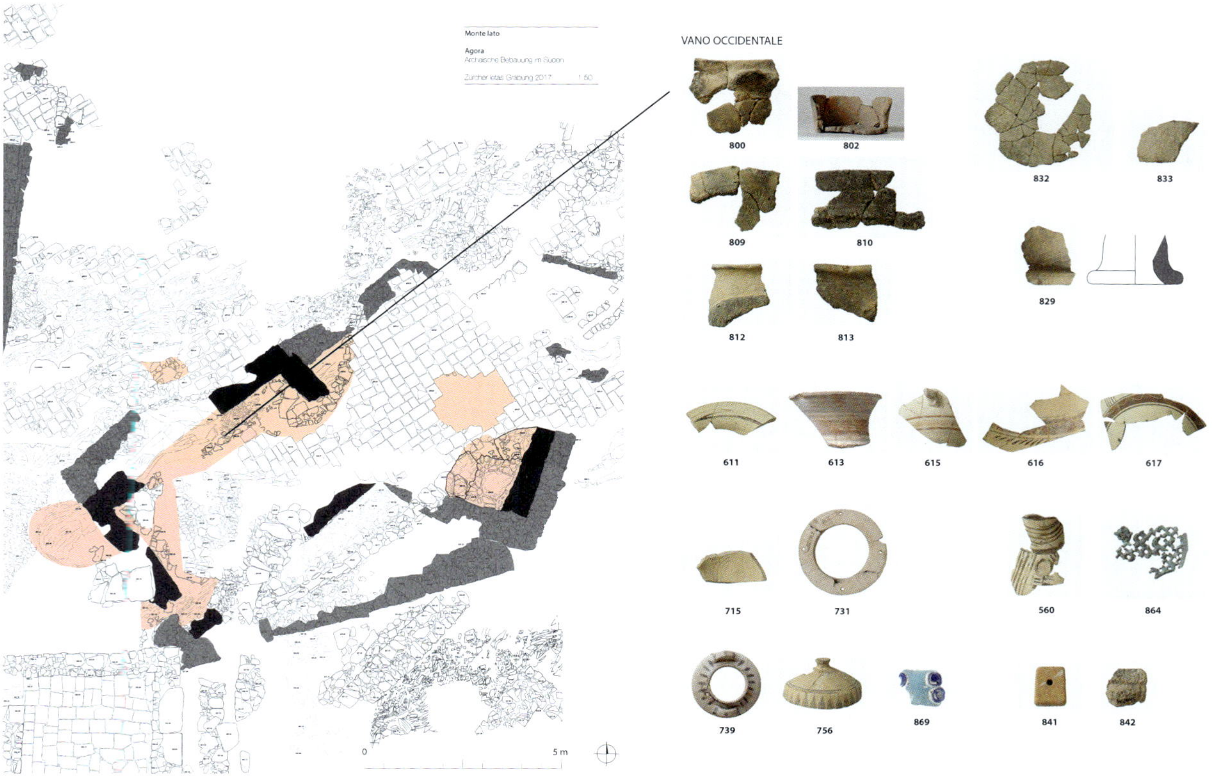

Fig. 34: Associazioni di materiali provenienti dal vano occidentale dell'edificio 1.

piastra soprastante la brace poggiante su dei sostegni adibita alla cottura di, ad esempio, focacce oppure, analogamente, come piastra soprastante la brace poggiante su dei sostegni adibita all'appoggio delle forme vascolari. Le tracce di bruciato presenti sull'unico sostegno a clessidra (**829**) rinvenuto potevano crearsi in entrambe le principali modalità di utilizzo delle piastre proposte. Quelle attestate all'esterno del sostegno sono in qualsiasi ricostruzione possibile create da un'esposizione ad alte temperature dovute al loro posizionamento presso il fuoco / la brace. Quelle all'interno del canale forato centrale possono crearsi unicamente se le superfici inferiori e superiori del sostegno sono ermeticamente sigillate dall'immissione di ossigeno creando un'atmosfera riducente all'interno del canale[392]. Questo fenomeno poteva crearsi in varie modalità di cottura: da un lato, se il sostegno era poggiante su una piastra inferiore e coperta da una piastra superiore o dal fondo della forma vascolare, oppure, come proposto da Regula Herzig Mötteli, se il sostegno era posizionato in uno strato di cenere nella brace e coperto o da una piastra o dal fondo della forma vascolare[393]. In entrambe le modalità la piastra poteva essere utilizzata sia sopra che sotto il sostegno. Nel caso specifico dell'edificio 1 le forme vascolari da fuoco attestate presentano, nel caso delle teglie, un diametro sufficientemente ampio per un utilizzo poggiante direttamente sui sostegni o sulla brace[394]. Nel caso delle pignatte e delle olle invece è unicamente assumibile un loro utilizzo o direttamente sulla brace oppure su una piastra fittile soprastante i sostegni: il diametro del sostegno di ca. 10 cm renderebbe un loro utilizzo direttamente poggiante su di un unico sostegno un'operazione a pericolo di caduta della forma vascolare[395]. Il ritrovamento della pignatta **802** in situ presso la zona di cenere attestata lungo il muro settentrionale del vano[396] (fig. 30) conferma perlomeno un loro utilizzo direttamente sulla brace.

Interessante infine è notare, per quanto riguarda le modalità di cottura, che la teglia modellata a mano **809** proviene dall'area immediatamente esterna all'ingresso del vano (fig. 31 [area arancione a N]). Analogamente alla fase d'uso precedente (edificio A) è possibile immaginare una cottura di cibi concentrata in un'area esterna all'edificio, oppure utilizzata in alternativa a quella interna, a dipendenza delle condizioni climatiche. Nonostante per questa fase non sia attestata la presenza di un focolaio esterno

392 Ringrazio Regula Herzig Mötteli per l'informazione.

393 Comunicazione scritta Regula Herzig Mötteli (30.12.2018).

394 **808** (ca. 30 cm); **809** (ca. 40 cm); **810** (> di 30 cm). Nel caso di **810** la superficie esterna completamente annerita da una modalità di cottura riducente post-produzione potrebbe indicare un suo utilizzo direttamente sulla brace. Negli altri due casi (**808. 809**) attestanti minime tracce di contatto con il fuoco, un loro eventuale utilizzo su piastra fittile soprastante i sostegni.

395 Si esclude l'utilizzo di tre sostegni per il sostenimento di, ad esempio, una pignatta, vista l'impossibilità di posizionamento della brace in un'area direttamente sottostante il fondo della forma vascolare.

396 Kistler – Mohr 2015, 388 con nota 29. FB2006c, 95–96.

il ritrovamento della teglia all'esterno dell'ingresso e il posizionamento dei focolari della fase precedente in quest'area potrebbero verosimilmente indicare la presenza di una zona esterna adibita alla cottura anche durante l'esistenza dell'edificio 1[397].

Oltre ai reperti adibiti alla cottura di cibi sono attestati cinque anfore/idria a decorazione dipinta (decorazione bicroma: **613. 615–617**; decorazione monocroma: **611**) una brocca, verosimilmente trilobata a decorazione dipinta monocroma (**560**), una grattugia in bronzo (**864**), una pisside stamnoide a decorazione dipinta monocroma (**739**), un coperchio non attinente alla pisside a decorazione dipinta bicroma (**756**), la parte superiore di un pithos con quattro fori superiori adibiti ad una chiusura con coperchio (**731**), un fondo convesso di forma aperta con cerchi concentrici incisi all'interno (**715**), due pesi da telaio (**841–842**) ed una perla forata a pasta vitrea azzurra con decorazione ad occhi (**869**).

Funzioni di stoccaggio e servizio di bevande sono arguibili sulla base della presenza delle anfore/idria e dalla brocca presumibilmente trilobata in ceramica dipinta. La presenza della grattugia in bronzo (**864**) indica verosimilmente un utilizzo di aromi in forma grattugiata d'uso legato sia a bevande che alimenti[398]. La funzione di stoccaggio di alimenti aridi è testimoniata dalla presenza del pithos con l'attestazione indiretta, data dai quattro fori, di possibilità di chiusura della forma (**731**). La presenza del fondo convesso di forma aperta in ceramica acroma con cerchi incisi all'interno **715**, verosimilmente interpretabile come forma di stoccaggio sospesa da terra, vista l'impossibilità di appoggio stabile della forma su di una superficie piana, indica varie modalità di stoccaggio del vasellame[399]. La presenza della pisside stamnoide **739** attesta la multifunzionalità del vano, non esclusivamente come adibito alla preparazione di alimenti e bevande. Difatti, oltre alla presenza di questo reperto, piuttosto riferibile ad una forma da stoccaggio ad uso personale, la presenza dei due pesi da telaio (**841–842**) e della perla in pasta vitrea **869** sottolinea un ulteriore possibile utilizzo del vano nella sfera privata quotidiana. I pesi da telaio mostrano – analogamente a quelli ritrovati all'interno del vano meridionale dell'edificio A – morfologie ed impasti di diverse tipologie[400]. Seppure in questo caso non sia possibile confrontare i pesi effettivi dei reperti, conservati, in un esempio, in stato frammentario, è possibile ipotizzare – analogamente ai ritrovamenti nel vano meridionale dell'edificio A – un loro improbabile uso contemporaneo su di un telaio[401].

All'interno del vano orientale sono attestati invece soprattutto reperti adibiti al servizio e al consumo di cibi e bevande[402] (fig. 35). Adibiti al consumo potorio sono nove forme d'importazione o imitazione di esse (coppe: **83–84. 87–89. 92**; skyphoi: **86**; coppe apode biansate: **90–91**). Quattro reperti rappresentano forme per un servizio a tavola di bevande, attestate da tre brocche trilobate in ceramica a decorazione dipinta bicroma (**557–559**) e una possibile oinochoe a bande di produzione, forse, greco-orientale (**93**). Al servizio e/o al consumo di alimenti sono adibite quattro scodelle, due carenate in ceramica acroma (**395. 397** *forme utilizzate quotidianamente?*) e due in ceramica a decorazione dipinta (monocroma, coppa/scodella: **396**; scodella bicroma con foro di sospensione: **398**, *servizio "dedicato ad occasioni particolari"?*). Adibito piuttosto alla preparazione di alimenti è, invece, il mortaio in ceramica acroma **202**. Seppure la maggior parte delle forme da fuoco siano state ritrovate nel vano occidentale, la presenza della pignatta **801** e della teglia **808** in questo vano attesta una suddivisione funzionale non prettamente precisa tra le zone di stoccaggio delle forme. Piuttosto riferibili a forme adibite ad uno stoccaggio di bevande sono due reperti in ceramica dipinta bicroma (anfora/idria: **612**; idria **614**) e due reperti in generale adibiti allo stoccaggio di liquidi in ceramica acroma (**664** forma chiusa con foro nella parte superiore; **662** orciolo con foro nella parte inferiore identificato dalle analisi gascromatografiche come contenente olio vegetale, verosimilmente d'oliva). Allo stoccaggio di derrate alimentari sono adibite quattro forme: due pithoi di grandi dimensioni a decorazione dipinta monocroma (**732–733**), un orciolo in ceramica acroma (**665**) e un piccolo pithos con tre prese forate adibite ad uno stoccaggio in sospensione (**663**). Infine, inerenti ad ulteriori modalità funzionali sono presenti una lekythos (**85**, *cura personale*), tre lucerne (**94–96** *illuminazione*) e quattro astragali (**956–959**, *attività di svago*).

Oltre alle suddivisioni funzionali dei reperti caratterizzate da centri di produzione diversa, già ben sottolineate da Martin Mohr[403], è interessante notare per quanto riguarda le forme d'importazione la qualità

397 La mancata attestazione potrebbe riferirsi o alla limitata area indagata soggetta da scavi oppure ad un suo asporto durante le opere di livellamento dell'area adibita al lastricato ellenistico-romano.

398 Per i riferimenti all'utilizzo di questa grattugia, Kistler – Mohr 2015, 388 nota 30 con bibliografia. Per un'interpretazione sociale dell'uso delle grattugie nel mondo mediterraneo: Kistler 2014; Kistler 2009.

399 Cfr. 3.2.1.3 *Exkursus: Fori di sospensione delle morfologie aperte e chiuse.*

400 **841** di forma quadrangolare; **842** frammento superiore di una forma tendenzialmente troncopiramidale.

401 Cfr. le osservazioni per i pesi da telaio nel 2.3.2.1 *Analisi dell'inventario.*

402 Kistler – Mohr 2015, 387–388 con bibliografia precedente.

403 Kistler – Mohr 2015.

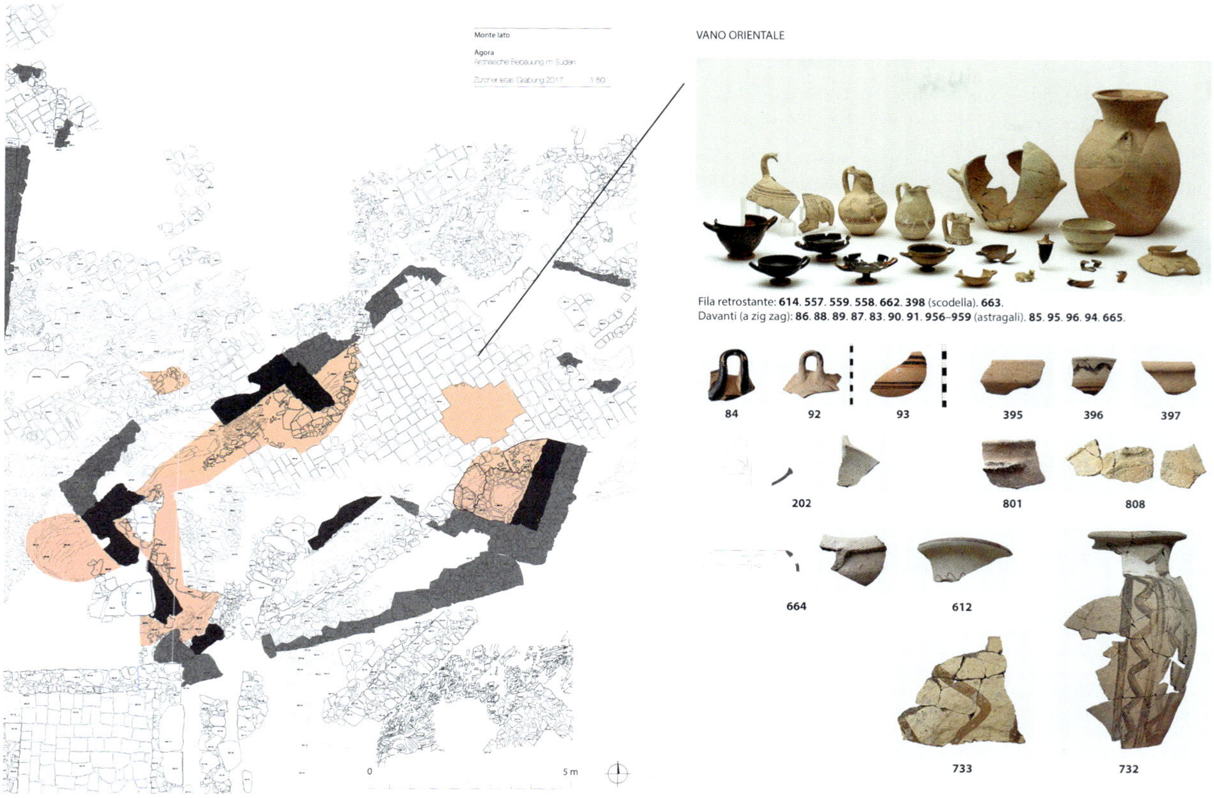

Fig. 35: Associazioni di materiali provenienti dal vano orientale dell'edificio 1.

d'esecuzione attestate. Sia la lekythos **85** che lo skyphos **86** attestano evidenti difetti di cottura; le vasche delle coppe di tipo C *concave lip* (**88–89**) sono impostate sul piede con orientamento fortemente inclinato da un lato risultanti all'occhio del commensale come molto irregolari e "storte". Seppure sembrino non essere giunte all'interno dell'edificio 1 le qualità migliori di forme potorie presenti sul mercato, i difetti di discromia e di irregolarità delle forme non impedivano un loro procacciamento. Molto più importante in questo caso sembra essere stato il luogo di provenienza / l'importanza intrinseca del manufatto esteticamente diverso dalle produzioni *locali*.

Le tre brocche attestate in ceramica dipinta bicroma mostrano un *set* formato da due esemplari quasi gemelli (**557–558**) con collo distinto di morfologia Tigano B1/B2[404] e un'esemplare piriforme con orlo trilobato di rara attestazione[405] (**559**). Anche la scelta dei reperti *indigeni* da tavola non è casuale: associazioni di *set* con brocche gemelle e forme piriformi sono altrimenti conosciute unicamente in corredi di tombe attestanti esclusivamente materiale *indigeno*[406]. In questi casi la terza forma è rappresentata da olpai dalla morfologia simile in ceramica acroma. La connotazione delle brocche come elemento identitario di connotazione *indigena* è ormai ben conosciuta dalla sua permanenza all'interno di corredi funerari come pressoché unico elemento di produzione in tecniche locali fino alla seconda metà del IV sec. a.C.[407]. La loro specifica presenza in questa combinazione all'interno dell'inventario del vano orientale, presentante altrimenti così tante forme potorie d'importazione o imitazione, potrebbe sottolineare ancora di più una dimostrazione identitaria da parte dei commensali utilizzanti specificamente un *set* di brocche gemelle in combinazione con una piriforme[408].

Infine, per quanto riguarda i luoghi di ritrovamento dei reperti è stato possibile identificare frammenti combacianti della coppa lato K 480 (**92**) provenienti da entrambi i vani. Un frammento di parete – quello più grande conservato – fu ritrovato nell'angolo SO del vano occidentale, mentre il frammento d'orlo combaciante insieme alle molteplici forme vascolari ritrovate all'interno dell'angolo SO del vano occidentale in prossimità della zona d'appoggio (**92A**). Il frammento di parete più piccolo, non combaciante, (**92B**) fu invece ritrovato nell'area antistante l'ingres-

404 Tigano 1985/1986, 68–73, in particolare no. CL 2631 tav. LVII (varietà B2 analogo per la morfologia della pancia); no. CL 2598 tav. LVII (varietà B1 analogo per l'altezza del collo).
405 Non è stato possibile trovare dei confronti pertinenti.
406 Panvini 2006a, 151–152 nn. A, B, E tomba B37 (seconda metà del VI sec. a.C.); Panvini 2006b, 39–42 nn. B, C, E (senza numero di tomba; fine del VI – inizi del V sec. a.C.).
407 Russenberger 2019, 240 nota 38 (tomba CCIV di Monte Adranone, corredo esposto nel Museo di Palazzo Panitteri a Sambuca di Sicilia).
408 Per analisi dettagliate con interpretazioni del contesto: Kistler – Mohr 2015.

so del vano occidentale (fig. 36). I frammenti di parete furono dunque ritrovati all'interno del vano occidentale, unicamente l'orlo invece nell'angolo SO del vano orientale[409]. È dunque ipotizzabile, come nel caso dell'anfora a figure rosse K 14681 dell'edificio a due piani tardo-arcaico del quartiere occidentale ("Casa tardo-arcaica")[410], una deposizione intenzionale dei frammenti nei diversi vani durante l'abbandono dell'edificio.

Il contesto dell'edificio 1 del quartiere arcaico-classico dell'agorà lascia ipotizzare dei vani con modalità di stoccaggio differenziato delle forme. Oltre a forme conservate o in fosse di alloggiamento a terra – come nel caso dei pithoi del vano orientale – o esposte su di un piano d'appoggio rialzato – come la maggior parte dell'inventario attestato nel vano orientale – si constata la presenza di morfologie adibite allo stoccaggio in sospensione. Si tratta in quest'ultimo caso della scodella in ceramica a decorazione dipinta bicroma **398**[411] e, eventualmente, del piccolo pithos in ceramica acroma **663**, provenienti dal vano orientale, così come di altre forme potorie d'importazione[412]. Le forme potorie e/o la scodella potevano essere appese direttamente ad un appiglio alla parete fungendo contemporaneamente – volendo – anche come oggetti di tipo decorativo. Il pithos, seppure il suo stoccaggio in sospensione non sia certo, presenta tre prese impostate verticalmente con fori passanti di 0.9 cm di diametro – un diametro concedente il passaggio di funi di larga dimensione. La lunghezza di trattenimento dei fori è rispettivamente di 5 cm – una lunghezza tale da permettere un sollevamento della forma unicamente portata dalle tre funi passanti per le prese. L'impostazione delle prese forate all'altezza della spalla e l'andamento specifico dei fori permettono, perlomeno per brevi tragitti, il sollevamento della forma senza rischi di rottura per attrito delle funi passanti. Un suo stoccaggio fisso in sospensione, visto il luogo d'impostazione sulla spalla delle prese forate, sembra ciò nonostante improbabile. Le prese sono impostate verosimilmente troppo in alto per la sospensione prolungata nel tempo. Una funzione in sospensione fissa tramite un passaggio delle funi nelle prese verso la parte superiore centrale della forma causerebbe, dopo lunghi periodi, una rottura della fune o della presa forata della forma causata rispettivamente sia dai punti di attrito presenti in questa

409 Le quote dei luoghi di ritrovamento escludono processi di erosione degli strati, portanti al dislocamento dei reperti per processi post-deposizionali.

410 Kistler 2020, 63–65 fig. 23–24; Kistler – Mohr 2015, 388 con nota 33.

411 Cfr. 3.2.1.3 *Exkursus: Fori di sospensione delle morfologie aperte e chiuse.*

412 Viste le impostazioni delle anse gli unici vasi possibilmente appesi alla superficie dell'alzato sono lo skyphos **86**, la coppa ad occhioni **84** ed eventualmente le coppette biansate apode **90–91**.

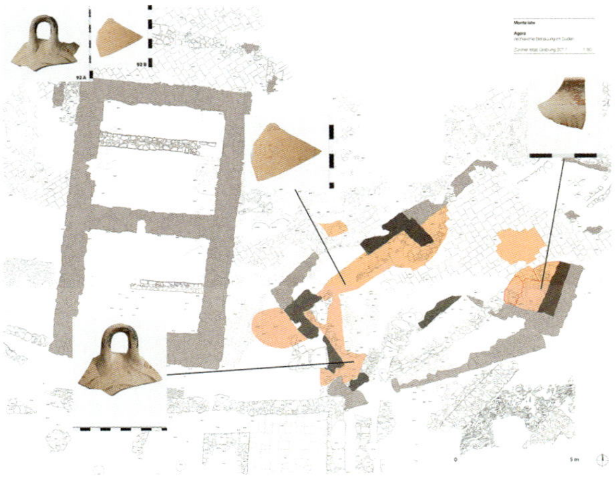

Fig. 36: Luoghi di ritrovamento dei singoli frammenti appartenenti alla coppa lato K 480 (**92**).

ricostruzione d'utilizzo sia dalla tensione provocata sulle prese. D'altro canto, un apporto delle prese forate alla forma unicamente per questioni di trasporto sembra inverosimile, viste le dimensioni della forma – trasportabile comodamente a mano da una singola persona – e l'assenza di prese forate analoghe a pithoi di dimensioni ancora maggiori. Ricerche nel mondo etnologico ed etnoarcheologico non hanno purtroppo portato a risultati per la funzione di queste prese forate verticali. Si esclude una loro funzione adibita al fissaggio di un coperchio vista la presenza di altre soluzioni tecnicamente più facili da produrre, rispettivamente, d'utilizzo più pratico[413]. Oltre a queste ragioni tecniche indicanti forse un utilizzo in sospensione per brevi periodi della forma, il suo luogo di ritrovamento nell'angolo SO del vano orientale dell'edificio 1 potrebbe, a maggior ragione, indicare un'interpretazione del suo stoccaggio in questa direzione. Immaginandosi la presenza in questa piccola area indagata di ca. 5 fino al massimo 8 mq[414] di dimensione attestante, in origine, due pithoi di grandi dimensioni[415] e verosimilmente minimo una forma da stoccaggio di medie dimensioni[416], se non quattro[417], a terra pare difficile immaginarsi, in aggiun-

413 Come, ad esempio, quello attestato dal pithos **731** del vano occidentale.

414 Angolo SO del vano orientale con le fosse d'alloggiamento dei pithoi: ca. 2.4x2.2 m = 5.28mq se fosse rettangolare. Area circolare scavata a N di esso ca. 1.8x1.9 m = 3.7mq se fosse rettangolare.

415 **732** e **733**. Unicamente l'orlo del pithos **732** vanta un diametro di ca. 65 cm.

416 L'orciolo **665**.

417 Vista la presenza delle nove forme potorie (minimo cinque senza possibilità di essere appese al muro, cfr. nota 412), tre brocche, due scodelle, un mortaio, una pignatta, una teglia, una lekythos, tre lucerne e quattro astragali – verosimilmente posizionate sulla zona d'appoggio rialzata – non è molto chiaro quanto spazio effettivo fosse ancora a disposizione sulla "panchina" per l'alloggiamento anche dell'anfora/idria **612**, dell'idria **614** e dell'orciolo con l'olio d'oliva **662**. L'olla con foro superiore **664**, l'oinochoe (?) a bande **93** e la scodella carenata **395** provengono dallo scavo dell'angolo NO del vano.

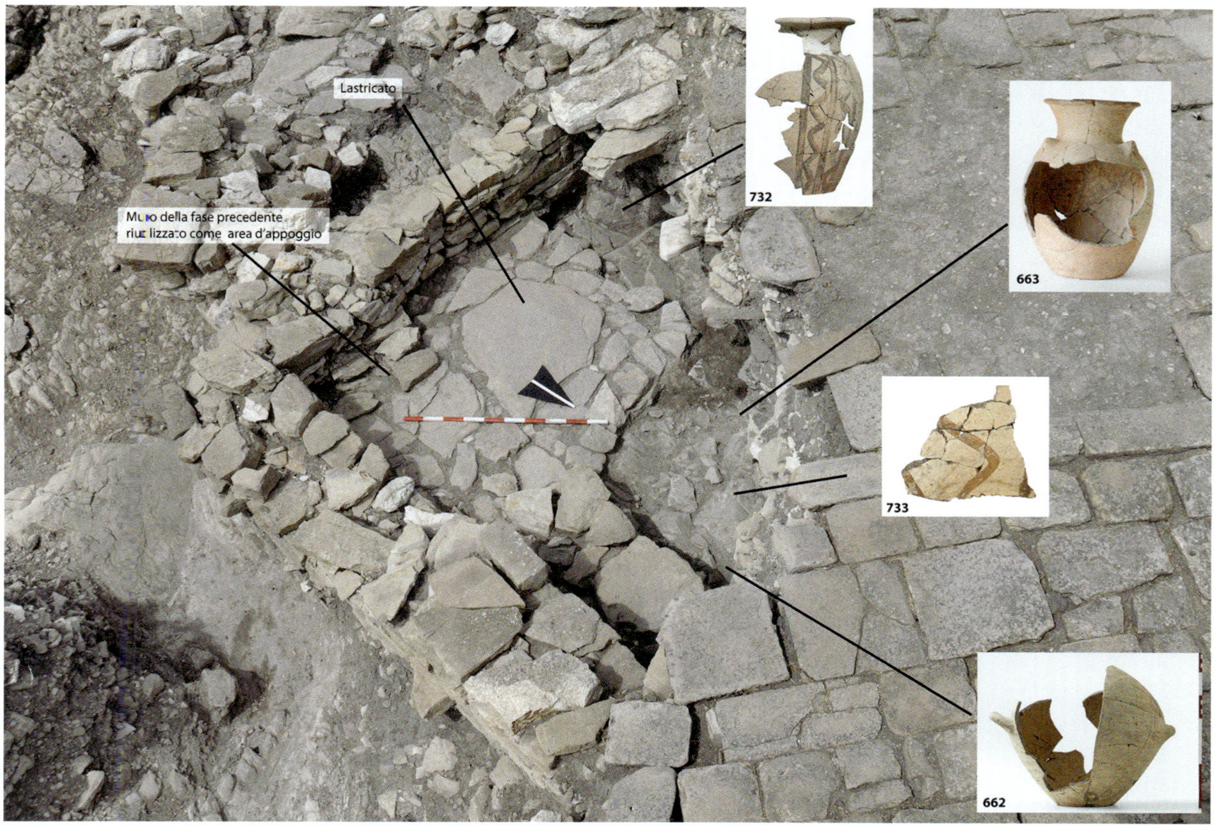

Fig. 37: Angolo SO del vano orientale con mura di riutilizzo come zona d'appoggio, lastricato e fosse d'alloggiamento dei pithoi, da NE (S2011).

ta a queste, anche il pithos con le prese forate **663** collocato a terra. Lo spazio di movimento all'interno del vano sarebbe in questo caso fortemente compromesso[418]. In questo caso, per brevi periodi di tempo, è immaginabile uno stoccaggio del piccolo pithos in sospensione nel vano, permettendo un utilizzo maggiore dello spazio a terra. Nel caso specifico del vano orientale una sua ricostruzione in sospensione permetterebbe un miglior sfruttamento dello spazio: in questo caso permettente un collegamento effettivo, percorribile da una persona, verso la zona d'appoggio rialzata portante le forme vascolari.

Per quanto riguarda il vano occidentale, l'unica forma attestata di stoccaggio verosimilmente in sospensione è il reperto **715**. Unicamente riferibile ad una forma aperta in ceramica acroma con cerchi concentrici incisi interni, non prettamente decorativi, la morfologia del fondo convesso attesta una non idoneità di posizionamento stabile della forma su di una superficie piana. Vista la rara attestazione di fondi convessi tra tutti i materiali indagati viene postulato un utilizzo primario della forma in sospensione.

418 Pur presupponendo degli scaffali in materiale organico nella zona soprastante la "panchina" portante le forme di piccola dimensione, le morfologie come le anfore/idrie, le idrie e gli orcioli, visto il loro peso, dovevano essere in ogni caso posizionate su superfici stabili. Oltre alla zona d'appoggio rialzata portante, forse, le quattro forme attestate da stoccaggio (**612. 614. 662. 665**) rimane comunque la problematica di movimento interno al vano pensando unicamente ai due grandi pithoi occupanti minimo 2 mq dello spazio a disposizione. Il raggiungimento dell'angolo SO con la zona d'appoggio e gli eventuali scaffali sarebbero, anche in questo caso, di difficile raggiungimento fisico.

2.3.3.2 Reperti datanti dell'edificio 1

I reperti provenienti dall'inventario dell'edificio 1, databili sulla base di cronologie già affermate, ammontano a 15 esemplari (**83–96. 739**)[419]. Tutti i ritrovamenti sono pressoché integri e facenti sicuramente parte dell'inventario originale dei vani. Unicamente il frammento di coppa attica di tipo A ad occhioni **84** presenta uno stato di conservazione frammentario: una parte della forma si trova ancora sotto il lastricato dell'agorà ellenistico-romana. I materiali datanti provenienti da entrambi i vani consistono in cinque reperti d'importazione attica (vasi potori: **84–87**. Lucerne: **94**), un reperto forse d'importazione greco-orientale (vasi da tavola: **93**), otto reperti di produzione regio-coloniale d'imitazione di modelli greco-orientali o attici (vasi potori: **83, 88–92**. Lucerne: **95–96**) e un reperto d'imitazione in tecnica di manifattura *indigena* (**739**).

419 Cfr. stat. 6.2: 14 records (unità riconosciute), 194 frammenti, 22.53%fr.; 23.73%rec (dei materiali totali).

Le datazioni, quando possibile elaborarle con sicurezza, indicano una cronologia dell'uso dell'edificio 1 dal 500/490 fino al 460/450 a.C. I reperti più antichi attestati rispecchiano quanto elaborato per l'utilizzo dell'edificio A: saltuari frammenti datanti nel VI sec. a.C. con una concentrazione di reperti datanti tra il 500/490 a.C. indicanti verosimilmente l'inizio dell'utilizzo dell'edificio 1. La datazione dell'abbandono della struttura è attestata in particolare dalla presenza di una lekythos a figure nere datante tra il 480–450 a.C. (**85**) confermando quanto elaborato per tutti gli altri contesti editi di epoca tardo-arcaica/classica provenienti da Monte Iato: un abbandono o una forte recessione demografica dell'insediamento tra il 460/450 a.C. [420] (tab. 6).

2.3.3.2.1 Determinazione cronologica dei reperti

Ceramica greco-orientale e classi d'imitazione regio-coloniali
Coppe B2

La coppa integra di produzione regio-coloniale[421] **83** rientra nella vasta produzione magno-greca di difficile datazione puntuale. La datazione della produzione dei modelli greco-orientali è inquadrabile nella prima metà del VI sec. a.C.[422]; quella delle imitazioni fino alla fine del VI sec. a.C.[423].

Classi figurate e a vernice nera
Coppa a figure nere attica

Il frammento d'orlo con ansa integra **84** è riferibile ad una coppa attica di tipo A oppure B a figure nere[424]. Visibili sul frammento sono, a destra dell'ansa, una linea semicurva su fondo acromo; sotto l'ansa una macchia di vernice con linea graffita obliqua; a sinistra dell'ansa il resto di un tralcio di vite. La coppa, inizialmente indicata come presumibilmente ad occhioni, vista la postulazione dell'appartenenza della linea semicurva a destra dell'ansa all'occhio sinistro di una decorazione ad occhioni con cornea acroma[425], non è del tutto corretta. La presenza sia della linea semicurva a destra dell'ansa sia del tralcio di vite a sinistra esclude l'appartenenza della coppa ad una tipologia ad occhioni con cornea acroma priva di figure laterali: la rappresentazione delle sopracciglia non concilia la presenza di un tralce di vite nella parte superiore della coppa in prossimità dell'ansa e la presenza di un motivo campitivo al di sotto di essa[426]. Indicativa per l'attribuzione del reperto, oltre alla resa dei tralci di vite, è la macchia sottostante l'ansa, unicamente attribuibile alla rappresentazione di un delfino verso destra con linea graffita, ampiamente diffusa nelle produzioni dei pittori del *Leafless Group*, verosimilmente ristretta al pittore di Caylus[427]. La linea semicurva su fondo acromo potrebbe in tal senso appartenere ad una figura laterale (estremità di satiri, muli, cavalli oppure della *leonte* di Eracle[428]) di verosimilmente una coppa con fregio figurato[429]. Il reperto **84**, attribuito al *Leafless Group*, in particolare al pittore di Caylus[430],

420 Kistler et al. in preparazione.
421 In questo caso la coppa viene ritenuta verosimilmente di produzione regio-coloniale per le caratteristiche dell'impasto, della vernice e dell'irregolarità della forma.
422 Analoghi sia per quanto la morfologia che lo schema decorativo: Schlotzhauer 2001, 516 no. 173 tav. 30 (tipo 9,1B, **600/590–550/540**); 517 no. 176 tav. 31 (tipo 9,1C, **590/580–550/540**).
423 Boldrini 1994, 153 no. 262 tav. 5 (tipo II/2, **600–550**; 150 con nota 31);163 no. 315 tav. 9 (tipo IV/1, **580–520/500**); Himera V, Blocco 2, 125 no. 1692 tav. LV datata con Boldrini **580–500**; 202 no. 446 tav. LXXXVII (Blocco 4) contesto datato tra la fine del VII e i primi decenni del VI sec. a.C.
424 Vista la mancanza della parte inferiore della forma non è possibile una determinazione più precisa della morfologia secondo Bloesch 1940. Considerata da M. Mohr in: Reusser et al. 2012, 117 note 22. 23 tav. 14, 4 come coppa di tipo A, eventualmente ad occhioni (con cornea acroma) attribuita ai pittori del *Leafless Group*.
425 Di tipo *contour eyes* secondo Jordan 1988, 7–12. Le coppe A ad occhioni a figure nere possono presentare occhi completamente campiti in vernice nera (con cornea nera / *black eyes* secondo Jordan 1988, 233) oppure campiti in suddipintura bianca (a cornea bianca / *white eyes* secondo Jordan 1988, 164).
426 Esistono coppe ad occhioni senza figure laterali con tralci di vite in prossimità dell'ansa, quali, ad esempio BAPD nn. 301250. 302279. 302377. 302378. 302379. 9030835. 9031555. Tuttavia, in tutti i casi ritrovati nel corso delle indagini (superiore a quelli indicati), i confronti presentano la zona dell'ansa completamente ricoperta da tralci di vite e linee geometriche oppure satiri sotto l'ansa, non corrispondenti al motivo attestato da **84**.
427 Analoghi, attribuiti ai pittori del *Leafless Group*: BAPD nn. 3358. 18619 (pittore di Whitworth). 306962 (pittore di Oxford 237). 306967. 9026817 (CVA St. Petersburg 10, 128–129 tavv. 83, 1–5; 84, 1–4 fig. 164 [*close to Painter of Oxford 237*]). Confronto preciso per la resa del delfino (*Leafless Group*): BAPD no. 9002773. Per i confronti più precisi con produzioni del pittore di Caylus, pertinenti per il dettaglio del posizionamento della linea graffita del delfino: BAPD nn. 331858. 331864. 331865. 331867 (https://portal.hearstmuseum.berkeley.edu/catalog/fd70a1f1-0a25-4b2d-91b9-9f8489b6442b [27.07.2023]). 10352 (*perhaps Caylus Painter*). 306951 (*compare Caylus Painter*). Privo della linea graffita, attribuito al pittore di Caylus: BAPD no. 9025314 (Iozzo 2002, 189–190 no. 263 tavv. CXXVIII. CXXIX). Per altre coppe ritrovate sul Monte Iato attribuite al *Leafless Group* da Hans Peter Isler: Isler 2009a, 187–188 con nota 284 fig. 52 (K 17060); 188 con nota 285 (K 17382); 188 con nota 286 (K 14977).
428 Satiri (*Leafless Group*, pittore di Caylus): BAPD nn. 331858. 331864. 331865. 331867 (https://portal.hearstmuseum.berkeley.edu/catalog/fd70a1f1-0a25-4b2d-91b9-9f8489b6442b [27.07.2023]). 306951; satiri (*Leafless Group*): BAPD nn. 3358. 306962. Muli (pittore di Caylus): BAPD nn. 10352. 9025314 (Iozzo 2002, 189–190 no. 263 tavv. CXXVIII. CXXIX). Cavalli (*Leafless Group*): BAPD no. 18619. *Leonte* di Eracle (*Leafless Group*): BAPD no. 306967.
429 Non si esclude completamente un'attribuzione ad una coppa ad occhioni con figure laterali. Tuttavia, l'assenza di confronti puntuali della combinazione dei motivi presenti sul reperto iatino con le produzioni del *Leafless Group*, in particolare del pittore di Caylus, sembra limitare la probabilità di appartenenza del frammento **84** ad una coppa di questa tipologia.
430 Il pittore di Caylus utilizza solitamente il delfino come elemento decorativo sotto le anse (CVA Napoli 6, 39 tavv. 54, 1–2; 55, 1–4; 56, 1–4 con bibliografia [l'esemplare di Napoli non presenta un delfino]; Iozzo 2002, 189–190 no. 263 con note 1. 2) elemento a

può essere collocato cronologicamente verso il 500–480 a.C.[431].

Lekythos a figure nere attica

I frammenti di lekythos **85** mostrano una decorazione a figure nere sulla spalla e il corpo completamente verniciato di nero con linea orizzontale, in origine probabilmente rossa o bianca, suddipinta sulla porzione inferiore. La forma mostra un corto beccuccio con labbro ingrossato verso l'interno, lungo collo con una sottile risega marcante l'inizio della spalla leggermente obliqua. Il corpo allungato cilindrico si rastrema verso il basso. La morfologia della forma trova confronti puntuali in produzioni datanti tra il 480/470 a.C. attribuite al pittore[432] rispettivamente alla cerchia del pittore della Megera (*Beldam Painter*)[433]. La decorazione a figure nere sulla spalla è formata da una teoria di linguette intorno al collo, una ghirlanda a tre palmette di orientamento intercalato e una quarta palmetta con annesso motivo a spirale. Già attribuita da Hans Peter Isler alla cerchia del pittore della Megera[434] trova un unico confronto di stessa attribuzione sulla spalla di una lekythos a fondo bianco figurata, morfologicamente analoga alla lekythos **85**, datante tra il 470 e il 450 a.C.[435]. Osservando attentamente la decorazione, in particolare la resa del motivo a spirale, il reperto iatino trova confronti anche con una lekythos a fondo bianco del Museo archeologico di Gela, attribuita alla cerchia del vasaio di Diosphos, datata al 470 a.C.[436]. L'attribuzione della lekythos **85** alla cerchia del pittore di Beldam è da ritenere non certa[437]. La datazione del reperto, con possibili restringimenti cronologici futuri, sembra possa essere collocata tra il 480 e il 450 a.C.

Skyphos a vernice nera attico

Il reperto **86** vista la sua morfologia non appartenente né ad uno skyphos di tipo A attico, né confrontabile per la forma integra con un cup-skyphos, risulta essere particolarmente interessante. La sua determinazione[438] necessita una trattazione di più ampio respiro. Lo skyphos presenta un corto labbro concavo, vasca emisferica e fondo con piede ad anello estroflesso risparmiato all'esterno. Le anse, semicircolari a bastoncello sono impostate obliquamente all'altezza della spalla e superano l'altezza della forma. La forma è integralmente rivestita in vernice nera, attesta vistosi difetti di cottura, ed è riferibile ad una produzione attica.

Morfologicamente analoghi sono gli skyphoi con decorazione a banda[439] e gli skyphoi del tipo *Heron-Class*[440], entrambi a figure nere, datanti tra la fine del VI e l'inizio del V sec. a.C.[441], seppure, considerando la precisione degli atelier ateniesi, i confronti

favore di un'attribuzione del frammento iatino al suddetto pittore.

431 Per datazioni di coppe attribuite al gruppo *Leafless* aggiornate: Iozzo 2002, 181–182 no. 248 tavv. CXIX–CXX (con nota 2 per un'ampia bibliografia riferita al gruppo *Leafless*; fine del VI sec. a.C.); 186–188 nn. 259. 260 tavv. CXXIII–CXXVI (verso il 500 a.C.); 188 no. 261 tav. CXXVII (490–480 a.C.); 189 no. 262 tav. CXXVI (500–490 a.C.); 189–190 no. 263 tavv. CXXVIII–CXXIX (pittore di Caylus: inizi V sec. a.C.); 190–191 no. 264 tav. CXXVI (inizi V sec. a.C.). Per coppe attribuite al pittore di Caylus: CVA Napoli 6, 38–41 tavv. XLIX–LX (inv. nn. 164169. 164172. 164170. 164176. 164427. 164192). Tutti gli esemplari sono datati tra il 500–480 a.C.

432 CVA Berlin 17, 120 tav. 75, 1–6 Beil. 12, 6 (datato al 480–470 a.C.).

433 CVA Berlin 17, 125–126 tav. 77, 7–12 Beil. 13, 4 (senza risega tra collo e spalla e con profilo del corpo leggermente rientrante all'attaccatura della spalla, datato al 470 a.C.).

434 Isler 2009a, 192 nota 308 per bibliografia precedente.

435 CVA Berlin 17, 126–127 tav. 78, 1–5 Beil. 13, 5.

436 CVA Gela 3, III I, 10 tav. 37, 5.

437 Mancano disegni dettagliati delle lekythoi attribuite al pittore di Diosphos e alla sua cerchia, rendendo un confronto più difficoltoso. I reperti elencati nel Beazley Archive mostrano, per quanto si possa dedurre dalle fotografie, una morfologia del tutto analoga. A prima vista, sembrano cospicuamente maggiori i reperti attribuiti al Diosphos ritrovati in ambito siciliano, così come le attribuzioni di lekythos *black bodied* con decorazione a figure nere sulla spalla rispetto alle rare attestazioni di lekythoi *black bodied* attribuite al pittore di Beldam e alla sua cerchia. A maggior ragione, lekythoi attribuite al pittore di Diosphos non sono nuove all'interno dei reperti ritrovati sul Monte Iato. Alla sua cerchia è stata difatti attribuita da H.P. Isler un ritrovamento proveniente dalla "Casa tardo-arcaica": Isler 2009a, 191–192 fig. 54 (K 16747) "cerchia del pittore di Sappho e Diosphos".

438 Attribuito ad uno cup-skyphos; Isler 1998, 43 nota 28 nominante una sottile linea suddipinta rossa all'esterno sotto l'orlo, rilevatasi, infine, come difetto di cottura; Isler 1997b nota 34 (confronti forniti: Agora XII, 109. 275–276 no. 564 fig. 6 tav. 25 datato verso il 520 a.C.); definito come "skyphos attico": Isler 2009c, 661 nota 9 (senza confronti); Isler 2007, 109 nota 13 (correzione del confronto sopracitato con un altro cup-skyphos: Agora XII, 276 no. 567 tav. 25, ripetendo l'attestazione della linea rossa suddipinta); Ulteriori citazioni senza ulteriori confronti, definito come "skyphos attico a vernice nera": Reusser et al. 2010, 119 nota 41; Isler 2009a, 156; Kistler – Mohr 2015, 409 fig. 22.9; Kistler – Mohr 2016, 86 fig. 7.

439 Per *band-skyphoi,* analoghi morfologicamente, figurati attici: *Palermo punica*, 272. 276. 279 no. F10; Meligunìs Lipára XI, 474 tomba 1129 tav. CCV, 1–2 (500–470 a.C.); Meligunìs Lipára II, 155 tomba 430 tav. XLIV, 1–3 (VI–V sec. a.C.); Agora XXIII, 294 no. 1620 tav. 106 (fine VI sec. a.C.); 294 no. 1626 tav. 106 (fine VI – inizio V sec. a.C.); Iacobazzi 2004, 405 no. 1172 tav. XXVII (Gruppo di Lindos, 490–470 a.C.).

440 Per skyphoi del tipo *Heron-Class*, analoghi alla forma iatina, ma con fondi di diametro maggiore in proporzione al vaso, piedi profilati di morfologie diverse e andamento del labbro più esteso: Per la classe: Agora XXIII, 60 corrispondente al nuovo tipo attico classe B di Malagardis 2017, 60–86. 140. Per confronti (elenco esemplificativo): Lynch 2011, 197–200 no. 28 fig. 44 (verso il 500 a.C.); Iozzo 2002, 125–127 no. 170 tavv. LXXVI–LXXVIII (verso il 525 a.C.); 127–129 no. 171 tav. LXXIX (verso il 500 a.C.); 129–130 no. 172 tav. LXXX (verso il 500 a.C.); Agora XXIII, 279 – 280 nn. 1484. 1490 tavv. 100. 101 (pittore di Theseus, verso il 500 a.C.); 290 no. 1588 tav. 105 (CHC-Group, verso il 500 a.C.); 295 no. 1630 tav. 107 (verso il 500 a.C.); Hatzivassiliou 2010, 122. 124 nn. 209. 238 tav. 6; 128 no. 292 tav. 7; 129. 131 nn. 316. 336 tav. 8 (tutti pittore di Theseus, fine VI sec. a.C.); Burow 2000, 229–230 no. 108 tav. 73 (pittore di Theseus, 490–480 a.C.).

441 Analoghi anche gli skyphoi della classe A2–A3 figurati di Malagardis 2017, 58–60. 140 tavv. 8, c. d; 9, a considerati di transizione

non si possono ritenere precisi[442]. Inoltre, lo skyphos **86** è decorato integralmente a vernice nera, fatto di rara occorrenza tra le tipologie summenzionate[443]. Strettamente analoghi a livello morfologico, se non addirittura considerabili come confronti puntuali alla forma **86**, sono invece le forme degli skyphoi a bande di produzione coloniale ritrovati in grande quantità in tutta l'isola e databili tra la fine del VI e l'inizio del V sec. a.C.[444].

Seppure i modelli delle forme coloniali a bande vengano riferiti a modelli corinzi, greco-orientali / ionici, alle forme attiche figurate[445] e non[446] non è stato possibile trovare in ambito greco morfologie puntuali riferibili come modelli per gli skyphoi a bande di produzione coloniale[447].

Fra le morfologie d'importazione che rappresentano i più convincenti modelli per gli skyphoi a bande con orlo concavo di produzione coloniale – e dunque confronti anche per lo skyphos attico **86** – si annoverano le produzioni greco-orientali / ioniche a bande, ritrovate anche in Sicilia. In questo caso i pochi esemplari integri, verosimilmente d'importazione, sono raramente definiti come "importazioni greco-orientali", vista anche l'assenza di confronti di queste morfologie all'interno delle regioni definite come *madri*[448]; dubbi sul centro di produzione di queste ceramiche già espressi anche da Hans Peter Isler[449].

Per la forma attica completamente verniciata testimoniata da **86** è stato possibile trovare confronti pertinenti in vernice nera, di produzione attica, provenienti dalla Sicilia[450]. Questi frammenti, quando presentanti dei confronti, sono finora stati identificati come cup-skyphoi di tipologie non pertinenti, oppure confrontati con gli stessi frammenti presentati in questo volume e ritenuti anche dall'autrice pertinenti alla forma iatina[451]. La ricerca, seppure senza una documentazione grafica del profilo dei confronti ritrovati, porta addirittura al ritrovamento di vasi integri, attici, completamente pertinenti alla forma iatina provenienti da scavi siciliani definiti come skyphoi d'importazione a vernice nera o coppe skyphoidi privi di confronti[452].

Le strette analogie morfologiche con gli skyphoi a bande con orlo concavo di produzione coloniale e

---

fra i *band-skyphoi* e gli skyphoi del *Heron-Class*: Datazione della fase di transizione: terzo quarto del VI sec. a.C.

442 Di morfologia variata dello skyphos iatino rispetto ai confronti sopracitati sono: l'altezza del labbro, la morfologia dei fondi, il rapporto proporzionale dell'altezza della vasca in base all'altezza totale della forma.

443 BAPD no. 1004855 di provenienza ignota correntemente nella collezione del museo di Gotha; *Palermo punica*, 159. 184 no. 213 con confronto Agora XII, 279 no. 617 tav. 27 (non pertinente a causa delle anse). Si trattano degli unici confronti a vernice nera ritrovati per le morfologie delle classi figurate sopracitate. I cup-skyphoi riferibili alla tipologia Agora XII, 276 nn. 573–577 sono analoghi ma non sempre puntuali.

444 Le forme delle produzioni coloniali di skyphoi a bande si suddividono morfologicamente tra quelli con orlo concavo, pertinenti come confronti con il reperto iatino attico **86**, e quelli con orlo semplice, elencati in questo caso unicamente in maniera esemplificativa (v. *infra*). La suddivisione morfologica di queste due forme non è ancora stata trattata in uno studio specifico. Per questa ragione i confronti proposti per queste tipologie di forme nelle note dei testi riassuntivi sulla produzione coloniale a bande rinviano a confronti sia con orlo concavo, sia ad orlo semplice. Analogamente, omettendo la distinzione morfologica degli orli, le trattazioni riguardanti gli skyphoi a bande di produzione regio-coloniale suggeriscono come possibili modelli d'ispirazione sia produzioni corinzie, greco-orientali / ioniche, attiche figurate e non. Per la produzione e diffusione: Denaro 2003a, 291; Tardo 1999c, 170. Per confronti particolarmente precisi tra le produzioni a bande coloniali: *Palermo punica*, 153. 301 no. 175; G. Sarà in: *Di terra in terra*, 299. 301 no. 376; Tusa 1971, 38 no. 4 tav. XIV, fig. 1. Strettamente analoghi: Mégara Hyblaea II, 184–185 tav. 206, 3–5; Himera V, Blocco 2, 122 no. 1257 tav. LII; Denaro 2003a, 293 nn. N 67–N 69 fig. 249; E. Pappalardo in: Panvini et al. 2009a, 271 no. 40. 254 fig. 17. 263 fig. 36 (in basso); De Cesare 1994, 238 no. 1 tav. XLIV, 2; Calderone 1985, 128 no. 174; Bacci – Tigano 1999, 141–142 nn. S/85–88; Cilia 1980-1981, 618 tav. XCV, fig. 3 (seconda da destra); Lyons 1996, 143 no. 4–64 tav. 18; 187 no. 17–50 tav. 82; 194 no. 19–7 tav. 54. Mammina 2008, 180 no. 17 tav. XIV (con elenco di altri due frammenti non presentati provenienti dall'US 5806 con pareti ancora più ripide, presumibilmente dunque ancora più vicine alla forma iatina). Per gli skyphoi a bande di produzione coloniale ad orlo semplice (elenco esemplare): Bacci – Tigano 1999, 141 no. S/82; Tardo 1999c, 169–170 nn. 225–229 fig. 169.

445 Tardo 1999c, 170 con riferimenti. Denaro 2003a, 291.

446 Megara Hyblaea II, 185.

447 Fusetti in preparazione.

448 Meligunìs Lipára XI, 475 tomba 1132 fig. 76, c (VI–V sec. a.C., miniaturistico, centro di produzione non determinato); 466 tomba 1094 tav. CXCIX, 4a (definita come kotyle di tipo ionico, decorata a fasce di vernice diluita brunastra; V sec. a.C.); 712 tomba 3 = 2493 tav. CCXCIII, 4 (definito come grande skyphos a bande nerastre di vernice diluita integro, V sec. a.C.); Panvini – Tortorici 2012, 125 fig. 14 (definito come skyphos a bande di produzione greco-orientale / ionica, dal carico della nave di Gela); Isler 2009a, 203 fig. 66 (K 17516) (definito come skyphos della classe della ceramica a bande greco-orientale, sottolineando il centro di produzione di questa classe come non accertato cfr. nota *infra*). Tutte le forme di probabile importazione a bande sono altresì confronti morfologici puntuali per la forma iatina **86**.

449 Isler 2009a, 203 nota 371.

450 Analoghi alla forma iatina, di produzione attica: Del Vais 2003, 336–339 nn. 90–92. 96 fig. 282 (il più pertinente alla forma iatina: no. 91); Allegro – Vassallo 1992, 118 no. 159 fig. 8 tav. XX, 2 (ultimo quarto del VI sec. a.C.). Eventualmente anche Blasetti Fantauzzi 2018, 147. 150 no. 5 fig. 49 identificato come cup-skyphos "early" (Agora XII, 109–110).

451 Del Vais 2003, 336–339 nn. 90–92. 96 fig. 282 tutti riferiti dall'autrice a degli cup-skyphoi di tipo Agora XII, no. 573, non puntuali. Allegro – Vassallo 1992, 118 no. 159 fig. 8 tav. XX, 2 con confronti: Tréziny 1989, 55. 59 no. 113 fig. 36 (riferibile invece ad uno *cup-skyphos* della tipologia: Corinth XIII, 221 no. 275–4 fig. 20).

452 Confronti integri della forma iatina in ambito siciliano a vernice nera: Gigli 1988-1989, 159 fig. 126, b–c (definiti come skyphoi d'importazione a vernice nera, senza confronti, dalla tomba 1 della necropoli Est di Ramacca, fine VI – prima metà V sec. a.C.); Panvini 2006a, 201 no. F tomba 18/72 (definita come coppa skyphoide attica a vernice nera, fine VI sec. a.C., datazione tomba dalla necropoli nord-est di Monte Bubbonia: fine VI – inizio V sec. a.C.); Panvini 2006a, 85 no. R tomba 5 (definita come skyphos a bande di tipo ionico, seppure sulla fotografia sembra completamente analogo al reperto iatino **86** con semplicemente vistosi difetti di cottura, datazione tomba dalla necropoli sud di Sabucina: VI–V sec. a.C.).

non – ossia di produzione forse attica piuttosto che greco-orientale –, l'attestazione di frammenti attici e forme integre in vernice nera completamente pertinenti alla forma iatina ritrovate in Sicilia e Magna Grecia ma per le quali sembrano non essere stati riconosciuti adeguati confronti e, infine, la totale assenza di confronti attici puntuali per la morfologia di skyphos **86** – fatta eccezione per le forme ritrovate in Magna Grecia – permettono forse di postulare la seguente conclusione: la forma integra iatina **86** potrebbe verosimilmente attestare l'esistenza di una "nuova" tipologia di skyphos attico – modello per le produzioni di skyphoi a bande coloniali – non ancora riconosciuto dalla ricerca.

Le attestazioni della forma in ambito siciliano sono verosimilmente maggiori di quanto elencato sopra, vista la difficoltà di identificazione del reperto se ritrovato in stato di conservazione frammentario[453]. Non si esclude, inoltre, una produzione attica della morfologia espressamente dedita al mercato magno-greco[454].

453 La problematica d'identificazione si fonda sulla morfologia dell'orlo in rapporto all'altezza della forma combinata con la morfologia del fondo: se è conservato l'orlo, l'attribuzione verterà verosimilmente sugli *cup-skyphoi* della tipologia ateniese, come, ad esempio, nel caso dei reperti di Monte Maranfusa: Del Vais 2003, 336–339 nn. G 90–G 92. G 96 fig. 282 (in particolare no. G 91); se invece lo è il fondo, l'identificazione verterà sugli skyphoi attici di tipo A (ad esempio, appartenenti alla tipologia Agora XII, 258 no. 333 fig. 4 tav. 15, a fondi di skyphoi attici di tipo corinzio oppure alla tipologia Ure 1927, 58 fig. 5, f. Vista la rarità di disegni di frammenti di fondi nelle pubblicazioni non è stato possibile trovare un esempio pertinente proveniente dall'ambito siciliano). Decisiva è la morfologia dettagliata dell'orlo in combinazione con l'andamento della vasca.

454 Il successo in ambito siciliano della tipologia a bande è confermato dalle frequenti imitazioni di produzione coloniale rinvenute ovunque sull'isola, permettendo l'affermazione che la morfologia fosse particolarmente amata dai consumatori. L'assunzione che l'identica forma, ma a vernice nera, fosse ugualmente amata, potrebbe essere equamente plausibile. Difatti, skyphoi d'imitazione della forma iatina a vernice nera di produzione coloniale, sono altrettanto confermati da pochi, ma esistenti, reperti in ambito siciliano (per un frammento: Allegro – Vassallo 1992, 108 no. 96 fig. 6 tav. XVII, 2; per la forma integra: Meola I, 1996, 209 no. tr. XVII, 10 (di provenienza sporadica dalla trincea XVII) = Meola II, 1997, 74–75 no. 10 = Meola III, 1998 tav. 216). Infine, la totale assenza all'attuale stato della ricerca della forma attica in ambito greco, fatta eccezione per i pochi reperti a bande analoghi, ma non precisi, del Kerameikos ateniese, potrebbe rappresentare un ulteriore argomento a favore dell'interpretazione della produzione attica della forma **86** per un mercato magno-greco (analogamente, ad esempio, alla forma di recente definizione della *morgantina-cup* distribuita soprattutto in ambito *non* greco: Walsh – Antonaccio 2014). Seppure le poche morfologie a bande d'importazione rinvenute, come ad esempio il reperto ritrovato sul carico della nave di Gela, dovesse risultare, secondo analisi archeometriche, di provenienza greco-orientale, non si esclude neppure in questo caso, una produzione attica della morfologia di skyphos dedita espressamente al mercato magno-greco visto il successo attestato in quest'area geografica dalla forma decorata a bande.

Per quanto riguarda la cronologia della "nuova" forma di skyphos attico, qui forse identificata, visti i contesti di provenienza dei reperti in ambito siciliano, le analogie con i reperti rinvenuti in ambito greco in combinazione con le produzioni a bande coloniali provenienti da contesti stratificati, si propone una datazione tra la fine del VI e l'inizio del V sec. a.C.

Vicup a vernice nera attica

La coppa **87** in vernice nera è riferibile ad una *vicup* attica[455]. L'irregolarità della forma, leggermente pendente da un lato, non è inusuale, come dimostrato anche dai confronti provenienti dall'agorà ateniese[456]. La produzione di queste coppe, di breve durata, si concentra tra l'inizio del V sec. e il 480 a.C.[457].

Coppe C concave lip di produzione regio-coloniale

Nell'inventario figurano due coppe di tipo *C concave lip*[458] in vernice nera con parte esterna del fondo acroma **88** e **89** di probabile produzione regio-coloniale[459]. Entrambe le coppe presentano il posizionamento della vasca rispetto al piede a tromba pendente da un lato. La datazione dei modelli attici indica una produzione al massimo di una generazione precedente al 480 a.C.[460].

Coppe apode biansate di produzione regio-coloniale

L'inventario presenta anche due coppe apode biansate con anse verniciate ad immersione **90** e **91** morfologicamente pressoché identiche fra di loro. La produzione coloniale di queste forme, largamente diffuse in ambito siciliano, indica una datazione, soprattutto secondo i contesti di necropoli, tra la fine del VI e la metà del V sec. a.C.[461].

455 Per le *vicup*: Agora XII, 93. 265 nn. 434–438 fig. 5 tav. 20.

456 Per forme irregolari, pendenti da un lato: Agora XII, 265 nn. 435–437 tav. 20.

457 Agora XII, 93 con bibliografia. Per altri ritrovamenti di queste coppe sul Monte Iato: Isler 2007, 109 nota 14.

458 Agora XII, 91–92. 263–263 nn. 400–412 fig. 4 tav. 19.

459 Per ritrovamenti di queste coppe in Sicilia: Reusser et al. 2010, 119 nota 42.

460 Agora XII, 91–92.

461 G. Sarà in: *Di terra in terra*, 299. 302 no. 384 tomba 18 (fine VI – inizio V sec. a.C. Datazione tomba 18: primi decenni del V sec. a.C.); Lyons 1996, 144 no. 4–82 tav. 19 (datazione tomba 4: 525–475 a.C.); 163 no. 9–32 tav. 32 (datazione tomba 9, 3: 475–450 a.C.); 201 Nr. 28A–20 tav. 61 (datazione tomba 28A: 525–500 a.C.); Kustermann Graf 2002, 130–131 no. 56/O 864, tav. XXVIII (datazione tomba 56: secondo quarto V sec. a.C.); 142 no. 72/O 872 tav. XXXIV (datazione tomba 72: secondo quarto V sec. a.C.); 152 no. 85/O 876 tav. XXXVIII (datazione tomba 85: secondo–terzo quarto V sec. a.C.); 160–161 nn. 88/ O 861. O 863. O 866. O 867. O 869. O 871. O 877. O 891 tavv. XLI. CXXX (datazione tomba 88: secondo quarto V sec. a.C.); Himera V, Blocco 2, 127 no. 1804 tav. LV (fine VI–inizio V); Tardo 1999, 172–173 nn. 242–251 fig. 172 (fine VI–inizio V); *Palermo Punica*, 147. 181 no. 139; 253. 301 no. CT 27 (fine VI–inizio V [nell'im-

Coppe Iato K 480 di produzione regio-coloniale

La coppa **92** è riferibile alla tipologia Iato K 480 databile tra la fine del VI sec. e il 460/450 a.C.[462].

Forme chiuse da tavola

All'interno dell'inventario vi è l'attestazione di una forma chiusa identificata da Marta Terranova come oinochoe di produzione coloniale a bande di VI–V sec. a.C. (**93**)[463]. Il reperto, non più ritrovato nei magazzini, non può essere più precisamente determinato per mancanza del diametro interno della forma. Per quanto identificabile sulla base della documentazione fotografica e in base alla testimonianza di Martin Mohr, potrebbe trattarsi anche di una produzione greco-orientale.

Lucerne
Di produzione attica (?) e regio-coloniale

All'interno dell'inventario sono attestate tre lucerne, due delle quali di produzione verosimilmente coloniale (**95–96**) e una d'importazione attica (**94**).

Il reperto **94**, l'unico di provenienza verosimilmente attica dell'inventario, mostra, a differenze delle altre lucerne ritrovate nel vano orientale, due bande concentriche acrome sulla superficie superiore dello specchio a vernice nera[464]. Non è chiaro se la forma fosse in uso vista la mancanza del beccuccio, solitamente mostrante le più evidenti tracce di bruciato della forma. La tipologia è databile tra l'ultimo quarto del VI sec. e la metà del V sec. a.C.[465].

Il frammento di lucerna **95** di verosimile produzione regio-coloniale attesta la tipica decorazione con beccuccio ad immersione e parte superiore dello specchio in vernice nera[466]. Il resto della forma mostra una superficie acroma. La lucerna è stata sicuramente utilizzata viste le tracce di bruciato sulla punta del beccuccio. Il reperto può essere datato tra la seconda metà del VI sec. e la metà del V sec. a.C.[467].

Infine, i frammenti di lucerna **96**, di tipologia con largo orlo e fondo rientrante a profilo arrotondato (*KLS*)[468], conservano parti del cono centrale interno e la tipica parte superiore dello specchio verniciate. Anche in questo caso non è chiaro se la forma fosse in uso, visto lo stato di conservazione del reperto. La datazione rispecchia quanto elaborato per le altre lucerne: fine del VI sec. – prima metà del V sec. a.C.[469].

Ceramica *indigena* d'imitazione
Pisside stamnoide

Il reperto **739** di produzione *indigena* è riferibile ad un'imitazione di pisside stamnoide verosimilmente di tradizione corinzia[470]. Forme del tutto analoghe sia per quanto riguarda la morfologia che la decorazione sono state ritrovate altrove sul Monte Iato, tutte di produzione regio-coloniale[471], attestando l'associazione sia del modello di produzione coloniale sia della diretta assunzione nel repertorio in ceramica locale nello stesso sito. Imitazioni di forme analoghe – sia pissidi stamnoidi che globulari – in ceramica a decorazione dipinta sono attestate anche a Vassallag-

magine a pag. 301 marcata come no. CT 26]); Denaro 2003a, 296 no. N 78 fig. 250 (datazione rialzata alla seconda metà del VI sec. a.C.).

462 Per la classe cfr. reperto **56**, nota 286–287.

463 Terranova 2012, 70–71 no. 4.

464 Schema decorativo utilizzato anche per le lucerne di tipologia Howland 12B ritrovate ad Atene: Agora IV, 26.

465 Blondé 1983, 63 no. 35 fig. 5 (*Lamps with flat overhanging rims*). La tipologia corrisponde grossomodo al tipo Howland 16 variants (Agora IV, 34 no. 110 tav. 4 [525–480 a.C.]). Le stratigrafie ritrovate a Thorikos suggeriscono una datazione fino alla fine del secondo quarto del V sec. a.C. *"if not later"* (Blondé 1983, 62–63). La lucerna **94** corrisponde solo marginalmente alla tipologia di Käch con largo orlo e fondo rientrante a profilo arrotondato (*KSL*): Käch 2006, 19–21 *Knickschulterlampen* (540–480 a.C.). Il profilo più analogo: Käch 2006, 21 no. 15 fig. 1 (L 1514).

466 L'immersione del beccuccio nella vernice potrebbe avere anche un valore funzionale/estetico. La parte che solitamente attesta più tracce di bruciato e discromie a cause della fiamma viva, viene direttamente verniciata di nero, così da poter mascherare l'utilizzo della forma e la conseguente consumazione della parte anteriore della lucerna.

467 Blondé 1983, 71 no. 64 fig. 8 (*flat rim at angle to wall; floor rising into cone*) datata grazie ai confronti e alle stratigrafie di Thorikos tra la seconda metà del VI sec. e il secondo quarto del V sec. a.C. (Blondé 1983, 69–70). La corrispondenza della morfologia con il tipo Howland 12B (in particolare: Agora IV, 27 no. 77 tav. 3 proveniente dal deposito E–F 12–14 [Agora XII, 389]) abbassa la datazione delle lucerne al 460–450 a.C. Cfr. anche Käch 2006, 19–20 *Knickschulterlampen* (540–480 a.C.); Kerameikos XI, 14 no. 7 tav. 4 (fine del VI sec. a.C.).

468 Käch 2006, 19–21 *Knickschulterlampen (KSL)* con riferimenti bibliografici per le uguaglianze con le tipologie di Agora IV (Howland 12B, 12 Variants e 19: Käch 2006, 19 nota 10) e quelle di Thorikos (Käch 2006, 20 nota 11).

469 Di morfologia analoga: Käch 2006, 21 no. 15 fig. 1 corrisponde al tipo Howland 12B (Agora IV, 27 no. 77 tav. 3), Broneer III (Corinth IV, 2, 38–39 profile 15 fig. 14). Analoga a Biagini 2008b, 611 no. 9 tav. XCIX (fine del VI – prima metà del V sec. a.C.); Corinth XVIII, 7, 54 no. L63 tav. 7 (prima metà del V sec. a.C.; contesto di ritrovamento: ca. metà del V sec. a.C.).

470 I ritrovamenti nella necropoli di Vassallaggi e Morgantina di forme sia d'importazione corinzia sia di produzione locale delle forme indica verosimilmente che il modello delle pissidi stamnoidi *indigene* fosse corinzio. Cfr. *infra*. Per la decorazione a gocce sulla spalla vengono presi in considerazione modelli di stamnoi ionici (Rainer 2013). La stessa forma, morfologicamente pertinenti al reperto **739** viene riferita in ambito metapontino come *ribbed lebes gamikos*, seppure riferita a produzioni del 450–370 a.C. (Coleman Carter 1998, 661–663 in particolare nn. LG24. LG27–28). Si predilige la nomenclatura utilizzata in ambito siciliano, anche per la verosimile funzione della forma come porta-oggetti rispetto alla funzione specifica suggerita da un *lebes gamikos*.

471 Per ritrovamenti di produzione coloniale sul Monte Iato, contesto "Casa tardo-arcaica": Rainer 2013, nn. F197–201; F202–204 (per le forme miniaturistiche); per un esempio da Himera: Vassallo 2005, 81 fig. 132 (corredo tomba RO524).

gi[472], Morgantina[473], nella necropoli di Valle Oscura di Montagna di Balate[474] e a Sabucina[475]. Anche in questi casi è presente l'associazione sullo stesso sito del verosimile modello d'importazione per le produzioni locali[476]. La datazione dei confronti tra la fine del VI – inizio V a.C. di produzioni *indigene* di queste forme sembrano coincidere con i risultati qui proposti per la datazione dell'inventario e, di conseguenza, della collocazione cronologica della pisside stamnoide **739**.

2.3.4 Riempimenti dell'edificio "ad oikos" del quartiere arcaico-classico dell'agorà

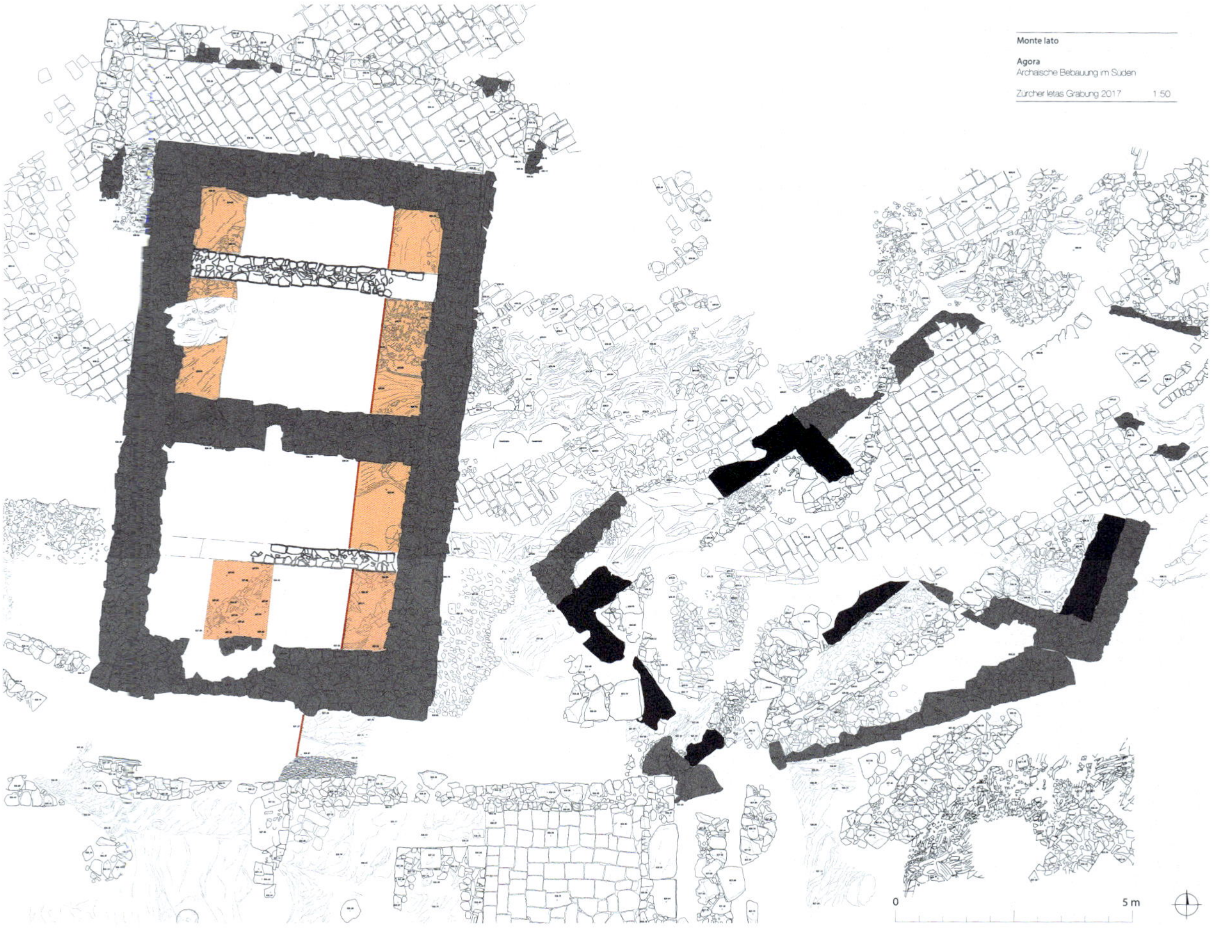

Fig. 38: Sondaggi effettuati all'interno dell'edificio ad oikos. Rosso: sezione stratigrafica.

L'edificio a due vani cosiddetto "ad oikos" è stato identificato nel corso delle campagne di scavo del 1993–1994 ed indagato, ad intervalli irregolari, fino al 2017[477]. Da sempre fonte di notevole interesse visto il suo reimpiego e riedificazione nel corso della nuova concezione dell'agorà ellenistico-romana di Monte

472 Pissidi stamnoidi: Gullì 1991, 25. 35 tomba A2 no. 5 tav. XIV fig. 1, 5 (fine VI – primi decenni V sec. a.C., gocce sulla spalla) (= Panvini 2006a, 153 no. B tomba A2 [seconda metà VI sec.]); Gullì 1991, 29. 35 tomba 37 no. 48 tav. XIX (fine VI– inizio V sec. a.C., linee tremule orizzontali sulla spalla); 27 tomba B19 no. 4 tav. XXI fig. 1, 4 (fine VI–inizio V sec. a.C., linguette sulla spalla); 29. 35 tomba C62 no. 2 tav. XXI fig. 2, 2 (di tradizione tardo-corinzia, serie di linguette sulla spalla).

473 Pissidi stamnoidi: Lyons 1996, 196 no. 22–1 tavv. 56. 85 (miniaturistica, tomba: fine VI sec. a.C.). Pissidi globulari: Lyons 1996, 167 no. 9–97 tavv. 35. 79 (tomba: 575–550 a.C.); 169 no. 9–141 tavv. 36. 79 (tomba: 550–525 a.C.); 191 no. 17–138 tav. 52 (informazioni mancanti dello scavo: fine VII – fine V sec. a.C.).

474 Panvini 2006b, 55–56 no. D tomba 3 (fine VI – inizio V sec. a.C., brevi tratti verticali sulla spalla).

475 Con utilizzo di due colori, morfologia dell'orlo più estroflesso, decorazione a gocce sulla spalla: Panvini et al. 2009b, 72. 209; Panvini 2006a, 71 no. B (Inv. 4080), rinvenimento sporadico.

476 Osservazione anche in Gullì 1991, 35 per Vassallaggi. Reperti d'importazione di pissidi stamnoidi corinzie a Vassallaggi, morfologicamente analoghi alle produzioni locali: Gullì 1991, 28 tomba B37 no. 42 tav. XVIII (TCI); 29 tomba B37 no. 51 tav. XIX (TC); 29 tomba B37 no. 52 tav. XX fig. 1 (TC); 29 esterno tomba B37 no. 58 tav. XX fig. 2 (TC). Per pissidi globulari corinzie a Morgantina: Lyons 1996, 166 no. 9–74 tav. 34 (TCI); 166 no. 9–73 tav. 34 (*shortly after mid-sixth century B.C.)*; 210 no. 31–52 tav. 61 (550–525 a.C.).

477 Isler 1994a, 36; Isler 1994b, 31–32; Isler 1995a, 22–27; Isler 1995b, 28; Isler 1996a, 56–57; Isler 1997a, 28–30; Isler 1997b, 50–51. Isler 2005c, 19. Per l'area ad occidente: Isler 1998, 43–44. Per l'area ad oriente: Isler 2005a, 104; Per il muro antistante, presumibilmente a Π: Reusser et al. 2016, 66–68; Mohr – Reusser 2017, 92–95; Indagini sulle tecniche murarie: A. Tanner 2017 inedito. Per un riassunto: Isler 2009a, 174–175; Mohr 2012, 24. Per la sua relazione comparata con il predecessore del tempio di Afrodite nel quartiere occidentale: Kistler – Mohr 2015; Kistler – Mohr 2016, 85–87. Per un'indagine del contesto rituale: Öhlinger 2015, 146–149. Per la documentazione originale dei sondaggi all'interno dell'edificio: FB1995; FB1996.

lato[478], si presenta con le sue dimensioni di 11.8 x 7 m[479] a muratura a doppio paramento con larghezza fino 1.5 m[480], come una delle costruzioni più monumentali di epoca arcaica di Monte Iato – comparabile unicamente con l'edificio predecessore del cosiddetto tempio di Afrodite nel quartiere occidentale[481]. L'edificio presenta due fasi datate *ante* 460/450 a.C distinte[482], minimo una fase ellenistico-romana e diversi riadattamenti in funzione di abitazioni medievali innestate all'interno delle mura preesistenti[483]. Durante le campagne del 1995–1996 furono effettuati sette sondaggi lungo le mura dell'edificio verificanti l'utilizzo della struttura in epoca arcaica[484] (fig. 38). In seguito alle indagini della tecnica muraria da parte di Alexandra Tanner, è possibile affermare con sicurezza che l'edificio arcaico-classico è conservato unicamente alle quote delle fondamenta[485].

La prima fase dell'edificio a due vani è attestata in forma di contesto stratigraficamente chiuso unicamente nel vano meridionale dell'edificio (appendici D.1–2 [strati marroni scuri]). In questa parte dell'edificio è infatti conservato un battuto in pietra arenaria macinata frammista a pietre di piccola dimensione alla quota di ca. 828.40 m s.l.m., sigillante un riempimento adibito al livellamento della roccia naturale di ca. 1.5 m di spessore. La quota del piano di prima fase del vano settentrionale è sconosciuta, ma ipotizzabile come utilizzante ove possibile la roccia naturale, livellata unicamente dove necessario. La roccia necessitava in questo caso unicamente in alcuni punti opere di livellamento dove presentante quote più basse. Oppure, analogamente al vano meridionale, è ipotizzabile un riempimento e un battuto in pietra arenaria presente su tutta la superficie del vano. L'utilizzo del vano settentrionale durante la prima fase è attestato da un lato dai rapporti fra le mura, dall'altro dalla presenza, già in questa fase, di un riempimento adibito al livellamento della roccia. Sono stati difatti ritrovati sia all'interno del riempimento adibito al battuto di prima fase nel vano meridionale sia nel riempimento adibito al battuto di seconda fase nel vano settentrionale frammenti non combacianti della stessa anfora/idria in ceramica a decorazione geometrica dipinta **659**. Questo fenomeno è unicamente spiegabile in quanto fosse già presente nel vano settentrionale un riempimento coevo a quello del vano meridionale adibito al battuto della prima fase dell'edificio (appendici D.3–6). In entrambi i casi il vano settentrionale mostrava nella sua prima fase quote di calpestio più alte rispetto a quella del vano meridionale di ca. 40–50 cm[486]. Essendo conservate unicamente le fondamenta delle mura esterne non è possibile ricostruire le vie di accesso. Ipotizzabili sono tuttavia due accessi diversi per i vani; i vani non dovevano essere per forza comunicanti tra di loro. Data l'assenza di tegole negli strati esterni si presuppone una copertura in materiale deperibile.

Durante la seconda fase dell'edificio furono effettuati più cambiamenti. All'interno fu rialzato il piano di calpestio, attestato nel vano settentrionale da un battuto in pietra arenaria alla quota di ca. 829.08 m s.l.m. Nel vano meridionale la seconda fase è attestata unicamente dal riempimento adibito al rialzamento e livellamento del battuto di seconda fase, non conservato a causa di rimaneggiamenti in epoca medievale. Osservando la sezione (appendici D.1–2) è possibile ipotizzare che il piano di calpestio del vano meridionale fosse stato rialzato ad una quota simile di quello settentrionale, seppure quest'ipotesi non potrà essere verificata neppure in futuro visto lo stato di conservazione degli strati del vano riutilizzati sia in epoca ellenistico-romana (strato 17) sia rimaneggiati in epoca medievale (strato 18). Il rialzamento della quota di calpestio interna rispecchia il rialzamento dell'area esterna formata altrettanto da un battuto di pietra arenaria giallastro[487]. Su questo piano esterno sono appoggiate le fondamenta di un muro verosimil-

478 Al più tardi in occasione della messa in posa del lastricato dell'agorà - adibito alla nuova concezione dell'area centrale dell'insediamento – fu riedificato l'alzato dell'edificio riutilizzando le fondamenta arcaiche già presenti *in situ*. La ristrutturazione dell'edificio arcaico-classico in epoca ellenistico-romana è ben visibile sia dal divergente orientamento dell'edificio rispetto alla nuova concezione dell'area – NE/SO rispetto agli edifici coevi alla ristrutturazione tendenzialmente orientati un paio di gradi più verso ovest (Isler 2009b, 96 fig. 1) – sia dalla posa del lastricato ellenistico-romano rispettante l'andamento dell'edificio preesistente (fig. 17). In epoca ellenistico-romana, oltre alla ricostruzione dell'edificio a due vani arcaico-classico, viene ripresa anche la costruzione di un muro a Π sul lato breve settentrionale dell'edificio come verificato da sondaggi effettuati nel 2015. Come uniche nuove aggiunte sono presenti due mura divisorie in senso EO rispettivamente nel vano settentrionale e nel vano meridionale formanti così una suddivisione in quattro vani rispetto ai due ambienti già presenti nella fase arcaica. Per la fase ellenistico-romana dell'edificio: Guirard in preparazione.

479 Isler 1995b, 28.

480 Per quanto riguarda il muro meridionale, nettamente più largo rispetto agli altri. Questo è probabilmente dovuto a ragioni di natura statica, vista la necessità di reggere una spinta maggiore da parte del terreno naturale, in questo punto in pendio verso sud.

481 Per dei confronti fra i due contesti: Kistler – Mohr 2015, Kistler – Mohr 2016.

482 In via preliminare: Mohr 2012, 24. Unicamente accennato per quanto riguarda la parte orientale esterna all'edificio: Isler 2005a, 103–104. In relazione al sondaggio ad occidente dell'edificio con il ritrovamento delle fondamenta dell'eventuale muro a Π: Mohr – Reusser 2017, 92–94 in particolare nota 7.

483 Isler 1995b, 28. Inoltre, è stato possibile osservare lo spostamento di alcuni blocchi del muro ellenistico-romano nell'angolo SE in funzione di vani medievali (osservazione: A. Tanner 2017). Per la suddivisione in fasi postclassiche: Guirard in preparazione.

484 Isler 1996a, 56–57; Isler 1997b, 50.

485 Osservazioni A. Tanner 2017.

486 Piano di calpestio vano S: OK: 828.52 m s.l.m.; UK: 828.28 m s.l.m.; Piano di calpestio vano N: OK: 829.08 m s.l.m.; UK: 829.01 m s.l.m.; Roccia naturale vano N: OK: 828.94 m s.l.m.

487 Mohr – Reusser 2017, 92 in particolare nota 7.

mente antistante l'edificio, verificato all'attuale stato della ricerca unicamente nella parte occidentale[488]. Infine, durante il corso della ristrutturazione di seconda fase dell'edificio a due vani, oltre al rialzamento dei piani di calpestio interni ed esterni alla struttura[489], all'aggiunta di un tratto di muro nella parte esterna occidentale – presumibilmente ricostruibile a Π –, l'edificio ottiene una copertura corinzia in tegole e coppi di forma poligonale[490]. Anche in questo caso non è possibile indagare gli accessi ai vani. Da escludere verosimilmente è l'accesso alla struttura da sud, visto il forte dislivello presentato dalla roccia naturale in questo punto ad una distanza di 60–70 cm dal muro[491]. Un eventuale accesso da nord del vano settentrionale in epoca arcaico-classica è verosimile, data anche la presenza successiva del muro a Π in epoca ellenistico-romana – sottolineante architettonicamente l'importanza di questo lato.

La funzione dell'edificio sembra essere di natura pubblica – eventualmente cultuale. Le ragioni a favore sono molteplici e debbono essere osservate durante tutto il periodo d'uso dell'edificio. Come già proposto da Hans Peter Isler le dimensioni monumentali (sia in epoca arcaica, sia in quelle successive), la sua ricostruzione e la posizione centrale all'interno della nuova concezione della piazza centrale dell'insediamento in epoca ellenistico-romana[492] indicano verosimilmente una funzione pubblica dell'edificio. La pianta dell'edificio "ad oikos" più la presenza di un altare di epoca ellenistico-romana[493] e dei frammenti di statua rappresentanti una Tyche-Fortuna[494] ritrovati nelle vicinanze portarono Hans Peter Isler a definire la struttura a due vani in seguito come "tempio ad oikos"[495]. Seppure i frammenti scultorei siano piuttosto riferibili al tempio a podio sul lato occidentale dell'area[496], l'attestazione di un altare per la fase ellenistico-romana dell'edificio sembra essere tuttavia ancora attuale[497].

Per quanto riguarda l'epoca arcaico-classica, oltre alle sue dimensioni e alla sua pianta unicamente confrontabili con il predecessore del tempio di Afrodite, i materiali all'interno dei riempimenti adibiti ai piani di calpestio sostengono maggiormente un'interpretazione in questo senso. Seppure i materiali indagati provengano da riempimenti adibiti ad opere costruttive e dunque, non rappresentanti fasi d'uso dell'edificio, è interessante notare delle associazioni di reperti d'importazione e *indigeni* diversi rispetto agli altri contesti indagati in questo volume. Oltre alla presenza di reperti d'importazione di qualità e esclusività maggiore rispetto a quanto trovato in altri contesti (per esempio una phiale costolata attica con decorazione in *intentional red* **143** o un aryballos laconico della tipologia a *Bull's Eye* **99**) sono i reperti meno *appariscenti* a mostrare una netta differenza. L'attestazione di un peso per reti da pesca (**843**), trovante confronti unicamente lungo le coste dell'isole, all'interno di un contesto sull'altipiano di Monte Iato – privo di sorgenti d'acqua – è sicuramente *insolito*. La presenza di lucerne di tradizione *indigena* in ceramica a decorazione dipinta bicroma (**846–848**), non trovanti confronti all'esterno di Monte Iato, alti vasi

488 Seppure la ricostruzione in epoca ellenistico-romana attesti una forma a Π, non è tuttora del tutto certa una sua analoga ricostruzione anche in epoca classica: Mohr – Reusser 2017, 92; Reusser et al. 2016, 68. Reusser 2021, 124–128. Recentemente smentita da Tanner in preparazione l'attinenza del capitello dorico A 1730 all'edificio ad oikos (Reusser et al. 2015, 113–114 tav. 19, 3. Luogo di ritrovamento in un muro medievale antistante l'edificio. Secondo frammento di capitello combaciante: Mohr – Reusser 2018, 92 ritrovato come elemento di riutilizzo all'interno di una mura medievale a sud della successiva popina di prima età imperiale. Per la datazione del capitello in epoca tardo-arcaica / prima età classica [ora smentita da Tanner]: Reusser et al. 2015, 113. Per un inquadramento storico-sociale: Kistler – Mohr 2016, 86). Per un'interpretazione del capitello A 1730 come elemento appartenente ad una colonna votiva: Reusser 2021, 123; Tanner in preparazione. Smentiti da Tanner in preparazione anche l'attinenza dei frammenti di colonna A 1206 (FB1995, Abtrag MA-Mauer V, 16 [elemento di riutilizzo all'interno di una mura medievale all'interno del vano settentrionale dell'edificio]. Dm: ca. 34 cm) e A 1744 (Mohr – Reusser 2018, 92 con nota 30 venuto in luce all'interno dello stesso muro medievale come il secondo frammento di capitello ritrovato, Dm: ca. 32 cm), entrambi senza scanalature, al capitello dorico A 1730.
489 Attestata dal sondaggio del 2015 indagante le fondamenta del muro a Π e in altri sondaggi effettuati da M. Mohr nelle zone esterne all'edificio.
490 Isler 2009b, 99 con nota 49 tav. 16, 8; Mohr 2012, 24.
491 Non è stato indagato il materiale proveniente dal sondaggio esterno, situato tra il muro meridionale dell'edificio e il muro EO con funzione di contenimento del terreno adibito al terrazzamento dell'area a 1.57 m di distanza dell'edificio. Non è dunque ancora chiarito come relazionare la zona esterna a S dell'edificio rispetto alla costruzione arcaico-classica, rispettivamente, a quella ellenistico-romana. In modo preliminare si presuppone che a S dell'edificio, per quanto riguarda l'epoca arcaica, il piano di calpestio fosse la roccia naturale. Per le indagini di questo sondaggio: Guirard in preparazione.
492 Isler 1994a, 36.
493 Inv. A 1078. A 1090. A 1162. A 1184.
494 Inv. S 42.
495 Isler 1995b, 29. Isler porta i frammenti di statua in relazione perlomeno alla presenza in quest'area di edifici cultuali seppure sottolinei anche l'impossibilità di postulare un rapporto diretto fra i frammenti della statua e il loro contesto d'origine.
496 Guirard in preparazione.
497 Mohr – Reusser 2017, 94–95 in particolare nota 13 per la bibliografia precedente e i luoghi di ritrovamento dei quattro blocchi dell'altare (elementi di riutilizzo in mura medievali a N e a NO dell'edificio. Un blocco è stato ritrovato all'interno della buca medievale ritrovata all'interno del sondaggio SO del vano settentrionale). Seppure non sia stato possibile trovare il collocamento originale dell'altare sulla piazza è verosimile assumere, analogamente all'altare ritrovato davanti al tempio a podio nella parte occidentale dell'area, un suo posizionamento direttamente poggiante sul lastricato dell'agorà (Mohr – Reusser 2017, 95). Allo stato attuale della ricerca non sono state ritrovate altre strutture inerenti ad edifici cultuali nell'area dell'agorà permettendo una diversa attribuzione dell'altare ad un altro edificio. Viste le indagini di scavo pressoché completate lungo i lati dell'agorà, la probabilità di ritrovamento di un ulteriore edificio cultuale nell'area sembra minima.

a gambo in ceramica incisa e impressa senza rivestimento (**499–500**) o a decorazione dipinta monocroma (**501**), numerosi frammenti di vasi da mescita in ceramica dipinta (**477–483**) e soprattutto frammenti di ceramiche della classe *grise monochrome* provenienti dalla Languedoc francese (**129–130. 153**) sono ugualmente reperti *inusuali* e non particolarmente frequenti rispetto a quanto ritrovato negli altri contesti indagati nel volume – e sul Monte Iato. Verosimilmente, i materiali finiti all'interno degli strati di livellamento adibiti ai battuti interni dell'edificio dovevano provenire da aree limitrofe[498]. La presenza di reperti *inusuali* già all'interno del riempimento adibito al battuto di prima fase (lucerne [**846–848**] e crateri in ceramica dipinta [**477–483**], scodelle in *grise monochrome* [**129–130**]) potrebbero indicare la presenza in zona, ancora prima dell'edificazione dell'edificio, di un'area adibita alla celebrazione di cerimonie[499]. I reperti all'interno della seconda fase del riempimento potrebbero invece appartenere – in parte – alla prima fase d'uso dell'edificio.

Dato che le associazioni ritrovate all'interno del contesto sono di diversa natura rispetto a quanto finora indagato sembra verosimile confermare – oltre alle argomentazioni costruttive dell'edificio riferibili alla pianta, alle dimensioni, al posizionamento e della riedificazione dell'edificio in epoca ellenistico-romana così come quelle di un'eventuale presenza di una colonna votiva in prossimità dell'edificio di datazione precedente all'edificazione arcaica[500] – l'interpretazione dell'edificio a due vani come un edificio a funzione pubblica, eventualmente cultuale.

I materiali indagati in questo volume sono esclusivamente provenienti dai sondaggi interni all'edificio, ritrovati all'interno degli strati stratigraficamente affidabili di epoca arcaica e arcaico-classica (appendici D.1–6).

2.3.4.1 Reperti datanti prima fase

Attribuibili agli elementi datanti del riempimento della prima fase costruttiva dell'edificio – presente come contesto chiuso unicamente nel vano meridionale – sono 45 reperti databili in base alle cronologie già affermate (**97–134. 430–433. 846–848**)[501]. Si trattano di due reperti in ceramica corinzia (**97–98**), un frammento di aryballos laconico (**99**), sette reperti d'importazione o classi d'imitazione di coppe *B1* e *B2* greco-orientali (**100–106**), sette a vernice nera o figurate di provenienza attica (**107–113**), due di *céramique grise monochrome* (**129–130**), 15 di produzione regio-coloniale (**114–128**), quattro d'imitazione di vasi potori di produzione *indigena* (**430–433**), e infine sette lucerne di varie produzioni (**131–134. 846–848**).

Particolarmente inattesa in questo contesto è la presenza dei due frammenti di ceramica *grise monochrome* **129** e **130**. Questa classe è riferita ad una produzione della regione della Languedoc francese di diffusione prevalentemente locale[502]. Le forme, riprese da modelli greco-orientali[503], e dunque attribuite ad una produzione locale d'imitazione e adattazione in seguito alla fondazione della colonia focea di Marsiglia, sono ben attestate durante il corso del VI sec. fino al 480 a.C. Le specifiche forme della *grise monochrome*, studiate soprattutto negli anni '80 da Charlette Arcelin-Pradelle[504], sono soprattutto conosciute nel territorio francese, seppure già in passato siano stati segnalati singoli frammenti di questa produzione anche in Sicilia[505]. Facilmente confondibili con la produzione supposta *indigena d'impasto buccheroide*[506], gli impasti della *grise monochrome* sono nettamente più depurati, con inclusioni di piccole dimensioni di mica, bianchi di forma arrotondata (calcarei), a volte grigi scuri e vacuoli. Le temperature di cotture, ad atmosfera riducente, sono ugualmente nettamente più alte rispetto alla produzione buccheroide. Decisiva, nell'attribuzione a questa classe, sono infine le morfologie attestate, senza confronti in ambito siciliano[507] o nelle produzioni definite *bucchero grigio, eolico o greco-orientale*.

---

498 Il reperto **481** conferma anche la fortuità dei materiali ritrovati all'interno o all'esterno dell'edificio ad oikos. Il frammento B difatti, con superfici fortemente abrase, proviene dalla zona esterna orientale al saggio di provenienza del frammento A, che fu invece ritrovato all'interno del vano sud dell'edificio ad oikos. Entrambi i contesti di provenienza indicano un'attribuzione del reperto ai riempimenti, interni ed esterni, attribuibili alla prima fase di costruzione dell'edificio ad oikos.

499 In questo senso sono interpretabili anche i frammenti di colonna dorica A 1730 ritrovati, datati su base stilistica da Tanner in preparazione alla prima metà del VI sec. a.C.

500 Tanner in preparazione.

501 Cfr. stat. 7.2: 90 records (unità riconosciute), 123 frammenti, 8.06%fr.; 10.56%rec (dei materiali totali). Non sono stati inventariati tutti i frammenti d'importazione allotria o di produzione regio-coloniale del contesto. Quantitativamente sono visibili all'interno delle statistiche. Fra i frammenti d'importazione allotria è presente un frammento di parete di coppa a vernice nera attica, non più precisamente determinabile. Fra i materiali regio-coloniali vi sono frammenti di coppe Iato K 480, coppe *B1* o *B2*, frammenti di parete di coppe non più precisamente determinabili, di skyphoi, di lekythoi, di brocche trilobate e di forme chiuse di piccole dimensioni.

502 Gantès 2000, 113.

503 Gantès 2000, 112.

504 Arcelin-Pradelle 1984.

505 Monte Polizzo: Morris – Tusa 2004, 62 fig. 55. L'attribuzione del reperto a questa classe sembra essere fondata, vista la tipica decorazione ad onde sulla parete e l'ingobbio grigio scuro ben conservato; Arcelin 1978, 244 senza nota per il riferimento.

506 Spatafora 2003c, 127 tipo 1. 128 nn. I 66–I 70 figg. 124. 138. 140.

507 È stata presa in considerazione anche la *grey ware* di Monte Polizzo.

Il repertorio morfologico della classe è di tipo funzionale, destinato, secondo Gantès, al consumo quotidiano di servizio e consumo di cibi e bevande della clientela locale greca o coloniale del territorio del sud della Francia[508]. L'apice delle attestazioni di questa classe viene raggiunto tra il 540 e il 480 a.C. attestata nei contesti francesi con valori tra il 63 e il 68.5% del materiale complessivo ritrovato in contesti chiusi[509] – valori interpretabili come una produzione seriale prodotta per i bisogni della colonia e del suo territorio limitrofo[510]. La ceramica fine *à pâte claire* e *grise monochrome* trovano rare attestazioni anche in Catalogna, ad Ampurias[511], a Huelva e in Andalusia sulla costa atlantica associate a ritrovamenti di anfore da trasporto massaliote, permettendo così a Gantès di postulare una loro circolazione associata all'esportazione di vino[512]. L'associazione tra anfore da trasporto marsigliesi e la produzione *grise monochrome* è attestate anche all'interno della seconda fase del contesto iatino indagato. Le forme ritrovate non rispecchiano però in questo caso forme potorie ma piuttosto morfologie destinate alla consumazione alimentare[513]. Le morfologie di scodelle carenate e *plat à marli*, riferibili al tipo IV di Arcelin-Pradelle[514], sono indicate come tipologie d'origine greco-orientale[515] interpretate come produzioni di artigiani originari dal nord della Ionia[516]. Escludendo, dopo una ricerca prolungata di confronti proveniente dalla Grecia-orientale, di scodelle con decorazione a cerchi concentrici *incisi* a cottura riducente, la determinazione dei reperti iatini come produzioni provenienti dal Sud della Francia sembra verosimile. A maggior ragione è stata recentemente sottolineata la numerosa presenza di *objets gaulois* da parte di Holger Baitinger riferita ai ritrovamenti metallici provenienti da Selinunte, Bitalemi, nel ripostiglio di Adrano, a Monte Bubbonia, Montagnoli e non da ultimo a Megara Hyblaea[517]. Inoltre, l'area di diffusione dei rispostigli di tipo Launacien, corrispondenti per le loro associazioni di materiali con quelli ritrovati a Selinunte, sono territorialmente concentrati nell'area occidentale della Languedoc francese fra Tarn e Montpellier[518], corrispondente – senza farlo apposta – all'area di diffusione della ceramica *grise monochrome*[519].

Vista la circoscritta diffusione dei reperti in *grise monochrome*, le forme ritrovate all'interno del riempimento dell'edificio ad oikos sembrano essere interpretabili più come importazioni e verosimilmente doni votivi[520] puntuali da parte di singole persone ritrovatesi sul sito. Si esclude un'importazione di massa o una diffusione di questa classe molto più ampia, vista la mancanza di attestazioni in ambito siciliano[521].

Fra le forme inerenti alle altre classi datanti sono rappresentati soprattutto vasi da tavola con funzione potoria come kotylai corinzie (**97**), coppe di varie tipologie (*greco-orientali B1*: **100–102**; *B2*: **103–106**; attiche: **107–110**; regio-coloniali del tipo lato K 480: **114–124**) e *cup-skyphoi* attici (**111–113**). Forme di servizio sono rappresentate in minori quantità da olpai e oinochoai di produzione regio-coloniale (**125–127**). Unicamente tre reperti sono riferibili a forme presumibilmente a funzione cosmetica rappresentati dall'aryballos laconico **99**, dall'amphoriskos corinzio **98** e dalla forma d'imitazione di piccole dimensioni **128**. La presenza, infine, di sette lucerne (**131–134. 846–848**) potrebbe indicare da un lato la loro funzione intrinseca di diffusori di luce quando mostranti tracci d'utilizzo, dall'altro la loro possibile funzione come dono votivo quando mancanti le tipiche tracce d'uso.

508 Gantès 2000, 112.
509 Gantès 2000, 113: 540–520: 68.5%; 520–500: 68.6%; 500–480: 63%.
510 Gantès 2000, 113.
511 Per un *case study:* Abadías et al. 2000, in particolare 311–329 con attestazioni di imitazioni locali della *grise monochrome* massaliota.
512 Gantès 2000, 113 con bibliografia. Le forme associate sono coppe e oinochoai. Fenomeno analogo alla diffusione dei kantharoi di tipo Rasmussen 3e nel bacino del Mediterraneo.
513 Per un ritrovamento, probabilmente riferibile ad un *plat à marli* in *grise monochrome,* in un contesto votivo, non identificato: Colonna – Peribeni 1970, 243 fig. 168, 4 (Pyrgi, Tempio A, definito come *impasto buccheroide*, attestato unicamente da 10 frammenti in tutto il contesto).
514 Arcelin-Pradelle 1984, 19–20; Gantès 2000, 115 no. 5 fig. 1.
515 Gantès 2000, 114; Ugolini 2015, 233 con bibliografia. Nel territorio greco-orientale sono presenti morfologie analoghe con decorazioni a cerchi concentrici dipinti sulla tesa dell'orlo. Non è stato possibile trovare esemplari greco-orientali con cerchi concentrici incisi sulle forme, facendo escludere una possibile importazione greco-orientale dei reperti iatini.
516 Gantès 2000, 114.
517 Baitinger 2016, 166–176.
518 Baitinger 2016, 171–172 fig. 52.
519 Nickels 1978, 265–267 tav. CXVIII fig. 7. Ugolini 2015, 233 fig. 7 per le aree di diffusione dei gruppi di officine vascolari. Per ulteriori contatti tra la Languedoc e la Sicilia attestati archeologicamente: *Odyssée gauloise,* capitolo 4, Du Languedoc à la Sicile, 195–229 con contributi di S. Verger, J.-C. Sourisseau, D. Garcia, P. Pomey, R. Graells i Fabregat e H. Baitinger, *Odyssée gauloise,* capitolo 5, 234–272 En Sicile: fragments d'objets gaulois, gestion du métal et pratiques cultuelles féminines con contributi di S. Verger, C. Trombi, M. Albertocchi, F. Quantin e B. Basile. Tutte le aree di diffusione dei materiali ritrovati in Sicilia di provenienza *gauloise* vantano lo stesso territorio di provenienza dal sud della Francia come quella della classe *grise monochrome.*
520 A differenza delle associazioni tra anfore da trasporto massaliote e forme potorie attestate nel territorio della Spagna (cfr. nota 511) l'attestazione di forme di consumo alimentare indicano piuttosto una deposizione votiva. Le morfologie potevano essere state utilizzate anche per il consumo nell'ambito di feste cultuali intorno all'edificio ad oikos e in seguito finite come *cultual trash* all'interno del riempimento costruttivo. Il corrispettivo ritrovamento di un *plat à marli* verosimilmente in *grise monochrome* (pubblicato invece come reperto buccheroide senza confronti) all'interno del santuario A di Pyrgi, potrebbe rafforzare quest'ipotesi (cfr. nota 512).
521 Nonostante la classe sia facilmente confondibile con produzioni *indigene,* non si ritiene che sia stata così raramente riconosciuta nel corso degli studi da poterne postulare una diffusione in ambito siciliano significativamente maggiore.

Le datazioni, quando possibile elaborarle con sicurezza, indicano la formazione del riempimento adibito al piano di calpestio di prima fase dell'edificio "ad oikos" verso il 500/490 a.C. (tab. 7). La datazione rispecchia quanto elaborato per la costruzione (tabb. 4–5) e l'inizio dell'uso dell'edificio 1 (tab. 6) confermando quanto preliminarmente pubblicato da Martin Mohr[522]: tutta l'area del quartiere arcaico-classico fu infatti in questa fase rialzata di quota, dovendo così ristrutturare l'edificio A – cambiandone l'orientamento della pianta. La costruzione dell'edificio "ad oikos" è contemporanea alla ristrutturazione dell'edificio A diventante edificio 1 e al rialzamento di quota di tutta l'area esterna del quartiere. Non si esclude una nuova pianificazione del quartiere espressamente in funzione alla costruzione del nuovo edificio "ad oikos".

2.3.4.1.1 Determinazione cronologica dei reperti

Ceramica corinzia
Kotyle

Il frammento d'orlo di kotyle corinzia a decorazione figurata o lineare **97** presenta un fregio campito da tremoli verticali. Analogamente ai reperti ritrovati nel contesto del quartiere orientale è databile tra il Corinzio Antico e quello Medio[523].

Amphoriskos

Il frammento di parete **98** è attribuibile ad un amphoriskos corinzio figurato[524]. Sono conservati resti di due fregi delimitati da quattro linee orizzontali e ornamenti riempitivi resi da rosette graffite, macchie graffite irregolarmente e punti circolari. Unicamente sul fregio inferiore (ventre) è conservata una rappresentazione identificabile con sicurezza: un palmipede verso destra retrospiciente. Sul fregio superiore (spalla) potrebbe essere conservato un arto inferiore di animale verso destra, seppure lo stato di conservazione del frammento non permetta una chiara identificazione della rappresentazione. Amphoriskoi con analoga rappresentazione di palmipedi sul fregio all'altezza del ventre, solitamente intere teorie, con fregio zoomorfo sulla spalla, trovano confronti con reperti attribuiti alla cerchia del pittore di Ampersand, datati tutti in epoca mesocorinzia[525].

Ceramica laconica
Aryballos

Il frammento di parete **99** è attribuibile agli aryballoi globulari con decorazione a *Bull's eye* del gruppo E[526] di Stibbe[527]. Il reperto iatino mostra la decorazione canonica del gruppo datante nel primo quarto del VI sec. a.C.[528].

Ceramica greco-orientale e classi d'imitazione regio-coloniali
Coppe *B1*

Il frammento di vasca con attacco di labbro **100**, di produzione regio-coloniale, mostra all'interno un rivestimento in vernice rossa con suddipinture rosse evanide; all'esterno bande suddipinte di colore marrone-nero e beige su superficie acroma. I confronti

522 Mohr 2012.
523 Per la forma: Dehl-von Kaenel 1995, 293 no. 2685 tav. 81 (CA). Per la decorazione (su esempi figurati): Dehl-von Kaenel 1995, 258 nn. 1771–1772 tav. 45 (CA); 272 no. 1911 tav. 48 (CM); 279 no. 2025 tav. 51 (CA – CM); 281 no. 2063 tav. 52 (CM).
524 Determinato erroneamente come aryballos in Isler 1996a, 57 nota 41, identificazione corretta in Isler 1999b, 147 con nota 50.
525 Attribuzione alla cerchia del pittore di Ampersand: Isler 1999b, 147 nota 50. Per la tipologia della rappresentazione su amphoriskoi senza un'attribuzione precisa ad un pittore, datati nel CM: Wegner 1989, tav. 40, 1–3 (con cinque linee di delimitazione) tav. 40, 4 (con quattro linee di delimitazione, senza palmipedi); CVA Paris Biblio 1, 13 tav. 15, 7. 8 (delimitazione formata da 4 linee e doppia teoria puntinata). Per confronti del pittore di Ampersand o della sua cerchia: CVA Omaha 1, 4 tav. 6, 1–3; CVA Gela 2, III C, 10 tav. 19, 1–6; CVA St. Petersburg 12, 17–18 tav. 4, 1–6 fig. 5; 18–19 tav. 5, 1–6 fig. 6; CVA Caltagirone 1, 38 tav. 14, 2–7 fig. 15; 39 tav. 15, 1; Boardman – Hayes 1966, 22. 28 nn. 13–14 tav. 6 (fine CM); Giudice et al. 1992, 63 nn. C83–C84; Dehl-von Kaenel 1995, 158 no. 974 tav. 25; Bruni 2009, 57–58 no. 65 fig. 65. Per le attribuzioni di forme alla cerchia o al pittore di Ampersand: Amyx 1988, 218. 219 nn. 1–21 tav. 90, 1a–d (pittore di Ampersand); Amyx 1988, 219–220 nn. 1–10 (*possibly by the Ampersand Painter*); Amyx 1988, 220 nn. 1–8 (*related to the Ampersand Painter*); Benson 1960, 282. 283 nn. 1–10 tavv. 81–83. Attribuibile al gruppo degli Uccelli Retromiranti di Benson: CVA Caltagirone 1, 40–41 tav. 15, 3–7 fig. 16; Lo Porto 1960, 132 no. 64, 1 fig. 104, a. Il gruppo degli amphoriskoi figurati mesocorinzi sembra necessitare di una rivalutazione complessiva per quanto riguarda le attribuzioni di pittori e delle rispettive cerchie. Ad esempio, al gruppo degli Uccelli Retromiranti appartengono pittori attribuiti altresì anche alla cerchia del pittore di Ampersand, come il pittore di Dodwell o quello degli Amphoriskoi del Louvre. In questo senso anche: Van der Wielen-Van Ommeren – De Lachenal 2006, 214–216 nn. 1–6 fig. 7, 1–6. Per quanto riguarda le caratteristiche del pittore di Ampersand vengono definite soprattutto la rappresentazione delle code delle pantere ricordanti il simbolo "&", l'aggiunta di colore paonazzo per dettagli delle ali dei volatili e delimitazioni di fregi creati da linee orizzontali campiti da doppia fila di puntinatura: tutti elementi non conservati sul frammento indagato, ragione per la quale l'attribuzione è piuttosto da relazionare alla sua cerchia, vista la similitudine delle forme e schema decorativo utilizzato per gli amphoriskoi. Senza palmipedi retrospicienti ma analogo dallo schema decorativo sono ad esempio anche due amphoriskoi attribuibili al pittore degli Amphoriskoi del Louvre: Giudice et al. 1992, 58 nn. C63–C64 (590–570 a.C.); senza attribuzione di pittore: Panvini – Sole 2009a, 304–305 no. VI/313–315; ebenda per esemplare attribuito al pittore di Atene 263 (Archivio Neeft): Lambrugo 2013, 182 no. CM8.1.
526 Stibbe 2000, 31–32. Il gruppo E è caratterizzato dalla decorazione a cerchi concentrici suddipinti. Canonica è la decorazione formata da una banda circolare paonazza fra due linee circolari bianche all'esterno e una singola all'interno. Esportati, allo stato della ricerca di Stibbe unicamente in Sicilia, sulla penisola italiana e in Nordafrica (11 esemplari su 24 documentati). Luoghi di ritrovamento in Sicilia: Catania (nn. E11–12).
527 Stibbe 2000, 31–32. 111–112.
528 Secondo i contesti la datazione è contemporanea a reperti mesocorinzi (Stibbe 2000, 31). Unicamente i reperti mostranti una decorazione atipica sono datati fino al terzo quarto del VI sec. a.C. (Stibbe 2000, 32).

indicano una datazione tra la fine del VII e la metà del VI sec. a.C.[529]. Da considerarsi analogo è il frammento **101** verniciato completamente all'interno con suddipinture rosse evanide e all'esterno banda suddipinta di colore beige e linea rossa; la datazione è analoga a quella di **100**[530]. Di produzione regio-coloniale, ma di qualità minore rispetto ai reperti sopra trattati, è il frammento di fondo con piede ad anello **102** con all'interno un rivestimento simile alla vernice rossa. Riferibile per quanto riguarda la morfologia del fondo ad un'imitazione di una coppa *B1*, trova confronti solo approssimativi all'interno del *corpus* di Schlotzhauer. I modelli possono essere datati largamente tra la fine del VII e la fine del VI sec. a.C.[531]. La produzione d'imitazione potrebbe, analogamente agli altri casi, essere datata posteriormente rispetto alla diffusione dei modelli.

Coppe *B2*

I frammenti d'orlo riferibili ad una coppa *B2* di probabile importazione **103** trovano confronti databili fra la fine del VII e il 530/520 a.C.[532]. Se dovesse trattarsi di una produzione regio-coloniale il limite inferiore della datazione è da porre alla fine del VI, se non all'inizio del V sec. a.C.[533].

Il frammento d'orlo **104,** di probabile importazione, è a causa della sua morfologia con risega esterna tra labbro e vasca e andamento estroflesso del labbro in linea con il proseguimento della vasca, da considerare come una tipologia di coppa *B2* più tarda rispetto alla produzione di **103**. I confronti tra le produzioni greco-orientali indicano una datazione fra il secondo quarto del VI e il 500/490 a.C.[534].

Riferibile ad una produzione regio-coloniale è invece il frammento d'orlo **105** conservante solo il labbro con l'attacco della vasca. I confronti greco-orientali indicano una datazione fra il 580/570–530/520 a.C.[535]. Trattandosi presumibilmente di una produzione regio-coloniale, il limite inferiore della datazione è da considerare verso la fine del VI sec., se non all'inizio del secolo successivo[536].

Il frammento di piede a tromba **106** di probabile importazione mostra un tondo irregolare risparmiato all'interno e vernice all'esterno. I confronti puntuali indicano una datazione tra il VI e l'inizio del V sec. a.C.[537].

Classi a vernice nera e figurate

Band-cup, cup-skyphoi e skyphoi di produzione attica

Il frammento **107**, pubblicato da Hans Peter Isler come riferibile ad una *band-cup* attica a figure nere con fregio zoomorfo[538], potrebbe essere riferibile, visto il suo stato di conservazione, ugualmente ad uno skyphos o cup-skyphos con decorazione a fascia[539]. La rappresentazione mostra la parte posteriore di un felino rivolto verso destra con dettagli della parte inferiore del ventre e terminazione della coda dell'animale arrotolata su sé stessa in suddipintura bianca. I confronti iconografici della particolare resa della coda su possibili forme d'attribuzione del frammento indicano una datazione uniforme al terzo quarto del VI sec. a.C.[540].

529 Analoghi per l'andamento della parete della vasca e l'attacco del labbro, compatibili anche per quanto riguardo lo schema decorativo: Schlotzhauer 2001, 526 no. 221 tav. 37 (tipo 10,1C, 610/600–580/570); 526 nn. 223. 238 tavv. 37. 39 (tipo 10,2B, 620/610–550); 534–535 no. 264 tav. 44 (tipo 10,6C, 610/600–550).

530 Cfr. *supra*.

531 Analoghi per la morfologia: Schlotzhauer 2001, 528 no. 231 tav. 38 (tipo 10,2B, 620/610–550); 547 no. 328 tav. 52 (tipo 10.C/D, 580/570–520/510).

532 Analoghi per quanto riguarda la morfologia e la decorazione: Schlotzhauer 2001, 516 no. 173 tav. 30 (tipo 9,1B, con labbro più estroflesso: 600/590–550/540); 517 no. 177 tav. 31 (tipo 9,1C, con vasca più profonda: 590/580–550/540). Per la morfologia: Schlotzhauer 2001, 548 no. 332 tav. 53 (tipo 11,1B, 620/610–580/570); 550. 553 nn. 343. 356 tavv. 55. 57 (tipo II.4B, 620/610–530/520).

533 Da ultimo sulla classe delle *B2* di produzione magno-greca: Camera 2015, 190 con nota 19. Per confronti morfologici provenienti dalla Sicilia (Monte Maranfusa): Denaro 2003a, 285 no. N 23 fig. 240

534 Per la morfologia: Schlotzhauer 2001, 521 no. 201 tav. 34 (tipo 9,3C, 570/560–500/490); 523 no. 210 tav. 35 (tipo 9,2C, 580/570–530/520). In generale analoghi sia per la morfologia che per la decorazione: Schlotzhauer 2001, tipo 9,2–3C. Per confronti provenienti dalla Sicilia (Monte Maranfusa): Denaro 2003a, 285 no. N 25 fig. 240.

535 Per la morfologia e la decorazione: Schlotzhauer 2001, 519 nn. 187–189 tav. 33 (tipo 9,2C, 580/570–530/520).

536 Per confronti provenienti dalla Sicilia (Monte Maranfusa): Denaro 2003a, 285 no. N 25 fig. 240.

537 Per la morfologia: Schlotzhauer 2001, 518–519 no. 186 tav. 32 (tipo 9,1C, 590/580–550/540). Il tipo 9 in generale è datato fino almeno il 500/490 a.C. se non oltre (Schlotzhauer 2001, 334). Per confronti puntuali: Boldrini 1994, 165 no. 325 tav. 9 (tipo IV.1); 169 no. 352 tav. 11 (tipo IV/a) (datazione tipo IV: 580–520/500). Per confronti analoghi provenienti dalla Sicilia: Dehl-von Kaenel 1995, 378 no. 3784 tav. 84 datato convenzionalmente alla prima metà del VI sec. a.C.

538 Isler 1996a, 57 nota 42 tav. 10, 7; Isler 1995a, 24; Isler 1999b, 148 nota 73 (nominato come frammento di kylix tipo Piccoli Maestri).

539 Altezza conservata del fregio: 3.2 cm. Stimando una ricostruzione del felino il fregio potrebbe raggiungere i 5.0–5.5 cm di altezza, comparabili anche con le altezze delle bande sulle altre forme. Per le *band-cups,* gli skyphoi e i *cup-skyphoi* con questa decorazione (sinteticamente): Vierneisel – Kaeser 1990, 31–37. Per le *band-cup* in particolare: Iozzo 2002, 154 nota 2 con bibliografia. L'appartenenza del frammento ad una *lip-cup,* teoricamente possibile dallo stato di conservazione del frammento, viene esclusa per via della rara se non inesistente rappresentazione di fregi zoomorfi all'altezza della vasca su queste forme.

540 Per pantere con coda a spirale sopra la schiena analoghe per quanto riguarda lo schema decorativo: (senza punta in suddipintura bianca e con dettagli graffiti): BAPD no. 599 (*band-cup*, 550–540 a.C.); BAPD no. 10865 (*band-cup*, senza datazione precisa); BAPD no. 31958 (*band-cup*, 550/530 a.C.); Iozzo 2006, 113. 236 fig. VI, 4; 113. 237 fig. VII, 1 (lekanidi, prima metà VI sec. a.C.); Agora XXIII, 261 no. 1330 tav. 92 (lekanis, terzo quarto VI sec. a.C.); 302

Il frammento **108** invece è verosimilmente attribuibile ad una *band-cup*, come già proposto da Hans Peter Isler[541]. In questo caso la rappresentazione mostra un fissipede verso sinistra con linea lungo il ventre e scroto in suddipintura bianca. La datazione dei confronti iconografici, nella maggior parte dei casi attribuibili ad arieti, indica una produzione nel terzo quarto del VI sec. a.C.[542].

Attribuibile ad una *band-cup, cup-skyphos* o uno skyphos con decorazioni a fascia è il frammento di parete con attacco d'ansa **109** databile grosso modo unicamente tra la metà del VI e il primo quarto del V sec. a.C.[543]. Infine, il frammento d'ansa di coppa **110** è presumibilmente appartenente ad uno dei possibili reperti riferibili ad una *band-cup* sopracitati[544].

Il frammento d'orlo **111** è attribuibile ad uno *cup-skyphos* con decorazione a fascia vista la presenza, all'esterno, di una zona acroma in corrispondenza del cambiamento di direzione della parete. All'interno, sottostante la linea risparmiata sotto l'orlo, è visibile una fascia orizzontale di vernice "abrasa" indicante forse una linea in origine suddipinta[545]. I confronti indicano una datazione del frammento verso il 500–480 a.C.[546].

Attribuibile ad uno *cup-skyphos* è verosimilmente anche il frammento della parte centrale di fondo **112**. Il reperto mostra un andamento fortemente convesso e una decorazione a doppio cerchio concentrico sulla parte inferiore. La forma, di notevoli dimensioni visto lo spessore del fondo di 0.5–0.6 cm e la lunghezza conservata di 7.8 cm, corrisponde sia per quanto riguarda lo spessore che la convessità ad un fondo di *cup-skyphos* classe Ure K2.*f.* di analoga datazione al frammento precedente **111**[547].

Il frammento d'orlo con ansa a bastoncello semicircolare in vernice nera **113** è attribuibile ad uno skyphos di tipo A attico morfologicamente di derivazione corinzia[548]. La forma, visto l'andamento delle pareti leggermente convesse, l'orlo semplice, verticale, arrotondato all'apice e l'inclinazione delle anse può essere datato secondo i contesti dell'agorà ateniese verso il 500 a.C.[549].

Coppe Iato K 480 di produzione regio-coloniale

Attribuibili a delle coppe Iato K 480 sono 11 reperti provenienti dallo strato di prima fase (**114–124**). Vengono riassunte all'interno della tipologia di queste coppe anche quelle senza decorazione a gocce oblique di morfologia e decorazione altrimenti identica alle Iato K 480[550]. Le datazioni delle produzioni senza decorazione a gocce vengono considerate analoghe a quelle con, vista la loro presumibile produzione all'interno delle stesse officine vascolari. Cronologia: fine VI sec. – 460/450 a.C. Attestati sono sei frammenti d'orlo con, in parte, attacchi d'ansa con decorazione

no. 1700 tav. 111 (*band-cup*, ca. 540 a.C.). Per leoni con coda a spirale sopra la schiena (diversa la zona della coscia posteriore, senza punta in suddipintura bianca e con dettagli graffiti): Heesen 2011, 288 no. 238 tav. 68 (*lip-cup*, 545/40 a.C.); BAPD no. 599 (*band-cup*, 550–540 a.C.); BAPD no. 350750 (*band-cup*, 550–535 a.C.); BAPD no. 31992 (*band-cup*, 550/530 a.C.). Il punto di suddipintura bianca all'estremità della coda potrebbe anatomicamente essere riferibile al tipico ciuffo delle code dei leoni. Per *band-cup* con fregi zoomorfi: Vierneisel – Kaeser 1990, 96–107.

541 Isler 1996a, 57 nota 42 tav. 10, 8; Isler 1995a, 24 (indicato erroneamente come K 16683); Isler 1999b, 148 nota 73 (nominato come frammento di kylix tipo Piccoli Maestri). Per l'esclusione del frammento di appartenenza ad una *lip-cup* cfr. nota 539.

542 Per confronti con utilizzo di suddipintura bianca lungo il ventre e lo scroto riferibili ad un ariete: Heesen – Iozzo 2019, 43 no. 32 (*lip-cup*, 540–530 a.C.); 115 no. 268 (*band-cup*, 540–530 a.C.); 119 no. 285 (*band-cup*, 540–530 a.C.); Heesen 2011, 304 no. 389 Side A tav. 106 (*band-cup*, 545/535 a.C.); BAPD no. 11272 (*band-cup*, senza datazione precisa); BAPD no. 31951 (*band-cup*, terzo quarto VI sec. a.C.); BAPD no. 41920 (*band-cup*, ca. 540 a.C.); BAPD no. 306789 (*band-cup*, terzo quarto VI sec. a.C.); BAPD no. 31915 (*band-cup*, 550–530 a.C.). Riferibili ad un capriolo: Heesen – Iozzo 2019, 96 no. 208 (*band-cup*, 535–525 a.C.); BAPD no. 350934 (*skyphos*, primi decenni della seconda metà del VI sec. a.C.); BAPD no. 21713 (*band-cup*, 540/530 a.C); BAPD no. 31969 (*band-cup*, 540/530 a.C.); BAPD no. 31993 (*band-cup*, terzo quarto VI sec. a.C.). Riferibili ad un cervo: Heesen 2011, 326 no. 696 (*lip-cup*, 540/530 a.C.); BAPD no. 31994 (*band-cup*, 550/530 a.C.). Per *band-cup* con fregi zoomorfi: Vierneisel – Kaeser 1990, 96–107. In generale per le *band-cup*: Iozzo 2002, 154 nota 2 con bibliografia.

543 Per le *band-cups:* CVA Malibu 2, 53–56 tavv. 101, 1. 2; 102, 1. 2; 103, 3–4; 106, 2–3; Agora XXIII, 64–65. 301–305 nn. 1697–1742 (datate 550–520 a.C.); Beazley 1932, in particolare 187–192. Per i *cup-skyphoi:* Agora XXIII, 61. 282–293 nn. 1502–1610 con bibliografia (datate tra il 500 e il 480/70 a.C.); Lynch 2011, 206–216 nn. 45–66; per la morfologia: Agora XII, 109–110.

544 **107–109**.

545 L'identificazione di una linea suddipinta in questo caso non è accertata. Di solito gli stati di conservazione dei frammenti provenienti dal Monte Iato mostrano alla luce delle zone opache dove in origine era collocata la parte suddipinta. In questo caso la vernice sembra *abrasa* orizzontalmente da una sostanza diversa. Indicata nel disegno anche se non certa.

546 Per la morfologia: Agora XII, 109–110. 276 nn. 568. 569 fig. 6 (con linea suddipinta all'interno rossa analoga: 500–480); Per la morfologia e la linea acroma all'interno: Lynch 2011, 206–207 no. 45 fig. 53 (classe Ure K2: 500–480); 207 no. 46 fig. 54 (classe Ure K2, 500–480); 208 no. 47 fig. 55 (500–480); 209 no. 49 fig. 56 (500–480). Per una datazione inferiore di una forma analoga, ma senza la conservazione dell'orlo: Lynch 2011, 209 no. 48 fig. 56 (490–480). Per la classificazione secondo Ure di *cup-skyphoi*: Ure 1927, 57–73 in particolare per la classe K2: 68. Per i fondi: 58 fig. 5.

547 Per la classe Ure: cfr. nota precedente. Per confronti morfologici: Lynch 2011, 206–208 nn. 45–47 figg. 53–55 (no. 47 con decorazione a doppio cerchio concentrico, ma a differenza di **112** con cerchio interno più spesso di quello esterno).

548 Per gli skypoi di tipo A e la loro evoluzione: Agora XII, 84–85. 259–260 nn. 334–354; Bechtold 2008, 233.

549 Per la morfologia, vista l'estremità dell'ansa all'altezza dell'orlo in particolare Agora XII, 259 no. 336 tav. 16 fig. 4 (verso il 500 a.C.). Per ritrovamenti di skyphoi analoghi in ambito siciliano: Del Vais 2003, 328 nn. G50–52 fig. 278 (verso il 500 a.C.); Michelini 2002b, 186 nn. 74–75 tav. 7 (verso il 500 a.C.).

550 Analogamente a Caflisch 1991, 55. 63–64 nn. 259–263 fig. 8 tav. 3 inserite sotto la categoria di coppe Iato K 480, *Imitationen attischer Bandschalen*.

a gocce oblique (**114–119**), due frammenti d'orlo senza decorazione a gocce (**120** con attacco d'ansa; **121**), due frammenti di piede a tromba (**122–123**) e un frammento di vasca con decorazione a bande (**124**).

Forme chiuse da tavola: olpai e oinochoai di produzione regio-coloniale

Il reperto **125** si tratta di un olpe decorata ad immersione in vernice nera di produzione regio-coloniale, di tipologia ben nota in ambito siciliano[551]. L'orlo indistinto e leggermente estroflesso mostra corpo ovoidale e ansa a nastro verticale sormontante. Le datazioni dei confronti indicano una cronologia tra la fine del VI e l'inizio del V sec. a.C.[552]. Il frammento d'orlo trilobato **126** è riferibile probabilmente ad un oinochoe di produzione verosimilmente coloniale con decorazione a vernice nera ad immersione[553] databile tra la fine VI e l'inizio del V sec. a.C.[554].

Il frammento di parete di forma chiusa **127**, presumibilmente da riferire ad una forma di servizio potoria di produzione verosimilmente coloniale, attesta una banda (?) orizzontale a vernice diluita all'esterno. Il diametro interno di ca. 15 cm indica una sua probabile attribuzione ad un'anfora da tavola o ad una brocca.

Forme chiuse ad uso cosmetico (?)

Il frammento di fondo con piede ad anello concavo **128** è riferibile ad una forma chiusa di piccole dimensioni[555]. Probabilmente di tradizione o d'imitazione corinzia, non è più precisamente determinabile.

Ceramica *indigena* d'imitazione
Coppe

Riferibili a produzioni regio-coloniali non verniciate[556], imitanti forme corinzie o greco-orientali, sono i frammenti d'orlo **430–432** e **433**. Il primo reperto, **430**[557] può essere considerato come imitante una coppa di tipo corinzio o a filetti, vista la decorazione formata da tre linee all'esterno del labbro. Gli altri frammenti **431**, **432** e **433** piuttosto di ispirazione di coppe *B2*. Le produzioni d'ispirazione possono unicamente essere largamente datate fra la fine del VII e l'inizio del V sec. a.C.[558]. Le tecniche di manifattura sono riferibili a produzioni *indigene*.

Ceramica *grise monochrome*
Plats à marli

Riferibili alla produzione di ceramica *grise monochrome* della Languedoc francese sono un frammento d'orlo con scanalature superiori (**129**) e un fondo con piede ad anello (**130**) identificabili come due reperti distinti. Senza riferimenti di analisi d'impasto, si preferiscono attribuire i frammenti di parete probabilmente pertinenti, alla comune categoria di ceramica acroma[559]. La decorazione di **129** si concentra sull'orlo a tesa (*à marli*) ottenuto da una lieve pressione con una sorta di pettine tenuto immobile sulla superficie rotante della forma. Il risultato è l'attestazione di linee circolari incise regolarmente. Questo tipo di decorazione è attestato meno frequentemente sulla classe *grise monochrome*, solitamente mostrante linee ondulate ottenute dallo stesso strumento in movimento verticale nella mano del vasaio[560]. Il frammento d'orlo è riferibile al tipo IV di Arcelin-Pradelle[561], morfologia

551 Per una presunta produzione imerese delle olpai ad immersione: Denaro 2003a, 297 nota 48.

552 Denaro 2003a, 299 no. N 87 fig. 255 (fine VI–inizio V); Himera V, Blocco 2, 114 no. 570 tav. XLVI; *Palermo punica*, 150. 181. 300 no. 154 (prima metà V sec. a.C.); Panvini 2006b, 59 no. B tomba 6 (fine VI sec. a.C.). Per la morfologia ma a decorazione diversa: *Palermo punica*, 147. 181. 300 no. 138 (seconda metà VI sec. a.C.); Analoga: 142. 180 no. 108 (ultimo quarto del VI sec. a.C.).

553 Il frammento, seppure mostrante un andamento della vernice orizzontale, sembra più verosimilmente attribuibile ad una decorazione in tecnica ad immersione, vista la conservazione del colore interno della stessa modalità di quella esterna.

554 Panvini 2006b, 44–45 no. C tomba 21 (ultimi decenni del VI sec. a.C.); 55–56 no. B tomba 3 (fine VI–inizi V sec. a.C.).

555 Dm fondo: 4 cm.

556 Secondo le classificazioni tradizionali i frammenti sarebbero attribuibili ad imitazione di ceramica d'importazione in ceramica a decorazione geometrica dipinta. Visto l'impasto non locale – inteso come inerente a quello identificato autopticamente come iatino – vengono considerati come elementi datanti di produzione regio-coloniale.

557 Citata in Isler 1996a, 56 nota 34 come imitazione regionale di coppa ionica *B2*. La manifattura sembra fortemente analoga alle produzioni *indigene*. Visto il confronto con una coppa a filetti ritenuta di produzione coloniale K 26611 pubblicata in Isler 2009b, 98 con nota 37 tav. 15, 7 non escludo la possibile appartenenza del frammento **430** ad una produzione coloniale. La mancanza di confronti autoptici con produzioni coloniali non permette di escludere con sicurezza l'attribuzione coloniale della forma.

558 Per **430** *a filetti*, analoghe, produzioni coloniali: Himera V, Blocco 1, 63 no. 642 tavv. XIV. XXIII (contesto: seconda metà VII – inizio VI sec. a.C.); 164 no. 603 tav. LXXI (senza decorazione *a filetti*. Proveniente da un contesto tra il 648–580/560 a.C. cfr. 145 vano 52 strato *"da m -0,40 a m -0,70"*.). Per modelli eventualmente greco-orientali: Schlotzhauer 2001, 291–291. 357 fig. 104 tav. 4–10 (tipi 1–3) con datazione dal 690–630 a.C. attestate fino a contesti del 580 a.C. Per i frammenti **431**, **432** e **433** riferibili a modelli greco-orientali di coppe *B2:* tipi 9 e 11 di Schlotzhauer 2001, datanti tra il 620/610 e il 500/490 a.C. Per il tipo 9: Schlotzhauer 2001, 328–336 con tav. 30–36. Per il tipo 11: Schlotzhauer 2001, 345–349 con tav. 53–59.

559 Il frammento d'orlo in impasto buccheroide **652**, seppure mostrante analogie con la *grise monochrome,* viste anche le scanalature sulla tesa dell'orlo, attesta un impasto meno depurato e una morfologia altrimenti non attestata nella *grise monochrome*.

560 Arcelin-Pradelle 1984, 33–35 fig. 13, 1 per le linee orizzontali; fig. 13, 2–4 per le linee effettuate in movimento.

561 Arcelin-Pradelle 1984, 83 nn. 280–281 fig. 40 (forma IV, gruppo 2); 96 nn. 283–289. 665 figg. 40. 67 (forma IV, gruppo 3). Con decorazione regolare anche Arcelin-Pradelle 1984, 124 no. 552 fig. 56; Arcelin-Pradelle et al. 1982, 53 nn. 181. 183. 184 fig. 20. Per confronti a decorazione lineare: Nickels 1978, 251–252 nn. 22–26;

presente sia con parete carenata che con andamento continuo[562], in questo caso riferibile ad una morfologia carenata.

Il frammento di fondo con piede ad anello di forma aperta **130** trova morfologie analoghe fra i reperti di *grise monochrome* di purtroppo non chiara attribuzione a forme specifiche vista l'assenza di morfologie integre nell'indagine francese[563]. Non si esclude che si tratti del fondo di un *plat à marli* analogo a **129**[564].

Come le forme attestate nella *grise monochrome*, le superfici dei frammenti presentano un ingobbio leggermente più scuro rispetto a quello dell'impasto, pressoché indistinguibile a dipendenza dello stato di conservazione del frammento[565]. L'impasto sembra appartenere al Gruppo 3 determinato da Arcelin-Pradelle[566]. Le datazioni della produzione di *plat à marli* variano, a dipendenza delle tipologie d'impasto, fra il 575/550 fino alla fine del V sec. a.C.[567]. Analogamente alla produzione marsigliese di anfore da trasporto, gli impasti micacei nella produzione di vasellame da tavola sono attestati a partire dal 510–500 a.C.[568]. Il frammento d'orlo **129** non presenta mica nell'impasto. Il frammento di fondo con piede ad anello **130** invece ne attesta in grandi quantità. Prediligendo una datazione piuttosto uniforme per entrambi i frammenti, vista la probabilità di deposizione puntuale e non ricorrente nell'arco di più episodi, si propone un'ampia datazione dei frammenti fra la seconda metà del VI e il 480 a.C.

Lucerne

All'interno degli strati di prima fase sono infine presenti sette frammenti di lucerne riferibili alla tipologia di Käch delle lucerne verniciate a spalla larga (**131–132**)[569] e quelle con orlo largo e fondo rientrante a profilo arrotondato (**133–134**)[570]. Di particolare importanza è la presenza tra questi di tre reperti d'imitazione di produzione locale con decorazione lineare nella tradizione della *ceramica a decorazione geometrica dipinta* (**846–848**).

Il frammento **131** con parte superiore dello specchio verniciato furtivamente di produzione verosimilmente regio-coloniale è riferibile alla tipologia di Käch delle *BRL* (*Breitrandlampen*)[571]. La lucerna è stata utilizzata, come dimostrano tracce di bruciato all'interno della forma. La forma, attestata anche altrove in ambito siciliano[572], è datata, seguendo la proposta di Chiara Biagini, tra il secondo quarto e la fine del VI sec. a.C., se non oltre[573].

Il frammento **132** non trova confronti precisi, visto il suo stato di conservazione. Di produzione coloniale, l'impasto ricorda fortemente le produzioni di coppe lato K 480 localizzate presumibilmente ad Himera[574]. Il frammento di vasca non mostra tracce di bruciato sulla superficie conservata, non potendo così determinarne il suo effettivo utilizzo. Una proposta di datazione viene omessa. Il frammento **133** di produzione verosimilmente coloniale è riferibile alla tipologia Howland 16A[575]. La lucerna attesta una decorazione con beccuccio ad immersione e parte superiore dello specchio verniciato. Seppure sia conservata una parte del beccuccio, il frammento non presenta tracce di bruciato. In questo caso, potrebbe essere assumibile un mancato utilizzo della lucerna, forse interpretabile come dono votivo, visto il contesto nel quale è stato ritrovato. La lucerna è databile secondo i confronti tra il VI sec. e il 480 a.C.[576]. Infine, per quanto riguarda le lucerne di produzione verosimilmente coloniale, il frammento di lucerna **134** attesta una parte del fondo e del cono centrale. La parte interna è in questo caso completamente

30–32 fig. 1 tav. CXIV (secondo–terzo quarto del VI sec. a.C.); Per confronti analoghi ma con decorazione ad onde: Nickels 1978 254–256 nn. 1–25 fig. 3 tav. CXV (seconda metà VI sec. a.C.); 258–262 nn. 1–63 fig. 4 tav. CXVI (con unicamente due solchi sulla tesa, seconda metà del VI–prima metà V sec. a.C.

562 Arcelin-Pradelle 1984, 96 forma IV gruppo 3.

563 Arcelin-Pradelle 1984, 31 nn. 472. 476. 495. 497. 501. 509 figg. 54. 55. Le analogie sono soprattutto evidenti per quanto riguarda l'andamento specifico della morfologia del piede, senza confronti in altre classi. Analoghi anche: Arcelin-Pradelle et al. 1982, 41 no. 122 fig. 16.

564 Nickels 1978, 255 per una descrizione di fondi pertinente ad un *plat à marli* del gruppo B con ingobbio marrone scuro.

565 Arcelin-Pradelle 1984, 88; Gantès 2000, 112.

566 Arcelin-Pradelle 1984, 86–88. Non è esclusa un'attribuzione al gruppo 2 (Arcelin-Pradelle 1984, 53). Senza analisi di tipo archeometrico, la determinazione è impossibile.

567 Per la datazione del tipo IV, gruppo 2: Arcelin-Pradelle 1984, 85 (520–480); Per quelle del gruppo 3: Arcelin-Pradelle 1984, 102–105 (575/550–fine V sec. a.C.). Attestazioni morfologiche presumibilmente fino al IV sec. a.C. cfr.: Ugolini 2015, 236–237 (senza riferimenti precisi per i *plat à marli*).

568 Gantès 2000, 112.

569 Käch 2006, 18–19 fig. 1 definite *Breitrandlampen (BRL).*

570 Käch 2006, 19–21 fig. 1 definite *Knickschulterlampen (KSL).*

571 Käch 2006, 18–19 nn. 1–7 fig. 1.

572 Confronti morfologici: Käch 2006, 18 no. 1 (L 827) fig. 1 (575–525 a.C.); Agora IV, 26 nn. 71–72 tav. 3. (tipo Howland 12a, secondo quarto del VI sec. a.C.); Himera V, Blocco 1, 64 no. 724 tavv. XVI. XXV riferito alla tipologia di Galli 2004, 41–43 tipo 5c1 (575–525 a.C.). Per confronti in ambito siciliano della morfologia: Biagini 2008b, 609 con bibliografia, seppure la morfologia di Biagini 2008b, 609 no. 1 (inv. 6072) non sia un confronto puntuale per il reperto **131**.

573 Reperto analogo ritrovato ad Himera dal vano 38 del Blocco 1 no. 724 (cfr. nota precedente) proveniente da uno strato datato tra il 520–409 a.C.: Himera V, 30–31 tab. 4 *"da m -0,20 a m -0,30"*.

574 Alaimo et al. 2000.

575 Agora IV, 30–31 in particolare no. 92 tav. 4 (inizio VI sec. – terzo quarto del VI sec. a.C.).

576 Cfr. *supra*. Corrispondente al tipo 9 sottovariante b2 di Galli 2004, 63 no. 104 tav. 7. Analogo a Denaro 2003b, 305 no. L 7 fig. 260 (500–480 a.C.); Käch 2006, 20 nn. 8–9 fig. 1 (tipo *KSL* 540–480 a.C.).

verniciata. Non attesta tracce di bruciato sulla parte conservata. Si omette una datazione del reperto.

2.3.4.2 Reperti datanti seconda fase

Attribuibili agli elementi datanti per il riempimento adibito al battuto di seconda fase dell'edificio sono 23 reperti databili grazie alle cronologie già affermate (**135–157**)[577]. Si trattano di due reperti in ceramica corinzia (**135–136**), tre reperti di produzione greco-orientale o classi d'imitazione rappresentati da un frammento di alabastron (**139**) e due frammenti di coppe *B2* (**137–138**), un frammento di verosimile forma potoria d'importazione indeterminata (**140**), dodici a vernice nera o figurate di produzione attica e imitazioni regio-coloniali (**141–152**), un frammento di *ceramique grise monochrome* (**153**), due frammenti di anfore da trasporto (**154–155**) e infine due frammenti di lucerne di produzione regio-coloniale (**156–157**).

In questo caso è importante ricordare la presenza di reperti più antichi all'interno dello strato di riempimento del vano settentrionale. In questo senso è possibile interpretare la presenza di un'ulteriore attestazione di *plat à marli* in ceramica *grise monochrome* **153** associata in questo caso ad un puntale d'anfora massaliota **154** – reperti verosimilmente già presenti nel riempimento adibito al battuto non conservato di prima fase del vano settentrionale.

Particolarmente interessante è il luogo di ritrovamento dei frammenti non combacianti **143 A-B** appartenenti ad una phiale costolata attica con decorazione in *intentional red*. Questi furono difatti ritrovati a grande distanza fra di loro. Il frammento più piccolo è stato ritrovato nello strato 16 del riempimento adibito alla seconda fase di piano di calpestio all'interno del vano meridionale (appendici D.1–2); quello più grande in uno strato disturbato (riempimento per l'installazione del lastricato dell'agorà ellenistico-romana) nella zona esterna occidentale all'edificio. L'attestazione del frammento con provenienza esterna all'edificio potrebbe essere messa in relazione al rialzamento delle quote esterne nella zona occidentale, priva di strutture tardo-arcaiche/classiche, attestata per la seconda fase di ristrutturazione dell'area[578]. Visto il rialzamento delle quote sia interne che esterne durante i lavori adibiti alla seconda fase dell'edificio è possibile sostenere che un frammento finì all'interno del riempimento adibito al piano di calpestio interno all'edificio; l'altro verosimilmente all'interno del terrapieno adibito al rialzamento della quota esterna[579]. Il terreno adibito a opere di livellamento e rialzamento di piani fu verosimilmente preso da zone limitrofe, come confermato dalla presenza dei frammenti attinenti allo stesso reperto in zone diverse dell'area. Seppure la phiale sia di rara attestazione archeologica, non necessariamente la sua presenza in zone separate dev'essere interpretata come un'azione intenzionale. Il ritrovamento dei frammenti all'interno di *terrapieni* da costruzione indica piuttosto una coincidenza casuale confermante la contemporaneità della ristrutturazione dell'area esterna del quartiere con quella generale dell'edificio "ad oikos".

Le funzioni ricoperte dai reperti considerati datanti all'interno del riempimento adibito alla seconda fase dell'edificio risultano essere leggermente più variate rispetto a quelle della prima fase. Seppure anche in questo caso siano rappresentati soprattutto vasi da tavola con funzione potoria come kotylai corinzie (**135–136**), coppe di varie tipologie (*greco-orientali B2*: **137–138**; d'importazione indeterminata: **140**; attiche: **142–144**; regio-coloniali del tipo lato K 480: **150–151** o di altre tipologie: **146. 152**) sono presenti più forme d'importazione adibite al consumo di cibi (regio-coloniali: **147. 150. 149** (?); in *grise monochrome*: **153**). Forme di servizio da tavola sono in questo caso completamente assenti mentre quelle riferibili presumibilmente ad una funzione cosmetica sono attestate ugualmente da tre reperti, rappresentati da un frammento di alabastron greco-orientale **139**, una lekythos attica a figure nere **141** e da un exaleiptron attico **145**. Diversamente dai reperti di prima fase sono attestati in questo caso anche anfore da trasporto vinarie (**154–155**). Le lucerne, unicamente rappresentate da due reperti (**156–157**) non mostrano in questo caso tracce d'uso seppure questo possa essere ricondotto allo stato di conservazione dei frammenti.

---

577 Cfr. stat. 8.2: 44 records (unità riconosciute), 63 frammenti, 11.82%fr.; 19.13%rec (dei materiali totali). 21 records, formati da 26 frammenti di parete di forme aperte a vernice nera, sono stati esclusi dall'inventario regolare. Visibili all'interno delle statistiche nella colonna riferita all'inventario interno di produzione regio-coloniale.

578 Il sondaggio effettuato nel 2015 indagante la fase arcaica del muro a Π (angolo O) ha mostrato una successione di roccia / riempimento adibito al piano d'appoggio del muro a Π / appoggio delle fondamenta del muro a Π direttamente sul piano. Seppure i materiali arcaici provenissero unicamente dalla stratigrafia sottostante il piano (la parte superiore, a quota minima di differenza dal lastricato ellenistico-romano, era disturbato) è postulabile un secondo rialzamento di quota dell'area occidentale, già solo per nascondere le fondamenta del muro a Π. La presenza di due fasi di rialzamento dell'area esterna in epoca arcaico-classica è attestata con sicurezza da sondaggi nella parte orientale esterna all'edificio (scavi M. Mohr). La prima fase di ristrutturazione dell'area alzante le quote di calpestio esterne è coeva all'edificazione della prima fase dell'edificio "ad oikos" e il rifacimento dell'edificio A diventante edificio 1. Durante la seconda fase di rialzamento delle quote esterne, l'edificio 1 non subì cambiamenti visto il suo posizionamento ad una quota sufficientemente alta da non essere intaccata dai cambiamenti di quota esterni.

579 In seguito, intaccato dal riempimento adibito alla costruzione del lastricato ellenistico-romano dell'agorà.

Le datazioni, quando possibile elaborarle con sicurezza, indicano una cronologia della chiusura del riempimento adibito al piano di calpestio di seconda fase dell'edificio "ad oikos" riferibile al 480/470–460 a.C.[580] (tab. 8). L'uso del piano di calpestio di prima fase e dunque dell'intero edificio è, di conseguenza, verosimilmente datante tra il 500/490–490/480, momento nel quale si decise di avviare una grande ristrutturazione dell'edificio[581]. Seppure verosimilmente sia i piani di calpestio interni sia la copertura corinzia fossero conclusi *post* 480/470–460, lo stato di conservazione del contesto non permette di chiarire se l'edificio fosse veramente già ultimato nel momento dell'abbandono dell'insediamento verso il 460/450 a.C. oppure parzialmente ancora in fase di costruzione[582].

2.3.4.2.1 Determinazione cronologica dei reperti

Ceramica corinzia
Kotylai

Il frammento di parete di kotyle corinzia o d'imitazione **135** è inquadrabile nelle produzioni a decorazioni figurate o lineari mostranti una raggiera sulla superficie inferiore della forma. La rappresentazione dei raggi – ancora triangolari con base media – e la presenza di interstizi fra un raggio e l'altro indica una datazione fra il Corinzio Antico e Medio[583].

Il frammento di fondo di kotyle corinzia a decorazione lineare policroma **136** rappresenta l'unico reperto proveniente dai contesti chiusi presi in analisi dal presente volume attribuibile ad una produzione del Corinzio Medio-Tardo[584].

Ceramica greco-orientale e classi d'imitazione regio-coloniali
Coppe B2

Il frammento d'orlo di produzione regio-coloniale **137** non trova confronti puntuali fra le produzioni greco-orientali di riferimento[585]. Trattandosi verosimilmente di un reperto d'imitazione, il limite inferiore è da porre alla fine del VI – inizio V sec. a.C.[586]. Analoga datazione per il frammento d'orlo **138**, di verosimile produzione regio-coloniale, completamente verniciato sia all'interno che all'esterno[587].

Alabastron

Il frammento di parete acroma di forma chiusa **139** seppure poco "appariscente" è verosimilmente relazionabile ad un alabastron greco-orientale d'importazione. Il reperto trova un confronto diretto[588] con il ritrovamento all'interno dell'edificio tardo-arcaico/classico K: un alabastron presumibilmente di produzione greco-orientale con corpo ovoide, piede ad anello e decorazione a quadrifoglio in vernice nera sulla superficie inferiore del fondo K 31780[589]. La mancanza di confronti puntuali allotri a Monte Iato, perfino per il reperto meglio conservato, permette unicamente una datazione tramite il contesto chiuso dell'edificio K tra la fine del VI sec. e il 460/450 a.C[590].

580 Pur essendo presenti materiali datanti fino al 460/450 a.C. si predilige una datazione della formazione del riempimento di periodo lievemente precedente (480/470–60 a.C.). I reperti con datazione inferiore sono produzioni con tempi di circolazione molto ampi. Unicamente i frammenti della lekythos a vernice nera **141** indicano una chiusura sicura del riempimento *post* 470 a.C. Per non esagerare con il peso dato ad un singolo reperto in stato frammentario si propone, rispettando tutte le altre datazioni dei reperti, 480/470–60 a.C.

581 Da notare sulla tab. 8 la pressoché mancanza di elementi datanti tra il 480 e il 470. Seppure possa trattarsi di un vuoto causato dalle datazioni tradizionali nella ricerca è, tuttavia, interessante. Pensando al tempo necessario di ristrutturazione di un edificio come quello "ad oikos" con rialzamenti di quote esterne e interne, aggiunte architettoniche impegnative (copertura in tegole poligonali di tipo corinzio ed un'eventuale aggiunta di un muro antistante a Π) una fase di lavori di ca. un decennio non sembra eccessivamente fuori luogo.

582 I piani di calpestio interni erano verosimilmente già ultimati così come presumibilmente la nuova copertura in tegole (analogamente alle ristrutturazioni interne odierne le coperture sono sicuramente ultimate *prima* delle pavimentazioni a causa dei rischi di danneggiamento dei piani, l'esposizione alle intemperie dell'area e a causa della sporcizia creantesi durante una ristrutturazione del tetto. Per l'informazione ringrazio M.A.A. Natascia Minder). Per quanto riguarda l'aggiunta del muro sul lato occidentale, eventualmente con pianta a Π e di difficile ricostruzione, lascia in dubbio l'ultimazione finale dell'edificio. Viste le opere di ristrutturazione concluse internamente ca. *post* 470 e un abbandono dell'insediamento verso il 460/450 a.C. è immaginabile, considerate le tempistiche necessarie di costruzione, un *non* completamento della parte esterna dell'edificio entro il 460/450 a.C.

583 Per le datazioni delle raggiere e i confronti pertinenti: cfr. reperto **10** proveniente dal quartiere orientale, 1. fase: nota 231.

584 Per la morfologia del fondo, appartenenti a kotylai a decorazione policroma, datanti tendenzialmente al CM – CT, analogo per il piede ad anello, ma non perfettamente per il fondo: Brann 1956, 359 no. 24 fig. 2 (secondo quarto del VI sec. a.C.); Corinth VII, 5, 56. 60 no. 129 fig. 7 datato alla fine del VI sec. Per la decorazione policroma datante al CM: Dehl-von Kaenel 1995, 262 no. 1834 tav. 46.

585 Analogo per la decorazione: Schlotzhauer 2001, 517 nn. 176–177 tav. 31 (tipo 9,1C, **590/580–550/540**), più in generale ascrivibile al tipo 9; Schlotzhauer 2001, 328–334 databile tra il 600/590 e il 500/490 a.C.

586 Cfr. *supra*. Per confronti analoghi provenienti dalla Sicilia (Monte Maranfusa): Denaro 2003a, 285 no. N 22 fig. 240.

587 Per confronti analoghi provenienti dall Sicilia (Monte Maranfusa): Denaro 2003a, 285 no. N 25 fig. 240. Analogo morfologicamente a causa della risega interna ed esterna al tipo 9 di Schlotzhauer 2001, 328–334 databile tra il 600/590 e il 500/490 a.C., in particolare alla tipologia 9,2C (580/570–530/520).

588 L'attribuzione è stata condotta dall'accostamento fisico dei due reperti, confermata in seguito anche da Martin Mohr.

589 Mohr – Reusser 2017, 99 nota 65 tav. 14, 5. Mohr in preparazione, no. 30 (K 31780). L'unico confronto pertinente indica una relazione con gli alabastra corinzi del tipo *Columbus* (Louvre MNB 500 cfr. Amyx 1988, 440 fig. 132, 1). Gli esemplari corinzi sono datati fra la fine del CA e l'inizio del CM.

590 Mohr in preparazione.

Ceramica d'importazione indeterminata

Forme aperte – vaso potorio?

Il frammento di fondo concavo di forma aperta **140** mostra la parte inferiore esterna acroma con decorazione presumibilmente a banda[591] in vernice nera. All'interno il reperto è completamente verniciato fatta eccezione per un tondo di piccole dimensioni (ca. 2 cm) acromo. La qualità del frammento, estremamente depurato con inclusioni micacee dopo una cottura ad alte temperature, così come le superfici altamente levigate indicano una verosimile attribuzione ad un reperto d'importazione. Di verosimile produzione greco-orientale a bande a causa dell'impasto tendente al colore nocciola non trova confronti puntuali editi.

Allargando la ricerca e omettendo la particolarità del colore dell'impasto – criterio soggettivo soprattutto per quanto riguarda la classe poco conosciuta di reperti d'importazione greco-orientali – il reperto trova confronti morfologici e soprattutto decorativi, vista la presenza del tondo interno di piccole dimensioni – di rara attestazione – all'interno dei vasi potori laconici. Seppure la decorazione esterna non trovi diretti confronti, la morfologia del fondo in combinazione con la decorazione interna potrebbe essere riferibile ad una coppa del tipo *black-glazed cups* inseribile tra le varianti *with flat base* (Gruppo D di Stibbe[592]) e *with low base-moulding* (Gruppo E di Stibbe[593]). Il Gruppo D *with flat base*[594], definito anche da Stibbe come morfologicamente vicino al Gruppo E *with low base-moulding*, è puntuale alla forma **140** ma si differenzia per quanto riguarda la decorazione – elemento distintivo del gruppo D *distinguished (…) by the absence of decoration (…)*[595]. Il gruppo E, seppure non precisamente puntuale per quanto riguarda la morfologia del fondo, attesta reperti con il caratteristico tondo di piccole dimensioni interno[596]. Inoltre, il gruppo viene definito come presentante più variazioni morfologiche – nelle quali si potrebbe collocare anche il reperto iatino – e l'attestazione di parti in vernice nera con ornamenti secondari[597]. Le datazioni dei reperti analoghi per quanto riguarda la morfologia e soprattutto la decorazione interna indicano una datazione tra l'ultimo quarto del VI e il primo quarto del V sec. a.C.[598]. Vista l'indeterminabilità del reperto all'attuale stato della ricerca la sua cronologia verrà omessa per le conclusioni della datazione dello strato.

Classi a vernice nera e figurate

Lekythos a figure nere attico

La lekythos frammentaria **141** mostra una decorazione a figure nere sulla spalla, probabilmente delle linguette, un corpo presumibilmente cilindrico allungato, rastremato nella parte inferiore, in vernice nera. Nella parte superiore sono presenti i resti di due linee orizzontali suddipinte, in origine probabilmente bianche. La tipologia di lekythoi *black bodied* mostra unicamente in alcuni casi doppie linee suddipinte nella parte superiore del corpo cilindrico. I confronti indicano una datazione tra il 470 e il 450 a.C., se non leggermente oltre[599].

Coppa a figure rosse attica

Il frammento di vasca di coppa a figure rosse **142** è stato attribuito al pittore del Pithos[600]. Il frammento di coppa, presumibilmente di tipologia C vista la preferenza del pittore per queste forme di coppe[601], mostra la parte inferiore del tondo risparmiato con decorazione a figure rosse. Il tondo è internamente sottolineato da una linea in vernice molto più diluita rispetto alla vasca. Da essa parte una linea a rilievo obliqua, a sinistra e a destra della quale sono visibili resti di linee arcuate. Confronti con produzioni del pittore del Pithos sono puntuali sia per quanto riguarda la linea in vernice diluita circondante internamente il tondo[602], sia per i resti delle linee a rilievo rappresentanti verosimilmente un simposiasta (sci-

591 Lo stato di conservazione della parete non permette di stabilirlo con certezza. La parte superiore in vernice nera mostra lo stesso grado di diluizione come la parte sottostante delimitante lo stacco tra la parte in vernice nera e quella acroma. Analogamente la parte superiore diluita potrebbe indicare l'imminente delimitazione a banda della decorazione.

592 Stibbe 1994, 64–66.

593 Stibbe 1994, 66–70.

594 Datati tra la seconda metà del VII fino a ca. il 570 a.C.: Stibbe 1994, 64 con *t.a.q.* del 570 a.C. dato dal reperto no. D10 proveniente da un contesto chiuso di Sparta (nota 258).

595 Stibbe 1994, 64.

596 Puntuali per il tondo circolare di piccole dimensioni interno, analoghi per la morfologia: Stibbe 1994, 174 no. E7 fig. 227 (subgroup Ea); 175 no. E8 fig. 228 (subgroup Ea); 175 no. E14 fig. 233 (subgroup Eb).

597 Stibbe 1994, 66.

598 Per il reperto no. E7 (Stibbe 1994, 174 no. E7 fig. 22) e no. E8 (175 no. E8 fig. 228): Stibbe 1994, 67 (ultimo quarto VI – ca. 500 a.C.); per il reperto no. E14 (Stibbe 1994, 175 no. E14 fig. 233): Stibbe 1994, 67 (contesto da Olympia datante nel primo quarto del V sec. a.C.).

599 CVA Berlin 17, 93 tav. 51, 4–5 (470–450 a.C.); CVA RGZM 1, 78 tav. 37, 6 (secondo quarto – metà V sec. a.C.); CVA Ferrara 2, III H, 32 tav. 42, 11 (secondo quarto V sec.a.C.); CVA Palermo Mormino 1, III L, 3 tav. 1, 5 (attorno al 500 a.C.); III L, 3 tav. 1, 6 (attorno al 510–500 a.C.); III L, 3 tav. 1, 8 (attorno al 500 a.C.); III L, 3 tav. 1, 9 (inizio V sec. a.C.); CVA Stuttgart 1, 32 tav. 25, 8 (secondo quarto del V sec. a.C.); Corinth XIII, 162. 163. 251 no. 360–4 tav. 57, 4 (tomba 360 datata tra la metà al terzo quarto del V sec. a.C.). Unicamente le datazioni di de La Genière del 1971 (CVA Palermo Mormino 1) sembrano essere alte.

600 Reusser 2018, 109. Per gli altri ritrovamenti di ceramiche a figure rosse di prima generazione sul Monte Iato: Reusser 2018.

601 Paleothodoros 2003, 63. Cfr. anche Beazley Archive (BAPD): "Pithos Painter".

602 Confronti con immagini a colori: Coppe del museo di Ure, ARV^2 140,25: https://uremuseum.org/cgi-bin/ure/uredb.cgi?rec=REDMG:1953.41.1 (23.06.2023); ARV^2 141,66: https://uremuseum.org/cgi-bin/ure/uredb.cgi?rec=45.10.11 (23.06.2023);

ta?) fortemente stilizzato di spalle[603]. Il frammento iatino rappresenterebbe, secondo l'ultima sintesi di Paleothodoros[604], il 139esimo reperto attribuito al pittore e alla sua cerchia[605]. I contesti di ritrovamento, quando noti, delle sue produzioni sono inerenti a insediamenti (56/103), tombe (37/103) o in ambito cultuale (10/103)[606]. Interessante è anche il dato che otto coppe su dieci ritrovate in santuari, dunque in contesti eventualmente analoghi al riempimento dell'edificio ad oikos iatino, attestano rappresentazioni di simposiasti sciti[607]. Ritrovamenti di reperti del pittore del Pithos sono inoltre attestati per la Sicilia anche a Megara Hyblaea[608], Gela[609] e Selinunte[610]. La datazione dell'œvre del pittore del Pithos, vista la mancanza ancora di uno studio approfondito delle sue produzioni, è posta tra la fine del VI e il primo decennio del V sec. a.C.[611].

Phiale in intentional red / coral red attica

I frammenti non combacianti ma attribuibili allo stesso reperto **143 A–B** sono riferibili ad una phiale attica costolata con rivestimento in intentional red[612] di produzione[613] ed esportazione estremamente rara[614]. La morfologia della forma prende verosimilmente come modello forme in metallo provenienti dall'ambito persiano[615]. Il reperto non trova confronti in ambito siciliano. Il confronto puntuale proveniente dall'agorà ateniese è datato verso il 500 a.C.[616], la variante con l'aggiunta parziale del rivestimento in *intentional red* firmate da Sotades fino al 460 a.C.[617]. Vista la rarità dei ritrovamenti della tipologia di phialai con costolature esterne si predilige una datazione del reperto iatino verso il 500–460 a.C.[618].

Coppa a vernice nera attica

Il frammento **144** in vernice nera con superficie o banda acroma all'esterno sotto il labbro è riferibile ad uno *cup-skyphos* della tipologia *Morgantina cup* di recente presentazione datate nella prima metà del V sec. a.C.[619]. Non è chiaro, se la particolarità della superficie acroma all'esterno, probabilmente una banda, possa indicare una variazione cronologica[620].

Exaleiptron attico a vernice nera

I frammenti **145** sono appartenenti ad un exaleiptron[621] attico a vernice nera. All'esterno è attestata con sicurezza una banda acroma all'altezza delle spalle, indeterminabile la presenza di altre possibili bande a causa dello stato di conservazione della superficie. La forma è riferibile ad un exaleiptron con corpo sferico schiacchiato e, in origine, un piede ad anello. La variante decorata pressoché completamente a verni-

603 Coppa Rhodes 14115, ARV² 140, 26, da ultimo Lissarrague 1990, 101 fig. 2, BAPD no. 201180; analoghi: Museo Ure, ARV² 140,25: https://uremuseum.org/cgi-bin/ure/uredb.cgi?rec=REDMG:1953.41.1 (23.06.2023), BAPD no. 201182; London, Market, BAPD no. 201198; Atene, Agora Museum P6636, BAPD no. 201211; Mykonos, Archaeological Museum 15, BAPD no. 201214; Pompeji Museo 222.4, BAPD no. 275683; Atene, Benaki Museum 35422, BAPD no. 9029983.

604 Paleothodoros 2003, 68–74.

605 Un ulteriore reperto attribuibile al pittore del Pithos è verosimilmente un frammento proveniente dal Kerameikos di Atene Inv. 9508 in corso di studio da parte di C. Graml, pubblicato in Frielinghaus 2014, 41 nota 12 figg. 6–7 mostrante altresì un simposiasta di spalle.

606 Rapporti calcolati sulla base della sintesi di Paleothodoros 2003, 65.

607 Paleothodoros 2003, 65.

608 Paleothodoros 2003, 68–72 nn. 6. 13. 92. 93 (insediamento). I frammenti attestati a Megara Hyblaea dovrebbero essere maggiori secondo una nota di Villard: Cfr. Paleothodoros 2003, 65 nota 27.

609 Paleothodoros 2003, 69–70 nn. 23–24. 45–48 (insediamento e Acropoli); Panvini – Giudice 2003, 276 nn. E7–E11.

610 Paleothodoros 2003, 72 no. 94 (Necropoli Gaggera T. 22).

611 Paleothodoros 2003, 62. In particolare, per le rappresentazioni di sciti simposiasti (fino al 500 a.C.) di spalle (fino al 490 a.C.): Lissarrague 1990, 102–103.

612 Agora XII, 105–106. 272 no. 520 fig. 6. Per la tecnica: Walton et al. 2009.

613 Agora XII, 105.

614 All'attuale stato della ricerca dell'autrice non è stato possibile trovare confronti in ambito magno greco. Per quanto riguarda la Grecia, fatta eccezione per il reperto dell'agorà ateniese sopracitato, un esempio recente è stato trovato nell'area tra il Kolonos Agoraios e l'aeropago di Atene: Scafuro 2015, 115 nota 102. In ambito etrusco si ricorda una phiale della stessa tipologia in intentional red esposta all'interno del Museo di Santa Severa inerente ai reperti dei santuari di Pyrgi, Deposito K. Non è stato possibile trovare la phiale edita. Per un reperto proveniente da Capua: CVA Berlin DDR 1, 80–81 tavv. 52, 5; 53, 1 Beil. 8. Il reperto, non ancora pubblicato all'epoca del volume di Agora XII, è nominato con il numero d'inventario come confronto per le phialai con costolature senza addizione di intentional red Agora XII, 272 no. 521 tav. 23. Per due reperti da Spina, tomba 298 di Valle Trebba: Parrini 2004, 207 fig. 135. Per gli altri esempi, senza aggiunta in tecnica *intentional red*: Agora XII, 272 no. 521 (tre esemplari in vernice nera: da Spina, tomba 41 di Valle Pega; Museo New Haven, Yale 430; Collezione Yeroulanos a Trachones, B. XIX); due esemplari con superficie esterna a costolature alternate in vernice nera, suddipintura rossa e bianca, all'interno suddipintura bianca firmate da Sotades nelle collezioni di Londra (Cohen 2006, 314 no. 97, ca. 460 a.C.) e Boston (Cohen 2006, 311–313 no. 96, ca. 460 a.C.).

615 Definite "Achaemenid phialai" in Agora XII riferito al termine coniato da Strong 1966. Per confronti e bibliografia più recente: Treister 2007, Dusinberre 1999 (con vasto catalogo di confronti per quanto riguarda la morfologia della forma), Melikian – Chirvani 1993. I confronti più pertinenti sono phialai in argento, cfr. Melikian – Chirvani 1993, 119 fig. 10–11.

616 Agora XII, 272 no. 520 fig. 6.

617 Agora XII, 272 no. 521 fig. 6 con lista di confronti. Argomentazioni per la datazione Agora XII, 105–106. Per le varianti firmate da Sotades: Cohen 2006, 311–313 no. 96; Cohen 2006, 314 no. 97; Tsingarida 2003, 67 con nota 6 *"[…] l'atelier de Sotadès, actif au milieu du Vᵉ siècle"*.

618 La datazione è confermata anche dalle stemless cups (senza costolature) provenienti da contesti di necropoli di Fikellura con rivestimento ad *intentional red* interno ed esterno: Sparkes 2008, 25 fig. 2 con nota 6 (ca. 480–470 a.C.)

619 Walsh – Antonaccio 2014, 50–54 fig. 3–5.

620 Non è stato possibile ritrovare confronti per la morfologia in combinazione con la decorazione.

621 Per la discussione sulla denominazione della forma: CVA Zürich 2, 16–17 tav. 3, 5–6.

ce nera è rara[622]. I confronti indicano una datazione fra la fine del VI e l'inizio del V sec. a.C.[623].

Coppe di produzione regio-coloniale

Il frammento d'orlo di coppa a vernice nera **146** fu identificato da Hans Peter Isler come appartenente ad una coppa a comasti attica senza decorazione figurata[624]. Seppure la morfologia corrisponda a queste tipologie di coppe[625] lo stato di conservazione della vernice e l'evidente difetto di cottura potrebbe indicare anche una produzione regio-coloniale d'imitazione della forma a comasti oppure d'ispirazione alle coppe greco-orientali di tipo *B2*[626]. La datazione puntuale del reperto, vista la difficoltà di determinazione del centro di produzione del frammento, viene omessa per evitare falsificazioni della datazione dello strato.

Stemmed-dish

Due reperti, **147** e **148**, sono riferibili a coppette *stemmed dish*[627] della tipologia *convex and small*[628] di produzione regio-coloniale. Le differenze della morfologia de l'orlo di **147** con superficie superiore del labbro acroma sono probabilmente da ricondurre alle libertà di assimilazione dei modelli attici nelle officine regio-coloniali. Le forme di imitazione trovano numerosi confronti in contesti siciliani tardo-arcaici[629] e vengono datati analogamente ai modelli attici, tra l'ultimo quarto del VI sec. e i primi decenni del V sec. a.C.[630].

Il fondo di piede a tromba profilato **149**, verniciato all'esterno, è morfologicamente di difficile attribuzione. L'andamento del piede potrebbe indicare un'attribuzione ad una coppetta *stemmed dish*[631] oppure, vista la banda acroma sul profilo del piede, ad una coppa di tipo *C*[632] di dimensioni ridotte, secondo le tipologie dell'agorà di Atene. Il mancato ritrovamento di confronti puntuali è probabilmente da attribuire alla produzione verosimilmente regio-coloniale del reperto e la saltuaria pubblicazione di fondi delle classi d'imitazioni in questione.

Coppe lato K 480

Attribuibili a delle coppe lato K 480 sono un frammento d'orlo (**150**) con decorazione a gocce oblique e un frammento di piede a tromba (**151**). La datazione è da porre tra la fine del VI sec. e il 460/450 a.C.

Forme aperte – Indeterminate

Indeterminato, infine, il frammento di fondo concavo di forma aperta **152** con vernice arancione interna e tondo risparmiato di probabile produzione regio-coloniale.

Ceramica *grise monochrome*
Plat à marli

I frammenti **153** sono riferibili ad un *plat à marli* alla tipologia IV di Arcelin-Pradelle con andamento della parete non carenata e decorazione incisa lineare sulla tesa dell'orlo[633]. L'impasto micaceo del frammento indica una sua datazione tra il 510/500 fino al 480 a.C.[634].

Anfore da trasporto
Massaliota à pate micacée

Il puntale d'anfora **154** è riferibile ad un'anfora da trasporto di origine massaliota di tipologia Py 1a[635], Bertucchi 1[636], Sourisseau 1 fondo tipo 1[637] a profilo sagomato e con lieve depressione al centro del piano d'appoggio con impasto fortemente micaceo di colore beige 7.5YR 7/4[638]. Verosimilmente riferibili ad

622 Kerameikos VII, 2, 12 no. 9, 7 tav. 7, 1 Beil. 6.
623 Meligunìs Lipára II, 128 tomba 350 tav. XLVII, 14b (a vernice nera con banda acroma analoga, fine VI – inizio V sec. a.C.); *Palermo punica*, 153. 183. 301 no. 174 (con decorazione a bande; fine VI – inizio V sec. a.C.); Kerameikos VII, 2, 12 no. 9, 7 tav. 7, 1 Beil. 6 (verso il 490 a.C.). Analoghi: Kerameikos VII, 2, 66 no. 240 tav. 35, 2 (metà del V. sec. a.C.); Agora XII, 330 no. 1338 tav. 44 (600–550 a.C.); 330 no. 1340 tav. 44 (verso il 450 a.C.). Definito ionico a bande, analogo: CVA Zürich 2, 16–17 tav. 3, 5–6 (seconda metà VI sec. a.C.); Panvini – Sole 2009a, 446 no. TA/141 (di imitazione corinzia con decorazione a bande, seconda metà del VI – inizi del V sec. a.C.).
624 Isler 1999b, 147 nota 65 fig. 12.
625 Brijder 1983, 88–94 tav. 67–71, in particolare tipo B (580–570 a.C.).
626 Per una forma analoga di produzione coloniale, riferita alle produzioni di coppe *B2*: Lanza Catti 2014, 183 no. FF BG 04 datato tra il 550–500 a.C. (da Metaponto).
627 Agora XII, 138–142. 303–306 nn. 957–995 fig. 9 tav. 35.
628 Agora XII, 140–141. 304–305 nn. 966–985 fig. 9 tav. 35. Per **148** in particolare: Agora XII 304 nn. 974 fig. 9 tav. 35 datato tra il 525 e il 500 a.C.
629 Per confronti: Del Vais 2003, 324 nota 54 e nota 56.
630 Per i modelli attici datati fino al 460 a.C.: Agora XII, 141.
631 In particolare: Agora XII, 304 no. 973 fig. 9 tav. 35 (500–480 a.C.); Del Vais 2003, 343 no. G 126 figg. 272. 285.
632 Agora XII, 91–92 nn. 401–420 fig. 4 tavv. 19. 20 (ca. 500–480 a.C.).
633 Cfr. trattazione e confronti per **129**.
634 Cfr. argomentazioni per le datazioni di **129–130** con bibliografia.
635 Py 1978, 1–6 fig. 1 (analizzante soprattutto la tipologia di bordi, datazione proposta per la tipologia 1 secondo contesti chiusi: ca. 525–500 a.C.)
636 Bertucchi 1992, 37–51. 231–235 fig. 101. Risultati preliminari in Bertucchi 1990.
637 Sourisseau 1997 I, 31 Doc. 4 *fond de type 1*.
638 Per le attribuzioni di impasti riferibili a Marsiglia, compatibili con il reperto iatino: Sourisseau 1997 I, 20–21 (*pâte micacée*); Bertucchi 1992, 22 riferite a quelle indagate da F. Benoit «*Pour F. Benoit sont d'origine locale, et donc marseillaises, les amphores dont la pâte est: 1. Jaune clair à rosâtre, farcie d'écailles de mica (…); 2. Jaune*

anfore da trasporto vinarie[639] sono mediamente attestate anche in territorio siciliano[640]. Le cronologie delle forme sono basate sulla morfologia, databile tra il 540/530 fino al 480 a.C., ritrovate in contesti anche più tardi ma verosimilmente di rigetto[641]. Cronologie dettagliate della stessa identica forma sono distinte dalle tipologie d'impasto basate sulla presenza o mancanza di inclusioni micacee[642]. Senza analisi archeometriche, ma unicamente su base autoptica l'impasto del reperto **154** sembra riferirsi alla tipologia di *pâte micacée* riferibile, dunque, alla produzione dal 510/500 al 480 a.C.[643].

Attica – à la brosse del tipo 1501/1503

Il frammento di parete **155** attesta un rivestimento esterno in vernice nera diluita riferibile ad un'anfora da trasporto attica SOS[644] o *à la brosse* di tipo Agora 1501/1503[645]. La superficie interna mostra un rivestimento in vernice diluita, meno satura e apportata più irregolarmente, rispetto alla parete esterna. Il rivestimento interno è attestato come tecnica di impermeabilizzazione della forma in alternativa alla più usuale metodologia di rivestimento in resina[646]. Seppure non sia esclusa l'attribuzione ad un'anfora SOS[647] è importante tenere in considerazione l'assoluta mancanza di attestazioni di anfore SOS sul Monte Iato[648]. Per questa ragione la datazione del frammento viene riferita alla produzione delle anfore à la brosse nel VI sec. a.C.[649].

Lucerne

Di produzione attica – KSL

Il frammento **156** di produzione attica attesta l'apporto di vernice nera sia sulla superficie superiore dello specchio, sia all'interno della forma[650]. Attribuibile alle lucerne *KSL* della tipologia Käch[651] il reperto può essere datato tra 540 e la metà del V sec. a.C.[652].

clair, finement micacée (...)»; Bertucchi 1992, 39–40. 42 no. 3a2. Per le analisi archeometriche confermanti la provenienza marsigliese: Sourisseau 1997 I, 17 (bibliografia); Bertucchi 1992, 29–36.

639 Per il contenuto, primariamente vino, e probabilmente unicamente di riutilizzo per salamoie di pesce, olive e pece: Sourisseau 1997 I, 22–23. 34 con bibliografia.

640 Per la circolazione delle anfore massaliote di VI sec. a.C.: Sourisseau 2013; Sourisseau 2000. Per ritrovamenti di anfore marsigliesi arcaiche in territorio siciliano: Di Stefano 1993-1994, 118 fig. 9 (Dal carico del relitto di Punta Braccetto, tipo Bertucchi 1 con mica a scaglie, argilla di color crema-rosata); Di Sandro 1990, 236. 238 (la maggior parte in Sicilia di tipo Bertucchi 1). Sui contatti tra Marsiglia e la Sicilia nel VI sec. a.C.: Morel 1994-1995.

641 Per confronti morfologici: Sourisseau 1997 I, Doc. 4 fondo di tipo 1, Sourisseau 1997 II, 33 no. 15 fig. 5 (*pâte non micacée*, contesto: 550–500 a.C.); 130 no. 4 fig. 46 (*pâte non micacée*, contesto: 525/520–500 a.C.); 310 no. 5 fig. 100 (*pâte non micacée*, contesto: 500–475 a.C.); Sourisseau 1997 III, 290 no. 7 fig. 119 (*pâte micacée*, contesto: 450–425 a.C.); 292 no. 5 fig. 121 (*pâte micacée*, contesto 425–400 a.C.); 392 no. 3 fig. 164 (*pâte non micacée*, contesto 550/540–500 a.C.); Slaska 1990, 226–227 no. 5 fig. 3 (da Gravisca); Van den Boom 1990, 266 fig. 4 in basso (da Heuneburg); Cavalier 1985, 33 no. 10 fig. 5, b tav. V, a (da Lipari).

642 Per la stessa morfologia delle anfore con fondo tipo 1 ma con cronologie diverse a causa dell'impasto: Sourisseau 1997 I, 31. (à pâte non micacée: 540/530–500); à pâte micacée 500–480); Sourisseau 1997, II, 127 (*a pâte non micacée* dal terzo quarto del VI fino al 500; dopo il 500 *a pâte micacée*). Per una *recensione* della problematica fra tipologia d'impasto e datazione delle anfore massaliote: Gassner 2003, 204–206.

643 Per la cronologia: Sourisseau 1997 I, 21–22; Bats 1990, 10 per la differenziazione tra bordi ionico-massalioti (*feldspathique)* datanti a partire dal 550 e a partire dal 525 la versione massaliota (*con mica*), produzioni parallele datanti fino al primo quarto del V sec. a.C.; Bertucchi 1992, 47–51, per la datazione della tipologia 1 arcaica, seconda metà VI – inizio V sec. a.C. con documentazione dei materiali d'associazione; Gantès 1990 per un'analisi statistica delle datazioni delle anfore massaliote di tipo 1 tra il 560/40 e il 480/60 a.C. Per osservazioni riguardo alla circolazione del tipo in ambito siciliano: Palaczyk in preparazione.

644 Johnston – Jones 1978, in particolare 121 con nota 18 per la differenziazione tra le forme di SOS e *à la brosse* unicamente sulla base della morfologia del collo e dell'orlo. Per una nuova analisi morfologica e di distribuzione delle forme: Bîrzescu 2012, 175–180.

645 Agora XII, 341 nn. 1501. 1503 tav. 64. Per l'impossibilità di differenziazione tra le forme SOS e *à la brosse* cfr. nota precedente.

646 Comunicazione orale Marek Palaczyk. Non è stato possibile trovare pubblicazioni di riferimento. La parete interna delle anfore non trova descrizioni come neppure raffigurazioni. Ulteriori indagini in merito potrebbero identificare una diversificazione di tecniche di impermeabilizzazione interna corrispondente, forse, anche a mutazioni cronologiche. Il reperto è stato confrontato con il frammento di collo con attacco della spalla Inv. 2406 della Archäologische Sammlung dell'Università di Zurigo appartenente con sicurezza ad un'anfora SOS. Oltre ad una goccia di vernice cascata all'interno del collo non è stato possibile verificare l'attestazione all'interno della forma SOS di rivestimento in vernice diluita a causa della frammentazione della forma.

647 Datazione: Johnston – Jones 1978, 103: (fine VIII–prima metà VI sec. a.C.); Per anfore SOS provenienti da Himera (seconda metà VII – metà VI): Vassallo 1999d, 339 nn. 18–19. Stesso lotto di materiali presentato anche in Vassallo 2003, 90 tav. I. Sacchetti 2012, 49 (fine VIII – inizio VI sec. a.C.).

648 L'attribuzione di Isler di K 14809 ad un frammento di anfora SOS (Isler 1999b, 148 nota 81) e quella proposta per K 661 (Isler 1999b, 148 nota 81; Caflisch 1991, 28–29 no. 41 tav. 1 "ionische <Bürstenkermik>") è stata nel frattempo smentita: cfr. Palaczyk 2016, 371; Palaczyk in preparazione.

649 Bîrzescu 2012, 180–181 per una revisione della datazione delle tipologie Agora 1501/1503 dalla prima metà alla fine del VI sec. a.C. con riferimenti ai contesti chiusi datanti inclusi i ritrovamenti da Himera in: Vassallo 1999d, 340–341 in particolare no. 20; stesso lotto di materiali presentato anche in Vassallo 2003, 90 tav, I A-D. Sacchetti 2012, 50 considera la datazione della tipologia Agora 1501/1503 ancora rientrante nella prima metà del VI malgrado la datazione del contesto dell'agorà ateniese dell'anfora 1503 tra il 520 e il 500 a.C. considerata da Sparkes e Talcott di riutilizzo tardivo. Per confronti da contesti siciliani: Himera V, Blocco 1, no. 627 tav. XIV (SOS o à la brosse, contesto metà VII – inizi VI sec. a.C.); Per un frammento di parete riferita piuttosto ad un'anfora à la brosse per questioni cronologiche dei contesti di provenienza: Lamagna 2003, 54–56 fig. 43.

650 Per la rara attestazione di vernice nera all'interno della forma sui reperti di *KSL* provenienti da Monte Iato: Käch 2006, 19. Per l'usualità di questa tecnica sulle lucerne attiche: Agora IV, 26 riferito alla tipologia 12B.

651 Käch 2006, 19–21 tav. 1 fig. 1. In particolare: 21 no. 20 (L1398) fig. 1.

652 Per la datazione, cfr. note per i reperti **94–96** dell'inventario della casa 1 dell'agorà.

Di produzione regio-coloniale – indeterminata

Il frammento **157** è probabilmente riferibile ad una lucerna acroma con cono centrale verosimilmente ad alto piede. Curioso è anche il foro passante tra la superficie esterna e l'interno del piede fratturato. Il reperto trova un confronto morfologico all'interno del santuario di Demetra e Kore a Corinto datato nel VI sec. a.C.[653]. Non sono stati trovati confronti in ambito siciliano.

2.3.4.2.2 Reperti datanti di prima o seconda fase

I reperti provenienti dalla battuta F96, Ab. 205II all'interno del sondaggio nella parte occidentale del vano Sud sono di difficile attribuzione ad una fase specifica dell'edificio vista la diversa genesi in questa zona degli strati – in parte non correlabili con quelli documentati in sezione (appendice D.4). La documentazione non permette con sicurezza di stabilire l'appartenenza della battuta allo strato 16 o 13 della sezione (appendici D.1–2) impedendo così un'attribuzione del materiale ritrovato alla prima o seconda fase di costruzione dell'edificio. Per questa ragione i reperti verranno elencati separatamente, seppure proveniente da uno strato stratigraficamente chiuso (tab. 9).

2.3.4.2.3 Determinazione cronologica dei reperti

Proveniente da questa battuta sono unicamente tre i reperti databili grazie alle cronologie già affermate (**158–160**, appendici G.1–2). Fra i materiali non inventariati sono presenti frammenti di parete verosimilmente riferibili a coppe lato K 480[654], altri di vasche di coppe di produzione regio-coloniale[655] e un frammento di parete di una brocca di piccole dimensioni[656] non identificabili con più precisione.

Classi a vernice nera e figurate
Coppe lato K 480 e krateriskoi di produzione regio-coloniale

Un frammento d'orlo con attacco d'ansa e decorazione a gocce oblique **158** riferibile ad una coppa del tipo lato K 480 databile tra la fine del VI e il 460/450 a.C. Un frammento d'orlo **159** di krateriskos con tratti obliqui sulla tesa di probabile produzione regio-coloniale[657].

Anfore da trasporto
Attica – à la brosse del tipo 1501/1503

Il frammento di parete **160** è probabilmente riferibile ad un'anfora SOS o à la brosse di tipo Agora 1501/1503. Anche in questo caso è visibile il rivestimento interno in vernice diluita. Vista la presenza del frammento di parete **155** analogo all'interno della seconda fase del riempimento è probabile un'appartenenza in origine di questo reperto, alla seconda fase. Vista la forte analogia fra frammenti di anfore da trasporto appartenenti a individui diversi si è ritenuto opportuno non assegnare allo stesso individuo di **155** il frammento **160** in questione[658].

653 Corith XVIII,7, 105 no. ST8 tav. 36.
654 Catalogo interno nn. 722. 724.
655 Catalogo interno nn. 672. 723. 725–727. 729.
656 Catalogo interno no. 728.
657 Dm interno tra 13 e 16 cm. Confronto per quanto riguarda la morfologia e la decorazione ma non la dimensione: Himera V, Blocco 1, 62 no. 620 tavv. XV. XXIV proveniente da un contesto della seconda metà del VII – inizio VI sec. a.C.

658 Per la determinazione del frammento cfr. **155**.

2.4 Strati di vita nella zona occidentale della casa a peristilio II

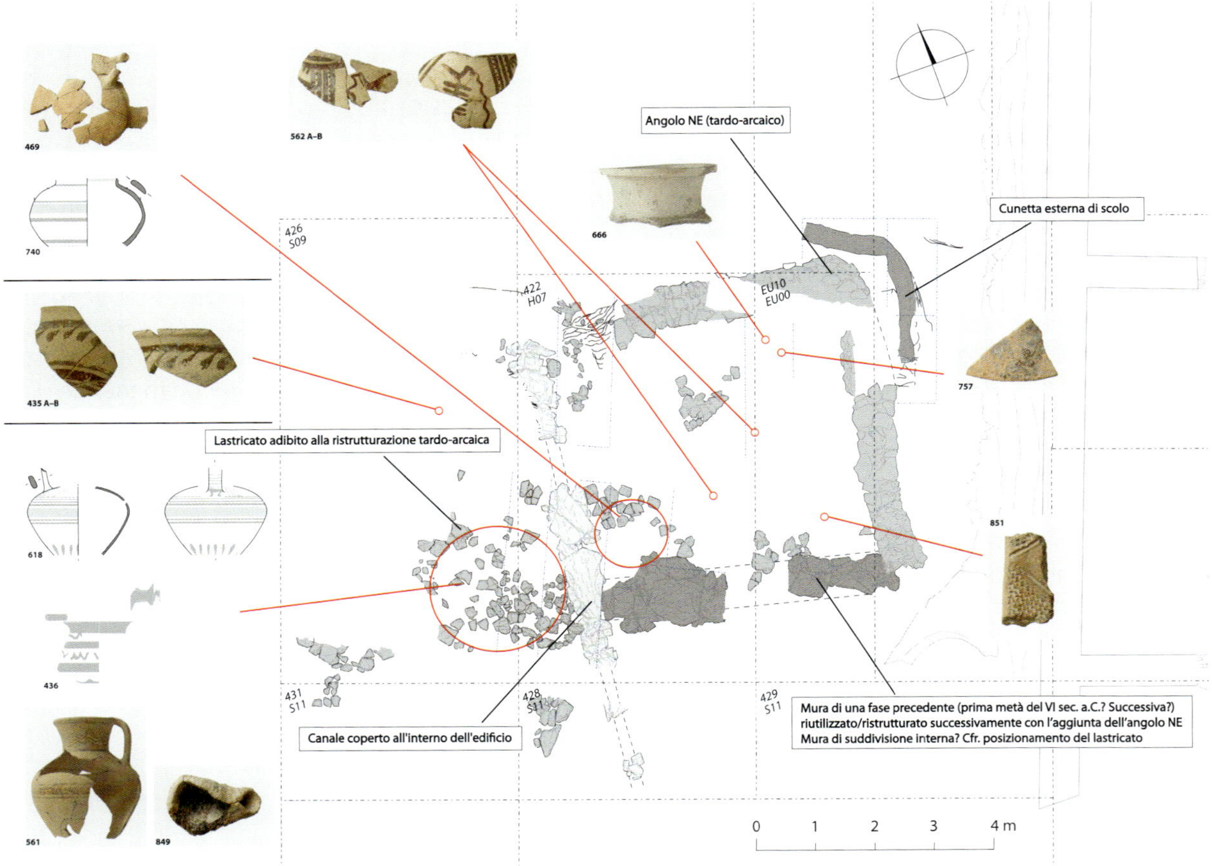

Fig. 39: Pianta delle strutture arcaico-classiche con luoghi di ritrovamento dei reperti trattati nel volume.

Tra il 2002 e il 2013 fu possibile scavare parzialmente delle abitazioni[659] adiacenti alla cosiddetta casa a peristilio II[660] (figg. 2 [a sinistra]. 39). Le strutture di epoca arcaico-classica sono finora state solo parzialmente edite all'interno dei rapporti preliminari annuali di scavo[661]. Si tratta di una struttura, presumibilmente abitativa, presentante almeno un grande vano rettangolare[662], un canale di scolo coperto da lastre calcaree al suo interno[663], resti del piano di calpestio lastricato e una cunetta a sezione semicircolare lungo l'angolo nordorientale esterno del vano. L'orientamento del vano con il suo rispettivo canale di scolo coperto è in asse nord-sud, a differenza della successiva costruzione di epoca ellenistica in parte riutilizzante le mura arcaico-classiche di orientamento NE-SO[664]. La conservazione delle mura è analoga agli altri contesti presi in esame: una fino al massimo tre file di conci in pietra arenaria appena sbozzati o leggermente squadrati, posati direttamente sulla roccia, costituenti le fondamenta di un edificio con angoli arrotondati. L'alzato, analogamente agli altri contesti, è in materiale organico[665]. L'analisi del materiale degli strati arcaici, quasi esclusivamente *indigeni*, indica un utilizzo della struttura in epoca tardo-arcaica/classica, confermata dalla documentazione dettagliata

659 Russenberger 2017; Russenberger et al. 2016; Russenberger 2016, Reusser et al. 2014, 101–105 con bibliografia precedente; sulle fasi recenti delle abitazioni, la quale erezione è datata non prima dell'ultimo quarto del IV sec. a.C. e l'abbandono verso il 260/250 a.C.: Russenberger 2011; Russenberger 2014; Russenberger 2016; Russenberger et al. 2016; Russenberger 2017.

660 Sulla cosiddetta casa a peristilio II: Russenberger 2014, Mächler 2014; per una datazione verso la metà del II sec. a.C.: Reusser et al. 2015, 111–112 con bibliografia.

661 Isler 2003, 86–87; Reusser et al. 2010, 123–130; Reusser et al. 2011, 88–95; Reusser et al. 2012, 118–126; Reusser et al. 2014, 101–105.

662 Estensione NS conservata: 5.85m; estensione EO conservata 5.5m.

663 Tipologia conosciuta unicamente nel periodo tardo-arcaico/classico di Monte Iato: Per l'edificio "L" (quartiere occidentale): Reusser et al. 2014, 98–100; Mohr in preparazione.

664 Reusser et al. 2014, 102–103 fig. 4. In particolare, si tratta dell'angolo NE e una parte del lato orientale della struttura arcaico-classica.

665 La documentazione di scavo riporta la presenza di strati fortemente argillosi con inclusioni di pietre di piccola dimensione e frammenti ceramici sopra i piani di calpestio tardo-arcaici/classici. Questi lasciano ipotizzare l'esistenza di alzati in fango e pietrisco impostati sulle fondamenta in pietra arenaria. Per contesti analoghi sul Monte Maranfusa: Spatafora 2003b, 71.

dei materiali[666]. La presunta costruzione nella prima metà del VI sec. a.C. è indicata, nei rapporti preliminari, esclusivamente dai sondaggi effettuati all'esterno dell'angolo NE[667]. L'analisi approfondita del materiale sembra smentire l'appartenenza di quest'angolo ad una fase della prima metà del VI sec. a.C.: l'esiguo materiale d'importazione, quando precisamente datante, appartiene alla fase edita. Altri frammenti d'importazione come, ad esempio, un'ansa di forma chiusa di produzione regio-coloniale[668] più il numeroso materiale *indigeno* corrispondono a quanto elaborato tramite gli altri contesti, ovvero alle ultime fasi tardo-arcaiche/classiche. La datazione più tarda dell'angolo sembra essere confermata anche dall'analisi della tecnica di costruzione, diversa di quest'angolo, rispetto al tratto murario EO conservato a meridione.

L'analisi del materiale in corrispondenza al tratto murario EO ha invece effettivamente attestato una fase presumibilmente datante alla prima metà del VI sec. a.C. Oltre al materiale d'importazione[669] anche il materiale *indigeno* sembra corrispondere a quanto elaborato nel contesto del riempimento adibito alla costruzione dell'edificio A nel quartiere arcaico-classico dell'agorà datante *ante* 550 a.C[670]. Tutte le altre zone attestano invece materiali di datazione tardo-arcaica/classica confermate da reperti d'importazione e/o imitazione[671]. Le associazioni attestate fra materiali datanti e reperti *indigeni* invece non sembrano sempre corrispondere a quanto presente negli altri contesti. Questo fenomeno è verosimilmente dovuto alla minima quantità di elementi datanti d'importazione ritrovati in generale all'interno degli strati, falsificanti verosimilmente in alcuni punti le associazioni.

Per queste ragioni il contesto è analizzabile dal punto di vista dell'elaborazione di una cronotipologia dei materiali *indigeni* solo marginalmente: la quantità di elementi datanti d'importazione per entrambe le fasi non permette, secondo l'autrice, una correlazione quantitativa affidabile. Il rischio di falsificazione dei dati con suddivisioni in fasi distinte di epoca arcaica e/o classica è stato ritenuto troppo alto. Il contesto è dunque stato preso in considerazione come elemento d'integrazione per i materiali tardo-arcaici/classici ritrovati negli strati di vita chiusi all'interno della struttura, non presenti negli altri contesti presi in esame[672] (fig. 39).

2.5 Conclusioni cronologiche per le ceramiche *indigene*

L'analisi dettagliata dei contesti e delle loro datazioni permette di inserire i ritrovamenti d'associazione di materiali *indigeni* all'interno di un'impalcatura cronologica datante dalla prima età del ferro all'abbandono dell'insediamento di Monte Iato verso il 460/450 a.C.

Il primo contesto analizzato – il riempimento adibito verosimilmente alla costruzione del piano di calpestio esterno all'edificio attestato dalle buche di palo – presenta un *t.a.q.* verso il 600–550 a.C.[673]. Il materiale esclusivamente *indigeno* rispecchia quanto conservato della prima fase dell'insediamento, risalente presumibilmente fino al momento della sua installazione. Oltre a quanto elaborato grazie alle indagini dei ritrovamenti metallici ancora *inediti* di Holger Baitinger[674] verrà presentata un'analisi dei ritrovamenti ceramici altresì indicanti una datazione delle origini dell'abitato verso la metà–fine dell'VIII sec. sviluppatosi e frequentato, in seguito, soprattutto e durante il corso del VII sec. a.C.

Il materiale datante presente nel secondo contesto – lo strato di vita più antico dell'edificio a due vani nel quartiere orientale – attesta un verosimile utilizzo della struttura tra l'ultimo quarto del VII e ca. il 570 a.C. (tab. 1). Questo dato è confermato dalla cronologia fornita dallo strato sigillante di questa prima fase – strato d'uso di seconda fase – in utilizzo verosimilmente tra il 570/560 a ca. il 540 a.C. I materiali *indigeni* all'interno dello strato di prima fase attestano dunque un *t.a.q.* verso il 570 a.C. Seguendo l'impalcatura cronologica di sovrapposizione è verosimile trovare una quantità – non eccessiva – di reperti analoghi a quelli del riempimento del quartiere occidentale.

I materiali *indigeni* attestati invece all'interno del secondo strato di vita dell'edificio nel quartiere orientale attesteranno un *t.a.q.* verso il 540 a.C. (tab. 2). Queste due cronologie sono confermate dalle analisi degli strati rimescolati fra le due fasi, erosi verso sud, testimonianti ugualmente materiale datante tra l'ultimo quarto del VII sec. e ca. il 540 a.C. (tab. 3).

666 Osservazione già ritrovabile in Reusser et al. 2014, 103.
667 Isler 2003, 86.
668 K 21325 (*fuori catalogo*).
669 Unicamente un frammento di kotyle corinzia datante grosso modo CA – CM: K 29214 *fuori catalogo*.
670 K 21337 (*fuori catalogo*, fr. orlo bacino, rivestimento omogeneo lucidato all'interno e sull'orlo; all'esterno acroma lisciata); K 21381 (*fuori catalogo*, fr. orlo scodella carenata con solchi incisi esterni e rivestimento omogeneo lucidato interno ed esterno).
671 12 reperti di coppe Iato K 480 (K 29021; K 29139; K 27661; K 28939; K 28249; K 28934; K 28855; K 28890; K 31551; K 31552; K 31553; K 31555 [*fuori catalogo*]); 3 *vicup* attiche (K 29011; K 29058; K 28793 [*fuori catalogo*]), 3 *stemmed-dish* (K 28167; K 27746; K 27626 [*fuori catalogo*]).
672 I contesti stratigraficamente affidabili sono stati integralmente documentati in preparazione per una futura pubblicazione.
673 Cfr. 2.1 *Riempimento nella zona orientale della casa a peristilio I.*
674 Baitinger in preparazione.

Il materiale presente nel terzo contesto – il riempimento adibito alla costruzione del vano meridionale dell'edificio A nel quartiere arcaico-classico dell'agorà – attesta un *t.a.q.* verso la metà del VI sec. a.C. (tab. 4). Questo dato è fornito dai reperti ritrovati all'interno del riempimento, confermati dal sigillamento dello strato dal piano di calpestio del vano meridionale dell'edificio A. La datazione dell'abbandono del vano dell'edificio A è difatti collocabile tra la fine del VI e l'inizio del V sec. a.C., confermando anche cronologicamente la formazione del riempimento in un momento precedente. I materiali *indigeni* all'interno del riempimento troveranno verosimilmente analogie soprattutto con quelli provenienti dal quartiere orientale, sia di prima che di seconda fase. Trattandosi di un riempimento, dunque un assemblaggio casuale di associazioni di materiale caduto in disuso, saranno verosimili anche analogie con i reperti della prima fase dell'insediamento, attestati all'interno del contesto del quartiere occidentale. Un'eventuale mancanza di attestazioni di reperti analoghi a quelli del riempimento del quartiere occidentale potrebbe essere interpretata o come dato puramente casuale oppure come attestazione di frequentazione sporadica dell'area dell'agorà alle origini dell'insediamento.

I materiali *indigeni* presenti invece all'interno dello strato d'uso dell'edificio A attestano un *t.p.q.* verso la metà del VI sec. a.C. e un *t.a.q.* dato dall'abbandono dell'edificio A verso la fine del VI e l'inizio del V sec. a.C. (tab. 5). Il *t.a.q.* è confermato dalla datazione dell'utilizzo dell'edificio 1, attestante una concentrazione di materiale datante tra il 500/490 a C. e il 460/450 a.C. I materiali *indigeni* in questo caso presenteranno verosimilmente saltuarie analogie con i materiali presenti in tutti gli altri contesti finora riassunti, vista la loro datazione successiva nella seconda metà del VI sec. a.C.

Proseguendo con lo sviluppo dell'edificio A, ristrutturato in edificio 1, i materiali *indigeni* presenti all'interno della fase d'utilizzo dell'edificio 1 attestano un *t.p.q.* verso la fine del VI / inizio V sec. a.C. dato dall'abbandono del vano meridionale dell'edificio A sigillato dal muro di terrazzamento adibito al contenimento strutturale dell'edificio 1 (figg. 26–27). I materiali *datanti* all'interno dell'edificio presentano cronologie tra il 500/490 e il 460/450 a.C. confermando una costruzione verso la fine del VI / inizio del V sec. a.C. dell'edificio 1 (tab. 6). La datazione dell'abbandono dell'edificio 1 corrisponde con quelle elaborate dell'abbandono complessivo dell'insediamento in epoca arcaico-classica di Monte lato verso il 460/450 a.C. I materiali *indigeni* presenti attestano dunque, oltre al *t.p.q.* verso il 500 a.C., anche di un verosimile *t.a.q.* verso il 460/450 a.C. Anche in questo caso i reperti troveranno, trattandosi di un inventario "in uso", verosimilmente unicamente saltuarie analogie con i materiali dei contesti finora riassunti. Le possibili analogie attesteranno piuttosto i periodi di utilizzo di determinate forme di specifiche classi, eventualmente già attestate all'interno dei contesti temporalmente antecedenti.

I materiali *indigeni* presenti nell'ultimo contesto trattato del quartiere dell'agorà – l'edificio "ad oikos" – presentano cronologicamente due fasi. Quelli provenienti dal riempimento adibito alla prima fase costruttiva presentano un *t.a.q.* verso il 500/490 a.C. (tab. 7). Questo dato è confermato da due fattori. Da un lato, dalla cronologia del riempimento adibito alla seconda fase dell'edificio sigillante questo primo riempimento (ca. 500/490 – 480/70-60 a.C.). Dall'altro dall'abbandono dell'edificio A / costruzione del nuovo assetto dell'edificio 1 causato dal rialzamento delle quote esterne di tutta l'area, verosimilmente in funzione della costruzione dell'edificio "ad oikos". Anche in questo caso, la cronologia elaborata grazie ai materiali attestati, indica questa ristrutturazione verso il 500/490 a.C. Trattandosi di un riempimento, i materiali *indigeni* troveranno verosimilmente analogie con numerosi reperti ritrovati all'interno dei contesti di datazione precedente. Le maggiori similitudini saranno attestate verosimilmente con il contesto del vano meridionale dell'edificio A (seconda metà VI sec. a.C.) e in parte – su di una base teorica – con quelli del riempimento adibito alla sua costruzione (ultimo quarto VII – prima metà VI sec. a.C.). In questo caso, vista la provenienza dei materiali del riempimento adibito alla prima fase costruttiva dell'edificio pubblico, eventualmente cultuale, i materiali *indigeni* non necessariamente rappresenteranno quanto sia possibile aspettarsi da un contesto monumentale. Il riempimento, trattandosi di un'opera a scopo costruttivo, può contenere qualsiasi forma di materiale attestato nelle zone limitrofe, caduta in disuso. Tuttavia, la presenza di *plats à marli* in ceramica *grise monochrome*, di un aryballos in ceramica laconica e di alcune lucerne di rara attestazione[675] potrebbero già indicare – in modo preliminare – particolarità all'interno delle associazioni di materiale *indigeno* presente nel contesto. Verosimile è un'attestazione di forme più esclusive o di provenienze allotrie rispetto a quanto presente negli altri contesti presi in esame.

I reperti *indigeni* provenienti invece dal riempimento adibito alla seconda fase costruttiva dell'edificio "ad oikos", presentano un *t.a.q.* verso il 480/70–60 a.C. o più in generale sicuramente entro la datazione dell'abbandono dell'insediamento verso il 460/450 a.C. (tab. 8). In questo caso i materiali *indigeni* possono, in parte verosimilmente, provenire dallo strato d'uso interno dell'edificio di prima fase, seppure

675 Cfr. 2.3.4 *Riempimenti dell'edificio "ad oikos" del quartiere arcaico-classico dell'agorà.*

si tratti di un riempimento adibito ad un'opera costruttiva. I reperti troveranno possibili analogie con i materiali provenienti dallo strato d'uso dell'edificio 1 (prima metà del V sec. a.C.).

Infine, i materiali ritrovati all'interno del contesto ad ovest della casa a peristilio II, presentano un *t.a.q.* riferibile all'abbandono dell'insediamento verso il 460/450 a.C. Questi reperti, seppure siano stati integralmente documentati, non avranno un peso statistico all'interno delle analisi diacroniche delle ceramiche *indigene*[676].

676 Cfr. 2.4 *Strati di vita nella zona occidentale della casa a peristilio II.*

3 MATERIALI *INDIGENI*

3.1 Introduzione

3.1.1 Lo stato della ricerca delle ceramiche *indigene* in Sicilia

Tra i primi ad occuparsi di reperti *indigeni* in Sicilia fu l'illustre Paolo Orsi, ispettore degli Scavi, musei e gallerie del Regno e direttore del Museo Nazionale di Siracusa – indiscusso pioniere degli scavi e delle ricerche archeologiche in Sicilia alla fine del XIX secolo[677]. La sua pubblicazione della necropoli di Licodia Eubea[678] fornì una prima sintesi delle forme e degli schemi decorativi sottolineando i legami con la ceramica geometrica greca e cipriota[679]. Da allora e nei decenni a seguire numerosi sono stati i contributi riguardo alle produzioni ceramiche autoctone dell'isola.

Come ben riassunto dai recenti contributi di Caterina Trombi[680] e Alfonsa Serra[681], lo studio dei reperti ceramici attribuibili alle popolazioni anelleniche è stato per lungo tempo condizionato dalla volontà di determinare le aree geografiche d'appartenenza, secondo le fonti letterarie, delle antiche popolazioni dei sicani, dei siculi e degli elimi tentando un'integrazione di questi dati con quelli etnografici, epigrafici, linguistici, archeologici e letterari[682]. Una tale interpretazione della ceramica indigena, in particolar modo nel caso dell'area *elima* descritta in termini ancora più vaghi rispetto alle altre da Tucidide[683], occultò a lungo lo studio sistematico delle tipologie delle ceramiche, avvalorando invece le loro analogie e differenze negli stili – soprattutto decorativi – fra regioni[684]. Particolare attenzione fu inoltre porta alle similitudini tra le produzioni decorate *indigene* e il repertorio della ceramica geometrica greca, sia per quanto riguarda le morfologie che gli schemi decorativi, riflettendo l'orientamento ellenocentrico della ricerca[685].

Allontanandosi dagli studi di stampo ellenocentrico e introducendo quanto grosso modo definito dalla presente indagine come *ceramiche indigene*[686], vari studi, i più incisivi dei quali illustrati in seguito, suddividono le produzioni decorate in *classi* differenziate sostanzialmente dagli aspetti tecnici di esecuzione delle decorazioni: *ceramica a stralucido, ceramica piumata, incisa e impressa*[687], *dipinta*[688] e di recente definizione *a decorazione monocroma/bicroma*[689]. Nel caso della *ceramica piumata* inoltre la definizione rispecchia la rappresentazione della decorazione apportata sulle forme *a flabelli ricordanti piume* – tecnicamente identica all'esecuzione della *ceramica dipinta*. Oltre alla variazione cronologica della classe definita *piumata*[690] (ritenuta come protostorica) e quella della *dipinta* (ritenuta arcaica) la differenza è rappresentata dal trattamento della superficie: nel caso della *piumata* le superfici sono lustrate o steccate, mentre quelle della *dipinta* unicamente lisciate, creanti l'effetto *opaco* della decorazione. Non chiara è anche la differenza fra la produzione *piumata* e quanto definito da Trombi *a decorazione monocroma e/o bicroma*[691].

677 Per il ruolo di fondamentale importanza ricoperto da Paolo Orsi nella ricerca delle ceramiche *indigene:* Camera 2018, 15–16.
678 Orsi 1898, 346–364.
679 Recente lo studio monografico di Marco Camera di revisione e presentazione complessiva della ceramica di Licodia Eubea: Camera 2018 con bibliografia precedente.
680 Trombi 2015, 17–18.
681 Serra 2016, 2 riguardo allo studio della ceramica a decorazione dipinta proveniente da Segesta.
682 Cfr.: Palermo 1981, 125–140; La Rosa 1989, 47–50.
683 Thuk 6, 2.
684 Ad esempio, Blakeway 1932-1933, 184–185 (definizione di quattro classi ceramiche per gli insediamenti siciliani: *Greek Geometric Imports; Local Geometric Pottery painted by Greek Craftsmen; Local Geometric Pottery painted by Sicels but copied directly from Greek geometric Originals; Local Geometric Pottery of Barbarian type but with a few decorative details borrowed directly or indirectly from Greek imports)*; in seguito: Åkerström 1943, 24.
685 Osservazione anche in Serra 2016, 1.
686 Cfr. 1 *Introduzione*.
687 Amari 2004, 162 nota 271: *"si definisce incisione la tecnica decorativa che produce scanalature sul corpo ceramico molle o semiasciutto utilizzando oggetti appuntiti o affilati; la decorazione ottenuta per mezzo dell'impressione si avvale invece, della tecnica che consiste nell'affondare nell'argilla molle o semiasciutta uno strumento che lascia in negativo un motivo semplice, che può essere ripetuto all'infinito."*
688 Serra 2016, 1: *"La ceramica in esame è caratterizzata dalla presenza di decorazioni dipinte con vernice opaca, che scandiscono la tettonica dei vasi con fasci di linee, bande e motivi geometrici più complessi."*
689 Trombi 2003b, 61: *"La classe* [a decorazione monocroma e/o bicroma] *è caratterizzata da un impasto a tessitura fine o medio-grossolana e da un ingobbio giallo/biancastro o rosso. In alcuni recipienti l'ingobbio ricopre le superfici sia all'interno che all'esterno; in altri casi sull'ingobbio chiaro, in corrispondenza dell'orlo, vengono aggiunte spennellate rosse o marroni; queste sovradipinture in alcuni casi risultano stese all'interno della vasca in maniera da formare la tipica decorazione a flabelli"*
690 Per il dibattito sull'origine del motivo: Albanese Procelli 1982, 593–594 con riferimenti bibliografici alla bibliografia precedente. Per la sua derivazione dalle produzioni a stralucido rosso tipiche della cultura di Pantalica Nord (1250 – 1050 a.C.): Bernabò-Brea – Cavalier 1980, 716; Albanese Procelli 1982, 594
691 Cfr. *supra*

Le ceramiche a stralucido comuni a partire dalla fine dell'età del Bronzo a tutte le *facies* culturali presenti sull'isola sono caratterizzate dal trattamento della superficie: fortemente lucidata o steccata creante un effetto di riflessione della luce. Diversamente suddivise a dipendenza della cottura ossidante o riducente creanti effetti cromatici diversi, le produzioni sono suddivise su criteri morfologici e in base alla *facies* culturale di appartenenza[692]. Omettendo un'analisi dettagliata di tutte le fasi attestate in Sicilia è importante sottolineare, per quanto riguarda questa indagine, l'osservazione dettagliata del trattamento della superficie utilizzata come criterio di distinzione della classe.

La ceramica a decorazione piumata è stata definita già alla fine del Novecento come la produzione vascolare tipica della *facies* di Cassibile[693], rinvenuta durante gli scavi della necropoli eponima nel 1897 da Paolo Orsi[694]. Molto diffusa nella parte orientale dell'isola, è stata collocata cronologicamente fra il 1000 e il 730 a.C., ovvero dalla fase definita dalla ricerca di Finocchito fino a quella di Pantalica sud[695]. Numerosi esempi della produzione, non solo all'interno dei noti corredi di necropoli ma anche provenienti da abitati, attestano la presenza di questa ceramica anche nelle prime fasi di alcuni insediamenti perdurati fino in epoca arcaica[696]. Non soggette ad uno studio monografico ma unicamente nominate all'interno delle classi di epoca protostorica non sono mai state prettamente classificate come *ceramiche indigene.*

L'attestazione coeva o cronologicamente diversa di produzioni attestanti decorazioni a pennellate *irregolari* fu altrettanto notata da lungo tempo e inserita – quando esplicitamente fatta notare – all'interno della classe della *ceramica piumata*[697]. Una revisione di questa classe è stata proposta da Rosa Maria Albanese Procelli nel 2000[698]. Riesaminando il repertorio vascolare proveniente dalla necropoli di Madonna del Piano presso Grammichele l'esperta suddivide le ceramiche decorate in: *vasellame a dipintura monocroma, vasellame a dipintura bicroma piumata, vasellame a dipintura bicroma geometrica* e *vasellame a decorazione incisa* precisando che *"la distinzione tra categorie non è rigorosa"*[699]. Quanto definito da Albanese Procelli *a dipintura monocroma* è caratterizzato *"dal rivestimento della superficie esterna in vernice diluita o ingobbio rosso, bruno o nerastro, a seconda della cottura in atmosfera ossidante o riducente"*[700]. All'interno della classe sono rappresentati sia morfologie modellate a mano sia al tornio, le superfici sono in alcuni esempi di buona manifattura *lustrate*, e il rivestimento può presentarsi in maniera omogenea oppure stesa a pennellate discontinue. La dichiarazione di un reperto eseguito al tornio *"dipinto in vernice marrone-rossastra opaco a pennellate discontinue"*[701] indica indirettamente che all'interno della classe vi sono anche reperti a superficie unicamente lisciata. Quanto definito come *a dipintura bicroma piumata*[702] è caratterizzato da apporto di colore bruno-nero in vernice diluita su ingobbio beige-giallo con motivi a flabelli. La categoria è sempre eseguita al tornio e attesta pareti sottili. Comune alla classe è la lustratura della superficie del vaso per le produzioni più fini, sottintendendo anche in questo caso la presenza di reperti con superfici lisciate. Notando quanto comune alla classe definita *monocroma* e *a dipintura bicroma piumata,* ovvero l'apporto di colore e la lustratura della superficie, Albanese Procelli prosegue collegandole alla precedente classe a superficie rossa lustrata della *facies* di Pantalica I del Bronzo recente. In specifico per quanto riguarda quella a *flabelli* puntualizza che la *"vernice è stesa a pennellate discontinue, irregolari, oblique e curvilinee"*[703] e che questo ha dunque potuto dare origine in seguito all'utilizzo della tecnica a fini decorativi, *"dando alla pennellata una regolarità in forma di piume o flabelli"*[704]. La produzione *piumata* coeva a quella *a dipintura monocroma* rossa-brunastra perdurano entrambe fino alla prima età del ferro[705]. Il vasellame *a dipintura bicroma geometrica* di Grammichele sembra rispecchiare invece le caratteristiche di quella *geometrica dipinta*: superficie opache e motivi dipinti a motivi geometrici in vernice diluita bruna su fondo beige. La più antica attestazione di questa

692 Per una recente panoramica con bibliografia di riferimento: *Dai ciclopi agli Ecisti* in particolare: Nicoletti – Tusa 2012, Panvini 2012, Martinelli et al. 2012, Albanese Procelli 2012, Tusa 2012.
693 Orsi 1899, 142; Bernabò-Brea 1958, 153; Turco 2000, 83; Isler 2009a, 143.
694 Orsi 1899, 142.
695 Bernabò-Brea 1958, 153. La seriazione delle culture protostoriche siciliane da lui stabilite (Bernabò-Brea 1958, 148–161) è tuttora in uso. Tusa 1994, 181–186 ne riconferma le datazioni. Per la durata della produzione fino al 730 a.C.: Albanese Procelli 1982, 593.
696 Per una sintesi: Albanese Procelli 2003, 85–88; La Rosa 1989, 14–18. Necropoli di Cassibile: Turco 2000; Necropoli di Piano della Fiera di Butera: Guzzone 2003a. Insediamento di Monte Maranfusa: Spatafora 2003d, 107–108; Insediamento Morgantina: Leighton 1993, 63–64. Per Monte Iato cfr. *infra.*
697 Albanese Procelli 1982, 593–594 con riferimenti bibliografici alla bibliografia precedente, nominante sia la decorazione a flabelli regolari sia quella a pennellate irregolari riferendo il dibattito sull'origine del motivo a *piume.* Per la derivazione del motivo sia a flabelli regolari che irregolari dalle produzioni a stralucido rosso tipiche della cultura di Pantalica Nord (1250–1050 a.C.): Bernabò-Brea – Cavalier 1980, 716; Albanese Procelli 1982, 594, Turco 2000, 83 con nota 27 per ulteriore bibliografia.

698 Albanese Procelli 2000.
699 Albanese Procelli 2000, 168.
700 Albanese Procelli 2000, 168.
701 Albanese Procelli 2000, 169 tav. III:2, t. 26).
702 Albanese Procelli 2000, 171–174.
703 Albanese Procelli 2000, 171 con nota 20.
704 Albanese Procelli 2000, 171–174. Argomentazione proposta anche in Albanese Procelli 1982, 593–594.
705 Albanese Procelli 2000, 174 con nota 21 con riinvio a reperti della *facies* Pantalica III scavata da Orsi.

classe è riferita come quella di un'anfora eseguita al tornio, della tomba NO 38 di Pantalica risalente al Bronzo recente. La forma è dichiarata come pertinente alla fase di Pantalica I, seppure nella nota, riferita alla pubblicazione di Orsi del 1899, viene specificata che l'appartenenza della forma alla tomba non sia accertata[706]. Inoltre, la decorazione riferita a questa *più antica attestazione* a fasce di bande orizzontali e a tremoli verticali in vernice diluita bruna *su fondo rosso* non rispecchia quanto le caratteristiche della *geometrica dipinta* ma neppure quanto definito *a dipintura bicroma geometrica* di Grammichele, vista l'attestazione dell'apporto di un rivestimento colorato *rosso* su tutta la superficie.

Nel caso dello studio delle ceramiche di Grammichele del 2000 è velocemente visibile quanto sia difficile tentare di ordinare specifici reperti all'interno della suddivisione proposta, in mancanza sia di dati stratigrafici, sia a riferimenti risultanti *equivoci* all'interno delle stesse classi – attestata dall'esempio dell'anfora con decorazione *su fondo rosso*.

Il volume edito da Maria Turco, altresì nel 2000, fornisce una revisione dei dati provenienti dalla necropoli di Cassibile, eponima per la *facies* e durante il corso della ricerca collegata con la produzione della *ceramica piumata*[707]. All'interno dei corredi, attestanti sia le decorazioni regolari a piume sia quelle a pennellate discontinue, la Turco afferma una coesistenza delle diverse tecniche di decorazione all'interno dei corredi e un'impossibilità sulla base dei reperti di Cassibile di determinare un rapporto di anteriorità o posteriorità delle due produzioni[708]. Di recente trattazione, infine, per quanto riguarda la *ceramica piumata* i fondamentali contributi di Davide Tanasi sulle successioni di materiali rinvenuti a Polizzello[709] e le osservazioni del team di Innsbruck, condivise dall'autrice, su di una produzione diversificata della classe della *piumata* nella parte occidentale dell'isola[710].

Oltre alla *piumata,* che mai fu direttamente collegata alle successive produzioni decorate, anche le classi ceramiche prive di decorazione non furono – come in numerose aree geografiche – al centro dell'attenzione degli studi, nonostante sia presumibile una preponderanza numerica di quest'ultime in ogni sito. A lungo ignorate dalla ricerca fino alla fine degli anni '90, appaiono unicamente in trattati sommari all'interno di monografie dedicate a singoli progetti di scavo[711] analogamente a quelle da fuoco[712].

Il primo importante studio offrente una tipologia di materiale dedicato in particolare alla ceramica a decorazione incisa e impressa, fu quello di Virginia Fatta basato sui materiali provenienti dalla necropoli di Sant'Angelo Muxaro del 1983[713]. Fondamentale per quanto riguarda la ricchezza di forme presentate, risulta invece dubbia la cronologia elaborata poiché basata su criteri soggettivi, tenenti conto dell'evoluzione della tecnica e dei motivi decorativi[714]. Anche in questo caso la cronologia proposta suddivisa negli stili «Muxaro I, II e III» ordinati in una successione diacronica dal IX agli inizi del V sec. a.C. sono incentrate sul tentativo di isolare tratti culturali *indigeni* dalle eventuali innovazioni e influenze provenienti da altre culture sia nella decorazione che nelle forme vascolari utilizzate correlati con materiali provenienti da altri siti. Pubblicato nel 2004, il volume edito da Giovanni Rizza e Dario Palermo[715] propone un aggiornamento dei dati riguardanti i corredi provenienti dalla necropoli di Sant'Angelo Muxaro, riprendendo i vecchi scavi degli anni '30 di Paolo Orsi con la collaborazione di Umberto Zanotti Bianco, lo studio del corredo proveniente dalla tomba ritrovata da Angelo Mosso nel 1907 già studiata da Virginia Fatta e presenta, infine, i nuovi dati di scavo del 1976–1977 effettuati sotto la direzione di Giovanni Rizza. Questo volume risulta di importanza essenziale per il contributo di Susanna Amari al suo interno: un ampio catalogo di ritrovamenti a partire dall'orizzonte di Thapsos – Pantalica Nord fino al VI sec. a.C. L'Amari offre una prima indagine diacronica dei materiali, basata parzialmente su dati stratigrafici, offerta dalla ricerca[716]. La ceramica

706 Albanese Procelli 2000, 174 nota 24.
707 Cfr. nota 697.
708 Turco 2000, 83.
709 Tanasi 2012a; Tanasi 2012b; D. Tanasi in: Palermo et al. 2009; Palermo – Tanasi 2006.
710 Kistler et al. 2017a; Tusa 2012; Filippi 2012; Filippi 2014.

711 Per citarne solo alcune: Monte Maranfusa: Termini 2003, Valentino 2003; Colle Madore: Tardo 1999b.
712 Monte Maranfusa: Valentino 2003 con ulteriore bibliografia; Morgantina: Leighton 1993. Di recente consegna, la tesi di dottorato di Cecilia Guastella "Le ceramiche di impasto da cucina nella tradizione locale, fenicia e punica in Sicilia".
713 Fatta 1983.
714 In più passaggi del testo è citata l'assenza di dati stratigrafici e l'assenza delle associazioni di corredo dei lotti di materiali del Museo Archeologico di Palermo studiati dall'autrice (Premessa di Vincenzo Tusa in: Fatta 1983; Premessa di Luigi Bernabò-Brea in: Fatta 1983, 13; Fatta 1983, 24; Fatta 1983, 32). La collezione, difatti, comprende materiali ceramici provenienti da rinvenimenti fortuiti, scavi clandestini o collezioni private (Fatta 1983, 24) come quelle del Barone Gaspare Giudice di Agrigento o quella del Marchese De Gregorio (Fatta 1983, 31). Per di più, la maggior parte dei materiali è stata ritrovata confusa con numeri di inventario non riscontrabili sui relativi registri (Fatta 1983, 29). Unica eccezione all'interno dello studio di Fatta è il corredo provenienti dalla tomba scavata da Angelo Mosso nel 1907, fortunatamente identificabili grazie alla documentazione all'interno del Museo. Altre prese di posizione critiche riguardo allo studio di Fatta: Rizza – Palermo 2004, 23; Trombi 2015, 29.
715 Rizza – Palermo 2004.
716 Le affidabilità stratigrafiche e le comprovate successioni sono basate sugli scavi di Rizza degli anni '70 di tre tombe, ritrovate ancora integre del loro corredo. Nella tomba A fu possibile identifi-

locale – definita in base alle caratteristiche dell'argilla[717], delle forme e del trattamento della superficie – è stata suddivisa da Susanna Amari in forme, tipi, e ove possibile, varianti[718]. Le classi ceramiche individuate sono quattro, raggruppate in base al trattamento della superficie e alla loro decorazione: *incisa e impressa, ceramiche a superficie bruna e nera non decorata, a decorazione geometrica dipinta su fondo con ingobbio di colore chiaro, ceramica acroma*[719] fornendo così una nuova suddivisione delle classi protostoriche.

Per quanto riguarda la *ceramica a decorazione geometrica dipinta* è lo studio di Gabriella Tigano sulle brocche trilobate da Sabucina a presentare una prima analisi dal punto di vista tipologico, basato su 77 reperti integri studiati in relazione ai rispettivi corredi provenienti della necropoli meridionale e occidentale del sito[720]. La presenza nei corredi di materiale d'importazione permise una suddivisione cronologica fondata su criteri archeologici, seppur l'autrice stessa la definisca non sempre *"sicuramente accertabile"*[721].

Seguono, di importanza essenziale per quanto riguarda le metodologie interpretative degli studi delle ceramiche *indigene*, le indagini della ceramica dipinta di Michela Gargini (Entella), Valeria Tardo (Colle Madore), Lucilla Campisi (Monte Maranfusa) e Chiara Biagini (Segesta, fortificazioni di Porta di Valle), egualmente a quelle di Concetta Antonella Di Noto (Entella), Stefano Vassallo (Colle Madore) e Francesca Spatafora (Monte Maranfusa) per la ceramica a decorazione incisa e impressa[722]. Allontanandosi dai tentativi di determinare un territorio etnico tramite le indagini di determinate classi materiali, per citare Gioacchino Francesco La Torre, *"che tanto inchiostro ha fatto versare"*[723], i contributi sopracitati pongono l'attenzione sulle caratteristiche intrinseche del manufatto – morfologia, decorazioni, tecniche produttive, impasti – segnando un'evoluzione nelle indagini delle ceramiche *indigene*[724] diventanti di conseguenza più obiettive. L'assenza di chiare differenziazioni fra le varie aree etniche della Sicilia basate sulla cultura materiale, già osservata da Gargini[725] e Di Noto[726], viene confermata – probabilmente in modo definitivo – dalle indagini di Caterina Trombi rispetto alle ceramiche decorate di produzione indigena della Sicilia occidentale[727], in cui la studiosa tramite una vasta indagine diacronica e globale dell'area occidentale dell'isola constata l'assoluta mancanza di indicatori materiali di differenziazione etniche fra le varie produzioni[728].

Allontanandosi dunque a partire dagli anni '90 da indagini di tipologia etnocentrica della cultura materiale, i suddetti contributi apportarono numerose nuove informazioni di tipo prettamente ceramologico, rimanendo tuttavia sprovvisti di informazioni cronologiche affidabili a causa dell'assenza di contesti di scavo stratificati[729], oppure caratterizzati da lassi temporali troppo concisi per determinare appieno gli sviluppi delle produzioni ceramiche[730]. Ne consegue – qualora in presenza di studi basati su contesti stra-

care tre fasi d'uso della tomba, con una successione di 77 reperti rinvenuti al suo interno. Rizza – Palermo 2004, 22.

717 L'autrice definisce cinque tipi d'impasto, classificati in base ai colori e all'aspetto assunto dall'argilla dopo la cottura (Amari 2004, 129) rinviando all'opera di Ninina Cuomo di Caprio (Cuomo di Caprio 1985, 34–39. 43–45. 98–100) per la classificazione delle argille in base alla giacitura, alla composizione chimica, alla variazione cromatica in seguito alla cottura e alle componenti chimiche aggiunti nell'argilla del corpo e in quella della superficie del vaso (Amari 2004, 129 nota 1).

718 Amari 2004, 129.

719 Amari 2004, 129.

720 Tigano 1985/1986. Per la suddivisione tipologica in base alla morfologia del corpo *allungato, globulare e con spalla nettamente differenziata:* Tigano 1985/1986, 55.

721 Tigano 1985/1986, 75.

722 Gargini 1995 (dipinta, Entella); Tardo 1999a (dipinta, Colle Madore); Campisi 2003 (dipinta, Monte Maranfusa); Biagini 2008a (dipinta, Segesta); Di Noto 1995 (incisa e impressa, Entella); Vassallo 1999b (incisa e impressa, Colle Madore); Spatafora 2003c (incisa e impressa, Monte Maranfusa).

723 Presentazione di Gioacchino Francesco La Torre all'interno di Trombi 2015, 12.

724 Così anche Serra 2016, 2–3.

725 Gargini 1995, 122–123.

726 Di Noto 1995, 87.

727 Trombi 2015.

728 Risultato della Trombi sottolineato anche nella presentazione del volume da parte di Gioacchino Francesco La Torre *"(...) osservazione che (...) non si può distinguere attraverso le produzioni ceramiche decorate un'area "elima" da una "sicana" annosa questione che tanto inchiostro ha fatto versare. Il corso del fiume platani (..) in realtà non separa nulla"* (Trombi 2015, 12–13).

729 Per quanto riguarda come esempio la ceramica a decorazione dipinta: Entella: Gargini 1995, 111. Segesta: Biagini 2008a, 143. Montagnola di Marineo: Campisi 1997, 147; Colle Madore: Tardo 1999a, 137.

730 **Monte Maranfusa** vanta uno dei rari studi di materiali provenienti da unità stratigrafiche affidabili, prevalentemente di epoca tardo-arcaica: Campo B: fase tardo-arcaica (Spatafora 2003b, 23); Campo C: fase tardo-arcaica forse con strati precedenti difficilmente databili (Spatafora 2003b, 26); Campo D: 580 – fine VI sec. a.C. per via di un frammento di coppa ionica *B2* (no. N 30) (Spatafora 2003b, 28); Campo E: fine VI – inizio V (Spatafora 2003b, 31) e nello stesso saggio un riempimento artificiale di età protostorica: Bronzo finale – Prima età del Ferro (Spatafora 2003b, 31–32). Per quanto riguarda l'esiguità di risultati rispetto ad una scansione cronologica, ad esempio, per la classe della ceramica dipinta è rilevante l'asserzione di Lucilla Campisi *"Anche in questo caso la mancanza di coordinate di riferimento, la ripetitività delle forme e delle decorazioni, nonché lo stato di conservazione frammentario, non hanno permesso di associare alla seriazione tipologica una più precisa scansione cronologica dei reperti"* (Campisi 2003, 158); **Vassallaggi**, necropoli del VI–V sec. a.C.: Gullì 1991; Orlandini 1971; Pizzo 1998-1999; **Marianopoli**, Necropoli di Grotta Oscura, corredi da due tombe preistoriche altrimenti tombe datanti del VI–V sec. a.C.: Fiorentini 1985/1986. **Montagnola di Marineo**, abitato (fine VII–inizio V), per il contesto: Spatafora 1997; per i ritrovamenti *indigeni*: Campisi 1997. **Montagna dei Cavalli**, riempimento di strati decontestualizzati arcaici (VI sec. a.C.), t.a.q. datazione del teatro nel IV sec. a.C.: Vassallo 1991. **Casteltermini**, recinti votivi della seconda metà del VI sec. a.C.: Gullì 2005. **Erice**, fondazione della cinta muraria, fine VII – prima metà del V sec. a.C.: Blasetti Fantauzzi 2018.

tigrafici affidabili – la problematica della quantità di materiale sottoposto alle indagini: in parte ritrovato in minime quantità, dall'altra analizzato unicamente tramite i reperti diagnostici, criteri dunque basati su scelte soggettive del ricercatore.

Gli studi del materiale, dunque, si svolsero principalmente sulla base di una metodologia tipologica, classificando la ceramica basandosi sui concetti di *forma*, *tipo* e *variante* costituendo una successione diacronica del materiale fondata unicamente su criteri evoluzionistici lineari, e non su successioni attestate da contesti stratigrafici sicuri. Solo i recenti studi di Susanna Amari[731], Davide Tanasi[732], Caterina Trombi[733], Alfonsa Serra[734] e Chiara Blasetti Fantauzzi[735] propongono successioni basate su dati stratigrafici, parzialmente o integralmente, affidabili.

Concentrandosi dunque sulle più recenti pubblicazioni di taglio tipologico del materiale è il volume di Caterina Trombi sulle ceramiche *indigene* decorate[736] ad offrire uno studio riassuntivo di tutti i ritrovamenti editi della Sicilia occidentale – assenti dunque in gran parte di informazioni di tipologia stratigrafica – avvalendosi inoltre di reperti inediti da Selinunte, Monte Adranone, Caltabellotta e Monte Saraceno di Ravanusa provenienti nella maggior parte dei casi da contesti stratigrafici affidabili[737]. La classificazione proposta dalla Trombi distingue tre «classi» ceramiche basandosi sui criteri del trattamento delle superfici e sul tipo di decorazione[738]: la ceramica a decorazione geometrica dipinta, quella a decorazione incisa e impressa e infine quella a decorazione monocroma e/o bicroma. La distinzione è giustificata secondo l'autrice dal diverso grado di specializzazione richiesto durante i processi di manifattura delle tre produzioni ceramiche[739]. La successiva suddivisione proposta è secondo criteri di *forma* e *tipo*, evitando l'utilizzo di *varianti*. La decisione di rinunciare alle varianti è stata intrapresa per ragioni di corretta sintesi e sulla base della convinzione dell'autrice che esse siano da mettere in relazione alle attività dei singoli artigiani o alle varie botteghe operanti in uno stesso territorio[740]; visione condivisa dall'autrice di questo volume. Le *forme* vengono definite sulla base dei rapporti dimensionali tra gli elementi morfologici, variando in relazione alla diversa funzione del recipiente, seguendo lo studio di Michel Bats[741]. Il *tipo* raggruppa invece un numero di reperti aventi caratteristiche morfologiche molto simili, ma differenziate dall'analisi del profilo nel suo complesso o sulla base dei rapporti proporzionali fra gli elementi morfologici[742]. Ne consegue una classificazione utilizzante delle sigle indicanti in lettere maiuscole corsive la *classe ceramica*, in lettere maiuscole la *forma* e in numeri arabi progressivi il *tipo*[743]. Seppur trattandosi all'attuale stato della ricerca del volume più ricco di informazioni sulle produzioni *indigene*, è sottoposto a limiti oggettivi, ben presenti anche all'autrice. Il numero di reperti presi in considerazione fra quelli integri, frammentari e frammenti ammonta a 1528 unità: cifra esigua per uno studio cronotipologico dei materiali provenienti da un'area geografica così ampia e ascrivibile ad un arco temporale di circa quattro secoli[744]. Il materiale, proveniente da 35 siti suddivisi in 165 contesti, è trattato secondo la tipologia suddivisa per forme funzionali e articolati in tipi. Per ogni tipo individuato vengono proposte delle tabelle riassuntive. Il catalogo è suddiviso per siti di provenienza e in seguito per contesto archeologico (corredi funerari; abitati; luoghi di culto). Il corpus preso in esame è molto eterogeneo, sia da un punto di vista cronologico che tipologico/qualitativo[745]. L'autrice fa notare anche le difficoltà riscontrate per uno studio dei materiali dell'VIII sec. a.C. vista la mancanza quantitativa di dati stratigrafici e a quella di innovazioni tecniche e/o tipologiche del materiale mantenute per secoli invariate[746], rendendo impossibile fissare la cronologia iniziale delle forme diffuse in seguito nel VII sec. a.C.[747]. La cronologia viene dunque esposta, analogamente alle conclusioni di Dario Palermo sulla base dello studio di Susanna Amari[748], in ampie fasce cronologiche (metà IX–VIII sec. a.C.; VII sec. a.C.; VI–V sec. a.C.) evidenziando la difficoltà di correlazione ai periodi corrispondenti della Sicilia orientale di Pantalica Sud (metà IX/metà VIII sec. a.C.) e del Finocchito (750/650 a.C.)[749].

731 Amari 2004.
732 Palermo et al. 2009, 55–65.
733 Trombi 2015 basata solo parzialmente su dati stratigrafici affidabili. Cfr. *infra*.
734 Serra 2016.
735 Blasetti Fantauzzi 2018.
736 Trombi 2015.
737 Trombi 2015, 29. Alla rassegna sono inoltre inclusi alcuni disegni da materiali inediti, ma privi di contesto, provenienti dalla necropoli di Polizzello e reperti del Museo di Agrigento provenienti da Sant'Angelo Muxaro (Trombi 2015, 29 con nota 72).
738 Denominate tra virgolette anche dalla stessa autrice: Trombi 2015, 33.
739 Trombi 2015, 33 con nota 76. Seppure Trombi distingua le tre classi basate su criteri del trattamento di superficie e sul tipo di decorazione, evidenzia che le analisi petrografiche e archeometriche finora effettuate mostrino l'utilizzo delle stesse materie prime e degli stessi impasti per tutte e tre le produzioni.
740 Trombi 2015, 33–34.
741 Bats 1988; Trombi 2015, 33.
742 Trombi 2015, 34.
743 Trombi 2015, 34.
744 Osservazione ritrovabile anche nella presentazione del volume a cura del Prof. Gioacchino Francesco La Torre; Trombi 2015, 12.
745 Trombi 2015, 283–284. L'autrice elenca con precisione i limiti della sua ricerca evidenziando l'influenza negativa *"della natura dei rinvenimenti, il grado diverso di conoscenza dei vari tipi di contesto, il livello di esplorazione dell'area e il livello di edizione dei contesti"*.
746 Trombi 2015, 283.
747 Trombi 2015, 283 nota 2.
748 Rizza – Palermo 2004, 201–209.
749 Per un riassunto più dettagliato rispetto alla frequenza e alle aree geografiche di distribuzione rilevate da Trombi in relazione

Più precisi da un punto di vista cronologico sono invece i risultati delle recenti indagini dedicati alla ceramica a decorazione geometrica dipinta di Alfonsa Serra[750] e Chiara Blasetti Fantauzzi[751]. Lo studio di Alfonsa Serra riguardante reperti provenienti dal sito di Segesta presenta un ordinamento morfologico e tipologico del materiale sulla base di contesti cronologici parzialmente affidabili. Confronti con le produzioni degli altri centri conosciuti della Sicilia occidentale permettono di evidenziare le caratteristiche generali dei materiali segestani e di sottolinearne il ruolo nel commercio degli scambi all'interno di quest'area geografica. L'analisi autoptica di quasi 10'000 reperti[752] – una cifra statistica più che rilevante – dai quali sono stati selezionati 781 frammenti diagnostici presentati in dettaglio nel volume è associata la valutazione dell'edito dei reperti in zona Badia e dello scavo presso le fortificazioni di Porta di Valle, per un totale di sei contesti presi in analisi. I contesti presi in considerazione sono ampiamente descritti rendendo trasparenti le informazioni inerenti all'affidabilità stratigrafica delle aree in esame[753]. Lo schema tipologico elaborato da Serra ha rilevato in alcuni casi anche una valenza temporale dei materiali, riuscendo così a definire per la prima volta i limiti cronologici della produzione di ceramica dipinta segestana, proponendo una scansione cronotipologica articolata per venticinquenni e cinquantenni. Di grande importanza è stato l'isolamento di un gruppo di frammenti che presentano caratteristiche formali e tecnologiche differenti da quelle della maggior parte della ceramica segestana rivelando la loro provenienza allogena: osservazioni che hanno potuto suggerire per la prima volta uno scambio di prodotti locali tra i vari centri di produzione di ceramica *indigena*[754]. Risultati diversi sono stati ottenuti nell'indagine di Chiara Blasetti Fantauzzi dedicati ai materiali dei contesti di fondazione della cinta muraria di Erice – contesti stratigraficamente affidabili risalenti alla seconda metà/ultimo quarto del VI e l'inizio del V[755]. Il nucleo di materiali studiati ammonta a 1086 frammenti, dei quali 148 trovano una trattazione dettagliata all'interno del volume. I contesti non hanno consentito una seriazione cronologica delle forme e dei motivi decorativi attenendosi alle datazioni ottenute dai confronti morfologici già noti[756]. Per quanto riguarda una circolazione dei materiali su micro o ampia scala viene aggiunto un tassello importante nella ricerca. L'analisi archeometrica di 10 campioni d'impasto, distinti in diverse classi autopticamente dall'autrice sulla base della tessitura, consistenza e colore del corpo ceramico, sono risultati appartenenti "ad un unico gruppo di impasto"[757]. Questo risultato, inglobante le analisi effettuate per altri siti della Sicilia occidentale, permette di postulare da un lato un centro di produzione ericino, seppure non ancora confermato dal ritrovamento di fornaci, dall'altro dell'assenza di una microcircolazione dei materiali attestata invece per Segesta e Monte Adranone[758].

Da un punto di vista dell'esecuzione delle tecniche decorative è infine importantissima la recente Appendice III – edita da Domenica Gullì – all'interno del volume di Trombi[759] dedicata ad un lotto di materiali ritrovati a Casteltermini. Il ritrovamento associato di ceramiche *indigene* e piccoli utensili sia fittili che litici ha permesso per vie sperimentali alcune corrispondenze fra motivi incisi e impressi attestati sulle ceramiche e i corrispondenti strumenti utilizzati – mai identificati con sicurezza dalla ricerca.

Mancano ancora studi editi su siti di riferimento con contesti pluristratificati presentanti ampi lassi temporali. Fatta eccezione per il recente volume riassuntivo di Trombi, i siti di riferimento di questo tipo sono unicamente editi, dal punto di vista del materiale, sotto forma di studi preliminari e/o con una documentazione grafica purtroppo limitata. Questo è il caso in particolare dei ritrovamenti di Monte Saraceno di Ravanusa[760], di Polizzello[761], di Monte Polizzo[762] e di Monte Iato[763].

---

con i risultati di Erice: Blasetti Fantauzzi 2018, 32–36.

750 Serra 2016.

751 Blasetti Fantauzzi 2018.

752 Serra 2016, 23.

753 Affidabili sono i contesti di Monte Barbaro (Serra 2016, 10), dalla Contrada Costa Bagarelle (Serra 2016, 17), parzialmente quello di Grotta Vanella (Serra 2016, 16) e i confronti con l'edito dello studio di Biagini inerenti alla fortificazione di Porta di Valle (Biagini 2008a). Non affidabili i contesti dell'area dell'agorà (Serra 2016, 9), Contrada Mango, seppure certa la provenienza da un edificio di culto datato alla metà del V (Serra 2016, 19–20).

754 Conclusioni analogamente tratte per quanto riguarda i materiali di Monte Iato in Fusetti 2013.

755 Blasetti Fantauzzi 2018. Per la datazione in particolare Blasetti Fantauzzi 2018, 27.

756 Blasetti Fantauzzi 2018, 36.

757 Blasetti Fantauzzi 2018, 38.

758 Balsetti Fantauzzi 2018, 38–39 con bibliografia di riferimento.

759 Trombi 2015, 357–364.

760 Siracusano 1996. Il volume presenta un'analisi tenente conto degli sviluppi decorativi delle produzioni omettendo una tipologia o un catalogo esaustivo dei materiali. Fondamentale la presentazione di una parte di reperti *inediti* provenienti dal sito in Trombi 2015.

761 Recenti, con bibliografia: Panvini et al. 2009a; Palermo et al. 2009; Tanasi 2012a; Tanasi 2012b. Il volume di Panvini et al. presenta tutti i materiali ritrovati in forma fotografica suddivisi per contesto di ritrovamento con annesso catalogo dettagliato: uno strumento essenziale per la ricerca di confronti, purtroppo risultante difficoltosa a causa della mancanza di sufficienti disegni. Nell'articolo di Palermo et al. 2009 viene pubblicato un riassunto dei risultati di Davide Tanasi della suddivisione dei materiali tra la fine del X e gli inizi dell'VIII sec. a.C. Tanasi 2012a; Tanasi 2012b presenta in maniera più dettagliata i materiali proveniente dall'edificio Nord datanti alla prima metà del IX sec. a.C.

762 Cfr. *infra*.

763 Oltre alle annuali relazioni preliminari nella rivista Antike Kunst e fino al 2008 in Sicilia Archeologica, più i rapporti annuali degli scavi dell'Università di Innsbruck nella rivista ÖJh o su aca-

A partire dagli anni 2000, oltre alle indagini di stampo cronotipologico dei materiali, si sviluppa un nuovo filone della ricerca: l'associazione dello studio delle ceramiche *indigene* in relazione ad aspetti socio-culturali delle popolazioni.

Nel caso specifico del sito di Monte Polizzo le indagini pubblicate si sono infatti fortemente concentrate sulla ricostruzione identitaria, sociale ed economica degli abitanti evidenziata dai ritrovamenti del sito, riproponendo nuove tesi sulla natura del popolo elimo e modelli d'interazione nella Sicilia occidentale[764]. Manca tuttavia una presentazione completa del materiale, uno studio di carattere tipologico e cronologico, divenente probabilmente di riferimento per la Sicilia occidentale, visti i contesti presentati nelle varie relazioni preliminari[765].

Il filone d'indagine riguardante le ricostruzioni identitarie e le conseguenti interazioni sociali sulla base di ritrovamenti materiali *indigeni* è stato seguito, per quanto riguarda in particolare il Monte Iato, da Erich Kistler e Martin Mohr[766], indicanti le direzioni più attuali che sta intraprendendo la ricerca nel campo del mondo *indigeno* della Sicilia occidentale. I reperti basilari per le loro indagini sono stati pubblicati integralmente da un punto di vista statistico[767], in attesa delle pubblicazioni dei materiali di più ampio respiro previste per quanto riguarda la documentazione puntuale dei reperti[768].

demia.edu, riguardano in particolare il periodo arcaico-classico i contributi: Isler 2009a; Isler 2012b; Isler 2016; Mohr 2012; Kistler – Mohr 2015; Kistler – Mohr 2016; Kistler et al. 2017a; Kistler et al. in preparazione. I materiali provenienti dalla "Casa tardo-arcaica" scavata dall'Università di Innsbruck sono pubblicati tramite fotografie: Kistler et al. 2017b.
Un'indagine esemplare di tutto il materiale *indigeno* decorato provenienti dagli scavi a partire dal 1971 al 1994 di Monte Iato, fatta eccezione per quella acroma e da cucina, è stata presentata da Judith Fuchs nel 1996 e purtroppo rimasta inedita (Fuchs 1996).

764 Prescott – Mühlenbock 2003; Mühlenbock 2008; Prescott – Mühlenbock 2013; Mühlenbock 2013; Mühlenbock 2015 con bibliografia precedente.

765 Per le relazioni preliminari con bibliografia precedente: Prescott et al. 2004; Mühlenbock – Prescott 2004; Morris et al. 2001; Morris et al. 2002; Morris et al. 2003, Morris et al. 2004. Riguardo una presentazione completa del materiale esiste una tesi di dottorato non edita (Cooper 2007) trattante lo sviluppo delle ceramiche "indigene" sulle base dei contesti di Monte Polizzo del VII–VI sec. a.C. Purtroppo, la documentazione grafica della tesi denota l'assoluta mancanza di disegni del materiale.

766 Kistler – Mohr 2015; Kistler – Mohr 2016; Kistler 2015; In questo senso anche: Kistler 2016, Kistler 2017; Kistler et al. 2017a; Mohr – Notarstefano 2017.

767 Sottoforma di Fingerprints: Kistler – Mohr 2015, figg. 22.11–14; Kistler – Mohr 2016, figg. 4–6.

768 Per la "Casa tardo-arcaica" i contributi di Simon Kössler/Matthias Hoernes per la ceramica a decorazione impressa e incisa, di Matthias Hoernes per la ceramica dipinta e di Stephan Ludwig per la ceramica acroma e da cucina, cfr. https://www.uibk.ac.at/projects/monte-iato/fwf/i/index.html.de (23.06.2023). L'inventario dei materiali è consultabile in: Kistler et al. 2017b. Per i materiali dell'agorà: il presente volume.

Oltre alle indagini di connotazione socio-culturale sono in corso di realizzazione numerose analisi archeometriche per quanto riguarda i centri di produzione di queste ceramiche. Da un lato il grande progetto di Caterina Trombi e Domenica Gullì in collaborazione con il gruppo di ricerca del DISTEM di Palermo indagante l'individuazione di botteghe ceramiche o aree di attività attraverso le analisi delle materie prime di approvvigionamento e la comprensione dei processi di manifattura delle ceramiche[769]. Dall'altro numerosi progetti di minore portata come, ad esempio, le analisi effettuate sugli impasti di Monte Iato da parte dell'Università di Innsbruck in collaborazione con l'Università di Zurigo[770]. La determinazione dei centri di produzione delle ceramiche aiuterà in futuro non solo a rispondere a quesiti riguardanti la circolazione del materiale fra siti *indigeni* in Sicilia, ma anche rispetto a questioni cronologiche.

Un recente ramo di ricerca è, infine, l'analisi dei residui organici del vasellame, al fine di riconoscere le funzionalità delle forme e approfondire gli usi di consumo delle popolazioni *indigene*, tramite la gascromatografia-spettrometria di massa[771].

Nonostante le varie indagini riguardanti numerosi aspetti delle produzioni *indigene* manca tuttora ancora uno strumento analizzante la totalità delle attestazioni materiali, fatta eccezione per il prezioso volume di Polizzello del 2009, suddivise in archi cronologici fondati su dati stratigrafici affidabili.

Riassumendo dunque quanto finora cronologicamente elaborato è possibile asserire una successione cronologica di ceramiche decorate da quelle protostoriche a superfici lucidate, a quelle definite grosso modo *indigene* di epoca arcaica dalla ricerca: *a decorazione incisa*, seguendo la tipologia di Fatta e le assunzioni di Tusa, a partire dal VII sec. a.C. *a decorazione incisa e impressa*, seguite da un periodo di sovrapposizione di presenza sia delle *ceramiche a decorazione incise e impresse* associate a quelle *a decorazione (geometrica) dipinta* diverse a dipendenza del sito di ritrovamento[772] e infine, verso il periodo tardo-arcaico, unicamente la presenza di quelle *a decorazione dipinta*[773].

769 Gullì, in Trombi 2015, 357. Gullì et al. 2012.

770 Analisi petrografiche e chimiche: Montana et al. 2021; Analisi NAA: Riehle et al. 2021.

771 Mohr – Notarstefano 2017; Notarstefano in preparazione. Risultati preliminari, nel presente volume, cfr. catalogo: **469. 470. 558. 561. 620. 637. 662. 732. 765. 802.**

772 Fra altri: Tusa 2012, 216 interpretato come un fenomeno *"di maggiore o minore penetrazione dei modelli acculturativi greci"*.

773 Per un riassunto: Tusa 2012, in particolare 216–217.

3.1.2 Il nuovo approccio di ricerca sulla base dei contesti iatini

Le ceramiche *indigene* decorate furono sin dai primi studi al centro dell'attenzione: non casualmente. Quanto già attestato e confermato da vari studi – anche quando unicamente basati su analisi tipologiche – è il valore intrinseco della decorazione dei reperti indicanti dei parametri cronologici per le datazioni. La successione di attestazioni prima di ceramiche protostoriche ("piumate" e con superfici lustrate), seguite da quelle a decorazione incisa e impressa e infine da quelle a decorazione geometrica dipinta furono da lungo notate considerando, nel limite del possibile, la decorazione come indicatore cronologico. Caterina Trombi in particolare ha infine evidenziato la contemporaneità delle produzioni a decorazione monocroma rossa e bicroma con le classi a decorazione incisa e impressa e a quella a decorazione dipinta[774].

La presenza da un lato di decorazioni come indicatore cronologico – attestanti cronologie diversificate a dipendenza del sito di provenienza[775] – e dall'altro quella di più tipologie di decorazioni, presenti in associazione negli stessi strati[776], ha portato sin dall'inizio delle indagini ad una precisa osservazione delle decorazioni e soprattutto dei trattamenti di superficie – *lucidata, lisciata, steccata?* – ritenuti importanti, visto quanto già osservato rispetto alle cronologie basate sulla decorazione delle forme dagli studi affrontati in precedenza. Prime osservazioni riguardo alla presenza di tecniche a decorazione «mista» attestate in combinazione sullo stesso reperto furono già individuate nel corso dell'analisi del riempimento adibito all'edificio A nel quartiere sottostante l'agorà: scodelle carenate con solchi orizzontali incisi e linee orizzontali dipinte – un *mix* tra quanto definito dalla ricerca *a decorazione incisa (e impressa)* e *a decorazione geometrica dipinta*[777]. Lo stesso fenomeno fu attestato nel frattempo anche fra i materiali di Segesta ed Entella, puntualizzato da Alfonsa Serra[778] e in combinazione tra decorazione a solchi incisi e *painted plumes* ("piumata") a Morgantina[779]. Dunque, già unicamente la consultazione dell'edito mostrò la presenza non solo di combinazioni tra *incisa* e *dipinta*, ma anche tra incisa e quanto riferito in regola dalla ricerca come *ceramica piumata o a flabelli* attestati dai reperti di Morgantina, da quelli di Entella e verosimilmente da alcuni di Erice[780]. Seppure quanto sia verificabile dall'edito siano unicamente pochi confronti, il fenomeno di tecniche decorative *miste* – non solo riscontrabile fra i materiali qui presentati, ma di ampia attestazione fra tutti i materiali *indigeni* conservati nei magazzini di Monte Iato in varie combinazioni – sembra dunque un fenomeno diffuso o perlomeno non circoscritto unicamente al materiale *indigeno* dell'insediamento iatino.

Nel corso della documentazione del cospicuo lotto di materiali iatini è emersa l'importanza per il presente lavoro, accanto alle osservazioni unicamente di tipo decorativo – che si tratti di decorazioni singole o *miste* – del trattamento della superficie inteso non in generale ma specificamente in combinazione con la decorazione attestata su ogni singolo lato della forma. Numerose forme aperte, identificabili come bacini, presentano infatti all'interno quanto nella ricerca viene definito *decorazione piumata* (con superficie tipicamente lucidata) e che di conseguenza attribuirebbe il reperto alla classe della *piumata* con conseguente datazione alta della forma (ca. 1000–730 a.C.). All'esterno invece gli stessi reperti sono *privi* del trattamento di lucidatura, attestati non solo sottoforma di superfici acrome ma anche con decorazione a banda dipinta, risultante *opaca* dal mancato trattamento di lucidatura esterno rispetto a quanto attestato all'interno della stessa forma. Senza la lucidatura e decorazione interna il reperto sarebbe da riferire verosimilmente, secondo quanto definito nella ricerca, *ceramica a decorazione dipinta*. Alla luce di questi pochi esempi di quanto osservato e a causa della eterogeneità del materiale indagato è risultata necessaria una suddivisione molto più dettagliata delle classi d'*indigena* decorate altrimenti suddivise nella ricerca in *ceramica piumata*, *ceramica a decorazione incisa e impressa*, *ceramica a decorazione (geometrica) dipinta*, *ceramica monocroma* e infine *ceramica bicroma*, poi-

774 Trombi 2015, 15. Non ancora definita come ceramica monocroma rossa / bicroma (nomenclatura Trombi) anche Fusetti 2013, 58–66.

775 A Polizzello le indagini di Tanasi indicano ad esempio la presenza di *ceramiche a decorazione dipinta* a partire dalla prima metà del VIII sec. a.C. (Palermo et al. 2009, 80 fig. 2) non esplicitamente dichiarato nel testo. A Monte Maranfusa invece la produzione *dipinta* è attestata a partire dalla metà del VI sec. a.C. secondo le stratigrafie ritrovate: Campisi 2003, 157. Osservazione analoga anche in Tusa 2012, 216

776 Per un contesto stratigraficamente affidabile v. associazioni *incisa* e *dipinta* all'interno del vano E, settore centrale, Monte Maranfusa: Spatafora 2003b, 44–46 fig. 57.

777 Fusetti 2013, 101–102.

778 Serra 2016, 39 con nota 25. Oltre al frammento no. 90 presente in catalogo (113 no. 90 tav. 13, 1, scodella carenata tipo H) l'autrice segnala la presenza di un altro frammento proveniente dalla capanna protostorica di Segesta e un confronto da Entella pubblicato in Storti – Vaggioli 1994, 214–215 no. 1 tav. XXXVIII, 1 (US 14011). Il confronto segnalato da Entella presenta invece di una decorazione "mista" incisa / dipinta, piuttosto una definibile "incisa senza rivestimento / rivestimento non omogeneo lucidato", vista l'esecuzione della decorazione interna definita *"a stecca"*. Per la definizione di *rivestimento non omogeneo* cfr. *infra*. La nota di Serra concernente il confronto da Entella non prettamente in *incisa / dipinta*, non permette di stabilire con certezza quali tecniche miste presenti il frammento da lei segnalato di provenienza segestana dalla capanna protostorica.

779 Leighton 1993, 180 nn. 214–215 tav. 94.

780 Blasetti Fantauzzi 2018, 34 con nota 143 indica la presenza di forme a decorazione ibrida, nello specifico fra le olle e gli orci di forma Trombi DI2–3, DI1–3; DS1.

ché non ritenute sempre idonee per la suddivisione del materiale attestato sul Monte Iato. Inoltre, anche per le ceramiche acrome, è possibile notare trattamenti di superficie diversificati: alcune lucidate, la maggior parte invece lisciate.

Queste osservazioni, trovanti unicamente accenni nelle pubblicazioni edite, non sono mai state prese in considerazione come criteri per l'elaborazione di una cronotipologia – fatta eccezione per l'indagine di Susanna Amari in relazione alle morfologie con rivestimenti colorati e superficie lucidate e a quelle a *decorazione incisa e impressa*[781]. Per i periodi successivi sembra inoltre mancare l'osservazione precisa delle tecniche decorative attestate, se non per la ben nota successione delle ceramiche a decorazione incisa e impressa seguite da quelle a decorazione dipinta[782].

Oltre alle tecniche decorative in combinazione con i trattamenti di superficie attestati dai reperti iatini – ampiamente più ricchi di informazioni rispetto a quanto finora evidenziato dalla ricerca – è stato possibile osservare, sin dall'inizio della documentazione dei materiali, uno spettro di morfologie estremamente ampio e soprattutto di difficile seriazione cronologica sulla base dei contesti di provenienza da un punto di vista prettamente morfologico. Per il periodo cronologico affrontato – come illustrato in seguito dall'VIII sec.a.C. al 460/450 a.C. – appare possibile asserire che le produzioni di materiali *indigeni* non sono identificabili come produzioni di *massa*, ma siano bensì il frutto di numerose botteghe collocate – in base ai dati preliminari autoptici e archeometrici – pressoché in ogni insediamento archeologicamente identificato. L'ampia differenziazione morfologica attestata dai reperti, individuata sin dal principio delle indagini, ha portato l'autrice alla percezione di un rischio molto alto di eventuali perdite di informazioni se si fosse preso in considerazione una suddivisione in tipi e varianti di forme dei materiali. Difatti, le produzioni, non essendo standardizzate, presentano in dettaglio variazioni in pressoché ogni tipologia di vasellame. L'identificazione dei centri di produzione delle ceramiche *indigene*, in corso da numerosi ricercatori, sembra dunque essere inderogabile per una seriazione cronologica da un punto di vista morfologico. Le forme possono presumibilmente mostrare varianti tecniche in senso cronologico unicamente se attribuibili a singole botteghe. Ad esempio, l'utilizzo di un utensile supplementare per lo svasamento dell'orlo potrebbe essere stato utilizzato all'interno di una bottega a partire da un determinato periodo. L'esistenza dell'utensile – attestante una innovazione tecnica – tuttavia non esclude una produzione all'interno della stessa bottega di morfologie prive di svasamento di determinate parti della forma. In questo senso la creatività del singolo vasaio, soprattutto nell'arco cronologico indagato, è sembrato all'autrice un importante criterio da non sottovalutare nel tentativo di elaborazione di una cronotipologia delle produzioni *indigene*. Pare infatti improbabile poter presupporre cambiamenti di tecniche di modellazione del vaso – come, ad esempio, la formazione di un orlo ingrossato, di un orlo pendulo, di una parete rientrante o di una estroflessa – riferibili a tutte le mani operanti nei numerosi ateliers vascolari presenti sull'isola nello stesso preciso arco cronologico. Inoltre, le forme vascolari sono innanzitutto presenti per soddisfare un fabbisogno funzionale dei singoli nuclei famigliari – la rilevanza della singola particolarità di modellazione morfologica della forma passava verosimilmente in secondo piano al momento dell'acquisizione e/o produzione delle suppellettili.

Un fenomeno invece ritenuto forse più di ampio impatto da un punto di vista delle produzioni verosimilmente mutanti nell'arco del tempo è l'"*aspetto*"[783] delle ceramiche – così come ancora oggi è possibile riconoscere *visualmente* i servizi di porcellana utilizzati dalle generazioni passate. L'impatto *visivo* delle produzioni sembra aver avuto un importante ruolo anche nell'epoca indagata, già unicamente pensando all'utilizzo di vasellame potorio d'importazione *esteticamente diverso* sia da un punto morfologico sia di colorazione delle superfici dalle produzioni altrimenti conosciute *indigene*. Questo fenomeno può sicuramente essere attribuito, ad esempio, ad appartenenze etniche diverse, alla messa in mostra di uno *status sociale* oppure all'esposizione del "potere di acquisto" dei singoli nuclei famigliari, ma indifferentemente dall'interpretazione che si voglia dare, ciò che muta alla base è *l'aspetto* delle forme utilizzate, riconoscibile all'occhio delle persone, comunicante o meno un determinato messaggio sociale. Allo stesso modo, anche sulla base di quanto già elaborato dalla ricerca rispetto alle ceramiche *indigene*, è stato finora possibile identificare mutamenti cronologici soprattutto sulle basi decorative attestate dai vasi: quelle *piumate* correlate con quelle *a decorazione incise e impresse* rimpiazzate man mano da quelle *a decorazione dipinta*, mostranti in fondo nient'altro che mutamenti *visivi* percepibili all'occhio delle persone utilizzanti il vasellame. In questo senso è necessario suddividere gli accorgimenti di rivestimenti e trattamenti di superficie di tipo funzionale – adibiti all'impermeabilizzazione di una forma vascolare – da quelli a scopo decorativo, e dunque ad impatto visivo di-

781 Palermo et al. 2004, 129–167.

782 Da ultimo in relazione agli abitati: Blasetti Fantauzzi 2018, 34.

783 Inteso come la percezione visiva esterna dell'oggetto. Per la definizione: https://www.treccani.it/vocabolario/aspetto1/ (12.01.2022), "2: *Ciò che appare, che si presenta agli occhi, e il modo con cui si presenta* [...]".

versificato all'occhio del commensale / "acquirente" delle ceramiche.

Il presente approccio d'indagine tiene conto di una terza osservazione ritenuta come inderogabile per un tentativo di elaborazione di una cronologia sulla base dei materiali *indigeni:* la soggettività del ricercatore. Una qualsiasi forma di selezione dei materiali presi in considerazione porterebbe ad una falsificazione dei dati: se, ad esempio, troppo concentrati su aspetti morfologici si ometterebbero informazioni per quanto riguarda l'impianto decorativo; se troppo incentrati sulle morfologie funzionali si perderebbero le informazioni di singole mutazioni morfologiche e così di seguito. Indifferentemente dalle metodologie di selezione utilizzati – esaustive o meno – il rischio di omissioni di dati è intrinseco. Seppure sia inderogabile, al più tardi per la formulazione di un manoscritto, di un determinato grado di selezione dei reperti, l'autrice ha optato, per quanto fosse possibile, per l'omissione di gradi di soggettività durante la documentazione del materiale. Per questa ragione il materiale dei contesti è stato documentato *complessivamente*, dal frammento di piccole dimensioni al manufatto pressoché integro adottando basilarmente gli stessi criteri di osservazione per tutti i reperti conservati. Per le stesse ragioni sono state introdotte nuove denominazioni per le tipologie decorative, descriventi un grado massimo di quanto attestato sul frammento staccandosi dai preconcetti di suddivisione in *classi* di materiali decorati già stabilite all'interno della ricerca. Infine, per restare il più possibile oggettivi, è stato deciso di analizzare il materiale da un punto di vista statistico, vista d'altronde la quantità cospicua di materiale sufficiente per un'analisi di questo tipo.

Per questa serie di osservazioni – sia per quanto riguarda l'impatto visivo delle produzioni sia per quanto riguarda i possibili mutamenti morfologici attestati dai reperti – il cospicuo lotto di materiali indagato è stato analizzato principalmente da un punto di vista statistico rispetto alle *tipologie decorative* in combinazione con i trattamenti delle superfici attestate dai frammenti – omettendo in un primo momento un tentativo di seriazione sulla base morfologica delle forme. In questo senso i mutamenti cronologici sono stati indagati per quanto riguarda l'*aspetto* delle ceramiche facendo attenzione a distinguere gli accorgimenti funzionali da quelli a scopo decorativo. Al contempo vista l'analisi della totalità del materiale sarà possibile osservare anche le associazioni tra, ad esempio, le produzioni acrome, quelle decorate e quelle adibite alla cottura di alimenti fra di loro. Non da ultimo saranno elencati anche i rapporti fra le produzioni *indigene* e i materiali d'importazione allotrie all'isola o d'imitazione di esse.

I mutamenti morfologici sono stati osservati soprattutto da un punto di vista tecnico, senza suddivisioni in tipi e varianti delle forme, visti i limiti di questa ricerca esposti in seguito. Il criterio principale utilizzato per la creazione della seriazione cronologica sarà basato sulla presenza o la rispettiva assenza di determinate morfologie nei diversi lassi temporali elaborati.

Un grande limite posto al presente approccio di ricerca è la mancanza di analisi archeometriche di provenienza di un cospicuo lotto dei reperti indagati[784]. Seppure autopticamente siano state distinte numerose tipologie d'impasto è anche chiaro, citando solo l'esempio di quanto presentato per l'indagine di Chiara Blasetti Fantauzzi, che un discorso di circolazione di reperti *indigeni* non può più, all'attuale stato della ricerca, essere affrontato senza il supporto di analisi archeometriche. Anche da un punto di vista di cronologia l'autrice del presente volume è dell'opinione che la determinazione dei centri di produzioni possa notevolmente influire sulle datazioni delle varie classi vascolari. L'introduzione, ad esempio della tecnica di decorazione dipinta, definita da un trattamento della superficie lisciata, può essere stata introdotta in una determinata bottega vascolare *prima* rispetto alle produzioni di un altro centro. Questa differenza cronologica, già marginalmente attestata per quanto finora indagato[785], potrà dunque essere in futuro verosimilmente precisata grazie alla determinazione dei rapporti tra reperti e centri di produzione di provenienza. Unicamente così sarà in futuro possibile individuare possibili variazioni cronologiche sulla base di produzioni di *ateliers* diversi.

Vista l'elaborazione delle differenze di produzioni soprattutto su base macroscopica si presenteranno unicamente gli impasti considerati *iatini* confermati anche dalle analisi archeometriche[786]. Per i reperti attestanti impasti macroscopicamente *diversi* si fornisce una descrizione dettagliata all'interno delle singole voci del catalogo. Altri grandi limiti dell'indagine sono, da un lato, il grado di conservazione dei reperti – dal frammento al reperto integro – difficilmente relazionabili tra di loro da un punto di vista statistico come illustrato più precisamente in seguito; dall'altro la varia natura dei contesti – dal riempimento allo strato di abbandono con attestazioni di inventari – indicanti così valenze diverse rispetto al vasellame in essi contenuti: dall'oggetto smarrito o caduto in disuso verosimilmente anche più antico al reperto effettivamente appartenente ad un inventario in una determinata fascia cronologica.

---

784 Per una selezione di materiali campionati e sottoposti ad analisi chimiche, petrografiche e NAA: Montana et al. 2021; Riehle et al. 2021. Per i dettagli cfr. 3.5.2 *Impasti*.

785 Cfr. nota 775.

786 Per i dettagli cfr. 3.5.2 *Impasti*.

Inoltre, trattandosi di contesti d'insediamento, la difficoltà di determinazione morfologica dei reperti in stato frammentario è molto alta – limitando, oltre a quanto già osservato, già unicamente sulla base di quanto conservato una realistica interpretazione delle mutazioni morfologiche delle forme. I materiali inoltre attestano numerose morfologie senza confronti nell'edito, oppure di attestazione di provenienza unicamente da altri contesti di Monte Iato, limitando così il grado di verificabilità di quanto determinato morfologicamente dalla scrivente.

Infine, il limite considerato dall'autrice più grande, è la mancanza di pubblicazioni edite con un grado di documentazione tale da poter verificare o confrontare quanto elaborato in questa indagine sulla base dei materiali di altri insediamenti analizzati da un punto di vista di associazioni provenienti da contesti stratificati chiusi.

3.1.3 Analisi statistiche – pro e contra

Le statistiche sono presentate in quattro metodologie diverse comparate, vista la mancanza all'attuale stato della ricerca di strumenti ritenuti idonei dall'autrice per un'analisi obiettiva di contesti archeologici (statt. 1–8, appendici E–G). I contesti di rinvenimento considerati in questa indagine sono cronologicamente differenziati ma generati secondo processi di formazione contestuale diversi:

- riempimenti adibiti ad opere di livellamento / costruttive, dunque contenenti reperti caduti in disuso verosimilmente frammentari[787];
- strati di abbandono di edifici, dunque contenenti verosimilmente forme integre ed ancora in uso poco prima della distruzione o dell'abbandono della struttura, definibili anche come inventari delle abitazioni[788];
- riempimenti costruttivi di edifici a valenza verosimilmente pubblica-cultuale formati eventualmente da reperti votivi appartenenti alle celebrazioni del culto[789].

Le statistiche basate sulla quantità di frammenti non possono tenere conto in questo caso di vari fattori: un reperto di dimensioni più grandi presenterà una quantità maggiore di frammenti rispetto ad uno di piccole dimensioni, dando statisticamente l'impressione di morfologie attestate con più frequenza, non necessariamente rispecchiando la realtà. Inoltre, in questo caso, la frammentazione ritrovata in un contesto di riempimento, dunque di caduta in disuso di materiale per un'infinità di ragioni, non può essere comparata alla presenza in quantità di frammenti di reperti formanti un inventario di un'abitazione, risultante dal crollo o di una copertura in materiale deperibile o in tegole. Nel caso dei riempimenti le attestazioni di materiali sono puramente casuali; in quello degli strati di vita i frammenti sono eventualmente ricollocabili a forme integre ed eventualmente conservati a dipendenza della forza d'impatto del crollo della struttura. Tendenzialmente, inoltre, le gamme morfologiche presenti in uno strato di vita saranno notevolmente minori rispetto a quelle attestate in un contesto di riempimento. Per questa ragione una visualizzazione statistica secondo le quantità di frammenti provenienti da contesti diversi non è sufficiente e dunque non è ritenuta uno strumento valido di comparazione fra contesti di natura archeologica diversa.

Fig. 40: Fotografie macroscopiche dello stesso frammento eseguite su due lati diversi (fr. parete forma aperta in ceramica acroma proveniente dal contesto di VIII–VII sec. a.C. *fuori catalogo*).

Un'analisi statistica secondo il NMI (Numero Minimo di Individui) presenta altrettante problematiche se applicata a questo tipo d'indagine. La quantità di frammenti indagati rende, secondo l'autrice, impossi-

787 Contesti: Riempimento ad est della casa a peristilio I; Riempimento adibito alla costruzione dell'edificio A – Quartiere dell'agorà.

788 Contesti: Edificio quartiere orientale di prima e seconda fase; Quartiere Agorà – Strato di abbandono dell'edificio A; Strato di abbandono dell'edificio 1.

789 Contesti: Quartiere Agorà – Riempimenti adibito al piano di calpestio di prima e seconda fase dell'edificio ad oikos.

bile la determinazione del NMI. La presenza di morfologie diverse attestate unicamente da frammenti di parete, solitamente non presi in considerazioni per il calcolo degli NMI, come pithoi e askoi, rappresenta una prima problematica. Inoltre, in particolare per le classi *indigene* protostoriche e arcaico-classiche siciliane, le differenze sia cromatiche che d'impasto attestate dallo stesso reperto integro in punti diversi della forma rende estremamente difficile l'attribuzione e dunque la distinzione fra reperti diversi unicamente sulla base di frammenti di parete. Dunque, seppure si possa prendere in considerazione un calcolo fittizio degli NMI sulla base unicamente di orli, fondi e anse, è chiaro da principio che si stanno omettendo forme altrimenti attestate come pithoi e askoi. Inserendo all'interno degli NMI le forme riconosciute dai frammenti di parete altrimenti non attestate, si correggerebbe la cifra, ma, ad esempio, nel caso di un riempimento non corrisponderebbe minimamente ad un calcolo rispecchiante i dati, vista l'alta probabilità di numerosi individui presenti nel contesto attestati unicamente da frammenti di parete di reperti caduti in disuso, verosimilmente non sempre riconosciuti, visto il grado di variabilità non solo visuale delle cromie delle superfici ma soprattutto anche dell'impasto in vari punti dello stesso reperto di produzione *indigena* (fig. 40).

L'analisi tramite NMI, corretta da quanto riconosciuto sulla base dei frammenti di pareti, porterebbe a risultati, eseguiti tramite la comparazione fra contesti di natura diversa, ugualmente incorretti. Infine, nel caso del materiale indagato in questa sede si ribadisce la difficoltà di differenziazione fra reperti sulla base di frammenti (dovuto anche alla forte irregolarità delle forme dunque eventualmente neppure riconoscibili con certezza quando attestati da più parti di orlo o di fondo[790], oppure, come attestato dalle forme da fuoco e da cucina modellate a mano, talmente simili fra di loro in stato frammentario che senza l'attestazione di attacchi diretti si reputa impossibile la differenziazione fra individui diversi). Per queste ragioni le statistiche saranno presentate, oltre che in quantità di frammenti, secondo la quantità di *records* – ovvero unità riconosciute – presenti nelle banche dati, rispecchianti la massima possibilità dell'autrice di differenziazione fra individui del materiale. Una suddivisione supplementare sarà visibile nei dati riguardo al grado di affidabilità delle unità riconosciute: all'interno delle colonne dell'inventario regolare la quantità di reperti riconosciuti è pressoché certa – i reperti sono diagnostici; all'interno delle colonne dell'inventario interno la quantità di reperti riconosciuti è meno affidabile visto l'alto grado di frammentazione dei materiali e le difficoltà di differenziazione fra individui sopra elencate.

Infine, le statistiche basate su un calcolo percentuale di attestazioni dei frammenti suddivisi per contesto mostrano certamente da un lato delle *tendenze* quantitative abbastanza verosimili dei materiali, ma non offrono dall'altro la possibilità di confronto visuale diretto fra contesti di natura diversa. A dipendenza del numero totale di frammenti presenti in un contesto determinate classi di materiali saranno presenti in maggiori quantità, facendo sembrare, quando comparate fra di loro più statistiche di questo genere, delle attestazioni più frequenti di materiali in una determinata fase cronologica, non necessariamente corrispondente alla realtà. Semplificando, comparando sullo stesso grafico di questo tipo le due fasi del quartiere dell'agorà sia del riempimento adibito alla costruzione dell'edificio A, sia quello dello strato di abbandono dell'edificio A, si noterebbe, nell'esempio di attestazioni di terrecotte, due barre di lunghezze nettamente diverse, lasciando – se non fatta attenzione – intuire delle attestazioni di terrecotte maggiori durante la prima fase costruttiva dell'edificio rispetto al riempimento adibito alla sua costruzione (statt. 4.1; 5.1). In realtà, in entrambe le fasi, è attestato esattamente un frammento/reperto in terracotta figurata. La variazione grafica, in questo caso dovuta al numero di ritrovamenti totali delle due fasi, differenzia graficamente i risultati, velocemente interpretabili in maniera errata. Inoltre, proprio in questo caso, la variazione del totale di frammenti ritrovati è verosimilmente attribuibile alla natura dei contesti – un riempimento rispetto ad uno strato di abbandono. Queste due fasi non possono, secondo l'autrice, essere comparate direttamente tra di loro tramite un unico approccio statistico, poiché non comparabili né in dimensioni scavate come neppure in quanto alla natura dei contesti.

In sintesi, trovando pro e contra per tutte le visualizzazioni ed analisi statistiche maggiormente utilizzate in ricerche archeologiche dedicate a materiali ed esprimendo un grande *desideratum* futuro di collaborazioni fra archeologi e biostatistici – regolarmente utilizzanti coefficienti matematici per esprimere variabili non calcolabili – verosimilmente adattabili anche alle variabilità della natura dei contesti archeologici, saranno presentati per ogni risultato quattro tabelle di valori secondo statistiche *per quantità di frammenti, per quantità di records (unità riconosciute)* e *per calcoli percentuali sulla base sia della quantità dei frammenti che dei records*. La comparazione fra le colonne dei dati in quattro metodologie matematiche illustra nel miglior dei modi i parametri di frequenza delle varie classi materiali suddivise per contesto e sottoforma di

790 Cfr. ad esempio le morfologie dell'orlo dello stesso individuo di pithos **721** proveniente dal contesto abitativo del quartiere orientale oppure i disegni corretti, ma diversi sia rispetto alla morfologia, sia ai diametri, degli orli **405** e **406**, in realtà combacianti fra di loro.

tendenze numeriche comparabili fra contesti di natura diversa discusse infine nel capitolo 3.3.

3.2 Definizioni delle classi ceramiche

3.2.1 Definizioni morfologiche

Date le difficoltà di precisa identificazione delle morfologie dovute allo stato frammentario dei reperti e la diversificata nomenclatura delle forme nella ricerca[791] la suddivisione dei materiali è stata eseguita da un punto di vista principalmente funzionale. Le forme dunque, ad esempio, dedite alla preparazione, al servizio e al consumo di alimenti come le *scodelle* non sono distinte secondo le loro caratteristiche morfologiche o nomenclate sulla base dei loro diametri tra *ciotole, coppette* e *scodelle*. La nomenclatura scelta rispecchierà invece piuttosto un termine generale indicante in gergo soprattutto la funzione delle forme.

È stata effettuata la scelta di rappresentare graficamente pressoché la totalità del materiale morfologicamente riconoscibile conservato all'interno dei contesti. Questo permette, da un lato, una visione globale di quanto realmente sia attestato fra i materiali iatini, senza procedere a selezioni soggettive di tipo morfologico-tipologico. Dall'altro la rappresentazione grafica permette di presentare i rapporti tra le quantità di morfologie attestate nelle varie fasce cronologiche: quanto visibile all'interno delle tavole rispecchia le proporzioni di quanto realmente sia conservato morfologicamente. Si è omesso, tranne nel caso degli strati d'uso documentati, una quantificazione dei reperti su base morfologica a causa della natura dei rimanenti contesti (riempimenti) e i limiti dati dalla frammentarietà del materiale.

3.2.1.1 Criteri di classificazione delle forme aperte

3.2.1.1.1 Bacini / Scodelloni / Mortai

Le forme aperte con diametri d'orlo maggiori ai 25 cm (riferibili altrimenti a *scodelle*) sono definiti *bacini, scodelloni o mortai* a dipendenza dell'andamento della vasca e della presenza o meno di beccucci di versamento (**161–202**). Le forme, quando conservate, presentano grandi prese, generalmente *non* forate[792], rispetto alle attestazioni sulle *scodelle* e *coppe/scodelle* di bugne di piccole dimensioni forate. La loro funzione è adibita alla preparazione e al servizio di derrate alimentari[793]. I bacini presentano ampie vasche emisferiche, poco profonde, con orli generalmente ispessiti a sezione triangolare attestati in varie angolazioni[794]. La morfologia dell'orlo dei bacini è comune anche per le forme a vasche profonde, definite dalla ricerca come *scodelloni*[795]. A dipendenza dello stato di frammentazione del reperto – soprattutto riferito alla conservazione dell'andamento della parete sottostante l'orlo – non risulta possibile suddividere le morfologie fra vasche emisferiche profonde (*scodelloni*) e poco profonde (*bacini*)[796]. Analoga morfologia dell'orlo è attestata anche per i *mortai*: forma presente con sicurezza fra i reperti di Monte Iato testimoniata da **202** grazie alla conservazione del beccuccio di fuoriuscita per eventuali liquidi createsi dal pestamento di vegetali. Il reperto non denota una superficie interna ruvida altrimenti tipica per queste morfologie[797].

L'impossibilità di distinzione fra le morfologie dei *bacini*, degli *scodelloni* e dei *mortai*, quando conservati unicamente in stato frammentario dell'orlo hanno creato la necessità di visualizzazione e trattazione unitaria delle morfologie all'interno del volume (**161–202**). Le funzioni delle tre morfologie sono strettamente analoghe e dedite alla preparazione ed eventuale servizio di derrate alimentari. Le specifiche forme, quando distinguibili, sono precisate all'interno delle singole voci del catalogo.

3.2.1.1.2 Scodelle / Fruttiere

Le forme aperte, carenate o meno, di dimensioni medio-piccole, con diametri compresi entro i 25 cm[798] sono definite come scodelle o coppe/scodelle (**203–398**). Si omette una suddivisione supplementare lessicale secondo criteri di rapporti proporzionali fra il diametro dell'orlo e l'altezza della forma, proposti in

791 Nonostante il contributo di Caterina Trombi, suddividente una cospicua quantità di materiali in morfologie definite con chiare nomenclature, i materiali iatini non sempre sono identificabili all'interno della tipologia morfologica sviluppata dalla studiosa, ragione per la quale un'attribuzione unicamente sulla base delle nomenclature di Trombi 2015 non è possibile.

792 Blasetti Fantauzzi 2018, 90. All'interno dei materiali iatini è attestato un esemplare con foratura obliqua verso l'esterno funzionale alla sospensione della forma: **165**.

793 La funzione di servizio viene aggiunta alle definizioni già fornite da Blasetti Fantauzzi 2018, 90 e da Serra 2016, 41. Argomentazione a favore di un loro eventuale utilizzo di servizio sono la presenza, oltre ai bacini acromi, di esemplari decorati, possibilmente utilizzati per il servizio di derrate alimentari in occasioni di pasti collettivi.

794 Termini 2003, 240 tipo 5 nn. C51. C52.

795 Termini 2003, 235–241; Trombi 2015, 46–51 forma B.

796 In particolare, si veda **170** (bacino) e **171** (scodellone).

797 Villing – Pemberton 2010, 565 per il caso dei mortai corinzi del VI sec. a.C. Fra tutti i materiali visionati e documentati non sono stati ritrovati frammenti con superficie interna ruvida, indicanti un intenzionale processo tecnico nella produzione della forma in funzione dell'utilizzo della morfologia come mortaio. Il processo tecnico sembra dunque essere assente dalle produzioni protostoriche, arcaiche e classiche di Monte Iato.

798 Definizioni in base alla forma integra, ad esempio secondo Semeraro – Notarstefano 2004, 181: diametro massimo/diametro orlo <1.5; diametro massimo/altezza totale >1 sono unicamente saltuariamente utilizzabili vista l'alta frammentazione del materiale.

altri studi[799], a causa dello stato di conservazione dei reperti – in parte altamente frammentari.

Il termine implica la determinazione della *funzione* del vaso dedito al servizio e al consumo di alimenti – omettendo un valore potorio, lessicalmente espresso altrimenti dal termine *coppa*[800].

La determinazione della *funzione* dei vasi, oltre ad essere un tema assai dibattuto soprattutto nel difficile caso di reperti frammentari[801], risulta in rapporto alla produzione *indigena* di particolare importanza, visto l'interesse conferito all'archeologia di consumo e alle suddivisioni in categorie funzionali dei materiali[802]. La terminologia fra i frammenti di *scodelle* è stata dunque differenziata da un punto di vista funzionale secondo la morfologia dell'orlo. Una forma adibita ad uso potorio non può morfologicamente presentare una tesa orizzontale, un orlo nettamente ingrossato verso l'interno e/o esterno, un orlo fortemente rientrante, una parete rientrante con orlo retto, un orlo con labbro pendulo o infine uno spessore dell'orlo superiore a 0.8 cm. Nei primi cinque casi difatti il liquido fuoriuscirebbe incontrollato dai lati del viso, mentre nell'ultimo uno spessore maggiore può essere considerato come non gradevole per un uso potorio[803].

Nel presente volume sono dunque definite *scodelle* le forme aperte carenate o meno, di dimensioni medio-piccole, con diametri compresi entro i 25 cm presentanti morfologie d'orlo non idonee ad un utilizzo potorio del reperto. La loro funzione è adibita sia al servizio e al consumo di cibi solidi e liquidi[804], tramite l'utilizzo di un cucchiaio[805], sia ad un eventuale trasformazione di cibi quando il diametro della forma lo permette.

Per tutte le altre morfologie dal possibile utilizzo potorio secondo la morfologia dell'orlo il termine utilizzato è quello di *coppa/scodella*. In questo caso si presuppone una possibile multifunzionalità della forma – preparazione, servizio e consumo di derrate alimentari, così come consumo di bevande – ben documentata anche in esempi etnoarcheologici[806].

Oltre alle *scodelle* definite come forme adibite alla preparazione, servizio e consumo di alimenti con diametri minori ai 25 cm sono presenti, soprattutto nel contesto del riempimento ad est della casa a peristilio I (*ante* 600 a.C.), morfologie conservate unicamente da frammenti d'orlo riferibili forse a *"fruttiere"* e/o morfologie su alti piedi a tromba[807] (**203–229. 270**). In questo caso, vista la presenza delle stesse morfologie anche con fondi piani[808] – dunque riferibili a scodelle – una distinzione più precisa delle morfologie non sembra possibile, soprattutto considerando le variazioni morfologiche possibili dalla tecnica di modellazione a mano e/o a tornio lento di tali forme.

3.2.1.1.3 Forme aperte – possibili forme potorie

Definite come possibili forme potorie sono tutte le morfologie aperte di piccole-medie dimensioni presentanti una morfologia d'orlo adatta ad un uso potorio della forma (**399–436**). All'interno della categoria si è tentato di valorizzare la gamma di morfologie attestate all'interno dei contesti di possibili forme utilizzate ad uso potorio prettamente *indigeni*. La scelta è stata svolta vista la tendenza all'interno della ricerca di valorizzare le presenze potorie d'importazione, sminuendo forse le gamme morfologiche invece attestate dalle produzioni *indigene* di pari funzione[809]. In questa categoria sono dunque

799 Per la classe della ceramica dipinta: Gargini 1995, 115 (Entella); Campisi 1997, 152 (Montagnola di Marineo); Tardo 1999a, 153 (Colle Madore); Campisi 2003, 158–186 (Monte Maranfusa); Trombi 2015, 33. 35. 46. 56. 61 (Sicilia occidentale); Hoernes 2013.

800 Approccio analogo in Serra 2016, 35 e Blasetti Fantauzzi 2018, 40–41 (scodelle). 82–83 (tazze attingitoio). 90–91 (bacini) proponendo un lessico basato sulla funzionalità delle forme. La differenziazione di lessico fra *coppe* e *scodelle* inoltre è stata nella ricerca spesso basata su criteri metrici di dimensioni dei vasi e non sulla base della funzionalità nella forma. Cfr. anche Semeraro – Notarstefano 2004, 170.

801 Sulla problematica della terminologia: Semeraro – Notarstefano 2004. Sullo studio funzionale della ceramica e sulle possibili metodologie di analisi per determinare la funzione delle forme: Notarstefano 2012.

802 *Sactuaries and the Power of Consumption*, in particolare: Kistler – Mohr 2015; Anche: Kistler – Mohr 2016.

803 Si escludono utilizzi potori "a versamento dall'alto" ritenuti esclusivamente, per logica moderna, occasionali. Per un esempio etnoarcheologico considerante la morfologia dell'orlo come importante criterio per le forme potorie: Smith 1985, 277 nota 25.

804 Serra 2016, 36; Blasetti Fantauzzi 2018, 40–41 definite unicamente per un consumo di cibi solidi. Blasetti Fantauzzi aggiunge la precisazione: *"mentre se il diametro è più grande anche per la trasformazione di cibi"* (Blasetti Fantauzzi 2018, 41).

805 Non attestati direttamente nella cultura materiale ma presupponibili vista la presenza di cucchiai in bronzo sull'isola e l'attestazione di cucchiai in legno in ambito alpino durante l'età del ferro. Per un frammento fittile interpretato come cucchiaio da Sabucina: Sedita Migliore 1981, 25 fig. 6c; per un cucchiaio fittile da Mokarta: Mannino – Spatafora 1995, 88–89 fig. 23.

806 Skibo 1999, 6–7; Arnold 1999, 169–170; Skibo – Blinman 1999, 182. La determinazione della funzionalità di morfologie vascolari può essere precisata grazie all'analisi chimica dei residui assorbiti all'interno del corpo ceramico privo di rivestimento interno (per le varie tecnologie di analisi: Notarstefano 2012, 21–22). Esse possono individuare la presenza di lipidi e proteine delle sostanze cucinate e/ o conservate all'interno della forma. L'interpretazione dei risultati è però resa particolarmente difficile se all'interno della stessa forma fossero venute a contatto sostanze diverse (problematica della plurifunzionalità di una forma ceramica): Cfr. Notarstefano 2012, 23 con nota 82.

807 *"Fruttiera"* secondo Fatta 1983, 133 tav. 6; *"Coppe su alto piede"* secondo Amari 2004, 131–136; *"Scodelle su alto piede a stelo o "fruttiere""* secondo Trombi 2015, 67–74 forma E tavv. VII–X.

808 Trombi 2015, 67. Fatta 1983, 131 tav. 4 rispetto alle morfologie degli orli di fruttiere a tav. 6;

809 Da questo punto di vista è da ricordare la possibile presenza di forme potorie anche in materiale organico. Per l'attestazione di legno in reperti archeologici arcaici provenienti dalla Sicilia, in

presenti più morfologie oltre ai reperti d'imitazione e d'adattazione di forme potorie d'importazione (**407–409. 411. 423–427. 430–435**): dai *bicchieri*[810] (**401. 428**), ai *"boccali"* di piccole dimensioni definiti anche *olle di piccole dimensioni*[811] (**399–400. 429**) alle *coppette*[812] (analoghe alle *tazze-attingitoio* se prive di fondo), ad alcune *pissidi su piede a stelo*[813] (analoghe alle *olle di piccole dimensioni*), a delle *scodelle*[814] (**402** (Tipo Trombi A2); **403–404** (Tipo Trombi A1/A2); **418–419** (Tipo Trombi A1 / CC1); **416–417** (tipo Trombi B2); **420** (Tipo Trombi C3); analoghe alle *tazze-attingitoio* nel caso del tipo Trombi A3, **410**), ai *vasi su piedi a stelo*[815] con supplementari anse (**436**) e alle morfologie delle *tazze* intese come le forme **405/406**, **412–415**, **421–422**. Quest'ultime sono state inserite all'interno degli studi morfologici già eseguiti per altri siti nella categoria di *tazze-attingitoi* esclusivamente per la classe a decorazione geometrica dipinta[816]. La morfologia invece appare analoga anche tra i materiali protostorici (**405/406**) con rivestimenti a stralucido definite altrimenti *tazze carenate*[817] così come tra le ceramiche con rivestimenti omogenei e trattamenti delle superfici lisciate (**412**) e in varianti acrome (**414. 421**). La multifunzionalità della forma – sia come forma potoria, sia come attingitoio – sembra essere pertinente, vista la presenza dell'ansa nella maggior parte dei reperti meglio conservati (**413**)[818]. Vista la funzione delle *tazze-attingitoi* come possibili forme potorie, esse saranno ritrovabili all'interno del catalogo in questa categoria.

All'interno della selezione è possibile inserire anche una serie di morfologie di attingitoi con alto labbro (v. *infra*) a decorazione incisa e impressa[819] – raggruppati fra questa nomenclatura di forme per permettere una ricerca di confronti da parte di terzi più agevole. Escluse dalla selezione all'interno di questa categoria sono tutte le coppe/scodelle lasciate all'interno delle tavole delle scodelle per mostrare con più precisione gli andamenti morfologici delle pareti e degli orli: le uniche forme di coppe/scodelle inserite sono quelle aventi diametro minore ai 13 cm ritenute morfologicamente molto piccole e dunque dedite, eventualmente, ad uso esclusivo potorio (**402–404. 416–420**[820]).

3.2.1.1.4 Attingitoi

All'interno del volume saranno definiti *attingitoi* le morfologie mostranti diametri compresi tra i 15 e i 20 cm con vasca segnata nella parte superiore da una netta carenatura e alto labbro (**437–469**). All'interno dei contesti iatini sono presenti anche morfologie a fondo piano (**448**) accanto alle ben note morfologie a fondo convesso (**449. 464–469**). La funzionalità della forma, anche in questo caso, sembra dipendere dalla morfologia specifica del labbro: negli esemplari **437–441**, **443**, **450**, **452–454**, **458–459**, **463**, **469** sembra poter essere possibile un loro utilizzo come forma potoria. Gli esemplari invece a tesa orizzontale oppure leggermente incavato (**442. 461–462**) sembrano invece essere attinenti piuttosto ad un loro utilizzo come forma per attingere liquidi da morfologie di più grandi dimensioni[821]. Il reperto **457**, morfologicamente attribuibile ad un attingitoio, è riferibile ad un'esemplare di grandi dimensioni: lo spessore della forma (1.0–1.1 cm) esclude un suo utilizzo potorio.

La presenza di un'ansa è unicamente attestata per **437**, **448**, **465** e **469**. L'unico esemplare con ansa pressoché integra (**469**), indica una morfologia a bastoncello non sormontante.

3.2.1.1.5 Vasi da mescita

Definiti come vasi da mescita sono tutte le morfologie aperte di grandi dimensioni possibilmente adibiti ad un utilizzo come vaso da mescita (**470–483**).

La morfologia di **475** appare essere particolarmente interessante. Essa corrisponde alla morfologia di Caterina Trombi *Vasi a calice su piedi a stelo*[822], possibilmente interpretabili come forme potorie date le dimensioni dell'orlo tra i 10 e i 15 cm di diametro. La morfologia **475** invece presenta 37 cm di diametro nel punto più ampio escludendo una sua correlazione ad un vaso potorio. Sembra piuttosto trattarsi di un fenomeno visibile anche in altre classi ceramiche meglio documentate di ampliamento a grandi dimensioni di morfologie ad uso solitamente potorio adibite verosimilmente a vasi da mescita[823].

questo caso riferite probabilmente a manici di coltelli: Terranova – Lo Campo 2003, 283–284 (Colle Madore). Per forme potorie in materiale organico dell'età del ferro in ambito alpino: Rey 2000.

810 Trombi 2015, 410 tav. X tipo *I*H1-2.

811 Trombi 2015, 432 tav. XXXII tipo *D*L2.

812 Trombi 2015, 405 tav. V tipo *I*C2

813 Trombi 2015, 423 tav. XXIII tipo *I*U2

814 Tipi A1–A2: Trombi 2015, 453 tav. LIII; tipi A2–A3: Trombi 2015, 426 tav. XXVI; tipo B2: Trombi 2015, 455 tav. LV; tipi C3. CC1: Trombi 2015, 429 tav. XXIX.

815 Trombi 2015, 450 tipi *D*T1–3 tav. L.

816 Trombi 2015, 429 tipi *D*D1-2 tav. XXIX; Serra 2016, 121–122 tipo A Variante 1 nn. 165–172 tavv. 21, 1–8. 22, 1–3.

817 D. Tanasi in: Panvini et al. 2009a, 53 no. 31; Leighton 1993, no. 168 tav. 35; nn. 171–175 tav. 36; no. 176 tav. 37 (elenco esemplificativo).

818 Analoghe le conclusioni tratte anche in: Blasetti Fantauzzi 2018, 82; Serra 2016, 42 rispetto alla multifunzionalità della forma.

819 **437–441. 443. 450. 452–454. 458–459. 463. 469.**

820 Nel caso di **416–417** con diametro non determinabile è stato utilizzato il supplementare criterio dello spessore delle pareti inferiore a 0.4 cm.

821 Analisi gascromatografiche effettuate per l'attingitoio **469.**

822 Trombi 2015, 90 no. 921 forma T1 tav. L; Trombi 2015, 90 no. 923 forma T2 tav. L.

823 Per l'uso di skyphoi attici del *Heron Class* come vasi da mescita: Lynch 2011, 121. Per un esemplare *indigeno*, d'adattazione di

Di funzione analoga sono verosimilmente i reperti d'imitazione di crateri a colonnette in ceramica a decorazione dipinta (**477–479** e verosimilmente **480–482**). I frammenti **480–481** attestano sicuramente la presenza di almeno due vasi da mescita diversi provenienti dalla stessa bottega vascolare (utilizzo dello stesso stampo per il motivo a cerchielli concentrici). Il frammento di parete **482** potrebbe forse invece appartenere ad uno degli altri due vasi presenti, seppure questo non sia accertato per quanto riguarda l'impasto.

Il reperto **483** attesta, infine, una morfologia ricordante un *dinos* con diametro di 24 cm. Privo di confronti puntuali e morfologicamente non riferibile ad una scodella si propone una sua funzione di vaso da mescita.

All'interno delle forme da mescita è possibile inserire per le fasi cronologiche da ca. il 630/620–540 a.C. provenienti dal contesto dell'edificio nel quartiere orientale anche dei frammenti di piede eccezionalmente di grandi dimensioni (**492–495**) possibilmente adibiti a forme aperte di altrettante grandi dimensioni. Un'analoga funzione è verosimilmente attribuibile anche ai frammenti di piede **499–501** proveniente dal contesto di riempimento adibito al piano di calpestio di prima fase dell'edificio ad oikos (ca. fine VII sec. – 500/490 a.C.).

3.2.1.1.6 Vasi su alti piedi

I frammenti riferibili a morfologie su alti piedi *"a gambo"* possono essere riferiti a forme aperte o eventualmente chiuse. Fra i materiali indagati non è stato possibile trovare associazioni dirette con frammenti d'orlo (**484–502**).

Nel caso dei reperti **484–489** è probabile un'associazione con frammenti di *scodelle/"fruttiere"* (**203–214**) oppure di *"pissidi su alto piede"* (**221–227**). I frammenti di grande dimensione, attestati da **491–496**, **498–501** potrebbero essere riferiti a forme aperte, eventualmente da mescita, oppure a forme da stoccaggio particolarmente rappresentative[824]. Per i frammenti inerenti a forme di piccole-medie dimensioni (**490. 497. 502**) l'attribuzione resta indeterminata. Vista l'attestazione unicamente di frammenti di piedi, non è accertata, per nessuno dei reperti, la ricostruzione morfologica o la funzione attestata dal materiale.

3.2.1.1.7 Fondi di forme aperte riferibili a scodelle, forme potorie o attingitoi

Distinguibili dai frammenti di alti piedi *"a gambo"* sono i fondi di morfologie aperte riferibili a scodelle, forme potorie o attingitoi (**503–521**). Le tipologie attestate dai reperti iatini si riferiscono unicamente a fondi piani (**503–516**) e leggermente concavi (**517–521**).

3.2.1.2 Criteri di classificazione delle forme chiuse

3.2.1.2.1 Askoi

Alcuni frammenti all'interno dei contesti indagati sono riferibili a degli askoi (**522–532**). La forma, come definito da Fatta[825] e in seguito Trombi[826], sono riferibili a forme chiuse di piccole-medie dimensioni con becco/collo e un filtro a crivello. Le morfologie erano verosimilmente adibite al contenimento e al servizio di *"un liquido o un infuso le cui impurità erano trattenute dal crivello"*[827]. I loro ritrovamento sia in insediamenti che in necropoli lascia pressupporre un utilizzo sia nella sfera quotidiana che in quella eventualmente votiva durante delle cerimonie funebri[828].

La morfologia è attestata fra i frammenti di Monte Iato tramite frammenti di collo obliquo (**525–528**), frammenti di parete (carenate: **522–524**; riferibile all'area dell'ansa: **530**; lenticolare: **531**; area del crivello: **532**) e frammenti di piedi a tromba (**529**).

Fatta eccezione per **532** riferibile ad una forma decorata in dipinta monocroma, tutti i frammenti attestano una decorazione incisa e/o impressa.

Le morfologie attestate, quando lo stato di frammentazione permette di indicarlo, sembrano essere molteplici. I frammenti di parete carenate **522–524** sono riferibili alla tipologia K1 di Fatta[829] e R2 di Trombi[830] di askoi carenati. I frammenti di collo (**525–528**) attestati potrebbero verosimilmente anch'essi appartenere alla stessa tipologia di forma[831]. Il frammento di piede a tromba **529**, nonostante il suo stato di conservazione altamente frammentario, potrebbe appartenere a forma a configurazione zoomorfa (tipo R5 di Trombi[832]), essendo le uniche morfologie pre-

uno skyphos, ma di dimensioni notevolmente maggiori: Reusser et al. 2016, 71 tav. 8, 4 (K 21253); Mohr in preparazione, no. 34. Per esemplari in *ceramica grigia* provenienti dall'insediamento di Spina risalente al primo quarto del IV sec. a.C.: Mistireki 2023, 174. 287 nn. 310. 311 tav. 20.

824 Cfr. Panvini 2006a, 57 no. 3234 con attacco di alto piede.

825 Fatta 1983, 62–63.

826 Trombi 2015, 122 (forma R).

827 Fatta 1983, 62.

828 Fatta 1983, 62; Trombi 2015, 122.

829 Fatta 1983, 63–64 nn. 276–279. 286–287 tav. 20.

830 Trombi 2015, 123–124 nn. 1052. 858 tav. XXI.

831 Data la rarità degli askoi a corpo piriforme attestanti colli cilindrici della tipologia Trombi R4 (Trombi 2015, 124 no. 764 tav. XXI) si predilige un'attribuzione dei frammenti iatini a forme carenate, seppure non sia esclusa una loro attribuzione alla morfologia piriforme.

832 Trombi 2015, 124–125 no. 1090 tav. XXI.

sentanti questa tipologia di piede. Il frammento **530** appartenente all'area nelle vicinanze dell'ansa (verosimilmente ad archetto semicircolare) sembra invece attestare una morfologia lenticolare corrispondente al tipo K2 di Fatta[833] e alla forma R3 di Trombi di askos con becco a crivello[834]. Il frammento di spalla **531** sembra essere ugualmente riferibile, visto l'andamento non carenato della parete, alla stessa tipologia di askos lenticolare K2 di Fatta e R3 di Trombi. Infine, come unico frammento attestato in dipinta monocroma, la morfologia di **532** non è più precisamente individuabile. La presenza di due fori del crivello, l'attacco del collo e l'andamento della parete verosimilmente tendente all'orizzontale indicano, ciò nonostante, un'appartenenza ad un askos piuttosto che ad una brocca a filtro[835].

3.2.1.2.2 Brocche

All'interno del volume vengono definite *brocche* tutte le forme da tavola adibite al servizio di liquidi di piccole-medie dimensioni (**533–562**). La morfologia specifica del corpo o la formazione dell'orlo non ha influsso sulla terminologia scelta. Vengono precisate le forme con orlo trilobato (**534–535. 539. 541. 550–552. 556–559**) o a bocca circolare (**561**), quando conservate. Vista la sconosciuta e diversificata funzione specifica di questi vasi, da servizio di bevande ma senza la specifica attribuzione del contenuto, si predilige omettere il termine *oinochoe* per le forme di produzione *indigena* con orlo trilobato. I fondi, quando riferibili con sicurezza alla morfologia, sono piatti (**549**), concavi (**559**) e concavi profilati (**557. 560**).

Le anse, impostate verticalmente, si presentano a bastoncello (**533. 547–548. 560**), a nastro (**550–551. 559. 561**) e bipartite (**557**).

3.2.1.2.3 Anfore e idrie

Per definizione le idrie si contraddistinguono per la presenza di tre anse e la loro funzione di contenitori per il trasporto, il servizio e la conservazione dell'acqua[836]. Nel caso delle ceramiche delle classi *indigene* è necessario ampliare la definizione a tutte le tipologie di bevande, visti i risultati delle analisi di gascromatografia eseguiti su di un'idria in *ceramica a decorazione dipinta* K 24680 proveniente dall'edificio K di Monte Iato, rilevanti come contenuto della forma un liquido prodotto dalla fermentazione di cereali[837].

La funzione dedita al servizio è nel caso delle ceramiche *indigene* verosimilmente attribuibile ad un ambito preparatorio effettuato non necessariamente di fronte a commensali. Le grandi dimensioni attestate dai numerosi reperti noti in insediamenti anellenici di produzioni locali creano la necessità di più persone agenti per inclinare la forma ceramica quando colma di liquido. Il liquido, probabilmente, veniva trasferito in brocche di più piccole dimensioni, prima dei pasti, attribuendo alla forma dell'idria una funzione primaria di stoccaggio.

Le anfore a fondo piano di produzioni *indigene* presentano le stesse funzionalità delle idrie e soprattutto le stesse morfologie[838]. L'unico elemento distintivo è la presenza della terza ansa impostata verticalmente sulle idrie (**584. 598. 614. 618**) rispetto alla presenza di unicamente due anse orizzontali speculari ai lati delle anfore. Vista l'impossibilità di differenziazione fra le due forme in presenza di stati di conservazione frammentari, si predilige la doppia denominazione di *anfora/idria* ben accettata dalla ricerca[839] (**563–618**).

3.2.1.2.4 Forme da stoccaggio di medie-grandi dimensioni

Visto l'alto grado di diversità negli stati di conservazione dei reperti – orli, pareti e fondi di morfologie diverse – sono stati raggruppati da un punto di vista morfologico tutte le forme inerenti a delle morfologie chiuse, adibite allo stoccaggio o di liquidi o di aridi non riconoscibili con sicurezza come anfore e/o idrie oppure come pithoi di grande dimensione (**619–666**). Fra questi, le morfologie attestate sono molteplici. Lo strato di conservazione dei reperti, in parte altamente frammentari, non permette sempre una nomenclatura più precisa delle forme (cfr. catalogo). All'interno della categoria sono state raggruppate anche le forme da stoccaggio mobili – talvolta denominate dalla ricerca come *pithoi*, *dolii* o *orci*[840] (**622. 629. 640. 655. 663. 666**). La notevole differenza di dimensioni fra i reperti iatini ha portato alla differenziazione fra forme troppo grandi per essere trasportate facilmente a mano – dunque verosimilmente istallate in fosse di alloggiamento come quelle

833 Fatta 1983, 64 «askos lenticolare a becco» no. 291 tav. 20.
834 Trombi 2015, 124 no. 1136 tav. XXI.
835 Per gli askoi a decorazione dipinta: Trombi 2015, 125 tav. XLVIII (forma R3, [Museo di Agrigento]). Trombi 1999, 284 nn. R2. R3 tav. LXXXVII. Il frammento **532** sembra piuttosto appartenere ad una tipologia R2-R3 di Trombi 1999.
836 Diehl 1964, 1; Campisi 2003, 193 nota 50.
837 Mohr – Notarstefano 2017; Mohr in preparazione.
838 Per ulteriori criteri descrittivi morfologici: Serra 2016, 46 con nota 55.
839 Campisi 2003, 193 con nota 50; Biagini 2008a, 151; Serra 2016, 46; Blasetti Fantauzzi 2018, 105.
840 Termini 2003, 248 (*pithoi e orci*); Campisi 2003, 203–204 nn. D 240–D 242 fig.196 (*orci*); 204–205 nn. D 243–D 244 figg. 197–198 (*pithoi* – seppure no. D 244 sia alto solo 71 cm); Serra 2016, 51 nn. 314–320 (*pithoi*); Tardo 1999a, 151 no. 174 figg. 152. 157 (*pithos* – altezza: 63 cm); Trombi 2015, 94–97 forma N con nota 285 per la nomenclatura (*Dolii*).

ritrovate nell'edificio 1 dell'agorà (fig. 37) – e quelle invece di piccole-medie dimensioni, facilmente trasportabili anche a mano e dunque con posizione di stoccaggio variabile. Le dimensioni per presupporre uno spostamento 'agevole' della forma in varie posizioni sono definite con altezza della forma pari o minore a ca. 1 m. La nomenclatura di queste morfologie scelta nel catalogo rispecchia quanto già pubblicato: pithoi di piccole-medie dimensioni / dolii / orci.

Nel caso del pithos di piccole dimensioni **663** la morfologia presenta inoltre protomi cuspidate forate verticalmente. Esse possono essere state aggiunte non unicamente per questioni decorative ma bensì anche per questioni funzionali inerenti a un loro trasporto per brevi tratti tramite funi oppure un loro stoccaggio per brevi periodi in sospensione orizzontale[841].

Verosimilmente concepite invece come morfologie da stoccaggio fisso in sospensione orizzontale sono i reperti **632–633**, **637** e **661**. L'espediente è probabilmente funzionale alla protezione degli alimenti in essi contenuti da roditori e blattoidei.

3.2.1.2.5 Fondi di forme chiuse riferibili a brocche e forme da stoccaggio di medie-grandi dimensioni

I frammenti di fondi di forme chiuse sono stati elaborati unitariamente poiché non sempre distinguibili con sicurezza fra fondi riferibili a brocche oppure a forme da stoccaggio (**667–715**). Il criterio del diametro può infatti solo marginalmente essere utilizzato per distinguere le morfologie data la presenza fra i reperti di forme di stoccaggio anche relativamente piccole (**623–625. 633. 660–661**).

Un criterio di distinzione è stato elaborato sulla base della decorazione presente o meno sul fondo inferiore della forma. I frammenti di fondi di forme chiuse di media dimensione (ca. tra gli 8 e il 12 cm di diametro) attestanti decorazioni sulla superficie inferiore sono riferibili, verosimilmente, a forme da servizio da tavola (**667. 670–671. 679. 685–686. 692. 696. 698–700. 703. 710. 713**).

Oltre ai confronti morfologici provenienti da altri siti attestanti forme in stato di conservazione migliori – riferibili a brocche[842] – anche l'attestazione di colore sulla superficie inferiore indica un verosimile utilizzo della forma chiusa "in movimento" consentendo così una visione della decorazione sul fondo durante il versamento dei liquidi all'interno delle forme potorie.

Nel caso invece dei segni incisi attestati da **693** e **711** i simboli potrebbero essere attinenti anche a marchi di produzione del vasaio e dunque non necessariamente apportati a scopo decorativo[843].

Non si sono ritrovati fondi di dimensioni superiori ai 12 cm riferibili verosimilmente a forme chiuse di dimensioni più grandi con dipinture sul fondo.

Per queste ragioni si tende ad escludere un'attribuzione delle dipinture sul fondo come segni di produzione del vasaio, vista la gamma morfologica limitata attestante una decorazione in tale posizione.

3.2.1.2.6 Pithoi

I contenitori di grandi dimensioni, adibiti verosimilmente allo stoccaggio di alimenti aridi, sono definiti come pithoi quando attestanti un'altezza di ca. più di un metro o degli spessori delle pareti tali da immaginarsi un contenitore di tali dimensioni (**716–733**). La dimensione della forma non permette più uno spostamento 'agevole' della morfologia presupponendo un luogo di stoccaggio predefinito all'interno degli ambienti con eventuali fosse di alloggiamento, come quelle ritrovate all'interno dell'edificio 1 nel quartiere dell'agorà (fig. 37).

Le morfologie, quando meglio conservate, indicano modellazioni a mano della forma, orli a tesa orizzontale (a profilo angolato: **721**, **731**; ad estremità arrotondate: **729**; orlo espanso lievemente ispessito, superiormente arrotondato e sagomato internamente mediante concavità: **726**; orlo poco espanso e leggermente pendulo a sezione quadrangolare: **732**) e alti orli distinti (**718. 722**).

Le forme possono presentare prese cuspidate (**723. 732**) e anse verticali a nastro (**730**). Le anse possono essere state aggiunte non unicamente per questioni decorative – a differenza verosimilmente delle prese cuspidate – ma per questioni funzionali inerenti a un loro trasporto per brevi tratti tramite funi[844].

3.2.1.2.7 Pissidi

Fra i materiali è stato possibile individuare frammenti di forme chiuse con orli analoghi a quelli delle olle, ma di diametro inferiore agli 8 cm[845], interpretabili, come già suggerito da Alfonsa Serra per i materiali di Segesta[846], a delle pissidi[847] (**734–740**). Le morfo-

841 Per il reperto **663** cfr. 2.3.3.1 *Analisi dell'inventario.*
842 L. Sole in: Panvini – Sole 2009a, 87 no. VII/44.

843 Ferreri 2012, 252 nota 27; Albanese Procelli 2003, 86–87.
844 Giannopoulou 2010, 138.
845 Dm massimo d'orlo fra i materiali indagati: 7.3 cm (**739**).
846 Serra 2016, 51.
847 Le morfologie corrispondono alla forma L di Trombi (Trombi 2015, 81 tavv. XXXII–XXXIII *olle di piccole dimensioni D. orlo: 8/10 cm*; Trombi 1999, tipi L1a-b. L2a-c tav. LXXXIII). Di dimensione maggiore quelle attestate a Monte Maranfusa (Campisi 2003, 201 no. D 225 figg. 191–192 [*olla Dm: 12.6 cm*]; 201–202 no. D 227 figg.

logie, dedicate più verosimilmente al contenimento di effetti personali (liquidi o solidi) piuttosto che alimentari[848], attestano tipologie globulari (**735–737. 740**) così come stamnoidi (**734. 738–739**). Le morfologie *indigene* sembrano imitare quelle dei modelli d'importazione allogena all'isola[849].

La morfologia degli orli è unicamente attestabile con sicurezza su due frammenti: **739** presenta un orlo distinto a colletto verticale corrispondente – per quanto riguarda l'orlo – alla forma L2 di Trombi[850]; **735** orlo retto leggermente ingrossato e svasato verso l'esterno analogo alla forma L1 di Trombi[851] e alle varianti ritrovante a Segesta[852].

Quando attestate, le anse sono a nastro orizzontale impostate direttamente sulla spalla (**734. 738–740**)[853].

3.2.1.2.8 Coperchi

Fra il materiale iatino è stato possibile identificare forme attinenti a dei coperchi adibiti a vasellame in ceramica fine (**741–757**). Come già indicato dalla definizione lessicale del termine *coperchio* è un *"elemento che serve a chiudere l'apertura superiore di vasi o recipienti, fatto in genere dello stesso materiale di cui è fatto il recipiente, e di forma tale da combaciare perfettamente con l'apertura"*[854] oppure come indicato da Thesauros per la compilazione del campo OGTD nelle schede RA del Ministero per i beni e le attività culturali, Istituto centrale per il catalogo e la documentazione un *"Arnese, spec. di forma circolare, che serve per chiudere o coprire l'imboccatura di vasi, pentole, contenitori"*[855]. In questo senso, come già segnalato da Fatta, un coperchio non si tratta di una forma vascolare ma piuttosto di un elemento complementare di forme ceramiche chiuse aventi una funzione specializzata[856].

I frammenti sono contraddistinti da un mancato trattamento della superficie interna e una larghezza variabile della tesa d'appoggio. Non è stato possibile determinare con sicurezza le morfologie chiuse appartenenti ai coperchi, seppure queste siano verosimilmente adibiti a pissidi quando aventi diametro entro gli 8 cm[857] (**741–744. 747**. Dm indeterminato ma verosimilmente di piccole dimensioni: **754**). I coperchi attestanti diametri maggiori sono forse riferibili a forme chiuse da stoccaggio di medie-grandi dimensioni funzionali alla conservazione di derrate alimentari piuttosto che dediti ad oggetti ad uso personale (**746. 748. 752–753. 755–757**. Dm indeterminato ma verosimilmente di medie-dimensioni[858]: **745. 749–751**).

Le morfologie attestate sono molteplici. Fra i reperti sono presenti coperchi con orli arrotondati alle estremità (adibiti a morfologie più piccole: **744**; adibiti a morfologie più grandi: **755. 757**), orli leggermente svasati e arrotondati alle estremità (adibiti a morfologie più piccole: **741. 747**; adibiti a morfologie più grandi: **746. 750–751**), con orlo ingrossato (adibiti a morfologie più piccole: **742** con larga tesa d'appoggio; adibito a morfologie più grandi: **752** senza larga tesa d'appoggio; **748–749** con larga tesa d'appoggio), orli indistinti, leggermente appiattiti alle estremità (adibiti a morfologie più piccole: **743**; adibiti a morfologie più grandi: **745**), orli inferiormente piatti ed introflessi (adibiti a morfologie più grandi: **753**) e infine coperchi a calotta con orlo retto e presa a bottone (adibito a morfologie più grandi: **756**).

Le attestazioni di coperchi adibiti a forme in ceramica depurata sono rare all'interno delle pubblicazioni di riferimento[859]. Seppure fra i materiali provenienti dai contesti di Monte Iato vi siano reperti decorati, la morfologia del *coperchio* non appare negli studi di Trombi[860].

191–192 [*olla Dm: 15.2 cm*]; 202 D 228 fig. 192 [*olla Dm: 9.2 cm*]; 203 no. D 238 fig. 193 [*Dm: non ricostruibile*] ma attribuito alla tipologia L1a di Trombi 1999, tav. LXXXIII).

848 Serra 2016, 51 propone una funzione di contenitori per profumi o cosmetici. Secondo il thesauros dei Beni Culturali può contenere sia profumi che oggetti di toeletta (pisside in: http://www.iccd.beniculturali.it/getFile.php?id=168 [06.02.2022]).

849 Cfr. elaborazione della datazione della pisside stamnoide **739** nel capitolo 2.3.3.2.1 *Determinazione cronologica dei reperti.*

850 Trombi 2015, 82 no. 390 tav. XXXII (*ollette a corpo ovoide e orlo a colletto*).

851 Trombi 2015, 82 no. 232 tav. XXXII; Trombi 1999, tipo L1a tav. LXXXIII.

852 Serra 2016, 51. 136 nn. 309. 311. 312 tav. 35, 1–2. 5.

853 Con anse a nastro da Entella: Guglielmino 2000, 706 tav. CXXVIII, 1. 2.

854 https://www.treccani.it/vocabolario/coperchio/ (06.02.2022).

855 http://www.iccd.beniculturali.it/getFile.php?id=168 (06.02.2022). Definizione ripresa da: De Mauro, il dizionario della lingua italiana: http://www.demauroparavia.it/ (06.02.2022).

856 Fatta 1983, 64.

857 Il diametro dell'esemplare di pisside iatino più grande (**739**) è di 7.3 cm.

858 Non si esclude una loro funzione anche come coperchi di scodelle, vista la corrispondenza tra i diametri.

859 Coperchi in ceramica dipinta riferibili a pissidi: Panvini 2006a, 222 no. A (inv. MS 98). In ceramica incisa e impressa: Panvini 2006a, 222 no. B (inv. MS 89–99); per un eventuale pomello di coperchio di piccole dimensioni a decorazione impressa: Spatafora 2003c, 145 no. I 150 fig. 153; acrome: Panvini 2006a, 118 no. B tomba 180; per le versioni protostoriche: Anagnostou – Amari 2004, 111 no. XIX, 1 tav. XXVII fig. 95; 103 no. V, 41 tav. XXII; 112 no. VII, 2 tav. XXVIII; 115 no. X, 15 tav. XXX = Amari 2004, 161–162; Panvini 2006a, 169 no. A tomba 71; 181 no. C tomba 132.

860 Trombi 2015.

3.2.1.3 Exkursus: Fori di sospensione delle morfologie aperte e chiuse

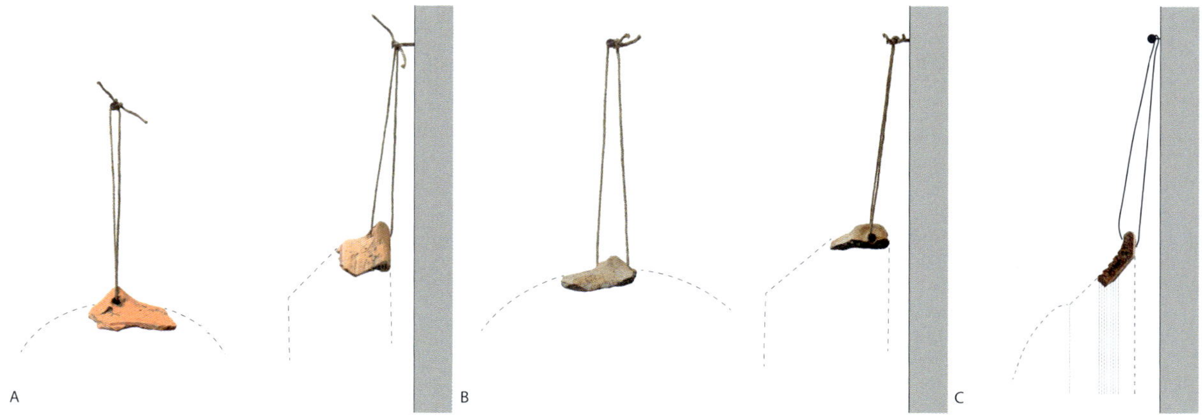

Fig 41: A) Foratura obliqua (angolo negativo) attraverso la bugna, visione frontale e laterale (**315**); B) Foro eseguiti in direzione orizzontale lungo la bugna. Visione frontale e laterale (K 29024, *fuori catalogo*); C) Attingitoio K 16960 (*fuori catalogo*) forato direttamente attraverso la tesa dell'orlo.

Un'indagine specifica è stata svolta osservando in dettaglio la presenza di fori funzionali allo stoccaggio in sospensione di morfologie aperte e chiuse[861].

Tra le forme aperte, quali scodelloni / bacini / mortai, scodelle, eventuali forme potorie e attingitoi sono presenti forature di diverso orientamento e posizionamento sul reperto[862]. Nella maggior parte dei casi le forature sono state effettuate attraverso una bugna triangolare apportata a mano su di un lato dell'orlo. Sia gli orientamenti delle forature sulle forme aperte, sia i reperti integri conservati in altri siti[863], mostrano che l'espediente fu apportato su di un unico lato della morfologia, e di conseguenza, fu concepito come un elemento funzionale allo stoccaggio in sospensione della forma alla parete (fig. 41)[864].

La modalità di stoccaggio in sospensione alla parete è stata utilizzata verosimilmente anche per morfologie con fondi concavi. Difatti, fori di sospensione passanti attraverso direttamente la tesa dell'orlo, sono stati ritrovati anche tra frammenti di attingitoi (fig. 41 c). In questo senso viene confermata lo stoccaggio delle forme con fondi verosimilmente convessi in sospensione, in questo caso con orientamento pendente verticale alla parete. La modalità di stoccaggio

861 Lo stato di conservazione dei reperti smentisce un'interpretazione dei fori come di riparazione: i frammenti di parete sono conservati in larghezze troppo ampie per dedurne questa funzionalità. Per dei fori di riparazione su materiali *indigeni*: F. Spatafora in: Spatafora – Vassallo 2002, 75 no. 137 (mortaio acromo).

862 Foro con orientamento acuto obliquo (**angolo positivo**): dal contesto di riempimento del VIII–VII sec. a.C., **165** (con bugna); dal contesto di seconda fase dell'edificio del quartiere orientale (ca. 570–540 a.C.), **253** (con bugna), **262** (con bugna); dagli strati erosi di prima o seconda fase dell'edificio orientale (ca. 630/620–540 a.C.), **280** (con bugna); dal contesto del riempimento adibito al piano di calpestio di prima fase dell'edificio ad oikos (*ante* 500/490 a.C.): **366** (con bugna); dal riempimento adibito al piano di calpestio della seconda fase dell'edificio ad oikos (500/490 – 480/470–60 a.C.): **393** (con bugna). Foro con orientamento acuto obliquo (**angolo negativo**): dal contesto di riempimento del VIII–VII sec. a.C., **217** (senza bugna), **236** (con bugna), **403** (con bugna); dal contesto del riempimento adibito alla costruzione dell'edificio A (*ante* 550 a.C.), **299** (con bugna), **307** (con bugna), **315** (con bugna), **322** (con bugna), **331** (con bugna), **353** (senza bugna, forato direttamente attraverso l orlo); dal contesto del riempimento adibito al piano di calpestio di prima fase dell'edificio ad oikos (*ante* 500/490 a.C.): **365** (con bugna); dal contesto dell'edificio 1: **398** (senza bugna, forato direttamente attraverso l'orlo). Foro con orientamento **verticale**: dal contesto di seconda fase dell'edificio del quartiere orientale (ca. 570–540 a.C.), **261** (con bugna); dagli strati erosi di prima o seconda fase dell'edificio orientale (ca. 630/620–540 a.C.), **274** (con bugna); dal contesto del riempimento adibito alla costruzione dell'edificio A (*ante* 550 a.C.), **298** (con bugna), **336** (senza bugna, forato direttamente attraverso l'orlo); dal contesto del riempimento adibito al piano di calpestio di prima fase dell'edificio ad oikos (*ante* 500/490 a.C.): **363** (con bugna). Foro eseguiti in direzione **orizzontale**: dal contesto del riempimento adibito al piano di calpestio di prima fase dell'edificio ad oikos (*ante* 500/490 a.C.): **367** (con bugna), **374** (con bugna), **376** (con bugna).

863 Per reperti integri con l'attestazione di una sola bugna forata: Campisi 2003, 175 no. D 107 figg. 164. 168 (Monte Maranfusa); Adamesteanu 1958, 350 sepoltura 64 no. 7 fig. 98 (in alto al centro [Butera]). Altri confronti da Monte Maranfusa interpretati con una sola presa a bugna: Campisi 2003, 166 no. D 43 fig. 165; 168 no. D 46 fig. 165; 175 no. D 107 fig. 168; 178 no. D 126 fig. 170; 181 no. D 141 fig. 170; 181 no. D 144 fig. 171. Da Entella: Gargini 1995, 125 no. 5 fig. 12; 128 no. 19 fig. 14; Falsone et al. 1993, 173 no. 2 figg. 24. 28; 176 no. 10 figg. 26, a–b. 29; 184 no. 45 fig. 35; Guglielmino 2000, 706 tav. CXXV, 5. Da Segesta: Biagini 2008a, 149–150 no. 20 tav. II. Da Morgantina: Leighton 1993, 163 no. 9 tav. 64. Da Monte Triona: Spatafora et al. 2009, 653–654 nn. 7. 27. 49. 51 fig. 460.

864 Per uno stoccaggio in sospensione pendente dal soffitto, sono necessari due o più punti forati sulla morfologia. Sulle forme aperte non sono testimoniate, all'attuale stato della ricerca, molteplici forature su di uno stesso reperto, escludendo una funzionalità di sospensione della forma con orientamento orizzontale dal soffitto. Attraverso le bugne, inoltre, sono testimoniate forature in direzione obliqua, verticale ed orizzontale. La morfologia della bugna, indifferentemente dall'orientamento della foratura, non permette uno stoccaggio delle forme aperte in sospensione dal soffitto per lunghi periodi di tempo a causa dell'attrito che la corda subirebbe in tale posizione.

corrisponde anche all'impostazione dell'ansa non sormontante gli orli degli attingitoi, di frequente attestazione quando ritrovati integri (**469**)[865]. L'unico esemplare accertato di attingitoio con ansa sormontante attesta – difatti e verosimilmente non casualmente – un fondo piano[866].

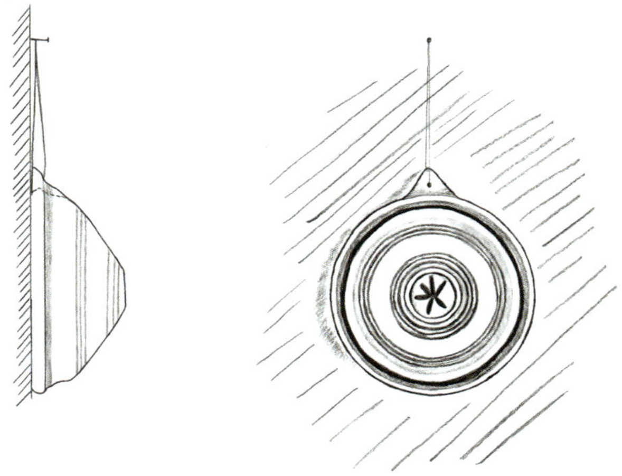

Fig. 42: Disegno ricostruttivo di scodelle con bugna forata con modalità di stoccaggio in sospensione alla parete.

L'importanza della modalità di stoccaggio delle morfologie aperte non è un fattore da sottovalutare, soprattutto se riferita alla sintassi decorativa presente sui reperti. La scodella integra con bugna forata ritrovata a Monte Maranfusa[867], dedita allo stoccaggio in sospensione alla parete, presenta una decorazione a cerchi concentrici sulla superficie inferiore del fondo. La presenza di questa decorazione, apportata in una zona altrimenti nascosta durante l'utilizzo della forma per la preparazione e la consumazione di cibi[868], testimonia l'utilità delle decorazioni sulle superfici inferiori delle morfologie, visibili nel momento dello stoccaggio della forma alla parete. L'estetica della decorazione assume dunque la sua importanza non quando la morfologia fu in utilizzo, bensì durante il suo stoccaggio, attribuendo una plurimultifunzionalità alla forma vascolare: una suppellettile funzionale alla preparazione e al consumo di alimenti ma altresì un oggetto funzionale alla *"decorazione parietale"* di un vano (fig. 42)[869].

Di diversa interpretazione invece la presenza di decorazioni sulle superfici inferiori dei fondi di forme aperte dedite al servizio e/o al consume di bevande come gli attingitoi oppure le morfologie eventualmente potorie di matrice *indigena*. In tale caso la decorazione poteva essere vista anche in fase di utilizzo della morfologia, ovvero quando in movimento[870].

Tra le forme chiuse, quali forme da stoccaggio di medio-grandi dimensioni, è attestata la presenza di bugne laterali forate impostate sulla spalla delle morfologie oppure forature oblique nella parte superiore della morfologia[871]. L'orientamento e il posizionamento dei fori indicano una modalità di stoccaggio in sospensione della morfologia dal soffitto, a differenza di quella attestata dalle forme aperte alla parete (fig. 43). Lo stoccaggio delle morfologie in sospensione dal soffitto, potevano verosimilmente essere state previste anche unicamente per brevi lassi di tempo[872].

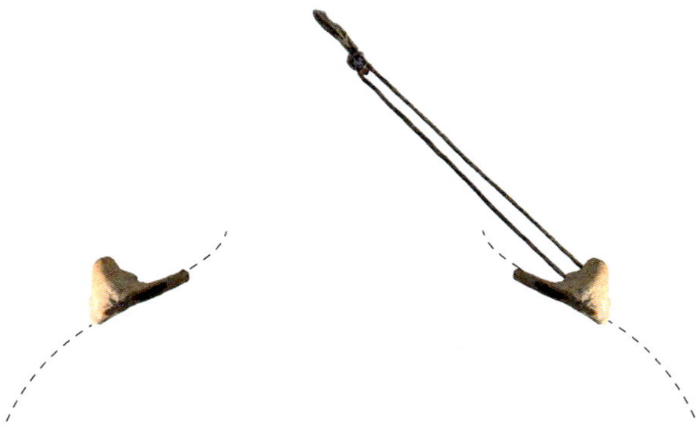

Fig. 43: Morfologia chiusa da stoccaggio in sospensione orizzontale dal soffitto (**661**).

Anche le morfologie chiuse attestano decorazioni sulle superficie inferiori dei fondi. In questo caso sembra tuttavia che la modalità di stoccaggio in sospensione dal soffitto delle morfologie non influenzò la presenza o l'assenza di una decorazione. Difatti, tutti i frammenti di forme chiuse attestanti decorazioni sulla superficie inferiore indagati sono riferibili morfologicamente a forme chiuse di media dimensione,

865 Cfr. anche da Monte Maranfusa: Spatafora 2003c, 115 no. I 6 fig. 129; 115 nn. I 8–I 9 fig. 130; da Monte Saraceno: Trombi 2015, 65 no. 665 tav. VI fig. 19a (forma *I*D3, attestata da 15 esemplari). Per l'attestazione di un'ansa sormontante su di un attingitoio con fondo piano: Spatafora 2003c, 118 no. I 25 fig. 131.

866 Attingitoio con ansa sormontante e fondo piano: Spatafora 2003c, 118 no. I 25 fig. 131.

867 Campisi 2003, 175 no. D 107 figg. 164. 168.

868 La forma presenta un orlo ingrossato verso l'esterno con larga tesa a labbro estroflesso che impedisce un suo utilizzo potorio.

869 Per reperti frammentari, determinabili come scodelle con decorazione sottostante, non idonee secondo la morfologia dell'orlo ad un utilizzo potorio: Campisi 2003, 164. 179 nn. D 25. D 138 figg. 163. 164. 169. 170 (Monte Maranfusa); Tardo 1999a, 150 nn. 164 a. 164b figg. 151. 155 (Colle Madore). In questi casi la frammentarietà del reperto potrebbe occultare la parte forata dell'orlo per la loro sospensione alla parete.

870 Per reperti integri idonei ad un utilizzo potorio provenienti da altri siti con decorazioni sulla parte sottostante della morfologia: Campisi 2003, 160 no. D 13 fig. 162 (Monte Maranfusa); Spatafora 2002, 94 nn. 168–169. 97 fig. 168–169 (Montagnola di Marineo).

871 Con bugne forate: dal contesto di seconda fase dell'edificio orientale (570–540 a.C.), **633**. Dal riempimento adibito al piano di calpestio della seconda fase dell'edificio ad oikos (500/490 – 480/470–60 a.C.): **661**. Dal contesto dell'edificio 1 (500/490 – 460/450 a.C.), **663**. Forature oblique attraverso la morfologia (senza bugna): dal contesto di prima fase dell'edificio nel quartiere orientale (630/620–570 a.C.), **632**. Dagli strati erosi di prima o seconda fase dell'edificio nel quartiere orientale (ca. 630/620–540 a.C.): **637**.

872 Cfr. le riflessioni esposte per il piccolo pithos **663** ritrovato all'interno dell'edificio 1 (capitolo 2.3.3.1 *Analisi dell'inventario*)

verosimilmente, anche rispetto ai loro confronti, attribuibili a brocche di varie tipologie[873].

In questo caso le decorazioni erano destinate ad essere visibili durante l'utilizzo primario della forma, ovvero "in movimento" durante l'atto del servizio di liquidi, analogamente alle forme aperte dedite al servizio e/o consumo di bevande[874].

Data l'alta attestazione di fori di sospensione fra i materiali provenienti dai contesti indagati, appare dunque verosimile immaginarsi gli "arredamenti" interni delle abitazioni con numerose forme ceramiche *indigene* appese verticalmente alle pareti, possibilmente anche decorate sulle superfici inferiori dei fondi, così come morfologie in sospensione orizzontale, pendenti verosimilmente ai lati degli ambienti dal soffitto.

3.2.1.4 Morfologie adibite alla cottura di alimenti

Il vasellame da fuoco modellato al tornio o a mano è stato suddiviso in *pignatte, teglie, scodelloni da fuoco, olle, coperchi, sostegni* e *piastre fittili*. Comune a tutti i reperti è l'impasto refrattario, necessario per l'utilizzo delle morfologie a contatto con fonti di calore ad alte temperature.

3.2.1.4.1 Pignatte

Si definiscono pignatte le forme mediamente alte, comparabili alle pentole odierne, nelle quali fosse possibile una preparazione di cibi in stato semi-solido come stufati, zuppe, puree o pietanze a base di cereali.

Le pignatte ritrovate all'interno dei contesti di Monte Iato si suddividono secondo la tipologia di modellazione delle forme: quelle eseguite al tornio e/o rifinite al tornio (**758–763**) e quelle modellate a mano (**768–802**).

Tra le morfologie tornite sono presenti pignatte tronconiche con prese a bugne orientate verso l'alto (**758. 760**) morfologicamente riferibili alle pignatte troncoconiche provenienti da Mozia[875]. Gli orli sono piatti e superiormente introflessi, leggermente svasati all'interno e ingrossati all'esterno (**758–760**). In un caso non è attestata la svasatura interna (**761**). Le forme a pareti continue convesse passano, senza cambiamenti morfologici, a fondi piatti (**762–763**).

Tra le morfologie modellate a mano sono presenti pignatte a profilo lievemente rastremato verso l'alto e orlo retto a profilo arrotondato (**768. 773. 781. 786. 788. 789. 798**). Quando conservate, le forme presentano prese a listello rettangolare di varia lunghezza (**773. 781. 798**).

Alcuni esemplari attestano pareti continue lievemente convesse con orli retti a profilo arrotondati, leggermente rientranti a causa della morfologia delle pareti (**769–771. 775. 785**).

Le morfologie di forma troncoconica o conica mostrano orli estroflessi (**776. 782–784. 790–794**). In due casi la morfologia dell'orlo è leggermente diversa: **801** attesta unicamente un orlo ingrossato verso l'esterno e solo leggermente estroflesso; **800** un orlo retto verso l'esterno appiattito superiormente. Quando conservate, le forme presentano prese a listello lievemente inflesse verso l'alto (**776. 790. 794. 800–801**) oppure a listello rettangolare orizzontale (**784**).

Le pignatte di forma cilindrica a pareti rettilinee attestano orli retti (**780. 787**) e, quando conservate, prese a listello orizzontali (**780**).

La morfologia a pareti inclinate verso l'esterno è attestata dal reperto quasi integro **802.** L'orlo è retto a profilo arrotondato con a listello rettangolare orizzontale.

I fondi sono piani, leggermente profilati all'esterno (**772. 774–775. 784. 796–797**) oppure a parete continua (**795. 799. 802**).

3.2.1.4.2 Teglie

Sono definite teglie le forme di grandi dimensioni a vasca bassa e larga con fondo piatto adibite verosimilmente alla cuocitura mediante un processo di arrostitura. La forma è caratterizzata da pareti rettilinee inclinate verso l'esterno e orlo indistinto.

Le attestazioni fra i materiali di Monte Iato risultano tutte modellate a mano (**803–810**). Quando conservate, le morfologie attestano prese nella parte inferiore esterna alla parete (**808. 810**).

873 Dal contesto di riempimento ad est della casa a peristilio 1 (VIII–VII sec. a.C.), **667, 670–671**. Dal contesto di prima fase dell'edificio nel quartiere orientale (630/620–570 a.C.), **679**. Dal contesto di riempimento adibito alla costruzione dell'edificio A (ultimo quarto VII sec. – 550 a.C.), **685–686. 692**. Dal contesto di riempimento adibito al piano di calpestio di prima fase dell'edificio ad oikos (fine VII sec. – 500/490 a.C.), **696. 698–700. 703. 710. 711**. Dal contesto di riempimento adibito al piano di calpestio di seconda fase dell'edificio ad oikos (500/490 – 480/470-460 a.C.), **713**.

874 Decorazioni sulle superfici inferiori dei fondi sono attestate anche per forme chiuse, probabilmente adibite al servizio di bevande provenienti da altri siti: Perna 2009, 218. 224 no. 145 (Polizzello).

875 Guastella 2020, 88 no. MD.07.2246/19 fig. 4. 5. 19 (datata tra la metà dell'VIII e gli inizi del VII sec. a.C.).

Una morfologia si distinque per l'andamento delle pareti rette e non inclinate (**807**).

Con un diametro di unicamente 18 cm si distingue il reperto **805**, con inclinazione dell'orlo analoga alle teglie, ma di dimensioni molto più ridotte rispetto alle altre attestazioni iatine[876].

3.2.1.4.3 Scodelloni da fuoco

Si definiscono scodelloni da fuoco le forme aperte di grandi dimensioni e vasche profonde attestanti impasti refrattari. Le morfologie sono verosimilmente adibite alla cottura di cibi in stato semi-liquido, come attesta anche la traccia di annerimento orizzontale sulla parete interna di un esemplare da Mozia individuato da Cecilia Guastella[877].

Gli scodelloni ritrovati all'interno dei contesti di Monte Iato si suddividono secondo la tipologia di modellazione delle forme: quelle eseguite al tornio e/o rifinite al tornio (**766–767**) e quelle modellate a mano (**816–819**).

Tra le morfologie tornite sono presenti due tipi: quelle ad orlo indistinto, presentante l'impasto FT (**766**) e un frammento riferibile ad un bacino/mortaio (**767**) con orlo ingrossato verso l'esterno attestante un'impasto refrattario e tracce di bruciato all'interno molto insolite. La morfologia potrebbe essere riferibile anche ad un coperchio.

Fra le morfologie modellate a mano sono presenti scodelloni a vasca tronconica rovesciata, verosimilmente profonde con con orli arrotondati. Le forme mostrano un andamento a pareti continue e leggermente estroflesse verso l'alto (**816–818**). I fondi riferibili alla morfologia sono piatti (**819**).

Fra i materiali non sono conservati frammenti attestanti prese.

3.2.1.4.4 Olle

Le olle sono definite come forme chiuse a forma solitamente ovoidale a pareti continue. La morfologia è adibita sia alla cottura, quando attestante un impasto refrattario, sia allo stoccaggio di alimenti.

Le olle ritrovate all'interno dei contesti di Monte Iato si suddividono seconda la tipologia di modellazione delle forme: quelle eseguite al tornio e/o rifinite al tornio (**764–765**) e quelle modellate a mano (**811–813**).

Tra le forme tornite sono presenti frammenti di orli ingrossati verso l'esterno (**764–765**). Nel caso di **765** è attestata anche una svasatura interna dell'orlo.

Le morfologie modellate a mano presentano orli estroflessi leggermente ingrossati (**812–813**), nel caso di **811** quasi a tesa orizzontale. Sono attestate verosimilmente prese a semiluna indicate dal negativo della frattura e fondi concavi (**812**).

3.2.1.4.5 Coperchi

I coperchi in impasti refrattari ritrovati all'interno dei contesti di Monte Iato si suddividono secondo la tipologia di modellazione delle forme: quelli eseguiti al tornio e/o rifiniti al tornio (**815**) e quelli modellati a mano (**814**).

I coperchi modellati a mano attestano pareti rettilinee e orli arrotondati (**814**) con diametri di 22 cm[878]. Le superfici interne non mostrano tracce di bruciato.

L'unico esemplare attestato eseguito al tornio presenta una larga tesa d'appoggio, profilata all'interno (**815**). Il diametro è di 18 cm. Non è stato possibile individuare un'eventuale forma chiusa tornita riferibile al coperchio.

3.2.1.4.6 Portaspezie (?)

La presenza di una forma aperta modellata a mano con impasto refrattario ricordante una sorta di scodella di piccole dimensioni potrebbe essere interpretato come una sorta di portaspezie utilizzato nelle vicinanze del focolare (**820**).

3.2.1.4.7 Sostegni

Fra i materiali indagati sono stati individuati numerosi frammenti di sostegni fittili a clessidra modellati a mano (**821–830**). Essi sono caratterizzati da un corpo a clessidra e largo foro passante verticale. L'unico reperto a profilo integro (**827**) attesta una superficie inferiore più ampia rispetto a quella superiore come rilevato anche fra i reperti di Monte Maranfusa[879]. La loro funzione è collegata alla cottura di alimenti[880].

Morfologicamente particolare è il reperto **830**, eventualmente legato ad una sfera votiva. Il sostegno presenta presumibilmente una forma piramidale con base quadrangolare. All'esterno attesta come unico

876 Teglie di piccole dimensioni sono attestate anche a Monte Maranfusa con diametri tra i 12 e i 15.8 cm: Valentino 2003, 263–263 nn. F 51–F 53 fig. 225.
877 Guastella 2020, 89–90 no. MD.04.1042/9 fig. 15.

878 Eventualmente potrebbe trattarsi di un coperchio anche il reperto **805** identificato come teglia di piccole dimensioni. La base di appoggio per una sua funzione di coperchio non era chiara come nel caso di **814**.
879 De Simone 2003, 360.
880 Per un'interpretazione alternativa a quella presentata da De Simone 2003, 360–361, cfr. 2.3.3.1 *Analisi dell'inventario*.

esemplare una decorazione a linee oblique tangenti incise, indicante forse un uso in occasioni particolari del sostegno. Sul Monte Iato sono stati ritrovati altri due frammenti di sostegni decorati: uno all'interno dell'edificio K e uno all'interno della 'Schuttschicht' della "Casa tardo-arcaica"[881].

3.2.1.4.8 Piastre fittili

Le piastre fittili presentanti un impasto refrattario sono difficilmente riconoscibili in stato di conservazione frammentario, vista la loro stretta analogia a frammenti di fondo piano di pignatte o teglie. Quando riconosciute (**831–833**), attestano un bordo arrotondato e sono di forma circolare di piccole dimensioni (**831** Dm: 14 cm; **832** Dm: 24–25 cm). Lo spessore è di circa un 1 cm rispetto a quello di ca. 2 cm attestato fra le piastre ritrovate a Monte Maranfusa[882]. La differenza di spessore è verosimilmente dovuta alla diversa dimensione delle piastre.

Un frammento (**833**), verosimilmente di piastra a causa delle sue dimensioni, attesta un'impronta a reticolo regolare sulla superficie leggermente lisciata verosimilmente superiore. La struttura a griglia è probabilmente riferibile alla zona d'appoggio del vasaio durante il processo d'essicamento della piastra.

La loro funzione sembra essere correlata ai sostegni e al vasellame da fuoco[883].

3.2.1.5 Varia – attestazioni e funzioni

Tra i reperti sono presenti pesi da telaio troncopiramidali (**834–842**) e fusaiole (**844–845**) appartenenti all'attività artigianale della tessitura. Fra i pesi da telaio si distingue il reperto **841** di forma pressoché quadrangolare integro. L'impasto, per quanto sia possibile analizzare dalla superficie, è allotrio a quanto solitamente attestato sul Monte Iato. Morfologicamente trova confronti con esemplari di Mozia[884].

Il peso per reti da pesca (**843**) e i frammenti di capanne-sacello (**850–852**) sono verosimilmente appartenenti ad una sfera votiva.

Le lucerne sia modellate a mano (**849**) che di imitazione / adattazione da modelli d'importazione (**846–848**) possono essere adibite sia ad un uso quotidiano o votivo.

Fra i materiali è presente una selezione di reperti fittili / vascolari particolari e/o indeterminati presumibilmente di varia funzione (**853–857**). Si distingue il reperto **854** verosimilmente attribuibile ad un modulo di cassettina fittile analoga a quelle ritrovate a Casteltermini[885].

Le terrecotte (**858–859**), i metalli (**860–866**) ed il vetro (**869**) sono presentati in dettaglio nel loro rispettivo contesto di rinvenimento. Gli strumenti litici (**867–868**), oltre che nelle schede di catalogo, sono trattati all'interno del capitolo delle ceramiche decorate incise e impresse (3.2.2.2.)

3.2.2 Definizioni delle classi

Per omettere un'analisi del materiale influenzata dalle varie correnti di ricerca, suddividenti il materiale in *classi* definite a dipendenza della presenza di determinate tecniche decorative, si presenteranno in seguito le numerose combinazioni di decorazione e trattamenti di superficie attestati sui frammenti presi in esame. Si riferiscono, ciò nonostante, le varie attestazioni anche nei termini conosciuti dalla ricerca, seppure risultanti meno precisi di quanto elaborato sulla base dei reperti iatini.

3.2.2.1 Ceramiche non decorate

All'interno della categoria delle *ceramiche non decorate* sono confluiti tutti i reperti effettuati tramite unicamente un processo di modellazione, rifinitura della superficie e cottura delle produzioni.

3.2.2.1.1 *Ceramica acroma*

La produzione di vasellame più velocemente eseguita da un punto di vista di trattamenti di superficie e decorazioni è quella della ceramica acroma, in particolare quella con superficie lisciata, risultante opaca all'occhio. Dopo l'esecuzione morfologica della forma (*modellazione*) attestata dai reperti iatini in tre modalità diverse (a mano, al tornio lento, al tornio veloce[886]), segue – dopo un breve periodo di essiccamento – la rifinitura della superficie. Questo è un processo da un lato funzionale all'aumento della coesione in crudo della forma e alla creazione di una minima impermeabilità delle superfici, dall'altro un processo di miglioramento estetico *regolarizzante* l'andamento morfologico. La lisciatura o levigatura della superficie, processo effettuato sia per le morfologie effettuate a mano, sia per quelle modellate al tornio, può essere eseguita unicamente grazie all'utilizzo delle dita delle mani oppure usando strumenti

881 Edificio K: Mohr in preparazione, no. 45 (V 3343); "Casa tardo-arcaica": Kistler et al. 2017b, 636 K 22554.
882 Valentino 2003, 266–267.
883 Per le modalità di cottura e l'utilizzo delle piastre fittili: cfr. 2.3.3.1 *Analisi dell'inventario*
884 Mozia XI, 192 nn. MC.04.121. MC.04.88. MC.04.99 tav. XXIX.
885 Gullì, in Panvini – Sole 2009a, 277–279 nn. VI/254–VI/257.
886 Per le differenziazioni visibili sul reperto archeologico: Cuomo di Caprio 2007, 163–206.

morbidi quali fibre vegetali e/o tessuti[887]. Le ceramiche acrome unicamente levigate si trattano dunque di quelle meno *impegnative* nella produzione. Difatti, qualsiasi altra produzione ceramica attestante effetti visivi supplementari necessita uno *step* aggiuntivo nella sua produzione. All'interno dei lotti di materiali indagati vi è, oltre alla ceramica acroma a superficie lisciata (in seguito *ceramica acroma lisciata*), quella attestante un trattamento di lucidatura della superficie (in seguito *ceramica acroma lucidata).* Le superficie in questo caso vengono rese più regolari sulla morfologia essiccata a durezza cuoio tramite l'utilizzo di arnesi rigidi quali ossa, ciottoli o legno[888].

All'interno delle suddivisioni dei materiali iatini vi saranno dunque le ceramiche:

- **acroma lisciata**
- **acroma lucidata**
- **acroma indeterminata.**

Indeterminati sono i reperti, la quale superficie presenta corrosioni dovute a processi post-deposizionali: i trattamenti della superficie non sono in questo caso visibili.

Unicamente attribuibili a morfologie modellate a mano sono le ceramiche cosiddette *d'impasto*, nel caso del materiale indagato, esclusivamente riferibili a scodelloni da cucina con trattamento di superficie lucidata[889]. Queste verranno rappresentate in forma statistica separate dalle altre per perlomeno indicare anche la loro attribuzione funzionale diversificata dalle ceramiche da mensa definite *acrome*.

All'interno delle ceramiche acrome confluiranno anche quanto definito *ad impasto buccheroide* dalla ricerca: l'unica differenziazione dalle produzioni acrome è la modalità di cottura riducente rispetto a quella ossidante.

3.2.2.1.2 Ceramica da fuoco

Il processo produttivo di modellazione e rifinitura del vasellame è nel caso delle ceramiche da fuoco molto simile a quelle delle ceramiche acrome. La differenza sostanziale sono le caratteristiche dell'impasto, necessariamente refrattario nel caso delle ceramiche subenti grossi sbalzi termici mentre in uso come quelle da fuoco e da cucina. L'impasto, ricco di degrassante[890] deve essere dotato di ottima coesione in crudo, già unicamente per poter staccare le forme con base molto larga come, ad esempio, le teglie dalla base di lavorazione[891].

All'interno dei lotti di materiali iatini sono attestate due modalità di modellazione delle forme: quelle modellate a mano e quelle rifinite al tornio lento[892]. Le superfici, unicamente levigate, possono presentare tracce di fuliggine o discromie causate da processi di cottura postproduzione della forma, causate dalla loro esposizione a fonti di calore durante i processi di cottura di alimenti.

All'interno delle suddivisioni dei materiali iatini vi saranno dunque le ceramiche:

- **da fuoco modellate a mano**
- **da cucina tornita** (mostranti tracce di rifinitura al tornio forse successive alla loro modellazione a mano oppure direttamente eseguite al tornio).

Fra le forme indeterminate vi saranno dei reperti classificati come:

- Indeterminata, cucina tornita?
- Indeterminata, fuoco e cucina?

La prima considerata a causa dell'impasto attribuibili a questa produzione, ma senza tracce visibili della tornitura sul reperto[893]. La seconda considerata a causa dell'impasto attribuibili a questa produzione ma di dimensioni così piccole o con superfici talmente erose da non poter attribuire i reperti con assoluta certezza a questa classe[894].

3.2.2.2 Ceramiche decorate

All'interno della categoria delle *ceramiche decorate* sono confluiti tutti i reperti effettuati tramite un processo di modellazione, rifinitura della superficie, *intenzionalità di ottenimento di effetti visivi supplementari differenziati* e cottura delle produzioni. Tutti gli effetti decorativi rappresentati necessitano di un supplementare processo (di varie durate a dipendenza dell'effetto cercato) di creazione durante la produzione della forma vascolare da parte del vasaio.

887 Cuomo di Caprio 2007, 171–174.
888 Per un elenco di possibili strumenti utilizzati, Cuomo di Caprio 2007, 173–174.
889 Per la necessità funzionale della modellazione a mano degli scodelloni da fuoco, a causa del loro impasto refrattario: Guastella 2020, 91–92.

890 Per le caratteristiche generali degli impasti da fuoco presenti in Sicilia occidentale: Guastella 2018, 81; Guastella 2020, 91–92. Per le caratteristiche necessarie dell'impasto a processi di resistenza al calore: Cuomo di Caprio 2007, 125–129. Per gli impasti refrattari *iatini*: Cfr. 3.5.2 *Impasti*.
891 Cuomo di Caprio 2007, 202.
892 La differenza tra una modellazione al tornio lento oppure unicamente una rifinitura al tornio lento non può, a dipendenza dello stato di conservazione del frammento, essere distinta.
893 Cfr. 3.5.2 *Impasti*.
894 Cfr. 3.5.2 *Impasti*.

Le differenze visive possono essere anche funzionali all'impermeabilità del vasellame.

3.2.2.2.1 Con decorazioni dipinte

Comune ad una serie di reperti è l'apporto su grandi parti della superficie della forma di un effetto di colorazione diversa a quella dell'impasto acromo ottenuto o a scopo decorativo oppure a scopo funzionale migliorando intrinsecamente l'impermeabilità della forma. L'apporto supplementare, definibile come *"rivestimento*[895]*"*, può presentare, a dipendenza della preparazione delle argille, colorazioni diverse dopo la cottura. All'interno del lotto di materiali indagato è altamente presumibile, anche senza analisi, un utilizzo di ocre argillose rosse. Tali materie prime, composte da minerali di ferro possono ottenere, a dipendenza delle loro specifiche composizioni, colorazioni varianti dal rosso al bruno e, quando prevalenti di limonite, tendenti al giallo-arancione[896]: tutte colorazioni attestate dai reperti indagati. Queste materie prime possono, a dipendenza della loro depurazione, variare in densità; utilizzate come rivestimento in uno stadio di miscele fluide oppure come pigmenti pittorici in stati di miscele più dense. Per queste ragioni, analogamente a quanto attestato dai materiali, i confini di definizione tra rivestimento e pigmento pittorico non sono netti. Quanto definito dalla ricerca come produzioni a stralucido sono ceramiche che attestano dei rivestimenti più o meno saturi con un trattamento successivo di lucidatura della superficie. La *ceramica piumata,* sostanzialmente, presenta la stessa metodologia sulla quale, piuttosto di ricoprire omogeneamente la forma con il rivestimento, questa viene apportata con l'uso di un pennello. Per aggiunta o asportazione del colore, infine, viene creato l'effetto decorativo a flabelli regolari, a pennellate irregolari, a girandole o a striature sottili: processi individuali di creatività del vasaio. Queste differenze, tra quanto definito a stralucido o a decorazione piumata, infondo, non differiscono neppure da quanto definito *a dipintura bicroma geometrica* da Albanese Procelli oppure in seguito come *a decorazione (geometrica) dipinta.* Le stesse materie prime, in stati leggermente diversi, vengono apportate sulla forma *omogeneamente, non omogeneamente* oppure *linearmente:* a scopo decorativo negli ultimi due casi, mentre piuttosto riferibile ad uno scopo funzionale la prima citata. Unicamente l'apporto di uno strato di rivestimento argilloso steso omogeneamente sulla superficie contribuisce alla chiusura supplementare dei pori in superficie aumentando l'impermeabilità superficiale della forma. Questa impermeabilità può essere aumentata grazie ad un processo di lucidatura della superficie – ovvero in un successivo processo lavorativo del vasaio.

I reperti iatini saranno per queste ragioni, in maniera completamente obbiettiva, classificate inizialmente secondo i criteri di apporto di un supplementare "X" – dunque rivestimento o decorazione – steso in maniera "Y" – omogeneo, non omogeneo oppure lineare:

- a rivestimento omogeneo
- a rivestimento non omogeneo
- a decorazione lineare.

Questi reperti, a rigore del successivo processo di produzione, potranno mostrare una superficie *lisciata* risultante, dunque, opaca oppure *lucidata*: trattamenti difatti attestati anche dai reperti iatini:

- a rivestimento omogeneo lucidato
- a rivestimento omogeneo opaco

- a rivestimento non omogeneo lucidato
- a rivestimento non omogeneo opaco

- a decorazione lineare lucidata
- a decorazione lineare opaca.

Quanto dunque definito dalla ricerca *a stralucido* o *a decorazione monocroma*[897] (con superficie lucidata) potrà essere ritrovato all'interno delle forme *a rivestimento omogeneo lucidato.*

Quanto definito dalla ricerca come *ceramica piumata*, indifferentemente se presente a pennellate regolari o irregolari, sarà ritrovata all'interno delle ceramiche *a rivestimento non omogeneo lucidato*[898].

Analogamente quanto definito dalla ricerca *a decorazione monocroma* ma presentante superfici lisciate, sarà attestata all'interno della categoria *a rivestimento omogeneo opaco.* Mai specificamente ritrovata all'interno delle pubblicazioni edite sono i reperti,

895 Cuomo di Caprio 2007, 283 *"un rivestimento è uno strato sottile, di composizione e proprietà fisico-chimiche variabili, che ricopre la superficie del manufatto ceramico allo scopo di migliorarne l'aspetto e la funzione".*

896 Cuomo di Caprio 2007, 285–286.

897 A decorazione monocroma viene inteso dalla ricerca quando tutta la forma attesta un rivestimento; interno ed esterno per le forme aperte, esterno per le forme chiuse. All'interno della classe finora definita vengono racchiuse sia le forme attestanti superfici lisciate sia quelle lucidate.

898 L'attestazione di flabelli regolari o girandole, dunque nel vero senso della parola *a decorazione piumata*, è difatti unicamente attestata su due frammenti definiti eccezionalmente in quel caso nelle singole voci del catalogo specificamente come *ceramica piumata* (**692. 931**). Inoltre, sui frammenti iatini attestanti un buono stato di conservazione, è possibile notare una diversa di tecnica di apporto della decorazione non omogenea. Rispetto alle produzioni di ceramica piumata conosciute della parte orientale dell'isola, create per asporto di colore, quelle di Monte Iato considerate autopticamente di produzione locale, sono rese per apporto di colore: una differenza tecnica notevole.

presenti perlomeno fra i materiali di Monte Iato, a rivestimento non omogeneo ma attestanti superficie lisciate, ragione per la quale questi saranno introdotti nella ceramica *a rivestimento non omogeneo opaco.*

Una sottocategoria è stata resa necessaria dal ritrovamento di reperti attestanti rivestimenti stesi pressoché in modo omogeneo ma visibilmente con meno accuratezza. Tali reperti, con l'apporto della miscela argillosa *a striature sottili* non sono prettamente determinabili se l'effetto fosse a scopo funzionale – ma eseguito frettolosamente e dunque di minore qualità per scopi di impermeabilità – oppure se apportato con funzione decorativa. Il confine tra i reperti *a rivestimento non omogeneo* e quelli *a rivestimento omogeneo (striature sottili)* sta nella regolarità delle pennellate apportate sulla forma. Quando sul frammento sono distinguibili intensità di colore (=ocre argillose rosse) nettamente diverse, esse sono considerate come un fenomeno intenzionale e dunque a scopo decorativo (=*a rivestimento non omogeneo*). Quando l'intensità del colore è invece la stessa su tutto il reperto, ma l'apporto grazie ad un pennello ha lasciato tracce di singole fibre, non risulta chiara l'intenzionalità decorativa del vasaio: forse la mancata accuratezza dell'esecuzione nascondeva invece l'intenzionalità del vasaio di creare un rivestimento a scopo funzionale (=*a rivestimento omogeneo (striature sottili)*). Anche in questo caso, di attestazione dei reperti iatini, è la supplementare rifinitura *lisciata* dunque risultante opaca e *lucidata.*

Infine, i reperti *a decorazione lineare* con superficie *lucidata* rappresentano quanto definito ad esempio da Rosa Maria Albanese Procelli *a decorazione bicroma geometrica* oppure da Susanna Amari come *a decorazione geometrica dipinta* contrastante con la stessa nomenclatura di Alfonsa Serra della classe, vista la pressoché costante lustratura delle superfici attestata dai reperti di Sant'Angelo Muxaro[899]. I reperti iatini rappresentano in questo caso due tipologie di decorazioni lineari su superfici lucidate: quelle effettuate in positivo; dunque, attestanti pennellate distinte effettuate con le ocre argillose (*a decorazione lineare (+)*), oppure in negativo, quando la maggior parte della forma è ricoperta con un rivestimento ma intenzionalmente lasciata in linee o fasce acrome (*a decorazione lineare (-)*). Quest'ultima è ottenuta sia a risparmio sia per asporto del colore. Lo stesso fenomeno di rivestimento omogeneo con linee o fasce acrome è ugualmente attestato per reperti con trattamento di superficie lisciata (*a decorazione lineare opaca (-)*). Quanto, seguendo la logica di queste nomenclature, venisse definito *a decorazione lineare opaca (+)* corrisponde precisamente alle definizioni della ceramica *a decorazione dipinta* di epoca arcaico-classica, soggetta a numerosi studi a riguardo. Per non creare dunque ancora più confusione del necessario si è deciso di proseguire con la nomenclatura affermata della classe *a decorazione (geometrica) dipinta*. L'aggettivo *geometrico* non viene ritenuto propriamente corretto vista l'attestazione sul Monte Iato, ma come anche in altri siti, di reperti presentanti motivi zoo- o antropomorfi – per definizione *non* geometrici, così come motivi a spirali o arcuati resi a mano libera a partire da un determinato periodo cronologico. Anche in questo caso la classe necessita di precisazioni supplementari a quanto già riferito secondo l'apporto delle argille e ai trattamenti di superficie. Difatti, le attestazioni di reperti a decorazione lineare con trattamenti di superficie lisciate mostrano ulteriormente delle differenziazioni cromatiche fra pennellate. Le differenziazioni di colori sono necessariamente delle operazioni intenzionali. Le ocre argillose rosse utilizzate devono presentare o componenti diverse – e dunque risalenti a *materie prime* diverse – oppure essere maggiormente diluite per creare un effetto cromatico diverso dopo la cottura. Interessante è notare l'utilizzo di entrambe le varianti sui reperti iatini: da un lato effetti di colorazione diversa creati unicamente dalla diluizione della stessa miscela, dall'altro l'utilizzo di colori completamente diversi tra di loro: rosso, paonazzo, marrone / marrone-nero, arancione-giallo sulla stessa forma. Per queste ragioni le decorazioni lineari, ovvero le *ceramiche a decorazione dipinta* saranno ulteriormente definite *monocrome* (utilizzo di un'unica materia prima = un colore, *dipinta monocroma*), *bicrome* (utilizzo di due materie prime = due colori, *dipinta bicroma*) e *policrome* (utilizzo di tre o più materie prime = tre o + colori *dipinta policroma*). Tutti e tre sono riferiti in rapporto ai colori utilizzati unicamente per la decorazione.

Ricapitolando quanto riguarda le ceramiche con decorazioni dipinte verranno distinte quelle a (fig. 44):

- rivestimento omogeneo lucidato
- rivestimento non omogeneo lucidato
- rivestimento omogeneo lucidato (striature sottili)
- decorazione lineare lucidata (-)
- decorazione lineare lucidata (+)

- rivestimento omogeneo opaco
- rivestimento non omogeneo opaco
- rivestimento omogeneo opaco (striature sottili)
- decorazione lineare opaca (-)
- decorazione dipinta monocroma
- decorazione dipinta bicroma
- decorazione dipinta policroma.

Una suddivisione così precisa e la documentazione di ogni singolo frammento dei contesti, porta con sé, a dipendenza dello stato di conservazione delle

899 Amari 2004, 129 *"Rappresenta una costante in quasi tutti i vasi di ogni classe ceramica, la lustratura della superficie".*

Rivestimento omogeneo lucidato

Rivestimento omogeneo opaco

Rivestimento non omogeneo lucidato

Rivestimento non omogeneo opaco

Rivestimento omogeneo lucidato (striature sottili)

Rivestimento omogeneo opaco (striature sottili)

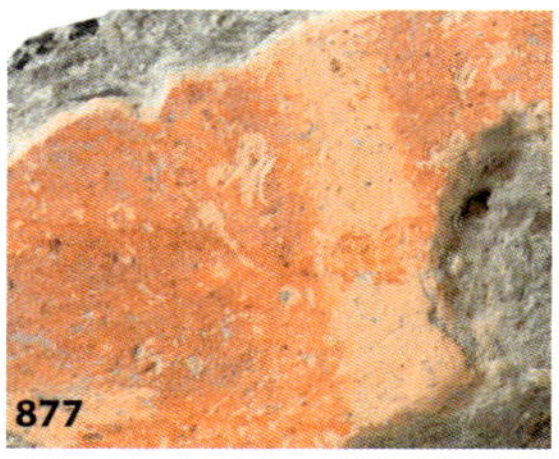

Decorazione lineare lucidata (-)

Decorazione lineare opaca (-)

Decorazione lineare lucidata (+)

Dipinta monocroma

Dipinta bicroma

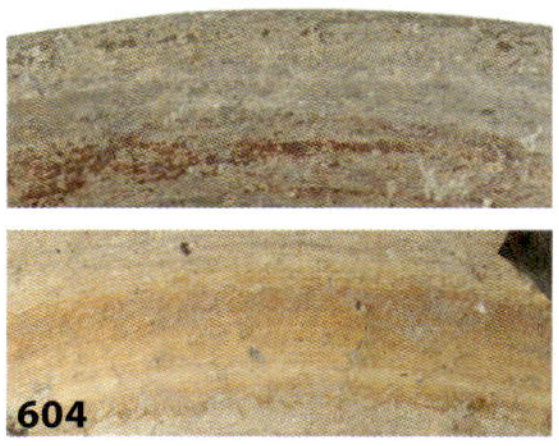

Dipinta policroma

Fig. 44: Tipologie decorative dipinte attestate all'interno dei contesti.

decorazioni dipinte, anche una lunga serie di reperti indeterminati:

- rivestimento lucidato (omogeneo? Non omogeneo?)
- rivestimento opaco (omogeneo? Non omogeneo)
- rivestimento lucidato (omogeneo? Non omogeneo? Lineare?)
- linee (dipinta?) o rivestimento opaco?
- rivestimento non omogeneo lucidato? Decorazione lineare lucidata (+)?
- rivestimento omogeneo lucidato (striature sottili ?)

In taluni casi i frammenti erano di così piccole dimensioni e con superficie particolarmente erose, lasciando indeterminati:

- resti di colore opaco o lucidati?
- rivestimento omogeneo (opaco? Lucidato?).

La suddivisione delle ceramiche a decorazioni dipinte, particolarmente precisa, è resa necessaria dalle combinazioni, in seguito presentate, dei reperti con attestazioni di molteplici tecniche decorative e trattamenti di superficie diversificati attestati su singoli reperti.

3.2.2.2.2 Con decorazioni incise e impresse

I reperti iatini attestano altresì decorazioni incise e impresse. Anche in questo caso, le decorazioni sia incise che impresse necessitano un processo supplementare nella produzione del vaso. La definizione delle tecniche viene ripresa da Susanna Amari: "*si definisce incisione la tecnica decorativa che produce scanalature sul corpo ceramico molle o semiasciutto utilizzando oggetti appuntiti o affilati; la decorazione ottenuta per mezzo dell'impressione si avvale invece, della tecnica che consiste nell'affondare nell'argilla molle o semiasciutta uno strumento che lascia in negativo un motivo semplice, che può essere ripetuto all'infinito*"[900]. Le incisioni potevano essere eseguite o mediante stecche a punta più o meno fini[901] oppure come attestato dai contesti di Monte Rovereto in contrada Sanfilippo da schegge in calcite[902]. Schegge di questo tipo, con possibili tracce di elaborazione umana, sono state individuate anche negli strati erosi verso sud di prima e seconda fase dell'edificio orientale (**867**) così come nel riempimento adibito alla costruzione dell'edificio A sull'agorà (**868**). Mai veramente "comprese", vista la loro tipologia non comparabile con strumenti preistorici, potrebbero trattarsi – in maniera completamente ipotetica – di utensili ad uso decorativo delle ceramiche incise. Le prove effettuate su panetti di plastilina hanno difatti mostrato la loro idoneità per delle incisioni a margini netti in azioni di trascinamento delle punte. Vista la natura dei contesti – non interpretabili né come laboratori, né come contesti cultuali, l'interpretazione delle schegge in selce rimane aperta[903]. Gli utensili utilizzati per le decorazioni ad impressione invece erano ipoteticamente in legno, ossa, materiale organico o argilla come punzoni semplici oppure a rotella modellati a disco o di forma cilindrica[904]. Anche in questo caso i contesti di Monte Rovereto indicano l'idoneità, per determinate impressioni, di strumenti in calce e conchiglie[905]. I tentativi sperimentali con le conchiglie ritrovate nei contesti iatini presi in analisi non hanno ottenuto gli stessi risultati decorativi. Come già notate in studi riguardanti altri siti, le decorazioni incise e impresse sono attestate in combinazioni con numerosi trattamenti di superficie e rivestimenti dipinti diversificati. I reperti iatini vantano le seguenti combinazioni di attestazione (fig. 45):

A decorazione unicamente **incisa**:
- con rivestimento omogeneo lucidato
- con rivestimento omogeneo lucidato (striature sottili)
- con rivestimento omogeneo opaco
- senza rivestimento, superficie lisciata[906]
- senza rivestimento, superficie lucidata.

Mancano quanto altrimenti sarebbe stato definito come a decorazione incisa e/o impressa *con rivestimento non omogeneo lucidato* (decorazioni incise in combinazione con decorazioni "*piumate*"), di attestazione all'interno di altri siti come, ad esempio, a Morgantina[907] ma assenti da attestazioni sicure fra i reperti di Monte Iato presi in analisi.

900 Amari 2004, 162 nota 271.
901 Amari 2004, 163.
902 Gullì in Trombi 2015, 357–358 fig. 4.2–3.

903 Filoni di selce sono attestati geologicamente in vari punti sul Monte Iato. La distinzione tra schegge geologiche o antropogeniche è spesso di ardua determinazione. Curiose però sono sempre state le attestazioni di questi utensili, antropogenici anche all'occhio degli archeologici di formazione soprattutto classica, ma non riferibili a quanto conosciuto di epoca preistorica. Le loro attestazioni potrebbero essere numericamente molto più alte. L'alta frequenza di questi ritrovamenti duranti gli scavi a causa della loro attestazione geologica e la mancanza di occhi allenati a riconoscere questa tipologia di manufatto potrebbe aver limitato, nel corso degli anni, il raccoglimento di questi reperti.
904 Amari 2004, 163.
905 Gullì in Trombi 2015, 357–358 figg. 4, 1–4. 5, 1–2.
906 Nel testo e nelle statistiche, ove il trattamento di superficie non è esplicitamente specificato, le decorazioni incise e/o impresse "senza rivestimento" sono intese con trattamento di superficie lisciato.
907 Leighton 1993, 180 nn. 214–215 tav. 94.

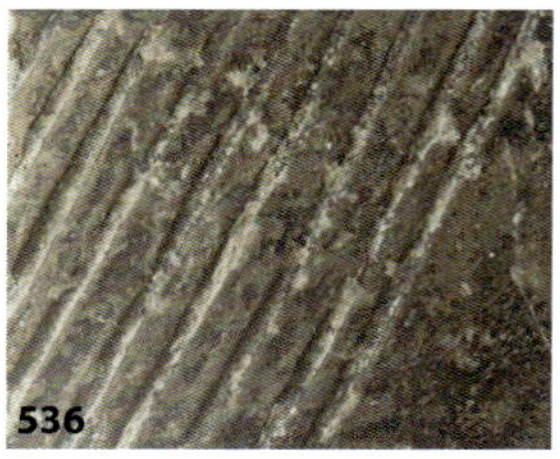

536
Incisa con rivestimento omogeneo lucidato

563
Incisa e impressa con rivestimento omogeneo lucidato

214
Incisa con rivestimento omogeneo lucidato (striature sottili)

474
Incisa e impressa con rivestimento omogeneo lucidato (striature sottili)

304
Incisa con rivestimento omogeneo opaco

644
Incisa e impressa con rivestimento omogeneo opaco

451
Incisa senza rivestimento (con incrostazioni)

500
Incisa e impressa senza rivestimento (con incrostazioni)

257
Incisa senza rivestimento (senza incrostazioni)

469
Incisa e impressa senza rivestimento (senza incrostazioni)

K 22583
Impressa senza rivestimento (senza incrostazioni)

K 17297
Impressa senza rivestimento (con incrostazioni)

Fig. 45: Tipologie decorative incise e/o impresse attestate all'interno dei contesti.

Combinazioni indeterminate, a dipendenza dello stato di conservazione del reperto:
- incisa con rivestimento lucidato (omogeneo? Non omogeneo?)
- incisa con rivestimento opaco (omogeneo? Non omogeneo?)
- incisa con rivestimento opaco o con decorazione lineare opaca (*dipinta*)?
- incisa con rivestimento lucidato/opaco
- incisa con/senza rivestimento.

A decorazione **incisa e impressa** (fig. 45):
con rivestimento omogeneo lucidato
con rivestimento omogeneo lucidato (striature sottili)
con rivestimento omogeneo opaco
senza rivestimento, superficie lisciata.

Combinazioni indeterminate:
- incisa e impressa con rivestimento lucidato (omogeneo? Non omogeneo?)
- incisa e impressa con rivestimento opaco (omogeneo? Non omogeneo?)
- incisa e impressa con/senza rivestimento.

A decorazione **impressa** (fig. 45):
- senza rivestimento, superficie lisciata
- con rivestimento omogeneo opaco.

Combinazioni indeterminate:
- con rivestimento lucidato (omogeneo? Non omogeneo?)
- impressa con/senza rivestimento.

La suddivisione precisa tra le ceramiche decorate ad incisione e/o impressione correlate ai rivestimenti e i rispettivi trattamenti di superficie sono stati elaborati per verificare un eventuale sviluppo cronologico, già postulato da Virginia Fatta, di decorazioni inizialmente unicamente *incise* seguite da quelle *incise e impresse*[908] fra i contesti iatini cronologicamente chiusi presi in esame.

3.2.2.2.3 Con molteplici tecniche decorative

I materiali di Monte Iato attestano, come già accennato, una moltitudine di combinazioni diverse di tecniche decorative e trattamenti di superficie diversificati attestati su singoli frammenti, principale ragione per la quale si è deciso di intraprendere una nuova classificazione dei materiali *indigeni*.

Le differenze possono essere attestate tra la parte interna ed esterna della morfologia ("/") oppure su parti separate della stessa forma, nelle seguenti combinazioni, segnalate dalla suddivisione con l'interpunzione ";"[909]. All'interno delle statistiche i reperti con molteplici tecniche decorative sono segnalati da una combinazione di sigle indicanti:

- MD (molteplici tecniche decorative)
- X (presente nei titoli quando la combinazione è variabile rispetto alle tecniche decorative utilizzate)
- A (superficie acroma)
- D (decorazioni dipinte)
- I (decorazioni incise e/o impresse)
- L (trattamento di superficie lucidata)
- O (opaco = trattamento di superficie lisciata / levigata).

Il raddoppiamento delle sigle, come ad esempio "DD_LL", indica la tecnica decorativa utilizzata ("DD") e, rispettivamente, il trattamento di superficie eseguito ("LL") distinto per la parte interna ed esterna della forma vascolare.

Trattamento di superficie unicamente lucidato (MD_XX_LL)

A decorazioni **dipinte** (MD_DD_LL):
- rivestimento omogeneo lucidato ; decorazione lineare lucidata (+) (**185**)
- rivestimento omogeneo lucidato / decorazione lineare lucidata (+) (**225. 486**)
- rivestimento non omogeneo lucidato ; decorazione lineare lucidata (+) / decorazione lineare lucidata (+) (**166**)
- rivestimento non omogeneo lucidato / rivestimento omogeneo lucidato (striature sottili)
- decorazione lineare lucidata (+) ; decorazione lineare lucidata (-)(**870**[910]).

A decorazioni **incise e dipinte** (MD_ID_LL):
- incisa con rivestimento omogeneo lucidato / decorazione lineare lucidata (-)(**876**[911])
- incisa con rivestimento omogeneo lucidato / rivestimento non omogeneo lucidato.

908 Fatta 1983, 106–107 in particolare i mutamenti tra il primo e il secondo periodo.

909 Per le morfologie dei bacini / scodelloni / mortai la decorazione presente sulla tesa dell'orlo è considerata un tutt'uno con quella presente all'interno della forma.

910 La decorazione è creata dall'apporto di una banda di colore su superficie acroma. Successivamente, il colore è stato asportato per creare un motivo ad onda risparmiata all'interno della banda.

911 Il reperto, una forma aperta, presenta all'esterno un rivestimento integrale con supplementare decorazione incisa, in questo caso senza incrostazioni bianche. All'interno della forma il rivestimento è omogeneo, ad eccezione di una linea supplementare, eseguita per apporto di colore beige, creante un effetto a risparmio all'occhio del commensale. La particolarità della decorazione nasce dall'intenzionale apporto supplementare di un colore simile alla superficie acroma, steso in modo lineare.

Trattamento di superficie unicamente lisciato (MD_XX_OO)

A decorazioni **dipinte** (MD_DD_OO):
- rivestimento omogeneo opaco / dipinta monocroma (**192. 299. 305. 310. 324. 430–432. 434. 508. 895**)
- rivestimento non omogeneo opaco / dipinta monocroma (**640**)
- dipinta monocroma ; decorazione lineare opaca (-) (**475. 576. 724. 899. 911–912. 917. 920–921. 929**)[912]
- dipinta bicroma ; decorazione lineare opaca (-) (**477. 617. 935**)[913].

A decorazioni **dipinte** in combinazione con superfici integralmente **acrome** (MD_DA_OO):
- rivestimento omogeneo opaco / acroma lisciata (**188–191. 200. 303. 312. 328. 339. 344. 418. 426**)
- rivestimento non omogeneo opaco / acroma lisciata (**183–184. 194. 321**)
- rivestimento omogeneo opaco (striature sottili) / acroma lisciata.

A decorazioni **incise e dipinte** (MD_ID_OO):
- incisa senza rivestimento, superficie lisciata / rivestimento omogeneo opaco (**242. 276. 322. 355. 357–358**).

A decorazioni **incise e dipinte** in combinazioni con superfici integralmente **acrome** (MD_IDA_OO):
- incisa con rivestimento omogeneo opaco / acroma lisciata (**293**).

A **tripla combinazione** decorativa (MD_IDD_OO):
- incisa senza rivestimento con supplementare decorazione lineare (*dipinta monocroma*), superficie lisciata [sulla parte esterna della forma] / rivestimento omogeneo opaco [nella parte interna della forma] (**309. 332–333**)[914]
- incisa senza rivestimento con supplementare decorazione lineare (*dipinta bicroma*), superficie lisciata [sulla parte esterna della forma] / decorazione lineare opaca (-) [nella parte interna della forma] (**349**)[915].

A **tripla combinazione** decorativa in combinazione con superfici integralmente **acrome** (MD_IDA_OO):
- incisa senza rivestimento con supplementare decorazione lineare (*dipinta monocroma*), superficie lisciata [sulla parte esterna della forma] / acroma lisciata [nella parte interna della forma] (**307–308. 315. 319. 350. 354**)[916]
- incisa senza rivestimento con supplementare decorazione lineare (*dipinta bicroma*), superficie lisciata [sulla parte esterna della forma] / acroma lisciata [nella parte interna della forma] (**264**)[917].

Combinazioni indeterminate (Indet. MD_DA_OO):
- rivestimento opaco (omogeneo? Non omogeneo?) / acroma lisciata.

Trattamento di superficie diversificato (lisciato / lucidato) presente sullo stesso reperto (MD_XX_OL)

A decorazioni **dipinte** (MD_DD_OL oppure LO):

Rivestimenti:
- rivestimento omogeneo lucidato (striature sottili) / rivestimento omogeneo opaco (striature sottili) (**326**)
- rivestimento omogeneo lucidato (striature sottili) / rivestimento omogeneo opaco
- rivestimento non omogeneo lucidato / rivestimento omogeneo opaco.

Rivestimenti e decorazioni lineari:
- rivestimento omogeneo opaco / decorazione lineare lucidata (+)
- rivestimento non omogeneo lucidato / decorazione lineare, superficie lisciata (*dipinta monocroma*) (**171. 174**)
- rivestimento omogeneo lucidato / decorazione lineare, superficie lisciata (*dipinta monocroma*)
- decorazione lineare lucidata (-) / decorazione lineare, superficie lisciata (*dipinta monocroma*) (**877**)
- rivestimento non omogeneo lucidato ; decorazione lineare lucidata (+) / decorazione lineare, superficie lisciata (*dipinta monocroma*) (**162. 167. 170. 172**).

Decorazioni lineari:
- decorazione lineare lucidata (+) / decorazione lineare, superficie lisciata (*dipinta monocroma*) (**168**)

A decorazioni **dipinte** in combinazione con superfici integralmente **acrome** (MD_DA_LO oppure OL):

912 Analogamente alla variante con superfici lucidate "decorazione lineare lucidata (+) ; decorazione lineare lucidata (-)" (cfr. nota 910), la decorazione è creata dall'apporto di una banda di colore su superficie acroma. Successivamente, il colore, monocromo, è stato asportato per creare un motivo ad onda risparmiata all'interno della banda.

913 Cfr. nota precedente. In questo caso l'apporto di colore è bicromo.

914 Nel testo e nelle statistiche chiamate "incisa senza rivestimento ; dipinta monocroma / rivestimento omogeneo opaco".

915 Nel testo e nelle statistiche chiamate "incisa senza rivestimento ; dipinta bicroma / decorazione lineare opaca (-).

916 Nel testo e nelle statistiche chiamate "incisa senza rivestimento ; dipinta monocroma / acroma lisciata".

917 Nel testo e nelle statistiche chiamate "incisa senza rivestimento ; dipinta bicroma / acroma lisciata".

Rivestimenti e superfici acrome:
- rivestimento non omogeneo lucidato / acroma lisciata (**161. 165. 889**)
- rivestimento omogeneo lucidato / acroma lisciata
- rivestimento omogeneo opaco / acroma lucidata (**325. 334**).

Rivestimenti, decorazioni lineari e superfici acrome:
- rivestimento omogeneo lucidato (striature sottili) ; decorazione lineare lucidata (+) / acroma lisciata (**163**)
- rivestimento non omogeneo lucidato ; decorazione lineare lucidata (+) / acroma lisciata (**164. 169**).

Decorazioni lineari e superfici acrome:
- decorazione lineare lucidata (+) / acroma lisciata
- decorazione lineare lucidata (+) ; acroma lisciata.

Decorazioni lineari di transizione:
- acroma lucidata ; decorazione lineare effettuata in seguito alla lucidatura della superficie risultante a decorazione opaca (*dipinta monocroma*) (**872**)
- acroma lucidata ; dipinta monocroma / rivestimento omogeneo opaco
- acroma lucidata ; dipinta monocroma / acroma lisciata.

Combinazioni indeterminate:
- rivestimento non omogeneo lucidato / rivestimento opaco (omogeneo? Non omogeneo?)
- superficie opaca, rivestimento omogeneo o decorazione lineare (*dipinta*)? / decorazione lineare lucidata (+)
- linee (dipinta?) o rivestimento opaco? / decorazione lineare lucidata (+).

Indeterminate in combinazione con superfici completamente acrome:
- rivestimento lucidato (omogeneo? Non omogeneo? Lineare?) / acroma lisciata
- rivestimento lucidato (omogeneo? Non omogeneo?) / acroma lisciata
- rivestimento omogeneo lucidato (striature sottili (?)) / acroma lisciata
- rivestimento omogeneo (opaco? Lucidato?) / acroma lisciata.

A decorazioni **incise** (MD_ID_OL):
- Incisa con rivestimento omogeneo opaco (interno ed esterno), tesa dell'orlo lucidata (**294**).

A decorazioni **incise e dipinte** (MD_ID_OL):

Rivestimenti e decorazioni incise e/o impresse:
- incisa senza rivestimento, superficie lisciata / rivestimento omogeneo lucidato (**258. 300**)
- incisa e impressa, senza rivestimento, superficie lisciata / rivestimento omogeneo lucidato (**504**).

Decorazioni incise e lineari di transizione:
- incisa senza rivestimento, superficie lucidata ; decorazione lineare effettuata in seguito alla lucidatura della superficie risultante a decorazione opaca (*dipinta monocroma*) (**627**).

L'altissima frequenza di attestazioni diversificate, non sempre chiaramente suddivisibili all'interno delle classi fin'ora definite dalla ricerca, rispecchiano le scelte individuali eseguite dal vasaio durante la produzione di vasellame. In un mondo *indigeno,* nel quale le produzioni non sono standardizzate, è evidente che la creatività del singolo vasaio o dei singoli ateliers ceramici, influisse notevolmente sulla varietà di tecniche decorative utilizzate oppure sui trattamenti di superficie eseguiti. La complessità delle suddivisioni rispecchia quanto realmente attestato dai reperti.

3.2.2.3 Altri materiali

Le seguenti indagini hanno analizzato i reperti provenienti dai contesti chiusi in maniera integrale. Per questa ragione oltre alle ceramiche sono stati documentati i seguenti materiali:

Fittili:
- sostegni
- piastre fittili
- fornelli?
- fusaiole
- pesi da telaio
- peso per reti da pesca
- modelli fittili (capanna-sacello)
- terracotte
- tegole
- indeterminati in generale.

Oltre ai materiali riferibili all'ambito della preparazione di alimenti come i sostegni, le piastre fittili, e forse un frammento di fornello (**857**), sono stati ritrovati anche reperti adibiti alla produzione di tessuti come attestato dalle fusaiole e dai pesi da telaio, seppure in alcuni casi ritrovati unicamente in forma frammentaria. Ad una sfera *sacrale*, non necessariamente collegata ad un edificio, sono riferibili i frammenti di modelli fittili di capanne-sacello (**850**). Vista la rarità di questi ritrovamenti verranno eccezionalmente presentati anche gli altri frammenti provenienti in un caso dai contesti chiusi dell'edificio ad ovest della casa a peristilio II (**851**), nell'altro dall'area dell'edificio a due vani nel quartiere orientale (**852**). Di presumibile analoga funzione sono i frammenti di terrecotte, attestate unicamente dal frammento di corno fittile (**859**) proveniente dall'edificio A e la testina fittile maschile con dettagli dipinti (**858**). L'esemplare di peso per reti da pesca (**843**) può anch'esso essere attribuito in maniera ipotetica forse ad una sfera sacrale piuttosto che ad un vero oggetto d'utilizzo quotidiano.

Per quanto riguarda le fasi costruttive sono attestati alcuni frammenti di tegole poligonali di tipo corinzio. Infine, all'interno dei materiali fittili sono riassunto tutti i "frammenti" di materiali talmente erosi che neppure una loro attribuzione alle ceramiche può essere accertata.

Metalli:
- ferro
- bronzo.

I saltuari frammenti di ferro (**866**) e bronzo (**860–865**) attestati all'interno dei contesti sono stati ugualmente indagati da Holger Baitinger. Le determinazioni vengono parzialmente riprese dal manoscritto del suddetto esperto[918].

Organici e geologici:
- strumenti litici?
- campioni di carbone
- conchiglie
- ossa
- astragali.

Non più precisamente indagati sono i materiali organici conservati nelle cassette dei materiali. Numerosi reperti litici provenienti dall'edificio a due vani del quartiere orientale sono stati raccolti e conservati. Seppure questi siano stati fotografati e analizzati, non è stato possibile identificare con sicurezza degli strumenti litici. I materiali verranno presentati unicamente in forma statistica. Durante le varie campagne di scavo sono stati presi campioni di carbone. Analizzati unicamente quando provenienti da contesti di strati d'uso i carboni appariranno in forma statistica. Le conchiglie e gli astragali sono stati identificati. Le ossa provenienti dai contesti sono state integralmente analizzate da parte di Claudia Abatino. I dati quantitativi sono omessi dalle presenti statistiche totali.

Vari:
- vetro
- campioni del piano di calpestio.

Fra le statistiche appariranno ancora queste due categorie di materiale. In alcuni casi sono stati presi dei campioni di piano di calpestio. Come *unicum* apparirà tra le statistiche la perla in vetro (**869**) già menzionata in relazione all'inventario dell'edificio 1 nel quartiere dell'agorà.

918 Baitinger in preparazione.

3.3 Analisi dei reperti *indigeni* provenienti dai contesti indagati

Per offrire al lettore anche una panoramica dei reperti *indigeni* suddivisi per contesto verranno in seguito presentate le associazioni ritrovate all'interno dei singoli contesti presi in analisi. Le referenze per i reperti sono unicamente indicate secondo quanto è stato inventariato. Si omettono le indicazioni dell'inventario interno utilizzato insieme ai reperti inventariati per le analisi statistiche. Un discorso più ampio verrà intrapreso per il riempimento nella zona orientale della casa a peristilio I caratterizzato dalla totale assenza di materiale d'importazione. Oltre al *t.a.q.* verso il 600 a.C. sarà necessario discutere l'arco cronologico rappresentato dai reperti *indigeni* ritrovati sulla base di contesti provenienti da altri siti.

3.3.1 Riempimento nella zona orientale della casa a peristilio I (t.a.q. verso il 600 a.C.)

Il riempimento adibito verosimilmente al livellamento del piano di calpestio esterno (o interno) dell'edificio in materiale deperibile attestato dalle tre buche di palo innestate nella roccia è caratterizzato dalla totale assenza di materiale d'importazione. Le associazioni in seguito presentate sono soggette a due grossi limiti di valutazione. Innanzitutto, i materiali provengono da un riempimento adibito ad un'opera costruttiva, dunque presentante associazioni arbitrarie. Dall'altro il contesto indagato in questa sede rappresenta unicamente una piccolissima area d'indagine rispetto alla quantità di materiale contenuto in origine dal riempimento e da quanto teoricamente già possibile, all'attuale stato della ricerca, offrire al lettore. I dati qui presentati potranno in futuro essere ampliati sia grazie alla documentazione dettagliata dei reperti rinvenuti nella porzione orientale scavata nel 2016 sia da quanto ancora presente *in situ* sigillato dal lastricato in pietre soggetto forse a futuri scavi.

Ricordiamo infine che il materiale *indigeno* del contesto, considerato erroneamente da Hans Peter Isler come una successione di più strati di calpestio con annessi strati d'uso, fu già oggetto di analisi, in particolare per quanto riguarda le ceramiche decorate[919].

Analisi statistiche

Il totale dei frammenti provenienti dal riempimento stratificato ammonta a 3201 documentati in 2845 unità (stat. 1.1). La documentazione è stata effettuata grazie alla distinzione di 389 individui inventariati formati da 589 frammenti, sicuramente attestanti

919 Isler 2009a, 141–144.

Suddivisione dei materiali	Riempimento ad est della casa a peristilio 1							
	Inv. Regolare		Inv. Interno		TOT			
	Record	Frammenti	Record	Frammenti	Record	Frammenti	%fr	%rec
Acroma lisciata	28	52	1180	1276	1208	1328	41.49	42.46
Fuoco modellate a mano	23	37	308	320	331	357	11.15	11.63
Indet: rivestimento lucidato (omogeneo? Non omogeneo?)	9	10	138	141	147	151	4.72	5.17
Rivestimento omogeneo lucidato (striature sottili)	22	23	111	116	133	139	4.34	4.67
Rivestimento non omogeneo lucidato	26	35	91	96	117	131	4.09	4.11
Cucina tornita	12	20	84	91	96	111	3.47	3.37
Acroma indet.	0	0	96	98	96	98	3.06	3.37
Rivestimento omogeneo lucidato	28	36	56	58	83	93	2.91	2.92
Acroma lucidata	4	8	67	68	71	76	2.37	2.50
Incisa e impressa con rivestimento omogeneo lucidato (striature sottili)	19	64	0	0	19	64	2.00	0.67
Indet: incisa con rivestimento lucidato (omogeneo? Non omogeneo?)	45	56	3	4	48	60	1.87	1.69
Incisa e impressa con rivestimento omogeneo lucidato	41	58	1	1	42	59	1.84	1.48
Incisa con rivestimento omogeneo lucidato	13	14	42	43	55	57	1.78	1.93
Indet: fuoco e cucina	0	0	43	43	43	43	1.34	1.51
Indet: rivestimento opaco (omogeneo? Non omogeneo?)	0	0	32	32	32	32	1.00	1.12
Decorazione lineare lucidata (+)	10	16	14	15	24	31	0.97	0.84
Indet: incisa e impressa con rivestimento lucidato (omogeneo? Non omogeneo?)	27	30	0	0	27	30	0.94	0.95
Incisa con rivestimento omogeneo lucidato (striature sottili)	10	11	17	17	28	29	0.91	0.98
Fittili: sostegni	5	13	13	14	18	27	0.84	0.63
Dipinta monocroma	8	9	16	16	24	25	0.78	0.84
Rivestimento omogeneo opaco	1	1	15	20	16	21	0.66	0.56
Impasto / acroma (scodelloni da cucina)	0	0	16	21	16	21	0.66	0.56
MD_DA_LO: rivestimento non omogeneo lucidato / acroma lisciata	11	11	9	9	20	20	0.62	0.70
Indet. MD_DA_LO: rivestimento lucidato (omogeneo? Non omogeneo? Lineare?) / acroma lisciata	1	2	15	17	16	19	0.59	0.56
Incisa con rivestimento omogeneo opaco	2	7	11	12	13	19	0.59	0.46
MD_DA_LO: rivestimento omogeneo lucidato / acroma lisciata	1	2	11	12	12	14	0.44	0.42
Indeterminati in generale	0	0	12	13	12	13	0.41	0.42
Incisa senza rivestimento, superficie lisciata	2	7	2	2	4	9	0.28	0.14
Rivestimento non omogeneo opaco	0	0	8	9	8	9	0.28	0.28
MD_AD_L(O): acroma lucidata ; dipinta monocroma	1	7	1	1	2	8	0.25	0.07
MD_DA_LO: rivestimento non omogeneo lucidato ; decorazione lineare lucidata (+) / acroma lisciata	2	7	0	0	2	7	0.22	0.07
Incisa e impressa senza rivestimento	3	7	0	0	3	7	0.22	0.11
Indet: incisa con/senza rivestimento	2	2	5	5	7	7	0.22	0.25
Indet: linee (dipinta?) o rivestimento opaco?	0	0	7	7	7	7	0.22	0.25
Indet: rivestimento omogeneo lucidato? decorazione lineare lucidata (+)?	3	5	2	2	5	7	0.22	0.18
Organico: carbone	0	0	3	6	3	6	0.19	0.11
MD_DD_LL: rivestimento omogeneo lucidato / decorazione lineare lucidata (+)	3	5	1	1	4	6	0.19	0.14
MD_DD_LO: rivestimento non omogeneo lucidato ; dec. lineare lucidata (+) / dipinta monocroma	4	6	0	0	4	6	0.19	0.14
Geologico: strumenti litici (?)	0	0	4	4	4	4	0.12	0.14
Incisa e impressa con rivestimento omogeneo opaco	2	4	0	0	2	4	0.12	0.07
MD_DD_LO: rivestimento non omogeneo lucidato / dipinta monocroma	3	3	0	0	3	3	0.09	0.11
MD_DA_LO: rivestimento omogeneo lucidato (striature sottili) ; dec. lineare lucidata (+) / acroma lisciata	1	1	2	2	3	3	0.09	0.11
MD_ID_LO: incisa e impressa senza rivestimento, sup. lisciata / rivestimento omogeneo lucidato	1	3	0	0	1	3	0.09	0.04
MD_DD_LL: rivestimento non omogeneo lucidato / rivestimento omogeneo lucidato (striature sottili)	0	0	3	3	3	3	0.09	0.11
Indet: impressa con rivestimento lucidato (omogeneo? Non omogeneo?)	3	3	0	0	3	3	0.09	0.11
Indet: resti di colore opaco o lucidato	0	0	3	3	3	3	0.09	0.11
Decorazione lineare lucidata (-)	0	0	3	3	3	3	0.09	0.11
MD_ID_L(O): incisa senza rivestimento, superficie lucidata ; dipinta monocroma	1	2	0	0	1	2	0.06	0.04
MD_DD_LO: rivestimento omogeneo lucidato / dipinta monocroma	0	0	2	2	2	2	0.06	0.07
Indet: impressa con/senza rivestimento	0	0	2	2	2	2	0.06	0.07
Decorazione lineare lucidata (+) ; decorazione lineare lucidata (-)	1	1	0	0	1	1	0.03	0.04
Vari: piano di calpestio	0	0	1	1	1	1	0.03	0.04
Organico: conchiglie	0	0	1	1	1	1	0.03	0.04
Metalli: bronzo	1	1	0	0	1	1	0.03	0.04
Fittili: modello capanna-sacello	1	1	0	0	1	1	0.03	0.04
MD_DD_LO: dec. Lineare lucidata (+) / dipinta monocroma	1	1	0	0	1	1	0.03	0.04
MD_DD_LO: dec. Lineare lucidata (-) / dipinta monocroma	1	1	0	0	1	1	0.03	0.04
MD_DD_LO: rivestimento omogeneo lucidato (striature sottili) / rivestimento omogeneo opaco	0	0	1	1	1	1	0.03	0.04
MD_DD_LO: rivestimento non omogeneo lucidato / rivestimento omogeneo opaco	0	0	1	1	1	1	0.03	0.04
MD_ID_LL: incisa con rivestimento omogeneo lucidato / rivestimento non omogeneo lucidato	1	1	0	0	1	1	0.03	0.04
MD_ID_LL: incisa con rivestimento omogeneo lucidato / dec. Lineare lucidata (-)	1	1	0	0	1	1	0.03	0.04
MD_DD_LL: rivestimento non omogeneo lucidato ; dec. lineare lucidata (+) / dec. lineare lucidata (+)	1	1	0	0	1	1	0.03	0.04
Incisa senza rivestimento, superficie lucidata	1	1	0	0	1	1	0.03	0.04
Impressa senza rivestimento	1	1	0	0	1	1	0.03	0.04
Indet: incisa e impressa con/senza rivestimento	1	1	0	0	1	1	0.03	0.04
Indet: incisa con rivestimento lucidato/opaco	0	0	1	1	1	1	0.03	0.04
Decorazione lineare opaca (-)	1	1	0	0	1	1	0.03	0.04
Rivestimento omogeneo opaco (striature sottili)	0	0	1	1	1	1	0.03	0.04
Indet: cucina tornita	0	0	1	1	1	1	0.03	0.04
TOTALE	389	589	2456	2612	2845	3201	100	100

Stat. 1.1: Dati quantitativi totali dei reperti. Ordinamento dall'alto verso il basso in base al numero di frammenti totali (azzurro: ceramiche acrome; arancione: vasellame e utensili adibiti alla cottura di alimenti; verde: ceramiche decorate (verde chiaro: con decorazioni dipinte; verde scuro: con decorazioni incise e/o impresse); marrone: materiali di varia funzione; bianco: indeterminati).

389 reperti diversi (*inventario regolare*). I restanti 2612 frammenti sono stati documentati in 2456 records. In questo caso la loro attribuzione a individui diversi è incerta[920] (*inventario interno*).

All'interno delle associazioni (stat. 1.2), come prevedibile, prevale nettamente la quantità di ceramica acroma (46.92%fr.; 1502 fr.) seguita dalle forme e utensili adibiti alla cottura di alimenti (17.49%fr.; 560 fr.). Le ceramiche decorate rivestono unicamente un terzo del materiale rinvenuto (34.74%fr.; 942 fr.) seguite da una

Distribuzioni fra i materiali	Record	Frammenti	%fr	%rec
ceramiche acrome	1375	1502	46.92	48.33
vasellame e utensili adibiti alla cottura di alimenti	505	560	17.49	17.75
ceramiche decorate	942	1112	34.74	33.11
materiali di varia funzione	11	14	0.44	0.39
indeterminati	12	13	0.41	0.42
Totale	2845	3201	100	100

Stat. 1.2 sulla base di stat. 1.1.

920 Nella redazione del testo di questo contesto, seppure nelle statistiche finali appariranno gli andamenti anche in unità (record), verranno offerti unicamente i rapporti in frammenti e percentuali di frammenti. In questo caso, vista la natura del contesto, le differenze delle tendenze quantitative tra reperti e frammenti non attestano divergenze sostanziali. Per non complicare ulteriormente un discorso già assai complesso in frammenti e percentuali di frammenti si predilige l'omissione di una valutazione supplementare anche delle unità riconosciute.

piccolissima percentuale di materiali di varia funzione e natura (0.44%fr.; 14 fr.) e infine da reperti indeterminati (0.41%fr.; 13 fr.).

3.3.1.1 Ceramiche acrome

Le morfologie attestate dai reperti in ceramica acroma sono riferibili a:

- scodelle / fruttiere (**215. 235**)
- possibili forme potorie (**404**)
- vasi su alto piede (**490**)
- brocche (**533**)
- anfore/idrie (**566. 571–572)**
- forme chiuse da stoccaggio (**623. 676–678**)
- pithoi (**719**)
- coperchi adibiti a forme chiuse di piccole dimensioni (**742–743**).

Come intuibile dallo spettro morfologico attestato, le funzioni ricoperte dalle ceramiche acrome sono molteplici e soprattutto coprenti tutte le funzionalità che i reperti ceramici possano possedere. Seguendo lo schema proposto da Erich Kistler e Martin Mohr[921] sono attestate sia forme adibite allo stoccaggio di derrate alimentari (pithoi), stoccaggio di liquidi (anfore/idrie[922]), a servizio di bevande (brocche) e possibilmente al loro consumo (forme potorie), al servizio e al consumo di alimenti (scodelle / fruttiere, vasi su alto piede) e, infine, alla possibile presenza di forme da stoccaggio per effetti personali (coperchi). Quest'ultimi, mostranti diametri tra i 10 e i 13 cm, potrebbero essere stati adibiti anche alla protezione di derrate alimentari conservate, ad esempio, all'interno delle scodelle[923].

Ceramiche acrome	Record	Frammenti	%fr	%rec	%fr acrome	%rec acrome
lisciata	1208	1328	41.49	42.46	88.42	87.85
lucidata	71	76	2.37	2.50	5.06	5.16
indeterminata	96	98	3.06	3.37	6.52	6.98
Totale	1375	1502	46.92	48.33	100.00	100.00

Stat. 1.3 sulla base di stat. 1.1.

Per quanto riguarda i trattamenti della superficie dei reperti è possibile asserire la presenza sia di morfologie a superficie lisciate sia di alcune acrome a superficie lucidata (stat. 1.3: a superficie lisciata: 1328 fr.; 41.49%fr. dei materiali totali; 88.42%fr. dei reperti in ceramica acroma; a superficie lucidata: 76 fr.; 2.37%fr. dei materiali totali; 5.06%fr. dei reperti in ceramica acroma; indeterminati rispetto al trattamento di superficie: 98 fr.; 3.06%fr. dei materiali totali; 6.52%fr. dei reperti in ceramica acroma).

921 Kistler – Mohr 2015; Kistler – Mohr 2016.

922 Alle quali sono attribuibili verosimilmente anche alcune forme chiuse di media dimensione.

923 In alcuni casi con diametri di 12 cm, dunque possibilmente coperti dai coperchi con diametro di 13 cm. I diametri attestati dalle anfore/idrie in questo contesto sono troppi ampi per corrispondere ai diametri dei coperchi.

3.3.1.2 Ceramiche e reperti fittili adibiti alla cottura di alimenti

I reperti adibiti alla sfera della cottura degli alimenti sono suddivisi nel vasellame utilizzato e agli ulteriori materiali fittili funzionali al processo di esposizione delle morfologie alle fonti di calore.

Per quanto riguarda il vasellame denota un grande interesse la presenza sia di morfologie modellate a mano sia di morfologie sicuramente rifinite al tornio, se non già eseguite direttamente al tornio veloce. L'attestazione di morfologie *evidentemente* rifinite al tornio in un contesto localizzato nell'entroterra siciliano, datante *ante* ca. 600 a.C., privo di reperti d'importazione allotri all'isola, è un'attestazione definibile eccezionale[924]. La suddivisione tra le morfologie modellate a mano e quelle al tornio è definibile non solo per quanto riguarda le tecniche di modellazione utilizzate, bensì anche rispetto alla composizione degli impasti e alle morfologie attestate[925].

Viste le differenze attestate dagli impasti delle forme modellate a mano e quelle rifinite al tornio vi è una percentuale di frammenti di piccole dimensioni che sono state attribuite alle rispettive categorie sulla base della composizione dell'impasto, seppure non mostranti chiaramente la modellazione a mano o al tornio (indet: fuoco e cucina [a mano]; indet: cucina tornita, intesa come rifinita al tornio).

Adibiti alla cottura di alimenti	Record	Frammenti	%fr	%rec	%fr cottura	%rec cottura
fuoco modellate a mano	331	357	11.15	11.63	63.75	65.54
indet: fuoco e cucina (a mano)	43	43	1.34	1.51	7.68	8.51
cucina tornita	96	111	3.47	3.37	19.82	19.01
indet: cucina tornita	1	1	0.03	0.04	0.18	0.20
Impasto/acroma (scodelloni da fuoco)	16	21	0.66	0.56	3.75	3.17
fittili: sostegni	18	27	0.84	0.63	4.82	3.56
Totale	505	560	17.49	17.75	100.00	100.00

Stat. 1.4 sulla base di stat. 1.1.

Fra i 560 frammenti totali riferibili al contesto (statt. 1.2; 1.4: 17.49%fr. dei materiali totali), 357 sono attribuibili alle morfologie da fuoco modellate a mano (63.75%fr. fra quelle da cottura), 43 a quelle indeterminate modellate a mano (7.68%fr. cottura), 111 alle morfologie rifinite al tornio (19.82%fr. cottura), un frammento indeterminato al tornio (0.18%fr. cottura), 27 frammenti di sostegni a clessidra (4.82%fr. cottura) e 21 attribuibili a degli scodelloni da cucina con superfici lucidate (3.75%fr. cottura).

Le morfologie attestate dalle diverse tipologie di modellazione sono diversificate. Per quelle modellate a mano sono attestate:

- pignatte (**768–772**)
- teglie (**803–805**)
- olle (**811**)
- scodelloni da cucina.

924 Cfr. *infra*.

925 Per la descrizione degli impasti cfr. 3.5.2.2 *Impasti refrattari*.

Per quelle rifinite al tornio invece:
- pignatte tronco-coniche con fondi convessi e orli svasati verso l'interno (**758–763**)
- olle con orlo ingrossato verso l'esterno (**764–765**)
- scodelloni da cucina (**766**)
- una scodella / mortaio (**767**) morfologicamente analoga a quanto attestato dai bacini decorati di dimensioni maggiori.

I reperti rifiniti o modellati direttamente al tornio denotano molteplici caratteristiche nettamente diverse rispetto a quanto solitamente conosciuto in ambito *indigeno* rappresentato, in genere, da forme da fuoco modellate a mano e altamente irregolari[926]. Seppure anche a Monte Maranfusa sembrino essere attestate morfologie con tracce di tornitura fra i reperti protostorici adibiti alla cottura di alimenti provenienti dal campo E, questi non appaiono pertinenti rispetto alle loro morfologie a quanto ritrovato nel contesto iatino[927]. Le morfologie trovano i confronti più pertinenti nell'ambito fenicio-punico, in particolare con reperti provenienti da Mozia[928]. Sia le pignatte tronco-coniche, sia le olle che la "scodella" definita, secondo i confronti, come mortaio (**767**)[929], trovano confronti morfologici datanti nel VII sec. a.C. a Mozia. Inizialmente interpretati come reperti allotri alle produzioni iatine e dunque verosimilmente "d'importazione" fenicio-punica, l'analisi autoptica dei frammenti da parte di Gioacchino Falsone e di Rossana De Simone hanno smentito la provenienza fenicio-punica dei reperti[930]. In questo senso, viste le numerose differenze attestate dai reperti torniti rispetto a quanto conosciuto dal repertorio *indigeno*, è verosimile un *transfer* di *know-how* tecnico per quanto riguarda la produzione delle forme da cucina modellate al tornio. In questo caso, le modalità di cottura adibite alle olle o ai "mortai" avvalgono di un valore intrinseco, indicante una verosimile alimentazione diversificata cucinata grazie alle nuove forme di *importazione* di riadattamento locale. L'impasto, seppure non sia autopticamente fenicio-punico, non corrisponde a quanto conosciuto dal repertorio *indigeno* della scrivente[931] e dunque, soprattutto per quanto riguarda la presenza di mica dorata – assente nella maggior parte di reperti *indigeni* verosimilmente di provenienza locale *iatina* – probabilmente di produzione allotria di Monte Iato. Curiosamente, difatti, questa tipologia di ceramica da fuoco modellata al tornio scompare da tutti gli altri contesti di datazione successiva. Pensando a quanto invece è attestato all'interno delle colonie tramandate dalle fonti, le quali man mano importano e adottano le morfologie da fuoco e cucina tornite, il cambiamento di usi attestato a Monte Iato, il quale non attesta forme tornite nei secoli successivi fino all'abbandono dell'insediamento verso il 460/450 a.C. potrebbe essere interpretato come una puntuale *importazione* di forme allotrie, prodotte in ambito *indigeno*, per determinate famiglie, abitanti nell'insediamento unicamente per un paio di generazioni.

Le modalità di cottura sono unicamente attestate all'interno del contesto dalla presenza di sostegni a clessidra fittili (**821–823**). La mancanza di piastre, conosciute già dall'età del Bronzo, è ragionevolmente interpretabile come arbitraria dovuta alla natura del contesto.

926 Cfr. tutte le forme da fuoco presentate negli altri contesti indagati in questo volume; Valentino 2003.

927 Spatafora 2003d, 98–99 no. P 44 fig. 114 (scodellone). Si tratta dell'unico frammento in catalogo riferibile ad una forma modellata al tornio lento.

928 Per avermi indirizzato nell'ambito fenicio-punico nella ricerca di confronti per questi reperti venga ringraziata la Dr. Cecilia Guastella. Per i confronti puntuali cfr. catalogo.

929 Il reperto attesta un impasto di colore 5YR 4/2 e nucleo 5YR 4/1 estremamente ricco di inclusioni di mica dorata e risultante molto sabbiosa al tatto (cfr. per l'impasto: catalogo). In questo caso l'impasto risulta ancora più diverso autopticamente rispetto a quello attestato dalle morfologie di pignatte o olle tornite. Per un confronto definito mortaio datato alla prima metà del VII sec. a.C.: Nigro 2010, 30–31 nn. MC.05.1526/1. MC.05.1526/14 fig. 31. Morfologicamente più preciso: Mozia XI, 294 no. MC.04.703/5 tav. LXXX.

930 La provenienza fenicio-punica è stata scartata per tutti gli empori conosciuti in ambito siciliano: Mozia ma anche dalle successive fondazioni di VII sec. a.C. Panormos e Solunto.

931 Impasto FT. Cfr. 3.5.2.2.2 *Da cucina modellate al tornio*. All'interno degli oltre 40'000 frammenti visionati nell'ambito della presente ricerca non è stato possibile trovare confronti per quanto riguardo l'impasto all'interno dei reperti ritrovati su Monte Iato. Ugualmente, quanto visionato durante gli anni di ricerca in altri magazzini e musei della Sicilia occidentale non ha portato al ritrovamento di confronti d'impasto pertinenti.

3.3.1.3 Ceramiche decorate

Ceramiche decorate	Riempimento ad est della casa a peristilio 1									
	Inv. Regolare		Inv. Interno		TOT					
	Record	Frammenti	Record	Frammenti	Record	Frammenti	%fr	%rec	%fr delle decorate	%rec delle decorate
Indet: rivestimento lucidato (omogeneo? Non omogeneo?)	9	10	138	141	147	151	4.72	5.17	13.58	15.61
Rivestimento omogeneo lucidato (striature sottili)	22	23	111	116	133	139	4.34	4.67	12.50	14.12
Rivestimento non omogeneo lucidato	26	35	91	96	117	131	4.09	4.11	11.78	12.42
Rivestimento omogeneo lucidato	28	36	56	58	83	93	2.91	2.92	8.36	8.81
Incisa e impressa con rivestimento omogeneo lucidato (striature sottili)	19	64	0	0	19	64	2.00	0.67	5.76	2.02
Incet: incisa con rivestimento lucidato (omogeneo? Non omogeneo?)	45	56	3	4	48	60	1.87	1.69	5.40	5.10
Incisa e impressa con rivestimento omogeneo lucidato	41	58	1	1	42	59	1.84	1.48	5.31	4.46
Incisa con rivestimento omogeneo lucidato	13	14	42	43	55	57	1.78	1.93	5.13	5.84
Incet: rivestimento opaco (omogeneo? Non omogeneo?)	0	0	32	32	32	32	1.00	1.12	2.88	3.40
Decorazione lineare lucidata (+)	10	16	14	15	24	31	0.97	0.84	2.79	2.55
Incet: incisa e impressa con rivestimento lucidato (omogeneo? Non omogeneo?)	27	30	0	0	27	30	0.94	0.95	2.70	2.87
Incisa con rivestimento omogeneo lucidato (striature sottili)	10	11	17	17	28	29	0.91	0.98	2.61	2.97
Dipinta monocroma	8	9	16	16	24	25	0.78	0.84	2.25	2.55
Rivestimento omogeneo opaco	1	1	15	20	16	21	0.66	0.56	1.89	1.70
MD_DA_LO: rivestimento non omogeneo lucidato / acroma lisciata	11	11	9	9	20	20	0.62	0.70	1.80	2.12
Incet. MD_DA_LO: rivestimento lucidato (omogeneo? Non omogeneo? Lineare?) / acroma lisciata	1	2	15	17	16	19	0.59	0.56	1.71	1.70
Incisa con rivestimento omogeneo opaco	2	7	11	12	13	19	0.59	0.46	1.71	1.38
MD_DA_LO: rivestimento omogeneo lucidato / acroma lisciata	1	2	11	12	12	14	0.44	0.42	1.26	1.27
Incisa senza rivestimento, superficie lisciata	2	7	2	2	4	9	0.28	0.14	0.81	0.42
Rivestimento non omogeneo opaco	0	0	8	9	8	9	0.28	0.28	0.81	0.85
MD_AD_L(O): acroma lucidata ; dipinta monocroma	1	7	1	1	2	8	0.25	0.07	0.72	0.21
MD_DA_LO: rivestimento non omogeneo lucidato ; decorazione lineare lucidata (+) / acroma lisciata	2	7	0	0	2	7	0.22	0.07	0.63	0.21
Incisa e impressa senza rivestimento	3	7	0	0	3	7	0.22	0.11	0.63	0.32
Incet: incisa con/senza rivestimento	2	2	5	5	7	7	0.22	0.25	0.63	0.74
Incet: linee (dipinta?) o rivestimento opaco?	0	0	7	7	7	7	0.22	0.25	0.63	0.74
Incet: rivestimento omogeneo lucidato? decorazione lineare lucidata (+)?	3	5	2	2	5	7	0.22	0.18	0.63	0.53
MD_DD_LL: rivestimento omogeneo lucidato / decorazione lineare lucidata (+)	3	5	1	1	4	6	0.19	0.14	0.54	0.42
MD_DD_LO: rivestimento non omogeneo lucidato ; dec. lineare lucidata (+) / dipinta monocroma	4	6	0	0	4	6	0.19	0.14	0.54	0.42
Incisa e impressa con rivestimento omogeneo opaco	2	4	0	0	2	4	0.12	0.07	0.36	0.21
MD_DD_LO: rivestimento non omogeneo lucidato / dipinta monocroma	3	3	0	0	3	3	0.09	0.11	0.27	0.32
MD_DA_LO: rivestimento omogeneo lucidato (striature sottili) ; dec. lineare lucidata (+) / acroma lisciata	1	1	2	2	3	3	0.09	0.11	0.27	0.32
MD_ID_OL: incisa e impressa senza rivestimento, sup. lisciata / rivestimento omogeneo lucidato	1	3	0	0	1	3	0.09	0.04	0.27	0.11
MD_DD_LL: rivestimento non omogeneo lucidato / rivestimento omogeneo lucidato (striature sottili)	0	0	3	3	3	3	0.09	0.11	0.27	0.32
Incet: impressa con rivestimento lucidato (omogeneo? Non omogeneo?)	3	3	0	0	3	3	0.09	0.11	0.27	0.32
Incet: resti di colore opaco o lucidato	0	0	3	3	3	3	0.09	0.11	0.27	0.32
Decorazione lineare lucidata (-)	0	0	3	3	3	3	0.09	0.11	0.27	0.32
MD_ID_L(O): incisa senza rivestimento, superficie lucidata ; dipinta monocroma	1	2	0	0	1	2	0.06	0.04	0.18	0.11
MD_DD_LO: rivestimento omogeneo lucidato / dipinta monocroma	0	0	2	2	2	2	0.06	0.07	0.18	0.21
Incet: impressa con/senza rivestimento	0	0	2	2	2	2	0.06	0.07	0.18	0.21
Decorazione lineare lucidata (+) ; decorazione lineare lucidata (-)	1	1	0	0	1	1	0.03	0.04	0.09	0.11
MD_DD_LO: dec. Lineare lucidata (+) / dipinta monocroma	1	1	0	0	1	1	0.03	0.04	0.09	0.11
MD_DD_LO: dec. Lineare lucidata (-) / dipinta monocroma	1	1	0	0	1	1	0.03	0.04	0.09	0.11
MD_DD_LO: rivestimento omogeneo lucidato (striature sottili) / rivestimento omogeneo opaco	0	0	1	1	1	1	0.03	0.04	0.09	0.11
MD_DD_LO: rivestimento non omogeneo lucidato / rivestimento omogeneo opaco	0	0	1	1	1	1	0.03	0.04	0.09	0.11
MD_ID_LL: incisa con rivestimento omogeneo lucidato / rivestimento non omogeneo lucidato	1	1	0	0	1	1	0.03	0.04	0.09	0.11
MD_ID_LL: incisa con rivestimento omogeneo lucidato / dec. Lineare lucidata (-)	1	1	0	0	1	1	0.03	0.04	0.09	0.11
MD_DD_LL: rivestimento non omogeneo lucidato ; dec. lineare lucidata (+) / dec. lineare lucidata (+)	1	1	0	0	1	1	0.03	0.04	0.09	0.11
Incisa senza rivestimento, superficie lucidata	1	1	0	0	1	1	0.03	0.04	0.09	0.11
Impressa senza rivestimento	1	1	0	0	1	1	0.03	0.04	0.09	0.11
Incet: incisa e impressa con/senza rivestimento	1	1	0	0	1	1	0.03	0.04	0.09	0.11
Incet: incisa con rivestimento lucidato/opaco	0	0	1	1	1	1	0.03	0.04	0.09	0.11
Decorazione lineare opaca (-)	1	1	0	0	1	1	0.03	0.04	0.09	0.11
Rivestimento omogeneo opaco (striature sottili)	0	0	1	1	1	1	0.03	0.04	0.09	0.11
TOTALE	315	457	627	655	942	1112	34.74	33.11	100.00	100.00

Stat. 1.5: Dati quantitativi delle ceramiche decorate in %. Ordinamento dall'alto verso il basso in base al numero di frammenti totali (verde chiaro: decorazioni dipinte; verde scuro: decorazioni incise e/o impresse; tonalità di viola: superfici lucidate; tonalità di arancione: superfici lisciate; tonalità di blu: superfici lisciate e lucidate; bianco: indeterminate rispetto al trattamento di superficie).

All'interno del riempimento coprono ca. un terzo del materiale le ceramiche decorate (statt. 1.2; 1.5: 1112 fr.; 34.74%fr. dei materiali totali). La predominanza di frammenti è riferibile a quanto definito *con decorazioni dipinte* rispetto a quanto attestato da quelle con *decorazioni incise e/o impresse* (stat. 1.6).

Con decorazioni dipinte					
Records	Frammenti	%fr	%rec	%fr delle decorate	%rec delle decorate
681	751	23.46	23.94	67.54	72.29
Con decorazioni incise e/o impresse					
Records	Frammenti	%fr	%rec	%fr delle decorate	%rec delle decorate
261	361	11.28	9.17	32.46	27.71

Stat. 1.6 sulla base di stat. 1.5.

Evidente, oltre alla differenziazione tra le tecniche decorative, sono le attestazioni di trattamenti di superficie diversificati presenti fra i materiali (stat. 1.7)

Con decorazioni dipinte (superfici lucidate)					
Records	Frammenti	%fr	%records	%fr delle decorate	%rec delle decorate
523	574	17.93	18.38	51.62	55.52
Con decorazioni incise e/o impresse (superfici lucidate)					
Records	Frammenti	%fr	%records	%fr delle decorate	%rec delle decorate
226	307	9.59	7.94	27.61	23.99
Con decorazioni dipinte (superfici lisciate / lucidate)					
Records	Frammenti	%fr	%records	%fr delle decorate	%rec delle decorate
66	78	2.44	2.32	7.01	7.01
Con decorazioni incise e /o impresse (superfici lisciate / lucidate)					
Records	Frammenti	%fr	%records	%fr delle decorate	%rec delle decorate
1	3	0.09	0.04	0.27	0.11
Con decorazioni dipinte (superfici lisciate)					
Records	Frammenti	%fr	%records	%fr delle decorate	%rec delle decorate
89	96	3.00	3.13	8.63	9.45
Con decorazioni incise e /o impresse (superfici lisciate)					
Records	Frammenti	%fr	%records	%fr delle decorate	%rec delle decorate
33	50	1.56	1.16	4.50	3.50
Con decorazioni (trattamenti di superficie indeterminate: lucidate / lisciate)					
Records	Frammenti	%fr	%records	%fr delle decorate	%rec delle decorate
4	4	0.12	0.14	0.36	0.42

Stat. 1.7 sulla base di stat. 1.5.

3.3.1.3.1 Con decorazioni dipinte

Con decorazioni dipinte (Totale)	Record	Frammenti	%fr	%rec	%fr delle decorate	%rec delle decorate
	681	751	23.46	23.94	67.54	72.29
Con decorazioni dipinte e superfici lucidate (a stralucido / "piumate")	Record	Frammenti	%fr	%rec	%fr delle decorate	%rec delle decorate
Rivestimento omogeneo lucidato	83	93	2.91	2.92	8.36	8.81
Rivestimento omogeneo lucidato (striature sottili)	133	139	4.34	4.67	12.50	14.12
Rivestimento non omogeneo lucidato	117	131	4.09	4.11	11.78	12.42
MD_DD_LL: rivestimento non omogeneo lucidato / rivestimento omogeneo lucidato (striature sottili)	3	3	0.09	0.11	0.27	0.32
Indet: rivestimento lucidato (omogeneo? Non omogeneo?)	147	151	4.72	5.17	13.58	15.61
Totale	483	517	16.15	16.98	46.49	51.27
In combinazione con superfici acrome e superfici lucidate ("monocrome / bicrome")	Record	Frammenti	%fr	%rec	%fr delle decorate	%rec delle decorate
MD_DA_LO: rivestimento omogeneo lucidato / acroma lisciata	12	14	0.44	0.42	1.26	1.27
MD_DA_LO: rivestimento omogeneo lucidato (striature sottili) ; dec. lineare lucidata (+) / acroma lisciata	3	3	0.09	0.11	0.27	0.32
MD_DA_LO: rivestimento non omogeneo lucidato / acroma lisciata	20	20	0.62	0.70	1.80	2.12
MD_DA_LO: rivestimento non omogeneo lucidato ; decorazione lineare lucidata (+) / acroma lisciata	2	7	0.22	0.07	0.63	0.21
Indet. MD_DA_LO: rivestimento lucidato (omogeneo? Non omogeneo? Lineare?) / acroma lisciata	16	19	0.59	0.56	1.71	1.70
Totale	53	63	1.97	1.86	5.67	5.63
Con decorazioni dipinte e superfici lisciate (ceramica monocroma / bicroma - "a flabelli")	Record	Frammenti	%fr	%rec	%fr delle decorate	%rec delle decorate
Rivestimento omogeneo opaco	16	21	0.66	0.56	1.89	1.70
Rivestimento omogeneo opaco (striature sottili)	1	1	0.03	0.04	0.09	0.11
Rivestimento non omogeneo opaco	8	9	0.28	0.28	0.81	0.85
Indet: rivestimento opaco (omogeneo? Non omogeneo?)	32	32	1.00	1.12	2.88	3.40
Totale	57	63	1.97	2.00	5.67	6.05
Con decorazioni lineari (superfici lisciate - ceramica a decorazione geometrica dipinta)	Record	Frammenti	%fr	%rec	%fr delle decorate	%rec delle decorate
Dipinta monocroma	24	25	0.78	0.84	2.25	2.55
Decorazione lineare opaca (-)	1	1	0.03	0.04	0.09	0.11
Totale	25	26	0.81	0.88	2.34	2.65
Con rivestimenti (superfici lucidate / lisciate - non classificabili)	Record	Frammenti	%fr	%rec	%fr delle decorate	%rec delle decorate
MD_DD_LO: rivestimento omogeneo lucidato (striature sottili) / rivestimento omogeneo opaco	1	1	0.03	0.04	0.09	0.11
MD_DD_LO: rivestimento non omogeneo lucidato / rivestimento omogeneo opaco	1	1	0.03	0.04	0.09	0.11
Totale	2	2	0.06	0.07	0.18	0.21
Con rivestimenti e decorazioni lineari (superfici lucidate - non classificabili)	Record	Frammenti	%fr	%rec	%fr delle decorate	%rec delle decorate
MD_DD_LL: rivestimento omogeneo lucidato / decorazione lineare lucidata (+)	4	6	0.19	0.14	0.54	0.42
MD_DD_LL: rivestimento non omogeneo lucidato ; dec. lineare lucidata (+) / dec. lineare lucidata (+)	1	1	0.03	0.04	0.09	0.11
Totale	5	7	0.22	0.18	0.63	0.53
Con rivestimenti e decorazioni lineari (superfici lucidate / lisciate - non classificabili)	Record	Frammenti	%fr	%rec	%fr delle decorate	%rec delle decorate
MD_DD_LO: rivestimento omogeneo lucidato / dipinta monocroma	2	2	0.06	0.07	0.18	0.21
MD_DD_LO: rivestimento non omogeneo lucidato ; dec. lineare lucidata (+) / dipinta monocroma	4	6	0.19	0.14	0.54	0.42
MD_DD_LO: rivestimento non omogeneo lucidato / dipinta monocroma	3	3	0.09	0.11	0.27	0.32
Totale	9	11	0.34	0.32	0.99	0.96
Con decorazioni lineari (superfici lucidate - non classificabili)	Record	Frammenti	%fr	%rec	%fr delle decorate	%rec delle decorate
Decorazione lineare lucidata (+)	24	31	0.97	0.84	2.79	2.55
Decorazione lineare lucidata (-)	3	3	0.09	0.11	0.27	0.32
Decorazione lineare lucidata (+) ; decorazione lineare lucidata (-)	1	1	0.03	0.04	0.09	0.11
Totale	28	35	1.09	0.98	3.15	2.97
Con decorazioni lineari (superfici lucidate / superfici lisciate - non classificabili)	Record	Frammenti	%fr	%rec	%fr delle decorate	%rec delle decorate
MD_DD_LO: dec. Lineare lucidata (+) / dipinta monocroma	1	1	0.03	0.04	0.09	0.11
MD_DD_LO: dec. Lineare lucidata (-) / dipinta monocroma	1	1	0.03	0.04	0.09	0.11
MD_AD_L(O): acroma lucidata ; dipinta monocroma	2	8	0.25	0.07	0.72	0.21
Totale	4	10	0.31	0.14	0.90	0.42
Indeterminate, superfici lucidate	Record	Frammenti	%fr	%rec	%fr delle decorate	%rec delle decorate
Indet: rivestimento omogeneo lucidato? decorazione lineare lucidata (+)?	5	7	0.22	0.18	0.63	0.53
Indeterminate, superfici lisciate	Record	Frammenti	%fr	%rec	%fr delle decorate	%rec delle decorate
Indet: linee (dipinta?) o rivestimento opaco?	7	7	0.22	0.25	0.63	0.74
Indeterminati rispetto al trattamento di superficie	Record	Frammenti	%fr	%rec	%fr delle decorate	%rec delle decorate
Indet: resti di colore opaco o lucidato	3	3	0.09	0.11	0.27	0.32

Stat. 1.8 sulla base di stat. 1.5. Raggruppamento ragionato secondo le classi decorate indigene meglio note all'interno della ricerca. Viola: superfici lucidate; azzurro: superfici lucidate / lisciate; arancione chiaro: superfici lisciate; bianco: indeterminati rispetto al trattamento di superficie.

La predominanza di frammenti è riferibile a quanto definito *con decorazioni dipinte* (stat. 1.6: 751 fr.; 67.54%fr. delle decorate).

La varietà di tipologie decorative in combinazione con trattamenti di superficie diversificati, presenti all'interno dello stesso contesto, presenta uno dei gradi di complessità più alti analizzati nel presente volume: comparabile unicamente al riempimento adibito alla costruzione dell'edificio A nel quartiere dell'agorà, di datazione leggermente successiva. Le classi decorate *indigene* già definite all'interno della ricerca, ricoprono solo in parte le reali attestazioni presenti, semplificando la realtà esistente, invece, ricchissima di scelte creative effettuate dai singoli vasai o ateliers ceramici presenti all'epoca. Per agevolare una comparazione con dati noti da altri siti si presenta, unicamente per questo contesto, un raggruppamento ragionato delle attestazioni dei reperti con decorazioni dipinte suddivise per classi meglio note all'interno della ricerca (stat. 1.8).

Le ceramiche a rivestimento omogeneo, oppure non omogeneo, con superfici lucidate, corrispondenti grosso modo a quanto definito dalla ricerca *a stralucido* o *ceramica piumata con superfici lucidate*, rivestono quasi la metà di tutti i reperti decorati presenti (stat. 1.8 [viola chiaro in alto]: 46.49%fr. delle decorate, 517 fr.; 16.15%fr. dei materiali totali). Come già presentato all'interno delle definizioni, è importante notare che le ceramiche a rivestimento non omogeneo con superfici lucidate ritrovate nel contesto, non presentano prettamente flabelli regolari o girandole, come conosciute dalle produzioni conosciute della Sicilia centro-orientale, bensì una decorazione stesa a pennellate irregolari creata, come visibile dai frammenti in stato di conservazione migliore, per apporto di colore e non, come altrimenti conosciuto, per asporto della miscela di ocre argillose. All'interno del contesto seguono, con percentuali molto più esigue, le attestazioni di rivestimenti, stesi in diverse modalità, talvolta in combinazione con superfici acrome, con trattamenti di superficie lucidati, oppure lisciati, oppure diversificati presenti sullo stesso reperto (lucidati / lisciati), corrispondenti in grandi linee con le ceramiche *monocrome / bicrome*. Già presenti in quantità minori sono le decorazioni dipinte lineari con superfici lucidate e/o lisciate, oppure in combinazione alla presenza di rivestimenti, corrispondenti grosso modo a quanto altrimenti denominato *a decorazione (geometrica) dipinta*. Notevole è, infine, l'attestazione di materiale riferibile a quanto definito *con molteplici tecniche decorative* (MD) non prettamente classificabili all'interno delle classi decorate già definite nel corso della ricerca (stat. 1.8).

Fra i materiali con molteplici tecniche decorative (MD) risaltano le sottocategorie con trattamenti di superfici diversificati sulle stesse forme aperte: da un lato unicamente lisciate, dall'altro lucidate (stat. 1.8 [azzurro]). La combinazione fra rivestimenti e decorazioni lineari, inoltre, presenti, ad esempio, grazie ai reperti con rivestimenti omogenei o non omogenei lucidati (definiti altrimenti *a stralucido* oppure *piumate*) in combinazione a decorazioni lineari su superfici acrome, unicamente lisciate (*a decorazione (geometrica) dipinta*) segnano un passaggio, stilisticamente tangibile, fra le tecniche decorative *indigene* già ampiamente riconosciute all'interno della ricerca.

Fra i materiali non prettamente classificabili all'interno delle correnti classi di ceramiche *indigene*, risaltano le decorazioni lineari, già presenti in varie combinazioni. Oltre a quanto verosimilmente viene sviluppato dalla tradizione della ceramica a stralucido e a rivestimento non omogeneo con superfici lucidate in stile lineare – rappresentata dalle decorazioni lineari lucidate (+), create dallo stesso apporto di miscele ocre argillose sulla forma e, in seguito, dalla lucidatura delle superfici – è possibile osservare la presenza di reperti con tecniche decorative lineari di transizione. La presenza di reperti con decorazioni lineari ma trattamenti di superficie diversificati sullo stesso reperto come quanto contrassegnato da "decorazione lineare lucidata (+) oppure (-) / dipinta monocroma" – successori stilisticamente di quanto presente in maggiori quantità dai reperti con rivestimenti e superfici lucidate (brillanti) in combinazione con superfici acrome lisciate (opache) (stat. 1.8 [azzurro in alto "monocrome" / "bicrome"] – segnano, seppure numericamente molto esigue, un determinato periodo di transizione, se osservate in relazione al trattamento di superficie eseguito sulle forme. Quanto nomenclato con "acroma lucidata ; dipinta monocroma", rispecchia stilisticamente una fase di transizione ancora più tangibile. L'espediente decorativo, in questo caso, è creato dal trattamento di lucidatura della superficie acroma eseguito *prima* dell'apporto della miscela di ocre argillose utilizzata come pigmento pittorico steso in tecnica lineare, risultante così in reperti dalla superficie acroma brillante e una decorazione colorata lineare opaca. Questa tecnica decorativa, definita da Hans Peter Isler come una nuova tipologia di materiale *"helltonige Keramik mit rot aufgemalten Streifen"*[932], differisce tecnicamente dalle produzioni in seguito chiamate *a decorazione (geometrica) dipinta* unicamente dal trattamento di lucidatura della superficie acroma. Infine, come risultato finale del processo di transizione di stili lineari decorativi dipinti, viene omessa la lucidatura delle superfici prediligendo la più semplice levigatura, sfociante in quanto è ben conosciuto come le produzioni di ceramiche *a decorazione (geometrica) dipinta*, di aspetto opaco, in questo contesto / fase cronologica, presenti unicamente con colorazione monocroma (*dipinta monocroma*).

3.3.1.3.1.1 Morfologie attestate dai reperti con decorazioni dipinte

Per comprendere l'utilizzo di rivestimenti di vario tipo – a scopo funzionale oppure decorativo – è necessario elencare le morfologie sulle quali sono state adottate le tecniche di manifattura sopra elencate. Inizialmente saranno presentate le morfologie attestate da quanto grosso modo corrispondente alle ceramiche *a stralucido* o *piumate* con superfici lucidate. In seguito, le altre sottocategorie di materiali con decorazioni dipinte.

Con superfici lucidate:

Rivestimento omogeneo lucidato:
- scodelle / fruttiere (**216. 227. 234. 236**)
- forme potorie – coppe/scodelle (**402**)
- attingitoi (seppure non sia esclusa una decorazione incisa: K 32028 *fuori catalogo*)
- vasi su alto piede (seppure in questo caso non è esclusa una decorazione incisa nella parte superiore, visto lo stato di conservazione unicamente della parte dello stelo: **484. 489. 491**)

932 Isler 2009a, 144 fig. 10 (K 23149 = **872**). Verosimilmente nella sua categoria furono considerati anche **878–881** in ceramica dipinta monocroma, vista l'omissione dell'autore della presenza all'interno del contesto di ceramica *a decorazione (geometrica) dipinta*.

- anfore/idrie (**564–565. 567**)
- forme chiuse di media dimensione (da stoccaggio: **624. 674**; brocche? **669**)
- coperchi di piccola-medie dimensione (**741**).

Rivestimento omogeneo lucidato (striature sottili):
- scodelle / fruttiere (**208. 223. 241**)
- forme potorie – tazze (**405/406**)
- bacini / scodelloni / mortai
- forme aperte di media-grande dimensione (**505**)
- anfore/idrie (**568**)
- forme chiuse da stoccaggio (**622. 625**)
- brocche trilobate
- forme chiuse di media dimensione (brocche? **669. 671**)
- coperchi (**744**).

Rivestimento non omogeneo lucidato:
- scodelle carenate
- bacini / forme aperte di medie-grandi dimensioni (**173**)
- vasi su alto piede (seppure in questo caso non è esclusa una decorazione incisa nella parte superiore, visto lo stato di conservazione unicamente della parte dello stelo: **487**)
- forme chiuse di medie dimensioni (da stoccaggio: **626. 672–673**; brocche? **670**).

Rivestimento non omogeneo lucidato / rivestimento omogeneo lucidato (striature sottili):
- Forme aperte di medie dimensioni.

In questo caso la combinazione è attestata unicamente da tre frammenti di dimensioni molto ridotte (stat. 1.8), non si esclude una loro attribuzione a dei bacini / scodelloni / mortai (spessori delle pareti: 0.5–0.8 cm). La rarità delle attestazioni potrebbe essere attribuibile alla lucidatura non prettamente funzionale della superficie esterna delle forme aperte, e dunque non spesso eseguita su queste morfologie.

Indet: rivestimento lucidato (omogeneo? Non omogeneo?):
- scodelle / fruttiere (**217. 226**)
- forme potorie (**401. 403**)
- anfore/idrie (**569–570**).

All'interno delle categorie con rivestimenti omogenei sono presenti morfologie verosimilmente potorie, oltre a quelle già attestate dalla ceramica acroma, a differenza di quelle con attestazioni sicure di rivestimenti non omogenei. È interessante notare anche la predominanza di scodelle e attingitoi con rivestimenti omogenei lucidati (rispetto alle altre tipologie di decorazione), indicanti insieme alle forme potorie, verosimilmente un utilizzo della tecnica a scopo funzionale delle forme e non prettamente a scopo decorativo. A differenza dello spettro delle forme acrome mancano i pithoi o in generale frammenti di forme chiuse di grandi dimensioni. La conservazione di aridi all'interno di queste morfologie non necessitava presumibilmente di rivestimenti funzionali oppure il processo tecnico supplementare veniva omesso per forme di così grandi dimensioni.

Le morfologie attestate dalle ulteriori ceramiche con decorazioni dipinte ma non corrispondenti con quanto altrimenti definito *a stralucido* oppure *piumata* corrispondono al seguente elenco.

Decorazione lineare lucidata (+):
- brocche trilobate (**534. 873–875**)
- forme chiuse di medie dimensioni (solo sull'orlo: **621**; con ulteriore decorazione resa per un successivo asporto del colore [decorazione lineare lucidata (+) ; decorazione lineare lucidata (-)]: **870**).

In questo caso la tecnica a scopo decorativo sembra essere riservata principalmente per forme da mensa. Essa è particolarmente diffusa sulle brocche trilobate, come dimostrato da minimo nove reperti provenienti da questo contesto e altri ritrovati all'interno del riempimento adibito alla costruzione dell'edificio A nel quartiere dell'agorà – trattato in seguito.

Decorazione lineare lucidata (-):
- forme chiuse di medie-grandi dimensioni.

La tecnica, analoga alle ceramiche a rivestimento non omogeneo lucidato, sembra essere stata riservata per le morfologie di dimensioni più grandi.

Indet: rivestimento omogeneo lucidato? Decorazione lineare lucidata (+)?:
- scodelle / fruttiere (**240**).

Anche in questo caso, seppure non sia chiara la modalità di stesura delle ocre argillose rosse, i reperti indeterminati potrebbero trattarsi in realtà a rivestimento omogeneo lucidato, vista la mancanza di queste morfologie fra quelle sicuramente attestanti decorazioni lineari lucidate (+).

Rivestimento omogeneo lucidato / decorazione lineare lucidata (+):
- forme aperte – scodelle oppure possibili morfologie potorie (**225**)
- vasi su alto piede (**486**).

La soluzione decorativa attestata su frammenti di vaso su alto piede è interpretabile da un punto di vista funzionale e decorativo (**486**): la parte superiore, rappresentata in genere da forme aperte, attesta all'interno della forma un rivestimento omogeneo lucidato, funzionale all'impermeabilizzazione del vaso; il gambo invece presenta linee orizzontali stese con la stessa miscela di ocre argillose rosse come il rivestimento interno, creante così un effetto lineare all'esterno, a scopo decorativo.

Analoga spiegazione per quanto attestato dai frammenti di presunte tazze ad uso potorio (**225**[933]): la parte interna attesta un rivestimento omogeneo lucidato, per una migliore impermeabilizzazione della forma; all'esterno invece il rivestimento viene steso fino ad una determinata altezza e infine delimitato in modo lineare, creante così un effetto decorativo.

Rivestimento non omogeneo lucidato ; decorazione lineare lucidata (+) / decorazione lineare lucidata (+):
- Bacini / scodelloni / mortai (**166**).

Il reperto attesta un'analoga soluzione funzionale / decorativa come già incontrato in precedenza. La superficie interna mostra un rivestimento steso a pennellate irregolari con densità irregolari di colore a dipendenza della diluizione della miscela utilizzata; all'esterno la superficie è acroma decorata con una banda orizzontale effettuata con la stessa miscela del rivestimento interno (**166**). Entrambe le superfici sono lucidate. In questo caso la lucidatura interna ed esterna del reperto crea un'impermeabilità maggiore delle superfici, espediente scelto probabilmente per cause funzionali; la banda lineare esterna invece a scopi decorativi. La presenza di un unico reperto presentante tale tecnica non necessariamente stupisce, dati i tempi di produzione molto più lunghi per eseguire una lucidatura della forma sia all'interno che all'esterno rispetto a quelli necessari unicamente alla lucidatura della parte interna – prettamente funzionale all'impermeabilità delle forme aperte.

Con superfici lisciate:

Rivestimento omogeneo opaco:
- forme aperte di medie-grandi dimensioni (bacini / scodelloni / mortai?).

Rivestimento omogeneo opaco (striature sottili):
- forme aperte di medie-grandi dimensioni (bacini / scodelloni / mortai?).

In entrambi i casi la tecnica sembra essere stata adottata unicamente a scopo funzionale della morfologia, rendendo così la superficie più impermeabile. La mancanza di lucidatura supplementare potrebbe indicare un valore di *mercato* inferiore rispetto alle morfologie a rivestimento omogeneo lucidato.

Rivestimento non omogeneo opaco:
- chiuse di medie-grandi dimensioni (da stoccaggio, anfore/idrie).

Le forme sicuramente attestanti rivestimenti non omogenei e superfici lisciate si trattano, a differenza dei suddetti verosimili bacini, probabilmente di anfore/idrie. In questo caso la tecnica rivestiva verosimilmente uno scopo decorativo.

Indet: rivestimento opaco (omogeneo? Non omogeneo?):
- forme aperte di piccole-medie dimensioni (coppe/scodelle? Scodelle?)
- forme aperte di medie-grandi dimensioni (bacini?)
- chiuse di medie dimensioni (brocche? Anfore/idrie?)
- chiuse di grandi dimensioni (pithoi?).

Purtroppo, i resti attestati non permettono di suddividere più precisamente la funzione delle tecniche decorative attestate.

Dipinta monocroma:
- pithoi (**716**)
- forme chiuse di medie-grandi dimensioni (riferibili probabilmente ad anfore/idrie: **878–881**).

La tecnica *a decorazione (geometrica) dipinta*, in questo caso unicamente attestata come monocromatica, è riservata esclusivamente per le forme chiuse di medie-grandi dimensioni: morfologie già attestate anche nelle altre combinazioni decorative.

Indet: linee (dipinta?) o rivestimento opaco?:
- forme aperte di piccole-medie dimensioni (scodelle? Coppe/scodelle?)
- forme chiuse di piccola-medie dimensione (brocche?)
- forme chiuse di medie dimensioni (anfore/idrie?)
- Decorazione lineare opaca (-):
- forme chiuse di grandi dimensioni (pithoi? **871**).

In questo caso pare logico il trattamento di superficie unicamente lisciato delle forme di grandi dimensioni, vista la loro funzione di stoccaggio di alimenti aridi – non necessitanti di un'impermeabilizzazione supplementare della superficie a scopo funzionale.

Con una superficie lucidata e l'altra lisciata (MD_DA/DD_LO/L[O]):

In combinazione con superfici acrome:

Rivestimento non omogeneo lucidato / Acroma lisciata:
- bacini / scodelloni / mortai (**161. 165**)
- forme aperte di piccole-medie dimensioni (scodelle? Coppe/scodelle?).

933 La morfologia è stata elencata nelle tavole all'interno delle scodelle / "fruttiere" poiché non è né accertata la ricostruzione della forma né è conservato l'orlo.

Rivestimento omogeneo lucidato / Acroma lisciata:

- forme aperte di piccole-medie dimensioni (coppe/ scodelle? Scodelle?)
- forme aperte di medie-grandi dimensioni (bacini / scodelloni / mortai?).

Rivestimento omogeneo lucidato (striature sottili) ; decorazione lineare lucidata (+) / Acroma lisciata:

- bacini / scodelloni / mortai (**163**)
- forme aperte di piccole-medie dimensioni (coppe/ scodelle? Scodelle?).

Rivestimento non omogeneo lucidato ; decorazione lineare lucidata (+) / acroma lisciata:

- bacini / scodelloni / mortai (**164. 169**)
- Indet: rivestimento lucidato (omogeneo? Non omogeneo? Lineare?) / acroma lisciata:
- forme aperte di piccole-medie dimensioni (scodelle? Coppe/scodelle?)
- forme aperte di medie-grandi dimensioni (bacini? **239**).

Le suddette combinazioni sono tutte esclusivamente attestate con rivestimenti non omogenei/omogenei o indeterminati lucidati all'interno e attestanti superfici acrome lisciate all'esterno. La tecnica decorativa in combinazione con il trattamento della superficie suggerisce dunque uno scopo funzionale nella scelta della produzione dei reperti.

Unicamente di pochissimo risultano variati, rispetto alle suddette combinazioni, i reperti attestanti al posto di superfici acrome lisciate all'esterno una supplementare banda, risultante opaca a causa del trattamento di superficie lisciato (altrimenti chiamato *a decorazione (geometrica) dipinta*), rispecchianti le seguenti tecniche decorative:

Rivestimento omogeneo lucidato / dipinta monocroma:

- forme aperte di medie-grandi dimensioni (bacini / scodelloni / mortai?).

Rivestimento non omogeneo lucidato / dipinta monocroma:

- bacini / scodelloni / mortai (**167. 171. 174**).Rivestimento non omogeneo lucidato ; decorazione lineare lucidata (+) / dipinta monocroma:

- bacini / scodelloni / mortai (**162. 170. 172**).

Decorazione lineare lucidata (-) / dipinta monocroma:

- forma aperta di medie-grandi dimensioni (bacino / scodellone / mortaio?) (**877**).

Decorazione lineare lucidata (+) / dipinta monocroma:

- bacini / scodelloni / mortai (**168**).

Le combinazioni fra rivestimenti e superfici acrome oppure con decorazioni lineari sono riservate alle morfologie dedite alla preparazione ed eventuale servizio di alimenti.

Acroma lucidata ; dipinta monocroma:

- forme chiuse di media-grande dimensione (anfore/idrie?) (**872**).

Attestante pressoché un *unicum* è il reperto **872** (7 frammenti) mostrante la tecnica decorativa già individuata da Hans Peter Isler[934].

Infine, sono attestate combinazioni con rivestimenti e trattamenti di superficie diversificati, rappresentati da:

Rivestimento omogeneo lucidato (striature sottili) / Rivestimento omogeneo opaco:

- forme aperte carenate di piccole-medie dimensioni (scodelle? Coppe/scodelle?).

Rivestimento non omogeneo lucidato / Rivestimento omogeneo opaco:

- forme aperte di medie-grandi dimensioni (bacini / scodelloni / mortai?).

In questi casi le attestazioni presentano superfici lisciate all'interno e trattamenti di lucidatura sulla parte esterna. Le attestazioni ammontano rispettivamente ad un unico frammento. Viste le dimensioni ridotte dei reperti il fenomeno potrebbe essere dovuto allo stato di conservazione delle superfici.

Indeterminati per quanto riguarda il trattamento della superficie:

Indet: resti di colore opaco o lucidato?:

- forme aperte di piccola-media dimensione (Scodelle? Coppe/scodelle?)
- chiuse di media dimensione (da stoccaggio, anfore/idrie).

3.3.1.3.2 Con decorazioni incise e/o impresse

Le ceramiche con decorazioni incise e/o impresse rappresentano circa un terzo del materiale decorato (stat. 1.6: 361 fr.; 32.46%fr. di quelle decorate; 11.28%fr. dei materiali totali), suddivisi in numerose variazioni (stat. 1.9).

Osservando quantitativamente quanto finora indagato dalla ricerca non sembra attestarsi una grande differenza tra le ceramiche a decorazione unicamente incisa o a decorazioni incise e impresse (stat. 1.10): 187 frammenti a decorazioni unicamente incise, 168 frammenti

934 Cfr. *supra*.

Ceramiche decorate *(con decorazioni incise e/o impresse)*	Riempimento ad est della casa a peristilio 1									
	Inv. Regolare		Inv. Interno		TOT					
	Record	Frammenti	Record	Frammenti	Record	Frammenti	%fr	%rec	%fr delle decorate	%rec delle decorate
Incisa e impressa con rivestimento omogeneo lucidato (striature sottili)	19	64	0	0	19	64	2.00	0.67	5.76	2.02
Indet: incisa con rivestimento lucidato (omogeneo? Non omogeneo?)	45	56	3	4	48	60	1.87	1.69	5.40	5.10
Incisa e impressa con rivestimento omogeneo lucidato	41	58	1	1	42	59	1.84	1.48	5.31	4.46
Incisa con rivestimento omogeneo lucidato	13	14	42	43	55	57	1.78	1.93	5.13	5.84
Indet: incisa e impressa con rivestimento lucidato (omogeneo? Non omogeneo?)	27	30	0	0	27	30	0.94	0.95	2.70	2.87
Incisa con rivestimento omogeneo lucidato (striature sottili)	10	11	17	17	28	29	0.91	0.98	2.61	2.97
Incisa con rivestimento omogeneo opaco	2	7	11	12	13	19	0.59	0.46	1.71	1.38
Incisa senza rivestimento, superficie lisciata	2	7	2	2	4	9	0.28	0.14	0.81	0.42
Incisa e impressa senza rivestimento	3	7	0	0	3	7	0.22	0.11	0.63	0.32
Indet: incisa con/senza rivestimento	2	2	5	5	7	7	0.22	0.25	0.63	0.74
Incisa e impressa con rivestimento omogeneo opaco	2	4	0	0	2	4	0.12	0.07	0.36	0.21
MD_ID_OL: incisa e impressa senza rivestimento, sup. lisciata / rivestimento omogeneo lucidato	1	3	0	0	1	3	0.09	0.04	0.27	0.11
Indet: impressa con rivestimento lucidato (omogeneo? Non omogeneo?)	3	3	0	0	3	3	0.09	0.11	0.27	0.32
MD_ID_L(O): incisa senza rivestimento, superficie lucidata ; dipinta monocroma	1	2	0	0	1	2	0.06	0.04	0.18	0.11
Indet: impressa con/senza rivestimento	0	0	2	2	2	2	0.06	0.07	0.18	0.21
MD_ID_LL: incisa con rivestimento omogeneo lucidato / rivestimento non omogeneo lucidato	1	1	0	0	1	1	0.03	0.04	0.09	0.11
MD_ID_LL: incisa con rivestimento omogeneo lucidato / dec. lineare lucidata (-)	1	1	0	0	1	1	0.03	0.04	0.09	0.11
Incisa senza rivestimento, superficie lucidata	1	1	0	0	1	1	0.03	0.04	0.09	0.11
Impressa senza rivestimento	1	1	0	0	1	1	0.03	0.04	0.09	0.11
Indet: incisa e impressa con/senza rivestimento	1	1	0	0	1	1	0.03	0.04	0.09	0.11
Indet: incisa con rivestimento lucidato/opaco	0	0	1	1	1	1	0.03	0.04	0.09	0.11
TOTALE	176	273	84	87	261	361	11.28	9.17	32.46	27.71

Stat. 1.9: Dati quantitativi dei frammenti con decorazioni incise e impresse (verde chiaro: decorazioni incise; verde medio: decorazioni impresse; verde scuro: decorazioni incise e impresse; arancione: superfici lisciate; viola: superfici lucidate; bianco: indeterminati rispetto al trattamento di superficie).

Con decorazioni incise e/o impresse (Totale)	Record	Frammenti	%fr	%rec	%fr delle decorate	%rec delle decorate
	261	361	11.28	9.17	32.46	27.71

Con decorazioni incise	Record	Frammenti	%fr	%rec	%fr delle decorate	%rec delle decorate
Indet: incisa con rivestimento lucidato (omogeneo? Non omogeneo?)	48	60	1.87	1.69	5.40	5.10
Incisa con rivestimento omogeneo lucidato	55	57	1.78	1.93	5.13	5.84
Incisa con rivestimento omogeneo lucidato (striature sottili)	28	29	0.91	0.98	2.61	2.97
Incisa con rivestimento omogeneo opaco	13	19	0.59	0.46	1.71	1.38
Incisa senza rivestimento, superficie lisciata	4	9	0.28	0.14	0.81	0.42
Indet: incisa con/senza rivestimento	7	7	0.22	0.25	0.63	0.74
MD_ID_L(O): incisa senza rivestimento, superficie lucidata ; dipinta monocroma	1	2	0.06	0.04	0.18	0.11
MD_ID_LL: incisa con rivestimento omogeneo lucidato / rivestimento non omogeneo lucidato	1	1	0.03	0.04	0.09	0.11
MD_ID_LL: incisa con rivestimento omogeneo lucidato / dec. lineare lucidata (-)	1	1	0.03	0.04	0.09	0.11
Incisa senza rivestimento, superficie lucidata	1	1	0.03	0.04	0.09	0.11
Indet: incisa con rivestimento lucidato/opaco	1	1	0.03	0.04	0.09	0.11
Totale	160	187	5.84	5.62	16.82	16.99

Con decorazioni impresse	Record	Frammenti	%fr	%rec	%fr delle decorate	%rec delle decorate
Indet: impressa con rivestimento lucidato (omogeneo? Non omogeneo?)	3	3	0.09	0.11	0.27	0.32
Indet: impressa con/senza rivestimento	2	2	0.06	0.07	0.18	0.21
Impressa senza rivestimento	1	1	0.03	0.04	0.09	0.11
Totale	6	6	0.19	0.21	0.54	0.64

Con decorazioni incise e impresse	Record	Frammenti	%fr	%rec	%fr delle decorate	%rec delle decorate
Incisa e impressa con rivestimento omogeneo lucidato (striature sottili)	19	64	2.00	0.67	5.76	2.02
Incisa e impressa con rivestimento omogeneo lucidato	42	59	1.84	1.48	5.31	4.46
Indet: Incisa e impressa con rivestimento lucidato (omogeneo? Non omogeneo?)	27	30	0.94	0.95	2.70	2.87
Incisa e impressa senza rivestimento	3	7	0.22	0.11	0.63	0.32
Incisa e impressa con rivestimento omogeneo opaco	2	4	0.12	0.07	0.36	0.21
MD_ID_OL: incisa e impressa senza rivestimento, sup. lisciata / rivestimento omogeneo lucidato	1	3	0.09	0.04	0.27	0.11
Indet: incisa e impressa con/senza rivestimento	1	1	0.03	0.04	0.09	0.11
Totale	95	168	5.25	3.34	15.11	10.08

Stat. 1.10: Suddivisione tra reperti a decorazione unicamente incisa (verde chiaro), unicamente impressa (verde medio) oppure a decorazione incise e impresse (verde scuro) sulla base di stat. 1.9.

a decorazioni incise e impresse e, infine, 6 frammenti a decorazione unicamente impressa, verosimilmente a causa dello stato di conservazione del reperto.

Osservando invece i dati riferibili ai trattamenti delle superfici – lisciate o lucidate – le statistiche cambiano notevolmente aspetto (stat. 1.11). I frammenti a decorazione incisa e/o impressa con superfici lucidate in combinazione sullo stesso lato della superficie di un reperto ammontano a 307 frammenti rispetto a unicamente 50 frammenti riferibili a quelli a superficie lisciata. Restano infine le attestazioni di tre frammenti con trattamento di superficie diversificato lisciato/lucidato e un frammento indeterminato rispetto al suo trattamento di superficie.

Precisando, oltre al trattamento di superficie, la presenza o assenza di un rivestimento dipinto in combinazione con la decorazione incisa e/o impressa appare una differenziazione ancora maggiore fra le produzioni (stat. 1.12): 328 frammenti presentano in combinazione con le decorazioni incise e impresse un rivestimento supplementare, 23 frammenti denotano l'assenza di un rivestimento e 10 frammenti risultano indeterminati rispetto all'attestazione di un supplementare rivestimento.

Analizzando ulteriormente la distribuzione quantitativa dei reperti con decorazioni incise e/o impresse con trattamento di superficie lucidata (stat. 1.11: 307 frammenti) è possibile osservare la pressoché totalità dei reperti attestare, in questa combinazione, anche un rivestimento (stat. 1.13: 304 frammenti), rispetto alla presenza unicamente di 3 frammenti con superfici lucidate senza tale aggiunta (stat. 1.14)[935]. Fra i

935 **627** (incisa senza rivestimento, superficie lucidata ; dipinta monocroma), formato da due frammenti, attesta unicamente una linea dipinta eseguita dopo il lustramento della superficie del reperto.

Con decorazioni incise e/o impresse (Totale)	Record	Frammenti	%fr	%rec	%fr delle decorate	%rec delle decorate
	261	361	11.28	9.17	32.46	27.71
Con decorazioni incise e/o impresse: superficie lucidata	Record	Frammenti	%fr	%rec	%fr delle decorate	%rec delle decorate
Incisa e impressa con rivestimento omogeneo lucidato (striature sottili)	19	64	2.00	0.67	5.76	2.02
Indet: incisa con rivestimento lucidato (omogeneo? Non omogeneo?)	48	60	1.87	1.69	5.40	5.10
Incisa e impressa con rivestimento omogeneo lucidato	42	59	1.84	1.48	5.31	4.46
Incisa con rivestimento omogeneo lucidato	55	57	1.78	1.93	5.13	5.84
Indet: incisa e impressa con rivestimento lucidato (omogeneo? Non omogeneo?)	27	30	0.94	0.95	2.70	2.87
Incisa con rivestimento omogeneo lucidato (striature sottili)	28	29	0.91	0.98	2.61	2.97
Indet: impressa con rivestimento lucidato (omogeneo? Non omogeneo?)	3	3	0.09	0.11	0.27	0.32
MD_ID_LL: incisa con rivestimento omogeneo lucidato / rivestimento non omogeneo lucidato	1	1	0.03	0.04	0.09	0.11
MD_ID_LL: incisa con rivestimento omogeneo lucidato / Dec. Lineare lucidata (-)	1	1	0.03	0.04	0.09	0.11
Incisa senza rivestimento, superficie lucidata	1	1	0.03	0.04	0.09	0.11
MD_ID_L(O): incisa senza rivestimento, superficie lucidata ; dipinta monocroma	1	2	0.06	0.04	0.18	0.11
Totale	226	307	9.59	7.94	27.61	23.99
Dei quali a decorazione incisa	135	151	4.72	4.75	13.58	14.33
Dei quali a decorazione impressa	3	3	0.09	0.11	0.27	0.32
Dei quali a decorazione incisa e impressa	88	153	4.78	3.09	13.76	9.34
Con decorazioni incise e/o impresse: superficie lisciata	Record	Frammenti	%fr	%rec	%fr delle decorate	%rec delle decorate
Incisa con rivestimento omogeneo opaco	13	19	0.59	0.46	1.71	1.38
Incisa senza rivestimento, superficie lisciata	4	9	0.28	0.14	0.81	0.42
Incisa e impressa senza rivestimento	3	7	0.22	0.11	0.63	0.32
Indet: incisa con/senza rivestimento	7	7	0.22	0.25	0.63	0.74
Incisa e impressa con rivestimento omogeneo opaco	2	4	0.12	0.07	0.36	0.21
Indet: impressa con/senza rivestimento	2	2	0.06	0.07	0.18	0.21
Impressa senza rivestimento	1	1	0.03	0.04	0.09	0.11
Indet: incisa e impressa con/senza rivestimento	1	1	0.03	0.04	0.09	0.11
Totale	33	50	1.56	1.16	4.50	3.50
Dei quali a decorazione incisa	24	35	1.09	0.84	3.15	2.55
Dei quali a decorazione impressa	3	3	0.09	0.11	0.27	0.32
Dei quali a decorazione incisa e impressa	6	12	0.37	0.21	1.08	0.64
Con decorazioni incise e/o impresse: superficie lucidata / lisciata	Record	Frammenti	%fr	%rec	%fr delle decorate	%rec delle decorate
MD_ID_OL: incisa e impressa senza rivestimento, sup. lisciata / rivestimento omogeneo lucidato	1	3	0.09	0.04	0.27	0.11
Totale	1	3	0.09	0.04	0.27	0.11
Dei quali a decorazione incisa	0	0	0.00	0.00	0.00	0.00
Dei quali a decorazione impressa	0	0	0.00	0.00	0.00	0.00
Dei quali a decorazione incisa e impressa	1	3	0.09	0.04	0.27	0.11
Indeterminate rispetto al trattamento di superficie	Record	Frammenti	%fr	%rec	%fr delle decorate	%rec delle decorate
Indet: incisa con rivestimento lucidato/opaco	1	1	0.03	0.04	0.09	0.11
Totale	1	1	0.03	0.04	0.09	0.11

Stat. 1.11: Suddivisione dei reperti a decorazioni incise e/o impresse sulla base dei trattamenti di superfici attestati.

Con decorazioni incise e/o impresse (Totale)	Record	Frammenti	%fr	%rec	%fr delle decorate	%rec delle decorate
	261	361	11.28	9.17	32.46	27.71
Con decorazioni incise e/o impresse con supplementare rivestimento sullo stesso lato della forma	Record	Frammenti	%fr	%rec	%fr delle decorate	%rec delle decorate
Incisa e impressa con rivestimento omogeneo lucidato (striature sottili)	19	64	2.00	0.67	5.76	2.02
Indet: incisa con rivestimento lucidato (omogeneo? Non omogeneo?)	48	60	1.87	1.69	5.40	5.10
Incisa e impressa con rivestimento omogeneo lucidato	42	59	1.84	1.48	5.31	4.46
Incisa con rivestimento omogeneo lucidato	55	57	1.78	1.93	5.13	5.84
Indet: incisa e impressa con rivestimento lucidato (omogeneo? Non omogeneo?)	27	30	0.94	0.95	2.70	2.87
Incisa con rivestimento omogeneo lucidato (striature sottili)	28	29	0.91	0.98	2.61	2.97
Incisa con rivestimento omogeneo opaco	13	19	0.59	0.46	1.71	1.38
Incisa e impressa con rivestimento omogeneo opaco	2	4	0.12	0.07	0.36	0.21
Indet: impressa con rivestimento lucidato (omogeneo? Non omogeneo?)	3	3	0.09	0.11	0.27	0.32
MD_ID_LL: incisa con rivestimento omogeneo lucidato / rivestimento non omogeneo lucidato	1	1	0.03	0.04	0.09	0.11
MD_ID_LL: incisa con rivestimento omogeneo lucidato / Dec. Lineare lucidata (-)	1	1	0.03	0.04	0.09	0.11
Indet: incisa con rivestimento lucidato/opaco	1	1	0.03	0.04	0.09	0.11
Totale	240	328	10.25	8.44	29.50	25.48
Dei quali a decorazione incisa	147	168	5.25	5.17	15.11	15.61
Dei quali a decorazione impressa	3	3	0.09	0.11	0.27	0.32
Dei quali a decorazione incisa e impressa	90	157	4.90	3.16	14.12	9.55
Con decorazioni incise e/o impresse senza supplementare rivestimento sullo stesso lato della forma	Record	Frammenti	%fr	%rec	%fr delle decorate	%rec delle decorate
Incisa senza rivestimento, superficie lisciata	4	9	0.28	0.14	0.81	0.42
Incisa e impressa senza rivestimento	3	7	0.22	0.11	0.63	0.32
MD_ID_OL: incisa e impressa senza rivestimento, sup. lisciata / rivestimento omogeneo lucidato	1	3	0.09	0.04	0.27	0.11
MD_ID_L(O): incisa senza rivestimento, superficie lucidata ; dipinta monocroma	1	2	0.06	0.04	0.18	0.11
Incisa senza rivestimento, superficie lucidata	1	1	0.03	0.04	0.09	0.11
Impressa senza rivestimento	1	1	0.03	0.04	0.09	0.11
Totale	11	23	0.72	0.39	2.07	1.17
Dei quali a decorazione incisa	6	12	0.37	0.21	1.08	0.64
Dei quali a decorazione impressa	1	1	0.03	0.04	0.09	0.11
Dei quali a decorazione incisa e impressa	4	10	0.31	0.14	0.90	0.42
Con decorazioni incise e/o impresse indeterminate rispetto all'attestazione di un supplementare rivestimento	Record	Frammenti	%fr	%rec	%fr delle decorate	%rec delle decorate
Indet: incisa con/senza rivestimento	7	7	0.22	0.25	0.63	0.74
Indet: impressa con/senza rivestimento	2	2	0.06	0.07	0.18	0.21
Indet: incisa e impressa con/senza rivestimento	1	1	0.03	0.04	0.09	0.11
Totale	10	10	0.31	0.35	0.90	1.06
Dei quali a decorazione incisa	7	7	0.22	0.25	0.63	0.74
Dei quali a decorazione impressa	2	2	0.06	0.07	0.18	0.21
Dei quali a decorazione incisa e impressa	1	1	0.03	0.04	0.09	0.11

Stat. 1.12: Dati quantitativi delle ceramiche incise e/o impresse in rapporto alla presenza o assenza di un rivestimento sul lato presentante la decorazione incisa e/o impressa.

Con decorazioni incise e/o impresse (Totale)	Record	Frammenti	%fr	%rec	%fr delle decorate	%rec delle decorate
	261	361	11.28	9.17	32.46	27.71
Con decorazioni incise e/o impresse con supplementare rivestimento sullo stesso lato della forma (Totale)	Record	Frammenti	%fr	%rec	%fr delle decorate	%rec delle decorate
	240	328	10.25	8.44	29.50	25.48
Con decorazioni incise e/o impresse con rivestimento: superficie lucidata	Record	Frammenti	%fr	%rec	%fr delle decorate	%rec delle decorate
Incisa e impressa con rivestimento omogeneo lucidato (striature sottili)	19	64	2.00	0.67	5.76	2.02
Indet: incisa con rivestimento lucidato (omogeneo? Non omogeneo?)	48	60	1.87	1.69	5.40	5.10
Incisa e impressa con rivestimento omogeneo lucidato	42	59	1.84	1.48	5.31	4.46
Incisa con rivestimento omogeneo lucidato	55	57	1.78	1.93	5.13	5.84
Indet: incisa e impressa con rivestimento lucidato (omogeneo? Non omogeneo?)	27	30	0.94	0.95	2.70	2.87
Incisa con rivestimento omogeneo lucidato (striature sottili)	28	29	0.91	0.98	2.61	2.97
Indet: impressa con rivestimento lucidato (omogeneo? Non omogeneo?)	3	3	0.09	0.11	0.27	0.32
MD_ID_LL: incisa con rivestimento omogeneo lucidato / rivestimento non omogeneo lucidato	1	1	0.03	0.04	0.09	0.11
MD_ID_LL: incisa con rivestimento omogeneo lucidato / Dec. lineare lucidata (-)	1	1	0.03	0.04	0.09	0.11
Totale	224	304	9.50	7.87	27.34	23.78
Dei quali a decorazione incisa	133	148	4.62	4.67	13.31	14.12
Dei quali a decorazione impressa	3	3	0.09	0.11	0.27	0.32
Dei quali a decorazione incisa e impressa	88	153	4.78	3.09	13.76	9.34
Con decorazioni incise e/o impresse con rivestimento: superficie lisciata	Record	Frammenti	%fr	%rec	%fr delle decorate	%rec delle decorate
Incisa con rivestimento omogeneo opaco	13	19	0.59	0.46	1.71	1.38
Incisa e impressa con rivestimento omogeneo opaco	2	4	0.12	0.07	0.36	0.21
Totale	15	23	0.72	0.53	2.07	1.59
Dei quali a decorazione incisa	13	19	0.59	0.46	1.71	1.38
Dei quali a decorazione impressa	0	0	0.00	0.00	0.00	0.00
Dei quali a decorazione incisa e impressa	2	4	0.12	0.07	0.36	0.21
Con decorazioni incise e /o impresse con rivestimento: indeterminate rispetto al trattamento di superficie	Record	Frammenti	%fr	%rec	%fr delle decorate	%rec delle decorate
Indet: incisa con rivestimento lucidato/opaco	1	1	0.03	0.04	0.09	0.11
Totale	1	1	0.03	0.04	0.09	0.11
Dei quali a decorazione incisa	1	1	0.03	0.04	0.09	0.11
Dei quali a decorazione impressa	0	0	0.00	0.00	0.00	0.00
Dei quali a decorazione incisa e impressa	0	0	0.00	0.00	0.00	0.00

Stat. 1.13: Dati quantitativi delle ceramiche incise e/o impresse in rapporto alla presenza di un rivestimento e al trattamento di superficie.

Con decorazioni incise e/o impresse (Totale)	Record	Frammenti	%fr	%rec	%fr delle decorate	%rec delle decorate
	261	361	11.28	9.17	32.46	27.71
Con decorazioni incise e/o impresse senza supplementare rivestimento sullo stesso lato della forma (Totale)	Record	Frammenti	%fr	%rec	%fr delle decorate	%rec delle decorate
	11	23	0.72	0.39	2.07	1.17
Con decorazioni incise e/o impresse senza rivestimento: superficie lucidata	Record	Frammenti	%fr	%rec	%fr delle decorate	%rec delle decorate
MD_D_L(O): incisa senza rivestimento, superficie lucidata ; dipinta monocroma	1	2	0.06	0.04	0.18	0.11
Incisa senza rivestimento, superficie lucidata	1	1	0.03	0.04	0.09	0.11
Totale	2	3	0.09	0.07	0.27	0.21
Dei quali a decorazione incisa	2	3	0.09	0.07	0.27	0.21
Dei quali a decorazione impressa	0	0	0.00	0.00	0.00	0.00
Dei quali a decorazione incisa e impressa	0	0	0.00	0.00	0.00	0.00
Con decorazioni incise e/o impresse senza rivestimento: superficie lisciata	Record	Frammenti	%fr	%rec	%fr delle decorate	%rec delle decorate
Incisa senza rivestimento, superficie lisciata	4	9	0.28	0.14	0.81	0.42
Incisa e impressa senza rivestimento	3	7	0.22	0.11	0.63	0.32
MD_ID_OL: incisa e impressa senza rivestimento, sup. lisciata / rivestimento omogeneo lucidato	1	3	0.09	0.04	0.27	0.11
Impressa senza rivestimento	1	1	0.03	0.04	0.09	0.11
Totale	9	20	0.62	0.32	1.80	0.96
Dei quali a decorazione incisa	4	9	0.28	0.14	0.81	0.42
Dei quali a decorazione impressa	1	1	0.03	0.04	0.09	0.11
Dei quali a decorazione incisa e impressa	4	10	0.31	0.14	0.90	0.42

Stat. 1.14: Dati quantitativi delle ceramiche incise e/o impresse in rapporto all'assenza di un rivestimento e al trattamento di superficie.

reperti con trattamento di superficie lisciato, invece, la distribuzione quantitativa è più equilibrata: su 50 frammenti con superfici lisciate e un frammento indeterminato rispetto al trattamento di superficie (stat. 1.11), 23 presentano un rivestimento (stat. 1.13), 20 non lo attestano (stat. 1.14) e 10 sono indeterminati rispetto alla presenza o assenza del rivestimento (stat. 1.12). L'unico reperto (**504**) attestante un trattamento diversificato della superficie (lisciato / lucidato, stat. 1.11) denota, sul lato della decorazione incisa e impressa, l'assenza di un supplementare rivestimento e un trattamento di superficie lisciato.

Fra le ceramiche con decorazioni incise e /o impresse è dunque possibile notare la prevalenza di reperti a superfici lucidate, attestanti ulteriormente la presenza di un rivestimento dipinto in combinazione alla decorazione. Rare, ma già presenti, sono le attestazioni di decorazioni incise e/o impresse senza la presenza di un rivestimento dipinto supplementare. Ancora più rare, in quest'ottica, infine la presenza di forme decorate ad incisione e/o impressione senza rivestimento con superfici lucidate.

Il trattamento di superficie diversificato su di un'unica forma, già presente tra le ceramiche a decorazione dipinte, è attestato anche in combinazione con le decorazioni incise e/o impresse. In questo contesto è rappresentato, da un lato, dal reperto **504** attestante una vera suddivisione della tecnica di levigazione / lucidatura fra la parte interna ed esterna della forma. Dall'altro, dal reperto **627** mostrante invece una tecnica di transizione, già attestata tra i reperti con decorazioni unicamente dipinte, testimoniando l'intenzionale apporto di colore in seguito alla lucidatura della superficie acroma creante così un effetto opaco/brillante sulla superficie del reperto.

Denota una tecnica particolare anche il reperto **876** (incisa con rivestimento omogeneo lucidato / decorazione lineare lucidata [-]). La particolarità della tecnica decorativa è costituita dalla linea supplementare eseguita all'interno della forma con una miscela di ocre argillose beige-grigia, in seguito alla stesura del rivestimento marrone-rosso. Il colore supplementare ricorda fortemente quello della superficie, se lasciata acroma. In questo caso, la decorazione in negativo, solitamente creata o per asporto successivo del colore oppure a risparmio, è ottenuta grazie all'apporto intenzionale di una miscela di ocre argillose supplementare.

Per l'inquadramento cronologico del contesto, analizzato in seguito, è necessaria un ulteriore precisazione riguardo alla modalità di stesura del rivestimento in combinazione con le decorazioni incise e/o impresse: seppure si sia porta grande attenzione durante la documentazione dei reperti, è possibile asserire l'assenza di frammenti che denotino, con certezza, la combinazione diretta fra decorazioni incise e/o impresse e un rivestimento steso a pennellate irregolari o a flabelli. I frammenti indeterminati riguardo la stesura del rivestimento ad una modalità omogenea o non omogenea di pennellate (93 fr.)[936] presentano difatti esclusivamente una densità di colore unitaria in più punti della superficie. Questa osservazione, se comparata con i reperti attestanti con sicurezza delle pennellate discontinue, ha tuttavia una notevole importanza: le ceramiche decorate a pennellate discontinue mostrano una densità variabile delle ocre argillose apportate sulla stessa superficie in rapporto alla diluizione della miscela utilizzata, risultando in tonalità di colore leggermente diverse nei vari punti dello stesso reperto. Seppure il fenomeno attestato dai reperti indeterminati possa essere arbitrario e causato dallo stato di conservazione delle superfici – il colore visibile è unicamente conservato nei punti ove la miscela fu apportata con densità maggiore – sembra, cionostante, essere un'ipotesi dubbia: la conservazione di tracce di rivestimenti stesi a pennellate discontinue, seppur minime, è attestabile su numerosi reperti provenienti dal Monte Iato, indifferentemente dal contesto di rinvenimento. Questo dato induce dunque ad escludere l'attestazione della combinazione sui reperti iatini di ceramiche a decorazione incisa e/o impressa con rivestimenti stesi a pennellate irregolari o a flabelli sullo stesso lato del reperto[937].

La complessità delle combinazioni fra decorazioni incise e/o impresse, la presenza o assenza di rivestimenti, le modalità di stesura del rivestimento e il trattamento diversificato delle superfici rispecchia quanto sia possibile immaginarsi essere il frutto della creatività dei singoli vasai nei numerosi centri di produzione di queste ceramiche. Già unicamente sulla base di questo esiguo lotto di materiali è evidente quanto saranno importanti in futuro le determinazioni dei centri di produzione del vasellame *indigeno*, permettenti così un ordinamento più sistematico delle numerose attestazioni decorative che attesta il materiale.

3.3.1.3.2.1 Morfologie attestate dai reperti con decorazioni incise e/o impresse

Con superfici lucidate:

Incisa e impressa con rivestimento omogeneo lucidato:
- scodelle / fruttiere (**230–231. 237**)
- possibili forme potorie (**399**)
- attingitoi (**437. 441. 444. 446–447**)
- alti vasi a gambo (**485**)
- forme aperte di piccola-media dimensioni (**503**)
- askoi (**525. 528**)
- anfore/idrie (**563**)
- forme chiuse da stoccaggio (**619–620**)
- forme chiuse di piccole-medie dimensioni (brocche?) (**667**).

Le morfologie rispecchiano in questo caso la totalità dello spettro riconosciuto all'interno del contesto.

Incisa e impressa con rivestimento omogeneo lucidato (striature sottili):
- attingitoi (**440. 448**)
- forme aperte di piccole-medie dimensioni (scodelle? Coppe/scodelle?)
- vasi da mescita (**470–474**)
- askoi (**523**)
- forme chiuse di medie-grandi dimensioni (da stoccaggio).

In questo caso è interessante notare la presenza di vasi da mescita, unicamente attestati da reperti con questa tipologia specifica di decorazione (**470–474**). Vista la corrispondenza autoptica anche degli impasti di questi reperti è possibile immaginarsi un centro produttivo specifico specializzato per queste morfologie di grandi dimensioni e tecnicamente di difficile produzione.

936 Formate da (stat. 1.9): Indet: Incisa con rivestimento lucidato (omogeneo? Non omogeneo?) (60 fr.); Indet: Incisa e impressa con rivestimento lucidato (omogeneo? Non omogeneo?) (30 fr.); Indet: Impressa con rivestimento lucidato (omogeneo? Non omogeneo?) (3 fr.).

937 Il reperto che appare fra le statistiche sotto "incisa con rivestimento omogeneo lucidato / rivestimento non omogeneo lucidato" si tratta del frammento di parete di scodella / fruttiera carenata K 24322 (*fuori catalogo*). Lo stato di conservazione del reperto permette di escludere verosimilmente una decorazione a pennellate discontinue in diretta combinazione alla decorazione a solchi incisi presente sul lato esterno della forma.

Indet: incisa e impressa con rivestimento lucidato (omogeneo? Non omogeneo?):
- attingitoi (**438. 442**)
- askoi (**527**)
- forme chiuse di medie dimensioni (**884**).

In questo caso non vi sono morfologie allotrie a quanto attestato dalle forme con rivestimento omogeneo.

Incisa con rivestimento omogeneo lucidato:
- scodelle / fruttiere (**204–205. 211. 213. 218. 228. 238**)
- attingitoi (**443. 445**)
- vasi su alto piede (**488**)
- askoi
- brocche (**536**).

Incisa con rivestimento omogeneo lucidato / decorazione lineare lucidata (-):
- forme aperte di media dimensione (**876**).

Incisa con rivestimento omogeneo lucidato / rivestimento non omogeneo lucidato:
- forma aperta carenata (scodella? Coppa/scodella?).

Fra quelle indeterminate per quanto riguarda l'apporto del rivestimento:

Indet: incisa con rivestimento lucidato (omogeneo? Non omogeneo?):
- scodelle / fruttiere (**206–207. 209–210. 212. 219. 221–222**)
- attingitoi (**439**)
- askoi (**522. 524. 529**)
- forme chiuse di piccole-medie dimensioni (brocche?) (**668**)
- forme chiuse di medie-grandi dimensioni (**883. 885**)
- oggetti fittili indeterminati (**853**).

Analogamente per le forme rappresentanti un'analoga tipologia decorativa:

Incisa con rivestimento omogeneo lucidato (striature sottili):
- scodelle / fruttiere (**203. 214. 220. 224. 229. 233**)
- vasi su alto piede (**488**)
- askoi (K 23136 *fuori catalogo*)
- modello capanna-sacello (**850**).

I cinque casi mostrano che l'utilizzo del rivestimento e del supplementare trattamento di lucidatura della superficie è stato implementato per tutte le tipologie funzionali presenti. La presenza del rivestimento colorato e brillante sembra in questo caso essere stato utilizzato anche a scopo decorativo: entrambe le elaborazioni supplementari durante la produzione dei reperti non rispecchiano criteri di miglioramento funzionale di determinate forme (cfr. le tecniche presenti sui piedi dei vasi a gambo).

Indet: Impressa con rivestimento lucidato (omogeneo? Non omogeneo?):
- askoi (**526**).

Incisa senza rivestimento, superficie lucidata:
- askoi (**530**).

Gli unici frammenti a decorazione incisa, senza rivestimento e con una supplementare lucidatura della superficie sono riferibili a degli askoi. Questa testimonianza potrebbe essere interpretabile sotto un'ottica funzionale: il processo di lucidatura permette un grado di impermeabilizzazione supplementare della forma adibita al contenimento di liquidi. La mancanza del rivestimento in questo caso potrebbe rispecchiare, da un lato, un grado di qualità minore della produzione e di conseguenza un'eventuale "prezzo d'acquisto" più basso sul mercato; dall'altro un'eventuale differenza cronologica all'interno delle produzioni.

Con superfici lisciate:

Incisa e impressa con rivestimento omogeneo opaco:
- forme chiuse di media dimensione.

Le morfologie che attestano questa tipologia di decorazione sono in questo caso unicamente delle forme chiuse. Visti gli spessori dei frammenti di parete e la loro convessità i reperti sono grosso modo attribuibili a delle brocche e a forme chiuse di medie-grandi dimensioni (verosimilmente delle anfore/idrie).

Incisa con rivestimento omogeneo opaco:
- forme chiuse da stoccaggio (**628**)
- pithoi (**717**).

Le morfologie corrispondono a forme dedite probabilmente allo stoccaggio di alimenti aridi di dimensioni medio-grandi. Il processo di lucidatura, in questi casi, non è necessario da un punto di vista funzionale della forma. Il processo di stesura di un rivestimento integrale all'esterno è verosimilmente destinato a scopi decorativi.

Incisa senza rivestimento, superficie lisciata:
- pithoi (**718**)
- vasi su alto piede
- coperchi (**745**).

La presenza dei pithoi rispecchia la modalità di produzione più speditiva, analoga a quelle delle ceramiche acrome, con un'unica aggiunta supplementare di solchi incisi a lisca di pesce a scopo decorativo (**718**). La presenza di frammenti di vasi su alto piede non necessariamente implica una loro decorazione integrale in questa tecnica.

Incisa e impressa senza rivestimento:
- scodelle / fruttiere (**232**)
- brocche
- forme chiuse da stoccaggio (**882**).

Le morfologie senza rivestimento e superfici lisciate coprono anche le forme adibite allo stoccaggio di liquidi e aridi. La presenza del rivestimento, dunque, pare non essere più stata ritenuta come necessaria per il miglioramento dell'impermeabilità della forma. Al contempo, anche l'aggiunta di un rivestimento colorato non fu più ritenuto necessaria come espediente visivo. Il reperto **882** attesta la presenza di incrostazioni biancastre all'interno delle decorazioni incise e impresse. L'espediente, non più necessario per evidenziare la decorazione rispetto alla superficie acroma, sembra testimoniare una fase transitoria tra l'utilizzo delle incrostazioni in combinazione ad un rivestimento colorato, all'omissione (futura) delle incrostazioni all'interno delle decorazioni incise e /o impresse con superfici acrome.

Indet: incisa con/senza rivestimento:
- forme aperte – possibili forme potorie (**400**)
- forme chiuse di medie dimensioni (**675**).

Indet: Impressa con/senza rivestimento:
- forme chiuse di piccole dimensioni.

Come verificabile dall'analisi statistica le attestazioni di reperti a decorazioni esclusivamente impresse sono talmente ridotte da essere verosimilmente interpretabili come dovuti unicamente dall'alto grado di frammentazione delle morfologie attestate all'interno del riempimento.

Indet: incisa e impressa con/senza rivestimento:
L'unico frammento rispecchiante la categoria è il frammento d'orlo di brocca trilobata rispecchiante le decorazioni nello stile di Sant'Angelo Muxaro (**535**) – l'unico di tutti i contesti presi in esame corrispondente eventualmente a questa produzione. Lo stato di conservazione del frammento è, rispetto a tutti gli altri del contesto, particolarmente consumato in superficie. La supplementare differenza autoptica dell'impasto potrebbe in questo caso indicare un eventuale centro di produzione allotrio alla maggior parte dei reperti altrimenti attestati. L'uso diversificato delle materie prime di produzione potrebbe spiegare, in questo caso, la reazione postdeposizionale a contatto con il terreno notevolmente diversa del reperto in questione rispetto agli altri ritrovamenti del contesto.

Con una superficie lisciata e l'altra lucidata (MD_ID_OL/L[O]):

Incisa e impressa senza rivestimento / rivestimento omogeneo lucidato:
- forme aperte di piccola-media dimensione (**504**).

Incisa senza rivestimento, superficie lucidata ; Dipinta monocroma:
- forma chiusa da stoccaggio (**627**).

Nel primo caso l'aggiunta del rivestimento e la supplementare lucidatura della superficie si trova all'interno della forma, indicante un'espediente funzionale dedito verosimilmente ad una maggiore impermeabilità della forma (**504**). Nel secondo caso invece il reperto mostra una sorta di stadio di sperimentazione, come già indicato, tra parti brillanti, opache e colorate in combinazioni sulla stessa superficie, verosimilmente a scopo decorativo (**627**).

3.3.1.3.3 Conclusioni rispetto alle ceramiche decorate

Evidente è la complessità di attestazioni di modalità decorative diverse, sia dipinte sia incise e/o impresse in combinazione con altrettante combinazioni di trattamenti di superfici diversificati creanti effetti diversi all'occhio del commensale. Altrettanto evidente è l'utilizzo di rivestimenti in combinazioni diverse sia verosimilmente a scopi funzionali ma anche decorativi, come ad esempio attestati dalle ceramiche incise e/o impresse con rivestimenti colorati sulle superfici esterne delle forme, non prettamente interpretabili a scopi funzionali. Il grado di complessità di attestazioni diversificate, come visibile in seguito grazie alle analisi dei materiali *indigeni* degli altri contesti, è nettamente il più alto rispetto a tutti gli altri contesti di datazioni successive. Una caratteristica tuttavia comune a tutte le ceramiche decorate – ovvero attestanti o aggiunte di miscele di ocre argillose o decorazioni incise e/o impresse – è la predominanza di trattamenti di superficie lucidate rispetto a quelle lisciate (statt. 1.7; 1.15).

Con decorazioni dipinte					
Con decorazioni incise e/o impresse					
A superfici lucidate					
Records	Frammenti	%fr	%records	**%fr delle decorate**	**%rec delle decorate**
749	881	27.52	26.33	79.23	79.51
A superfici lisciate					
Records	Frammenti	%fr	%records	**%fr delle decorate**	**%rec delle decorate**
122	146	4.56	4.29	13.13	12.95
A superficie lisciate e lucidate					
Records	Frammenti	%fr	%records	**%fr delle decorate**	**%rec delle decorate**
67	81	2.53	2.36	7.28	7.11
Indeterminate rispetto al trattamento di superficie					
Records	Frammenti	%fr	%records	**%fr delle decorate**	**%rec delle decorate**
4	4	0.12	0.14	0.36	0.42

Stat. 1.15 sulla base di stat. 1.5. Dati quantitativi delle ceramiche decorate suddivise per trattamento di superficie.

Fra tutte le ceramiche decorate prevale, sia tra quelle con decorazioni dipinte sia fra quelle con decorazioni incise e/o impresse, la lucidatura della superficie (stat. 1.15): 881 frammenti (79.23%fr. delle decorate) presentano superfici lucidate rispetto a 146 frammenti (13.13%fr. delle decorate) presentanti superfici lisciate. I reperti presentanti trattamenti di superfici diversificati fra parte interna ed esterna (lisciati/lucidati) sono testimoniati da 81 frammenti (7.28%fr. delle decorate). Quest'ultimi, ad eccezione di una forma aperta a decorazione incisa e impressa (**504**, 3 frammenti), sono riferibili a delle morfologie con decorazioni dipinte. In comune tra di loro è la presenza del trattamento di lucidatura della superficie unicamente all'interno delle morfologie aperte – un dato verosimilmente dovuto ad un espediente tecnico dedito al miglioramento funzionale delle forme: superficie interna lucidata per creare una migliore impermeabilità della superficie; esterno unicamente lisciato, privo di trattamento supplementare, poiché non necessario ad un incremento qualitativo della funzionalità della forma.

Ancora più evidenti sono le percentuali dei frammenti con superfici lucidate, se calcolate in rapporto alla loro combinazione diretta sullo stesso lato della morfologia prensentante una decorazione (stat. 1.16): 952 frammenti (85.61%fr. delle decorate) presentano un processo supplementare di lucidatura in corrispondenza alla decorazione. Solo 164 frammenti (14.75%fr. delle decorate) presentano un aspetto opaco dovuto alla levigatura della superficie[938], 10 frammenti (0.90%fr. delle decorate) un effetto brillante/opaco all'occhio e, infine, 4 frammenti (0.36%fr. delle decorate) risultano indeterminati rispetto al trattamento di superficie eseguito. La tendenza percentuale sembra dunque mostrare una preferenza di decorazioni risultanti all'occhio del commensale come *brillanti*, indifferentemente se eseguite a scopi funzionali o decorativi (cfr. anche stat. 1.7).

Superficie singola con decorazioni dipinte oppure incise e/o impresse in combinazione con:					
un trattamento di lucidatura (lucidate)					
Records	Frammenti	%fr	%records	**%fr delle decorate**	**%rec delle decorate**
813	952	29.74	28.58	85.61	86.31
un trattamento di levigatura (lisciate)					
Records	Frammenti	%fr	%records	**%fr delle decorate**	**%rec delle decorate**
136	164	5.12	4.78	14.75	14.44
un trattamento diversificato fra la superficie del reperto e la decorazione (brillante/opaco)					
Records	Frammenti	%fr	%records	**%fr delle decorate**	**%rec delle decorate**
3	10	0.31	0.11	0.90	0.32
Indeterminate rispetto al trattamento di superficie					
Records	Frammenti	%fr	%records	**%fr delle decorate**	**%rec delle decorate**
4	4	0.12	0.14	0.36	0.42

Stat. 1.16: suddivisione dei materiali calcolando l'attestazione del trattamento di superficie in diretta combinazione (sullo stesso lato della morfologia) alla presenza di una tipologia decorativa.

Un ruolo importante denotano, inoltre, i reperti che presentano dei rivestimenti dipinti in combinazione alle decorazioni incise e/o impresse, presentanti un trattamento di lucidatura delle superfici (cfr. *supra*, stat. 1.13). La prevalenza di queste tipologie in questo contesto verrà in seguito comparata con gli sviluppi quantitativi attestati all'interno dei contesti di datazioni successive.

Infine, è necessario revisionare quanto già pubblicato rispetto ai materiali *indigeni* decorati provenienti da questo contesto da Hans Peter Isler. La sua suddivisione dei materiali in quattro tipologie ceramiche diverse formate dalla ceramica incisa[939], dalla ceramica piumata[940], dalla ceramica con rivestimenti di colore rosso fino a marrone-nero, stesi a striature sottili, attestanti superfici lucidate[941] e da quanto definito *"hellltoniger Keramiktypus mit rot aufbemalten Streifen"*[942] è, come già stato descritto, attestata in suddivisioni altamente più complesse. Come presentato nell'analisi del contesto, inoltre, il materiale non proveniene stratigraficamente da una successione di strati di vita, bensì da un riempimento unitario adibito ad un'opera costruttiva. Per queste ragioni, le successioni elaborate da Hans Peter Isler sulla base degli stessi materiali qui presentati, non sono da considerare valide sulla base di dati stratigrafici.

3.3.1.4 Materiali di varia funzione

Materiali di varia funzione	**Record**	**Frammenti**	**%fr**	**%rec**
Organico: carbone (campioni)	3	6	0.19	0.11
Geologico: strumenti litici (?)	4	4	0.12	0.14
Vari: piano di calpestio (campioni)	1	1	0.03	0.04
Organico: conchiglie	1	1	0.03	0.04
Metalli: bronzo	1	1	0.03	0.04
Fittili: modello capanna-sacello	1	1	0.03	0.04
Totale	11	14	0.44	0.39

Stat. 1.17 sulla base di stat. 1.1. Dati quantitativi dei materiali di varia funzione.

All'interno dei materiali di varia funzione (stat. 1.17: 14 fr.; 0.44%fr.) confluiscono sei campioni di carbone (0.19%fr.), non prettamente attendibili per un'analisi statistica, ma elencati per rigore di completezza dei materiali conservati del contesto (stat. 1.1). Gli altri reperti, di varie attribuzioni, sono formati da un conglomerato interpretabile verosimile come un frammento di piano di calpestio in calce finito nel riempimento casualmente (0.03%fr.), una conchiglia (0.03%fr.) non determinata a causa della natura del contesto, quattro reperti geologici, forse interpretabili come strumenti litici (0.12%fr.) e, infine, un frammento di reperto in bronzo (0.03%fr.: **860**) e un frammento di modello fittile di capanna-sacello (0.03%fr.: **850**).

938 Le categorie calcolate doppiamente si trattano dei reperti MD_DD/ID_LO/OL.

939 Isler 2009a, 141–142.

940 Isler 2009a, 142–143.

941 Isler 2009a, 143 «*Eine dritte, weniger häufig zu belegende Keramikart hat eine rötlich bis bräunlich-schwarze strähnig abgedeckte, polierte Oberfläche*».

942 Isler 2009a, 143.

Frammento fittile di capanna-sacello

All'interno del riempimento è attestato anche un frammento di piccole dimensioni di modello fittile, verosimilmente attribuibile ad una capanna-sacello a pianta circolare e alzato cilindrico (**850**). Il modello presenta, sulla parete di alzato conservata, un fascio di tre solchi orizzontali incisi e due incisioni a zig-zag con resti di incrostazioni biancastre. Un rivestimento marrone nero ricopre sia la superficie esterna dell'alzato sia quella inferiore del modello. Il trattamento della superficie è tuttavia diversificato: lucidato per la superficie dell'alzato e unicamente lisciato per quella inferiore. La presenza di un ingobbio color avorio sulla superficie inferiore del modello è incerta. Essa è tuttavia sicuramente assente sulla superficie dell'alzato. Il diametro circolare ammonta a ca. 15 cm ed è comparabile a modelli con decorazioni incise e/o impresse, meglio conservati, provenienti da altri siti[943].

Le tecniche decorative utilizzate sul modello non divergono da quanto presentato anche sui frammenti ceramici dello stesso contesto, classificabile come un reperto a decorazione incisa con rivestimento omogeneo lucidato (steso a striature sottili).

Interessante è notare la valenza cronologica di questo reperto, datato seconda la stratigrafia ca. *ante* il 600 a.C. Difatti, i modelli meglio conservati da Casteltermini, sono datati sulla base di dati stratigrafici nella seconda metà del VI sec. a.C.[944]. Questi denotano tuttavia tecniche di manufattura leggermente diverse: le decorazioni incise e/o impresse presentano, quando possibile determinarlo dalla documentazione edita, superfici lisciate senza rivestimenti[945], oppure, l'aggiunta di decorazioni lineari dipinte[946]. La presenza di ingobbi color avorio è attestata con sicurezza fra i materiali di Castermini[947]. Queste divergenze decorative, seppure interpretabili come scelte eseguite in centri di produzioni diversi, potrebbero tuttavia indicare anche dei periodi di produzione diversi dei modelli, ovvero, denotare una valenza cronologica a dipendenza delle tecniche di manufattura utilizzate.

943 Gullì 2009; Gullì 2016, 124–128 fig. 5 tavv. VIII, 1. 2; IX, 1–7; D. Gullì in: Panvini – Sole 2009a, 170–175 nn. VI/43–54, in particolare per il diametro: nn. VI/43–45. VI/50. VI/52, in particolare per l'andamento della parete: nn. VI/48. VI/50. VI/54.

944 Gullì 2016, 127.

945 Gullì 2009, 261–262 fig. 9, 2 = D. Gullì in: Panvini – Sole 2009a, 170–171 no. VI/44; 171 nn. VI/45. VI/46; Gullì 2009, 261–262 fig. 9, 4 = D. Gullì in: Panvini – Sole 2009a, 172 no. VI/47; 172–175 nn. VI/48–VI/54.

946 Gullì 2016, 127 (Inv. AG/S 11532) = Gullì 2009, 261–262 fig. 9, 1 = D. Gullì in: Panvini – Sole 2009a, 170 no. VI/43.

947 D. Gullì in: Panvini – Sole 2009a, 170. 173–175 nn. VI/43. VI/49. VI/52. VI/53.

Frammento in bronzo 860

Il frammento di lamina in bronzo **860** di forma pressoché rettangolare, lievemente conica in sezione è fratturato su tre lati. Interpretato da Holger Baitinger come un possibile frammento di punta di lancia o di rasoio[948] non può purtroppo essere determinato con più precisione. Un'interpretazione del frammento **860** come punta di lancia porterebbe ad una proposta di datazione del reperto nell'VIII–VII sec. a.C., data la sostituzione delle armi bronzee in Sicilia, secondo lo studioso, con quelle in ferro durante il corso del VII sec. a.C.[949]. Seppure il frammento non possa essere preso in considerazione come elemento datante del contesto, il suo eventuale inquadramento cronologico, su base diagnostica, corrisponderebbe alla proposta di datazione del contesto elaborata secondo i dati stratigrafici.

3.3.1.5 Reperti indeterminati

I reperti indeterminati rappresentano il 0.41%fr. del materiale totale (stat. 1.1). Si trattano nello specifico di 13 "frammenti" fittili rappresentati in forme di schegge in materiale ceramico oppure come masse di impasto senza alcuna superficie conservata. Seppure non minimamente indagabili rappresentano il grado di affidabilità della raccolta dei reperti durante lo scavo degli strati – evidentemente molto alto.

3.3.1.6 Inquadramento cronologico del contesto sulla base dei reperti *indigeni*

Il contesto di età protostorica, inteso come privo di materiali d'importazione o imitazioni di classi allotrie all'isola[950], presenta un *t.a.q.* sulle basi stratigrafiche, precedentemente presentate in dettaglio, verso il 600 a.C. Trattandosi di uno dei contesti stratificati più antichi scavati all'attuale stato della ricerca sul Monte lato è necessaria un'analisi intrinseca del materiale *indigeno* per permettere un possibile inquadramento cronologico dell'installazione dell'insediamento sul Monte.

Come già accennato le ceramiche a superfici lucidate del riempimento non presentano le decorazioni tipiche di quanto definito *piumata* nella parte orientale dell'isola e non casualmente sono state definite all'interno di questo volume come *con rivestimenti non omogenei lucidati* specificando le numerose combinazioni attestate dal materiale iatino.

948 Baitinger in preparazione no. 29.

949 Baitinger in preparazione. Per le ulteriori informazioni inerenti le interpretazioni dei frammenti di piccole dimensioni di armi bronzee in Sicilia come "Altmetall" tesaurizzato: Baitinger in preparazione.

950 Fatta eccezione per eventuali influssi fenici attestati dalle morfologie da fuoco e dai vasi da mescita.

Innanzitutto, fondamentali per un discorso cronologico, sono le attestazioni di ceramiche *piumate* decorate *diversamente* nella parte occidentale dell'isola rispetto a quelle della parte orientale. Già notato nel 2012 da Sebastiano Tusa[951] le produzioni presenti a Monte Iato mostrano una decorazione piumata all'*interno* delle morfologie aperte rispetto alle decorazioni apportate sia all'interno che all'esterno, se non unicamente all'esterno, di quelle attestate nella parte orientale dell'isola[952]. Le attestazioni della classe in Sicilia occidentale sono sempre state molto più rade rispetto a quanto ritrovato nella parte orientale dell'isola[953], interpretate come una produzione *"che non riesce ad essere invasiva"*[954] nella parte occidentale. Cronologicamente le attestazioni di produzioni a flabelli in Sicilia occidentale furono riprese da quanto indagato nella parte orientale dell'isola, grazie alle numerose associazioni di materiali ritrovati, ad esempio, nella necropoli di Cassibile, attestate fra l'altro pressoché unicamente su forme chiuse[955], utilizzate – come nel corso della ricerca di Monte Iato – come indicatori cronologici per le fasi d'installazione dei vari insediamenti[956]. La presenza, dunque, in contesti della Sicilia occidentale di ceramiche a rivestimento steso con pennellate di miscele di ocre a densità diverse veniva dunque identificata e datata direttamente sulla base delle cronologie della parte orientale dell'isola. Non casualmente, difatti, le datazioni proposte dell'installazione dell'insediamento di Monte Iato furono proposte in archi da ca. il X e l'VIII sec. a.C. basate esclusivamente sulla presenza di frammenti *"piumati"* nei contesti.

La presenza nei contesti iatini, non solo di tipologie decorative diverse rispetto alle ceramiche piumate orientali, ma anche di morfologie diverse da quelle attestate dai materiali di provenienza orientale suggeriscono una determinata cautela nella ricerca di confronti. Verosimilmente provenienti da centri produttivi diversi, se non, come autopticamente determinate di provenienza locale, le ceramiche attestate su Monte Iato non possono essere confrontate unicamente sulla base delle tecniche decorative con reperti della parte orientale dell'isola, men che meno sembra, alla luce di queste osservazioni, scientificamente corretto riprenderne le cronologie. Osservazioni analoghe sembrano essere state eseguite anche da Caterina Trombi vista la sua introduzione dei reperti con decorazioni *piumate* all'interno delle forme aperte in una "nuova" classe di materiali: quella a decorazione bicroma. Nella sua definizione delle ceramiche bicrome del 2003 scrive infatti "*La classe* [a decorazione monocroma e/o bicroma] *è caratterizzata da un impasto a tessitura fine o medio-grossolana e da un ingobbio giallo/biancastro o rosso. In alcuni recipienti l'ingobbio ricopre le superfici sia all'interno che all'esterno* [a decorazione monocroma]*; in altri casi sull'ingobbio chiaro, in corrispondenza dell'orlo, vengono aggiunte spennellate rosse o marroni; queste sovradipinture in alcuni casi risultano stese all'interno della vasca in maniera da formare la tipica decorazione a flabelli* [a decorazione bicroma]"[957]. La definizione di Caterina Trombi riprende verosimilmente le osservazioni già asserite da Rosa Maria Albanese Procelli introducente la classe *"del vasellame a dipintura bicroma piumata"* nell'analisi dei contesti della necropoli presso Grammichele[958]. In questo senso sembra che le attestazioni di forme aperte presentanti decorazioni a flabelli unicamente nelle parti interne e sull'orlo fossero già state da lungo identificate e considerate *diverse* da quelle definite come *ceramiche piumate* nella parte orientale dell'isola, senza però trovare ampi spazi all'interno delle pubblicazioni. Inoltre, come già fatto notare da Rosa Maria Albanese Procelli "*La decorazione piumata della superficie, in particolare applicata a grandi recipienti, persiste in età arcaica (...) e non è quindi, di per sé, da ritenersi indizio cronologico di una fase protostorica*"[959].

Vista la diversità delle produzioni, sembra dunque necessaria la ricerca di confronti nella parte centro-occidentale dell'isola soprattutto per quanto riguarda un possibile inquadramento cronologico del materiale iatino.

Alcuni frammenti riferibili a quanto attestato dai reperti iatini sono stati ritrovati sul Monte Bonifato di Alcamo, definiti anche nella pubblicazione di Antonino Filippi *"a decorazione "piumata""*[960]. La produzione "piumata" è presente – secondo Filippi – nella parte centro-occidentale dell'isola in contesti datati tra la prima età del Ferro e il VII sec. a.C.[961] e non giunse

951 Tusa 2012, 219.
952 Elenco a titolo indicativo: Per decorazioni sia interne che esterne: da Cassibile: Turco 2000, 46 tomba SP 15 no. 1 tavv. VI. XIII; 47–48 tomba SP 24 no. 1 tavv. VII. XII; da Morgantina: Leighton 1993, 174 no. 144 tavv. 34. 82; 177 no. 173 tavv. 36. 87; 178 no. 190 tav. 91. Per decorazioni esterne: da Madonna del Piano: Albanese Procelli 2000, 171 nn. 2–3 tav. IV; da Morgantina: Leighton 1993, 187 no. 288–290 tav. 105; 208 no. 539 tav. 138; 209 no. 541 tav. 52. 139; 212 no. 584 tav. 147; 213 no. 589 tav. 147. In particolare, per i bacini: Kistler et al. 2017a, 162–164.
953 Per un elenco dei ritrovamenti in Sicilia occidentale: Kistler et al. 2017a, 163 nota 2.
954 Tusa 2012, 216.
955 Turco 2000, 83 *"la decorazione a flabelli [...] compare sulle ollette biconiche e sulla brocca a corpo globulare, sotto forma di pennellature orizzontali e oblique in vernice diluita, sotto forma di tratti verticali che si trasformano in piume all'estremità superiore, sugli altissimi piedi di alcuni piattelli, come vero e proprio motivo a piume nella metà superiore esterna di alcuni altri; infine, come motivo a girandola, all'interno della vasca dei piattelli."*
956 Isler 2009a, 141–144; Spatafora 2003d, 89–90. Con datazione riabbassata (750–600 a.C.): Isler 2016, 166.
957 Trombi 2003b, 61.
958 Albanese Procelli 2000, 168.
959 Albanese Procelli 2003, 186–187.
960 Filippi 2014, 81–82 tav. 66–67; Filippi 2012, 1255–1256 fig. 1.
961 Filippi 2014, 81 nota 215.

a Monte Bonifato – limite nord-occidentale di ritrovamento di questa produzione – prima dell'VIII sec. a.C.[962]. Anche Filippi confronta le produzioni ritrovate a Monte Bonifato con quelle di Monte Iato sollevando analoghi dubbi sulla cronologia dei materiali "piumati" già espressi dalla scrivente[963]. Purtroppo, non sono edite in dettaglio le associazioni dei materiali rinvenuti.

Edite, ma purtroppo non completamente accessibili dall'autrice, sono i materiali provenienti da Polizzello – definito già *"sito chiave per la decodificazione culturale del Bronzo Finale / Prima età del Ferro"*[964]. La periodizzazione dell'Età del Ferro, infatti – in particolare il passaggio dal X all'VIII sec. a.C. – è fonte di dibattito per quanto riguarda le cronologie. Come già descritto da Robert Leighton le datazioni tra il Bronzo Finale e l'età del Ferro in Sicilia mostrano determinate divergenze rispetto alle tradizionali datazioni della penisola italiana – soprattutto se confrontate con i risultati di datazione C-14[965]. Fonti di critiche riguardo alle datazioni siciliane di questo periodo sono anche le correlazioni con reperti metallici, quali le fibule[966]. Infine, pur seguendo le datazioni tradizionali, sono rari i contesti datati tra la fine del IX e la prima metà dell'VIII sec. a.C. pure in Sicilia orientale – altrimenti nota come ricca di contesti guida per le datazioni[967].

Per queste ragioni vengono proposti unicamente dei confronti in seno ad un inquadramento cronologico, con le indagini dei materiali provenienti da Polizzello. Si tratta difatti, all'attuale stato della ricerca, dell'unico sito situato nella parte centro-occidentale dell'isola, attestante le stesse tipologie di ceramiche *"piumate"* rinvenute nel contesto e fornenti associazioni di materiali basati su dati stratigrafici edito. Seppure le pubblicazioni integrali dei materiali di Polizzello denotino la mancanza di disegni, quanto pubblicato contribuisce tuttavia notevolmente per l'inquadramento dei reperti protostorici iatini.

Il vano principale dell'Edificio Nord di Polizzello, il più antico nella zona dell'acropoli, si tratta dell'unico contesto, all'attuale stato della ricerca, pubblicato in maniera più dettagliata da Davide Tanasi, delle quattro fasi protostoriche attestate sull'acropoli di Polizzello[968] e da Eleonora Pappalardo per quanto riguarda il Sacello E[969]. Il vano principale dell'Edificio Nord di Polizzello attesta nello strato a diretto contatto del pavimento materiali inquadrabili al Bronzo Finale *locale* (1050–850 a.C. / prima metà del IX sec. a.C.)[970]. I materiali presenti di fine X sec. a.C. attestano decorazioni a stralucido e incisioni di motivi lineari o geometrici *"di tradizione thapsiasa"*[971]. Assenti sono le decorazioni piumate come quelle prettamente geometriche incise. Anche le morfologie attestate, non trovano confronti tra i materiali iatini. Nella fase della prima metà del IX sec. a.C. di Polizzello vengono introdotte le decorazioni dipinte – geometriche o a flabelli accanto a quelle a stralucido e ad incisione[972]. Presente sia nella fase di fine X sec. a.C. che nella fase della prima metà del IX sec. a.C. è la coppa ad orlo bifido[973] mancante fra le morfologie attestate dai contesti qui presentati del Monte Iato[974]. Ugualmente attestati a Polizzello nella fase della prima metà del IX sec. a.C. sono grandi bacini *a decorazione piumata* attestata all'interno della forma[975]. In questo caso, però, le morfologie dell'orlo non corrispondono a quanto ritrovato nel contesto con tecniche decorative analoghe[976]. Assenti fra i materiali iatini sono anche i bacini con orlo triangolare a decorazione incisa[977]. L'analogia con **228** mostrata dalla coppa carenata con solchi incisi e rivestimento a stralucido[978] proveniente dal Deposito A inserito "sopra o direttamente all'interno del crollo" livellato come piano di calpestio successivo denominato US 8[979] – di conseguenza di datazione successiva rispetto agli altri materiali – non deve necessariamente valere come unico aspetto datante. Basandosi dunque unicamente sulle tecniche decorative attestate a Polizzello datanti nella prima metà del IX, non osservando precisamente le combinazioni delle decorazioni con le morfologie attestate dai materiali, sarebbe possibile confermare la datazione

962 Filippi 2014, 82.
963 Filippi 2012, 1256 nota 4 *"La questione relativa alla cronologia e alla diffusione della ceramica piumata nell'area nord-occidentale della Sicilia non è stata ancora sufficientemente approfondita (...)"*.
964 Tanasi 2012b, 1322.
965 Leighton 2012, 80.
966 Leighton 2012, 80.
967 Leighton 2012, 209–210.
968 D. Tanasi in: Panvini et al. 2009a, 9–121, in particolare 118 per le stratigrafie attestate di I–IV fase datanti tra la seconda metà del X sec. a.C. alla prima metà del VIII sec. a.C.; Tanasi 2012a; Tanasi 2012b; Palermo – Tanasi 2006.
969 E. Pappalardo in: Panvini et al. 2009a, 123–176; Palermo et al. 2009; Pappalardo 2012; Pappalardo 2015 (non accessibile alla scrivente).
970 Tanasi 2012a, 964. In questo caso bisogna fare molta attenzione con le cronologie dei materiali. I frammenti provenienti da US 9/11 sono pubblicati all'interno dell'articolo di Tanasi 2012a come datanti tra il 1050–850 a.C. All'interno della pubblicazione complessiva invece in Panvini et al. 2009, 118 lo stesso strato sembra essere datato alla fine del IX sec. a.C. – dunque di datazione riabbassata di mezzo secolo.
971 Tanasi 2012b, 1322; Palermo et al. 2009, 56 figg. 2, 1–3.
972 Palermo et al. 2009, 56–58 figg. 2, 4–18.
973 Tanasi 2012b, 1322–1324; Palermo et al. 2009, 56–57 fig. 2, 1. 12.
974 Si segnala una coppa ad orlo bifido, proveniente da Monte Iato I-K 2302, cfr. Kistler et al. 2017a, 164 fig. 9.
975 Tanasi 2012a, 964, fig. 4, 12; Tanasi 2012b, 1323 fig. 1, 11; Palermo et al. 2009, 57 fig. 2, 11.
976 Unicamente **165** potrebbe essere ritenuto analogo. Lo stato di conservazione non permette una sua sicura attribuzione ad un reperto con rivestimento non omogeneo lucidato all'interno.
977 Palermo et al. 2009, 57 fig. 2, 12. Morfologicamente analogo, ma non rispetto alla tecnica decorativa utilizzata: **162**.
978 Tanasi 2012a, 966 fig. 5, 2 (0427). 967 fig. 7, 3 (0427); Palermo et al. 2009, 57 fig. 2, 5.
979 Tanasi 2012a, 965–966.

da lunga proposta da Hans Peter Isler indicante una formazione dell'insediamento di Monte Iato nel corso del IX sec. a.C. Le differenze di cronologia, ciò nonostante, sembrano attestarsi osservando più precisamente i materiali. Tutte le morfologie pubblicate della prima metà del IX sec. a.C. di Polizzello non trovano diretti confronti con quanto attestato all'interno del riempimento, suggerendo inizialmente una datazione più bassa dei materiali iatini. Dopo la distruzione a la fine del IX sec. a.C. dell'Edificio Nord di Polizzello viene realizzata nella parte nord-orientale dell'acropoli, ad est dell'Edificio Nord, una nuova struttura denominata Edificio Est datante nella prima metà dell'VIII sec. a.C. Alla stessa fase è relativa la costruzione della Capanna I, dell'Edificio Alfa e dell'Edificio Beta. La fase è caratterizzata, secondo Tanasi, dalla scomparsa dell'orlo bifido e dalla comparsa, invece, delle morfologie dei bacini su piede, degli orli svasati oppure introflessi, dei motivi a tremolo e *"prime forme elementari di temi ad impressione"*[980]. I materiali di questi contesti sembrano poter essere morfologicamente confrontabili con i materiali attestati dal riempimento iatino[981].

La morfologia attestata, ad esempio, dal bacino di Polizzello[982] è analogo a quelle attestate da **166** e **167**. Le decorazioni attestate, però, sono diversificate rispetto alla forma, presumibilmente acroma, di Polizzello. Analoga è l'attestazione delle fruttiere[983] confrontabili unicamente con **210** per quanto possibile osservare dal disegno edito di piccole dimensioni. Ugualmente attestata è una forma chiusa con spalla angolata a decorazione incisa[984] confrontabile con **626** e la presenza di coppe carenate analoghe[985] a quelle attestate da **232**. Seppure le morfologie sembrino corrispondere, divergono in tutti i casi le tecniche decorative utilizzate. In generale sembra possibile affermare che nelle associazioni attestate a Polizzello manchi, all'interno dei materiali della prima metà dell'VIII sec. a.C., la ricchezza di combinazioni di tecniche decorative miste attestate invece dai materiali del riempimento iatino.

I materiali dell'Edificio Est, datati alla prima metà dell'VIII sec., editi nella monografia su Polizzello del 2009, sono ritrovabili all'interno del battuto US 8 e al soprastante strato di livellamento dell'area US 7 coprente ugualmente anche il crollo US 14 dell'Edificio Nord[986]. All'interno del catalogo dettagliato dei materiali è possibile notare, oltre a quanto già riferito rispetto alle tecniche decorative diverse dei materiali di questa fase di Polizzello rispetto a quelle iatine, la mancanza di combinazioni miste tra decorazioni *piumate* a superficie lucidate e quelle dipinte lineari con superficie lisciate (*piumata/dipinta*), ben attestate invece all'interno del riempimento iatino[987]. Confrontando, infine, quanto attestato a Polizzello all'interno alle fasi di fine VIII – prima metà del VII sec. a.C. è possibile attestare la presenza di reperti in ceramica a decorazione (geometrica) *dipinta* (Sacello B, Dep. 19–20[988]), di ceramiche a decorazione *incise senza rivestimento* (Sacello A, US 5[989]), di reperti proveniente dal Sacello B (US 5) a decorazione mista *a rivestimento omogeneo lucidato / dipinta monocroma*[990] e di coppe carenate *a rivestimento omogeneo opaco / decorazione lineare opaca*[991]. Assenti, invece, all'interno dei materiali della prima metà dell'VIII sec. a.C. sono le combinazioni fra superfici lucidate e lisciate in relazioni alle decorazioni (*stralucido/dipinta)* oppure di morfologie a superficie unicamente lisciate (*rivestimento omogeneo / acroma; rivestimento omogeneo / dipinta, ecc.)* attestate, invece, negli strati di fine VIII – prima metà del VII sec. a.C. di Polizzello.

Come in seguito più dettagliatamente presentato, i reperti con tecniche decorative miste sono molteplici all'interno dei contesti iatini, e determinate combinazioni sono attestate *unicamente* in determinate stratigrafie. Questo fenomeno sembra, per le epoche successive, determinare i cambiamenti cronologici fra le produzioni dei materiali *indigeni*. Il contesto iatino presenta, dunque, morfologie analoghe a quelle attestate a Polizzello nella prima metà dell'VIII sec. a.C. ma combinazioni decorative diverse. Le combinazioni decorative iatine si presentano, invece, a Polizzello alla fine dell'VIII – prima metà del VII sec. a.C[992], in uno stadio di produzione apparentemente avanzato, data l'assenza di decorazioni e trattamenti di superficie diversificati su di uno stesso reperto.

Il materiale ceramico diagnostico databile alla seconda metà dell'VIII sec., mancante a Polizzello a causa

980 Tanasi 2012b, 1324–1325.
981 Palermo et al. 2009, 60 fig. 2, 21–30.
982 Palermo et al. 2009, 60 fig. 2, 26.
983 Palermo et al. 2009, 60 fig. 2, 24.
984 Palermo et al. 2009, 60 fig. 2, 29.
985 Palermo et al. 2009, 60 fig. 2, 25.
986 D. Tanasi in: Panvini et al. 2009a, 12–17.
987 Sacello A, US 8: D. Tanasi in: Panvini et al. 2009a, 23 nn. 38–41; Sacello A, US 7: D. Tanasi in: Panvini et al. 2009a, 25–27 nn. 49–62.
988 D. Tanasi in: Panvini et al. 2009a, 89 nn. 187–188.
989 D. Tanasi in: Panvini et al. 2009a, 23 no. 37.
990 D. Tanasi in: Panvini et al. 2009a, 89 no. 191 *"Coppa carenata (...) Decorazione dipinta in vernice rossa e bruna su ingobbio crema: all'interno, campitura integrale di vernice rossa e tiratura a stralucido (**labbro escluso**); all'esterno, spessa banda orizzontale (...).*
991 D. Tanasi in: Panvini et al. 2009a, 90 no. 192 *"(...) Decorazione dipinta in vernice rossa su ingobbio rosato: interno della vasca campito, serie di tre spessi trattini verticali sul labbro (...)"*.
992 I reperti provenienti da US 307 di Polizzello datante alla seconda metà dell'VIII *"non ha restituito materiali databili con precisione, dato che in esso coesistevano forme di tradizione più antica che hanno avuto una certa longevità e frammenti con motivi decorativi, come le striature o il triangolo multiplo, che rimanderebbero ad una cronologia più bassa"* E. Pappalardo in: Palermo et al. 2009, 69 nota 54. Questo fattore non permette di inquadrare con precisone i materiali della seconda metà del VIII sec. a.C. di Polizzello.

dell'abbandono del versante settentrionale dell'acropoli, sembra invece essere rappresentato dai reperti iatini con combinazioni decorative e trattamenti di superficie diversificati. Quest'ultimi potrebbero difatti segnalare una fase di transizione / sperimentazione da parte dei singoli vasai fra tecniche di manufattura affermate e ampiamente diffuse cronologicamente prima e dopo la seconda metà dell'VIII sec. a.C.

Accettando la proposta di fasi di transizioni fra tecniche di manufattura di materiali *indigeni*, oltre alle classi decorative già affermate nel mondo della ricerca – segnalate dalla presenza di reperti con combinazioni decorative e trattamenti di superficie diversificati – sembra poter essere possibile, come confermato anche dalle analisi dei reperti *indigeni* dei contesti di datazione più recente presentati in seguito, circoscrivere le attestazioni di tali materiali in fasce cronologicamente limitate nel tempo. Nel caso dei materiali *indigeni* provenienti dal riempimento iatino, le associazioni fra i reperti sembrano dunque virare ad un intervallo di datazione tra la seconda metà / fine del VIII sec. a.C. e la fine del VII sec. / ca. 600 a.C.[993] – una datazione, peraltro, corrispondente anche a quella dei puntuali confronti dei materiali con reperti datati stilisticamente oppure mediante le associazioni di materiali, provenienti da altri siti[994].

La datazione di questo riempimento, rappresentante uno dei contesti più antichi scavati all'attuale stato della ricerca sul Monte Iato, fu già indagato da Hans Peter Isler e utilizzato come elemento argomentativo per la datazione dell'installazione dell'insediamento di Monte Iato. I nuovi risultati emergenti sulla base dei materiali ceramici pongono dunque verosimilmente una collocazione cronologica dell'istallazione dell'insediamento iatino verso la seconda metà – fine dell'VIII sec. a.C., al più presto: una datazione inoltre corrispondente a quanto elaborato per tutte le altre classi di materiale ritrovate sul sito e brevemente presentate nell'introduzione del volume.

993 In attesa di un riscontro scientifico, il contesto sarà tuttavia contrassegnato all'interno delle tavole con la datazione *"VIII–VII sec. a.C."*, conforme a quanto elaborato finora nel mondo della ricerca.

994 Confronti morfologici / decorativi, ad esempio, in: C. Guzzone in: Guzzone – Congiu 2005, 216–217 no. 51; 220 nn. 55. 58; 224–225 no. 60; L. Sole in: Guzzone – Congiu 2005, 301 no. 132; Guzzone 2003b, 86 fig. 4–5; Steures 1980, 40 no. E 27:16b; 54 no. S 53:8. Panvini 2006b, 6 no. I.2 – A Inv. MR 706 bis; Panvini 2006a, 230–234 Strato 5. Per morfologie analoghe datate nel X–IX sec. a.C., ma non corrispondenti per quanto riguarda le decorazioni a quelle iatine: M. Congiu in: Guzzone – Congiu 2005, 182–183 nn. 31. 32. Per tecniche decorative analoghe datate fra la metà del IX e la metà dell'VIII sec. a.C., ma non corrispondenti per quanto riguarda le morfologie a quelle iatine: C. Guzzone in: Guzzone – Congiu 2005, 212–214 nn. 48. 49.

3.3.2 Quartiere orientale – Prima fase (t.a.q. verso il 570 a.C.)

La prima fase dell'edificio del quartiere orientale si tratta di uno strato di vita collocato sopra un piano di calpestio caduto in disuso e successivamente riutilizzato come riempimento per il piano di calpestio di seconda fase del vano settentrionale dell'edificio. I materiali datanti indicano un utilizzo dell'edificio di prima fase tra il 630/620–570 a.C. Non si esclude la presenza di materiali *indigeni* più antichi vista la successiva natura dello strato come riempimento adibito alla costruzione del battuto di seconda fase dell'edificio.

Analisi statistiche

Il totale dei frammenti provenienti dallo strato di prima fase ammonta a 942 documentati in 723 unità (stat. 2.1). La documentazione è stata effettuata grazie alla distinzione di 65 individui inventariati formati da 138 frammenti, sicuramente attestanti 65 reperti diversi (*Inventario regolare*). I restanti 804 frammenti sono stati documentati in 658 records. In questo caso la loro attribuzione a individui diversi è incerta (*Inventario interno*). Vista la primaria natura del contesto come strato di vita, è stato possibile indentificare più frammenti combacianti riferibili agli stessi individui. Per questa ragione le seguenti statistiche saranno presentate sia in % di frammenti sia in % di records (unità riconosciute) visto il peso statistico nettamente diverso per alcune osservazioni.

In percentuale di frammenti (stat. 2.2) prevale all'interno delle associazioni, analogamente al contesto del riempimento nella zona orientale della casa a peristilio I, nettamente la quantità di ceramica acroma (42.99%; 405 fr.), seguita in questo contesto dalle ceramiche decorate (37.90%; 357 fr.) e solo successivamente dalle forme e utensili adibiti alla cottura di alimenti (13.59%; 128 fr.). Appaiono le ceramiche d'importazione (2.76%; 26 fr.) seguite dalle imitazioni regio-coloniali di esse (0.74%; 7 fr.[995]). Una piccola percentuale è attestata da materiali di varia funzione e natura (1.91%; 18 fr.) e reperti fittili indeterminati (0.11%; 1 fr.).

Leggermente variata risulta l'analisi del contesto se eseguita in percentuali di unità riconosciute (records; stat. 2.2): ceramiche acrome (44.67%; 323 records); ceramiche decorate (40.11%; 290 records); forme e utensili adibiti alla cottura di alimenti (11.48%; 83 records); materiali di varia funzione e natura (2.49%; 18 records); ceramiche d'importazione (0.55%; 4 records);

995 Ceramiche verosimilmente d'importazione allotrie all'isola e imitazioni regio-coloniali a vernice ammontano correlate al 3.5% dei materiali (33 fr.).

Suddivisione dei materiali	Edificio Quartiere orientale, Vano Nord, Prima Fase (strato 5 + strato 6 piano di calpestio)							
	Inv. Regolare		Inv. Interno		TOT			
	Record	Frammenti	Record	Frammenti	Record	Frammenti	%fr	%rec
Acroma lisciata	10	20	310	382	320	402	42.68	44.26
Dipinta monocroma	14	23	140	159	154	182	19.32	21.30
Fuoco modellate a mano	4	7	65	103	69	110	11.68	9.54
Indet: linee (dipinta?) o rivestimento opaco?	0	0	34	40	34	40	4.25	4.70
Importazioni allotrie all'isola	4	26	0	0	4	26	2.76	0.55
Indet: rivestimento lucidato (omogeneo? Non omogeneo?)			17	22	17	22	2.34	2.35
Incisa senza rivestimento	4	17	4	4	8	21	2.23	1.11
Geologico: strumenti litici (?)	4	4	11	11	15	15	1.59	2.07
Rivestimento omogeneo opaco	3	4	5	5	8	9	0.96	1.11
MD_DD_OO: rivestimento omogeneo opaco / dipinta monocroma	1	7	1	1	2	8	0.85	0.28
Incisa con rivestimento omogeneo opaco	0	0	6	8	6	8	0.85	0.83
Rivestimento non omogeneo lucidato	1	1	7	7	8	8	0.85	1.11
Indet: fuoco e cucina	0	0	7	8	7	8	0.85	0.97
Produzioni regio-coloniali	4	7	0	0	4	7	0.74	0.55
Indet: rivestimento opaco (omogeneo? Non omogeneo?)	0	0	6	7	6	7	0.74	0.83
MD_DA_OO: rivestimento omogeneo opaco / acroma lisciata	0	0	6	6	6	6	0.64	0.83
Indet: resti di colore opaco o lucidati	0	0	5	5	5	5	0.53	0.69
Fittili: piastre fittili	1	4	0	0	1	4	0.42	0.14
Incisa e impressa senza rivestimento	4	4	0	0	4	4	0.42	0.55
Rivestimento omogeneo lucidato (striature sottili)	0	0	4	4	4	4	0.42	0.55
MD_DA_LO: rivestimento non omogeneo lucidato / acroma lisciata	1	1	2	2	3	3	0.32	0.41
Incisa con rivestimento omogeneo lucidato (striature sottili)	2	2	1	1	3	3	0.32	0.41
Incisa con rivestimento omogeneo lucidato	1	1	2	2	3	3	0.32	0.41
Rivestimento omogeneo lucidato	1	1	2	2	3	3	0.32	0.41
Impasto / acroma (scodelloni da cucina)	0	0	3	3	3	3	0.32	0.41
Acroma indet.	0	0	3	3	3	3	0.32	0.41
Dipinta monocroma ; decorazione lineare opaca (-)	1	3	0	0	1	3	0.32	0.14
Organico: Carbone	0	0	2	2	2	2	0.21	0.28
Indet. MD_DA_LO: rivestimento omogeneo lucidato (striature sottili (?)) / acroma lisciata	0	0	1	2	1	2	0.21	0.14
Indet. MD_DA_OO: rivestimento opaco (omogeneo? Non omogeneo?) / acroma lisciata	0	0	1	2	1	2	0.21	0.14
Indet: Impressa con rivestimento lucidato (omogeneo? Non omogeneo?)	0	0	2	2	2	2	0.21	0.28
Incisa e impressa con rivestimento opaco	1	2	0	0	1	2	0.21	0.14
Rivestimento non omogeneo opaco	0	0	2	2	2	2	0.21	0.28
Cucina tornita	0	0	2	2	2	2	0.21	0.28
Indeterminati in generale	0	0	1	1	1	1	0.11	0.14
Fittili: fusaiole	1	1	0	0	1	1	0.11	0.14
Fittili: sostegni	0	0	1	1	1	1	0.11	0.14
Indet. MD_DA_LO: rivestimento lucidato (omogeneo? Non omogeneo?) / acroma lisciata	0	0	1	1	1	1	0.11	0.14
MD_DD_LO: rivestimento non omogeneo lucidato / dipinta monocroma	1	1	0	0	1	1	0.11	0.14
MD_ D_OO: incisa senza rivestimento / rivestimento omogeneo opaco	1	1	0	0	1	1	0.11	0.14
MD_DA_OO: rivestimento non omogeneo opaco / acroma lisciata	0	0	1	1	1	1	0.11	0.14
Indet: incisa e impressa con/senza rivestimento	0	0	1	1	1	1	0.11	0.14
Incisa e impressa con rivestimento omogeneo lucidato	1	1	0	0	1	1	0.11	0.14
Indet: incisa con rivestimento lucidato/opaco	0	0	1	1	1	1	0.11	0.14
Indet: Incisa con rivestimento lucidato (omogeneo? Non omogeneo?)	0	0	1	1	1	1	0.11	0.14
TOTALE	65	138	658	804	723	942	100.00	100.00

Stat. 2.1: Dati quantitativi totali dei reperti. Ordinamento dall'alto verso il basso in base al numero di frammenti totali (azzurro: ceramiche acrome; arancione: vasellame e utensili adibiti alla cottura di alimenti; verde: ceramiche decorate; marrone: materiali di varia funzione; bianco: indeterminati).

Ceramica acroma *(acroma lisciata / acroma indeterminata)*				
	Records	Frammenti	%fr	%records
	323	405	42.99	44.67
Adibiti alla cottura di alimenti *(da fuoco modellata a mano / indeterminata da fuoco modellata a mano / da cucina tornita / impasto - scodelloni da fuoco / sostegni fittili)*				
	Records	Frammenti	%fr	%records
	83	128	13.59	11.48
Ceramiche decorate (con decorazioni dipinte / con decorazioni incise e/o impresse / con molteplici decorazioni)				
Con decorazioni dipinte	Con decorazioni incise e/o impresse			
	Records	Frammenti	%fr	%records
	290	357	37.90	40.11
Materiali di varia funzione				
	Records	Frammenti	%fr	%records
Geologico: *strumenti litici (?)*	15	15	1.59	2.07
Organico: *carbone*	2	2	0.21	0.28
Fittili: *fusaiole*	1	1	0.11	0.14
	18	18	1.91	2.49
Indeterminati				
	Records	Frammenti	%fr	%records
	1	1	0.11	0.14
Totale ceramiche allotrie (d'importazione + regio-coloniali)				
	Records	Frammenti	%fr	%records
Ceramiche d'importazione	4	26	2.76	0.55
Ceramiche regio-coloniali	4	7	0.74	0.55
	8	33	3.50	1.11

Stat. 2.2: Suddivisione dei materiali sulla base di stat. 2.1.

ceramiche regio-coloniali (0.55%; 4 records[996]); reperti fittili indeterminati (0.14%; 1 record). In questo caso le ceramiche d'importazione e imitazione regio-coloniale perdono nettamente di importanza rispetto ai materiali altrimenti attestati.

In entrambe le varianti statistiche equivale la maggiore presenza di ceramiche acrome seguite, in questo caso, da quelle decorate e solo in terza posizione da quelle adibite alla cottura di alimenti. In questo caso la successione delle categorie è comprensibile data la natura del contesto: trattandosi di un vano (settentrionale) di un edificio presentante almeno due vani, è possibile – come anche intuibile dalla presenza di un focolare nel vano meridionale – che le ceramiche ad uso di cottura fossero conservate all'interno del vano meridionale. Ciò nonostante, è importante far notare che seppure il focolare fosse nell'altro vano, le ceramiche potevano altresì essere conservate in un altro ambiente[997]. Interessante è notare la pressoché parità di materiali acromi e decorati all'interno dello strato.

996 Ceramiche verosimilmente d'importazione allotrie all'isola e imitazioni regio-coloniali a vernice ammontano correlate al 1.11% dei materiali (8 records).

997 Vista l'attestazione di grandi frammenti di pignatte (**773**) si esclude che i frammenti potessero essere finiti all'interno dello strato come materiale di livellamento per il piano di calpestio di seconda fase.

3.3.2.1 Ceramiche acrome

Le ceramiche acrome con trattamento della superficie lisciata sono attestate da 402 frammenti documentati in 320 records (stat. 2.1 [azzurro]: 42.68%fr.; 44.26%rec. dei materiali totali). Unicamente 3 frammenti documentati in 3 records (stat. 2.1. [azzurro]: 0.32%fr.; 0.41%rec. dei materiali totali) sono da considerare indeterminati per quanto riguarda il trattamento di superficie. Completamente assenti le attestazioni di ceramiche acrome con superfici lucidate (statt. 2.1–2.2).

Le morfologie attestate dai reperti in ceramica acroma sono riferibili a
- bacini / scodelloni / mortai (**175**)
- scodelle (**244. 246**)
- coppe/scodelle (**248**)
- coppe d'imitazione (**408**)
- attingitoi (?) (**449**)
- forme chiuse da stoccaggio (**630–631**).

Rispetto a quanto attestato dal riempimento di VIII–VII sec. a.C. diminuiscono le funzioni ricoperte dalle ceramiche acrome – pur sempre ricordando che una grande parte dell'inventario fu ritrovato in uno strato eroso e rimescolato verso la parte meridionale del contesto. Mancano le forme di stoccaggio per liquidi come le anfore/idrie, le forme da servizio di bevande come le brocche così come forme per lo stoccaggio di effetti personali. Ben attestate sono le morfologie adibite alla preparazione e al consumo di alimenti e bevande (bacini, scodelle; coppe d'imitazione, attingitoi?). Infine, adibiti verosimilmente allo stoccaggio di alimenti aridi, due forme di medie-dimensioni sono riferibili a degli orcioli.

3.3.2.2 Ceramiche e reperti fittili adibiti alla cottura di alimenti

I reperti riferibili alla cottura di alimenti (statt. 2.1–2.2 [arancione]) sono suddivisi in 110 frammenti (11.68%fr.; 69 records; 9.54%rec) di vasellame da fuoco modellato a mano. Unicamente ulteriori 8 frammenti (0.85%fr.; 7 records; 0.97%rec) sono indeterminati, ma presentanti impasti riferibili alle morfologie da fuoco. Gli scodelloni da cucina sono unicamente attestati da tre frammenti (0.32%fr.; 3 records; 0.41%rec) e scompaiono pressoché integralmente le attestazioni di ceramiche da fuoco eseguite al tornio, rappresentate unicamente da due frammenti (0.21%fr.; 2 records; 0.28%rec). I reperti fittili adibiti alla cottura degli alimenti sono attestati sia da sostegni (1 fr.; 0.11%fr.; 0.14%rec) e 4 frammenti riferibili ad una piastra fittile (**831**: 0.42%fr.; 0.14%rec).

Le morfologie attestate dal vasellame sono:
- pignatte (**773**)
- scodelloni da cucina.

Fra i numerosi frammenti di parete potrebbero essere attestate anche delle teglie. La loro mancanza è da considerare verosimilmente come arbitraria a causa dell'erosione di parte dell'inventario.

3.3.2.3 Ceramiche decorate

All'interno dello strato di prima fase le ceramiche decorate sono attestate pressoché ugualmente alla quantità di quelle acrome (statt. 2.2–2.3 [verde]). La predominanza sia di frammenti che di unità è riferibile nettamente a quanto definito *con decorazioni dipinte* (stat. 2.4: 86.55%fr. delle decorate; 88.97%rec delle decorate). Le ceramiche a decorazione incise e/o impresse diminuiscono di ca. 2/3 da quanto ancora attestato nel riempimento di VIII–VII sec. a.C. formati da 48 frammenti documentati da 32 records diversi (stat. 2.4: 13.45%fr. delle decorate; 11.03%rec. delle decorate).

Con decorazioni dipinte					
Records	Frammenti	%fr	%records	**%fr delle decorate**	**%rec delle decorate**
258	309	32.80	35.68	86.55	88.97
Con decorazioni incise e/o impresse					
Records	Frammenti	%fr	%records	**%fr delle decorate**	**%rec delle decorate**
32	48	5.10	4.43	13.45	11.03

Stat. 2.4 sulla base di stat. 2.3.

3.3.2.3.1 Con decorazioni dipinte

La predominanza in questo caso è attestata dai reperti della classica *ceramica a decorazione (geometrica) dipinta* utilizzante un'unica miscela di ocre argillose rosse risultante, dunque, *monocroma*. Esse rivestono con 182 frammenti documentati in 154 records (stat. 2.3: 50.98%fr. delle decorate; 53.10%rec delle decorate) nettamente la tecnica decorativa maggiormente attestata.

Seguono quantitativamente le attestazioni di ceramiche presentanti rivestimenti opachi, in parte indeterminati se riferibili ad una decorazione lineare oppure ad un rivestimento. Omettendo, in un primo momento, la tecnica di stesura dei rivestimenti risultano appartenere a questa categoria (stat. 2.3. [arancione chiaro]):
- indet: linee (dipinta?) o rivestimento opaco?
- rivestimento omogeneo opaco
- indet: rivestimento opaco (omogeneo? Non omogeneo?)
- dipinta monocroma ; decorazione lineare opaca (-)
- rivestimento non omogeneo opaco.

Edificio Quartiere orientale, Vano Nord, Prima Fase (strato 5 + strato 6 piano di calpestio) Ceramiche decorate										
	Inv. Regolare		Inv. Interno		TOT					
	Record	Frammenti	Record	Frammenti	Record	Frammenti	%fr	%rec	%fr delle decorate	%rec delle decorate
Dipinta monocroma	14	23	140	159	154	182	19.32	21.30	50.98	53.10
Indet: linee (dipinta?) o rivestimento opaco?	0	0	34	40	34	40	4.25	4.70	11.20	11.72
Indet: rivestimento lucidato (omogeneo? Non omogeneo?)	0	0	17	22	17	22	2.34	2.35	6.16	5.86
Incisa senza rivestimento	4	17	4	4	8	21	2.23	1.11	5.88	2.76
Rivestimento omogeneo opaco	3	4	5	5	8	9	0.96	1.11	2.52	2.76
MD_DD_OO: rivestimento omogeneo opaco / dipinta monocroma	1	7	1	1	2	8	0.85	0.28	2.24	0.69
Incisa con rivestimento omogeneo opaco	0	0	6	8	6	8	0.85	0.83	2.24	2.07
Rivestimento non omogeneo lucidato	1	1	7	7	8	8	0.85	1.11	2.24	2.76
Indet: rivestimento opaco (omogeneo? Non omogeneo?)	0	0	6	7	6	7	0.74	0.83	1.96	2.07
MD_DA_OO: rivestimento omogeneo opaco / acroma lisciata	0	0	6	6	6	6	0.64	0.83	1.68	2.07
Indet: resti di colore opaco o lucidati	0	0	5	5	5	5	0.53	0.69	1.40	1.72
Incisa e impressa senza rivestimento	4	4	0	0	4	4	0.42	0.55	1.12	1.38
Rivestimento omogeneo lucidato (striature sottili)	0	0	4	4	4	4	0.42	0.55	1.12	1.38
MD_DA_LO: rivestimento non omogeneo lucidato / acroma lisciata	1	1	2	2	3	3	0.32	0.41	0.84	1.03
Incisa con rivestimento omogeneo lucidato (striature sottili)	2	2	1	1	3	3	0.32	0.41	0.84	1.03
Incisa con rivestimento omogeneo lucidato	1	1	2	2	3	3	0.32	0.41	0.84	1.03
Rivestimento omogeneo lucidato	1	1	2	2	3	3	0.32	0.41	0.84	1.03
Dipinta monocroma ; decorazione lineare opaca (-)	1	3	0	0	1	3	0.32	0.14	0.84	0.34
Indet. MD_DA_LO: rivestimento omogeneo lucidato (striature sottili (?)) / acroma lisciata	0	0	1	2	1	2	0.21	0.14	0.56	0.34
Indet. MD_DA_OO: rivestimento opaco (omogeneo? Non omogeneo?) / acroma lisciata	0	0	1	2	1	2	0.21	0.14	0.56	0.34
Indet: Impressa con rivestimento lucidato (omogeneo? Non omogeneo?)	0	0	2	2	2	2	0.21	0.28	0.56	0.69
Incisa e impressa con rivestimento opaco	1	2	0	0	1	2	0.21	0.14	0.56	0.34
Rivestimento non omogeneo opaco	0	0	2	2	2	2	0.21	0.28	0.56	0.69
Indet. MD_DA_LO: rivestimento lucidato (omogeneo? Non omogeneo?) / acroma lisciata	0	0	1	1	1	1	0.11	0.14	0.28	0.34
MD_DD_LO: rivestimento non omogeneo lucidato / dipinta monocroma	1	1	0	0	1	1	0.11	0.14	0.28	0.34
MD_ID_OO: incisa senza rivestimento / rivestimento omogeneo opaco	1	1	0	0	1	1	0.11	0.14	0.28	0.34
MD_DA_OO: rivestimento non omogeneo opaco / acroma lisciata	0	0	1	1	1	1	0.11	0.14	0.28	0.34
Indet: incisa e impressa con/senza rivestimento	0	0	1	1	1	1	0.11	0.14	0.28	0.34
Incisa e impressa con rivestimento omogeneo lucidato	1	1	0	0	1	1	0.11	0.14	0.28	0.34
Indet: incisa con rivestimento lucidato/opaco	0	0	1	1	1	1	0.11	0.14	0.28	0.34
Indet: Incisa con rivestimento lucidato (omogeneo? Non omogeneo?)	0	0	1	1	1	1	0.11	0.14	0.28	0.34
Totale	37	69	253	288	290	357	37.90	40.11	100.00	100.00

Stat. 2.3: Dati quantitativi delle ceramiche decorate in %. Ordinamento dall'alto verso il basso in base al numero di frammenti totali (verde chiaro: ceramiche dipinte; verde scuro: ceramiche incise e/o impresse; arancione chiaro e scuro: superfici lisciate; viola chiaro e scuro: superfici lucidate; azzurro: superfici lucidate e lisciate; bianco: indeterminate rispetto al trattamento di superficie).

In combinazione con superfici acrome lisciate, inoltre (MD_DA_OO):

- rivestimento omogeneo opaco / acroma lisciata
- indet: a rivestimento opaco, (omogeneo? Non omogeneo?) / acroma lisciata
- rivestimento non omogeneo opaco / acroma lisciata.

In combinazione con decorazioni lineari dipinte, infine (MD_DD_OO):

- rivestimento omogeneo opaco / dipinta monocroma.

Con decorazioni dipinte (superfici lucidate)					
Records	Frammenti	%fr	%records	**%fr delle decorate**	**%rec delle decorate**
32	37	3.93	4.43	10.36	11.03
Con decorazioni incise e/o impresse (superfici lucidate)					
Records	Frammenti	%fr	%records	**%fr delle decorate**	**%rec delle decorate**
10	10	1.06	1.38	2.80	3.45
Con decorazioni dipinte (superfici lisciate / lucidate)					
Records	Frammenti	%fr	%records	**%fr delle decorate**	**%rec delle decorate**
6	7	0.74	0.83	1.96	2.07
Con decorazioni incise e /o impresse (superfici lisciate / lucidate)					
Records	Frammenti	%fr	%records	**%fr delle decorate**	**%rec delle decorate**
0	0	0	0	0	0
Con decorazioni dipinte (superfici lisciate)					
Records	Frammenti	%fr	%records	**%fr delle decorate**	**%rec delle decorate**
215	260	27.60	29.74	72.83	74.14
Con decorazioni incise e/o impresse (superfici lisciate)					
Records	Frammenti	%fr	%records	**%fr delle decorate**	**%rec delle decorate**
21	37	3.93	2.90	10.36	7.24
Con decorazioni (trattamento di superficie indeterminato: lucidato/lisciato) [Indet: resti di colore opaco o lucidato / Incisa con rivestimento lucidato/opaco?]					
Records	Frammenti	%fr	%records	**%fr delle decorate**	**%rec delle decorate**
5	5	0.53	0.69	1.40	1.72
1	1	0.11	0.14	0.28	0.34
6	6	0.64	0.83	1.68	2.07

Stat. 2.5 sulla base di stat. 2.3.

Rispetto a quanto visto all'interno del riempimento di VIII–VII sec. a.C., predominato da ceramiche decorate *con decorazioni dipinte* ma con superfici lucidate, le attestazioni di queste tipologie di ceramiche all'interno di questo strato dell'ultimo quarto del VII – primo quarto del VI sec. a.C. viene completamente stravolta attestando pressoché unicamente ceramiche con trattamenti di superficie lisciati (calcolando anche le attestazioni di dipinta monocroma, stat. 2.5 [arancione chiaro]: 260 fr.; 215 rec; 72.83%fr. delle decorate; 74.14%rec delle decorate).

Da notare è che sostanzialmente le tecniche decorative non differiscono da quanto attestato nel contesto cronologicamente precedente: decorazioni lineari esistevano già, ma con trattamento della superficie lucidata; rivestimenti omogenei, ma *a stralucido*, altrettanto; decorazioni *piumate* o *a flabelli* o *a pennellate discontinue* denominati in questo volume come *rivestimenti non omogenei* medesimamente. Quanto sembra cambiare nel corso del tempo è il trattamento di superficie lisciato delle morfologie, attestanti così un effetto opaco degli apporti delle miscele di ocre argillose. La tecnica fu utilizzata sia a scopi decorativi, sia, come in seguito presentato, funzionali. Quanto varia è, forse, il gusto della committenza prediligente degli effetti opachi all'occhio rispetto a quanto visto per secoli con superfici brillanti.

Una piccola percentuale di materiale attesta ancora superfici lucidate in combinazione con l'apporto di miscele di ocre argillose rosse, riferibili a quanto comunemente definito *a stralucido* o *ceramica piumata*, rappresentate da reperti (statt. 2.3; 2.5 [viola chiaro]):

- indet: rivestimento lucidato (omogeneo? non omogeneo?)
- rivestimento non omogeneo lucidato
- rivestimento omogeneo lucidato (striature sottili)
- rivestimento omogeneo lucidato.

Nuovamente sono attestate delle decorazioni dipinte con la presenza di trattamenti di superficie diversificate, da un lato lisciate, dall'altro lucidate rappresentate da (statt. 2.3; 2.5 [azzurro] MD_LO):
- rivestimento non omogeneo lucidato / acroma lisciata
- indet: rivestimento omogeneo lucidato (striature sottili(?)) / acroma lisciata
- indet: rivestimento lucidato (omogeneo? Non omogeneo?) / acroma lisciata
- rivestimento non omogeneo lucidato / dipinta monocroma.

Interessante è notare in questo caso la presenza di un unico frammento riferibile ad una combinazione tra le ceramiche *piumate* e quelle *dipinte opache geometriche* rispetto all'alta attestazione di questa combinazione nel riempimento del VIII–VII sec. a.C.

Infine, indeterminate per quanto riguarda il trattamento di superficie in combinazione con resti di colore (stat. 2.3 [bianco in alto]):
- indet: resti di colore opaco o lucidato.

3.3.2.3.1.1 Morfologie attestate dai reperti con decorazioni dipinte

Inizialmente verranno presentate le morfologie attestate dai reperti con decorazioni e trattamenti di superficie lisciate, in seguito quelle lucidate e infine quelle a trattamento di superficie diversificato.

Con superfici lisciate:

Dipinta monocroma:
- coppe/scodelle (**247**)
- scodelle (**249**)
- coppe d'imitazione (**407. 409**)
- brocche (**538. 679**)
- anfore/idrie (**573–575**)
- chiuse di grandi dimensioni (verosimilmente dei pithoi).

Dipinta monocroma ; decorazione lineare opaca (-):
- anfore/idrie (**576**).

In questi casi è importante notare l'assenza di bacini adibiti alla preparazione e servizio di alimenti, coperti funzionalmente dalle forme acrome. Oltre alle forme da stoccaggio di grandi dimensioni, come i pithoi, risalta la presenza di morfologie da tavola. Le forme da stoccaggio per liquidi come, ad esempio, le anfore/idrie – assenti nelle morfologie acrome – sembrano essere coperte in questa fase dalle ceramiche a decorazione lineare dipinta.

Indet: linee (dipinta?) o rivestimento opaco?:
- forme aperte di piccole-medie dimensioni (coppe/scodelle? Scodelle?)
- forme aperte di medie-grandi dimensioni (bacini?)
- forme chiuse di piccole-medie dimensioni (brocche?)
- forme chiuse di medie-grandi dimensioni (anfore/idrie?)
- pithoi.

Rivestimento omogeneo opaco:
- bacini / scodelloni / mortai (**176**)
- scodelle (**245**)
- forme aperte di piccole-medie dimensioni
- forme chiuse di medie-grandi dimensioni (anfore/idrie?).

Si ripresentano le attestazioni di bacini in relazione a rivestimenti a scopo funzionali delle forme.

Rivestimento non omogeneo opaco:
- forme aperte di medie dimensioni.

Indet: rivestimento opaco (omogeneo? non omogeneo?):
- forme aperte di piccole-medie dimensioni (coppe/scodelle? Scodelle?)
- forme chiuse di medie dimensioni (brocche?).

Le stesse tecniche decorative in combinazione con superfici acrome sono attestate da:

Rivestimento omogeneo opaco / acroma lisciata:
- forme aperte carenate di piccole-medie dimensioni (coppe/scodelle? Scodelle?)
- bacini.

Rivestimento non omogeneo opaco / acroma lisciata:
- forme aperte di piccole-medie dimensioni (scodelle?).

Indet: rivestimento opaco (omogeneo, non omogeneo?) / acroma lisciata:
- forme aperte di medie-grandi dimensioni (bacini?).

Interessante è notare in tutti e tre i casi la presenza del rivestimento omogeneo sulle superfici esterne e non, come attestato dal riempimento di VIII–VII sec. a.C., all'interno delle forme. In questo senso sembra che l'apporto di miscele di ocre argillose non fu apportato a scopo funzionale di impermeabilizzazione della forma, bensì a scopo decorativo.

Con molteplici decorazioni: rivestimento omogeneo opaco / dipinta monocroma:
- forme aperte carenate di piccole-medie dimensioni (coppe/scodelle? Scodelle?) (**895**).

Seppure non ritrovato nei magazzini, il reperto **895** attesta, secondo la documentazione fotografica, l'esempio più antico, all'interno dei materiali considerati di combinazioni funzionali e decorative sulla stessa forma aperta: all'interno un rivestimento omogeneo con trattamento della superficie lisciata e all'esterno l'attestazione di una decorazione lineare in dipinta monocroma. La combinazione sarà attestata sempre più frequentemente all'interno dei contesti di datazione più recente.

Con superfici lucidate:

Rivestimento non omogeneo lucidato:
- forme chiuse di piccole-medie dimensioni (brocche?) (**887**).

Rivestimento omogeneo lucidato:
- brocche trilobate (**886**).

Rivestimento omogeneo lucidato (striature sottili):
- forme aperte di piccole-medie dimensioni (coppe/scodelle? Scodelle?)
- forme chiuse di piccole-medie dimensioni (brocche? Anfore/idrie?).

Indet: rivestimento lucidato (omogeneo? non omogeneo):
- forme aperte di piccole-medie dimensioni (coppe/scodelle? Scodelle?)
- forme chiuse di piccole-medie dimensioni (brocche?).

Le morfologie dei pochi reperti attestanti ancora trattamenti di superfici lucidate non divergono, per quanto riguarda le morfologie, da quanto presente all'interno del riempimento di VIII–VII sec. a.C.

Con superfici sia lisciate sia lucidate (MD_LO):

Rivestimento non omogeneo lucidato / acroma lisciata:
- bacini / scodelloni / mortai (**889**).

Indet: rivestimento omogeneo lucidato (striature sottili (?)) / acroma lisciata:
- bacini.

Indet: rivestimento lucidato (omogeneo? Non omogeneo?) / acroma lisciata:
- bacini.

Rivestimento non omogeneo lucidato / dipinta monocroma:
- bacini / scodelloni (**174**).

Tutte le morfologie attestanti trattamenti di superficie diversificati sulla stessa forma corrispondono a dei bacini. Vista la presenza della lucidatura unicamente all'interno della forma, sembra che la diversificazione della tecnica fosse prettamente a scopo funzionale.

Indeterminati rispetto ai trattamenti di superficie

Indet: resti di colore opaco o lucidato:
- forme aperte di piccole-medie dimensioni (coppe/scodelle? Scodelle?)
- forme chiuse di piccole-medie dimensioni (brocche?).

3.3.2.3.2 Con decorazioni incise e/o impresse

Le attestazioni, oltre a quanto riferito per le ceramiche *con decorazioni dipinte,* sono seguite quantitativamente da quelle con tecniche incise e/o impresse, nettamente minori rispetto a quelle dipinte (stat. 2.4 [verde scuro]: 48 fr.; 32 rec; 13.45%fr. delle decorate; 11.03%rec delle decorate).

In questo contesto sembra variare, rispetto alle uguaglianze tra reperti decorati unicamente con incisioni oppure con incisioni e impressioni attestati nel riempimento di VIII–VII sec. a.C., il rapporto tra le tecniche decorative (stat. 2.7):
- unicamente a decorazione incisa: 38 fr.; 23 rec; 10.64%fr. delle decorate; 7.93%rec delle decorate.
- Unicamente a decorazione impressa: 2 fr.; 2 rec; 0.56%fr. delle decorate; 0.69%rec delle decorate.
- a decorazione incisa e impressa: 8 fr.; 7 rec; 2.24%fr. delle decorate; 2.41%rec delle decorate.

Con decorazioni incise					
Records	Frammenti	%fr	%records	**%fr delle decorate**	**%rec delle decorate**
23	38	4.03	3.18	10.64	7.93
Con decorazioni impresse					
Records	Frammenti	%fr	%records	**%fr delle decorate**	**%rec delle decorate**
2	2	0.21	0.28	0.56	0.69
Con decorazioni incise e impresse					
Records	Frammenti	%fr	%records	**%fr delle decorate**	**%rec delle decorate**
7	8	0.85	0.97	2.24	2.41

Stat. 2.7 sulla base di stat. 2.6.

Anche se attestati da pochi frammenti sembra predominare la tecnica unicamente ad incisione della ceramica rispetto a quella più impegnativa durante il processo di produzione con supplementare decorazione impressa.

Precisando anche in questo caso il trattamento di superficie attestato dai reperti è possibile osservare le stesse tendenze di quelle presentate dalle ceramiche *con decorazioni dipinte* (stat. 2.5 [arancione scuro / viola scuro]). Difatti 37 frammenti documentati in 21 unità (10.36%fr. delle decorate; 7.24%rec delle decorate) presentano combinazioni di tecniche incise e/o impresse con trattamenti di superficie lisciata rispetto a 10 frammenti documentati in 10 unità (2.80%fr. delle decorate; 3.45%rec delle decorate) con superfici lucidate.

Edificio Quartiere orientale, Vano Nord, Prima Fase (strato 5 + strato 6 piano di calpestio) Ceramiche decorate										
	Inv. Regolare		Inv. Interno		TOT					
	Record	Frammenti	Record	Frammenti	Record	Frammenti	%fr	%rec	%fr delle decorate	%rec delle decorate
Dipinta monocroma	14	23	140	159	154	182	19.32	21.30	50.98	53.10
Indet: linee (dipinta?) o rivestimento opaco?	0	0	34	40	34	40	4.25	4.70	11.20	11.72
Indet: rivestimento lucidato (omogeneo? Non omogeneo?)	0	0	17	22	17	22	2.34	2.35	6.16	5.86
Incisa senza rivestimento	4	17	4	4	8	21	2.23	1.11	5.88	2.76
Rivestimento omogeneo opaco	3	4	5	5	8	9	0.96	1.11	2.52	2.76
MD_DD_OO: rivestimento omogeneo opaco / dipinta monocroma	1	7	1	1	2	8	0.85	0.28	2.24	0.69
Incisa con rivestimento omogeneo opaco	0	0	6	8	6	8	0.85	0.83	2.24	2.07
Rivestimento non omogeneo lucidato	1	1	7	7	8	8	0.85	1.11	2.24	2.76
Indet: rivestimento opaco (omogeneo? Non omogeneo?)	0	0	6	7	6	7	0.74	0.83	1.96	2.07
MD_DA_OO: rivestimento omogeneo opaco / acroma lisciata	0	0	6	6	6	6	0.64	0.83	1.68	2.07
Indet: resti di colore opaco o lucidati	0	0	5	5	5	5	0.53	0.69	1.40	1.72
Incisa e impressa senza rivestimento	4	4	0	0	4	4	0.42	0.55	1.12	1.38
Rivestimento omogeneo lucidato (striature sottili)	0	0	4	4	4	4	0.42	0.55	1.12	1.38
MD_DA_LO: rivestimento non omogeneo lucidato / acroma lisciata	1	1	2	2	3	3	0.32	0.41	0.84	1.03
Incisa con rivestimento omogeneo lucidato (striature sottili)	2	2	1	1	3	3	0.32	0.41	0.84	1.03
Incisa con rivestimento omogeneo lucidato	1	1	2	2	3	3	0.32	0.41	0.84	1.03
Rivestimento omogeneo lucidato	1	1	2	2	3	3	0.32	0.41	0.84	1.03
Dipinta monocroma ; decorazione lineare opaca (-)	1	3	0	0	1	3	0.32	0.14	0.84	0.34
Indet. MD_DA_LO: rivestimento omogeneo lucidato (striature sottili (?)) / acroma lisciata	0	0	1	2	1	2	0.21	0.14	0.56	0.34
Indet. MD_DA_OO: rivestimento opaco (omogeneo? Non omogeneo?) / acroma lisciata	0	0	1	2	1	2	0.21	0.14	0.56	0.34
Indet: Impressa con rivestimento lucidato (omogeneo? Non omogeneo?)	0	0	2	2	2	2	0.21	0.28	0.56	0.69
Incisa e impressa con rivestimento opaco	1	2	0	0	1	2	0.21	0.14	0.56	0.34
Rivestimento non omogeneo opaco	0	0	2	2	2	2	0.21	0.28	0.56	0.69
Indet. MD_DA_LO: rivestimento lucidato (omogeneo? Non omogeneo?) / acroma lisciata	0	0	1	1	1	1	0.11	0.14	0.28	0.34
MD_DD_LO: rivestimento non omogeneo lucidato / dipinta monocroma	1	1	0	0	1	1	0.11	0.14	0.28	0.34
MD_ID_OO: incisa senza rivestimento / rivestimento omogeneo opaco	1	1	0	0	1	1	0.11	0.14	0.28	0.34
MD_DA_OO: rivestimento non omogeneo opaco / acroma lisciata	0	0	1	1	1	1	0.11	0.14	0.28	0.34
Indet: incisa e impressa con/senza rivestimento	0	0	1	1	1	1	0.11	0.14	0.28	0.34
Incisa e impressa con rivestimento omogeneo lucidato	1	1	0	0	1	1	0.11	0.14	0.28	0.34
Indet: incisa con rivestimento lucidato/opaco	0	0	1	1	1	1	0.11	0.14	0.28	0.34
Indet: Incisa con rivestimento lucidato (omogeneo? Non omogeneo?)	0	0	1	1	1	1	0.11	0.14	0.28	0.34
Totale	37	69	253	288	290	357	37.90	40.11	100.00	100.00

Stat. 2.6: Verde chiaro: a decorazione unicamente incisa; Verde scuro: a decorazione incisa e impressa. Azzurro: ceramiche incise e/o impresse con rivestimento; Blu medio: senza rivestimento; Blu scuro: indeterminate rispetto all'attestazione del rivestimento.

Osservando inoltre, oltre al trattamento di superficie, la combinazione tra le decorazioni incise e/o impresse e la presenza, o meno, di un rivestimento appaiono nuovi dati rispetto a quanto visto per il riempimento di VIII–VII sec. a.C. (stat. 2.8): 21 frammenti documentati in 18 unità (5.88%fr. delle decorate; 6.21%rec delle decorate) attestano la combinazione di decorazioni incise e/o impresse con la supplementare attestazione di un rivestimento. Gli altri 26 frammenti documentati in 13 unità (7.28%fr. delle decorate; 4.48%rec delle decorate) invece la mancanza di questo processo supplementare nella produzione. Un frammento (1 rec; 0.28%fr. delle decorate; 0.34%rec delle decorate) resta indeterminato se presentante un rivestimento o meno in combinazione con la decorazione incisa e impressa. I valori in questo caso sembrano uguagliarsi nelle attestazioni rispetto alla netta maggioranza di attestazioni con rivestimento all'interno del riempimento di VIII–VII sec. a.C.

Decorazioni incise e/o impresse con supplementare rivestimento					
Records	Frammenti	%fr	%records	%fr delle decorate	%rec delle decorate
18	21	2.23	2.49	5.88	6.21
Decorazioni incise e/o impresse senza rivestimento [in combinazione diretta fra di loro sullo stesso lato del vaso]					
Records	Frammenti	%fr	%records	%fr delle decorate	%rec delle decorate
13	26	2.76	1.80	7.28	4.48
Decorazioni incise e impresse, indeterminate rispetto all'attestazione del rivestimento [Incisa e impressa con/senza rivestimento]					
Records	Frammenti	%fr	%records	%fr delle decorate	%rec delle decorate
1	1	0.11	0.14	0.28	0.34

Stat. 2.8 sulla base di stat. 2.6.

Infine, osservando l'attestazione o meno di rivestimento in combinazione con le decorazioni incise e/o impresse, con il supplementare dato del trattamento delle superfici, è possibile notare che le decorazioni incise e/o impresse con rivestimento sono pressoché uguali tra quelle a superficie lisciata e quelle a superficie lucidata (stat. 2.9): 10 frammenti documentati in 7 records con rivestimento e superficie lisciata (2.8%fr. delle decorate; 2.41%rec delle decorate[998]); 10 frammenti documentati in 10 records (2.80%fr. delle decorate; 3.45%rec delle decorate[999]).

Decorazioni incise e/o impresse con rivestimento: superficie lisciata					
Records	Frammenti	%fr	%records	%fr delle decorate	%rec delle decorate
7	10	1.06	0.97	2.80	2.41
Decorazioni incise e/o impresse con rivestimento: superficie lucidata					
Records	Frammenti	%fr	%records	%fr delle decorate	%rec delle decorate
10	10	1.06	1.38	2.80	3.45
Indeterminati rispetto all'attestazione del trattamento della superficie Incisa con rivestimento: superficie lisciata? Superficie lucidata?					
Records	Frammenti	%fr	%records	%fr delle decorate	%rec delle decorate
1	1	0.11	0.14	0.28	0.34

Stat. 2.9: Dati quantitativi delle ceramiche incise e/o impresse in rapporto alla presenza di rivestimento e al trattamento di superficie.

Tutt'altro invece è attestato dai dati provenienti dal riempimento di VIII–VII sec. a.C. riportanti, invece, la netta maggioranza del materiale con decorazioni incise e/o impresse e rivestimento con superfici lucidate, mentre in rapporto pochissimi frammenti presentavano un rivestimento a superficie lisciata.

Riassumendo quanto visto sulla base dei reperti con decorazioni incise e/o impresse è possibile notare la loro scomparsa quantitativa rispetto a tutte le ceramiche con decorazioni dipinte. Per quanto riguarda i trattamenti di superfici è visibile la tendenza delle

998 Formati da: incisa con rivestimento omogeneo opaco; incisa e impressa con rivestimento omogeneo opaco. Cfr. stat. 2.6.

999 Formati da: incisa con rivestimento omogeneo lucidato (striature sottili); incisa con rivestimento omogeneo lucidato; indet: impressa con rivestimento lucidato (omogeneo? Non omogeneo?); incisa e impressa con rivestimento omogeneo lucidato; indet: incisa con rivestimento lucidato (omogeneo? Non omogeneo?). Cfr. stat. 2.6.

attestazioni con decorazioni incise e/o impresse in combinazioni con trattamenti della superficie lisciate, diversamente da quanto attestato nel contesto di VIII–VII sec. a.C. Diminuiscono le attestazioni di combinazioni incise e/o impresse attestanti rivestimenti, mostranti piuttosto un'uguaglianza tra reperti con e senza rivestimento supplementare. Parallelamente si uguagliano i valori tra i reperti con rivestimenti supplementari, attestanti qui sia superfici lisciate che lucidate. Infine, sembrano diminuire le decorazioni ad impressione, e di conseguenza, il processo supplementare necessario per la loro produzione, prediligendo una decorazione unicamente incisa.

3.3.2.3.2.1 Morfologie attestate dai reperti con decorazioni incise e/o impresse

Con superfici lisciate:

Incisa senza rivestimento:
- scodelle (**243**)
- forme chiuse di piccole-medie dimensioni (brocche?) (**537. 891**)
- forme chiuse di medie-grandi dimensioni (anfore/idrie?)
- pithoi (**720**).

Incisa con rivestimento omogeneo opaco:
- scodelle.

Incisa senza rivestimento / rivestimento omogeneo opaco:
- scodelle (**242**).

In questo caso (**242**) il rivestimento si trova all'interno della forma, verosimilmente a scopo funzionale. La superficie esterna seppure decorata a solchi incisi orizzontali non mostra un ulteriore rivestimento a scopo decorativo.

Incisa e impressa senza rivestimento:
- forme chiuse di medie-grandi dimensioni (brocche? Anfore/idrie?) (**890. 892–894**).

Le forme attestano superfici maggiori permettenti, oltre alla decorazione ad incisione, la supplementare decorazione impressa.

Incisa e impressa con rivestimento omogeneo opaco:
- Forme chiuse da stoccaggio (**680**).

Indet: incisa e impressa con/senza rivestimento:
- indeterminate.

Con superfici lucidate:

Incisa con rivestimento omogeneo lucidato (striature sottili):
- scodelle / fruttiere (**888**)
- forme da stoccaggio (**632**).

Incisa con rivestimento omogeneo lucidato:
- scodelle (**250**).

Indet: incisa con rivestimento lucidato (omogeneo? Non omogeneo?):
- forme chiuse di piccole-medie dimensioni (brocche?).

Indet: Impressa con rivestimento lucidato (omogeneo? Non omogeneo?):
- forme aperte di piccole-medie dimensioni (coppe/scodelle? Scodelle?).

Incisa e impressa con rivestimento omogeneo lucidato:
- forme da stoccaggio (**629**).

Indet: incisa con rivestimento lucidato / opaco:
- forme aperte di piccole-medie dimensioni (coppe/scodelle? Scodelle?).

Le morfologie attestate dalle ceramiche con rivestimenti lucidati e decorazioni incise e/o impresse, ampiamente presenti nel riempimento di VIII–VII sec. a.C., sono adibite, in questa fase, allo stoccaggio, al servizio e al consumo di alimenti.

3.3.2.3.3 Conclusioni rispetto alle ceramiche decorate

La complessità di modalità decorative diverse, in combinazione con trattamenti di superficie diversificati, diminuisce drasticamente all'interno dello strato dell'ultimo quarto del VII – primo quarto del VI sec. a.C. (stat. 2.10).

Con decorazioni dipinte					
Con decorazioni incise e/o impresse					
A superfici lucidate					
Records	Frammenti	%fr	%records	**%fr delle decorate**	**%rec delle decorate**
42	47	4.99	5.81	13.17	14.48
A superfici lisciate					
Records	Frammenti	%fr	%records	**%fr delle decorate**	**%rec delle decorate**
236	297	31.53	32.64	83.19	81.38
A superficie lisciate e lucidate					
Records	Frammenti	%fr	%records	**%fr delle decorate**	**%rec delle decorate**
6	7	0.74	0.83	1.96	2.07
Indeterminate rispetto al trattamento di superficie					
Records	Frammenti	%fr	%records	**%fr delle decorate**	**%rec delle decorate**
6	6	0.64	0.83	1.68	2.07

Stat. 2.10: Dati quantitativi rispetto ai trattamenti di superficie attestati sulle ceramiche decorate sulla base di stat. 2.3.

I trattamenti di superficie attestati sia dalle ceramiche acrome, ma anche dalle ceramiche decorate, sono predominantemente lisciati. I reperti a superficie lucidata sono tuttavia ancora presenti, seppure attestati da un minor numero di morfologie. Le diverse sfere funzionali, rappresentate pressoché unicamente da reperti a superfici lucidate all'interno del riempimento di VIII–VII sec. a.C. vengono pressoché completamente sostituite da materiali attestanti superfici lisciate, risultanti diverse all'occhio della committenza a causa dell'effetto opaco delle miscele di ocre argillose rosse. Appaiono le prime combinazioni a scopo funzionale / decorativo altrimenti definite dalla ricerca *ceramiche bicrome* con superficie lisciata, ancora mancanti all'interno del riempimento di VIII–VII sec. a.C. Quanto cambia rispetto ai materiali *indigeni* cronologicamente precedenti non sono propriamente le tecniche decorative attestate, nel senso della modalità di stesura *piumata, a flabelli*, a rivestimento omogeneo o a decorazioni incise e impresse ma, vista la variazione attestata nei trattamenti della superficie, gli effetti opachi o brillanti visibili. Ugualmente, sembrano diminuire le combinazioni con rivestimenti colorati esterni alle forme, sempre più predominati da superfici acrome oppure a decorazioni lineari. Scompaiono le morfologie precedentemente attestate come i vasi su alti piedi, fatta eccezione per un unico frammento ev. di fruttiera (**888**), gli askoi, i vasi da mescita e le attestazioni di possibili forme potorie di tradizione morfologica *indigena*. Questa diminuzione viene, apparentemente già in questa fase, sostituita da vasi d'importazione o imitazione. Appaiono, difatti, anche materiali a decorazione dipinta monocroma imitanti le morfologie di importazione (**407**).

3.3.2.4 Materiali di varia funzione

All'interno dei materiali di varia funzione (statt. 2.1–2.2 [marrone]: 1.91%fr.; 2.49%) confluiscono due campioni di carbone, elencati per rigore di completezza dei materiali conservati del contesto, 15 reperti geologici, in parte verosimilmente interpretabili come strumenti litici, e, infine, una fusaiola.

Fusaiola 844

Seppure unicamente attestata in stato frammentario è stato possibile identificare una fusaiola con foro verticale centrale (**844**). Si tratta, all'attuale stato della ricerca, della più antica attestazione proveniente da contesti chiusi di Monte Iato attestante un'attività di lavorazione tessile.

3.3.2.5 Reperti indeterminati

In questo contesto i reperti indeterminati fittili sono rappresentati unicamente dalla presenza di una scheggia di piccole dimensioni (statt. 2.1–2.2 [bianco]: 0.11%fr.; 0.14%rec).

3.3.2.6 Inquadramento cronologico del contesto sulla base dei reperti *indigeni*

Quanto analizzato sulla base dei reperti datanti, indicanti una verosimile sovrapposizione cronologica fra i reperti provenienti dal riempimento di VIII–VII sec. a.C. ritrovato ad est della casa a peristilio I e il presente strato di prima fase dell'edificio del quartiere orientale, sembra confermarsi anche sulla base dei materiali *indigeni*. Seppure siano presenti cambiamenti nelle morfologie, nei rapporti proporzionali delle tecniche decorative utilizzate, nei trattamenti di superfici e nelle combinazioni fra le molteplici decorazioni attestate, sono tuttavia presenti reperti delle stesse morfologie, attestanti le stesse tecniche di lavorazione, in entrambi i contesti.

3.3.3 Quartiere orientale – Seconda fase (t.a.q. verso il 540 a.C.)

La seconda fase dell'edificio del quartiere orientale si tratta dello strato di vita collocato sopra un piano di calpestio sigillante i suddetti materiali di prima fase (appendice B.1, strato 7). Il contesto risulta sigillato da due strati di terreno presentanti la maggior parte del materiale di epoca arcaica, seppure, in parte, minimamente disturbati dai rimaneggiamenti di epoca ellenistico-romana adibiti alla costruzione della casa a peristilio soprastante (appendice B.1, strati 8–9). I materiali datanti indicano un utilizzo dell'edificio di seconda fase (strato 7) tra ca. il 570 e il 540 a.C. In questo contesto è verosimile l'attestazione di materiali *indigeni* in utilizzo unicamente durante questo breve lasso di tempo.

Analisi statistiche

Il totale di frammenti provenienti dallo strato di seconda fase ammonta a 1144 documentati in 884 unità. La documentazione è stata effettuata grazie alla distinzione di 94 individui inventariati formati da 242 frammenti, sicuramente attestanti 94 reperti diversi (*Inventario regolare*). I restanti 902 frammenti sono stati documentati in 790 records. In questo caso la loro attribuzione a individui diversi è incerta *(Inventario interno)*. Vista la natura del contesto come strato di vita è stato possibile identificare più frammenti combacianti riferibili agli stessi individui. Per queste ragioni le seguenti statistiche saranno presentate sia in % di frammenti sia in % di records visto il peso statistico nettamente diverso per alcune osservazioni (stat. 3.1).

In percentuale di frammenti (stat. 3.2) prevale all'interno delle associazioni, nuovamente, nettamente la quantità di ceramica acroma (44.58%; 510 fr.) seguita in questo contesto dalle ceramiche decorate (35.23%; 403 fr.) e solo successivamente dalle forme e utensili adibiti alla cottura di alimenti (14.51%; 166 fr.). Gli andamenti statistici rispecchiano integralmente quanto attestato nella prima fase dello stesso edificio. Sia le ceramiche d'importazione (3.23%; 37 fr.) che quelle d'i-

Suddivisione dei materiali	Edificio Quartiere orientale, Vano Nord, seconda fase (Strato 7)							
	Inv. Regolare		Inv. Interno		Tot			
	Record	Frammenti	Record	Frammenti	Record	Frammenti	%fr	%rec
Acroma lisciata	16	82	366	411	382	493	43.09	43.21
Dipinta monocroma	32	69	176	214	208	283	24.74	23.53
Fuoco modellate a mano	2	2	113	133	115	135	11.80	13.01
Importazioni allotrie all'isola	6	37	0	0	6	37	3.23	0.68
Incisa senza rivestimento	6	11	11	12	17	23	2.01	1.92
Indet: linee (dipinta?) o rivestimento opaco?	1	1	20	21	21	22	1.92	2.38
Acroma indet.	0	0	16	17	16	17	1.49	1.81
Produzioni regio-coloniali	11	12	4	4	15	16	1.40	1.70
Fittili: Sostegni	3	4	6	8	9	12	1.05	1.02
Rivestimento omogeneo opaco	2	3	9	10	11	13	1.14	1.24
MD_DA_OO: rivestimento omogeneo opaco / acroma lisciata	0	0	11	11	11	11	0.96	1.24
Geologico: strumenti litici (?)	1	1	9	9	10	10	0.87	1.13
Impasto / acroma (scodelloni da cucina)	0	0	9	9	9	9	0.79	1.02
Dipinta monocroma; decorazione lineare opaca (-)	2	6	0	0	2	6	0.52	0.23
Incisa e impressa senza rivestimento	3	5	1	1	4	6	0.52	0.45
Indet: incisa e impressa con/senza rivestimento	0	0	2	4	2	4	0.35	0.23
Indet: Incisa con rivestimento lucidato (omogeneo? Non omogeneo?)	0	0	4	4	4	4	0.35	0.45
Indet: rivestimento opaco (omogeneo? Non omogeneo)	0	0	4	4	4	4	0.35	0.45
Indet: rivestimento lucidato (omogeneo? Non omogeneo?)	0	0	4	4	4	4	0.35	0.45
Rivestimento omogeneo lucidato	2	2	2	2	4	4	0.35	0.45
Indet: fuoco e cucina	0	0	4	4	4	4	0.35	0.45
Fittili: Piastre fittili	0	0	2	3	2	3	0.26	0.23
Incisa con rivestimento omogeneo lucidato	0	0	3	3	3	3	0.26	0.34
Indet. MD_DA_OO: rivestimento opaco (omogeneo? Non omogeneo?) / acroma lisciata	0	0	2	2	2	2	0.17	0.23
Indet: resti di colore opachi o lucidati	0	0	2	2	2	2	0.17	0.23
Dipinta bicroma	2	2	0	0	2	2	0.17	0.23
Cucina tornita	1	1	1	1	2	2	0.17	0.23
Metalli: bronzo	1	1	0	0	1	1	0.09	0.11
Indeterminati in generale	0	0	1	1	1	1	0.09	0.11
Indet. MD_DD_OL: linee (dipinta?) o rivestimento opaco? / decorazione lineare lucidata (+)	0	0	1	1	1	1	0.09	0.11
MD_ID_OL: incisa senza rivestimento / rivestimento omogeneo lucidato	1	1	0	0	1	1	0.09	0.11
MD_IDA_OO: incisa senza rivestimento ; dipinta bicroma / acroma lisciata	1	1	0	0	1	1	0.09	0.11
Indet: Incisa e impressa con rivestimento lucidato (omogeneo? Non omogeneo?)	0	0	1	1	1	1	0.09	0.11
Incisa e impressa con rivestimento omogeneo lucidato	1	1	0	0	1	1	0.09	0.11
Indet: incisa con/senza rivestimento	0	0	1	1	1	1	0.09	0.11
Indet: incisa con rivestimento opaco o con decorazione lineare opaca (dipinta)?	0	0	1	1	1	1	0.09	0.11
Incisa con rivestimento omogeneo opaco	0	0	1	1	1	1	0.09	0.11
Decorazione lineare lucidata (+)	0	0	1	1	1	1	0.09	0.11
Rivestimento omogeneo lucidato (striature sottili)	0	0	1	1	1	1	0.09	0.11
Indet: cucina tornita	0	0	1	1	1	1	0.09	0.11
TOTALE	94	242	790	902	884	1144	100	100

Stat. 3.1: Dati quantitativi totali dei reperti. Ordinamento dall'alto verso il basso in base al numero di frammenti totali. (azzurro: ceramiche acrome; arancione: vasellame e utensili adibiti alla cottura di alimenti; verde: ceramiche decorate; marrone: materiali di varia funzione; bianco: indeterminati).

mitazione regio-coloniali (1.40%; 16 fr.)[1000] aumentano in percentuali di frammenti rispetto a quanto attestato all'interno della prima fase. Una piccola percentuale è attestata da materiali di varia funzione e natura (0.96%; 11 fr.) e reperti fittili indeterminati (0.09%; 1 fr.).

Leggermente variata risulta l'analisi del contesto se eseguita in percentuali di unità riconosciute (records; stat. 3.2): ceramiche acrome (45.02%; 398 records); ceramiche decorate (35.18%; 311 records); forme e utensili adibiti alla cottura di alimenti (16.06%; 142 records); materiali di varia funzione e natura (1.24%; 11 records); ceramiche d'importazione (0.68%; 6 records); ceramiche regio-coloniali (1.70%; 15 records); reperti fittili indeterminati (0.11%; 11 records).

Fra i materiali *indigeni*, seppure la distribuzione resti tendenzialmente la stessa, aumentano le attestazioni di forme e utensili adibiti alla cottura di alimenti rispetto a quanto attestato all'interno della prima fase. Analogamente a quanto osservato precedentemente anche in questo caso le ceramiche d'importazione e imitazioni regio-coloniali perdono nettamente di importanza rispetto ai materiali altrimenti attestati se calcolati in unità. Opposti, in questo caso, i rapporti tra le ceramiche d'importazione e imitazione regio-coloniale: quelle d'importazioni predominanti se calcolati in frammenti; quelle regio-coloniali predominanti se calcolate in records.

Ceramica acroma *(acroma lisciata / acroma indeterminata)*				
	Records	Frammenti	%fr	%rec
	398	510	44.58	45.02
Adibiti alla cottura di alimenti *(da fuoco modellata a mano / indet: da fuoco modellato a mano / da fuoco modellata al tornio / da cucina tornita / impasto - scodelloni da fuoco / sostegni fittili / piastre fittili)*				
	Records	Frammenti	%fr	%records
	142	166	14.51	16.06
Ceramiche decorate (con decorazioni dipinte / con decorazioni incise e/o impresse / con molteplici decorazioni)				
Con decorazioni dipinte	Con decorazioni incise e/o impresse			
	Records	Frammenti	%fr	%records
	311	403	35.23	35.18
Materiali di varia funzione				
	Records	Frammenti	%fr	%records
Geologico: *strumenti litici (?)*	10	10	0.87	1.13
Metalli: *bronzo*	1	1	0.09	0.11
	11	11	0.96	1.24
Indeterminati				
	Records	Frammenti	%fr	%records
	1	1	0.09	0.11
Totale ceramiche allotrie (d'importazione + regio-coloniali)				
	Records	Frammenti	%fr	%records
Ceramiche d'importazione	6	37	3.23	0.68
Ceramiche regio-coloniali	15	16	1.4	1.7
	21	53	4.63	2.38

Stat. 3.2: Suddivisione dei materiali sulla base di stat. 3.1.

In entrambe le varianti statistiche equivale la maggiore presenza di ceramiche acrome seguite da quelle decorate e in terza posizione da quelle adibite alla cottura di alimenti. La successione, integralmente comparabile con quanto già osservato all'interno delle associazioni di prima fase dello stesso vano dell'edificio, riconferma la presenza di ceramiche ad uso di cottura conservate all'interno del vano settentrionale, seppure il focolare sia attestato nel vano meridio-

1000 Ceramiche verosimilmente d'importazione allotrie all'isola e imitazioni regio-coloniali a vernice ammontano correlate al 4.63% dei materiali (53 fr.).

nale. Seppure all'interno dei reperti di prima fase vi fu una pressoché parità di materiali acromi e decorati all'interno dello strato (stat. 2.2), sembra verificarsi nuovamente una distribuzione più logica da un punto di vista produttivo delle morfologie, attestanti in questo strato una maggioranza di ceramiche acrome rispetto a quelle decorate. Seppure si debba tenere presente la forte erosione degli strati di entrambe le fasi verso sud – dunque la perdita di importanti informazioni riguardo agli inventari – le quantità statistiche fra le due fasi distinte risultano essere tuttavia comparabili.

Se all'interno del contesto di prima fase i reperti d'importazione e di produzione regio-coloniale risultino paritari, aumentano nella seconda fase le attestazioni di reperti in ceramiche regio-coloniali. Questo dato potrebbe essere correlato in generale ad un aumento delle produzioni d'imitazioni nella prima metà del VI sec. a.C. trovanti ugualmente maggiori attestazioni all'interno dei contesti *indigeni*. A partire da questa fase, dunque, potrebbe essere possibile individuare anche livelli di ceti sociali diversificati: gli *household* che potevano permettersi materiali d'importazione; altri che o prediligevano materiali d'imitazioni regio-coloniali oppure che non potevano permettersi i reperti d'importazione allotri all'isola, verosimilmente smerciati in primo luogo dalle colonie presenti lungo le coste.

3.3.3.1 Ceramiche acrome

Le ceramiche acrome sono attestate da 510 frammenti documentati in 398 records (statt. 3.1–3.2 [azzurro]: 44.58%fr.; 45.02%rec dei materiali totali). Oltre ai 17 frammenti indeterminati per quanto riguarda il trattamento di superficie, documentati in 16 records (1.49%fr.; 1.81%rec dei materiali totali), i restanti 493 frammenti (382 record; 43.09%fr.; 43.21%rec) presentano superfici lisciate. Completamente assenti le attestazioni di ceramiche acrome con superfici lucidate.

Le morfologie attestate dai reperti in ceramica acroma sono riferibili a:

- bacini / scodelloni / mortai (**177**)
- scodelle (**253–255. 267**)
- coppe / scodelle (**260. 268**)
- forme chiuse di medie dimensioni da stoccaggio (orcioli / olle) (**633–634. 682–683**)
- pithoi (**721–722. 725**).

Rispetto a quanto attestato dai materiali di prima fase dell'edificio scompaiono le morfologie in ceramica acroma destinate ad un uso esclusivamente potorio. Mancano – come già attestato dalla prima fase – le forme da stoccaggio per liquidi come le anfore/idrie, le forme da servizio di bevande come le brocche così come forme per lo stoccaggio di effetti personali. Ben attestate sono le morfologie adibite alla preparazione e al consumo di alimenti (bacini / scodelloni; scodelle). Infine, adibiti verosimilmente allo stoccaggio di alimenti aridi vi sono delle forme di medio-grandi dimensioni riferibili a degli orcioli / olle oppure quelle di grandi dimensioni come i pithoi. All'interno del vano settentrionale è attestata con sicurezza la presenza di due pithoi di grandi dimensioni (**721–722**). Incerta, ma molto probabile, è infine l'attestazione di un terzo pithos a decorazione lineare dipinta rappresentato da **723–724**.

3.3.3.2 Ceramiche e reperti fittili adibiti alla cottura di alimenti

I reperti adibiti alla cottura di alimenti (statt. 3.1–3.2 [arancione]) sono suddivisi in 135 frammenti (11.80%fr.; 115 records 13.01%rec dei materiali totali) di vasellame da fuoco modellato a mano. Ulteriori 4 frammenti (0.35%fr.; 4 records 0.45%rec) sono indeterminati, ma gli impasti sono riferibili alle morfologie da fuoco. Riappare l'attestazione di due frammenti (0.17%fr.; 2 records; 0.23%rec) e un ulteriore frammento indeterminato (0.09%fr.; 1 record; 0.11%rec) con impasti riferibili alle produzioni di ceramiche da fuoco eseguite al tornio (impasti FT). Le attestazioni di unicamente tre frammenti di parete di piccole dimensioni all'interno dello strato non indicano prettamente l'utilizzo di queste morfologie durante questa fase. Queste potrebbero anche trattarsi di materiali finiti come smaganti all'interno degli alzati verosimilmente in argilla dell'edificio successivamente ritrovati nell'interfaccia con gli strati soprastanti il crollo della struttura. Gli scodelloni da cucina con tracce di fuliggine o utilizzo su fuoco sono attestati da 9 frammenti (0.79%fr.; 9 records; 1.02%rec). I reperti fittili adibiti alla cottura degli alimenti sono attestati sia da sostegni (**825**) (12 fr.; 1.05%fr.; 9 records; 1.02%rec dei materiali totali) e da tre frammenti riferibili a delle piastre fittili (0.26%fr.; 2 records; 0.23%rec dei materiali totali).

Analogamente a quanto attestato dai reperti di prima fase, gli scodelloni da fuoco presentano superfici lisciate rispetto a quelle lucidate del riempimento di VIII–VII sec. a.C.

Le morfologie attestate dal vasellame sono:

- pignatte (**774**)
- olle
- coperchi (**814**).

Non vi sono attestazioni sicure di teglie seppure sia presumibile la loro esistenza in questo periodo cronologico viste le loro presenze sia all'interno del riempimento di VIII–VII sec. a.C. sia nei contesti di epoche successive. La loro mancanza è da considerare verosimilmente come arbitraria a causa dell'erosione di parte dell'inventario.

3.3.3.3 Ceramiche decorate

Edificio Quartiere orientale, Vano Nord, seconda fase (strato 7) Ceramiche decorate	Inv. Regolare		Inv. Interno		Tot					
	Record	Frammenti	Record	Frammenti	Record	Frammenti	%fr	%rec	%fr delle decorate	%rec delle decorate
Dipinta monocroma	32	69	176	214	208	283	24.74	23.53	70.22	66.88
Incisa senza rivestimento	6	11	11	12	17	23	2.01	1.92	5.71	5.47
Indet: linee (dipinta?) o rivestimento opaco?	1	1	20	21	21	22	1.92	2.38	5.46	6.75
Rivestimento omogeneo opaco	2	3	9	10	11	13	1.14	1.24	3.23	3.54
MD_DA_OO: rivestimento omogeneo opaco / acroma lisciata	0	0	11	11	11	11	0.96	1.24	2.73	3.54
Dipinta monocroma; decorazione lineare opaca (-)	2	6	0	0	2	6	0.52	0.23	1.49	0.64
Incisa e impressa senza rivestimento	3	5	1	1	4	6	0.52	0.45	1.49	1.29
Indet: incisa e impressa con/senza rivestimento	0	0	2	4	2	4	0.35	0.23	0.99	0.64
Indet: Incisa con rivestimento lucidato (omogeneo? Non omogeneo?)	0	0	4	4	4	4	0.35	0.45	0.99	1.29
Indet: rivestimento opaco (omogeneo? Non omogeneo?)	0	0	4	4	4	4	0.35	0.45	0.99	1.29
Indet: rivestimento lucidato (omogeneo? Non omogeneo?)	0	0	4	4	4	4	0.35	0.45	0.99	1.29
Rivestimento omogeneo lucidato	2	2	2	2	4	4	0.35	0.45	0.99	1.29
Incisa con rivestimento omogeneo lucidato	0	0	3	3	3	3	0.26	0.34	0.74	0.96
Indet. MD_DA_OO: rivestimento opaco (omogeneo? Non omogeneo?) / acroma lisciata	0	0	2	2	2	2	0.17	0.23	0.50	0.64
Indet: resti di colore opachi o lucidati	0	0	2	2	2	2	0.17	0.23	0.50	0.64
Dipinta bicroma	2	2	0	0	2	2	0.17	0.23	0.50	0.64
Indet. MD_DD_OL: linee (dipinta?) o rivestimento opaco? / lineare lucidata (+)	0	0	1	1	1	1	0.09	0.11	0.25	0.32
MD_ID_OL: incisa senza rivestimento / rivestimento omogeneo lucidato	1	1	0	0	1	1	0.09	0.11	0.25	0.32
MD_IDA_OO: incisa senza rivestimento ; dipinta bicroma / acroma lisciata	1	1	0	0	1	1	0.09	0.11	0.25	0.32
Indet: Incisa e impressa con rivestimento lucidato (omogeneo? Non omogeneo?)	0	0	1	1	1	1	0.09	0.11	0.25	0.32
Incisa e impressa con rivestimento omogeneo lucidato	1	1	0	0	1	1	0.09	0.11	0.25	0.32
Indet: incisa con/senza rivestimento	0	0	1	1	1	1	0.09	0.11	0.25	0.32
Indet: incisa con rivestimento opaco o con decorazione lineare opaca (dipinta)?	0	0	1	1	1	1	0.09	0.11	0.25	0.32
Incisa con rivestimento omogeneo opaco	0	0	1	1	1	1	0.09	0.11	0.25	0.32
Decorazione lineare lucidata (+)	0	0	1	1	1	1	0.09	0.11	0.25	0.32
Rivestimento omogeneo lucidato (striature sottili)	0	0	1	1	1	1	0.09	0.11	0.25	0.32
TOTALE	53	102	258	301	311	403	35.23	35.18	100.00	100.00

Stat. 3.3: Ceramiche decorate. Verde chiaro: dipinte. Verde scuro: incisa e/o impresse. Arancione chiaro: dipinte con superfici lisciate. Arancione scuro: incise e/o impresse con superfici lisciate. Viola chiaro: dipinte con superfici lucidate. Viola scuro: incise e/o impresse con superfici lucidate. Azzurro: dipinte con superfici lisciate / lucidate. Blu: incise e/o impresse con superfici lisciate / lucidate.

All'interno dello strato di seconda fase le ceramiche decorate sono attestate leggermente in minoranza rispetto alla quantità di quelle acrome (statt. 3.2–3.3 [verde]). La predominanza sia di frammenti che di unità è riferibile nettamente a quanto definito *con decorazioni dipinte* (stat. 3.4: 356 fr.; 31.12%fr. dei materiali totali; 274 records; 31%rec dei materiali totali; 88.34%fr. delle decorate; 88.10%rec delle decorate). Le ceramiche con decorazioni incise e/o impresse sono attestate da 47 frammenti (stat. 3.4: 4.11%fr. dei materiali totali; 11.66%fr. delle decorate) documentati da 37 records diversi (4.19%rec. dei materiali totali; 11.90%rec delle decorate), comparabili con le quantità presenti all'interno dello strato di prima fase (stat. 2.4).

Con decorazioni dipinte					
Records	Frammenti	%fr	%records	%fr delle decorate	%rec delle decorate
274	356	31.12	31.00	88.34	88.10
Con decorazioni incise e/o impresse					
Records	Frammenti	%fr	%records	%fr delle decorate	%rec delle decorate
37	47	4.11	4.19	11.66	11.90

Stat. 3.4 sulla base di stat. 3.3.

3.3.3.3.1 Con decorazioni dipinte

La predominanza è attestata anche in questo caso dai reperti in *ceramica a decorazione (geometrica) dipinta* utilizzante un'unica miscela di ocre argillose rosse, risultante dunque *monocroma* (stat. 3.3: 283 fr.; 208 records 70.22%fr. delle decorate; 66.88%rec delle decorate). Sono presenti reperti in dipinta monocroma con intenzionali decorazioni lineari a risparmio (stat. 3.3 [verde chiaro]: dipinta monocroma ; decorazione lineare opaca (-): 6 fr.; 2 rec; 1.49%fr. delle decorate; 0.64%rec delle decorate). Tre reperti attestano, per la prima volta, l'attestazione dell'utilizzo di due miscele di ocre argillose diverse risultanti in una decorazione intenzionale in dipinta bicroma (stat. 3.3: dipinta bicroma: 2 fr.; 2 rec; 0.50%fr. delle decorate; 0.64%rec delle decorate; MD_DI_OO: incisa senza rivestimento; dipinta bicroma / acroma lisciata: 1 fr.; 1 rec; 0.25%fr. delle decorate; 0.32%rec delle decorate).

Seguono quantitativamente le attestazioni di ceramiche presentanti rivestimenti opachi, in parte indeterminati se riferibili ad una decorazione lineare oppure ad un rivestimento. Omettendo in un primo momento la tecnica di stesura dei rivestimenti risultano appartenere a questa categoria (stat. 3.3 [verde chiaro]):

- indet: linee (dipinta?) o rivestimento opaco?
- rivestimento omogeneo opaco
- indet: rivestimento opaco (omogeneo? Non omogeneo?).

In combinazione con superfici acrome lisciate inoltre:

- rivestimento omogeneo opaco / acroma lisciata
- indet: rivestimento opaco (omogeneo? Non omogeneo) / acroma lisciata.

Mancano in questo caso le attestazioni di combinazioni tra rivestimenti omogenei opachi e decorazioni lineari in dipinta – attestati all'interno dello strato di prima fase.

Le ceramiche, dunque, presentanti rivestimenti o decorazioni lineari con trattamenti di superficie lisciate sono attestate complessivamente da 343 frammenti (statt. 3.3; 3.5 [arancione chiaro]: 261 records; 85.11%fr. delle decorate; 83.92%rec delle decorate).

Una piccola percentuale di materiale (2.48%fr. delle decorate; 2.89%rec delle decorate) attesta ancora superfici lucidate in combinazione con l'apporto di mi-

Con decorazioni dipinte (superfici lucidate)					
Records	Frammenti	%fr	%records	**%fr delle decorate**	**%rec delle decorate**
10	10	0.87	1.13	2.48	3.22
Con decorazioni incise e/o impresse (superfici lucidate)					
Records	Frammenti	%fr	%records	**%fr delle decorate**	**%rec delle decorate**
9	9	0.79	1.02	2.23	2.89
Con decorazioni dipinte (superfici lisciate / lucidate)					
Records	Frammenti	%fr	%records	**%fr delle decorate**	**%rec delle decorate**
1	1	0.09	0.11	0.25	0.32
Con decorazioni incise e /o impresse (superfici lisciate / lucidate)					
Records	Frammenti	%fr	%records	**%fr delle decorate**	**%rec delle decorate**
1	1	0.09	0.11	0.25	0.32
Con decorazioni dipinte (superfici lisciate)					
Records	Frammenti	%fr	%records	**%fr delle decorate**	**%rec delle decorate**
261	343	29.98	29.52	85.11	83.92
Con decorazioni incise e /o impresse (superfici lisciate)					
Records	Frammenti	%fr	%records	**%fr delle decorate**	**%rec delle decorate**
27	37	3.23	3.05	9.18	8.68
Con decorazioni (trattamenti di superficie indeterminate: lucidate / lisciate)					
2	2	0.17	0.23	0.50	0.64

Stat. 3.5 sulla base di stat. 3.3.

scele di ocre argillose rosse rappresentate da reperti (statt. 3.3; 3.5 [viola chiaro]):

- rivestimento omogeneo lucidato
- indet: rivestimento lucidato (omogeneo? Non omogeneo?)
- decorazione lineare lucidata (+)
- rivestimento omogeneo lucidato (striature sottili).

Queste categorie sono riferibili a quanto comunemente definito *a stralucido* o *ceramiche a decorazione geometrica dipinta* con superfici lucidate.

Le attestazioni di ceramiche decorate dipinte con trattamenti di superficie diversificate su di uno stesso reperto diminuiscono nettamente rispetto alla fase precedente. Nello strato è attestato unicamente un unico frammento rappresentante la combinazione (statt. 3.3; 3.5 [azzurro]: indet: linee [dipinta?] o rivestimento opaco? / decorazione lineare lucidata [+]) rispetto ancora alle – minimo – due combinazioni accertate all'interno dello strato cronologicamente precedente.

Scompaiono completamente le attestazioni sicure di rivestimenti stesi in modalità non omogenee, sia fra i reperti attestanti superfici lisciate sia tra quelli lucidate o in combinazione fra di loro. In questo senso sembra che a partire da questa fase cronologica vengano a mancare le antiche attestazioni di *ceramiche piumate*.

Infine, indeterminate per quanto riguarda il trattamento di superficie in combinazione con resti di colore (statt. 3.3; 3.5 [bianco]):

- indet: resti di colore opachi o lucidati.

3.3.3.3.1.1 Morfologie attestate dai reperti con decorazioni dipinte

Con superfici lisciate:

Dipinta monocroma:

- bacini / scodelloni / mortai (**178**)
- scodelle (**252. 259. 269**)
- coppe/scodelle (**261–262. 265. 506**)
- forme potorie (**410. 413**)
- coppe d'imitazione (**411**)
- vasi su alto piede (**492–493** vasi da mescita?)
- brocche (**539–540. 681**)
- anfore/idrie (**578–579**)
- forme chiuse da stoccaggio (**635. 899** con colore levato)
- pithoi (**723–724**)
- pissidi (**734**)
- coperchi (**746**).

Dipinta bicroma:

- forma chiusa di piccole-medie dimensioni, globulare, brocca? (**902**)
- forma aperta di piccole-medie dimensioni (coppa/scodelle? Scodella?) (**903**).

Le forme da tavola, assenti nelle ceramiche acrome, vengono sostituite da quelle in ceramica a decorazione dipinta. Aumenta, rispetto alla prima fase, anche l'attestazione di morfologie diverse, tra le quali appaiono i bacini, vasi su alti piedi sia di medie dimensione come altri possibilmente riferibili a vasi da mescita e forme chiuse di piccole dimensioni, verosimilmente attribuibili a delle pissidi. In questo senso appaiono anche le forme di preparazione e servizio di alimenti, attestati dai bacini, così come, forse, forme di stoccaggio adibite alla sfera personale.

Indet: linee (dipinta?) o rivestimento opaco?:

- forme aperte di piccole-medie dimensioni (coppe/scodelle? Scodelle?)
- forme aperte di medie-grandi dimensioni (bacini?)
- forme chiuse di medie dimensioni (brocche?)
- forme chiuse di medie-grandi dimensioni (anfore/idrie?).

Rivestimento omogeneo opaco:

- scodelle (**266**)
- forme potorie / tazze attingitoio (**412**)
- forme aperte di piccole-medie dimensioni (coppe/scodelle? Scodelle?)
- forme chiuse di piccole-medie dimensioni (brocche?)
- forme chiuse di medio-grandi dimensioni (anfore/idrie?).

La tecnica sembra essere stata utilizzata sia a scopi funzionali che decorativi.

Indet: rivestimento opaco (omogeneo? Non omogeneo?):

- forme chiuse di medio-grandi dimensioni.

Rivestimento omogeneo opaco / acroma lisciata:

- forme aperte di piccole-medie dimensioni (coppe/scodelle? scodelle?)
- forme aperte di grandi dimensioni (bacini?).

Indet: rivestimento opaco (omogeneo? Non omogeneo?) / acroma lisciata:
- forme aperte di piccola-media dimensione (coppe/scodelle? Scodelle?).

Tutte le combinazioni tra rivestimenti e superficie acrome sembrano essere attestate a scopo funzionale: rivestimenti all'interno, morfologie lasciate acrome all'esterno.

Con superfici lucidate

Decorazione lineare lucidata (+):
- forme chiuse di piccola-media dimensione (brocche?).

Rivestimento omogeneo lucidato:
- attingitoi
- forme aperte di piccola-medie dimensione (coppe/scodelle? Scodelle? **896**)
- forme chiuse di media dimensione (**897**).

Rivestimento omogeneo lucidato (striature sottili):
- forme chiuse di medie dimensioni (brocche?).

Indet: rivestimento lucidato (omogeneo? Non omogeneo):
- forme aperte di medie-grandi dimensioni (bacini?)
- forme chiuse di medie-grandi dimensioni.

Tutte le morfologie decorate con superfici lucidate sono già presenti, in queste combinazioni, all'interno del riempimento di VIII–VII sec. a.C.

Con superfici lisciate e lucidate

Indet: linee (dipinta?) o rivestimento opaco? / lineare lucidata (+):
- forme aperte di piccola-media dimensione (coppa/scodelle? Scodelle?).

Interessante, in questo caso, è l'attestazione della decorazione lineare con superficie lucidata presente all'esterno della forma in combinazione con un rivestimento opaco all'interno. In questo caso, l'espediente della lucidatura riveste unicamente uno scopo decorativo.

Indeterminati

Indet: resti di colore opachi o lucidati:
- forme aperte di piccole-medie dimensioni
- forme chiuse di piccole-medie dimensioni.

3.3.3.3.2 Con decorazioni incise e/o impresse

Edificio Quartiere orientale, Vano Nord, seconda fase (strato 7) Ceramiche decorate	Inv. Regolare		Inv. Interno		Tot					
	Record	Frammenti	Record	Frammenti	Record	Frammenti	%fr	%rec	%fr delle decorate	%rec delle decorate
Dipinta monocroma	32	69	176	214	208	283	24.74	23.53	70.22	66.88
Incisa senza rivestimento	6	11	11	12	17	23	2.01	1.92	5.71	5.47
Indet: linee (dipinta?) o rivestimento opaco?	1	1	20	21	21	22	1.92	2.38	5.46	6.75
Rivestimento omogeneo opaco	2	3	9	10	11	13	1.14	1.24	3.23	3.54
MD_DA_OO: rivestimento omogeneo opaco / acroma lisciata	0	0	11	11	11	11	0.96	1.24	2.73	3.54
Dipinta monocroma; decorazione lineare opaca (-)	2	6	0	0	2	6	0.52	0.23	1.49	0.64
Incisa e impressa senza rivestimento	3	5	1	1	4	6	0.52	0.45	1.49	1.29
Indet: incisa e impressa con/senza rivestimento	0	0	2	4	2	4	0.35	0.23	0.99	0.64
Indet: Incisa con rivestimento lucidato (omogeneo? Non omogeneo?)	0	0	4	4	4	4	0.35	0.45	0.99	1.29
Indet: rivestimento opaco (omogeneo? Non omogeneo?)	0	0	4	4	4	4	0.35	0.45	0.99	1.29
Indet: rivestimento lucidato (omogeneo? Non omogeneo?)	0	0	4	4	4	4	0.35	0.45	0.99	1.29
Rivestimento omogeneo lucidato	2	2	2	2	4	4	0.35	0.45	0.99	1.29
Incisa con rivestimento omogeneo lucidato	0	0	3	3	3	3	0.26	0.34	0.74	0.96
Indet. MD_DA_OO: rivestimento opaco (omogeneo? Non omogeneo?) / acroma lisciata	0	0	2	2	2	2	0.17	0.23	0.50	0.64
Indet: resti di colore opachi o lucidati	0	0	2	2	2	2	0.17	0.23	0.50	0.64
Dipinta bicroma	2	2	0	0	2	2	0.17	0.23	0.50	0.64
Indet. MD_DD_OL: riv. omogeneo opaco o dipinta? / lineare lucidata (+)	0	0	1	1	1	1	0.09	0.11	0.25	0.32
MD_ID_OL: incisa senza rivestimento / rivestimento omogeneo lucidato	1	1	0	0	1	1	0.09	0.11	0.25	0.32
MD_IDA_OO: incisa senza rivestimento ; dipinta bicroma / acroma lisciata	1	1	0	0	1	1	0.09	0.11	0.25	0.32
Indet: Incisa e impressa con rivestimento lucidato (omogeneo? Non omogeneo?)	0	0	1	1	1	1	0.09	0.11	0.25	0.32
Incisa e impressa con rivestimento omogeneo lucidato	1	1	0	0	1	1	0.09	0.11	0.25	0.32
Indet: incisa con/senza rivestimento	0	0	1	1	1	1	0.09	0.11	0.25	0.32
Indet: incisa con rivestimento opaco o con decorazione lineare opaca (dipinta)?	0	0	1	1	1	1	0.09	0.11	0.25	0.32
Incisa con rivestimento omogeneo opaco	0	0	1	1	1	1	0.09	0.11	0.25	0.32
Decorazione lineare lucidata (+)	0	0	1	1	1	1	0.09	0.11	0.25	0.32
Rivestimento omogeneo (striature sottili) lucidato	0	0	1	1	1	1	0.09	0.11	0.25	0.32
TOTALE	53	102	258	301	311	403	35.23	35.18	100.00	100.00

Stat. 3.6: Verde chiaro: decorazioni incise. Verde scuro: decorazioni incise e impresse. Azzurro: decorazioni incise e/o impressa con supplemente rivestimento [in combinazione diretta fra di loro sullo stesso lato del vaso]. Blu medio: decorazioni Incise e/o impresse senza rivestimento [in combinazione diretta fra di loro sullo stesso lato del vaso]. Blu scuro: decorazioni incise e/o impresse, indeterminate rispetto all'attestazione del rivestimento.

Le attestazioni, oltre a quanto riferito per le ceramiche *con decorazioni dipinte,* sono seguite quantitativamente da quelle con tecniche incise e/o impresse, nuovamente nettamente minori rispetto a quelle dipinte (stat. 3.4 [verde scuro]: 47 fr.; 37 rec; 11.66%fr. delle decorate; 11.90%rec delle decorate).

Anche in questa fase appare maggioritaria l'attestazione di forme a decorazione unicamente incisa rispetto a quelle sia incise che impresse (stat. 3.7).

A quelle unicamente a decorazione incise sono riferibili 35 frammenti documentati in 29 records (8.68%fr. delle decorate; 9.32%rec delle decorate), mentre a quelle a decorazione sia incise che impresse 12 frammenti documentati in 8 records diversi (2.98%fr. delle decorate; 2.57%rec delle decorate). Non sono attestati frammenti esclusivamente a decorazione impressa.

Con decorazioni incise					
Records	Frammenti	%fr	%records	**%fr delle decorate**	**%rec delle decorate**
29	35	3.06	3.28	8.68	9.32
Con decorazioni impresse					
Records	Frammenti	%fr	%records	**%fr delle decorate**	**%rec delle decorate**
0	0	0.00	0.00	0.00	0.00
Con decorazioni incise e impresse					
Records	Frammenti	%fr	%records	**%fr delle decorate**	**%rec delle decorate**
8	12	1.05	0.90	2.98	2.57

Stat. 3.7 sulla base di stat. 3.6.

Precisando anche in questo caso il trattamento di superficie dei reperti è possibile osservare la stessa tendenza attestata dallo strato di prima fase (stat. 3.5). La maggioranza dei reperti con decorazioni incise e/o impresse presentano superfici lisciate (stat. 3.5 [arancione scuro]: 37 fr.; 27 rec; 9.18%fr. delle decorate; 8.68%rec delle decorate). Unicamente 9 frammenti documentati in 9 unità (stat. 3.5 [viola scuro]: 2.23%fr.; delle decorate; 2.89%rec delle decorate) presentano superfici lucidate mentre un frammento attesta trattamenti di superficie diversificati (lisciata/lucidata) (stat. 3.5 [blu scuro]: 0.25%fr. delle decorate; 0.32%rec delle decorate).

Rispetto alla fase precedente in cui le decorazioni incise e impresse erano pressoché paritarie fra quelle con un rivestimento supplementare e quelle senza cambia la tendenza attestata nello strato di seconda fase dell'edificio: 31 frammenti documentati in 23 records (stat. 3.8 [blu medio]: 7.69%fr. delle decorate; 7.40%rec delle decorate) non presentano un rivestimento supplementare sulla superficie ove è

Decorazioni incise e/o impressa con supplemente rivestimento [in combinazione diretta fra di loro sullo stesso lato del vaso]					
Records	Frammenti	%fr	%records	**%fr delle decorate**	**%rec delle decorate**
11	11	0.96	1.24	2.73	3.54
Decorazioni Incise e/o impresse senza rivestimento [in combinazione diretta fra di loro sullo stesso lato del vaso]					
Records	Frammenti	%fr	%records	**%fr delle decorate**	**%rec delle decorate**
23	31	2.71	2.60	7.69	7.40
Decorazioni incise e/o impresse, indeterminate rispetto all'attestazione del rivestimento					
Records	Frammenti	%fr	%records	**%fr delle decorate**	**%rec delle decorate**
3	5	0.44	0.34	1.24	0.96

Stat. 3.8 sulla base di stat. 3.6.

attestata la decorazione incisa e/o impressa, rispetto a unicamente 11 frammenti (stat. 3.8 [blu chiaro]: 11 rec; 2.73%fr. delle decorate; 3.54%rec delle decorate) che invece presentano ancora un rivestimento in combinazione con la decorazione incisa e/o impressa. Indeterminati per quanto riguarda l'attestazione del rivestimento in combinazione con la decorazione sono 5 frammenti documentati in 3 records (stat. 3.8 [blu scuro]: 1.24%fr. delle decorate; 0.96%rec delle decorate).

Appare, per la prima volta, la combinazione su di un frammento di una decorazione a solchi incisi, senza la presenza di rivestimento, bensì con una decorazione lineare dipinta su superficie opaca. La scodella carenata **264**, infatti, mostra nella parte superiore incisioni orizzontali nella tradizione di quanto attestato già nel riempimento di VIII–VII sec. a.C., ad esempio sulle "fruttiere", *ma* in combinazione con linee orizzontali nella tradizione della ben nota ceramica a decorazione geometrica dipinta. Una combinazione, presentata in seguito, ben attestata anche all'interno del riempimento adibito alla costruzione dell'edificio A nel quartiere dell'agorà (*t.a.q.* ca. 550 a.C.*)*. Nel caso del reperto **264** la decorazione lineare è inoltre bicroma.

Con decorazioni incise e/o impresse e rivestimento: superficie lisciata					
Records	Frammenti	%fr	%records	**%fr delle decorate**	**%rec delle decorate**
2	2	0.17	0.23	0.50	0.64
Con decorazioni incise e/o impresse e rivestimento: superficie lucidata					
Records	Frammenti	%fr	%records	**%fr delle decorate**	**%rec delle decorate**
9	9	0.79	1.02	2.23	2.89
Indeterminati rispetto all'attestazione del trattamento della superficie (incise e/o impresse e rivestimento: superficie lisciata? superficie lucidata?)					
Records	Frammenti	%fr	%records	**%fr delle decorate**	**%rec delle decorate**
0	0	0	0	0	0

Stat. 3.9: Dati quantitativi delle ceramiche incise e/o impresse in rapporto alla presenza di rivestimento e al trattamento di superficie.

Infine, osservando l'attestazione o meno di rivestimento in combinazione con le decorazioni incise e/o impresse con il supplementare dato del trattamento delle superfici (stat. 3.9) sembra variare la tendenza rispetto a quanto attestato nello strato di prima fase (stat. 2.9).

Le ceramiche con rivestimenti e trattamenti di superfici lisciate sono attestati unicamente da due frammenti (stat. 3.9 [rosa chiaro]: 2 rec; 0.50%fr. delle decorate; 0.64%rec delle decorate[1001]) quelle lucidate invece 9 frammenti (stat. 3.9 [rosa medio]: 9 rec; 2.23%fr. delle decorate; 2.89%rec delle decorate[1002]). Seppure dai dati sembrano essere attestati più reperti con rivestimenti lucidati rispetto a quelli a superficie lisciate e anche vero che i frammenti lucidati sono di dimensioni minuscole rispetto a quelli con rivestimenti e trattamenti di superficie lisciata. Queste attestazioni potrebbero anche trattarsi di frammenti pro-

1001 Formate da: Indet: incisa con rivestimento opaco o con decorazione lineare opaca (dipinta)?; Incisa con rivestimento omogeneo opaco.

1002 Formate da: Indet: incisa con rivestimento lucidato (omogeneo? Non omogeneo?); Incisa con rivestimento omogeneo lucidato; Indet: incisa e impressa con rivestimento lucidato (omogeneo? Non omogeneo?); Incisa e impressa con rivestimento omogeneo lucidato.

venienti dagli alzati delle pareti in posizione di crollo sull'interfaccia dello strato e non necessariamente di nove reperti diversi presenti nell'inventario di seconda fase.

Riassumendo i dati sulla base dei reperti con decorazioni incise e/o impresse è possibile notare una diminuzione ancora maggiore di attestazioni in rapporto a quelle a decorazioni dipinte rispetto a quanto attestato nello strato di prima fase (stat. 2.10): sempre più reperti attestano unicamente trattamenti di superficie lisciati in rapporto a quelli lucidati (stat. 3.10).

Con decorazioni dipinte					
Con decorazioni incise e/o impresse					
A superfici lucidate					
Records	Frammenti	%fr	%records	**%fr delle decorate**	**%rec delle decorate**
19	19	1.66	2.15	4.71	6.11
A superfici lisciate					
Records	Frammenti	%fr	%records	**%fr delle decorate**	**%rec delle decorate**
288	380	33.22	32.58	94.29	92.60
A superficie lisciate e lucidate					
Records	Frammenti	%fr	%records	**%fr delle decorate**	**%rec delle decorate**
2	2	0.17	0.23	0.50	0.64
Indeterminate rispetto al trattamento di superficie					
Records	Frammenti	%fr	%records	**%fr delle decorate**	**%rec delle decorate**
2	2	0.17	0.23	0.50	0.64

Stat. 3.10 sulla base di stat. 3.3.

Se all'interno della prima fase i rapporti tra le combinazioni fra decorazioni incise e/o impresse, con o senza rivestimenti, mostravano piuttosto un'uguaglianza di attestazioni, cambia il loro rapporto all'interno dello strato di seconda fase, mostrando una maggioranza di reperti presentanti unicamente decorazioni incise e/o impresse su superfici lasciate acrome (stat. 3.8). Aumentano nuovamente le attestazioni di reperti con rivestimenti e superfici lucidate rispetto a quelle lisciate, seppure il dato sembri compromesso dalle dimensioni dei frammenti di queste attestazioni (stat. 3.9). Infine, i rapporti tra le attestazioni di decorazioni unicamente ad incisione rispetto a quelle incise e impresse restano paritarie a quanto visto nella prima fase: le decorazioni unicamente ad incisione prevalgono su quelle incise e impresse (stat. 3.7).

3.3.3.3.2.1 Morfologie attestate dai reperti con decorazioni incise e/o impresse

Con superfici lisciate

Incisa senza rivestimento:
- scodelle / fruttiere (**256–257. 263**)
- attingitoi (**450–451**)
- coperchi (**745**)
- forme chiuse globulari di medie dimensioni (brocca?).

Incisa e impressa senza rivestimento:
- scodelle
- anfore / idrie (**577**)
- forme da stoccaggio (**900–901**).

Incisa e impressa con rivestimento omogeneo lucidato:
- forme chiuse da stoccaggio (**898**).

Indet: incisa e impressa con/senza rivestimento:
- attingitoi
- forme chiuse di piccole-medie dimensioni (brocche?).

Indet: incisa con/senza rivestimento:
- forme aperte carenate (scodelle?).

Incisa senza rivestimento ; dipinta bicroma / Acroma lisciata:
- scodelle (**264**).

Con superfici lucidate

Incisa con rivestimento omogeneo lucidato:
- forme aperte di piccola-media dimensione (scodelle?)
- vaso da mescita? Frammento molto piccolo.

Indet: incisa con rivestimento lucidato (omogeneo? Non omogeneo?):
- scodelle
- forme aperte di piccola-media dimensione (coppe/scodelle? Scodelle?).

Indet: incisa e impressa con rivestimento lucidato (omogeneo? Non omogeneo?):
- indeterminate.

Con superfici lisciate e lucidate

Incisa senza rivestimento / rivestimento omogeneo lucidato:
- scodelle (**258**).

Analogamente a quanto già attestato all'interno della prima fase dell'edificio le morfologie ancora attestanti decorazioni incise e/o impresse su superfici lucidate si limitano a forme da tavola.

3.3.3.3.3 Conclusioni rispetto alle ceramiche decorate

La complessità di attestazioni di tecniche decorative diversificate resta pressoché invariata rispetto a quanto attestato all'interno della prima fase dell'edificio. Restano predominanti i reperti con decorazioni dipinte, mentre le attestazioni di ceramiche con decorazioni incise e/o impresse diminuiscono leggermente in rapporto a quelle dipinte, rispetto a quanto attestato dalla prima fase. Rispetto ai trattamenti di superficie è possibile verificare un ulteriore aumento di quelle a superficie lisciata rispetto a quelle a superficie lucidata. Interessate è notare che il fenomeno è attestabile indifferentemente dalla tecnica decorativa utilizzata: sia i reperti con decorazioni dipinte sia quelli con decorazioni incise e/o impresse attestano sempre più trattamenti di superficie lisciate rispetto a quelle ancora comunemente attestate nel riempimento di VIII–VII sec. a.C. e all'interno della prima fase dell'edificio orientale (ultimo quarto VII sec. – ca. 570 a.C.) con superfici lucidate. Seppure nei contesti precedenti i reperti attestanti trattamenti di superficie diversificati (lisciate / lucidate sullo stesso frammento) fossero esclusivamente presenti su morfologie con decorazioni dipinte, appare all'interno della presente fase (ca. 570–540 a.C.) ugualmente un reperto con decorazioni incise (**258**), lisciato all'esterno ma lucidato all'interno.

Per quanto riguarda le ceramiche con decorazioni dipinte scompaiono i reperti attestanti con sicurezza rivestimenti non omogenei solitamente chiamati in *ceramica piumata* – ancora presenti nella fase precedente. Oltre alle numerose attestazioni di reperti in ceramica a decorazione geometrica dipinta (dipinta monocroma) appaiono le prime attestazioni di reperti con decorazioni lineari dipinte, utilizzante due miscele di ocre argillose diverse, risultanti in due colorazioni differenti nella decorazione (dipinta bicroma).

Le poche attestazioni di ceramiche con decorazioni incise e/o impresse, sicuramente ancora in uso in questa fase, riconfermano la tendenza già attestata durante la prima fase dell'edificio: le decorazioni a impressione diminuiscono ulteriormente rispetto alla fase precedente, aumentano quelle decorate unicamente ad incisione. Diminuiscono ulteriormente anche le morfologie attestanti le combinazioni dirette di decorazioni incise e/o impresse con ulteriore attestazione di rivestimento: sempre più ceramiche mostrano decorazioni incise *ma* unicamente su superfici acrome. I pochi frammenti rappresentanti questa combinazione fra incisioni e rivestimenti attestano, in questo caso, una maggioranza di superfici lucidate (analogamente alla prima fase); varia l'attestazione di reperti con rivestimento e superfici lisciate risultante opache alla committenza. Sembra dunque verificarsi un cambiamento di gusto nelle ceramiche incise e/o impresse: durante la seconda metà dell'VIII–VII sec. a.C. le ceramiche incise e/o impresse attestano pressoché unicamente aggiunte supplementari di rivestimenti e trattamenti di superficie lucidate – ovvero combinazioni colorate brillanti. Tra la fine del VII e il ca. il 570 a.C. inizia una sperimentazione con le stesse caratteristiche visive, ceramiche incise colorate ma attestanti trattamenti di superficie lisciate, risultanti opache alla committenza. I rapporti tra quelle colorate opache e lucidate sono tra la fine del VII e ca. il 570 a.C. ancora paritarie in attestazioni. Nella stessa fase però inizia un'omissione del rivestimento supplementare in combinazione con le decorazioni incise e/o impresse, in questo caso apportate su superfici acrome, fenomeno sconosciuto fra i reperti dell'VIII–VII sec. a.C. fatta eccezione per un reperto con molteplici tecniche decorative (**627**) seppure questo mostri ancora un ingobbio creante un effetto cromatico particolare. Sempre più ceramiche attestanti incisioni e/o impressioni (in aumento quelle unicamente incise) mostrano dunque sempre più combinazioni risultanti opache all'occhio della committenza: in parte ancora colorate, in parte già acrome. Durante la fase tra ca. il 570 e il 540 a.C. il fenomeno si sviluppa ulteriormente. La maggioranza delle attestazioni con decorazioni incise e/o impresse (ulteriormente in aumento quelle unicamente incise) è rappresentata da quelle su superfici acrome, spodestando per la prima volta le combinazioni di incisioni e/o impressioni su sfondi colorati. Inoltre, queste sono unicamente attestate da trattamenti di superficie lisciate, ovvero risultanti opachi all'occhio della committenza. I pochi reperti presentanti attestazioni di rivestimenti supplementari sono in questo caso a superficie lucidata, ovvero risultanti brillanti all'occhio. Sembra dunque che durante la fase di sperimentazione tra la fine del VII e ca. il 570 a.C. con metodologie di decorazioni risultanti opache – sia acrome che colorate – inoltre di paritaria attestazione fra i materiali con rivestimenti supplementari fra quelli lucidati e quelli lisciati, vengano man mano predilette le suppellettili sicuramente ad effetto opaco ma, inoltre, in combinazione con sfondo acromo. I pochi reperti ancora con combinazione supplementare di rivestimento e trattamento di superficie lucidata potrebbero trattarsi di reperti più antichi, ancora in uso nell'inventario ma passanti piano piano di moda. Questa assunzione può essere verificata anche dalla presenza delle morfologie come le fruttiere, ampiamente attestate nel VIII–VII sec. a.C. e pressoché scomparse dall'inventario sia di prima fase, a maggior ragione di seconda fase dell'edificio e da forme da tavola sempre più attestate dai reperti con decorazioni dipinte, rispetto alla totale maggioranza di queste morfologie nella fase di VIII–VII sec. a.C. con decorazioni incise e/o impresse. La dimensione dei frammenti con decorazioni incise e/o impresse colorate e risultanti brillanti all'occhio inoltre è mediamente molto piccola: fattore che potrebbe ulteriormente confermare una loro attribuzione a reperti *di vecchia data* ancora presenti nell'inventario – se non addirittura facenti parte dello smagramento degli alzati delle pareti finiti sull'interfaccia dello strato in posizione di crollo.

Analogamente lo stesso fenomeno di preferenza, sempre maggiore, di ceramiche risultanti opache e sempre più su sfondi acromi è attestata in maniera ancora più evidente fra le ceramiche con decorazioni dipinte. Se già durante la fine del VII sec. – ca. 570 a.C. predomino le ceramiche a decorazioni geometriche dipinte – ovvero con apporto lineare di colore su sfondo acromo – rispetto alle ceramiche dipinte di VIII–VII sec. a.C. maggioritariamente completamente colorate in varie combinazioni lasciando pochissime, fino alla mancanza totale di zone acrome visibili (soprattutto attestate sulle forme da tavola) sembra evidente che durante la fine del VII sec. a.C. il gusto varia in direzione di colorazioni più sobrie – lascianti visibili grandi superfici acrome – del vasellame. Ugualmente ben attestata è la preferenza di superfici risultanti opache alla committenza rispetto a quelle brillanti predilette nell'VIII–VII sec. a.C. Seguendo questo filone logico si può notare, all'interno dei materiali datati tra ca. il 570 e il 540 a.C., una pressoché mancanza di reperti con decorazioni dipinte in combinazione con superfici lucidate – ancora ben attestati nella fase precedente della fine del VII sec. – ca. 570 a.C. Anche in questo caso i pochi reperti attestati sono mediamente di piccole dimensioni, lasciando presumere, analogamente a quanto visto per le ceramiche incise e/o impresse, o una loro attribuzione a reperti di *vecchia data* all'interno dell'inventario oppure una loro attestazione dovuta al crollo degli alzati finiti sull'interfaccia dello strato e, dunque, verosimilmente facenti parte dello smagramento degli alzati argillosi.

3.3.3.4 Materiali di varia funzione

All'interno dei materiali di varia funzione (statt. 3.1–3.2 [marrone]) confluiscono dieci reperti geologici in parte verosimilmente interpretabili come strumenti litici (10 rec; 0.87%fr. dei materiali totali; 1.13%rec dei materiali totali) e un reperto in bronzo (0.09%fr. dei materiali totali; 0.11%rec dei materiali totali).

"Sfera" in bronzo 861

Il reperto si tratta di una minuscola "sfera" di dimensioni 0.3 x 0.2 cm in bronzo. Non è possibile determinarne la funzione. Potrebbe trattarsi anche unicamente di una parte corrosa di un altro oggetto.

3.3.3.5 Reperti indeterminati

In questo contesto i reperti indeterminati fittili sono rappresentati unicamente dalla presenza di un conglomerato di impasto senza superfici conservate (statt. 3.1–3.2 [bianco]).

3.3.3.6 Inquadramento cronologico del contesto sulla base dei reperti *indigeni*

Le conclusioni già descritte rispetto alle ceramiche decorate verranno in seguito riprese grazie alle analisi dei contesti successivi – Quartiere agorà, riempimento adibito alla costruzione dell'edificio A – in parte cronologicamente sovrapposto ai reperti non solo di seconda fase qui presentati, ma anche di quelli di prima fase dell'edificio del quartiere orientale. I materiali *indigeni* mostrano leggere variazioni sia rispetto alle tecniche decorative utilizzate, sia riguardo ai trattamenti di superficie utilizzati rispetto ai reperti di prima fase. Restano pressoché invariate le morfologie attestate. Fra i materiali di seconda fase variano le quantità di attestazioni presenti delle stesse tipologie ceramiche rispetto alla prima fase: esse sembrano verosimilmente, parzialmente, ancora in uso, seppure si attesti una diminuzione dei materiali lucidati a discapito di altre produzioni risultanti opache all'occhio della committenza.

3.3.4 Quartiere orientale – Prima o seconda fase (t.a.q. verso il 540 a.C.)

I materiali di prima o seconda fase dell'edificio, verosimilmente datanti anche per quanto riguarda il materiale *indigeno* fra ca. il 630/620–540 a.C., rispecchiano gli andamenti distinti nella prima e seconda fase dell'edificio. Come già accennato nell'analisi dei contesti, unicamente uno strato può forse essere messo in relazione all'utilizzo del vano meridionale e sembra non essere intaccato da reperti erosi dal vano settentrionale dell'edificio. I materiali *indigeni* presenti all'interno del presumibile inventario del vano meridionale non permettono un restringimento cronologico della fase attestata. Il vano fu verosimilmente ancora in uso durante la seconda fase dell'edificio. Per non falsificare i dati fornendo un peso statistico maggiore a reperti non attribuibili con sicurezza ad una determinata fase, il possibile inventario del vano sud verrà presentato in relazione ai materiali erosi verso sud dell'inventario del vano settentrionale.

Attestati fra i reperti di prima e seconda fase, inclusi quelli dell'inventario del vano meridionale, sono tutte le suddivisioni dei materiali precedentemente visti, presenti nelle stesse morfologie già attestate. Per non appesantire ulteriormente il testo i dati verranno presentati esclusivamente in forma statistica in appendice (appendici E.1–3), anche poiché non funzionali ad un ulteriore discorso di sviluppo delle ceramiche. Importanti sono i materiali di questo contesto misto fra due fasi da un punto di vista morfologico, vista la possibilità di offrire più confronti all'interno del catalogo, datanti più largamente rispetto a quelli di prima o seconda fase. All'interno degli strati erosi, come uniche "nuove" attestazioni è la presenza di una fusaiola biconica integra fittile (**845**) e di un reperto in ferro (**866**). Il reperto in ferro, rappresentante forse una sorta di perno, presenta una superficie troppo corrosa per essere determinata unicamente sulla base autoptica[1003].

3.3.5 Quartiere agorà – Riempimento adibito alla costruzione dell'edificio A (t.a.q. verso il 550 a.C.)

Il riempimento adibito alla costruzione dell'edificio A nel quartiere dell'agorà denota, a differenza di quello situato ad est della casa a peristilio I, materiale datante (tab. 4), permettente così un suo inquadramento

1003 Il reperto è stato omesso dalle indagini di Holger Baitinger.

cronologico con *t.a.q.* verso la metà del VI sec. a.C. I materiali d'importazione presenti potrebbero indicare la presenza di materiale *indigeno* risalente fino all'ultimo quarto dell'VII sec. a.C., se non oltre, vista la natura del contesto: un riempimento costruttivo composto da reperti caduti in disuso.

Analisi statistiche

Il totale di frammenti provenienti dal riempimento ammonta a 1488 documentati in 1080 unità (stat. 4.1). La documentazione è stata effettuata grazie alla distinzione di 308 individui inventariati formati da 396 frammenti, sicuramente attestanti 308 reperti diversi (*Inventario regolare*). I restanti 1092 frammenti sono stati documentati in 772 records. In questo caso la loro attribuzione a individui diversi è incerta (*Inventario interno*). Seppure la natura del contesto sia quella di un riempimento è stato possibile individuare più frammenti combacianti riferibili agli stessi individui. Per questa ragione le seguenti statistiche saranno presentate sia in % di frammenti sia in % di records visto il peso statistico leggermente diverso per alcune osservazioni.

In percentuale di frammenti (stat. 4.2) prevale all'interno delle associazioni la quantità di ceramiche decorate (60.22%; 896 fr.) – una novità rispetto agli altri contesti – seguite da quelle acrome (28.49%; 424 fr.) e successivamente dalle forme e utensili adibiti alla

Suddivisione dei materiali	Quartiere Agora, Riempimento adibito alla costruzione dell'edificio A							
	Inv. Regolare		Inv. Interno		TOT			
	Record	Frammenti	Record	Frammenti	Record	Frammenti	%fr	%rec
Dipinta monocroma	131	186	384	412	515	598	40.19	47.69
Acroma lisciata	19	24	173	385	192	409	27.49	17.78
Fuoco modellate a mano	8	11	45	91	53	102	6.85	4.91
MD_DD_OO: rivestimento omogeneo opaco / dipinta monocroma	9	11	19	20	28	31	2.08	2.59
MD_DA_OO: rivestimento omogeneo opaco / acroma lisciata	11	11	15	15	26	26	1.75	2.41
Incisa senza rivestimento	17	24	1	1	18	25	1.68	1.67
Vari: piano di calpestio	0	0	2	24	2	24	1.61	0.19
MD_DA_OO: rivestimento non omogeneo opaco / acroma lisciata	4	5	8	12	12	17	1.14	1.11
Incisa con rivestimento omogeneo opaco	14	15	2	2	16	17	1.14	1.48
Importazioni allotrie all'isola	14	16	0	0	14	16	1.08	1.30
Rivestimento omogeneo opaco	4	4	10	10	14	14	0.94	1.30
Indet: linee (dipinta?) o rivestimento opaco?	0	0	14	14	14	14	0.94	1.30
Produzioni regio-coloniali	6	11	0	0	6	11	0.74	0.56
Incisa e impressa senza rivestimento	10	10	1	1	11	11	0.74	1.02
Acroma lucidata	2	3	6	6	8	9	0.60	0.74
Dipinta monocroma ; decorazione lineare opaca (-)	4	5	4	4	8	9	0.60	0.74
Rivestimento omogeneo lucidato (striature sottili)	1	1	8	8	9	9	0.60	0.83
MD_IDA_OO: incisa senza rivestimento ; dipinta monocroma / acroma lisciata	6	7	1	1	7	8	0.54	0.65
Incisa con rivestimento omogeneo lucidato	6	7	1	1	7	8	0.54	0.65
Rivestimento omogeneo lucidato	1	1	6	7	7	8	0.54	0.65
Acroma indet.	0	0	4	6	4	6	0.40	0.37
Incisa e impressa con rivestimento omogeneo lucidato	6	6	0	0	6	6	0.40	0.56
MD_ID_OO: incisa senza rivestimento / rivestimento omogeneo opaco	2	2	4	4	6	6	0.40	0.56
Cucina tornita	0	0	4	6	4	6	0.40	0.37
MD_IDD_OO: incisa senza rivestimento ; dipinta monocroma / rivestimento omogeneo opaco	3	3	3	3	6	6	0.40	0.56
Rivestimento non omogeneo opaco	2	4	1	1	3	5	0.34	0.28
MD_DA_OO: rivestimento omogeneo opaco (striature sottili) / acroma lisciata	0	0	5	5	5	5	0.34	0.46
MD_AD_L(O): acroma lucidata ; dipinta monocroma	0	0	5	5	5	5	0.34	0.46
Rivestimento non omogeneo lucidato	0	0	5	5	5	5	0.34	0.46
Rivestimento omogeneo opaco (striature sottili)	1	2	3	3	4	5	0.34	0.37
MD_DA_LO: rivestimento non omogeneo lucidato / acroma lisciata	0	0	4	4	4	4	0.27	0.37
MD_ADD_L(O)O: acroma lucidata ; dipinta monocroma / rivestimento omogeneo opaco	0	0	2	4	2	4	0.27	0.19
MD_DA_LO: rivestimento omogeneo lucidato / acroma lisciata	0	0	4	4	4	4	0.27	0.37
Incisa e impressa con rivestimento omogeneo opaco	4	4	0	0	4	4	0.27	0.37
Decorazione lineare lucidata (+)	1	1	3	3	4	4	0.27	0.37
MD_DA_OL: rivestimento omogeneo opaco / acroma lucidata	2	2	2	2	4	4	0.27	0.37
MD_DA_OO: rivestimento opaco (omogeneo? Non omogeneo?) / acroma lisciata	0	0	3	3	3	3	0.20	0.28
Fittile: sostegni	3	3	0	0	3	3	0.20	0.28
Metalli: bronzo	2	2	0	0	2	2	0.13	0.19
Piumata (?)	2	2	0	0	2	2	0.13	0.19
MD_DA_LO: indet: rivestimento lucidato (omogeneo? Non omogeneo?) / acroma lisciata	0	0	2	2	2	2	0.13	0.19
Indet: rivestimento lucidato (omogeneo? Non omogeneo?)	0	0	2	2	2	2	0.13	0.19
Indet: rivestimento opaco (omogeneo? Non omogeneo?)	0	0	2	2	2	2	0.13	0.19
MD_DA_LO: decorazione lineare lucidata (+) / acroma lisciata	0	0	2	2	2	2	0.13	0.19
MD_DD_OO: rivestimento non omogeneo opaco / dipinta monocroma	1	1	0	0	1	1	0.07	0.09
Organico: conchiglie	0	0	1	1	1	1	0.07	0.09
Organico: carbone	0	0	1	1	1	1	0.07	0.09
Geologico: strumenti litici (?)	1	1	0	0	1	1	0.07	0.09
Fittile: terracotta	1	1	0	0	1	1	0.07	0.09
MD_IDA_OO: incisa con rivestimento omogeneo opaco / acroma lisciata	1	1	0	0	1	1	0.07	0.09
Indet: incisa e impressa con rivestimento lucidato (omogeneo? Non omogeneo?)	1	1	0	0	1	1	0.07	0.09
Impressa con rivestimento omogeneo opaco	1	1	0	0	1	1	0.07	0.09
MD_IDD_OO: incisa senza rivestimento ; dipinta monocroma / decorazione lineare opaca (-)	1	1	0	0	1	1	0.07	0.09
MD_ID_OL: incisa senza rivestimento / rivestimento omogeneo lucidato	1	1	0	0	1	1	0.07	0.09
MD_DD_LO: rivestimento omogeneo lucidato (striature sottili) / rivestimento omogeneo opaco (striature sottili)	1	1	0	0	1	1	0.07	0.09
MD_DD_LO: indet: Rivestimento non omogeneo lucidato / rivestimento opaco (omogeneo? Non omogeneo?)	0	0	1	1	1	1	0.07	0.09
MD_DD_LO: rivestimento omogeneo lucidato / dipinta monocroma	1	1	0	0	1	1	0.07	0.09
MD_DA_(L)O: decorazione lineare lucidata (+) ; acroma lisciata	0	0	1	1	1	1	0.07	0.09
MD_ADA_L(O)O: acroma lucidata ; dipinta monocroma / acroma lisciata	0	0	1	1	1	1	0.07	0.09
MD_DD_OL: rivestimento omogeneo opaco / decorazione lineare lucidata (+)	0	0	1	1	1	1	0.07	0.09
MD_DD_LL: rivestimento omogeneo lucidato / decorazione lineare lucidata (+)	1	1	0	0	1	1	0.07	0.09
MD_DD_LL: rivestimento non omogeneo lucidato / rivestimento omogeneo lucidato (striature sottili)	0	0	1	1	1	1	0.07	0.09
Incisa con rivestimento opaco (interno ed esterno); tesa dell'orlo lucidata	1	1	0	0	1	1	0.07	0.09
Decorazione lineare lucidata (-)	0	0	1	1	1	1	0.07	0.09
Decorazione lineare opaca (-)	0	0	1	1	1	1	0.07	0.09
Indet: incisa con rivestimento opaco (omogeneo? Non omogeneo?)	0	0	1	1	1	1	0.07	0.09
Indet: incisa con linee (dipinta?) o rivestimento opaco?	0	0	1	1	1	1	0.07	0.09
MD_DA_XO: indet: rivestimento omogeneo (opaco? Lucidato?) / acroma lisciata	0	0	1	1	1	1	0.07	0.09
Dipinta bicroma	1	1	0	0	1	1	0.07	0.09
TOTALE	308	396	772	1092	1080	1488	100.00	100.00

Stat. 4.1: Dati quantitativi totali dei reperti. Ordinamento dall'alto verso il basso in base al numero di frammenti totali. (azzurro: ceramiche acrome; arancione: vasellame e utensili adibiti alla cottura di alimenti; verde: ceramiche decorate; marrone: materiali di varia funzione).

Ceramica acroma *(acroma lisciata / acroma indeterminata / acroma lucidata)*				
	Records	Frammenti	%fr	%rec
	204	424	28.49	18.89
Adibiti alla cottura di alimenti *(da fuoco modellata a mano / cucina tornita / sostegni fittili)*				
	Records	Frammenti	%fr	%records
	60	111	7.46	5.56
Ceramiche decorate (con decorazioni dipinte / con decorazioni incise e/o impresse / con molteplici decorazioni)				
Con decorazioni dipinte	Con decorazioni incise e/o impresse			
	Records	Frammenti	%fr	%records
	788	896	60.22	72.96
Materiali di varia funzione				
	Records	Frammenti	%fr	%records
Vari: *piano di calpestio*	2	24	1.61	0.19
Metalli: *bronzo*	2	2	0.13	0.19
Organico: *conchiglie*	1	1	0.07	0.09
Organico: *carbone*	1	1	0.07	0.09
Geologico: *strumenti litici (?)*	1	1	0.07	0.09
Fittile: *terracotta*	1	1	0.07	0.09
	8	30	2.02	0.74
Indeterminati				
	Records	Frammenti	%fr	%records
	0	0	0.00	0.00
Totale ceramiche allotrie (d'importazione + regio-coloniali)				
	Records	Frammenti	%fr	%records
Ceramiche d'importazione	14	16	1.08	1.30
Ceramiche regio-coloniali	6	11	0.74	0.56
	20	27	1.81	1.85

Stat. 4.2: Suddivisione dei materiali sulla base di stat. 4.1.

cottura di alimenti (7.46%; 111 fr.). Sono in seguito attestati reperti d'importazione (1.08%; 16 fr.) seguiti dalle imitazioni regio-coloniali di esse (0.74%; 11 fr.[1004]). Una percentuale confrontabile con altri contesti è infine attestata da materiali di varia funzione e natura (2.02%; 30 fr.).

Le tendenze sono comparabili con quelle in percentuali di unità riconosciute (records: stat. 4.2): ceramiche decorate (72.96%; 788 records); ceramiche acrome (18.89%; 204 records); forme e utensili adibiti alla cottura di alimenti (5.56%; 60 records); reperti d'importazione (1.30%; 14 records); ceramiche regio-coloniali (0.56%; 6 records)[1005]; materiali di varia funzione e natura (0.74%; 8 records).

In entrambe le varianti statistiche equivale la presenza maggioritaria di ceramiche decorate seguite da quelle acrome e solo in terza posizione quelle adibite alla cottura di alimenti. Interessante, in questo caso, è la predominanza di reperti decorati rispetto a quelli acromi, finora attestati invece sempre in maggioranza. Un'attestazione di un numero così elevato di reperti decorati caduto in disuso potrebbe essere forse relazionato a nuovi gusti decorativi per le ceramiche a partire dalla metà del VI sec. a.C. – un'ipotesi che verrà in seguito analizzata grazie alle attestazioni dei contesti di datazione successiva. Interessante è anche l'attestazione di reperti d'importazione e imitazioni regio-coloniali di esse finite all'interno di un riempimento costruttivo: il valore dei reperti non sembra essere stato considerato così alto da intraprenderne una riparazione. Tuttavia, bisogna tenere presente che nessuno dei reperti indagati in questo volume presenta fori di riparazione – un'assenza che potrebbe essere anche relazionabile ad un'assenza di *know how* tecnico in questo periodo permettente la riparazione di forme ceramiche oppure all'assenza di materie prime utilizzate per le riparazioni *a lungo termine* come i metalli[1006].

3.3.5.1 Ceramiche acrome

Le ceramiche acrome sono attestate da 424 frammenti documentati in 204 records (statt. 4.1–4.2 [azzurro]: 28.49%fr.; 18.89%rec dei materiali totali). Oltre ai sei frammenti indeterminati per quanto riguarda il trattamento di superficie, documentati in quattro records (0.40%fr.; 0.37%rec dei materiali totali), la maggioranza dei frammenti (409 fr.; 192 rec; 27.49%fr.; 17.78%rec) mostra trattamenti di superficie lisciati. Sono ancora attestati 9 frammenti (8 rec; 0.60%fr.; 0.74%rec) con trattamento di superficie lucidata come attestato anche dai materiali di VIII–VII sec. a.C.

Le morfologie attestate dai reperti in ceramica acroma sono riferibili a:

- bacini / scodelloni / mortai (**186–187. 193**)
- scodelle (**311. 318. 329. 336**)
- coppe / scodelle (**347**)
- forme potorie (**421**)
- vasi su alto piede (**498**)
- coperchi adibiti a forme chiuse di piccole dimensioni (**748–749**)
- anfore/idrie (**586**)
- orcioli / olle / pithoi di piccole dimensioni (**643. 646. 694–695**)
- forme chiuse di media-grande dimensione (corrispondenti verosimilmente alle forme altrimenti attestate: **689–690. 932**).

Lo spettro morfologico, seppure essere relativamente ampio, denota la mancanza di una sicura attestazione di brocche da servizio in tavola attestati invece in ceramica acroma nel riempimento di VIII–VII sec. a.C. Le attestazioni di brocche in ceramica acroma sono già mancanti all'interno degli inventari dell'edificio del quartiere orientale (ca. ultimo quarto VII sec. – 540 a.C.).

3.3.5.2 Ceramiche e reperti fittili adibiti alla cottura di alimenti

I reperti riferibili alla cottura di alimenti (statt. 4.1–4.2 [arancione]) sono suddivisi in 102 frammenti (53 rec; 6.85%fr.; 4.91%rec) di vasellame da fuoco modellato a

1004 Ceramiche verosimilmente d'importazione allotrie all'isola e imitazioni regio-coloniali a vernice nera ammontano correlate all'1.81% dei materiali (27 fr.).

1005 Ceramiche verosimilmente d'importazione allotrie all'isola e imitazioni regio-coloniali a vernice nera ammontano correlate all'1.85% dei materiali (20 records).

1006 Per il periodo tardo-arcaico/classico è attestato il pithos K 24488, proveniente dalla "Casa tardo-arcaica" con fori di riparazione: Kistler et al. 2013, 233 fig. 11.

mano. Ulteriori attestazioni di questa categoria sono rappresentate da sei frammenti di parete di vasellame da fuoco modellato al tornio (4 rec; 0.40%fr.; 0.37%rec) e da tre frammenti (3 rec; 0.20%fr.; 0.29%rec) di sostegni a clessidra fittili (**826**). Completamente assenti per quanto riguarda il vasellame sono le attestazioni di scodelloni da fuoco, verosimilmente non identificati a causa dell'alta frammentazione del materiale. Ugualmente mancanti sono frammenti di piastre fittili, verosimilmente a causa della natura del contesto di riempimento. Interessante è constatare che neppure all'interno del riempimento di VIII–VII sec. a.C. erano presenti frammenti di piastre fittili. Questo dato non è tuttavia da sopravalutare visto un possibile non riconoscimento della forma a causa della sua stretta somiglianza, in stato frammentario, con frammenti di fondi di pignatte e teglie.

Le morfologie attestate dal vasellame sono:
- pignatte (**780–784**)
- teglie (**806**)
- coperchi
- scodellina (?) modellata a mano (**820**).

Interessante da un punto di vista funzionale è la presenza della forma aperta modellata a mano **820** riferibile, forse, ad una piccola scodellina utilizzata nello specifico in vicinanza di fonti di calore (portaspezie? Diametro tra gli 8 e 10 cm).

3.3.5.3 Ceramiche decorate

All'interno del riempimento adibito alla costruzione dell'edificio A le ceramiche decorate sono attestate in maggioranza rispetto alla quantità di ceramiche acrome (statt. 4.2–4.3 [verde]). La predominanza sia di frammenti che di unità è nettamente riferibile a quanto definito *con decorazioni dipinte* (stat. 4.4: 699 fr.; 53.56%fr. dei materiali totali; 88.95%fr. delle decorate; 699 rec 64.72%rec dei materiali totali; 88.71%rec delle decorate). Le ceramiche *con decorazioni incise e/o impresse* sono attestate da 99 frammenti (stat. 4.4: 6.65%fr. dei materiali totali; 11.05%fr. delle decorate) documentati in 89 records diversi (8.24%rec dei materiali totali; 11.29%rec delle decorate).

Ceramiche decorate	Quartiere Agora, Riempimento adibito alla costruzione dell'edificio A									
	Inv. Regolare		Inv. Interno		TOT					
	Record	Frammenti	Record	Frammenti	Record	Frammenti	%fr	%rec	%fr delle decorate	%rec delle decorate
Dipinta monocroma	131	186	384	412	515	598	40.19	47.69	66.74	65.36
MD_DD_OO: rivestimento omogeneo opaco / dipinta monocroma	9	11	19	20	28	31	2.08	2.59	3.46	3.55
MD_DA_OO: rivestimento omogeneo opaco / acroma lisciata	11	11	15	15	26	26	1.75	2.41	2.90	3.30
Incisa senza rivestimento	17	24	1	1	18	25	1.68	1.67	2.79	2.28
MD_DA_OO: rivestimento non omogeneo opaco / acroma lisciata	4	5	8	12	12	17	1.14	1.11	1.90	1.52
Incisa con rivestimento omogeneo opaco	14	15	2	2	16	17	1.14	1.48	1.90	2.03
Rivestimento omogeneo opaco	4	4	10	10	14	14	0.94	1.30	1.56	1.78
Indet: linee (dipinta?) o rivestimento opaco?	0	0	14	14	14	14	0.94	1.30	1.56	1.78
Incisa e impressa senza rivestimento	10	10	1	1	11	11	0.74	1.02	1.23	1.40
Dipinta monocroma ; decorazione lineare opaca (-)	4	5	4	4	8	9	0.60	0.74	1.00	1.02
Rivestimento omogeneo lucidato (striature sottili)	1	1	8	8	9	9	0.60	0.83	1.00	1.14
MD_IDA_OO: incisa senza rivestimento ; dipinta monocroma / acroma lisciata	6	7	1	1	7	8	0.54	0.65	0.89	0.89
Incisa con rivestimento omogeneo lucidato	6	7	1	1	7	8	0.54	0.65	0.89	0.89
Rivestimento omogeneo lucidato	1	1	6	7	7	8	0.54	0.65	0.89	0.89
Incisa e impressa con rivestimento omogeneo lucidato	6	6	0	0	6	6	0.40	0.56	0.67	0.76
MD_ID_OO: incisa senza rivestimento / rivestimento omogeneo opaco	2	2	4	4	6	6	0.40	0.56	0.67	0.76
MD_IDD_OO: incisa senza rivestimento ; dipinta monocroma / rivestimento omogeneo opaco	3	3	3	3	6	6	0.40	0.56	0.67	0.76
Rivestimento non omogeneo opaco	2	4	1	1	3	5	0.34	0.28	0.56	0.38
MD_DA_OO: rivestimento omogeneo opaco (striature sottili) / acroma lisciata	0	0	5	5	5	5	0.34	0.46	0.56	0.63
MD_AD_L(O): acroma lucidata ; dipinta monocroma	0	0	5	5	5	5	0.34	0.46	0.56	0.63
Rivestimento non omogeneo lucidato	0	0	5	5	5	5	0.34	0.46	0.56	0.63
Rivestimento omogeneo opaco (striature sottili)	1	2	3	3	4	5	0.34	0.37	0.56	0.51
MD_DA_LO: rivestimento non omogeneo lucidato / acroma lisciata	0	0	4	4	4	4	0.27	0.37	0.45	0.51
MD_ADD_L(O)O: acroma lucidata ; dipinta monocroma / rivestimento omogeneo opaco	0	0	2	4	2	4	0.27	0.19	0.45	0.25
MD_DA_LO: rivestimento omogeneo lucidato / acroma lisciata	0	0	4	4	4	4	0.27	0.37	0.45	0.51
Incisa e impressa con rivestimento omogeneo opaco	4	4	0	0	4	4	0.27	0.37	0.45	0.51
Decorazione lineare lucidata (+)	1	1	3	3	4	4	0.27	0.37	0.45	0.51
MD_DA_OL: rivestimento omogeneo opaco / acroma lucidata	2	2	2	2	4	4	0.27	0.37	0.45	0.51
MD_DA_OO: rivestimento opaco (omogeneo? Non omogeneo?) / acroma lisciata	0	0	3	3	3	3	0.20	0.28	0.33	0.38
Piumata (?)	2	2	0	0	2	2	0.13	0.19	0.22	0.25
MD_DA_LO: Indet: rivestimento lucidato (omogeneo? Non omogeneo?) / acroma lisciata	0	0	2	2	2	2	0.13	0.19	0.22	0.25
Indet: rivestimento lucidato (omogeneo? Non omogeneo?)	0	0	2	2	2	2	0.13	0.19	0.22	0.25
Indet: rivestimento opaco (omogeneo? Non omogeneo?)	0	0	2	2	2	2	0.13	0.19	0.22	0.25
MD_DA_LO: decorazione lineare lucidata (+) / acroma lisciata	0	0	2	2	2	2	0.13	0.19	0.22	0.25
MD_DD_OO: rivestimento non omogeneo opaco / dipinta monocroma	1	1	0	0	1	1	0.07	0.09	0.11	0.13
MD_IDA_OO: incisa con rivestimento omogeneo opaco / acroma lisciata	1	1	0	0	1	1	0.07	0.09	0.11	0.13
Indet: incisa e impressa con rivestimento lucidato (omogeneo? Non omogeneo?)	1	1	0	0	1	1	0.07	0.09	0.11	0.13
Impressa con rivestimento omogeneo opaco	1	1	0	0	1	1	0.07	0.09	0.11	0.13
MD_IDD_OO: incisa senza rivestimento ; dipinta monocroma / decorazione lineare opaca (-)	1	1	0	0	1	1	0.07	0.09	0.11	0.13
MD_ID_OL: incisa senza rivestimento / rivestimento omogeneo lucidato	1	1	0	0	1	1	0.07	0.09	0.11	0.13
MD_DD_LO: rivestimento omogeneo lucidato (striature sottili) / rivestimento omogeneo opaco (striature sottili)	1	1	0	0	1	1	0.07	0.09	0.11	0.13
MD_DD_LO: indet: rivestimento non omogeneo lucidato / rivestimento opaco (omogeneo? Non omogeneo?)	0	0	1	1	1	1	0.07	0.09	0.11	0.13
MD_DD_LO: rivestimento omogeneo lucidato / dipinta monocroma	1	1	0	0	1	1	0.07	0.09	0.11	0.13
MD_DA_(L)O: decorazione lineare lucidata (+) ; acroma lisciata	0	0	1	1	1	1	0.07	0.09	0.11	0.13
MD_ADA_L(O)O: acroma lucidata ; dipinta monocroma / acroma lisciata	0	0	1	1	1	1	0.07	0.09	0.11	0.13
MD_DD_OL: rivestimento omogeneo opaco / decorazione lineare lucidata (+)	0	0	1	1	1	1	0.07	0.09	0.11	0.13
MD_DD_LL: rivestimento omogeneo lucidato / decorazione lineare lucidata (+)	1	1	0	0	1	1	0.07	0.09	0.11	0.13
MD_DD_LL: rivestimento non omogeneo lucidato / rivestimento omogeneo lucidato (striature sottili)	0	0	1	1	1	1	0.07	0.09	0.11	0.13
Incisa con rivestimento opaco (interno ed esterno); tesa dell'orlo lucidata	1	1	0	0	1	1	0.07	0.09	0.11	0.13
Decorazione lineare lucidata (-)	0	0	1	1	1	1	0.07	0.09	0.11	0.13
Decorazione lineare opaca (-)	0	0	1	1	1	1	0.07	0.09	0.11	0.13
Indet: incisa con rivestimento opaco (omogeneo? Non omogeneo?)	0	0	1	1	1	1	0.07	0.09	0.11	0.13
Indet: incisa con linee (dipinta?) o rivestimento opaco?	0	0	1	1	1	1	0.07	0.09	0.11	0.13
MD_DA_XO: indet: rivestimento omogeneo (opaco? Lucidato?) / acroma lisciata	0	0	1	1	1	1	0.07	0.09	0.11	0.13
Dipinta bicroma	1	1	0	0	1	1	0.07	0.09	0.11	0.13
TOTALE	252	324	536	572	788	896	60.22	72.96	100	100

Stat. 4.3: Ceramiche decorate. Verde chiaro: dipinte. Verde scuro: incise e/o impresse. Arancione chiaro: dipinte con superfici lisciate. Arancione scuro: incise e/o impresse con superfici lisciate. Viola chiaro: dipinte con superfici lucidate. Viola scuro: incise e/o impresse con superfici lucidate. Azzurro: dipinte con superfici lisciate / lucidate. Blu: incise e/o impresse con superfici lisciate / lucidate.

Con decorazioni dipinte					
Records	Frammenti	%fr	%records	**%fr delle decorate**	**%rec delle decorate**
699	797	53.56	64.72	88.95	88.71
Con decorazioni incise e/o impresse					
Records	Frammenti	%fr	%records	**%fr delle decorate**	**%rec delle decorate**
89	99	6.65	8.24	11.05	11.29

Stat. 4.4 sulla base di stat. 4.3.

I valori in rapporto tra ceramiche con decorazioni dipinte e quelle con decorazioni incise e/o impresse corrispondono a quanto attestato dagli strati di prima e seconda fase erosi verso sud dell'edificio del quartiere orientale, rappresentanti una fase cronologica tra ca. il 630/620 e il 540 a.C. analogo al riempimento *ante* la metà del VI sec. a.C. qui presentato.

3.3.5.3.1 Con decorazioni dipinte

La predominanza è attestata dai reperti in *ceramica a decorazione (geometrica) dipinta* utilizzante un'unica miscela di ocre argillose rosse risultante, dunque, *monocroma* (stat. 4.3. [verde chiaro]: 598 fr.; 515 rec; 66.74%fr. delle decorate; 65.36%rec delle decorate). Interessante fra questi è ad esempio l'attestazione sul reperto **508** di sperimentazioni cromatiche utilizzanti diverse densità della stessa miscela di ocre argillose rosse. Le linee sul fondo sono state effettuate con una miscela nettamente più densa risultante rossastra; quelle sulle pareti invece con una miscela più diluita – risultante arancione all'occhio. Infine, le linee orizzontali più sottili racchiuse fra altre due leggermente più spesse sulla parte superiore della parete conservata sembrano attestare un effetto consapevole dell'utilizzo di densità diverse della miscela creanti effetti cromatici diversi: le linee più spesse delimitanti il fascio sono state effettuate esclusivamente con una miscela più densa, quelle all'interno invece con una miscela più diluita risultante quasi giallastra rispetto a quelle esterne delimitanti. Sembra inverosimile nel caso di questo reperto pensare ad un effetto casuale prodotto dal vasaio.

Un unico frammento è forse riferibile a decorazione bicroma (stat. 4.3 [verde chiaro]: 0.11%fr. delle decorate; 0.13%rec delle decorate). Il reperto **933** attesta stati di conservazione diversi delle linee dipinte – un fenomeno altrimenti sconosciuto all'interno della totalità di reperti indagati in questo volume. Seppure questo fenomeno posso essere legato a specifici processi postdeposizionali è tuttavia curiosa l'attestazione unicamente delle bande superiori e inferiori più larghe, in un certo senso più "evanide", rispetto a quelle più sottili racchiuse all'interno di queste, perfettamente conservate. Il fenomeno potrebbe essere relazionato ad una reazione chimica diversificata delle materie prime utilizzate per le linee dipinte a contatto con il terreno. Se le componenti della miscela di ocre argillose erano in origine diverse, diverso può essere lo stato di conservazione delle dipinture. L'utilizzo tecnico di diverse miscele di ocre argillose non era verosimilmente casuale visto il processo di preparazione necessario alla creazione di due miscele diverse. In questo senso potrebbe essere verosimile l'uso di due colorazioni visibili all'occhio diverse. Seppure questo dato sia opinabile il reperto è stato inserito all'interno delle ceramiche *dipinte bicrome*.

All'interno del riempimento seguono quantitativamente – in netta minoranza – le attestazioni di ceramiche presentanti rivestimenti opachi in combinazione con decorazioni lineari dipinte (stat. 4.3 [verde chiaro]: 31 fr.; 28 rec; 3.46%fr. delle decorate; 3.55%rec delle decorate). I rivestimenti opachi seguono quantitativamente anche tutte le altre attestazioni decorative. Omettendo in un primo momento la tecnica di stesura dei rivestimenti, risultano attestati oltre a quelli a rivestimento omogeneo opaco / dipinta monocroma (statt. 4.3; 4.5. [arancione chiaro]:

- rivestimento omogeneo opaco / acroma lisciata
- rivestimento non omogeneo opaco / acroma lisciata
- rivestimento omogeneo opaco
- indet: linee (dipinta?) o rivestimento opaco?
- dipinta monocroma ; decorazione lineare opaca (-)
- rivestimento non omogeneo opaco
- rivestimento omogeneo opaco (striature sottili) / acroma lisciata
- rivestimento omogeneo opaco (striature sottili)
- rivestimento opaco (omogeneo? Non omogeneo?) / acroma lisciata
- indet: rivestimento opaco (omogeneo? Non omogeneo?)
- rivestimento non omogeneo opaco / dipinta monocroma
- decorazione lineare opaca (-).

In questo caso la maggioranza di frammenti, quando presentanti rivestimenti opachi, attestano ulteriormente una loro combinazione con superfici acrome.

Ricordando l'assenza di combinazioni tra rivestimenti omogenei opachi e decorazioni lineari in dipinta – attestati all'interno dello strato di prima fase dell'edificio orientale (ca. 630/620–570 a.C.) e assenti in quello di seconda fase (ca. 570–540 a.C.) è ipotizzabile un'attribuzione della grande maggioranza di reperti con rivestimenti omogenei opachi in combinazione con decorazioni lineari dipinte del riempimento, quantitativamente seconde rispetto a quelle dipinte monocrome (*a decorazione (geometrica) dipinta*), come verosimilmente datanti verso l'inizio della formazione del riempimento tra l'ultimo quarto del VII e il primo quarto del VI sec., cadute in disuso all'interno del riempimento durante la sua formazione verso il 550 a.C. La combinazione – come presentato in seguito – è mancante all'interno di tutti gli altri contesti cronologicamente successivi, fatta eccezione per le forme potorie d'imitazione (**430–432**. **434**) e per due piccoli frammenti all'interno del riempimento adibito al piano di calpestio di prima fase dell'edificio ad oikos (stat. 7.1), così come altri due frammenti di piccole dimensioni all'interno del riempimento adibito al piano di calpestio di seconda fase dello stesso edificio (stat. 8.1). L'attestazione della combinazione decorativa, successivamente in uso principalmente per forme potorie d'imitazione e mancante da tutte le altre morfologie prettamente *indigene*, sembra verosimilmente non essere più in uso durante i periodi di costruzione delle due fasi edilizie dell'edificio ad oikos.

Osservando le tecniche di stesura dei rivestimenti compaiono quelle a pennellate irregolari definiti come a *rivestimento non omogeneo* correlabili con quanto definito dalla ricerca *piumate/monocrome/bicrome a flabelli?*. La modalità di stesura non è minimamente, fatta eccezione per l'orcio **640** (rivestimento non omogeneo opaco / dipinta monocroma), comparabile con quanto attestato dalle ceramiche provenienti dal contesto di VIII–VII sec. a.C. Le pennellate appaiono molto più regolari è stese in determinate direzioni, senza attestazioni di palesi densità di colore più accentuate in alcuni punti, rispetto a quelle *"piumate"* del riempimento ad est della casa a peristilio I. D'altronde queste tipologie mostrano trattamenti di superfici lisciate e sono attestate in quantità nettamente minore, rispetto a quelle ritrovate all'interno del riempimento di VIII–VII sec. a.C. a superfici lucidate. Ricordando che le attestazioni a rivestimento non omogeneo scompaiono all'interno della seconda fase dell'edificio orientale (ca. 570–540 a.C.) ma sono ancora attestate all'interno di quello di prima fase (ca. 630/620–570 a.C.) sembra poter essere possibile inquadrare le combinazioni attestanti rivestimenti non omogenei opachi fra l'ultimo quarto del VII e il primo quarto del VI sec. a.C. vista ancora la loro pressoché assenza all'interno del riempimento di ca. metà VIII sec. – *ante* ca. 600 a.C.

Continuando con le ceramiche con decorazioni dipinte del riempimento adibito alla costruzione dell'edificio A è attestata anche una piccola percentuale di materiale con superfici lucidate rappresentate da (statt. 4.3; 4.5 [viola chiaro]):

- rivestimento omogeneo lucidato (striature sottili)
- rivestimento omogeneo lucidato
- rivestimento non omogeneo lucidato
- decorazione lineare lucidata (+)
- piumata (?)
- indet: rivestimento lucidato (omogeneo? Non omogeneo?)
- rivestimento omogeneo lucidato / decorazione lineare lucidata (+)
- rivestimento non omogeneo lucidato / rivestimento omogeneo lucidato (striature sottili)
- decorazione lineare lucidata (-).

Appaiono gli unici due frammenti definiti prettamente in *ceramica piumata* della totalità di reperti indagati nel presente volume. In questo caso si trattano di frammenti di parete di forme chiuse, con superfici lucidate, rappresentanti una decorazione prettamente a flabelli come quanto conosciuto dai numerosi confronti provenienti dalla parte orientale dell'isola (**692. 931**). Viste anche le differenze visibili autopticamente dell'impasto potrebbero trattarsi di reperti "d'importazione" dalla parte orientale dell'isola.

Con decorazioni dipinte (superfici lucidate)					
Records	Frammenti	%fr	%records	**%fr delle decorate**	**%rec delle decorate**
32	33	2.22	2.96	3.68	4.06
Con decorazioni incise e/o impresse (superfici lucidate)					
Records	Frammenti	%fr	%records	**%fr delle decorate**	**%rec delle decorate**
14	15	1.01	1.30	1.67	1.78
Con decorazioni dipinte (superfici lisciate / lucidate)					
Records	Frammenti	%fr	%records	**%fr delle decorate**	**%rec delle decorate**
29	31	2.08	2.69	3.46	3.68
Con decorazioni incise e /o impresse (superfici lisciate / lucidate)					
Records	Frammenti	%fr	%records	**%fr delle decorate**	**%rec delle decorate**
2	2	0.13	0.19	0.22	0.25
Con decorazioni dipinte (superfici lisciate)					
Records	Frammenti	%fr	%records	**%fr delle decorate**	**%rec delle decorate**
637	732	49.19	58.98	81.70	80.84
Con decorazioni incise e /o impresse (superfici lisciate)					
Records	Frammenti	%fr	%records	**%fr delle decorate**	**%rec delle decorate**
73	82	5.51	6.76	9.15	9.26
Con decorazioni (trattamenti di superficie indeterminate: lucidate / lisciate)					
Records	Frammenti	%fr	%records	**%fr delle decorate**	**%rec delle decorate**
1	1	0.07	0.09	0.11	0.13

Stat. 4.5 sulla base di stat. 4.3.

Vista la minoranza di attestazioni a superfici lucidate, ancora presenti nella prima fase dell'edificio orientale (ca. 630/620–570 a.C.) e in netta diminuzione in quella di seconda fase (ca. 570–540 a.C.) pressoché, come vedremo in seguito, assenti nei contesti di datazione successiva, i materiali con decorazioni dipinte e superfici lucidate sembrano anch'essi, in coerenza con la datazione del riempimento, databili *ante* la metà del VI sec. a.C., verosimilmente in uso unicamente fino al primo quarto del VI sec. a.C. (ca. 570 a.C.).

Sono ancora presenti attestazioni di trattamenti di superficie diversificati sulla stessa forma (lisciate/lucidate) rappresentati da (statt. 4.3; 4.5 [azzurro]):

- acroma lucidata ; dipinta monocroma
- rivestimento non omogeneo lucidato / acroma lisciata
- acroma lucidata ; dipinta moncoroma / rivestimento omogeneo opaco
- rivestimento omogeneo lucidato / acroma lisciata
- rivestimento omogeneo opaco / acroma lucidata
- indet: rivestimento lucidato (omogeneo? Non omogeneo?) / acroma lisciata
- decorazione lineare lucidata (+) / acroma lisciata
- rivestimento omogeneo lucidato (striature sottili) / rivestimento omogeneo opaco (striature sottili)
- indet: rivestimento non omogeneo lucidato / rivestimento opaco (omogeneo? Non omogeneo?)
- rivestimento omogeneo lucidato / dipinta monocroma
- decorazione lineare lucidata (+) ; acroma lisciata

- acroma lucidata ; dipinta monocroma / acroma lisciata
- rivestimento omogeneo opaco / decorazione lineare lucidata (+).

In questo caso è necessario far notare due fattori: la presenza di decorazioni lineari lucidate attestate in due varianti (da sole e in combinazione con rivestimenti omogenei lucidati) e in combinazione con trattamenti di superficie diversificati lucidati/lisciati.

Le attestazioni di decorazioni lineari lucidate scompaiono all'interno dei contesti di datazione successiva, come presentato in seguito, fatta eccezione per un piccolo frammento attestante la combinazione rivestimento omogeneo lucidato / decorazione lineare lucidata (+) all'interno del riempimento adibito al piano di calpestio di prima fase dell'edificio ad oikos (stat. 7.1). Queste però mancano all'interno dello strato di prima fase dell'edificio orientale (630/620–570 a.C., stat. 2.1), sono tuttavia ancora attestate all'interno degli strati erosi della prima o seconda fase (630/620–540 a.C., appendice E.1) e infine, attestate unicamente da un piccolo frammento all'interno della seconda fase (ca. 570–540 a.C., stat. 3.1). La loro presenza quantitativa, più elevata all'interno del riempimento di VIII–VII sec. a.C. (stat. 1.1), può indicare le seguenti conclusioni: seguendo il ragionamento effettuato, considerante un cambiamento di gusti nelle ceramiche verso la fine del VII sec. a.C. attestanti sempre più porzioni di superfici acrome rispetto a quelle completamente colorate e brillanti conosciute dai secoli precedenti, sembra che le decorazioni lineari con superficie lucidate siano, sia logicamente, sia da quanto riferito dai dati, una sorta di decorazione che precede quanto in seguito ampiamente attestato in tutta la Sicilia occidentale *a decorazione (geometrica) dipinta,* intesa come risultante opaca all'occhio del commensale. Questa, unicamente attestata in maniera minoritaria rispetto a quanto definito a *stralucido* (stat. 1.8) sembra collocarsi in un discorso di datazioni relative di tipo stilistico, pertinente all'evoluzione delle sue attestazioni provenienti dai contesti chiusi di Monte Iato, di una modalità decorativa "transitoria" fra le ceramiche a *stralucido* così come quelle a pennellate irregolari *"piumate"* e le successive attestazioni in ceramica *a decorazione (geometrica) dipinta* opache.

Cronologicamente, in datazioni relative, le decorazioni lineari lucidate potrebbero dunque essere collocate in un momento di transizione tra la seconda metà / l'ultimo quarto del VII al – per ragioni stilistiche – primo quarto del VI sec. Esse sono eventualmente ancora presenti fino alla metà del VI sec. a.C., ma verosimilmente non più in uso.

Di notevole importanza è anche l'attestazione di frammenti mostranti un trattamento di superficie lucidato della superficie acroma (acroma lucidata) in combinazione con una decorazione lineare opaca (+), nomenclata "MD_AD_L(O): acroma lucidata ; dipinta monocroma". Questa combinazione, già attestata nel riempimento di VIII–VII sec. a.C. e definita da Hans Peter Isler *"helltonige Keramik mit rot aufgemalten Streifen*[1007]*"*, manca all'interno dei due strati dell'edificio nel quartiere orientale e da tutti gli altri contesti presi in esame nel presente volume. La loro tecnica produttiva, indicante una fase transitoria, se osservata come evoluzione stilistica delle tecniche decorative, tra quanto definito a *stralucido/decorazione lineare lucidata (+)* e la successiva *ceramica a decorazione (geometrica) dipinta* (dipinta monocroma)[1008] è attestata da otto frammenti all'interno del riempimento dell'VIII–VII sec. (stat. 1.1) e da dieci frammenti all'interno del presente riempimento adibito alla costruzione dell'edificio A nel quartiere dell'agorà (stat. 4.1[1009]). datato tra l'ultimo quarto del VII sec. e ca. il 550 a.C. Tenendo conto della presenza di questa tecnica decorativa unicamente in questi due contesti, sembra possibile collocare la loro produzione tra l'ultimo quarto e la fine del VII sec. a.C. (ca. 630/620–600 a.C.). L'assenza della tecnica all'interno degli strati di entrambe le fasi dell'edificio nel quartiere orientale (statt. 2.1; 3.1; appendice E.1), datate tra ca. il 630/620–540 a.C., è interpretabile in tre varianti:
1.) come casuale ed arbitraria, vista l'estensione dello scavo
2.) come tecnica non in uso nell'arco di tempo di occupazione dell'edificio – e dunque la datazione proposta sarebbe incorretta
3.) come tecnica di produzione di transizione, non invasiva da un punto di vista di commercio/utilizzo e dunque neppure utilizzata, seppure prodotta in tale periodo, all'interno dell'edificio nel quartiere orientale.

Nell'attesa di futuri rinvenimenti di reperti in acroma lucidata ; dipinta monocroma provenienti da altri contesti stratificati si propone l'assenza dei materiali all'interno dell'edificio orientale secondo la variante 1.) oppure 3.), limitando la datazione della tecnica ad un quarto di secolo (ca. 630/620–600 a.C.).

I trattamenti di superficie diversificati (lisciati/lucidati) sulla stessa forma, sono attestati in maggioranza all'interno di questo contesto (stat. 4.5 [azzurro e blu])

1007 Per l'insicurezza che H. P. Isler intendesse esattamente (e unicamente) questa tipologia ceramica, cfr. nota 932.
1008 Cfr. per la descrizione della tecnica: 3.3.1.3.1 *Con decorazioni dipinte* ; 3.2.2.2.3.3 *Trattamento di superficie diversificato (lisciato / lucidato) presente sullo stesso reperto (MD_XX_OL).*
1009 5 frammenti acroma lucidata ; dipinta monocroma, 4 frammenti in combinazione con un rivestimento omogeneo opaco [MD_ADD_L(O)O] e un frammento di piccole dimensioni in combinazione con una superficie acroma lisciata [MD_ADA_L(O)O].

e scompaiono, come vedremo in seguito, da tutti i contesti di datazione successiva, fatta eccezione per due piccoli frammenti all'interno del riempimento adibito al piano di calpestio di prima fase dell'edificio ad oikos (stat. 7.3 [azzurro e blu]) e un frammento all'interno degli strati non riferibili con sicurezza secondo la documentazione di scavo al riempimento adibito al piano di calpestio di prima o seconda fase dell'edificio ad oikos (appendice G.1 [azzurro]). Le produzioni non sembrano essere casuali, viste le loro attestazioni, oltre che quelle all'interno del riempimento di VIII–VII sec. a.C. (statt. 1.7; 1.15), anche all'interno degli strati erosi di prima o seconda fase dell'edificio nel quartiere orientale (statt. 2.5; 2.10 [prima fase]; 3.5; 3.10 [seconda fase]; appendice E.2 [prima o seconda fase] in azzurro e blu). Sembra, dunque, che al più tardi verso la metà del VI sec. a.C., se non già limitato al primo quarto del VI sec., cessi anche il periodo di sperimentazione fra trattamenti di superficie diversificati su di una stessa forma sfociante in una preferenza sempre maggiore, se non pressoché totalitaria, di reperti con superfici lisciate, risultanti opache all'occhio dei commensali (cfr. appendice F; stat. 6.3; stat. 7.10; stat. 8.11; appendice G.1).

Per quanto riguarda i reperti a decorazione geometrica dipinta (*dipinta monocroma*), sembra possibile indicare una loro presenza già all'interno del riempimento di VIII–VII sec. a.C. Tuttavia, vista la loro bassa attestazione rispetto a tutte le altre tecniche decorative presenti (stat. 1.5: 2.25%fr. delle decorate), la loro produzione è probabilmente datante cronologicamente verso la fine della formazione del riempimento (ultimo quarto VII sec. a.C.?). Esse si ritrovano abbondantemente sia all'interno dello strato di prima fase sia in quello di seconda fase dell'edificio orientale (ca. 630/620–540 a.C.; stat. 2.3, 50.98%fr. delle decorate; stat. 3.3, 70.22%fr. delle decorate; appendice E.2, 65.37%fr. delle decorate) corrispondente grosso modo alla predominanza attestate all'interno del presente riempimento *ante* la metà del VI sec. a.C. (stat. 4.3, 66.74%fr. delle decorate).

Secondo la bassissima, seppure già presente, attestazione di materiali in dipinta monocroma all'interno del riempimento di VIII–VII sec. a.C., sembra, per ragioni quantitative, porre cronologicamente la loro produzione verso la fine della formazione degli strati *ante* ca. il 600 a.C. Pur accettando una datazione relativa dell'avvento della produzione sul Monte Iato verso l'ultimo quarto del VII sec. a.C., resta discutibile la presenza invece così dominante della produzione all'interno degli strati di vita dell'edificio nel quartiere orientale (ca. 630/620–540 a.C.), soprattutto osservandone la predominanza all'interno della prima fase (ca. 630/620–570 a.C.; stat. 2.3, 50.98%fr. delle decorate). Le divergenze quantitative nei vari contesti sono interpretabili in due varianti:

1.) la genesi dei contesti: il riempimento di VIII–VII sec. presenta associazioni arbitrarie di materiali caduti in disuso, nella maggior parte dei materiali ceramici verosimilmente per ragioni di frammentazione degli oggetti. Nello strato di vita di prima fase dell'edificio nel quartiere orientale, i materiali presenti sono invece piuttosto riferibili all'inventario in utilizzo all'interno del vano settentrionale, con determinate "perturbazioni", vista la successiva copertura dello strato con il piano di calpestio di seconda fase (=strato adibito alla posa del piano di calpestio di seconda fase, non necessariamente formato unicamente da materiali facenti parte dell'inventario in uso durante la prima fase dell'edificio). Queste premesse potrebbero spiegare la bassa attestazione di materiale in dipinta monocroma all'interno del riempimento di VIII–VII sec. a.C.: queste produzioni, durante l'ultimo quarto del VII sec., erano così in ascesa di popolarità tra le persone – che fosse per motivi di gusti estetici o di tempistiche minori necessarie per la loro creazione rispetto, ad esempio, a quelle a *stralucido* – che in tale lasso temporale non caddero ancora in grandi quantità in disuso.
2.) il *t.a.q.* della formazione del riempimento ad est della casa a peristilio I è da porre cronologicamente in un periodo precedente a quello elaborato verso ca. il 600 a.C., secondo principalmente la datazione del frammento di coppa greco-orientale *B1* (K 30781, fig. 3) finita all'interno della buca di palo in relazione all'interpretazione della stratigrafia esposta in precedenza[1010]. In questo caso la datazione dei materiali in dipinta monocroma sarebbe, rispettivamente a quella del *t.a.q.*, da porre cronologicamente in una fase precedente.

Seppure non sia possibile escludere con sicurezza una delle due varianti, è chiaro che il *t.a.q.* del riempimento elaborato grazie alla datazione della coppa *B1* K 30781 (620/610–550 a.C.) verso ca. il 600 a.C. è soggetto a varie fonti di critica: ciononostante la datazione della distruzione dell'edificio rettangolare o absidiale attestato dalle buche di palo tende, più verosimilmente, verso una cronologia più recente (550 a.C.?), rispetto ad una più antica (620/610 a.C.?), ponendo così un possibile *t.a.q.* del riempimento piuttosto in un momento *post* il 600 a.C. Una datazione alternativa del *t.a.q.* virerebbe comunque alla smentita della variante 2.), ragione per la quale la datazione proposta per l'avvento della produzione di materiali in dipinta monocroma sul Monte Iato segue le argomentazioni della variante 1.) ponendola così all'ultimo quarto del VII sec. a.C.

Infine, ricordando l'attestazione effettiva di decorazioni dipinte bicrome all'interno della seconda fase

1010 Cfr. 2.1 Riempimento nella zona orientale della casa a peristilio I.

del quartiere orientale (ca. 570–540 a.C., stat. 3.3, **902–903**) non devono verosimilmente stupire le attestazioni di tentativi di bicromia ottenuti grazie alla variazione di densità della stessa miscela di ocre argillose rosse (**508**) come neppure, forse, di un'altra attestazione di reperto con decorazione lineare bicroma (**933**) all'interno del riempimento *ante* la metà del VI sec. a.C. La fase di sperimentazione di bicromia con decorazioni lineari effettuata con la stessa miscela di ocre in stadi di diluizione diverse – stessa metodologia già utilizzata per le più antiche ceramiche *"piumate"* (a rivestimento non omogeneo sia lucidato che opaco) – potrebbe trattarsi di una fase, su base stilistica, collocabile verso la fine del VII e il primo quarto del VI sec. a.C. in seguito ottimizzata grazie all'apporto di miscele di ocre argillose con componenti diverse creanti dei veri effetti di bicromia. Seppure questo dato possa certamente essere spiegato grazie all'attribuzione delle ceramiche ad atelier ceramici diversi – alcuni utilizzanti un'unica miscela, le altre aventi o più possibilità di ricavo di materie prime diverse oppure producenti ceramiche di qualità più elevate e, dunque, più pregiate utilizzanti due miscele diverse – non sembrano corrispondere a quanto indagato autopticamente. A partire, come in seguito presentato dai contesti di datazione successive, dalla metà del VI sec. sembrano difatti affermarsi le decorazioni bicrome parallelamente a quelle monocrome (statt. 5.3; 6.3; 7.3; 8.3; appendice G.1). I reperti bicromi successivi a quelli considerati di sperimentazione (**508**) e già utilizzanti due miscele diverse (**933**) attestano gli stessi impasti ceramici – inoltre su dato statistico – considerati addirittura verosimilmente di produzione locale iatina (cfr. **650** dall'edificio A; **398. 557–559. 612. 614–617. 756** dall'edificio 1). Per queste ragioni, seppure non comprovate da analisi archeometriche, sembra che le produzioni monocrome divenute in seguito bicrome siano una successione attestata dallo stesso atelier ceramico e dunque permettenti, qualora concesso, una seriazione relativa su base stilistica. Per tali ragioni si propone una datazione della fase di sperimentazione con la bicromia del colore verso la fine del VII e il primo quarto del VI sec. a.C. (**508**) mentre quella dell'affermata introduzione della tecnica dipinta bicroma a partire dal secondo quarto del VI sec. a.C. – come attestato dai reperti **902–903** provenienti dallo strato di seconda fase dell'edificio nel quartiere orientale (ca. 570–540 a.C.) e dal reperto di questo riempimento **933**.

3.3.5.3.1.1 Morfologie attestate dai reperti con decorazioni dipinte

Inizialmente verranno presentate le morfologie attestate dai reperti con decorazioni e trattamenti di superficie lisciate, in seguito quelle lucidate e infine quelle a trattamento di superficie diversificato.

Con superfici lisciate

Dipinta monocroma:
- bacini / scodelloni / mortai (**195**)
- scodelle (**307. 346. 351–352**)
- coppe/scodelle (**320. 342–343. 345. 509–514**[1011])
- forme potorie (**416–417. 419–420. 422**)
- coppe e kotylai d'imitazione (**423–425. 427**)
- vasi su alti piedi (**497**)
- forme chiuse di piccole-medie dimensioni (brocche?) (**542–549. 685–687. 930**)
- anfore/idrie (**587–597**)
- forme chiuse di medie-grandi dimensioni (anfore/idrie? Da stoccaggio? **645. 688. 693. 913–914. 916–917. 919–921. 929**)
- forme chiuse di grandi dimensioni con beccuccio inferiore (contenitori per olio) (**648**)
- pithoi (**727–728**)
- coperchi (**751**).

Lo spettro morfologico copre la totalità di forma da tavola e da stoccaggio. Le forme potorie, pressoché mancanti in ceramica acroma sono presenti, oltre a quelle d'importazione e imitazione di esse, da reperti in ceramica a decorazione (geometrica) dipinta. Appaiono le prime decorazioni figurate, in forma di fregi probabilmente d'ispirazione corinzia (**511**), così come coppe (**423–425**) e kotylai d'imitazione corinzia (**427**) in ceramica dipinta monocroma[1012]. Le forme da servizio a tavola come le brocche, mancanti nelle attestazioni in ceramica acroma, sono attestate invece nella variante decorata.

Dipinta bicroma:
- forma chiusa di medie-grandi dimensioni (anfora/idria?) (**933**).

Rivestimento omogeneo opaco / dipinta monocroma:
- bacini / scodelloni (**192**)
- scodelle (**299. 305. 310. 324**)
- coppe/scodelle (**508**).

1011 Il reperto **511** potrebbe verosimilmente essere attribuito ad una forma potoria secondo criteri decorativi. Il frammento di fondo di forma aperta attesta sulla parte inferiore della parte und fregio zoomorfo, di possibile adattamento da modelli potori corinzi, e una decorazione sulla superficie inferiore del fondo. Con adattamento da modelli corinzi si intende l'utilizzo dello schema decorativo di un fregio con soggetto ripetuto lungo la parete della forma, in particolar modo su kotylai. Per modelli potori corinzi con fregi zoomorfi resi a silhouette: Dehl-von Kaenel 1995, 290–291 nn. 2421–2423. 2462–2465 tavv. 53. 54. Sull'utilizzo del linguaggio figurato in ambiente *indigeno*: Russenberger 2015 con bibliografia.

1012 Questi reperti d'imitazione ricordanti forme corinzie sono stati omesse dall'elenco degli elementi datanti presentati in seguito alla descrizione dei contesti. I reperti, chiaramente d'imitazione, non denotano somiglianze così strette a quelle d'importazione da poterne permettere un inquadramento cronologico rispetto al modello tali da avere un influsso sulla datazione del contesto.

Rivestimento omogeneo opaco / acroma lisciata:
- bacini / scodelloni / mortai (**188–191**)
- scodelle (**293. 303. 312. 328. 339. 344**)
- forme potorie (**418**)
- coppe d'imitazione? (**426**).

Rivestimento non omogeneo opaco / acroma lisciata:
- bacini / scodelloni / mortai (**183–184. 194**)
- coppe/scodelle
- scodelle (**321**).

Rivestimento omogeneo opaco:
- scodelle (**327. 341. 348**)
- anfore / idrie (**585**).

Fra tutti i reperti attestanti rivestimenti omogenei con trattamenti della superficie lisciata, risultanti opachi, è nuovamente visibile un'attestazione a scopo funzionale dei rivestimenti omogenei, attestati unicamente all'interno delle forme aperte con funzioni di servizio e consumo di alimenti e nel caso delle coppe/scodelle, possibilmente bevande. Completamente mancanti sono le morfologie chiuse: i rivestimenti omogenei non sembrano più essere utilizzati a scopo decorativo, come invece ancora attestato dai materiali di VIII–VII sec. a.C.

Indet: linee (dipinta?) o rivestimento opaco?:
- forme aperte di piccole-medie dimensioni (scodelle? Coppe/scodelle?)
- forme chiuse di piccole-medie dimensioni (brocche?)
- forme chiuse di medie-grandi dimensioni (anfore/idrie? Da stoccaggio?).

Dipinta monocroma ; decorazione lineare opaca (-):
- forme chiuse di medie-grandi dimensioni (**920. 929**: anfore/idrie?; **917. 921**: chiuse da stoccaggio?).

Rivestimento non omogeneo opaco:
- forma chiuse da stoccaggio di medio-grandi dimensioni (**641. 923**).

Rivestimento omogeneo opaco (striature sottili) / acroma lisciata:
- scodelle
- forme chiuse da stoccaggio di medio-grandi dimensioni.

Rivestimento omogeneo opaco (striature sottili):
- scodelle (**331**)
- forme chiuse di medie-grandi dimensioni da stoccaggio ("olle").

Rivestimento opaco (omogeneo? Non omogeneo? / acroma lisciata:
- bacini
- forme aperte, scodelle?.

Indet: rivestimento opaco (omogeneo? Non omogeneo?):
- scodelle
- forme chiuse di medie-grandi dimensioni da stoccaggio.

Rivestimento non omogeneo opaco / dipinta monocroma:
- forme chiuse da stoccaggio (**640**).

Decorazione lineare opaca (-):
- forme chiuse da stoccaggio di medie-grandi dimensioni.

Osservando le morfologie attestate in combinazione con le loro tipologie decorative si nota ulteriormente la mancanza di forme chiuse con rivestimenti omogenei. Le uniche tipologie attestate di forme chiuse con rivestimenti pressoché omogenei sono rappresentate da quelle stese a pennellate creanti striature sottili, dunque, con miscele diluite e non – come quelle delle forme aperte – completamente sature.

Con superfici lucidate

Rivestimento omogeneo lucidato (striature sottili):
- scodelle / fruttiere (**297**).

Rivestimento omogeneo lucidato:
- scodelle (**340**)
- forme chiuse di medie dimensioni.

Rivestimento non omogeneo lucidato:
- bacini / scodelloni / mortai
- forme chiusa da stoccaggio di medio-grandi dimensioni.

Decorazione lineare lucidata (+):
- coperchi (**750**)
- brocche (verosimilmente trilobate).

Piumata (?):
- forme chiuse di medie dimensioni (**692. 931**).

Indet: rivestimento lucidato (omogeneo? Non omogeneo?):
- forme chiuse da stoccaggio di medio-grandi dimensioni.

Rivestimento omogeneo lucidato / decorazione lineare (+):
- bacini / scodelloni / mortai (**185** con decorazione lineare sull'orlo).

Rivestimento non omogeneo lucidato / rivestimento omogeneo lucidato (striature sottili):
- forme aperte di media dimensione (bacini, scodelloni, mortai?).

Decorazione lineare lucidata (-):
- forma chiusa da stoccaggio di grandi dimensioni.

All'interno delle morfologie con superfici lucidate appaiono tutte le combinazioni già in parte presenti nel contesto di VIII–VII ma soprattutto quelle ancora attestate all'interno delle due fasi dell'edificio orientale del quartiere orientale. I rivestimenti, quando presenti, sono sia funzionali all'impermealizzazione della forma, sia a scopo decorativo quando presenti sulle superfici esterne.

Con superfici sia lisciate sia lucidate

Acroma lucidata ; dipinta monocroma:
- forme chiuse di piccole-medie dimensioni (brocche?)
- forme chiuse da stoccaggio di medio-grandi dimensioni.

Rivestimento non omogeneo lucidato / acroma lisciata:
- bacini / scodelloni / mortai.

Acroma lucidata ; dipinta monocroma / rivestimento omogeneo opaco:
- forme aperte di piccole-medie dimensioni (scodelle? Coppe/scodelle?).

Rivestimento omogeneo lucidato / acroma lisciata:
- forme aperte di medie-grandi dimensioni (scodelle? Bacini / scodelloni / mortai?).

Rivestimento omogeneo opaco / acroma lucidata:
- scodelle (**325. 334**).

Indet: rivestimento lucidato (omogeneo? Non omogeneo?) / acroma lisciata:
- bacini / scodelloni / mortai.

Decorazione lineare lucidata (+) / acroma lisciata:
- scodelle.

Rivestimento omogeneo lucidato (striature sottili) / rivestimento omogeneo opaco (striature sottili):
- scodelle (**326**).

Indet: rivestimento non omogeneo lucidato / rivestimento opaco (omogeneo? Non omogeneo?):
- bacini / scodelloni / mortai.

Rivestimento omogeneo lucidato / dipinta monocroma:
- coppe/scodelle (**507**).

Decorazione lineare lucidata (+) ; acroma lisciata:
- forme aperte di piccola-media dimensione (scodelle?)
- bacini / scodelloni / mortai.

Acroma lucidata ; dipinta monocroma / acroma lisciata:
- forme aperte di medie dimensioni (scodelle?).

Rivestimento omogeneo opaco / decorazione lineare lucidata (+):
- forme aperte di media dimensione carenate (scodelle? Coppe/scodelle?).

Le morfologie attestanti trattamenti di superficie diversificati presentano soprattutto rivestimenti all'interno delle forme, indicando un possibile scopo funzionale di impermeabilizzazione supplementare delle superfici. Le decorazioni lineari sono presenti, a scopo decorativo, sulle superfici esterne. La tecnica mista, soprattutto per logica utilizzata per le forme aperte, è ugualmente utilizzata a scopo decorativo per le forme chiuse nella combinazione acroma lucidata ; dipinta monocroma. La tecnica si differenzia unicamente a causa della seguenza dei processi produttivi da quanto già attestato all'interno del riempimento di VIII–VII sec. a.C. come decorazione lineare lucidata (+).

3.3.5.3.2 Con decorazioni incise e/o impresse

Ceramiche decorate	Quartiere Agora, Riempimento adibito alla costruzione dell'edificio A									
	Inv. Regolare		Inv. Interno		TOT					
	Record	Frammenti	Record	Frammenti	Record	Frammenti	%fr	%rec	%fr delle decorate	%rec delle decorate
Dipinta monocroma	131	186	384	412	515	598	40.19	47.69	66.74	65.36
MD_DD_OO: rivestimento omogeneo opaco / dipinta monocroma	9	11	19	20	28	31	2.08	2.59	3.46	3.55
MD_DA_OO: rivestimento omogeneo opaco / acroma lisciata	11	11	15	15	26	26	1.75	2.41	2.90	3.30
Incisa senza rivestimento	17	24	1	1	18	25	1.68	1.67	2.79	2.28
MD_DA_OO: rivestimento non omogeneo opaco / acroma lisciata	4	5	8	12	12	17	1.14	1.11	1.90	1.52
Incisa con rivestimento omogeneo opaco	14	15	2	2	16	17	1.14	1.48	1.90	2.03
Rivestimento omogeneo opaco	4	4	10	10	14	14	0.94	1.30	1.56	1.78
Indet: linee (dipinta?) o rivestimento opaco?	0	0	14	14	14	14	0.94	1.30	1.56	1.78
Incisa e impressa senza rivestimento	10	10	1	1	11	11	0.74	1.02	1.23	1.40
Dipinta monocroma ; decorazione lineare opaca (-)	4	5	4	4	8	9	0.60	0.74	1.00	1.02
Rivestimento omogeneo lucidato (striature sottili)	1	1	8	8	9	9	0.60	0.83	1.00	1.14
MD_IDA_OO: incisa senza rivestimento ; dipinta monocroma / acroma lisciata	6	7	1	1	7	8	0.54	0.65	0.89	0.89
Incisa con rivestimento omogeneo lucidato	6	7	1	1	7	8	0.54	0.65	0.89	0.89
Rivestimento omogeneo lucidato	1	1	6	7	7	8	0.54	0.65	0.89	0.89
Incisa e impressa con rivestimento omogeneo lucidato	6	6	0	0	6	6	0.40	0.56	0.67	0.76
MD_ID_OO: incisa senza rivestimento / rivestimento omogeneo opaco	2	2	4	4	6	6	0.40	0.56	0.67	0.76
MD_IDD_OO: incisa senza rivestimento ; dipinta monocroma / rivestimento omogeneo opaco	3	3	3	3	6	6	0.40	0.56	0.67	0.76
Rivestimento non omogeneo opaco	2	4	1	1	3	5	0.34	0.28	0.56	0.38
MD_DA_OO: rivestimento omogeneo opaco (striature sottili) / acroma lisciata	0	0	5	5	5	5	0.34	0.46	0.56	0.63
MD_AD_L(O): acroma lucidata ; dipinta monocroma	0	0	5	5	5	5	0.34	0.46	0.56	0.63
Rivestimento non omogeneo lucidato	0	0	5	5	5	5	0.34	0.46	0.56	0.63
Rivestimento omogeneo opaco (striature sottili)	1	2	3	3	4	5	0.34	0.37	0.56	0.51
MD_DA_LO: rivestimento non omogeneo lucidato / acroma lisciata	0	0	4	4	4	4	0.27	0.37	0.45	0.51
MD_ADD_L(O)O: acroma lucidata ; dipinta monocroma / rivestimento omogeneo opaco	0	0	2	4	2	4	0.27	0.19	0.45	0.25
MD_DA_LO: rivestimento omogeneo lucidato / acroma lisciata	0	0	4	4	4	4	0.27	0.37	0.45	0.51
Incisa e impressa con rivestimento omogeneo opaco	4	4	0	0	4	4	0.27	0.37	0.45	0.51
Decorazione lineare lucidata (+)	1	1	3	3	4	4	0.27	0.37	0.45	0.51
MD_DA_OL: rivestimento omogeneo opaco / acroma lucidata	2	2	2	2	4	4	0.27	0.37	0.45	0.51
MD_DA_OO: rivestimento opaco (omogeneo? Non omogeneo?) / acroma lisciata	0	0	3	3	3	3	0.20	0.28	0.33	0.38
Piumata (?)	2	2	0	0	2	2	0.13	0.19	0.22	0.25
MD_DA_LO: Indet: rivestimento lucidato (omogeneo? Non omogeneo?) / acroma lisciata	0	0	2	2	2	2	0.13	0.19	0.22	0.25
Indet: rivestimento lucidato (omogeneo? Non omogeneo?)	0	0	2	2	2	2	0.13	0.19	0.22	0.25
Indet: rivestimento opaco (omogeneo? Non omogeneo?)	0	0	2	2	2	2	0.13	0.19	0.22	0.25
MD_DA_LO: decorazione lineare lucidata (+) / acroma lisciata	0	0	2	2	2	2	0.13	0.19	0.22	0.25
MD_DD_OO: rivestimento non omogeneo opaco / dipinta monocroma	1	1	0	0	1	1	0.07	0.09	0.11	0.13
MD_IDA_OO: incisa con rivestimento omogeneo opaco / acroma lisciata	1	1	0	0	1	1	0.07	0.09	0.11	0.13
Indet: incisa e impressa con rivestimento lucidato (omogeneo? Non omogeneo?)	1	1	0	0	1	1	0.07	0.09	0.11	0.13
Impressa con rivestimento omogeneo opaco	1	1	0	0	1	1	0.07	0.09	0.11	0.13
MD_IDD_OO: incisa senza rivestimento ; dipinta monocroma / decorazione lineare opaca (-)	1	1	0	0	1	1	0.07	0.09	0.11	0.13
MD_ID_OL: incisa senza rivestimento / rivestimento omogeneo lucidato	1	1	0	0	1	1	0.07	0.09	0.11	0.13
MD_DD_LO: rivestimento omogeneo lucidato (striature sottili) / rivestimento omogeneo opaco (striature sottili)	1	1	0	0	1	1	0.07	0.09	0.11	0.13
MD_DD_LO: indet: rivestimento non omogeneo lucidato / rivestimento opaco (omogeneo? Non omogeneo?)	0	0	1	1	1	1	0.07	0.09	0.11	0.13
MD_DD_LO: rivestimento omogeneo lucidato / dipinta monocroma	1	1	0	0	1	1	0.07	0.09	0.11	0.13
MD_DA_(L)O: decorazione lineare lucidata (+) ; acroma lisciata	0	0	1	1	1	1	0.07	0.09	0.11	0.13
MD_ADA_L(O)O: acroma lucidata ; dipinta monocroma / acroma lisciata	0	0	1	1	1	1	0.07	0.09	0.11	0.13
MD_DD_OL: rivestimento omogeneo opaco / decorazione lineare lucidata (+)	0	0	1	1	1	1	0.07	0.09	0.11	0.13
MD_DD_LL: rivestimento omogeneo lucidato / decorazione lineare lucidata (+)	1	1	0	0	1	1	0.07	0.09	0.11	0.13
MD_DD_LL: rivestimento non omogeneo lucidato / rivestimento omogeneo lucidato (striature sottili)	0	0	1	1	1	1	0.07	0.09	0.11	0.13
Incisa con rivestimento opaco (interno ed esterno); tesa dell'orlo lucidata	1	1	0	0	1	1	0.07	0.09	0.11	0.13
Decorazione lineare lucidata (-)	0	0	1	1	1	1	0.07	0.09	0.11	0.13
Decorazione lineare opaca (-)	0	0	1	1	1	1	0.07	0.09	0.11	0.13
Indet: incisa con rivestimento opaco (omogeneo? Non omogeneo?)	0	0	1	1	1	1	0.07	0.09	0.11	0.13
Indet: incisa con linee (dipinta?) o rivestimento opaco?	0	0	1	1	1	1	0.07	0.09	0.11	0.13
MD_DA_XO: indet: rivestimento omogeneo (opaco? Lucidato?) / acroma lisciata	0	0	1	1	1	1	0.07	0.09	0.11	0.13
Dipinta bicroma	1	1	0	0	1	1	0.07	0.09	0.11	0.13
TOTALE	252	324	536	572	788	896	60.22	72.96	100	100

Stat. 4.6: Verde chiaro: decorazioni incise. Verde medio: decorazioni impresse. Verde scuro: decorazioni incise e impresse.
Azzurro: Decorazioni incise e/o impressa con supplemente rivestimento [in combinazione diretta fra di loro sullo stesso lato del vaso].
Blu medio: Decorazioni Incise e/o impresse senza rivestimento [in combinazione diretta fra di loro sullo stesso lato del vaso].
Blu scuro: Decorazioni incise e/o impresse, indeterminate rispetto all'attestazione di un rivestimento o di una decorazione lineare.

Le attestazioni, oltre a quanto riferito per le ceramiche *con decorazioni dipinte*, sono seguite quantitativamente da quelle con tecniche incise e/o impresse, nettamente minori rispetto a quelle dipinte (stat. 4.4 [verde scuro]: 99 fr.; 89 rec; 11.05%fr. delle decorate; 11.29%rec delle decorate).

Con decorazioni incise					
Records	Frammenti	%fr	%records	**%fr delle decorate**	**%rec delle decorate**
66	76	5.11	6.11	8.48	8.38
Con decorazioni impresse					
Records	Frammenti	%fr	%records	**%fr delle decorate**	**%rec delle decorate**
1	1	0.07	0.09	0.11	0.13
Con decorazioni incise e impresse					
Records	Frammenti	%fr	%records	**%fr delle decorate**	**%rec delle decorate**
22	22	1.48	2.04	2.46	2.79

Stat. 4.7 sulla base di stat. 4.6.

All'interno del riempimento prevalgono le attestazioni di decorazioni unicamente incise (stat. 4.7 [verde chiaro]: 76 fr.; 66 rec; 8.48%fr. delle decorate; 8.38%rec delle decorate) rispetto a quelle incise e impresse (stat. 4.7. [verde scuro]: 22 fr.; 22 rec; 2.46%fr. delle decorate; 2.79%rec delle decorate) analogamente a quanto attestato all'interno delle fasi dell'edificio orientale (ca. 630/20–540 a.C., statt. 2.7; 3.7; appendice E.3) e diversamente da quanto presente all'interno del riempimento di VIII–VII sec. a.C. presentante un'attestazione paritaria, se calcolata in percentuale di frammenti, tra reperti a decorazione unicamente incisa e quelli incisa e impressa (stat. 1.10). In questa fase è attestato un solo frammento a decorazione unicamente impressa, verosimilmente a causa dello stato di conservazione del reperto (statt. 4.6–4.7 [verde medio], **642**).

Precisando anche in questo caso il trattamento di superficie dei reperti è possibile osservare quanto già visto all'interno delle fasi del quartiere orientale, ovvero la netta predominanza di reperti con superficie lisciate rispetto a quelle lucidate (stat. 4.5 [arancione scuro, viola scuro, blu scuro]): 82 frammenti documentati in 73 unità (9.15%fr. delle decorate; 9.26%rec delle decorate) con decorazioni incise e/o impresse con superfici lisciate; 15 frammenti documentati in 14 unità (1.67%fr. delle decorate; 1.78%rec delle decorate) con superfici lucidate; 2 frammento (2 rec. 0.22%fr.

Decorazioni incise e/o impresse con supplementare rivestimento [in combinazione diretta fra di loro sullo stesso lato del vaso]					
Records	Frammenti	%fr	%records	**%fr delle decorate**	**%rec delle decorate**
38	40	2.69	3.52	4.46	4.82
Decorazioni Incise e/o impresse senza rivestimento [in combinazione diretta fra di loro sullo stesso lato del vaso]					
Records	Frammenti	%fr	%records	**%fr delle decorate**	**%rec delle decorate**
50	58	3.90	4.63	6.47	6.35
Decorazioni incise e/o impresse, indeterminate rispetto all'attestazione di un rivestimento o di una decorazione lineare					
Records	Frammenti	%fr	%records	**%fr delle decorate**	**%rec delle decorate**
1	1	0.07	0.09	0.11	0.13

Stat. 4.8 sulla base di stat. 4.6.

Con decorazioni incise e/o impresse e rivestimento: superficie lisciata					
Records	Frammenti	%fr	%records	**%fr delle decorate**	**%rec delle decorate**
24	25	1.68	2.22	2.79	3.05
Con decorazioni incise e/o impresse e rivestimento: superficie lucidata					
Records	Frammenti	%fr	%records	**%fr delle decorate**	**%rec delle decorate**
14	15	1.01	1.30	1.67	1.78
Indeterminati rispetto all'attestazione del trattamento della superficie					
Records	Frammenti	%fr	%records	**%fr delle decorate**	**%rec delle decorate**
0	0	0.00	0.00	0.00	0.00

Stat. 4.10: Dati quantitativi delle ceramiche incise e/o impresse in rapporto alla presenza di rivestimento e al trattamento di superficie.

delle decorate; 0.25%rec delle decorate) con trattamento della superficie diversificato lisciato/lucidato.

Osservando le attestazioni di rivestimenti supplementari alle decorazioni incise e/o impresse riappare la tendenza già attestata all'interno degli strati erosi di prima o seconda fase dell'edificio orientale (ca. 630/620–540 a.C., statt. 2.8; 3.8; appendice E.3), le attestazioni sono leggermente maggiori dei reperti senza rivestimento (stat. 4.8 [blu medio]: 58 fr.; 50 rec; 6.47%fr. delle decorate; 6.35%rec delle decorate) rispetto a quelle con rivestimento (stat. 4.8 [blu chiaro]: 40 fr.; 38 rec; 4.46%fr. delle decorate; 4.82%rec delle decorate).

Decorazione incise in combinazione con decorazioni lineari dipinti, superfici lisciate [Incisa senza rivestimento ; Dipinta monocroma / Acroma lisciata; Incisa senza rivestimento ; Dipinta monocroma / Rivestimento omogeneo opaco; Incisa senza rivestimento ; Dipinta monocroma / Decorazione lineare opaca (-)]					
Records	Frammenti	%fr	%records	**%fr delle decorate**	**%rec delle decorate**
7	8	0.54	0.65	0.89	0.89
6	6	0.40	0.56	0.67	0.76
1	1	0.07	0.09	0.11	0.13
14	15	1.01	1.30	1.67	1.78

Stat. 4.9: attestazioni di combinazioni fra decorazione incise senza rivestimento e decorazioni lineari dipinte con trattamento della superficie lisciata.

Come già accennato, sono attestate all'interno di questo riempimento *ante* la metà del VI sec. a.C. reperti con decorazioni incise, senza rivestimento supplementare, in combinazione con decorazioni lineari dipinte opache[1013](stat. 4.9).

La combinazione è assente all'interno del riempimento di VIII–VII sec. a.C. così come lo è fra i materiali di prima fase dell'edificio orientale (ca. 630/20–570 a.C.). Questa combinazione è tuttavia attestata all'interno dello strato di seconda fase dell'edificio orientale (ca. 570–540 a.C., **264**) lasciando presumere la creazione di ceramiche a decorazione mista fra quanto definito *a decorazione incisa* e *a decorazione geometrica dipinta* dalla ricerca verso il secondo quarto del VI sec. a.C. Le combinazioni miste di questo tipo difatti scompaiono, come presentato in seguito, all'interno dei contesti di datazione posteriore, fatta eccezione per un piccolo frammento all'interno del riempimento adibito al piano di calpestio di seconda fase dell'edificio ad oikos (stat. 8.3).

Si invertono, rispetto a quanto finora attestato, i rapporti tra le ceramiche con decorazioni incise e/o impresse con rivestimenti rispetto ai trattamenti di superficie attestati. In questo caso prevalgono quelli a superficie lisciata (stat. 4.10: 25 fr.; 24 rec; 2.79%fr. delle decorate; 3.05%rec delle decorate[1014]) rispetto a quelli a superficie lucidata (stat. 4.10: 15 fr.; 14 rec; 1.67%fr. delle decorate; 1.78%rec delle decorate[1015]).

Vista la natura del contesto come riempimento, dunque formato da associazioni casuali di forme cadute in disuso, la prevalenza di reperti con decorazioni incise e/o impresse con rivestimenti e trattamenti di superficie lisciata potrebbero rappresentare quanto già visto all'interno degli strati di prima o seconda fase dell'edificio nel quartiere orientale: una prevalenza sempre maggiore di reperti con trattamenti della superficie lisciata durante il corso dell'ultimo quarto del VII – prima metà del VI sec. a.C.

In questo caso sembra che non solo le ceramiche con decorazioni incise e/o impresse colorate brillanti cadano lentamente in disuso ma anche in generale quelle colorate opache. Difatti, come presentano in seguito, le tipologie con decorazioni incise e/o impresse con supplementare rivestimento scompaiono dai contesti di datazione successiva fatta eccezione per pochi frammenti all'interno del riempimento adibito al piano di calpestio di prima fase dell'edificio ad oikos (stat. 7.8: 13 fr.; 1.88%fr. delle decorate), e tre piccoli frammenti all'interno del riempimento adibito al piano di calpestio di seconda fase dello stesso edificio (stat. 8.8). Restano tuttavia attestate in seguito, quando ancora presenti, le decorazioni incise su fondo acromo con trattamento della superficie lisciata.

1013 Sono omessa dal conteggio all'interno di questa sottocategoria i frammenti di fondi di ceramiche a decorazione geometrica dipinta con solchi incisi (singole linee o croci) sulla superficie inferiore del fondo (ad esempio: **514**. **685**. **686**). Queste – come già attestato da ritrovamenti in altri siti – sembrano piuttosto essere riferibili a marchi di produzione del vasaio e non riferibili a delle incisioni a scopo decorativo: Ferreri 2012, 252 nota 27; Albanese Procelli 2003, 86–87.

1014 Formati da (cfr. stat. 4.6): Incisa con rivestimento omogeneo opaco; Incisa e impressa con rivestimento omogeneo opaco; Incisa con rivestimento omogeneo opaco / acroma lisciata; Impressa con rivestimento omogeneo opaco; Incisa con rivestimento opaco (interno ed esterno); tesa dell'orlo lucidata; Indet: incisa con rivestimento opaco (omogeneo? Non omogeneo?).

1015 Formati da (cfr. stat. 4.6): Incisa con rivestimento omogeneo lucidato; Incisa e impressa con rivestimento omogeneo lucidato; Indet: incisa e impressa con rivestimento lucidato (omogeneo? Non omogeneo?).

3.3.5.3.2.1 Morfologie attestate dai reperti con decorazioni incise e/o impresse

Inizialmente verranno presentate le combinazioni con superfici lisciate, in seguito lucidate e infine lisciate/lucidate corrispondenti alla quantità di attestazioni maggioritarie all'interno del contesto.

Con superfici lisciate

Incisa senza rivestimento:
- scodelle (**291–292. 298. 301. 306. 314. 323. 330. 337. 353**)
- attingitoi (**458–460**)
- forme chiuse di media dimensione (**647**).

Incisa con rivestimento omogeneo opaco:
- scodelle / fruttiere (**290. 295–296. 302. 304. 313. 316–317. 335**)
- modulo di cassettina fittile (**854**).

Incisa e impressa senza rivestimento:
- vasi su alto piede (**496**)
- forme chiuse di piccole-medie dimensioni (**684. 691. 927**)
- forme chiuse di medie-grandi dimensioni (**915. 918**)
- forme aperte (**928**).

Incisa senza rivestimento ; dipinta monocroma / acroma lisciata:
- scodelle (**307–308. 315. 319. 350. 354**).

Incisa senza rivestimento / rivestimento omogeneo opaco:
- scodelle (**322**).

Incisa senza rivestimento ; dipinta monocroma / rivestimento omogeneo opaco:
- scodelle (**309. 332–333**).

Incisa e impressa con rivestimento omogeneo opaco:
- attingitoi (**457**)
- forme aperte di medie-grandi dimensioni (da mescita? **476**)
- forme chiuse da stoccaggio di medie-grande dimensione (**644**).

Incisa con rivestimento omogeneo opaco / acroma lisciata:
- scodelle / fruttiere (**293**).

Impressa con rivestimento omogeneo opaco:
- forme chiuse da stoccaggio (**642**).

Incisa senza rivestimento ; dipinta monocroma / decorazione lineare opaca (-):
- scodelle (**349**).

Indet: Incisa con rivestimento opaco (omogeneo? Non omogeneo?):
- vasi su alto piede.

Indet: Incisa con linee (dipinta?) o rivestimento opaco?:
- scodelle.

Fra le morfologie attestate mancano i bacini / scodelloni / mortai, mai presenti con decorazione incise e/o impresse. I rivestimenti, qualora presenti, rivestono sia uno scopo funzionale, sia uno scopo decorativo, quando presenti all'esterno delle forme chiuse.

Con superfici lucidate

Incisa con rivestimento omogeneo lucidato:
- scodelle / fruttiere (**288–289. 338**)
- forme chiuse di piccole-medie dimensioni.

Incisa e impressa con rivestimento omogeneo lucidato:
- forme chiuse di piccole-medie dimensioni (brocche? **925**)
- forme chiuse di medie-grandi dimensioni (**922. 926**).

Indet: incisa e impressa con rivestimento lucidato (omogeneo? Non omogeneo?):
- forme chiuse di medie-grandi dimensioni (**924.**)

Con superfici lisciate / lucidate

Incisa senza rivestimento / rivestimento omogeneo lucidato:
- scodelle (**300**).

Incisa con rivestimento omogeneo interno ed esterno opaco, tesa dell'orlo con trattamento di superficie lucidata:
- scodella (**294**).

Tutte le morfologie senza rivestimenti, attestate in combinazioni diverse, sembrano riferibili esclusivamente a forme da tavola. Queste sono già presenti, nelle stesse combinazioni, all'interno degli inventari di prima e seconda fase dell'edificio orientale. Gli attingitoi scompaiono nella variante con rivestimenti e superfici lucidate, ugualmente mancanti nei contesti di datazione successiva.

3.3.5.3.3 Conclusioni rispetto alle ceramiche decorate

Tutte le associazioni di tecniche decorative sembrano corrispondere a quanto attestato all'interno delle fasi dell'edificio orientale datante all'ultimo quarto del VII sec. e ca. il 540 a.C. Da notare è la mancanza di uguaglianze sia rispetto alle combinazioni morfologie/tecniche decorative sia rispetto ai rapporti percentuali con quanto attestato all'interno del riempimento di VIII–VII sec. a.C.

3.3.5.4 Materiali di varia funzione

All'interno dei materiali di varia funzione (statt. 4.1–4.2 [marrone]) confluiscono due campioni formati da 24 frammenti di piano di calpestio sigillante il riempimento (1.61%fr.; 0.19%rec), due reperti in bronzo (0.13%fr.; 0.19%rec), una conchiglia marittima (0.07%fr.; 0.09%rec, non determinato a causa della natura del contesto), un campione di carbone (1 fr.; 0.07%fr.; 0.09%rec) un frammento in selce scheggiata di dubbia attribuzione ad uno strumento litico[1016] (0.07%fr.; 0.09%rec) e infine una testina fittile maschile con dettagli decorati dipinti (0.07%fr.; 0.09%rec).

Reperti in bronzo

All'interno del riempimento sono attestati due reperti in bronzo: un frammento di anello di catena **862** e una perla biconica **863**. Entrambe le tipologie sono ampiamente attestate in vari contesti siciliani. L'anello, presumibilmente riferibile ad un elemento di catenina, trova numerosi confronti all'interno di contesti di varie datazioni di epoca arcaica[1017] ugualmente come le perle biconiche[1018]. Interessante, seppure si tratti di un riempimento, dunque, l'associazione dei due reperti può ritenersi completamente causale, è la presenza nella tomba 9 di Morgantina di una collana formata da una serie di anellini presentante come elemento centrale una perla biconica in bronzo[1019] – la stessa combinazione ritrovata all'interno del contesto.

Testina fittile maschile 858

La terracotta figurata rappresentante il capo di verosimilmente una figura maschile **858**[1020] si tratta di una delle rare terracotte antropomorfe di epoca arcaica ritrovate in Sicilia[1021]. Analogamente ai ritrovamenti iatini di terracotte zoomorfe[1022] il reperto attesta dettagli dipinti. Sia l'impasto che la colorazione della miscela di ocre argillose rosse utilizzata (*monocroma)* è comparabile con le coeve produzioni ceramiche dipinte ritrovate all'interno del riempimento, presupposte su dati statistici di provenienza locale, verosimilmente prodotta alle pendici del Monte Iato[1023]. Il suo inquadramento cronologico sia dovuto alla provenienza da un contesto *ante* la metà del VI sec. a.C. sia secondo la tecnica decorativa utilizzata – del tutto comparabile con le ceramiche a decorazione dipinta monocroma coeve – è da collocare nell'ambito della prima metà del VI sec. a.C.

Curiosamente, il modello di capanna-sacello proveniente dal contesto chiuso del quartiere orientale V 2618, non preso in analisi dalla presente indagine e ampiamente pubblicato[1024], attesta una decorazione con decorazioni incise e impresse e dettagli in miscela di ocre argillose rosse. Quest'ultima è stata utilizzata sia in modo lineare, sia come colore di campitura dei triangoli incisi nella zona del tetto. Le superfici del modello attestano un trattamento di levigatura. L'impasto corrisponde alle produzioni locali coeve di Monte Iato (L1). Seppure il seguente dato sia da verificare con i materiali delle stratigrafie ivi presenti, potrebbe essere datato, analogamente alle ceramiche mostranti le stesse combinazioni di decorazioni e trattamenti della superficie, verso la prima metà del VI sec. a.C. se non addirittura nel secondo quarto del VI sec. a.C. vista l'attestazione di combinazioni fra ceramiche a decorazioni incise / a decorazione lineare dipinta monocroma / rivestimento omogeneo opaco unicamente presenti all'interno dello strato di seconda fase dell'edificio nel quartiere orientale (ca. 570–540 a.C.) così come all'interno del riempimento adibito alla costruzione (*ante* 550 a.C.) dell'edificio A nel quartiere dell'agorà. Inoltre, un dato non statisticamente sviluppato, è la presenza di cerchi concentrici dipinti apportati grazie all'utilizzo del compasso

1016 **868**. Il reperto in selce è scheggiato su due lati ma non ulteriormente lavorato. Vista la presenza di venature all'interno della roccia calcarea affiorente naturalmente sul Monte (Isler 1997a, 453) la sua natura di strumento litico resta dubbia.

1017 Dalla necropoli di Finocchito: Steures 1980, 36 no. E 21:7; 40 no. E 27:6; 44 no. E 33:B. Per catenine: Steures 1980, 36 no. E 22:6; 44 no. E 33:D; 58 no. VSF 60:13; da Polizzello: E. Pappalardo in: Panvini et al. 2009a, 157 no. 115; K. Perna in: Panvini et al. 2009a, 202. 226. 229 nn. 21. 188. 225; da Morgantina: Lyons 1996, 158 no. 8–5 tav. 31; Leighton 1993, 222 no. 701 tav. 60; dal ripostiglio di San Cataldo: Albanese Procelli 1993, 68 no. SC 7 fig. 25 tav. 12.

1018 Dalla necropoli di Finocchito: Steures 1980, 40 no. E 27:3; 58 no. VSF 60:14; 74 no. NW 2:5; 142 no. N 52:2; 153 no. CAVA E:1; da Morgantina: Lyons 1996, 158 no. 8–6 tav. 31; da Monte Maranfusa: Spatafora – Vassallo 2002, 72 no. 133f; Dal ripostiglio di Mendolito di Adrano: Albanese Procelli 1993, 154 nn. M 495. M 496 fig. 49 tav. 49; dalla necropoli di Selinunte: Meola II 1997, 286 no. T.392, 4 = Meola III, 1998 no. T.392.4 tav. LXXXI.

1019 Lyons 1996, 162 no. 9–28 tav. 32.

1020 Inv. T 453: Spatafora – Vassallo 2004, 94 no. 178; Isler 2004b, 12 fig. 20, a–d; Isler 2006c, 540 fig. 287; Isler 2009a, 158 fig. 25, a. b; Isler 2011, 44; Russenber 2015, 105–106 fig. 6.5.

1021 Per esempi di altre terracotte antropomorfe: dalla Grotta Vanella di Segesta, testina femminile con dettagli incisi e dipinti: Tusa 1988/89, 69 tav. 20, 3 = La Rosa 1989, fig. 63 = Tusa 1997, 1315–1316 no. 1 tav. CCLXIV; frammento di statuetta maschile: Tusa 1997, 1318 no. 5 tav. 265, 3; Monte San Giuliano, statuetta femminile: Panvini 1993/1994, 756 tav. XXIV, 2 = Panvini 2006a, 12 no. 3108; da Polizzello, sacello B, guerriero itifallico: D. Tanasi in: Panvini et al. 2009a, 74 no. 112; da Monte Iato, area PH2, Isler 2009b, 105 tav. 18, 6. 7 (fotografia) = Russenberger 2015, 106–108 fig. 6.6 (T 511 – disegno).

1022 Fra altre: Isler 2009a, 164 fig. 32 (T 215, terracotta taurina); Russenberger 2015, 108–109 fig. 6.8 (T 395 terracotta taurina); analogo seppure i dettagli dipinti siano presenti sulla capanna-sacello e non direttamente sulla terracotta taurina (V 2618): Isler 2009a, 163 fig. 31, a–d.

1023 Cfr. 3.5.2 *Impasti.*

1024 Fra altre: Isler 2007, 115 tav. 15, 6; Isler 2009c, 662 figg. 472. 473; Isler 2009a, 159, 162–167 fig. 31, a–d; Russenberger 2015, 109 nota 58 fig. 6.9.

sul frontone del modello di capanna-sacello V 2618: una decorazione apparente sui reperti ceramici unicamente nei contesti della prima metà del VI sec. a.C. In futuro da verificare, sembra dunque possibile, forse su di una base stilistica, fornire delle datazioni più precise anche per reperti fittili come statuette o modelli capanna-sacello sulla base delle combinazioni decorative attestate, in analogia alle coeve produzioni ceramiche, se attestanti gli stessi impasti – ovvero lo stesso centro produttivo di provenienza.

3.3.5.5 Inquadramento cronologico del contesto sulla base dei reperti *indigeni*

Da un punto di vista esclusivamente dei materiali *indigeni* tutte le attestazioni presenti sembrano riferibili a quanto attestato tra l'ultimo quarto del VII sec. e il 540 a.C. all'interno del contesto orientale. Questa datazione corrisponde a quanto elaborato per i reperti d'importazione e/o imitazione (tab. 4) attestanti la prevalenza di materiali databili secondo le cronologie affermate tra il 630/620 e il 550 a.C.

Con decorazioni dipinte					
Con decorazioni incise e/o impresse					
A superfici lucidate					
Records	Frammenti	%fr	%records	**%fr delle decorate**	**%rec delle decorate**
46	48	3.23	4.26	5.36	5.84
A superfici lisciate					
Records	Frammenti	%fr	%records	**%fr delle decorate**	**%rec delle decorate**
710	814	54.70	65.74	90.85	90.10
A superficie lisciate e lucidate					
Records	Frammenti	%fr	%records	**%fr delle decorate**	**%rec delle decorate**
31	33	2.22	2.87	3.68	3.93
Indeterminate rispetto al trattamento di superficie					
Records	Frammenti	%fr	%records	**%fr delle decorate**	**%rec delle decorate**
1	1	0.07	0.09	0.11	0.13

Stat. 4:11: Dati quantitativi rispetto ai trattamenti di superficie attestati sulle ceramiche decorate sulla base di stat. 4.3.

Anche i rapporti quantitativi dei trattamenti di superficie attestati sulle ceramiche decorate rispecchiano ulteriormente la fascia cronologica elaborata (stat. 4.11).

Il riempimento adibito alla costruzione dell'edificio A sembra dunque essersi formato, sia per quanto riguarda i reperti d'importazione sia secondo le attestazioni dei materiali *indigeni,* da strati antropici presenti in aree limitrofe del contesto di cronologia tra il secondo quarto del VII e la prima metà del VI sec. a.C.

3.3.6 Quartiere agorà – edificio A (ca. 550–500/490 a.C.)

Lo strato d'uso/abbandono dell'edificio A (vano meridionale) si trova direttamente a contatto con il piano di calpestio sigillante il riempimento precedentemente descritto. Il piano è in seguito sigillato dalla fase dell'edificio 1 successiva coprente ca. il 50% della superficie del vano meridionale. Reperti combacianti indicano la formazione dello strato in un momento coevo, sia tra la parte sigillata dall'edificio 1 sia nella porzione ritrovata a SO. La datazione dello strato precedentemente elaborato indica una cronologia tra ca. il 550 a.C. e il 500/490 a.C. Trattandosi di uno strato d'uso / abbandono i materiali *indigeni* in esso ritrovato possono riferirsi come verosimilmente in uso durante la fase cronologica elaborata.

Analisi statistiche

Suddivisione dei materiali	**Quartiere Agora, Edificio A**			
	Inv. Regolare		**TOT**	
	Record	**Frammenti**	**%fr**	**%rec**
Dipinta bicroma	1	58	42.03	4.55
Dipinta monocroma	4	29	21.01	18.18
Produzioni regio-coloniali	1	22	15.94	4.55
Acroma lisciata	2	11	7.97	9.09
Fittili: peso da telaio	7	8	5.80	31.82
Fittili: sostegni	1	3	2.17	4.55
Organico: astragali	2	2	1.45	9.09
Importazioni allotrie all'isola	2	2	1.45	9.09
MD_ID_OO: incisa senza rivestimento / rivestimento omogeneo opaco	1	2	1.45	4.55
Fittili: terracotta	1	1	0.72	4.55
TOTALE	22	138	100.00	100.00

Stat. 5.1: Dati quantitativi totali dei reperti. Ordinamento dall'alto verso il basso in base al numero di frammenti totali (azzurro: ceramiche acrome; arancione: vasellame e utensili adibiti alla cottura di alimenti; verde: ceramiche decorate; marrone: materiali di varia funzione).

Il totale di frammenti provenienti dallo strato d'abbandono dell'edificio A ammonta a 138 documentati in 22 unità riferibili sicuramente ad individui diversi (stat. 5.1). Non sono stati documentati i frammenti totali ancora presenti nel contesto visto lo stato di conservazione completamente diverso dei materiali. La distinzione fra i reperti provenienti dall'inventario e quelli provenienti verosimilmente dagli alzati era così netta sia dal punto di vista delle dimensioni dei frammenti sia dal grado di erosione/stato di conservazione che si è omessa una documentazione specifica dei restanti materiali vista la loro verosimile attribuzione a materiali *non in uso* durante il periodo cronologico elaborato. Vista la natura del contesto come strato d'abbandono è stato possibile identificare più frammenti combacianti riferibili agli stessi individui. Per queste ragioni le seguenti statistiche saranno presentate sia in % di frammenti sia in % di records visto il peso statistico nettamente diverso per alcune osservazioni. Si tratta del contesto rappresentante maggiormente le problematiche e i limiti di un'analisi di materiale archeologico da un punto di vista statistico.

In percentuale di frammenti (stat. 5.2) prevale all'interno delle associazioni la ceramica decorata (64.49%fr.; 89 fr.) seguita in *ex equo* dalle ceramiche acrome (7.97%fr.; 11 fr.) e dai materiali di varia funzione (7.97%fr.; 11 fr.). Le ceramiche d'importazione (1.45%fr.; 2 fr.) e quelle d'imitazione regio-coloniale (15.94%fr.; 22 fr.[1025]) mostrano l'alto grado di falsificazione di dati statistici se considerati unicamente in percentuali di frammenti. Unicamente il 2.17%fr. (3

1025 Ceramiche verosimilmente d'importazione allotrie all'isola e imitazione regio-coloniali ammontano correlata al 17.39%fr. dei materiali totali (24 fr.).

Ceramica acroma *(acroma lisciata)*				
	Records	Frammenti	%fr	%rec
	2	11	7.97	9.09
Adibiti alla cottura di alimenti *(sostegni fittili)*				
	Records	Frammenti	%fr	%records
	1	3	2.17	4.55
Ceramiche decorate (con decorazioni dipinte / con decorazioni incise e/o impresse / con molteplici decorazioni)				
Con decorazioni dipinte	Con decorazioni incise e/o impresse			
	Records	Frammenti	%fr	%records
	6	89	64.49	27.27
Materiali di varia funzione				
	Records	Frammenti	%fr	%records
Produzioni tessili: *pesi da telaio*	7	8	5.80	31.82
Attività di svago: *astragali*	2	2	1.45	9.09
Fittile: *terracotta*	1	1	0.72	4.55
	10	11	7.97	45.45
Indeterminati				
	Records	Frammenti	%fr	%records
	0	0	0.00	0.00
Totale ceramiche allotrie (d'importazione + regio-coloniali)				
	Records	Frammenti	%fr	%records
Ceramiche d'importazione	2	2	1.45	9.09
Ceramiche regio-coloniali	1	22	15.94	4.55
	3	24	17.39	13.64

Stat. 5.2 sulla base di stat. 5.1.

frammenti) sono riferibile ad un sostegno a clessidra fittile adibito all'ambito della cottura di alimenti.

Nettamente variata risulta la distribuzione dei materiali se eseguita in percentuali di unità riconosciute (records: stat. 5.1): ceramiche decorate (27.27%rec; 6 records); materiali di varia funzione (45.45%rec; 10 records); ceramiche d'importazione (9.09%rec; 2 records) e d'imitazione regio-coloniale (4.55%rec; 1 record) complessivamente attestanti il 13.64%rec dei materiali; ceramiche acrome (9.09%; 2 records); adibiti alla cottura di alimenti (4.55%rec; 1 record).

In questo esempio è evidente quanto sia difficile, unicamente su base statistica, la visualizzazione di attestazioni di materiali in associazione all'interno di un contesto archeologico. Da un lato, sono stati inventariati i due frammenti d'importazione, di piccole dimensioni, **80** e **81**, verosimilmente non più in uso all'interno dello strato (cfr. tab. 5). Dall'altro, la quantità elevata di frammenti di ceramiche regio-coloniali è dovuta alla conservazione in numerosi frammenti della lekane a bande **82**, pressoché integra. Unicamente la presenza di sette pesi da telaio aumenta esponenzialmente l'attestazione di materiali di altra natura e funzione rispetto a quelle delle ceramiche, seppure si trattino verosimilmente di una presenza da interpretare come un tutt'uno funzionale alla tessitura all'interno dei dati statistici. L'aggiunta dei reperti non considerati facenti parte dell'inventario, potrebbero forse parzialmente correggere le variazioni statistiche, ma non corrisponderebbero ai reperti in uso durante il periodo cronologico elaborato. Lo stesso fenomeno è visibile dal confronto della forte diversificazione dei dati rispetto alle ceramiche decorate: la netta predominanza in frammenti delle ceramiche decorate, diminuisce di quasi il 40% se indagata rispetto agli individui riconosciuti. Entrambi i valori – in % di frammenti e in % di unità riconosciute – verranno paritariamente mostrate all'interno dei dati statistici in appendice, per permettere un determinato grado di comparabilità fra i vari contesti. Il testo è redatto unicamente sulla base delle unità riconosciute visto il valore più realistico fornito. Infine, grande limite di questo contesto, è l'individuazione di unicamente 22 reperti – una quantità minima rispetto a quelle di tutti gli altri contesti indagati.

3.3.6.1 Ceramiche acrome

Lo strato attesta due morfologie in ceramiche acroma: la grande forma chiusa **649**, verosimilmente adibita allo stoccaggio di alimenti aridi e la forma aperta con fondo piano profilato di grandi dimensioni modellata al tornio lento **196** (statt. 5.1–5.2 [azzurro]: 11 fr.; 7.97%fr.; 2 rec; 9.09%rec).

Le ceramiche acrome sembrano limitarsi unicamente ad una funzione di stoccaggio e preparazione di alimenti.

3.3.6.2 Ceramiche e reperti fittili adibiti alla cottura di alimenti

L'unico reperto dello strato d'abbandono riferibile alla sfera funzionale adibita alla cottura di alimenti è il sostegno fittile a clessidra modellato a mano **827**. Il sostegno è stato sicuramente utilizzato, come dimostrano le leggere tracce di bruciato e fuliggine sul lato superiore e inferiore del reperto (statt. 5.1–5.2 [arancione]: 3 fr.; 2.17%fr.; 1 rec; 4.55%rec).

3.3.6.3 Ceramiche decorate

Ceramiche decorate	Quartiere Agora, Edificio A					
	Inv. Regolare		TOT			
	Record	Frammenti	%fr	%rec	%fr delle decorate	%rec delle decorate
Dipinta bicroma	1	58	42.03	4.55	65.17	16.67
Dipinta monocroma	4	29	21.01	18.18	32.58	66.67
MD_ID_OO: incisa senza rivestimento / rivestimento omogeneo opaco	1	2	1.45	4.55	2.25	16.67
TOTALE	6	89	64.49	27.27	100.00	100.00

Stat. 5.3: Ceramiche decorate. Verde chiaro: dipinte. Verde scuro: incise e/o impresse.
Arancione chiaro: dipinte con superfici lisciate. Arancione scuro: incise e/o impresse con superfici lisciate.

All'interno dello strato sono presenti unicamente tre sottocategorie di tecniche di decorazione (stat. 5.3: 89 fr.; 64.49%fr.; 6 rec; 27.27%rec dei materiali totali): quattro reperti in dipinta monocroma (**356. 598. 737. 752**), uno in dipinta bicroma (**650**) e un frammento di scodella con molteplici tecniche decorative con solchi incisi da un lato senza l'apporto di un ulteriore rivestimento e un rivestimento omogeneo opaco a scopo funzionale all'interno della forma (**355**).

3.3.6.3.1 Con decorazioni dipinte

Le morfologie attestate a decorazione dipinta lineare utilizzante un'unica miscela di ocre argillose rosse sono (*dipinta monocroma*):

- scodelle (**356**)
- idrie (**598**)
- pissidi (**737**)
- coperchio (**752** ev. una scodella).

Utilizzante invece due miscele distinte di ocre argillose, risultanti in due colorazioni diverse visibili (*dipinta bicroma*):

- forma chiusa di grandi dimensioni stamnoide (**650**).

In questo caso non solo la morfologia sembra appartenere ad una forma esclusiva[1026], ma anche l'apparato decorativo è notevolmente più complesso rispetto a quanto attestato dalle decorazioni dipinte presenti sui reperti ritrovati nei contesti di datazione precedente. Oltre ad una suddivisione della decorazione in registri, già attestata dalle ceramiche a decorazione (geometrica) dipinta della prima metà del VI sec. a.C., appaiono come elementi campitivi delle zone metopali le spirali – in questo caso antitetiche – e i motivi ad "X" accompagnate da linee semiarcuate antitetiche – assenti dal repertorio decorativo attestato all'interno dei contesti di datazione precedente. Un *unicum*, attestato da unicamente questo reperto rispetto alla quantità totale di reperti analizzati, è la presenza di quattro bugne plastiche a scopo decorativo posizionate alle estremità delle anse a nastro con andamento obliquo impostate sulla zona superiore della forma. Il posizionamento degli elementi plastici potrebbe ricordare delle analogie con forme in metallo.

L'attribuzione ad un utilizzo di due miscele distinte creanti una colorazione bicroma è in questo caso assai difficile da verificare; vista l'atmosfera di cottura di temperatura irregolare le decorazioni risultano di colorazione sempre diverse a dipendenza del luogo in cui le si osserva. È verosimile su tale reperto anche l'utilizzo di un'unica miscela (*monocroma*). Tuttavia, le densità della miscela utilizzata sembrano in alcuni punti intenzionalmente più dense rispetto ad altre. Potrebbe trattarsi di un reperto inseribile ancora in una fase di sperimentazione con effetti bicromatici decorativi lineari. La parte interna mostra da un lato una chiara modellazione della forma a colombino e unicamente in uno stadio successivo della modellazione, fu rifinita al tornio.

Fra le decorate scompaiono le forme potorie, verosimilmente attribuibili a partire da questa fase unicamente alle forme d'importazione o imitazione.

3.3.6.3.2 Con decorazioni incise e/o impresse

L'unico reperto (stat. 5.3 [verde scuro]) ancora attestante una decorazione ad incisioni all'interno dello strato di abbandono dell'edificio A è la scodella carenata **355**. Interessante è notare l'apporto di un rivestimento omogeneo opaco all'interno fino all'orlo della forma, lasciata invece acroma e decorata con solchi incisi all'esterno. I solchi orizzontali incisi, attestati unicamente sulla parte superiore esterna alla carena, riprendono le tipologie classiche delle fruttiere già attestate all'interno del riempimento di VIII–VII sec. a.C. L'orientamento della parete superiore, sempre più estroflessa, diverge dalle morfologie di epoche precedenti. Difatti, per quanto riguarda le scodelle è possibile notare le attestazioni di forme passanti tendenzialmente da pareti introflesse a estroflesse nell'arco dei secoli[1027].

1026 A Monte Iato è attestato un altro confronto proveniente dalla "Casa tardo-arcaica" (Hoernes 2013, no. D268 (K 16784); Kistler et al. 2017b, 147) tecnicamente più avanzato rispetto all'esemplare dello strato di abbandono dell'edificio A. Confronti sono stati ritrovati da Matthias Hoernes anche a Segesta e a Monte Saraceno. Morfologie analoghe ritrovabili a Licodia eubea, Morgantina e Monte Maranfusa. Per i confronti: Hoernes 2013.

1027 Per questioni di completezza e comparazione tra contesti si aggiungono in appendice F le statistiche dettagliate rispetto a

3.3.6.3.3 Conclusioni rispetto alle ceramiche decorate

I pochi reperti di ceramiche decorate attestano esclusivamente trattamenti di superficie lisciata. Oltre alla scomparsa dei reperti con superfici lucidate, scompaiono ugualmente le forme con trattamenti di superficie diversificati (lisciata/lucidata). Totalmente assente la vasta gamma di tecniche decorative altrimenti attestate nei contesti cronologicamente precedenti, così come l'attestazione dell'apporto di rivestimento in combinazione diretta con le decorazioni incise. Come già precedentemente illustrato, le ceramiche con decorazione incise e/o impresse – in questo caso unicamente attestate da quelle incise – vengono soppiantate da una preferenza di morfologie a decorazione lineare in dipinta monocroma / bicroma.

3.3.6.4 Materiali di varia funzione

I materiali attestati all'interno dello strato di abbandono di varia natura e funzione (statt. 5.1–5.2 [marrone]: 11fr.; 7.97%fr.; 10 rec; 45.45%rec) sono riferibili ai sette pesi da telaio (**834–840**) già analizzati in combinazione dell'inventario all'interno della presentazione del contesto[1028], due astragali (**954–955**) e il frammento di corno taurino (**859**). I reperti sono già stati analizzati in combinazione dell'inventario all'interno della presentazione del contesto.

3.3.6.5 Inquadramento cronologico del contesto sulla base dei reperti *indigeni*

Tutte le tipologie decorative erano già presenti all'interno del riempimento adibito alla costruzione dell'edificio A. In rapporto resta predominante la presenza delle ceramiche a decorazioni lineari dipinte con trattamenti di superficie lisciate rispetto a quelle a decorazione incise e/o impresse. Scompaiono le attestazioni di ceramiche ad incisione e impressione: una tendenza già visibile all'interno dei contesti di datazione precedente. Non più attestati sono i rivestimenti in diretta combinazione con la decorazione incisa, indicante la preferenza sempre maggiore di decorazioni su superfici lascianti ampie zone acrome visibili. Il rivestimento interno alla forma è verosimilmente interpretabile a scopo funzionale. Sembrano dunque scomparire i rivestimenti a scopi decorativi precedentemente attestati.

tutti gli aspetti indagati nei contesti precedenti.
1028 Cfr. 2.3.2.1 *Analisi dell'inventario.*

3.3.7 Quartiere agorà – edificio 1 (ca. 500/490–460/450 a.C.)

Quartiere Agora - Edificio 1	Vano occidentale		Vano orientale		Totale materiali da entrambi i vani			
Suddivisione dei materiali	Inv. Regolare		Inv. Regolare		TOT			
	Record	Frammenti	Record	Frammenti	Record	Frammenti	%fr	%rec
Dipinta monocroma	3	28	3	167	6	195	22.65	10.17
Acroma lisciata	2	10	7	155	9	165	19.16	15.25
Dipinta bicroma	3	8	6	139	9	147	17.07	15.25
Produzioni regio-coloniali	0	0	8	117	8	117	13.59	13.56
Importazioni allotrie all'isola	0	0	6	77	6	77	8.94	10.17
Fuoco modellate a mano	6	74	2	6	8	80	9.29	13.56
Fittili: piastre fittili	2	52	0	0	2	52	6.04	3.39
Dipinta bicroma ; decorazione lineare opaca (-)	2	15	0	0	2	15	1.74	3.39
Organico: astragali	0	0	4	4	4	4	0.46	6.78
Metalli: bronzo	1	4	0	0	1	4	0.46	1.69
Fittili: peso da telaio	2	2	0	0	2	2	0.23	3.39
Fittili: sostegni	1	2	0	0	1	2	0.23	1.69
Vari: vetro	1	1	0	0	1	1	0.12	1.69
TOTALE	23	196	36	665	59	861	100.00	100.00

Stat. 6.1: Dati quantitativi totali dei reperti. Ordinamento dall'alto verso il basso in base al numero di frammenti totali (azzurro: ceramiche acrome; arancione: vasellame e utensili adibiti alla cottura di alimenti; verde: ceramiche decorate; marrone: materiali di varia funzione).

La fase successiva dell'edificio A è rappresentata dalla ristrutturazione dell'edificio che presenta due vani impostati in senso EO. Le associazioni degli inventari, suddivisi in vani, sono state analizzate all'interno della presentazione del contesto[1029]. Per quanto riguarda l'indagine cronologica dei materiali *indigeni* è necessario unire tutti i materiali presenti: essi attestano i materiali in uso nella fascia cronologica tra ca. il 500/490 e l'abbandono dell'insediamento verso il 460/450 a.C.

1029 Cfr. 2.3.3.1 *Analisi dell'inventario.*

Analisi statistiche

Il totale di frammenti provenienti dallo strato d'uso dell'edificio A ammonta a 861 documentati in 59 unità (stat. 6.1). Anche in questo caso, analogamente ai materiali dell'edificio A, non sono stati documentati i frammenti totali presenti del contesto visto lo stato di conservazione completamente diverso dei materiali. All'interno delle statistiche compariranno dunque unicamente i reperti sicuramente facenti parte dell'inventario in uso al momento dell'abbandono dell'insediamento. Analogamente all'inventario dello strato d'abbandono dell'edificio A verranno unicamente indicati nel testo le associazioni in reperti. All'interno delle statistiche verranno tuttavia mostrati anche i rapporti in frammenti per consentire un'uguaglianza dei dati rispetto agli altri contesti indagati.

Ceramica acroma *(acroma lisciata)*				
	Records	Frammenti	%fr	%rec
	9	165	19.16	15.25
Adibiti alla cottura di alimenti *(da fuoco modellata a mano / fittili: sostegni / fittili: piastre)*				
	Records	Frammenti	%fr	%records
	11	134	15.56	18.64
Ceramiche decorate (con decorazioni dipinte / con decorazioni incise e/o impresse / con molteplici decorazioni)				
Con decorazioni dipinte	Con decorazioni incise e/o impresse			
	Records	Frammenti	%fr	%records
	17	357	41.46	28.81
Materiali di varia funzione				
	Records	Frammenti	%fr	%records
Produzioni tessili: *pesi da telaio*	2	2	0.23	3.39
Attività di svago: *astragali*	4	4	0.46	6.78
Vetro: *perla*	1	1	0.12	1.69
Metalli: *bronzo*	1	4	0.46	1.69
	8	11	1.28	13.56
Indeterminati				
	Records	Frammenti	%fr	%records
	0	0	0	0
Totale ceramiche allotrie (d'importazione + regio-coloniali)				
	Records	Frammenti	%fr	%records
Ceramiche d'importazione	6	77	8.94	10.17
Ceramiche regio-coloniali	8	117	13.59	13.56
	14	194	22.53	23.73

Stat. 6.2 sulla base di stat. 6.1.

In unità (stat. 6.2) prevale all'interno del contesto dell'edificio 1 la quantità di ceramiche decorate (17 rec; 28.81%rec) seguite da quelle delle ceramiche d'importazione o d'imitazione (14 rec; 23.73%rec[1030]). Seguono quantitativamente le attestazioni di forme e utensili adibiti alla cottura di alimenti (11 records; 18.64%), le ceramiche acrome (9 records; 15.25%) e infine i materiali di varia funzione e natura (8 records; 13.56%).

L'analisi delle funzionalità in associazione fra i reperti così come l'interpretazione della modalità d'uso (in sospensione o non) delle forme in seguito presentate sono già state analizzate nella presentazione del contesto[1031]. In questo capitolo verranno unicamente discusse le forme da un punto di visto di sviluppo cronologico in combinazione con le tecniche decorative utilizzate.

3.3.7.1 Ceramiche acrome

Le ceramiche acrome sono attestate da nove reperti (statt. 6.1–6.2 [azzurro]). Le morfologie attestate sono:

- mortai (**202**)
- scodelle (**395. 397**)
- forme chiuse di media-grande dimensioni riferibili allo stoccaggio di liquidi vista la presenza di un beccuccio sulla parte superiore della forma (**664**)
- forma chiuse di media-grande dimensione riferibili allo stoccaggio verosimilmente di alimenti aridi (**665**)
- forme chiuse di media-grande dimensioni riferibili al contenimento di olio con beccuccio nella parte inferiore della forma (**662**)
- orci / pithoi di piccole dimensioni (**663**)
- forme aperte da stoccaggio in sospensione (**715**)
- pithoi (**731**).

Il contesto, rispetto a quello dello strato di abbandono dell'edificio A, rispecchia più precisamente il rapporto tra le tecniche decorative utilizzate e gli ambiti funzionali da esse coperte. Fra le ceramiche acrome sembra ora accertata l'assenza di forme potorie, ampiamente attestate tra i reperti d'importazione e imitazione – un'assenza attestata a partire da ca. il 570–540 a.C. come visibile dalla mancata attestazione di tali morfologie all'interno della ceramica acroma proveniente dalla seconda fase dell'edificio nel quartiere orientale. Ampiamente attestate le forme da stoccaggio e adibite alla preparazione e/o servizio di alimenti come le scodelle. Interessante è l'attestazione dell'unico mortaio con beccuccio all'interno di tutti i materiali indagati (**202**). La morfologia, analoga a quella dei bacini quando attestati in stato frammentario, è rispetto ai contesti precedenti unicamente presente in ceramica acroma. Sembra dunque essere visibile anche un lento distacco dai rivestimenti a scopo funzionale, precedentemente presenti in grandi quantità.

3.3.7.2 Ceramiche e reperti fittili adibiti alla cottura di alimenti

I reperti riferibili alla cottura di alimenti (statt. 6.1–6.2 [arancione]) sono suddivisi in otto reperti attribuibili a vasellame da fuoco. I reperti, ampiamente presentati all'interno della presentazione del contesto, sono modellati a mano e riferibili morfologicamente a pignatte (**800–802**), teglie (**808–810**) ed olle (**812–813**). Sono inoltre presenti un sostegno a clessidra (**829**) modellato a mano e due piastre fittili (**832–833**). Mancano le attestazioni di scodelloni da fuoco, non necessariamente mancanti dall'inventario ma forse ancora *in situ* nelle zone dell'ambiente non scavate.

1030 Ceramiche verosimilmente d'importazione: 6 records, 10.17% dei materiali totali; Ceramiche di produzione regio-coloniale: 8 records 13.56% dei materiali totali.
1031 Cfr. 2.3.3.1 *Analisi dell'inventario.*

3.3.7.3 Ceramiche decorate

Quartiere Agora - Edificio 1	Vano occidentale		Vano orientale		Totale materiali da entrambi i vani					
Ceramiche decorate	**Inv. Regolare**		**Inv. Regolare**		**TOT**					
	Record	**Frammenti**	**Record**	**Frammenti**	**Record**	**Frammenti**	**%fr**	**%rec**	**%fr delle decorate**	**%rec delle decorate**
Dipinta monocroma	3	28	3	167	6	195	22.65	10.17	54.62	35.29
Dipinta bicroma	3	8	6	139	9	147	17.07	15.25	41.18	52.94
Dipinta bicroma ; decorazione lineare opaca (-)	2	15	0	0	2	15	1.74	3.39	4.20	11.76
TOTALE	8	51	9	306	17	357	41.46	28.81	100.00	100.00

Stat. 6.3: Ceramiche decorate. Verde chiaro: dipinte. Arancione chiaro: dipinte con superfici lisciate.

All'interno dello strato sono presenti unicamente tre sottocategorie di tecniche di decorazione, tutte dipinte con superfici lisciate (statt. 6.3–6.4 [verde]). Scompaiono le ceramiche a decorazione incisa e/o impressa. Analogamente al contesto dell'edificio A, si riconferma la scomparsa dei trattamenti di superficie lucidata.

Con decorazioni dipinte					
Records	Frammenti	%fr	%records	**%fr delle decorate**	**%rec delle decorate**
17	357	41.46	28.81	100	100
Con decorazioni incise e/o impresse					
Records	Frammenti	%fr	%records	**%fr delle decorate**	**%rec delle decorate**
0	0	0.00	0.00	0.00	0.00

Stat. 6.4 sulla base di stat. 6.3.

3.3.7.3.1 Con decorazioni dipinte

Le ceramiche decorate sono unicamente attestate da reperti a decorazione dipinta utilizzanti o un'unica miscela di ocre argillose (*dipinta monocroma*) oppure due miscele diverse creanti un effetto cromatico bicromo all'occhio (*dipinta bicroma).*

Le morfologie attestate in dipinta monocroma sono:

- coppe/scodelle (**396**)
- brocca verosimilmente trilobata (**560**)
- anfore/idrie (**611**)
- pithoi (**732–733**)
- pisside stamnoide (**739**).

Riappaiono le attestazioni di forme in materiali *indigeni* conformi, per quanto riguarda la morfologia dell'orlo, ad un uso eventualmente potorio (**396**). In questo caso, vista l'alta attestazione di forme potorie in ceramiche d'importazione e imitazione all'interno del vano orientale la morfologia potrebbe riferirsi anche unicamente ad una scodella.

Appare per la seconda volta – dopo il verosimile fregio zoomorfo sulla forma aperta **511** proveniente dal riempimento adibito alla costruzione dell'edificio A – l'attestazione di una rappresentazione figurata zoomorfa attestante un uccello con un verme/lombrico nel becco stilizzato (**560**). La tipologia di brocche con motivi a frange nella parte frontale e zone metopali campite da figure zoomorfe laterali è ampiamente documentata nella Valle del Belice[1032]. La rappresentazione fornita dall'esemplare **560** differisce per quanto riguarda la maggior parte delle attestazioni ritrovate su Monte Iato attestanti volatili di determinate tipologie o quadrupedi[1033]: la presenza del "lombrico" sembra nuova rispetto a quanto conosciuto. Unicamente un secondo esemplare in ceramica a decorazione lineare bicroma proveniente dal contesto ad ovest della casa a peristilio II mostra una raffigurazione analoga (**562**) di volatile con lombrico seppure stilisticamente divergente da quanto attestato sul reperto **560.**

Le morfologie attestate in dipinta bicroma sono:

- scodelle (**398**)
- brocche (**557–559**)
- anfore/idrie (**612–613. 615**)
- idrie (**614**)
- coperchi adibiti a forme chiuse da stoccaggio di effetti personali (**756**).

Quelle con un'ulteriore decorazione lineare opaca (-):

- anfore/idrie (**616–617**).

Le forme attestanti decorazioni bicrome non differiscono sostanzialmente da quanto attestato all'interno del contesto a decorazione monocroma.

3.3.7.3.2 Conclusioni rispetto alle ceramiche decorate

Seppure l'inventario dei vani non sia completo a causa del mancato scavo di determinate zone, sembrano scomparire le attestazioni di ceramiche a decorazione incisa e/impressa così come tutte le tipologie presentanti rivestimenti. Le forme adibite alla preparazione e al servizio di alimenti come i bacini / mortai scompaiono dalle varianti decorate – sempre presenti invece nei contesti di datazione precedente. La verosimile assenza di ceramiche a decorazione incisa e/o impressa potrebbe attestare un ulteriore sviluppo di una tendenza di scomparsa di questa tipologia già visibile all'interno dei contesti di cronologie precedenti.

Fra le ceramiche decorate dipinte appare la prima *accertata* attestazione di decorazione figurata, assente all'interno dei contesti precedenti, fatta eccezione

1032 Per una sintesi sulle brocche trilobate con decorazioni zoomoforme: Russenberger 2015, 111–118.

1033 Per i confronti provenienti da Monte Iato con bibliografia: Russenberger 2015, 114 nota 99.

per il reperto **511**. Aumentano le attestazioni di ceramiche a decorazione bicroma rispetto a quelle monocrome – dunque quelle tecnicamente più pregiate rispetto a tali, presentanti unicamente l'utilizzo di una miscela di ocre argillose.

3.3.7.4 Materiali di varia funzione

All'interno dei materiali di varia funzione (statt. 6.1–6.2 [marrone]) confluiscono i pesi da telaio adibiti alla produzione tessile all'interno dell'edificio (**841–842**: 2 fr.; 2 rec; 0.23%fr.; 3.39%rec), gli astragali (**956–959**: 4 fr.; 4 rec; 0.46%fr.; 6.78%rec), la perla in vetro (**869**: 0.47%fr.; 1.69%rec) e i frammenti di grattugia in bronzo (**864**: 4 fr.; 1 rec; 0.46%fr.; 1.69%rec). I reperti sono già stati analizzati all'interno della presentazione del contesto[1034].

3.3.7.5 Inquadramento cronologico del contesto sulla base dei reperti *indigeni*

Le attestazioni decorative diminuiscono drasticamente rispetto a quanto ancora attestato all'interno dei contesti *ante* la metà del VI sec. a.C. e confermano l'andamento già visibile all'interno dello strato di abbandono dell'edificio A: una successiva attestazione di materiali *indigeni* a decorazione esclusivamente lineare dipinta.

1034 Cfr. 2.3.3.1 *Analisi dell'inventario*.

3.3.8 Quartiere agorà – Oikos – Prima fase (t.a.q. verso il 500/490 a.C.)

Suddivisione dei materiali	Edificio ad oikos: riempimento adibito al piano di calpestio di prima fase							
	Inv. Regolare		Inv. Interno		TOT			
	Record	Frammenti	Record	Frammenti	Record	Frammenti	%fr	%rec
Acroma lisciata	41	83	89	465	130	548	36.20	15.26
Dipinta monocroma	71	109	316	335	387	444	29.33	45.42
Dipinta bicroma	38	95	44	45	82	140	9.25	9.62
Fuoco modellate a mano	14	16	29	103	43	119	7.86	5.05
Produzioni regio-coloniali	24	47	51	54	75	101	6.67	8.80
Incisa e impressa senza rivestimento	20	25	1	1	21	26	1.72	2.46
Indet: linee (dipinta?) o rivestimento opaco?	0	0	22	22	22	22	1.45	2.58
Importazioni allotrie all'isola	14	20	1	1	15	21	1.39	1.76
Impasto / acroma (scodelloni da cucina)	4	11	1	1	5	12	0.79	0.59
Incisa senza rivestimento	5	5	4	4	9	9	0.59	1.06
Fittili: tegole	1	1	4	6	5	7	0.46	0.59
Fittili: fornello?	4	6	0	0	4	6	0.40	0.47
MD_DD_OO: rivestimento omogeneo opaco / dipinta monocroma	4	4	2	2	6	6	0.40	0.70
Incisa con rivestimento omogeneo opaco	3	3	2	2	5	5	0.33	0.59
Fittili: sostegni	1	2	2	2	3	4	0.26	0.35
MD_DA_OO: rivestimento omogeneo opaco / acroma lisciata	1	1	3	3	4	4	0.26	0.47
Rivestimento omogeneo opaco	3	3	1	1	4	4	0.26	0.47
Incisa con rivestimento omogeneo lucidato	2	2	1	1	3	3	0.20	0.35
Dipinta policroma	1	1	2	2	3	3	0.20	0.35
Dipinta bicroma ; decorazione lineare opaca (-)	2	3	0	0	2	3	0.20	0.23
Geologico: strumenti litici (?)	1	1	1	1	2	2	0.13	0.23
Metalli: bronzo	1	2	0	0	1	2	0.13	0.12
Indet. MD_DA_OO: rivestimento opaco (omogeneo? Non omogeneo?) / acroma lisciata	0	0	2	2	2	2	0.13	0.23
Incisa e impressa con rivestimento omogeneo opaco	1	2	0	0	1	2	0.13	0.12
MD_ID_OO: incisa senza rivestimento / rivestimento omogeneo opaco	2	2	0	0	2	2	0.13	0.23
Rivestimento non omogeneo opaco	0	0	2	2	2	2	0.13	0.23
Rivestimento omogeneo lucidato	0	0	1	2	1	2	0.13	0.12
Organico: conchiglie	1	1	0	0	1	1	0.07	0.12
Fittili: peso da telaio	0	0	1	1	1	1	0.07	0.12
MD_ID_OL: incisa senza rivestimento / rivestimento omogeneo lucidato	0	0	1	1	1	1	0.07	0.12
MD_DA_LO: rivestimento non omogeneo lucidato / acroma lisciata	0	0	1	1	1	1	0.07	0.12
MD_DA_OO: rivestimento non omogeneo opaco / acroma lisciata	0	0	1	1	1	1	0.07	0.12
MD_DD_LL: rivestimento omogeneo lucidato / decorazione lineare lucidata (+)	0	0	1	1	1	1	0.07	0.12
Indet: incisa e impressa con rivestimento opaco (omogeneo? Non omogeneo?)	0	0	1	1	1	1	0.07	0.12
Incisa e impressa con rivestimento omogeneo lucidato	1	1	0	0	1	1	0.07	0.12
Indet: incisa con/senza rivestimento	0	0	1	1	1	1	0.07	0.12
Indet: incisa con rivestimento lucidato (omogeneo? Non omogeneo?)	0	0	1	1	1	1	0.07	0.12
Indet: rivestimento opaco (omogeneo? Non omogeneo?)	0	0	1	1	1	1	0.07	0.12
Indet: rivestimento lucidato (omogeneo? Non omogeneo)	0	0	1	1	1	1	0.07	0.12
Rivestimento non omogeneo lucidato	0	0	1	1	1	1	0.07	0.12
TOTALE	260	446	592	1068	852	1514	100.00	100.00

Stat. 7.1: Dati quantitativi totali dei reperti. Ordinamento dall'alto verso il basso in base al numero di frammenti totali (azzurro: ceramiche acrome; viola: ceramiche allotrie; arancione: vasellame e utensili adibiti alla cottura di alimenti; verde: ceramiche decorate; marrone: materiali di varia funzione).

Il riempimento adibito al piano di calpestio di prima fase dell'edificio ad oikos attesta, sulla base dei materiali datanti, un *t.a.q.* verso il 500/490 a.C. Trattandosi di un riempimento costruttivo, le cronologie dei materiali in esso ritrovato varieranno notevolmente rispetto a quanto attestato ad esempio dai limitrofi contesti dell'edificio A e dell'edificio 1 del quartiere dell'agorà. Inoltre, vista una verosimile interpretazione dell'edificio come pubblico, eventualmente cultuale, le associazioni dei materiali non attesteranno necessariamente degli andamenti comuni a quelli dei contesti insediativi qui indagati.

Analisi statistiche

Il totale dei frammenti provenienti dal riempimento adibito al piano di calpestio di prima fase ammonta a 1514 documentati in 852 unità (stat. 7.1). La documentazione è stata effettuata grazie alla distinzione di 260 individui inventariati formati da 446 frammenti, sicuramente attestanti 260 reperti diversi (*inventario regolare*). I restanti 1068 frammenti sono stati documentati in 852 records (*inventario interno*). In questo caso la loro attribuzione a individui diversi è incerta. Trattandosi di un riempimento è di nuovo possibile statisticamente attestare una relatività minore tra i rapporti quantitativi in percentuali di frammenti rispetto a quelli in percentuali di unità individuate. Ciò nonostante, verranno tuttavia indicati entrambi i rapporti all'interno del capitolo per questioni di comparazione con gli altri contesti.

Ceramica acroma *(acroma lisciata)*				
	Records	Frammenti	%fr	%rec
	130	548	36.20	15.26
Adibiti alla cottura di alimenti *(da fuoco modellata a mano / scodelloni / fittili: sostegni / fittili: fornelli?)*				
	Records	Frammenti	%fr	%records
	55	141	9.31	6.46
Ceramiche decorate (con decorazioni dipinte / con decorazioni incise e/o impresse / con molteplici decorazioni)				
Con decorazioni dipinte	Con decorazioni incise e/o impresse			
	Records	Frammenti	%fr	%records
	567	690	45.57	66.55
Materiali di varia funzione				
	Records	Frammenti	%fr	%records
Produzioni tessili: *pesi da telaio*	1	1	0.07	0.12
Geologico: *strumenti litici (?)*	2	2	0.13	0.23
Metalli: *bronzo*	1	2	0.13	0.12
Costruttivi: *tegole*	5	7	0.46	0.59
Organico: *conchiglie*	1	1	0.07	0.12
	10	13	0.86	1.17
Indeterminati				
	Records	Frammenti	%fr	%records
	0	0	0.00	0.00
Totale ceramiche allotrie (d'importazione + regio-coloniali)				
	Records	Frammenti	%fr	%records
Ceramiche d'importazione	15	21	1.39	1.76
Ceramiche regio-coloniali	75	101	6.67	8.80
	90	122	8.06	10.56

Stat. 7.2 sulla base di stat. 7.1.

In percentuale di frammenti (stat. 7.2) prevalgono all'interno delle associazioni le ceramiche decorate (45.57%fr.; 690 fr.) seguite da quelle acrome (36.20%fr.; 548 fr.). In rapporti quantitativi seguono il vasellame e gli utensili adibiti alla cottura di alimenti (9.31%fr.; 141 fr.) e, rispetto a tutti gli altri contesti di riempimento, un'altissima percentuale di ceramiche a vernice di produzione regio-coloniale (6.67%fr.; 101 fr.) e d'importazione (1.39%fr.; 21 fr.) formanti collettivamente l'8.06% (122 fr.) dei materiali totali. Infine, una piccola percentuale è attestata dai materiali di varia natura e funzione (0.86%fr.; 13 fr.).

Leggermente diversi i rapporti in percentuali di unità riconosciute (stat. 7.2): ceramiche decorate (66.55%rec; 567 rec); ceramiche acrome (15.26%rec; 130 rec); ceramiche d'importazione e regio coloniali (10.56%rec; 90 rec[1035]); forme e utensili adibiti alla cottura di alimenti (6.46%rec; 55 rec); materiali di varia funzione: (1.17%rec; 10 rec).

Seppure le percentuali dei reperti d'importazione e imitazioni regio-coloniali rispetto ai materiali totali siano analogamente alte quanto quelli degli strati di abbandono dell'edificio A (ca. 550–500/490 a.C., stat. 5.2: 13.64%rec), stupiscono le quantità così elevate di queste produzioni all'interno di un riempimento adibito al piano di calpestio di un edificio. Come già accennato durante l'analisi del contesto di rinvenimento, questo dato potrebbe essere verosimilmente correlato con l'interpretazione dell'edificio come pubblico, eventualmente cultuale.

3.3.8.1 Ceramiche acrome

Le ceramiche acrome sono attestate da 548 frammenti documentati in 130 records (statt. 7.1–7.2 [azzurro]: 36.20%fr.; 15.26%rec dei materiali totali). La totalità dei frammenti mostra trattamenti di superfici lisciate – analogamente a quanto già attestato dallo strato d'abbandono dell'edificio A (ca. 550–500/490 a.C.).

Le morfologie attestate dai reperti in ceramica acroma sono riferibili a:

- bacini / scodelloni / mortai (**197–199. 201**)
- scodelle (**361–363. 367. 370. 373–374. 379. 384. 515**)
- vasi su alto piede (**502**)
- brocche trilobate (**552**)
- forme chiuse di medie dimensione (brocche?) (**697. 704**)
- forme chiuse da stoccaggio (**656–658. 705–709. 711**)
- coperchi (**753**)
- forme chiuse di piccole dimensioni costolate (**856**).

Mancano le attestazioni di forme possibilmente utilizzabili come forme potorie.

3.3.8.2 Ceramiche e reperti fittili adibiti alla cottura di alimenti

I reperti riferibili alla cottura di alimenti (statt. 7.1–7.2 [arancione]): sono suddivisi in 119 frammenti (43 rec; 7.86%fr.; 5.05%rec) di vasellame da fuoco modellato a mano. Ulteriori attestazioni di questa categoria sono rappresentate da 12 frammenti (5 rec; 0.79%fr.; 0.59%rec) di scodelloni da fuoco, 4 frammenti (3 rec; 0.26%fr.; 0.35%rec) di sostegni fittili (**828**) e sei frammenti di dubbia attribuzione a dei fornelli fittili (**857**: 4 rec; 0.40%fr.; 0.47%rec).

1035 Suddivisi in: ceramiche d'importazione: 1.39%rec, 15 rec; ceramiche regio-coloniali: 8.80%rec, 75 rec.

Suddivisione dei materiali	Edificio ad oikos: riempimento adibito al piano di calpestio di prima fase									
Ceramiche decorate	Inv. Regolare		Inv. Interno		TOT					
	Record	Frammenti	Record	Frammenti	Record	Frammenti	%fr	%rec	%fr delle decorate	%rec delle decorate
Dipinta monocroma	71	109	316	335	387	444	29.33	45.42	64.35	68.25
Dipinta bicroma	38	95	44	45	82	140	9.25	9.62	20.29	14.46
Incisa e impressa senza rivestimento	20	25	1	1	21	26	1.72	2.46	3.77	3.70
Indet: linee (dipinta?) o rivestimento opaco?	0	0	22	22	22	22	1.45	2.58	3.19	3.88
Incisa senza rivestimento	5	5	4	4	9	9	0.59	1.06	1.30	1.59
MD_DD_OO: rivestimento omogeneo opaco / dipinta monocroma	4	4	2	2	6	6	0.40	0.70	0.87	1.06
Incisa con rivestimento omogeneo opaco	3	3	2	2	5	5	0.33	0.59	0.72	0.88
MD_DA_OO: rivestimento omogeneo opaco / acroma lisciata	1	1	3	3	4	4	0.26	0.47	0.58	0.71
Rivestimento omogeneo opaco	3	3	1	1	4	4	0.26	0.47	0.58	0.71
Incisa con rivestimento omogeneo lucidato	2	2	1	1	3	3	0.20	0.35	0.43	0.53
Dipinta policroma	1	1	2	2	3	3	0.20	0.35	0.43	0.53
Dipinta bicroma ; decorazione lineare opaca (-)	2	3	0	0	2	3	0.20	0.23	0.43	0.35
Indet. MD_DA_OO: rivestimento opaco (omogeneo? Non omogeneo?) / acroma lisciata	0	0	2	2	2	2	0.13	0.23	0.29	0.35
Incisa e impressa con rivestimento omogeneo opaco	1	2	0	0	1	2	0.13	0.12	0.29	0.18
MD_ID_OO: incisa senza rivestimento / rivestimento omogeneo opaco	2	2	0	0	2	2	0.13	0.23	0.29	0.35
Rivestimento non omogeneo opaco	0	0	2	2	2	2	0.13	0.23	0.29	0.35
Rivestimento omogeneo lucidato	0	0	1	2	1	2	0.13	0.12	0.29	0.18
MD_ID_OL: incisa senza rivestimento / rivestimento omogeneo lucidato	0	0	1	1	1	1	0.07	0.12	0.14	0.18
MD_DA_LO: rivestimento non omogeneo lucidato / acroma lisciata	0	0	1	1	1	1	0.07	0.12	0.14	0.18
MD_DA_OO: rivestimento non omogeneo opaco / acroma lisciata	0	0	1	1	1	1	0.07	0.12	0.14	0.18
MD_DD_LL: rivestimento omogeneo lucidato / decorazione lineare lucidata (+)	0	0	1	1	1	1	0.07	0.12	0.14	0.18
Indet: incisa e impressa con rivestimento opaco (omogeneo? Non omogeneo?)	0	0	1	1	1	1	0.07	0.12	0.14	0.18
Incisa e impressa con rivestimento omogeneo lucidato	1	1	0	0	1	1	0.07	0.12	0.14	0.18
Indet: incisa con/senza rivestimento	0	0	1	1	1	1	0.07	0.12	0.14	0.18
Indet: Incisa con rivestimento lucidato (omogeneo? Non omogeneo?)	0	0	1	1	1	1	0.07	0.12	0.14	0.18
Indet: rivestimento opaco (omogeneo? Non omogeneo?)	0	0	1	1	1	1	0.07	0.12	0.14	0.18
Indet: rivestimento lucidato (omogeneo? Non omogeneo)	0	0	1	1	1	1	0.07	0.12	0.14	0.18
Rivestimento non omogeneo lucidato	0	0	1	1	1	1	0.07	0.12	0.14	0.18
TOTALE	154	256	413	434	567	690	45.57	66.55	100.00	100.00

Stat. 7.3: Ceramiche decorate. Verde chiaro: dipinte. Verde scuro: incise e/o impresse. Arancione chiaro: dipinte con superfici lisciate. Arancione scuro: incise e/o impresse con superfici lisciate. Viola chiaro: dipinte con superfici lucidate. Viola scuro: incise e/o impresse con superfici lucidate. Azzurro: dipinte con superfici lisciate / lucidate. Blu: incise e/o impresse con superfici lisciate / lucidate.

Le morfologie attestate fra il vasellame sono:

- pignatte (**785–797**)
- teglie (**807**)
- scodelloni da fuoco (**816–819**).

Assenti sono frammenti di piastre fittili così come nuovamente forme da fuoco modellate al tornio.

3.3.8.3 Ceramiche decorate

Vista la natura del contesto di riempimento riappare, come presumibile, una grande quantità di tecniche decorative diverse (stat. 7.3). La predominanza sia in frammenti che di unità è nettamente riferibile a quanto definito *con decorazioni dipinte* (stat. 7.4: 638 fr.; 521 rec; 42.14%fr. dei materiali totali; 92.46%fr. delle decorate; 61.15%rec dei materiali totali; 91.89%rec delle decorate). Le ceramiche a decorazioni incise e/o impresse sono attestate da 52 frammenti (stat. 7.4: 3.43%fr. dei materiali totali; 7.54%fr. delle decorate) documentati in 46 records diversi (5.40%rec dei materiali totali; 8.11%rec delle decorate).

Con decorazioni dipinte					
Records	Frammenti	%fr	%records	%fr delle decorate	%rec delle decorate
521	638	42.14	61.15	92.46	91.89
Con decorazioni incise e/o impresse					
Records	Frammenti	%fr	%records	%fr delle decorate	%rec delle decorate
46	52	3.43	5.40	7.54	8.11

Stat. 7.4 sulla base di stat. 7.3.

Le attestazioni dei rapporti tra ceramiche incise e/o impresse rispetto a quelle di ceramica dipinta diminuiscono ulteriormente rispetto a quanto ancora attestato all'interno del riempimento adibito alla costruzione dell'edificio A (*ante* 550 a.C., stat. 4.4). La pressoché totale assenza di decorazioni incise e/o impresse all'interno dello strato di abbandono dell'edificio A (ca. 550–500/490 a.C., appendice F) rispecchia la bassa percentuale di reperti a decorazioni incise e/o impresse all'interno del presente riempimento formatosi verso il 500/490 a.C. L'attestazione più alta in ceramiche con decorazioni incise e/o impresse all'interno del riempimento rispetto allo strato di abbandono dell'edificio A è attribuibile alla natura dei contesti.

3.3.8.3.1 Con decorazioni dipinte

La predominanza è attestata dai reperti in *ceramica a decorazione (geometrica) dipinta* utilizzanti un'unica miscela di ocre argillose rosse, risultanti *monocrome* all'occhio (stat. 7.3: 444 fr.; 387 rec; 64.35%fr. delle decorate; 68.25%rec delle decorate). Aumenta a dismisura l'attestazione di ceramiche con decorazioni *bicrome* non solo tecnicamente più avanzate ma sicuramente anche più pregiate visto l'utilizzo di più materie prime e di processi lavorativi supplementari (stat. 7.3: 140 fr.; 82 rec; 20.29%fr. delle decorate; 14.46%rec delle decorate). Infine, il grado di esclusività delle ceramiche aumenta con l'attestazione di

Con decorazioni dipinte (superfici lucidate)					
Records	Frammenti	%fr	%records	%fr delle decorate	%rec delle decorate
4	5	0.33	0.47	0.72	0.71
Con decorazioni incise e/o impresse (superfici lucidate)					
Records	Frammenti	%fr	%records	%fr delle decorate	%rec delle decorate
5	5	0.33	0.59	0.72	0.88
Con decorazioni dipinte (superfici lisciate / lucidate)					
Records	Frammenti	%fr	%records	%fr delle decorate	%rec delle decorate
1	1	0.07	0.12	0.14	0.18
Con decorazioni incise e /o impresse (superfici lisciate / lucidate)					
Records	Frammenti	%fr	%records	%fr delle decorate	%rec delle decorate
1	1	0.07	0.12	0.14	0.18
Con decorazioni dipinte (superfici lisciate)					
Records	Frammenti	%fr	%records	%fr delle decorate	%rec delle decorate
516	632	41.74	60.56	91.59	91.01
Con decorazioni incise e /o impresse (superfici lisciate)					
Records	Frammenti	%fr	%records	%fr delle decorate	%rec delle decorate
40	46	3.04	4.69	6.67	7.05
Con decorazioni (trattamenti di superficie indeterminate: lucidate / lisciate)					
Records	Frammenti	%fr	%records	%fr delle decorate	%rec delle decorate
0	0	0.00	0.00	0.00	0.00

Stat. 7.5 sulla base di stat. 7.3.

decorazioni lineari *policrome* utilizzanti addirittura tre miscele diverse di ocre argillose per la creazione di effetti cromatici differenziati (stat. 7.3: 3 fr.; 3 rec; 0.43%fr. delle decorate; 0.53%rec delle decorate).

Per quanto riguardano le ceramiche con decorazioni dipinte seguono tutte le diverse attestazioni in combinazione con rivestimenti suddivise in:

con superfici lisciate
- indet: linee (dipinta?) o rivestimento opaco?
- MD_DD_OO: rivestimento omogeneo opaco / dipinta monocroma
- MD_DA_OO: rivestimento omogeneo opaco / acroma lisciata
- rivestimento omogeneo opaco
- dipinta bicroma ; decorazione lineare opaca (-)
- indet: MD_ DA_OO: rivestimento opaco (omogeneo? Non omogeneo?) / acroma lisciata
- rivestimento non omogeneo opaco
- MD_DA_OO: rivestimento non omogeneo opaco / acroma lisciata
- indet: rivestimento opaco (omogeneo? Non omogeneo?).

con superfici lucidate
- rivestimento omogeneo lucidato
- MD_DD_LL: rivestimento omogeneo lucidato / decorazione lineare lucidata (+)
- indet: rivestimento lucidato (omogeneo? Non omogeneo?)
- rivestimento non omogeneo lucidato .

con superfici lisciate/lucidate
- MD_DA_LO: rivestimento non omogeneo lucidato / acroma lisciata.

Riappaiono le combinazioni già attestate all'interno del riempimento adibito alla costruzione dell'edificio A, diminuisce tuttavia la varietà di attetazioni di tecniche decorative presenti (stat. 4.3). Aumentano i rapporti delle ceramiche con decorazioni dipinte con superficie lisciata (stat. 7.5) rispetto a quelli ancora presenti nel riempimento adibito alla costruzione dell'edificio A (*ante* 550 a.C., stat. 4.5) avvicinandosi a quanto invece attestato all'interno dello strato di abbandono dell'edificio A (ca. 550–500/490 a.C., appendice F) – ovvero una totalità di reperti con superfici lisciate.

All'interno del contesto vi è ancora la presenza di tre frammenti attestanti con certezza un rivestimento non omogeneo opaco, uno dei quali in combinazione ad una superficie acroma e altri due con un rivestimento non omogeneo brillante, dei quali uno altrettanto in combinazione ad una superficie acroma (stat. 7.3), nella tradizione delle ceramiche "piumate". Questi frammenti, oltre ad essere di piccole dimensioni e fortemente consumati (fratture a spigoli arrotondati), sono verosimilmente riferibili alle modalità decorative in uso in periodo più antichi – ricordando che anche fra i materiali datanti vi sono reperti possibilmente risalenti fino al 630/620 a.C.

Ancora attestato è un unico reperto con trattamenti di superfici differenziate lisciata / lucidata (statt. 7.3; 7.5 [azzurro]) – combinazione mancante all'interno degli strati d'abbandono dell'edificio A (ca. 550–500/490 a.C.) e dell'edificio 1 (ca. 500/490–460/450 a-C.) così come mancante all'interno del riempimento cronologicamente successivo adibito al piano di seconda fase dell'edificio ad oikos (stat. 8.5). Un unico frammento con trattamento di superficie diversificato lisciato/lucidato è ancora presente all'interno degli strati non chiaramente attribuibili alla prima o seconda fase dell'edificio ad oikos (appendice G.1). Sembra dunque attestarsi quantitativamente la conclusione della fase di sperimentazione tra trattamenti di superficie diversificati sullo stesso reperto, verosimilmente conclusa poco dopo la metà del VI sec. a.C. (550–525 a.C.?).

3.3.8.3.1.1 Morfologie attestate dai reperti con decorazioni dipinte

Con superfici lisciate

Dipinta monocroma:
- coppe/scodelle (**364–365. 372. 377–378. 385. 516–517**)
- scodelle (**359–360. 369. 382–383**)
- coppe d'imitazione (**430–433**)
- forme potorie (**428–429**)
- vasi da mescita (**481–483**)
- vasi su alto piede (**501**)
- brocche trilobate (**550–551**)
- forme chiuse di piccole-medie dimensioni (brocche?) (**699**)
- anfore/idrie (**600. 602–603. 606–607**)
- forme chiuse da stoccaggio (**651. 653–655. 710** (anfora/idria?)**. 712**)
- pithoi (**729–730**)
- pissidi (**738**)
- coperchi di forme chiuse di piccole dimensioni (**754–755**).

Dipinta bicroma:
- coppe/scodelle (**380. 518–519**)
- scodelle (**375–376. 381**)
- lucerne (**846–848**)
- vasi da mescita (**478–480**)
- anfore / idrie (**599. 601. 605**)
- forme chiuse di media dimensione (brocche? **698. 700–703. 934. 936. 944**)
- forme chiuse da stoccaggio (**659. 943. 945**).

Dipinta bicroma ; decorazione lineare opaca (-):

- vasi da mescita (**477**)
- forme chiuse di media dimensione (brocche? **935**).

Dipinta policroma:

- anfore/idrie (**604**).

Fra le morfologie attestanti decorazioni lineari è interessante notare la totalità di morfologie funzionalmente necessaria in ceramica *monocroma*, dato già attestato all'interno delle associazioni del riempimento adibito alla costruzione dell'edificio A (*ante* 550 a.C.). Fra le morfologie utilizzanti due miscele diverse di ocre argillose (*dipinta bicroma*) è possibile notare le attestazioni dei reperti verosimilmente più esclusivi come le lucerne e i vasi da mescita (morfologicamente delle imitazioni di crateri a colonnette). L'unica attestazione morfologicamente identificabile a decorazione policroma è una forma da stoccaggio verosimilmente di liquidi (**604**). Questa, visto il valore della forma ceramica, poteva forse contenere liquidi particolari di pregio più elevato rispetto a quanto comunemente stoccato.

Indeterminati: linee (dipinta?) o rivestimento opaco?:

- scodelle
- bacini
- brocche trilobate
- pithoi
- forme chiuse di medie dimensione.

Le morfologie corrispondono a quanto già attestato sia dalle ceramiche a decorazioni lineari dipinte sia da quelle con rivestimenti.

Rivestimento omogeneo opaco / dipinta monocroma:

- forme aperte di piccole-medie dimensioni (coppe/ scodelle? Scodelle?)
- coppe d'imitazione (**434**).

Rivestimento omogeneo opaco / acroma lisciata:

- bacini / scodelloni / mortai (**200**).

Rivestimento omogeneo opaco:

- scodelle (**366. 371**)
- forme aperte di medie dimensioni.

Indet: rivestimento opaco (omogeneo? Non omogeneo?) / acroma lisciata:

- bacini / scodelloni / mortai.

Rivestimento non omogeneo opaco:

- forme chiuse di media dimensione.

Rivestimento non omogeneo opaco / acroma lisciata:

- forme aperte di piccola-medie dimensione.

Indet: rivestimento opaco (omogeneo? Non omogeneo?):

- forme aperte di medie dimensioni.

Con superfici lucidate

Rivestimento omogeneo lucidato:

- forme chiuse di medie-grandi dimensioni.

Rivestimento omogeneo lucidato / decorazione lineare lucidata (+):

- forme aperte di piccole-medie dimensioni.

Indet: rivestimento lucidato (omogeneo? Non omogeneo?):

- bacini? (in strato frammentario forse in combinazione con acroma lisciata.

Rivestimento non omogeneo lucidato:

- forme aperte di media dimensione.

Con superfici lisciate/lucidate

Rivestimento non omogeneo lucidato / acroma lisciata:

- bacini / scodelloni / mortai.

La combinazione è già presente all'interno del riempimento adibito alla costruzione dell'edificio A (*ante* 550 a.C.).

3.3.8.3.2 Con decorazioni incise e/o impresse

Le attestazioni, oltre a quanto riferito per le ceramiche con decorazioni dipinte, sono seguite da poche attestazioni di ceramiche con decorazioni incise e/o impresse (stat. 7.4: 52 fr.; 46 rec; 7.54%fr. delle decorate; 8.11%rec delle decorate). La gamma di combinazioni attestate è notevolmente più alta rispetto a quanto attestato all'interno degli strati d'abbandono dell'edificio A e dell'edificio 1. Questo dato è verosimilmente da attribuire alla natura del contesto di riempimento formato da forme cadute in disuso di epoche diverse.

Con decorazioni incise					
Records	Frammenti	%fr	%records	**%fr delle decorate**	**%rec delle decorate**
22	22	1.45	2.58	3.19	3.88
Con decorazioni impresse					
Records	Frammenti	%fr	%records	**%fr delle decorate**	**%rec delle decorate**
0	0	0.00	0.00	0.00	0.00
Con decorazioni incise e impresse					
Records	Frammenti	%fr	%records	**%fr delle decorate**	**%rec delle decorate**
24	30	1.98	2.82	4.35	4.23

Stat. 7.7 sulla base di stat. 7.6.

In questo caso le attestazioni fra le ceramiche unicamente a decorazioni incise e quelle a decorazioni sia incise che impresse sono pressoché paritarie (stat. 7.7.: incise: 22 fr.; 22 rec; 3.19%fr. delle decorate; 3.88%rec delle decorate; incise e impresse: 30 fr.; 24 rec; 4.35%fr. delle decorate; 4.23%rec delle decorate).

Suddivisione dei materiali	Edificio ad oikos: riempimento adibito al piano di calpestio di prima fase									
Ceramiche decorate	Inv. Regolare		Inv. Interno		TOT					
	Record	Frammenti	Record	Frammenti	Record	Frammenti	%fr	%rec	%fr delle decorate	%rec delle decorate
Dipinta monocroma	71	109	316	335	387	444	29.33	45.42	64.35	68.25
Dipinta bicroma	38	95	44	45	82	140	9.25	9.62	20.29	14.46
Incisa e impressa senza rivestimento	20	25	1	1	21	26	1.72	2.46	3.77	3.70
Indet: linee (dipinta?) o rivestimento opaco?	0	0	22	22	22	22	1.45	2.58	3.19	3.88
Incisa senza rivestimento	5	5	4	4	9	9	0.59	1.06	1.30	1.59
MD_DD_OO: rivestimento omogeneo opaco / dipinta monocroma	4	4	2	2	6	6	0.40	0.70	0.87	1.06
Incisa con rivestimento omogeneo opaco	3	3	2	2	5	5	0.33	0.59	0.72	0.88
MD_DA_OO: rivestimento omogeneo opaco / acroma lisciata	1	1	3	3	4	4	0.26	0.47	0.58	0.71
Rivestimento omogeneo opaco	3	3	1	1	4	4	0.26	0.47	0.58	0.71
Incisa con rivestimento omogeneo lucidato	2	2	1	1	3	3	0.20	0.35	0.43	0.53
Dipinta policroma	1	1	2	2	3	3	0.20	0.35	0.43	0.53
Dipinta bicroma ; decorazione lineare opaca (-)	2	3	0	0	2	3	0.20	0.23	0.43	0.35
Indet. MD_DA_OO: rivestimento opaco (omogeneo? Non omogeneo?) / acroma lisciata	0	0	2	2	2	2	0.13	0.23	0.29	0.35
Incisa e impressa con rivestimento omogeneo opaco	1	2	0	0	1	2	0.13	0.12	0.29	0.18
MD_ID_OO: incisa senza rivestimento / rivestimento omogeneo opaco	2	2	0	0	2	2	0.13	0.23	0.29	0.35
Rivestimento non omogeneo opaco	0	0	2	2	2	2	0.13	0.23	0.29	0.35
Rivestimento omogeneo lucidato	0	0	1	2	1	2	0.13	0.12	0.29	0.18
MD_ID_OL: incisa senza rivestimento / rivestimento omogeneo lucidato	0	0	1	1	1	1	0.07	0.12	0.14	0.18
MD_DA_LO: rivestimento non omogeneo lucidato / acroma lisciata	0	0	1	1	1	1	0.07	0.12	0.14	0.18
MD_DA_OO: rivestimento non omogeneo opaco / acroma lisciata	0	0	1	1	1	1	0.07	0.12	0.14	0.18
MD_DD_LL: rivestimento omogeneo lucidato / decorazione lineare lucidata (+)	0	0	1	1	1	1	0.07	0.12	0.14	0.18
Indet: incisa e impressa con rivestimento opaco (omogeneo? Non omogeneo?)	0	0	1	1	1	1	0.07	0.12	0.14	0.18
Incisa e impressa con rivestimento omogeneo lucidato	1	1	0	0	1	1	0.07	0.12	0.14	0.18
Indet: incisa con/senza rivestimento	0	0	1	1	1	1	0.07	0.12	0.14	0.18
Indet: Incisa con rivestimento lucidato (omogeneo? Non omogeneo?)	0	0	1	1	1	1	0.07	0.12	0.14	0.18
Indet: rivestimento opaco (omogeneo? Non omogeneo?)	0	0	1	1	1	1	0.07	0.12	0.14	0.18
Indet: rivestimento lucidato (omogeneo? Non omogeneo)	0	0	1	1	1	1	0.07	0.12	0.14	0.18
Rivestimento non omogeneo lucidato	0	0	1	1	1	1	0.07	0.12	0.14	0.18
TOTALE	154	256	413	434	567	690	45.57	66.55	100.00	100.00

Stat. 7.6: Verde chiaro: decorazioni incise. Verde scuro: decorazioni incise e impresse. Azzurro: decorazioni incise e/o impressa con supplementare rivestimento [in combinazione diretta fra di loro sullo stesso lato del vaso]. Blu medio: decorazioni Incise e/o impresse senza rivestimento [in combinazione diretta fra di loro sullo stesso lato del vaso].

Completamente assenti sono nuovamente le ceramiche con decorazioni unicamente ad impressione. Un rapporto analogo, in percentuali di frammenti, era unicamente rappresentato all'interno del riempimento di VIII–VII sec. a.C (stat. 1.10). In questo caso è verosimilmente necessario considerare la natura del contesto: un riempimento *ma* ritrovato all'interno di un edificio pubblico, eventualmente cultuale. In questo caso le associazioni potrebbero piuttosto riferirsi a materiali *particolari* ancora in uso nell'area – forse già precedentemente frequentata come area dedita ad adunanze pubbliche e/o di culto.

Osservando le attestazioni di rivestimenti supplementari alle decorazioni incise e/o impresse riappare la stessa tendenza constatata all'interno del riempimento adibito alla costruzione dell'edificio A (stat. 4.8): una maggiore tendenza di decorazioni incise e/o impresse su sfondo acromo (stat. 7.8: senza rivestimento: 38 fr.; 33 rec; 5.51%fr. delle decorate; 5.82%rec delle decorate; con rivestimento supplementare: 13 fr.; 12 rec; 1.88%fr. delle decorate; 2.12%rec delle decorate; indeterminati rispetto all'attestazione di rivestimento: 1 fr.; 1 rec; 0.14%fr. delle decorate; 0.18%rec delle decorate).

Decorazioni incise e/o impressa con supplementare rivestimento [in combinazione diretta fra di loro sullo stesso lato del vaso]					
Records	Frammenti	%fr	%records	%fr delle decorate	%rec delle decorate
12	13	0.86	1.41	1.88	2.12
Decorazioni Incise e/o impresse senza rivestimento [in combinazione diretta fra di loro sullo stesso lato del vaso]					
Records	Frammenti	%fr	%records	%fr delle decorate	%rec delle decorate
33	38	2.51	3.87	5.51	5.82
Decorazioni incise e/o impresse, indeterminate rispetto all'attestazione di un rivestimento o di una decorazione lineare					
Records	Frammenti	%fr	%records	%fr delle decorate	%rec delle decorate
1	1	0.07	0.12	0.14	0.18

Stat. 7.8 sulla base di stat. 7.6.

Completamente assenti sono le combinazioni fra decorazioni incise e/o impresse con decorazioni lineari in *dipinta*, come già accennato, unicamente presenti nelle fasi della prima metà del VI sec. a.C.

Precisando anche in questo caso il trattamento delle superfici dei reperti in relazione all'apporto di un rivestimento supplementare sulla superficie con una decorazione incisa e/o impressa, è possibile osservare nuovamente un rapporto di quasi paritarietà tra i reperti con rivestimento e superficie lisciata (stat. 7.9 [rosa chiaro]) e quelli con superficie lucidata (stat. 7.9 [rosa medio]). Un rapporto percentuale simile era rappresentato all'interno del riempimento adibito alla costruzione dell'edificio A (stat. 4.10) con la differenza che le cifre assolute in questo contesto sono estremamente basse.

Con decorazioni incise e/o impresse e rivestimento: superficie lisciata					
Records	Frammenti	%fr	%records	%fr delle decorate	%rec delle decorate
7	8	0.53	0.82	1.16	1.23
Con decorazioni incise e/o impresse e rivestimento: superficie lucidata					
Records	Frammenti	%fr	%records	%fr delle decorate	%rec delle decorate
5	5	0.33	0.59	0.72	0.88
Indeterminati rispetto all'attestazione del trattamento della superficie					
Records	Frammenti	%fr	%records	%fr delle decorate	%rec delle decorate
0	0	0.00	0.00	0.00	0.00

Stat. 7.9: Dati quantitativi delle ceramiche incise e/o impresse in rapporto alla presenza di rivestimento e al trattamento di superficie.

3.3.8.3.2.1 Morfologie attestate dai reperti con decorazioni incise e/o impresse

Inizialmente verranno presentate le combinazioni con superfici lisciate, in seguito lucidate e infine lisciate/lucidate corrispondenti alla quantità di attestazioni maggioritarie all'interno del contesto.

Con superfici lisciate

Incisa e impressa senza rivestimento:

- attingitoi (**464–467. 941**)
- vasi su alto piede (**499–500**)
- forme aperte di piccole-medie dimensioni (**696** [?])
- forme chiuse di piccole-medie dimensioni (brocche?)
- forme chiuse di medie-grandi dimensioni (**937–939**).

Incisa senza rivestimento:
- attingitoi (**461–463**)
- forme chiuse da stoccaggio (**652**)
- base fittile? (**855**)
- forme chiuse con foro di sospensione laterale.

Incisa con rivestimento omogeneo opaco:
- scodelle
- forme chiuse di piccole-medie dimensioni (brocche?).

Incisa e impressa con rivestimento omogeneo opaco:
- forme chiuse di media dimensione (**940**).

Incisa senza rivestimento / rivestimento omogeneo opaco:
- scodelle (**357–358**).

Indet: Incisa e impressa con rivestimento opaco (omogeneo? Non omogeneo?):
- forme chiuse di media dimensione.

Indet: incisa con/senza rivestimento:
- indeterminate.

Con superfici lucidate

Incisa con rivestimento omogeneo lucidato:
- scodelle (**368**)
- forme chiuse di medie-grandi dimensione.

Incisa e impressa con rivestimento omogeneo lucidato:
- forme aperte di grandi dimensioni (**942**).

Indet: Incisa con rivestimento lucidato (omogeneo? Non omogeneo?):
- forme chiuse di media dimensione.

Con superfici lisciate / lucidate

Incisa senza rivestimento / rivestimento omogeneo lucidato:
- forme aperte di piccola-media dimensione.

All'interno del riempimento adibito alla costruzione del piano di calpestio di prima fase dell'edificio ad oikos, è notevole la presenza di 12 esemplari di attingitoi con trattamenti di superficie lisciata, tutti privi di rivestimento supplementare. In confronto, all'interno di tutti gli altri contesti del quartiere dell'agorà, vi sono unicamente tre attestazioni della morfologia all'interno del riempimento adibito alla costruzione dell'edificio A. La presenza numerica degli attingitoi all'interno del riempimento qui trattata supera anche quelle delle scodelle in ceramica a decorazioni incisa, altrimenti attestate in maggior numero in pressoché la totalità dei contesti. Anche in questo specifico caso, sembra che le associazioni all'interno del riempimento adibito al piano di calpestio di prima fase dell'edificio ad oikos non rispecchino necessariamente quanto attestato dagli altri contesti verosimilmente di tipo insediativo.

3.3.8.3.3 Conclusioni rispetto alle ceramiche decorate

All'interno del contesto appaiono per la prima volta le ceramiche a decorazioni dipinte utilizzanti fino a tre miscele di materie prime diverse creanti effetti policromi delle decorazioni. L'assenza di ceramiche policrome all'interno dei contesti precedenti può essere, da un lato, interpretato come una produzione forse non ancora in circolazione; dall'altro, è importante ricordare il tempo di produzione superiore di tale ceramica, rispetto a quella monocroma o bicroma, indicante di conseguenza anche un valore superiore dei manufatti. L'assenza di queste ceramiche, piuttosto esclusive, dai contesti di datazione precedente potrebbe dunque anche essere interpretata come una mancanza arbitraria, dovuta ad un prolungato utilizzo delle forme rispetto a quelle a decorazione monocroma o bicroma, oppure, all'eccezionalità dei ritrovamenti a decorazione policroma in contesti insediativi.

Le associazioni mostrano dei rapporti relativamente variati rispetto a quanto parallelamente dimostrato dallo strato di abbandono dell'edificio A (ca. 550–500/490 a.C.), all'incirca coevo alla cronologia elaborata per il riempimento adibito al piano di calpestio di prima fase dell'edificio ad oikos (*ante* 500/490 a.C.). Ad esempio, le ceramiche unicamente a decorazione incisa sono attestate nuovamente in modo paritario a quelle con decorazione incisa e impressa – analogamente al contesto del riempimento di VIII–VII sec. a.C.: un fenomeno strano rispetto alle tendenze altrimenti attestate dagli altri contesti dove i reperti a decorazione unicamente incisa sono sempre nettamente maggioritari. Mancano attestazioni di reperti *con tecniche miste* con solchi incisi, linee dipinte e trattamenti di superficie lisciate così come quelle con ulteriore attestazione di rivestimenti omogenei. Le uniche sopravvivenze di combinazioni in dipinta e rivestimento sono quelle funzionali alle morfologie aperte, impermeabilizzate all'interno grazie alla stesura di un rivestimento omogeneo e decorate linearmente all'esterno.

In particolar modo per quanto riguarda le morfologie appaiono le prime attestazioni di vasi da mescita, imitanti crateri a colonnette d'importazione così come lucerne in ceramiche dipinte bicrome. Notevole è l'alta attestazione di attingitoi in ceramiche a decorazione incisa e impressa oppure solo a decorazione incisa – fattore solitamente dovuto allo stato di frammentazione del reperto conservante unicamente la parte superiore della forma – senza rivestimenti supplementari[1036].

3.3.8.4 Materiali di varia funzione

Fra i materiali di varia funzione (statt. 7.1–7.2 [marrone]) sono presenti frammenti riferibili a tegole piane adibite in origine a costruzione verosimilmente limitrofe all'area (7 fr.; 5 rec; 0.46%fr.; 0.59%rec dei materiali totali). Allo stato attuale della ricerca non sono conosciute costruzioni di epoca *ante* 500/490 a.C. aventi possibili coperture in tegole. La loro attestazione, seppure altamente frammentaria all'interno del riempimento adibito al piano di calpestio di prima fase dell'edificio ad oikos, indica in ogni caso la presenza di costruzioni tecnicamente avanzate già presenti sul Monte lato in un periodo antecedente la fine del VI sec. a.C. Oltre a questi elementi costruttivi sono presenti una conchiglia marittima (1 fr.; 1 rec; 0.07%fr.; 0.12%rec), due reperti forse riferibili a degli strumenti litici (2 fr.; 2 rec; 0.13%fr.; 0.23%rec), un frammento molto piccolo di peso da telaio tronco-piramidale forato (1 fr.; 1 rec.; 0.07%fr.; 0.12%rec) e infine un reperto in bronzo **865** (2 fr.; 1 rec; 0.13%fr.; 0.12%rec).

Reperto in bronzo 865

Il reperto in bronzo **865**, omesso dalle indagini di Holger Baitinger, si tratta di un oggetto allungato a sezione semicircolare, ovale verso un'estremità con andamento leggermente curvilineo formato da due frammenti non combacianti in bronzo. Possibilmente si tratta di un frammento di staffa di fibula, seppure lo stato di conservazione non ne permette un suo inquadramento più preciso.

3.3.8.5 Inquadramento cronologico del contesto sulla base dei reperti *indigeni*

I materiali *indigeni* di questo contesto denotano un inquadramento cronologico difficile. I rapporti proporzionali delle attestazioni variano rispetto a quanto altrimenti attestato dai contesti coevi o di cronologie precedenti.

Per quanto riguarda le tecniche decorative attestate, i materiali *indigeni* sembrano grosso modo rispecchiare quanto elaborato per i materiali datanti (tab. 7): le ceramiche sembrano essere riferibili a periodo cronologici misti, seppure sia visibile una tendenza di un'attestazione maggiore di materiali datanti a partire dalla metà del VI sec. a.C. – come dimostrato dall'alta percentuale di reperti in dipinta e quelle a decorazione incise e/o impresse senza rivestimento supplementare in combinazione diretta sullo stesso lato della forma. Inoltre, non sono attestate reperti con decorazioni miste incise / dipinte, fenomeno attestato unicamente nella prima metà del VI sec. – se non limitato tra ca. il 570–540 a.C.

Le attestazioni paritarie fra i reperti a decorazione unicamente incisa e quelli a decorazioni incise e impresse – un rapporto simile altrimenti unicamente attestato all'interno del riempimento di VIII–VII sec. a.C. – sono da considerare con cautela. La riapparizione dei motivi ad impressione non necessariamente è frutto di uno sviluppo cronologico: queste sono difatti attestate in maggior numero su superfici acrome lisciate (*incisa e impressa senza rivestimento,* stat. 7.6: 26 fr.; 21 rec; 3.77%fr. delle decorate; 3.70%rec delle decorate) e con minima attestazione in combinazione a rivestimenti omogenei opachi (con rivestimento omogeno opaco, stat. 7.6: 2 fr.; 1 rec; 0.29%fr. delle decorate; 0.18%rec delle decorate. Indeterminate se con rivestimento omogeneo o non omogeneo, stat. 7.6: 1 fr.; 1 rec; 0.14%fr. delle decorate; 0.18%rec delle decorate). Un unico frammento (**942**; *incisa e impressa con rivestimento omogeneo lucidato,* stat. 7.6: 0.14%fr. delle decorate; 0.18%rec delle decorate) mostra le caratteristiche altrimenti attestate per i reperti più antichi, presenti in questa combinazione in maggior numero nel contesto di VIII–VII sec. a.C. e saltuariamente ancora attestati all'interno dei contesti cronologicamente precedenti a ca. il 550 a.C.

La presenza di un numero così alto di attestazioni a decorazione incisa e impressa, senza rivestimento supplementare e con superfici unicamente lisciate, confermano piuttosto gli andamenti già visibili all'interno del contesto di seconda fase dell'edificio orientale, del riempimento adibito alla costruzione dell'edificio A e dello strato di abbandono dell'edificio A: la presenza, fra le poche attestazioni ancora esistenti, di decorazioni incise su sfondo acromo risultanti opache all'occhio dell'osservatore.

In questo caso l'indicatore cronologico sembra attestato, in particolare per le ceramiche a decorazione incise e/o impresse, dall'attestazione o assenza del supplementare rivestimento colorato in combinazione diretta con i motivi ad incisione o impressione risultanti opachi, dato il trattamento di levigatura delle superfici delle forme. Le aggiunte dei motivi ad impressione, in questo caso, sembrano piuttosto riferibili alla volontà di creare ceramiche più pregiate – attestanti un processo produttivo supplementare rispetto alle ceramiche di produzione piuttosto *"di massa"* di quelle a decorazione geometrica dipinta. I rapporti totali fra i frammenti con decorazioni e trattamenti di superficie lisciata continuano a predominare le quantità totali dei reperti (stat. 7.10).

1036 Cfr. nota 1072.

Le attestazioni, da un punto di vista prettamente del materiale *indigeno*, inoltre di morfologie assenti in tutti gli altri contesti come le imitazioni di lucerne e dei crateri a colonnette in dipinta bicroma così come l'alta attestazione di attingitoi in decorazione incisa e impressa senza rivestimento e superficie lisciate avvalorano quanto già notato architettonicamente e sulla base dei materiali datanti: la particolarità del contesto di ritrovamento.

Trattandosi di un riempimento costruttivo non necessariamente le associazioni dei materiali avrebbero dovuto mostrare delle particolarità – men che meno all'interno di quanto adibito alla costruzione del piano di calpestio di prima fase. Eppure, i materiali denotato grandi variazioni, in particolare da un punto di vista morfologico, rispetto a quanto attestato da tutti gli altri contesti finora presi in considerazione.

In quest'ottica, forse, l'area direttamente limitrofa era già considerata "particolare" prima ancora dell'erezione del grande edificio ad oikos. Soprattutto la presenza delle lucerne in ceramica dipinta bicroma, in un caso sicuramente priva di tracce di utilizzo (**846**),

Con decorazioni dipinte					
Con decorazioni incise e/o impresse					
A superfici lucidate					
Records	Frammenti	%fr	%records	**%fr delle decorate**	**%rec delle decorate**
9	10	0.66	1.06	1.45	1.59
A superfici lisciate					
Records	Frammenti	%fr	%records	**%fr delle decorate**	**%rec delle decorate**
556	678	44.78	65.26	98.26	98.06
A superficie lisciate e lucidate					
Records	Frammenti	%fr	%records	**%fr delle decorate**	**%rec delle decorate**
2	2	0.13	0.23	0.29	0.35
Indeterminate rispetto al trattamento di superficie					
Records	Frammenti	%fr	%records	**%fr delle decorate**	**%rec delle decorate**
0	0	0.00	0.00	0.00	0.00

Stat. 7.10 sulla base di stat. 7.3.

potrebbero indicare la loro funzione possibilmente votiva: essendo così rare – dunque verosimilmente pregiate – e apparentemente in alcuni casi mai state utilizzate, perché avrebbero dovuto cadere in disuso e finire come materiale di scarto all'interno di un riempimento costruttivo di un edificio così monumentale? Le attestazioni di lucerne come doni votivi hanno una lunga attestazione – non da ultimo anche in periodi successivi sul Monte Iato[1037].

1037 Per il deposito votivo di lucerne presso il tempio di afrodite in epoca ellenistico-(romana): Isler 1984b.

3.3.9 Quartiere agorà – Oikos – Seconda Fase (t.a.q. verso il 480/470–60 a.C.)

Lo strato di fase successiva si tratta di un riempimento adibito al piano di calpestio di seconda fase dell'edificio ad oikos. Esso è limitato anteriormente dal battuto di prima fase e posteriormente sigillato dal battuto di seconda fase. In questo strato, cronologicamente collocato verosimilmente tra il 500/490 e il 480/470–60 a.C., seppure trattandosi di un riempimento di tipo costruttivo, potrebbe contenere una parte dello strato di abbandono della prima fase dell'edificio. Non è esclusa, già da un punto di vista interpretativo, la presenza di reperti caduti in disuso di periodi più antichi finiti casualmente all'interno dell'edificio durante l'opera di rialzamento del piano di calpestio.

Analisi statistiche

Il totale dei frammenti provenienti dal riempimento adibito al piano di calpestio di seconda fase ammonta a 533 documentati in 230 unità (stat. 8.1). La docu-

Suddivisione dei materiali	**Edificio ad oikos: riempimento adibito al piano di calpestio di seconda fase**							
	Inv. Regolare		**Inv. Interno**		**TOT**			
	Record	**Frammenti**	**Record**	**Frammenti**	**Record**	**Frammenti**	**%fr**	**%rec**
Acroma lisciata	5	7	21	199	26	206	38.65	11.30
Dipinta monocroma	22	33	59	68	81	101	18.95	35.22
Fuoco modellate a mano	3	3	11	68	14	71	13.32	6.09
Dipinta bicroma	10	26	22	26	32	52	9.76	13.91
Produzioni regio-coloniali	10	12	21	26	31	38	7.13	13.48
Importazioni allotrie all'isola	13	25	0	0	13	25	4.69	5.65
Indet: linee (dipinta?) o rivestimento opaco?	0	0	11	11	11	11	2.06	4.78
Fittili: tegole	1	1	3	9	4	10	1.88	1.74
Dipinta policroma	0	0	3	4	3	4	0.75	1.30
MD_DD_OO: rivestimento omogeneo opaco / dipinta monocroma	0	0	2	2	2	2	0.38	0.87
Impressa senza rivestimento	1	1	1	1	2	2	0.38	0.87
Incisa con rivestimento omogeneo opaco	0	0	2	2	2	2	0.38	0.87
Dipinta monocroma ; decorazione lineare opaca (-)	0	0	1	1	1	1	0.19	0.43
Fittili: peso per reti da pesca	1	1	0	0	1	1	0.19	0.43
Fittili: sostegni	1	1	0	0	1	1	0.19	0.43
MD_ID_OO: incisa senza rivestimento / dipinta monocroma	0	0	1	1	1	1	0.19	0.43
Incisa e impressa con rivestimento omogeneo lucidato	1	1	0	0	1	1	0.19	0.43
Indet: incisa con/senza rivestimento	0	0	1	1	1	1	0.19	0.43
Incisa senza rivestimento	1	1	0	0	1	1	0.19	0.43
Indet: rivestimento opaco (omogeneo? Non omogeneo?)	0	0	1	1	1	1	0.19	0.43
Rivestimento omogeneo lucidato (striature sottili)	0	0	1	1	1	1	0.19	0.43
TOTALE	69	112	161	421	230	533	100	100

Stat. 8.1: Dati quantitativi totali dei reperti. Ordinamento dall'alto verso il basso in base al numero di frammenti totali (azzurro: ceramiche acrome; viola: ceramiche allotrie; arancione: vasellame e utensili adibiti alla cottura di alimenti; verde: ceramiche decorate; marrone: materiali di varia funzione).

mentazione è stata effettuata grazie alla distinzione di 69 individui inventariati formati da 112 frammenti attestanti sicuramente 69 reperti diversi (*Inventario regolare)*. I restanti 421 frammenti sono stati documentati in 161 records. In questo caso la loro attribuzione a individui diversi è incerta *(Inventario interno)*. Vista l'alta attestazione di frammenti combacianti le seguenti statistiche verranno presentate sia in percentuali di frammenti (%fr.) sia in percentuali di records (%rec) visto il peso statistico diverso per alcune osservazioni.

In percentuali di frammenti (stat. 8.2) prevale all'interno delle associazioni la quantità di ceramiche acrome (38.65%fr.; 206 fr.) seguite da quelle decorate (33.96%fr.; 181 fr.). Seguono le quantità di forme e utensili adibiti alla cottura di alimenti (13.51%fr.; 72 fr.) e da un'elevata percentuale di materiali d'importazione e di produzione regio-coloniale (combinate: 11.82%fr.; 63 fr. formati da: ceramiche d'importazione: 4.69%fr.; 25 fr.; di produzione regio-coloniale: 7.13%fr.; 38 fr.). I materiali di varia funzione ammontano unicamente al 2.06%fr. (11 fr.).

Ceramica acroma *(acroma lisciata)*				
	Records	Frammenti	%fr	%rec
	26	206	38.65	11.30
Adibiti alla cottura di alimenti *(da fuoco modellata a mano / fittili: sostegni)*				
	Records	Frammenti	%fr	%records
	15	72	13.51	6.52
Ceramiche decorate (con decorazioni dipinte / con decorazioni incise e/o impresse / con molteplici decorazioni)				
Con decorazioni dipinte	Con decorazioni incise e/o impresse			
	Records	Frammenti	%fr	%records
	140	181	33.96	60.87
Materiali di varia funzione				
	Records	Frammenti	%fr	%records
Fittile: *peso per reti da pesca*	1	1	0.19	0.43
Costruttivi: *tegole*	4	10	1.88	1.74
	5	11	2.06	2.17
Indeterminati				
	Records	Frammenti	%fr	%records
	0	0	0.00	0.00
Totale ceramiche allotrie (d'importazione + regio-coloniali)				
	Records	Frammenti	%fr	%records
Ceramiche d'importazione	13	25	4.69	5.65
Ceramiche regio-coloniali	31	38	7.13	13.48
	44	63	11.82	19.13

Stat. 8.2 sulla base di stat. 8.1.

Più verosimili gli andamenti visibili in percentuali di unità riconosciute (stat. 8.2): ceramiche decorate (60.87%rec; 140 rec); ceramiche regio-coloniali (13.48%rec; 31 rec) e d'importazione (5.65%rec; 13 rec) attestate in combinazione dal 19.13%rec documentati in 44 records; ceramiche acrome (11.30%rec; 26 rec); adibiti alla cottura di alimenti (6.52%rec; 15 rec); materiali di varia funzione (2.17%rec; 5 rec).

Sulla base di un numero così alto di materiale è nuovamente notevole la quantità relativa di reperti d'importazione e/o imitazione rispetto ai materiali *indigeni*.

3.3.9.1 Ceramiche acrome

Le ceramiche acrome (statt. 8.1–8.2 [azzurro]) sono attestate da 206 frammenti documentati in 26 records (38.65%fr.; 11.30%rec). I trattamenti di superficie sono unicamente lisciati.

Le morfologie attestate dai reperti in ceramica acroma sono riferibili a:

- coppe/scodelle (**387**)
- scodelle (**391**)
- forme chiuse di medie dimensioni da stoccaggio di liquidi (**660**).

Il repertorio morfologico risulta, in questo caso, estremamente limitato.

3.3.9.2 Ceramiche e reperti fittili adibiti alla cottura di alimenti

I reperti riferibili alla cottura di alimenti (statt. 8.1–8.2 [arancione]) sono suddivisi in 71 frammenti (14 rec; 13.32%fr.; 6.09%rec) di vasellame da fuoco modellato a mano. Ulteriori attestazioni di questa categoria sono unicamente rappresentate da un frammento (0.19%fr.; 0.43%rec) di sostegno fittile.

Le morfologie attestate dal vasellame da fuoco modellato a mano sono:

- pignatte (**798–799**)
- verosimilmente delle teglie.

In questo caso il sostegno fittile **830** si tratta di un reperto particolare: esso presenta una morfologia presumibilmente troncopiramidale o quadrangolare e una decorazione ad incisioni oblique tangenti. Il sostegno mostra tracce di bruciato all'interno del cana-

Suddivisione dei materiali	Edificio ad oikos: riempimento adibito al piano di calpestio di seconda fase									
Ceramiche decorate	Inv. Regolare		Inv. Interno		TOT					
	Record	Frammenti	Record	Frammenti	Record	Frammenti	%fr	%rec	%fr delle decorate	%rec delle decorate
Dipinta monocroma	22	33	59	68	81	101	18.95	35.22	55.80	57.86
Dipinta bicroma	10	26	22	26	32	52	9.76	13.91	28.73	22.86
Indet.: linee (dipinta?) o rivestimento opaco?	0	0	11	11	11	11	2.06	4.78	6.08	7.86
Dipinta policroma	0	0	3	4	3	4	0.75	1.30	2.21	2.14
MD_DD_OO: rivestimento omogeneo opaco / dipinta monocroma	0	0	2	2	2	2	0.38	0.87	1.10	1.43
Impressa senza rivestimento	1	1	1	1	2	2	0.38	0.87	1.10	1.43
Incisa con rivestimento omogeneo opaco	0	0	2	2	2	2	0.38	0.87	1.10	1.43
Dipinta monocroma ; decorazione lineare opaca (-)	0	0	1	1	1	1	0.19	0.43	0.55	0.71
MD_ID_OO: incisa senza rivestimento / dipinta monocroma	0	0	1	1	1	1	0.19	0.43	0.55	0.71
Incisa e impressa con rivestimento omogeneo lucidato	1	1	0	0	1	1	0.19	0.43	0.55	0.71
Indet. incisa con/senza rivestimento	0	0	1	1	1	1	0.19	0.43	0.55	0.71
Incisa senza rivestimento	1	1	0	0	1	1	0.19	0.43	0.55	0.71
Indet. rivestimento opaco (omogeneo? Non omogeneo?)	0	0	1	1	1	1	0.19	0.43	0.55	0.71
Rivestimento omogeneo lucidato (striature sottili)	0	0	1	1	1	1	0.19	0.43	0.55	0.71
TOTALE	35	62	105	119	140	181	33.96	60.87	100.00	100.00

Stat. 8.3: Ceramiche decorate. Verde chiaro: dipinte. Verde scuro: incise e/o impresse. Arancione chiaro: dipinte con superfici lisciate. Arancione scuro: incise e/o impresse con superfici lisciate. Viola chiaro: dipinte con superfici lucidate. Viola scuro: incise e/o impresse con superfici lucidate.

le centrale, attestando il suo utilizzo nelle vicinanze di alte fonti di calore. Il reperto si differenzia nettamente da tutti gli altri sostegni altrimenti ritrovati all'interno dei contesti (**821–829**).

3.3.9.3 Ceramiche decorate

All'interno del riempimento adibito al piano di calpestio di seconda fase dell'edificio ad oikos le ceramiche decorate (statt. 8.3–8.4 [verde]) sono attestate in maggioranza rispetto alla quantità di ceramiche acrome, se riferite alle unità riconosciute.

Con decorazioni dipinte					
Records	Frammenti	%fr	%records	**%fr delle decorate**	**%rec delle decorate**
132	173	32.46	57.39	95.58	94.29
Con decorazioni incise e/o impresse					
Records	Frammenti	%fr	%records	**%fr delle decorate**	**%rec delle decorate**
8	8	1.50	3.48	4.42	5.71

Stat. 8.4 sulla base di stat. 8.3.

La maggioranza delle attestazioni (stat. 8.4) è nettamente attribuibile a quanto definito *con decorazioni dipinte* attestate da 173 frammenti (32.46%fr. dei materiali totali; 95.58%fr. delle decorate) documentati in 132 unità (57.39%rec dei materiali totali; 94.29%rec delle decorate). Le ceramiche con decorazioni incise e/o impresse sono unicamente attestate da 8 frammenti (1.50%fr. dei materiali totali; 4.42%fr. delle decorate) documentati in altrettanti 8 records (3.48%rec dei materiali totali; 5.71%rec delle decorate).

Ad eccezione per gli strati di abbandono dell'edificio A e 1 sul quartiere dell'agorà – nei quale le ceramiche con decorazioni incise erano pressoché (edificio A, appendice F) oppure completamente assenti (edificio 1, stat. 6.4) – il riempimento adibito al piano di calpestio di seconda fase dell'edificio ad oikos attestata la più bassa percentuale di ceramiche a decorazioni incise e/o impresse mai registrata. Le ceramiche con decorazioni dipinte sembrano affermarsi fra le produzioni predilette dalla popolazione.

3.3.9.3.1 Con decorazioni dipinte

La predominanza (stat. 8.3 [verde chiaro]) è attestata dai reperti in *ceramica a decorazione (geometrica) dipinta* utilizzanti un'unica miscela di ocre argillose risultante *monocroma* all'occhio (101 fr.; 81 rec; 55.80%fr. delle decorate; 57.86%rec delle decorate). Seguono quelle attestanti l'utilizzo di due miscele create da materie prime diverse risultanti *bicrome* (52 fr.; 32 rec; 28.73%fr. delle decorate; 22.86%rec delle decorate). Quattro frammenti di piccole dimensioni mostrano l'utilizzo di tre miscele argillose diverse risultanti *policrome* (3 rec; 2.21%fr. delle decorate; 2.14%rec delle decorate). Un unico frammento presenta una combinazione in dipinta monocroma e una decorazione lineare opaca (-) (1 rec; 0.55%fr. delle decorate; 0.71%rec delle decorate).

Quantitativamente seguono, con un'attestazione molto bassa, i reperti con rivestimenti attestati in combinazione con decorazione lineari dipinte (stat. 8.3 MD_DD_OO: 2 fr.; 2 rec; 1.10%fr. delle decorate; 1.43%rec delle decorate). Indeterminati restano undici frammenti per quanto riguarda la tecnica di apporto della miscela di ocre argillose (linee (dipinta?) o rivestimento opaco?: 11 rec; 6.08%fr. delle decorate; 2.14%rec delle decorate), così come un frammento con rivestimento opaco ma indeterminato per quanto riguarda la modalità di stesura (1 rec; 0.55%fr. delle decorate; 0.71%rec delle decorate). Unicamente un piccolo frammento fra tutte le ceramiche con decorazioni dipinte attesta un trattamento di superficie lucidata, risultante anche per quanto riguarda il suo rivestimento – omogeneo (striature sottili) (statt. 8.3; 8.5 [viola chiaro]): 1 rec; 0.55%fr. delle decorate; 0.71%rec delle decorate): verosimilmente si tratta di un reperto di datazione più antica.

3.3.9.3.1.1 Morfologie attestate dai reperti con decorazioni dipinte

Con decorazioni dipinte (superfici lucidate)					
Records	Frammenti	%fr	%records	**%fr delle decorate**	**%rec delle decorate**
1	1	0.19	0.43	0.55	0.71
Con decorazioni incise e/o impresse (superfici lucidate)					
Records	Frammenti	%fr	%records	**%fr delle decorate**	**%rec delle decorate**
1	1	0.19	0.43	0.55	0.71
Con decorazioni dipinte (superfici lisciate / lucidate)					
Records	Frammenti	%fr	%records	**%fr delle decorate**	**%rec delle decorate**
0	0	0.00	0.00	0.00	0.00
Con decorazioni incise e /o impresse (superfici lisciate / lucidate)					
Records	Frammenti	%fr	%records	**%fr delle decorate**	**%rec delle decorate**
0	0	0.00	0.00	0.00	0.00
Con decorazioni dipinte (superfici lisciate)					
Records	Frammenti	%fr	%records	**%fr delle decorate**	**%rec delle decorate**
131	172	32.27	56.96	95.03	93.57
Con decorazioni incise e /o impresse (superfici lisciate)					
Records	Frammenti	%fr	%records	**%fr delle decorate**	**%rec delle decorate**
7	7	1.31	3.04	3.87	5.00
Con decorazioni (trattamenti di superficie indeterminate: lucidate / lisciate)					
Records	Frammenti	%fr	%records	**%fr delle decorate**	**%rec delle decorate**
0	0	0.00	0.00	0.00	0.00

Stat. 8.5 sulla base di stat. 8.3.

Con superfici lisciate

Dipinta monocroma:
- coppe/scodelle (**388. 520–521**)
- scodelle (**389. 392–394**)
- brocche (**553. 556. 713–714. 947. 950**)
- anfore/idrie (**608–609**)
- forme chiuse da stoccaggio (**661**)
- forme chiuse di piccole dimensioni (pissidi?) (**948**).

Dipinta bicroma:
- scodelle (**390**)
- brocche (**554–555. 949. 951–953**)
- anfore / idrie (**610**).

Dipinta policroma:
- forme chiuse di medie dimensioni.

Indet: linee (dipinta?) o rivestimento opaco?:
- forme chiuse di medie dimensioni.

Suddivisione dei materiali	Edificio ad oikos: riempimento adibito al piano di calpestio di seconda fase									
Ceramiche decorate	Inv. Regolare		Inv. Interno		TOT					
	Record	Frammenti	Record	Frammenti	Record	Frammenti	%fr	%rec	%fr delle decorate	%rec delle decorate
Dipinta monocroma	22	33	59	68	81	101	18.95	35.22	55.80	57.86
Dipinta bicroma	10	26	22	26	32	52	9.76	13.91	28.73	22.86
Indet: linee (dipinta?) o rivestimento opaco?	0	0	11	11	11	11	2.06	4.78	6.08	7.86
Dipinta policroma	0	0	3	4	3	4	0.75	1.30	2.21	2.14
MD_DD_OO: rivestimento omogeneo opaco / dipinta monocroma	0	0	2	2	2	2	0.38	0.87	1.10	1.43
Impressa senza rivestimento	1	1	1	1	2	2	0.38	0.87	1.10	1.43
Incisa con rivestimento omogeneo opaco	0	0	2	2	2	2	0.38	0.87	1.10	1.43
Dipinta monocroma ; decorazione lineare opaca (-)	0	0	1	1	1	1	0.19	0.43	0.55	0.71
MD_ID_OO: incisa senza rivestimento / dipinta monocroma	0	0	1	1	1	1	0.19	0.43	0.55	0.71
Incisa e impressa con rivestimento omogeneo lucidato	1	1			1	1	0.19	0.43	0.55	0.71
Indet: incisa con/senza rivestimento	0	0	1	1	1	1	0.19	0.43	0.55	0.71
Incisa senza rivestimento	1	1	0	0	1	1	0.19	0.43	0.55	0.71
Indet: rivestimento opaco (omogeneo? Non omogeneo?)	0	0	1	1	1	1	0.19	0.43	0.55	0.71
Rivestimento omogeneo lucidato (striature sottili)	0	0	1	1	1	1	0.19	0.43	0.55	0.71
TOTALE	35	62	105	119	140	181	33.96	60.87	100	100

Stat. 8.6: Verde chiaro: decorazioni incise. Verde medio: decorazione impressa. Verde scuro: decorazioni incise e impresse. Azzurro: decorazioni incise e/o impressa con supplementare rivestimento [in combinazione diretta fra di loro sullo stesso lato del vaso]. Blu medio: decorazioni Incise e/o impresse senza rivestimento [in combinazione diretta fra di loro sullo stesso lato del vaso]. Blu scuro: Decorazioni incise e/o impresse, indeterminate rispetto all'attestazione di un rivestimento o di una decorazione lineare.

Rivestimento omogeneo opaco / dipinta monocroma:
- bacini / scodelloni / mortai.

Dipinta monocroma ; decorazione lineare opaca (-):
- pithoi.

Indet: rivestimento opaco (omogeneo? Non omogeneo?):
- scodella.

Con superfici lucidate

Rivestimento omogeneo lucidato (striature sottili):
- forme chiuse di medie dimensioni.

3.3.9.3.2 Con decorazioni incise e/o impresse

Le attestazioni, oltre a quanto riferito per le ceramiche con decorazioni dipinte sono seguite da pochissimi frammenti di ceramiche con decorazioni incise e/o impresse (stat. 8.2: 8 fr.; 8 rec; 4.42%fr. delle decorate; 5.71%rec delle decorate).

Fra questi un solo frammento presenta superfici lucidate rispetto agli altri reperti a superfici lisciate (incisa e impressa con rivestimento omogeneo lucidato). Mancano le attestazioni di reperti con trattamenti di superficie mista lisciata/lucidata (stat. 8.5).

In questo caso prevalgono nuovamente – come attestato per tutti gli altri contesti fatta eccezione per il riempimento di VIII–VII e il riempimento adibito al piano di calpestio di prima fase dell'edificio ad oikos – le attestazioni di reperti unicamente a decorazione incisa (stat. 8.7: 5 fr.; 5 rec; 2.76%fr. delle decorate; 3.57%rec delle decorate). Due frammenti mostrano uno stato di conservazione unicamente riferibile a decorazioni impresse (stat. 8.7: 1.10%fr. delle decorate; 1.43%rec delle decorate) e il frammento a decorazione incisa e impressa denota ancora la presenza di un rivestimento omogeneo lucidato (statt. 8.6; 8.8 [blu chiaro]: 0.55%fr. delle decorate; 0.71%rec delle decorate).

Con decorazioni incise					
Records	Frammenti	%fr	%records	%fr delle decorate	%rec delle decorate
5	5	0.94	2.17	2.76	3.57
Con decorazioni impresse					
Records	Frammenti	%fr	%records	%fr delle decorate	%rec delle decorate
2	2	0.38	0.87	1.10	1.43
Con decorazioni incise e impresse					
Records	Frammenti	%fr	%records	%fr delle decorate	%rec delle decorate
1	1	0.19	0.43	0.55	0.71

Stat. 8.7 sulla base di stat. 8.6.

I pochissimi frammenti rimanenti attestano o combinazioni senza rivestimento supplementare (stat. 8.8 [blu medio]: 4 fr.; 2.21%fr. delle decorate; 2.86% delle decorate) oppure con rivestimento supplementare e trattamento di superfici lisciate (stat. 8.6 [azzurro]: incisa con rivestimento omogeneo opaco, 2 fr.; 1.10%fr. delle decorate; 1.43%rec delle decorate). In un caso è indeterminata la presenza o mancanza del rivestimento supplementare (stat. 8.6 [azzurro]: incisa con/senza rivestimento, 0.55%fr. delle decorate; 0.71%rec delle decorate).

Decorazioni incise e/o impressa con supplemente rivestimento [in combinazione diretta fra di loro sullo stesso lato del vaso]					
Records	Frammenti	%fr	%records	%fr delle decorate	%rec delle decorate
3	3	0.56	1.30	1.66	2.14
Decorazioni Incise e/o impresse senza rivestimento [in combinazione diretta fra di loro sullo stesso lato del vaso]					
Records	Frammenti	%fr	%records	%fr delle decorate	%rec delle decorate
4	4	0.75	1.74	2.21	2.86
Decorazioni incise e/o impresse, indeterminate rispetto all'attestazione di un rivestimento o di una decorazione lineare					
Records	Frammenti	%fr	%records	%fr delle decorate	%rec delle decorate
1	1	0.19	0.43	0.55	0.71

Stat. 8.8 sulla base di stat. 8.6.

Ricompare un unico frammento di piccole dimensioni attestante la combinazione fra decorazioni incise e l'attestazione di decorazioni lineari dipinte (stat. 8.9).

Decorazione incise in combinazione con decorazioni lineari dipinte, superfici lisciate [*incisa senza rivestimento / dipinta monocroma*]					
Records	Frammenti	%fr	%records	%fr delle decorate	%rec delle decorate
1	1	0.19	0.43	0.55	0.71

Stat. 8.9 sulla base di stat. 8.6.

Fra i pochissimi frammenti ancora presentanti una decorazione incisa e/o impressa con supplementare rivestimento vi sono due frammenti con trattamento della superficie lisciata[1038] e uno con trattamento lucidato[1039] (stat. 8.10).

Con decorazioni incise e/o impresse e rivestimento: superficie lisciata					
Records	Frammenti	%fr	%records	**%fr delle decorate**	**%rec delle decorate**
2	2	0.38	0.87	1.10	1.43
Con decorazioni incise e/o impresse e rivestimento: superficie lucidata					
Records	Frammenti	%fr	%records	**%fr delle decorate**	**%rec delle decorate**
1	1	0.19	0.43	0.55	0.71
Indeterminati rispetto all'attestazione del trattamento della superficie					
Records	Frammenti	%fr	%records	**%fr delle decorate**	**%rec delle decorate**
0	0	0.00	0.00	0.00	0.00

Stat. 8.10: Rosa chiaro: con rivestimento e superficie lisciata. Rosa medio: con rivestimento e superficie lucidata.

3.3.9.3.3.2.1 Morfologie attestate dai reperti con decorazioni incise e/o impresse

Impressa senza rivestimento:
- attingitoi
- forme chiuse indeterminate.

Incisa con rivestimento omogeneo opaco:
- scodelle.

Incisa senza rivestimento / dipinta:
- scodella carenata.

Indet: Incisa con/senza rivestimento:
- indeterminato.

Incisa senza rivestimento:
- scodelle (**386**)
- attingitoi (**468**).

Incisa e impressa con rivestimento omogeneo lucidato:
- forme aperte di grandi dimensioni (vaso da mescita?) (**946**).

Nuovamente sono attestati gli attingitoi con decorazioni incise e/o impresse senza l'apporto di rivestimento supplementare. La morfologia sembra essere assente tra le ceramiche con decorazioni dipinte.

3.3.9.3.3 Conclusioni rispetto alle ceramiche decorate

I materiali del riempimento adibito al piano di calpestio di seconda fase dell'edificio ad oikos attestano nuovamente andamenti confrontabili con quanto visto all'interno dello strato d'abbandono dell'edificio 1 di datazione all'incirca coeva (ca. 500/490–460/450 a.C.), seppure lo strato dell'edificio 1 attesti sicuramente un momento di abbandono leggermente successivo a quello dell'edificio ad oikos. Le ceramiche a decorazione (geometrica) dipinta prevalgono nettamente all'interno delle produzioni attestate. I pochi reperti a decorazioni incise e/o impresse presenti potrebbero riferirsi a materiali più antichi e non più in uso tra ca. il 500/490 e il 480/470–60 a.C. Scompaiono tra i materiali *indigeni* forme verosimilmente pregiate come le lucerne o le imitazioni di crateri a colonnette. Tuttavia, sono attestate minimo tre brocche verosimilmente trilobate con rappresentazione zoomorfa (**553–554. 951**) – altrimenti rare al di fuori del contesto dell'edificio ad oikos (**560**, Inventario edificio 1, agorà; **562** contesto ad ovest della Casa a peristilio II).

In questa fase continuano a predominare le ceramiche con trattamento di superficie lisciata (stat. 8.11).

Con decorazioni dipinte					
Con decorazioni incise e/o impresse					
A superfici lucidate					
Records	Frammenti	%fr	%records	**%fr delle decorate**	**%rec delle decorate**
2	2	0.38	0.87	1.10	1.43
A superfici lisciate					
Records	Frammenti	%fr	%records	**%fr delle decorate**	**%rec delle decorate**
138	179	33.58	60.00	98.90	98.57
A superficie lisciate e lucidate					
Records	Frammenti	%fr	%records	**%fr delle decorate**	**%rec delle decorate**
0	0	0.00	0.00	0.00	0.00
Indeterminate rispetto al trattamento di superficie					
Records	Frammenti	%fr	%records	**%fr delle decorate**	**%rec delle decorate**
0	0	0.00	0.00	0.00	0.00

Stat. 8.11 sulla base di stat. 8.3.

3.3.9.4 Materiali di varia funzione

I materiali di varia funzione (statt. 8.1–8.2 [marrone]) sono riferibili a tegole piane adibite a costruzioni, probabilmente presenti in zone limitrofe (10 fr.; 4 rec; 1.88%fr.; 1.74%rec) e da un peso per reti da pesca (**843**). L'interpretazione dell'edificio ad oikos di prima fase attestante una copertura in materiale deperibile si basa sull'interpretazione di Martin Mohr che ha scavato ed indagato gli strati esterni all'edificio. Questo dato sarà forse da verificare in futuro vista la presenza di tegole anche all'interno del sottopavimento del piano di calpestio di seconda fase, eventualmente attestante frammenti di tegole provenienti dalla copertura di prima fase dell'edificio.

Peso per reti da pesca 843

Eccezionale è il ritrovamento di un peso per reti da pesca fittile **843** (1 fr.; 1 rec; 0.19%fr.; 0.43%rec). Il reperto di forma cilindrica forato lungo l'asse centrale (dm: 0.5 cm) attesta una lunghezza conservata di 2.7 cm. Il reperto è conservato per metà in sezione ed è ulteriormente fratturato in lunghezza, dunque in origine di forma cilindrica ancora più lunga di quanto oggi conservato. Di morfologia troppo lunga e cilindrica per essere attribuibile ad una fusaiola, trova confronti fra i pesi fittili per sostenere le reti da pesca al fondale marino ritrovati in grandi quantità lungo le coste della Sicilia occidentale[1040]. In particolare, questi pesi

1038 Formati da: incisa con rivestimento opaco.

1039 Testimoniato da un frammento a decorazione incisa e impressa con rivestimento omogeneo lucidato.

1040 Lo Cascio 1999, in particolare: 182 nn. D1. D3 tav. 4; 182 no. C2 tav. 3, B; 182 no. A10 tav. 2; 182 tav. 5, A. Per una carta di distrifittili – una variante più economica rispetto alle stesse morfologie in piombo[1041] – vengono apportati lungo l'asse inferiore della rete permettendo così a quest'ultime di stare in posizione perpendicolare al flusso delle correnti[1042]. Seppure i reperti ritrovati lungo le coste siciliane, di difficile datazione, vengano grosso modo collocati tra il XVI–XVIII sec. d.C.[1043] dato il loro ritrovamento nelle vicinanze di torri di quest'epoca, si trovano ulteriori attestazioni delle stesse tipologie di pesi fittili datanti ampiamente tra il V sec. a.C. e il VI sec. d.C. lungo le coste spagnole[1044]. Oltre ai pesi fittili di forma cilindrica per le reti da pesca marittima non si sono trovati confronti per il reperto. È esclusa, a causa delle sue dimensioni o stato di fratturazione, l'attribuzione di **843** ad una fusaiola fittile.

3.3.9.5 Inquadramento cronologico del contesto sulla base dei reperti *indigeni*

I materiali *indigeni* in questo caso corrispondono agli andamenti attestati all'interno dello strato di abbandono dell'edificio 1 sul quartiere dell'agorà. La particolarità del contesto è sicuramente l'attestazione di associazioni inusuali. Una grandissima importanza va attribuita alla presenza, all'interno del riempimento adibito al piano di calpestio di seconda fase, di un reperto fittile attribuibile ad un peso da rete da pesca marittima. Questa tipologia di pesi è unicamente utilizzata in correlazione alla pesca marittima, vista la loro funzione di mantenimento perpendicolare della rete rispetto alle correnti acque. Seppure sia ipotizzabile un utilizzo di questi pesi anche all'interno di corsi fluviali, appare tuttavia completamente fuori contesto un ritrovamento di questo genere su di un pianoro a ca. 830m l s. m. distante almeno 19–25 km[1045] dal mare. Ugualmente, se interpretato in utilizzo in corsi fluviali – seppure non vi sia un'attestazione archeologica in questo senso – resta curiosa la sua attestazione su di un pianoro situato a più di 800 m d'altitudine[1046].

L'attestazione anche del sostegno **830** di morfologia e decorazione completamente diversa da quelli provenienti dagli altri contesti indagati, potrebbe ugualmente indicare la particolarità del contesto dell'edificio ad oikos.

Per quanto riguarda i trattamenti di superficie, sembrano scomparire a partire dal 500/490 a.C. i trattamenti di superficie lucidata risultanti brillanti all'occhio del commensale (stat. 8.10).

3.3.10 Quartiere agorà – Oikos – Prima o Seconda Fase (t.a.q. verso il 480/470–60 a.C.)

All'interno dei sondaggi sudoccidentali non è stato sempre possibile ritrovare con certezza, secondo la documentazione di scavo, il piano di calpestio di prima fase dell'edificio (appendice D.4). Per questa ragione alcune battute dei riempimenti chiusi, secondo le quote, potrebbero essere riferite sia al riempimento adibito al piano di calpestio di prima fase, oppure a quello di seconda fase. I materiali provenienti da queste battute incerte sono stati espressamente separati per non creare falsificazioni all'interno dei dati.

Attestati fra i reperti di prima e seconda fase sono la maggior parte delle suddivisioni dei materiali precedentemente visti, presenti nelle stesse morfologie già attestate. Per queste ragioni, analogamente a quelli dello strato misto all'interno del quartiere orientale, i dati verranno unicamente presentati in forma statistica in appendice (appendici G.1–2).

3.3.11 Quartiere occidentale – zona occidentale alla casa a peristilio II (t.a.q. verso il 460/450 a.C.)

Il contesto ritrovato nella zona occidentale alla casa a peristilio II, come precedentemente illustrato, mostra stratigrafie di epoca arcaico-classica attestanti un *t.a.q.* verso il 460/450 a.C. Vista l'attestazione di associazioni fra materiali datanti e reperti *indigeni* fuorvianti – fenomeno verosimilmente dovuto alla minima quantità di elementi datanti ritrovati all'interno degli strati – sembrano falsificare in alcuni saggi le associazioni. La quantità di elementi datanti d'importazione per le fasi presenti non permette, secondo l'autrice, una correlazione quantitativamente affidabile fra le datazioni dei reperti d'importazione e quelli *indigeni*. Dato l'alto rischio di falsificazione dei dati il contesto è stato preso unicamente in considerazione come elemento d'integrazione per i materiali tardo-arcaici/classici ritrovati negli strati di vita chiusi all'interno della struttura – non presenti o morfologi-

buzione: Lo Cascio 1999, tav. 1.

1041 Per le stesse morfologie cilindriche in piombo: Alfaro Giner 2010, 79 fig. 15 (III sec. a.C. – II sec. d.C.

1042 Lo Cascio 1999, 182 tavv. 5–8 per i disegni ricostruttivi.

1043 Lo Cascio 1999, 187. A nota 6 viene riferito il ritrovamento di pesi analoghi in un contesto dell'età del rame indicate dal Salinas. Purtroppo, la pubblicazione non è accessibile all'autrice.

1044 Bernal Casasola 2010, 98–100 tipo Cl fig. 9 (V sec. a.C. – VI sec. d.C.).

1045 Ca. 19 km in linea d'aria da Trappeto; ca. 25km in linea d'aria da Palermo.

1046 Una pesca nel fiume Belice o in quello dello Jato poteva essere possibile (Spatafora 2012, 302 fig. 1), soprattutto pensando al carattere torrentizio che verosimilmente questi fiumi avessero a monte (per quanto riguarda il fiume Belice: Spatafora 2012, 302), un utilizzo di peso da reti da pesca di questa tipologia, poteva essere funzionale anche agli abitanti dell'insediamento iatino. Una strategia di sussistenza basata sulla pesca sembra tuttavia inverosimile come anche una frequente trasferta a valle per questa attività. Il ritrovamento, inoltre, è un *unicum* – forse poiché non riconosciuto – ma, ciò nonostante, troppo raro per essere attribuito ad un *set* di pesi necessari per le reti da pesca. Per i resti faunistici trovati nell'insediamento riferibili soprattutto a bovini, ovicaprini e suini: risultati di Claudia Abatino; Öhlinger et al. 2019, 9–12.

camente meglio conservati rispetto agli altri contesti presi in esame[1047].

I seguenti reperti sono ritrovabili nel catalogo:
- imitazione di coppa lato K 480 in ceramica dipinta bicroma (**435**)
- vaso potorio in dipinta monocroma ("krateriskos") (**436**)
- attingitoio in ceramica incisa e impressa senza rivestimento (**469**)
- brocca a bocca tonda in dipinta bicroma (**561**)
- brocca trilobata con decorazione zoomorfa (**562**)
- idria in dipinta bicroma (**618**)
- orcio / dolio / pithos di piccole dimensioni in ceramica acroma (**666**)
- pisside d'imitazione in dipinta bicroma (**740**)
- coperchio in dipinta monocroma (**757**)
- lucerna modellata a mano (**849**)
- frammento di modello fittile di capanna-sacello (**851**).

3.3.12 Sintesi delle analisi statistiche

L'analisi statistica effettuata su di un totale di 11'547 frammenti ha tenuto conto della totalità dei materiali attestati nelle dieci fasi cronologiche indagate provenienti da quattro contesti chiusi di Monte Iato (tab. 10). L'attenzione è stata posta alle numerose combinazioni di decorazioni e trattamenti di superficie attestati sulle varie produzioni ceramiche, elencando a titolo indicativo – e non numerico – le morfologie comprovate per categoria. I risultati emergenti riguardano soprattutto *l'aspetto* delle ceramiche – allontanandosi da analisi prettamente morfologiche riguardo le modellazioni degli orli, dei fondi o delle pareti, che, come illustrato in seguito[1048], non sembrano mostrare mutamenti così precisi come quanto è possibile osservare grazie alle analisi delle tecniche decorative in combinazione con i trattamenti delle superfici. In senso lato, l'analisi può essere grossomodo comparata con la determinazione delle successioni ritrovabili all'interno della ceramica attica figurata – indifferentemente dalla morfologia del vaso la rappresentazione a figure nere, passante a quella bilingue, verrà sostituita lentamente da quella a figure rosse, facendo eccezioni per morfologie particolari come le anfore panatenaiche restanti durante i secoli a figure nere. La tecnica decorativa nel caso della ceramica attica è uno degli indicatori cronologici – se non quello più importante – nelle successioni cronologiche, unicamente in seguito raffinate dallo studio tipologico delle morfologie. Lo studio statistico della totalità dei reperti indagati, dove il frammento di piccole dimensioni modellato a mano in ceramica da fuoco è stato documentato con la stessa precisione del reperto integro complessamente decorato, sembra matematicamente dimostrare le seguenti tendenze:

Materiali di VIII–VII sec. a.C.

Tra i materiali del riempimento *ante* ca. 600 a.C. l'alta complessità delle tecniche decorative attestate in combinazione alle morfologie presenti sembrano abbassare la datazione dei materiali più antichi di Monte Iato verso la seconda metà dell'VIII sec. a.C., se non addirittura verso l'ultimo quarto del secolo. Questa datazione viene suggerita in particolare dalla *mancanza* di numerose morfologie e combinazioni di decorazioni altrimenti attestate in altri contesti chiusi più antichi editi. Mancano i piattelli su alto piede modellati a mano, così come le ceramiche a stralucido rosso o bruno con trattamenti di superficie steccata e le anfore con decorazioni incise lungo il corpo. Nonostante da un punto di vista morfologico alcune forme possano essere messe in relazione con confronti datanti al IX sec. a.C., l'osservazione supplementare della decorazione sembra abbassare la datazione dei ritrovamenti iatini provenienti da uno dei contesti stratificati chiusi più antichi dell'insediamento all'attuale stato della ricerca. L'alta diversificazione di tecniche decorative e materiali, inoltre, rispecchia la natura del contesto di riempimento (stat. 1.1): un lotto di materiali altamente diversificato costituito non da morfologie in uso ma da associazioni casuali di reperti caduti in disuso.

Un primo risultato sembra emergere per quanto riguarda i trattamenti delle superfici di qualsiasi sorta di reperto attestato – una forte tendenza al lustramento delle superfici. Pur omettendo le attestazioni di morfologie lucidate verosimilmente a scopi funzionali di impermeabilizzazione delle forme, la tendenza constatata è un risultato visibile ad occhio nudo: materiali riflettenti – *brillanti* – in minori percentuali addirittura attestate tra le ceramiche acrome. Si osserva la predominanza di ceramiche con decorazioni dipinte rispetto a quelle con decorazioni incise e impresse, verosimilmente dovuta anche alle numerose attestazioni di rivestimenti funzionali per impermeabilizzare la forma: una procedura certamente più diffusa di elaborate decorazioni incise e impresse a scopo unicamente decorativo. Al contempo non sono state riscontrate neppure nette differenze quantitative tra le ceramiche decorate unicamente ad incisioni oppure ad incisioni e impressioni – forse proprio a causa della cronologia più bassa del contesto presentato rispetto a quelli di Sant'Angelo Muxaro di prima fase[1049]. Equivale grosso modo anche quanto definito

1047 L'inventario regolare ammonta a 434 reperti; quello interno a 1660 unità riconosciute. Si omette in questo caso la calcolazione dei frammenti presi in esame.

1048 3.4 *Osservazioni sui cambiamenti morfologici dei materiali.*

1049 Fatta 1983, 106 (prima metà IX sec. a.C.); Rizza – Palermo 2004, 201–204 fase I, 1–2 (XIII–IX sec. a.C.).

dalla ricerca a decorazione *piumata* rispetto alle ceramiche *a stralucido* seppure, come visto, ceramiche a decorazione *piumata* nel vero senso della parola, come ampiamente attestate nella parte orientale dell'isola, manchino completamente. Le ceramiche a decorazioni incise e/o impresse, oltre a testimoniare la pressoché totalità del materiale con superfici lucidate, denotano, nella maggioranza dei reperti, di supplementari rivestimenti integrali creanti un effetto colorato rispetto alle superfici di colore altrimenti "beige" se lasciate acrome. Lo stesso fenomeno di superfici pressoché integralmente colorate – dato l'apporto del rivestimento supplementare – sono attestate anche tra le ceramiche con decorazioni dipinte *non* unicamente a scopo funzionale. Come appariva dunque all'occhio il vasellame a partire dall'età del ferro? *Colorato* – rosso o bruno – e non beige, come altrimenti sarebbero state le superfici acrome, e soprattutto *brillante* poiché riflettente la luce incidente sulle forme per via della lucidatura della superficie. La creatività dei vasai trovava spazio nell'apporto delle miscele di ocre argillose: diluendole potevano creare effetti a striature sottili o a pennellate irregolari. Al contempo le volontà creative a scopo decorativo potevano manifestarsi in incisioni e impressioni più o meno complesse ma sempre ancora su superfici integralmente *colorate* e *brillanti*. All'interno del riempimento cronologicamente collocabile nel VIII–VII sec. a.C., seppure la maggior parte del materiale mostri le caratteristiche summenzionate, appaiono in minime quantità le prime ceramiche dalle superfici lisciate che, sebbene siano ancora caratterizzate in parte da un rivestimento supplementare colorato, risultano *opache* all'occhio a differenza di quanto da secoli conosciuto come altamente brillante e riflettente. Le miscele di ocre non vengono più unicamente utilizzate per rivestire integralmente le forme ma anche per realizzare (di minima attestazione) decorazioni lineari che lasciano porzioni della superficie acroma – di conseguenza di colore beige: un'innovazione rispetto allo spettro visuale altrimenti conosciuto fino ad allora. Non solo sembrano attestarsi degli impianti decorativi lineari su superfici lucidate – di poco infondo differenziate rispetto a quanto era già ampiamente attestato e conosciuto – ma anche sperimentazioni lineari su superfici lisciate chiamate altrimenti dalla ricerca *a decorazione geometrica dipinta*. L'attestazione, inoltre, di frammenti acromi lucidati, sui quali solo in seguito alla lucidatura fu apportata la decorazione lineare – risultante visibilmente opaca – indica un processo intermedio fra le produzioni ritenute in genere protostoriche (stralucido) e arcaiche (a decorazione geometrica dipinta). Lo stesso fenomeno è riscontrabile anche nelle prime attestazioni di morfologie con decorazioni incise e impresse apportate su superficie acrome – senza rivestimento – su superfici in maggior numero lisciate ma ancora con rare attestazioni di superfici lucidate. Le poche attestazioni di decorazioni incise e/o impresse in relazioni a superfici acrome – definibili quasi sperimentali – sembrano mostrare direttamente anche la tendenza visibile nei contesti successivi: un passaggio a produzioni attestanti superfici lisciate e dunque risultanti *opache* all'occhio. Omesso dalle indagini statistiche è il dettaglio delle incrostazioni biancastre all'interno delle decorazioni incise e/o impresse, sempre attestate fra i reperti del riempimento con solchi sottili e impressioni di una determinata profondità, e soprattutto presenti in combinazione con i rivestimenti – evidenziando così le decorazioni incise e/o impresse sulle superfici colorate. Interessante è notare che anche i reperti con decorazioni incise e/o impresse senza rivestimento all'interno del riempimento attestano pressoché sempre l'accorgimento delle incrostazioni biancastre – anche quando visualmente l'accorgimento non era prettamente necessario se effettuato su superfici acrome. Infine, vi sono dei materiali che mostrano non solo superfici unicamente lucidate o unicamente lisciate ma addirittura parti lisciate e parti lucidate su di un'unica forma: una sorta di effetto misto creante parti brillanti e parti opache, prodotte probabilmente anche per ragioni di tempistiche di produzioni, poiché la lucidatura fu ritenuta funzionale solo per le superfici interne delle forme aperte. In sintesi, all'interno del contesto di VIII–VII sec. a.C. non sembrano manifestarsi grandi differenziazioni quantitative rispetto a quanto comunemente definito *ceramiche "piumate"* oppure *"a stralucido"*. Esse dominano il materiale del contesto in termini quantitativi, seguite dalle ceramiche a decorazioni incise e/o impresse *ma* con l'attestazione supplementare di rivestimenti e incrostazioni biancastre quando in presenza di solchi sottili e decorazioni ad impressione. A loro volta seguono poche – ma importanti – attestazioni di ceramiche con o senza rivestimenti ma con trattamenti delle superfici lisciate, così come alcune prime presenze di reperti decorati a pennellate lineari sia su superfici lucidate che lisciate – ovvero, per quanto riguarda il secondo caso, *a decorazione geometrica dipinta*. Per quanto riguarda le tecniche *miste* sono notevoli le morfologie che presentano al loro interno delle decorazioni *"piumate"* – denominate in questo volume come a rivestimento non omogeneo – con trattamento di lucidatura della superficie, mentre all'esterno decorate unicamente con bande e attestanti un trattamento della superficie lisciata – risultante, dunque, *a decorazione geometrica dipinta*.

Le ceramiche presenti nel contesto in termini più comuni alla ricerca sono dunque:

- ceramiche *"piumate"* seppure non confrontabili con le produzioni attestate nella parte orientale dell'isola[1050]
- *a stralucido (non steccate) / monocrome lucidate*[1051]
- *a decorazioni incise e/o impresse* con rivestimenti e superfici lucidate[1052]
- *bicrome lucidate*[1053]
- *bicrome lucidate/lisciate*[1054]
- *monocrome lisciate*[1055]
- *a decorazione lineare lucidata*
- *a decorazione geometrica dipinta*[1056] su superfici acrome lucidate
- decorazioni *"piumate*[1057]*" / a decorazione geometrica dipinta*
- *a decorazione geometrica dipinta*[1058]
- *a decorazioni incise e/o impresse* senza rivestimenti e superfici lisciate
- *a decorazioni incise e/o impresse* con rivestimenti e superfici lisciate
- *a decorazioni incise e/o impresse,* senza rivestimento e superfici lucidate e *a decorazione geometrica dipinta.*

Materiali tra ca. il 630/620–570 a.C.

Seguono cronologicamente i reperti provenienti dalla prima fase dell'edificio nel quartiere orientale, datante sulla base dei reperti d'importazione ca. tra il 630/620 e il 570 a.C. – un lasso temporale piuttosto corto e dunque di eccezionale importanza per lo studio dei materiali *indigeni.* Questa cronologia pone dunque già il presupposto basilare di sovrapposizione temporale con i reperti provenienti dal riempimento di VIII–VII sec. a.C. e rende così possibile osservare delle tendenze relative successive attestate dai reperti – apportabili, di conseguenza, anche ad una seriazione relativa dei reperti di VIII–VII sec. a.C.

Innanzitutto, trattandosi di uno strato di abbandono/riempimento adibito alla costruzione di un secondo piano di calpestio dello stesso edificio, verosimilmente già unicamente a causa di questo particolare, la varietà di modalità decorative in combinazione con vari trattamenti di superficie è drasticamente minore rispetto a quella attestata all'interno del riempimento di VIII–VII sec. a.C. (stat. 2.1). Il particolare che accomuna le produzioni sono le predominanti attestazioni di superficie lisciate che caratterizzano sia i materiali acromi che quelli decorati. Nonostante già nel contesto di VIII–VII secolo le ceramiche acrome presentassero superfici lisciate, scompaiono, all'interno di questa fase cronologica, pressoché completamente quelle con trattamento di lucidatura, ancora attestate nella fase cronologica precedente. Le diverse sfere funzionali dei reperti, in precedenza pressoché unicamente caratterizzate da morfologie con superfici lucidate, vengono di conseguenza sostituite da quelle a superfici lisciate – risultanti opache all'occhio. Paritarie sono ancora le attestazioni di rivestimenti colorati sulle superfici rispetto alle morfologie con parti lasciate acrome – visualmente risultanti beige. Si ritrovano ancora in parte morfologie con superfici lucidate e rivestimenti colorati che rappresentano verosimilmente i materiali più antichi all'interno del contesto. Viste le attestazioni maggioritarie di superfici lisciate compaiono le prime morfologie altrimenti chiamate *ceramiche monocrome*[1059] da Caterina Trombi, con superfici lisciate – ancora mancanti all'interno del riempimento di VIII–VII sec. a.C. Importante, dal punto di vista dello sviluppo cronologico, è l'osservazione che le tecniche decorative attestate all'interno della fase cronologica tra ca. il 630/620 e il 570 a.C. non mostrano differenze nella modalità di stesura dei rivestimenti rispetto a quelle presenti nel contesto di VIII–VII sec. a.C. Ancora presenti sono le pennellate irregolari, altrimenti chiamate *piumate,* così come i rivestimenti integrali delle morfologie – ciò che sembra nettamente cambiare è l'effetto complessivo visuale della morfologia – *opaca* – dovuto al cambiamento dei trattamenti di superficie. Ugualmente, le attestazioni di rivestimenti colorati esterni alle forme lasciano sempre più spazio a quelle mostranti parti acrome e/o decorazioni lineari – visualmente, dunque, nettamente diverse e innovative rispetto a quanto ancora conosciuto nei secoli precedenti.

Ancora presenti e verosimilmente in uso, seppure in numero minore, sono le attestazioni di reperti con decorazioni incise e/o impresse. Anche in questo caso emergono attestazioni in combinazione con trattamenti di superficie lisciata – al contrario invece della tendenza osservata all'interno del riempimento di VIII–VII secolo con superfici lucidate. Paritarie sono le attestazioni di reperti *con* o *senza* rivestimento supplementare in combinazioni con le decorazioni incise e/o impresse. Inoltre, anche tra i reperti mostranti rivestimenti in combinazioni con decorazioni incise e/o impresse si riscontrano superfici lucidate e lisciate in egual misura, fatto che potrebbe denotare un successivo passo verso le preferenze della popolazione volte a morfologie risultanti opache all'occhio, seppure ancora colorate. Diminuiscono le attestazioni di de-

1050 A rivestimento non omogeneo lucidato oppure a rivestimento non omogeneo opaco.
1051 A rivestimento omogeneo lucidato, ev. a striature sottili.
1052 Incise e/o impresse con rivestimento omogeneo lucidato.
1053 A rivestimento non omogeneo lucidato / acroma lucidata.
1054 A rivestimento non omogeneo lucidato / acroma lisciata.
1055 A rivestimento omogeneo opaco.
1056 Acroma lucidata ; dipinta monocroma.
1057 A rivestimento non omogeneo lucidato oppure a rivestimento non omogeneo opaco.
1058 Dipinta monocroma.

1059 Rivestimento omogeneo opaco / acroma lisciata.

corazioni impresse lasciando intravvedere la tendenza verso una decorazione, *se* effettuata diversamente da quelle dipinte, unicamente a solchi incisi. In questa fase sono ancora presenti le incrostazioni biancastre in relazione alle decorazioni a solchi incisi sottili e alle poche attestazioni rimaste di decorazione a impressione – *anche* sui reperti senza rivestimenti colorati supplementari. Sono ancora presenti dei reperti mostranti trattamenti di superficie diversificati (levigatura/lucidatura) sulla stessa forma, seppure in quantità minore rispetto a quelli attestati all'interno del riempimento di VIII-VII sec. a.C. Scompaiono pressoché completamente le morfologie precedentemente attestate come gli askoi, i vasi a gambo di tradizione protostorica, e le possibili forme potorie di tradizione *indigena*, seppure siano ancora presenti delle coppe/scodelle (**247–248**). La diminuzione di possibili forme potorie in materiali *indigeni* è presumibilmente già da attribuire all'apparizione delle morfologie d'importazione – sostituenti funzionalmente le forme potorie già esistenti. Appaiono difatti in questa fase anche le prime produzioni *indigene* imitanti le morfologie d'importazione in ceramica dipinta monocroma (**407–409**).

Le ceramiche presenti nel contesto in termini più comuni alla ricerca sono dunque:

- *a decorazione geometrica dipinta*[1060]
- *a decorazione incise e/o impressa* senza rivestimenti e superfici lisciate
- *a decorazioni incise e/o impresse* con rivestimenti e superfici lucidate
- *monocrome* lisciate[1061]
- *"monocrome" lisciate / a decorazione geometrica dipinta*[1062]
- *"piumate" lucidate*[1063]
- *"piumate" lisciate*[1064]
- *"piumate" / a decorazione geometrica dipinta*[1065]
- *bicrome lisciate*[1066]
- *bicrome lucidate/lisciate*[1067]
- *a decorazioni incise e/o impresse* con rivestimenti e superfici lisciate.

Prime conclusioni rispetto alle cronologie dei materiali sulla base dei reperti datanti tra ca. il 570–540 a.C. in relazione a quelli ante 550 a.C.

La complessità delle tecniche decorative attestate resta pressoché paritaria a quanto presente nella fase tra il 630/620–570 a.C. (stat. 3.1), interpretabile anche a causa della natura del contesto come strato di abbandono di un edificio testimoniante morfologie verosimilmente ancora in uso in tale fase cronologica. Diminuiscono ulteriormente le attestazioni di ceramiche a decorazioni incise e/o impresse – sempre però ancora in uso. Aumentano invece le attestazioni dei trattamenti di superficie lisciate, mentre quelle a superfici lucidate sono pressoché scomparse, indifferentemente dalla tecnica decorativa utilizzata. Scompaiono pressoché completamente anche i reperti attestanti trattamenti di superficie diversificati (levigatura/lucidatura) sulla stessa forma. I materiali con trattamenti di superficie lucidate sembrano dunque attestare archi di produzione tra l'VIII sec. e ca. il 570 a.C. ad eccezione delle modalità di lucidatura, funzionale all'impermeabilizzazione supplementare della superficie interna delle forme aperte, ancora attestata all'interno della fascia cronologica datata ca. tra il 570 e il 540 a.C. (**258**) e in quella *ante* 550 a.C. (**300. 326**).

La fase di sperimentazione tra trattamenti di levigatura e lucidatura sullo stesso reperto sembra invece concentrarsi tra l'ultimo quarto del VII al primo quarto del VI sec. a.C. Le attestazioni scompaiono completamente a partire dal 550/540 a.C. segnando la fine della fase di sperimentazione di varie tecniche visivamente diverse tra l'ultimo quarto del VII sec. e, al più tardi, la metà del VI sec. a.C. Per quanto riguarda le ceramiche con decorazioni dipinte, scompaiono i reperti attestanti con sicurezza rivestimenti non omogenei – dunque *"piumati"*. Anche in questo caso è dunque possibile situare l'arco di produzione di questa tipologia decorativa tra l'VIII sec. e ca. il 570 a.C.: verosimilmente predominante inizialmente con trattamenti di superficie lucidate fino a verso la fine del VII sec. a.C. e, infine, attestata con trattamenti di superficie lisciati fino a ca. il 570 a.C.

Appaiono le prime attestazioni di reperti a decorazione geometrica dipinta testimonianti l'utilizzo di due miscele di ocre argillose risultanti bicrome dopo la cottura. In questo senso è dunque possibile postulare l'inizio delle attestazioni di *ceramiche a decorazione geometrica dipinte monocrome* verso l'ultimo quarto del VII sec. a.C. in uso fino al 460/450 a.C. L'utilizzo invece di due miscele di ocre argillose *a decorazione (geometrica) dipinta bicroma* sembra invece avere inizio unicamente verso il 570 a.C., in seguito presente parallelamente alle produzioni in *dipinta monocroma* fino al 460/450 a.C. Una possibile fase di sperimentazione di bicromia, creata non dall'utilizzo di due materie prime diverse, bensì dalla variazione di densità di un'unica miscela di ocre argillose, sembra collocarsi tra la fine del VII e il primo quarto del VI sec. a.C.

Presenti unicamente nel contesto datante tra il 630/620–570 a.C. sono le combinazioni tra rivesti-

1060 Dipinta monocroma.
1061 A rivestimento omogeneo opaco / acroma lisciata.
1062 A rivestimento omogeneo opaco / dipinta monocroma.
1063 A rivestimento non omogeneo lucidato.
1064 A rivestimento non omogeneo opaco.
1065 A rivestimento non omogeneo lucidato / dipinta.
1066 A rivestimento non omogeneo opaco / acroma lisciata
1067 A rivestimento non omogeneo lucidato / acroma lisciata

menti omogenei opachi e decorazioni lineari in dipinta monocroma – assenti in seguito all'interno del contesto datante tra ca. il 570–540 a.C. così come mancanti nei contesti di datazione successiva, ad eccezione, da un lato, per i riempimenti attestanti, in ogni caso, materiali più antichi rispetto alla datazione della loro chiusura; dall'altro dalle forme potorie d'imitazione (**430–432. 434**). In questo senso sembra dunque che le decorazioni miste tra rivestimenti funzionali all'interno delle forme aperte e le decorazioni lineari esterne siano datanti tra l'ultimo quarto del VII e il primo quarto del VI sec. a.C. Le decorazioni miste – in particolare quelle con decorazioni a solchi incisi e decorazioni lineari dipinte (con un'eventuale presenza di rivestimenti opachi all'interno della forma) – appaiono unicamente all'interno dello strato datante tra ca. il 570 e il 540 a.C., ragione per la quale le numerose attestazioni di queste tipologie all'interno del riempimento adibito alla costruzione dell'edificio A nel quartiere dell'agorà datante tra la fine del VII e ca. il 550 a.C. potrebbero essere collocate cronologicamente tra ca. il 570 e il 540 a.C., cadute in seguito in disuso a causa della seguente netta predominanza di decorazione unicamente *(geometriche)* dipinte.

Le decorazioni lineari lucidate, ancora presenti all'interno di entrambe le fasi del quartiere orientale (630/620–540 a.C.) così come all'interno del riempimento *ante* 550 a.C. scompaiono in tutti i contesti di datazione successiva. In datazioni relative, se interpretate stilisticamente come una fase transitoria tra le più antiche decorazioni *a stralucido* o a pennellate irregolari *"piumate"* e quelle successive *a decorazione (geometrica) dipinta,* sembrano poter essere collocate tra la seconda metà / ultimo quarto del VII sec. al primo quarto del VI sec. a.C. Esse sono eventualmente ancora in circolazione come materiali residuali fino alla metà del VI sec. a.C., ma verosimilmente non più in uso.

Seguendo una cronologia relativa su base stilistica e tenendo conto delle datazioni dei contesti di rinvenimento, sembra, inoltre, che le attestazioni di reperti acromi con trattamento di superficie lucidata, decorati linearmente in seguito alla lucidatura della superficie[1068] siano da collocare cronologicamente all'ultimo quarto del VII sec. a.C. (ca. 630/620–600 a.C.).

Ugualmente scomparse a partire dal 550/540 sono le attestazioni di rivestimenti omogenei a scopo decorativo delle morfologie: è possibile infatti ritrovarle unicamente all'interno di forme aperte adibite alla preparazione di alimenti come i bacini/mortai/scodelloni o alcune scodelle e sono interpretabili, dunque, come un accorgimento funzionale all'impermeabilità della forma. Scompaiono le attestazioni di rivestimenti sulle superfici esterne sia delle morfologie aperte che su quelle chiuse. In questo senso sembra plausibile collocare i rivestimenti omogenei a scopo decorativo tra la seconda metà dell'VIII e il 550/540 a.C. Precisando, inoltre, tra i rivestimenti a scopo decorativo il trattamento di superficie, sembra possibile asserire un'attestazione di quelli lucidati tra la metà dell'VIII sec. e ca. il 570 a.C., mentre per quelli con trattamento di levigatura, risultanti dunque opachi, tra la seconda metà del VII sec. al 550/540 a.C.

L'impianto decorativo presenta, verosimilmente a partire dalla fine del VII / inizio VI sec. a.C., l'introduzione di fregi metopali regolari (**595–596**) e prime rappresentazioni zoomorfe (**511**).

Rispetto alle ceramiche a decorazioni incise e/o impresse – ancora in uso – sembrano variare le caratteristiche visive della produzione: ora in maggior numero *prive* di rivestimento, con superfici *lisciate* e attestanti, nella maggior parte dei casi, *unicamente* decorazioni ad incisioni. Detto ciò, sembra possibile postulare una produzione di ceramiche a decorazioni incise e impresse *con rivestimenti e trattamenti della superficie lucidate* tra la seconda metà dell'VIII sec. e ca. il 570 a.C. Dopo di che continuano ad essere in uso le ceramiche a decorazioni *incise* (senza decorazioni ad impressioni, ad eccezione per reperti di particolare importanza) *senza rivestimento con trattamenti della superficie lisciate* fino al 460/450 a.C. Questo dato potrebbe chiarire il "fastidio" sempre creato nel mondo della ricerca per la presenza della *"classe"* a decorazione incisa e impressa sul Monte Iato fino al 460/450 a.C. – dato diverso rispetto a tutti gli insediamenti altrimenti indagati. In questo senso la "classica" ceramica a decorazione incisa e impressa, intesa come quella protostorica, si colloca cronologicamente, anche sul Monte Iato, entro i limiti altrimenti postulati della produzione verso l'inizio del VI sec. a.C. – quella che si protrae fino all'abbandono dell'insediamento, invece, è difatti visivamente notevolmente diversa dalla produzione protostorica. Sembrano inoltre pressoché scomparire anche in questa fase (ca. 570–540 a.C.) le attestazioni di incrostazioni biancastre all'interno dei solchi sottili – presumibilmente ormai ritenute inutili, vista la superficie lasciata acroma delle morfologie.

Conclusioni rispetto ai materiali datanti post 550/540 a.C.

In questo lasso cronologico sono predominanti le produzioni *a decorazioni dipinte* attestate sia come *monocrome* sia come *bicrome*, seppure sembri cambiare lo spettro decorativo rispetto a quanto ancora attestato all'interno dei contesti della prima metà del VI sec. a.C. L'impianto decorativo diventa sempre più complesso, organizzato sulle forme di grandi dimensioni *a registri* che presentano sporadiche atte-

1068 Acroma lucidata ; dipinta monocroma.

stazioni di rappresentazioni zoomorfe o – come nel caso del contesto della "Casa tardo-arcaica" indagata dall'équipe dell'Università di Innsbruck – antropomorfe. Come accennato in precedenza, al più tardi a partire dalla metà del VI sec. a.C. – e nonostante nei contesti della prima metà del VI siano già presenti alcune decorazioni *non geometriche* – non è più possibile definire la tecnica come a decorazioni *geometrica* dipinta[1069].

Tra le morfologie scompaiono in modo definitivo, a partire dal 500/490 a.C., le forme di tradizione *indigena* anche solo *possibilmente* ad uso potorio – che verosimilmente vengono sostituite integralmente dai materiali d'importazione o d'imitazione morfologica. La presenza dell'imitazione della coppa Iato K 480 in ceramica a decorazione dipinta bicroma **435** potrebbe probabilmente essere ancora collocata verso la fine del VI sec. a.C., in relazione alla datazione dei modelli regio-coloniali.

Le ceramiche a decorazioni incise e impresse – come visto a partire ca. dal 570 a.C. attestanti pressoché unicamente decorazioni incise senza rivestimenti supplementari e con trattamenti delle superfici lisciate – appaiono con attestazioni inusuali all'interno dei riempimenti adibiti ai piani di calpestio dell'edificio ad oikos. La frequenza torna ad essere paritaria tra i reperti a decorazione unicamente incisa e quelli invece a decorazione incisa *e* impressa, entrambe attestate soprattutto su superficie acrome e con trattamenti della superficie lisciata – che appaiono dunque in fase tra di loro e non considerabili come le une più antiche delle altre. Le associazioni all'interno dei riempimenti dell'edificio ad oikos presentanti pesi da reti da pesca, sostegni completamente fuori dalla norma, un alto numero di vasi da mescita, alcune brocche trilobate con rappresentazioni zoomorfe[1070], le uniche attestazioni di morfologie a decorazione policroma dipinta, le lucerne a decorazione dipinta bicrome, e la presenza di due "morfologie" indeterminate **855** e **856** mostrano che il contesto, oltre alla sua forma architettonica e all'alta percentuale di materiali d'importazione e/o di produzione regio-coloniale ritrovati in associazione[1071], sembra essere verosimilmente di altra natura rispetto a tutti gli altri contesti indagati. In conclusione la grande quantità di attingitoi[1072] e altre morfologie attestanti decorazioni nuovamente incise e impresse[1073] potrebbero essere collegate alla natura intrinseca del contesto – molto più esclusivo, ed eventualmente cultuale, per il quale una produzione di morfologie con decorazioni più sviluppate e impegnative possa essere un'interpretazione pertinente.

3.4 Osservazioni sui cambiamenti morfologici dei materiali

I mutamenti delle morfologie ceramiche attestate nei vari contesti di fasce cronologiche diverse presenti sul Monte Iato denotano un grande limite: lo stato di conservazione dei reperti, altamente frammentario, tipico per contesti insediativi. Seppure le morfologie funzionali siano attestate in ogni fascia cronologica, è difficile poterne avvalorare i loro cambiamenti formali in maniera puntuale.

Nel testo e nelle tavole i materiali sono stati suddivisi in ampie categorie, prevalentemente funzionali. Il criterio principale nell'ordine proposto all'interno delle categorie di ampia definizione sono le successioni di associazioni di materiali analoghi ordinati secondo criteri tecnico-morfologico all'interno di ogni contesto indagato. In questo caso vengono completamente omesse le tecniche decorative attestate, mostrando così l'indifferenza delle tecniche decorative utilizzate rispetto alle morfologie attestate – analoghe fra quelle acrome e decorate. La decisione di lasciare visibili le attestazioni diverse in associazioni tra di loro per fascia cronologica, crea sicuramente una

1069 Ad esempio: **650** con decorazioni a spirali effettuate a mano libera.

1070 Per brocche con decorazione zoomorfe provenienti da un'offerta votiva sul Monte Maranfusa: Spatafora 2010, 34 fig. 19–20.

1071 Oikos, prima fase (stat. 7.2): 8.06%fr.; 10.56%rec dei materiali totali. Oikos, seconda fase (stat. 8.2): 11.82%fr.; 19.13%rec dei materiali totali. Oikos, prima o seconda fase (appendice G.1): 12.20%fr.; 15.12%rec dei materiali totali. In comparazione: prima fase edificio quartiere orientale (stat. 2.2): 3.5%fr.; 1.11%rec dei materiali totali. Seconda fase edificio quartiere orientale (stat. 3.2): 4.63%fr.; 2.38%rec dei materiali totali. Materiali erosi di prima o seconda fase dell'edificio quartiere orientale (appendice E.1): 3.31%fr. 2.31%rec dei materiali totali. Riempimento quartiere agorà (stat. 4.2): 1.81%fr.; 1.85%rec dei materiali totali. Edificio A (stat. 5.2): 17.39%fr.; 13.64%rec dei materiali totali. Edificio 1 (stat. 6.2): 22.53%fr.; 23.73%rec dei materiali totali. L'alta percentuale mostrata dall'edificio A e 1 è attribuibile alla presenza di un inventario in uso. Delle percentuali così alte all'interno di riempimenti adibiti alla costruzione di piani di calpestio – come nel caso degli strati dell'edificio ad oikos – stupiscono.

1072 La forma è attestata fino alla fine del VII sec. a.C. nella sua classica variante protostorica, con rivestimento e superfici lucidata (contesto VIII–VII sec.: 28 unità riconosciute). All'interno del contesto dell'edificio orientale sono attestati 4 esemplari nella prima fase (630/620–570 a.C.), 9 esemplari nella seconda (570–540 a.C.) e 8 riferibili alla prima o seconda fase (630/620–540 a.C.) per un totale di 21 esemplari. In questo contesto le morfologie non attestano rivestimento e i trattamenti di superficie sono lisciati. Scompaiono pressoché successivamente (Riempimento adibito alla costruzione dell'edificio A: 3 esemplari. Edificio A: 0 esemplari. Edificio 1: 0 esemplari). L'attestazione di dunque 12 esemplari all'interno del riempimento adibito al piano di calpestio di prima fase dell'edificio ad oikos (fine VII sec. – 500/490 a.C.), di un'esemplare all'interno del riempimento adibito al piano di seconda fase (500/490–480/70–60) e quattro riferibili al riempimento di prima o alla seconda fase, per un totale di 17 esemplari stupisce. Gli esemplari denotano inoltre esclusivamente trattamenti di superficie lisciate e sono prive di rivestimento supplementare.

1073 Spiccano tra i reperti **499–500** e **855**.

visualizzazione poco chiara degli sviluppi morfologici delle forme. In compenso è possibile osservare la presenza di date forme nelle varie fasce cronologiche attestate, senza influssi interpretativi degli sviluppi da parte della scrivente. Le tavole mostrano quanto è attestato morfologicamente all'interno di ogni contesto indagato.

Vista la documentazione nella presente indagine di reperti soprattutto frammentari, resta intrinseco il limite posto ad un'analisi di tipo morfologico delle forme – se i frammenti non attestano le parti diagnostiche delle forme (orli, fondi, anse, spalle o pareti particolarmente convesse) non sarà neppure possibile individuare determinati cambiamenti morfologici nell'arco dei secoli.

3.4.1 Bacini / Scodelloni / Mortai

Le morfologie attestate fra i bacini, gli scodelloni o i mortai non sembrano attestare notevoli cambiamenti nell'arco dei secoli secondo quanto attestato all'interno dei contesti indagati (**161–202**). La ragione è verosimilmente a causa della funzione della morfologia: le forme, adibite alla preparazione e al servizio di alimenti, non richiedevano variazioni morfologiche a scopo funzionale.

Le morfologie presenti all'interno del contesto di VIII/VII sec. a.C. sono difatti tutte grosso modo ritrovabili all'interno delle fasce cronologiche successive fatta forse eccezione per le morfologie ad orlo triangolare rientrante attestato dai reperti **161** e **162**, attestate ancora unicamente all'interno del riempimento adibito al piano di calpestio di prima fase dell'edificio ad oikos datante tra la fine del VII sec. e ca. Il 500/490 a.C. dal reperto **197**. In questo caso è forse possibile asserire un'attestazione di questa specifica morfologia tra l'VIII e la fine del VII sec. a.C.

Lo scodellone **177** attesta la presenza di morfologie con orlo pendulo a partire da ca. il 570–540 a.C., fenomeno invece riscontrato fra le scodelle unicamente a partire dal 500/490 a.C. (cfr. *infra*). Un'esemplare con orlo a tesa pressoché orizzontale (**201**) è presente unicamente nel contesto di ca. fine VII sec. – 500/490 a.C. Il dato è troppo singolare per trarne una valenza cronologica.

I fondi riferibili alle morfologie sono piani (**173. 179. 182. 194**), ad anello (**195**) o a disco (**196**). In analogia alle morfologie di fondi dei reperti trattati in seguito, sembra possibile indicare un'introduzione dei piedi ad anello o a disco verso la metà del VI sec. a.C.

Le grandi prese sono attestate all'interno dei contesti datati tra l'VIII–VII sec. a.C. fino al 550 a.C (**165. 170–171. 184. 187–188**). Le attestazioni di morfologie con prese sono assenti sia dai contesti indagati in questo volume di datazione successiva sia dalla "Casa tardo-arcaica"[1074] che dall'edificio K[1075] sul Monte Iato. Sembra dunque essere possibile asserire una presenza di prese sulle morfologie da preparazione e servizio di alimenti unicamente fino alla metà del VI sec. a.C.

3.4.2 Scodelle / Fruttiere

La categoria funzionale mostrante la più alta attestazione di reperti morfologicamente diagnostici è quella delle forme aperte adibite alla preparazione, al servizio e al consumo di alimenti liquidi o solidi (**203–398**). All'interno del contesto di VIII–VII sec. a.C. (**203–241**) le morfologie presenti denotano differenziazioni riguardo al processo manuale utilizzato dal vasaio durante la modellazione del vaso.

Nei casi delle scodelle e/o fruttiere **203–208** le morfologie attestano tendenzialmente delle pareti convesse semplici e rientranti create dall'inserimento della mano del vasaio all'interno della forma accompagnata dall'appoggio della seconda mano all'esterno della parete. Gli orli sono tendenzialmente retti (**203–205**) o ingrossati sia all'interno che all'esterno (**206–208**). Lo stesso movimento manuale è ugualmente utilizzato per le morfologie a pareti, ancora rientranti, ma non più così convesse come gli esempi sopracitati, attestati dai reperti **209–218**, nei quali è visibile una tendenza ad un «raddrizzamento» delle pareti. Già in uso sono utensili adibiti allo svasamento dell'orlo o delle vasche sia nei reperti attestanti orli ingrossati (**212–213**) così come in quelli ad orlo tendenzialmente retto (**215–216**). Oltre ad un "raddrizzamento" delle pareti sembrano essere attestati anche reperti che mostrano primi tentativi del vasaio verso l'estroflessione delle forme – inizialmente visibili unicamente nella formazione degli orli (**219–229**). Inoltre, le morfologie nettamente carenate attestano chiaramente l'ampio utilizzo di utensili supplementari per lo svasamento di parti delle forme visibili sia per quanto riguarda le morfologie degli orli così come delle pareti (**219–229**).

Oltre all'attestazione nel contesto di VIII–VII sec. a.C. di esemplari a pareti rette (**230–231**) sono ugualmente già presenti esemplari a parete estroflesse ed esternamente concave (**232**). Quest'ultime sono create da un movimento delle mani del vasaio parallelo

1074 All'interno dei reperti pubblicati in Kistler et al. 2017b compare unicamente I-K 321 (determinato come frammento d'orlo di ceramica da fuoco) come verosimile frammento d'orlo di bacino, analogo a **167**, con attacco di presa. Il reperto proviene dal riempimento adibito al piano di calpestio del vano 6 della "Casa tardo-arcaica", dunque di datazione anteriore all'uso della "Casa tardo-arcaica".

1075 Mohr in preparazione.

verso la parte esterna della forma, seguito da un successivo movimento delle mani cambiante l'inclinazione esterna della parete.

Le morfologie degli orli denotano ugualmente già tutti gli espedienti manuali necessari per la formazione delle varie tipologie presenti anche nei contesti di datazione successiva: orli semplici in taluni casi svasati (**203. 214–219. 235**), ingrossati verso l'interno e/o esterno (**204–213. 220. 228–229. 238–241**), a tesa orizzontale (**234. 236–237**) e affusolati (**221–224. 226–227. 230–233**). In questo senso tutti i movimenti manuali del vasaio e gli espedienti tecnici necessari per modellare la totalità di morfologie attestate dai contesti di datazione successiva erano già conosciuti e in uso nella fascia cronologica tra l'VIII e il VII sec. a.C. Per queste ragioni effettuare un tentativo di seriazione tipologica all'interno delle morfologie delle scodelle potrebbe risultare in un'operazione artificiale, soprattutto quando le conoscenze sui centri di produzione delle ceramiche sono ancora limitate.

La tendenza generale sembra passare da una preferenza di morfologie con pareti rientranti (ad esempio per quanto riguarda i reperti del riempimento adibito alla costruzione dell'edificio A – ca. fine VII sec. – 550 a.C. **288–309**) in seguito raddrizzate e tendenzialmente sempre più estroflesse (**310–346**) con aggiunte di inclinazioni supplementari delle pareti (**347–353**). Tuttavia, è anche visibile dalle associazioni attestate dall'inventario dell'edificio 1 (ca. 500/490–460/450 a.C.) che le morfologie a parete estroflesse (**396–397**) erano in uso contemporaneamente a quelle a pareti introflesse (**398–399**) fino all'abbandono dell'insediamento verso il 460/450 a.C.

I cambiamenti morfologici, soprattutto nel caso delle scodelle, sembrano dunque essere legati ai centri di produzione. Le forme iatine ritrovano riscontri tipologici soprattutto con le produzioni pubblicate di Segesta (cfr. catalogo). Ciò nonostante, si ritrovano morfologie presenti all'attuale stato della ricerca apparentemente solo sul Monte Iato, che potrebbero indicare ulteriormente una produzione vascolare in loco delle morfologie di uso quotidiano. Le scodelle a parete rientrante o rette con orlo più o meno ingrossato e/o svasato (**289–292. 295–296. 301–304. 309. 357-358. 386**) sono difatti attestate cospicuamente fra i materiali di contesti diversi – fattore che potrebbe indicare una morfologia specifica utilizzata dai vasai locali. Al contempo la morfologia rappresentata da **267**, oltre a presentare un impasto autopticamente analogo a quello dei materiali di Entella, presenta altresì una morfologia trovante confronti precisi unicamente tra i materiali entellini.

Una netta valenza cronologica sembra avere unicamente la morfologia dell'orlo introflesso a breve tesa a profilo molto pendulo, corrispondente alla tipologia di scodelle D2 di Alfonsa Serra[1076], attestata solo nei contesti datanti a partire dal 500/490 a.C. (**394. 398**) e confermata anche dal ritrovamento della tipologia a Segesta a partire dai primi decenni del V sec. a.C.[1077]. Importante è ricordare la presenza fra gli scodelloni di morfologie ad orlo pendulo (**177**) nel contesto datato ca. tra il 570 e il 540 a.C. e dunque, la valenza cronologica della morfologia è da ritenere esclusiva per le scodelle. Interessante è inoltre notare che fra i materiali segestani la morfologia D2 è attestata *"in una classe d'impasto solo occasionalmente presente in altri manufatti segestani"* e *"non hanno finora trovato confronto tra i materiali a decorazione geometrica dipinta da altri siti"*[1078]: attestazioni morfologiche invece frequenti fra i materiali iatini in impasto statisticamente interpretato come locale[1079].

Non legate prettamente ai centri di produzione sembrano essere le morfologie riferibili eventualmente a forme aperte su alti piedi ('fruttiere'), unicamente note nel contesto datato nell'VIII–VII sec. a.C. (**203–229**), fatta eccezione per un'esemplare (**270**) ritrovato all'interno del contesto datato tra il 630/620–540 a.C.: la morfologia su alto piede di scodella sembra dunque non essere più stata prodotta al più tardi a partire dalla metà del VI sec. a.C. se non già a partire dall'inizio del VI sec. a.C. È importante, tuttavia, segnalare che le morfologie riferibili a delle scodelle o fruttiere con pareti convesse rientranti e orli più o meno ingrossati (**203–213**) differiscono dalle produzioni successive unicamente per quanto riguarda lo spessore delle pareti e le tipologie decorative / trattamenti di superficie attestati (cfr. **386** proveniente dal contesto datato tra il 500/490 – 480/470-60 a.C.). Seppure le produzioni protostoriche di queste morfologie siano riconoscibili e collocabili cronologicamente fra l'VIII e la fine del VII sec. a.C. non risulta prettamente variata la morfologia della forma nei contesti di datazione successiva.

3.4.3 Forme aperte – possibili forme potorie

Fra le forme possibilmente potorie (**399–436**) non sembra possibile definire un cambiamento morfologico rispetto agli orli – visto anche lo scopo funzionale che essi dovevano rivestire.

Fra le morfologie potorie d'imitazione o adattazione è interessante notare la presenza delle produzioni *indigene* in contesti di fase cronologiche coeve alle datazioni dei modelli (**407–409. 411. 423–427.**

1076 Serra 2016, 37–38 fig. 14.
1077 Serra 2016, 70 fig. 32.
1078 Serra 2016, 37.
1079 **394**; **398**; Mohr in preparazione, nn. 26. 27 (K 32287. K 32315); Kistler et al. 2017b, Schüssel (Form O1).

430–435). Sembra dunque non esservi grandi differenze cronologiche tra l'arrivo delle forme potorie d'importazione e la produzione *locale* delle stesse morfologie. Da un punto di vista cronologico è possibile notare la presenza di forme potorie d'imitazione o adattazione *indigene* a partire dalla fine del VII sec. a.C. (**407**) fino all'abbandono dell'insediamento verso il 460/450 a.C. attestato dall'imitazione di coppa lato K 480 in ceramica dipinta **435**. La produzione di morfologie potorie prettamente *indigene* sembra cessare definitivamente verso il 500/490 a.C. (**428–429**) – momento a partire dal quale la funzione viene ricoperta dai reperti d'importazioni e/o regio-coloniali oppure da dirette imitazioni delle forme in tecnica di manifattura locale[1080].

La morfologia rappresentata da **436** pubblicata come krateriskos databile al primo ellenismo sulla base prettamente formale[1081], seppure riscontri analogie con le produzioni attiche del III sec. a.C., proviene stratigraficamente da un contesto arcaico-classico databile *ante* 460/450 a.C. Le argomentazioni morfologiche presentate per una datazione ellenistica sono ugualmente apportabili a morfologie tipicamente arcaiche: le anse a nastro tendenzialmente tonde sono già presenti in epoca arcaica[1082]; le prese/applicazioni sopra le anse sono ugualmente già presenti su crateri in ceramica dipinta d'imitazione laconica[1083]; l'andamento delle pareti sono analoghe ai vasi su piedi a stelo di tipologia Trombi 2015 T[1084]; la decorazione – oltre alla tecnica utilizzata in ceramica dipinta monocroma – rispecchia i motivi a "W" delle coevi produzioni di crateri d'imitazione ritrovati sul Monte Iato[1085].

3.4.4 Attingitoi

Fra le morfologie degli attingitoi visibili nelle tavole (**437–469**) è particolarmente evidente il passaggio delle ceramiche a decorazioni incise e impresse con rivestimenti supplementari e superfici lucidate (**437–448. 452**) a quelle in seguito su superfici acrome (**449–451. 453–456. 458–469**). L'esemplare **457** attesta una soluzione transizionale: rivestimento omogeneo *ma* con trattamento della superficie lisciata dunque risultante opaco all'occhio (contesto ca. ultimo quarto VII sec. – 550 a.C.). L'esemplare non mostra resti di incrostazione bianca all'interno delle decorazioni incise e impresse.

Le incrostazioni biancastre all'interno dei solchi sottili incisi sono invece sempre attestate fra i reperti con rivestimenti colorati e superfici lucidate (**437–448. 452**). All'interno dei contesti datati ca. 570–540 a.C. (**451**) e in quello tra la fine del VII sec. – 500/490 a.C. (**464**) sono presenti esemplari acromi a superficie lisciate attestanti ancora le incrostazioni biancastre all'interno dei solchi sottili incisi[1086]. Il fenomeno è verosimilmente limitato alle produzioni della metà del VI sec. a.C. L'accorgimento delle incrostazioni scompare infine verosimilmente a partire dalla seconda metà del VI sec. a.C. (**449–450. 453–454. 458–463. 465–469**).

Le morfologie con parete estroflessa e orlo leggermente ingrossato all'interno (**437–439**) sembrano riferirsi alle tipologie più antiche prodotte, ritrovate nel contesto di VIII–VII sec. a.C. e verosimilmente prodotte entro la fine del VII sec. a.C.[1087]. Gli attingitoi ad orlo svasato (**440–441**) sono morfologicamente ancora analoghi a esemplari ritrovati in contesti datati fino al 500/490 a.C. (cfr. **450. 462**) seppure anche in questo caso variano notevolmente i trattamenti della superficie e le tecniche decorative utilizzate. Analoghe le attestazioni di orli a tesa tendenzialmente orizzontale, svasati superiormente (**442, 461** ed ev. **460**) presenti dall'VIII–VII sec. a.C. fino al 500/490 a.C. Quanto invece morfologicamente sembra denotare una valenza cronologica è la tendenza, a partire verosimilmente dalla metà del VI sec. a.C., di morfologie a parete retta estroflessa senza ingrossamenti ulteriori del labbro della forma (**453–454. 458–459. 463**) analoghi alla morfologia K 26018 ritrovata nella "Casa tardo-arcaica" in utilizzo fino al 460/450 a.C. [1088]. Contemporanea alla preferenza di morfologie ad orlo retto sembra essere anche l'andamento altamente più estroflesso della parete superiore alla carena, attestante una concavità molto più pronunciata (**465–467**) rispetto agli esemplari di VIII–VII sec. a.C. (**444–448**). La concavità più pronunciata, osservando anche l'andamento morfologico delle scodelle, potrebbe essere verosimilmente collocabile tra la metà e la fine del VI sec. a.C.[1089].

È interessante constatare all'interno delle associazioni degli strati iatini la presenza in tutte le fasi di attingitoi (secondo la definizione di Francesca Spata-

1080 Per l'inventario dell'edificio 1, cfr. cap. 2.3.3.1; per quello dell'edificio K: Mohr in preparazione. Per un'esemplare d'imitazione di coppa *B2* in ceramica dipinta ancora in uso verso il 460/450 a.C.: Mohr in preparazione, no. 13 (K 32292).

1081 Kistler 2017, 119 tav. 18b-e (disegno incorretto).

1082 Kistler 2017, 119 nota 54.

1083 Kistler et al. 2017b, 894 K 23698.

1084 Trombi 2015, 450 tav. L.

1085 Già segnalato anche da Kistler 2017, 119 nota 56 tav. 15, b. 16, b; Mohr in preparazione, no. 33 (K 24779).

1086 L'attestazione di frammenti di parete acromi con incrostazioni bianche è altrettanto documentata fra i materiali fuori catalogo.

1087 cfr. **452** ritrovato all'interno del contesto datato tra il 630/620–540 a.C. e **457** (ultimo quarto VII sec. a.C. – 550 a.C.): la morfologia è assente dai contesti di datazione successiva.

1088 Kistler 2017, 118 K 26018 tav. 18, a. Dalla fotografia sembra trattarsi di un reperto in *incisa e impressa senza rivestimento* con incrostazioni biancastre.

1089 Si osservi soprattutto **375. 378–379** (fine VII sec. a.C. – 500/490 a. C.): la pronunciata concavità sopra la carena è assente dai contesti di datazione precedente.

fora[1090]) in ceramica a decorazione incisa e impressa, verosimilmente ancora ampiamente in uso fino a ca. il 500/490 a.C. (**437–467**)[1091]. Privi di attingitoi sono i contesti dell'edificio 1 nel quartiere dell'agorà e quello dell'edificio K (ca. 500/490–460/450 a.C.).

3.4.5 Vasi da mescita

Fra i vasi da mescita sono state inserite tutte le morfologie possibilmente attribuibili a questa funzione, incluse le morfologie d'imitazione di modelli d'importazione (**470–483**). Nel contesto di VIII–VII sec. a.C. l'attestazione del grande vaso da mescita **470** sottoposto ad analisi gascromatografiche[1092]. La morfologia trova confronti, oltre che fra materiali inediti di Monte Iato, a Monte Riparato, verosimilmente a Monte Triona e analogie fra i materiali di Sant'Angelo Muxaro[1093]. Futuri ritrovamenti o identificazioni della forma in altri siti potranno in futuro sicuramente contribuire all'interpretazione della morfologia, non prettamente d'imitazione ma neppure – allo stato attuale della ricerca – chiaramente *indigena*[1094].

Per quanto riguarda le morfologie – molto disparate tra di loro – attestate dai verosimili vasi da mescita sembra unicamente possibile indicare la presenza di imitazioni dirette da modelli d'importazione a partire dal contesto datante *ante* 500/490 a.C. (**477–483**).

3.4.6 Vasi su alto piede

Fra le morfologie ad alto piede (**484–502**) sembra unicamente possibile, sulla base dei contesti iatini, forse immaginare una caduta in disuso della forma a partire dal 500/490 a.C. Eventuali cambiamenti morfologici non sono identificabili a causa della conservazione / identificazione della forma, nella maggior parte dei casi, unicamente dei frammenti di parete dell'alto piede senza la relazione diretta ad una morfologia d'orlo.

3.4.7 Fondi di forme aperte riferibili a scodelle, forme potorie o attingitoi

I fondi riferibili a forme aperte (**243. 276. 282. 351. 375. 503–521**) sono morfologicamente distinguibili unicamente tra fondi piani (**243. 276. 282. 351. 503–516**), leggermente concavi (**375. 518–521**) e ad anello (**398**). Mancano quelli concavi profilati, convessi o a disco invece attestati dalle forme chiuse (cfr. 3.4.12).

I fondi piani sono presenti in tutte le fasce cronologiche indagate[1095]. I fondi concavi, analogamente come in seguito visibile dalle forme chiuse, sembrano invece essere stati introdotti verso la metà del VI sec. a.C., vista la loro mancanza nei contesti datanti *ante* 550 a.C. (**375**[1096]. **503–514**). La morfologia è rimasta in uso parallalemente a quelli piatti e ad anello fino all'abbandono dell'insediamento verso il 460/450 a.C. (**520–521** e K 32310).

3.4.8 Askoi

La presenza di attestazioni di askoi sembra verosimilmente limitata all'arco cronologico di VIII–VII sec. a.C. (**522–531**). Unicamente un frammento di parete (**532**), mostrante forature appartenenti al crivello, potrebbe indicare una produzione di questa morfologia in una diversa tecnica decorativa (a decorazione dipinta monocroma) cronologicamente leggermente più tarda (contesto 630/620–540 a.C.). Lo stato di conservazione dei reperti è troppo frammentario per poterne valutare un cambiamento morfologico.

3.4.9 Forme chiuse da servizio – brocche

Le brocche (**533–562**), non ulteriormente distinte all'interno delle tavole sulla base della morfologia dell'orlo, sembrano in stato integro attestare differenze morfologiche come mostrato dallo studio di Gabriella Tigano[1097]. Ciò nonostante, i reperti frammentari provenienti dai presenti contesti non permettono uno studio morfologico in questo senso. Quando conservati, i profili del corpo sono ovoidi (**549**), globulari (**550. 557**), tronco-conici (**551. 553. 560. 561**) o piriformi (**559**). La tipologia prettamente ovoide (**549**) è presente unicamente nel contesto datante *ante* 550 a.C. Le rimanenti sono attestate in associazione fino al 460/450 a.C. seppure non sia possibile determinare l'inizio delle attestazioni specifiche delle morfologie all'interno dei contesti indagati.

1090 Spatafora 2003c, 113–119.

1091 L'attingitoio **468** è verosimilmente più antico del contesto ritrovato (ca. 500/490–480/470-60 a.C.), mentre **469** potrebbe trattarsi altrettanto di un esemplare databile *ante* il 500/490 a.C. viste le analogie morfologiche e dell'impianto decorativo attestate.

1092 Risultati preliminari cfr. **470**.

1093 Monte Riparato: Vassallo 1996b, 214 nota 47 Taf. XXIV, 1; XXVIII, 3; Monte Triona: Spatafora et al. 2009, 462 no. 35; Sant'Angelo Muxaro: Fatta 1983, 55 nn. 141–145 tav. 10 (crateri a gambo tipo Vg. 2); Anagnostou – Amari 2004, 70–71 no. II, 11 tav. 1 = Amari 2004, 141 no. II, 11 fig. 94.

1094 Per una proposta di influenza dal repertorio morfologico del mondo fenicio (*cráteras anforoides fenicias*): Kistler et al. in preparazione.

1095 Per fondi piani di forme aperte provenienti dall'edificio K di Monte Iato (*t.a.q.* 460/450 a.C.): Mohr in preparazione, no. 28 (K 32310).

1096 Proveniente dal contesto di fine VII sec. – 500/490 a.C. Il reperto è verosimilmente collocabile nella seconda metà del VI sec. a.C.

1097 Tigano 1985/1986.

I fondi, analogamente a quanto riferito in seguito per tutti i fondi riferibili a forme chiuse, si presentano con sicurezza concavi (**559**) e/o concavi profilati (**557. 560**) a partire dal 500/490 a.C. seppure sia verosimile una loro introduzione a partire dalla metà del VI sec. a.C. (cfr. *infra*).

Le anse a bastoncello sono presenti a partire dall'VIII–VII sec. a.C. (**533**) e restano in uso fino al 460/450 a.C. (**560**). Le anse a nastro, seppure presenti fra le brocche unicamente a partire dal contesto di ca. fine VII sec. – 500/490 a.C. (**550–551**) sono attestate fra altre forme già a partire dall'VIII–VII sec. a.C. (**470. 628**) e dunque non collocabili in un arco cronologico distinto. L'ansa bipartita invece (**557**) sembra trattarsi di un *unicum* e dunque forse realmente databile tra il 500/490 e il 460/450 a.C.

3.4.10 Anfore / Idrie

Per quanto riguarda la morfologia degli orli delle anfore / idrie (**563–618**) sembra possibile osservare a grandi linee degli andamenti cronologici. Nel contesto di VIII–VII sec. a.C. sono attestate sia morfologie con orlo leggermente ingrossato verso l'interno (**563–568**) come tipologie svasate all'interno (**569–572**). Oltre a due esemplari con analoghe morfologie d'orlo (**580–581**) provenienti dal contesto della fine del VII sec. a.C. – 550 a.C. sembra scomparire dai contesti successivi la tipologia attestata.

Per la seguente fase della prima metà del VI sec. a.C. sembrano divenire caratteristici gli orli a tesa orizzontale, affusolati e leggermente penduli (**573–574**: 630/620 – 570 a.C.; **582**: 630/620 – 540 a.C.; **586–593**: fine VII sec. – 550 a.C.; **599–601**: fine VII sec. – 500/490 a.C.). In seguito, a partire dai contesti databili fino al 500/490 a.C., sono presenti le morfologie con parete leggermente estroflessa ed orlo semplice, in alcuni casi leggermente ingrossato verso l'interno (**598**: ca. 550–500/490 a.C.; **602–606**: ca. fine VII sec. – 500/490 a.C.; **608**: ca. 500/490 – 480/470-60 a.C.; **611–614**: ca. 500/490–460/450 a.C.). In questi casi sembra possibile assumere l'introduzione della morfologia ad orlo semplice verso la metà del VI sec. a.C. (cfr. anche **583**: ca. 630/620–540 a.C.). La morfologia sembra infine essere stata prodotta fino al 460/450 a.C.

Confrontando quanto attestato anche all'interno dell'edificio K[1098] sembra che a partire dal 500/490 a.C. scompaia definitivamente la tipologia a tesa orizzontale, ancora attestata nella seconda metà del VI sec. a.C. insieme a quelli ad orlo semplice e parete leggermente estroflessa, lasciando spazio unicamente a quelle a parete estroflesse con orlo più o meno semplice (**608. 611–614**).

1098 Mohr in preparazione, nn. 37–39 (K 24681. K 24680. K 31785).

Notevole è l'attestazione, inoltre, del frammento **579** attestante verosimilmente la morfologia *DO6* di Trombi, all'attuale stato della ricerca, unicamente ritrovato nell'insediamento di Montagnoli e verosimilmente ad Entella[1099].

3.4.11 Forme chiuse da stoccaggio di medie-grandi dimensioni

I reperti (**619–666**), estremamente interessanti da un punto di vista funzionale (cfr. **620. 648. 662** analisi di gascromatografia) e riguardo alle varie tipologie di sospensione attestate (**632–633. 637. 661. 663**), non mostrano attestazioni di grandi cambiamenti morfologici nell'arco del tempo all'interno dei contesti. Questo dato è presumibilmente attribuibile al loro valore intrinseco, innanzitutto di natura funzionale.

3.4.12 Fondi di forme chiuse riferibili a brocche e forme da stoccaggio di medie-grandi dimensioni

I fondi di forme chiuse, riferibili secondo i diametri rispettivamente a brocche o alle varie forme da stoccaggio ritrovate (**667–715**), denotano fondi di varie tipologie: piani (**667–676. 678–680. 682. 684–687. 691–698. 706–708. 710–712**), concavi (**677. 689. 699–700. 709. 713**), concavi profilati (**681. 701–705. 714**), convessi (**683. 715**), a disco (**688**) e ad anello (**690**).

Analogamente ai fondi delle forme aperte sembra essere stata introdotta verso la metà del VI sec. a.C. la tipologia dei fondi concavi, creati mediante l'utilizzo di uno strumento (**689**: ca, fine VII sec. – 550 a.C.; **699–700. 709**: ca. fine VII sec. – 500/490 a.C.)[1100] e concavi profilati (**681**: ca. 570–540 a.C.; **701–705**: ca. fine VII sec. – 500/490 a.C.) rimasti in uso verosimilmente fino all'abbandono del sito (**713–714**: ca. 500/490 – 480/470-60 a.C.). Soprattutto per le morfologie delle brocche sembra divenire 'standard' il fondo a profilo concavo e/o profilato (**557. 559. 560. 699–703. 713–714**). I fondi convessi sono attestati unicamente da due morfologie (**683. 715**) e non sembrano essere relazionabili ad andamenti cronologici specifici. L'unico piede a disco (**688**) è attestato all'interno del contesto di ca. fine VII sec. – 550 a.C. così come quello ad anello (**690**). Le attestazioni sono troppo rade per essere soppesate da un punto di visto cronologico. Ciò nonostante, l'attestazione fra i bacini/scodelloni/mortai di un'esemplare con piede a disco (**196**) nel contesto datato ca. 550–500/490 a.C. e del piede ad anello **195** dal contesto di fine VII sec. – 550 a.C. po-

1099 Trombi 2015, 104 tav. XXXIX (Montagnoli); Gargini 1995, 156 no. 149 fig. 29 (Entella).

1100 Il reperto **677** ritrovato all'interno del contesto di VIII–VII sec. a.C: oltre ad essere di piccole dimensioni, sembra riferibile più ad una fase di sperimentazione con la concavità dei fondi, creato senza l'utilizzo di uno strumento specifico.

trebbe indicare una tecnica di produzione dei fondi ad anello o a disco iniziante verso il 550 a.C., in analogia a quelli concavi e concavi profilati attestati sia dai fondi delle forme aperte sia chiuse.

3.4.13 Pithoi

I pithoi di grande dimensione ritrovati all'interno dei contesti (**716–733**) – data la loro dimensione e la loro funzione di stoccaggio di alimenti in stati aridi – non presentano grandi variazioni morfologiche: quando attestate, sono verosimilmente riferibili a produzioni di vasai diversi.

3.4.14 Pissidi

Fra le pissidi ritrovate nei contesti (**734–740**) le morfologie attestate mostrano le tipologie globulari (**735–737. 740**) così come quelle stamnoidi (**738–739**). Le differenze morfologiche sono verosimilmente attribuibili agli archi di datazione dei modelli d'importazione imitati da queste morfologie di produzione *indigena*.

3.4.15 Coperchi adibiti a forme ceramiche da stoccaggio

Fra i coperchi di varie dimensioni e morfologie (**741–757**) non sembra essere possibile un ordinamento di tipo morfologico indicante ugualmente cambiamenti cronologici. Le forme sembrano essere ugualmente attestate in ogni contesto a partire dall'VIII–VII sec. a.C. Le differenze sembrano essere piuttosto attribuibili alle mani dei vasai operanti.

3.4.16 Vasellame adibito alla cottura di alimenti

Le differenze morfologiche attestate sono in questo caso riferibili alle modalità di cottura degli alimenti diversificate. Oltre alle morfologie eseguite al tornio di pignatte, olle, e scodelloni da fuoco (**758–767**) attestati unicamente nel contesto di VIII–VII sec. a.C. – discorso affrontato all'interno del capitolo 2.1. – le uniche morfologie presentanti delle differenziazioni cronologiche sembrano essere attestate dalle pignatte modellate a mano (**768–802**). Le morfologie presentano difatti orli estroflessi unicamente a partire dai contesti di datazione successiva a quello del riempimento di VIII–VII sec. a.C. (**776. 782–784. 790–794**) dunque verosimilmente a partire dall'inizio del VI sec. a.C. se non verso il secondo quarto del VI sec. a.C. Questa differenziazione morfologica rispetto agli orli retti con pareti introflesse invece attestati dai reperti provenienti dal riempimento di VIII–VII sec. a.C. (**758–761** [al tornio]) **768–771** [a mano]) potrebbe essere funzionale all'utilizzo di coperchi per le pignatte con orli estroflessi. Forse non casualmente anche la prima attestazione di coperchio proviene dal contesto datante tra ca. Il 570 e il 540 a.C. (**814**). La morfologia della pignatta **800** con netta carena e orlo retto a parete estroflessa è attestata anche all'interno del contesto dell'edificio K[1101]: in questo caso è forse possibile indicare una datazione della morfologia tra il 500/490 e il 460/450 a.C.

3.4.17 Sostegni

Fra i sostegni a clessidra modellati a mano (**821–830**) sono unicamente due i reperti attestanti morfologie diverse. Il reperto **829** sembra attestare una morfologia molto più regolare alla base, forse effettuata o rifinita al tornio. Essa è anche datante tra ca. il 500/490–460/450 a.C. un periodo nel quale forse la modellazione dei sostegni poteva verosimilmente essere eseguita al tornio. Il secondo sostegno – già discusso a causa della sua particolarità – è il reperto **830**. Anche in questo caso la morfologia variata non sembra indicare una valenza cronologica ma piuttosto un utilizzo *non quotidiano* dell'oggetto.

3.4.18 Lucerne

L'attestazione di lucerne nella tradizione della *ceramica a decorazione geometrica dipinta* resta, all'attuale stato della ricerca, senza confronti al di fuori di Monte Iato[1102]. Un reperto, attribuibile ad una lucerna in *dipinta* della tipologia *BRL* fu già pubblicato da Käch all'interno delle sue indagini mostrante una decorazione a linee concentriche e teoria di punti sulla superficie superiore dello specchio[1103]. Una visione – non sistematica – dei materiali all'interno dei magazzini *in loco* a San Cipirello ha portato al ritrovamento di minimo altre tre lucerne di questa produzione *indigena* mostranti decorazioni monocrome e bicrome[1104]. All'interno del riempimento di prima fase dell'edificio ad oikos, dunque all'interno di un contesto chiuso arcaico, sono presenti tre reperti riferibili a delle lucerne in *dipinta*: **846, 847** e **848**.

I frammenti **846** conservano parte della vasca con cono centrale, parte dello specchio e un frammento del beccuccio. Sia la morfologia che la decorazione

1101 Mohr in preparazione, no. 43 (K 32855).

1102 A Segesta viene segnalato un reperto *"di sicura fabbricazione locale, essendo il suo impasto molto simile a quello della ceramica indigena"* Biagini 2008b, 609 tipo 12a no. 1 tav. XCIX.

1103 Käch 2006, 18–19 no. 5 (L 1282) tav. 1 fig. 1.

1104 Inv. L 2590 frammento di fondo con cono centrale. Decorazione a cerchi concentrici marroni nella parte interna (*dipinta monocroma*), proveniente da un contesto della casa a peristilio II; inv. L 2284 frammento di fondo con tubulo centrale. Decorazione a cerchi concentrici marroni nella parte interna (*dipinta monocroma*), proveniente dal quartiere orientale; inv. L 2176 frammento di specchio. Decorazione a teoria di punti marroni racchiusa tra due linee concentriche rosse (*dipinta bicroma*), proveniente dalla zona dell'oikos sull'agorà. Le attestazioni di lucerne in *dipinta* sul Monte Iato potrebbero essere maggiori.

è analoga alle lucerne di tipologia *KSL* di Käch[1105]. Il beccuccio attesta una decorazione grigia scura, forse eseguito nella stessa tecnica come le lucerne di produzione coloniale – ad immersione nel colore. La superficie superiore dello specchio con una serie di cerchi concentrici, dall'esterno: grigio scuro, arancione-marrone e rosso marrone[1106]. Il cono centrale all'interno invece attesta resti circolari di colore grigio scuro, in origine presumibilmente riportato su tutta l'altezza. Lo stato di conservazione delle superfici del reperto potrebbe portare, in questo caso, all'interpretazione della lucerna come dono votivo, vista l'assoluta mancanza di tracce d'uso della forma.

I frammenti combacianti **847** sono invece analoghi, per quanto riguarda la morfologia, ad una lucerna del Tipo 8 variante A di Gravisca[1107] o in generale alle RSL con pareti a profilo arrotondato[1108]. Le lucerne della tipologia di Galli indicano una datazione dei modelli di produzione greca e coloniale tra l'ultimo quarto del VI e i primi decenni del V[1109] compatibile con la datazione del contesto di provenienza della lucerna **847**. La decorazione formata da cinque cerchi concentrici, alternati di colore grigie scure e rosso-marroni, sulla superficie superiore dello specchio e quattro degli stessi colori all'interno della vasca corrisponde con schemi decorativi conosciuti anche su produzioni coloniali[1110]. Si tratta della l'unica lucerna di questa tipologia mostrante tracce d'uso.

Il terzo frammento di vasca con fondo concavo, indicante presumibilmente l'attestazione di un cono centrale **848**, mostra all'interno una decorazione a cerchi concentrici in *dipinta bicroma* arancione-marrone e nera.

Seppure al momento l'unico luogo di ritrovamento di lucerne prodotte nella tradizione della *ceramica a decorazione geometrica dipinta* sembri essere Monte lato, gli impasti, i trattamenti delle superfici (ingubbiate e non) e gli schemi decorativi presentati dai vari reperti inducono all'assunzione, seppure unicamente su base autoptica, di diversi centri di produzione delle lucerne. Anche in questo caso, fatta eccezione per la lucerna **848**, sembra attestata l'associazione nello stesso sito delle stesse tipologie di forme *d'importazioni/coloniali* e delle produzioni *indigene*.

La lucerna modellata a mano **849** proveniente dalla porzione di lastricato sudoccidentale di datazione tardo-arcaica/classica del contesto ad ovest della casa a peristilio II (fig. 39) è un *unicum*. L'impasto utilizzato ricorda fortemente quello refrattario utilizzato localmente per le morfologie da fuoco[1111]. L'attestazione dimostra che l'utilizzo di fonti di luce sottoforma di lucerne fu recepito come funzionale: la loro produzione non era prettamente legata all'imitazione di forme d'importazione in tecnica di manifattura locale.

Le rare attestazioni di lucerne in ceramiche *indigene* non permettono conclusioni riguardo a dei cambiamenti morfologici. Ciò nonostante, la loro produzione sembra collocarsi a partire dalla seconda metà del VI sec. a.C. viste le tipologie decorative utilizzate, le forme d'importazione – eventualmente influenzanti le morfologie – e il contesto di rinvenimento datato *ante* 500/490 a.C.

3.4.19 Sintesi sui cambiamenti morfologici attestati dai reperti

Nonostante i limiti posti dallo stato di conservazione dei reperti provenienti da contesti d'insediamento, sembra possibile trarre alcune conclusioni sui cambiamenti morfologici attestati dai reperti durante l'arco dei secoli. Innanzitutto, è fondamentale sottolineare che le conoscenze tecniche necessarie per la modellazione di tutte le morfologie presenti nei contesti studiati sono già attestate fra i reperti provenienti dal contesto di VIII–VII sec. a.C. Per questa ragione, in futuro – prima di concretizzare un discorso cronologico sulla base delle morfologie *indigene* – sarà indispensabile determinare i centri di produzioni delle ceramiche. Le particolarità delle morfologie o le eventuali differenze attestate dai materiali sono verosimilmente attribuibili alle singole mani dei ceramisti collocati in più centri di produzione.

La morfologia dell'orlo triangolare leggermente rientrante attestato da frammenti di bacini/scodelloni/mortai (**161–162**) è databile all'VIII–VII sec. a.C. Scompare da tutti gli altri reperti provenienti da contesti più recenti, fatta eccezione per **197** proveniente dal contesto di fine VII sec. – 500/490 a.C. Le grandi prese riferibili a morfologie di bacini/scodelloni o mortai sono unicamente attestate dall'VIII–VII sec. fino alla metà del VI sec. a.C.

1105 Käch 2006, 19–21 nn. 14–20 fig. 1. Cfr. anche **95** e **96**.
1106 Le due linee interne sembrano essere state effettuate con la stessa miscela di ocre. La differenza di tonalità è riferibile al grado di saturità utilizzato per la linea.
1107 Galli 2004, 55–57 nn. 84–89 tav. 6, in particolare no. 86 (525–480 a.C.).
1108 Per le RSL di tipo 1 e 2 non perfettamente analoghe alla morfologia di L1766: Kerameikos XI, 22–25 nn. 50–70 tavv. 12–15.
1109 Galli 2004, 55–56. Analogo anche: Biagini 2008b, 610 no. 7 tav. XCIX.
1110 Per una decorazione interna a bande: Käch 2006, 19 no. 3 (L 1264) fig. 1 tav. 1 riferita ad una *BRL* (575–525 a.C. secondo Käch). Per la decorazione a linee concentriche sulla superficie superiore dello specchio cfr. sia le *BRL* sia le *KSL*: Käch 2006, 18–21. Per un confronto analogo sia per quanto riguarda la morfologia, sia la decorazione: Cuozzo et al. 2006, 203 no. 485 tav. 28, 18–TTA485 (525–480 a.C.).
1111 Cfr. 3.5.2.2.1 *Da fuoco modellato a mano*

Le scodelle ritrovate sul Monte Iato a breve tesa con profilo molto pendulo (**394. 398**), corrispondenti alla tipologia D2 di Segesta, confermano la datazione già proposta da Alfonsa Serra: i reperti sono unicamente attestati in contesti datanti a partire dal 500/490 a.C. Questa valenza cronologica di orli penduli è esclusivamente attribuibile alle scodelle. Difatti fra gli scodelloni sono già attestati orli penduli nel contesto datato tra ca. il 570 e il 540 a.C. (**177**).

La morfologia di scodelle su alti piedi ('fruttiere') è attestata dall'VIII–VII sec. e sembra verosimilmente essere circoscritta a questo lasso temporale (**203–229. 270**).

La produzione di morfologie prettamente *indigene* ad uso potorio sembra cessare definitivamente verso il 500/490 a.C. – momento a partire dal quale la funzione viene ricoperta dai reperti d'importazione e/o regio-coloniali oppure da dirette imitazioni delle forme in tecnica di manifattura locale (**399–436**). Gli attingitoi, tuttavia, denotano un'eccezione: la morfologia a funzione multipla resta in utilizzo all'interno della "Casa tardo-arcaica" fino al 460/450 a.C. a differenza della loro assenza negli altri contesti iatini.

Le morfologie di attingitoi a parete estroflessa e orlo leggermente ingrossato all'interno (**437–439**) sembrano riferirsi alle tipologie più antiche in uso tra l'VIII sec. e la fine del VII sec. a.C. Quelli ad orlo svasato, sia ad orlo leggermente ingrossato (**440–441**) sia a tesa tendenzialmente orizzontale (**442. 461** ed ev. **460**) sono presenti dall'VIII–VII sec. fino al 500/490 a.C. Sembrano invece denotare una netta valenza cronologica gli attingitoi a parete retta estroflessa ad orlo semplice (**453–454. 458–459. 463**) attestati a partire dalla metà del VI sec. a.C. ed in uso fino al 460/450 a.C. secondo i ritrovamenti della "Casa tardo-arcaica". La concavità più pronunciata soprastante la carena degli attingitoi (**465–467**) sembra essere collocabile a produzioni datate tra la metà e la fine del VI sec. a.C.

Morfologie su alti piedi (**484–502**), riferibili a forme aperte o chiuse, sembrano cadere completamente in disuso a partire dal 500/490 a.C.

La forma dell'askos sembra verosimilmente limitata all'arco cronologico dell'VIII–VII sec. a.C. (**522–531**). In una diversa tecnica decorativa (*dipinta monocroma*) è possibile una sua attestazione fino alla metà del VI sec. a.C. (**532**).
Per quanto riguada le morfologie delle brocche, sembra possibile collocare cronologicamente unicamente la presenza di anse bipartite tra il 500/490 e il 460/450 a.C. (**557**).

Gli orli leggermente ingrossati verso l'interno (**563–568**) e quelli svasati (**569–572**) riferibili ad anfore/idrie sembrano essere collocabili nell'VIII–VII sec. a.C. eventualmente ancora in uso fino alla metà del VI sec. a.C. (**580–581**). Nella prima metà del VI sec. a.C. diventano caratteristici gli orli a tesa orizzontale, affusolati e leggermente penduli (**573–574. 582. 586–593. 599–601**). In seguito, contemporaneamente a quest'ultimi sembrano essere stati introdotti verso la metà del VI sec. a.C. gli orli semplici a parete leggermente estroflessa (**598. 602–606. 608. 611–614**). A partire dal 500/490 sembrano scomparire tutte le morfologie fatta eccezione per quella a parete estroflessa e orlo semplice, in alcuni casi leggermente ingrossato verso l'interno, in uso fino al 460/450 a.C. (**608. 611–614**).

Comune sia alle morfologie di fondi di forme aperte e chiuse è l'introduzione, accanto a quelli piatti già attestati a partire dall'VIII–VII sec. a.C., a partire dalla metà del VI sec. a.C. di quelli concavi (**375. 518–521. 677. 689. 699–700. 709. 713**), concavi profilati (**681. 701–705. 714**), a disco (**688**) e ad anello (**398. 690**), ovvero quelli necessitanti di uno strumento di modellazione supplementare. Tutte le morfologie restano in uso parallelamente fino al 460/450 a.C.

Tra le ceramiche fini sono inoltre attestati fra i vasi potori, i vasi da mescita, le pissidi e le lucerne dirette imitazioni / adattazioni di reperti d'importazione allotrie all'isola in tecniche di produzioni *indigene*. Le attestazioni più antiche sono riferibili a dei vasi potori – coppe – ritrovate all'interno del contesto datato fra il 630/620–570 a.C. (**407–409**). Le produzioni sono attestate fino al 460/450 a.C. (**739**).

Fra le morfologie con impasti refrattari è possibile osservare tra le pignatte modellate a mano l'introduzione dell'orlo estroflesso a partire verosimilmente dall'inizio del VI sec. a.C., se non verso il secondo quarto del VI sec. a.C. – forse funzionale all'appoggio di un coperchio (**776. 782–784. 790–794**). La morfologia della pignatta con netta carena e orlo retto a parete estroflessa (**800**) sembra inoltre essere attestata unicamente tra il 500/490 e il 460/450 a.C. Tra i sostegni fittili a clessidra è infine presente un esemplare (**829**) eventualmente rifinito al tornio nel contesto datante tra il 500/490 e il 460/450 a.C. La mutazione 'morfologica' è verosimilmente puramente casuale viste le produzioni al tornio della maggior parte delle suppellettili già a partire dalla fine del VII sec. a.C.

3.5 Tecnologie, Impasti e sintassi decorativa

3.5.1 Tecnologie di modellazione

Le tecnologie attestate dalle ceramiche *indigene* in termini quantitativi di ceramiche *modellate a mano, ceramiche modellate al tornio lento* e *ceramiche modellate al tornio veloce* è stata omessa da un'indagine statistica in termini quantitativi. I dati raccolti sono esaustivi per poter effettuare in futuro un'analisi mirata ad una questione tecnologica di mutamenti nel corso del tempo di tecniche produttive. Quanto in modo preliminare è possibile affermare è la presenza già tra le ceramiche ritrovate nel contesto del riempimento ad est della casa a peristilio I, datate nel corso dell'VIII–VII sec. a.C., di un'elevata quantità di morfologie modellate al tornio lento rispetto a quelle ancora modellate a mano. A partire dalla fine del VII sec. a.C. sembrano affermarsi le produzioni eseguite al tornio lento per quanto riguarda le ceramiche depurate. La tecnica di modellazione a mano resta ugualmente utilizzata fino al 460/450 a.C. non solo per le ceramiche da fuoco e gli utensili adibiti alla cottura di alimenti come i sostegni o le piastre fittili ma ugualmente per le morfologie di grandi dimensioni come i pithoi: modellati a mano per quanto riguarda il corpo e al tornio per quanto riguarda la parte superiore della morfologia (**666**). Interessante è anche l'attestazione del grande vaso da stoccaggio **650** ritrovato all'interno del contesto dello strato di abbandono dell'edificio A datante ca. tra il 550 e il 500/490 a.C., modellato a mano (tecnica a colombino) ma rifinito in un secondo momento al tornio, come ben visibile dalla parte interna – priva di fotografie dettagliate – della morfologia.

3.5.2 Impasti

La determinazione degli impasti è stata inizialmente eseguita su base macroscopica. Seppure siano stati individuati raggruppamenti ceramici attestanti impasti analoghi si omettono le loro descrizioni raggruppate, fatta eccezione per gli impasti considerati di produzione locale *iatina*. Le produzioni considerate *iatine* sono state definite in primo luogo calcolando le percentuali statistiche di attestazioni maggioritarie fra i materiali indagati: gli impasti maggiormente presenti sono stati considerati come di produzione *"locale"* iatina. La descrizione degli impasti non autopticamente identificabili come *iatini* sono stati descritti singolarmente all'interno del catalogo[1112].

Le attribuzioni degli impasti considerati statisticamente *iatini* sono state confermate sia dalle recenti analisi chimiche e petrografiche[1113] sia dalle analisi di attivazione neutronica (NAA)[1114]. Ciò nonostante, le analisi archeometriche hanno dimostrato quanto già affermato anche da Chiara Blasetti Fantauzzi rispetto ai materiali *indigeni* provenienti da Erice[1115]. Seppure la studiosa fosse riuscita autopticamente a determinare tipologie d'impasto diverse, le analisi archeometriche hanno smentito le diverse provenienze dei gruppi di materiali da lei indagati. Analogamente alcuni materiali ritenuti autopticamente allotri alle produzioni locali *iatine* sono risultati dalle varie analisi appartenenti al gruppo riferibile alla produzione di Monte Iato[1116]. I limiti di un'analisi autoptica del materiale riguardo le determinazioni dei centri di produzione delle ceramiche *indigene* sono intrinseche e unicamente analisi archeometriche basate su un grande lotto di materiale potrà in futuro chiarire i centri di produzione e le reti di scambio di materiale *indigeno* fra i numerosi insediamenti conosciuti all'attuale stato della ricerca in Sicilia.

3.5.2.1 Impasti iatini

I criteri distintivi macroscopici utilizzati per l'individuazione dei gruppi ceramici considerati *iatini* sono stati la durezza e la tessitura del corpo ceramico accompagnato dai criteri di frequenza, dimensioni e aspetto delle inclusioni all'interno dell'impasto. Elementi secondari sono stati i colori della superficie in combinazione con eventuali colori della decorazione dipinta e le temperature di cotture dei reperti.

Gli impasti più diffusi sulla totalità non solo dei frammenti diagnostici ma di tutti i frammenti visionati

1112 Non si esclude un'appartenenza alle produzioni locali dei reperti ritenuti macroscopicamente come *diversi* dalla numerosa quantità di materiale attestante impasti L0-L5 come dimostrato dalle analisi archeometriche effettuate su un lotto di materiale ritrovato a Monte Iato. Cfr. nota 1116.

1113 Montana et al. 2021.

1114 Riehle et al. 2021.

1115 Blasetti Fantauzzi 2018, 37–38.

1116 È il caso, ad esempio, di **546**, macroscopicamente ritenuto di produzione allotria a Monte Iato è risultato invece sia dalle analisi chimiche e petrografiche (Montana et al. 2021, 18 no. K 22091 B tabb. 3. 6 (PPG-III: miscela fra le argille delle Marne di San Cipirello e quella della Formazione di Terravecchia) che da quelle di attività neutronica (Riehle et al. 2021, 4. 6 no. M.Iato49 fig. 14 (NAA Group IatA: fingerprint chimico locale delle produzioni di Monte Iato) come di produzione locale *iatina*. Stesse osservazioni attestate anche per **545** (Riehle et al. 2021, 4. 6 no. M.Iato50 (NAA Group IatA); **419** (Montana et al. 2021, 15 no. K 22256 fig. 5 tabb. 3. 6 (PPG-II: Marne di San Cipirello); **420** (Montana et al. 2021, 15 no. K 22259 A tabb. 3. 6 (PPG-II: Marne di San Cipirello); **645** (Montana et al. 2021, 18 no. K 22113 tabb. 3. 6 (PPG-III: miscela fra le argille delle Marne di San Cipirello e quella della Formazione di Terravecchia). Unicamente **913** ritenuto macroscopicamente allotrio alle produzioni iatine presenta un grado di interpretazione: L'impasto è stato determinato dalle analisi petrografiche e chimiche come appartenente al Group I (Montana et al. 2021, 15 no. K 21979 tabb. 3. 6 [PPG-I]) interpretato come argilla della formazione di Terravecchia eventualmente riconducibile alle produzioni di Entella (Montana et al. 2021, 15) seppure non venga esclusa una produzione iatina del reperto (Montana et al. 2021, 24).

sono quelli definiti come gruppo d'impasto L0 per i contesti più antichi (VIII–VII sec. a.C.), seguiti dai gruppi L1 e L2 per i contesti databili a partire dal VI sec. a.C. Notevolmente attestati a partire dal VI sec. a.C. anche i reperti del gruppo L3 (ma in quantità leggermente minore rispetto a L1 e L2) e infine, numericamente più attestati nei contesti tardo-arcaici/classici (a partire dal 500/490 a.C.) i gruppi L4 e L5.

Gli impasti variano fra i gruppi L rispetto alla grossolanità e diffusione degli smagranti: le inclusioni sono difatti dello stesso tipo in ogni impasto ritenuto statisticamente come *locale*. Quanto sembra variare è il grado di preparazione delle materie prime (depurazione, decantazione, manipolazione, pestatura e correzioni di plasticità) nell'arco dei secoli: da impasti piuttosto grossolani cotti a temperature medie (L0) a impasti sempre più depurati cotti ad alte temperature (L4 e L5).

3.5.2.1.1 Gruppo L0

Fig. 46: **220** (impasto: 10YR 6/4; nucleo: 10YR 4/1). Fotografia al microscopio (20:1).

L'impasto è di tessitura relativamente grossolana, eterogenea, densa di inclusioni, visibili anche in superficie. La presenza di vacuoli e fessure è attestata in ogni campione. Varia la dimensione delle inclusioni di degrassante a dipendenza della forma ceramica, oltre i 7–9 mm (saltuariamente), in genere fino a 3–4 mm anche nelle forme più piccole. Le forme a pareti più sottili presentano un impasto leggermente più compatto e depurato con inclusioni medie e unicamente saltuariamente di grandi dimensioni. Il nucleo è pressoché sempre di colore grigio[1117].

Sono presenti numerose inclusioni grigie e bianche di medie-grandi dimensioni e forme (sia angolate che arrotondate). Di rado vi sono particelle nere e rossastre di piccolissime dimensioni, così come alcune di color crema di forma esagonale. I vacuoli presenti, distribuiti in modo eterogeneo, sono medi e di forma allungata, radi quelli puntiformi. L'impasto è stato testato con una soluzione d'acido cloridrico (HCl) diluito al 10%. La reazione indica la presenza di inclusioni calcaree. Sono saltuariamente visibili anche clasti calcarei di forma allungata. La consistenza è nella maggior parte dei casi molto tenera indicando una temperatura di cottura media-bassa. Non sono attestati reperti attestanti una consistenza dura indicante una cottura ad alte temperature. I reperti risultano saponosi al tatto quando non attestanti un trattamento della superficie lucidato.

L'impasto è di colore marrone chiaro (nella maggior parte dei casi 10YR 5–6/3–4; 7.5YR 5–6/2–3) a nucleo grigio (10YR 4/1). La matrice è eterogenea (fig. 46).

I reperti presentano trattamenti di superficie sia lucidate che lisciate. Quando lucidate – spesso attestanti un rivestimento – la colorazione della superficie nei punti di non conservazione del rivestimento mostra una colorazione marrone-nera (10YR e 7.5YR 6/1–2). Quando acrome le colorazioni attestate sono marroni-beige (7.5YR 6–7/2–4), beige-rosse (7.5YR 7/2–3) e beige-gialle (10YR 6/3) colorazioni tipiche attestate anche dai successivi gruppi d'impasto L1 e L2. Le decorazioni dipinte, in maggior numero rivestimenti, non attestano particelle calcaree e sono stati probabilmente ricavata da ossidi di ferro (nessuna reazione a contatto con acido cloridrico (HCl al 10%).

Macroscopicamente attribuiti all'impasto L0 e in seguito analizzati sono i seguenti reperti:

Analisi chimiche e petrografiche[1118]: Non è stato analizzato nessun reperto riferibile a questo gruppo d'impasto.

Analisi NAA[1119]: I-K 2302[1120]

Il reperto è stato attribuito al gruppo IatA considerato come il fingerprint chimico locale delle produzioni di Monte Iato[1121].

1117 Fenomeno del "cuore nero" (Cuomo di Caprio 2007, 101) attestato anche fra i materiali di Segesta (Serra 2016, 24).

1118 Montana et al. 2021.

1119 Riehle et al. 2021.

1120 *Fuori catalogo*. Materiale proveniente dagli scavi dell'Università di Innsbruck: Riehle et al. 2021, 3 no. M.Iato01 tab. 1 fig. 12 (NAA Group IatA).

1121 Riehle et al. 2021, 6. 10. Per i riferimenti precisi dei singoli reperti nella pubblicazione v. bibliografia nel catalogo.

3.5.2.1.2 Gruppo L1

Fig. 47: **351** (impasto: 7.5YR 5/1; nucleo: 5YR 5/1). Fotografia al microscopio (20:1).

L'impasto è di tessitura mediamente compatta, depurata ma raramente a tessitura fine. La presenza di vacuoli e fessure è attestata in ogni campione. Varia la dimensione delle inclusioni di degrassante a dipendenza della forma ceramica, mai oltre i 9 mm (saltuariamente), in genere fino a 3–4 mm anche nelle forme più grandi. Il nucleo a dipendenza delle temperature di cottura può essere di colore grigio.

Sono presenti numerose inclusioni bianche e grigie di medie-grandi dimensioni e forme. Di rado vi sono particelle nere e rossastre di piccolissime dimensioni, così come alcune di color crema di forma esagonale. I vacuoli presenti, distribuiti in modo omogeneo, sono molto piccoli e di forma allungata. L'impasto è stato testato con una soluzione d'acido cloridrico (HCl) diluito al 10%. La reazione indica la presenza di inclusioni calcaree. È nella maggior parte dei casi di consistenza tenera indicando una temperatura di cottura media. Non sono attestati reperti attestanti una consistenza dura indicante una cottura ad alte temperature. I reperti risultano leggermente saponosi al tatto.

L'impasto è di colore beige tendente al rosso (nella maggior parte dei casi 7.5YR 5–6/1–4) e di matrice relativamente omogenea (fig. 47). I reperti presentano una superficie lisciata di colore beige tendente al rosso (solitamente 2.5YR 7/6–6/6, in rari casi 2.5YR 8/4) e, quando attestata, una decorazione lineare arancione-rossa (2.5YR 4/6–5/6). La decorazione di colore tendente al rosso non attesta particelle calcaree ed è stata probabilmente ricavata da ossidi di ferro (nessuna reazione a contatto con acido cloridrico (HCl al 10%).

Macroscopicamente attribuiti all'impasto L1 e in seguito analizzati sono i seguenti reperti:

Analisi chimiche e petrografiche[1122]: **189, 192, 307, 329, 337, 345–346, 351.** Tutti i reperti sono stati attribuiti sia sulla base petrografica (Group PPG II) sia chimica (Group CPG II) al gruppo II compatibile con le argille locali (Marne di San Cipirello) estratte nelle cave ai piedi di Monte Iato[1123].

Analisi NAA[1124]: **189, 329.** I reperti, analizzati anche dal punto di vista chimico e petrografico, sono stati entrambi attribuiti al gruppo IatA considerato come il fingerprint chimico locale delle produzioni di Monte Iato[1125].

3.5.2.1.3 Gruppo L2

Fig. 48: **639** (impasto: 10YR 6/4; nucleo: 10YR 6/1). Fotografia al microscopio (20:1).

L'impasto è di tessitura compatta e depurata. Le inclusioni visibili diventano più frequenti ma di grandezza minori rispetto a L1. Saltuaria ancora la presenza di inclusi fino a 3–4 mm, anche nelle forme più grandi. Il nucleo a dipendenza delle temperature di cottura può essere di colore grigio.

Sono presenti inclusioni bianche di forma rettangolare di dimensioni molto piccole o saltuariamente grandi. Vi sono inoltre particelle di colore grigio di piccola o media dimensione di forma arrotondata simili a quelle già attestate nell'impasto L1. Vi sono anche delle inclusioni di colore rossastro di dimensioni molto piccole e a dispersione eterogenea. I vacuoli presenti sono di dimensioni variabili da molto piccoli a grandi fino a 2 mm. Alcuni di questi hanno la stessa forma allungata da ricondurre probabilmente ad uno smagrante di natura organica. La reazione con la soluzione di acido cloridrico indica la presenza di inclusioni calcaree nell'impasto. La consistenza è nella maggior parte dei casi semidura. In rapporto alla ti-

1122 Montana et al. 2021.
1123 Montana et al. 2021, 15. 22. 24–25. Per i riferimenti precisi dei singoli reperti nella pubblicazione v. bibliografia nel catalogo.
1124 Riehle et al. 2021.
1125 Riehle et al. 2021, 6. 10. Per i riferimenti precisi dei singoli reperti nella pubblicazione v. bibliografia nel catalogo.

pologia L1 i reperti presentano una cottura a temperature mediamente più alte e una maggiore quantità di inclusi. I materiali risultano leggermente saponosi al tatto.

L'impasto della tipologia L2 è di colore beige-gialla (nella maggior parte dei casi 10YR 6–8/3–4) e di matrice omogenea (fig. 48). I reperti attestano nella maggior parte dei casi una superficie lisciata di colore tendente al beige-giallo 10YR 8/3–8/4 e raramente 10YR 7/4 e quando attestata, una decorazione dipinta di colore giallo-marrone che dipende molto dal grado di diluizione dell'argilla (saturo: fra 5YR 6/4–5/4 e 5YR 6/6–5/6; quando maggiormente diluita 5YR 4/4). La decorazione di colore tendente al giallo-marrone non attesta particelle calcaree ed è stata probabilmente ricavata da ossidi di ferro con prevalenza di limonite[1126] (nessuna reazione a contatto con acido cloridrico (HCl al 10%).

Macroscopicamente attribuiti all'impasto L2 e in seguito analizzati sono i seguenti reperti:

Analisi chimiche e petrografiche[1127]: **184, 188, 308–309, 311, 321–322, 331, 353, 423–424, 547, 591, 594.**

Tutti i reperti sono stati attribuiti sia sulla base petrografica (Group PPG II) sia chimica (Group CPG II) al gruppo II compatibile con le argille locali (Marne di San Cipirello) estratte nelle cave ai piedi di Monte Iato[1128].

Analisi NAA[1129]: **188, 322.** I reperti, analizzati anche dal punto di vista chimico e petrografico, sono stati entrambi attribuiti al gruppo IatA considerato come il fingerprint chimico locale delle produzioni di Monte Iato[1130].

1126 Cuomo di Caprio 2007, 285–286.
1127 Montana et al. 2021.
1128 Montana et al. 2021, 15. 22. 24–25. Per i riferimenti precisi dei singoli reperti nella pubblicazione v. bibliografia nel catalogo.
1129 Riehle et al. 2021.
1130 Riehle et al. 2021, 6. 10. Per i riferimenti precisi dei singoli reperti nella pubblicazione v. bibliografia nel catalogo.

3.5.2.1.4 Gruppo L3

Fig. 49: K 32584[1131] (impasto: 10YR 8/1). Fotografia al microscopio (20:1).

L'impasto è di tessitura compatta e più finemente depurato rispetto a L0, L1 e L2. Le inclusioni visibili sono più numerose, la matrice risulta più compatta in frattura. Saltuaria ancora la presenza di inclusi fino a 3–4 mm, anche nelle forme più grandi. Il nucleo a dipendenza delle temperature di cottura può essere di colore grigio.

Sono presenti numerose inclusioni di colore bianco e di piccole dimensioni. Attestate con minore frequenza sono anche in questo caso delle particelle di colore grigio di forma arrotondata di dimensione leggermente superiore a quelle di colore bianco. Vi sono delle piccole e rade inclusioni rossastre. In questo impasto a differenza delle altre tipologie sono attestate delle piccole particelle di colore chiaro lucenti, probabilmente micacee, a dispersione eterogenea e alcune di colore rosso-marrone di grandi dimensioni, probabilmente chamotte. I vacuoli sono di piccolissima dimensione. La reazione con la soluzione di acido cloridrico indica la presenza di calcaree nell'impasto. La consistenza è dura. In rapporto alla tipologia L1 e L2 i reperti presentano una cottura a temperature mediamente più alte. I materiali risultano leggermente saponosi al tatto.

L'impasto della tipologia L3 è di colore beige-grigio (nella maggior parte dei casi 10YR 6–8/1–4) e di matrice omogenea (fig. 49). I reperti attestano nella maggior parte dei casi una superficie lisciata di colore beige (fra 10YR 8/2 e la stessa tonalità e saturazione delle tabelle 2.5YR e 7.5YR) talvolta a nucleo grigio (10YR 7/2–4 e 6/1–2 più rare colorazioni 2.5YR 5/1 e 8/2 così come 7.5YR 8/3). Le decorazioni dipinte, quando attestate, sono di colore marrone-nero (tra 10YR 3/1–2

1131 *Fuori catalogo.* Fr. orlo trilobato in dipinta monocroma (di colore nero: 10YR 3/1). Proveniente da QAO1F, F1995, Agora565, Ab. 114.

e 4/1–4 oppure 7.5YR 4/1–3 e 2.5YR 3/3 e 6–7/2). La decorazione di colore tendente al nero non attesta particelle calcaree ed è stata probabilmente ricavata da ossidi di ferro[1132] (nessuna reazione a contatto con acido cloridrico (HCl al 10%).

Macroscopicamente attribuiti all'impasto L3 e in seguito analizzati sono i seguenti reperti:

Analisi chimiche e petrografiche[1133]: K 24640[1134].

Il reperto è stato attribuito sia sulla base petrografica (Group PPG II) sia chimica (Group CPG II) al gruppo II compatibile con le argille locali (Marne di San Cipirello) estratte nelle cave ai piedi di Monte Iato[1135].

Analisi NAA[1136]: Nessun reperto riferibile autopticamente alla tipologia L3 è stato sottoposto ad analisi di attivazione neutronica.

3.5.2.1.5 Gruppo L4

Fig. 50: **614** (impasto: 7.5YR 6–7/3; nucleo: 7.5YR 5/1). Fotografia al microscopio (20:1).

L'impasto è di tessitura compatta e più finemente depurato rispetto a L0, L1, L2 e L3. Le inclusioni visibili sono ancora più numerose, la matrice risulta compatta in frattura. Pressoché mancante la presenza di inclusi di dimensione maggiore ai 2 mm, anche nelle forme più grandi. Il nucleo a dipendenza delle temperature di cottura può essere di colore grigio.

Sono presenti numerose inclusioni di colore bianco: da clasti calcarei puntiformi a inclusi di forma arrotondata con dimensioni fino a 2 mm, parzialmente visibili anche in superficie. Attestate con minore frequenza sono anche in questo caso delle particelle di colore grigio di forma arrotondata di dimensione leggermente superiore a quelle di colore bianco. Rare anche le attestazioni di inclusi grigi di forma spigolosa. Vi sono rade inclusioni rossastre puntiformi. I vacuoli sono principalmente puntiformi, di rara frequenza i vacuoli di forma allungata. La dispersione delle inclusioni risulta più omogenea rispetto alle tipologie precedenti. La reazione con la soluzione di acido cloridrico indica la presenza di calcaree nell'impasto. La consistenza è dura. In rapporto alle tipologie L0–L3 i reperti presentano una cottura a temperature decisamente più alte. La sensazione di saponosità al tatto diventa pressoché impercettibile a causa della pressoché totalità di reperti cotti a temperature più alte rispetto alle tipologie precedenti, attestando anche uno sviluppo tecnico delle fornaci creanti atmosfere di cottura più controllate.

L'impasto della tipologia L4 è di colore bianco-grigio / bianco-beige (nella maggior parte dei casi 7.5YR 6–7/2–3 e 10YR nelle stesse tonalità e saturazioni), tavolta a nucleo grigio (10YR 4/1) e a tessitura omogenea (fig. 50). I reperti attestano nella maggior parte dei casi una superficie lisciata di colore beige-bianco (10YR 7–8/2–1). Le decorazioni dipinte, quando attestate, sono di colore marrone-nero (10YR 3–4/3–2; 2.5YR 3/1) e rosso scuro (2.5YR 3–4/6). Si tratta della prima tipologia d'impasto attestante la presenza di due colori nelle decorazioni dipinte. Le decorazioni dipinte risultano inoltre spesso conservate con scrostazioni puntiformi (es: **477**). Entrambi i colori non attestano particelle calcaree e sono state probabilmente ricavate da ossidi di ferro[1137] (nessuna reazione a contatto con acido cloridrico (HCl al 10%).

Macroscopicamente attribuiti all'impasto L4 e in seguito analizzati sono i seguenti reperti:

Analisi chimiche e petrografiche[1138]:K 17220[1139], K 17293[1140], K 22705[1141], K 22912[1142].

Tutti i reperti sono stati attribuiti sia sulla base petrografica (Group PPG III) sia chimica (Group CPG III) al

1132 Cuomo di Caprio 2007, 285–286.
1133 Montana et al. 2021.
1134 *Fuori catalogo.* Materiale proveniente dalla "Casa tardo-arcaica" degli scavi dell'Università di Innsbruck: Kistler et al. 2017b, 1356; Montana et al. 2021, 15 no. K 24640 tabb. 3. 6 (PPG II).
1135 Montana et al. 2021, 15. 22. 24–25. Frammento citato: Montana et al. 2021, 15 no. K 24640 tabb. 3. 6.
1136 Riehle et al. 2021.

1137 Cuomo di Caprio 2007, 285–286.
1138 Montana et al. 2021.
1139 *Fuori catalogo.* Materiale proveniente dalla "Casa tardo-arcaica" degli scavi dell'Università di Innsbruck: Kistler et al. 2017b, 239; Montana et al. 2021, 18 no. K 17220 fig. 5 tabb. 3. 6.
1140 *Fuori catalogo.* Materiale proveniente dalla "Casa tardo-arcaica" degli scavi dell'Università di Innsbruck: Kistler et al. 2017b, 292; Montana et al. 2021, 18 no. K17293 tabb. 3. 6.
1141 *Fuori catalogo.* Materiale proveniente dalla "Casa tardo-arcaica" degli scavi dell'Università di Innsbruck: Kistler et al. 2017b, 652; Montana et al. 2021, 18 no. K 22705 fig. 5 tabb. 3. 6; Riehle et al. 2021, 4. 7 no. M.Iato 36 (NAA Group IatA).
1142 *Fuori catalogo.* Materiale proveniente dalla "Casa tardo-arcaica" degli scavi dell'Università di Innsbruck: Kistler et al. 2017b, 686; Montana et al. 2021, 18 no. K 22912 tabb. 3. 6.

gruppo III compatibile con un mescolamento di due tipologie di argille locali (Marne di San Cipirello e Formazione di Terravecchia) estratte nelle cave ai piedi di Monte Iato[1143].

Analisi NAA[1144]: K 22705[1145], K 19585[1146], I-K 542[1147].

I reperti (nel caso di K 22705 analizzato anche dal punto di vista chimico e petrografico) sono stati attribuiti al gruppo IatA considerato come il fingerprint chimico locale delle produzioni di Monte Iato[1148].

3.5.2.1.6 Gruppo L5

Fig. 51: **700** (impasto: 7.5YR 6/3).
Fotografia al microscopio (20:1).

L'impasto è di tessitura compatta e depurato seppure le inclusioni visibili risultino molto più grandi rispetto a quanto attestato da L4. Raramente sono attestati inclusi di dimensione maggiore ai 2 mm, seppure quando attestati, si ritrovano in grande quantità. Il nucleo a dipendenza delle temperature di cottura può essere di colore grigio.

Sono presenti le stesse inclusioni già attestate negli impasti L0–L4. Anche in questo caso quelle di colore bianco sono sia puntiformi sia di forma arrotondata. Attestati con frequenza leggermente maggiore quelli di colore grigio di forma arrotondata di dimensione superiore alla maggior parte degli inclusi bianchi. Rari nuovamente le attestazioni di inclusi grigi di forma spigolosa. Rare inclusioni rossastre puntiformi. I vacuoli sono principalmente puntiformi, di rara frequenza i vacuoli di forma allungata. La grandezza e la dispersione degli inclusi risulta più grossolana rispetto a L4. La reazione con la soluzione di acido cloridrico indica la presenza di calcaree nell'impasto. La consistenza è molto dura (suono altamente acuto quanto sottoposto a percussione). In rapporto alle tipologie L0–L4 i reperti presentano una cottura a temperature ancora più elevate rispetto a L4. Ciò nonostante, è percettibile una leggera sensazione di saponosità al tatto.

L'impasto della tipologia L5 è di colore bianco-rossastro (nella maggior parte dei casi 10YR 7–8/3–4 e 7.5YR nelle stesse tonalità e saturazioni), talvolta a nucleo grigio (7.5YR 6/1 e 10YR 5/1) e a tessitura omogenea (fig. 51). I reperti attestano nella maggior parte dei casi una superficie lisciata di colore beige-rossastro (7.5YR 7/4; 10YR 8/3). Le decorazioni dipinte, quando attestate, sono di colore marrone-nero (10YR 3–4/2–3; 7.5YR 3–4/1) e rosso scuro (2.5YR 3–4/6). Insieme a L4 si tratta della tipologia d'impasto attestante la presenza di due colori nelle decorazioni dipinte. Entrambi i colori non attestano particelle calcaree e sono state probabilmente ricavate da ossidi di ferro[1149] (nessuna reazione a contatto con acido cloridrico [HCl al 10%]). L'impasto risulta molto simile a L4. Le colorazioni della superficie risultano diverse indicando presumibilmente una modalità di cottura e produzione leggermente diversa rispetto ai materiali riferibili all'impasto L4.

Macroscopicamente attribuiti all'impasto L5 e in seguito analizzati sono i seguenti reperti:

Analisi chimiche e petrografiche[1150]: K 19366[1151].

Il reperto è stato attribuito sia sulla base petrografica (Group PPG III) sia chimica (Group CPG III) al gruppo III compatibile con un mescolamento di due tipologie di argille locali (Marne di San Cipirello e Formazione di Terravecchia) estratte nelle cave ai piedi di Monte Iato[1152].

Analisi NAA[1153]: I-K 3737[1154].

1143 Montana et al. 2021, 18–19. 22. 25.
1144 Riehle et al. 2021.
1145 *Fuori catalogo.* Materiale proveniente dalla "Casa tardo-arcaica" degli scavi dell'Università di Innsbruck: Kistler et al. 2017b, 652; Montana et al. 2021, 18 no. K 22705 fig. 5 tabb. 3. 6; Riehle et al. 2021, 4. 7 no. M.Iato 36 (NAA Group IatA).
1146 *Fuori catalogo.* Materiale proveniente dalla "Casa tardo-arcaica" degli scavi dell'Università di Innsbruck: Kistler et al. 2017b, 518; Riehle et al. 2021, 4. 7 no. M.Iato37 (NAA Group IatA).
1147 *Fuori catalogo.* Materiale proveniente dalla "Casa tardo-arcaica" degli scavi dell'Università di Innsbruck: Kistler et al. 2017b, 1902; Riehle et al. 2021, 4. 7 no. M.Iato 38 fig. 16 (NAA Group IatA).
1148 Riehle et al. 2021, 6. 10.
1149 Cuomo di Caprio 2007, 285–286.
1150 Montana et al. 2021.
1151 *Fuori catalogo.* Materiale proveniente dalla "Casa tardo-arcaica" degli scavi dell'Università di Innsbruck: Kistler et al. 2017b, 489; Russenberger 2015, 114. 116 note 99. 106 fig. 6.13, 6; Montana et al. 2021, 18 no. K 19366 tabb. 3. 6 fig. 11, C.
1152 Montana et al. 2021, 18–19. 22. 25.
1153 Riehle et al. 2021.
1154 *Fuori catalogo.* Materiale proveniente dagli scavi dell'Università di Innsbruck: Riehle et al. 2021, 4. 6 no. M.Iato 43 fig. 15 (NAA Group IatA).

Il reperto è stato attribuito al gruppo latA considerato come il fingerprint chimico locale delle produzioni di Monte lato[1155].

3.5.2.1.7 Conclusioni rispetto agli impasti iatini

I raggruppamenti d'impasto iatini L0-L5, nati su osservazioni macroscopiche, sembrano essere stati verificati sia dalle analisi chimiche e petrografiche che da quelle di attivazione neutronica. Interessante è notare la corrispondenza del gruppo III risultante dalle analisi chimiche e petrografiche (considerato come un mix di due argille (Marne di San Cipirello e Formazione di Terravecchia) estratte nelle cave ai piedi di Monte lato ai gruppi L4 e L5 considerati tecnicamente più avanzati da un punto di vista di manifattura dei reperti ceramici. Difatti i reperti del gruppo L4 e L5 sono soprattutto ritrovabili nei contesti databili a partire dal 500/490 a.C. attestando forse così un avanzamento nel *know-how* tecnico delle produzioni ceramiche utilizzanti per la prima volta una miscela fra due argille diverse ritrovabili ai piedi di Monte lato.

3.5.2.2 Impasti refrattari

3.5.2.2.1 Da fuoco modellato a mano

Fig. 52: **805** (orlo di pignatta, contesto VIII–VII sec. a.C. impasto: 5YR 5/6; nucleo: 5YR 5/3). Fotografia al microscopio (20:1).

Gli impasti delle morfologie modellate a mano (FM), seppure identificati autopticamente, attestano consistenze tenere e altamente friabili. La distribuzione delle inclusioni è molto omogenea e caratterizzata saltuariamente da inclusioni di chamotte, inclusi da puntiformi a molto grandi bianchi calcarei, numerosi di colore beige e marroni di forma tendenzialmente squadrata, saltuari di colore grigio, talvolta ad angoli netti, rosso puntiformi e vacuoli di forma arrotondata e allungata. Al tatto risultano sabbiosi. Le superfici, quando non attestanti discromie dovute alla cottura o tracce di fuliggine, denotano una colorazione marrone (7.5YR 4–6/2–3).

Fig. 53: **774** (fondo di pignatta, contesto ca. 570–540 a.C. impasto: 10YR 7/4). Fotografia al microscopio (20:1).

L'impasto delle forme modellate a mano non denota cambiamenti neppure fra i reperti ritrovati in contesti cronologicamente successivi (figg. 52–54).

Fig. 54: **808** (teglia, contesto 500/490–460/450 a.C. impasto: 5YR 6/6; nucleo: 10YR 7/4). Fotografia al microscopio (20:1).

Per quanto riguarda le forme d'impasto refrattario modellate a mano, sembra dunque, da un'analisi macroscopica, possibile asserire una continuità della tecnica di produzione delle morfologie durante tutto il corso di vita dell'insediamento protostorico-arcaico/classico. Le produzioni sono verosimilmente di fattura locale *iatina*[1156].

3.5.2.2.2 Da cucina modellate al tornio

Come unico raggruppamento non ritenuto *iatino* si presenta l'impasto FT (*fuoco tornite*) comune a tut-

1155 Riehle et al. 2021, 6. 10.

1156 Anche le analisi di attività neutronica effettuati su tre reperti provenienti dagli scavi di Innsbruck, del tutto analoghi ai materiali qui presentati, sembrano confermare una produzione locale iatina del vasellame da fuoco modellato a mano (I-K4031 teglia: Riehle et al. 2021, 3 no. M.lato 24, NAA Group latA; I-K4028 teglia: Riehle et al. 2021, 3 no. M.lato 25, NAA Group latA; I-K4029 pignatta: Riehle et al. 2021, 3 no. M.lato 26, NAA Group latA). Per la visione dei reperti sulla base della documentazione grafica e fotografica dell'Università di Innsbruck, così come la conferma dell'analogia dell'impasto, si ringrazia B. Öhlinger.

te le forme da fuoco tornite risalenti all'VIII–VII sec. a.C. L'impasto si distingue macroscopicamente notevolmente rispetto a tutti quelli attestati dai reperti provenienti dagli scavi di Monte Iato – in particolare anche da quelli ritenuti autopticamente allotri alle produzioni iatine ma verosimilmente attribuibili a produzioni provenienti da altri centri *indigeni* (figg. 55–56).

Fig. 55: **758** (pignatta, contesto VIII – VII sec. a.C. impasto: 2.5YR 5/6; nucleo: 10YR 4/1). Fotografia al microscopio (20:1).

Gli impasti delle forme rifinite al tornio, attestate principalmente nel contesto datato nell'VIII–VII sec. a.C. denotato numerosi inclusi color beige-bianco di forma arrotondata e spigolosa fino a 2-3 mm, saltuariamente fino a 7 mm (presenti anche in superficie), la presenza di mica dorata, inclusioni di colore grigio chiaro di medie-grandi dimensioni di forma arrotondata e spigolosa (fino a 3 mm), saltuari grigi scuri sfaldati così come di piccole dimensioni rossastri, bianchi calcarei puntiformi e vacuoli puntiformi radi, più frequenti quelli di forma arrotondata e allungata. Spesso sono visibili clasti calcarei (in venature) e raramente particelle puntiformi rossastre. Sporadicamente sono presenti inclusioni di chamotte, sabbia e ghiaia. Le morfologie presentano cotture a medie-alte temperature e non denotano l'alto grado di friabilità dei frammenti tipico altrimenti per le forme da fuoco modellate a mano, seppure l'impasto risulti grossolano con inclusioni frequenti, a dispersione eterogenea, visibili in superficie. Le temperature di cottura dei reperti sono più alte rispetto alle morfologie modellate a mano. Le superfici, quando non attestanti discromie dovute alla cottura o tracce di fuliggine, denotano una colorazione rosso-marrone (2.5YR 5–6/4–6 in parte anche 10R 5/6) molto atipica per quanto altrimenti attestato dai reperti modellati a mano. Le superfici risultano più lisciate rispetto alle forme modellate a mano e meno saponose al tatto.

L'alta differenziazione sia morfologica che d'impasto delle forme tornite rispetto alla maggioranza dei reperti con impasti refrattari modellati a mano presenti in tutti i contesti indagati potrebbe suggerire un cen-

Fig. 56: **761** (pignatta, contesto VIII – VII sec. a.C. impasto: 2.5YR 5/6; nucleo: 5YR 4/1). Fotografia al microscopio (20:1).

tro di produzione allotrio da Monte Iato del vasellame da cucina modellato, o sicuramente rifinito, al tornio. L'esclusività delle forme presenti pressoché unicamente all'interno del contesto di VIII–VII sec. a.C. denota inoltre una valenza cronologica per un'eventuale *'importazione'* o trasferimento di *know-how* tecnico delle produzioni attestate sul Monte Iato.

3.5.3 Sintassi decorativa

La sintassi decorativa attestata dai materiali *indigeni* dei contesti è altamente diversificata sia per quanto riguarda le decorazioni ad impressioni che quelle lineari dipinte. Dettagliatamente documentate soprattutto per quanto riguarda gli stampi a cerchi concentrici utilizzati nelle ceramiche con decorazioni incise e impresse, sembra possibile affermare sulla base della sintassi decorativa, un'alta percentuale di materiale vantante il medesimo centro di produzione: gli stampi utilizzati sono identici per un alto numero di reperti[1157] (Fig. 57[1158]).

Fig. 57: Dettaglio di 503 e 563.

Per i materiali *a decorazione dipinta* sembra essere possibile osservare uno sviluppo dettagliato sulla

1157 Ad esempio, per quanto riguarda le stampiglie a quattro cerchi concentrici con diametro esterno di 1.3 cm: **399**, **503, 563**, K 24150 (*fuori catalogo*), K 22588 (*fuori catalogo*), K 32088 (*fuori catalogo*), K 32224 (*fuori catalogo*).

1158 Le leggere differenze visibili sono verosimilmente attribuibili all'usura dello stampo (più consumato su **503**, a sinistra, rispetto a **563**, a destra) e alla variata pressione data dal vasaio sullo stampo.

base delle decorazioni in relazione unicamente alla determinazione dei centri di produzioni delle ceramiche: determinati motivi sono verosimilmente attribuibili a determinati *ateliers* e dunque cronologicamente difficilmente collocabili con certezza ad un determinato periodo. Quanto è tuttavia visibile, è la ripresa del motivo a cerchielli concentrici, notevolmente attestato fra le decorazioni impresse, nella tecnica dipinta. Il motivo è eseguito grazie all'utilizzo di un compasso, com'è visibile da un punto impresso centrale di piccolissime dimensioni al centro di ogni motivo, attestato su numerosi frammenti (Fig. 58).

Fig. 58: Dettaglio di 916.

I fregi scanditi da un fascio di linee verticali – a decorazione metopale – sono attestati sui reperti iatini unicamente nella tecnica dipinta. Il motivo, verosimilmente influenzato dai materiali di importazione allotrie all'isola, è attestato a partire dalla fine del VII sec. a.C. – in relazione alle importazioni già attestate fra i materiali[1159]. Di analoga interpretazione è l'introduzione di motivi zoomorfi – attestato in forma di fregio su **511** – anche in questo caso proveniente da un contesto datato tra ca. la fine del VII sec. al 550 a.C.[1160]. Piuttosto riferibile a genesi di natura *indigena* sono invece le rappresentazioni zoomorfe attestate sulle brocche (**550. 553–554. 560. 562**)[1161] attestate verosimilmente a partire dalla fine del VI sec. a.C.[1162].

Un motivo decorativo in particolare attesta uno sviluppo cronologico: la resa sui reperti delle onde a risparmio. Attestato già fra i reperti del contesto di VIII–VII sec. a.C. (**870**) esso è ottenuto grazie ad un'iniziale stesa della miscela di ocre argillose, in seguito levata verosimilmente grazie ad un lembo di tessuto, formante il motivo ad onda risparmiata. Sui materiali provenienti dall'edificio orientale (ca. 630/620–540 a.C.) le tecniche attestate dai materiali sono riferibili sia alla stessa già utilizzata nell'VIII–VII sec. a.C. di levatura di colore tramite un panno[1163] sia ad una nuova tecnica di levatura grazie ad una sorta di utensile con punta arrotondata, verosimilmente un bastoncino[1164]. Entrambe le tecniche sono ugualmente attestate fra i reperti provenienti dal riempimento adibito alla costruzione dell'edificio A nel quartiere dell'agorà (ca. ultimo quarto VII sec. – 550 a.C.)[1165]. Nel riempimento adibito al piano di calpestio di prima fase dell'edificio ad oikos (ca. fine VII sec. – 500/490 a.C.) appare una nuova metodologia per ottenere le onde a risparmio: l'incisione dell'onda allo stato dell'argilla di durezza cuoio[1166]. A differenza del verosimile bastoncino utilizzato in precedenza, il vasaio pone molta più pressione sull'utensile, verosimilmente anche molto più appuntito, creando un effetto inciso sulla superficie. All'interno dello stesso riempimento è tuttavia ancora attestata la metodologia *a panno*[1167]. Il motivo decorativo, infine, seppure sia attestato unicamente da due reperti, sembra evolversi all'esclusivo utilizzo della tecnica ad incisione attestato nell'inventario dell'edificio 1[1168] (ca. 500/490–460/450 a.C.). La decorazione ad onda risparmiata effettuata tramite incisione è dunque presumibilmente stata adottata a partire dalla fine del VI sec. a.C. a discapito – forse – di quella utilizzante un lembo di tessuto o un'utensile con punta arrotondata (Fig. 59).

1159 Per citarne solo alcuni: **575** (contesto: ca. 630/620–570 a.C.); **546**; **594–596** (contesto: ca. ultimo quarto VII sec. – 550 a.C.); **550** (contesto: ca. fine VII sec. – 500/490 a.C.).

1160 L'attribuzione di questo reperto al corpus delle rappresentazioni figurate ritrovate su classi ceramiche *indigene* non è del tutto condivisa da Russenberger 2015, 117 nota 111. A favore di un'interpretazione della figura centrale come volontaria sono l'utilizzo di due pennelli di dimensioni diverse e le sei pennellate distinte effettuate per creare la rappresentazione. Inoltre, la presenza da entrambi i lati del frammento di macchie di colore della stessa forma e alla stessa altezza della parte anteriore e rispettivamente posteriore della figura rende verosimile l'interpretazione di una ripetizione del soggetto centrale lungo la parete della forma. Il soggetto potrebbe essere interpretato come una sorta di insetto.

1161 Per le argomentazioni a riguardo: Russenberger 2015.

1162 **550** proviene dal riempimento adibito al piano di calpestio di prima fase dell'edificio ad oikos (ca. fine VII sec. – 500/490 a.C.). Esso potrebbe rialzare la datazione. Gli altri quattro reperti provengono integralmente da contesti di datazione *post* 500/490 a.C.

1163 **724, 899, 911,** K 22615 (*fuori catalogo*).

1164 **475, 576.**

1165 Tramite un lembo di tessuto: **917, 920, 929**. Grazie ad un bastoncino: **921**.

1166 **477**.

1167 **935**.

1168 **616–617**.

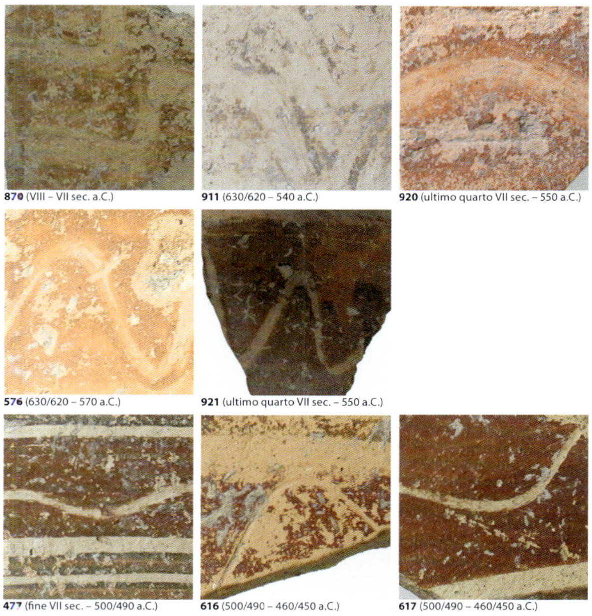

Fig. 59: Motiva ad onda a risparmio. In alto: tecnica con un lembo di tessuto. Nel mezzo: tecnica con utensile a punta arrotondata. In basso: utensile appuntito con effetto inciso.

3.6 Seriazione cronotipologica delle ceramiche *indigene*

La seguente seriazione cronotipologica è il risultato di diverse osservazioni eseguite sulle ceramiche *indigene* inerenti le dieci fasi cronologiche indagate provenienti da quattro contesti chiusi di Monte Iato (tab. 10). Le osservazioni emergenti hanno un grado di validità più alto per i reperti del presente sito rispetto a produzioni di insediamenti limitrofi: il vasellame è difatti verosimilmente soggetto a numerosi cambiamenti a dipendenza del centro di produzione.

Gli aspetti considerati sono molteplici:

- i trattamenti di superficie in combinazione alla presenza di rivestimenti e decorazioni analizzati sottoforma statistica sulla totalità del materiale[1169];
- le mutazioni morfologiche quando attestate dai reperti[1170];
- le tecnologie di modellazione[1171];
- lo sviluppo tecnico degli impasti considerati iatini[1172];
- la sintassi decorativa osservata da un punto di vista tecnico[1173].

Il criterio che presenta mutamenti maggiori e cronologicamente più precisi è quello dei trattamenti di superficie in combinazione alla presenza o meno di rivestimenti, dettagliatamente esposto nel capitolo di sintesi delle analisi statistiche. Le mutazioni morfologiche, seppure esistenti, segnalano minori indicatori cronologici: le tipologie morfologiche non necessitavano con molta probabilità di cambiamenti frequenti per essere funzionali alle forme vascolari. Le tecnologie di modellazione, lo sviluppo tecnico degli impasti e le osservazioni su determinate sintassi decorative precisano unicamente in alcuni aspetti le conclusioni tratte dalle analisi statistiche e morfologiche.

Materiali di VIII–VII sec. a.C.

I reperti datanti nella seconda metà dell'VIII – prima metà del VII sec. a.C. attestano pressoché uniformemente un lustramento delle superfici, ottenuto grazie all'utilizzo di un panno. Le ceramiche con decorazioni dipinte predominano quelle con decorazioni incise e impresse, fattore verosimilmente dovuto anche alle numerose attestazioni di rivestimenti funzionali all'impermeabilizzazione delle forme. Tra le ceramiche a decorazioni incise e/o impresse, i materiali denotano supplementari rivestimenti integrali che creano un effetto colorato rispetto alle superfici di colore altrimenti "beige" se lasciate acrome. Inoltre, è sempre rilevata dell'incrostazione biancastra, verosimilmente caolina, all'interno delle decorazioni incise e/o impresse quando queste presentano una determinata profondità. Lo stesso fenomeno di superfici pressoché integralmente colorate – dato l'apporto del rivestimento supplementare – sono attestate anche tra le ceramiche con decorazioni dipinte sia a scopo funzionale che decorativo.

Collocabili verosimilmente verso la seconda metà / ultimo quarto del VII sec. a.C. sono invece i reperti presentanti trattamenti di superficie lisciate, ad eccezione per le morfologie di grandi dimensioni come i pithoi, per le quali una lucidatura esterna della forma non venne probabilmente ritenuta necessaria da un punto di vista funzionale. Caratteristici sono ancora i materiali con un rivestimento supplementare colorato, ma risultanti *opachi*, visto il loro trattamento di superficie modificato rispetto alle tecniche di lucidatura utilizzate in precedenza.

Le miscele di ocre vengono utilizzate per realizzare anche decorazioni lineari lascianti porzioni della superficie acroma – di conseguenza di colore beige: un'innovazione rispetto allo spettro visuale conosciuto finora. Non solo sembrano attestarsi degli impianti decorativi lineari su superfici lucidate (databili verosimilmente ancora nella seconda metà / ultimo quarto del VII sec. a.C. *a decorazione lineare lucidata*) ma anche sperimentazioni su superfici lisciate conosciute dalla ricerca come *a decorazione geometrica dipinta*. L'inizio della produzione di quest'ultime è da collocare sul Monte Iato probabilmente verso l'ultimo quarto del VII sec. a.C. Le ceramiche a decorazioni lineari

1169 3.3.12 *Sintesi delle analisi statistiche.*
1170 3.4.19 *Sintesi sui cambiamenti morfologici attestati dai reperti.*
1171 3.5.1 *Tecnologie di modellazione.*
1172 3.5.2 *Impasti.*
1173 3.5.3 *Sintassi decorativa.*

utilizzano unicamente una miscela di ocre come pigmento pittorico risultante, dunque, monocrome. Esse restano in uso fino all'abbandono dell'insediamento verso il 460/450 a.C. Le produzioni a decorazione lineare lucidata sembrano invece limitarsi dalla seconda metà / ultimo quarto del VII sec. al più tardi fino a ca. il 550/540 a.C., se non con tutta probabilità limitate al primo quarto del VI sec. a.C. La tecnica transitoria, attestata da reperti acromi lucidati, decorati linearmente solo in seguito alla lucidatura, sembra invece limitarsi all'ultimo quarto del VII sec. a.C.

Ancora databili all'ultimo quarto del VII sec. a.C. sono inoltre le prime attestazioni di morfologie con decorazioni incise e impresse apportate su superfici acrome – senza rivestimento – in maggior numero con trattamento di lisciatura, ma ancora di rara attestazione con superfici lucidate. Secondo una cronologia relativa, quelle a superfici lucidate sono anteriori a quelle a superficie lisciata (seconda metà del VII sec. a.C. per quelle lucidate; ultimo quarto del VII sec. a.C. per quelle lisciate). La pressoché totalità del materiale presenta incrostazioni biancastre all'interno delle decorazioni incise e/o impresse, indifferentemente dalla presenza o mancanza di rivestimento.

Il fenomeno di trattamenti di superficie diversificati – lisciati da un lato, lucidati dall'altro – presenti sulla stessa forma sembrano concentrarsi tra l'ultimo quarto del VII sec. a.C. e il primo quarto del VI sec. a.C. Caratteristici del suddetto espediente sono le morfologie dei bacini / scodelloni / mortai presentanti rivestimenti omogenei oppure non omogenei all'interno e superfici acrome lisciate, talvolta decorate a bande, all'esterno. La morfologia dell'orlo triangolare leggermente rientrante attestato da questi reperti è inoltre verosimilmente databile all'VIII–VII sec. a.C. (**161–162**). Analogamente, la morfologia di scodelle su alti piedi ('fruttiere') è attestata dall'VIII al VII sec. a.C. e sembra ragionevolmente essere circoscritta a questo lasso temporale (**203–229. 270**) così come quella dell'askos (**522–531**).

Le morfologie di attingitoi a parete estroflessa e orlo leggermente ingrossato all'interno (**437–439**) sembrano riferirsi alle tipologie più antiche in uso, limitate cronologicamente tra l'VIII e la fine del VII sec. a.C.

Gli orli leggermente ingrossati verso l'interno (**563–568**) e quelli svasati (**569–572**) riferibili ad anfore/idrie sembrano essere collocabili nell'VIII–VII sec. a.C., eventualmente ancora in uso fino alla metà del VI sec. a.C. (**580–581**).

La modellazione a mano delle forme in ceramica depurata sembra essere velocemente soppiantata da quella al tornio lento verso la seconda metà del VII sec. a.C. Per le ceramiche ad impasto refrattario, invece, la presenza di forme da fuoco modellate e/o rifinite al tornio veloce è circoscritta tra la seconda metà dell'VIII sec. al terzo quarto del VII sec. a.C. La tecnica di modellazione a mano resta a partire dalla seconda metà dell'VIII sec. a.C. analogamente utilizzata fino al 460/450 a.C., non solo per le ceramiche da fuoco e gli utensili adibiti alla cottura di alimenti come i sostegni o le piastre fittili, ma ugualmente per le morfologie di grandi dimensioni in ceramica depurata.

Il gruppo d'impasto L0 è caratteristico per i reperti datanti dall'VIII alla fine del VII sec. a.C.

Le decorazioni dipinte ad onda risparmiata sono ottenute grazie all'asporto delle ocre argillose tramite un lembo di tessuto (VIII sec. – terzo quarto del VII sec. a.C.). La tecnica resta in uso fino alla metà del VI sec. a.C.

Materiali tra ca. il 630/620–570 a.C.

A partire dall'ultimo quarto del VII sec. a.C. predominano le attestazioni di superfici lisciate, scompaiono pressoché completamente le ceramiche acrome con superfici lucidate (ca. seconda metà VIII sec. a.C. – terzo quarto del VII sec. a.C.). Il trattamento di lucidatura è invece ancora in uso tra quelle decorate, ma limitato fino a ca. il 570 a.C. a scopi decorativi; fino al 550/540 a.C. a scopi funzionali.

Cronologicamente verso la seconda metà / ultimo quarto del VII sec. a.C. compaiono verosimilmente le tipologie con rivestimento funzionale omogeneo opaco in combinazione a superfici acrome lisciate.
Le tecniche decorative attestate all'interno della fase cronologica tra ca. il 630/620 e il 570 a.C. non mostrano differenze nella modalità di stesura dei rivestimenti rispetto a quelle presenti nel contesto di VIII–VII sec. a.C. Esse possono essere integrali omogenee oppure presentarsi a pennellate irregolari. Ciò che sembra nettamente cambiare è l'effetto complessivo visuale della morfologia – *opaca* – dovuto al cambiamento dei trattamenti di superficie. Le morfologie con rivestimenti non omogenei scompaiono dai contesti di datazione successiva suggerendo una cronologia tra la seconda metà dell'VIII e ca. il 570 a.C.: fino alla fine del VII sec. a.C. verosimilmente con trattamenti di lucidatura e a partire dall'inizio del VI sec. con trattamento di levigatura delle superfici.

Cronologicamente limitati tra l'ultimo quarto del VII sec. – 570 a.C. sono, con tutta probabilità, le combinazioni tra rivestimenti omogenei opachi funzionali all'interno delle forme aperte e le decorazioni lineari in dipinta monocroma esterne, ad eccezione delle morfologie chiaramente d'imitazione di forme potorie d'importazione.

Paritarie sono inoltre le attestazioni tra rivestimenti colorati esterni alle forme e quelle mostranti parte acrome e/o decorazioni lineari.

Fra le ceramiche a decorazione incisa e/o impressa emergono quelle a superficie lisciata, verosimilmente a partire dall'ultimo quarto del VII sec. a.C. In questa fase sono ancora presenti le incrostazioni biancastre in relazione alle decorazioni a solchi incisi sottili e alle poche attestazioni rimaste di decorazione a impressione – *anche* sui reperti senza rivestimenti colorati supplementari.

Le produzioni di ceramiche a decorazioni incise e impresse *con rivestimenti e trattamenti della superficie lucidate* sono limitate sul Monte lato, in analogia alle conclusioni tratte per altri siti *indigeni*, tra l'VIII sec. e ca. il 570 a.C.

Appaiono le prime produzioni *indigene* imitanti morfologie d'importazione in ceramica dipinta monocroma (**407–409**), cronologicamente di poco successive ai modelli d'importazione ritrovati in associazione all'interno del contesto del quartiere orientale. Le imitazioni sono presenti fino all'abbandono dell'insediamento verso il 460/450 a.C.

I fregi scanditi da un fascio di linee verticali – a decorazione metopale – sono stati riscontrati sui reperti iatini unicamente nella tecnica dipinta. Il motivo, verosimilmente influenzato dai materiali di importazione allotrie all'isola, è attestato a partire dalla fine del VII sec. / inizio VI sec. a.C. – in relazione alle importazioni già presenti fra i materiali. Di analoga interpretazione è l'introduzione di motivi zoomorfi – attestato in forma di fregio su **511** – anche in questo caso proveniente da un contesto datato tra ca. l'ultimo quarto del VII sec. al 550 a.C.

Le decorazioni dipinte ad onda risparmiata sono ottenute a partire dall'ultimo quarto del VII sec. a.C. grazie ad una sorta di utensile con punta arrotondata, verosimilmente un bastoncino, parallelamente alla tecnica già documentata a partire dall'VIII sec. di levatura grazie ad un lembo di tessuto. Entrambe le tecniche restano in uso dall'ultimo quarto del VII sec. a.C. fino alla metà del VI sec. a.C.

A partire dalla fine del VII–inizio VI sec. a.C. l'impasto L0 sembra venire soppiantato da quello di tipologia L1–L2 e in minore quantità da quello L3. Le tre tipologie d'impasto restano in uso fino al 460/450 a.C., seppure si denoti un calo delle produzioni verso il 500/490 a.C.

Materiali tra il 570–550/540 a.C.

Scompaiono pressoché definitivamente le attestazioni di superfici lucidate, indifferentemente dalla tecnica decorativa utilizzata. I materiali ancora lucidati sono da considerare più antichi e non necessariamente ancora in uso. Il materiale presenta dunque uniformemente, a partire dal 570 a.C. ca., trattamenti di superfici lisciate, ad eccezione della lucidatura interna delle forme aperte a scopo funzionale di impermeabilizzazione della morfologia, perdurata fino alla metà del VI sec. a.C. I reperti con trattamenti di superficie miste *lucidati / lisciati*, ancora presenti nel contesto *ante* 550 a.C., ma pressoché mancanti in quello tra il 570–540 a.C., potrebbero essere anch'essi verosimilmente limitati cronologicamente tra l'ultimo quarto del VII sec. e il primo quarto del VI sec. a.C. in relazione all'ascesa di quelli uniformemente lisciati. Ciò nonostante, una loro produzione fino alla metà del VI sec. a.C. non può essere esclusa. Ugualmente scomparse a partire dal 550/540 sono le attestazioni di rivestimenti omogenei a scopo decorativo delle morfologie: quando ritrovate sono interpretabili come un accorgimento funzionale all'impermeabilità della forma. In questo senso sembra poter essere possibile collocare i rivestimenti omogenei a scopo decorativo tra la seconda metà dell'VIII sec. e il 550/540 a.C. Precisando il trattamento di superficie sembra possibile asserire un'attestazione di quelli con superfici lucidate tra la metà dell'VIII sec. fino a ca. il 570 a.C., mentre per quelli con trattamento di levigatura, risultanti dunque opachi, tra la seconda metà del VII sec. al 550/540 a.C.

Sono ancora in uso parallelamente le ceramiche a decorazioni incise e/o impresse e quelle a decorazione dipinta, seppure le prime sono state riscontrate in numero ridotto rispetto alle seconde. Per quanto riguarda le ceramiche a decorazioni incise e/o impresse – ancora in uso – sembrano variare le caratteristiche visive della produzione ora in maggior numero *prive* di rivestimento, con superfici *lisciate* e attestanti nella maggior parte dei casi *unicamente* decorazioni ad incisioni. A partire dal secondo quarto del VI sec. a.C. (ca. 570 a.C.) restano dunque in uso le ceramiche a decorazioni *incise* (senza decorazioni ad impressioni fatta eccezione per reperti di particolare importanza) *senza rivestimento con trattamenti della superficie lisciate* fino al 460/450 a.C. In questa fase (ca. 570–550/540 a.C.) sembrano inoltre pressoché scomparire anche le attestazioni di incrostazioni biancastre all'interno dei solchi sottili – presumibilmente ormai ritenuti inutili vista la superficie lasciata acroma delle morfologie.

Appaiono, a partire dal secondo quarto del VI sec. a.C. le prime rare attestazioni di reperti a decorazione geometrica dipinta attestanti l'utilizzo di due miscele di ocre argillose risultanti bicrome dopo la cottura. La decorazione bicroma rimane in uso, insieme a quella monocroma, fino al 460/450 a.C.

I reperti a decorazione mista, in particolare quelli con decorazioni a solchi incisi e decorazioni lineari dipinte (con eventualmente ancora la presenza di rivestimenti opachi all'interno della forma) sembrano essere precisamente databili tra ca. il 570 e il 550/540 a.C. Morfologicamente è limitata tra la seconda metà dell'VIII sec. alla metà del VI sec. a.C. la presenza di grandi prese riferibili a morfologie di bacini/scodelloni o mortai.

Gli askoi, unicamente nella tecnica di produzione in *dipinta monocroma*, sono con tutta probabilità presenti sul Monte Iato unicamente nella prima metà del VI sec. a.C. (**532**).

Nella prima metà del VI sec. a.C. diventano caratteristici gli orli a tesa orizzontale, affusolati e leggermente penduli delle anfore/idrie (**573–574. 582. 586–593. 599–601**) ancora presenti in associazione a quelli leggermente ingrossati verso l'interno (**580**) e svasati (**581**) già attestati nel contesto di VIII–VII sec. a.C. Gli orli a tesa orizzontali restano in uso unicamente fino al 500/490 a.C.

Fra le morfologie con impasti refrattari è possibile osservare nelle pignatte modellate a mano l'introduzione dell'orlo estroflesso a partire verosimilmente dall'inizio del VI sec. a.C., se non verso il secondo quarto del VI sec. a.C. – forse funzionale all'appoggio di un coperchio (**776. 782–784. 790–794**).

Materiali tra il 550/540–500/490 a.C.

Predominano le produzioni *a decorazione dipinte* attestate sia come *monocrome* sia come *bicrome*. Quelle bicrome eventualmente subentranti in quantità più importanti verso l'ultimo quarto del VI sec. a.C. L'impianto decorativo appare, a partire dalla metà del VI sec. a.C., più complesso rispetto alle attestazioni di epoche precedenti: la suddivisione può avvenire *in registri* e sono accertate rappresentazioni zoomorfe. Al più tardi a partire dalla metà del VI sec. a.C. – e nonostante nei contesti della prima metà del VI sec. siano già presenti alcune decorazioni *non geometriche*[1174] – non è più possibile definire la tecnica come a decorazioni *geometrica* dipinta. Le decorazioni dipinte *policrome* sono verosimilmente anch'esse datate a partire dalla metà del VI sec. a.C., se non a partire dall'ultimo quarto, ed in uso fino all'abbandono dell'insediamento verso il 460/450 a.C.

1174 Ad esempio: **650** con decorazioni a spirali effettuate a mano libera.

Le ceramiche a decorazioni incise e impresse – come visto a partire ca. dal 570 a.C. attestanti pressoché unicamente decorazioni incise senza rivestimenti supplementari e con trattamenti delle superfici lisciate – appaiono con attestazioni inusuali all'interno dei riempimenti adibiti ai piani di calpestio dell'edificio ad oikos. Torna ad essere paritaria la presenza tra i reperti a decorazione unicamente incisa e quelli invece a decorazione incisa *e* impressa, entrambe attestate soprattutto su superficie acrome e con trattamenti della superficie lisciata. Questi reperti, attestanti decorazioni più sviluppate e impegnative nella loro produzione, potrebbero essere collegate alla natura intrinseca del contesto dell'edificio ad oikos – molto più esclusivo ed eventualmente cultuale rispetto ai rimanenti strati indagati.

Le attestazioni di lucerne a decorazione dipinta bicroma sono verosimilmente databili tra il 550/540 a.C. fino al 500/490 a.C.

Gli attingitoi ad orlo svasato, sia ad orlo leggermente ingrossato (**440–441**) sia a tesa tendenzialmente orizzontale (**442. 461** ed ev. **460**) sono presenti dall'VIII–VII sec., contemporaneamente a quelli a parete estroflessa e orlo leggermente ingrossato all'interno (**437–439**), ma restano in uso verosimilmente fino al 500/490 a.C. La concavità più pronunciata soprastante la carena degli attingitoi (**465–467**) sembra essere collocabile a produzioni datate tra la metà e la fine del VI sec. a.C. Gli attingitoi a parete retta estroflessa ad orlo semplice (**453–454. 458–459. 463**), invece, sono databili a partire dalla metà del VI sec. a.C. fino al 460/450 a.C. secondo i ritrovamenti della "Casa tardo-arcaica". Morfologie su alti piedi (**484–502**), riferibili a forme aperte o chiuse, ma non necessariamente più a fruttiere, sembrano cadere completamente in disuso a partire dal 500/490 a.C.

Verso la metà del VI sec. a.C. vengono introdotti gli orli semplici a parete leggermente estroflessa fra le anfore/idrie (**598. 602–606. 608. 611–614**). Esse soppiantano tutte le altre tipologie presenti a partire dal 500/490 restando in uso fino al 460/450 a.C. (**608. 611–614**).

Comune sia alle morfologie di fondi di forme aperte e chiuse è l'introduzione, accanto a quelli piatti già attestati a partire dall'VIII–VII sec. a.C., di quelli concavi, (**375. 518–521. 689. 699–700. 709. 713**), concavi profilati (**681. 701–705. 714**), a disco (**688**) e ad anello (**398. 690**) – modellati, dunque, grazie all'utilizzo di uno strumento – a partire dalla metà del VI sec. a.C. Tutte le morfologie restano in uso verosimilmente parallelamente fino al 460/450 a.C.

Materiali tra il 500/490–460/450 a.C.

Tra le morfologie scompaiono in modo definitivo, a partire dal 500/490 a.C., le forme di tradizione *indigena* anche solo *possibilmente* ad uso potorio, ad eccezione degli attingitoi ad utilizzo multiplo. Le forme potorie sembrano essere sostituite integralmente dai materiali d'importazione e/o imitazione regio-coloniale oppure da dirette imitazioni delle forme in tecnica di manifattura locale (**399–436**). La presenza, unicamente su morfologie potorie d'imitazione, di rivestimenti omogenei opachi all'interno delle morfologie – espediente altrimenti scomparso a partire dal verso il 500/490 a.C. su tutte le altre morfologie – è verosimilmente riconducibile alla funzionalità della forma e al tentativo di imitazione di vernici.

Piuttosto riferibile ad una genesi di natura *indigena* sono invece le rappresentazioni zoomorfe attestate sulle brocche (**550. 553–554. 560. 562**)[1175] presenti verosimilmente a partire dalla fine del VI sec. a.C.[1176] fino al 460/450 a.C.

La decorazione ad onda risparmiata viene effettuata a partire dalla fine del VI sec. a.C. fino al 460/450 a.C. tramite un'incisione dell'onda allo stato dell'argilla di durezza cuoio, verosimilmente effettuato grazie ad un utensile più appuntito rispetto alla tecnica a bastoncino utilizzata a partire dall'ultimo quarto del VII sec. a.C.

Le scodelle ritrovate sul Monte lato a breve tesa con profilo molto pendulo (**394. 398**), corrispondenti alla tipologia D2 di Segesta, confermano la datazione già proposta da Alfonsa Serra: i reperti sono unicamente attestati in contesti datanti a partire dal 500/490 a.C. Questa valenza cronologica di orli penduli è esclusivamente attribuibile alle scodelle. Difatti, fra gli scodelloni, sono già attestati orli penduli nel contesto datato tra ca. il 570 e il 540 a.C. (**177**).

La presenza di anse bipartite, attestate dai reperti unicamente fra le morfologie delle brocche, sembra essere databile tra il 500/490 e il 460/450 a.C. (**557**).

La morfologia della pignatta con netta carena e orlo retto a parete estroflessa (**800**) sembra essere rinvenibile unicamente tra il 500/490 e il 460/450 a.C.

Tra i sostegni fittili a clessidra è infine presente un esemplare (**829**) eventualmente rifinito al tornio nel contesto datante tra il 500/490 e il 460/450 a.C. La mutazione 'morfologica' è verosimilmente puramente casuale date le produzioni al tornio della maggior parte delle suppellettili già a partire dalla fine del VII sec. a.C.

Caratteristici delle produzioni ritenute locali è l'utilizzo a partire dal 500/490 a.C. fino al 460/450 a.C. delle tipologie d'impasto L4–L5.

Utilizzo dei risultati emergenti

Le datazioni dei singoli reperti proposti all'interno del catalogo (*datazione relativa*) si basano sulla correlazione dell'insieme delle osservazioni cronologiche effettuate nel corso delle indagini. Unicamente una sovrapposizione dei risultati rispetto ai cambiamenti di tecniche decorative, morfologiche, e, in minor misura, dell'impasto utilizzato è ritenuto scientificamente corretto per una proposta di datazione di singoli reperti *indigeni.* I risultati sono ritenuti preliminari, vista la grande lacuna di conoscenza attuale sulle localizzazioni dei centri di produzione di ceramiche *indigene,* grazie alle quali, in futuro, sarà possibile indagare molto più dettagliatamente, da un punto di vista cronologico, le successioni morfologiche e lo sviluppo dettagliato degli impianti decorativi dei materiali, suddivisi per singoli atelier ceramici.

Per agevolare l'utilizzo dei risultati emergenti si propone una grafica riassuntiva in datazione assolute (figg. 60–61). La sua lettura è, ciononostante, intesa come accompagnatoria alle formulazioni nel testo, ritenute molto più precise e relativizzate rispetto alle indicazioni in cifre assolute.

1175 Per le argomentazioni a riguardo: Russenberger 2015.
1176 **550** proviene dal riempimento adibito al piano di calpestio di prima fase dell'edificio ad oikos (ca. fine VII sec. – 500/490 a.C.). Esso potrebbe rialzare la datazione. Gli altri quattro reperti provengono integralmente da contesti di datazione *post* 500/490 a.C.

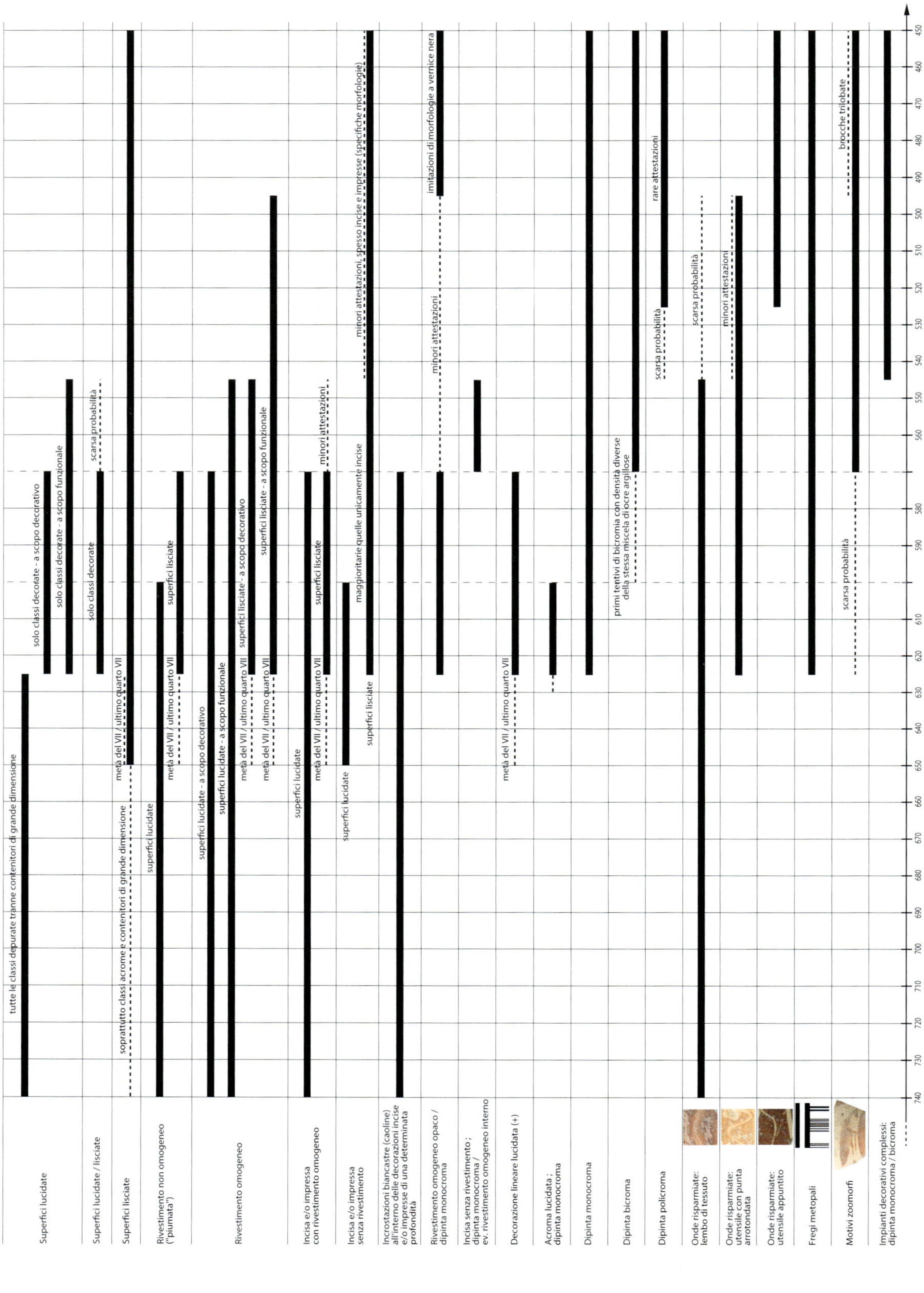

Fig. 60: Cronologia riassuntiva dei trattamenti di superficie e delle tecniche decorative utilizzate.

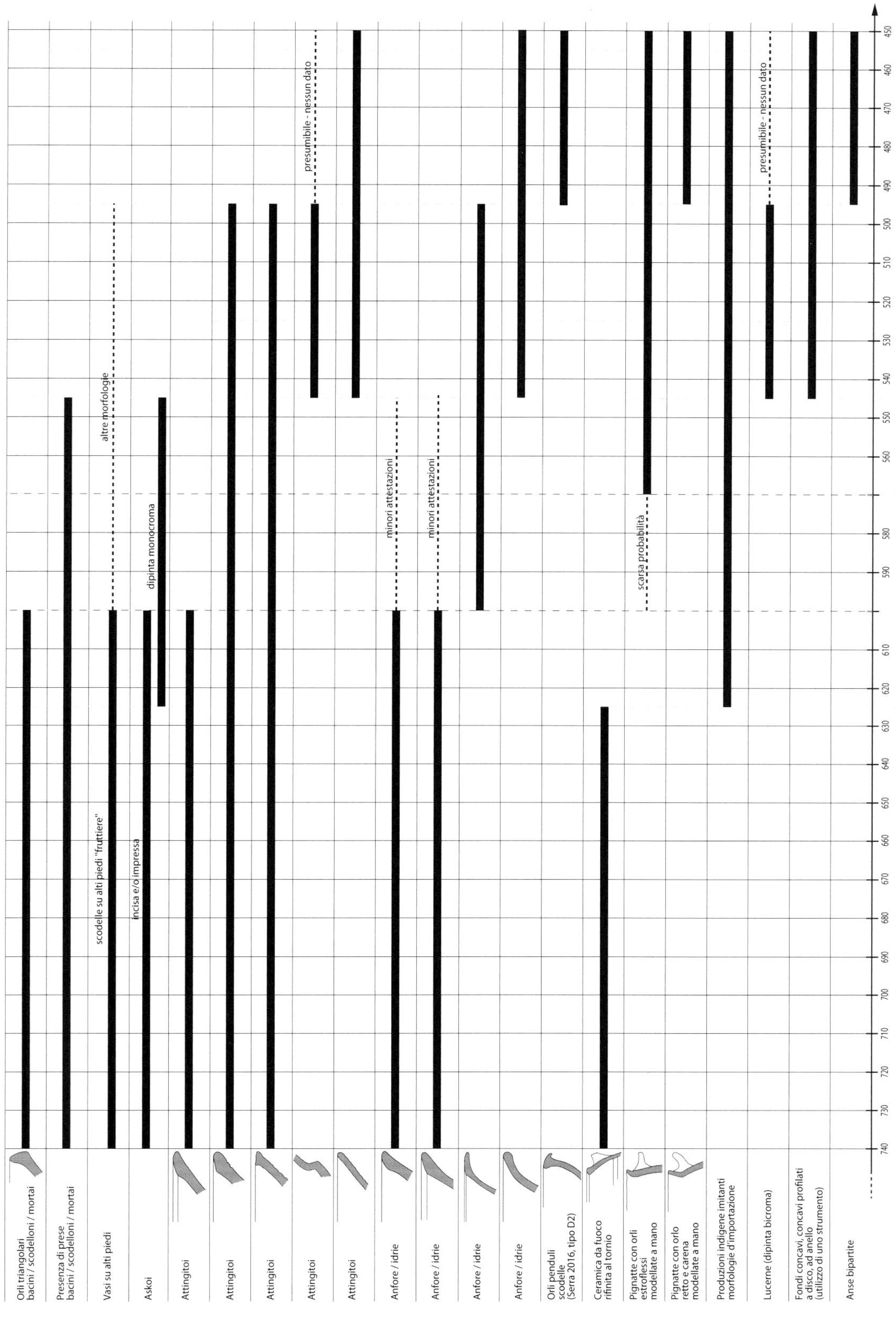

Fig. 61: Cronologia riassuntiva dei cambiamenti morfologici individuati.

4 SINTESI

Le analisi di una selezione di contesti stratificati chiusi di epoca protostorica, arcaica e classica dell'insediamento di Monte Iato hanno permesso di approfondire le conoscenze sugli sviluppi dell'insediamento, le interpretazioni di contesti già editi, le attestazioni coesistenti di materiali *indigeni* e d'importazione / imitazione regio-coloniale così come di raggiungere nuovi risultati riguardo agli sviluppi cronologici delle ceramiche *indigene*.

Grazie alle analisi dei materiali protostorici provenienti da un riempimento formato da strati decontestualizzati di periodi precedenti, in combinazione a delle osservazioni complessive dei materiali e dei contesti, è stata proposta una nuova datazione dell'installazione dell'insediamento di Monte Iato rispetto a quella da lungo postulata da Hans Peter Isler. Prime frequentazioni del sito sembrano virare verso la seconda metà / fine dell'VIII sec. a.C. Dati riguardanti una frequentazione regolare e, dunque, stabile sul pianoro sembrano tuttavia concentrarsi durante il corso del VII sec. a.C.

I materiali più antichi d'importazione ritrovati nell'insediamento sono riferibili a frammenti di kotylai a decorazione lineare, che seppure non precisamente collocabili all'interno del periodo protocorinzio, sembrano tuttavia indicare che i primi contatti della popolazione iatina con il mondo magno-greco ebbero luogo in un periodo non molto successivo all'installazione dell'insediamento – se non pressoché contemporaneo. Contatti precoci verso popolazioni non autoctone sembrano essere segnalate anche verso il mondo fenicio, in particolare con Mozia, come attestato da una selezione di materiali *indigeni*, in particolare da alcune morfologie da fuoco e da cucina, risalenti all'VIII–VII sec. a.C. I numerosi ritrovamenti di materiali d'importazione datanti tra il Corinzio Antico e quello Medio riflettono quanto già univocamente sembra essere attestato dai contesti e dai materiali *indigeni* – una crescita demografica ed un'installazione dell'insediamento stabile durante e soprattutto verso la fine del VII sec. a.C.

La dettagliata analisi dei contesti di ritrovamento ha creato non solo le premesse per un'elaborazione degli sviluppi del materiale *indigeno* proveniente da contesti affidabili da un punto di vista stratigrafico, ma ha anche permesso nuove interpretazioni dei contesti già editi.

Il contesto situato ad est della casa a peristilio I, indagato da Hans Peter Isler da un punto di vista cronotipologico dei materiali protostorici – attestanti, secondo Isler, una successione di cinque fasi distinte di una capanna – è, in realtà, un riempimento stratificato formato da strati di vita decontestualizzati. L'analisi di tutta l'area di scavo circostante, inoltre, ha permesso di individuare il sigillamento di questo contesto tramite un lastricato, parzialmente ancora *in situ*, adibito come piano di calpestio interno o esterno all'edificio in materiale deperibile, attestato dalle tre buche di palo innestate nella roccia ritrovate nel 2014. La nuova interpretazione del contesto ha dunque permesso l'elaborazione di un *t.a.q.* verso il 600 a.C. per i materiali protostorici ritrovati all'interno del riempimento – un contesto, altrimenti, privo di elementi datanti.

Il contesto dell'edificio ad almeno due vani situato nel quartiere orientale testimonia due fasi distinte di costruzione, già segnalate nella documentazione di scavo, ma mai prettamente segnalate nelle pubblicazioni edite. All'interno degli strati cronologicamente collocabili tra l'ultimo quarto del VII sec. e ca. il 550/540 a.C. è stato possibile individuare non solo attestazioni di consumo potorio nella prima fase limitata a vasellame corinzio, mentre nella seconda attestata unicamente da coppe greco-orientali – dati che, nonostante limitati, si rivelano importanti anche da un punto di vista di successioni di datazioni assolute dei materiali d'importazione – ma anche numerosi cambiamenti all'interno delle attestazioni di ceramiche *indigene* consentendo così numerose conclusioni riguardo agli sviluppi di tali produzioni.

Il contesto nel quartiere dell'agorà, attestato dalla successione di un riempimento costruttivo, una prima fase di un edificio a due vani (edificio A) e la sua seguente ristrutturazione con modifica d'orientamento della pianta (edificio 1), ben nota dalle pubblicazioni di Martin Mohr, oltre ad attestare tre successioni cronologiche all'interno dello stesso contesto, ha permesso l'osservazione di modalità d'uso e consumo per quanto riguarda il *set* di vasellame da fuoco ritrovato all'interno dell'inventario dell'edificio 1. Al contempo, sono state avanzate ipotesi di collocamento dei vari reperti presenti all'interno dei vani, che hanno consentito una ricostruzione di quanto spazio fosse occupato in realtà da morfologie ceramiche in sospensione dal soffitto, alle pareti, a terra e, verosimilmente, su degli scaffali all'interno di un edificio di piccole dimensioni come quello attestato nel quartiere dell'agorà. Inoltre, il rinvenimento di frammenti ceramici dello stesso reperto in vari punti dell'edificio – non interpretabili a causa delle quote attestate da successivi processi di erosione di strato – potrebbe suggerire determinate dinamiche svoltesi durante l'abbandono dell'edificio.

Le analisi eseguite sul contesto dell'edificio ad oikos nel quartiere dell'agorà hanno portato alla conferma della successione di due fasi, databili ancora in epoca arcaico-classica, in seguito ricostruita durante la fase ellenistico-romana dell'abitato. L'elaborazione dei reperti datanti ha portato al riconoscimento di un periodo molto breve d'utilizzo dell'edificio di seconda fase, prima del presumibile abbandono – o forte riduzione demografica – dell'insediamento verso il 460/450 a.C. Questa cronologia permette forse di postulare una mancata ultimazione della parte antistante all'edificio, attestata dal muro possibilmente a Π. Le associazioni, inoltre, del materiale attestato sia all'interno del riempimento adibito alla costruzione del piano di calpestio di prima fase, sia in quello adibito al piano di seconda fase, sembrano suggerire la valenza pubblica – eventualmente di tipo cultuale – dell'edificio.

Il contesto abitativo di età arcaico-classica nel quartiere occidentale, ritrovato ad ovest della casa a peristilio II, è stato presentato più in dettaglio rispetto ai rapporti preliminari di scavo editi. Ciononostante, le associazioni di materiali ritrovati all'interno degli strati arcaico-classici non hanno permesso una correlazione quantitativa affidabile tra i materiali datanti, secondo cronologie più affermate, e le attestazioni di materiali *indigeni*. Per queste ragioni, i materiali *indigeni* provenienti da questi strati sono unicamente stati integrati per motivi di attestazioni – altrimenti inesistenti negli altri contesti – di determinate morfologie, oppure poiché presenti in stati di conservazione migliori.

Le indagini dei materiali ritrovati nelle dieci fasi cronologiche indagate, che spaziano dalla seconda metà del VIII sec. al 460/450 a.C., provenienti dai cinque contesti sopracitati, sono state mirate ad una seriazione cronotipologica delle produzioni *indigene*. La metodologia d'analisi – di tipo statistico – ha permesso di dimostrare che il criterio principale che testimonia degli effettivi cambiamenti cronologici fra i materiali *indigeni* attestati nei vari contesti è esattamente quanto già presunto da vari anni nella ricerca: la tecnica decorativa *ma* in combinazione con il trattamento della superficie attestata, presente sia all'interno che all'esterno della forma vascolare. Seppure anche le morfologie attestino mutamenti, così come comparse e scomparse di specifiche forme, non sono cronologicamente così rivelatrici – come già indirettamente osservato da molte indagini. Le specifiche tecniche di modellazione, utilizzate dai vari centri di produzione, sono tutte tecniche già conosciute e attestate nelle produzioni di VIII–VII sec. a.C. Le metodologie di modellazione del vaso, visibili nelle mutazioni morfologiche delle forme, peraltro utilizzate per lunghi periodi di tempo, sembrano essere attribuibili piuttosto alle mani dei singoli vasai operanti in vari centri di produzione. Non potendo presupporre, nel periodo indagato, delle produzioni *"di massa standardizzate"* delle ceramiche, la grande varietà documentata dalle forme potrebbe riflettere l'organizzazione delle botteghe vasaie operanti sull'isola: piccoli centri con relativamente poche persone che si occupavano delle produzioni. Di conseguenza, il valore cronologico delle morfologie perde di significato se non è possibile identificarne il centro di produzione delle ceramiche.

Le *mode* decorative, invece, in combinazione con l'aspetto *opaco* o *brillante* di una forma sembrano piuttosto subire numerosi cambiamenti nell'arco del tempo, poiché riflettono il *gusto* dell'epoca, piuttosto che un nuovo bisogno funzionale di una morfologia vascolare – finora soprattutto analizzato nella ricerca – indicato dal cambiamento intrinseco della forma in sé. Presumibilmente, finché la forma veniva ritenuta funzionalmente sufficiente al fabbisogno delle persone, non veniva necessariamente morfologicamente variata, se non in minimi accorgimenti interpretabili – volendo – come delle *personalizzazioni* della bottega vascolare. Nel caso delle onde ottenute a risparmio sulle produzioni dipinte, è stato inoltre possibile individuare una mutazione di utensili per la resa della decorazione – un cambiamento tecnologico inquadrabile anche cronologicamente.

Questi cambiamenti visivi, oltre a quelli riferibili alle tecniche di manufattura, mutanti tra l'VIII–VII sec. al 460/450 a.C, non solo potevano riflettere le preferenze temporali degli utenti nei momenti di utilizzo delle suppellettili, bensì indirettamente anche quando in posizione di stoccaggio. L'osservazione delle modalità di stoccaggio di determinati reperti *indigeni* ha difatti mostrato che un alto numero di ceramiche dovesse essere sospeso in varie modalità negli ambienti abitativi, quando non utilizzate. Le morfologie decorate, dunque, oltre ad essere funzionali al loro utilizzo primario, potevano anche fungere da *"decorazioni parietali"* dei vani.

Inderogabili saranno future analisi e determinazioni dei centri di produzione delle ceramiche *indigene*. Le mutazioni cronologiche osservate, basate sugli impasti considerati iatini, testimoniano cambiamenti tecnologici nei processi di preparazione delle materie prime e nelle temperature di cottura utilizzate, dati che con molta probabilità potranno essere osservati in ogni centro di produzione. Solo dopo aver identificato i singoli centri produttivi sarà possibile esaminare, dal punto di vista cronologico, le successioni morfologiche dei materiali, lo sviluppo dettagliato degli impianti decorativi e, infine, la rete di scambio fra insediamenti *indigeni* basata su dati affidabili.

Il presente volume rappresenta dunque uno strumento per la comprensione dello sviluppo cronologico della ceramica *indigena* che indaga, in modo approfondito, le associazioni di tecniche decorative in combinazione ai trattamenti di superficie attestati, presenti sui reperti provenienti dal Monte Iato. I risultati emergenti in combinazione alle mutazioni morfologiche e tecniche dei materiali rendono possibile il collocamento cronologico di un singolo reperto ceramico in un determinato lasso temporale. Questi, elaborati statisticamente sulla base di reperti provenienti da contesti stratificati affidabili, precisano le datazioni finora postulate dalla ricerca. La presentazione delle associazioni totali ritrovate all'interno dei contesti, così come il tentativo di trasparenza scientifica sui dati a disposizione, offrirà in futuro ampie possibilità di ulteriori ricerche, non solo di natura ceramica, ma anche di dinamiche socioculturali – delle ricerche possibili grazie alla presentazione di materiali provenienti da un insediamento *indigeno,* a stretto contatto, fin dai principi, con il mondo fenicio e magno-greco – finalmente contestualizzato anche da un punto di vista cronologico.

5 SUMMARY

The analysis of selected stratified contexts from the proto-archaic, archaic, and classical periods at Monte Iato has yielded significant insights into the settlement's developmental phases. This includes a reassessment of previously published contexts, as well as new evidence of the coexistence of *indigenous* and imported or regio-colonial imitation materials. These findings have led to a refined chronology of *indigenous* ceramic production.

The examination of protohistoric materials from a fill composed of decontextualized layers from earlier periods, in conjunction with a comprehensive contextual analysis, has necessitated a revision of the settlement's founding date. This challenges the long-standing chronology proposed by Hans Peter Isler, suggesting that initial visits to the site occurred in the second half or toward the end of the 8th century BC, rather than in the 10th or 9th century as previously assumed. However, evidence indicates that continuous and structured habitation on the plateau became more pronounced in the 7th century BC.

The earliest identified imports comprise fragments of kotylai with linear decoration, discovered within the settlement. While their precise attribution to the Protocorinthian period remains uncertain, their presence suggests that interactions between the Iatian population and the Greco-Magna world commenced soon after the settlement's establishment—if not contemporaneously. Additional early external contacts are attested by links to the Phoenician world, particularly to Mozia, as evidenced by a distinctive assemblage of *indigenous* materials, notably specific cooking vessel forms dating to the 8th–7th centuries BC.

A significant influx of imported materials from the Early and Middle Corinthian periods aligns with *indigenous* contexts that unequivocally attest to demographic expansion and the consolidation of a stable settlement, particularly in the late 7th century BC.

A critical reexamination of excavation contexts has provided the basis for a nuanced analysis of *indigenous* ceramic developments from stratigraphically reliable deposits. Additionally, it has enabled a reinterpretation of previously published contexts.

The area east of Peristyle House I, initially investigated by Hans Peter Isler through a chrono-typological study of protohistoric materials, was originally thought to exhibit a sequence of five distinct hut phases. However, new analysis proves that it consists of a stratified fill comprising decontextualized occupation layers. The study of the surrounding excavation area has also led to the identification of the sealing of this context, marked by a partially preserved *in situ* paving, which likely functioned as internal or external flooring for a structure made of perishable materials. This interpretation is supported by the discovery of three pole holes carved into the bedrock in 2014. The reevaluation of this context has established a *terminus ante quem* around 600 BC for the protohistoric materials within the fill—an otherwise undatable deposit.

The study of the building in the eastern quarter, consisting of at least two rooms, has revealed evidence of two distinct construction phases. Although these phases were previously documented in excavation records, they have not been emphasized in published analyses. Chronologically assignable layers dating from the last quarter of the 7th century to approximately 550/540 BC indicate that imported drinking pottery from the first phase consisted exclusively of Corinthian ware, whereas the second phase is represented solely by East-Greek cups. Although the dataset remains limited, these findings provide a crucial framework for the absolute dating of imported materials. Furthermore, significant shifts in *indigenous* ceramic production offer valuable insights into the evolution of local craftsmanship.

The context in the agora quarter, characterized by the stratigraphic sequence of a construction fill, the initial phase of a two-room building (Building A), and its later reconfiguration with a change in orientation (Building 1), has been extensively documented in the works of Martin Mohr. This sequence not only confirms three distinct chronological phases within the same context but also provides insights into patterns of usage and consumption, particularly regarding the cooking vessels recovered from Building 1. Interpretative hypotheses concerning the spatial arrangement of artifacts within the rooms have also been proposed. The reconstruction of space utilization suggests that ceramic vessels were suspended from ceilings and walls, placed on the ground, or possibly stored on shelves. Furthermore, the dispersal of ceramic fragments from the same artifact across different locations within the building—not attributable to elevation shifts caused by erosion processes—may indicate specific dynamics related to the structure's abandonment.

Analyses of the oikos building in the agora quarter have confirmed the existence of two construction phases, dating to the archaic-classical period and later reconfigured during the Hellenistic-Roman occupation of the site. The dating of associated artifacts suggests that the second-phase building experienced only a brief period of use before the presumed abandonment—or significant demographic decline—of the settlement around 460/450 BC. This chronology may suggest the area in front of the building was incomplete, evidenced by the possibly π-shaped wall. Associations of the materials found both within the fill used for the construction of the first-phase flooring and in that employed for the second-phase flooring suggest a public—potentially cultic—significance of the building.

The residential context from the archaic-classical period in the western district, located west of Peristyle House II, has been presented in greater detail compared to previously published preliminary excavation reports. However, despite the thorough examination, the association of materials within the archaic-classical layers has not yet enabled a reliable quantitative correlation between artifacts dated according to well-established chronologies and *indigenous* material attestations. Consequently, *indigenous* materials from these layers have been incorporated solely for their attestations, either due to their presence in specific forms or because they are in a better state of preservation—characteristics otherwise absent in other contexts.

The study of materials from ten chronological phases, spanning from the second half of the 8th century BCE to approximately 460/450 BC, and derived from five key archaeological contexts, aimed to establish a chronological-typological sequence for *indigenous* ceramic production. The applied analytical methodology, primarily statistical in nature, has confirmed a longstanding assumption in research: the most reliable chronological indicators among *indigenous* materials are decorative techniques, but in particularly when considered in conjunction with surface treatments on both the interior and exterior of ceramic vessels. While morphological changes, including the emergence and disappearance of specific forms, are also observed, they do not provide as precise chronological markers.

The technical modeling methods employed by various production centers are all well-documented techniques attested in ceramic production from the 8th–7th centuries BC. The vase-forming methodologies, observable in the morphological transformations of ceramic shapes—often used over extended periods—seem to be attributable to the individual hands of potters working in different production centers rather than to standardized manufacturing processes. Given that no evidence supports the existence of "standardized mass production" of ceramics during the investigated period, the significant morphological variability documented in the forms may reflect the organization of pottery workshops on the island, which were likely small centers with relatively few artisans engaged in production. Consequently, the chronological value of ceramic morphologies diminishes unless it is possible to identify the specific production center responsible for them.

Conversely, decorative trends, along with the *opaque* or *glossy* appearance of ceramic surfaces, underwent numerous stylistic transformations over time, reflecting shifting aesthetic preferences rather than purely functional adaptations. As long as a vessel form remained utilitarian, it was subject to minimal alterations—except for minor modifications that may be interpreted as workshop-level variations. The development of paint-excised wave decorations also suggests a technological shift in the tools employed for their execution, which can be placed within a specific chronological framework.

These stylistic and technological changes, spanning the 8th–7th centuries to approximately 460/450 BC, may not only reflect evolving aesthetic preferences but also indirectly indicate storage and usage practices for ceramics. The analysis of storage strategies for *indigenous* artifacts suggests that many ceramics were likely suspended within domestic spaces when not in use. Thus, decorated vessels may have served not only as functional objects but also as ornamental elements in household interiors.

Future research is needed to identify *indigenous* ceramic production centers. The chronological developments observed in pastes attributed to Iatian production suggest technological shifts in raw material preparation and firing conditions—patterns likely observable across multiple production sites. Only through the identification of individual production centers will it be possible to establish a refined chronological framework for morphological evolutions, decorative patterns, and exchange networks among *indigenous* settlements.

This volume thus provides a critical contribution to the chronological framework of *indigenous* ceramic production. It systematically examines the relationships between decorative techniques and surface treatments on finds from Monte Iato. The integration of these findings with morphological and technological analyses enables the precise chronological placement of individual ceramic artifacts. The statistical analysis of them and the stratified contexts offers a refined dating methodology that challenges previous assumptions.

By systematically presenting the full range of contextual associations and ensuring scientific transparency regarding the available data—now recontextualized within a chronological perspective—this study establishes a foundation for future research. The results presented here may contribute not only to ceramic studies but also to broader investigations into socio-cultural dynamics. Ultimately, this work underscores the complex interactions between the *indigenous* settlement at Monte Iato and the Phoenician and Magna-Greek worlds from its very inception.

6 CATALOGO

Il presente catalogo si compone di due macrosezioni, nelle quali sono inseriti i reperti morfologicamente diagnostici: la prima relativa ai materiali datanti e la seconda relativa a quelli indigeni.
I materiali datanti, suddivisi per contesto di rinvenimento, sono elencati per classe d'importazione o imitazione, seguendo l'ordine di apparizione nel testo del capitolo 2.
I reperti indigeni, proposti secondo ampie classificazioni funzionali, senza suddivisioni in tipi e varianti, sono ordinati per contesti di rinvenimento, permettendo così al lettore di visualizzare le associazioni delle stesse morfologie funzionali all'interno di determinati archi cronologici. Si omette, all'interno dell'ordinamento morfologico, un'ulteriore suddivisione artificiale in base ai criteri decorativi oppure ai trattamenti di superficie attestati. La successione delle morfologie riflette quella esposta nel capitolo 3.1.4.

Le datazioni indicate nelle singole voci del catalogo rispecchiano da un lato, quella del contesto di provenienza, dall'altro quelle relative al reperto, intese come i lassi temporali di produzione e utilizzo primario del manufatto. La datazione relativa dei reperti indigeni è indicata esclusivamente secondo le conclusioni tratte dalle analisi del materiale proveniente dai contesti stratificati di Monte Iato. Salvo diversa specifica, i confronti segnalati per le ceramiche indigene sono intesi come morfologici.

Per i criteri di documentazione utilizzati, nello specifico, cfr. capitolo 1.3.2.

Condizioni di assegnazione dei colori Munsell:
- luce naturale esterna indiretta.

Grado di densità degli sgrassanti all'interno dell'impasto (DS):
- poco depurato (< 5 inclusi per cm^2)
- medio depurato (5–10 inclusi per cm^2)
- molto depurato (10–20 inclusi per cm^2)
- estremamente depurato (>20 inclusi per cm^2).

Scala granulometrica di riferimento per la dimensione degli inclusi dell'impasto (DI):
- molto piccoli (0.002–0.063 mm)
- piccoli (0.063–0.2 mm)
- medi (0.2–0.63 mm)
- grandi (0.63–2.0 mm)
- molto grandi (2.0–6.3 mm).

Abbreviazioni

REPH1	riempimento ad est della casa a peristilio 1 (PH1)
QO1F	quartiere orientale, edificio, prima fase
QO2F	quartiere orientale, edificio, seconda fase
QO1/2F	quartiere orientale, edificio, prima o seconda fase
QORANE	quartiere orientale, ristrutturazione angolo NE
QAREA	quartiere agorà, riempimento adibito alla costruzione dell'edificio A
QAEA	quartiere agorà, edificio A
QAE1	quartiere agorà, edificio 1
QAEO1F	quartiere agorà, edificio ad oikos, riempimento adibito alla costruzione del piano di calpestio di prima fase
QAEO2F	quartiere agorà, edificio ad oikos, riempimento adibito alla costruzione del piano di calpestio di seconda fase
QAEO1/2F	quartiere agorà, edificio ad oikos, riempimento adibito alla costruzione del piano di calpestio di prima fase o seconda fase
OPH2	contesto ad ovest della casa a peristilio II (PH2)

Ab.	Abhub = battuta
Lu	lunghezza
La	larghezza
Dm	diametro
SezAnsa	sezione dell'ansa
S	spessore
H	altezza conservata
int	interno
est	esterno
sup.	superficie
ing	ingobbio
vn	vernice nera
vr	vernice rossa
dec	decorazione
NAS	nomenclatura all'interno delle analisi statistiche
C	consistenza
DS	densità sgrassanti
DI	dimensioni inclusi (sgrassante)
DeI	descrizione dell'impasto
Mod	modellazione
Fr.	frammento
Indet	indeterminato
Linea	< 1cm
Banda	> 1cm

PCA	Protocorinzio Antico
PCM	Protocorinzio Medio
PCT	Protocorinzio Tardo
TR	*Transitional*
CA	Corinzio Antico
CM	Corinzio Medio
CT	Corinzio Tardo

REPERTI DATANTI
Quartiere orientale: prima fase

1 K 22792 A–G (tavv. 1. 63)
QO1F, F2006/F2004, EQ1139/1140, Sondage 1, Ab. 25 / Sondage, Ab. Steinsturz 3.
A: Lu: 10.2cm; La: 10.4cm; S: 0.2-0.3cm; B: Lu: 7.5cm; La: 4.9cm; C: Lu: 4.9cm; La: 4.5cm; D: Lu: 4.1cm; La: 3.0cm; E: Lu: 5.0cm; La: 5.4cm; F: Lu: 3.7cm; La: 3.5cm; G: Lu: 2.3cm; La: 2.8cm; Dm orlo: 14.9cm; Dm fondo: 8cm; H: 9.9cm.
Colori: impasto: beige 10YR 8/3; sup. int: beige 10YR 8/3; sup. est: beige 10YR 7/4.
Impasto: C: duro; DS: estremamente depurato; DI: piccoli; Del: neri puntiformi e vacuoli di forma allungata; Mod: tornio veloce.
23 fr. totali (otto fr. non combacianti) di kotyle corinzia con fregio zoomorfo. Dal basso: linea orizzontale, raggiera seguita da tre linee orizzontali, fregio con tre pantere con corpi allungati (due verso destra, una verso sinistra), numerose rosette graffite e macchie di colore senza graffiti.
NAS: Importazioni allotrie all'isola.
Datazione contesto: ca. 630/620 – 570 a.C.
Datazione relativa: CA – CM.
Bibliografia: Isler 2005a, 109 tav. 22, 7; Isler 2007, 113 tav. 15, 14 (ex K 22780). Gli altri fr. attribuiti a **1**: Isler 2005a, 109 tav. 22, 7.
Confronti: v. testo.

2 K 24791 (tav. 1)
QO1F, F2006, EQ1139/1140, Sondage 1, Ab. 25.
Lu: 2.6cm; La: 2.4cm; S: 0.25cm.
Colori: impasto: beige 2.5Y 8/2; sup. int: beige-verde 2.5Y 7-8/2; sup. est: beige-verde 2.5Y 7-8/2; vn: grigio scuro 2.5Y 2.5-3/1.
Impasto: C: semiduro; DS: estremamente depurato; DI: piccoli; Del: vacuoli puntiformi; Mod: tornio veloce.
Fr. di parete di kotyle corinzia con decorazione figurata all'esterno. All'interno, completamente verniciato, evanido, steso a pennellate orizzontali. All'esterno, resti della parte anteriore di un quadrupede (pantera o leone?) stante verso destra su linea orizzontale. Resti di rosetta. Privo di dettagli graffiti.
NAS: Importazioni allotrie all'isola.
Datazione contesto: ca. 630/620 – 570 a.C.
Datazione relativa: CA – CM.
Bibliografia: inedito.
Confronti: v. testo.

3 K 24782 (tav. 1)
QO1F, F2006, EQ1139/1140, Sondage 1, Ab. 15.
Lu: 2.9cm; La: 1.3cm; SezAnsa: 0.65cm.
Colori: impasto: beige 2.5Y 7/2; sup. int: beige 2.5Y 7/2; sup. est: beige 2.5Y 7/2.
Impasto: C: semiduro; DS: estremamente depurato; DI: piccoli; Del: vacuoli; Mod: tornio veloce.
Fr. d'ansa semicircolare a bastoncello di kotyle (?) corinzia in vn. Resti molto evanidi di vn su tutta l'ansa.
NAS: Importazioni allotrie all'isola.
Datazione contesto: ca. 630/620 – 570 a.C.
Datazione relativa: CA – CM?
Bibliografia: inedito.
Confronti: v. testo.

4 K 24704 (tavv. 1. 63)
QO1F, F2006, EQ1140, Sondage 2, Ab. 28.
Lu: 2.2cm; La: 0.9cm; Dm est: 15.0cm; S: 0.3cm; H: 0.8cm.
Colori: impasto: beige-grigio 10YR 6/1; sup. int: beige-grigio 10YR 7-8/2; sup. est: beige-grigio 10YR 7-8/2; vn: marrone-nero 10YR 3-4/3.
Impasto: C: semiduro; DS: estremamente depurato; DI: medi; Del: inclusi piccoli-medi sia grigi che rossi puntiformi, vacuoli allungati; Mod: tornio veloce.
Fr. d'orlo estroflesso di coppa corinzia in vn. Linea risparmiata all'interno lungo l'orlo. Vernice molto evanida sia all'interno che all'esterno. Cottura secondaria del fr.
NAS: Importazioni allotrie all'isola.
Datazione contesto: ca. 630/620 – 570 a.C.
Datazione relativa: CA.
Bibliografia: inedito.
Confronti: v. testo.

5 K 24783 (tavv. 1. 63)
QO1F, F2006, EQ1139/1140, Sondage 1, Ab. 15.
Lu: 6.7cm; La: 4.9cm; Dm: 6.0cm; S: 0.3-0.4cm; H: 3.7cm.
Colori: impasto: beige 7.5YR 7/3; nucleo: grigio 7.5YR 6/1; sup. int: beige 7.5YR 7/3; sup. est: beige 7.5YR 7/3; vn: marrone scuro 7.5YR 3/4.
Impasto: C: semiduro; DS: estremamente depurato; DI: medi; Del: inclusi piccoli-medi, bianchi puntiformi e vacuoli; Mod: tornio veloce.
Fr. di fondo con piede ad anello di kotyle a bande d'ispirazione corinzia di produzione regio-coloniale. All'esterno, linea orizzontale lungo il piede seguita verso l'alto da una banda acroma, tre linee sottili orizzontali e una linea più larga in vn risultante marrone. All'interno completamente verniciato (diluito) con tondo acromo centrale. Sono visibili le striature orizzontali dell'apporto della vernice.
NAS: Produzioni regio-coloniali.
Datazione contesto: ca. 630/620 – 570 a.C.
Datazione relativa: indet.
Bibliografia: inedito.
Confronti: v. testo.

6 K 24788 (tavv. 1. 63)
QO1F, F2006, EQ1139/1140, Sondage 1, Ab. 15.
Lu: 3.3cm; La: 2.9cm; Dm: 20.0cm; S: 0.5cm; H: 2.8cm.
Colori: impasto: beige 7.5YR 7/4; sup. int: arancione 2.5YR 6/6; sup. est: arancione 2.5YR 6/6; vn: rosso 10R 5/8.
Impasto: C: semiduro; DS: estremamente depurato; DI: medi; Del: inclusi bianchi e grigi chiari puntiformi, piccoli e medi, vacuoli; Mod: tornio veloce.
Fr. d'orlo leggermente estroflesso di *skyphos* (o coppa?) di produzione regio-coloniale. All'interno completamente verniciato ad eccezione di una banda acroma nella parte superiore. All'esterno, banda irregolare di vernice nella parte superiore della forma.
NAS: Produzioni regio-coloniali.
Datazione contesto: ca. 630/620 – 570 a.C.
Datazione relativa: indet.
Bibliografia: inedito.
Confronti: v. testo.

7 K 25247 (tavv. 1. 63)
QO1F, F2006, EQ1139/1140, Sondage 2, Ab. 29.
Lu: 6.4cm; La: 3.4cm; Dm: 6.0cm; S: 0.3-0.5cm; H: 1.7cm.
Colori: impasto: beige-rosso 5YR 7/6; sup. int: beige-arancione 5YR 7/4; sup. est: beige-arancione 5YR 7/4; vn: rosso 10R 4/8.
Impasto: C: semiduro; DS: estremamente depurato; DI: piccoli; Del: bianchi e rossi puntiformi, vacuoli; Mod: tornio veloce.
Quattro fr. combacianti di fondo con piede ad anello di *skyphos* di produzione regio-coloniale. All'interno verniciato in maniera abbastanza satura, anche se sono visibili sfumature irregolari di colore che lasciano un tondo acromo al centro. All'esterno è presente solo una linea orizzontale di vernice lungo il profilo del fondo, scrostata.
NAS: Produzioni regio-coloniali.
Datazione contesto: ca. 630/620 – 570 a.C.
Datazione relativa: indet.
Bibliografia: inedito.
Confronti: v. testo.

8 K 32489 (tav. 1)
QO1F, F2006, EQ1140, Sondage 2, Ab. 29.
Lu: 4.7cm; La: 3.8cm; S: 0.6cm.
Colori: impasto: beige-arancione 2.5YR 6/6; nucleo: beige 10YR 7/3; sup. int: beige 10YR 7/3; sup. est: beige 10YR 8/3; vn: marrone-nero 10YR 3/2.
Impasto: C: semiduro; DS: estremamente depurato; DI: medi; Del: mica, rossi e grigi scuri puntiformi, grigi scuri puntiformi, vacuoli di forma arrotondata; Mod: tornio veloce.
Fr. di parete di forma aperta di produzione regio-coloniale. All'interno, banda diluita, scrostata ed evanida con due piccole macchie di colore nella parte del "tondo". All'esterno, banda (?) orizzontale fortemente evanida da un lato, difetto di cottura?
NAS: Produzioni regio-coloniali.
Datazione contesto: ca. 630/620 – 570 a.C.
Datazione relativa: indet.
Bibliografia: inedito.
Confronti: v. testo.

Quartiere orientale: seconda fase

9 K 22383 A–D (tavv. 1. 63)
QO2F, F2004/2006, EQ1139/1140, Sondage, Ab. 7EI / 4EI / 3EI (F04) / Sondage 1, Ab. 4W (F06).
Lu: 2.5cm; La: 2.0cm; Dm: 16.0cm; Dm fondo: ca. 5.0cm; S: 0.2cm; H: 2.2cm; B: Lu: 3.6cm; La: 2.8cm; C: Lu: 5.3cm; La: 3.6cm; S: 0.2cm; D: Lu: 5.0cm; La: 1.6cm; S: 0.1cm.
Colori: impasto: grigio scuro GLEY 2 4/5PB; sup. int: grigio scuro 2.5Y 4/1; sup. est: grigio scuro 2.5Y 4/1.
Impasto: C: tenero; DS: estremamente depurato; DI: piccoli; Del: mica, vacuoli, grigi puntiformi molto piccoli; Mod: tornio veloce.
Cinque fr. totali, di cui quattro non combacianti di coppa d'ispirazione greco-orientale (tipologia *B1*) in bucchero sottile. Sulla parte esterna del fr. C resti minimi della superficie originale a stralucido. Resti di incrostazione biancastra e grigia su tutti i fr. conservati.
NAS: Importazioni allotrie all'isola.
Datazione contesto: ca. 570 – 540 a.C.
Datazione relativa: ultimo quarto del VII – fine VI sec. a.C.
Bibliografia: inedito.
Confronti: v. testo.

10 K 23920 (tav. 2)
QO2F, F2006, EQ1139/1140, Sondage 1, Ab. 6.
Lu: 2.7cm; La: 2.4cm; S: 0.3cm.
Colori: impasto: beige 10YR 7/3; sup. int: beige 10YR 7/3; sup. est: beige 2.5Y 7/2; vn: marrone-nero 10YR 3/2-3.
Impasto: C: semiduro; DS: estremamente depurato; DI: piccoli; Del: vacuoli (anche in superficie); Mod: tornio veloce.
Fr. di parete di kotyle (parte inferiore) corinzia o d'imitazione in vn. Corpo completamente verniciato all'interno, con vernice stesa a striature orizzontali e leggermente diluita e con probabili resti del tondo circolare risparmiato al centro. All'esterno, raggiera in vernice diluita (distanza tra un raggio e l'altro 0.7cm).
NAS: Produzioni regio-coloniali.
Datazione contesto: ca. 570 – 540 a.C.
Datazione relativa: CA – CM.
Bibliografia: inedito.
Confronti: v. testo.

11 K 25170 (tav. 2)
QO2F, F2006, EQ1139/1140, Sondage 1, Ab. 13.
Lu: 2.1cm; La: 1.8cm; S: 0.2cm.
Colori: impasto: beige 10YR 8/4; sup. int: beige 10YR 8/4; sup. est: beige 10YR 8/4; vn: marrone scuro 5YR 3/3.
Impasto: C: semiduro; DS: estremamente depurato; DI: piccoli; Del: rossi puntiformi, vacuoli; Mod: tornio veloce.
Fr. di parete di kotyle corinzia a figure nere. Interamente verniciata all'interno, con vernice leggermente diluita stesa a pennellate orizzontali. All'esterno, una parte del corpo è verniciata con due linee incise ai lati; sopra si osservano resti di colore (linea orizzontale?). Verosimilmente si tratta di un quadrupede (animale pascente) rivolto verso destra con rappresentazione graffita della costola, rispettivamente della scapola con linea di delimitazione orizzontale del fregio soprastante.
NAS: Importazioni allotrie all'isola.
Datazione contesto: ca. 570 – 540 a.C.
Datazione relativa: CA – CM.
Bibliografia: inedito.
Confronti: v. testo.

12 K 24335 (tav. 2)
QO2F, F2006, EQ1139/1140, Sondage 1, Ab. 14.
Lu: 3.8cm; La: 2.0cm; SezAnsa: 0.7cm.
Colori: impasto: beige-verde 2.5Y 7/2; sup. int: beige-verde 2.5Y 7/2; sup. est: beige-verde 2.5Y 7/2; vn: grigio-nero 2.5Y 2.5/1.
Impasto: C: semiduro; DS: estremamente depurato; DI: piccoli; Del: bianchi puntiformi e vacuoli; Mod: a mano.
Fr. d'ansa semicircolare orizzontale a bastoncello di kotyle (?) corinzia a vn. Resti molto evanidi di vn all'esterno.
NAS: Importazioni allotrie all'isola.
Datazione contesto: ca. 570 – 540 a.C.
Datazione relativa: indet.
Bibliografia: inedito.
Confronti: v. testo.

13 K 23778 (tav. 2)
QO2F, F2006, EQ1139/1140, Sondage 1, Ab. 4E.
Lu: 2.5cm; La: 2.7cm; S: 0.4cm.
Colori: impasto: grigio 2.5Y 6/1; sup. int: grigio 10YR 6/1; sup. est: beige-grigio 2.5Y 6/1; vn: nero-marrone 2.5Y 2.5/1.
Impasto: C: semiduro; DS: estremamente depurato; DI: medi; Del: mica, vacuoli, neri puntiformi; Mod: tornio veloce.
Fr. di parete di kotyle di produzione regio-coloniale in vn risultante marrone. Sia all'interno che all'esterno, resti di vernice molto evanida completamente scrostati. All'interno è ancora visibile l'andamento orizzontale della vernice.
NAS: Produzioni regio-coloniali.
Datazione contesto: ca. 570 – 540 a.C.
Datazione relativa: indet.
Bibliografia: inedito.
Confronti: v. testo.

14 K 22551 (tavv. 2. 63)
QO2F, F2004/F2006, EQ1139/1140, Sondage, Ab. 6EII/2 (F04) / Sondage 1, Ab. 4E / 5 Zentrum / 6 / 7 (F06).
Lu: 13.1cm; Dm orlo: 18.0cm; Dm fondo: 7.5cm; SezAnsa: 0.8cm; S: 0.2-0.3cm; H: 5.6cm.
Colori: impasto: marrone-rosso 2.5YR 6/6; nucleo: grigio 2.5YR 5/1 (unicamente in un punto); sup. int: nero; sup. est: marrone 10YR 5/2; vn: nero; dec: vn e linee rosse suddipinte 10R 4/4.
Impasto: C: duro; DS: estremamente depurato; DI: molto piccoli; Del: mica, inclusi bianchi calcarei, grigi-neri di piccolissime dimensioni, vacuoli arrotondati; Mod: tornio veloce.
Profilo completo (27 fr totali) di coppa greco-orientale di tipo *B1*. All'interno completamente verniciato con linea lungo l'orlo suddipinta di rosso. Un fascio di tre linee orizzontali rosse suddipinte si trova sull'estensione maggiore della vasca; altre due coppie delimitano una banda di larghezza irregolare acroma sul fondo. L'esterno è verniciato ad eccezione della parte inferiore e di una banda acroma nella parte superiore della forma. Sulla vasca soprastante la banda acroma, una linea suddipinta di rosso. Resti di un tratto di linea rossa suddipinta sottostante la banda acroma. Vn scrostata in più punti.
NAS: Importazioni allotrie all'isola.
Datazione contesto: ca. 570 – 540 a.C.
Datazione relativa: ca. 560 – 550 a.C.
Bibliografia: Spatafora – Vassallo 2004, 90–91 no. 169; Spatafora – Vassallo 2006, 90–91 no. 169; Isler 2005b, 10 fig. 70; Isler 2009a, 147 fig. 13.
Confronti: v. testo.

15 K 23779 (tavv. 2. 63)
QO2F, F2006, EQ1139/1140, Sondage 1, Ab. 4E.
Lu: 3.2cm; La: 3.4cm; Dm: 13.0cm; S: 0.2-0.3cm; H: 3.3cm.
Colori: impasto: marrone chiaro 10YR 6/4; sup. int: nero 10YR 3/1; sup. est: beige 2.5Y 8/3; vn: nero 10YR 3/1; dec: rosso 7.5YR 4/4.
Impasto: C: semiduro; DS: estremamente depurato; DI: medi; Del: mica, rossi e grigi puntiformi; Mod: tornio veloce.
Fr. d'orlo estroflesso di imitazione di coppa greco-orientale di tipologia *B1* di produzione regio-coloniale con attacco d'ansa a bastoncello orizzontale. All'interno, resti evanidi di linea orizzontale rossa suddipinta sotto l'orlo e di tre linee parallele orizzontali nella parte di estensione massima della vasca. All'esterno, banda acroma e linea rossa suddipinta sopra l'ansa. Vernice scrostata in più punti.
NAS: Produzioni regio-coloniali.
Datazione contesto: ca. 570 – 540 a.C.
Datazione relativa: fine VII – metà VI sec. a.C.
Bibliografia: inedito.
Confronti: v. testo.

16 K 25117 (tavv. 2. 63)
QO2F, F2006, EQ1140, Sondage 2, Ab. 24.
Lu: 4.4cm; La: 2.2cm; Dm: 5.0cm; S: 0.35cm; H: 1.3cm.
Colori: impasto: marrone rosso 5YR 6/6; nucleo: in parte grigio 5YR 5-6/1; vn: nero 10YR 2/1.
Impasto: C: semiduro; DS: estremamente depurato; DI: piccoli; Del: bianchi, grigi puntiformi e vacuoli; Mod: tornio veloce.
Fr. di fondo con piede ad anello di coppa greco-orientale di tipo *B1* in vn. All'interno completamente verniciato. All'esterno completamente verniciato ad eccezione di una linea in vernice molto più diluita situata all'esterno del piede ad anello.

NAS: Importazioni allotrie all'isola.
Datazione contesto: ca. 570 – 540 a.C.
Datazione relativa: ca. 570/60 – 530/20 a.C.
Bibliografia: inedito.
Confronti: v. testo.

17 K 24298 (tavv. 2. 63)
QO2F, F2006, EQ1139/1140, Sondage 1, Ab. 13.
Lu: 4.9cm; La: 2.3cm; Dm: 6.0cm; S: 0.3cm; H: 1.3cm.
Colori: impasto: rosso-marrone 5YR 5/4; nucleo: grigio 5YR 4/1; sup. int: marrone scuro 10R 4/4; sup. est: marrone 5YR 5/4; vn: marrone-rosso 10R 4/4.
Impasto: C: duro; DS: estremamente depurato; DI: piccoli; Del: bianchi calcarei, vacuoli; Mod: tornio veloce.
Due fr. combacianti di fondo con piede ad anello di coppa greco-orientale tipo *B1* a vn risultante di colore marrone. L'interno è completamente verniciato, in maniera abbastanza satura, seppure siano visibili alcune striature. Esterno ben lisciato senza vernice. Pareti molto sottili.
NAS: Importazioni allotrie all'isola.
Datazione contesto: ca. 570 – 540 a.C.
Datazione relativa: metà del VI sec. a.C.
Bibliografia: inedito.
Confronti: v. testo.

18 K 24299 (tav. 2)
QO2F, F2006, EQ1139/1140, Sondage 1, Ab. 13.
Lu: 3.0cm; La: 2.0cm; S: 0.3cm.
Colori: impasto: marrone-rosso 5YR 5/4; nucleo: grigio 5YR 5/1; sup. int: marrone-nero 10YR 2-3/1; sup. est: marrone 5YR 6/4; vn: nero-marrone 10YR 2-3/1; dec: evanida indet.
Impasto: C: semiduro; DS: estremamente depurato; DI: piccoli; Del: bianchi puntiformi, vacuoli; Mod: tornio veloce.
Fr. di vasca di coppa di tipo *B1* di produzione regio-coloniale in vn. All'esterno, linea acroma irregolare, vernice leggermente diluita, ma ancora ben conservata. All'interno, linea suddipinta evanida (è visibile solo l'ombra) su vernice stesa in maniera satura.
NAS: Produzioni regio-coloniali.
Datazione contesto: ca. 570 – 540 a.C.
Datazione relativa: fine VII – metà VI sec. a.C.
Bibliografia: inedito.
Confronti: v. testo.

19 K 25180 (tav. 2)
QO2F, F2006, EQ1139/1140, Sondage 1, Ab. 13.
Lu: 3.8cm; La: 3.6cm; S: 0.26-0.3cm.
Colori: impasto: marrone 7.5YR 7/4; nucleo: grigio 7.5YR 7/1; sup. int: marrone-nero 7.5YR 4/1; sup. est: marrone chiaro 7.5YR 7/3; vn: marrone 7.5YR 4/1; dec: marrone-rosso 7.5YR 4/4.
Impasto: C: semiduro; DS: estremamente depurato; DI: piccoli; Del: vacuoli, bianchi puntiformi; Mod: tornio veloce.
Fr. di parete di coppa di tipo *B1* di produzione regio-coloniale in vn. All'esterno, parte inferiore acroma. All'interno completamente verniciato con due linee sottili orizzontali suddipinte nella parte inferiore della vasca.
NAS: Produzioni regio-coloniali.
Datazione contesto: ca. 570 – 540 a.C.
Datazione relativa: fine VII – metà VI sec. a.C.
Bibliografia: inedito.
Confronti: v. testo.

20 K 23872 (tav. 2)
QO2F, F2006, EQ1139/1140, Sondage 1, Ab. 7.
Lu: 4.9cm; La: 3.5cm; S: 0.3-0.4cm.
Colori: impasto: grigio 7.5YR 5/1; nucleo: marrone-rosso 7.5YR 4/3; sup. est: marrone 7.5YR 6-7/4; vn: nero; dec: marrone evanido 7.5YR 3/3.
Impasto: C: semiduro; DS: estremamente depurato; DI: piccoli; Del: bianchi, grigi chiari, vacuoli; Mod: tornio veloce.
Fr. di parete di coppa di tipo *B1* di produzione regio-coloniale in vn. All'esterno, parte inferiore della vasca acroma. All'interno, resti di due linee suddipinte nella parte superiore della vasca.
NAS: Produzioni regio-coloniali.
Datazione contesto: ca. 570 – 540 a.C.
Datazione relativa: fine VII – metà VI sec. a.C.
Bibliografia: inedito.
Confronti: v. testo.

21 K 24300 (tav. 2)
QO2F, F2006, EQ1139/1140, Sondage 1, Ab. 13.
Lu: 2.8cm; La: 2.8cm; S: 0.2-0.3cm.
Colori: impasto: rosso-marrone 2.5YR 5/6; sup. int: rosso-marrone 2.5YR 5/8; sup. est: rosso-marrone 2.5YR 5/8; vn: marrone scuro 2.5YR 2.5/3.
Impasto: C: duro; DS: estremamente depurato; DI: piccoli; Del: bianchi calcarei, vacuoli; Mod: tornio veloce.
Fr. di parete di coppa in vn di produzione regio-coloniale. All'interno e all'esterno, vernice stesa a striature sottili, leggermente diluita.
NAS: Produzioni regio-coloniali.
Datazione contesto: ca. 570 – 540 a.C.
Datazione relativa: indet.
Bibliografia: inedito.
Confronti: v. testo.

22 K 23789 (tav. 3)
QO2F, F2006, EQ1139/1140, Sondage 1, Ab. 4W.Lu: 2.3cm; La: 2.0cm; S: 0.3cm.
Colori: impasto: marrone 7.5YR 6/6; nucleo: grigio 7.5YR 6/2; sup. int: marrone-nero 7.5YR 3/2; sup. est: beige 7.5Y 7/4; vn: marrone scuro 7.5YR 3/2.
Impasto: C: semiduro; DS: estremamente depurato; DI: piccoli; Del: vacuoli, rossi, grigi scuri puntiformi; Mod: tornio veloce.
Fr. di parete di coppa di produzione regio-coloniale in vn. Completamente verniciato all'interno, saturo, con resti di tre linee suddipinte? (molto evanide, l'ombra rimasta non è determinabile). All'esterno la vernice mostra difetti di cottura; di colore beige, rosso-marrone e marrone scuro.
NAS: Produzioni regio-coloniali.
Datazione contesto: ca. 570 – 540 a.C.
Datazione relativa: indet.
Bibliografia: inedito.
Confronti: v. testo.

23 K 23873 (tav. 3)
QO2F, F2006, EQ1139/1140, Sondage 1, Ab. 7.
Lu: 4.5cm; La: 1.7cm; SezAnsa: 0.8cm; S: 0.3cm; H: 1.5cm.
Colori: impasto: grigio 10YR 5/1; sup. int: grigio scuro 10YR 4/1; sup. est: marrone scuro 10YR 3/4; vn: grigio scuro 10YR 4/1, marrone scuro 10YR 3/4.
Impasto: C: semiduro; DS: estremamente depurato; DI: piccoli; Del: mica, bianchi, vacuoli; Mod: tornio veloce.
Fr. di parete con attacco d'ansa orizzontale a bastoncello di coppa di produzione regio-coloniale in vn. Completamente verniciato all'interno, saturo, vernice stesa a pennellate orizzontali. Esterno interamente verniciato di colore marrone scuro, saturo ad eccezione della zona della parete interna dell'ansa a bastoncello orizzontale.
NAS: Produzioni regio-coloniali.
Datazione contesto: ca. 570 – 540 a.C.
Datazione relativa: indet.
Bibliografia: inedito.
Confronti: v. testo.

24 K 23874 (tav. 3)
QO2F, F2006, EQ1139/1140, Sondage 1, Ab. 7.
Lu: 2.4cm; La: 1.5cm; S: 0.3cm.
Colori: impasto: marrone 10YR 6/4; sup. int: rosso-marrone 2.5YR 5/6; sup. est: beige 10YR 8/2; vn: marrone-nero 10YR 3-4/2.
Impasto: C: semiduro; DS: estremamente depurato; DI: piccoli; Del: vacuoli allungati; Mod: tornio veloce.
Fr. di vasca di coppa di produzione regio-coloniale in vn molto evanida. All'esterno, parvenza di linea acroma (non sicura) e resti di vernice evanida. All'interno vr satura.
NAS: Produzioni regio-coloniali.
Datazione contesto: ca. 570 – 540 a.C.
Datazione relativa: indet.
Bibliografia: inedito.
Confronti: v. testo.

Quartiere orientale: prima o seconda fase

25 K 22780 A–C (tav. 3)
QO1/2F, F2004, EQ1131/EQ1139, Ab. ZS 2 / Sondage, Ab. Steinsturz 4 / Ab. 11M.
A: Lu: 10.0cm; La: 3.9cm; S: 0.25-0.46cm; B: Lu: 7.20cm; La: 4.9cm; S: 0.22-0.45cm; C: Lu: 2.9cm; La: 2.0cm; S: 0.23-0.25cm.
Colori: impasto: beige chiaro 10YR 8/3; sup. int: beige chiaro 10YR 8/3; sup. est: beige chiaro 10YR 8/3; vn: marrone scuro 10YR 2/1; dec: marrone rosso 2.5YR 4/4, nero-marrone 10YR 2/1.
Impasto: C: semiduro; DS: estremamente depurato; DI: molto piccoli; Del: vacuoli di forma allungata, alcuni inclusi rossi, di forma arrotondata; Mod: tornio veloce.

Tre fr. non combacianti (A: due fr.; B: cinque fr.; C: due fr.) di parete di kotyle corinzia figurata. Completamente verniciata all'interno con vernice non satura stesa a pennellate tendenzialmente orizzontali e difetti di cottura. All'esterno, partendo dal basso, sono raffigurate una raggiera, seguita da tre linee orizzontali delimitanti un fregio. Quest'ultimo è composto da una pantera rivolta verso destra con corpo allungato e dettagli graffiti, dalla parte inferiore di un volatile raffigurato di profilo destro con arti tozzi e il collo dello stesso volatile ad "S" con dettagli graffiti. Riempitivi costituiti da rosette graffite e macchie di colore. Linea di delimitazione orizzontale del fregio conservato nella parte superiore del fr. C. Vernice scrostata.
NAS: Importazioni allotrie all'isola.
Datazione contesto: ca. 630/620 – 540 a.C.
Datazione relativa: CA – CM.
Bibliografia: (fr. A): Isler 2005a, 109 tav. 22, 7; Isler 2005b, 10 fig. 69; Isler 2007, 115 tav. 15, 14 (ex K 22792); Isler 2009a, 152. 154 fig. 17; (fr. B): Isler 2005a, 109 tav. 22, 7; (fr. C): Isler 2005a, 109 tav. 22, 7.
Confronti: v. testo.

26 K 22794 (tavv. 3. 64)
QO1/2F, F2004, EQ1139, Sondage, Ab. Steinsturz 2.
Lu: 5.1cm; La: 3.2cm; Dm: 15.0cm; S: 0.3cm; H: 3.0cm.
Colori: impasto: giallo chiaro 10YR 8/3; sup. int: giallo chiaro 10YR 8/3; sup. est: giallo chiaro 10YR 8/3; vn: marrone-rosso 5YR 4/6, marrone scuro 5YR 2.5/2.
Impasto: C: semiduro; DS: estremamente depurato; DI: piccoli; Del: vacuoli, rossi puntiformi; Mod: tornio veloce.
Fr. d'orlo leggermente rientrante di kotyle d'importazione corinzia a figure nere. All'interno, vernice evanida e non omogenea (da marrone-rosso a marrone scuro), stesa a striature orizzontali. Esterno decorato sulla sommità con una linea orizzontale, seguita da una banda campita da linee a tremolo verticali. Seguono due linee orizzontali e resti di due rosette. Vn evanida.
NAS: Importazioni allotrie all'isola.
Datazione contesto: ca. 630/620 – 540 a.C.
Datazione relativa: CA – CM.
Bibliografia: inedito.
Confronti: v. testo.

27 K 22804 (tavv. 3. 64)
QO1/2F, F2004, EQ1139, Sondage, Ab. 8W.
Lu: 4.0cm; La: 3.4cm; Dm est: 12.0cm; S: 0.3cm; H: 3.3cm.
Colori: impasto: beige-giallo 10YR 7/3; sup. int: beige 10YR 8/4; sup. est: beige-giallo 10YR 7/3; vn: marrone 10YR 3/2; nero 10YR 2/1.
Impasto: C: semiduro; DS: estremamente depurato; DI: piccoli; Del: vacuoli e inclusi rossi puntiformi; Mod: tornio veloce.
Fr. d'orlo leggermente rientrante di kotyle corinzia con decorazione a figure nere e dettagli graffiti all'esterno. Interno vn evanida, stesa a pennellate orizzontali, in parte scrostata. Esterno decorato con una linea orizzontale sulla sommità dell'orlo, dalla quale partono brevi linee verticali delimitate inferiormente da un'ulteriore linea orizzontale. Al di sotto, resti di un fregio zoomorfo. Si distinguono due macchie di colore (rosette) ed una più grande con dettagli eseguiti con sei linee graffite in diverse direzioni (animale non identificato).
NAS: Importazioni allotrie all'isola.
Datazione contesto: ca. 630/620 – 540 a.C.
Datazione relativa: CA – CM.
Bibliografia: inedito.
Confronti: v. testo.

28 K 22813 (tavv. 3. 64)
QO1/2F, F2004, EQ1139, Sondage, Ab. 10W.
Lu: 3.1cm; La: 3.5cm; Dm est: indet. (ca. 11.0cm); S: 0.2cm; H: 3.3cm.
Colori: impasto: beige 10YR 8/3; sup. int: beige-bianco 2.5Y 8/2; sup. est: beige-bianco 2.5Y 8/2; vn: evanida.
Impasto: C: semiduro; DS: estremamente depurato; DI: piccoli; Del: vacuoli, rossi puntiformi; Mod: tornio veloce.
Fr. d'orlo leggermente rientrante di kotyle d'importazione corinzia a figure nere con dettagli graffiti. L'interno doveva essere in origine completamente verniciato (si sono conservate unicamente saltuarie tracce puntiformi di vernice). Esterno decorato sulla sommità da una linea orizzontale seguita in basso da sei brevi tratti verticali leggermente ondulati e delimitati inferiormente da due linee orizzontali. Al di sotto si sviluppa un fregio figurato con resti di due rosette con "X" graffita irregolarmente nel centro ed altre macchie di vn, evanide.
NAS: Importazioni allotrie all'isola.
Datazione contesto: ca. 630/620 – 540 a.C.
Datazione relativa: CA – CM.
Bibliografia: inedito.
Confronti: v. testo.

29 K 22798 (tavv. 3. 64)
QO1/2F, F2004, EQ1139, Sondage, Ab. Steinsturz 1.
Lu: 3.5cm; La: 2.5cm; Dm: 12.0cm; S: 0.25cm; H: 2.3cm.
Colori: impasto: beige 10YR 8/4; sup. int: beige 10YR 8/4; sup. est: beige 10YR 8/4; vn: marrone-nero 5YR 3/3.
Impasto: C: semiduro; DS: estremamente depurato; DI: piccoli; Del: vacuoli e bianchi puntiformi; Mod: tornio veloce.
Fr. d'orlo rientrante di kotyle in ceramica corinzia a figure nere. Interno completamente verniciato a pennellate stese in direzione orizzontale (vn diluita). Linea risparmiata lungo l'orlo. La porzione sommitale dell'esterno è decorata con una linea orizzontale seguita da nove brevi listelli verticali di altezze diverse; la parte inferiore è completamente evanida e non è identificabile.
NAS: Importazioni allotrie all'isola.
Datazione contesto: ca. 630/620 – 540 a.C.
Datazione relativa: CA – CM.
Bibliografia: inedito.
Confronti: v. testo.

30 K 22805 (tavv. 3. 64)
QO1/2F, F2004, EQ1139, Sondage, Ab. 11M.
Lu: 3.1cm; La: 2.4cm; Dm: 10.0cm; S: 0.3cm; H: 2.4cm.
Colori: impasto: beige 7.5YR 8/4; sup. int: beige-giallo 10YR 7/4; sup. est: beige 10YR 8/3; vn: marrone scuro 5YR 3/3.
Impasto: C: semiduro; DS: estremamente depurato; DI: molto piccoli; Del: neri puntiformi, vacuoli di forma allungata; Mod: tornio veloce.
Fr. d'orlo di kotyle corinzia. Interno completamente verniciato (diluito) a pennellate tendenzialmente orizzontali, con banda acroma lungo l'orlo. All'esterno resti di due linee orizzontali subito al di sotto dell'orlo, delle linee verticali leggermente tremule ed i resti di due linee orizzontali sottostanti.
NAS: Importazioni allotrie all'isola.
Datazione contesto: ca. 630/620 – 540 a.C.
Datazione relativa: CA – CM.
Bibliografia: inedito.
Confronti: v. testo.

31 K 22384 (tav. 3)
QO1/2F, F2004, EQ1139, Sondage, Ab. 4El.
Lu: 2.1cm; La: 2.5cm; S: 0.25cm.
Colori: impasto: beige 10YR 7/3; sup. int: beige 10YR 8/4; sup. est: beige 10YR 8/2; vn: marrone 5YR 6/6, nero 5YR 2.5/1; dec: marrone-rosso 5YR 3/4.
Impasto: C: semiduro; DS: estremamente depurato; DI: medi; Del: vacuoli, rossi puntiformi; Mod: tornio veloce.
Fr. di parete di kotyle corinzia con decorazione a figure nere con dettagli graffiti. Interamente verniciata all'interno, con vernice evanida di colore non saturo stesa a pennellate orizzontali. Esterno decorato con due linee orizzontali evanide seguite da una macchia di vernice satura e quattro linee graffite.
NAS: Importazioni allotrie all'isola.
Datazione contesto: ca. 630/620 – 540 a.C.
Datazione relativa: indet.
Bibliografia: inedito.
Confronti: v. testo.

32 K 22569 (tavv. 3. 64)
QO1/2F, F2004, EQ1139, Sondage, Ab.9E in Struktur.
Lu: 3.1cm; La: 2.5cm; Dm: indet. (ca. 11.0cm); S: 0.3cm; H: 2.5cm.
Colori: impasto: beige 10YR 8/3; sup. int: beige 10YR 8/3; sup. est: beige 10YR 8/3; vn: nero 10YR 2/1; dec: bianco 10YR 7/1, rosso 2.5YR 3/6.
Impasto: C: semiduro; DS: estremamente depurato; DI: piccoli; Del: vacuoli; Mod: tornio veloce.
Fr. d'orlo leggermente rientrante di kotyle corinzia in vn con linee suddipinte rosse e bianche. Interno completamente verniciato, saturo. Esterno decorato con linea

rossa orizzontale racchiusa, superiormente, da due linee bianche orizzontali molto sottili e, inferiormente, da una sola linea bianca orizzontale.
NAS: Importazioni allotrie all'isola.
Datazione contesto: ca. 630/620 – 540 a.C.
Datazione relativa: ca. CA – CM.
Bibliografia: inedito.
Confronti: v. testo.

33 K 22531 (tav. 3)
QO1/2F, F2004, EQ1139, Sondage, Ab. 6EI.
Lu: 3.3cm; La: 2.9cm; Dm: 5.0cm; S: 0.24-0.35cm.
Colori: impasto: beige 10YR 8/3; sup. int: beige 10YR 8/3; sup. est: beige 10YR 8/2; vn: nero 10YR 2/2.
Impasto: C: semiduro; DS: estremamente depurato; DI: piccoli; DeI: vacuoli, rossi puntiformi; Mod: tornio veloce.
Fr. di fondo di kotyle corinzia in vn. Sulla superficie inferiore della forma decorazione con punto centrale e due cerchi concentrici in vn leggermente evanida.
NAS: Importazioni allotrie all'isola.
Datazione contesto: ca. 630/620 – 540 a.C.
Datazione relativa: indet.
Bibliografia: inedito.
Confronti: v. testo.

34 K 22800 (tav. 3)
QO1/2F, F2004, EQ1139, Sondage, Ab. Steinsturz 4.
Lu: 2.5cm; La: 1.5cm; S: 0.3cm.
Fr. di parete di kotyle corinzia in vn.
Reperto non ritrovato nei magazzini e, dunque, unicamente identificato sulla base della documentazione cartacea e fotografica.
NAS: Importazioni allotrie all'isola.
Datazione contesto: ca. 630/620 – 540 a.C.
Datazione relativa: indet.
Bibliografia: inedito.
Confronti: v. testo.

35 K 22823 (tavv. 3. 64)
QO1/2F, F2004, EQ1131, Ab. ZS 4.
Lu: 4.1cm; La: 1.8cm; Dm: indet; S: 0.2cm; H: 1.7cm.
Colori: impasto: beige 10YR 8/3; sup. int: beige 10YR 8/3; sup. est: beige 10YR 8/3; vn: nero 10YR 2/1.
Impasto: C: semiduro; DS: estremamente depurato; DI: piccoli; DeI: rossi e vacuoli puntiformi; Mod: tornio veloce.
Fr. d'orlo estroflesso e ansa orizzontale a bastoncello semicircolare integra di coppa corinzia in vn. All'interno, sottile linea acroma lungo l'orlo. All'esterno, linea acroma sia sulla superficie inferiore dell'ansa sia sulla parete tra l'ansa. Vernice scrostata.
NAS: Importazioni allotrie all'isola.
Datazione contesto: ca. 630/620 – 540 a.C.
Datazione relativa: CA.
Bibliografia: inedito.
Confronti: v. testo.

36 K 22577 (tav. 64)
QO1/2F, F2004, EQ1139, Sondage, Ab. 8W.
Lu: 2.5cm; La: 1.6cm; Dm int: 4.0cm; Dm foro centrale: 0.8cm; S: 0.4cm; H: 0.7cm.
Colori: impasto: giallo-beige 2.5Y 2.5/1; sup. int: beige 2.5Y 8/2; sup. est: beige 2.5Y 8/2; vn: nero 2.5YR 2.5/1.
Impasto: C: semiduro; DS: estremamente depurato; DI: molto piccoli; DeI: vacuoli; Mod: tornio veloce.
Fr. d'orlo di forma chiusa, alabastron (?) corinzio con decorazione a corone di cinque foglioline sul piano del labbro, evanidi nella parte centrale.
NAS: Importazioni allotrie all'isola.
Datazione contesto: ca. 630/620 – 540 a.C.
Datazione relativa: indet.
Bibliografia: inedito.
Confronti: v. testo.

37 K 22377 A–D (tavv. 3. 64)
QO1/2F, F2004, EQ1139, Sondage, Ab. 2E / 3EI / 6EI.A.
Lu: 6.1cm; La: 4.7cm; Dm: 15.0cm; S: 0.2-0.4cm; B: Lu: 5.1cm; La: 4.9cm; S: 0.3cm; C: Lu: 5.0cm; La: 1.9cm; S: 0.2cm; D: Lu: 3.4cm; La: 2.9cm; S: 0.2cm.
Colori: impasto: grigio-verde 2.5Y 7/2; sup. int: grigio scuro 10YR 5-6/1; sup. est: beige-grigio 2.5Y 7/2; vn: grigio-nero 10YR 4/1.
Impasto: C: duro; DS: molto depurato; DI: medi; DeI: numerosi vacuoli arrotondati e inclusi neri, saltuari rossastri, mica; Mod: tornio veloce.
Quattro fr. non combacianti (A: tre fr.; B: 2 fr.; C/D: un fr.: sette fr. totali) d'orlo retto leggermente ingrossato con grande parte di parete di coppa d'imitazione corinzia di produzione regio-coloniale. L'esterno è completamente evanido e decorato con una banda acroma. L'interno mostra un rivestimento in vn, evanido.
NAS: Produzioni regio-coloniali.
Datazione contesto: ca. 630/620 – 540 a.C.
Datazione relativa: fine VII sec. – 580/560 a.C.
Bibliografia: inedito.
Confronti: v. testo.

38 K 22578 (tavv. 3. 64)
QO1/2F, F2004, EQ1139, Sondage, Ab. 8W.
Lu: 6.5cm; La: 5.4cm; Dm: 13.0cm; S: 0.38cm; H: 4.1cm.
Colori: impasto: marrone chiaro 7.5YR 5/4; sup. int: marrone 7.5YR 5/4; sup. est: marrone 7.5YR 5/4; vn: nero-marrone 10YR 3/2; dec: rosso 5YR 4/6.
Impasto: C: semiduro; DS: estremamente depurato; DI: piccoli; DeI: mica, bianchi, rossi; Mod: tornio veloce.
Due fr. combacianti di coppa d'imitazione di tipo *B1* di produzione regio-coloniale. Linea acroma lungo l'orlo, seguita, all'interno, da una linea rossastra suddipinta e, sulla vasca, da due altre linee orizzontali suddipinte rossastre. Esterno acromo ad eccezione di una banda verniciata all'altezza del cambiamento tettonico tra l'orlo e la vasca. Vernice scrostata.
NAS: Produzioni regio-coloniali.
Datazione contesto: ca. 630/620 – 540 a.C.
Datazione relativa: fine VII – metà VI sec. a.C.
Bibliografia: inedito.
Confronti: v. testo.

39 K 22529 (tavv. 4. 64)
QO1/2F, F2004, EQ1139, Sondage, Ab. 6EI.
Lu: 3.2cm; La: 2.0cm; Dm: 11.5cm; S: 0.26cm; H: 2.0cm.
Colori: impasto: marrone chiaro 10YR 3/3; sup. int: marrone-nero 10YR 3/3; sup. est: beige-giallo 2.5Y 8/2; vn: marrone scuro 10YR 3/3; dec: arancione 7.5YR 5/6, marrone-arancione 5YR 5/8.
Impasto: C: semiduro; DS: estremamente depurato; DI: piccoli; DeI: mica, rossi molto grandi, vacuoli allungati grandi, altrimenti tutto molto depurato ed omogeneo; Mod: tornio veloce.
Fr. d'orlo di coppa d'imitazione *B1* di produzione regio-coloniale. Completamente verniciato all'interno; orlo marrone-arancione. L'esterno conserva tracce di vernice tendente, nella parte superiore, all'arancione e, nella parte inferiore, al marrone scuro. Vernice evanida e scrostata.
NAS: Produzioni regio-coloniali.
Datazione contesto: ca. 630/620 – 540 a.C.
Datazione relativa: ca. metà del VI sec. a.C.
Bibliografia: inedito.
Confronti: v. testo.

40 K 22675 (tavv. 4. 64)
QO1/2F, F2004, EQ1139, Sondage, Ab.7EI.
Lu: 5.0cm; La: 4.3cm; Dm: 6.0cm; S: 0.2-0.3cm; H: 1.3cm.
Colori: impasto: rosso-marrone 5YR 7/6; nucleo: grigio chiaro 10YR 5/1; sup. int: rosso-marrone 5YR 7/6; sup. est: rosso-marrone 5YR 7/6; vn: marrone 10YR 3/2.
Impasto: C: semiduro; DS: estremamente depurato; DI: piccoli; DeI: vacuoli, bianchi puntiformi; Mod: tornio veloce.
Sei fr. combacianti di fondo con piede ad anello di coppa *B1* di produzione regio-coloniale. L'interno è verniciato con vernice evanida ad eccezione di una banda acroma. Esterno acromo ad eccezione di una linea sottile nella parte superiore della parte conservata.
NAS: Produzioni regio-coloniali.
Datazione contesto: ca. 630/620 – 540 a.C.
Datazione relativa: ca. metà del VI sec. a.C.
Bibliografia: inedito.
Confronti: v. testo.

41 K 22631 (tavv. 4. 64)
QO1/2F, F2004, EQ1139, Sondage, Ab. 10E.
Lu: 3.8cm; La: 3.7cm; Dm est: 5.0cm; S: 0.3cm; H: 1.3cm.
Colori: impasto: rosso-marrone 2.5YR 5/6; nucleo: grigio-marrone 2.5YR 5/2; sup. int: rosso-marrone 2.5YR 5/8; sup. est: rosso-marrone 2.5YR 6-7/6; vn: nero-grigio 2.5YR 3/1.
Impasto: C: semiduro; DS: estremamente depurato; DI: piccoli; DeI: mica, vacuoli allungati; Mod: tornio veloce.
Fr. di fondo con piede ad anello di coppa

B1 di produzione regio-coloniale. L'interno è verniciato completamente di nero. L'esterno è acromo nella parte inferiore, mentre nella porzione superiore si distinguono tracce di vernice evanida, banda?
NAS: Produzioni regio-coloniali.
Datazione contesto: ca. 630/620 – 540 a.C.
Datazione relativa: fine VII sec. – 540/530 a.C.
Bibliografia: inedito.
Confronti: v. testo.

42 K 22378 (tav. 4)
QO1/2F, F2004, EQ1139, Sondage, Ab. 3EI.
Lu: 1.6cm; La: 1.5cm; S: 0.45cm.
Colori: impasto: beige 10YR 8/2; sup. int: nero 10YR 2/1; sup. est: beige 10YR 8/1; vn: nero 10YR 2/1; dec: marrone-rosso 5YR 3/4.
Impasto: C: semiduro; DS: estremamente depurato; DI: medi; Del: vacuoli, grigi puntiformi; Mod: tornio veloce.
Fr. di parete con attacco del labbro di coppa d'imitazione *B1* di produzione regio-coloniale. Interno completamente verniciato, saturo, con linea suddipinta paonazza sulla parte interiore dell'attacco dell'orlo conservato. Esterno completamente verniciato, evanido, con linea orizzontale suddipinta nella porzione superiore della vasca.
NAS: Produzioni regio-coloniali.
Datazione contesto: ca. 630/620 – 540 a.C.
Datazione relativa: fine VII – metà VI sec. a.C.
Bibliografia: inedito.
Confronti: v. testo.

43 K 22608 (tav. 4)
QO1/2F, F2004, EQ1139, Sondage, Ab. 9E.
Lu: 2.4cm; La: 2.0cm; S: 0.2-0.4cm.
Colori: impasto: marrone 7.5YR 6/6; sup. int: rosso-marrone 2.5YR 5/8; sup. est: marrone 7.5YR 6/6; vn: nero 10YR 2/1; dec: marrone-nero 10YR 2/2.
Impasto: C: semiduro; DS: estremamente depurato; DI: piccoli; Del: mica, bianchi, rossastri puntiformi; Mod: tornio veloce.
Fr. di parete di coppa *B1* di verosimile importazione greco-orientale. All'esterno, banda acroma. All'interno, tre linee suddipinte orizzontali nere su sfondo rosso.
NAS: Importazioni allotrie all'isola.
Datazione contesto: ca. 630/620 – 540 a.C.
Datazione relativa: fine VII – metà VI sec. a.C.
Bibliografia: inedito.
Confronti: v. testo.

44 K 22530 (tav. 4)
QO1/2F, F2004, EQ1139, Sondage, Ab. 6EI.
Lu: 3.7cm; La: 2.8cm; SezAnsa: 0.6x0.7cm; S: 0.6cm.
Colori: impasto: grigio-marrone 10YR 6/1; sup. est: beige-grigio 10YR 7/2; vn: nero-marrone 10YR 2/1.
Impasto: C: semiduro; DS: estremamente depurato; DI: piccoli; Del: vacuoli, bianchi calcarei; Mod: a mano.
Fr. d'ansa a sezione circolare di coppa d'imitazione di produzione regio-coloniale. All'esterno, resti evanidi su tutta l'ansa di vn, scrostata.
NAS: Produzioni regio-coloniali.
Datazione contesto: ca. 630/620 – 540 a.C.
Datazione relativa: indet.
Bibliografia: inedito.
Confronti: v. testo.

45 K 22728 (tav. 4)
QO1/2F, F2004, EQ1131, Ab. ZS 3.
Lu: 1.8cm; La: 2.8cm; S: 0.4-0.5cm.
Colori: impasto: marrone 7.5YR 6/4; sup. int marrone 7.5YR 6/4; sup. est: marrone 7.5YR 6/4; vn: marrone scuro 7.5YR 2.5/1, marrone-rosso 2.5YR 4/6.
Impasto: C: duro; DS: estremamente depurato; DI: piccoli; Del: mica, vacuoli puntiformi; Mod: tornio veloce.
Tre fr. combacianti di vasca di coppa a vn. Interno decorato con un tondo acromo, delimitato da una linea nera sormontata da una zona verniciata e parte superiore rosso-marrone. Esterno completamente verniciato a bande con due linee orizzontali acrome. Difetti di cottura.
NAS: Produzioni regio-coloniali (?).
Datazione contesto: ca. 630/620 – 540 a.C.
Datazione relativa: indet.
Bibliografia: inedito.
Confronti: v. testo.

46 K 22610 (tav. 4)
QO1/2F, F2004, EQ1139, Sondage, Ab. 9E.
Lu: 1.9cm; La: 2.2cm; S: 0.3cm.
Colori: impasto: marrone-rosso 2.5YR 6/4; nucleo: grigio 2.5YR 5/2; sup. int: marrone scuro 5YR 5/2; sup. est: beige-rosso 2.5YR 6/4; vn: marrone scuro 2.5YR 3/1.
Impasto: C: semiduro; DS: estremamente depurato; DI: piccoli; Del: mica, bianchi puntiformi, vacuoli; Mod: tornio veloce.
Fr. di parete di coppa a vn. All'esterno, zona acroma verso il fondo della vasca. Interno completamente verniciato con pennellate stese orizzontalmente, leggermente diluita. Difetti di cottura.
NAS: Produzioni regio-coloniali.
Datazione contesto: ca. 630/620 – 540 a.C.
Datazione relativa: indet.
Bibliografia: inedito.
Confronti: v. testo.

47 K 22691 (tav. 4)
QO1/2F, F2004, EQ1139, Sondage, Ab. Steinsturz 3.
Lu: 2.5cm; La: 2.3cm; S: 0.3cm.
Colori: impasto: beige 10YR 8/4; sup. int: beige 10YR 8/3; sup. est: beige 10YR 8/3; vn: nero 10YR 3/1.
Impasto: C: tenero; DS: estremamente depurato; DI: piccoli; Del: neri, bianchi, vacuoli puntiformi; Mod: tornio veloce.
Fr. di parete di forma aperta, *skyphos* (?) di produzione regio-coloniale. Interno completamente verniciato, molto screpolato ed evanido. All'esterno, solo una banda (?) molto evanida nella porzione superiore.
NAS: Produzioni regio-coloniali.
Datazione contesto: ca. 630/620 – 540 a.C.
Datazione relativa: indet.
Bibliografia: inedito.
Confronti: v. testo.

48 K 22385 (tav. 4)
QO1/2F, F2004, EQ1139, Sondage, Ab. 4EI.
Lu: 3.25cm; La: 1.5cm; S: 0.3cm.
Colori: impasto: beige-rosso 7.5YR 6/6; sup. int: beige 7.5YR 7/4; sup. est: marrone scuro 7.5YR 3/3; ing: marrone scuro 7.5YR 3/3, rosso-marrone 2.5YR 4/6.
Impasto: C: semiduro; DS: estremamente depurato; DI: piccoli; Del: vacuoli, bianchi, rossi puntiformi; Mod: tornio veloce.
Fr. di parete di forma aperta in ceramica di produzione regio-coloniale. All'interno, vernice arancione-rossastra, molto evanida e screpolata. L'esterno presenta un rivestimento simile a vn, di colore marrone scuro, leggermente screpolato.
NAS: Produzioni regio-coloniali.
Datazione contesto: ca. 630/620 – 540 a.C.
Datazione relativa: indet.
Bibliografia: inedito.
Confronti: v. testo.

49 K 22609 (tav. 4)
QO1/2F, F2004, EQ1139, Sondage, Ab. 9E.
Lu: 2.6cm; La: 2.1cm; S: 0.26cm.
Colori: impasto: marrone 5YR 5/6; sup. int: marrone 5YR 5/4; sup. est: nero indet; vn: nero 10YR 2/1.
Impasto: C: semiduro; DS: estremamente depurato; DI: piccoli; Del: mica, vacuoli, bianchi puntiformi; Mod: tornio veloce.
Fr. di parete di forma chiusa di piccole-medie dimensioni in vn. Esterno completamente verniciato di nero. All'interno sono visibili le sottili linee del tornio.
NAS: Produzioni regio-coloniali (?).
Datazione contesto: ca. 630/620 – 540 a.C.
Datazione relativa: indet.
Bibliografia: inedito.
Confronti: v. testo.

50 K 22532 (tav. 4)
QO1/2F, F2004, EQ1139, Sondage, Ab. 6EI.
Lu: 9.7cm; S: 0.27cm.
Fr. di parete con attacco d'ansa di forma chiusa. Esterno verniciato di rosso. Reperto non ritrovato nei magazzini e identificato unicamente sulla base della documentazione cartacea e fotografica.
NAS: Indet – produzione regio-coloniale (?).
Datazione contesto: ca. 630/620 – 540 a.C.
Datazione relativa: indet.
Bibliografia: inedito.
Confronti: v. testo.

51 K 22533 (tavv. 4. 64)
QO1/2F, F2004, EQ1139, Sondage, Ab. 6EI.
Lu: 4.2cm; La: 3.9cm; Dm: 4.6cm; S: 0.35cm fondo/0.16cm parete; H: 1.7cm.
Colori: impasto: grigio 2.5YR 5/1; sup. int: marrone 5YR 6/4-6; sup. est: grigio 5YR 5-6/1.
Impasto: C: semiduro; DS: molto depurato; DI: medi; Del: mica, bianchi e rossi puntiformi; Mod: tornio veloce.
Fr. di fondo con piede ad anello di forma indeterminata, forma chiusa? All'esterno, resti di una linea orizzontale sulla parte superiore.
NAS: Produzioni regio-coloniali (?).

Datazione contesto: ca. 630/620 – 540 a.C.
Datazione relativa: indet.
Bibliografia: inedito.
Confronti: v. testo.

Quartiere orientale: rifacimento dell'angolo NE dell'edificio

52 K 24701 (tav. 4)
QORANE, F2006, EQ1140, Sondage 2, Ab. 40.
Lu: 2.8cm; La: 1.9cm; Dm int: 7.0cm; S: 0.26cm.
Colori: impasto: beige 10YR 8/3; sup. int: beige 10YR 8/3; sup. est: beige 10YR 8/3; vn: nero 10YR 2/1; dec: rosso 5YR 4/6.
Impasto: C: semiduro; DS: estremamente depurato; DI: piccoli; Del: vacuoli; Mod: tornio veloce.
Fr. di parete di forma chiusa di piccole dimensioni, aryballos con decorazione lineare di produzione laconica (?). All'esterno, zona superiore con resti di vn (banda?) seguita da una porzione acroma campita da due linee orizzontali sottili in vn diluita.
NAS: Importazioni allotrie all'isola.
Datazione contesto: tardo-arcaico (ca. 500 – 460/450 a.C.) non preso in considerazione per la cronologia.
Datazione relativa: fine VII – metà del VI sec. a.C.
Bibliografia: inedito.
Confronti: v. testo.

53 K 25122 (tavv. 4. 64)
QORANE, F2006, EQ1140, Sondage 2, Ab. 38.
Lu: 4.3cm; La: 4.6cm; Dm est: 9.0cm; S: 0.4cm; H: 3.6cm.
Colori: impasto: rosso-marrone 2.5YR 5/6; sup. int: nero-marrone 10YR 2/2; sup. est: marrone-rosso 2.5YR 4/4; vn: nero 10YR 2/2, rosso 2.5YR 4/8.
Impasto: C: semiduro; DS: estremamente depurato; DI: piccoli; Del: vacuoli, bianchi calcarei; Mod: tornio veloce.
Tre fr. combacianti di *stemmed dish* della tipologia *convex and small* in vn di produzione regio-coloniale. Sia l'interno che l'esterno sono completamente verniciati. All'interno sono lievemente visibili dei riflessi metallici. All'esterno, vernice leggermente più evanida che all'interno, scrostata e con difetti di cottura.
NAS: Produzioni regio-coloniali.
Datazione contesto: tardo-arcaico (ca. 500 – 460/450 a.C.) non preso in considerazione per la cronologia.
Datazione relativa: ultimo quarto del VI – primi decenni del V sec. a.C.
Bibliografia: inedito.
Confronti: v. testo.

54 K 25196 (tavv. 4. 64)
QORANE, F2006, EQ1140, Sondage 2, Ab. 25.
Lu: 2.6cm; La: 2.1cm; Dm est: 8.0cm; S: 0.3cm; H: 1.85cm.
Colori: impasto: marrone-rosso 5YR 5/6; sup. int: nero 10YR 2/1; sup. est: nero 10YR 2/1; vn: nero 10YR 2/1.
Impasto: C: semiduro; DS: estremamente depurato; DI: piccoli; Del: mica, bianchi, vacuoli allungati; Mod: tornio veloce.
Fr. d'orlo svasato all'interno di coppetta di piccole dimensioni a vn di produzione regio-coloniale (*one-handler*?). Interno ed esterno completamente verniciati, leggermente evanidi.
NAS: Produzioni regio-coloniali.
Datazione contesto: tardo-arcaico (ca. 500 – 460/450 a.C.) non preso in considerazione per la cronologia.
Datazione relativa: ultimo quarto del VI – prima metà del V sec. a.C.
Bibliografia: inedito.
Confronti: v. testo.

55 K 25195 (tavv. 4. 64)
QORANE, F2006, EQ1140, Sondage 2, Ab. 25.
Lu: 2.7cm; La: 1.9cm; Dm est: 15.0cm; S: 0.45cm; H: 1.9cm.
Colori: impasto: arancione 2.5YR 5/6; sup. int: arancione 2.5YR 6/6; sup. est: arancione 5YR 7/8; vn: rosso scuro 2.5YR 4/8.
Impasto: C: semiduro; DS: estremamente depurato; DI: piccoli; Del: mica, vacuoli, bianchi calcarei; Mod: tornio veloce.
Fr. d'orlo ingrossato verso l'esterno di forma aperta in vn di produzione regio-coloniale (*small bowl-steep wall* di dimensioni maggiori). Interno e parte superiore dell'orlo completamente verniciati, scrostati. Esterno acromo. Difetti di cottura.
NAS: Produzioni regio-coloniali.
Datazione contesto: tardo-arcaico (ca. 500 – 460/450 a.C.) non preso in considerazione per la cronologia.
Datazione relativa: prima metà del V sec. a.C.
Bibliografia: inedito.
Confronti: v. testo.

56. K 25381 (tav. 4)
QORANE, F2006, EQ1140, Sondage 2, Ab. 27.
Lu: 3.1cm; La: 2.1cm; S: 0.4cm.
Colori: impasto: marrone 5YR 7/4; nucleo: grigio 5YR 6/1; sup. int: grigio scuro 10YR 4/1; sup. est: beige-marrone 10YR 3/2; vn: nero-grigio 5YR 3/1.
Impasto: C: duro; DS: estremamente depurato; DI: piccoli; Del: vacuoli; Mod: tornio veloce.
Fr. di parete con attacco d'ansa a bastoncello orizzontale di coppa del tipo K 480 di produzione regio-coloniale. Interno completamente verniciato. All'esterno, verniciato ad eccezione di una banda acroma all'altezza dell'ansa. Nonostante le dimensioni ridotte la fattura del reperto è identica agli esemplari meglio conservati di coppe del tipo lato K 480.
NAS: Produzioni regio-coloniali.
Datazione contesto: tardo-arcaico (ca. 500 – 460/450 a.C.) non preso in considerazione per la cronologia.
Datazione relativa: fine VI sec. – 460/450 a.C.
Bibliografia: inedito.
Confronti: v. testo.

57 K 24729 (tav. 4)
QORANE, F2006, EQ1140, Sondage 2, Ab. 39.
Lu: 1.9cm; La: 1.8cm; S: 1.1cm.
Colori: impasto: grigio-marrone 10YR 5/3; vn: nero con riflessi metallici.
Impasto: C: semiduro; DS: estremamente depurato; DI: piccoli; Del: mica, vacuoli, bianchi puntiformi; Mod: tornio veloce.
Fr. di parete di forma aperta di grandi dimensioni in ceramica a vn, cratere? Completamente verniciato sia all'interno che all'esterno.
NAS: Produzioni regio-coloniali.
Datazione contesto: tardo-arcaico (ca. 500 – 460/450 a.C.) non preso in considerazione per la cronologia.
Datazione relativa: indet.
Bibliografia: inedito.
Confronti: v. testo.

58 K 25123 (tav. 4)
QORANE, F2006, EQ1140, Sondage 2, Ab. 38.
Lu: 6.8cm; La: 3.5cm; S: 0.4cm.
Colori: impasto: marrone 7.5YR 5/4; vn: nero con riflessi metallici.
Impasto: C: semiduro; DS: estremamente depurato; DI: piccoli; Del: vacuoli; Mod: tornio veloce.
Due fr. combacianti di parete di *skyphos* in vn di produzione attica. Sia all'interno che all'esterno completamente verniciato in modo saturo. All'interno sono visibili le sottili linee del tornio.
NAS: Importazioni allotrie all'isola.
Datazione contesto: tardo-arcaico (ca. 500 – 460/450 a.C.) non preso in considerazione per la cronologia.
Datazione relativa: indet.
Bibliografia: inedito.
Confronti: v. testo.

59 L 2424 (tav. 4)
QORANE, F2006, EQ1140, Sondage 2, Ab. 38.
Lu: 2.3cm; La: 2.1cm; S: 0.45-0.5cm.
Colori: impasto: marrone chiaro 7.5YR 6/4; sup. est: beige 7.5YR 7/3; vn: nero.
Impasto: C: semiduro; DS: estremamente depurato; DI: piccoli; Del: vacuoli; Mod: tornio veloce.
Fr. di parete superiore di exaleiptron di produzione attica con parte laterale verniciata e banda acroma nella parte superiore. All'interno verniciato in modo saturo.
NAS: Importazioni allotrie all'isola.
Datazione contesto: tardo-arcaico (ca. 500 – 460/450 a.C.) non preso in considerazione per la cronologia.
Datazione relativa: indet.
Bibliografia: inedito.
Confronti: v. testo.

Quartiere Agora: riempimento adibito alla costruzione dell'edificio A

60 K 22122 (tavv. 5. 65)
QAREA, F2003, Agora550/551/552, Ab. Steinpackung IV.
Lu: 5.1cm; La: 3.7cm; S: 0.4cm.
Colori: impasto: nero; nucleo: grigio-nero; sup. int: nero; sup. est: nero.
Impasto: C: duro; DS: estremamente depurato; DI: piccoli; Del: mica e neri puntiformi; Mod: tornio veloce.
Fr. di parete con attacco d'ansa a nastro verticale di kantharos in bucchero sottile. All'esterno, resti di un'incisione a punzone sulla vasca. Attribuibile al tipo Rasmussen 3e.
NAS: Importazioni allotrie all'isola.
Datazione contesto: *t.a.q.* ca. 550 a.C. (ca. fine VII – prima metà VI sec. a.C.)
Datazione relativa: fine VII – metà VI sec. a.C.
Bibliografia: Isler 2004b, 12 fig. 19; Isler 2009a, 147 nota 69.
Confronti: v. testo.

61 K 22121 (tavv. 5. 65)
QAREA, F2003, Agora550/551/552, Ab. Steinpackung IV.
Lu: 3.4cm; La: 2.4cm; S: 0.2cm.
Colori: impasto: beige 10YR 8/3; sup. int: beige 10YR 8/3; sup. est: beige 10YR 8/3; ing: vr interno: 5YR 5/6; esterno 2.5YR 5/8; dec: lineare esterna 5YR 5/6.
Impasto: C: duro; DS: estremamente depurato; DI: molto piccoli; Del: vacuoli; Mod: tornio veloce.
Fr. di parete di kotyle corinzia in stile lineare. Vr sulla superficie interna. Sulla superficie esterna sfondo bicolore con fascio di dodici linee orizzontali in vr.
NAS: Importazioni allotrie all'isola.
Datazione contesto: *t.a.q.* ca. 550 a.C. (ca. ultimo quarto VII – prima metà VI sec. a.C.).
Datazione relativa: PCA – CA.
Bibliografia: Riehle et al. 2021, 4. 7 no. M.lato51 (NAA Group MYBE).
Confronti: v. testo.

62 K 22005 (tavv. 5. 65)
QAREA, F2003, Agora550/551/552, Ab. 608W.
Lu: 2.8cm; La: 2.0cm; Dm: 14cm; S: 0.2cm; H: 2.0cm.
Colori: impasto: beige 10YR 8/3; sup. int: beige 10YR 8/3; sup. est: beige 10YR 8/3; vr: 2.5YR 4-5/6.
Impasto: C: duro; DS: estremamente depurato; DI: molto piccoli; Del: vacuoli; Mod: tornio veloce.
Fr. d'orlo leggermente rientrante di kotyle corinzia in stile lineare. Vr sulla superficie interna ed esterna. All'interno, linea risparmiata lungo l'orlo seguita da una seconda linea orizzontale acroma. All'esterno, fascio di undici brevi tratti verticali racchiusi da due linee orizzontali in vr.
NAS: Importazioni allotrie all'isola.
Datazione contesto: *t.a.q.* ca. 550 a.C. (ca. fine VII sec. – prima metà VI sec. a.C.).
Datazione relativa: CA – CM.
Bibliografia: Isler 2004b, 12 fig. 18; Isler 2009a, 147 nota 66.
Confronti: v. testo.

63 K 28555 (tavv. 5. 65)
QAREA, F2003, Agora550/551/552, Ab. Steinpackung IV.
Lu: 1.9cm; La: 1.7cm; Dm: indet; S: 0.1-0.2m; H: 1.7cm.
Colori: impasto: beige 2.5Y 8/2; sup. int: beige 2.5Y 8/2; sup. est: beige 2.5Y 8/2; vn: GLEY2 4/5PB; dec: bianco 2.5Y 8/1.
Impasto: C: duro; DS: estremamente depurato; DI: molto piccoli; Del: neri e vacuoli; Mod: tornio veloce.
Fr. d'orlo con attacco dell'ansa a bastoncello orizzontale di kotyle corinzia. Vn sulla superficie interna ed esterna. L'interno è decorato con una linea orizzontale bianca suddipinta appena sotto l'orlo. Attribuibile al gruppo dei *black-glazed skyphoi*.
NAS: Importazioni allotrie all'isola.
Datazione contesto: *t.a.q.* ca. 550 a.C. (ca. ultimo quarto VII – prima metà VI sec. a.C.).
Datazione relativa: PCT – CA.
Bibliografia: inedito.
Confronti: v. testo.

64 K 22027 A–C (tavv. 5. 65)
QAREA, F2003, Agora550/551/552, Ab. Steinpackung II / 606W / 603W.
A: Lu: 3.2cm; La: 2.2cm; Dm: 11.6cm; S: 0.2cm; B: Lu: 3.4cm; La: 2.4cm; C: Lu: 3.7cm; La: 2.8cm; H: 6.6cm.
Colori: impasto: beige 2.5Y 8/2; sup. int: beige 2.5Y 8/2; sup. est: beige 2.5Y 8/2; vn: nero; dec: beige-bianco (colorazione irregolare).
Impasto: C: duro; DS: estremamente depurato; DI: molto piccoli; Del: vacuoli; Mod: tornio veloce.
Un fr. d'orlo e due di parete di kotyle corinzia. Vn sulla superficie interna ed esterna. All'interno, lungo l'orlo, linea orizzontale risparmiata, seguita, sotto l'orlo da una linea orizzontale bianca suddipinta. All'esterno, teoria di linea bianca, paonazza e bianca. Riferibile al gruppo dei *black-glazed skyphoi*.
NAS: Importazioni allotrie all'isola.
Datazione contesto: *t.a.q.* ca. 550 a.C. (ca. ultimo quarto VII – prima metà VI sec. a.C.).
Datazione relativa: CA – CM.
Bibliografia: Isler 2004a, 75.
Confronti: v. testo.

65 K 21982 (tav. 5)
QAREA, F2003, Agora550/551/552, Ab. 608E.
Lu: 3.0cm; La: 2.2cm; S: 0.2cm.
Colori: impasto: beige 2.5Y 7/3; sup. int: beige 2.5Y 7/3; sup. est: beige 2.5Y 7/3; vn GLEY 2 3/10B.
Impasto: C: duro; DS: estremamente depurato; DI: molto piccoli; Del: vacuoli; Mod: tornio veloce.
Fr. di parete di kotyle corinzia. Vn sulla superficie interna ed esterna, fortemente evanido.
NAS: Importazioni allotrie all'isola.
Datazione contesto: *t.a.q.* ca. 550 a.C. (ca. ultimo quarto VII – prima metà VI sec. a.C.).
Datazione relativa: indet.
Bibliografia: inedito.
Confronti: v. testo.

66 K 22287 (tav. 5)
QAREA, F2003, Agora550/551/552, Ab. Steinpackung I.
Lu: 4.3cm; La: 2.2cm; S: 0.4cm.
Colori: impasto: beige 2.5YR 8/3; sup. int: beige 2.5YR 8/3; sup. est: beige 2.5YR 8/3; vn 2.5Y 2.5/1.
Impasto: C: duro; DS: estremamente depurato; DI: molto piccoli; Del: vacuoli; Mod: tornio veloce.
Fr. di parete di kotyle corinzia. Vn sulla superficie interna. Sulla superficie esterna decorazione a raggiera delimitata, sotto, da una linea orizzontale in vn.
NAS: Importazioni allotrie all'isola.
Datazione contesto: *t.a.q.* ca. 550 a.C. (ca. ultimo quarto VII – prima metà VI sec. a.C.).
Datazione relativa: CM.
Bibliografia: Isler 2004b, 12.
Confronti: v. testo.

67 K 22006 (tav. 5)
QAREA, F2003, Agora550/551/552, Ab. 608W.
Lu: 2.7cm; La: 2.5cm; S: 0.3-0.5cm.
Colori: impasto: beige 2.5Y 7/2; sup. int: beige 2.5Y 7/2; sup. est: beige 2.5Y 7/2; vn: nero.
Impasto: C: duro; DS: estremamente depurato; DI: molto piccoli; Del: vacuoli; Mod: tornio veloce.
Fr. di parete di una coppa. Vn sulla superficie interna ed esterna, fortemente evanida.
NAS: Importazioni allotrie all'isola.
Datazione contesto: *t.a.q.* ca. 550 a.C. (ca. ultimo quarto VII – prima metà VI sec. a.C.).
Datazione relativa: CA (?).
Bibliografia: inedito.
Confronti: v. testo.

68 K 21977 (tavv. 5. 65)
QAREA, F2003, Agora550/551/552, Ab. 605W.
Lu: 2.2cm; La: 2.2cm; S: 0.3-0.4cm.
Colori: impasto: beige 2.5Y 7/2; sup. int: beige 2.5Y 7/2; sup. est: beige 2.5Y 7/2; vn: grigio-nero GLEY 2 4/10B; dec: paonazzo 5YR 3/3.
Impasto: C: duro; DS: estremamente depurato; DI: molto piccoli; Del: vacuoli e grigi scuri puntiformi; Mod: tornio veloce.
Fr. di spalla di forma chiusa, probabilmente attribuibile ad un vaso da tavola. Quattro solchi incisi verticali, tre linee suddipinte di colore paonazzo orizzontali racchiuse da due di color beige-bianco.
NAS: Importazioni allotrie all'isola.
Datazione contesto: *t.a.q.* ca. 550 a.C. (ca. ultimo quarto VII – prima metà VI sec. a.C.).
Datazione relativa: CA – inizio CT.
Bibliografia: inedito.
Confronti: v. testo.

69 K 22326 (tav. 5)
QAREA, F2003, Agora550/551/552, Ab. 603W.
Lu: 1.6cm; La: 1.2cm; S: 0.17-0.2cm.
Colori: impasto: beige 2.5YR 7/2; sup. int: beige 2.5Y 7/2; sup. est: beige 2.5Y 7/2; vn: nero 2.5Y 4/1 e marrone giallo 2.5YR 6/4.
Impasto: C: duro; DS: estremamente depurato; DI: molto piccoli; Del: vacuoli; Mod: tornio veloce.
Fr. di parete di forma chiusa (?), pisside (?) corinzia. Resti di vn sulla superficie interna. L'esterno è decorato con resti di due linee arcuate tangenti e ombra irregolare di vn. Resti di ornamento a palmette e fiori di loto e ombra di rosetta?
NAS: Importazioni allotrie all'isola.
Datazione contesto: *t.a.q.* ca. 550 a.C. (ca. ultimo quarto VII – prima metà VI sec. a.C.).
Datazione relativa: CM.
Bibliografia: inedito.
Confronti: v. testo.

70 K 22148 (tavv. 5. 65)
QAREA, F2003, Agora550/551/552, Ab. 602E.
Lu: 2.4cm; La: 2.1cm; Dm: 6.6cm; S: 0.26cm (fondo); 0,4cm (parete); 0.2cm (piede); H: 1.0cm.
Colori: impasto: beige-rosso 5Y 6/6; sup. int: beige-rosso 5Y 6/6; sup. est: beige-rosso 5Y 6/6; vn: nero; dec: evanida.
Impasto: C: duro; DS: estremamente depurato; DI: piccoli; Del: neri e bianchi puntiformi; Mod: tornio veloce.
Fr. di piede di coppa *B1* greco-orientale in vn con due linee suddipinte all'interno della vasca, evanide.
NAS: Importazioni allotrie all'isola.
Datazione contesto: *t.a.q.* ca. 550 a.C. (ca. ultimo quarto VII – prima metà VI sec. a.C.).
Datazione relativa: secondo quarto del VI sec. a.C.
Bibliografia: Isler 2004a, 75; Isler 2004b, 11.
Confronti: v. testo.

71 K 22085 A–B (tavv. 5. 65)
QAREA, F2003, Agora550/551/552, Ab. 608E / 609E.
A: Lu: 4.4cm; La: 3.6cm; Dm: 10.4cm; S: 0.2cm; H: 4.4cm; B: Lu: 4.5cm; La: 2.2cm.
Colori: impasto: beige 7.5YR 8/3; sup. int: beige 7.5YR 8/3; sup. est: beige 7.5YR 8/3; vn: nero-marrone 7.5YR 2.5/1.
Impasto: C: duro; DS: estremamente depurato; DI: molto piccoli; Del: vacuoli; Mod: tornio veloce.
Due fr. non combacianti d'orlo leggermente estroflesso e di parete di coppa di produzione regio-coloniale. Vn sulla superficie interna ed esterna. L'esterno è decorato con una linea risparmiata sul labbro e una banda acroma sulla parte superiore della vasca.
NAS: Produzioni regio-coloniali.
Datazione contesto: *t.a.q.* ca. 550 a.C. (ca. ultimo quarto VII – prima metà VI sec. a.C.).
Datazione relativa: fine VII – prima metà del VI sec. a.C.
Bibliografia: inedito.
Confronti: v. testo.

72 K 22286 (tavv. 5. 65)
QAREA, F2003, Agora550/551/552, Ab. Steinpackung I.
Lu: 2.4cm; La: 1.6cm; Dm: 13.2cm; S: 0.2-0.3cm; H: 1.6cm.
Colori: impasto: beige-marrone 10YR 7/4; sup. int: beige 10YR 7/4; sup. est: beige 10YR 7/4; vn: marrone-arancione 2.5YR 5/6.
Impasto: C: duro; DS: estremamente depurato; DI: molto piccoli; Del: vacuoli; Mod: tornio veloce.
Fr. d'orlo leggermente estroflesso di una coppa di produzione regio-coloniale. Interno completamente verniciato. All'esterno, acromo con banda in vn sulla parte superiore. Vernice fortemente evanida e scrostata.
NAS: Produzioni regio-coloniali.
Datazione contesto: *t.a.q.* ca. 550 a.C. (ca. ultimo quarto VII – prima metà VI sec. a.C.).
Datazione relativa: fine VII – prima metà del VI sec. a.C.
Bibliografia: Isler 2004b, 12.
Confronti: v. testo.

73 K 21983 A–B (tavv. 5. 65)
QAREA, F2003, Agora550/551/552, Ab. 608E.
A: Lu: 3.0cm; La: 2.1cm; Dm: 12cm; S: 0.17-0.3cm; H: 2.0cm.
Colori: impasto: marrone-rosso 2.5YR 5/6; sup. int: beige 2.5YR 5/6; sup. est: beige 2.5YR 5/6; vn: marrone-rosso 5YR 3/1; beige 5YR 7/3.
Impasto: C: duro; DS: molto depurato; DI: piccoli; Del: bianchi calcarei, grigi scuri; Mod: tornio veloce.
Due fr. d'orlo di coppa di produzione regio-coloniale. Vn marrone sulla superficie interna ed esterna. Sulla superficie esterna, una banda orizzontale suddipinta di colore beige. Vn marrone sulla sommità, nera sulla parte inferiore.
NAS: Produzioni regio-coloniali.
Datazione contesto: *t.a.q.* ca. 550 a.C. (ca. ultimo quarto VII – prima metà VI sec. a.C.).
Datazione relativa: fine VII – prima metà del VI sec. a.C.
Bibliografia: inedito.
Confronti: v. testo.

74 K 22120 A–C (tavv. 5. 65)
QAREA, F2003, Agora550/551/552, Ab. Steinpackung IV.
A: Lu: 10.5cm; La: 2.6cm; Dm: 11.2cm; S: 0.3-0.4cm; H: 5.4cm; B: Lu: 2.9cm; La: 3.2cm; C: Lu: 6.0cm; La: 2.5cm.
Colori: impasto: beige 10YR 8/2; sup. int: beige 10YR 8/2; sup. est: beige 10YR 8/2; vr: rosso 10R 4-5/8; giallo 10YR 6/8.
Impasto: C: tenero; DS: medio depurato; DI: piccoli; Del: rossastri, neri, vacuoli; Mod: tornio veloce.
Quattro fr., due dei quali combacianti, d'orlo estroflesso e due di parete di una coppa a produzione regio-coloniale. Vr sulla superficie interna ed esterna. Sulla superficie esterna, banda acroma racchiusa fra due bande gialle.
NAS: Produzioni regio-coloniali.
Datazione contesto: *t.a.q.* ca. 550 a.C. (ca. ultimo quarto VII – prima metà VI sec. a.C.).
Datazione relativa: indet.
Bibliografia: inedito.
Confronti: v. testo.

75 K 22164 (tavv. 5. 65)
QAREA, F2003, Agora550/551/552, Ab. 605E.
Lu: 3.3cm; La: 5.2cm; Dm: 4.8cm; S: 0.3-0.4cm; H: 1.5cm.
Colori: impasto: rosso-marrone 2.5YR 5-6/6; sup. int: rosso-marrone 2.5YR 5-6/6; sup. est: rosso-marrone 2.5YR 5-6/6; vn: rosso-marrone 2.5YR 4-5/6.
Impasto: C: duro; DS: molto depurato; DI: piccoli; Del: mica, grigio scuro, vacuoli; Mod: tornio veloce.
Fr. di piede ad anello di una coppa di probabile ispirazione corinzia, o d'imitazione di coppa di tipo *B1* di produzione regio-coloniale. Vr sulla superficie interna ed esterna. L'interno è decorato con un tondo di piccole dimensioni risparmiato; l'esterno mostra il fondo risparmiato.
NAS: Produzioni regio-coloniali.
Datazione contesto: *t.a.q.* ca. 550 a.C. (ca. ultimo quarto VII – prima metà VI sec. a.C.).
Datazione relativa: indet.
Bibliografia: Isler 2004a, 75.
Confronti: v. testo.

76 K 21980 (tav. 5)
QAREA, F2003, Agora550/551/552, Ab. 604W.
Lu: 3.3cm; La: 3.2cm; S: 0.3cm.
Colori: impasto: beige 10YR 7/2; sup. int: beige 10YR 7/2; sup. est: beige 10YR 8/2; vn: marrone beige 10YR 5/4; marrone scuro 10YR 4/3.
Impasto: C: duro; DS: estremamente depurato; DI: molto piccoli; Del: neri; Mod: tornio veloce.
Fr. di parete di coppa di produzione regio-coloniale. Vn sulla superficie interna ed esterna. Sulla superficie interna, quattro linee concentriche risparmiate. Su quella esterna si associa l'utilizzo di vernici marroni di due tonalità diverse.
NAS: Produzioni regio-coloniali.
Datazione contesto: *t.a.q.* ca. 550 a.C. (ca. ultimo quarto VII – prima metà VI sec. a.C.).
Datazione relativa: indet.
Bibliografia: inedito.
Confronti: v. testo.

77 K 21997
QAREA, F2003, Agora550/551/552, Ab. 602W.
Lu: 4.2cm; La: 3.7cm; S: 0.6cm.
Colori: impasto: marrone-rosso 5YR 5/4; sup. int: rosso-marrone 5YR 6/4; sup. est: rosso-marrone 5YR 6/4; vn: marrone scuro 5YR 3/3.
Impasto: C: tenero; DS: molto depurato; DI: medi; Del: neri e vacuoli; Mod: tornio veloce.
Fr. di parete di anfora *à la brosse* del tipo Agora 1502. Sulla superficie esterna de-

corazione a bande orizzontali distinte in vn diluita.
NAS: Importazioni allotrie all'isola.
Datazione contesto: *t.a.q.* ca. 550 a.C. (ca. ultimo quarto VII – prima metà VI sec. a.C.).
Datazione relativa: secondo quarto del VI – metà V sec. a.C.
Bibliografia: inedito.
Confronti: v. testo.

78 K 22028 (tavv. 5. 65)
QAREA, F2003, Agora550/551/552, Ab. Steinpackung II.
Lu: 11.2cm; La: 6.8cm; Dm: indet; S: 0.96-1.0cm.
Colori: impasto: marrone-rosso 5YR 5/4; sup. int: rosso-marrone 5YR 6/4; sup. est: rosso-marrone 5YR 6/4; vn: marrone scuro tra 5YR 4/6 e 10R 4/6.
Impasto: C: tenero; DS: molto depurato; DI: medi; Del: neri e vacuoli; Mod: tornio veloce.
Fr. di parete di anfora *à la brosse* del tipo Agora 1502. Sulla superficie esterna, decorazione a bande orizzontali distinte in vn diluita.
NAS: Importazioni allotrie all'isola.
Datazione contesto: *t.a.q.* ca. 550 a.C. (ca. ultimo quarto VII – prima metà VI sec. a.C.).
Datazione relativa: secondo quarto del VI – metà V sec. a.C.
Bibliografia: inedito.
Confronti: v. testo.

79 K 22252 (tav. 65)
QAREA, F2003, Agora550/551/552, Ab. Steinpackung III.
Lu: 5.4cm; La: 4.0cm; Dm: indet; S: 0.9-1.0cm.
Colori: impasto: marrone-rosso 5YR 5/4; sup. int: rosso-marrone 5YR 6/4; sup. est: rosso-marrone 5YR 6/4; vn: marrone scuro 5YR 4-3/3.
Impasto: C: tenero; DS: molto depurato; DI: medi; Del: neri e vacuoli; Mod: tornio veloce.
Fr. di parete di anfora *à la brosse* del tipo Agora 1502. Sulla superficie esterna, decorazione a bande orizzontali distinte in vn.
NAS: Importazioni allotrie all'isola.
Datazione contesto: *t.a.q.* ca. 550 a.C. (ca. ultimo quarto VII – prima metà VI sec. a.C.).
Datazione relativa: secondo quarto del VI – metà V sec. a.C.
Bibliografia: inedito.
Confronti: v. testo.

Quartiere Agora: strato di abbandono dell'edificio A

80 K 27213 (fig. 26 tavv. 6. 65)
QAEA, S2009, Agora550/551/553, Ab. 305.
Lu: 1.6cm; La: 1.7cm; Dm: indet; S: 0.4cm.
Fr. d'orlo rientrante di kotyle corinzia. Linea bianca suddipinta orizzontale all'interno, sia sotto che lungo l'orlo. Attribuibile al gruppo dei *black-glazed skyphoi*. Reperto non ritrovato nei magazzini e identificato unicamente grazie alla documentazione cartacea e fotografica.
NAS: Importazioni allotrie all'isola.
Datazione contesto: ca. 550 – 500/490 a.C.
Datazione relativa: fine VII – secondo quarto del VI sec. a.C.
Bibliografia: Reusser et al. 2010, 117 nota 20.
Confronti: v. testo.

81 K 27212 (fig. 26 tavv. 6. 65)
QAEA, S2009, Agora550/551/553, Ab. 305.
Lu: 2.5cm; La: 1.2cm; Dm est: 11.0cm; S: 0.4cm.
Colori: impasto: marrone 5YR 6/6; sup. est: marrone-arancione 5YR 6-7/6; vn: nero-marrone 10R 3/1; marrone-nero 5YR 4/6; 3/4.
Impasto: C: semiduro; DS: estremamente depurato; DI: piccoli; Del: vacuoli; Mod: a tornio veloce.
Fr. di labbro e vasca di coppa greco-orientale del tipo *B2*. Interno completamente verniciato in maniera satura, leggermente diluita nella parte della carena. Esterno decorato con linea orizzontale in vn sulla vasca, su superficie altrimenti acroma.
NAS: Importazioni allotrie all'isola.
Datazione contesto: ca. 550 – 500/490 a.C.
Datazione relativa: inizio VI sec. – 550/540 a.C.
Bibliografia: Reusser et al. 2010, 117 nota 21.
Confronti: v. testo.

82 K 27211 (figg. 24–26 tavv. 6. 65)
QAEA, S2009, Agora550/551/553, Ab. 305.
Lu: 13.4cm; La: 13.0cm; Dm orlo: 13.4cm; Dm fondo: 4.9cm; SezAnsa: 0.8x1.2cm; S: 0.3cm; H: 4.1-4.2cm.
Colori: impasto: grigio-marrone 5YR 4/3; nucleo: arancione-marrone 5YR 5/6; sup. int: arancione-marrone 5YR 6/6; sup. est: arancione-marrone 5YR 6/6; vn: marrone-arancione 5YR 5/6-8;4/6.
Impasto: C: duro; DS: estremamente depurato; DI: piccoli; Del: mica, bianchi calcarei, vacuoli arrotondati, molto omogeneo; Mod: a tornio veloce.
22 fr. combacianti di lekanis a bande di produzione regio-coloniale con orlo pendulo e fondo con piede ad anello leggermente estroflesso. All'interno, banda sotto l'orlo seguita da una banda e una linea in vn sulla vasca. All'esterno, tesa dell'orlo verniciata e banda orizzontale in vn al di sotto dell'ansa.
NAS: Produzioni regio-coloniali.
Datazione contesto: ca. 550 – 500/490 a.C.
Datazione relativa: fine VI – inizio V sec. a.C.
Bibliografia: Reusser et al. 2010, 117 nota 19 tav. 22, 2.
Confronti: v. testo.

Quartiere Agora: strato di abbandono dell'edificio 1

83 K 18318 (fig. 35 tavv. 7. 66)
QAE1, F1997/F2006/S2009, Agora551/570 (F97)/ Agora551/EU SUD5 (F06)/ Agora551 (S09), Sondage, Ab. 104 (F97)/ Ab. 201 (F06)/ Ab. 2/101 (S09).
Lu: 18.5cm; La: 12.1cm; Dm orlo: 12.1cm; Dm fondo: 4.9cm; SezAnsa: 0.9cm; S: 0.3-0.4cm; H: 6.7cm.
Colori: impasto: grigio-verde 2.5Y 7/2-3; sup. int: marrone 10YR 6/3; sup. est: marrone scuro 10YR 3-4/2; vn: marrone scuro 10YR 3-4/2.
Impasto: C: duro; DS: estremamente depurato; DI: piccoli; Del: omogeneo, tendente al verde, sono riconoscibili vacuoli e grigi puntiformi; Mod: tornio veloce.
20 fr. combacianti ricostituibili in una coppa integra di tipo *B2* di produzione regio-coloniale. All'interno, vernice marrone con riflessi metallici, completamente verniciato ad eccezione di una linea orizzontale posta appena sotto l'orlo e una lungo l'orlo. L'esterno presenta una linea verniciata lungo l'orlo ed una linea in corrispondenza dell'inizio della vasca. La parte inferiore della forma è completamente verniciata. Le parti acrome sono state ripassate con vernice estremamente diluita, viste le striature orizzontali visibili sia all'interno che all'esterno. Anse verniciate sulla parte superiore.
NAS: Produzioni regio-coloniali.
Datazione contesto: 500/490 – 460/450 a.C.
Datazione relativa: VI sec. a.C.
Bibliografia: Isler 2007, 109 tav. 15, 1; Isler 2009a, 157 fig. 21; Reusser et al. 2010, 119 nota 41; Kistler – Mohr 2015, 409 fig. 22.9; Kistler – Mohr 2016, 86 fig. 7.
Confronti: v. testo.

84 K 28043 (fig. 35 tavv. 7. 66)
QAE1, S2011, Agora551, Ab. 1.
Lu: 6.7cm; La: 4.2cm; Dm: 27.0cm; S: 0.4cm; H: 2.9cm.
Colori: impasto: arancione-marrone 5YR 6/6; sup. est: arancione-marrone 5YR 7/6; vn: nero con riflessi metallici.
Impasto: C: semiduro; DS: estremamente depurato; DI: piccoli; Del: vacuoli, impasto estremamente omogeneo e compatto; Mod: tornio veloce.
Tre fr. combacianti d'orlo con ansa integra di coppa attica di tipo A o B a figure nere. All'esterno, resti di un tralce di vite a sinistra sopra l'ansa. A destra dell'ansa linea semicurva probabilmente attribuibile ad una figura laterale (estremità di satiri, muli, cavalli oppure della *leonte* di Eracle). Tra l'ansa, macchia di vernice con incisione obliqua riferibile, grazie ai confronti, alla rappresentazione di un delfino. Attribuibile alla cerchia dei pittori del *Leafless Group*.
NAS: Importazioni allotrie all'isola.
Datazione contesto: 500/490 – 460/450 a.C.
Datazione relativa: 520/510 – 490/480 a.C.
Bibliografia: Reusser et al. 2012, 117 note 22. 23 tav. 14, 4.
Confronti: v. testo.

85 K 18319 A–C (fig. 35 tavv. 7. 66)
QAE1, F1997/S2009, Agora551/570 (F97) / Agora551 (S09), Sondage, Ab. 104 (F97)/ Ab. 2/101 (S09).
A: Lu: 2.7cm; La: 1.8cm; S: 0.3cm; B: Lu:

5.7cm; La: 9.5cm; S: 0.3-0.4cm; C: Lu: 4.4cm; La: 6.7cm; S: 0.4-0.7cm; Dm orlo: 2.8cm; Dm spalla: 5.5cm; H: ca. 12.4cm
Colori: impasto: marrone-rosso 2.5YR 6/6; sup. int: marrone-rosso 2.5YR 6/6; vn: nero con riflessi metallici; rosso-marrone 2.5YR 4/6-8.
Impasto: C: duro; DS: estremamente depurato; DI: piccoli; Del: vacuoli, bianchi calcarei "bruciati"; Mod: tornio veloce.
20 fr. di lekythos attica, con attacco dell'ansa verticale, decorato a figure nere sulla spalla. Tesa dell'orlo acroma, interno ed esterno del beccuccio completamente verniciati; collo acromo con due linee verticali in vn contornanti la posizione dell'ansa verticale a nastro non conservata (probabilmente verniciata, come indica l'attacco conservato). Sulla spalla, teoria di brevi tratti verticali (linguette) seguita da decorazione a figure nere in vernice leggermente diluita, con discromie, che si compone di una ghirlanda a tre palmette ad orientamento antitetico, leggermente irregolari, ed una quarta palmetta con annesse linee spiraliformi. Il corpo è completamente verniciato in maniera satura (colore nero brillante), con discromia frontale rosso-marrone (difetto di cottura). Ombra di linea orizzontale suddipinta (in origine probabilmente bianca o rossa) sulla porzione inferiore della forma. Pittore o cerchia del pittore della Megera (*Beldam Painter*) oppure cerchia del pittore di Diosphos.
NAS: Importazioni allotrie all'isola.
Datazione contesto: 500/490 – 460/450 a.C.
Datazione relativa: ca. 480 – 450 a.C.
Bibliografia: Isler 1997a, 26 nota 33; Isler 1998, 43 nota 27 tav. 10, 9; Isler 2009a, 192; Reusser et al. 2010, 119 tav. 22, 7; Kistler – Mohr 2015, 409 fig. 22.9; Kistler – Mohr 2016, 86 fig. 7.
Confronti: v. testo.

86 K 18317 (fig. 35 tavv. 7. 66)
QAE1, F1997/F2006/S2009, Agora551/570 (F97) / Agora551/EU SUD5 (F06) / Agora551 (F09), Sondage, Ab. 104 (F97) / Ab. 201 (F06) / Ab. 2/101 (S09).
Lu: 23.4cm; La: 15.0cm; Dm orlo: 16.1cm; Dm fondo: 8.7cm; SezAnsa: 1.0x1.2cm; S: 0.4-0.5cm; H: 11.9cm.
Colori: impasto: marrone-rosso 5YR 6/6; vn: nero con riflessi metallici 10YR 2/1; marrone-rosso 2.5YR 5/8.
Impasto: C: duro; DS: estremamente depurato; DI: piccoli; Del: mica, vacuoli puntiformi; Mod: tornio veloce.
17 fr. di *skyphos* attico pressoché integro, mancante di ca. un quarto nella parte posteriore, con anse a bastoncello orizzontali leggermente sormontanti l'orlo. Interamente verniciato sia all'interno che all'esterno con evidenti difetti di cottura. Vernice scheggiata soprattutto sulle porzioni sommitali. Il profilo del piede è acromo. Sulla parte inferiore del fondo è presente una banda in vn lungo il piede, un cerchio campito da un punto centrale e una piccola macchia di colore in vn.
NAS: Importazioni allotrie all'isola.
Datazione contesto: 500/490 – 460/450 a.C.
Datazione relativa: fine VI – inizio V sec. a.C.
Bibliografia: Isler 1997a, 26 nota 34; Isler 1998, 43 nota 28; Isler 2006c, 661; Isler 2007, 109 tav. 15, 2; Isler 2009a, 156; Reusser et al. 2010, 119 nota 41 tav. 22, 1; Kistler – Mohr 2015, 409 fig. 22.9; Kistler – Mohr 2016, 86 fig. 7.
Confronti: v. testo.

87 K 24117 A–C (fig. 35 tavv. 8. 66)
QAE1, F2006/S2009/S2011, Agora551/EU SUD5 (F06) / Agora551 (S09) / (S11), Ab. 201 (F06) / Ab. 2/101 (S09) / Ab. 1 (S11).
A: Lu: 19.3cm; La: 11.5cm; S: 0.2-0.4cm; H: 7.0cm; B: Lu: 5.0cm; La: 4.0cm; S: 0.2-0.3cm; H: 2.8cm; C: Lu: 4.3cm; La: 2.5cm; S: 0.2cm; H: 2.4cm; Dm orlo: 13.6cm; Dm fondo: 6.6cm; SezAnsa: 0.8cm.
Colori: impasto: marrone-rosso 7.5YR 6/4; 5YR 6/6; vn: nero con riflessi metallici.
Impasto: C: duro; DS: estremamente depurato; DI: piccoli; Del: mica dorata, vacuoli; Mod: tornio veloce.
35 fr. di coppa attica quasi integra del tipo *vicup* a vn. Completamente verniciato sia all'interno che all'esterno in maniera satura; vernice brillante, in parte scheggiata. All'interno, al centro della vasca, è visibile la spirale creata dal tornio veloce; tra le anse, pannelli risparmiati dalla vernice. La superficie lungo il profilo del piede è acroma. La superficie inferiore del piede è verniciata con base d'appoggio risparmiata e tondo acromo.
NAS: Importazioni allotrie all'isola.
Datazione contesto: 500/490 – 460/450 a.C.
Datazione relativa: inizio V sec. – 480 a.C.
Bibliografia: Isler 2006c, 661; Isler 2007, 109 tav. 15, 3; Isler 2009a, 157 fig. 22; Reusser et al. 2010, 119 nota 41 tav. 22, 1; Kistler – Mohr 2015, 409 fig. 22.9; Kistler – Mohr 2016, 86 fig. 7.
Confronti: v. testo.

88 K 24138 (fig. 35 tavv. 8. 66)
QAE1, F2006, Agora551/EU SUD5, Ab. 201.
Lu: 18.7cm; La: 12.8cm; Dm orlo: 12.8cm; Dm fondo: 6.2-6.3cm; SezAnsa: 0.8x1.2cm; S: 0.3-0.4cm; H: 6.8-7.0cm.
Colori: impasto: marrone chiaro 10YR 6/4; vn: nero con riflessi metallici.
Impasto: C: duro; DS: estremamente depurato; DI: piccoli; Del: numerosa mica dorata, vacuoli puntiformi, pochi grigi; Mod: tornio veloce.
32 fr. formanti una coppa pressoché integra del tipo *C concave lip* in vn di produzione regio-coloniale. Interno ed esterno completamente verniciati ad immersione; colore saturo e abbastanza brillante. Lungo il piede sono visibili le impronte digitali del vasaio. Piede a tromba verniciato con il pennello. Acromo lungo il profilo del fondo esterno e tondo risparmiato all'interno del piede. Leggermente scheggiato in alcuni punti. Forma storta ed irregolare.
NAS: Produzioni regio-coloniali.
Datazione contesto: 500/490 – 460/450 a.C.
Datazione relativa: ca. 500 – 480 a.C.
Bibliografia: Isler 2007, 109 tav. 15, 4; Isler 2009a, 156–157 fig. 23; Reusser et al. 2010, 119 note 41. 42; Kistler – Mohr 2015, 409 fig. 22.9; Kistler – Mohr 2016, 86 fig. 7.
Confronti: v. testo.

89 K 27210 (fig. 35 tavv. 8. 66)
QAE1, S2009, Agora551, Ab. 2/101.
Lu: 18.7cm; La: 15.2cm; Dm orlo: 15.2cm; Dm fondo: 7.0cm; SezAnsa: 0.9-1.2cm; S: 0.4-0.5cm; H: 6.7-7.4cm.
Colori: impasto: marrone-rosso 5YR 6/4; nucleo: grigio 5YR 5/1; vn: nero.
Impasto: C: duro; DS: estremamente depurato; DI: piccoli; Del: bianchi calcarei, grigi scuri puntiformi, vacuoli; Mod: tornio veloce.
28 fr. formanti una coppa del tipo *C concave lip* in vn di produzione regio-coloniale, quasi integra ad eccezione della seconda ansa, di alcuni fr. d'orlo e della vasca. Interno ed esterno interamente verniciati. Vernice scheggiata e graffiata in più punti. Acromo lungo il profilo del fondo esterno e tondo risparmiato all'interno del piede. Forma storta ed irregolare.
NAS: Produzioni regio-coloniali.
Datazione contesto: 500/490 – 460/450 a.C.
Datazione relativa: Inizio V sec. – 480 a.C.
Bibliografia: Reusser et al. 2010, 119 tav. 22, 4; Kistler – Mohr 2015, 409 fig. 22.9; Kistler – Mohr 2016, 86 fig. 7.
Confronti: v. testo.

90 K 24116 A–B (fig. 35 tavv. 8. 66)
QAE1, F2006/S2009/S2010/S2011, Agora551/EU SUD5 (F06)/ Agora551 (S09/S10/S11), Ab. 201 (F06) / Ab. 2/101 (S09) / Ab. Reinigung (S10) / Ab. 2/101 (S11).
A: Lu: 14.3cm; La: 9.7cm; S: 0.35cm; H: 3.9cm; B: Lu: 4.0cm; La: 2.5cm; S: 0.4cm; H: 2.2cm; Dm orlo est: 10.0cm; SezAnsa: 0.8cm.
Colori: impasto: marrone chiaro 7.5YR 6/4; nucleo: grigio chiaro 7.5YR 6/3; sup. int: beige 7.5YR 7/4; sup. est: beige 7.5YR 7/4; vn: marrone-rosso 5YR 5/6-8.
Impasto: C: semiduro; DS: estremamente depurato; DI: piccoli; Del: inclusi piccoli, vacuoli, bianchi, calcarei?, grigi?; Mod: tornio veloce.
14 fr. combacianti di coppetta apoda biansata con vernice ad immersione solo sulle anse (A: dodici fr; B: due fr.). Vernice evanida, di colore marrone-arancione poco brillante.
NAS: Produzioni regio-coloniali.
Datazione contesto: 500/490 – 460/450 a.C.
Datazione relativa: fine VI – metà V sec. a.C.
Bibliografia: inedito.
Confronti: v. testo.

91 K 24118 (fig. 35 tavv. 8. 66)
QAE1, F2006/S2009, Agora551/EU SUD5 (F06) / Agora551 (S09), Ab. 6/201 (F06) / Ab. 2/101 (S09).
Lu: 13.3cm; La: 11.0cm; Dm orlo: 11.0cm;

Dm fondo: 4.5cm; SezAnsa: 0.8x0.8cm; S: 0.2-0.3cm; H: 3.9cm.
Colori: impasto: marrone grigio 7.5YR 5/1-3; sup. int: marrone 7.5YR 5/2-3; sup. est: marrone 7.5YR 5/2-3; vn: nero 10YR 3/1.
Impasto: C: semiduro; DS: estremamente depurato; DI: piccoli; Del: vacuoli e bianchi calcarei estremamente piccoli, molto omogeneo e compatto; Mod: tornio veloce.
14 fr. formanti una coppetta apoda biansata. All'esterno sono visibili numerose striature tendenzialmente orizzontali. L'ansa conservata è stata decorata in vn ad immersione e presenta una macchia colata sulla superficie inferiore.
NAS: Produzioni regio-coloniali.
Datazione contesto: 500/490 – 460/450 a.C.
Datazione relativa: fine VI – metà V sec. a.C.
Bibliografia: inedito.
Confronti: v. testo.

92 K 27100 A–B (figg. 35. 36 tavv. 8. 66)
QAE1, S2009, Agora551; Agora550/553; Agora550/551/553, Ab. 2/101; Ab. 104; Ab. 402.
A: Lu: 8.7cm; La: 6.4cm; S: 0.4cm; B: Lu: 4.9cm; La: 3.8cm; S: 0.4cm; Dm orlo est: 15.0cm; SezAnsa: 0.9x1.0cm; H: 4.3cm.
Colori: impasto: marrone 5YR 6/4; nucleo: grigio 10YR 5/1; sup. int: marrone chiaro 7.5YR 7/4; sup. est: marrone chiaro 7.5YR 7/4; vn: marrone-arancione 5YR 5/6.
Impasto: C: duro; DS: estremamente depurato; DI: piccoli; Del: inclusi piccoli-medi, molto compatto ed omogeneo, vacuoli puntiformi e grigi scuri arrotondati; Mod: tornio veloce.
Due fr. combacianti d'orlo e di parte di vasca con ansa orizzontale semicircolare integra e un fr. non combaciante di vasca di coppa lato K 480 in vernice marrone-arancione di produzione regio-coloniale. Interno completamente verniciato ad eccezione della parte inferiore della vasca; vernice fortemente scrostata ed evanida. Esterno interamente verniciato ad eccezione di una banda acroma campita da fregio a gocce irregolari, seguita da una banda orizzontale acroma. La parte inferiore conservata è acroma (banda?). Anse verniciate ad immersione.
NAS: Produzioni regio-coloniali.
Datazione contesto: 500/490 – 460/450 a.C.
Datazione relativa: fine VI sec. – 460/450 a.C.
Bibliografia: inedito.
Confronti: Caflisch 1991, 58 no. 204 fig. 7.

93 K 24040 (fig. 35 tav. 8)
QAE1, F2006, Agora550/553/557/EU SUD9/11), Ab. 501.
Lu: 5.3cm; La: 6.3cm.
Fr. di forma chiusa globulare con decorazione a bande esterne in vn. Reperto non ritrovato nei magazzini e identificato unicamente grazie alla documentazione cartacea e fotografica. Nelle statistiche, seppure non confermato, è stato inserito tra le importazioni allotrie all'isola.
NAS: Importazioni allotrie all'isola.
Datazione contesto: 500/490 – 460/450 a.C.
Datazione relativa: indet.
Bibliografia: inedito.
Confronti: v. testo.

94 L 2350 (fig. 35 tavv. 8. 66)
QAE1, F2006, Agora551/EU SUD5, Ab. 201.
Lu: 5.7cm; La: 2.6cm; Dm est: 8.0cm; S: 0.4-0.6cm; H: 2.5cm.
Colori: impasto: rosso-marrone 2.5YR 6/6; sup. int: rosso-marrone 2.5YR 6/6; sup. est: rosso-marrone 2.5YR-5YR 6/6; vn: nero 2.5YR 2.5/1.
Impasto: C: semiduro; DS: estremamente depurato; DI: medi; Del: bianchi calcarei, vacuoli arrotondati; Mod: tornio veloce.
Fr. di specchio con fondo di lucerna attica a vn. Banda in vn nella zona centrale dello specchio; linee più sottili sia lungo l'apertura interna che la carena esterna della forma.
NAS: Importazioni allotrie all'isola.
Datazione contesto: 500/490 – 460/450 a.C.
Datazione relativa: ultimo quarto VI sec. – metà V sec. a.C.
Bibliografia: inedito.
Confronti: v. testo.

95 L 2370 (fig. 35 tavv. 8. 66)
QAE1, F2006, Agora551/EU SUD5, Ab. 6.
Lu: 7.2cm; La: 7.0cm; Dm specchio int: 7.0cm; Dm fondo: 9.0cm; S: 0.3-0.4cm; H: 2.3cm.
Colori: impasto: marrone 5YR 6/4-6; sup. int: marrone 5YR 7/4; sup. est: marrone 5YR 7/4; vn: marrone-nero 5YR 4-5/6.
Impasto: C: semiduro; DS: estremamente depurato; DI: piccoli; Del: inclusi piccoli-medi, neri, grigi scuri e vacuoli arrotondati; Mod: tornio veloce.
Fr. di specchio più beccuccio integro di lucerna di produzione regio-coloniale. Resti di vn sul beccuccio, decorato ad immersione, e sulla parte superiore dello specchio. Tracce di bruciato all'interno del beccuccio e nella parte frontale dello specchio. Vernice evanida.
NAS: Produzioni regio-coloniali.
Datazione contesto: 500/490 – 460/450 a.C.
Datazione relativa: seconda metà VI – metà VI sec. a.C.
Bibliografia: Isler 2009a, 157 fig. 24; Kistler – Mohr 2015, 409 fig. 22.9; Kistler – Mohr 2016, 86 fig. 7.
Confronti: v. testo.

96 L 2375 A–B (fig. 35 tavv. 8. 66)
QAE1, F2006, Agora551/EU SUD5, Ab. 201.
A: Lu: 6.3cm; La: 4.5cm; S: 1.4-0.5cm; H: 2.3cm; B: Lu: 3.5cm; La: 2.2cm; S: 0.5cm; H: 2.0cm; Dm specchio est: 8.0cm; Dm fondo: 6.0cm.
Colori: impasto: grigio-marrone 10YR 5/1-2; sup. int: grigio-marrone 10YR 6/1-2; sup. est: grigio-marrone 10YR 6/1-2; vn: nero 10YR 3/1.
Impasto: C: duro; DS: estremamente depurato; DI: piccoli; Del: inclusi piccoli-medi, bianchi calcarei, vacuoli arrotondati; Mod: tornio veloce.
Cinque fr. (A: quattro fr. combacianti + un fr. di specchio) di lucerna di produzione regio-coloniale. Parte superiore dello specchio verniciata, così come il cono centrale. Superficie molto scrostata e scheggiata. Fr. B con attacco del tubulo.
NAS: Produzioni regio-coloniali.
Datazione contesto: 500/490 – 460/450 a.C.
Datazione relativa: fine VI – metà V sec. a.C.
Bibliografia: inedito.
Confronti: v. testo.

Quartiere Agora – Oikos: riempimento adibito al piano di calpestio di prima fase

97 K 16992 (tavv. 9. 67)
QAEO1F, F1996, Agora565, Ab. 105.
Lu: 1.6cm; La: 1.9cm; Dm: indet; S: 0.2cm; H: 1.9cm.
Colori: impasto: beige chiaro 10YR 7/2; sup. int: beige-marrone 10YR 6/3; sup. est: beige-marrone 10YR 6/3; vn: marrone scuro 10YR 3/2; marrone chiaro 10YR 4/4.
Impasto: C: semiduro; DS: estremamente depurato; DI: molto piccoli; Del: vacuoli allungati e grigi scuri arrotondati; Mod: tornio veloce.
Fr. d'orlo di kotyle corinzia a decorazione lineare. All'esterno, sotto l'orlo, linea sottile orizzontale di vn marrone chiaro, seguita da banda acroma campita da tremoli verticali marroni scuri e altra linea sottile orizzontale marrone chiaro. All'interno interamente verniciato ad eccezione di linea acroma lungo l'orlo. Vernice evanida.
NAS: Importazioni allotrie all'isola.
Datazione contesto: *t.a.q.* 500/490 a.C. (fine VII sec. – 500/490 a.C.).
Datazione relativa: CA – CM.
Bibliografia: Isler 1996b, 11 nota 32 fig. 19, d; Isler 1997b, 50 nota 29; Isler 1999b, 146 nota 45.
Confronti: v. testo.

98 K 16610 (tavv. 9. 67)
QAEO1F, F1995, Agora565, Ab. 113.
Lu: 3.8cm; La: 3.47cm; Dm: 9.0cm; S: 0.26-0.3cm; H: 3.2cm.
Colori: impasto: beige-giallo 2.5Y 8/2; sup. int: beige-giallo 2.5Y 8/3; sup. est: beige-giallo 2.5Y 8/2; vn: marrone scuro 10YR 3/1.
Impasto: C: semiduro; DS: estremamente depurato; DI: piccoli; Del: vacuoli puntiformi e grigi scuri saltuari puntiformi; Mod: tornio veloce.
Fr. di parete di amphoriskos corinzio. Resti di due fregi figurati suddivisi da quattro linee sottili orizzontali. Il fregio superiore presenta tre piccoli tondi di vernice, resti di due rosette, di cui una graffita e un arto inferiore di animale rivolto verso destra (?). Il fregio inferiore è costituito dai resti di un palmitide verso destra, retrospicente, da tre rosette graffite, due delle quali con tre linee graffite a stella e da quattro punti riempitivi. Cerchia del pittore di Ampersand.
NAS: Importazioni allotrie all'isola.
Datazione contesto: *t.a.q.* 500/490 a.C.

(fine VII sec. – 500/490 a.C.).
Datazione relativa: CM.
Bibliografia: Isler 1996a, 57 nota 41 tav. 11, 3; Isler 1999b, 147 fig. 12.
Confronti: v. testo.

99 K 16629 (tavv. 9. 67)
QAEO1F, F1995, Agora565, Ab. 112.
Lu: 4.8cm; La: 4.5cm; Dm int: 6.0cm; S: 0.3cm.
Colori: impasto: marrone 7.5YR 4/3; sup. int: marrone 7.5YR 4/3; vn: nero; dec: viola
Impasto: C: semiduro; DS: estremamente depurato; DI: piccoli; Del: mica e vacuoli puntiformi; Mod: tornio veloce.
Fr. di parete di aryballos laconico in vn con decorazione a *bull's eye*. All'esterno della parete (lateralmente alla forma), motivo a quattro cerchielli concentri suddipinti; il primo suddipinto bianco (L: 0.2cm; Dm: 1.5cm), il secondo, più largo, paonazzo (L: 0.8cm; Dm: 3.1cm), il terzo (L: 0.2cm; Dm: 3.5cm) e il quarto bianchi (L: 0.2cm; Dm: 4.3cm). Suddipinture evanide. Decorazione canonica del Gruppo E di Stibbe.
NAS: Importazioni allotrie all'isola.
Datazione contesto: *t.a.q.* 500/490 a.C. (fine VII sec. – 500/490 a.C.).
Datazione relativa: primo quarto del VI sec. a.C.
Bibliografia: inedito.
Confronti: v. testo.

100 K 16467 (tavv. 9. 67)
QAEO1F, F1995, Agora564/567, Ab. 214.
Lu: 8.7cm; La: 4.9cm; Dm: ca. 16.0cm; S: 0.5cm; H: 3.7cm.
Colori: impasto: marrone-rosso 2.5YR 5/6; nucleo: grigio 5YR 5/1; sup. int: marrone-rosso 2.5YR 4/6; sup. est: marrone 7.5YR 5/3; vn: marrone-rosso 2.5YR 4/6; marrone-nero 7.5YR 2.5/1; dec: beige 10YR 7-8/1; rosso 10R 6/6.
Impasto: C: duro; DS: estremamente depurato; DI: piccoli; Del: numerosi bianchi calcarei, vacuoli lasciati da essi e poca mica; Mod: tornio veloce.
Fr. di vasca e attacco del labbro di coppa *B1* di produzione regio-coloniale. All'interno vernice marrone-rossastra con tre linee orizzontali suddipinte rosse. La superficie esterna acroma è decorata con due bande marroni-nere che ne racchiudono una beige suddipinta. Incrostazioni all'esterno.
NAS: Produzioni regio-coloniali.
Datazione contesto: *t.a.q.* 500/490 a.C. (fine VII sec. – 500/490 a.C.).
Datazione relativa: fine VII – metà VI sec. a.C.
Bibliografia: inedito.
Confronti: v. testo.

101 K 16989 (tavv. 9. 67)
QAEO1F, F1996, Agora565, Ab. 105.
Lu: 4.2cm; La: 3.2cm; Dm est: 15.0cm; S: 0.3-0.4cm.
Colori: impasto: marrone 5YR 5/2; nucleo: rosso-marrone 2.5YR 5/8; sup. int: rosso-marrone 2.5YR 5/8; sup. est: rosso-marrone 2.5YR 5/8; vn: arancione-rosso 2.5YR 5/8; marrone 7.5YR 3/2; dec: beige 2.5Y 8/2; rosso scuro 2.5YR 3/6.
Impasto: C: duro; DS: estremamente depurato; DI: medi; Del: vacuoli, bianchi calcarei; Mod: tornio veloce.
Fr. di vasca e attacco del labbro di coppa *B1* di produzione regio-coloniale. Interno completamente verniciato con resti di tre linee in suddipintura rossa, evanida. All'esterno interamente verniciato con linea suddipinta rossa e banda suddipinta di colore beige.
NAS: Produzioni regio-coloniali.
Datazione contesto: *t.a.q.* 500/490 a.C. (fine VII sec. – 500/490 a.C.).
Datazione relativa: fine VII – metà VI sec. a.C.
Bibliografia: inedito.
Confronti: v. testo.

102 K 32607 (tavv. 9. 67)
QAEO1F, F1995, Agora565, Ab. 116.
Lu: 4.1cm; La: 3.0cm; Dm fondo: 6.0cm; S: 0.35cm; H: 1.5cm.
Colori: impasto: arancione-beige 7.5YR 6/6; sup. est: beige-rosso 7.5YR 7/4; vn: rosso scuro 2.5YR 4/6.
Impasto: C: tenero; DS: estremamente depurato; DI: medi; Del: mica, bianchi puntiformi, vacuoli arrotondati, radi grigi; Mod: tornio veloce.
Fr. di fondo con piede ad anello di forma aperta, coppa d'imitazione di tipo *B1* (?), di produzione regio-coloniale. Completamente verniciato (dipinto?) all'interno.
NAS: Produzioni regio-coloniali.
Datazione contesto: *t.a.q.* 500/490 a.C. (fine VII sec. – 500/490 a.C.).
Datazione relativa: fine VII – fine VI sec. a.C.
Bibliografia: inedito.
Confronti: v. testo.

103 K 16712 A–B (tavv. 9. 67) QAEO1F, F1995/F1996, Agora565, Ab. 116 (F95) / Ab. 107 (F96).
A: Lu: 10.6cm; S: 0.4-0.5cm; B: Lu: 5.0cm; La: 3.2; S: 0.4-0.5cm; Dm int: 13.0cm; H: 5.5cm.
Colori: impasto: arancione-marrone 5YR 6/6; vn: nero.
Impasto: C: duro; DS: estremamente depurato; DI: piccoli; Del: molta mica dorata, grigi chiari di forma arrotondata, vacuoli arrotondati; Mod: tornio veloce.
Sei fr. d'orlo non combacianti di una coppa *B2* in vn (A: cinque fr.; B: un fr.). All'interno, appena sotto l'orlo, banda/linea irregolare risparmiata. All'esterno completamente verniciato ad eccezione di una banda sul labbro e una sulla vasca. Vn brillante e di buona qualità, anche se diluita in alcuni punti. Linee irregolari.
NAS: Importazioni allotrie all'isola.
Datazione contesto: *t.a.q.* 500/490 a.C. (fine VII sec. – 500/490 a.C.).
Datazione relativa: fine VII – 530/520 a.C.; se regio-coloniale: fine VI – inizio V sec. a.C.
Bibliografia: inedito.
Confronti: v. testo.

104 K 16469 (tavv. 9. 67)
QAEO1F, F1995, Agora564/567, Ab. 214.
Lu: 5.0cm; La: 3.4cm; Dm est: 14.0cm; S: 0.4cm; H: 3.1cm.
Colori: impasto: marrone 5YR 6/6; sup. int: marrone-arancione 5YR 7/6; sup. est: marrone-arancione 5YR 7/6; vn: nero.
Impasto: C: duro; DS: estremamente depurato; DI: piccoli; Del: numerosa mica dorata, radi vacuoli puntiformi arrotondati; Mod: tornio veloce.
Fr. d'orlo di coppa di tipo *B2* in vn. All'interno completamente verniciato ad eccezione di una linea acroma appena sotto l'orlo. All'esterno acromo con linea in vn lungo l'orlo, banda in corrispondenza dell'estensione maggiore della vasca e banda sulla porzione inferiore conservata. Vernice brillante.
NAS: Importazioni allotrie all'isola.
Datazione contesto: *t.a.q.* 500/490 a.C. (fine VII sec. – 500/490 a.C.).
Datazione relativa: secondo quarto del VI sec. – 500/490 a.C.
Bibliografia: Isler 1996a, 56 nota 34.
Confronti: v. testo.

105 K 32700 (tavv. 9. 67)
QAEO1F, F1996, Agora565, Ab. 104.
Lu: 3.5cm; La: 1.9cm; Dm: 17.0cm; S: 0.3cm; H: 2.0cm.
Colori: impasto: marrone-rosso 2.5YR 5/6; sup. int: marrone-arancione 5YR 6/4; sup. est: marrone-arancione 5YR 6/6; vn: marrone-rosso 2.5YR 5/6.
Impasto: C: duro; DS: estremamente depurato; DI: piccoli; Del: mica, beige, bianchi calcarei, vacuoli; Mod: tornio veloce.
Fr. d'orlo di coppa di tipo *B2* di produzione regio-coloniale. Interno completamente verniciato ad eccezione di linea acroma sotto l'orlo. L'esterno presenta una linea in vn lungo l'orlo seguita da una banda acroma. Porzione inferiore con tracce di vn (banda? Completamente verniciato?).
NAS: Produzioni regio-coloniali.
Datazione contesto: *t.a.q.* 500/490 a.C. (fine VII sec. – 500/490 a.C.).
Datazione relativa: 580/570 – inizio V sec. a.C.
Bibliografia: inedito.
Confronti: v. testo.

106 K 16713 (tavv. 9. 67)
QAEO1F, F1995, Agora565, Ab. 116.
Lu: 4.7cm; La: 2.5cm; Dm fondo: 5.5cm; S: 0.6cm; H: 1.6cm.
Colori: impasto: marrone-rosso 2.5YR 5/6; nucleo: grigio 2.5YR 5/1; sup. int: marrone-rosso 2.5YR 6/6; vn: marrone-grigio 2.5YR 2.5/1.
Impasto: C: duro; DS: estremamente depurato; DI: piccoli; Del: mica, bianchi calcarei puntiformi, grigi scuri puntiformi saltuari, vacuoli arrotondati; Mod: tornio veloce.
Fr. di fondo con piede a tromba di coppa *B2*. All'interno della vasca tondo risparmiato delimitato in modo irregolare; vernice leggermente brillante sulla parte esterna del piede e macchia di vernice

lungo la base d'appoggio.
NAS: Importazioni allotrie all'isola.
Datazione contesto: *t.a.q.* 500/490 a.C. (fine VII sec. – 500/490 a.C.).
Datazione relativa: VI – inizio V sec. a.C.
Bibliografia: inedito.
Confronti: v. testo.

107 K 16583 (tav. 9)
QAEO1F, F1995, Agora565, Ab. 111.
Lu: 2.8cm; La: 3.5cm; S: 0.2cm.
Colori: impasto: marrone-arancione 10R 6/6; vn: nero.
Impasto: C: semiduro; DS: estremamente depurato; DI: piccoli; Del: mica dorata e minuscoli vacuoli di forma arrotondata; Mod: tornio veloce.
Fr. di parete di *band-cup*, *skyphos* o cup-*skyphos* attico con decorazione nella banda risparmiata esterna a figure nere. Resti della parte posteriore di felino rivolto verso destra con coda arrotolata su sé stessa verso l'alto. Dettagli della parte inferiore del ventre e terminazione della coda dell'animale in suddipintura bianca.
NAS: Importazioni allotrie all'isola.
Datazione contesto: *t.a.q.* 500/490 a.C. (fine VII sec. – 500/490 a.C.).
Datazione relativa: terzo quarto del VI sec. a.C.
Bibliografia: Isler 1995a, 24; Isler 1996a, 57 nota 42 tav. 10, 7; Isler 1999b, 148.
Confronti: v. testo.

108 K 16631 (tav. 9)
QAEO1F, F1995, Agora565, Ab. 112.
Lu: 3.3cm; La: 3.6cm; S: 0.2cm.
Colori: impasto: arancione-marrone 10R 6/6; vn: nero.
Impasto: C: semiduro; DS: estremamente depurato; DI: piccoli; Del: vacuoli; Mod: tornio veloce.
Fr. di parete di *band-cup* attico a figure nere. All'interno della banda a risparmio fissipede verso sinistra con linea lungo il ventre e scroto in suddipintura bianca.
NAS: Importazioni allotrie all'isola.
Datazione contesto: *t.a.q.* 500/490 a.C. (fine VII sec. – 500/490 a.C.).
Datazione relativa: terzo quarto del VI sec. a.C.
Bibliografia: Isler 1995a, 24 (citato erroneamente come K 16683); Isler 1999b, 148.
Confronti: v. testo.

109 K 32568 (tav. 9)
QAEO1F, F1995, Agora565, Ab. 112.
Lu: 4.1cm; La: 2.6cm; S: 0.3cm.
Colori: impasto: rosso-marrone 2.5YR 6/6; vn: nero.
Impasto: C: duro; DS: estremamente depurato; DI: piccoli; Del: mica dorata e vacuoli; Mod: tornio veloce.
Fr. di parete con attacco d'ansa di forma aperta attica (*band-cup*, *cup-skyphos*, o *skyphos*?) con decorazione a fascia. Banca acroma all'esterno con ansa verniciata.
NAS: Importazioni allotrie all'isola.
Datazione contesto: *t.a.q.* 500/490 a.C. (fine VII sec. – 500/490 a.C.).
Datazione relativa: metà del VI – primo quarto del V sec. a.C.
Bibliografia: inedito.
Confronti: v. testo.

110 K 32567 (tav. 9)
QAEO1F, F1995, Agora565, Ab. 112.
Lu: 3.6cm; La: 2.4cm; SezAnsa: 1.0cm; S: 0.3cm.
Colori: impasto: arancione-marrone 2.5YR 6/6; vn: nero.
Impasto: C: duro; DS: estremamente depurato; DI: piccoli; Del: mica dorata e vacuoli; Mod: tornio veloce.
Fr. di ansa con attacco della parete interna di coppa attica a vn. Interno interamente verniciato. Esterno acromo ad eccezione della vernice lungo l'ansa.
NAS: Importazioni allotrie all'isola.
Datazione contesto: *t.a.q.* 500/490 a.C. (fine VII sec. – 500/490 a.C.).
Datazione relativa: indet.
Bibliografia: inedito.
Confronti: v. testo.

111 K 16628 (tavv. 9. 67)
QAEO1F, F1995, Agora565, Ab. 112.
Lu: 3.7cm; La: 2.8cm; Dm: 14.0cm; S: 0.3cm; H: 2.8cm.
Colori: impasto: arancione-rosso 5YR 6/6; sup. int: nero brillante; vn: nero.
Impasto: C: semiduro; DS: estremamente depurato; DI: piccoli; Del: mica e vacuoli; Mod: tornio veloce.
Due fr. d'orlo combacianti di cup-*skyphos* attico in vn. All'interno completamente verniciato ad eccezione di una linea risparmiata appena sotto l'orlo. Al di sotto, linea (0.3cm) con vernice più abrasa, suddipintura? All'esterno, vn in origine brillante, nella parte centrale a sinistra completamente opaca, corrosa? In corrispondenza del cambiamento di direzione della parete una linea orizzontale segna la presenza di una zona acroma sottostante (banda?).
NAS: Importazioni allotrie all'isola.
Datazione contesto: *t.a.q.* 500/490 a.C. (fine VII sec. – 500/490 a.C.).
Datazione relativa: ca. 500 – 480 a.C.
Bibliografia: inedito.
Confronti: v. testo.

112 K 16650 (tav. 9)
QAEO1F, F1995, Agora565, Ab. 110.
Lu: 7.8cm; La: 3.4cm; S: 0.5-0.6cm.
Colori: impasto: marrone-rosso 10R 5/6; vn: nero.
Impasto: C: duro; DS: estremamente depurato; DI: piccoli; Del: numerosa mica dorata, radi vacuoli puntiformi arrotondati; Mod: tornio veloce.
Fr. di fondo fortemente convesso di forma aperta di grandi dimensioni (*cup-skyphos*?) in ceramica attica a vn. All'interno, vn satura, brillante e di ottima qualità. Sulla superficie inferiore del fondo due cerchi concentri (cerchio esterno La: 0.6cm; Dm est: 3.6cm. Cerchio interno: La: 0.3cm; Dm est: 0.9x1.1cm).
NAS: Importazioni allotrie all'isola.
Datazione contesto: *t.a.q.* 500/490 a.C. (fine VII sec. – 500/490 a.C.).
Datazione relativa: ca. 500 – 480 a.C.
Bibliografia: inedito.
Confronti: v. testo.

113 K 16977 (tavv. 9. 67)
QAEO1F, F1996, Agora565, Ab. 104.
Lu: 7.5cm; La: 4.0cm; Dm int: 14.0-17.0cm; SezAnsa: 1.6-1.7cm; S: 0.5cm; H: 3.9cm.
Colori: impasto: marrone 5YR 6/6; vn: nero.
Impasto: C: duro; DS: estremamente depurato; DI: piccoli; Del: mica dorata, vacuoli; Mod: tornio veloce.
Fr. d'orlo con ansa a bastoncello quasi integra di *skyphos* di tipo A attico a vn. Interno completamente verniciato, saturo, brillante, di ottima qualità. Esterno fortemente scrostato e meno brillante.
NAS: Importazioni allotrie all'isola.
Datazione contesto: *t.a.q.* 500/490 a.C. (fine VII sec. – 500/490 a.C.).
Datazione relativa: verso il 500 a.C.
Bibliografia: inedito.
Confronti: v. testo.

114 K 16632 (tavv. 9. 67)
QAEO1F, F1995, Agora565, Ab. 112.
Lu: 12.8cm; La: 11.6cm; Dm: 16.0cm; S: 0.3-0.6cm; H: 7.0cm.
Colori: impasto: arancione-rosa 5YR 7/6; nucleo: grigio 5YR 5/1; sup. int: arancione chiaro 5YR 7/6; sup. est: arancione chiaro 5YR 7/4-7/6; vn: marrone-nero 7.5YR 3/1; marrone-rosso 5YR 5/6-4/4.
Impasto: C: duro; DS: molto depurato; DI: medi; Del: vacuoli allungati anche di grande dimensione, mica, bianchi puntiformi (quarzo?), grigi scuri puntiformi; Mod: tornio veloce.
Sette fr. combacianti di coppa lato K 480 con decorazione a gocce oblique. Priva di anse e della parte inferiore del piede a tromba. All'interno, linea risparmiata sotto l'orlo, tondo risparmiato con tracce della cottura ad impilamento e due cerchielli concentrici in vn al centro del tondo. All'esterno, linea sottile risparmiata sotto l'orlo, banda acroma con decorazione a gocce oblique e banda acroma in prossimità dell'attacco del piede.
NAS: Produzioni regio-coloniali.
Datazione contesto: *t.a.q.* 500/490 a.C. (fine VII sec. – 500/490 a.C.).
Datazione relativa: fine VI sec. – 460/450 a.C.
Bibliografia: Isler 1996a, 56 nota 35.
Confronti: v. testo.

115 K 32547 (tav. 10)
QAEO1F, F1995, Agora565, Ab. 111.
Lu: 5.3cm; La: 4.6cm; Dm: 14.0cm; S: 0.4cm; H: 4.4cm.
Colori: impasto: marrone-grigio 7.5YR 5/2; nucleo: arancione-rosso 2.5YR 5/6; sup. int: rosso-marrone 7.5YR 6/3; sup. est: rosso-marrone 7.5YR 6/3; vn: nero.
Impasto: C: duro; DS: estremamente depurato; DI: piccoli; Del: mica e vacuoli allungati; Mod: tornio veloce.

Tre fr. combacianti (orlo e vasca) di coppa lato K 480. All'esterno, banda acroma con decorazione a gocce oblique (sei conservate). All'interno, appena sotto l'orlo, linea acroma.
NAS: Produzioni regio-coloniali.
Datazione contesto: *t.a.q.* 500/490 a.C. (fine VII sec. – 500/490 a.C.).
Datazione relativa: fine VI sec. – 460/450 a.C.
Bibliografia: inedito.
Confronti: Caflisch 1991, 59 no. 209 fig. 7.
Osservazioni: la colorazione della superficie esterna non rispecchia lo stato di conservazione originale. I fr. sono stati erroneamente trattati con una miscela di acetone e paraloid B 72.

116 K 16646 (tav. 10)
QAEO1F, F1995, Agora565, Ab. 109/110.
Lu: 5.7cm; La: 7.1cm; Dm: 13.0cm; S: 0.2cm; H: 4.4cm.
Colori: impasto: marrone-grigio 2.5YR 5/4; vn: marrone-nero 2.5YR 2.5-3/1.
Impasto: C: duro; DS: estremamente depurato; DI: piccoli; Del: mica, bianchi calcarei, saltuari vacuoli allungati; Mod: tornio veloce.
Due fr. combacianti d'orlo e parete con attacco d'ansa di coppa lato K 480 in vn. All'interno, sotto l'orlo, linea sottile risparmiata e tondo risparmiato al centro della vasca. All'esterno, banda risparmiata campita da fregio a gocce in vn diluita con sottostante linea orizzontale risparmiata.
NAS: Produzioni regio-coloniali.
Datazione contesto: *t.a.q.* 500/490 a.C. (fine VII sec. – 500/490 a.C.).
Datazione relativa: fine VI sec. – 460/450 a.C.
Bibliografia: Isler 1996a, 56 nota 35.
Confronti: senza linea interna: Caflisch 1991, 59 no. 211 fig. 7.

117 K 16582 (tav. 10)
QAEO1F, F1995, Agora565, Ab. 111.
Lu: 4.9cm; La: 4.3cm; Dm: 13.0cm; S: 0.4cm; H: 3.7cm.
Colori: impasto: marrone 5YR 5/6; nucleo: grigio 5YR 6/1; vn: nero 5YR 3/1.
Impasto: C: semiduro; DS: estremamente depurato; DI: piccoli; Del: mica, bianchi puntiformi e vacuoli allungati saltuari; Mod: tornio veloce.
Fr. d'orlo di coppa lato K 480. All'interno, vernice diluita stesa a pennellate orizzontali. All'esterno, decorazione a gocce nella banda risparmiata, seguita inferiormente da banda in vn, screpolata.
NAS: Produzioni regio-coloniali.
Datazione contesto: *t.a.q.* 500/490 a.C. (fine VII sec. – 500/490 a.C.).
Datazione relativa: fine VI sec. – 460/450 a.C.
ibliografia: Isler 1996a, 56 nota 35.
Confronti: Caflisch 1991, 59 no. 207 fig. 7.

118 K 16581 (tav. 10)
QAEO1F, F1995, Agora565, Ab. 111.
Lu: 9.1cm; La: 4.1cm; Dm: 16.0cm; S: 0.3cm; H: 3.8cm.
Colori: impasto: arancione 2.5YR 6/6; nucleo: grigio 5YR 6/1; vn: nero 2.5YR 2.5/1.
Impasto: C: semiduro; DS: estremamente depurato; DI: piccoli; Del: bianchi calcarei e vacuoli; Mod: tornio veloce.
Due fr. combacianti d'orlo e parete con ansa a bastoncello orizzontale integra di coppa lato K 480. Decorazione a gocce (parte centrale satura, parte esterna diluita) nella banda risparmiata all'esterno. All'interno, linea risparmiata sotto l'orlo.
NAS: Produzioni regio-coloniali.
Datazione contesto: *t.a.q.* 500/490 a.C. (fine VII sec. – 500/490 a.C.).
Datazione relativa: fine VI sec. a.C. – 460/450 a.C.
Bibliografia: inedito.
Confronti: senza linea interna: Caflisch 1991, 58 no. 204 fig. 7.

119 K 16681 (tav. 10)
QAEO1F, F1995, Agora565, Ab. 114.
Lu: 4.6cm; La: 4.3cm; Dm: 16.0-17.0cm; S: 0.2-0.3cm; H: 4.2cm.
Colori: impasto: marrone 2.5YR 5/4-6; nucleo: grigio 2.5YR 5/1; vn: rosso-marrone 2.5YR 5/4; marrone-nero 2.5YR 2.5/1.
Impasto: C: semiduro; DS: estremamente depurato; DI: piccoli; Del: mica, bianchi calcarei, vacuoli allungati saltuari; Mod: tornio veloce.
Due fr. d'orlo combacianti di coppa lato K 480. All'esterno, vernice marrone-nera nella parte superiore con banda risparmiata campita da fregio a gocce e sottostante parte in vernice marrone-nerastra. All'interno, vernice marrone-rossastra con linea risparmiata sotto l'orlo.
NAS: Produzioni regio-coloniali.
Datazione contesto: *t.a.q.* 500/490 a.C. (fine VII sec. – 500/490 a.C.).
Datazione relativa: fine VI sec. – 460/450 a.C.
Bibliografia: Isler 1996a, 56 nota 35.
Confronti: senza linea all'interno: Caflisch 1991, 58 no. 200 fig. 6.

120 K 32548 (tav. 10)
QAEO1F, F1995, Agora565, Ab. 111.
Lu: 5.1cm; La: 3.5cm; Dm: 15.0cm; S: 0.3cm; H: 3.1cm.
Colori: impasto: marrone 2.5YR 5/4; nucleo: grigio 2.5YR 5/3; sup. int: marrone 2.5YR 6/6; sup. est: marrone 2.5YR 6/6; vn: nero 2.5YR 2.5/1.
Impasto: C: duro; DS: estremamente depurato; DI: piccoli; Del: mica e vacuoli puntiformi; Mod: tornio veloce.
Due fr. combacianti orlo leggermente estroflesso e attacco d'ansa a bastoncello orizzontale di coppa lato K 480, forse, priva di decorazione a gocce. Banda acroma all'esterno. All'interno, linea acroma sotto l'orlo.
NAS: Produzioni regio-coloniali.
Datazione contesto: *t.a.q.* 500/490 a.C. (fine VII sec. – 500/490 a.C.).
Datazione relativa: fine VI sec. – 460/450 a.C.
Bibliografia: inedito.
Confronti: Caflisch 1991, 59 no. 207 fig. 7.

121 K 32699 (tav. 10)
QAEO1F, F1996, Agora565, Ab. 104.
Lu: 2.9cm; La: 2.1cm; Dm int: 14.0cm; S: 0.4cm; H: 2.1cm.
Colori: impasto: marrone-rosso 2.5YR 5/6; nucleo: grigio 2.5YR 5/1; sup. int: arancione-marrone 2.5YR 6/6; sup. est: arancione-marrone 2.5YR 6/6; vn: nero 2.5YR 2.5/1.
Impasto: C: duro; DS: estremamente depurato; DI: piccoli; Del: vacuoli, bianchi; Mod: tornio veloce.
Fr. d'orlo estroflesso di coppa lato K 480 priva di decorazione a gocce. Interno completamente verniciato con linea acroma sotto l'orlo. All'esterno banda risparmiata nella parte inferiore.
NAS: Produzioni regio-coloniali.
Datazione contesto: *t.a.q.* 500/490 a.C. (fine VII sec. – 500/490 a.C.).
Datazione relativa: fine VI sec. – 460/450 a.C.
Bibliografia: inedito.
Confronti: Caflisch 1991, 58 no. 200 fig. 6.

122 K 16680 (tav. 10)
QAEO1F, F1995, Agora565, Ab. 114.
Lu: 3.7cm; La: 5.4cm; Dm fondo: 6.2cm; S: 0.4-0.6cm; H: 3.1cm.
Colori: impasto: marrone-rosso 2.5YR 5/4; nucleo: grigio 2.5YR 6/1; sup. int: marrone 2.5YR 5/4; vn: grigio-nero 7.5YR 2.5/1.
Impasto: C: duro; DS: estremamente depurato; DI: piccoli; Del: mica, bianchi calcarei puntiformi, vacuoli allungati; Mod: tornio veloce.
Fr. di fondo con piede a tromba di coppa lato K 480. Tondo risparmiato all'interno della vasca. All'esterno vernice screpolata. All'interno del piede a tromba, linea verniciata nella parte inferiore e macchie di vn sulla zona d'appoggio.
NAS: Produzioni regio-coloniali.
Datazione contesto: *t.a.q.* 500/490 a.C. (fine VII sec. – 500/490 a.C.).
Datazione relativa: fine VI sec. – 460/450 a.C.
Bibliografia: inedito.
Confronti: senza linea in vn all'interno: Caflisch 1991, 62 no. 247 fig. 7.

123 K 16760 (tavv. 10. 67)
QAEO1F, F1995, Agora565, Ab. 118.
Lu: 4.7cm; La: 3.3cm; Dm fondo: 6.0cm; S: 0.2cm; H: 2.3cm.
Colori: impasto: marrone-rosso 2.5YR 5/6; nucleo: grigio 10R 5/1; sup. int: grigio scuro 10R 4/1; vn: nero GLEY 1 2.5/N.
Impasto: C: duro; DS: estremamente depurato; DI: piccoli; Del: mica, bianchi puntiformi, vacuoli tendenzialmente arrotondati; Mod: tornio veloce.
Fr. di fondo con piede a tromba di coppa lato K 480. All'esterno vernice screpolata. All'interno del piede a tromba, linea verniciata nella parte inferiore.
NAS: Produzioni regio-coloniali.
Datazione contesto: *t.a.q.* 500/490 a.C. (fine VII sec. – 500/490 a.C.).
Datazione relativa: fine VI sec. – 460/450 a.C.
Bibliografia: Isler 1996a, 56 nota 35.
Confronti: senza linea in vn all'interno: Caflisch 1991, 63 no. 252 fig. 7.

124 K 32733 (tav. 10)
QAEO1F, F1996, Agora565, Ab. 107.
Lu: 6.0cm; La: 5.1cm; S: 0.3cm.
Colori: impasto: arancione-marrone 2.5YR 6/6; nucleo: grigio 2.5YR 5/1; sup. int: arancione-marrone 2.5YR 6/6; sup. est: arancione-marrone 2.5YR 7/6; vn: nero-marrone 2.5YR 3/1.
Impasto: C: duro; DS: estremamente depurato; DI: piccoli; Del: vacuoli, bianchi; Mod: tornio veloce.
Due fr. combacianti di vasca di coppa lato K 480. All'interno, tondo risparmiato. Esterno completamente verniciato ad eccezione di due bande acrome sulla vasca.
NAS: Produzioni regio-coloniali.
Datazione contesto: *t.a.q.* 500/490 a.C. (fine VII sec. – 500/490 a.C.).
Datazione relativa: fine VI sec. – 460/450 a.C.
Bibliografia: inedito.
Confronti: v. testo.

125 K 16613 (tavv. 10. 67)
QAEO1F, F1995, Agora565, Ab. 113.
Lu: 7.3cm; La: 8.5cm; Dm est: 4.3cm; S: 0.2-0.3cm; H: 8.2cm.
Colori: impasto: marrone-arancione 2.5YR 6/6; sup. int: marrone-arancione 2.5YR 6/4; sup. est: marrone-arancione 2.5YR 6/4; vn: grigio scuro.
Impasto: C: duro; DS: estremamente depurato; DI: piccoli; Del: mica, bianchi calcarei puntiformi, vacuoli allungati; Mod: tornio veloce.
Nove fr. combacianti formanti la metà di un profilo di brocca di piccole dimensioni (olpe), con ansa a nastro verticale sormontante integra. Parte superiore decorata a vn ad immersione (goccia all'esterno causata dal giramento della forma). All'interno, evidenti tracce del tornio veloce e linea irregolare orizzontale in vn lungo l'orlo interno. Vernice leggermente brillante.
NAS: Produzioni regio-coloniali.
Datazione contesto: *t.a.q.* 500/490 a.C. (fine VII sec. – 500/490 a.C.).
Datazione relativa: fine VI – inizio V sec. a.C.
Bibliografia: inedito.
Confronti: v. testo.

126 K 32561 (tav. 10)
QAEO1F, F1995, Agora565, Ab. 112.
Lu: 3.2cm; La: 3.1cm; S: 0.3cm.
Colori: impasto: grigio-marrone 10YR 6/1; sup. int: marrone chiaro 10YR 6/2; sup. est: grigio-marrone 10YR 7/2; vn: nero-marrone 10YR 3-4/1.
Impasto: C: duro; DS: estremamente depurato; DI: piccoli; Del: poca mica, bianchi e grigi puntiformi; Mod: tornio veloce.
Fr. d'orlo trilobato di brocca (oinochoe) in vn. Vernice evanida sia all'interno che all'esterno.
NAS: Produzioni regio-coloniali.
Datazione contesto: *t.a.q.* 500/490 a.C. (fine VII sec. – 500/490 a.C.).
Datazione relativa: fine VI – inizio V sec. a.C.
Bibliografia: inedito.
Confronti: v. testo.

127 K 32546 (tav. 10)
QAEO1F, F1995, Agora565, Ab. 110.
Lu: 5.8cm; La: 4.1cm; Dm int: ca. 15cm; S: 0.5cm.
Colori: impasto: rosso-marrone 2.5YR 6/6; sup. int: rosso-marrone 5YR 6/6; sup. est: rosso-marrone 2.5YR 6/6; vn: nero-marrone 2.5YR 3/1.
Impasto: C: duro; DS: estremamente depurato; DI: piccoli; Del: mica; Mod: tornio veloce.
Due fr. combacianti di parete di forma chiusa di medio-grandi dimensioni con banda in vn orizzontale all'esterno. Anfora da tavola, o brocca?
NAS: Produzioni regio-coloniali.
Datazione contesto: *t.a.q.* 500/490 a.C. (fine VII sec. – 500/490 a.C.).
Datazione relativa: indet.
Bibliografia: inedito.
Confronti: v. testo.

128 K 32712 (tavv. 10. 67)
QAEO1F, F1996, Agora564, Ab. 106.
Lu: 3.3cm; La: 2.9cm; Dm fondo: 4.0cm; S: 0.4cm; H: 1.6cm.
Colori: impasto: beige-rosa 2.5YR 7/4; nucleo: beige 10YR 8/4; sup. int: beige-rosa 5YR 8/3; sup. est: beige 10YR 8/2; vn: nero 10YR 3/1; marrone 7.5YR 4/4.
Impasto: C: tenero; DS: estremamente depurato; DI: piccoli; Del: vacuoli, rossi; Mod: tornio veloce.
Fr. di fondo con piede ad anello concavo di forma chiusa di piccole dimensioni. All'esterno completamente verniciato marrone-arancione. Vernice evanida e scrostata in corrispondenza della parte superiore conservata. Sul profilo del fondo, linea orizzontale quasi nera, banda intenzionale?
NAS: Produzioni regio-coloniali.
Datazione contesto: *t.a.q.* 500/490 a.C. (fine VII sec. – 500/490 a.C.).
Datazione relativa: indet.
Bibliografia: inedito.
Confronti: v. testo.

129 K 16462 (tavv. 10. 67)
QAEO1F, F1995, Agora564/567, Ab. 214.
Lu: 5.5cm; La: 2.2cm; Dm est: 13.0cm; S: 0.4cm; H: 2.2cm.
Colori: impasto: grigio 10YR 5/1; sup. int: grigio scuro 10YR 3/1; sup. est: grigio 10YR 5/1.
Impasto: C: duro; DS: estremamente depurato; DI: piccoli; Del: mica, bianchi calcarei; Mod: tornio veloce.
Fr. d'orlo a tesa orizzontale con scanalature sulla tesa di *plat à marli* in ceramica *grise monochrome*. Cottura riducente. Molte incrostazioni. Quattro scanalature sulla tesa dell'orlo. Ingobbio grigio scuro non veramente distinguibile dall'impasto ma ben visibile soprattutto all'interno del fr.
NAS: Importazioni allotrie all'isola.
Datazione contesto: *t.a.q.* 500/490 a.C. (fine VII sec. – 500/490 a.C.).
Datazione relativa: seconda metà del VI sec. – 480 a.C.
Bibliografia: inedito.
Confronti: v. testo.

130 K 16461 (tavv. 10. 67)
QAEO1F, F1995, Agora564/567, Ab. 214.
Lu: 5.6cm; La: 4.3cm; Dm fondo: 5.5cm; S: 0.6cm; H: 2.2cm.
Colori: impasto: grigio 10YR 5/1; sup. int: grigio 10YR 4/1; sup. est: grigio 10YR 5/1.
Impasto: C: duro; DS: estremamente depurato; DI: piccoli; Del: mica, bianchi calcarei; Mod: tornio veloce.
Fr. di fondo con piede ad anello di forma aperta (*plat à marli*?) in ceramica *grise monochrome*. Cottura riducente. Lisciato sia all'interno che all'esterno, con incrostazioni su quasi tutta la superficie. All'interno, ingobbio grigio scuro non distinguibile dall'impasto.
NAS: Importazioni allotrie all'isola.
Datazione contesto: *t.a.q.* 500/490 a.C. (fine VII sec. – 500/490 a.C.).
Datazione relativa: seconda metà del VI sec. – 480 a.C.
Bibliografia: inedito.
Confronti: v. testo.

131 L 1783 (tavv. 11. 67)
QAEO1F, F1995, Agora565, Ab. 109.
Lu: 5.8cm; La: 1.7cm; Dm specchio: 7.0cm; Dm fondo: 8.0cm; S: 0.2-0.6cm; H: 2.5cm.
Colori: impasto: rosso-marrone 2.5YR 5/6; sup. int: marrone chiaro 5YR 6/4-6; sup. est: marrone-grigio 7.5YR 5-6/3; vn: nero.
Impasto: C: semiduro; DS: estremamente depurato; DI: piccoli; Del: molto compatto ed omogeneo, piccoli bianchi calcarei saltuari e vacuoli; Mod: tornio veloce.
Fr. formante un profilo completo di lucerna del tipo BRL di Käch. Tesa dell'orlo in vn; macchia in vn sulla parete esterna, quest'ultima spennellata con vernice molto diluita. Tracce di bruciato all'interno.
NAS: Produzioni regio-coloniali.
Datazione contesto: *t.a.q.* 500/490 a.C. (fine VII sec. – 500/490 a.C.).
Datazione relativa: secondo quarto – fine VI sec. a.C. (se non oltre).
Bibliografia: Isler 1996a, 57 nota 39.
Confronti: v. testo.

132 L 2772 (tavv. 11. 67)
QAEO1F, F1995, Agora565, Ab. 110.
Lu: 4.1cm; La: 2.1cm; Dm specchio: 9.0cm; Dm fondo: 9.0cm; S: 0.4cm; H: 2.1cm.
Colori: impasto: grigio 10YR 5/1; sup. int: grigio-marrone 2.5YR 6/1-2; sup. est: grigio-marrone 2.5YR 5/1-2; vn: nero.
Impasto: C: duro; DS: estremamente depurato; DI: piccoli; Del: mica, grigi chiari e vacuoli puntiformi; Mod: tornio veloce.
Due fr. combacianti di fondo e attacco dello specchio di lucerna con parte superiore verniciata. Morfologia di transizione tra BSL e KSL di Käch?
NAS: Produzioni regio-coloniali.
Datazione contesto: *t.a.q.* 500/490 a.C. (fine VII sec. – 500/490 a.C.).
Datazione relativa: indet.
Bibliografia: inedito.
Confronti: v. testo.

133 L 1782 (tavv. 11. 67)
QAEO1F, F1995, Agora565, Ab. 110.
Lu: 5.6cm; La: 4.6cm; Dm est: 9.0cm; S: 0.2-0.5cm; H: 2.3cm.
Colori: impasto: marrone-arancione 5YR 7/4; nucleo: grigio 10YR 5/1; vn: nero.
Impasto: C: duro; DS: estremamente depurato; DI: piccoli; Del: impasto estremamente omogeneo e compatto; vacuoli molto piccoli e saltuari bianchi calcarei; Mod: tornio veloce.
Fr. di specchio, beccuccio e fondo di lucerna in vn. Parte superiore dello specchio verniciata. *Tubulus* verniciato ad immersione.
NAS: Produzioni regio-coloniali.
Datazione contesto: *t.a.q.* 500/490 a.C. (fine VII sec. – 500/490 a.C.).
Datazione relativa: VI sec. – 480 a.C.
Bibliografia: inedito.
Confronti: v. testo.

134 L 2775 (tav. 11)
QAEO1F, F1996, Agora565, Ab. 107.
Lu: 3.6cm; La: 4.5cm; Dm fondo: 9.0cm; S: 0.4-0.5cm; H: 1.4cm.
Colori: impasto: marrone chiaro 5YR 5/6; nucleo: marrone-grigio 5YR 5/2; sup. est: marrone 7.5YR 7/4; vn: marrone-nero 7.5YR 2.5/1.
Impasto: C: semiduro; DS: estremamente depurato; DI: piccoli; Del: mica, beige, vacuoli; Mod: tornio veloce.
Fr. di fondo con attacco del cono centrale di lucerna in vn. Parte interna verniciata di nero, diluito. Sono visibili le striature a forma circolare dovute dal pennello.
NAS: Produzioni regio-coloniali.
Datazione contesto: *t.a.q.* 500/490 a.C. (fine VII sec. – 500/490 a.C.).
Datazione relativa: indet.
Bibliografia: inedito.
Confronti: v. testo.

Quartiere Agora – Oikos: riempimento adibito al piano di calpestio di seconda fase

135 K 16642 (tav. 11)
QAEO2F, F1995, Agora564/567, Ab. 109.
Lu: 2.5cm; La: 1.5cm; Dm est: 6.0cm; S: 0.3cm.
Colori: impasto: grigio 10YR 5/1-2; sup. int: nero 10YR 2/1; sup. est: grigio-beige 10YR 7/1-2; vn: nero 10YR 2/1; dec: nero 10YR 2/1.
Impasto: C: semiduro; DS: estremamente depurato; DI: piccoli; Del: mica, vacuoli; Mod: tornio veloce.
Fr. di parete con attacco del fondo di kotyle corinzia o d'imitazione. All'interno verniciato, leggermente screpolato; all'esterno raggiera con raggi distinti tra di loro (0.5cm) delimitati, sotto, da una linea orizzontale in vn.
NAS: Importazioni allotrie all'isola.
Datazione contesto: 500/490 – 480/470-60 a.C.
Datazione relativa: CA – CM.
Bibliografia: Isler 1999b, 146.
Confronti: v. testo.

136 K 17072 (tavv. 11. 68)
QAEO2F, F1996, Agora565, Ab. 204.
Lu: 3.7cm; La: 2.4cm; Dm fondo: 9.0cm; S: 0.3cm; H: 1.8cm.
Colori: impasto: beige 10YR 7/2; sup. int: beige-grigio 10YR 7/2; sup. est: beige-grigio 10YR 7/2; vn: grigio scuro 10YR 3/2; rosso-marrone 2.5YR 4/4-6.
Impasto: C: duro; DS: estremamente depurato; DI: piccoli; Del: vacuoli; Mod: tornio veloce.
Fr. di fondo con piede ad anello di kotyle corinzia in vn bicroma. All'interno completamente verniciato, in parte evanido. All'esterno, lungo il piede ad anello, banda rossa-marrone. Sulla parete esterna, linea orizzontale nera dalla quale parte un raggio. Sulla superficie inferiore del fondo, linea nera lungo il fondo del piede ad anello, banda rossa-marrone lungo l'interno del piede ad anello e resti di linea nera sulla superficie piana inferiore.
NAS: Importazioni allotrie all'isola.
Datazione contesto: 500/490 a.C. – 480/470-60 a.C.
Datazione relativa: CM – CT.
Bibliografia: Isler 1996b, 11 nota 32 fig. 19, e; Isler 1997b, 50 nota 29; Isler 1999b, 146.
Confronti: v. testo.

137 K 16540 (tavv. 11. 68)
QAEO2F, F1995, Agora564/567, Ab. 209.
Lu: 3.6cm; La: 2.8cm; Dm est: 15.0cm; S: 0.4-0.5cm; H: 2.6cm.
Colori: impasto: marrone 7.5YR 5/4; sup. int: marrone chiaro 7.5YR 7/4; sup. est: marrone chiaro 7.5YR 7/4; vn: nero-marrone 7.5YR 3/2; 2.5/1.
Impasto: C: duro; DS: estremamente depurato; DI: medi; Del: vacuoli, bianchi calcarei; Mod: tornio veloce.
Fr. d'orlo di coppa *B2* di produzione regio-coloniale in vn. All'interno, completamente verniciato ad eccezione di una linea acroma appena sotto l'orlo. All'esterno, acromo con linea in vn lungo l'orlo e banda tra labbro e vasca in vn diluita.
NAS: Produzioni regio-coloniali.
Datazione contesto: 500/490 – 480/470-60 a.C.
Datazione relativa: VI – inizio V sec. a.C.
Bibliografia: Isler 1996a, 56 nota 34.
Confronti: v. testo.

138 K 16541 (tavv. 11. 68)
QAEO2F, F1995, Agora564/567, Ab. 209.
Lu: 2.5cm; La: 2.3cm; Dm est: indet; S: 0.3cm; H: 2.2cm.
Colori: impasto: marrone 7.5YR 4/2; sup. int: marrone-nero 7.5YR 3/3; sup. est: marrone-nero 7.5YR 3/2; vn: marrone-nero 7.5YR 3/2-3.
Impasto: C: semiduro; DS: estremamente depurato; DI: piccoli; Del: mica, vacuoli; Mod: tornio veloce.
Fr. d'orlo di imitazione di coppa *B2* di produzione regio-coloniale in vn. Verniciato in maniera satura sia all'interno che all'esterno. Brillante all'interno. Esterno leggermente evanido e graffiato a causa dello scavo.
NAS: Produzioni regio-coloniali.
Datazione contesto: 500/490 – 480/470-60 a.C.
Datazione relativa: VI – inizio V sec. a.C.
Bibliografia: Isler 1996a, 56 nota 34.
Confronti: v. testo.

139 K 32506 (tav. 11)
QAEO2F, F1995, Agora565, Ab. 106.
Lu: 3.0cm; La: 3.1cm; S: 0.3-0.4cm.
Colori: impasto: arancione-marrone 5YR 6/6; sup. int: arancione-marrone 5YR 6/6; sup. est: arancione-marrone 5YR 6/6.
Impasto: C: semiduro; DS: estremamente depurato; DI: piccoli; Del: mica; Mod: tornio veloce.
Fr. di parete della parte superiore di alabastron greco-orientale. Parte esterna acroma.
NAS: Importazioni allotrie all'isola.
Datazione contesto: 500/490 – 480/470-60 a.C.
Datazione relativa: fine VI sec. – 460/450 a.C.
Bibliografia: inedito.
Confronti: v. testo.

140 K 16574 (tavv. 11. 68)
QAEO2F, F1995, Agora565, Ab. 108.
Lu: 5.9cm; La: 4.4cm; Dm fondo: 4.0cm; S: 0.3cm; H: 3.0cm.
Colori: impasto: rosso-marrone 2.5YR 6/6; sup. int: rosso-marrone 2.5YR 6/6; sup. est: rosso-marrone 2.5YR 6/6; vn: nero.
Impasto: C: duro; DS: estremamente depurato; DI: piccoli; Del: mica; Mod: tornio veloce.
Fr. di fondo piano di forma aperta in ceramica d'importazione, greco-orientale? All'esterno, fondo e parte inferiore della forma lasciati acromi; parte superiore conservata interamente verniciata (larga banda?). Interno in vn ad eccezione di un piccolo cerchio acromo al centro (ca. 2cm).
NAS: Importazioni allotrie all'isola.
Datazione contesto: 500/490 – 480/470-60 a.C.
Datazione relativa: indet.
Bibliografia: inedito.
Confronti: v. testo.

141 K 16641 A–D (tavv. 11. 68)
QAEO2F, F1995, Agora565, Ab. 106 / Ab. 103/108.
A: Lu: 2.2cm; La: 2.0cm; S: 0.3cm; B: Lu: 2.8cm; La: 3.3cm; S: 0.2cm; C: Lu: 4.3cm; La: 4.1cm; S: 0.3-0.7cm; D: Lu: 2.8cm; La: 2.2cm; S: 0.3cm.
Colori: impasto: arancione 2.5YR 6/8; vn: nero.
Impasto: C: semiduro; DS: estremamente depurato; DI: piccoli; Del: mica dorata, vacuoli arrotondati; Mod: tornio veloce.
Quattro fr. non combacianti di lekythos attica a vn con decorazione a figure nere sulla spalla. Sul fr. B si notano resti di due linee suddipinte in origine verosimilmente bianche, collocabili nella porzione superiore della forma. All'interno, segni del tornio veloce.

NAS: Importazioni allotrie all'isola.
Datazione contesto: 500/490 – 480/470-60 a.C.
Datazione relativa: 470 – 450 a.C.
Bibliografia: inedito.
Confronti: v. testo.

142 K 16576 (tav. 11)
QAEO2F, F1995, Agora565, Ab. 108.
Lu: 4.9cm; La: 4.0cm; S: 0.7cm.
Colori: impasto: rosso-marrone 2.5YR 6/6; vn: nero.
Impasto: C: duro; DS: estremamente depurato; DI: piccoli; Del: mica dorata e vacuoli; Mod: tornio veloce.
Fr. di vasca di coppa (tipo c?) attica di grandi dimensioni a figure rosse. All'interno, tondo risparmiato con linea di contorno in vernice diluita e resti di tre linee a rilievo nere molto sottili ed arcuate. Rappresentazione di simposiasta (scita?) fortemente stilizzato di spalle. All'esterno vn satura e brillante. Pittore del Pithos.
NAS: Importazioni allotrie all'isola.
Datazione contesto: 500/490 – 480/470-60 a.C.
Datazione relativa: fine del VI sec. – 490 a.C.
Bibliografia: Reusser 2018, 109.
Confronti: v. testo.

143 K 26455 A–B (tavv. 11. 68)
QAEO2F, F1995/ F2008, Agora565 (F95)/ Agora569 (F08), Ab. 106 (F95) / Ab. Unter MA-Strukturen (F08).
A: Lu: 6.6cm; La: 4.6cm; S: 0.2-0.3cm; B: Lu: 2.7cm; La: 2.1cm; S: 0.2-0.3cm; Dm: 14.0cm.
Colori: impasto: arancione-rosa 2.5YR 6/6; vn: nero; rosso scuro 10R 5/8.
Impasto: C: semiduro; DS: estremamente depurato; DI: piccoli; Del: mica dorata, vacuoli; Mod: tornio veloce.
Due fr. non combacianti (A: due fr.; B: due fr.) di phiale attica costolata. Parte superiore della forma sia all'interno che all'esterno in vn, satura e brillante. Parte inferiore sia interna che esterna acroma con rivestimento in *intentional red / coral red*.
NAS: Importazioni allotrie all'isola.
Datazione contesto: 500/490 – 480/470-60 a.C.
Datazione relativa: ca. 500 – 460 a.C.
Bibliografia: inedito.
Confronti: v. testo.

144 K 16572 (tavv. 12. 68)
QAEO2F, F1995, Agora565, Ab. 108.
Lu: 3.1cm; La: 3.1cm; Dm: indet; S: 0.5cm; H: 3.0cm.
Colori: impasto: rosso-marrone 7.5YR 6/6; sup. est: marrone-rosso 5YR 7/6; vn: nero.
Impasto: C: semiduro; DS: estremamente depurato; DI: piccoli; Del: mica dorata e vacuoli; Mod: tornio veloce.
Fr. d'orlo di *cup-skyphos* della tipologia *morgantina cup* attica in vn. Banda acroma all'esterno.
NAS: Importazioni allotrie all'isola.
Datazione contesto: 500/490 – 480/470-60 a.C.
Datazione relativa: prima metà del V sec. a.C.
Bibliografia: inedito.
Confronti: v. testo.

145 K 16575 A–C (tavv. 12. 68)
QAEO2F, F1995/ F1996, Agora565 (F95)/ Agora564 (F96), Ab. 108 (F95) / Ab. 103/108 (F96).
A: Lu: 6.5cm; La: 3.9cm; S: 0.3cm; B: Lu: 9.5cm; La: 4.0cm; C: Lu: 4.5cm; La: 3.4cm; S: 0.6-0.7cm; Dm orlo int: 9.0cm; Dm orlo est: 17.0cm; Dm fondo: 14.0cm.
Colori: impasto: marrone 5YR 5/6; nucleo: grigio 5YR 5/1; vn: nero.
Impasto: C: duro; DS: estremamente depurato; DI: piccoli; Del: colore dell'impasto degradante, non a biscotto. Vacuoli, rossi e bianchi; Mod: tornio veloce.
Tre fr. non combacianti di exaleiptron attico in vn (cinque fr. totali). Completamente verniciato all'esterno con due linee acrome sulla porzione inferiore della spalla. All'interno, macchie di vernice lungo l'orlo.
NAS: Importazioni allotrie all'isola.
Datazione contesto: 500/490 – 480/470-60 a.C.
Datazione relativa: fine VI – inizio V sec. a.C.
Bibliografia: inedito.
Confronti: v. testo.

146 K 16571 (tavv. 12. 68)
QAEO2F, F1995, Agora565, Ab. 108.
Lu: 3.4cm; La: 3.3cm; Dm orlo: 12.0-14.0cm; S: 0.3cm; H: 3.0cm.
Colori: impasto: marrone 7.5YR 5/4; vn: rosso-marrone 2.5YR 4/8; nero 2.5YR 2.5/1.
Impasto: C: tenero; DS: estremamente depurato; DI: piccoli; Del: vacuoli e mica; Mod: tornio veloce.
Fr. d'orlo estroflesso di coppa di produzione regio-coloniale. Già identificato come fr. di coppa a comasti attica. Interno completamente verniciato ad eccezione di una linea risparmiata sotto l'orlo. All'esterno, linea in vn lungo l'orlo, seguita da una linea in vn corrispondente al cambiamento tettonico tra labbro e vasca e una banda nella parte inferiore della vasca conservata. Vernice evanida con difetto di cottura.
NAS: Produzioni regio-coloniali.
Datazione contesto: *t.a.q.* 500/490 a.C.
Datazione relativa: indet.
Bibliografia: Isler 1996a, 56 nota 34; Isler 1999b, 147 fig. 12.
Confronti: v. testo.

147 K 16459 (tavv. 12. 68)
QAEO2F, F1995, Agora564/567, Ab. 209.
Lu: 3.1cm; La: 2.2cm; Dm est: 8.0cm; S: 0.4cm; H: 2.1cm.
Colori: impasto: marrone-rosso 7.5YR 6/4; sup. int: nero 10YR 2/1; sup. est: nero 10YR 2/1; vn: nero 10YR 2/1.
Impasto: C: duro; DS: estremamente depurato; DI: piccoli; Del: bianchi calcarei, vacuoli; Mod: tornio veloce.
Fr. d'orlo di *stemmed dish*, tipo *convex and small* in vn. Tesa dell'orlo acroma.
NAS: Produzioni regio-coloniali.
Datazione contesto: 500/490 – 480/470-60 a.C.
Datazione relativa: ultimo quarto VI – primi decenni V sec. a.C.
Bibliografia: inedito.
Confronti: v. testo.

148 K 17073 (tavv. 12. 68)
QAEO2F, F1996, Agora565, Ab. 204.
Lu: 3.4cm; La: 1.6cm; Dm est: 11.0cm; S: 0.4cm; H: 1.6cm.
Colori: impasto: arancione-marrone 2.5YR 5/6; sup. int: arancione-marrone 2.5YR 6/6; sup. est: arancione-marrone 2.5YR 6/6; vn: grigio scuro 10YR 3/2.
Impasto: C: semiduro; DS: estremamente depurato; DI: piccoli; Del: bianchi calcarei, vacuoli; Mod: tornio veloce.
Fr. d'orlo di *stemmed dish*, tipo *convex and small* in vn. Sia all'interno che all'esterno completamente verniciato, scrostato.
NAS: Produzioni regio-coloniali.
Datazione contesto: 500/490 – 480/470-60 a.C.
Datazione relativa: ultimo quarto VI – primi decenni V sec. a.C.
Bibliografia: inedito.
Confronti: v. testo.

149 K 16573 (tavv. 12. 68)
QAEO2F, F1995, Agora565, Ab. 108.
Lu: 5.1cm; La: 5.1cm; Dm fondo: 5.1cm; S: 0.5cm; H: 1.0cm.
Colori: impasto: rosso-marrone 2.5YR 6/6; sup. int: marrone 7.5YR 5-6/2; vn: nero-marrone 2.5YR 3/1.
Impasto: C: duro; DS: molto depurato; DI: medi; Del: bianchi e vacuoli; Mod: tornio veloce.
Fr. di fondo con piede a tromba profilato (conservata solo la parte inferiore) di forma aperta in vn. Banda acroma lungo il profilo del piede.
NAS: Produzioni regio-coloniali.
Datazione contesto: 500/490 – 480/470-60 a.C.
Datazione relativa: indet.
Bibliografia: inedito.
Confronti: v. testo.

150 K 17053 (tav. 12)
QAEO2F, F1996, Agora565, Ab. 204/205 II.
Lu: 4.8cm; La: 3.1cm; Dm int: 12.0cm; S: 0.3cm; H: 2.7cm.
Colori: impasto: marrone-rosso 5YR 5-6/4; nucleo: grigio 5YR 5/2; sup. int: marrone 5YR 6/4; sup. est: marrone 5YR 6/4; vn: nero-grigio 10YR 2/1.
Impasto: C: duro; DS: estremamente depurato; DI: piccoli; Del: mica dorata, vacuoli, bianchi; Mod: tornio veloce.
Due fr. combacianti d'orlo di coppa lato K 480. Interno completamente verniciato ad eccezione di una linea risparmiata sotto l'orlo. All'esterno, verniciato con banda risparmiata campita da un fregio a gocce in vn.
NAS: Produzioni regio-coloniali.

Datazione contesto: 500/490 – 480/470-60 a.C
Datazione relativa: fine VI sec. – 460/450 a.C.
Bibliografia: inedito.
Confronti: Caflisch 1991, 59 no. 207 fig. 7.

151 K 16621 (tavv. 12. 68)
QAEO2F, F1995, Agora565, Ab. 107.
Lu: 5.1cm; La: 3.3cm; Dm fondo: 5.5cm; S: 2.1cm; H: 3.3cm.
Colori: impasto: arancione-marrone 5YR 6/6; vn: rosso-marrone 5YR 5/6.
Impasto: C: duro; DS: estremamente depurato; DI: piccoli; Del: vacuoli puntiformi, bianchi puntiformi; Mod: tornio veloce.
Due fr. combacianti di piede a tromba di coppa lato K 480. Esterno a vernice rosso-marrone evanida.
NAS: Produzioni regio-coloniali.
Datazione contesto: 500/490 – 480/470-60 a.C.
Datazione relativa: fine VI sec. – 460/450 a.C.
Bibliografia: Isler 1996a, 56 nota 35.
Confronti: v. testo.

152 K 17066 (tavv. 12. 68)
QAEO2F, F1996, Agora565, Ab. 204.
Lu: 4.8cm; La: 3.0cm; Dm fondo: 4.0cm; S: 0.3cm; H: 1.2cm.
Colori: impasto: marrone 7.5YR 5/6; nucleo: grigio 7.5YR 5/1; sup. int: marrone chiaro 7.5YR 7/3; sup. est: marrone chiaro 7.5YR 7/3; vn: arancione 5YR 5/8.
Impasto: C: duro; DS: estremamente depurato; DI: piccoli; Del: mica, vacuoli, grigi chiari; Mod: tornio veloce.
Fr. di fondo leggermente concavo di forma aperta, coppa? All'interno completamente verniciato con tondo risparmiato al centro, di colore arancione saturo regolare. Esterno acromo.
NAS: Produzioni regio-coloniali.
Datazione contesto: 500/490 – 480/470-60 a.C.
Datazione relativa: indet.
Bibliografia: inedito.
Confronti: v. testo.

153 K 16542 A–B (tavv. 12. 68)
QAEO2F, F1995, Agora564/567, Ab. 209.
A: Lu: 6.4cm; La: 4.4cm; Dm: 21.0cm; S: 0.5cm; H: 3.1cm; B: Lu: 4.1cm; La: 5.9cm; S: 0.5cm; H: 4.0cm.
Colori: impasto: grigio 7.5YR 5/1; sup. int: grigio 7.5YR 6/1; sup. est: grigio 7.5YR 6/1.
Impasto: C: duro; DS: estremamente depurato; DI: piccoli; Del: mica, bianchi calcarei, vacuoli; Mod: tornio veloce.
Due fr. non combacianti (A: un fr.; B: due fr.) d'orlo a tesa orizzontale con scanalature di *plat à marli* in ceramica *grise monochrome*. Cinque scanalature sulla tesa dell'orlo. Cottura riducente. Lisciato sia all'interno che all'esterno.
NAS: Importazioni allotrie all'isola.
Datazione contesto: 500/490 – 480/470-60 a.C.
Datazione relativa: ca. 510/500 – 480 a.C.
Bibliografia: inedito.
Confronti: v. testo.

154 K 16577 (tavv. 12. 68)
QAEO2F, F1995, Agora565, Ab. 108.
Lu: 8.2cm; La: 3.8cm; Dm fondo: 3.7cm; S: 1.2cm; H: 7.2cm.
Colori: impasto: beige 7.5YR 7/4; sup. int: beige 7.5YR 7/4; sup. est: beige 7.5YR 7/4.
Impasto: C: semiduro; DS: estremamente depurato; DI: piccoli; Del: molta mica dorata, grigi chiari di forma arrotondata e vacuoli puntiformi; Mod: tornio veloce.
Fr. puntale di anfora da trasporto, massaliota *à pate micacée*. Residui organici all'interno?
NAS: Importazioni allotrie all'isola.
Datazione contesto: 500/490 – 480/470-60 a.C.
Datazione relativa: ca. 510/500 – 480 a.C.
Bibliografia: Palaczyk in preparazione, no. 32.
Confronti: v. testo.

155 K 16623 (tav. 12)
QAEO2F, F1995, Agora565, Ab. 107.
Lu: 8.3cm; La: 7.1cm; S: 1.1cm.
Colori: impasto: marrone 5YR 5/4; nucleo: grigio 10YR 4-5/1; sup. int: marrone-grigio 5YR 5/2; sup. est: marrone 5YR 6/4; vn: nero.
Impasto: C: duro; DS: estremamente depurato; DI: piccoli; Del: mica, grigi scuri, bianchi calcarei; Mod: tornio veloce.
Fr. di parete di anfora da trasporto, *à la brosse* del tipo 1501/1503 (?). Esterno completamente verniciato in vernice diluita con visibili striature dell'apporto in direzione tendenzialmente orizzontale. All'interno resti di una banda di vernice diluita.
NAS: Importazioni allotrie all'isola.
Datazione contesto: 500/490 – 480/470-60 a.C.
Datazione relativa: VI sec. a.C.
Bibliografia: inedito.
Confronti: v. testo.

156 L 1784 (tav. 12)
QAEO2F, F1995, Agora565, Ab. 108.
Lu: 2.8cm; La: 1.3cm; S: 0.4cm.
Colori: impasto: arancione chiaro 7.5YR 6/6; vn: nero; marrone 5YR 5-6/6.
Impasto: C: duro; DS: estremamente depurato; DI: piccoli; Del: vacuoli puntiformi; Mod: tornio veloce.
Fr. di specchio di lucerna attica a vn del tipo KSL di Käch. Specchio e parte interna verniciati, parte esterna della parete con vernice diluita risultante marrone.
NAS: Importazioni allotrie all'isola.
Datazione contesto: 500/490 – 480/470-60 a.C.
Datazione relativa: 540 – metà del V sec. a.C.
Bibliografia: Isler 1996a, 57 nota 38.
Confronti: v. testo.

157 L 1785 (tavv. 12. 68)
QAEO2F, F1995, Agora565, Ab. 108.
Lu: 6.9cm; La: 6.7cm; Dm fondo: 5.0cm; S: 0.4cm.
Colori: impasto: arancione 5YR 6/6; nucleo: grigio 7.5YR 6/4; ing: giallo 7.5YR 7/4.
Impasto: C: duro; DS: estremamente depurato; DI: medi; Del: bianchi, grigi, rossi e vacuoli puntiformi; Mod: tornio veloce.
Fr. di fondo con cono interno e attacco dell'alto piede di lucerna acroma.
NAS: Produzioni regio-coloniali.
Datazione contesto: 500/490 – 480/470-60 a.C.
Datazione relativa: VI sec. a.C.
Bibliografia: inedito.
Confronti: v. testo.

Quartiere Agora – Oikos: riempimento adibito al piano di prima o seconda fase

158 K 17051 (tav. 13)
QAEO1/2F, F1996, Agora565, Ab. 205 II.
Lu: 4.5cm; La: 4.9cm; Dm est: 14.0cm; SezAnsa: 1.0x1.2cm; S: 0.4cm; H: 4.4cm.
Colori: impasto: marrone-rosso 2.5YR 5/6; sup. int: nero 10YR 2/1; sup. est: marrone 5YR 6/4; vn: nero 10YR 2/1.
Impasto: C: duro; DS: estremamente depurato; DI: piccoli; Del: mica, vacuoli, rossi puntiformi; Mod: tornio veloce.
Due fr. combacianti orlo leggermente estroflesso con attacco d'ansa orizzontale a bastoncello di coppa lato K 480. Interno completamente verniciato. Esterno verniciato ad eccezione di una banda acroma sulla vasca probabilmente campita da fregio a gocce (sono visibili due resti ai lati dell'attacco dell'ansa) e banda acroma sottostante.
NAS: Produzioni regio-coloniali.
Datazione contesto: 500/490 – 480/470-60 a.C.
Datazione relativa: fine VI sec. – 460/450 a.C.
Bibliografia: inedito.
Confronti: Caflisch 1991, 59 no. 209 fig. 7.

159 K 32739 (tavv. 13. 68)
QAEO1/2F, F1996, Agora565, Ab. 205 II.
Lu: 3.6cm; La: 1.6cm; Dm: indet; S: 1.2cm; H: 2.0cm.
Colori: impasto: marrone chiaro 7.5YR 6/4; sup. est: marrone 7.5YR 7/3; vn: nero 10YR 2/1.
Impasto: C: duro; DS: estremamente depurato; DI: piccoli; Del: vacuoli, bianchi calcarei; Mod: tornio veloce.
Fr. d'orlo a tesa orizzontale di krateriskos in vn. All'interno completamente verniciato di nero. Sulla tesa dell'orlo larghe fasce in vn. Raggi eseguiti in vernice diluita altrimenti satura leggermente iridescente.
NAS: Produzioni regio-coloniali.
Datazione contesto: 500/490 – 480/470-60 a.C.
Datazione relativa: seconda metà VII – inizio VI sec. a.C.
Bibliografia: inedito.
Confronti: v. testo.

160 K 17054 (tav. 13)
QAEO1/2F, F1996, Agora565, Ab. 205 II.
Lu: 6.2cm; La: 7.6cm; S: 0.7cm.
Colori: impasto: marrone-grigio 10YR 5/3; nucleo: marrone-rosso 5YR 5/4-6; sup.

int: grigio-marrone 10YR 4/1-2; sup. est: grigio scuro 10YR 3/1; vn: grigio scuro 10YR 2/2.
Impasto: C: duro; DS: estremamente depurato; DI: piccoli; Del: mica, bianchi calcarei e non, vacuoli allungati; Mod: tornio veloce.
Fr. di parete di anfora da trasporto, *à la brosse* del tipo 1501/1503 (?). All'interno, rivestimento, o ingobbio in vn diluita stesa a pennellate irregolari. Esterno completamente verniciato con striature in direzione orizzontale.
NAS: Importazioni allotrie all'isola.
Datazione contesto: 500/490 – 480/470-60 a.C.
Datazione relativa: VI sec. a.C.
Bibliografia: inedito.
Confronti: v. testo.

REPERTI INDIGENI
Bacini / scodelloni / mortai

161 K 24132 (tavv. 13. 69)
REPH1, F2006, WQ492, Erdsteg, Ab. 1.
Lu: 5.1cm; La: 4.4cm; Dm int: ca. 33cm; S: 1.0-1.7cm; H: 4.2cm.
Colori: impasto: beige-rosso 7.5YR 7/4; nucleo: grigio 10YR 4/1; sup. int: beige-rosso 7.5YR 7/4; sup. est: beige-rosso 7.5YR 7/4-6; dec: arancione-rosso 5YR 5-6/8.
Impasto: C: duro; DS: estremamente depurato; DI: grandi; Del: L2; Mod: tornio lento.
Fr. d'orlo ingrossato di bacino. Resti di colore lucidato sulla tesa dell'orlo (listelli regolari?) e all'interno della forma, probabilmente interamente dipinto a pennellate irregolari (intensità dei resti di colore diversi nei vari punti conservati). Superficie interna e tesa dell'orlo lucidati; esterno acromo lisciato.
NAS: Rivestimento non omogeneo lucidato / Acroma lisciata.
Datazione contesto: *t.a.q.* ca. 600 a.C. (ca. seconda metà VIII – fine VII sec. a.C.).
Datazione relativa: seconda metà VIII sec. – 600 a.C.
Bibliografia: inedito.
Confronti: Trombi 2015, 49 no. 674 tav. XXVII (forma B1, scodelle di grandi dimensioni. Orlo più distinto rispetto alla morfologia iatina).

162 K 24276 (tavv. 13. 69)
REPH1, F2006, WQ492, Ab. 1-meter Streifen S.
Lu: 6.5cm; La: 4.1cm; Dm int: ca. 45cm; S: 1.1cm; H: 4.0cm.
Colori: impasto: beige-rosso 5YR 7/4; nucleo: grigio 10YR 3/1; sup. int: beige-rosso 5YR 7/4-6; sup. est: beige-rosso 5YR 7/4; dec: arancione-rosso 2.5YR 5-6/8.
Impasto: C: duro; DS: molto depurato; DI: grandi; Del: L2; Mod: tornio lento.
Due fr. combacianti d'orlo ingrossato di bacino o scodellone. Sulla tesa dell'orlo larghi listelli regolari, lucidati. All'interno, rivestimento steso a pennellate irregolari, superficie lucidata. All'esterno, sotto l'orlo, larga banda orizzontale dipinta, superficie lisciata.
NAS: Rivestimento non omogeneo lucidato ; Decorazione lineare lucidata (+) / Dipinta monocroma.
Datazione contesto: *t.a.q.* ca. 600 a.C. (ca. seconda metà VIII – fine VII sec. a.C.).
Datazione relativa: ultimo quarto VII sec. – 600 a.C.
Bibliografia: inedito.
Confronti: Trombi 2015, 55 no. 758 tav. LVII (forma BA2, bacini. Orlo più ingrossato verso l'esterno rispetto alla morfologia iatina); Termini 2003, 240 no. C 50 fig. 207 (acroma); Palermo et al. 2009, 57 fig. 2, 12 = Tanasi 2012a, 964 fig. 4, 13.

163 K 23117 (fig. 44 tavv. 13. 69)
REPH1, F2005, WQ492, Erdsteg, Ab. 5. Schicht 1; Lu: 4.8cm; La: 3.8cm; Dm int: ca. 26cm; S: 0.9cm; H: 3.5cm.
Colori: impasto: beige 7.5YR 7/4; nucleo: grigio 10YR 5/1; sup. int: indet; sup. est: beige-rosso 7.5YR 7/4; dec: arancione-rosso 5YR 5-6/8.
Impasto: C: duro; DS: estremamente depurato; DI: grandi; Del: L2; Mod: tornio lento.
Fr. d'orlo ingrossato verso l'esterno di bacino. Sulla tesa dell'orlo larghi listelli regolari. All'interno, rivestimento omogeneo steso a striature sottili. All'esterno acroma. Superficie interna e tesa dell'orlo lucidati; superficie esterna lisciata.
NAS: Rivestimento omogeneo lucidato (striature sottili) ; Decorazione lineare lucidata (+) / Acroma lisciata.
Datazione contesto: *t.a.q.* ca. 600 a.C. (ca. seconda metà VIII – fine VII sec. a.C.).
Datazione relativa: seconda metà VIII sec. – 570 a.C.
Bibliografia: inedito.
Confronti: Trombi 2015, 55 no. 617 tav. LVII (forma BA, bacini).

164 K 22471 A–C (fig. 44 tavv. 13. 69)
REPH1, F2003, WQ491/492, Ab. 11; F2004, WQ491/492, 1-meter Streifen, Ab 1 / 3.
A: Lu: 5.1cm; La: 5.5cm; Dm int: ca. 33cm; S: 1.2cm; H: 5.2cm; B: Lu: 14.6cm; La: 13.3cm; S: 1.0-1.4cm; C: Lu: 6.3cm; La: 6.7cm; S: 1.3-1.4cm.
Colori: impasto: marrone 5YR 7/4; 6/2; nucleo: grigio 5YR 5/1; sup. int: marrone chiaro 5YR 7/4; 6/6; sup. est: 5YR 7/4; dec: marrone 5YR 3/1; 3/3-4; 5/6.
Impasto: C: duro; DS: molto depurato; DI: molto grandi; Del: numerosi rossi puntiformi e di piccole dimensioni, saltuari fino a 3mm, frequenti bianchi puntiformi distribuiti omogeneamente e numerosi bianchi-grigi (sabbia-ghiaia?) fino a 2mm, frequenti vacuoli di forma allungata, più radi puntiformi; Mod: tornio lento.
Fr d'orlo ingrossato verso l'esterno e fr. di parete non combacianti di bacino (A: un fr.; B: quattro fr.; C: un fr. Tot: sei fr.). Sulla tesa dell'orlo resti di un largo listello regolare. All'interno, rivestimento steso a pennellate irregolari. Acroma all'esterno. Superficie interna e tesa dell'orlo lucidati; superficie esterna lisciata. Tracce di bruciato all'esterno e all'interno.
NAS: Rivestimento non omogeneo lucidato ; Decorazione lineare lucidata (+) / Acroma lisciata.
Datazione contesto: *t.a.q.* ca. 600 a.C. (ca. seconda metà VIII – fine VII sec. a.C.).
Datazione relativa: seconda metà VII / ultimo quarto VII – 600 a.C.
Bibliografia: inedito.
Confronti: Trombi 2015, 55 no. 415 tav. LVII (forma BA, bacini).

165 K 24152 (tavv. 13. 69)
REPH1, F2006, WQ492, Erdsteg, Ab. 2.
Lu: 6.0cm; La: 5.6cm; Dm int: ca. 35cm; S: 1.2cm; H: 5.1cm.
Colori: impasto: beige 7.5YR 6/3; nucleo: grigio 10YR 4/1; sup. int: grigio 10YR 5/1-2; sup. est: beige 7.5YR 7/4; dec: marrone-arancione 2.5YR 5/6; 5YR 7/6.
Impasto: C: duro; DS: estremamente depurato; DI: grandi; Del: L0; Mod: tornio lento.
Fr. d'orlo ingrossato sia verso l'interno che verso l'esterno di bacino con attacco di presa cuspidata, forata verticalmente, funzionale allo stoccaggio in sospensione della forma alla parete. L'interno è lucidato e presenta resti di rivestimento che, considerate le due diverse colorazioni, era probabilmente steso a pennellate irregolari. Esterno acromo. Superficie interna e tesa dell'orlo lucidate; superficie esterna lisciata.
NAS: Rivestimento non omogeneo lucidato / Acroma lisciata.
Datazione contesto: *t.a.q.* ca. 600 a.C. (ca. seconda metà VIII – fine VII sec. a.C.).
Datazione relativa: seconda metà VIII sec. – 600 a.C.
Bibliografia: inedito.
Confronti: Palermo et al. 2009, 57 fig. 2, 11 = Tanasi 2012a, 964 fig. 4, 12.

166 K 24296 (tavv. 13. 69)
REPH1, F2006, WQ492, Erdsteg, Ab. 78B.
Lu: 7.7cm; La: 5.6cm; Dm int: ca. 33cm; S: 1.2cm; H: 5.5cm.
Colori: impasto: beige-rosso 7.5YR 7/6; nucleo: grigio 10YR 4/1; sup. int: beige-rosso 5YR 7/4-6; sup. est: beige-rosso 7.5YR 7/4; dec: rosso-arancione 5YR 6/8.
Impasto: C: duro; DS: estremamente depurato; DI: grandi; Del: L2; Mod: tornio lento.
Fr. d'orlo ingrossato leggermente verso l'esterno di bacino o scodellone. Sulla tesa dell'orlo tracce di larghi listelli regolari. All'interno rivestimento steso a pennellate irregolari. All'esterno, sotto l'orlo, banda orizzontale dipinta. Superficie interna, tesa dell'orlo e superficie esterna lucidate.
NAS: Rivestimento non omogeneo lucidato ; Decorazione lineare lucidata (+) / Decorazione lineare lucidata (+).
Datazione contesto: *t.a.q.* ca. 600 a.C. (ca. seconda metà VIII – fine VII sec. a.C.).
Datazione relativa: seconda metà VII / ultimo quarto VII – 600 a.C.

Bibliografia: inedito.
Confronti: Palermo et al. 2009, 60 fig. 2, 26 (acromo).

167 K 22217 (tavv. 13. 69)
REPH1, F2003, WQ491/492, Ab. 11.
Lu: 6.8cm; La: 6.1cm; Dm int: ca. 29cm; S: 1.1cm; H: 5.6cm.
Colori: impasto: marrone 7.5YR 5/2; nucleo: grigio 10YR 5/1; sup. int: marrone chiaro 7.5YR 6/4; sup. est: beige 7.5YR 7/4; dec: marrone 7.5YR 4/1-2 / arancione-marrone 7.5YR 6/6.
Impasto: C: duro; DS: estremamente depurato; DI: molto grandi; Del: fratture frastagliate. Numerosi grigi e bianchi di varie dimensioni di forma squadrata, vacuoli allungati, rossi saltuari puntiformi; Mod: tornio lento.
Fr. d'orlo ingrossato verso l'esterno di scodellone. Sulla tesa dell'orlo larghi listelli regolari, lucidati. All'interno il rivestimento è steso a pennellate irregolari, tendenzialmente verticali, lucidato. L'esterno presenta una larga banda orizzontale dipinta, opaca. Superficie interna e tesa dell'orlo lucidate; superficie esterna lisciata.
NAS: Rivestimento non omogeneo lucidato ; Decorazione lineare lucidata (+) / Dipinta monocroma.
Datazione contesto: *t.a.q.* ca. 600 a.C. (ca. seconda metà VIII – fine VII sec. a.C.).
Datazione relativa: ultimo quarto VII sec. – 600 a.C. Bibliografia: inedito.
Confronti: Palermo et al. 2009, 60 fig. 2, 26 (acromo).

168 K 22209 (tavv. 13. 69)
REPH1, F2003, WQ491/492, Ab. 11.
Lu: 10.5cm; La: 5.6cm; Dm int: 35cm; S: 1.1cm; H: 5.1cm.
Colori: impasto: beige-rosso 5YR 7/4; nucleo: grigio 10YR 4/1; sup. int: beige-rosso 5YR 7/4; sup. est: beige-rosso 5YR 7/4-6; dec: arancione-rosso 5YR 6/8.
Impasto: C: duro; DS: estremamente depurato; DI: grandi; Del: L2; Mod: tornio lento.
Fr. d'orlo ingrossato verso l'esterno di bacino o scodellone con banda orizzontale dipinta all'esterno. Superficie interna ed esterna lisciate, tracce di colore lucidato sulla tesa dell'orlo, listelli regolari.
NAS: Decorazione lineare lucidata (+) / Dipinta monocroma.
Datazione contesto: *t.a.q.* ca. 600 a.C. (ca. seconda metà VIII – fine VII sec. a.C.).
Datazione relativa: ultimo quarto VII – primo quarto VI sec. a.C.
Bibliografia: inedito.

169 K 24313 (tavv. 13. 69)
REPH1, F2006, WQ492, Erdsteg, Ab. 04 unten.
Lu: 5.5cm; La: 4.2cm; Dm int: ca. 26cm; S: 0.9-2.3cm; H: 3.7cm.
Colori: impasto: beige-rosso 5YR 6-7/6; nucleo: grigio 10YR 4/1; sup. int: beige-rosso 5YR 7/4; sup. est: beige-rosso 5YR 7/4-6; dec: rosso 2.5YR 4-5/6.
Impasto: C: duro; DS: molto depurato; DI: grandi; Del: L1; Mod: tornio lento.
Fr. d'orlo ingrossato verso l'esterno di bacino. Sulla tesa dell'orlo, resti di larghi listelli regolari lucidati. L'interno presenta tracce di colore (intensità delle tracce di colore diverso nei vari punti conservati). Verosimilmente in origine dipinto a pennellate irregolari. Superficie interna e tesa dell'orlo lucidati; esterno acromo lisciato.
NAS: Rivestimento non omogeneo lucidato ; Decorazione lineare lucidata (+) / Acroma lisciata.
Datazione contesto: *t.a.q.* ca. 600 a.C. (ca. seconda metà VIII – fine VII sec. a.C.).
Datazione relativa: seconda metà VII / ultimo quarto VII sec. – 600 a.C.
Bibliografia: Isler 2009a, 145 fig. 7.

170 K 24280 (tavv. 13. 69)
REPH1, F2006, WQ492, Erdsteg, Ab. 02.
Lu: 8.6cm; La: 4.4cm; Dm int: ca. 35cm; S: 1.1-1.4cm; H: 4.3cm.
Colori: impasto: beige 7.5YR 7/4; nucleo: grigio 10YR 4/1; sup. int: beige 5YR 8/4; 7/6; sup. est: beige 7.5YR 7/4; dec: rosso-marrone 2.5YR 5/6; 2.5YR 6/8; 5/6-8; 4/4-8; 3/3-6 / arancione-rosso 2.5YR 6/8.
Impasto: C: duro; DS: molto depurato; DI: molto grandi; Del: L0; Mod: tornio lento.
Due fr. combacianti d'orlo ingrossato verso l'esterno e presa cuspidata di bacino. Sulla tesa dell'orlo larghi listelli regolari, lucidati. All'interno il rivestimento è steso a pennellate irregolari, lucidato. L'esterno presenta resti di banda orizzontale dipinta, opaca. Superficie interna e tesa dell'orlo lucidate; superficie esterna lisciata.
NAS: Rivestimento non omogeneo lucidato ; decorazione lineare lucidata (+) / Dipinta monocroma.
Datazione contesto: *t.a.q.* ca. 600 a.C. (ca. seconda metà VIII – fine VII sec. a.C.).
Datazione relativa: ultimo quarto VII sec. – 600 a.C.
Bibliografia: Isler 2009a, 145 fig. 8.

171 K 23685 (tavv. 14. 69)
REPH1, F2005, WQ492, Erdsteg E3, Ab. 2.
Lu: 10.7cm; La: 8.2cm; Dm int: ca. 34cm; S: 0.9cm; H: 8.0cm.
Colori: impasto: beige 7.5YR 7/4; nucleo: grigio 10YR 5/1; sup. int: beige-giallo 7.5YR 7/4; sup. est: beige-giallo 10YR 7/4; dec: arancione 5YR 6-7/8 / rosso 2.5YR 6/8.
Impasto: C: duro; DS: estremamente depurato; DI: grandi; Del: L2; Mod: tornio lento.
Fr. d'orlo a sezione quasi triangolare e presa triangolare di scodellone. All'interno, rivestimento steso a pennellate irregolari e lucidato. All'esterno, banda orizzontale dipinta e opaca. Superficie interna lucidata; superficie esterna lisciata.
NAS: Rivestimento non omogeneo lucidato / Dipinta monocroma.
Datazione contesto: *t.a.q.* ca. 600 a.C. (ca. seconda metà VIII – fine VII sec. a.C.).
Datazione relativa: ultimo quarto VII sec. – 600 a.C.
Bibliografia: inedito.

172 K 22218 (tavv. 14. 69)
REPH1, F2003, WQ491/492, Ab. 11.
Lu: 4.8cm; La: 4.0cm; Dm int: indet. (ca. 31cm); S: 1.4cm; H: 3.9cm.
Colori: impasto: marrone 7.5YR 6/2; nucleo: grigio 7.5YR 5/1; sup. int: marrone 7.5YR 5/3; dec: marrone 5YR 5/6-8; 4/4-6 / arancione-marrone 5YR 6/6.
Impasto: C: duro; DS: estremamente depurato; DI: molto grandi; Del: eterogeneo, fratture frastagliate. Numerosi bianchi e grigi di varie dimensioni di forma squadrata (ghiaia fino a 3mm), rosati saltuari, numerosi vacuoli allungati, più radi quelli puntiformi; Mod: tornio lento.
Fr. d'orlo ingrossato verso l'esterno di bacino. Sulla tesa dell'orlo larghi listelli marroni regolari e lucidati. All'interno il rivestimento è steso a pennellate irregolari e lucidato. L'esterno presenta resti di banda orizzontale dipinta e opaca. Superficie interne e tesa dell'orlo lucidate; superficie esterna lisciata. Leggere tracce di bruciato all'esterno.
NAS: Rivestimento non omogeneo lucidato ; Decorazione lineare lucidata (+) / Dipinta monocroma.
Datazione contesto: *t.a.q.* ca. 600 a.C. (ca. seconda metà VIII – fine VII sec. a.C.).
Datazione relativa: ultimo quarto VII sec. – 600 a.C.
Bibliografia: inedito.
Confronti: Trombi 2015, 55 no. 617 tav. LVII (forma BA, bacini).

173 K 24324 (tavv. 14. 69)
REPH1, F2006, WQ492, Erdsteg, Ab. 05 unten.
Lu: 5.5cm; La: 4.5cm; Dm int: ca. 9cm; S: 0.8-1.2cm; H: 2.9cm.
Colori: impasto: marrone chiaro 10YR 6/3; nucleo: grigio 10YR 4/1; sup. int: marrone 10YR 7/3; sup. est: marrone 10YR 7/3; dec: marrone 7.5YR 4/3-4.
Impasto: C: duro; DS: molto depurato; DI: grandi; Del: L0; Mod: tornio lento.
Fr. di fondo piano di forma aperta di grandi dimensioni, bacino, o scodellone? All'esterno, rivestimento steso a pennellate irregolari. L'interno presenta solo alcune tracce di rivestimento (intensità delle tracce di colore diverso nei vari punti conservati), in origine verosimilmente non omogeneo. Superficie interna ed esterna lucidate.
NAS: Rivestimento non omogeneo lucidato.
Datazione contesto: *t.a.q.* ca. 600 a.C. (ca. seconda metà VIII – fine VII sec. a.C.).
Datazione relativa: seconda metà VIII sec. – 600 a.C.
Bibliografia: inedito.

174 K 24789 (tavv. 14. 69)
QO1F, F2006, EQ1139/1140, Sondage 1, Ab. 15.
Lu: 3.9cm; La: 4.6cm; Dm int: indet; S: 1.0cm.
Colori: impasto: beige 7.5YR 7/3; nucleo: grigio 7.5YR 6/1; sup. int: beige 10YR 7-8/4;

sup. est: beige 7.5YR 7/4; dec: arancione-marrone 5YR 6/8.
Impasto: C: semiduro; DS: molto depurato; DI: grandi; Del: L1-L2; Mod: tornio lento.
Fr. di parete con attacco dell'orlo ingrossato verso l'esterno di bacino o scodellone. All'interno, rivestimento steso a pennellate irregolari, lucidato. All'esterno, banda orizzontale dipinta sotto l'orlo. Superficie interna lucidata; superficie esterna lisciata.
NAS: Rivestimento non omogeneo lucidato / Dipinta monocroma.
Datazione contesto: *t.a.q.* 570 a.C. (ca. 630/620 – 570 a.C.).
Datazione relativa: ultimo quarto VII sec. – 600 a.C.
Bibliografia: inedito.

175 K 32471 (tavv. 14. 69)
QO1F, F2006, EQ1139/1140, Sondage 1, Ab. 15.
Lu: 7.6cm; La: 4.3cm; Dm int: ca. 33cm; S: 0.8cm; H: 4.6cm.
Colori: impasto: beige 5YR 7/6; nucleo: grigio 5YR 5/1; sup. int: beige 5YR 7/4; sup. est: beige 5YR 7/4.
Impasto: C: duro; DS: molto depurato; DI: grandi; Del: L1; Mod: tornio lento.
Due fr. combacianti d'orlo ingrossato verso l'esterno di scodellone in ceramica acroma. Superfici lisciate.
NAS: Acroma lisciata.
Datazione contesto: *t.a.q.* 570 a.C. (ca. 630/620 – 570 a.C.).
Datazione relativa: seconda metà VIII sec. – 460/450 a.C.
Bibliografia: inedito.

176 K 32486 (tavv. 14. 69)
QO1F, F2006, EQ1140, Sondage 2, Ab. 29.
Lu: 2.4cm; La: 6.7cm; Dm: indet; S: 1.4cm; H: 4.0cm.
Colori: impasto: beige 7.5YR 6/2; sup. int: beige 7.5YR 7/4; sup. est: beige 7.5YR 7/4; dec: arancione-marrone 5YR 5/6.
Impasto: C: duro; DS: molto depurato; DI: grandi; Del: L2; Mod: tornio lento.
Due fr. combacianti d' orlo retto leggermente ingrossato verso l'esterno. Sia all'interno che all'esterno rivestimento pressoché omogeneo. Superfici lisciate.
NAS: Rivestimento omogeneo opaco.
Datazione contesto: *t.a.q.* 570 a.C. (ca. 630/620 – 570 a.C.).
Datazione relativa: seconda metà VII sec. – 550/540 a.C.
Bibliografia: inedito.

177 K 23882 A–C (tavv. 14. 70)
QO2F, F2006, EQ1139/1140, Sondage 1, Ab. 6 / 7.
A: Lu: 22.4cm La: 4.9; Dm: 42cm; S: 0.8-0.9cm; H: 4.9; B. Lu: 16.0cm; La: 17cm; S: 1.0-1.2cm; C: Lu: 16.5cm; La: 10.2cm; S:1.2cm;
Colori: impasto: arancione 2.5YR 6/8; nucleo: grigio 5YR 6/1; sup. int: marrone-rosso 5YR 7/6; sup. est: rosso-marrone 2.5YR 6/6; ing: beige-bianco 10YR 8/2.
Impasto: C: duro; DS: molto depurato; DI: grandi; Del: a biscotto, compatto. Bianchi puntiformi e a spigoli arrotondati distribuiti omogeneamente, grigi di forma arrotondata e sporadici rossi-marroni di forma tendenzialmente arrotondata (*chamotte*), vacuoli allungati e saltuariamente puntiformi; Mod: tornio veloce.
Tre fr. non combacianti di scodellone di grandi dimensioni con orlo pendulo in ceramica acroma con ingobbio beige (A: due fr.; B: tre fr. parete; C: due fr. parete). All'esterno, sotto l'orlo, due sottili listelli plastici, così come sulla parte inferiore della parete. Incrostazioni biancastre sia all'interno che all'esterno.
NAS: Acroma lisciata.
Datazione contesto: ca. 570 – 540 a.C.
Datazione relativa: 570 – 460/450 a.C.
Bibliografia: inedito.
Confronti: Termini 2003, 240 no. C 53 fig. 207.

178 K 23776 (tavv. 14. 70)
QO2F, F2006, EQ1139/1140, Sondage 1, Ab. 4E.
Lu: 8.7cm; La: 6.2cm; Dm est: ca. 37cm; S: 1.1cm; H: 6.1cm.
Colori: impasto: beige-rosso 2.5YR 6/6; nucleo: grigio 10YR 6/2; 2.5YR 5/1; sup. int: beige-rosso 2.5YR 6/6; sup. est: beige-rosso 2.5YR 6/6; dec: rosso-arancione 2.5YR 4/8.
Impasto: C: semiduro; DS: estremamente depurato; DI: grandi; Del: L1; Mod: tornio lento.
Due fr. combacianti d'orlo ingrossato verso l'esterno di scodellone. All'esterno, linea orizzontale sotto l'orlo dipinta. All'interno, linea orizzontale dipinta sulla vasca. Superfici interne ed esterne lisciate. Tracce di bruciato *post* frattura.
NAS: Dipinta monocroma.
Datazione contesto: *t.a.q.* 540 a.C. (ca. 570 – 540 a.C.)
Datazione relativa: ultimo quarto VII sec. – 460/450 a.C.
Bibliografia: inedito.

179 K 32461 A–C (tavv. 14. 70)
QO1/2F, F2004, EQ1139, Sondage, Ab. 4EI / Ab. 6EI / Ab. 6EII/2 / Ab. 8E / Ab. 9E.
A: Lu: 4.8cm; La: 3.9cm; Dm orlo: 37cm; S: 1.1cm; H: 14.5cm; B: Lu: 11.6cm; La: 9.8cm; S: 1.2cm; C: Lu: 10.3cm; La: 10.2cm; Dm fondo: 18cm; S: 1.1-1.3cm.
Colori: impasto: arancione 5YR 6/6; nucleo: grigio 5YR 4-5/1; sup. int: arancione 5YR 7/6; sup. est: arancione 5YR 6-7/6.
Impasto: C: duro; DS: estremamente depurato; DI: molto grandi; Del: L1; Mod: tornio lento.
Fr. d'orlo ingrossato verso l'esterno + cinque fr. di parete combacianti + quattro fr. combacianti di fondo piano di scodellone in ceramica acroma. Superfici interne ed esterne in origine ben lisciate. Superfici molto erose e screpolate.
NAS: Acroma lisciata.
Datazione contesto: *t.a.q.* 540 a.C. (ca. 630/620 – 540 a.C.).
Datazione relativa: seconda metà VIII sec. – 460/450 a.C.
Bibliografia: inedito.

180 K 22564 (tavv. 14. 70)
QO1/2F, F2004, EQ1139, Sondage, Ab. 8W.
Lu: 16.0cm; La: 7.6cm; Dm int: 44.0cm; S: 1.0cm; H: 7.5cm.
Colori: impasto: beige-rosso 2.5YR 6/8; nucleo: grigio 2.5YR 5/1; sup. int: beige-rosso 5YR 7/6; sup. est: beige-rosso 5YR 7/6.
Impasto: C: duro; DS: molto depurato; DI: grandi; Del: L1; Mod: tornio lento.
Fr. d'orlo ingrossato verso l'esterno di scodellone. Superficie interna ed esterna lisciata.
NAS: Acroma lisciata.
Datazione contesto: ca. 630/620 – 540 a.C.
Datazione relativa: seconda metà VIII sec. – 460/450 a.C.
Bibliografia: inedito.
Confronti: Termini 2003, 238 no. C 39 fig. 207.

181 K 22574 (tavv. 15. 70)
QO1/2F, F2004, EQ1139, Sondage, Ab. 6EII/1 / 3EII.
Lu: 15.6cm; La: 10.1cm; Dm: 53cm; S: 0.8-1.1cm; H: 8.5cm.
Colori: impasto: beige 7.5YR 7/4; nucleo: grigio 7.5YR 5-6/1; sup. int: beige 7.5YR 7/4; sup. est: beige 7.5YR 7/4. dec: arancione-rosso 10R 4/8.
Impasto: C: duro; DS: molto depurato; DI: medi; Del: L2; Mod: tornio lento.
Due fr. combacianti d'orlo ingrossato verso l'esterno di bacino/scodellone. Sulla tesa dell'orlo resti di cinque listelli regolari dipinti. All'interno, due bande orizzontali dipinte; all'esterno, sotto l'orlo, banda orizzontale dipinta. Superfici interne ed esterne lisciate.
NAS: Dipinta monocroma.
Datazione contesto: *t.a.q.* 540 a.C. (ca. 630/620 – 540 a.C.).
Datazione relativa: ultimo quarto VII sec. – 460/450 a.C.
Bibliografia: inedito.
Confronti: Serra 2016, 120 no. 154 tav. 19, 10 (con svasatura dell'orlo non presente sul reperto iatino).

182 K 22620 (tavv. 15. 70)
QO1/2F, F2004, EQ1139, Sondage, Ab. 6EII/2.
Lu: 5.5cm; La: 5.0cm; Dm: 12.0cm; S: 1.0cm; H: 3.6cm.
Colori: impasto: marrone 2.5YR 5/6; nucleo: grigio 2.5YR 5/1; sup. int: arancione-marrone 2.5YR 6/6; sup. est: arancione-marrone 2.5YR 6/6; ing: bianco-giallo 2.5Y 8/2.
Impasto: C: duro; DS: estremamente depurato; DI: medi; Del: estremamente saponoso al tatto. Numerosa mica in superficie, radi inclusi rossi puntiformi, saltuari grigi di forma arrotondata, bianchi calcarei, saltuari molto grandi, vacuoli allungati; Mod: tornio veloce.
Fr. di fondo piano di forma aperta di

grandi dimensioni con ingobbio bianco sia all'interno che all'esterno. All'interno e all'esterno, ingobbio screpolato bianco-giallo; potrebbe essere anche una forma decorata in origine a decorazione dipinta.
NAS: Acroma lisciata.
Datazione contesto: ca. 630/620 – 540 a.C.
Datazione relativa: seconda metà VIII – 460/450 a.C.
Bibliografia: inedito.

183 K 22269 (tavv. 15. 70)
QAREA, F2003, Agora550/551/552, Ab. Steinpackung III.
Lu: 8.7cm; La: 6.5cm; Dm int: 34.6cm; S: 1.0-2.1cm; H: 5.4cm.
Colori: impasto: grigio 5YR 5/1; sup. int: beige 5YR 7/6; sup. est: beige 5YR 7/6; dec: arancione 2.5YR 6/8 e 2.5YR 4/6.
Impasto: C: duro; DS: molto depurato; DI: molto grandi; Del: L1; Mod: tornio lento.
Fr. d'orlo ingrossato verso l'esterno di scodellone. All'interno e sulla tesa dell'orlo rivestimento non omogeneo steso a pennellate tendenzialmente orizzontali. Acroma all'esterno con macchia di colore sotto l'orlo. Superfici interne ed esterne lisciate.
NAS: Rivestimento non omogeneo opaco / Acroma lisciata.
Datazione contesto: *t.a.q.* ca. 550 a.C. (ca. ultimo quarto VII – prima metà VI sec. a.C.).
Datazione relativa: seconda metà VIII sec. – 570 a.C.
Bibliografia: inedito.

184 K 22169 (tavv. 15. 70)
QAREA, F2003, Agora550/551/552, Ab. 603E.
Lu: 9.4cm; La: 8.6cm; Dm: indet; S: 1.4-2.0cm; H: 9.0cm.
Colori: impasto: grigio 10YR 7/4; nucleo: grigio 10YR 6/2; sup. int: beige 7.5YR 7/4; sup. est: beige 7.5YR 7/4; dec: arancione 2.5YR 6/8 e 2.5YR 3/6; marrone 2.5YR 3/3.
Impasto: C: duro; DS: estremamente depurato; DI: grandi; Del: L2; Mod: tornio lento.
Due fr. combacianti d'orlo ingrossato verso l'esterno con presa cuspidata di bacino o scodellone. All'interno e sulla tesa dell'orlo, rivestimento non omogeneo steso a pennellate tendenzialmente orizzontali. Lungo l'orlo e sulla presa la miscela utilizzata è più satura. Acroma all'esterno. Superfici interne ed esterne lisciate.
NAS: Rivestimento non omogeneo opaco / Acroma lisciata.
Datazione contesto: *t.a.q.* ca. 550 a.C. (ca. ultimo quarto VII – prima metà VI sec. a.C.).
Datazione relativa: seconda metà VIII sec. – 570 a.C.
Bibliografia: Montana et al. 2021, 15 no. K22169 tabb. 3. 6 (PPG-II).

185 K 28396 (tavv. 15. 70)
QAREA, F2003, Agora550/551/552, Ab. 610E.
Lu: 4.9cm; La: 2.9cm; Dm: indet; S: 1.3cm; H: 2.8cm.
Colori: impasto: beige-grigio 7.5YR 6/1; sup. int: beige 7.5YR 8/2; sup. est: beige 7.5YR 8/2; dec: giallo-marrone 7.5YR 7/6.
Impasto: C: duro; DS: estremamente depurato; DI: medi; Del: L2; Mod: tornio lento.
Fr. d'orlo ingrossato verso l'esterno di bacino. Sulla tesa dell'orlo larghi listelli regolari, lucidati. All'interno, rivestimento omogeneo steso a pennellate tendenzialmente orizzontali. Superfici interne ed esterne lucidate.
NAS: Rivestimento omogeneo lucidato ; Decorazione lineare lucidata (+).
Datazione contesto: *t.a.q.* ca. 550 a.C. (ca. ultimo quarto VII – prima metà VI sec. a.C.).
Datazione relativa: seconda metà VII / ultimo quarto VII – primo quarto VI sec. a.C.
Bibliografia: inedito.

186 K 27969 (tavv. 15. 70)
QAREA, F2003, Agora550/551/552, Ab. Steinpackung IV.
Lu: 7.6cm; La: 6.3cm; Dm: ca. 38cm; S: 0.7-2.5cm; H: 5.7cm.
Colori: impasto: grigio 5YR 4/1; sup. int: beige 10YR 8/2; sup. est: beige 5YR 7/6.
Impasto: C: duro; DS: molto depurato; DI: molto grandi; Del: L1; Mod: tornio lento.
Fr. d'orlo ingrossato verso l'esterno di bacino o scodellone. Superfici interne ed esterne lisciate. Cottura del reperto disomogenea.
NAS: Acroma lisciata.
Datazione contesto: *t.a.q.* ca. 550 a.C. (ca. fine VII – prima metà VI sec. a.C.)
Datazione relativa: seconda metà VIII sec. – 460/450 a.C.
Bibliografia: inedito.

187 K 27968 (tavv. 15. 70)
QAREA, F2003, Agora550/551/552, Ab. Steinpackung IV.
Lu: 11.5cm; La: 6.1cm; Dm: ca. 31cm; S: 1.3-3.5cm; H: 6.0cm.
Colori: impasto: beige 10YR 8/4; nucleo: grigio GLEY2 5/10B; sup. int: beige 7.5YR 7/4; sup. est: beige 7.5YR 7/4; ing: beige 10YR 8/2.
Impasto: C: tenero; DS: medio depurato; DI: molto grandi; Del: L2; Mod: tornio lento.
Fr. d'orlo ingrossato verso l'esterno con presa cuspidata di bacino o scodellone. Superfici interne ed esterne: lisciate.
NAS: Acroma lisciata.
Datazione contesto: *t.a.q.* ca. 550 a.C. (ca. ultimo quarto VII – prima metà VI sec. a.C.).
Datazione relativa: seconda metà VIII – metà VI sec. a.C.
Bibliografia: Montana et al. 2021, 15 no. K 27968 tabb. 3. 6 (PPG-II).
Confronti: con rivestimento omogeneo opaco **188**.

188 K 22089 (tavv. 15. 70)
QAREA, F2003, Agora550/551/552, Ab. 609E.
Lu: 10.7cm; La: 5.8cm; Dm int: 30.6cm; S: 1.2-1.8cm; H: 5.7cm.
Colori: impasto: beige 10YR 7/4; nucleo: beige-grigio 2.5YR 6/6; sup. int: beige 10YR 7/4; sup. est: beige 10YR 7/4; dec: arancione 7.5YR 8/4.
Impasto: C: tenero; DS: estremamente depurato; DI: molto grandi; Del: L2; Mod: tornio lento.
Fr. d'orlo ingrossato verso l'esterno con presa cuspidata di bacino o scodellone. All'interno e sulla tesa dell'orlo rivestimento omogeneo. Esterno acromo. Superfici interne ed esterne lisciate.
NAS: Rivestimento omogeneo opaco / Acroma lisciata.
Datazione contesto: *t.a.q.* ca. 550 a.C. (ca. ultimo quarto VII – prima metà VI sec. a.C.).
Datazione relativa: seconda metà VII – metà VI sec. a.C.
Bibliografia: Riehle et al. 2021, 4. 6 no. M.Iato45 (NAA Group IatA); Montana et al. 2021, 15 no. K 22089 tabb. 3. 6 (PPG-II).
Confronti: **187** (acroma lisciata); Tardo 1999b, 233 no. 425 figg. 229. 231; Falsone et al. 1993, 176 no. 9 fig. 29 (rivestimento omogeneo lucidato / acroma lisciata).

189 K 22163 (tavv. 15. 70)
QAREA, F2003, Agora550/551/552, Ab. 610W.
Lu: 8.1cm; La: 5.0cm; Dm: 37.8cm; S: 1.1-1.9cm; H: 3.6cm.
Colori: impasto: beige 10YR 7/3; sup. int: beige 7.5YR 8/4; sup. est: beige 7.5YR 8/4; dec: arancione 2.5YR 5/6.
Impasto: C: tenero; DS: estremamente depurato; DI: molto grandi; Del: L1; Mod: tornio lento.
Fr. d'orlo ingrossato verso l'esterno di bacino o scodellone. All'interno e sulla tesa dell'orlo rivestimento omogeneo. Esterno acromo. Superfici interne ed esterne lisciate.
NAS: Rivestimento omogeneo opaco / Acroma lisciata.Datazione contesto: *t.a.q.* ca. 550 a.C. (ca. ultimo quarto VII – prima metà VI sec. a.C.).
Datazione relativa: seconda metà VII sec. – 500/490 a.C.
Bibliografia: Riehle et al. 2021, 4. 6 no. M.Iato46 (NAA Group IatA); Montana et al. 2021, 15 no. K 22163 tabb. 3. 6 (PPG-II).
Confronti: Falsone et al. 1993, 176 no. 9 fig. 29 (rivestimento omogeneo lucidato / acroma lisciata); di diametro minore: Blasetti Fantauzzi 2018, 51 no. 23 fig. 14 (scodella tipo 1B – dipinta).

190 K 27939 (tavv. 15. 70)
QAREA, F2003, Agora550/551/552, Ab. 609E.
Lu: 6.0cm; La: 4.0cm; Dm: indet; S: 1.1-1.8cm; H: 3.9cm.
Colori: impasto: beige-grigio 10YR 7/3; sup. int: beige 10YR 7/3; sup. est: beige 10YR 7/3; dec: marrone-nero 7.5YR 7/2.
Impasto: C: tenero; DS: estremamente depurato; DI: molto grandi; Del: L2; Mod: tornio lento.

Fr. d'orlo ingrossato verso l'esterno di bacino o scodellone. All'interno e sulla tesa dell'orlo rivestimento omogeneo steso a pennellate tendenzialmente orizzontali. Esterno acromo. Superfici interne ed esterne lisciate.
NAS: Rivestimento omogeneo opaco / Acroma lisciata.
Datazione contesto: *t.a.q.* ca. 550 a.C. (ca. ultimo quarto VII – prima metà VI sec. a.C.).
Datazione relativa: seconda metà VII sec. – 500/490 a.C.
Bibliografia: inedito.
Confronti: Falsone et al. 1993, 176 no. 9 fig. 29 (rivestimento omogeneo lucidato / acroma lisciata).

191 K 28417 (tavv. 15. 70)
QAREA, F2003, Agora550/551/552, Ab. Steinpackung V.
Lu: 6.5cm; La: 5.7cm; Dm: 39.6; S: 1.2-2.2cm; H: 6.0cm.
Colori: impasto: grigio 10YR 6/2; sup. int: beige 7.5YR 8/3; sup. est: beige 7.5YR 8/3; dec: rosso-marrone 2.5YR 5/4.
Impasto: C: tenero; DS: molto depurato; DI: molto grandi; Del: L2; Mod: tornio lento.
Fr. d'orlo ingrossato verso l'esterno di scodellone. Su tutta la lunghezza della tesa dell'orlo resti di colore, superficie lisciata. All'interno, rivestimento omogeneo attestato da numerosi piccoli resti di colore della stessa densità. Superfici interne ed esterne lisciate.
NAS: Rivestimento omogeneo opaco / Acroma lisciata.
Datazione contesto: *t.a.q.* ca. 550 a.C. (ca. ultimo quarto VII – prima metà VI sec. a.C.).
Datazione relativa: seconda metà VII sec. – 500/490 a.C.
Bibliografia: inedito.
Confronti: Tardo 1999b, 233 no. 426 fig. 229.

192 K 22168 (tavv. 15. 70)
QAREA, F2003, Agora550/551/552, Ab. 603E.
Lu: 6.3cm; La: 5.8cm; Dm: indet; S: 1.0-1.8cm; H: 6.0cm.
Colori: impasto: beige 7.5YR 7/4; sup. int: beige 5YR 7/6; sup. est: beige 5YR 7/6; dec: arancione 2.5YR 5/8.
Impasto: C: tenero; DS: estremamente depurato; DI: molto grandi; Del: L1; Mod: tornio lento.
Fr. d'orlo ingrossato verso l'esterno di scodellone. All'interno e sulla tesa dell'orlo, rivestimento omogeneo. All'esterno, banda orizzontale dipinta sotto l'orlo. Superfici interne ed esterne lisciate.
NAS: Rivestimento omogeneo opaco / Dipinta monocroma.
Datazione contesto: *t.a.q.* ca. 550 a.C. (ca. ultimo quarto VII – prima metà VI sec. a.C.).
Datazione relativa: ultimo quarto VII sec. – 500/490 a.C.
Bibliografia: Montana et al. 2021, 15 no. K 22168 tabb. 3. 6 (PPG-II).
Confronti: Guglielmino 2000, 706 tav. CXXV, 2.

193 K 27960 (tavv. 16. 71)
QAREA, F2003, Agora550/551/552, Ab. Steinpackung III.
Lu: 10.1cm; La: 5.6cm; Dm: ca. 30cm; S: 0.6-1.0cm; H: 4.8cm.
Colori: impasto: grigio 10YR 5/1; sup. int: beige 10YR 8/4; sup. est: beige 10YR 8/4.
Impasto: C: duro; DS: medio depurato; DI: molto grandi; Del: L2; Mod: tornio lento.
Tre fr. combacianti d'orlo leggermente ingrossato verso l'esterno di un scodellone a pareti rette-carenate. Superfici interne ed esterne lisciate.
NAS: Acroma lisciata.
Datazione contesto: *t.a.q.* ca. 550 a.C. (ca. ultimo quarto VII – prima metà VI sec. a.C.).
Datazione relativa: seconda metà VIII sec. – 460/450 a.C.
Bibliografia: inedito.
Confronti: Termini 2003, 235 no. C 27 fig. 206 (Dm: 18.9).

194 K 22304 (tavv. 16. 71)
QAREA, F2003, Agora550/551/552, Ab. 606W.
Lu: 9.0cm; La: 8.9cm; Dm: 26.4cm; S: 1.3-1.5cm; H: 4.7cm.
Colori: impasto: grigio 5YR 6/6; sup. int: beige 5YR 7/6; sup. est: beige 5YR 7/6.dec: arancione 2.5YR 5/6.
Impasto: C: tenero; DS: molto depurato; DI: medi; Del: L1; Mod: tornio lento.
Fr. di fondo piano di forma aperta di grandi dimensioni (bacino, o scodellone?). All'interno, rivestimento non omogeneo steso a pennellate tendenzialmente oblique. All'esterno acroma. Superfici interne ed esterne lisciate.
NAS: Rivestimento non omogeneo opaco / Acroma lisciata.
Datazione contesto: *t.a.q.* ca. 550 a.C. (ca. ultimo quarto VII – prima metà VI sec. a.C.).
Datazione relativa: seconda metà VII sec. – 570 a.C.
Bibliografia: inedito.

195 K 22263 (tavv. 16. 71)
QAREA, F2003, Agora550/551/552, Ab. Steinpackung III.
Lu: 8.0cm; La: 4.1cm; Dm: 12.0cm; S: 0.9/1.0-1.1cm; H: 2.8cm.
Colori: impasto: beige-giallo 7.5YR 5/1; sup. int: beige-giallo 7.5YR 8/3; sup. est: beige-giallo 7.5YR 8/3; dec: beige-arancione 5YR 5/6.
Impasto: C: tenero; DS: molto depurato; DI: medi; Del: L2; Mod: tornio lento.
Fr. di piede ad anello di una forma aperta di grandi dimensioni. All'interno, banda concentrica dipinta. All'esterno, parte inferiore del fondo completamente dipinto in vernice diluita e sulla parete, resti di un motivo dipinto a reticolo regolare formante un rombo. Superficie interna ed esterna lisciate.
NAS: Dipinta monocroma.
Datazione contesto: *t.a.q.* ca. 550 a.C. (ca. ultimo quarto VII – prima metà VI sec. a.C.).
Datazione relativa: metà VI sec. – 460/450 a.C.
Bibliografia: inedito.
Confronti: Biagini 2008a, 149 no. 16 Tav XII.

196 K 32747 (fig. 26 tavv. 16. 71)
QAEA, F2003, Agora550/551/552, Ab. 601.
Lu: 15.8cm; La: 9.6cm; Dm fondo: 17.0cm; S: 1.0cm; H: 2.8cm.
Colori: impasto: beige-arancione 7.5YR 5/3; 2.5YR 5; nucleo: grigio GLEY 2 4-5/5PB; sup. int: beige 7.5YR 7/3; sup. est: beige 10YR 8/1-2; ing: beige 10YR 8/1-2.
Impasto: C: duro; DS: estremamente depurato; DI: grandi; Del: inclusi medio-grandi, bianchi calcarei e *chamotte* (rossastra), numerosi bianchi puntiformi, grigi arrotondati medio-grandi, saltuari grigi chiari grandi; Mod: a tornio lento.
Tre fr. combacianti di fondo piano profilato di forma aperta (?) di grandi dimensioni. Superfici screpolate con grandi inclusi; lisciato sia all'interno che all'esterno (visibile nelle zone conservate).
NAS: Acroma lisciata.
Datazione contesto: ca. 550 – 500/490 a.C.
Datazione relativa: metà VI sec. – 460/450 a.C.
Bibliografia: inedito.

197 K 32549 (tavv. 16. 71)
QAEO1F, F1995, Agora565, Ab. 111.
Lu: 5.3cm; La: 3.8cm; Dm: indet; S: 0.7cm; H: 3.4cm.
Colori: impasto: arancione-marrone 5YR 6/6; sup. int: arancione-marrone 5YR 7/6; sup. est: arancione-marrone 5YR 7/6.
Impasto: C: semiduro; DS: molto depurato; DI: grandi; Del: L1; Mod: a mano.
Fr. d'orlo ingrossato a sezione quasi triangolare di bacino. Superficie interna ed esterna lisciata.
NAS: Acroma lisciata.
Datazione contesto: *ante* 500/490 a.C.
Datazione relativa: seconda metà VIII sec. – 460/450 a.C.
Bibliografia: inedito.
Confronti: Termini 2003, 238 no. C 39 fig. 207.

198 K 32675 (tavv. 16. 71)
QAEO1F, F1995, Agora564/567, Ab. 214.
Lu: 10.8cm; La: 7.1cm; Dm int: 39.0cm; S: 1.1cm; H: 5.7cm.
Colori: impasto: beige 10YR 7/2; sup. int: beige 10YR 8/1; sup. est: beige 10YR 8/1.
Impasto: C: duro; DS: estremamente depurato; DI: molto grandi; Del: L2; Mod: tornio lento.
Fr. d'orlo pendulo di bacino. Superficie screpolata. Leggermente lisciato sia all'interno che all'esterno (striature sottili, pettine (?) visibili sia all'interno che all'esterno).
NAS: Acroma lisciata.
Datazione contesto: *t.a.q.* 500/490 a.C. (ca. fine VII sec. – 500/490 a.C.).
Datazione relativa: seconda metà VIII sec. – 460/450 a.C.
Bibliografia: inedito.
Confronti: Termini 2003, 240 no. C 53 fig. 207; Tardo 1999b, 233 no. 427 fig. 229 (con linea orizzontale dipinta all'interno).

199 K 32582 (tavv. 16. 71)
QAEO1F, F1995, Agora565, Ab. 114.
Lu: 9cm; La: 6.9cm; Dm int: 45.0cm; S: 1.3cm; H: 5.5cm.
Colori: impasto: beige 7.5YR 7/3; nucleo: grigio 10YR 4/1; sup. int: beige 7.5YR 7/4; sup. est: beige 7.5YR 7/4.
Impasto: C: tenero; DS: estremamente depurato; DI: grandi; Del: L2; Mod: tornio lento.
Due fr. combacianti di bacino. Striature in varie direzioni sia all'interno che all'esterno. Superficie interna ed esterna lisciata.
NAS: Acroma lisciata.
Datazione contesto: *ante* 500/490 a.C. (ca. fine VII sec. – 500/490 a.C.).
Datazione relativa: seconda metà VIII sec. – 460/450 a.C.
Bibliografia: inedito.
Confronti: Termini 2003, 240 no. C 51 fig. 207.

200 K 32527 (tavv. 16. 71)
QAEO1F, F1995, Agora565, Ab. 109.
Lu: 9.6cm; La: 8.0cm; Dm: 41.0cm; S: 1.0-1.5cm; H: 7.4cm.
Colori: impasto: beige-rosso 7.5YR 7/6; nucleo: grigio 10YR 4/1; sup. int: beige-rosso 5YR 7/6; sup. est: beige-rosso 5YR 7/6; dec: rosso 5YR 5/8.
Impasto: C: semiduro; DS: molto depurato; DI: medi; Del: L1; Mod: tornio lento.
Fr d'orlo ingrossato verso l'esterno di bacino o scodellone. All'interno tracce di colore rosso opaco all'interno; rivestimento omogeneo opaco (?).
NAS: Rivestimento omogeneo opaco / Acroma lisciata.
Datazione contesto: *ante* 500/490 a.C.
Datazione relativa: seconda metà VII sec. – 500/490 a.C.
Bibliografia: inedito.
Confronti: Serra 2016, 108 no. 35 tav. 7, 3 (senza finale pendulo esterno rispetto al reperto iatino).

201 K 32674 (tavv. 16. 71)
QAEO1F, F1995, Agora564/567, Ab. 214.
Lu: 7.2cm; La: 5.3cm; Dm est: 27.0cm; S: 1.0cm; H: 3.2cm.
Colori: impasto: arancione-marrone 5YR 6/6; nucleo: grigio 5YR 5/1; sup. int: arancione-marrone 5YR 6/6; sup. est: arancione-marrone 5YR 6/6.
Impasto: C: duro; DS: molto depurato; DI: grandi; Del: L2; Mod: tornio lento.
Fr. d'orlo a tesa orizzontale con profilo arrotondato di scodellone. Superficie interna ed esterna lisciata.
NAS: Acroma lisciata.
Datazione contesto: *t.a.q.* 500/490 a.C. (ca. fine VII sec. – 500/490 a.C.).
Datazione relativa: seconda metà VIII sec. – 460/450 a.C.
Bibliografia: inedito.

202 K 24113 (fig. 35 tavv. 16. 71)
QAE1, F2006, Agora551/EU SUD5, Ab. 201.
Lu: 9.5cm; La: 12.7cm; Dm: ca. 33cm; S: 1.2cm; H: 8.1cm.
Colori: impasto: marrone 7.5YR 5-6/4; nucleo: grigio 10YR 4/1; sup. int: beige-bianco 10YR 8/1; sup. est: beige-bianco 10YR 8/1; ing: beige 10YR 8/1.
Impasto: C: duro; DS: estremamente depurato; DI: grandi; Del: L4; Mod: tornio lento.
Fr. d'orlo ingrossato verso l'esterno di mortaio con beccuccio di versamento. All'interno non è attestata una superficie ruvida. Superfici interne ed esterne lisciate. All'interno il trattamento di levigatura è stato eseguito dalla parte superiore della forma verso il centro della vasca. Leggera discromia verso la parte inferiore della parte esterna.
NAS: Acroma lisciata.
Datazione contesto: ca. 500/490 – 460/450 a.C.
Datazione relativa: seconda metà VIII sec. – 460/450 a.C.
Bibliografia: inedito.
Confronti: per un mortaio ma non analogo per quanto riguarda la morfologia dell'orlo: Termini 2003, 244 nn. C 61. C 62 fig. 208.

Scodelle / "fruttiere"

203 K 32007 (tavv. 16. 72)
REPH1, F2003, WQ491/492, Ab. 10.
Lu: 3.2cm; La: 3.3cm; Dm: 17cm; S: 0.8cm; H: 3.3cm.
Colori: impasto: marrone 7.5YR 6/2; nucleo: grigio 10YR 4/1; sup. int: marrone-grigio 7.5YR 6/1; sup. est: marrone-grigio 7.5YR 6/2; dec: marrone 7.5YR 4/2-4.
Impasto: C: tenero; DS: molto depurato; DI: grandi; Del: L0; Mod: tornio lento.
Fr. d'orlo di scodella o fruttiera con vasca emisferica. All'esterno resti di quattro linee sottili incise, poco profonde. Rivestimento interno ed esterno omogeneo steso a striature sottili. Superfici lucidate.
NAS: Incisa con rivestimento omogeneo lucidato (striature sottili).
Datazione contesto: *t.a.q.* ca. 600 a.C. (ca. seconda metà VIII – fine VII sec. a.C.).
Datazione relativa: VIII – VII sec. a.C.
Bibliografia: inedito.
Confronti: Fatta 1983, 41–42 nn. 1. 4 tav. 4 (coppa tipo C.1) = Trombi 2015, 35 no. 1100 tav. I (forma A1, scodelle).

204 K 32214 (tavv. 16. 72)
REPH1, F2006, WQ492, Ab. 03.
Lu: 3.1cm; La: 3.0cm; Dm: 13cm; S: 0.8cm; H: 2.9cm.
Colori: impasto: marrone 5YR 6/3; nucleo: grigio 10YR 4/1; sup. int: marrone 7.5YR 6/3; sup. est: marrone 7.5YR 6/3; dec: marrone scuro 7.5YR 3/3.
Impasto: C: tenero; DS: molto depurato; DI: grandi; Del: L0; Mod: tornio lento.
Fr. d'orlo di scodella o fruttiera a vasca emisferica di piccole dimensioni. All'esterno due solchi abbastanza larghi orizzontali incise. Sia all'interno che all'esterno rivestimento marrone scuro omogeneo. Superfici lucidate.
NAS: Incisa con rivestimento omogeneo lucidato.
Datazione contesto: *t.a.q.* ca. 600 a.C. (ca. seconda metà VIII – fine VII sec. a.C.).
Datazione relativa: VIII – VII sec. a.C.
Bibliografia: inedito.
Confronti: Fatta 1983, 41–42 no. 3 tav. 4 (coppa tipo C.1); Fatta 1983, 46 no. 42 tav. 6 (fruttiera tipo F.1).

205 K 32058 (tavv. 16. 72)
REPH1, F2005, WQ492, Erdsteg E1, Ab. 1, Schicht 1.
Lu: 2.1cm; La: 2.4cm; Dm: 18cm; S: 0.7cm; H: 2.2cm.
Colori: impasto: marrone 10YR 6/2; nucleo: grigio 10YR 5/1; sup. int: grigio 10YR 5/1; sup. est: grigio 10YR 5/1; dec: grigio scuro 10YR 3/1.
Impasto: C: tenero; DS: molto depurato; DI: grandi; Del: L0; Mod: tornio lento.
Fr. d'orlo ingrossato verso l'esterno con parete rientrante di scodella o fruttiera di medie dimensioni. All'esterno tre larghi solchi orizzontali (0.2cm); rivestimento omogeneo. Superfici lucidate.
NAS: Incisa con rivestimento omogeneo lucidato.
Datazione contesto: *t.a.q.* ca. 600 a.C. (ca. seconda metà VIII – fine VII sec. a.C.).
Datazione relativa: VIII – VII sec. a.C.
Bibliografia: inedito.

206 K 22206 (tavv. 17. 72)
REPH1, F2003, WQ491/492, Erdsteg, Ab. 11.
Lu: 3.6cm; La: 3.8cm; Dm: 21cm; S:0.5-1.2cm; H: 3.4cm.
Colori: impasto: marrone 10YR 7/4; nucleo: grigio 10YR 4/1; sup. int: marrone 10YR 6/2; sup. est: marrone 10YR 6/2; dec: marrone scuro 10YR 3/1-2; arancione-marrone 5YR 5/6.
Impasto: C: tenero; DS: molto depurato; DI: medi; Del: L0; Mod: tornio lento.
Fr. d'orlo ingrossato di forma aperta, scodella o fruttiera. All'esterno, resti di tre solchi larghi (2-3mm) e poco profondi. Tracce di rivestimento sia all'interno che all'esterno, in origine probabilmente omogeneo. Superfici lucidate.
NAS: Indet: Incisa con rivestimento lucidato (omogeneo? Non omogeneo?).
Datazione contesto: *t.a.q.* ca. 600 a.C. (ca. seconda metà VIII – fine VII sec. a.C.).
Datazione relativa: VIII – VII sec. a.C.
Bibliografia: inedito.
Confronti: Fatta 1983, 46 no. 42 tav. 6 (con parete più retta e orlo meno ingrossato rispetto al reperto iatino; fruttiera tipo F.1).

207 K 22205 (tavv. 17. 72)
REPH1, F2003, WQ491/492, Ab. 11.
Lu: 6cm; La: 4.3cm; Dm: 19cm; S: 0.9-1.5cm; H: 3.9cm.
Colori: impasto: grigio 10YR 4/1; sup. int: marrone-grigio 10YR 4-5/2; sup. est: marrone-grigio 10YR 5/1-2; dec: marrone-nero 10YR 3/1-2.
Impasto: C: tenero; DS: molto depurato; DI: grandi; Del: L0; Mod: tornio lento.

Tre fr. combacianti d'orlo leggermente ingrossato all'interno di scodella o fruttiera. All'esterno, sotto l'orlo, quattro solchi larghi e poco profondi. Rivestimento marrone-nero, omogeneo all'interno e presente solo sotto forma di tracce all'esterno. Superfici lucidate.
NAS: Indet: Incisa con rivestimento lucidato (omogeneo? Non omogeneo?).
Datazione contesto: *t.a.q.* ca. 600 a.C. (ca. seconda metà VIII – fine VII sec. a.C.).
Datazione relativa: VIII – VII sec. a.C.
Bibliografia: inedito.
Confronti: Fatta 1983, 46 no. 42 tav. 6 (con parete più retta e orlo meno ingrossato rispetto al reperto iatino; fruttiera tipo F.1).

208 K 22210 (tavv. 17. 72)
REPH1, F2003, WQ491/492, Ab. 11.
Lu: 7.3cm; La: 3.8cm; Dm:19cm; S: 0.7cm; H: 4.0cm (senza ansa).
Colori: impasto: beige 7.5YR 7/4; nucleo: grigio 7.5YR 4/1; sup. int: marrone 7.5YR 6/2; sup. est: marrone 7.5YR 6/3; dec: marrone-arancione 5YR 5/8; 4/4-6; 3/3-4.
Impasto: C: duro; DS: estremamente depurato; DI: grandi; Del: L0; Mod: tornio lento.
Fr. d'orlo leggermente ingrossato da entrambi i lati con parete rientrante di scodella con ansa orizzontale soprelevata partente dall'orlo. Sia all'interno che all'esterno rivestimento omogeneo steso a striature sottili. Superfici lucidate.
NAS: Rivestimento omogeneo lucidato (striature sottili).
Datazione contesto: *t.a.q.* ca. 600 a.C. (ca. seconda metà VIII – fine VII sec. a.C.).
Datazione relativa: VIII – VII sec. a.C.
Bibliografia: inedito.

209 K 32057 (tavv. 17. 72)
REPH1, F2005, WQ492, Erdsteg E1, Ab. 1, Schicht 1 / Erdsteg, Ab. 2, Schicht 1.
Lu: 6.1cm; La: 2.7cm; Dm: 20cm; S:0.9-1.3cm; H: 2.8cm.
Colori: impasto: marrone chiaro 10YR 6-7/3; nucleo: grigio 10YR 5/1; sup. int: beige 10YR 7/2-3; sup. est: beige 10YR 7/2-3; dec: arancione-marrone 7.5YR 6/6-10YR 5/3.
Impasto: C: tenero; DS: molto depurato; DI: grandi; Del: L2; Mod: tornio lento.
Due fr. combacianti orlo leggermente ingrossato e parete rientrante di scodella o fruttiera. All'esterno, tre larghi (0.4cm) solchi orizzontali e resti di rivestimento arancione-marrone. Superfici molto consumate; nei punti meglio conservati, superficie lucidata.
NAS: Indet: Incisa con rivestimento lucidato (omogeneo? Non omogeneo?).
Datazione contesto: *t.a.q.* ca. 600 a.C. (ca. seconda metà VIII – fine VII sec. a.C.).
Datazione relativa: VIII – VII sec. a.C.
Bibliografia: inedito.
Confronti: Fatta 1983, 46 no. 42 tav. 6 (con parete più retta e orlo meno ingrossato rispetto al reperto iatino; fruttiera tipo F.1).

210 K 23123 (tavv. 17. 72)
REPH1, F2005, WQ492, Erdsteg, Ab. 8 / 9, Schicht 1.
Lu: 7.6cm; La: 5.9cm; Dm: 19cm; S:0.6-1.2cm; H: 5.8cm.
Colori: impasto: marrone-beige 5YR 6/6; nucleo: grigio 10YR 4/1; sup. int: marrone 5YR 6/4; sup. est: marrone 5YR 6/4; ing: beige 5YR 7/4; dec: marrone 2.5YR 4/3; rosso 2.5YR 5/8 arancione 2.5YR 4/4.
Impasto: C: duro; DS: medio depurato; DI: molto grandi; Del: eterogeneo. Numerosi inclusi grigi ad angoli arrotondati, rossi-marroni (*chamotte*) e bianchi irregolari distribuiti frequentemente, numerosi vacuoli sia puntiformi che di forma allungata; Mod: tornio lento.
Quattro fr. combacianti d'orlo leggermente ingrossato verso l'esterno con parete rientrante e carenata di scodella o fruttiera. All'esterno, tre solchi larghi (0.4-0.5cm) e poco profondi incisi. Presenza di ingobbio e rivestimento conservato in molte parti del fr. Superfici lucidate.
NAS: Indet: Incisa con rivestimento lucidato (omogeneo? Non omogeneo?).
Datazione contesto: *t.a.q.* ca. 600 a.C. (ca. seconda metà VIII – fine VII sec. a.C.).
Datazione relativa: VIII – VII sec. a.C.
Bibliografia: inedito.
Confronti: Fatta 1983, 42 nn. 5. 6. 9. 13 tav. 4 (coppe tipo C.2); Palermo et al. 2009, 60 fig. 2, 24.

211 K 32069 (tavv. 17. 72)
REPH1, F2005, WQ492, Erdsteg E1, Ab. 5, Schicht 1.
Lu: 2.8cm; La: 2.3cm; Dm: indet; S: 0.7-1.2cm; H: 2.3cm.
Colori: impasto: beige 7.5YR 7/4; nucleo: grigio 10YR 4/1; sup. int: beige 7.5YR 7/4; sup. est: beige 7.5YR 7/4; dec: arancione-marrone 2.5YR-5YR 5/8.
Impasto: C: tenero; DS: molto depurato; DI: grandi; Del: L2; Mod: tornio lento.
Fr. d'orlo di scodella o fruttiera. All'esterno, tre larghi solchi orizzontali (0.2cm). Sia all'interno che all'esterno rivestimento arancione scuro omogeneo. Superfici lucidate.
NAS: Incisa con rivestimento omogeneo lucidato.
Datazione contesto: *t.a.q.* ca. 600 a.C. (ca. seconda metà VIII – fine VII sec. a.C.).
Datazione relativa: VIII – VII sec. a.C.
Bibliografia: inedito.

212 K 32008 (tavv. 17. 72)
REPH1, F2003, WQ491/492, Ab. 10.
Lu: 4.7cm; La: 2.8cm; Dm: 15cm; S:0.7-0.8cm; H: 2.8cm.
Colori: impasto: rosso-marrone 2.5YR 6/6; nucleo: grigio 10YR 4/1; sup. int: arancione-marrone 5YR 6/6; sup. est: marrone chiaro 5YR 6/4; ing: beige 7.5YR 7/3; dec: rosso scuro 2.5YR 4/6.
Impasto: C: tenero; DS: estremamente depurato; DI: molto grandi; Del: eterogeneo. Numerosi inclusi grigi ad angoli arrotondati, rossi-marroni (*chamotte*) e bianchi irregolari distribuiti frequentemente, numerosi vacuoli sia puntiformi che di forma allungata; Mod: tornio lento.
Fr. d'orlo ingrossato con parete rientrante di scodella o fruttiera. All'esterno, sotto l'orlo, resti di tre larghi (0.3cm) solchi orizzontali senza incrostazione. All'interno e all'esterno, ingobbio beige con resti di rivestimento rosso scuro. Superfici lucidate.
NAS: Indet: Incisa con rivestimento lucidato (omogeneo? Non omogeneo?).
Datazione contesto: *t.a.q.* ca. 600 a.C. (ca. seconda metà VIII – fine VII sec. a.C.).
Datazione relativa: VIII – VII sec. a.C.
Bibliografia: inedito.
Confronti: Trombi 2015, 68 no. 1105 tav. VII (forma E1, scodelle su piede a stelo o "fruttiere").

213 K 32127 (tavv. 17. 72)
REPH1, F2005, WQ492, Erdsteg E2, Ab. 108.
Lu: 6.3cm; La: 3.0cm; Dm: 22cm; S: 0.5-1.2cm; H: 2.9cm.
Colori: impasto: marrone 7.5YR 6/4; nucleo: grigio 10YR 4/1; sup. int: marrone 7.5YR 7/4; sup. est: marrone 7.5YR 6/3; dec: arancione-marrone 5YR 6/6-8.
Impasto: C: tenero; DS: molto depurato; DI: grandi; Del: L0; Mod: tornio lento.
Fr. d'orlo di scodella o fruttiera. All'esterno, quattro larghi (0.3cm) solchi poco profondi. Rivestimento omogeneo. Superficie interna ed esterna lucidata.
NAS: Incisa con rivestimento omogeneo lucidato.
Datazione contesto: *t.a.q.* ca. 600 a.C. (ca. seconda metà VIII – fine VII sec. a.C.).
Datazione relativa: VIII – VII sec. a.C.
Bibliografia: inedito.

214 K 22591 (fig. 45 tavv. 17. 72)
REPH1, F2004, WQ491/492, 1-meter Streifen, Ab. 3.
Lu: 2.6cm; La: 3.0cm; Dm: indet; S: 0.8cm; H: 2.8cm.
Colori: impasto: marrone 7.5YR 5/2; nucleo: grigio 7.5YR 5/1; sup. est: beige 7.5YR 7/3; dec: marrone chiaro 7.5YR 6/6; marrone scuro 7.5YR 3-4/3.
Impasto: C: tenero; DS: molto depurato; DI: medi; Del: L0; Mod: tornio lento.
Due fr. combacianti orlo svasato all'interno di scodella o fruttiera. All'esterno, sotto l'orlo, quattro solchi larghi (0.1-0.2cm) e poco profondi orizzontali. All'esterno, rivestimento marrone scuro a striature. Interno marrone-arancione (colore omogeneo), steso a striature sottili. Superfici lucidate.
NAS: Incisa con rivestimento omogeneo lucidato (striature sottili).
Datazione contesto: *t.a.q.* ca. 600 a.C. (ca. seconda metà VIII – fine VII sec. a.C.).
Datazione relativa: VIII – VII sec. a.C.
Bibliografia: inedito.
Confronti: Fatta 1983, 42 nn. 6. 14 tav. 4 (coppe tipo C.2); Fatta 1983, 46 no. 58 tav. 6 (fruttiera tipo F.2).

215 K 32103 (tavv. 17. 72)
REPH1, F2005, WQ492, Erdsteg E2, Ab. 3, Schicht 1.
Lu: 2.9cm; La: 2.6cm; Dm: 14cm; S:0.3-0.8cm; H: 2.7cm.
Colori: impasto: marrone 5YR 6/4; nucleo: grigio 10YR 4/1; sup. int: marrone 5YR 6/4; sup. est: marrone 5YR 6/4.
Impasto: C: semiduro; DS: molto depurato; DI: grandi; Del: a matrice compatta. Bianchi arrotondati (fino a 1mm), saltuari grigi a spigoli arrotondati, rossi puntiformi, presenza di mica, vacuoli allungati; Mod: tornio lento.
Due fr. combacianti di forma aperta, verosimilmente carenata, con parete rientrante, scodella o fruttiera. Superfici lisciate.
NAS: Acroma lisciata.
Datazione contesto: *t.a.q.* ca. 600 a.C. (ca. seconda metà VIII – fine VII sec. a.C.).
Datazione relativa: VIII – VII sec. a.C.
Bibliografia: inedito.
Confronti: Fatta 1983, 42 no. 14 tav. 4 (coppa tipo C.2).

216 K 32074 (tavv. 17. 72)
REPH1, F2005, WQ492, Erdsteg E2, Ab. 1, Schicht 1.
Lu: 3.6cm; La: 3.0cm; Dm: 23cm; S:0.7-0.9cm; H: 2.8cm.
Colori: impasto: marrone chiaro 7.5YR 7/6; nucleo: grigio 7.5YR 4/1; sup. int: marrone chiaro 7.5YR 7/4; sup. est: marrone chiaro 7.5YR 7/4; dec: arancione-marrone 7.5YR 7/6.
Impasto: C: tenero; DS: molto depurato; DI: medi; Del: L2; Mod: tornio lento.
Fr. d'orlo con parete rientrante carenata di scodella o fruttiera. Sia all'interno che all'esterno resti di rivestimento omogeneo. Superfici lucidate.
NAS: Rivestimento omogeneo lucidato.
Datazione contesto: *t.a.q.* ca. 600 a.C. (ca. seconda metà VIII – fine VII sec. a.C.).
Datazione relativa: VIII – VII sec. a.C.
Bibliografia: inedito.
Confronti: Trombi 2015, 43 no. 17 tav. LIII (forma A2, scodelle); Fatta 1983, 42 no. 14 tav. 4 (coppa tipo C.2).

217 K 23104 (tavv. 17. 72)
REPH1, F2005, WQ492, Erdsteg, Ab. 2, Schicht 1.
Lu: 4.5cm; La: 3.7cm; Dm: indet (ca. 16cm); S: 0.7cm; H: 3.7cm.
Colori: impasto: beige-rosso 5YR 6-7/6; nucleo: grigio 10YR 4/1; sup. int: beige-rosso 7.5YR 7/4-6; sup. est: beige-rosso 7.5YR 7/4-6; dec: arancione 5YR 6/8.
Impasto: C: tenero; DS: molto depurato; DI: grandi; Del: L2; Mod: tornio lento.
Fr. d'orlo scodella con bugna cuspidata forata verticalmente funzionale allo stoccaggio in sospensione della forma alla parete. All'interno, all'esterno e sulla tesa dell'orlo, si notano resti di rivestimento di uguale intensità di colore. In origine colore verosimilmente omogeneo. Superfici lucidate.
NAS: Indet: Rivestimento lucidato (omogeneo? Non omogeneo?).
Datazione contesto: *t.a.q.* ca. 600 a.C. (ca. seconda metà VIII – fine VII sec. a.C.).
Datazione relativa: VIII – VII sec. a.C.
Bibliografia: inedito.

218 K 32120 (tavv. 17. 72)
REPH1, F2005, WQ492, Erdsteg E2, Ab. 107.
Lu: 4.1cm; La: 3.1cm; Dm: 18cm; S: 0.5-0.7cm; H: 3.1cm.
Colori: impasto: beige 7.5YR 7/4; nucleo: grigio 10YR 4/1; sup. int: beige 7.5YR 7/4; sup. est: beige 7.5YR 7/4; dec: arancione-marrone 5YR 5/6-8; 4/6;
Impasto: C: tenero; DS: molto depurato; DI: grandi; Del: L1; Mod: tornio lento.
Fr. d'orlo di scodella o fruttiera. All'esterno, due linee orizzontali incise, abbastanza larghe. Sia all'interno che all'esterno, resti di rivestimento omogeneo di colore marrone scuro. Superfici lucidate.
NAS: Incisa con rivestimento omogeneo lucidato.
Datazione contesto: *t.a.q.* ca. 600 a.C. (ca. seconda metà VIII – fine VII sec. a.C.).
Datazione relativa: VIII – VII sec. a.C.
Bibliografia: inedito.
Confronti: Fatta 1983, 42 nn. 6. 9. 14 tav. 4 (coppe tipo C.2).

219 K 23227 (tavv. 17. 72)
REPH1, F2005, WQ492, Erdsteg E2, Ab. 1 / 2, Schicht 1.
Lu: 6.1cm; La: 4.0cm; Dm: 25cm; S: 0.8cm; H: 3.9cm.
Colori: impasto: beige 7.5YR 7/3; nucleo: grigio 10YR 4/1; sup. int: beige-marrone 7.5YR 7/4; sup. est: beige-rosso 7.5YR 7/4; dec: marrone-nero 7.5YR 3/1-2; marrone: 5YR 4/6; arancione-marrone: 5YR 5/8.
Impasto: C: tenero; DS: molto depurato; DI: grandi; Del: L1; Mod: tornio lento.
Tre fr. combacianti orlo di scodella o fruttiera. All'esterno, sotto l'orlo e sopra la carena, cinque larghi solchi orizzontali incisi e poco profondi (1-2mm). All'esterno, rivestimento arancione-marrone. All'interno, rivestimento marrone / marrone-nero; discromie causata da tracce di bruciato all'interno. Superfici lucidate.
NAS: Indet: Incisa con rivestimento lucidato (omogeneo? Non omogeneo?).
Datazione contesto: *t.a.q.* ca. 600 a.C. (ca. seconda metà VIII – fine VII sec. a.C.).
Datazione relativa: VIII – VII sec. a.C.
Bibliografia: inedito.

220 K 24291 (fig. 46 tavv. 17. 72)
REPH1, F2006, WQ492, Erdsteg, Ab. 78B.
Lu: 6.5cm; La: 4.3cm; Dm: 26cm; S: 0.8cm; H: 4.0cm.
Colori: impasto: marrone 10YR 6/4; nucleo: grigio 10YR 4/1; sup. int: beige-marrone 10YR 5-6/2; sup. est: beige-marrone 10YR 6-7/2; dec: marrone scuro 10YR 3/1-2; arancione-marrone 5YR 4-5/6.
Impasto: C: tenero; DS: molto depurato; DI: grandi; Del: L0; Mod: tornio lento.
Fr. d'orlo di forma aperta, scodella. All'esterno, sotto l'orlo, cinque solchi orizzontali incisi, larghi (1-3mm) e poco profondi. Rivestimento omogeneo sia all'interno che all'esterno (saturazione del colore analogo in vari punti conservati). Superfici lucidate.
NAS: Incisa con rivestimento omogeneo lucidato (striature sottili).
Datazione contesto: *t.a.q.* ca. 600 a.C. (ca. seconda metà VIII – fine VII sec. a.C.).
Datazione relativa: VIII – VII sec. a.C.
Bibliografia: inedito.
Confronti: Fatta 1983, 46 no. 42 tav. 6 (fruttiera tipo F.1).

221 K 32080 (tavv. 17. 73)
REPH1, F2005, WQ492, Erdsteg E2, Ab. 2, Schicht 1.
Lu: 2.4cm; La: 1.8cm; Dm: 24cm; S: 1.4cm; H: 2.1cm.
Colori: impasto: marrone 7.5YR 5/2; nucleo: grigio 10YR 4/1; sup. int: marrone 7.5YR 6/2; sup. est: marrone 7.5YR 6/2; dec: arancione-marrone 7.5YR 6/8;5YR 4/4-6.
Impasto: C: tenero; DS: molto depurato; DI: grandi; Del: L0; Mod: tornio lento.
Fr. d'orlo di forma aperta, scodella o fruttiera. Sia all'interno che all'esterno, solco orizzontale inciso e resti di rivestimento omogeneo, ma di colorazioni leggermente diverse. Superficie interna ed esterna lucidata.
NAS: Indet: Incisa con rivestimento lucidato (omogeneo? Non omogeneo?).
Datazione contesto: *t.a.q.* ca. 600 a.C. (ca. seconda metà VIII – fine VII sec. a.C.).
Datazione relativa: VIII – VII sec. a.C.
Bibliografia: inedito.
Confronti: Fatta 1983, 42 no. 17 tav. 4 (coppa tipo C.2).

222 K 32079 (tavv. 17. 73)
REPH1, F2005, WQ492, Erdsteg E2, Ab. 2, Schicht 1.
Lu: 3.0cm; La: 3.0cm; Dm: indet. (ca. 15cm); S: 1.4cm; H: 2.9cm.
Colori: impasto: beige-rosso 5YR 7/4; nucleo: grigio-marrone 7.5YR 5/2; sup. est: beige-rosso 5YR 7/4; dec: rosso scuro 2.5YR 4-5/8.
Impasto: C: tenero; DS: estremamente depurato; DI: grandi; Del: L1; Mod: tornio lento.
Fr. d'orlo di scodella o fruttiera. All'esterno, tre solchi orizzontali poco profondi incisi e resti di rivestimento rosso scuro. All'interno, resti di rivestimento, ma a causa delle tracce di bruciato indeterminato rispetto alla sua modalità di stesura. Superficie interna ed esterna lucidata.
NAS: Indet: Incisa con rivestimento lucidato (omogeneo? Non omogeneo?).
Datazione contesto: *t.a.q.* ca. 600 a.C. (ca. seconda metà VIII – fine VII sec. a.C.).
Datazione relativa: VIII – VII sec. a.C.
Bibliografia: inedito.
Confronti: Fatta 1983, 42 no. 16 tav. 4 (coppa tipo C.2).

223 K 32144 (tavv. 17. 73)
REPH1, F2005, WQ492, Erdsteg E1, Ab. 12A, Schicht 3.
Lu: 3.0cm; La: 3.1cm; Dm: 16cm; S: 0.7-0.9cm; H: 3.1cm.
Colori: impasto: beige 7.5YR 6/3; nucleo: grigio scuro 10YR 4/1; sup. int: beige 7.5YR 7/3; sup. est: marrone 7.5YR 6/2; dec: v. sup. int e est.
Impasto: C: tenero; DS: estremamente depurato; DI: grandi; Del: L0; Mod: tornio lento.
Fr. d'orlo estroflesso e parete carenata di scodella o fruttiera. All'esterno, rivestimento omogeneo marrone scuro. All'interno, rivestimento omogeneo steso a striature sottili, marrone-arancione. Superfici lucidate.
NAS: Rivestimento omogeneo lucidato (striature sottili).Datazione contesto: *t.a.q.* ca. 600 a.C. (ca. seconda metà VIII – fine VII sec. a.C.).
Datazione relativa: VIII – VII sec. a.C.
Bibliografia: inedito.
Confronti: Steures 1980, 148 no. N 62:6.

224 K 23683 (tavv. 17. 73)
REPH1, F2005, WQ492, Erdsteg E3, Ab. 2.
Lu: 5.1cm; La: 3.1cm; Dm: indet; S: 0.7cm; H: 3.3cm.
Colori: impasto: marrone 10YR 5/2; nucleo: grigio 10YR 4/1; sup. int: beige 10YR 7/3; sup. est: beige 10YR 7/3; dec: marrone-rosso 7.5YR 5/6; marrone 7.5YR 4/2.
Impasto: C: tenero; DS: molto depurato; DI: grandi; Del: frequenti grigi di forma arrotondata e spigolosi, saltuari bianchi puntiformi, rari clasti calcarei, vacuoli principalmente di forma allungata, più rari quelli puntiformi; Mod: tornio lento.
Fr. d'orlo svasato all'interno di forma aperta carenata, scodella o fruttiera. All'esterno, sopra la carena, fasci di linee oblique in direzioni opposte (sei verso sinistra e tre verso destra) delimitate da due solchi incisi orizzontali. Resti di incrostazione bianca all'interno delle decorazioni incise. Sia all'interno che all'esterno rivestimento di varie gradazioni di marrone, omogeneo steso a pennellate tendenzialmente orizzontali. Superficie interna ed esterna lucidata.
NAS: Incisa con rivestimento omogeneo lucidato (striature sottili).
Datazione contesto: *t.a.q.* ca. 600 a.C. (ca. seconda metà VIII – fine VII sec. a.C.).
Datazione relativa: VIII – VII sec. a.C.
Bibliografia: inedito.

225 K 32208 (tavv. 17. 73)
REPH1, F2006, WQ492, Ab. 4A.
Lu: 2.2cm; La: 3.2cm; Dm: 14cm; S: 0.5-0.6cm.
Colori: impasto: rosso-marrone 5YR 6/6; nucleo: grigio 7.5YR 5/1; sup. est: marrone-rosso 5YR 6/6; dec: rosso scuro 5YR 5/8.
Impasto: C: tenero; DS: estremamente depurato; DI: medi; Del: compatto con presenza di malacofauna fino a 1mm. Le altre inclusioni, distribuite omogeneamente, sono di piccole dimensioni, di forma arrotondata e di colore grigio; residui carbonizzati, saltuari bianchi puntiformi, radi vacuoli puntiformi; Mod: tornio lento.
Fr. di parete di forma aperta carenata, tazza, scodella o fruttiera. All'interno e all'esterno, rivestimento lucidato. All'esterno, il rivestimento è limitato alla parte soprastante la carena. Superfici lucidate.
NAS: Rivestimento omogeneo lucidato / Decorazione lineare lucidata (+).
Datazione contesto: *t.a.q.* ca. 600 a.C. (ca. seconda metà VIII – fine VII sec. a.C.).
Datazione relativa: seconda metà VII / ultimo quarto VII – primo quarto VI sec. a.C.
Bibliografia: inedito.

226 K 32227 (tavv. 17. 73)
REPH1, F2006, WQ492, Erdsteg, Ab. 80B.
Lu: 4.2cm; La: 1.4cm; Dm: 17cm; S: 0.5cm; H: 1.4cm.
Colori: impasto: grigio 10YR 3-4/1; sup. int: grigio-marrone 7.5YR 5/1-2; sup. est: grigio-marrone 7.5YR 5/1-2; dec: rosso-marrone 10YR 3/1.
Impasto: C: semiduro; DS: molto depurato; DI: medi; Del: frequenti grigi di forma arrotondata e spigolosi, saltuari bianchi puntiformi, rari clasti calcarei, vacuoli principalmente di forma allungata, più rari quelli puntiformi; Mod: tornio lento.
Fr. d'orlo di forma aperta, scodella o fruttiera. Resti di rivestimento in numerosi punti del fr. Superficie interna ed esterna lucidata.
NAS: Indet: Rivestimento lucidato (omogeneo? Non omogeneo?).
Datazione contesto: *t.a.q.* ca. 600 a.C. (ca. seconda metà VIII – fine VII sec. a.C.).
Datazione relativa: VIII – VII sec. a.C.
Bibliografia: inedito.

227 K 32124 (tavv. 18. 73)
REPH1, F2005, WQ492, Erdsteg E2, Ab. 107.
Lu: 3.0cm; La: 1.6cm; Dm: indet; S: 0.6cm; H: 2.0cm.
Colori: impasto: beige-arancione 7.5YR 8/4; nucleo: grigio 10YR 4/1; sup. int: beige-arancione 7.5YR 8/4; sup. est: beige-arancione 7.5YR 8/4; dec: arancione 5YR 5/8.
Impasto: C: tenero; DS: molto depurato; DI: grandi; Del: L2; Mod: tornio lento.
Fr. d'orlo svasato all'interno probabilmente carenata di forma aperta, scodella o fruttiera. Sia all'interno che all'esterno rivestimento arancione, omogeneo. Superfici lucidate.
NAS: Rivestimento omogeneo lucidato.
Datazione contesto: *t.a.q.* ca. 600 a.C. (ca. seconda metà VIII – fine VII sec. a.C.).
Datazione relativa: VIII – VII sec. a.C.
Bibliografia: inedito.

228 K 23255 (tavv. 18. 73)
REPH1, F2005, WQ492, Erdsteg E2, Ab. 109.
Lu: 6.1cm; La: 4.7cm; Dm: 22cm; S:0.6-0.7cm; H: 4.2cm.
Colori: impasto: marrone-rosso 5YR 5/6; nucleo: grigio 10YR 3/1; dec: marrone scuro 10YR 3/2.
Impasto: C: duro; DS: estremamente depurato; DI: grandi; Del: a biscotto, numerosi inclusi bianchi e colore crema piccoli e grandi (medi pochissimi), pochi vacuoli arrotondati; Mod: tornio lento.
Tre fr. combacianti d'orlo ingrossato e parete carenata, scodella o fruttiera. All'esterno e all'interno, rivestimento omogeneo marrone. All'esterno, quasi non visibili ma percettibili, quattro larghi solchi "incisi" poco profondi. Superfici lucidate.
NAS: Incisa con rivestimento omogeneo lucidato.
Datazione contesto: *t.a.q.* ca. 600 a.C. (ca. seconda metà VIII – fine VII sec. a.C.).
Datazione relativa: VIII – VII sec. a.C.
Bibliografia: inedito.
Confronti: Palermo et al. 2009, 57 fig. 2, 5 = Tanasi 2012a, 966–967 figg. 5, 2; 7, 3.

229 K 22550 (tavv. 18. 73)
REPH1, F2004, WQ491/492, 1-meter Streifen, Ab. 2.
Lu: 4.9cm; La: 3.3cm; Dm: 18cm; S: 0.5-0.7cm; H: 3.5cm.
Colori: impasto: marrone 10YR 6/4; nucleo: grigio 10YR 4-5/1; sup. int: beige 10YR 6/2; sup. est: beige 10YR 6/2; dec: marrone chiaro 7.5YR 4/4; marrone: 7.5YR 3/2-3.
Impasto: C: tenero; DS: molto depurato; DI: grandi; Del: relativamente compatto, saltuari grigi di forma arrotondata fino a 2mm, altrimenti impasto molto omogeneo con inclusioni di piccole dimensioni. Clasti calcarei longitudinali, rari bianchi puntiformi, saltuari vacuoli di forma allungata; Mod: a mano.
Fr. d'orlo svasato all'interno di forma aperta carenata, scodella o fruttiera. All'esterno, sopra la carena, due solchi orizzontali incisi campiti da altri sei solchi obliqui. Protuberanza plastica esterna alla parete a scopo decorativo. Resti di incrostazione bianca all'interno delle decorazioni incise. Sia all'interno che all'esterno rivestimento di varie gradazioni di marrone, abbastanza omogeneo steso a pennellate orizzontali. Superficie interna ed esterna lucidata.
NAS: Incisa con rivestimento omogeneo lucidato (striature sottili).
Datazione contesto: *t.a.q.* ca. 600 a.C. (ca. seconda metà VIII – fine VII sec. a.C.).
Datazione relativa: VIII – VII sec. a.C.
Bibliografia: inedito.

230 K 22180 (tavv. 18. 73)
REPH1, F2003, WQ491/492, Ab. 10.
Lu: 2.8cm; La: 3.0cm; Dm: 15cm; S: 0.6cm; H: 3.0cm.
Colori: impasto: arancione 5YR 7/6; nucleo: beige-grigio 7.5YR 7/2; sup. int: arancione-marrone 5YR 7/3; sup. est: marrone 5YR 6/3; dec: marrone 7.5YR 4/2.
Impasto: C: tenero; DS: estremamente depurato; DI: grandi; Del: L1; Mod: tornio lento.
Fr. d'orlo estroflesso svasato all'interno con parete concavo-carenata di scodella.

All'esterno, sotto l'orlo, due solchi incisi orizzontali seguiti da quattro tremoli orizzontali impressi seguiti da altri due solchi orizzontali incisi. Rivestimento omogeneo sia all'interno che all'esterno. Superfici lucidate.
NAS: Incisa e impressa con rivestimento omogeneo lucidato.
Datazione contesto: *t.a.q.* ca. 600 a.C. (ca. seconda metà VIII – fine VII sec. a.C.).
Datazione relativa: seconda metà VIII – 570 a.C.
Bibliografia: inedito.
Confronti: Spatafora 2003c, 119 no. I 32 fig. 132 = Trombi 2015, 37 no. 526 tav. II (forma A3, scodelle).

231 K 32006 (tavv. 18. 73)
REPH1, F2005, WQ491/492, Ab. 10.
Lu: 2.5cm; La: 2.6cm; Dm: indet; S: 0.7cm; H: 2.6cm.
Colori: impasto: marrone 5YR 6/4; nucleo: grigio 10YR 3/1; sup. int: marrone 7.5YR 6/4; sup. est: marrone 7.5YR 6/4; dec: marrone 7.5YR 5/4.
Impasto: C: tenero; DS: molto depurato; DI: grandi; Del: frequenti grigi di forma arrotondata e spigolosi, saltuari bianchi puntiformi, rari clasti calcarei, vacuoli principalmente di forma allungata, più rari quelli puntiformi; Mod: tornio lento.
Fr. d'orlo estroflesso svasato all'interno di scodella carenata. All'esterno, sotto l'orlo, solchi obliqui incisi delimitati sopra e sotto da una linea orizzontale incisa. Sia all'interno che all'esterno resti di rivestimento omogeneo. Superfici lucidate.
NAS: Incisa e impressa con rivestimento omogeneo lucidato.
Datazione contesto: *t.a.q.* ca. 600 a.C. (ca. seconda metà VIII – fine VII sec. a.C.).
Datazione relativa: seconda metà VIII sec. – 570 a.C.
Bibliografia: inedito.

232 K 22201 (tavv. 18. 73)
REPH1, F2003, WQ491/492, Ab. 11.
Lu: 4.5cm; La: 2.6cm; Dm: 16cm; S: 0.7cm; H: 2.5cm.
Colori: impasto: beige-arancione 5YR 7/6; nucleo: beige-grigio 5YR 6-7/2; sup. int: beige-arancione 5YR 7/6; sup. est: beige-arancione 5YR 7/6.
Impasto: C: tenero; DS: molto depurato; DI: medi; Del: L1; Mod: tornio lento.
Fr. d'orlo estroflesso svasato all'interno di scodella carenata. All'esterno, due solchi orizzontali incisi seguito da fregio a metope con rettangoli allungati campiti da linee a tremolo orizzontali (cinque) impressi delimitato in basso da altri due solchi orizzontali incisi. Superfici lucidate.
NAS: Incisa e impressa senza rivestimento.
Datazione contesto: *t.a.q.* ca. 600 a.C. (ca. seconda metà VIII – fine VII sec. a.C.).
Datazione relativa: ultimo quarto VII sec. a.C. – 460/450 a.C.
Bibliografia: inedito.
Confronti: Palermo et al. 2009, 60 fig. 2, 25 (senza svasatura).

233 K 23256 (tavv. 18. 73)
REPH1, F2005, WQ492, Erdsteg E2, Ab. 109.
Lu: 2.2cm. La: 1.8cm; Dm:14-15cm; S: 0.6cm; H: 1.8cm.
Colori: impasto: arancione-marrone 5YR 6/6; nucleo: grigio 5YR 5/1; sup. int: grigio 5YR 6/4; sup. est: marrone-arancione 5YR 6/1; dec: beige 5YR 6/4;
Impasto: C: tenero; DS: molto depurato; DI: grandi; Del: L1; Mod: tornio lento.
Fr. d'orlo di forma aperta, scodella. Sulla tesa dell'orlo solchi incisi obliqui. Rivestimento omogeneo steso a pennellate orizzontali sia all'interno che all'esterno. Superfici lucidate.
NAS: Incisa con rivestimento omogeneo lucidato (striature sottili).
Datazione contesto: *t.a.q.* ca. 600 a.C. (ca. seconda metà VIII – fine VII sec. a.C.).
Datazione relativa: seconda metà VIII sec. – 570 a.C.
Bibliografia: inedito.

234 K 32112 (tavv. 18. 73)
REPH1, F2005, WQ492, Erdsteg E2, Ab. 4.
Lu: 3.0cm; La: 2.3cm; Dm: 17cm; S: 0.8cm; H: 2.1cm.
Colori: impasto: marrone 5YR 6/6; nucleo: grigio 5YR 6/1; sup. int: beige-rosso 5YR 7/6; sup. est: beige-rosso 5YR 7/6; dec: arancione-rosso 5YR 5/8.
Impasto: C: tenero; DS: molto depurato; DI: grandi; Del: L1; Mod: tornio lento.
Fr. d'orlo di scodella. All'interno e all'esterno rivestimento omogeneo. Superficie interna ed esterna lucidata.
NAS: Rivestimento omogeneo lucidato.
Datazione contesto: *t.a.q.* ca. 600 a.C. (ca. seconda metà VIII – fine VII sec. a.C.).
Datazione relativa: seconda metà VIII sec. – 570 a.C.
Bibliografia: inedito.
Confronti: Trombi 2015, 37 no. 1147 tav. II (forma A3, scodelle).

235 K 32027 (tavv. 18. 73)
REPH1, F2004, WQ491/492, 1-meter Streifen, Ab. 3.
Lu: 2.4cm; La: 2.7cm; Dm: indet; S: 0.5-0.7cm; H: 2.7cm.
Colori: impasto: marrone 7.5YR 6/6; nucleo: grigio GLEY 1 3/N; sup. int: marrone chiaro 7.5YR 6/4; sup. est: marrone chiaro 10YR 7/3.
Impasto: C: tenero; DS: molto depurato; DI: grandi; Del: relativamente eterogeneo ma compatto. Numerosi inclusi grigi distribuiti in quantità uguale sia di forma arrotondata che spigolosi, rari bianchi puntiformi, saltuari vacuoli di forma allungata; Mod: a mano.
Fr. d'orlo di scodella. Tracce di bruciato all'interno della forma. Superficie interna ed esterna lucidata.
NAS: Acroma lucidata.
Datazione contesto: *t.a.q.* ca. 600 a.C. (ca. seconda metà VIII – fine VII sec. a.C.).
Datazione relativa: seconda metà VIII sec. – 630/620 a.C.
Bibliografia: inedito.

236 K 23151 (tavv. 18. 73)
REPH1, F2005, WQ492, Erdsteg E1, Ab. 2, Schicht 1.
Lu: 2.9cm; La: 1.5cm; Dm: 11cm; S: 0.5cm; H: 1.4cm.
Colori: impasto: beige 5YR 7/6; nucleo: grigio 5YR 4/1; sup. est: beige 7.5YR 7/4; dec: marrone 5YR 4/3.
Impasto: C: tenero; DS: molto depurato; DI: medi; Del: L2; Mod: tornio lento.
Fr. d'orlo di forma aperta di piccole dimensioni con bugna triangolare forata verticalmente (foro attraverso l'orlo e l'argilla supplementare applicata), funzionale allo stoccaggio in sospensione della forma alla parete. Rivestimento omogeneo sia all'interno che all'esterno. Superfici lucidate.
NAS: Rivestimento omogeneo lucidato.
Datazione contesto: *t.a.q.* ca. 600 a.C. (ca. seconda metà VIII – fine VII sec. a.C.).
Datazione relativa: seconda metà VIII sec. – 570 a.C.
Bibliografia: inedito.

237 K 23100 (tavv. 18. 73)
REPH1, F2005, WQ492, Erdsteg, Ab. 2 / Reinigung S-Kante.
Lu: 9.8cm; La: 2.4cm; Dm: 15cm; S: 0.3cm; H: 2.4cm.
Colori: impasto: marrone 7.5YR 6/6; nucleo: grigio 7.5YR 6/1; sup. int: marrone 7.5YR 5/3; sup. est: grigio 7.5YR 5/3; dec: marrone scuro 7.5YR 4/1-2.
Impasto: C: semiduro; DS: molto depurato; DI: grandi; Del: L0; Mod: tornio lento.
Due fr. combacianti d'orlo di forma aperta con orlo a tesa orizzontale. All'esterno, due solchi orizzontali incisi, dalle quali partono due solchi verticali formanti due zone campite da cerchielli concentrici distribuiti in modo non omogeneo. Utilizzo di due punzoni diversi per i cerchielli concentrici, anche se le dimensioni sono molto simili. Rivestimento omogeneo marrone sia all'interno che all'esterno. Superficie interna ed esterna lucidata.
NAS: Incisa e impressa con rivestimento omogeneo lucidato.
Datazione contesto: *t.a.q.* ca. 600 a.C. (ca. seconda metà VIII – fine VII sec. a.C.).
Datazione relativa: seconda metà VIII sec. – 570 a.C.
Bibliografia: inedito.
Confronti: Di Noto 1995, 89 no. 7 fig. 4.

238 K 24129 (tavv. 18. 73)
REPH1, F2006, WQ492, Ab. 1.
Lu: 3.0cm; La: 1.5cm; Dm: 12cm; S: 0.8cm; H: 1.7cm.
Colori: impasto: grigio 10YR 5/1; sup. int: marrone chiaro 10YR 6/2; sup. est: marrone chiaro 10YR 6/2; dec: arancione-marrone 10YR 6/8; 5/4-8; 4/3-6.
Impasto: C: tenero; DS: molto depurato; DI: grandi; Del: L0; Mod: tornio lento.
Fr. d'orlo di forma aperta, scodella. Sulla tesa dell'orlo fasci di tre solchi tangenti obliqui alternati incisi. Resti di incrostazione bianca all'interno delle decorazioni incise. Rivestimento omogeneo sia all'in-

terno che all'esterno. Superfici lucidate.
NAS: Incisa con rivestimento omogeneo lucidato.
Datazione contesto: *t.a.q.* ca. 600 a.C. (ca. seconda metà VIII – fine VII sec. a.C.).
Datazione relativa: seconda metà VIII sec. – 570 a.C.
Bibliografia: inedito.
Confronti: Serra 2016, 107 nn. 18–24 (scodelle tipo B).

239 K 32174 (tavv. 18. 73)
REPH1, F2005, WQ492, Erdsteg E3, Ab. 1.
Lu: 4.4cm; La: 5.0cm; Dm int: ca. 22cm; S: 0.8cm; H: 5.3cm.
Colori: impasto: beige 7.5YR 7/4; nucleo: grigio 7.5YR 5/1; sup. int: beige-rosso 2.5YR 7/4; sup. est: beige-rosso 5YR 7/6; dec: arancione 5YR 6/8.
Impasto: C: tenero; DS: estremamente depurato; DI: grandi; Del: L1; Mod: tornio lento.
Due fr. combacianti d'orlo ingrossato verso l'esterno di scodella. Superfici mal conservate. All'esterno, sotto l'orlo, resti minimi di colore arancione, lucidato. Superficie interna lisciata.
NAS: Indet: Rivestimento lucidato (omogeneo? Non omogeneo? Lineare?) / Acroma lisciata.
Datazione contesto: *t.a.q.* ca. 600 a.C. (ca. seconda metà VIII – fine VII sec. a.C.).
Datazione relativa: seconda metà VIII sec. – 570 a.C. (se si trattasse di rivestimento omogeneo lucidato); seconda metà VII sec. –primo quarto del VI sec. se si trattasse di decorazione lineare lucidata).
Bibliografia: inedito.
Confronti: Serra 2016, 107 nn. 18–24 (scodelle tipo B).

240 K 32209 (tavv. 18. 73)
REPH1, F2006, WQ492, Ab. 4A.
Lu: 5.0cm; La: 4.3cm; Dm int: ca. 24cm; S: 0.9cm; H: 2.9cm.
Colori: impasto: beige 7.5YR 6/6; nucleo: grigio 7.5YR 3/1; sup. int: marrone chiaro 7.5YR 7/2; sup. est: marrone chiaro 7.5YR 7/2; dec: arancione 7.5YR 5/8.
Impasto: C: tenero; DS: molto depurato; DI: medi; Del: L2; Mod: tornio lento.
Due fr. combacianti d'orlo ingrossato verso l'esterno di scodella. Resti di rivestimento omogeneo lucidato all'interno, sulla tesa dell'orlo e all'esterno sotto la tesa dell'orlo, banda?
NAS: Indet: Rivestimento omogeneo lucidato? Decorazione lineare lucidata (+)?
Datazione contesto: *t.a.q.* ca. 600 a.C. (ca. seconda metà VIII – fine VII sec. a.C.).
Datazione relativa: v. **239**.
Bibliografia: inedito.
Confronti: Blasetti Fantauzzi 2018, 45 no. 5 fig. 11 (scodella tipo 1 – dipinta); Serra 2016, 107 nn. 18–24 (scodelle tipo B – dipinta).

241 K 32055 (tavv. 18. 73)
REPH1, F2005, WQ492, Erdsteg, Ab. 3, Schicht 1.
Lu: 1.5cm; La: 1.9cm; Dm: indet (ca. 19-22cm); S: 0.4cm; H: 1.9cm.
Colori: impasto: marrone chiaro 5YR 7/4; nucleo: grigio 7.5YR 6/2; sup. int: beige-giallo 7.5YR 7/3; sup. est: beige-rosso 5YR 7/4; dec: arancione-rosso 2.5YR 5/8.
Impasto: C: tenero; DS: estremamente depurato; DI: medi; Del: L1; Mod: tornio lento.
Fr. d'orlo ingrossato verso l'esterno di forma aperta, scodella. Sia all'interno che all'esterno rivestimento omogeneo. Sull'orlo, piccola traccia di bruciato. Superfici lucidate.
NAS: Rivestimento omogeneo lucidato (striature sottili).
Datazione contesto: *t.a.q.* ca. 600 a.C. (ca. seconda metà VIII – fine VII sec. a.C.).
Datazione relativa: seconda metà VIII sec. – 570 a.C.
Bibliografia: inedito.
Confronti: Blasetti Fantauzzi 2018, 63–65 no. 63 fig. 20 (scodella tipo 6 – dipinta); Serra 2016, 107 nn. 18–24 (scodelle tipo B – dipinta).

242 K 24784 (tavv. 18. 74)
QO1F, F2006, EQ1139/1140, Sondage 1, Ab. 15.
Lu: 2.2cm; La: 3.3cm; Dm: indet; S: 0.6cm; H: 3.2cm.
Colori: impasto: beige-rosso 5YR 7/6; nucleo: beige 7.5YR 7/3; sup. int: beige-rosso 5YR 7/4; sup. est: beige-rosso 5YR 7/4; dec: rosso 2.5YR 6/6.
Impasto: C: tenero; DS: molto depurato; DI: grandi; Del: L1; Mod: tornio lento.
Fr. d'orlo leggermente ingrossato di scodella. All'esterno, quattro solchi orizzontali paralleli, larghi (0.2cm), poco profondi (ma potrebbe essere dovuto anche allo stato di conservazione). Tracce di rivestimento opaco all'interno. Forse l'intera forma era in origine con rivestimento.
NAS: Incisa senza rivestimento / Rivestimento omogeneo opaco.
Datazione contesto: ca. 630/620 – 570 a.C.
Datazione relativa: ultimo quarto VII sec. – 500/490 a.C.
Bibliografia: inedito.
Confronti: Serra 2016, 114 no. 101 (scodelle tipo H1).

243 K 25269 (tavv. 18. 74)
QO1F, F2006, EQ1140, Sondage 2, Ab. 34.
Lu: 11.0cm; La: 9.7cm; Dm orlo int: 22.0cm; Dm fondo: 8.0cm; S: 0.5-0.9cm; H: 9.6cm.
Colori: impasto: beige 10YR 7/4; nucleo: grigio 10YR 7/2; sup. int: beige 7.5YR 8/3; sup. est: beige 10YR 8/3.
Impasto: C: tenero; DS: molto depurato; DI: medi; Del: L2; Mod: tornio lento.
Otto fr. combacianti d'orlo ingrossato verso l'esterno di scodella con parete concavo-carenata e fondo piano. All'esterno, tra orlo e carena, solchi orizzontali sottili e poco profondi senza incrostazione.
NAS: Incisa senza rivestimento.
Datazione contesto: ca. 630/620 – 570 a.C.
Datazione relativa: ultimo quarto VII sec. – 460/450 a.C.
Bibliografia: inedito.
Confronti: Serra 2016, 114 no. 101 (scodelle tipo H1).

244 K 32491 (tavv. 18. 74)
QO1F, F2006, EQ1140, Sondage 2, Ab. 32.
Lu: 3.0cm; La: 4.1cm; Dm: 17.0cm; S: 0.5-0.6cm; H: 3.9cm.
Colori: impasto: marrone 2.5YR 5/8; nucleo: grigio 2.5YR 4/1; sup. est: marrone-rosso 2.5YR 5/6; ing: beige-rosa 2.5YR 8/2; 7/3.
Impasto: C: duro; DS: estremamente depurato; DI: piccoli; Del: compatto e relativamente omogeneo. Inclusi grigi scuri a spigoli arrotondati, radi bianchi calcarei, bianchi ad angoli arrotondati (fino a 2mm), presenza di mica, saltuari vacuoli allungati, pochi vacuoli puntiformi. Presenza di malacofauna; Mod: tornio veloce.
Fr. d'orlo ingrossato di scodella carenata con attacco di bugna. All'esterno, ingobbio abbastanza omogeneo anche se leggermente evanido. All'interno, due linee più chiare, intenzionali? Superfici lisciate.
NAS: Acroma lisciata.
Datazione contesto: ca. 630/620 – 570 a.C.
Datazione relativa: seconda metà VIII sec. – 460/450 a.C.
Bibliografia: inedito.
Confronti: Serra 2016, 113–114 nn. 90–100 (scodelle tipo H), in particolare 114 no. 97 tav. 13, 8.

245 K 32473 (tavv. 19. 74)
QO1F, F2006, EQ1139/1140, Sondage 1, Ab. 24.
Lu: 4.5cm; La: 3.3cm; Dm: 22.0cm; S: 0.4-0.5cm; H: 3.2cm.
Colori: impasto: beige-giallo 7.5YR 7/4; nucleo: grigio 7.5YR 6/1; sup. int: beige 7.5YR 7-8/4; sup. est: beige 7.5YR 7-8/4; dec: giallo 7.5YR 7/6.
Impasto: C: duro; DS: estremamente depurato; DI: medi; Del: L2; Mod: tornio lento.
Fr. d'orlo ingrossato verso l'esterno di scodella carenata con resti di rivestimento giallo sia all'interno che all'esterno. Superfici lisciate.
NAS: Rivestimento omogeneo opaco.
Datazione contesto: ca. 630/620 – 570 a.C.
Datazione relativa: seconda metà VII sec. – 550/540 a.C.
Bibliografia: inedito.
Confronti: Serra 2016, 112 nn. 74–78 (scodelle tipo F1), in particolare 112 no. 74 tav. 11, 7.

246 K 24401 (tavv. 19. 74)
QO1F, F2006, EQ1139/1140, Sondage 1, Ab. 23.
Lu: 3.6cm; La: 3.6cm; Dm est: 20.0cm; S: 0.5cm; H: 3.6cm.
Colori: impasto: beige-rosso 5YR 6/6; nucleo: beige 7.5YR 7/3; sup. int: beige-rosso 5YR 7/6; sup. est: beige-rosso 5YR 7/6.
Impasto: C: semiduro; DS: molto depurato; DI: grandi; Del: L1; Mod: tornio lento.
Fr. d'orlo ingrossato verso l'esterno di scodella con parete concavo-carenata. Superfici lisciate.

NAS: Acroma lisciata.
Datazione contesto: ca. 630/620 – 570 a.C.
Datazione relativa: seconda metà VIII sec. – 460/450 a.C.
Bibliografia: inedito.
Confronti: Termini 2003, 234 no. C 21 fig. 206; Serra 2016, 112 nn. 74–78 (scodelle tipo F1).

247 K 25265 (tavv. 19. 74)
QO1F, F2006, EQ1140, Sondage 2, Ab. 32.
Lu: 4.7cm; La: 2.7cm; Dm est: 19.0cm; S: 0.5cm; H: 2.7cm.
Colori: impasto: beige 5YR 6/6; sup. int: beige 10YR 8/4; sup. est: beige 10YR 8/4; dec: rosso 2.5YR 4/8.
Impasto: C: semiduro; DS: molto depurato; DI: medi; Del: L1; Mod: tornio lento.
Fr. d'orlo di coppa/scodella con parete concavo-carenata. Sia all'interno che all'esterno linee verticali dipinte (continue anche sull'orlo). Superfici lisciate.
NAS: Dipinta monocroma.
Datazione contesto: ca. 630/620 – 570 a.C.
Datazione relativa: ultimo quarto VII sec. – 460/450 a.C.
Bibliografia: inedito.
Confronti: Serra 2016, 114–115 nn. 102–104 (scodelle tipo H2), in particolare 114 no. 102 tav. 14, 2.

248 K 32485 (tavv. 19. 74)
QO1F, F2006, EQ1140, Sondage 2, Ab. 29.
Lu: 3.4cm; La: 2.8cm; Dm int: 17.0cm; S: 0.6cm; H: 3.0cm.
Colori: impasto: grigio 10YR 4/1; sup. int: beige-arancione 5YR 7/6; sup. est: beige-arancione 7.5YR 8/4.
Impasto: C: duro; DS: molto depurato; DI: medi; Del: mica, grigi chiari, grigi scuri sfaldati, vacuoli allungati *chamotte* (?) in superficie; Mod: tornio lento.
Fr. d'orlo retto di coppa/scodella carenata. Cottura non completamente ossidante in tutti i punti. Superficie interna ed esterna lisciata.
NAS: Acroma lisciata.
Datazione contesto: ca. 630/620 – 570 a.C.
Datazione relativa: seconda metà VIII sec. – 460/450 a.C.
Bibliografia: inedito.
Confronti: Serra 2016, 114–115 nn. 102–104 (scodelle tipo H2).

249 K 24785 (tavv. 19. 74)
QO1F, F2006, EQ1139/1140, Sondage 1, Ab. 15 / Sondage 1, Ab. 25.
Lu: 5.9cm; La: 3.1cm; Dm: 15.0cm; S: 0.3cm; H: 4.5cm.
Colori: impasto: beige 7.5YR 7/3; sup. int: beige-rosso 7.5YR 8/3-4; sup. est: beige-rosso 7.5YR 7/4; dec: rosso-marrone 2.5YR 4/6.
Impasto: C: duro; DS: molto depurato; DI: medi; Del: L1; Mod: tornio lento.
Tre fr. combacianti d'orlo ingrossato di scodella a parete concavo-carenata. All'esterno, sotto l'orlo, banda orizzontale dipinta, sotto la carena tre linee sottili orizzontali dipinte. Superfici lisciate.
NAS: Dipinta monocroma.
Datazione contesto: ca. 630/620 – 570 a.C.
Datazione relativa: ultimo quarto VII sec. – 460/450 a.C.
Bibliografia: inedito.
Confronti: Serra 2016, 113–114. 116–117 nn. 90–100. 121–126 (variante tra scodelle tipo H/M).

250 K 24404 (tavv. 19. 74)
QO1F, F2006, EQ1139/1140, Sondage 1, Ab. 24.
Lu: 3.6cm; La: 2.2cm; Dm: 18.0cm; S: 0.6cm.
Colori: impasto: beige 7.5YR 7/4; sup. int: beige 7.5YR 8/3; sup. est: beige 7.5YR 8/3; dec: arancione-marrone 7.5YR 6/8.
Impasto: C: tenero; DS: molto depurato; DI: grandi; Del: L2; Mod: tornio lento.
Fr. di parete concavo-carenata di scodella. All'esterno, quattro solchi orizzontali larghi (ca. 0.2cm). Sia all'interno che all'esterno rivestimento omogeneo. Superficie interna ed esterna lucidata.
NAS: Incisa con rivestimento omogeneo lucidato.
Datazione contesto: ca. 630/620 – 570 a.C.
Datazione relativa: seconda metà VIII sec. – 570 a.C.
Bibliografia: inedito.

251 K 22388 (tavv. 19. 74)
QO1/2F, F2004, EQ1139, Sondage, Ab. 4El.
Lu: 4.3cm; La: 5.1cm; Dm int: 22.0cm; S: 0.5-0.6cm; H: 3.6cm.
Colori: impasto: beige 10YR 7/4; sup. int: beige 10YR 7/3; sup. est: beige 10YR 7/3; dec: indet.
Impasto: C: tenero; DS: molto depurato; DI: medi; Del: L2; Mod: tornio lento.
Fr. d'orlo ingrossato verso l'esterno di scodella. All'interno, resti minimi di colore nella parte superiore della forma, banda. Superficie interna ed esterna lisciata.
NAS: Dipinta monocroma.
Datazione contesto: ca. 630/620 – 540 a.C.
Datazione relativa: ultimo quarto VII sec. – 460/450 a.C.
Bibliografia: inedito.
Confronti: Serra 2016, 106 nn. 16–17 (scodelle tipo A2).

252 K 32493 (tavv. 19. 74)
QO2F, F2006, EQ1139/1140, Sondage 1, Ab. 4W.
Lu: 5.4cm; La: 3.5cm; Dm: 22.0cm; S: 0.4-0.5cm; H: 3.6cm.
Colori: impasto: beige-giallo 10YR 7/4; nucleo: grigio 10YR 6/1; sup. int: beige-giallo 10YR 7/4; sup. est: beige-giallo 10YR 8/4; dec: arancione-rosso 2.5YR 5/6.
Impasto: C: tenero; DS: molto depurato; DI: medi; Del: L2; Mod: tornio lento.
Fr. d'orlo scodella con parete concavo-carenata. All'esterno, tra orlo e carena, linea verticale dipinta. Superficie lisciata.
NAS: Dipinta monocroma.
Datazione contesto: ca. 570 – 540 a.C.
Datazione relativa: ultimo quarto VII sec. – 460/450 a.C.
Bibliografia: inedito.
Confronti: Leighton 1993, 165 no. 26 tav. 66 (acroma); 183 no. 247 tav. 98 (dipinta); Gullì et al. 2012, 499 fig. 3c (dipinta); Giglio Cerniglia et al. 2012, 246 fig. 439, 13 (dipinta); Serra 2016, 105–106 nn. 1–8 (scodelle tipo A – dipinta).

253 K 23787 (tavv. 19. 74)
QO2F, F2006, EQ1139/1140, Sondage 1, Ab. 4W.
Lu: 4.9cm; La: 3.8cm; Dm int: 14.0cm; S: 0.5cm; H: 3.8cm.
Colori: impasto: grigio 10YR 5/1; sup. int: beige 5/7.5YR 7/6; sup. est: beige 5/7.5YR 7/6.
Impasto: C: duro; DS: estremamente depurato; DI: molto grandi; Del: numerosi inclusi bianchi/beige da puntiformi a molto grandi anche in superficie, mica, rossi puntiformi, pochissimi grigi e vacuoli allungati; Mod: tornio lento.
Fr. d'orlo svasato all'interno con parete rientrante di scodella con bugna forata verticalmente, funzionale allo stoccaggio in sospensione della forma alla parete. Cottura non regolare e, dunque, in alcuni punti non ossidante. Superfici lisciate.
NAS: Acroma lisciata.
Datazione contesto: ca. 570 – 540 a.C.
Datazione relativa: seconda metà VIII sec. – 460/450 a.C.
Bibliografia: inedito.
Confronti: Serra 2016, 105–106 nn. 1–15 (variante tra scodelle tipo A/A1), in particolare 106 no. 8 tav. 3, 8 (senza bugna e di dimensioni maggiori – dipinta); Tardo 1999a, 148 no. 153 fig. 150 (scodella – acroma).

254 K 32498 (tavv. 19. 74)
QO2F, F2006, EQ1139/1140, Sondage 1, Ab. 5 Zentrum.
Lu: 5.0cm; La: 3.7cm; Dm int: 16.0cm; S: 0.5cm; H: 3.2cm.
Colori: impasto: beige 10YR 6/4; nucleo: grigio 10YR 6/1; sup. int: beige 10Y 8/2; sup. est: beige 10YR 8/2.
Impasto: C: duro; DS: molto depurato; DI: medi; Del: L3; Mod: tornio lento.
Fr. d'orlo ingrossato verso l'esterno di scodella. Superfici lisciate.
NAS: Acroma lisciata.
Datazione contesto: ca. 570 – 540 a.C.
Datazione relativa: seconda metà VIII sec. – 460/450 a.C.
Bibliografia: inedito.
Confronti: Blasetti Fantauzzi 2018, 49 no. 17 fig. 13 (scodella tipo 1A – dipinta); Serra 2016, 107–108 nn. 25–34 (scodelle tipo B1 – dipinta).

255 K 32472 (tavv. 19. 74)
QO2F, F2006, EQ1139/1140, Sondage 1, Ab. 20.
Lu: 4.9cm; La: 3.7cm; Dm est: 19.0cm; S: 0.5cm; H: 3.4cm.
Colori: impasto: beige-rosso 7.5YR 7/6; sup. int: beige-rosso 7.5YR 7/4; sup. est: beige-rosso 7.5YR 7/4.
Impasto: C: semiduro; DS: molto depura-

to; DI: medi; Del: L1; Mod: tornio lento.
Due fr. combacianti d'orlo leggermente ingrossato verso l'esterno di scodella o eventualmente un coperchio. All'interno, steccato o lisciato molto malamente con evidenti striature orizzontali. Piccolissime macchie di colore all'interno (rivestimento? dipinta?). Il loro stato di conservazione risulta diverso rispetto agli altri frammenti, eventuali colorazioni causate dal terreno? Esterno lisciato.
NAS: Acroma lisciata.
Datazione contesto: ca. 570 – 540 a.C.
Datazione relativa: seconda metà VIII sec. – 460/450 a.C.
Bibliografia: inedito.
Confronti: Blasetti Fantauzzi 2018, 53 no. 29 fig. 15 (scodella tipo 1C – dipinta); Serra 2016, 105–106 nn. 1–8 (scodelle tipo A – dipinta).

256 K 24302 (tavv. 19. 74)
QO2F, F2006, EQ1139/1140, Sondage 1, Ab. 13.
Lu: 5.9cm; La: 5.5cm; Dm est: 23.0cm; S: 0.8cm; H: 5.3cm.
Colori: impasto: beige 7.5YR 7/4; nucleo: grigio 7.5YR 4/1; sup. int: beige 7.5YR 7/4; sup. est: beige 5YR 7/4.
Impasto: C: tenero; DS: molto depurato; DI: grandi; Del: L1; Mod: tornio lento.
Due fr. combacianti di scodella a parete retta carenata. All'esterno, tra orlo e carena, tre larghi solchi orizzontali incisi (ca. 0.2-0.3cm), uno dei quali interrotto per ca. 1.4cm. Tracce di bruciato all'interno e leggere discromie dovute ad una secondaria fonte di calore all'esterno. Superfici lisciate.
NAS: Incisa senza rivestimento.
Datazione contesto: ca. 570 – 540 a.C.
Datazione relativa: ultimo quarto VII sec. – 460/450 a.C.
Bibliografia: inedito.
Confronti: Trombi 2015, 47 no. 638 tav. III (forma B2, scodelle di grandi dimensioni. Di dimensioni più grandi e con parete più retta rispetto a quella introflessa del reperto iatino); Serra 2016, 115 no. 105 (scodelle tipo H3 – dipinta, con spessore delle pareti più grande e senza orlo affusolato).

257 K 24301 (fig. 45 tavv. 19. 74)
QO2F, F2006, EQ1139/1140, Sondage 1, Ab. 13.
Lu: 6.2cm; La: 4.2cm; Dm est: 24.0cm; S: 0.5-1.1cm; H: 3.9cm.
Colori: impasto: beige 10YR 7/3; nucleo: grigio 10YR 7/1; sup. int: beige 10YR 8/2; sup. est: beige 10YR 8/2.
Impasto: C: duro; DS: molto depurato; DI: grandi; Del: L2; Mod: tornio lento.
Fr. d'orlo leggermente ingrossato verso l'esterno di scodella con parete concavo-carenata. All'esterno, sopra la carena, cinque larghi solchi paralleli orizzontali incisi (ca. 0.2-0.3cm) di profondità diverse. Superfici lisciate.
NAS: Incisa senza rivestimento.
Datazione contesto: ca. 570 – 540 a.C.
Datazione relativa: ultimo quarto VII sec. – 460/450 a.C.
Bibliografia: inedito.
Confronti: Di Noto 1995, 91 no. 16 fig. 6; Storti – Vaggioli 1994, 241 no. 1 tav. XLV, 2 (US 15008).

258 K 24303 (tavv. 19. 74)
QO2F, F2006, EQ1139/1140, Sondage 1, Ab. 13.
Lu: 3.7cm; La: 2.6cm; Dm int: 18.0cm; S: 0.4-0.5cm.
Colori: impasto: marrone-rosso 2.5YR 6/6; nucleo: grigio 2.5YR 4/1; sup. est: marrone 7.5YR 6/3-4; dec: rosso-marrone 2.5YR 5/6.
Impasto: C: semiduro; DS: molto depurato; DI: grandi; Del: compatto e relativamente omogeneo. Inclusi grigi scuri a spigoli arrotondati, radi bianchi calcarei, bianchi ad angoli arrotondati (fino a 2mm), presenza di mica, saltuari vacuoli allungati, pochi vacuoli puntiformi; Mod: tornio lento.
Fr. di parete carenata di scodella. All'esterno, sopra la carena, tre larghi solchi incisi orizzontali (ca. 0.3-0.4cm), superficie lisciata; all'interno superficie lucidata con rivestimento omogeneo.
NAS: Incisa senza rivestimento / Rivestimento omogeneo lucidato.
Datazione contesto: ca. 570 – 540 a.C.
Datazione relativa: ultimo quarto VII sec. – 550/540 a.C.
Bibliografia: inedito.

259 K 23877 (tavv. 19. 74)
QO2F, F2006, EQ1139/1140, Sondage 1, Ab. 7.
Lu: 3.7cm; La: 3.6cm; Dm int: 14.0cm; S: 0.5-0.6cm; H: 3.7cm.
Colori: impasto: marrone-rosso 7.5YR 6/8; nucleo: grigio 7.5YR 4/1; ing: beige 2.5YR 8/2; dec: marrone scuro 10YR 4/4.
Impasto: C: duro; DS: estremamente depurato; DI: piccoli; Del: bianchi calcarei, chiazze marroni-rossastre, saltuari grigi scuri puntiformi, vacuoli puntiformi; Mod: tornio lento.
Fr. d'orlo leggermente pendulo di scodella concava-carenata. All'interno, striature irregolari di colore, non identificabile come una decorazione comune tra i reperti in dipinta; ingobbio ben conservato sia all'interno che all'esterno; grande crepa continua sulla parte interna. Superficie lisciate.
NAS: Dipinta monocroma.
Datazione contesto: ca. 570 – 540 a.C.
Datazione relativa: ultimo quarto VII sec. – 460/450 a.C.
Bibliografia: inedito.
Confronti: Serra 2016, 112 nn. 74–78 (scodelle tipo F1).

260 K 32495 (tavv. 19. 74)
QO2F, F2006, EQ1139/1140, Sondage 1, Ab. 4W.
Lu: 6.0cm; La: 4.2cm; Dm: 18.0cm; S: 0.4cm; H: 4.0cm.
Colori: impasto: beige-arancione 5YR 6/8; nucleo: grigio 5YR 6/1; sup. int: beige-arancione 5YR 7/6; sup. est: beige-arancione 5YR 7/6.
Impasto: C: tenero; DS: molto depurato; DI: medi; Del: L1; Mod: tornio lento.
Quattro fr. combacianti d'orlo leggermente ingrossato verso l'esterno di coppa/scodella con parete concavo-carenata. Superfici lisciate.
NAS: Acroma lisciata.
Datazione contesto: ca. 570 – 540 a.C.
Datazione relativa: seconda metà VIII sec. – 460/450 a.C.
Bibliografia: inedito.
Confronti: Serra 2016, 114–115 nn. 102–104 (scodelle tipo H2).

261 K 23782 (tavv. 19. 74)
QO2F, F2006, EQ1139/1140, Sondage 1, Ab. 5 Zentrum.
Lu: 4.5cm; La: 3.3cm; Dm est: 14.0cm; S: 0.4cm; H: 3.0cm.
Colori: impasto: beige-rosso 2.5YR 5/6; sup. int: beige-rosso 2.5YR 6/6; sup. est: beige-rosso 2.5YR 6/6; dec: rosso-marrone 2.5YR 4/8.
Impasto: C: tenero; DS: molto depurato; DI: medi; Del: L1; Mod: tornio lento.
Fr. d'orlo leggermente estroflesso di coppa/scodella con bugna triangolare forata verticalmente, funzionale allo stoccaggio in sospensione della forma alla parete. All'esterno, tra orlo e carena, onda orizzontale; sotto la carena resti di due linee orizzontali parallele dipinte. Superfici lisciate.
NAS: Dipinta monocroma.
Datazione contesto: ca. 570 – 540 a.C.
Datazione relativa: ultimo quarto VII sec. – 460/450 a.C.
Bibliografia: inedito.
Confronti: Serra 2016, 113–114 nn. 90–100 (scodelle tipo H), in particolare 113 no. 91 tav. 13, 2 (senza bugna).

262 K 23921 (tavv. 19. 74)
QO2F, F2006, EQ1139/1140, Sondage 1, Ab. 6.
Lu: 6.2cm; La: 3.1cm; Dm est: 13.0cm; S: 0.3cm; H: 2.9cm.
Colori: impasto: arancione scuro 5YR 5/8; sup. int: arancione 5YR 6/8; sup. est: arancione 5YR 6/8; dec: marrone 5YR 4/3.
Impasto: C: semiduro; DS: estremamente depurato; DI: piccoli; Del: mica, vacuoli; Mod: tornio veloce.
Fr. d'orlo leggermente estroflesso di coppa/scodella con bugna triangolare forata verticalmente, funzionale allo stoccaggio in sospensione della forma alla parete. All'esterno, resti di una linea orizzontale abbastanza irregolare con macchia sotto la bugna; sulla vasca ombra di altre due linee orizzontali? Superfici lisciate.
NAS: Dipinta monocroma.
Datazione contesto: ca. 570 – 540 a.C.
Datazione relativa: ultimo quarto VII sec. – 460/450 a.C.
Bibliografia: inedito.
Confronti: Serra 2016, scodelle tipo H, in particolare: 114 no. 100 tav. 13, 11 (senza bugna e linee verticali).

263 K 23875 (tavv. 19. 74)
QO2F, F2006, EQ1139/1140, Sondage 1, Ab. 7.
Lu: 2.9cm; La: 2.8cm; Dm est: 18.0cm; S: 0.6cm; H: 2.8cm.
Colori: impasto: marrone-rosso 5YR 6/6; nucleo: grigio 5YR 5/1; sup. int: arancione-marrone 5YR 6/6; sup. est: arancione-marrone 2.5YR 6/6.
Impasto: C: semiduro; DS: estremamente depurato; DI: medi; Del: L1; Mod: tornio lento.
Fr. d'orlo ingrossato verso l'esterno svasato all'interno di scodella con probabile parete concavo-carenata. All'esterno, sotto l'orlo, sette solchi incisi orizzontali. Superfici lisciate.
NAS: Incisa senza rivestimento.
Datazione contesto: ca. 570 – 540 a.C.
Datazione relativa: ultimo quarto VII sec. – 460/450 a.C.
Bibliografia: inedito.

264 K 23876 (tavv. 19. 75)
QO2F, F2006, EQ1139/1140, Sondage 1, Ab. 7.
Lu: 4.6cm; La: 6.4cm; Dm: 15.0cm; S: 0.4-0.7cm; H: 5.8cm
Colori: impasto: beige-rosso 5YR 6/6; nucleo: grigio 5YR 6-7/1; sup. int: beige-rosso 5YR 7/6; sup. est: beige 10YR 7/3; dec: marrone-rosso 5YR 4/6; marrone-nero 7.5YR 3/2.
Impasto: C: duro; DS: estremamente depurato; DI: medi; Del: bianchi calcarei molto grandi, altrimenti tutto di media grandezza, impasto molto compatto, poco vacuoli, varie discromie; Mod: tornio lento.
Due fr. combacianti d'orlo leggermente ingrossato di scodella concavo-carenata. All'esterno, sopra la carena, tre solchi incisi orizzontal con linea orizzontale dipinta marrone-rosso. Sotto la carena, resti di quattro linee orizzontali dipinte marrone-nero. Discromia esterna. Superfici lisciate.
NAS: Incisa senza rivestimento ; Dipinta bicroma / Acroma lisciata.
Datazione contesto: ca. 570 – 540 a.C.
Datazione relativa: 570 – 550/540 a.C.
Bibliografia: inedito.
Confronti: Serra 2016, 113–115 nn. 90–100. 102–104 (variante tra scodelle tipo H/H2).

265 K 23793 (tavv. 19. 75)
QO2F, F2006, EQ1139/1140, Sondage 1, Ab. 4W.
Lu: 3.2cm; La: 3.4cm; Dm: 16.0cm; S: 0.4-0.5cm; H: 3.1cm.
Colori: impasto: marrone 10YR 5/4; nucleo: grigio 10YR 5/1; sup. int: beige 10YR 7/2; sup. est: beige 10YR 7-8/2; ing: beige-grigio 10YR 7-8/2; dec: marrone-nero 10YR 3/1.
Impasto: C: duro; DS: molto depurato; DI: grandi; Del: compatto e relativamente omogeneo. Fratture nette. Numerosi bianchi calcarei e ad angoli arrotondati, grigi di forma arrotondata, grigi ad angoli arrotondati (fino a 2mm), grigi scuri di forma arrotondata, vacuoli puntiformi, raramente di forma allungata; Mod: tornio lento.
Fr. d'orlo di coppa/scodella con parete concavo-carenata. All'esterno, tre linee orizzontali parallele dipinte sotto la carena. Ingobbio sia all'interno che all'esterno. Superfici lisciate.
NAS: Dipinta monocroma.
Datazione contesto: ca. 570 – 540 a.C.
Datazione relativa: ultimo quarto VII sec. – 460/450 a.C.
Bibliografia: inedito.
Confronti: Gargini 1995, 127 no. 16 fig. 14 (ciotola tipo C); Serra 2016, 112. 114–115 nn. 74–78. 102–104 (variante tra scodelle tipo F1/H2).

266 K 32494 (tavv. 20. 75)
QO2F, F2006, EQ1139/1140, Sondage 1, Ab. 4W.
Lu: 4.9cm; La: 3.0cm; Dm: 13.0cm; S: 0.5cm; H: 3.0cm.
Colori: impasto: beige-rosso 5YR 7/6; sup. int: beige-rosso 7.5YR 7/4; sup. est: beige-rosso 7.5YR 7/4; dec: arancione scuro 5YR 4/6.
Impasto: C: tenero; DS: molto depurato; DI: medi; Del: L1; Mod: tornio lento.
Due fr. d'orlo combacianti di scodella con parete concavo-carenata. Tracce di rivestimento sia all'interno che all'esterno. Superfici lisciate.
NAS: Rivestimento omogeneo opaco.
Datazione contesto: ca. 570 – 540 a.C.
Datazione relativa: seconda metà VII sec. – 550/540 a.C.
Bibliografia: inedito.
Confronti: Serra 2016, 113–114 nn. 90–100 (scodelle tipo H), in particolare 114 no. 99 tav. 13, 10.

267 K 23923 (tavv. 20. 75)
QO2F, F2006, EQ1139/1140, Sondage 1, Ab. 6 / Sondage 1, Ab. 7.
Lu: 11.6cm; La: 8.5cm; Dm int: 19.0cm; S: 0.4-0.5cm; H: 6.6cm.
Colori: impasto: marrone-chiaro 7.5YR 6/4; nucleo: grigio 10YR 4/1; sup. int: marrone chiaro 7.5YR 6/4; sup. est: marrone chiaro 7.5YR 6/4.
Impasto: C: tenero; DS: molto depurato; DI: medi; Del: numerosissima mica dorata, grigi puntiformi, superfici molto saponose, Entella?; Mod: tornio lento
Dodici fr. combacianti di scodella con orlo ingrossato verso l'esterno e parete concavo-carenata. Superfici lisciate.
NAS: Acroma lisciata.
Datazione contesto: ca. 570 – 540 a.C.
Datazione relativa: seconda metà VIII sec. – 460/450 a.C.
Bibliografia: inedito.
Confronti: Gargini 1995, 124 no. 1 fig. 12 (ciotola tipo A – dipinta); 128 no. 17 fig. 14 (ciotola tipo C – dipinta). Simile: Gargini 1994, 135 no. 6 tav. VIII, 6.

268 K 32499 (tavv. 20. 75)
QO2F, F2006, EQ1139/1140, Sondage 1, Ab. 5 Zentrum.
Lu: 2.7cm; La: 2.9cm; Dm: 12.0cm; S: 0.3cm; H: 3.0cm.
Colori: impasto: beige 7.5YR 7/4; sup. int: beige 10YR 8/3; sup. est: beige 10YR 8/3.
Impasto: C: tenero; DS: molto depurato; DI: medi; Del: L2; Mod: tornio lento.
Fr. d'orlo ingrossato verso l'esterno di scodella. Superfici lisciate.
NAS: Acroma lisciata.
Datazione contesto: ca. 570 – 540 a.C.
Datazione relativa: seconda metà VIII sec. – 460/450 a.C.
Bibliografia: inedito.
Confronti: Termini 2003, 232 no. C 12 fig. 205.

269 K 24309 (tavv. 20. 75)
QO2F, F2006, EQ1139/1140, Sondage 1, Ab. 13.
Lu: 7.8cm; La: 4.5cm; Dm est: 23.0cm; S: 0.6cm; H: 4.1cm.
Colori: impasto: beige-rosso 5YR 6/6; nucleo: beige 7.5YR 8/2; sup. Int: beige-rosso 7.5YR/5YR 7/4; sup. Est: beige-rosso 7.5YR/5YR 7/4; dec: rosso 2.5YR 4/8.
Impasto: C: tenero; DS: molto depurato; DI: grandi; Del: L1; Mod: tornio lento.
Fr. d'orlo a tesa orizzontale con profilo arrotondato di scodella. All'interno, due linee orizzontali dipinte; sulla tesa, listelli regolari a gruppi di cinque? All'esterno, sotto l'orlo, banda orizzontale dipinta seguita da una più sottile verso il fondo della vasca. Superfici lisciate.
NAS: Dipinta monocroma.
Datazione contesto: ca. 570 – 540 a.C.
Datazione relativa: ultimo quarto VII sec. – 460/450 a.C.
Bibliografia: inedito.
Confronti: Falsone et al. 1993, 179 no. 23 fig. 180 (acroma).

270 K 22686 (tavv. 20. 75)
QO1/2F, F2004, EQ1139, Sondage, Ab. Steinsturz 1.
Lu: 6.9cm; La: 4.3cm; Dm est: 24.0cm; S: 0.9cm; H: 4.2cm.
Colori: impasto: marrone 7.5YR 6/4; nucleo: grigio 10YR 4/1; sup. int: grigio-marrone 7.5YR 6/2; sup. est: grigio-marrone 7.5YR 6/2; dec: marrone scuro 10YR 2/1.
Impasto: C: tenero; DS: molto depurato; DI: grandi; Del: L0; Mod: tornio lento.
Due fr. combacianti d'orlo di scodella o fruttiera. All'esterno, quattro solchi incisi paralleli sotto l'orlo e sopra la carena, senza incrostazione. Rivestimento omogeneo sia all'interno che all'esterno. Superfici lucidate.
NAS: Incisa con rivestimento omogeneo lucidato.
Datazione contesto: ca. 630/620 – 540 a.C.
Datazione relativa: VIII – VII sec. a.C.
Bibliografia: inedito.
Confronti: Fatta 1983, 42 no. 17 tav. 4 (coppa tipo C.2); 46 no. 52 tav. 6 (fruttiera tipo F.1) = Trombi 2015, 69–70 no. 1110 tav.

VIII (forma E3, scodelle su piede a stelo o "fruttiere").

271 K 22596 (tavv. 20. 75)
QO1/2F, F2004, EQ1139, Sondage, Ab. 6El.
Lu: 6.0cm; La: 2.9cm; Dm int: 25.0cm; S: 0.7cm; H: 3.0cm.
Colori: impasto: grigio 5YR 5/1; sup. int: beige 5YR 7/6; sup. est: beige 5YR 7/6; dec: indet.
Impasto: C: semiduro; DS: estremamente depurato; DI: grandi; Del: numerosi inclusi bianchi/beige da puntiformi a molto grandi anche in superficie, mica, rossi puntiformi, pochissimi grigi e vacuoli allungati; Mod: tornio lento.
Fr. d'orlo svasato all'interno con parete rientrante di scodella concavo-carenata. Cottura non regolare, dunque in alcuni punti non ossidante. Tracce di dipinta all'esterno, linea orizzontale. Superfici lisciate.
NAS: Dipinta monocroma.
Datazione contesto: ca. 630/620 – 540 a.C.
Datazione relativa: ultimo quarto VII sec. – 460/450 a.C.
Bibliografia: inedito.
Confronti: Serra 2016, 105–106 nn. 1–8 (scodelle tipo A), in particolare 106 no. 8 tav. 3, 8; Tardo 1999a, 148 no. 154 fig. 150 (con dm minore rispetto al reperto iatino).

272 K 22601 (tavv. 20. 75)
QO1/2F, F2004, EQ1139, Sondage, Ab. 8E.
Lu: 5.5cm; La: 2.6cm; Dm est: 20.0cm; S: 0.5cm; H: 2.6cm.
Colori: impasto: beige-rosso 5YR 6/6; sup. int: beige-rosso 5YR 7/6; sup. est: beige-rosso 5YR 7/6.
Impasto: C: tenero; DS: molto depurato; DI: medi; Del: L1; Mod: tornio lento.
Fr. d'orlo svasato all'interno con parete rientrante di scodella. Superfici lisciate.
NAS: Acroma lisciata.
Datazione contesto: ca. 630/620 – 540 a.C.
Datazione relativa: seconda metà VIII sec. – 460/450 a.C.
Bibliografia: inedito.
Confronti: Serra 2016, 105–106 nn. 1–8. 16–17 (variante tra scodelle tipo A/A2).

273 K 22570 (tavv. 20. 75)
QO1/2F, F2004, EQ1139, Sondage, Ab. 9E in Struktur.
Lu: 3.6cm; La: 3.0cm; Dm int: 16.0cm; S: 0.7cm; H: 2.9cm.
Colori: impasto: marrone 10YR 6/3; nucleo: grigio 10YR 4/1; sup. int: marrone-grigio 10YR 6/2; sup. est: marrone-grigio 10YR 6/2; dec: marrone scuro 10YR 3/1-2.
Impasto: C: tenero; DS: molto depurato; DI: grandi; Del: L0; Mod: tornio lento.
Fr. d'orlo leggermente ingrossato verso l'esterno, appiattito superiormente e parete rientrante di scodella. All'esterno, un largo solco inciso orizzontale (0.2-0.3cm). Tracce di rivestimento omogeneo sia all'interno che all'esterno. Superfici lucidate.
NAS: Incisa con rivestimento omogeneo lucidato.
Datazione contesto: ca. 630/620 – 540 a.C.
Datazione relativa: seconda metà VIII sec. – 570 a.C.
Bibliografia: inedito.

274 K 22786 (tavv. 20. 75)
QO1/2F, F2004, EQ1139, Sondage, Reinigung.
Lu: 3.7cm; La: 3.3cm; Dm int: 7.0cm; S: 0.6-1.0cm; H: 2.4cm.
Colori: impasto: marrone 10YR 4/2; nucleo: grigio ca. 10YR 3/1; sup. int: grigio-marrone 10YR 4/1; sup. est: grigio-marrone 10YR 4/1; dec: grigio scuro 10YR 3/1.
Impasto: C: semiduro; DS: molto depurato; DI: medi; Del: L0; Mod: tornio lento.
Fr. d'orlo svasato all'interno di scodella con presa triangolare orientata verso l'alto. Presa forata verticalmente funzionale allo stoccaggio in sospensione della forma alla parete. Resti di rivestimento all'interno e all'esterno. Superfici lucidate.
NAS: Rivestimento omogeneo lucidato.
Datazione contesto: ca. 630/620 – 540 a.C.
Datazione relativa: seconda metà VIII sec. – 570 a.C.
Bibliografia: inedito.

275 K 32440 (tavv. 20. 75)
QO1/2F, F2004, EQ1139, Sondage, Ab. Steinsturz 1.
Lu: 3.8cm; La: 2.8cm; Dm: 16.0cm; S: 0.2-0.8cm; H: 3.0cm.
Colori: impasto: beige 10YR 7/4; sup. int: beige 10YR 7/4; sup. est: beige 10YR 7/4; dec: arancione-marrone 5YR 5/6.
Impasto: C: tenero; DS: estremamente depurato; DI: medi; Del: L2; Mod: tornio lento.
Fr. d'orlo ingrossato verso l'interno di scodella. All'esterno, tra orlo e carena, sei solchi orizzontali incisi, poco profondi. Tracce di rivestimento opaco sia all'interno che all'esterno. Superfici lisciate.
NAS: Incisa con rivestimento omogeneo opaco.
Datazione contesto: ca. 630/620 – 540 a.C.
Datazione relativa: seconda metà VII sec. – 550/540 a.C.
Bibliografia: inedito.
Confronti: Serra 2016, 114 no. 101 (scodelle tipo H1).

276 K 22766 A–B (tavv. 20. 75)
QO1/2F, F2004, EQ1139, Sondage, Ab. 11M.
A: Lu: 5.1cm; La: 3.5cm; B: Lu: 5.3cm; La: 6.2cm; Dm orlo: 19.0cm; Dm fondo: 5.0-8.0cm; S: 0.9cm / 0.7cm; H: 3.5cm / 3.8cm.
Colori: impasto: beige-rosso 5YR 7/6; nucleo: grigio GLEY 2 4/5PB; sup. int: beige-rosso 5YR 7/4; sup. est: beige-rosso 7.5YR 7/4; dec: rosso 2.5YR 5/8.
Impasto: C: semiduro; DS: molto depurato; DI: medi; Del: L1; Mod: tornio lento.
Fr. d'orlo svasato all'interno di scodella con parete concavo-carenata e fr. di fondo piano. All'esterno, sopra la carena, resti di quattro linee incise orizzontali senza incrostazione. Sia all'interno che all'esterno resti minimi di rivestimento rossastro, verosimilmente omogeneo, fino all'altezza del primo solco inciso esterno. Superficie interna ed esterna lisciata.
NAS: Incisa senza rivestimento / rivestimento omogeneo opaco.
Datazione contesto: ca. 630/620 – 540 a.C.
Datazione relativa: ultimo quarto VII sec. – 500/490 a.C.
Bibliografia: inedito.

277 K 22579 (tavv. 20. 75)
QO1/2F, F2004, EQ1139, Sondage, Ab. 8W.
Lu: 2.5cm; La: 1.7cm; Dm est: indet (ca. 8.0cm); S: 0.3cm; H: 1.7cm.
Colori: impasto: beige-giallo 2.5Y 8/3; sup. int: beige-giallo 2.5Y 8/3; sup. est: beige-giallo 2.5Y 8/3; dec: giallo-marrone 10YR 7/4.
Impasto: C: tenero; DS: estremamente depurato; DI: piccoli; Del: L3; Mod: tornio lento.
Fr. d'orlo leggermente ingrossato di coppa/scodella. All'esterno, quattro solchi orizzontali incisi sotto l'orlo. Tracce di rivestimento omogeneo sia all'interno che all'esterno. Superfici lucidate.
NAS: Incisa con rivestimento omogeneo lucidato.
Datazione contesto: ca. 630/620 – 540 a.C.
Datazione relativa: seconda metà VIII sec. – 570 a.C.
Bibliografia: inedito.

278 K 32444 (tavv. 20. 75)
QO1/2F, F2004, EQ1139, Sondage, Ab. Steinsturz 2.
Lu: 1.8cm; La: 4.1cm; Dm: 17.0cm; S: 0.7cm; H: 4.1cm.
Colori: impasto: beige-rosso 7.5YR 7/4; nucleo: grigio 7.5YR 6/1; sup. int: beige 7.5YR 7/4; sup. est: beige 7.5YR 7/4; dec: arancione-rosso 5YR 5/8.
Impasto: C: tenero; DS: molto depurato; DI: medi; Del: L1; Mod: tornio lento.
Fr. d'orlo di scodella carenata. All'esterno, tracce di rivestimento arancione-rosso, probabilmente presente anche all'interno. All'esterno, quattro larghi solchi orizzontali (0.3cm) senza incrostazione. Superficie interna ed esterna lucidata.
NAS: Indet: Incisa con rivestimento lucidato (omogeneo? Non omogeneo?).
Datazione contesto: ca. 630/620 – 540 a.C.
Datazione relativa: seconda metà VIII sec. – 570 a.C. (limitato verso il 600 a.C. se si trattasse di rivestimento non omogeneo).
Bibliografia: inedito.

279 K 32459 (tavv. 20. 75)
QO1/2F, F2004, EQ1131, Ab. ZS 4.
Lu: 1.9cm; La: 2.6cm; Dm int: 19.0cm; S: 0.3cm; H: 2.6cm.
Colori: impasto: beige-arancione 5YR 7/6; sup. int: beige-arancione 5YR 7/6; sup. est: beige-arancione 5YR 7/6.
Impasto: C: tenero; DS: molto depurato; DI: grandi; Del: L1; Mod: tornio lento.

Fr. d'orlo di coppa/scodella carenata. Superfici lisciate.
NAS: Acroma lisciata.
Datazione contesto: ca. 630/620 – 540 a.C.
Datazione relativa: seconda metà VIII sec. – 460/450 a.C.
Bibliografia: inedito.
Confronti: Serra 2016, 114–115 nn. 102–104 (scodelle tipo H2 – dipinta).

280 K 22744 (tavv. 20. 75)
QO1/2F, F2004, EQ1139, Sondage, Ab. Steinsturz 6.
Lu: 6.0cm; La: 3.1cm; Dm: 16.0cm; S: 0.35cm; H: 2.8cm.
Colori: impasto: rosso-marrone 2.5YR 5/8; nucleo: grigio 2.5YR 5/1; sup. int: beige-rosso 2.5YR 7/4; sup. est: beige-rosso 5YR 7/4.
Impasto: C: semiduro; DS: molto depurato; DI: medi; Del: L2; Mod: tornio lento.
Fr. d'orlo di scodella con bugna triangolare forata verticalmente, funzionale allo stoccaggio in sospensione della forma alla parete. Foro con andamento altamente regolare, utensile in metallo? Superfici lisciate.
NAS: Acroma lisciata.
Datazione contesto: ca. 630/620 – 540 a.C.
Datazione relativa: seconda metà VIII sec. – 460/450 a.C.
Bibliografia: inedito.
Confronti: Serra 2016, 113–114 nn. 90–100 (scodelle tipo H – dipinta).

281 K 22659 (tavv. 20. 75)
QO1/2F, F2004, EQ1139, Sondage, Ab. 9W.
Lu: 5.6cm; La: 3.3cm; Dm est: 22.0cm; S: 0.6cm; H: 3.1cm.
Colori: impasto: beige-rosso 5YR 6/6; sup. int: beige-rosso 5YR 7/6; sup. est: beige-rosso 5YR 7/6.
Impasto: C: tenero; DS: molto depurato; DI: grandi; Del: L1; Mod: tornio lento.
Fr. d'orlo leggermente estroflesso di coppa/scodella con parete concavo-carenata. Superfici lisciate.
NAS: Acroma lisciata.
Datazione contesto: ca. 630/620 – 540 a.C.
Datazione relativa: seconda metà VIII sec. – 460/450 a.C.
Bibliografia: inedito.

282 K 22671 A–F (tavv. 20. 75)
QO1/2F, F2004, EQ1139, Sondage, Ab. 10W / 10E.
A/B/C: Lu: 10.5cm / 4.1cm / 2.0cm / 2.7cm / 4.6cm; La: 3.6cm / 3.8cm / 3.2cm / 2.9cm; Dm orlo: 22.0cm; Dm fondo: 7.0cm; S: 0.4cm / 0.4cm / 0.6cm; H: 5.1cm / 1.7cm.
Colori: impasto: beige 10YR 6/4; sup. int: beige 10YR 8/3; sup. est: beige 10YR 8/3; dec: marrone-nero 10YR 3/2.
Impasto: C: semiduro; DS: estremamente depurato; DI: medi; Del: L5; Mod: tornio lento.
Sei fr. non combacianti di coppa/scodella carenata (A: due fr.; B: un fr.; C: un fr. di fondo piano; D/E/F: un fr. parete). All'interno, pennellate molto irregolari dipinte con una miscela di ocre argillose leggermente diluita. Superfici lisciate.
NAS: Dipinta monocroma.
Datazione contesto: ca. 630/620 – 540 a.C.
Datazione relativa: ultimo quarto VII sec. – 460/450 a.C.
Bibliografia: inedito.
Confronti: Serra 2016, 114–115 nn. 102–104 (scodelle tipo H2).

283 K 22600 (tavv. 21. 75)
QO1/2F, F2004, EQ1139, Sondage, Ab. 8E.
Lu: 6.3cm; La: 6.5cm; Dm est: 23.0cm; S: 0.6cm; H: 5.9cm.
Colori: impasto: beige-rosso 5YR 6/6; nucleo: beige 7.5YR 7/3; sup. int: beige-rosso 5YR 7/6; sup. est: beige-rosso 5YR 7/6.
Impasto: C: semiduro; DS: molto depurato; DI: grandi; Del: L1; Mod: tornio lento.
Tre fr. combacianti orlo leggermente estroflesso e ingrossato verso l'esterno di scodella con parete concavo-carenata. Superfici lisciate.
NAS: Acroma lisciata.
Datazione contesto: ca. 630/620 – 540 a.C.
Datazione relativa: seconda metà VIII sec. – 460/450 a.C.
Bibliografia: inedito.
Confronti: Termini 2003, 234–235 no. C 24 fig. 206 (acroma); Falsone et al. 1993, 176 no. 11 fig. 29 (acroma); Serra 2016, 113–114 nn. 90–100 (scodelle tipo H – dipinta).

284 K 22660 (tavv. 21. 75)
QO1/2F, F2004, EQ1139, Sondage, Ab. 9W.
Lu: 6.3cm; La: 6.2cm; Dm est: 22.0cm; S: 0.7cm; H: 5.4cm.
Colori: impasto: beige-rosso 2.5YR 6/6; sup. int: beige-rosso 2.5YR 6/6; ing: bianco 7.5YR 8/2.
Impasto: C: duro; DS: molto depurato; DI: grandi; Del: bianchi calcarei, numerosi rossi, grandi vacuoli di forma arrotondata; Mod: tornio lento.
Fr. d'orlo leggermente ingrossato verso l'esterno di scodella con parete concavo-carenata. Ingobbio presente unicamente all'esterno della forma. Superfici lisciate.
NAS: Acroma lisciata.
Datazione contesto: ca. 630/620 – 540 a.C.
Datazione relativa: seconda metà VIII sec. – 460/450 a.C.
Bibliografia: inedito.
Confronti: Termini 2003, 234 no. C 21 fig. 206 (acroma); Serra 2016, 113–114 nn. 90–100 (scodelle tipo H – dipinta).

285 K 22616 (tavv. 21. 75)
QO1/2F, F2004, EQ1139, Sondage, Ab. 9E / Reinigung.
Lu: 7.3cm; La: 8.8cm; Dm int: 20.0cm; S: 0.5-0.6cm; H: 7.3cm.
Colori: impasto: beige 7.5YR 7/4; nucleo: grigio 7.5YR 6/1; sup. int: beige-rosso 5YR 7/4-6; sup. est: beige-rosso 5YR 7/4; dec: rosso scuro 10R 5/6.
Impasto: C: tenero; DS: molto depurato; DI: medi; Del: L1; Mod: tornio lento.
Sei fr. combacianti d'orlo ingrossato verso l'esterno di scodella con parete concavo-carenata. All'esterno, tra l'orlo e la carena, sette listelli verticali dipinti. Piccola macchia di colore anche all'interno (macchia o traccia di linea?). Superfici lisciate.
NAS: Dipinta monocroma.
Datazione contesto: ca. 630/620 – 540 a.C.
Datazione relativa: ultimo quarto VII sec. – 460/450 a.C.
Bibliografia: inedito.
Confronti: Serra 2016, 113–114 nn. 90–100 (scodelle tipo H), in particolare, 114 no. 100 tav. 13, 11.

286 K 22599 (tavv. 21. 75)
QO1/2F, F2004, EQ1139, Sondage, Ab. 8E.
Lu: 6.1cm; La: 5.1cm; Dm est: 16.8cm; S: 0.3cm; H: 4.8cm.
Colori: impasto: marrone 5YR 6/6; nucleo: grigio 5YR 6/1; sup. int: marrone 5YR 6/6; sup. est: marrone 5YR 6/6; ing: beige 7.5YR 8/2; dec: rosso-marrone 2.5YR 5/8.
Impasto: C: tenero; DS: estremamente depurato; DI: piccoli; Del: mica e vacuoli; Mod: tornio lento.
Fr. d'orlo ingrossato verso l'esterno di scodella con parete concavo-carenata. All'esterno, sotto la carena, resti di quattro linee orizzontali dipinte; sopra la carena, resti evanidi di un'altra linea orizzontale (probabilmente due). Ingobbio sia all'interno che all'esterno. Superfici lisciate.
NAS: Dipinta monocroma.
Datazione contesto: ca. 630/620 – 540 a.C.
Datazione relativa: ultimo quarto VII sec. – 460/450 a.C.
Bibliografia: inedito.
Confronti: Serra 2016, 113–114 nn. 90–100 (scodelle tipo H).

287 K 22597 (tavv. 21. 75)
QO1/2F, F2004, EQ1139, Sondage, Ab. 6EI.
Lu: 4.5cm; La: 2.4cm; Dm: 17.0cm; S: 0.3cm; H: 2.3cm.
Colori: impasto: marrone chiaro 7.5YR 6/6; nucleo: grigio 7.5YR 5/1; sup. int: marrone chiaro 7.5YR 6/6; sup. est: marrone chiaro 7.5YR 6/6; ing: beige 7.5YR 8/3; dec: arancione-marrone 7.5YR 5/6.
Impasto: C: tenero; DS: estremamente depurato; DI: medi; Del: molto compatto e omogeneo. Bianchi calcarei, bianchi a spigoli arrotondati (fino a 2mm), radi vacuoli puntiformi; Mod: tornio veloce.
Fr. d'orlo leggermente ingrossato verso l'esterno di coppa/scodella. All'esterno, sopra la carena, linea orizzontale, molto evanida. Ingobbio sia all'interno che all'esterno. Superfici lisciate.
NAS: Dipinta monocroma.
Datazione contesto: ca. 630/620 – 540 a.C.
Datazione relativa: ultimo quarto VII sec. – 460/450 a.C.
Bibliografia: inedito.
Confronti: Serra 2016, 113–114 nn. 90–100 (scodelle tipo H).

288 K 27976 (tavv. 21. 76)
QAREA, F2003, Agora550/551/552, Ab. Steinpackung V.

Lu: 4.6cm; La: 3.1cm; Dm: ca. 17cm; S: 0.7-1.0cm; H:4.3cm;
Colori: impasto: grigio 7.5YR 6/1-2; sup. int: beige-grigio 7.5YR 7/3; sup. est: beige-grigio 7.5YR 7/3; dec: arancione-marrone 5YR 5/6 e marrone 5YR 5/2.
Impasto: C: tenero; DS: molto depurato; DI: medi; Del: L1; Mod: tornio lento.
Fr. d'orlo con pareti globulari di forma aperta, scodella o fruttiera? All'interno e all'esterno, rivestimento omogeneo. All'esterno, solchi orizzontali paralleli incisi. Superficie interna ed esterna lucidata. Tracce di bruciato all'interno della vasca.
NAS: Incisa con rivestimento omogeneo lucidato.
Datazione contesto: *t.a.q.* ca. 550 a.C. (ca. ultimo quarto VII – prima metà VI sec. a.C.).
Datazione relativa: seconda metà VIII sec. – 570 a.C.
Bibliografia: inedito.

289 K 27948 (tavv. 21. 76)
QAREA, F2003, Agora550/551/552, Ab. Steinpackung I.
Lu: 3.2cm; La: 2.5cm; Dm: indet; S: 0.5-1.0cm; H: 2.3cm.
Colori: impasto: beige-grigio 5YR 6/6; sup. int: beige 5YR 8/2; sup. est: beige 5YR 8/2; dec: marrone-rosso 5YR 3-4/4 e 5YR 5/6.
Impasto: C: tenero; DS: molto depurato; DI: grandi; Del: L1; Mod: tornio lento.
Fr. d'orlo ingrossato con pareti introflesse di forma aperta, scodella, o fruttiera? Rivestimento omogeneo sulla superficie interna ed esterna, steso a pennellate tendenzialmente orizzontali. All'esterno, larghi solchi incisi orizzontali, poco profondi. Superficie interna ed esterna lucidata.
NAS: Incisa con rivestimento omogeneo lucidato.
Datazione contesto: *t.a.q.* ca. 550 a.C. (ca. ultimo quarto VII – prima metà VI sec. a.C.).
Datazione relativa: seconda metà VIII sec. – 570 a.C.
Bibliografia: inedito.

290 K 28363 (tavv. 21. 76)
QAREA, F2003, Agora550/551/552, Ab. 603W.
Lu: 3.7cm; La: 2.3cm; Dm: ca. 17cm; S: 0.6-1.1cm; H: 2.2cm.
Colori: impasto: grigio GLEY 2 5/5PB; sup. int: beige-rosso 2.5YR 5/8; sup. est: beige-rosso 2.5YR 5/8; dec: rosso 2.5YR 5/8.
Impasto: C: tenero; DS: molto depurato; DI: medi; Del: L1; Mod: tornio lento.
Fr. d'orlo ingrossato verso l'esterno di scodella. All'esterno, solchi orizzontali incisi. Resti di rivestimento in numerosi punti del fr. sia all'interno che all'esterno. Superfici lisciate.
NAS: Incisa con rivestimento omogeneo opaco.
Datazione contesto: *t.a.q.* ca. 550 a.C. (ca. ultimo quarto VII – prima metà VI sec. a.C.).
Datazione relativa: seconda metà VII sec. – 550/540 a.C.
Bibliografia: inedito.

291 K 27973 (tavv. 21. 76)
QAREA, F2003, Agora550/551/552, Ab. Steinpackung V.
Lu: 3.6cm; La: 2.5cm; Dm: indet; S: 0.6-1.1cm; H: 3.4cm.
Colori: impasto: grigio 7.5YR 6/1; sup. int: beige 7.5YR 7/4; sup. est: beige 7.5YR 7/4; dec: marrone 7.5YR 4-5/4.
Impasto: C: tenero; DS: molto depurato; DI: molto grandi; Del: L5; Mod: tornio lento.
Fr. d'orlo ingrossato e parete rientrante di scodella. Sulla parete esterna quattro solchi orizzontali paralleli incisi. Superfici lisciate.
NAS: Incisa senza rivestimento.
Datazione contesto: *t.a.q.* ca. 550 a.C. (ca. ultimo quarto VII – prima metà VI sec. a.C.).
Datazione relativa: ultimo quarto VII sec. – 460/450 a.C.
Bibliografia: inedito.

292 K 27974 (tavv. 21. 76)
QAREA, F2003, Agora550/551/552, Ab. Steinpackung V.
Lu: 3.6cm; La: 2.7cm; Dm: indet; S: 0.9-1.3cm; H: 3.6cm.
Colori: impasto: beige-grigio 5YR 7/6; nucleo: grigio 7.5YR 7/3 ; sup. int: beige 7.5YR 8/3; sup. est: beige 7.5YR 8/3.
Impasto: C: tenero; DS: molto depurato; DI: medi; Del: L2; Mod: tornio lento.
Fr. d'orlo ingrossato verso l'interno con parete introflessa di scodella con attacco di bugna triangolare, probabilmente in origine forata, funzionale allo stoccaggio in sospensione della forma alla parete. Sulla parete esterna, quattro solchi orizzontali paralleli incisi. Superfici lisciate.
NAS: Incisa senza rivestimento.
Datazione contesto: *t.a.q.* ca. 550 a.C. (ca. ultimo quarto VII – prima metà VI sec. a.C.).
Datazione relativa: ultimo quarto VII sec. – 460/450 a.C.
Bibliografia: inedito.
Confronti: Spatafora et al. 2009, 655–656 no. 62 fig. 460. Per la bugna: v. **298**.

293 K 27943 (tavv. 21. 76)
QAREA, F2003, Agora550/551/552, Ab. 610W.
Lu: 5.5cm; La: 4.0cm; Dm: ca. 24cm; S: 0.6-1.1cm; H: 3.7cm.
Colori: impasto: beige-arancione 5YR 6/6; sup. int: beige-arancione 5YR 7/6; sup. est: beige-arancione 5YR 7/6; dec: arancione-rosso 2.5YR 6/6-8.
Impasto: C: tenero; DS: medio depurato; DI: grandi; Del: L1; Mod: tornio lento.
Fr. d'orlo ingrossato rientrante di scodella. Sulla parete esterna quattro solchi orizzontali paralleli incisi e tracce di rivestimento rosse-arancioni. All'interno acroma. Superficie interna ed esterna lisciata.
NAS: Incisa con rivestimento omogeneo opaco / Acroma lisciata.
Datazione contesto: *t.a.q.* ca. 550 a.C. (ca. ultimo quarto VII – prima metà VI sec. a.C.).
Datazione relativa: seconda metà VII sec. – 550/540 a.C.
Bibliografia: inedito.

294 K 22299 (tavv. 21. 76)
QAREA, F2003, Agora550/551/552, Ab. 606W.
Lu: 3.9cm; La: 3.2cm; Dm: 18.0cm; S: 0.6-1.1cm; H: 3.0cm.
Colori: impasto: grigio 7.5YR 5/1; sup. int: beige 7.5YR 7/4; sup. est: beige 7.5YR 7/4; dec: arancione-rosso 2.5YR 6/6.
Impasto: C: tenero; DS: medio depurato; DI: medi; Del: L1; Mod: tornio lento.
Fr. d'orlo ingrossato a sezione circolare di scodella. Sulla superficie interna ed esterna rivestimento diluito omogeneo. All'esterno, sopra la carena, solchi orizzontali paralleli incisi. Superficie interna ed esterna lisciata. Lucidato unicamente lungo l'orlo.
NAS: Incisa con rivestimento omogeneo opaco (interno ed esterno), tesa dell'orlo lucidata.
Datazione contesto: *t.a.q.* ca. 550 a.C. (ca. ultimo quarto VII – prima metà VI sec. a.C.).
Datazione relativa: seconda metà VII sec. – 550/540 a.C.
Bibliografia: inedito.

295 K 27934 (tavv. 21. 76)
QAREA, F2003, Agora550/551/552, Ab. 608W.
Lu: 5.0cm; La: 2.8cm; Dm: 24cm; S: 0.4-1.1cm; H: 2.7cm.
Colori: impasto: beige-arancione 5YR 7/6; nucleo: beige 10YR 7/3; sup. int: beige-arancione 5YR 7/4; sup. est: beige-arancione 5YR 7/4; dec: arancione-rosso 2.5YR 6/6-6/8.
Impasto: C: tenero; DS: molto depurato; DI: grandi; Del: L1; Mod: tornio lento.
Fr. d'orlo ingrossato a sezione quasi circolare di una forma aperta, scodella o fruttiera? Sulla superficie interna ed esterna rivestimento omogeneo. Solchi paralleli orizzontali incisi sulla parete esterna. Superfici lisciate.
NAS: Incisa con rivestimento omogeneo opaco.
Datazione contesto: *t.a.q.* ca. 550 a.C. (ca. ultimo quarto VII – prima metà VI sec. a.C.).
Datazione relativa: seconda metà VII sec. – 550/540 a.C.
Bibliografia: inedito.

296 K 27912 (tavv. 21. 76)
QAREA, F2003, Agora550/551/552, Ab. 602W.
Lu: 3.0cm; La: 2.8cm; Dm: indet; S: 0.6-1.0cm; H: 2.8cm.
Colori: impasto: grigio 7.5YR 6/1; sup. int: beige-arancione 7.5YR 7/4; sup. est: beige-arancione 7.5YR 7/4; dec: marrone-arancione: 5YR 5/6.
Impasto: C: tenero; DS: molto depurato; DI: medi; Del: L1; Mod: tornio lento.
Fr. d'orlo ingrossato verso l'esterno di scodella. Sulla parete esterna quattro solchi orizzontali paralleli incisi. Tracce di colore in vari punti della forma sia all'interno che all'esterno. Superfici lisciate.
NAS: Incisa con rivestimento omogeneo opaco.

Datazione contesto: *t.a.q.* ca. 550 a.C. (ca. ultimo quarto VII – prima metà VI sec. a.C.).
Datazione relativa: seconda metà VII sec. – 550/540 a.C.
Bibliografia: inedito.

297 K 27926 (tavv. 21. 76)
QAREA, F2003, Agora550/551/552, Ab. 606W.
Lu: 4.2cm; La: 2.9cm; Dm est: 20 cm; S: 0.5-0.7cm; H: 2.7cm.
Colori: impasto: grigio 7.5YR 5/1-2; sup. int: beige-marrone 7.5YR 7/4; sup. est: beige-marrone 7.5YR 7/4; dec: marrone 7.5YR 6/4.
Impasto: C: duro; DS: molto depurato; DI: grandi; Del: L2; Mod: tornio lento.
Fr. d'orlo leggermente ingrossato con parete introflessa e profilo concavo-carenato di scodella. Rivestimento steso a pennellate tendenzialmente orizzontali con miscela densa sia all'interno che all'esterno. Superfici lucidate.
NAS: Rivestimento omogeneo lucidato (striature sottili).
Datazione contesto: *t.a.q.* ca. 550 a.C. (ca. ultimo quarto VII – prima metà VI sec. a.C.).
Datazione relativa: seconda metà VIII sec. – 570 a.C.
Bibliografia: inedito.
Confronti: Serra 2016, 113–114 nn. 90–100 (scodelle tipo H).

298 K 27972 (tavv. 21. 76)
QAREA, F2003, Agora550/551/552, Ab. Steinpackung V.
Lu: 4.1cm; La: 3.2cm; Dm est: 12.5cm; S: 0.2-0.4cm; H: 2.8cm.
Colori: impasto: beige 7.5YR 7/4; sup. int: beige 7.5YR 7/4; sup. est: beige 7.5YR 7/4.
Impasto: C: tenero; DS: medio depurato; DI: molto grandi; Del: L2; Mod: tornio lento.
Fr. d'orlo ingrossato verso l'esterno di una scodella con pareti concavo-carenate. Sull'orlo è impostata una bugna triangolare modellata a mano e forata verticalmente funzionale allo stoccaggio in sospensione della forma alla parete. All'esterno, sopra la carena, solchi orizzontali paralleli incisi. Superfici lisciate.
NAS: Incisa senza rivestimento.
Datazione contesto: *t.a.q.* ca. 550 a.C. (ca. ultimo quarto VII – prima metà VI sec. a.C.).
Datazione relativa: ultimo quarto VII sec. – 460/450 a.C.
Bibliografia: inedito.
Confronti: Serra 2016, 114 no. 101 (scodelle tipo H1 – dipinta). Per le bugne forate: Campisi 2003, 175 no. D 107 figg. 164. 168 (dipinta).

299 K 22074 (tavv. 21. 76)
QAREA, F2003, Agora550/551/552, Ab. 604E.
Lu: 5.0cm; La: 2.9cm; Dm: 17cm; S: 0.4-0.7cm; H: 2.8cm.
Colori: impasto: beige-giallo 7.5YR 6/3; sup. int: beige-giallo 7.5YR 8/3; sup. est: beige-giallo 7.5YR 8/3; dec: beige-arancione 7.5YR 5/6.
Impasto: C: duro; DS: molto depurato; DI: medi; Del: L2; Mod: tornio lento.
Fr. d'orlo leggermente ingrossato verso l'esterno di scodella concavo-carenata con bugna triangolare modellata a mano e forata verticalmente, funzionale allo stoccaggio in sospensione della forma alla parete. All'esterno, linea orizzontale dipinta sotto la bugna. All'interno, rivestimento omogeneo con parte dell'orlo esterno compreso. Superfici lisciate.
NAS: Rivestimento omogeneo opaco / Dipinta monocroma.
Datazione contesto: *t.a.q.* ca. 550 a.C. (ca. ultimo quarto VII! – prima metà VI sec. a.C.).
Datazione relativa: ultimo quarto VII sec. – 500/490 a.C.
Bibliografia: inedito.
Confronti: Serra 2016, 114 no. 101 (scodelle tipo H1).

300 K 27917 (tavv. 21. 76)
QAREA, F2003, Agora550/551/552, Ab. 604W.
Lu: 3.3cm; La: 2.3cm; Dm: indet; S: 0.5-0.7cm; H: 3.4cm.
Colori: impasto: beige 2.5YR 6/8; nucleo: beige-arancione 10YR 6/2; sup. int: beige 7.5YR 8/4; sup. est: beige 7.5YR 8/4; dec: marrone-arancione 5YR 5/6.
Impasto: C: tenero; DS: molto depurato; DI: medi; Del: a biscotto, compatto. Radi bianchi puntiformi e a spigoli arrotondati, grigi di forma arrotondata, rossi puntiformi, vacuoli allungati e saltuariamente puntiformi; Mod: tornio lento.
Fr. d'orlo ingrossato verso l'esterno con parete introflessa di forma aperta carenata, scodella. Rivestimento omogeneo sulla superficie interna. All'esterno, sopra la carena, solchi orizzontali paralleli incisi. Superficie interna lucidata; superficie esterna lisciata.
NAS: Incisa senza rivestimento / Rivestimento omogeneo lucidato.
Datazione contesto: *t.a.q.* ca. 550 a.C. (ca. ultimo quarto VII – prima metà VI sec. a.C.).
Datazione relativa: ultimo quarto VII sec. – 550/540 a.C.
Bibliografia: inedito.
Confronti: Serra 2016, 114 no. 101 (scodelle tipo H1).

301 K 27941 (tavv. 21. 76)
QAREA, F2003, Agora550/551/552, Ab. 609W.
Lu: 4.0cm; La: 2.7cm; Dm: ca. 13cm; S: 0.4-0.6cm; H: 2.8cm.
Colori: impasto: beige-arancione 7.5YR 6/6; sup. int: beige-arancione 7.5YR 7/4; sup. est: beige-arancione 7.5YR 7/4.
Impasto: C: tenero; DS: medio depurato; DI: piccoli; Del: L1; Mod: tornio lento.
Fr. d'orlo leggermente ingrossato verso l'interno con parete introflessa di scodella. Sulla parete esterna quattro solchi orizzontali paralleli incisi. Superfici lisciate.
NAS: Incisa senza rivestimento.
Datazione contesto: *t.a.q.* ca. 550 a.C. (ca. ultimo quarto VII – prima metà VI sec. a.C.).
Datazione relativa: ultimo quarto VII sec. – 460/450 a.C.
Bibliografia: inedito.

302 K 27925 (tavv. 21. 76)
QAREA, F2003, Agora550/551/552, Ab. 606W.
Lu: 3.9cm; La: 2.6cm; Dm: 12cm; S: 0.5-0.6cm; H: 2.6cm.
Colori: impasto: grigio 7.5YR 6/1; sup. int: beige-arancione 7.5YR 7/4; sup. est: beige-arancione 7.5YR 7/4; dec: arancione scuro 5YR 6/6.
Impasto: C: tenero; DS: molto depurato; DI: piccoli; Del: L2; Mod: tornio lento.
Fr. d'orlo leggermente ingrossato verso l'interno di scodella. Sulla superficie interna, rivestimento omogeneo. Resti di rivestimento anche sulla superficie esterna, probabilmente in origine presente su tutta la forma. All'esterno, solchi orizzontali paralleli incisi. Superfici lisciate.
NAS: Incisa con rivestimento omogeneo opaco.
Datazione contesto: *t.a.q.* ca. 550 a.C. (ca. ultimo quarto VII – prima metà VI sec. a.C.).
Datazione relativa: seconda metà VII sec. – 550/540 a.C.
Bibliografia: inedito.

303 K 32428 (tavv. 21. 76)
QAREA, F2003, Agora550/551/552, Ab. 609W.
Lu: 2.9cm; La: 2.5cm; Dm: 12.4cm; S: 0.2-0.5cm; H: 2.6cm.
Colori: impasto: beige 5YR 7/6; nucleo: arancione 5YR 6-7/6; sup. int: beige 5YR 7/6; sup. est beige 5YR 7/6; dec: arancione-rosso 2.5YR 5/8 .
Impasto: C: tenero; DS: molto depurato; DI: medi; Del: L1; Mod: tornio lento.
Fr. d'orlo di scodella a pareti concavo-carenate. Rivestimento omogeneo all'interno della forma fino alla parte esterna dell'orlo. All'esterno, sotto l'orlo, acromo. Superfici lisciate.
NAS: Rivestimento omogeneo opaco / Acroma lisciata.Datazione contesto: *t.a.q.* ca. 550 a.C. (ca. ultimo quarto VII – prima metà VI sec. a.C.).
Datazione relativa: seconda metà VII sec. – 500/490 a.C.
Bibliografia: inedito.

304 K 22328 (fig. 45 tavv. 22. 76)
QAREA, F2003, Agora550/551/552, Ab. 603W.
Lu: 3.1cm; La: 2.2cm; Dm: 11.2cm; S: 0.3-0.5cm; H: 2.2cm.
Colori: impasto: beige 7.5YR 8/3; nucleo: grigio 10YR 7/1; sup. int: beige 10YR 8/3; sup. est: beige 10YR 8/3; dec: marrone 7.5YR 5/3.
Impasto: C: tenero; DS: molto depurato; DI: piccoli; Del: L2; Mod: tornio lento.
Fr. d'orlo retto leggermente introflesso e svasato all'interno di una scodella a pareti concavo-carenate. Sulla superficie interna ed esterna rivestimento omogeneo. All'esterno, sopra la carena, solchi orizzontali

paralleli incisi. Superfici lisciate.
NAS: Incisa con rivestimento omogeneo opaco.
Datazione contesto: *t.a.q.* ca. 550 a.C. (ca. ultimo quarto VII – prima metà VI sec. a.C.).
Datazione relativa: seconda metà VII sec. – 550/540 a.C.
Bibliografia: inedito.

305 K 22111 (tavv. 22. 76)
QAREA, F2003, Agora550/551/552, Ab. Steinpackung V.
Lu: 4.7cm; La: 2.5cm; Dm: 9.2cm; S: 0.3cm; H: 2.6cm.
Colori: impasto: beige-giallo 7.5YR 8/3; sup. int: beige-giallo 7.5YR 8/4; sup. est: beige-giallo 7.5YR 8/4; dec: beige-arancione 7.5YR 5/4.
Impasto: C: tenero; DS: molto depurato; DI: piccoli; Del: L2; Mod: tornio lento.
Fr. d'orlo retto svasato all'interno a parete rientrante di scodella a profilo retto-carenato. All'esterno, linea orizzontale dipinta. Rivestimento omogeneo nella parte interna della forma, orlo risparmiato. Superfici lisciate.
NAS: Rivestimento omogeneo opaco / Dipinta monocroma.
Datazione contesto: *t.a.q.* ca. 550 a.C. (ca. ultimo quarto VII – prima metà VI sec. a.C.).
Datazione relativa: ultimo quarto VII sec. – 500/490 a.C.
Bibliografia: inedito.
Confronti: Serra 2016, 115 no. 105 (scodelle tipo H3).

306 K 22170 (tavv. 22. 76)
QAREA, F2003, Agora550/551/552, Ab. 603E.
Lu: 4.8cm; La: 2.8cm; Dm:12.0cm; S: 0.4cm; H: 2.8cm.
Colori: impasto: beige 7.5YR 8/3; sup. int: beige 7.5YR 8/3; sup. est: beige 7.5YR 8/3.
Impasto: C: tenero; DS: molto depurato; DI: molto piccoli; Del: L2; Mod: tornio lento.
Fr. d'orlo retto leggermente rientrante, svasato verso l'interno di una scodella con parete concavo-carenata. Sulla parete esterna, cinque solchi orizzontali paralleli incisi. Superfici lisciate.
NAS: Incisa senza rivestimento.
Datazione contesto: *t.a.q.* ca. 550 a.C. (ca. ultimo quarto VII – prima metà VI sec. a.C.).
Datazione relativa: ultimo quarto VII sec. – 460/450 a.C.
Bibliografia: inedito.
Confronti: Leighton 1993, 194 no. 374 tav. 117 (*bowl*).

307 K 22126 (tavv. 22. 76)
QAREA, F2003, Agora550/551/552, Ab. Steinpackung IV.
Lu: 5.5cm; La: 3.0cm; Dm: 8.8cm; S: 0.4-0.6cm; H: 3.0cm.
Colori: impasto: beige-rosso 7.5YR 5/2; sup. int: beige-rosso 2.5YR 7/6; sup. est: beige-rosso 2.5YR 7/6; dec: rosso 2.5YR 5/6.
Impasto: C: tenero; DS: molto depurato; DI: medi; Del: L1; Mod: tornio lento.
Fr. d'orlo di scodella a pareti concavo-carenate con bugna triangolare modellata a mano, forata verticalmente, funzionale allo stoccaggio in sospensione della forma alla parete. All'esterno, sopra la carena, solchi orizzontali incisi. Sotto la carena, linee orizzontali dipinte. Superfici lisciate.
NAS: Incisa senza rivestimento ; Dipinta monocroma / Acroma lisciata.
Datazione contesto: *t.a.q.* ca. 550 a.C. (ca. ultimo quarto VII – prima metà VI sec. a.C.).
Datazione relativa: 570 – 550/540 a.C.
Bibliografia: Montana et al. 2021, 15 no. K 22126 tabb. 3. 6 (PPG-II).
Confronti: v. **315**.

308 K 22124 (tav. 22)
QAREA, F2003, Agora550/551/552, Ab. Steinpackung IV.
Lu: 5.5cm; La: 3.0cm; Dm: 8.8cm; S: 0.4-0.6cm; H: 3.0cm.
Colori: impasto: beige-giallo 7.5YR 8/4; nucleo: grigio 7.5YR 5/1; sup. int: beige-giallo 7.5YR 8/4; sup. est: beige-giallo 7.5YR 8/4; dec: marrone-giallo 5YR 5/6.
Impasto: C: tenero; DS: molto depurato; DI: grandi; Del: L2; Mod: tornio lento.
Fr. d'orlo di scodella a profilo concavo-carenato. All'esterno, sopra la carena, solchi orizzontali incisi. Sotto la carena, linee orizzontali dipinte. Superfici lisciate.
NAS: Incisa senza rivestimento ; Dipinta monocroma / Acroma lisciata.
Datazione contesto: *t.a.q.* ca. 550 a.C. (ca. ultimo quarto VII – prima metà VI sec. a.C.).
Datazione relativa: 570 – 550/540 a.C.
Bibliografia: Montana et al. 2021, 15 no. K 22124 tabb. 3. 6 (PPG-I).
Confronti: v. **315**.
Osservazioni: polverizzato per le analisi archeometriche (Montana et al. 2021). Fr. non più esistente.

309 K 21998 (tavv. 22. 76)
QAREA, F2003, Agora550/551/552, Ab. 602W.
Lu: 5.9cm; La: 5.2cm; Dm: ca. 13cm; S: 0.4cm; H: 5.0cm.
Colori: impasto: beige-giallo 7.5YR 8/3; sup. int: beige-giallo 7.5YR 7-8/4; sup. est: beige-giallo 7.5YR 7-8/4; dec: arancione-marrone 5YR 6/6.
Impasto: C: duro; DS: molto depurato; DI: piccoli; Del: L2; Mod: tornio lento.
Fr. d'orlo leggermente ingrossato e parete introflessa di scodella a parete concavo-carenata. All'esterno, sopra la carena, solchi incisi orizzontali paralleli. Sotto la carena, linee orizzontali dipinte. All'interno, rivestimento omogeneo. Superfici lisciate.
NAS: Incisa senza rivestimento ; Dipinta monocroma / Rivestimento omogeneo opaco.
Datazione contesto: *t.a.q.* ca. 550 a.C. (ca. ultimo quarto VII – prima metà VI sec. a.C.).
Datazione relativa: 570 – 550/540 a.C.
Bibliografia: Montana et al. 2021, 15 no. K 21998 tabb. 3. 6 (PPG-II).

310 K 22257 (tavv. 22. 76)
QAREA, F2003, Agora550/551/552, Ab. Steinpackung III.
Lu: 4.6cm; La: 4.5cm; Dm: 16cm; S: 0.3cm; H: 4.6cm.
Colori: impasto: beige-rosso 7.5YR 7/4; sup. int: beige-rosso 7.5YR 7/4; sup. est: beige-rosso 7.5YR 7/4; dec: rosso 2.5YR 5/8 e 4/6 miscela diluita all'interno 2.5YR 5/8.
Impasto: C: tenero; DS: medio depurato; DI: medi; Del: L1; Mod: tornio lento.
Tre fr. d'orlo ingrossato di una scodella a profilo retto-carenato. All'esterno, linee orizzontali dipinte. All'interno, rivestimento omogeneo. Superfici lisciate.
NAS: Rivestimento omogeneo opaco / Dipinta monocroma.
Datazione contesto: *t.a.q.* ca. 550 a.C. (ca. ultimo quarto VII – prima metà VI sec. a.C.).
Datazione relativa: ultimo quarto VII sec. – 500/490 a.C.
Bibliografia: inedito.

311 K 22010 (tavv. 22. 76)
QAREA, F2003, Agora550/551/552, Ab. 608W.
Lu: 9.5cm; La: 3.5cm; Dm: 20.8cm; S: 0.5-1.3cm; H: 3.0cm.
Colori: impasto: grigio 5YR 6/1; sup. int: arancione-beige 5YR 6/6; sup. est: arancione-beige 5YR 6/6.
Impasto: C: tenero; DS: medio depurato; DI: medi; Del: L2; Mod: tornio lento.
Due fr. combacianti d'orlo ingrossato di una scodella a pareti concavo-carenati (all'interno è conservato l'inizio della parte concava della forma). Superfici lisciate.
NAS: Acroma lisciata.
Datazione contesto: *t.a.q.* ca. 550 a.C. (ca. ultimo quarto VII – prima metà VI sec. a.C.).
Datazione relativa: seconda metà VIII sec. – 460/450 a.C.
Bibliografia: Montana et al. 2021, 15 no. K 22010 tabb. 3. 6 (PPG-II).

312 K 27929 (tavv. 22. 76)
QAREA, F2003, Agora550/551/552, Ab. 607W.
Lu: 4.7cm; La: 4.1cm; Dm: 22cm; S: 0.9-1.1cm; H: 4.0cm.
Colori: impasto: beige-grigio 7.5YR 6/3; sup. int: beige 7.5YR 7/3; sup. est: beige 7.5YR 7/3; dec: arancione-marrone 7.5YR 6/6.
Impasto: C: tenero; DS: molto depurato; DI: grandi; Del: L1; Mod: tornio lento.
Fr. d'orlo ingrossato verso l'interno di una scodella a profilo retto-carenato. La superficie interna e l'orlo fino alla carena esterna sono dipinti con una miscela di ocre argillose diluita omogenea. Parte sottostante la carena esterna acroma. Superfici lisciate.
NAS: Rivestimento omogeneo opaco / Acroma lisciata.
Datazione contesto: *t.a.q.* ca. 550 a.C. (ca. ultimo quarto VII – prima metà VI sec. a.C.).
Datazione relativa: seconda metà VII sec. – 500/490 a.C.
Bibliografia: inedito.

313 K 27938 (tavv. 22. 76)
QAREA, F2003, Agora550/551/552, Ab. 609E.
Lu: 5.4cm; La: 2.1cm; Dm: ca. 12cm; S: 0.4-0.8cm; H: 2.? cm.
Colori: impasto: beige-arancione 5YR 6/6; sup. int beige-arancione 5YR 7/4; sup. est: beige-arancione 5YR 7/4; dec: marrone 2.5YR 5-6/6;
Impasto: C: tenero; DS: medio depurato; DI: medi; Del: L2; Mod: tornio lento.
Fr. d'orlo ingrossato verso l'esterno, ulteriormente svasato di scodella. All'esterno, solchi orizzontali paralleli incisi. All'interno e all'esterno, in vari punti del fr., resti di rivestimento marrone. Superfici lisciate.
NAS: Incisa con rivestimento omogeneo opaco.
Datazione contesto: *t.a.q.* ca. 550 a.C. (ca. ultimo quarto VII – prima metà VI sec. a.C.).
Datazione relativa: seconda metà VII sec. – 550/540 a.C.
Bibliografia: inedito.

314 K 27916 (tavv. 22. 76)
QAREA, F2003, Agora550/551/552, Ab. 603E.
Lu: 2.4cm; La: 2.8cm; Dm: indet; S: 0.7cm; H: 2.7cm.
Colori: impasto: grigio 7.5YR 6/1; sup. int: beige 7.5YR 7/4; sup. est: beige 7.5YR 7/4.
Impasto: C: tenero; DS: medio depurato; DI: medi; Del: L2; Mod: tornio lento.
Fr. d'orlo leggermente ingrossato di scodella. Sulla parete esterna, due solchi orizzontali paralleli incisi. Superfici lisciate.
NAS: Incisa senza rivestimento.
Datazione contesto: *t.a.q.* ca. 550 a.C. (ca. ultimo quarto VII – prima metà VI sec. a.C.).
Datazione relativa: ultimo quarto VII sec. – 460/450 a.C.
Bibliografia: inedito.

315 K 21975 (fig. 41 tavv. 22. 76)
QAREA, F2003, Agora550/551/552, Ab. 607E.
Lu: 5.0cm; La: 3.3cm; Dm: 13cm; S: 0.2-0.3cm; H: 3.2cm.
Colori: impasto: beige 7.5YR 7/4; sup. int: beige-arancione 2.5YR 7/6; sup. est: beige-arancione 2.5YR 7/6; dec: rosso 2.5YR 4/6.
Impasto: C: tenero; DS: molto depurato; DI: medi; Del: L1; Mod: tornio lento.
Due fr. combacianti d'orlo ingrossato di scodella a profilo concavo-carenato con bugna triangolare modellata a mano, forata verticalmente, funzionale allo stoccaggio in sospensione della forma alla parete. All'esterno, sopra la carena, solchi orizzontali paralleli incisi. Sotto la carena, linee dipinte orizzontali. Superfici lisciate.
NAS: Incisa senza rivestimento ; Dipinta monocroma / Acroma lisciata.
Datazione contesto: *t.a.q.* ca. 550 a.C. (ca. ultimo quarto VII – prima metà VI sec. a.C.).
Datazione relativa: 570 – 550/540 a.C.
Bibliografia: inedito.
Confronti: per le prese a bugne forate: v. **298**.

316 K 22254 (tavv. 22. 77)
QAREA, F2003, Agora550/551/552, Ab. Steinpackung III.
Lu: 7.1cm; La: 4.4cm; Dm: 20.4cm; S: 1.0-1.2cm; H: 4.4cm.
Colori: impasto: beige 7.5YR 7/4; nucleo: beige-grigio 7.5YR 6/2; sup. int: beige-arancione 7.5YR 8/3; sup. est: beige-arancione 7.5YR 8/3; dec: arancione-rosso 2.5YR 5/6.
Impasto: C: duro; DS: molto depurato; DI: medi; Del: L2; Mod: tornio lento.
Due fr. combacianti d'orlo ingrossato verso l'esterno di una scodella a parete concavo-carenata. Sulla superficie interna ed esterna rivestimento omogeneo. All'esterno, sopra la carena, solchi orizzontali paralleli incisi. Superfici lisciate.
NAS: Incisa con rivestimento omogeneo opaco.
Datazione contesto: *t.a.q.* ca. 550 a.C. (ca. ultimo quarto VII – prima metà VI sec. a.C.).
Datazione relativa: seconda metà VII sec. – 550/540 a.C.
Bibliografia: inedito.

317 K 21999 (tavv. 22. 77)
QAREA, F2003, Agora550/551/552, Ab. 602W.
Lu: 5.2cm; La: 4.2cm; Dm: 19.2cm; S: 0.5-0.9cm; H: 4.4cm.
Colori: impasto: beige-grigio 10YR 8/1; nucleo: grigio 10YR 5/1; sup. int: beige 10YR 8/3; sup. est: beige 10YR 8/3; dec: arancione 2.5YR 6/6.
Impasto: C: tenero; DS: molto depurato; DI: medi; Del: L2; Mod: tornio lento.
Fr. d'orlo retto ingrossato verso l'esterno di una scodella a parete concavo-carenata. Sulla superficie interna ed esterna rivestimento omogeneo. All'esterno, sopra la carena, solchi orizzontali paralleli incisi. Superfici lisciate.
NAS: Incisa con rivestimento omogeneo opaco.
Datazione contesto: *t.a.q.* ca. 550 a.C. (ca. ultimo quarto VII – prima metà VI sec. a.C.).
Datazione relativa: seconda metà VII sec. – 550/540 a.C.
Bibliografia: inedito.

318 K 22174 (tavv. 22. 77)
QAREA, F2003, Agora550/551/552, Ab. 603E.
Lu: 4.7cm; La: 3.9cm; Dm: 19.6cm; S: 0.5-0.7cm; H: 4.0cm.
Colori: impasto: grigio 7.5YR 7/4; sup. int: beige 7.5YR 5/1; sup. est: beige 7.5YR 5/1.
Impasto: C: duro; DS: molto depurato; DI: grandi; Del: L2; Mod: tornio lento.
Fr. d'orlo leggermente ingrossato svasato all'esterno di una scodella a pareti rette-carenate. Superfici lucidate.
NAS: Acroma lucidata.
Datazione contesto: *t.a.q.* ca. 550 a.C. (ca. ultimo quarto VII – prima metà VI sec. a.C.).
Datazione relativa: seconda metà VIII sec. – 630/620 a.C.
Bibliografia: inedito.
Confronti: Termini 2003, 235 no. C 27 fig. 206; Falsone et al. 1993, 187 no. 63 fig. 36.

319 K 22159 (tavv. 22. 77)
QAREA, F2003, Agora550/551/552, Ab. 610W.
Lu: 4.6cm; La: 3.4cm; Dm: ca. 17cm; S: 0.3cm; H: 3.6cm.
Colori: impasto: beige-rosso 7.5YR 7/4; sup. int: beige-rosso 7.5YR 7/4; sup. est: beige-rosso 7.5YR 7/4; dec: rosso 2.5YR 5/6.
Impasto: C: duro; DS: molto depurato; DI: medi; Del: L1; Mod: tornio lento.
Fr. d'orlo retto di una coppa/scodella a profilo retto-carenato. All'esterno, sopra la carena, solchi orizzontali incisi. Sopra e sotto la carena, linee orizzontali dipinte. Superfici lisciate.
NAS: Incisa senza rivestimento ; Dipinta monocroma / Acroma lisciata.
Datazione contesto: *t.a.q.* ca. 550 a.C. (ca. ultimo quarto VII – prima metà VI sec. a.C.).
Datazione relativa: 570 – 550/540 a.C.
Bibliografia: inedito.

320 K 22258 (tavv. 22. 77)
QAREA, F2003, Agora550/551/552, Ab. Steinpackung III.
Lu: 3.3cm; La: 2.7cm; Dm: indet; S: 0.2-0.7cm; H: 3.0cm.
Colori: impasto: beige 7.5YR 5/4; nucleo: grigio GLEY 2 5/5PB; sup. int: beige 10YR 8/2; sup. est: beige 10YR 8/2; dec: marrone-nero 10YR 3/1.
Impasto: C: duro; DS: medi depurato; DI: medi; Del: L3; Mod: tornio lento.
Fr. d'orlo leggermente ingrossato di una coppa/scodella a profilo retto-carenato. Sull'orlo, corti tratti regolari e, sulla parte esterna, tracce di una banda orizzontale dipinta ed evanida. Superfici lisciate.
NAS: Dipinta monocroma.
Datazione contesto: *t.a.q.* ca. 550 a.C. (ca. ultimo quarto VII – prima metà VI sec. a.C.).
Datazione relativa: ultimo quarto VII sec. – 460/450 a.C.
Bibliografia: inedito.
Confronti: Campisi 2003, 185 no. D 170 fig. 172.

321 K 22146 (tavv. 22. 77)
QAREA, F2003, Agora550/551/552, Ab. 609E.
Lu: 5.9cm; La: 3.5cm; Dm: ca. 17cm; S: 0.5-0.8cm; H: 3.3cm.
Colori: impasto: grigio 7.5YR 5/2; sup. int: beige 7.5YR 7/3; sup. est: beige 7.5YR 7/3; dec: marrone 7.5YR 5/4.
Impasto: C: duro; DS: medio depurato; DI: medi; Del: L2; Mod: tornio lento.
Fr. d'orlo ingrossato verso l'esterno di scodella. All'interno e lungo l'orlo, rivestimento non omogeneo. Superfici lisciate.
NAS: Rivestimento non omogeneo opaco / Acroma lisciata.
Datazione contesto: *t.a.q.* ca. 550 a.C. (ca. ultimo quarto VII – prima metà VI sec. a.C.).
Datazione relativa: seconda metà VIII sec. – 570 a.C.
Bibliografia: Montana et al. 2021, 15 no. K 22146 tabb. 3. 6 (PPG-II).
Confronti: Blasetti Fantauzzi 2018, 69 no. 79 fig. 22 (scodella tipo 8 – dipinta).

322 K 22253 (tavv. 22. 77)
QAREA, F2003, Agora550/551/552, Ab. Steinpackung III.
Lu: 9.5cm; La: 4.1cm; Dm: ca. 17cm; S: 0.5-0.7cm; H: 4.4cm;
Colori: impasto: beige 7.5YR 7/3; sup. int: beige 7.5YR 7/4; sup. est: beige 7.5YR 7/4; dec: arancione-rosso 2.5YR 6/8-5/6.
Impasto: C: tenero; DS: molto depurato; DI: grandi; Del: L2; Mod: tornio lento.
Fr. d'orlo leggermente ingrossato verso l'esterno di scodella a parete concavo-carenata, con bugna triangolare modellata a mano, forata verticalmente, funzionale allo stoccaggio in sospensione della forma alla parete. Sulla superficie interna, orlo incluso, rivestimento omogeneo. All'esterno, sopra la carena, solchi incisi orizzontali. Superfici lisciate.
NAS: Incisa senza rivestimento / Rivestimento omogeneo opaco.
Datazione contesto: *t.a.q.* ca. 550 a.C. (ca. ultimo quarto VII – prima metà VI sec. a.C.).
Datazione relativa: ultimo quarto VII sec. – 500/490 a.C.
Bibliografia: Riehle et al. 2021, 4. 6 no. M.Iato47 (NAA Group IatA); Montana et al. 2021, 15 no. K 22253 tabb. 3. 6 (PPG-II).

323 K 27915 (tavv. 22. 77)
QAREA, F2003, Agora550/551/552, Ab. 603E.
Lu: 2.2cm; La: 2.0cm; Dm: indet; S: 0.6-0.8cm; H: 2.0cm.
Colori: impasto: grigio 7.5YR 6/1; sup. int: beige 7.5YR 8/4; sup. est: beige 7.5YR 8/4.
Impasto: C: tenero; DS: medio depurato; DI: medi; Del: L2; Mod: tornio lento.
Fr. d'orlo di scodella. Sulla parete esterna tre solchi orizzontali paralleli incisi. Superfici lisciate.
NAS: Incisa senza rivestimento.
Datazione contesto: *t.a.q.* ca. 550 a.C. (ca. ultimo quarto VII – prima metà VI sec. a.C.).
Datazione relativa: ultimo quarto VII sec. – 460/450 a.C.
Bibliografia: inedito.

324 K 28402 (tavv. 22. 77)
QAREA, F2003, Agora550/551/552, Ab. Steinpackung III.
Lu: 3.9cm; La: 1.9cm; Dm: 12cm; S: 0.4-0.8cm; H: 2.0cm.
Colori: impasto: beige-giallo 7.5YR 8/3; nucleo: grigio 7.5YR 7/2; sup. int: beige-giallo 7.5YR 8/3; sup. est beige-giallo 7.5YR 8/3; dec: marrone-giallo 7.5YR 5/6.
Impasto: C: duro; DS: molto depurato; DI: medi; Del: L2; Mod: tornio lento.
Fr. d'orlo ingrossato di scodella. Linea o banda orizzontale dipinta all'esterno, colore denso. Orlo e tutta la parte interna con rivestimento, miscela di ocre argillose più diluita rispetto alla linea esterna.
NAS: Rivestimento omogeneo opaco / Dipinta monocroma.
Datazione contesto: *t.a.q.* ca. 550 a.C. (ca. ultimo quarto VII – prima metà VI sec. a.C.).
Datazione relativa: ultimo quarto VII sec. – 500/490 a.C.
Bibliografia: inedito.

325 K 28375 (tavv. 23. 77)
QAREA, F2003, Agora550/551/552, Ab. 607W.
Lu: 4.4cm; La: 2.9cm; Dm: 15cm; S: 0.4cm; H: 2.9cm.
Colori: impasto: beige-arancione 7.5YR 6/3; sup. int: beige-rosso 2.5YR 7/6; sup. est: beige-rosso 2.5YR 7/6; dec: rosso 2.5YR 5/6-4/4.
Impasto: C: tenero; DS: medio depurato; DI: piccoli; Del: L1; Mod: tornio lento.
Fr. d'orlo ingrossato di scodella. Rivestimento omogeneo all'interno della forma fino alla parte esterna dell'orlo. All'esterno, sotto l'orlo, acromo. Superficie interna lisciata; superficie esterna lucidata.
NAS: Rivestimento omogeneo opaco / Acroma lucidata.
Datazione contesto: *t.a.q.* ca. 550 a.C. (ca. ultimo quarto VII – prima metà VI sec. a.C.).
Datazione relativa: seconda metà VII sec. – 570 a.C.
Bibliografia: inedito.

326 K 27940 (fig. 44 tavv. 23. 77)
QAREA, F2003, Agora550/551/552, Ab. 609E.
Lu: 2.8cm; La: 2.3cm; Dm: indet; S: 0.5-1.0cm; H: 2.3cm.
Colori: impasto: beige 7.5YR 7/6; sup. int: beige 7.5YR 7/6; sup. est: beige 7.5YR 7/6; dec: marrone 5YR 5/6
Impasto: C: duro; DS: molto depurato; DI: piccoli; Del: L1; Mod: tornio lento.
Fr. d'orlo ingrossato all'esterno, probabilmente di una scodella. Rivestimento all'interno e all'esterno steso a pennellate tendenzialmente orizzontali, con una miscela densa. Superficie lisciata all'esterno, lucidata all'interno.
NAS: Rivestimento omogeneo lucidato (striature sottili) / Rivestimento omogeneo opaco (striature sottili).
Datazione contesto: *t.a.q.* ca. 550 a.C. (ca. ultimo quarto VII – prima metà VI sec. a.C.).
Datazione relativa: seconda metà/ultimo quarto VII sec. – 570 (eventualmente in uso fino alla metà del VI sec. a.C.)
Bibliografia: inedito.
Confronti: Gargini 1995, 129 no. 22 fig. 15 (ciotola tipo D – dipinta).

327 K 27935 (tavv. 23. 77)
QAREA, F2003, Agora550/551/552, Ab. 608W.
Lu: 4.7cm; La: 2.4cm; Dm est: 18cm; S: 0.7-1.2cm; H: 4.4cm.
Colori: impasto: grigio 7.5YR 4/1; sup. int: beige-marrone 7.5YR 7/4; sup. est: beige-marrone 7.5YR 7/4; dec: marrone 7.5YR 5/6.
Impasto: C: duro; DS: molto depurato; DI: medi; Del: L1; Mod: tornio lento.
Fr. d'orlo ingrossato a sezione quasi circolare di una scodella con parete concavo-carenata. Rivestimento omogeneo all'interno e all'esterno. Superfici lisciate.
NAS: Rivestimento omogeneo opaco.
Datazione contesto: *t.a.q.* ca. 550 a.C. (ca. ultimo quarto VII – prima metà VI sec. a.C.).
Datazione relativa: seconda metà VII sec. – 550/540 a.C.
Bibliografia: inedito.
Confronti: Serra 2016, 113–114 nn. 90–100 (scodelle tipo H – dipinta).

328 K 27944 (tavv. 23. 77)
QAREA, F2003, Agora550/551/552, Ab. 610W.
Lu: 6.6cm; La: 5.4cm; Dm: ca. 16cm; S: 0.7-1.1cm; H: 5.3cm.
Colori: impasto: beige-arancione 5YR 6/6; nucleo: beige 10YR 7/3; sup. int: beige-arancione 7.5YR 8/4; sup. est beige-arancione 7.5YR 8/4; dec: marrone chiaro 5YR 6/6.
Impasto: C: tenero; DS: molto depurato; DI: grandi; Del: L1; Mod: tornio lento.
Fr. d'orlo ingrossato di scodella a pareti concavo-carenate. All'interno rivestimento omogeneo che si estende esternamente fino alla carena. All'esterno, sotto la carena, acromo. Superfici lisciate.
NAS: Rivestimento omogeneo opaco / Acroma lisciata.
Datazione contesto: *t.a.q.* ca. 550 a.C. (ca. ultimo quarto VII – prima metà VI sec. a.C.).
Datazione relativa: seconda metà VII sec. – 500/490 a.C.
Bibliografia: inedito.

329 K 22271 A–B (tavv. 23. 77)
QAREA, F2003, Agora550/551/552, Ab. Steinpackung III / 606W.
A: Lu: 13.7cm; La: 4.7cm; Dm: 18.2; S: 0.7-1.1cm; H: 6.8cm; B: Lu: 9.0cm; La: 5.7cm.
Colori: impasto: beige-grigio 5YR 6/1; sup. int: arancione 5YR 6/6; sup. est: arancione 5YR 6/6.
Impasto: C: duro; DS: molto depurato; DI: piccoli; Del: L1; Mod: tornio lento.
Tre fr., due dei quali combacianti, d'orlo ingrossato svasato all'interno di una scodella a pareti rette-carenate. Superfici lisciate.
NAS: Acroma lisciata.
Datazione contesto: *t.a.q.* ca. 550 a.C. (ca. ultimo quarto VII – prima metà VI sec. a.C.).
Datazione relativa: seconda metà VIII sec. – 460/450 a.C.
Bibliografia: Riehle et al. 2021, 4. 6 no. M.Iato48 (NAA Group IatA); Montana et al. 2021, 15 no. K 22271 A tabb. 3. 6 (PPG-II).
Confronti: senza svasatura all'interno: Falsone et al. 1993, 187 no. 63 fig. 36 (rivestimento omogeneo lucidato).

330 K 27914 (tavv. 23. 77)
QAREA, F2003, Agora550/551/552, Ab. 603E.
Lu: 3.0cm; La: 3.0cm; Dm: ca. 14cm; S: 0.6-0.9cm; H: 3.0cm.
Colori: impasto: grigio 7.5YR 7/2; sup. int: beige 7.5YR 8/4; sup. est: beige 7.5YR 8/4.
Impasto: C: tenero; DS: molto depurato; DI: medi; Del: L2; Mod: tornio lento.
Fr. d'orlo leggermente ingrossato verso l'esterno di una scodella con probabile parete concavo-carenata. Sulla parete esterna cinque solchi orizzontali paralleli incisi. Superfici lisciate.

NAS: Incisa senza rivestimento.
Datazione contesto: *t.a.q.* ca. 550 a.C. (ca. ultimo quarto VII – prima metà VI sec. a.C.).
Datazione relativa: ultimo quarto VII sec. – 460/450 a.C.
Bibliografia: inedito.
Confronti: De Cesare et al. 1994, 183 no. 1 tav. XXVII, 6 (US 3053).

331 K 22147 (tavv. 23. 77)
QAREA, F2003, Agora550/551/552, Ab. 609W.
Lu: 8.6cm; La: 7.5cm; Dm: 20cm; S: 0.7-1.2cm; H: 6.2cm.
Colori: impasto: grigio 7.5YR 5/1; sup. int: ocra 7.5YR 5/4-5/6; sup. est: ocra 7.5YR 5/4-5/6; dec: ocra-marrone 7.5YR 5/6.
Impasto: C: duro; DS: molto depurato; DI: grandi; Del: L1; Mod: tornio lento.
Due fr. combacianti d'orlo ingrossato a sezione quasi circolare di una scodella con bugna triangolare modellata a mano, forata verticalmente, funzionale allo stoccaggio in sospensione della forma alla parete. Rivestimento omogeneo sulla superficie interna ed esterna. Miscela densa stesa a pennellate tendenzialmente orizzontali. Superfici lisciate.
NAS: Rivestimento omogeneo opaco (striature sottili).
Datazione contesto: *t.a.q.* ca. 550 a.C. (ca. ultimo quarto VII – prima metà VI sec. a.C.).
Datazione relativa: seconda metà VII sec. – 550/540 a.C.
Bibliografia: Montana et al. 2021, 15 no. K 22147 tabb. 3. 6 (PPG-II).
Confronti: Serra 2016, 113–114 nn. 90–100 (scodelle tipo H – dipinta).

332 K 22308 (tavv. 23. 77)
QAREA, F2003, Agora550/551/552, Ab. 607W.
Lu: 3.1cm; La: 2.5cm; Dm: indet; S: 0.5-0.7cm; H: 3.0cm.
Colori: impasto: beige-grigio 10YR 6/2; sup. int: beige 10YR 7/3; sup. est: beige 10YR 7/3; dec: marrone-arancione indet.
Impasto: C: duro; DS: molto depurato; DI: medi; Del: L5; Mod: tornio lento.
Fr. d'orlo leggermente ingrossato verso l'esterno di coppa/scodella a pareti concavo-carenate. All'esterno, sopra la carena, solchi incisi. Sia sopra che sotto la carena, linee orizzontali dipinte. All'interno, rivestimento omogeneo. Superfici lisciate.
NAS: Incisa senza rivestimento ; Dipinta monocroma / Rivestimento omogeneo opaco.
Datazione contesto: *t.a.q.* ca. 550 a.C. (ca. ultimo quarto VII – prima metà VI sec. a.C.).
Datazione relativa: 570 – 550/540 a.C.
Bibliografia: inedito.

333 K 27956 (tavv. 23. 77)
QAREA, F2003, Agora550/551/552, Ab. Steinpackung IV.
Lu: 3.4cm; La: 2.7cm; Dm: ca. 12cm; S: 0.4cm; H: 2.8cm.
Colori: impasto: beige-giallo 7.5YR 8/3; sup. int: beige-giallo 7.5YR 8/3; sup. est: beige-giallo 7.5YR 8/3; dec: beige-arancione 7.5YR 6/6.
Impasto: C: tenero; DS: molto depurato; DI: piccoli; Del: L2; Mod: tornio lento.
Fr. d'orlo ingrossato di scodella a parete concavo-carenata. All'esterno, sopra la carena, solchi orizzontali incisi. Sotto la carena, linee orizzontali dipinte. Rivestimento omogeneo all'interno. Superfici lisciate.
NAS: Incisa senza rivestimento ; Dipinta monocroma / Rivestimento omogeneo opaco.
Datazione contesto: *t.a.q.* ca. 550 a.C. (ca. ultimo quarto VII – prima metà VI sec. a.C.).
Datazione relativa: 570 – 550/540 a.C.
Bibliografia: inedito.

334 K 27942 (tavv. 23. 77)
QAREA, F2003, Agora550/551/552, Ab. 610E.
Lu: 4.6cm; La: 3.3cm; Dm: 19cm; S: 0.5-0.6cm; H: 3.1cm.
Colori: impasto: grigio 7.5YR 6/2; sup. int: marrone chiaro 7.5YR 7/6; sup. est marrone chiaro 7.5YR 7/6; dec: marrone 7.5YR 5/6.
Impasto: C: duro; DS: molto depurato; DI: medi; Del: L1; Mod: tornio lento.
Fr. d'orlo ingrossato di una scodella con attacco di bugna triangolare, in origine probabilmente forata, funzionale allo stoccaggio in sospensione della forma alla parete. Rivestimento omogeneo all'interno, compreso sull'orlo. La parte inferiore all'orlo è esternamente acroma. Superficie interna lisciata, esterna lucidata.
NAS: Rivestimento omogeneo opaco / Acroma lucidata.
Datazione contesto: *t.a.q.* ca. 550 a.C. (ca. ultimo quarto VII – prima metà VI sec. a.C.).
Datazione relativa: seconda metà VII sec. – 570 a.C.
Bibliografia: inedito.

335 K 27975 (tavv. 23. 77)
QAREA, F2003, Agora550/551/552, Ab. Steinpackung V.
Lu: 3.2cm; La: 2.0cm; Dm: ca. 15cm; S: 0.5-0.9cm; H: 1.8cm.
Colori: impasto: beige-rosso 5YR 7/4; sup. int: beige-rosso 7.5YR 7/4; sup. est: beige-rosso 7.5YR 7/4; dec: rosso 2.5YR 5/6.
Impasto: C: tenero; DS: medio depurato; DI: medi; Del: L1; Mod: tornio lento.
Fr. d'orlo ingrossato verso l'esterno, svasato all'interno di scodella. Sulla superficie esterna, solchi orizzontali incisi. Sia all'interno che all'esterno tracce di rivestimento omogeneo. Superfici lisciate.
NAS: Incisa con rivestimento omogeneo opaco.
Datazione contesto: *t.a.q.* ca. 550 a.C. (ca. ultimo quarto VII – prima metà VI sec. a.C.).
Datazione relativa: seconda metà VII sec. – 550/540 a.C.
Bibliografia: inedito.

336 K 27913 (tavv. 23. 77)
QAREA, F2003, Agora550/551/552, Ab. 603W.
Lu: 4.5cm; La: 3.7cm; Dm: indet; S: 0.7cm; H: 2.6cm.
Colori: impasto: grigio 7.5YR 6/1; sup. int: beige 7.5YR 8/3; sup. est: beige 7.5YR 8/3.
Impasto: C: tenero; DS: molto depurato; DI: piccoli; Del: L2; Mod: tornio lento.
Fr. d'orlo a tesa orizzontale di una forma aperta, scodella. Due fori passanti direttamente attraverso l'orlo, funzionali allo stoccaggio in sospensione della forma, alla parete o al soffitto. Superfici lisciate.
NAS: Acroma lisciata.
Datazione contesto: *t.a.q.* ca. 550 a.C. (ca. ultimo quarto VII – prima metà VI sec. a.C.).
Datazione relativa: seconda metà VIII sec. – 460/450 a.C.
Bibliografia: inedito.
Confronti: per la foratura attraverso l'orlo: Spatafora – Fresina 1991, 16 no. 6 (scodella – acroma); Tardo 1999a, 148 no. 157 fig. 151. 155 (scodella a tesa – dipinta).

337 K 22255 (tavv. 23. 78)
QAREA, F2003, Agora550/551/552, Ab. Steinpackung III.
Lu: 19cm; La: 6.8cm; Dm: 22.8cm; S: 0.7-1.1cm; H: 6.0cm.
Colori: impasto: beige-arancione 5YR 6/2; sup. int: arancione 5YR 7/6; sup. est: arancione 5YR 7/6.
Impasto: C: duro; DS: molto depurato; DI: medi; Del: L1; Mod: tornio lento.
Quattro fr. d'orlo ingrossato verso l'esterno di una scodella a parete concavo-carenata. Sulla parete esterna quattro solchi orizzontali paralleli incisi. Superfici lisciate.
NAS: Incisa senza rivestimento.
Datazione contesto: *t.a.q.* ca. 550 a.C. (ca. ultimo quarto VII – prima metà VI sec. a.C.).
Datazione relativa: ultimo quarto VII sec. – 460/450 a.C.
Bibliografia: Montana et al. 2021, 15 no. K 22255 tabb. 3. 6 (PPG-II).
Confronti: Canzanella 1993, 231 no. 10 fig. 2, 4; Spatafora 2003c, 121 no. I 44 fig. 133; Storti – Vaggioli 1994, 231–232 no. 1 tav. XLII, 9 (US 14034).

338 K 27922 (tavv. 23. 78)
QAREA, F2003, Agora550/551/552, Ab. 603E.
Lu: 3.3cm; La: 2.1cm; Dm: indet; S: 0.4-1.0cm; H: 1.6cm.
Colori: impasto: beige 7.5YR 7/6; nucleo: grigio chiaro 7.5YR 5/1; sup. int beige 7.5YR 7/4; sup. est: beige 7.5YR 7/4; dec: arancione-marrone 5YR 6/3-4.
Impasto: C: tenero; DS: medio depurato; DI: molto grandi; Del: L2; Mod: tornio lento.
Fr. d'orlo leggermente ingrossato verso l'interno di una forma aperta, scodella. Sulla parete esterna, tre solchi orizzontali paralleli incisi. Sia all'interno che all'esterno numerose tracce di rivestimento. Superfici lucidate.

NAS: Incisa con rivestimento omogeneo lucidato.
Datazione contesto: *t.a.q.* ca. 550 a.C. (ca. ultimo quarto VII – prima metà VI sec. a.C.).
Datazione relativa: seconda metà VIII sec. – 570 a.C.
Bibliografia: inedito.

339 K 27958 (tavv. 23. 78)
QAREA, F2003, Agora550/551/552, Ab. Steinpackung III.
Lu: 5.1cm; La: 4.9cm; Dm: ca. 17cm; S: 0.4-1.1cm; H: 4.7cm.
Colori: impasto: beige-grigio 7.5YR 5/1; sup. est: ocra 7.5YR 7/4; dec: marrone 7.5YR 5/3.
Impasto: C: duro; DS: medio depurato; DI: grandi; Del: L2; Mod: tornio lento.
Fr. d'orlo ingrossato a sezione quasi circolare leggermente estroflesso di scodella a profilo concavo-carenato. All'interno, rivestimento omogeneo. All'esterno acroma. Superfici lisciate.
NAS: Rivestimento omogeneo opaco / Acroma lisciata.
Datazione contesto: *t.a.q.* ca. 550 a.C. (ca. ultimo quarto VII – prima metà VI sec. a.C.).
Datazione relativa: seconda metà VII sec. – 500/490 a.C.
Bibliografia: inedito.

340 K 27967 (tavv. 23. 78)
QAREA, F2003, Agora550/551/552, Ab. Steinpackung IV.
Lu: 3.9cm; La: 3.6cm; Dm: indet; S: 0.5-0.7cm; H: 3.8cm.
Colori: impasto: beige 7.5YR 6/3; sup. int: beige 7.5YR 6/3; sup. est: beige 5YR 8/2; dec: arancione 2.5YR 5/6.
Impasto: C: tenero; DS: molto depurato; DI: medi; Del: L1; Mod: tornio lento.
Fr. d'orlo leggermente ingrossato verso l'esterno di coppa/scodella con profilo carenato e parete superiore estroflessa. All'interno e all'esterno rivestimento omogeneo. Superfici lucidate.
NAS: Rivestimento omogeneo lucidato.
Datazione contesto: *t.a.q.* ca. 550 a.C. (ca. ultimo quarto VII – prima metà VI sec. a.C.).
Datazione relativa: seconda metà VIII sec. – 570 a.C.
Bibliografia: inedito.
Confronti: Serra 2016, 114–115 nn. 102–104 (scodelle tipo H2).

341 K 27949 (tavv. 23. 78)
QAREA, F2003, Agora550/551/552, Ab. Steinpackung I.
Lu: 4.7cm; La: 4.4cm; Dm: ca 26cm; S: 0.7-1.2cm; H: 4.4cm.
Colori: impasto: beige-arancione 5YR 6/6; sup. int: beige-arancione 5YR 6/6; sup. est: beige-arancione 5YR 6/6; dec: arancione 2.5YR 6/6.
Impasto: C: tenero; DS: medio depurato; DI: medi; Del: L1; Mod: tornio lento.
Fr. d'orlo ingrossato di scodella a pareti concavo-carenate. Sulla superficie interna ed esterna rivestimento omogeneo. Superfici lisciate.
NAS: Rivestimento omogeneo opaco.
Datazione contesto: *t.a.q.* ca. 550 a.C. (ca. ultimo quarto VII – prima metà VI sec. a.C.).
Datazione relativa: seconda metà VII sec. – 550/540 a.C.
Bibliografia: inedito.
Confronti: Gargini 1995, 132 no. 37 fig. 16 (coppetta – dipinta).

342 K 22002 (tavv. 23. 78)
QAREA, F2003, Agora550/551/552, Ab. 602W.
Lu: 3.3cm; La: 2.7cm; Dm: 14.4cm; S: 0.5cm; H: 2.9cm.
Colori: impasto: beige-rosso 7.5YR 7/4; sup. int: beige-rosso 7.5YR 7/4; sup. est: beige-rosso 7.5YR 7/4; dec: rosso 2.5YR 5/6.
Impasto: C: tenero; DS: medio depurato; DI: medi; Del: L1; Mod: tornio lento.
Fr. d'orlo leggermente ingrossato di una coppa/scodella a profilo concavo-carenato. All'esterno, linee orizzontali dipinte. Superfici lisciate.
NAS: Dipinta monocroma.
Datazione contesto: *t.a.q.* ca. 550 a.C. (ca. ultimo quarto VII – prima metà VI sec. a.C.).
Datazione relativa: ultimo quarto VII sec. – 460/450 a.C.
Bibliografia: inedito.
Confronti: Blasetti Fantauzzi 2018, 69 no. 79 fig. 22 (scodella tipo 8); Serra 2016, 114–115 nn. 102–104 (scodelle tipo H2).

343 K 22032 (tavv. 23. 78)
QAREA, F2003, Agora550/551/552, Ab. Steinpackung II.
Lu: 3.2cm; La: 3.0cm; Dm: 17.2cm; S: 0.3-0.4cm; H: 2.8cm.
Colori: impasto: beige 7.5YR 7/3; sup. int: beige 7.5YR 8/3; sup. est: beige 7.5YR 8/3; dec: arancione-rosso 5YR 6/6.
Impasto: C: duro; DS: molto depurato; DI: medi; Del: L2; Mod: tornio lento.
Fr. d'orlo leggermente ingrossato di una coppa/scodella a parete concavo-carenata. All'esterno, quattro linee orizzontali dipinte. Superfici lisciate. Due diverse tecniche di levigatura sulla superficie esterna ed interna, rispettivamente panno o mano (?) ed un utensile di ca. 0.5cm di larghezza.
NAS: Dipinta monocroma.
Datazione contesto: *t.a.q.* ca. 550 a.C. (ca. ultimo quarto VII – prima metà VI sec. a.C.).
Datazione relativa: ultimo quarto VII sec. – 460/450 a.C.
Bibliografia: inedito.
Confronti: Serra 2016, 114–115 nn. 102–104 (scodelle tipo H2).

344 K 27957 (tavv. 23. 78)
QAREA, F2003, Agora550/551/552, Ab. 610W.
Lu: 6.6cm; La: 5.4cm; Dm: ca. 16cm; S: 0.7-1.1cm; H: 5.3cm.
Colori: impasto: beige-arancione 5YR 6/6; nucleo: beige 10YR 7/3; sup. int: beige-arancione 7.5YR 8/4; sup.est beige-arancione 7.5YR 8/4; dec: marrone chiaro 5YR 6/6.
Impasto: C: tenero; DS: molto depurato; DI: grandi; Del: L1; Mod: tornio lento.
Fr. d'orlo ingrossato di scodella a pareti concavo-carenate. Rivestimento omogeneo all'interno della forma, compreso lungo l'orlo all'esterno. Sotto l'orlo, all'esterno, acromo. Superfici lisciate.
NAS: Rivestimento omogeneo opaco / Acroma lisciata.
Datazione contesto: *t.a.q.* ca. 550 a.C. (ca. ultimo quarto VII – prima metà VI sec. a.C.).
Datazione relativa: seconda metà VII sec. – 500/490 a.C.
Bibliografia: inedito.
Confronti: Blasetti Fantauzzi 2018, 68 no. 72 fig. 21 (scodella tipo 8 – dipinta); Serra 2016, 114–115 nn. 102–104 (scodelle tipo H2 – dipinta).

345 K 22160 (fig. 44 tavv. 23. 78)
QAREA, F2003, Agora550/551/552, Ab. 610W / 602W.
Lu: 8.5cm; La: 3.7cm; Dm: 14.5cm; S: 0.5cm; H: 3.5cm.
Colori: impasto: beige-rosso 7.5YR 6/4; sup. int: beige-rosso 7.5YR 7/4; sup. est: beige-rosso 7.5YR 7/4; dec: rosso 2.5YR 5/6.
Impasto: C: tenero; DS: medio depurato; DI: medi; Del: L1; Mod: tornio lento.
Due fr. combacianti d'orlo leggermente ingrossato verso l'esterno di una coppa/scodella a profilo concavo-carenato. All'esterno, linee orizzontali dipinte. Superfici lisciate.
NAS: Dipinta monocroma.
Datazione contesto: *t.a.q.* ca. 550 a.C. (ca. ultimo quarto VII – prima metà VI sec. a.C.).
Datazione relativa: ultimo quarto VII sec. – 460/450 a.C.
Bibliografia: Montana et al. 2021, 15 no. K 22160 tabb. 3. 6 (PPG-II).
Confronti: Campisi 1997, 152 no. I 19 fig. 3; Serra 2016, 113–115 nn. 90–100. 102–104 (variante tra scodelle tipo H/H2).

346 K 22031 (tavv. 24. 78)
QAREA, F2003, Agora550/551/552, Ab. Steinpackung II.
Lu: 7.7cm; La: 3.4cm; Dm: 14.4cm; S: 0.3-0.4cm; H: 3.6cm.
Colori: impasto: beige-rosso 7.5YR 7/4; sup. int: beige-rosso 7.5YR 7/4; sup. est: beige-rosso 7.5YR 7/4; dec: rosso 2.5YR 5-6/6.
Impasto: C: tenero; DS: molto depurato; DI: piccoli; Del: L1; Mod: tornio lento.
Fr. d'orlo ingrossato all'esterno, svasato all'interno, di una scodella a profilo concavo-carenato. All'esterno, linee orizzontali dipinte. Superfici lisciate.
NAS: Dipinta monocroma.
Datazione contesto: *t.a.q.* ca. 550 a.C. (ca. ultimo quarto VII – prima metà VI sec. a.C.).
Datazione relativa: ultimo quarto VII sec. – 460/450 a.C.
Bibliografia: Montana et al. 2021, 15 no. K 22031 tabb. 3. 6 (PPG-II).

347 K 22036 (tavv. 24. 78)
QAREA, F2003, Agora550/551/552, Ab. Steinpackung II.
Lu: 3.7cm; La: 3.4cm; Dm: 16cm; S: 0.5-0.6cm; H: 3.2cm.
Colori: impasto: beige-grigio 5YR 6/2; sup. int: arancione 5YR 7/6; sup. est: arancione 5YR 7/6.
Impasto: C: duro; DS: medio depurato; DI: molto grandi; Del: L1; Mod: tornio lento.
Fr. d'orlo leggermente ingrossato verso l'esterno di una coppa/scodella a pareti concavo-carenate. Superfici lisciate.
NAS: Acroma lisciata.
Datazione contesto: *t.a.q.* ca. 550 a.C. (ca. ultimo quarto VII – prima metà VI sec. a.C.).
Datazione relativa: seconda metà VIII sec. – 460/450 a.C.
Bibliografia: inedito.
Confronti: Blasetti Fantauzzi 2018, 73 no. 91 fig. 23 (scodella tipo 9 – dipinta); Serra 2016, 114–115 nn. 102–104 (scodelle tipo H2 – dipinta).

348 K 22290 (fig. 44 tavv. 24. 78)
QAREA, F2003, Agora550/551/552, Ab. Steinpackung I.
Lu: 3.8cm; La: 2.9cm; Dm: indet; S: 0.4-0.7cm; H: 3.0cm.
Colori: impasto: grigio 7.5YR 5/1; sup. int: beige-marrone 7.5YR 7/4; sup. est: beige-marrone 7.5YR 7/4; dec: marrone-giallo 7.5YR 6/6
Impasto: C: duro; DS: molto depurato; DI: grandi; Del: L2; Mod: tornio lento.
Fr. d'orlo ingrossato a sezione quasi circolare con parete superiore estroflessa di scodella a profilo concavo-carenato. Rivestimento omogeneo sia all'interno che all'esterno. Superfici lisciate.
NAS: Rivestimento omogeneo opaco.
Datazione contesto: *t.a.q.* ca. 550 a.C. (ca. ultimo quarto VII – prima metà VI sec. a.C.).
Datazione relativa: seconda metà VII sec. – 550/540 a.C.
Bibliografia: inedito.
Confronti: Blasetti Fantauzzi 2018, 73 no. 91 fig. 23 (scodella tipo 9 – dipinta); Serra 2016, 114–115 nn. 102–104 (scodelle tipo H2 – dipinta).

349 K 28557 (tavv. 24. 78)
QAREA, F2003, Agora550/551/552, Ab. Steinpackung V.
Lu: 5.6cm; La: 5.4cm; S: 0.5-0.6cm.
Colori: impasto: beige-grigio 7.5YR 5/1; sup. est: ocra 7.5YR 6/6; dec: arancione scuro 2.5YR 5/4 e marrone 2.5YR 4/1.
Impasto: C: duro; DS: molto depurato; DI: piccoli; Del: L1; Mod: tornio lento.
Fr. di parete a profilo concavo-carenato di forma aperta, scodella. Sulla superficie interna, rivestimento omogeneo di colore marrone con tre macchie di colore acrome, create per asporto del colore. All'esterno, solco inciso orizzontale sopra la carena e resti di colore sulla parte sottostante (dipinta linearmente?). Superfici lisciate.
NAS: Incisa senza rivestimento ; Dipinta monocroma / Decorazione lineare opaca (-).
Datazione contesto: *t.a.q.* ca. 550 a.C. (ca. ultimo quarto VII – prima metà VI sec. a.C.).
Datazione relativa: 570 – 550/540 a.C.
Bibliografia: inedito.

350 K 22088 (tavv. 24. 78)
QAREA, F2003, Agora550/551/552, Ab. 609E.
Lu: 5.0cm; La: 4.0cm; S: 0.3cm.
Colori: impasto: beige-rosso 7.5YR 7/3; sup. int: beige-rosso 2.5YR 7/6; sup. est: beige-rosso 2.5YR 7/6; dec: rosso 2.5YR 4/8.
Impasto: C: tenero; DS: molto depurato; DI: medi; Del: L1; Mod: tornio lento.
Fr. di parete concavo-carenata di forma aperta, scodella. Sulla superficie esterna, sopra la carena, solchi orizzontali incisi. Sotto la carena, linee orizzontali dipinte. Superfici lisciate.
NAS: Incisa senza rivestimento ; Dipinta monocroma / Acroma lisciata.
Datazione contesto: *t.a.q.* ca. 550 a.C. (ca. ultimo quarto VII – prima metà VI sec. a.C.).
Datazione relativa: 570 – 550/540 a.C.
Bibliografia: inedito.

351 K 22086 (fig. 47 tavv. 24. 78)
QAREA, F2003, Agora550/551/552, Ab. 609E.
Lu: 9.8cm; La: 7.0cm; Dm: 15.4cm; S: 0.8cm; H: 5.8cm.
Colori: impasto: beige 7.5YR 5/1; nucleo: grigio 5YR 5/1; sup. int: beige 7.5YR 7/4; sup. est: beige 7.5YR 7/4; dec: rosso 2.5YR 5/6.
Impasto: C: tenero; DS: molto depurato; DI: grandi; Del: L1; Mod: tornio lento.
Cinque fr. combacianti di un profilo intero con orlo ingrossato verso l'esterno e fondo piano di una scodella a profilo concavo-carenato. Sulla superficie esterna, sette linee orizzontali dipinte. Sulla superficie inferiore del fondo, decorazione a cerchi concentrici. Superfici lisciate.
NAS: Dipinta monocroma.
Datazione contesto: *t.a.q.* ca. 550 a.C. (ca. ultimo quarto VII – prima metà VI sec. a.C.).
Datazione relativa: ultimo quarto VII sec. – 460/450 a.C.
Bibliografia: Montana et al. 2021, 15 no. K 22086 fig. 5 tabb. 3. 6 (PPG-II).

352 K 28410 (tavv. 24. 78)
QAREA, F2003, Agora550/551/552, Ab. Steinpackung IV.
Lu: 4.6cm; La: 3.5cm; Dm: 20.0cm; S: 0.7-1.0cm; H: 4.8cm.
Colori: impasto: beige-rosso 7.5YR 6/3; sup. int: beige-giallo 7.5YR 7/4; sup. est: beige-giallo 7.5YR 7/4; dec: arancione-marrone 5YR 6/6.
Impasto: C: duro; DS: estremamente depurato; DI: grandi; Del: L2; Mod: tornio lento.
Fr. d'orlo leggermente ingrossato verso l'esterno di una scodella di medio-grandi dimensioni a parete concavo-carenata. Lungo l'orlo, banda orizzontale dipinta. Sbavatura di colore all'esterno. Superfici lisciate.
NAS: Dipinta monocroma.
Datazione contesto: *t.a.q.* ca. 550 a.C. (ca. ultimo quarto VII – prima metà VI sec. a.C.).
Datazione relativa: ultimo quarto VII sec. – 460/450 a.C.
Bibliografia: inedito.

353 K 22141 A–B (tavv. 24. 78)
QAREA, F2003, Agora550/551/552, Ab. 609W / 608W / 607W.
A: Lu: 11.2cm; La: 4.4cm; Dm: 27.6cm; S: 0.6-1.1cm; H: 4.4cm; B: Lu: 7.1cm; La: 6.5cm; H: 6.6cm.
Colori: impasto: grigio 7.5YR 5/2; sup. int: beige 7.5YR 8/2; sup. est: beige 7.5YR 8/2.
Impasto: C: duro; DS: molto depurato; DI: medi; Del: L2; Mod: tornio lento.
Tre fr. d'orlo ingrossato, dei quali due combacianti, di una scodella a parete concavo-carenata. Sulla parete esterna, quattro solchi orizzontali paralleli incisi. Foro di sospensione direttamente attraverso l'orlo sul fr. B, funzionale allo stoccaggio in sospensione della forma alla parete o al soffitto. Superfici lisciate.
NAS: Incisa senza rivestimento.
Datazione contesto: *t.a.q.* ca. 550 a.C. (ca. ultimo quarto VII – prima metà VI sec. a.C.).
Datazione relativa: ultimo quarto VII sec. – 460/450 a.C.
Bibliografia: Montana et al. 2021, 15 no. K 22141 B tabb. 3. 6 (PPG-II).

354 K 22171 (tavv. 24. 78)
QAREA, F2003, Agora550/551/552, Ab. 603E.
Lu: 3.5cm; La: 3.0cm; Dm: 20.4cm; S: 0.8cm; H: 1.8cm.
Colori: impasto: beige 7.5YR 6/4; sup. int: beige 7.5YR 8/3-4; sup. est: beige 7.5YR 6/4; dec: rosso 2.5YR 4/6.
Impasto: C: duro; DS: estremamente depurato; DI: molto grandi; Del: L2; Mod: tornio lento.
Fr. d'orlo estroflesso a larga tesa arrotondata di forma aperta. Sulla tesa dell'orlo, tre solchi incisi. Sulla superficie esterna, sotto l'orlo, banda orizzontale dipinta.
NAS: Incisa senza rivestimento ; Dipinta monocroma / Acroma lisciata.
Datazione contesto: *t.a.q.* ca. 550 a.C. (ca. ultimo quarto VII – prima metà VI sec. a.C.).
Datazione relativa: 570 – 550/540 a.C. (se interpretata come una forma a decorazione mista incisa/dipinta).
Bibliografia: inedito.
Confronti: Trombi 2015, 52 no. 352 tav. IV (forma BA1, bacini); Serra 2016, 117 no. 128 tav. 16, 7 (scodelle/lekanides); Spatafora 2003c, 121 no. I 39 fig. 132 (scodelle tipo I).

355 K 22138 (fig. 26 tavv. 24. 78)
QAEA, F2003, Agora550/551/552, Ab. 601.
Lu: 4.6cm; La: 4.5cm; Dm est: 20.0cm; S: 0.8cm; H: 4.3cm.
Colori: impasto: beige-rosso 7.5YR 7/4; nucleo: grigio 7.5YR 5/1; sup. int: beige 7.5YR-5YR 7/4; sup. est: beige 7.5YR-5YR 7/4; dec: arancione 2.5YR 5/6-8.
Impasto: C: semiduro; DS: estremamente depurato; DI: medi; Del: L1-L2; Mod: a tornio lento.

Due fr. combacianti di scodella. All'esterno, cinque solchi incisi paralleli e orizzontali (ca. 0.2-0.3cm). All'interno e lungo l'orlo, rivestimento omogeneo. All'esterno acromo. Superfici lisciate.
NAS: Incisa senza rivestimento / Rivestimento omogeneo opaco.
Datazione contesto: ca. 550 – 500/490 a.C.
Datazione relativa: ultimo quarto VII sec. – 500/490 a.C.
Bibliografia: inedito.
Confronti: Di Noto 1995, 92 no. 20 fig. 7 (incisa).

356 K 27215 (fig. 26 tavv. 24. 78)
QAEA, S2009, Agora550/551/553, Ab. 305.
Lu: 4.9cm; La: 4.1cm; Dm est: 17.0cm; S: 0.3cm; H: 3.7cm.
Colori: impasto: marrone chiaro 10YR 6-7/4; sup. int: beige 10YR 8/2; sup. est: beige 10YR 8/2; dec: marrone 10YR 3/2-3.
Impasto: C: duro; DS: molto depurato; DI: medi; Del: L2; Mod: a tornio veloce.
Fr. d'orlo ingrossato di scodella con parete concavo-carenata. All'esterno, tre linee orizzontali dipinte. Superfici lisciate.
NAS: Dipinta monocroma.
Datazione contesto: ca. 550 – 500/490 a.C.
Datazione relativa: ultimo quarto VII sec. – 460/450 a.C.
Bibliografia: inedito.
Confronti: per l'andamento della parete: Leighton 1993, 192 no. 351 tav. 114 (*bowl*).

357 K 32723 (tavv. 24. 79)
QAEO1F, F1996, Agora565, Ab. 107.
Lu: 2.1cm; La: 2.5cm; Dm est: 9.0cm; S: 0.3cm; H: 2.5cm.
Colori: impasto: beige-rosso 5YR 7/6; sup. int: beige 7.5YR 7/4; sup. est: beige 7.5YR 7/4; dec: arancione 5YR 6/8.
Impasto: C: tenero; DS: estremamente depurato; DI: medi; Del: L2; Mod: tornio veloce.
Fr. d'orlo leggermente ingrossato verso l'interno e parete rientrante di scodella. All'esterno tra orlo e carena resti di cinque solchi orizzontali incisi, poco profondi ma equidistanti. All'interno e sull'orlo, tracce di rivestimento omogeneo. Superfici lisciate.
NAS: Incisa senza rivestimento / Rivestimento omogeneo opaco.
Datazione contesto: *t.a.q.* 500/490 a.C. (ca. fine VII sec. – 500/490 a.C.).
Datazione relativa: ultimo quarto VII sec. – 500/490 a.C.
Bibliografia: inedito.

358 K 32709 (tavv. 24. 79)
QAEO1F, F1996, Agora564, Ab. 106.
Lu: 3.7cm; La: 2.3cm; Dm int: 13.0cm; S: 0.4cm; H: 2.3cm .
Colori: impasto: marrone chiaro 5YR 6/6; sup. int: arancione-marrone 5YR 5-6/8; sup. est: beige-rosso 5YR-7.5YR 7/4; dec: arancione-marrone 5YR 5-6/8.
Impasto: C: duro; DS: molto depurato; DI: medi; Del: L1; Mod: tornio lento.
Fr. d'orlo retto con parete rientrante di scodella. Sulla parete esterna, sopra la carena, cinque solchi orizzontali incisi. Rivestimento omogeneo sia all'interno della forma che sull'orlo all'esterno. Superfici lisciate.
NAS: Incisa senza rivestimento / Rivestimento omogeneo opaco.
Datazione contesto: *t.a.q.* 500/490 a.C. (ca. fine VII sec. – 500/490 a.C.).
Datazione relativa: ultimo quarto VII sec. – 500/490 a.C.
Bibliografia: inedito.

359 K 32711 (tavv. 24. 79)
QAEO1F, F1996, Agora564, Ab. 106.
Lu: 5.4cm; La: 3.2cm; Dm int: 13.0cm; S: 0.4cm; H: 3.2cm.
Colori: impasto: marrone-rosso 2.5YR 5/6; nucleo: grigio 2.5YR 5/1; ing: marrone-grigio 7.5YR 6/2; dec: nero-marrone 7.5YR 2.5/1.
Impasto: C: duro; DS: molto depurato; DI: medi; Del: a biscotto, bianchi calcarei e non, vacuoli, rossi puntiformi; Mod: tornio veloce.
Fr. d'orlo leggermente ingrossato verso l'esterno con parete rientrante di scodella. Sia all'esterno che all'interno sono dipinte linee verticali leggermente ondulate su ingobbio. Superfici lisciate.
NAS: Dipinta monocroma.
Datazione contesto: *t.a.q.* 500/490 a.C. (ca. fine VII sec. – 500/490 a.C.).
Datazione relativa: ultimo quarto VII sec. – 460/450 a.C.
Bibliografia: inedito.

360 K 32705 (tavv. 24. 79)
QAEO1F, F1996, Agora565, Ab. 105.
Lu: 7.1cm; La: 3.8cm; Dm est: 22.0cm; S: 0.5cm; H: 3.9cm.
Colori: impasto: marrone 5YR 4/6; ing: beige-bianco 10YR 8/3; dec: arancione 2.5YR 4/6.
Impasto: C: duro; DS: molto depurato; DI: molto grandi; Del: bianchi, beige, rossi molto grandi, vacuoli allungati sottili; Mod: tornio veloce.
Due fr. combacianti orlo leggermente ingrossato di scodella con parete concavo-carenata. All'esterno, resti di due linee verticali dipinte. Ingobbio sia all'interno che all'esterno con leggere discromie. Superfici lisciate.
NAS: Dipinta monocroma.
Datazione contesto: *t.a.q.* 500/490 a.C. (ca. fine VII sec. – 500/490 a.C.).
Datazione relativa: ultimo quarto VII sec. – 460/450 a.C.
Bibliografia: inedito.

361 K 16456 (tavv. 24. 79)
QAEO1F, F1995, Agora564/567, Ab. 215.
Lu: 4.4cm; La: 3.7cm; Dm est: 22.0cm; S: 0.5cm; H: 3.7cm.
Colori: impasto: marrone chiaro 10YR 7/4; nucleo: grigio 10YR 7/4; sup. int: beige 10YR 8/4; sup. est: beige 10YR 8/4.
Impasto: C: semiduro; DS: estremamente depurato; DI: medi; Del: L2; Mod: tornio lento.
Fr. d'orlo leggermente ingrossato verso l'esterno di scodella con parete concavo-carenata. Superfici lisciate.
NAS: Acroma lisciata.
Datazione contesto: *t.a.q.* 500/490 a.C. (ca. fine VII sec. – 500/490 a.C.).
Datazione relativa: seconda metà VIII sec. – 460/450 a.C.
Bibliografia: inedito.

362 K 32550 (tavv. 24. 79)
QAEO1F, F1995, Agora565, Ab. 111.
Lu: 5.0cm; La: 3.1cm; Dm: 16.2cm; S: 0.5cm; H: 3.1cm.
Colori: impasto: beige-marrone 5YR 6/6; nucleo: grigio 5YR 5/1; sup. int: beige-marrone 5YR 7/6; sup. est: beige-marrone 5YR 7/6.
Impasto: C: semiduro; DS: molto depurato; DI: medi; Del: L1; Mod: tornio lento.
Due fr. combacianti orlo svasato all'interno e parete concavo-carenata di scodella. Superfici lisciate.
NAS: Acroma lisciata.
Datazione contesto: *t.a.q.* 500/490 a.C. (ca. fine VII sec. – 500/490 a.C.).
Datazione relativa: seconda metà VIII sec. – 460/450 a.C.
Bibliografia: inedito.
Confronti: Serra 2016, 105–106 nn. 1–8 (scodelle tipo A).

363 K 16978 (tavv. 24. 79)
QAEO1F, F1996, Agora565, Ab. 104.
Lu: 7.8cm; La: 7.4cm; Dm est: 22.0cm; S: 0.6-0.8cm; H: 6.3cm.
Colori: impasto: beige 10YR 7/4; nucleo: grigio chiaro 10YR 7-8/1; sup. int: beige 10YR 8/3; sup. est: beige 10YR 8/3.
Impasto: C: duro; DS: estremamente depurato; DI: medi; Del: L2; Mod: tornio lento.
Due fr. combacianti d'orlo quasi pendulo di scodella con bugna triangolare, forata verticalmente, funzionale allo stoccaggio in sospensione della forma alla parete. All'interno, striature orizzontali leggermente incavate. All'esterno, solco appena accennato, orizzontale, largo ca. 0.3cm. Ben lisciato, quasi lucidato, sia all'interno che all'esterno.
NAS: Acroma lisciata.
Datazione contesto: *t.a.q.* 500/490 a.C. (ca. fine VII sec. – 500/490 a.C.).
Datazione relativa: seconda metà VIII sec. – 460/450 a.C.
Bibliografia: inedito.
Confronti: Leighton 1993, 164 no. 12 tav. 65 (*carinated cup* – dipinta). Simile: Blasetti Fantauzzi 2018, 55 no. 32 fig. 16 (scodella tipo 2 – dipinta); Serra 2016, 106 nn. 9–15 (scodelle tipo A1 – dipinta).

364 K 16988 (tavv. 24. 79)
QAEO1F, F1996, Agora565, Ab. 105.
Lu: 4.5cm; La: 5.6cm; Dm: 14.0cm; S: 0.4-0.5cm; H: 4.6cm.
Colori: impasto: grigio 10YR 5/1; ing: beige-grigio 10YR 8/1; dec: nero 10YR 3/1; marrone 7.5YR 5/6-8.
Impasto: C: duro; DS: molto depurato;

DI: grandi; Del: molto duro, grigio omogeneo, bianchi, Segesta?; Mod: tornio veloce.
Due fr. combacianti d'orlo retto di coppa/scodella carenata. All'esterno, sotto la carena, tre linee orizzontali marroni, o nere diluite? Sull'orlo cinque brevi tratti neri saturi dipinti. Ingobbio sia all'interno che all'esterno. Superfici lisciate.
NAS: Dipinta monocroma.
Datazione contesto: *t.a.q.* 500/490 a.C. (ca. fine VII sec. – 500/490 a.C.).
Datazione relativa: ultimo quarto VII sec. – 460/450 a.C.
Bibliografia: inedito.
Confronti: Blasetti Fantauzzi 2018, 67 no. 70 fig. 21 (scodella tipo 8).

365 K 32728 (tavv. 24. 79)
QAEO1F, F1996, Agora565, Ab. 107.
Lu: 4.3cm; La: 2.9cm; Dm est: 14.0cm; S: 0.5cm; H: 2.8cm.
Colori: impasto: beige-rosso 7.5YR 7/3; nucleo: beige 7.5YR 8/2; sup. int: beige 7.5YR 8/3; sup. est: beige 7.5YR 8/3; dec: arancione 5YR 5/6.
Impasto: C: tenero; DS: estremamente depurato; DI: piccoli; Del: L2; Mod: tornio lento.
Fr. d'orlo leggermente ingrossato verso l'interno di coppa/scodella con bugna triangolare, forata verticalmente, funzionale allo stoccaggio in sospensione della forma alla parete. Il foro è perfetto, verosimilmente creato da uno strumento specifico. All'esterno, linea orizzontale dipinta. Superfici lisciate.
NAS: Dipinta monocroma.
Datazione contesto: *t.a.q.* 500/490 a.C. (ca. fine VII sec. – 500/490 a.C.).
Datazione relativa: ultimo quarto VII sec. – 460/450 a.C.
Bibliografia: inedito.

366 K 32541 (tavv. 24. 79)
QAEO1F, F1995, Agora565, Ab. 110.
Lu: 3.8cm; La: 2.1cm; Dm int: 19.0cm; S: 0.6cm; H: 2.0cm.
Colori: impasto: marrone-arancione 2.5YR 5/6; nucleo: marrone 2.5YR 5/4; sup. int: marrone-arancione 7.5YR 5/3; sup. est: marrone-arancione 5YR 6/8; dec: marrone scuro 7.5YR 4/4.
Impasto: C: tenero; DS: molto depurato; DI: medi; Del: L1; Mod: tornio lento.
Fr. d'orlo leggermente ingrossato verso l'esterno di scodella con bugna triangolare, forata verticalmente, funzionale allo stoccaggio in sospensione della forma alla parete. Tracce sia all'interno che all'esterno di rivestimento. Superfici lisciate.
NAS: Rivestimento omogeneo opaco.
Datazione contesto: *t.a.q.* 500/490 a.C. (ca. fine VII sec. – 500/490 a.C.).
Datazione relativa: seconda metà VII sec. – 550/540 a.C.
Bibliografia: inedito.

367 K 32713 (tavv. 25. 79)
QAEO1F, F1996, Agora565, Ab. 106.
Lu: 6.1cm; La: 2.6cm; Dm est: 23.0cm; S: 0.3cm; H: 2.7cm.
Colori: impasto: marrone 7.5YR 5/4; nucleo: grigio 7.5YR 4/1; sup. est: marrone 7.5YR 6/4; ing: bianco-beige 7.5YR 7-8/3.
Impasto: C: duro; DS: estremamente depurato; DI: piccoli; Del: mica, bianchi calcarei, grigi puntiformi, vacuoli allungati. Impasto molto compatto; Mod: tornio veloce.
Due fr. combacianti d'orlo ingrossato verso l'esterno di scodella con bugna circolare, forata orizzontalmente, funzionale allo stoccaggio in sospensione della forma alla parete. All'interno, ingobbio abbastanza ben conservato, in parte evanido all'esterno. Superfici lisciate.
NAS: Acroma lisciata.
Datazione contesto: *t.a.q.* 500/490 a.C. (ca. fine VII sec. – 500/490 a.C.).
Datazione relativa: seconda metà VIII sec. – 460/450 a.C.
Bibliografia: inedito.

368 K 32714 (tavv. 25. 79)
QAEO1F, F1996, Agora565, Ab. 106.
Lu: 4.1cm; La: 2.1cm; Dm: 21.0cm; S: 0.6cm; H: 2.0cm.
Colori: impasto: beige-rosso 5YR 6/4; sup. int: beige 7.5YR 7/4; sup. est: beige 7.5YR 7/4; dec: arancione 5YR 5/8.
Impasto: C: semiduro; DS: molto depurato; DI: medi; Del: L1; Mod: tornio lento.
Fr. d'orlo ingrossato verso l'esterno di scodella. All'esterno, tre solchi orizzontali incisi. Rivestimento omogeneo sia all'interno che all'esterno. Superfici lucidate.
NAS: Incisa con rivestimento omogeneo lucidato.
Datazione contesto: *t.a.q.* 500/490 a.C. (ca. fine VII sec. – 500/490 a.C.).
Datazione relativa: seconda metà VIII sec. – 570 a.C.
Bibliografia: inedito.

369 K 32603 (tavv. 25. 79)
QAEO1F, F1995, Agora565, Ab. 116.
Lu: 3.5cm; La: 2.2cm; Dm: 12.0cm; S: 0.4cm; H: 2.0cm.
Colori: impasto: marrone chiaro 10YR 7/4; nucleo: grigio 10YR 6/1; sup. int: beige-giallo 10YR 7/4; sup. est: beige-giallo 10YR 7/4; dec: arancione-marrone 7.5YR 5/8.
Impasto: C: duro; DS: molto depurato; DI: medi; Del: L2; Mod: tornio lento.
Fr. d'orlo ingrossato di scodella, probabilmente concavo-carenta. All'esterno motivo ad onda orizzontale sulla parte superiore alla carena. Superfici lisciate.
NAS: Dipinta monocroma.
Datazione contesto: *t.a.q.* 500/490 a.C. (ca. fine VII sec. – 500/490 a.C.).
Datazione relativa: ultimo quarto VII sec. – 460/450 a.C.
Bibliografia: inedito.

370 K 32599 (tavv. 25. 79)
QAEO1F, F1995, Agora565, Ab. 115.
Lu: 7.8cm; La: 3.9cm; Dm: 18.0cm; S: 0.8cm; H: 3.9cm.
Colori: impasto: marrone 5YR 5/6; nucleo: grigio 7.5YR 6/1; ing: bianco-beige 10YR 8/2.
Impasto: C: duro; DS: estremamente depurato; DI: piccoli; Del: molto compatto con mica e inclusi grigi puntiformi radi, saltuari vacuoli puntiformi; Mod: tornio veloce.
Tre fr. combacianti d'orlo ingrossato verso l'esterno e parete concavo-carenata. Ingobbio sia all'interno che all'esterno. Superfici lisciate.
NAS: Acroma lisciata.
Datazione contesto: *t.a.q.* 500/490 a.C. (ca. fine VII sec. – 500/490 a.C.).
Datazione relativa: seconda metà VIII sec. – 460/450 a.C.
Bibliografia: inedito.
Confronti: Termini 2003, 234 no. C 21 fig. 206.

371 K 32572 (tavv. 25. 79)
QAEO1F, F1995, Agora565, Ab. 113.
Lu: 4.2cm; La: 4.0cm; Dm est: 18.4cm; S: 0.7cm; H: 3.8cm.
Colori: impasto: beige-rosso 5YR 7/4; sup. int: beige 7.5YR 7/4-6; sup. est: beige 7.5YR 7/4; dec: arancione 5YR 6/8.
Impasto: C: tenero; DS: molto depurato; DI: grandi; Del: L2; Mod: tornio lento.
Fr. d'orlo ingrossato verso l'esterno di scodella carenata. Tracce di rivestimento arancione sia all'interno che all'esterno, più visibili sull'orlo. Superfici lisciate.
NAS: Rivestimento omogeneo opaco.
Datazione contesto: *t.a.q.* 500/490 a.C. (ca. fine VII sec. – 500/490 a.C.).
Datazione relativa: seconda metà VII sec. – 550/540 a.C.
Bibliografia: inedito.

372 K 32693 A–B (tavv. 25. 79)
QAEO1F, F1995/F1996, Agora565, Ab. 110 / Ab. 205 II.
A: Lu: 3.1cm; La: 3.3cm; B: Lu: 3.6cm; La: 2.2cm; Dm: 16.0cm; S: 0.4-0.6cm; H: 2.6cm.
Colori: impasto: marrone chiaro 7.5YR 6/6; nucleo: grigio 7.5YR 5/1; sup. int: marrone chiaro 7.5YR 7/6; ing: beige 10YR 8/3; dec: arancione scuro 5YR 4/6.
Impasto: C: semiduro; DS: molto depurato; DI: medi; Del: L2; Mod: tornio veloce.
Due fr. non combacianti con parete concavo-carenata di coppa/scodella. All'esterno, sopra la carena, resto di motivo ad onda orizzontale; sotto la carena resti di tre linee orizzontali dipinte. Ingobbio sia all'interno che all'esterno. Superfici lisciate.
NAS: Dipinta monocroma.
Datazione contesto: *t.a.q.* 500/490 a.C. (ca. fine VII sec. – 500/490 a.C.).
Datazione relativa: ultimo quarto VII sec. – 460/450 a.C.
Bibliografia: inedito.

373 K 16645 (tavv. 25. 79)
QAEO1F, F1995, Agora565, Ab. 109.
Lu: 5.7cm; La: 4.5cm; Dm: 20.0cm; S: 0.6cm; H: 4.5cm.
Colori: impasto: arancione 2.5YR 5/8; ing: beige-giallo 10YR 8/2.
Impasto: C: duro; DS: estremamente depurato; DI: medi; Del: frattura frastagliata, numerosi vacuoli di forma arrotondata che rendono l'impasto leggermente friabile, bianchi e grigi di forma arrotondata puntiformi, rossi puntiformi; Mod: tornio veloce.
Fr. d'orlo ingrossato verso l'esterno con parete concavo-carenata di scodella. Ingobbio beige, leggermente evanido, sia all'interno che all'esterno. Superfici lisciate.
NAS: Acroma lisciata.
Datazione contesto: *t.a.q.* 500/490 a.C. (ca. fine VII sec. – 500/490 a.C.).
Datazione relativa: seconda metà VIII sec. – 460/450 a.C.
Bibliografia: inedito.
Confronti: Falsone et al. 1993, 179 no. 22 fig. 180; Serra 2016, 113–114 nn. 90–100 (scodelle tipo H – dipinta).

374 K 32581 A–B (tavv. 25. 79)
QAEO1F, F1995, Agora565, Ab. 114.
A: Lu: 3.5cm; La: 2.8cm; Dm est: 17.0cm; S: 0.4-0.5cm; H: 2.8cm; B: Lu: 7.3cm; La: 2.6cm; S: 0.4cm; H: 2.6cm.
Colori: impasto: rosso-marrone 2.5YR 6/6; nucleo: marrone 5YR 5/1-2; sup. int: beige 7.5YR 8/2; sup. est: beige 5YR 7/4-6; ing: beige 7.5YR 8/2.
Impasto: C: duro; DS: molto depurato; DI: grandi; Del: L1; Mod: tornio lento.
Due fr. non combacianti (A: un fr.; B: due fr.) di scodella carenata con bugna, forata orizzontalmente, funzionale allo stoccaggio in sospensione della forma alla parete. Resti evanidi di ingobbio sia all'interno che all'esterno. Superfici lisciate.
NAS: Acroma lisciata.
Datazione contesto: *t.a.q.* 500/490 a.C. (ca. fine VII sec. – 500/490 a.C.).
Datazione relativa: seconda metà VIII sec. – 460/450 a.C.
Bibliografia: inedito.
Confronti: per quanto riguarda la morfologia dell'orlo ma senza bugna forata: Termini 2003, 235 no. C 27 fig. 206; Serra 2016, 113–114 nn. 90–100 (scodelle tipo H – dipinta).

375 K 16614 (tavv. 25. 79)
QAEO1F, F1995, Agora565, Ab. 113.
Lu: 18.0cm; La: 9.1cm; Dm orlo: 15.0cm; Dm fondo: 6.0cm; S: 0.4-0.9cm; H: 6.8cm.
Colori: impasto: arancione 5YR 6/8; nucleo: grigio 5YR 6/1; sup. int: arancione 5YR 6/8; ing: beige 7.5YR 8/2; dec: arancione 2.5YR 6/6-8; rosso scuro 2.5YR 4/8.
Impasto: C: duro; DS: molto depurato; DI: grandi; Del: molto compatto con pochi inclusi visibili tra medi e radi grandi, vacuoli arrotondati e allungati, bianchi di forma squadrata, rossi grandi di forma squadrata; Mod: tornio veloce.
Profilo completo di scodella con orlo ingrossato verso l'esterno, parete concavo-carenata e fondo concavo (quattro fr. totali). All'esterno sotto l'orlo e sopra la carena motivo ad onda orizzontale arancione scuro; sotto la carena due linee orizzontali arancioni seguiti da una banda rosso scuro e due linee orizzontali arancioni. Sulla superficie inferiore del fondo, motivo, probabilmente a svastica, arancione. Ingobbio sia all'interno che all'esterno. All'interno più evanido rispetto all'esterno. Superfici lisciate.
NAS: Dipinta bicroma.
Datazione contesto: *t.a.q.* 500/490 a.C. (ca. fine VII sec. – 500/490 a.C.).
Datazione relativa: secondo quarto VI sec. – 460/450 a.C.
Bibliografia: inedito.
Confronti: Serra 2016, 113–114 nn. 90–100 (scodelle tipo H – dipinta), in particolare variante tra 114 nn. 98. 99 tav. 13, 9. 10; Falsone et al. 1993, 179 no. 22 fig. 180 (acroma).

376 K 16609 A–D (tavv. 25. 79)
QAEO1F, F1995/F1996, Agora565, Ab. 113 (F95)/ Ab. 106 / 107 (F96).
A: Lu: 6.2cm; La: 4.4cm; S: 0.3cm; H: 3.9cm; B: Lu: 8.1cm; La: 3.3cm; S: 0.3; H: 3.1cm; C: Lu: 6.6cm; La: 6.0cm; S: 0.4-0.8cm; D: Lu: 4.1cm; La: 3.5cm; S: 0.4-0.6cm; Dm orlo: 16cm; H: 6.0cm
Colori: impasto: arancione-rosso 2.5YR 5/8; nucleo: grigio 2.5YR 4/1; sup. int: arancione-rosso 2.5YR 7/6; sup. est: rosso scuro 2.5YR 6/6; dec: marrone 2.5YR 3-4/2; rosso scuro 2.5YR 3/6.
Impasto: C: duro; DS: molto depurato; DI: medi; Del: saltuari bianchi calcarei grandi, altrimenti tutto puntiforme o medio, mica, vacuoli allungati, grigi chiari; Mod: tornio veloce.
Quattro fr. non combacianti (12 fr. totali) di scodella con orlo ingrossato verso l'esterno e bugna triangolare, forata orizzontalmente, funzionale allo stoccaggio in sospensione della forma alla parete. Il foro è perfettamente tondo. All'esterno, sopra la carena, due onde orizzontali marroni scure. Sotto la carena, due linee orizzontali marroni sbiadite sono seguite da una banda rosso scuro, altre due linee orizzontali sbiadite, probabilmente marroni e, verso il fondo, un'altra linea marrone sbiadita seguita da una banda orizzontale rossa scura. Superfici lisciate.
NAS: Dipinta bicroma.
Datazione contesto: *t.a.q.* 500/490 a.C. (ca. fine VII sec. – 500/490 a.C.).
Datazione relativa: secondo quarto VI sec. – 460/450 a.C.
Bibliografia: inedito.

377 K 32696 (tavv. 25. 79)
QAEO1F, F1996, Agora565, Ab. 104.
Lu: 2.4cm; La: 2.9cm; Dm: 11.0cm; S: 0.3-0.7cm; H: 2.9cm.
Colori: impasto: beige-marrone 7.5YR 6/6; nucleo: grigio 7.5YR 5/1; sup. int: marrone chiaro 7.5YR 7/3; sup. est: marrone chiaro 7.5YR 7/3; ing: bianco-beige 10YR 8/1; dec: arancione 5YR 6/8.
Impasto: C: tenero; DS: molto depurato; DI: medi; Del: L2; Mod: tornio lento.
Fr. d'orlo leggermente estroflesso di coppa/scodella con parete concavo-carenata. All'esterno, sopra la carena, motivo ad onda orizzontale; sotto la carena, linea orizzontale dipinta. All'esterno, resti di ingobbio, assenti all'interno? Sono visibili le sottili linee del tornio.
NAS: Dipinta monocroma.
Datazione contesto: *t.a.q.* 500/490 a.C. (ca. fine VII sec. – 500/490 a.C.).
Datazione relativa: ultimo quarto VII sec. – 460/450 a.C.
Bibliografia: inedito.
Confronti: Serra 2016, 114–115 nn. 102–104 (scodelle tipo H2).

378 K 32532 (tavv. 25. 80)
QAEO1F, F1995, Agora565, Ab. 110.
Lu: 4.2cm; La: 3.9cm; Dm: indet; S: 0.5cm; H: 3.8cm.
Colori: impasto: marrone 7.5YR 6/4; nucleo: grigio 7.5YR 5/1; sup. int: marrone chiaro 7.5YR 6/4; sup. est: marrone chiaro 7.5YR 6/4; ing: beige-giallo 10YR 8/3; dec: arancione-marrone 5YR 5-6/8.
Impasto: C: tenero; DS: molto depurato; DI: medi; Del: L2; Mod: tornio lento.
Fr. d'orlo leggermente estroflesso con parete concavo-carenata di coppa/scodella. All'esterno, sopra la carena, motivo ad onda orizzontale. Sotto la carena, tre linee orizzontali parallele. Ingobbio sia all'interno che all'esterno. Superfici lisciate.
NAS: Dipinta monocroma.
Datazione contesto: *t.a.q.* 500/490 a.C.
Datazione relativa: ultimo quarto VII sec. – 460/450 a.C.
Bibliografia: inedito.

379 K 32724 (tavv. 25. 80)
QAEO1F, F1996, Agora565, Ab. 107.
Lu: 3.2cm; La: 2.9cm; Dm est: 18.0cm; S: 0.5-0.6cm; H: 2.9cm.
Colori: impasto: beige 10YR 6/3; nucleo: grigio 10YR 6/2; sup. int: beige 10YR 7-8/4; sup. est: beige 10YR 7-8/4.
Impasto: C: duro; DS: estremamente depurato; DI: medi; Del: L2; Mod: tornio lento.
Fr. d'orlo leggermente ingrossato verso l'esterno di scodella con parete concavo-carenata. Superfici lisciate.
NAS: Acroma lisciata.
Datazione contesto: *t.a.q.* 500/490 a.C. (ca. fine VII sec. – 500/490 a.C.).
Datazione relativa: seconda metà VIII sec. – 460/450 a.C.
Bibliografia: inedito.
Confronti: Termini 2003, 234–235 no. C 24 fig. 206.

380 K 32557 (tavv. 26. 80)
QAEO1F, F1995, Agora565, Ab. 112.
Lu: 3.3cm; La: 3.3cm; Dm: 11.0cm; S: 0.5cm; H: 3.1cm.
Colori: impasto: marrone 10YR 5/2; nucleo: grigio 10YR 5/1; sup. int: grigio 10YR 5/1; sup. est: grigio 10YR 6/1; dec: nero-marrone 10YR 3/1; rosso scuro 2.5YR 3/4.

Impasto: C: duro; DS: estremamente depurato; DI: medi; Del: numerosa malacofauna arrotondata, bianchi calcarei, radi grigi puntiformi, rada mica e vacuoli; Mod: tornio veloce.
Fr. d'orlo leggermente estroflesso con parete concavo-carenata estroflessa di coppa/scodella. Sopra la carena, motivo ad onda orizzontale nera. Sotto la carena, resti di una linea bordeaux racchiusa tra due linee nere. Superfici lisciate.
NAS: Dipinta bicroma.
Datazione contesto: *t.a.q.* 500/490 a.C.
Datazione relativa: secondo quarto VI sec. – 460/450 a.C.
Bibliografia: inedito.
Confronti: Trombi 2015, 59–60 no. 570 tav. XXIX (forma C3, ciotole); Blasetti Fantauzzi 2018, 71 no. 35 fig. 23 (scodella tipo 8A).

381 K 16995 (tavv. 26. 80)
QAEO1F, F1995/F1996, Agora565, Ab. 118 / Ab. 106.
Lu: 10.1cm; La: 4.1cm; Dm: 18.0cm; S: 0.4cm; H: 3.6cm.
Colori: impasto: beige 7.5YR 6/4; sup. int: beige 7.5YR 7/4; sup. est: beige 7.5YR 7/4; dec: arancione-marrone 7.5YR 5/8; marrone scuro 7.5YR 3/2.
Impasto: C: tenero; DS: estremamente depurato; DI: grandi; Del: L2; Mod: tornio lento.
Due fr. combacianti d'orlo ingrossato verso l'esterno di scodella carenata. All'interno, resto di quattro linee orizzontali marroni, molto evanide sul secondo fr. All'esterno, sotto la carena, due linee orizzontali arancioni. Superfici lisciate.
NAS: Dipinta bicroma.
Datazione contesto: *t.a.q.* 500/490 a.C.
Datazione relativa: secondo quarto VI sec. – 460/450 a.C.
Bibliografia: inedito.

382 K 16585 (tavv. 26. 80)
QAEO1F, F1995, Agora565, Ab. 111.
Lu: 5.6cm; La: 4.0cm; Dm: 18.0cm; S: 0.6cm; H: 3.4cm.
Colori: impasto: beige 7.5YR 7/3; sup. int: beige 10YR 8/3; sup. est: beige 10YR 8/3; dec: marrone 7.5YR 4/4.
Impasto: C: tenero; DS: estremamente depurato; DI: medi; Del: L2; Mod: tornio veloce.
Fr. d'orlo pendulo di scodella. Resto di due larghi listelli obliqui sulla tesa dell'orlo. All'esterno, onda orizzontale seguita da linea e banda orizzontali marroni. Superfici lisciate.
NAS: Dipinta monocroma.
Datazione contesto: *t.a.q.* 500/490 a.C. (ca. fine VII sec. – 500/490 a.C.).
Datazione relativa: ultimo quarto VII sec. – 460/450 a.C.
Bibliografia: inedito.
Confronti: Blasetti Fantauzzi 2018, 45 no. 7 fig. 11 (scodella tipo 1); Serra 2016, 107–108 nn. 18–34 (variante tra scodelle tipo B/*B1*).

383 K 32729 (tavv. 26. 80)
QAEO1F, F1996, Agora565, Ab. 107.
Lu: 3.0cm; La: 2.3cm; Dm est: 17.0cm; S: 0.5cm; H: 2.2cm.
Colori: impasto: beige-marrone 7.5YR 6/6; nucleo: grigio 7.5YR 6/1-2; sup. int: beige 10YR 8/4; sup. est: beige 10YR 8/4; dec: marrone scuro 7.5YR 4/6-3/3.
Impasto: C: semiduro; DS: estremamente depurato; DI: grandi; Del: L2; Mod: tornio veloce.
Fr. d'orlo ingrossato verso l'esterno di scodella. All'esterno, linea ad onda orizzontale, quasi a zig-zag. Sulla tesa, resti di un listello regolare che prosegue senza interruzione all'interno della forma, seguito da altre quattro linee verticali. Colore in parte saturo in parte diluito. Superfici lisciate.
NAS: Dipinta monocroma.
Datazione contesto: *t.a.q.* 500/490 a.C. (ca. fine VII sec. – 500/490 a.C.).
Datazione relativa: ultimo quarto VII sec. – 460/450 a.C.
Bibliografia: inedito.

384 K 16455 (tavv. 26. 80)
QAEO1F, F1995, Agora564/567, Ab. 215.
Lu: 6.6cm; La: 4.0cm; Dm est: 24.0cm; S: 0.5-0.6cm; H: 3.5cm.
Colori: impasto: marrone 7.5YR 6/6; nucleo: grigio 7.5YR 5/1; ing: beige 10YR 8/3.
Impasto: C: duro; DS: estremamente depurato; DI: grandi; Del: L2; Mod: tornio lento.
Fr. d'orlo ingrossato verso l'esterno di scodella di medie-grandi dimensioni. Ingobbio sia all'interno che all'esterno. Superfici lisciate.
NAS: Acroma lisciata.
Datazione contesto: *t.a.q.* 500/490 a.C. (ca. fine VII sec. – 500/490 a.C.).
Datazione relativa: seconda metà VIII sec. – 460/450 a.C.
Bibliografia: inedito.
Confronti: Serra 2016, 106. 108–109 nn. 16–17. 35–39 (variante tra scodelle tipo A2/C – dipinta).

385 K 32575 (tavv. 26. 80)
QAEO1F, F1995, Agora565, Ab. 113.
Lu: 4.4cm; La: 4.2cm; S: 0.4cm.
Colori: impasto: beige-giallo 10YR 7/3; sup. int: beige-giallo 10YR 8/3; sup. est: beige-giallo 10YR 8/3; dec: arancione 2.5YR 5/6.
Impasto: C: tenero; DS: estremamente depurato; DI: piccoli; Del: L2; Mod: tornio lento.
Fr. di parete di forma aperta, scodella. All'esterno, due linee orizzontali, campite da bande verticali. All'interno, resti di tre bande orizzontali. Superfici lisciate.
NAS: Dipinta monocroma.
Datazione contesto: *t.a.q.* 500/490 a.C. (ca. fine VII sec. – 500/490 a.C.).
Datazione relativa: ultimo quarto VII sec. – 460/450 a.C.
Bibliografia: inedito.

386 K 32526 (tavv. 26. 80)
QAEO2F, F1995, Agora565, Ab. 108.
Lu: 3.1cm; La: 2.6cm; Dm int: 8.0cm; S: 0.5cm; H: 2.5cm.
Colori: impasto: beige 7.5YR 7/4; sup. int: beige 10YR 8/3; sup. est: beige 10YR 8/3.
Impasto: C: tenero; DS: estremamente depurato; DI: medi; Del: L2; Mod: tornio lento.
Fr. d'orlo leggermente ingrossato di scodella con parete rientrante. All'esterno, sotto l'orlo, cinque solchi incisi orizzontali senza incrostazione. Superfici lisciate.
NAS: Incisa senza rivestimento.
Datazione contesto: 500/490 – 480/470-60 a.C.
Datazione relativa: ultimo quarto VII sec. – 460/450 a.C.
Bibliografia: inedito.

387 K 32666 (tavv. 26. 80)
QAEO2F, F1995, Agora564/567, Ab. 209.
Lu: 4.8cm; La: 2.8cm; Dm int: 19.0cm; S: 0.7cm; H: 2.8cm.
Colori: impasto: beige 7.5YR 7/4; nucleo: grigio 7.5YR 5/1; sup. int: arancione 5YR 6/6; sup. est: arancione 5YR 6/6.
Impasto: C: semiduro; DS: estremamente depurato; DI: medi; Del: L1; Mod: tornio lento.
Fr. d'orlo leggermente estroflesso di coppa/scodella con parete concavo-carenata. Superfici lisciate.
NAS: Acroma lisciata.
Datazione contesto: 500/490 – 480/470-60 a.C.
Datazione relativa: seconda metà VIII sec. – 460/450 a.C.
Bibliografia: inedito.
Confronti: Serra 2016, 113–115 nn. 90–100. 102–104 (variante tra scodelle tipo H/H2 – dipinta).

388 K 32520 (tavv. 26. 80)
QAEO2F, F1995, Agora565, Ab. 108.
Lu: 4.6cm; La: 3.3cm; Dm: indet; S: 0.5cm; H: 4.2cm.
Colori: impasto: arancione-rosso 5YR 5/8; sup. int: beige 10YR 8/2; sup. est: beige 10YR 8/3; dec: marrone-nero 10YR 3/4.
Impasto: C: duro; DS: estremamente depurato; DI: medi; Del: mica, colore crema e rossi saltuari; Mod: tornio lento.
Fr. d'orlo leggermente estroflesso con parete leggermente concava di coppa/scodella. All'interno, tracce di due linee orizzontali. All'esterno, traccia di linea sull'orlo e banda sottostante. Superfici lisciate.
NAS: Dipinta monocroma.
Datazione contesto: 500/490 – 480/470-60 a.C. Datazione relativa: ultimo quarto VII sec. – 460/450 a.C.
Bibliografia: inedito.
Confronti: Serra 2016, 117 no. 124 tav. 16, 6.

389 K 16420 (tavv. 26. 80)
QAEO2F, F1995, Agora564/567, Ab. 212.
Lu: 3.6cm; La: 2.9cm; Dm: 16.0cm;
S: 0.4cm; H: 2.7cm.
Colori: impasto: beige 7.5YR 7/6; nucleo: grigio 7.5YR 6/1; sup. int: beige 7.5YR 7/6; sup. est: beige 7.5YR 8/4; dec: arancione 5YR 6/8.
mpasto: C: tenero; DS: molto depurato; DI: medi; Del: L2; Mod: tornio veloce.
Fr. d'orlo ingrossato di scodella. All'esterno, sotto l'orlo, onda orizzontale arancione. Superfici lisciate.
NAS: Dipinta monocroma.
Datazione contesto: 500/490 – 480/470-60 a.C.
Datazione relativa: ultimo quarto VII sec. – 460/450 a.C.
Bibliografia: inedito.
Confronti: Serra 2016, 113 no. 89 tav. 12, 10.

390 K 32515 (tavv. 26. 80)
QAEO2F, F1995, Agora565, Ab. 108.
Lu: 6.7cm; La: 3.9cm; Dm int: 16.0cm;
S: 0.5-1.6cm; H: 3.9cm.
Colori: impasto: beige-marrone 7.5YR 7/4; sup. int: beige-marrone 7.5YR 7/4; sup. est: beige-marrone 7.5YR 7/4; dec: arancione-marrone 5YR 5/8, marrone-nero 5YR 3/3.
Impasto: C: duro; DS: estremamente depurato; DI: medi; Del: L1; Mod: tornio lento.
Fr. d'orlo pendulo di scodella. All'esterno, orlo marrone/rosso e banda sotto la carena marrone scura. Superfici lisciate.
NAS: Dipinta bicroma.
Datazione contesto: 500/490 – 480/470-60 a.C.
Datazione relativa: 500/490 – 460/450 a.C.
Bibliografia: inedito.
Confronti: Blasetti Fantauzzi 2018, 51 nn. 24–26 fig. 14 (scodella tipo 1); Serra 2016, 110 nn. 53–56 (scodelle tipo D2); Mohr in preparazione, no. 27.

391 K 32516 (tavv. 26. 80)
QAEO2F, F1995, Agora565, Ab. 108.
Lu: 7.0cm; La: 2.4cm; Dm: 15.0cm; S: 0.5-1.3cm; H: 2.5cm.
Colori: impasto: beige 2.5YR 7/6; sup. int: beige 10YR 8/3; sup. est: beige 7.5YR 8/3.
Impasto: C: duro; DS: estremamente depurato; DI: medi; Del: L2; Mod: tornio veloce.
Fr. d'orlo pendulo di scodella. Superfici lisciate.
NAS: Acroma lisciata.
Datazione contesto: 500/490 – 480/470-60 a.C.
Datazione relativa: 500/490 – 460/450 a.C. (se considerato di tipologia Serra 2016, scodelle tipo D2).
Bibliografia: inedito.
Confronti: Termini 2003, 234 no. C 15 fig. 205. Simile: Blasetti Fantauzzi 2018, 51 nn. 24–26 fig. 14 (scodella tipo 1B – dipinta); Serra 2016, 110 nn. 53–56 (scodelle tipo D2 – dipinta).

392 K 32517 (tavv. 26. 80)
QAEO2F, F1995, Agora565, Ab. 108.
Lu: 5.2cm; La: 3.2cm; Dm int: 14.0cm;
S: 0.7cm; H: 3.0cm.
Colori: impasto: beige 7.5YR 7/4; nucleo: grigio 7.5YR 5/1; sup. int: beige 10YR 7/4; sup. est: beige 7.5YR 7/4; dec: rosso-marrone 2.5YR 4/6.
Impasto: C: duro; DS: estremamente depurato; DI: medi; Del: L2; Mod: tornio lento.
Fr. d'orlo ingrossato di scodella. All'esterno linea orizzontale dipinta. Superfici lisciate.
NAS: Dipinta monocroma.
Datazione contesto: 500/490 – 480/470-60 a.C.
Datazione relativa: ultimo quarto VII sec. – 460/450 a.C.
Bibliografia: inedito.
Confronti: Blasetti Fantauzzi 2018, 47 no. 10 fig. 12 (scodella tipo 1); Serra 2016, 107–108 nn. 25–34 (scodelle tipo *B1*).

393 K 32737 (tavv. 26. 80)
QAEO2F, F1996, Agora565, Ab. 204.
Lu: 5.0cm; La: 2.1cm; Dm int: 17.0cm;
S: 0.4cm; H: 2.1cm.
Colori: impasto: beige 10YR 7/3; sup. int: beige 10YR 8/2; sup. est: beige 10YR 8/2; dec: marrone 10YR 3/3.
Impasto: C: duro; DS: estremamente depurato; DI: medi; Del: L3; Mod: tornio veloce.
Fr. d'orlo ingrossato verso l'esterno di scodella con bugna triangolare, forata verticalmente, funzionale allo stoccaggio in sospensione della forma alla parete. All'esterno, onda molto irregolare orizzontale. Sulla tesa dell'orlo, tracce di sei listelli regolari. All'interno, tracce di colore nella parte superiore, banda? Rivestimento omogeneo opaco?
NAS: Dipinta monocroma.
Datazione contesto: 500/490 – 480/470-60 a.C.
Datazione relativa: ultimo quarto VII sec. – 460/450 a.C.
Bibliografia: inedito.

394 K 17070 (tavv. 26. 80)
QAEO2F, F1996, Agora565, Ab. 204.
Lu: 6.4cm; La: 5.8cm; Dm int: 15.0cm;
S: 0.4cm; H: 5.6cm.
Colori: impasto: beige 7.5YR 6/4; nucleo: grigio 7.5YR 6/1; sup. int: beige 7.5YR 7/3; sup. est: beige 7.5YR 7/3; dec: arancione-marrone 5YR 5-6/6.
Impasto: C: semiduro; DS: molto depurato; DI: medi; Del: L2; Mod: tornio lento.
Due fr. combacianti d'orlo e parete di scodella con orlo pendulo. Sulla parete esterna, quattro bande orizzontali dipinte. Sulla tesa dell'orlo, resto di un listello abbastanza largo. All'interno, una banda e una linea orizzontale. Superfici lisciate.
NAS: Dipinta monocroma.
Datazione contesto: 500/490 – 480/470-60 a.C.
Datazione relativa: 500/490 – 460/450 a.C.
Bibliografia: inedito.
Confronti: Serra 2016, 110 nn. 53–56 (scodelle tipo D2), in particolare 110 nn. 54. 55 tav. 9, 5. 6; Mohr in preparazione, no. 26.

395 K 27287 (fig. 35 tavv. 26. 80)
QAE1, F2006, Agora550/553/557/EU SUD9/11, Ab. 501.
Lu: 4.7cm; La: 2.7cm; Dm est: 18.0cm;
S: 0.4cm; H: 2.7cm .
Colori: impasto: beige 5YR 6/6; nucleo: grigio 5YR 5/1; sup. int: beige 7.5YR 7/4-6; sup. est: beige 7.5YR 7/4-6.
Impasto: C: semiduro; DS: estremamente depurato; DI: medi; Del: L1; Mod: tornio lento.
Fr. d'orlo con parete rientrante di scodella carenata. Superfici lisciate.
NAS: Acroma lisciata
Datazione contesto: 500/490 – 460/450 a.C.
Datazione relativa: seconda metà VIII sec. – 460/450 a.C.
Bibliografia: inedito.
Confronti: Fatta 1983, 42 nn. 9. 14 tav. 4 (coppa tipo C.2); Leighton 1993,168 no. 62 tav. 71 (*carinated bowl*).

396 K 27206 (fig. 35 tavv. 26. 80)
QAE1, S2009, Agora551, Ab. 2/101.
Lu: 4.4cm; La: 4.0cm; Dm orlo: 14cm;
S: 0.5cm; H: 3.7cm.
Colori: impasto: marrone 10YR 6-7/4; nucleo: grigio 10YR 5-6/1; sup. int: beige 10YR 8/2; sup. est: beige 2.5Y 8/2; dec: nero-marrone 10YR 3/1.
Impasto: C: duro; DS: estremamente depurato; DI: medi; Del: L4; Mod: tornio veloce.
Fr. d'orlo di coppa/scodella con parete concavo-carenata. All'esterno, sopra la carena, motivo ad onda orizzontale dipinta e linea orizzontale lungo l'orlo. Leggermente macchiato ed evanido nella parte superiore; sotto la carena, traccia di linea orizzontale seguito da una linea più larga o banda. Superfici lisciate.
NAS: Dipinta monocroma.
Datazione contesto: 500/490 – 460/450 a.C.
Datazione relativa: ultimo quarto VII sec. – 460/450 a.C.
Bibliografia: inedito.
Confronti: Campisi 2003, 185 no. D 166 fig. 172.

397 K 28436 (fig. 35 tavv. 26. 80)
QAE1, F2006, Agora551/EU SUD5, Ab. 6/201.
Lu: 4.6cm; La: 3.0cm; Dm: 22.0cm;
S: 0.6cm; H: 2.9cm.
Colori: impasto: beige 7.5YR 7/4; sup. int: beige 7.5YR-10YR 7/4; sup. est: beige 7.5YR-10YR 7/4.
Impasto: C: semiduro; DS: estremamente depurato; DI: medi; Del: L1; Mod: tornio lento.
Fr. d'orlo ingrossato verso l'esterno con parete concavo-carenata di scodella. Superfici lisciate.
NAS: Acroma lisciata.
Datazione contesto: 500/490 – 460/450 a.C.
Datazione relativa: seconda metà VIII sec.

– 460/450 a.C.
Bibliografia: inedito.
Confronti: Termini 2003, 234 no. 21 fig. 206.

398 K 24107 (fig. 35 tavv. 26. 80)
QAE1, F2006, Agora551/EU SUD5, Ab. 201.
Lu: 17.7cm; La: 19.1cm; Dm orlo: 18-19.0cm; Dm fondo: 7.3-7.4cm; S: 0.6cm; H: 8.9-9.2cm.
Colori: impasto: marrone chiaro 10YR 6-7/2; nucleo: arancione-rosa 2.5YR 6-7/6; sup. int: beige 2.5Y 8/2; sup. est: beige 2.5Y 8/2; dec: marrone 10YR 6/4; rosso scuro 2.5YR 4/4.
Impasto: C: duro; DS: estremamente depurato; DI: medi; Del: L4; Mod: tornio veloce.
12 fr. combacianti di scodella con orlo pendulo e fondo con piede ad anello. Due fori di sospensione verticali impostati direttamente sull'orlo, funzionali allo stoccaggio in sospensione della forma alla parete. I fori sono molto sottili (Dm: 0.2cm), uno dei quali è fratturato. Considerato Il peso della scodella è presumibile l'utilizzo di un filo in metallo per la sospensione. All'interno acromo. All'esterno, tesa dell'orlo dipinta di rosso-marrone. Da un lato, breve tratto/macchia dello stesso colore sulla parete, considerata come sbavatura involontaria del pennello dell'artigiano. Verso il fondo della forma, larga banda tendente al viola contornata da due linee sottili rosso-marroni, quella superiore è raddoppiata per un breve tratto per una lunghezza di ca. 2.9cm. Lungo il profilo del piede, linea orizzontale violacea, dello stesso colore della banda. Forma, se osservata dall'alto, leggermente schiacciata nella parte centrale; all'interno sono visibili evidenti bolle di cottura. Superfici lisciate.
NAS: Dipinta bicroma.
Datazione contesto: 500/490 – 460/450 a.C.
Datazione relativa: 500/490 – 460/450 a.C.
Bibliografia: Isler 2007, 109 tav. 15, 3; Isler 2009a, 209 fig. 74; Kistler – Mohr 2015, 409 fig. 22.9; Kistler – Mohr 2016, 86 fig. 7.
Confronti: Serra 2016, 110 nn. 53–56 (scodelle tipo D2); Biagini 2008a, 150 no. 24 tav. IV.

Forme aperte: possibili forme potorie

399 K 23263 (tavv. 27. 81)
REPH1, F2005, WQ492, Erdsteg E2, Ab. 6.
Lu: 5.4cm; La: 3.5cm; Dm: 7.0cm; S: 0.7cm; H: 3.7cm.
Colori: impasto: marrone 7.5YR 7/1-2; nucleo: beige 7.5YR 7/1-2; sup. int: marrone chiaro 10YR 6-7/2; sup. est: marrone-rosso 5YR 7/4; dec: marrone 7.5YR 3-4/2.
Impasto: C: tenero; DS: molto depurato; DI: grandi; Del: relativamente compatto, numerose inclusioni grigie spigolose, bianchi calcarei, saltuari grigi arrotondati, rossi puntiformi, rara *chamotte* di piccola dimensione, radi vacuoli puntiformi, più frequenti di forma allungata; Mod: a mano.
Fr. d'orlo di vaso potorio di piccole dimensioni. All'esterno, linea orizzontale incisa seguita da un fregio di cerchielli concentrici delimitato, sotto, da due linee orizzontali incise. Rivestimento all'esterno, nella parte obliqua dell'orlo e tracce di rivestimento, o ingobbio (?) beige nella parte interna della forma. Superficie esterna lucidata.
NAS: Incisa e impressa con rivestimento omogeneo lucidato.
Datazione contesto: *t.a.q.* ca. 600 a.C. (ca. seconda metà VIII – fine VII sec. a.C.).
Datazione relativa: seconda metà VIII sec. – 570 a.C.
Bibliografia: Isler 2009a, 145 fig. 9.

400 K 32078 (tavv. 27. 81)
REPH1, F2005, WQ492, Erdsteg E2, Ab. 2, Schicht 1.
Lu: 2.4cm; La: 1.9cm; Dm: 7.0cm; S: 0.4cm; H: 1.9cm.
Colori: impasto: marrone 7.5YR 7/4; nucleo: grigio 7.5YR 5/1; sup. int: marrone 7.5YR 6/2; sup. est: marrone 7.5YR 6/3; dec: indet.
Impasto: C: tenero; DS: molto depurato; DI: medi; Del: relativamente compatto, numerose inclusioni grigie spigolose, bianchi calcarei, saltuari grigi arrotondati, rossi puntiformi, rara *chamotte* di piccola dimensione, radi vacuoli puntiformi, più frequenti di forma allungata; Mod: a mano.
Fr. d'orlo di vaso potorio di piccole dimensioni. All'esterno, tracce di tre linee orizzontali incise con ombre di zone lucidate (?). Probabilmente in origine con rivestimento.
NAS: Indet: incisa con/senza rivestimento.
Datazione contesto: *t.a.q.* ca. 600 a.C. (ca. seconda metà VIII – fine VII sec. a.C.).
Datazione relativa: indet.
Bibliografia: inedito.
Confronti: **399**.

401 K 32222 (tavv. 27. 81)
REPH1, F2006, WQ492, Erdsteg, Ab. 78B.
Lu: 1.7cm; La: 1.8cm; Dm: indet; S: 0.2cm; H: 1.2cm.
Colori: impasto: marrone chiaro 5YR 7/4; nucleo: grigio 10YR 4/1; sup. int: marrone 7.5YR 7/3; sup. est: marrone 7.5YR 7/3; ing: beige 5YR 8/3; dec: rosso-marrone 5YR 5/8.
Impasto: C: semiduro; DS: molto depurato; DI: medi; Del: L1; Mod: tornio lento.
Fr. d'orlo di vaso potorio. Ingobbio sia all'interno che all'esterno. All'interno, lungo la tesa dell'orlo, linea rosso-marrone. All'esterno, tracce di colore. Superficie interna ed esterna lucidata.
NAS: Indet: Rivestimento lucidato (omogeneo? Non omogeneo?).
Datazione contesto: *t.a.q.* ca. 600 a.C. (ca. seconda metà VIII – fine VII sec. a.C.).
Datazione relativa: seconda metà VIII sec. – 600/570 a.C. (ca. fino al 600 a.C. se non omogeneo; ca. fino al 570 a.C. se omogeneo).
Bibliografia: inedito.

402 K 31972 A–B (tavv. 27. 81)
REPH1, F2003, WQ491/492, Ab. 5 / 6.
A: Lu: 6.1cm; La: 3.3cm; Dm: 12cm; S: 0.5-0.8cm; H: 3.8cm; B: Lu: 2.3cm; La: 2.1cm; S: 0.5cm.
Colori: impasto: beige 10YR 7/4; nucleo: grigio 10YR 5/1; sup. int: beige 7.5YR 7/3; sup. est: beige 7.5YR 7/3; dec: arancione 7.5YR 6/6.
Impasto: C: tenero; DS: molto depurato; DI: grandi; Del: L2; Mod: tornio lento.
Due fr. non combacianti (A: cinque fr.; B: un fr.) di coppa/scodella carenata. Resti di rivestimento omogeneo sia all'interno che all'esterno. Superfici lucidate.
NAS: Rivestimento omogeneo lucidato.
Datazione contesto: *t.a.q.* ca. 600 a.C. (ca. seconda metà VIII – fine VII sec. a.C.).
Datazione relativa: seconda metà VIII sec. – 570 a.C.
Bibliografia: inedito.

403 K 32169 (tavv. 27. 81)
REPH1, F2005, WQ492, Erdsteg E2, Ab. 7.
Lu: 2.5cm; La: 2.4cm; Dm: 8cm; S: 0.3cm; H: 2.3cm.
Colori: impasto: marrone 7.5YR 6/4; sup. int: marrone 7.5YR 6/3; sup. est: marrone 7.5YR 6/2; dec: marrone scuro 7.5YR 4/4.
Impasto: C: tenero; DS: molto depurato; DI: medi; Del: compatto e omogeneo, numerose inclusioni rossastre puntiformi, bianchi calcarei, grigi arrotondati, *chamotte* fino a 1mm, radi vacuoli puntiformi; Mod: tornio lento.
Fr. d'orlo di vaso potorio con bugna, forata verticalmente, funzionale allo stoccaggio in sospensione della forma alla parete. All'interno e all'esterno, rivestimento probabilmente steso a pennellate irregolari (tracce visibili su numerosi punti del fr. con diverse densità di colore). Superfici lucidate.
NAS: Indet: Rivestimento lucidato (omogeneo? Non omogeneo?).
Datazione contesto: *t.a.q.* ca. 600 a.C. (ca. seconda metà VIII – fine VII sec. a.C.).
Datazione relativa: seconda metà VIII sec. – 600/570 a.C. (ca. fino al 600 a.C. se non omogeneo; ca. fino al 570 a.C. se omogeneo).
Bibliografia: inedito.

404 K 32075 (tavv. 27. 81)
REPH1, F2005, WQ492, Erdsteg E2, Ab. 1, Schicht 1.
Lu: 2.1cm; La: 3.1cm; Dm: 11cm; S: 0.5cm; H: 3.0cm.
Colori: impasto: marrone 7.5YR 5/3; nucleo: grigio 7.5YR 5/1; sup. int: beige 7.5YR 6/2; sup. est: beige 7.5YR 6/2.
Impasto: C: tenero; DS: estremamente depurato; DI: medi; Del: numerosi bianchi e colore beige di forma arrotondata, grigi scuri puntiformi saltuari, vacuoli di forma arrotondata frequenti; Mod: tornio lento.
Fr. d'orlo di forma aperta di piccole dimensioni, vaso potorio. Superfici lisciate.
NAS: Acroma lisciata.

Datazione contesto: *t.a.q.* ca. 600 a.C. (ca. seconda metà VIII – fine VII sec. a.C.).
Datazione relativa: seconda metà VIII sec. – 500/490 a.C.
Bibliografia: inedito.

405 K 32095 (tavv. 27. 81)
REPH1, F2005, WQ492, Erdsteg E1, Ab. 8, Schicht 1.
Lu: 3.7cm; La: 2.9cm; Dm: 16cm; S: 0.4cm; H: 3.0cm.
Colori: impasto: marrone 10YR 5/2; nucleo: grigio 10YR 5/1; sup. int: grigio-marrone 10YR 5/2; sup. est: grigio-marrone 10YR 5/2; dec: marrone-nero 10YR 3/1.
Impasto: C: tenero; DS: estremamente depurato; DI: grandi; Del: numerosa mica in superficie, numerosi grigi arrotondati distribuiti omogeneamente, bianchi calcarei, particelle carbonizzate, rari vacuoli puntiformi; Mod: tornio lento.
Fr. d'orlo di vaso potorio carenato, tazza, coppa/scodella. Rivestimento omogeneo sia all'interno che all'esterno. Superfici lucidate.
NAS: Rivestimento omogeneo lucidato (striature sottili).Datazione contesto: *t.a.q.* ca. 600 a.C. (ca. seconda metà VIII – fine VII sec. a.C.).
Datazione relativa: seconda metà VIII sec. – 570 a.C.
Bibliografia: inedito.
Confronti: analoghe, ma di dimensioni maggiori: Leighton 1993, 177. 186 nn. 174. 277 tav. 88. 104 (*carinated cups*).
Osservazioni: il fr. **405** combacia con **406** (reperto seguente). Entrambi i disegni, se presi singolarmente, sono corretti.

406 K 32153 (tavv. 27. 81)
REPH1, F2005, WQ492, Erdsteg E2, Ab. 110.
Lu: 2.6cm; La: 4.4cm; Dm: 14cm; S:0.3-0.4cm; H: 4.0cm.
Colori: impasto: marrone 10YR 5/2; nucleo: grigio 10YR 5/1; sup. int: marrone-grigio 10YR 6/2; sup. est: marrone-grigio 10YR 6/2; dec: marrone-nero 10YR 4/1.
Impasto: C: tenero; DS: estremamente depurato; DI: medi; Del: numerosa mica in superficie, numerosi grigi arrotondati distribuiti omogeneamente, bianchi calcarei, particelle carbonizzate, rari vacuoli puntiformi; Mod: tornio lento.
Fr. d'orlo di vaso potorio carenato, tazza, coppa/scodella. Rivestimento omogeneo sia all'interno che all'esterno. Superfici lucidate.
NAS: Rivestimento omogeneo lucidato (striature sottili).
Datazione contesto: *t.a.q.* ca. 600 a.C. (ca. seconda metà VIII – fine VII sec. a.C.).
Datazione relativa: seconda metà VIII sec. – 570 a.C.
Bibliografia: inedito.
Osservazioni: il fr. **406** combacia con **405** (reperto precedente). Entrambi i disegni, se presi singolarmente, sono corretti.

407 K 25267 (tavv. 27. 81)
QO1F, F2006, EQ1140, Sondage 2, Ab. 32.
Lu: 6.7cm; La: 4.9cm; Dm est: 18.0cm; SezAnsa: 0.9x1.1cm; S: 0.4cm; H: 4.6cm.
Colori: impasto: marrone chiaro 10YR 6/4; nucleo: grigio 10YR 5/1; sup. int: marrone chiaro 10YR 8/2; sup. est: marrone chiaro 10YR 8/2; dec: marrone 10YR 3-4/3.
Impasto: C: semiduro; DS: molto depurato; DI: grandi; Del: L4; Mod: tornio lento.
Quattro fr. combacianti di coppa con ansa a bastoncello semicircolare. Morfologia riconducibile a modelli d'importazione allotri all'isola. All'esterno, linea orizzontale, dipinta tra orlo e vasca, dalla quale partono cinque listelli (ombre) verticali. All'interno, linea lungo il bordo dell'orlo seguita da fascio di cinque listelli verticali lungo il labbro e banda orizzontale nella vasca. Tre delle linee verticali sembrano continuare anche nel tondo della vasca. Superfici lisciate.
NAS: Dipinta monocroma.
Datazione contesto: ca. 630/620 – 570 a.C.
Datazione relativa: ultimo quarto VII sec. – 460/450 a.C.
Bibliografia: inedito.

408 K 32474 (tavv. 27. 81)
QO1F, F2006, EQ1139/1140, Sondage 1, Ab. 24.
Lu: 5.5cm; La: 5.9cm; SezAnsa: 2.1cm; S: 0.2-0.5cm.
Colori: impasto: beige 10YR 7/4; nucleo: grigio 10YR 4/1; sup. int: beige 7.5YR 7/4; sup. est: beige 7.5YR 7/4.
Impasto: C: duro; DS: molto depurato; DI: medi; Del: L2; Mod: tornio lento.
Due fr. combacianti parete con attacco d'ansa a bastoncello orizzontale di coppa. Morfologia riconducibile a modelli d'importazione allotri all'isola. Superfici lisciate.
NAS: Acroma lisciata.
Datazione contesto: ca. 630/620 – 570 a.C.
Datazione relativa: ultimo quarto VII sec. – 460/450 a.C.
Bibliografia: inedito.

409 K 24797 (tav. 27)
QO1F, F2006, EQ1139/1140, Sondage 1, Ab. 25.
Lu: 2.7cm; La: 2.5cm; Dm int: 8cm; SezAnsa: 0.6x0.7cm; S: 0.3cm.
Colori: impasto: rosso-marrone 5YR 6/6; sup. int: beige 10YR 7-8/3; sup. est: beige 5YR 7/4; ing: beige 10YR 7-8/3; dec: marrone-rosso 5YR 4/4.
Impasto: C: semiduro; DS: molto depurato; DI: piccoli; Del: bianchi, vacuoli, rossi puntiformi; Mod: tornio lento.
Fr. di parete con attacco d'ansa a nastro orizzontale di coppa. Morfologia riconducibile a modelli d'importazione allotri all'isola. All'interno, due bande orizzontali dipinte. All'esterno, due linee orizzontali dipinte e fascio di cinque listelli verticali sull'ansa a nastro. Ingobbio sia all'interno che all'esterno. Superfici lisciate.
NAS: Dipinta monocroma.
Datazione contesto: ca. 630/620 – 570 a.C.
Datazione relativa: ultimo quarto VII sec. – 460/450 a.C.
Bibliografia: inedito.

410 K 24308 (tavv. 27. 81)
QO2F, F2006, EQ1139/1140, Sondage 1, Ab. 13.
Lu: 3.8cm; La: 2.1cm; Dm est: 11.0cm; S: 0.4cm; H: 2.1cm.
Colori: impasto: marrone 7.5YR 5/6; sup. int: beige-marrone 10YR 7/2; sup. est: beige-marrone 10YR 7/2; ing: beige 10YR 7/2; dec: marrone-nero 7.5YR 3/1.
Impasto: C: duro; DS: molto depurato; DI: medi; Del: bianchi, grigi scuri di forma arrotondata saltuari di grande dimensione, saltuari marroni-rossi puntiformi, vacuoli puntiformi; Mod: tornio lento.
Fr. d'orlo svasato all'interno, vaso potorio. All'interno, tracce di linea orizzontale nella parte inferiore della vasca e tesa dell'orlo dipinta. All'esterno, banda orizzontale irregolare sotto l'orlo. Ingobbio sia all'interno che all'esterno. Superfici lisciate.
NAS: Dipinta monocroma.
Datazione contesto: ca. 570 – 540 a.C.
Datazione relativa: ultimo quarto VII sec. – 500/490 a.C.
Bibliografia: inedito.

411 K 23777 (tavv. 27. 81)
QO2F, F2006, EQ1139/1140, Sondage 1, Ab. 4E.
Lu: 5.4cm; La: 2.2cm; Dm int: 15.0cm; S: 0.3cm.
Colori: impasto: marrone 5YR 6/6; nucleo: arancione 5YR 5/6; sup. int: marrone chiaro 5YR 6/6; sup. est: marrone chiaro 5YR 6/6; ing: beige 10YR 8/2; dec: marrone-rosso 5YR 4/6.
Impasto: C: semiduro; DS: estremamente depurato; DI: piccoli; Del: mica, rossi, grigi chiari, vacuoli puntiformi.
Impasto omogeneo; Mod: tornio veloce.
Fr. di parete con attacco sia della vasca che del labbro di coppa. Morfologia riconducibile a modelli d'importazione allotri all'isola (greco-orientale *B1*). Resti di ingobbio beige sia all'interno che all'esterno. All'esterno, linea orizzontale dipinta lungo la vasca e l'orlo. Superfici lisciate.
NAS: Dipinta monocroma.
Datazione contesto: ca. 570 – 540 a.C.
Datazione relativa: ultimo quarto VII sec. – 500/490 a.C.
Bibliografia: inedito.
Confronti: Serra 2016, 123–124 nn. 184. 185 tav. 23, 7. 8; Guglielmino 2000, 706 tavv. CXXVI, 3. 4; CXXX, 1.
Per i modelli greco-orientali: v. testo.

412 K 24384 (tavv. 27.81)
QO2F, F2006, EQ1139/1140, Sondage 1, Ab. 21.
Lu: 4.2cm; La: 4.9cm; Dm: 20.0cm; S: 0.5-0.6cm; H: 4.9cm.
Colori: impasto: beige 10YR 7/4; nucleo: grigio 10YR 5/1; sup. int: beige 10YR 8/4;

sup. est: beige 10YR 8/4; dec: arancione 5YR 4/6.
Impasto: C: semiduro; DS: molto depurato; DI: grandi; Del: L2; Mod: tornio lento.
Fr. d'orlo estroflesso di tazza/attingitoio con parete concavo-carenata. Resti di rivestimento omogeneo su tutta la forma. Superfici lisciate.
NAS: Rivestimento omogeneo opaco.
Datazione contesto: ca. 570 – 540 a.C.
Datazione relativa: seconda metà VII sec. – 550/540 a.C.
Bibliografia: inedito.
Confronti: Campisi 2003, 159 no. D 1 fig. 162 (dipinta).

413 K 22585 (tavv. 27. 81)
QO2F, F2004/2006, EQ1139/1140, Sondage, Ab. 8W / Sondage 1, Ab. 6.
Lu: 4.5cm; La: 6.4cm; Dm int: 12.0cm; SezAnsa: 1.6x0.6cm; S: 0.2-0.4cm; H: 3.5cm.
Colori: impasto: marrone-rosso 5YR 5/8; sup. int: marrone 7.5YR 6/6; sup. est: marrone 7.5YR 6/6; ing: beige 10YR 8/2; dec: rosso scuro 5YR 4/6.
Impasto: C: semiduro; DS: estremamente depurato; DI: medi; Del: mica, bianchi, grigi, rossi puntiformi, impasto omogeneo, Entella?; Mod: tornio lento.
Due fr. combacianti d'orlo estroflesso di tazza/attingitoio con ansa circolare verticale a nastro integra. Sia all'interno che all'esterno ingobbio biancastro. All'interno, resti di due bande orizzontali; sulla tesa dell'orlo, resti di due listelli regolari; sull'ansa sei linee orizzontali dipinte. All'esterno, sotto l'orlo, linea orizzontale; sotto la carena due linee orizzontali dalle quali partono cinque linee verticali dipinte. Superfici lisciate.
NAS: Dipinta monocroma.
Datazione contesto: ca. 570 – 540 a.C.
Datazione relativa: ultimo quarto VII sec. – 500/490 a.C.
Bibliografia: inedito.
Confronti: Serra 2016, 121–122 nn. 162–172 (tazze attingitoio tipo A1), in particolare 122 no. 173 tav. 22, 5 (tipo B); Blasetti Fantauzzi 2018, 83–90 nn. 122–141 figg. 27–29 (tazze attingitoio).

414 K 32446 (tavv. 27. 81)
QO1/2F, F2004, EQ1139, Sondage, Ab. Steinsturz 4.
Lu: 5.1cm; La: 3.9cm; Dm est: 20.0cm; S: 0.3-0.4cm; H: 3.6cm.
Colori: impasto: grigio 10YR 5/1; sup. int: beige 10YR 7/3; sup. est: beige 10YR 8/3.
Impasto: C: semiduro; DS: estremamente depurato; DI: grandi; Del: L2; Mod: tornio lento.
Fr. d'orlo di forma aperta carenata, tazza. Superfici lisciate.
NAS: Acroma lisciata.
Datazione contesto: ca. 630/620 – 540 a.C.
Datazione relativa: seconda metà VIII sec. – 500/490 a.C.
Bibliografia: inedito.

415 K 22662 (tavv. 27. 81)
QO1/2F, F2004, EQ1139, Sondage, Ab. 9W.
Lu: 5.3cm; La: 4.1cm; Dm est: 18.2cm; S: 0.6cm; H: 4.0cm.
Colori: impasto: beige-rosso 7.5YR 6/8; nucleo: grigio 7.5YR 5-6/1; sup. est: arancione-marrone 7.5YR 6/6; ing: beige 10YR 8/4; dec: indet.
Impasto: C: tenero; DS: estremamente depurato; DI: piccoli; Del: superficie estremamente saponosa, vacuoli, mica dorata; Mod: tornio lento.
Fr. d'orlo di forma aperta carenata, tazza. All'esterno, resti di ingobbio scrostato ed evanido. All'interno, superficie completamente evanida, ma nella parte inferiore è rimasto l'ingobbio con l'ombra di cinque linee verticali dipinte, di colore indet.
NAS: Dipinta monocroma.
Datazione contesto: ca. 630/620 – 540 a.C.
Datazione relativa: ultimo quarto VII sec. – 500/490 a.C.
Bibliografia: inedito.
Confronti: Serra 2016, 121–122 nn. 161–172 (tazze attingitoio tipo A/A1), in particolare 122 no. 172 tav. 22, 3.

416 K 28362 (tavv. 27. 81)
QAREA, F2003, Agora550/551/552, Ab. 603W.
Lu: 2.2cm; La: 1.8cm; Dm: indet; S: 0.4cm; H: 2.5cm.
Colori: impasto: beige-giallo 7.5YR 6/6; sup. int: beige-giallo 7.5YR 7/4; sup. est: beige-giallo 7.5YR 7/4; dec: beige-arancione 7.5YR 6/6.
Impasto: C: tenero; DS: molto depurato; DI: medi; Del: L2; Mod: tornio lento.
Fr. d'orlo di vaso potorio, probabilmente a parete concavo-carenata (coppa/scodella?). All'esterno, linee orizzontali dipinte. Superfici lisciate.
NAS: Dipinta monocroma.
Datazione contesto: *t.a.q.* ca. 550 a.C. (ca. ultimo quarto VII – prima metà VI sec. a.C.).
Datazione relativa: ultimo quarto VII sec. – 500/490 a.C.
Bibliografia: inedito.

417 K 28372 (tavv. 27. 81)
QAREA, F2003, Agora550/551/552, Ab. 606W.
Lu: 2.3cm; La: 1.7cm; Dm: indet; S: 0.2-0.3cm; H: 2.0cm.
Colori: impasto: beige-giallo 7.5YR 7/6; sup. int: beige-giallo 7.5YR 8/2; sup. est: beige-giallo 7.5YR 8/2; dec: beige-arancione 7.5YR 5/6.
Impasto: C: duro; DS: molto depurato; DI: medi; Del: L2; Mod: tornio lento.
Fr. d'orlo di vaso potorio con parete concavo-carenata (coppa/scodella?). All'esterno, linee orizzontali dipinte. Superfici lisciate.
NAS: Dipinta monocroma.
Datazione contesto: *t.a.q.* ca. 550 a.C. (ca. ultimo quarto VII – prima metà VI sec. a.C.).
Datazione relativa: ultimo quarto VII sec. – 500/490 a.C.
Bibliografia: inedito.

418 K 21976 (tavv. 27. 81)
QAREA, F2003, Agora550/551/552, Ab. 607E.
Lu: 3.6cm; La: 2.0cm; Dm: ca. 12cm; S: 0.4cm; H: 1.8cm.
Colori: impasto: beige-giallo 7.5YR 7/3; sup. int: beige-giallo 7.5YR 7/3; sup. est: beige-giallo 7.5YR 7/3; dec: beige-arancione 7.5YR 5-6/6.
Impasto: C: tenero; DS: molto depurato; DI: medi; Del: L2; Mod: tornio lento.
Fr. d'orlo retto leggermente rientrante di forma potoria. Morfologia riconducibile a modelli d'importazione allotri all'isola. Rivestimento omogeneo all'interno della forma fino alla parte esterna dell'orlo. Resto della parete esterna acroma. Superfici lisciate.
NAS: Rivestimento omogeneo opaco / Acroma lisciata.Datazione contesto: *t.a.q.* ca. 550 a.C. (ca. ultimo quarto VII – prima metà VI sec. a.C.).
Datazione relativa: seconda metà VII sec. – 500/490 a.C.
Bibliografia: inedito.

419 K 22256 (tavv. 27. 81)
QAREA, F2003, Agora550/551/552, Ab. 603W / Steinpackung III.
Lu: 6.0cm; La: 5.5cm; Dm: 12.4cm; S: 0.2-0.3cm; H: 5.0cm.
Colori: impasto: marrone 7.5YR 5/2; nucleo: grigio chiaro 7.5YR 5/1; sup. int marrone-beige 7.5YR 7-6/2; sup. est: marrone-beige 7.5YR 7-6/2; dec: marrone-nera 7.5YR 4/1.
Impasto: C: duro; DS: molto depurato; DI: grandi; Del: omogeneo. Inclusioni di colore bianco, beige e rosate di piccola e media dimensione. Alcune particelle giallastre risultano essere concave. Vi sono radi vacuoli di forma arrotondata; Mod: tornio lento.
Quattro fr. d'orlo appuntito e introflesso di vaso potorio. All'interno, bande concentriche dipinte. All'esterno, linea orizzontale sotto l'orlo e semicerchi verso il basso dipinti. Superfici lisciate.
NAS: Dipinta monocroma.
Datazione contesto: *t.a.q.* ca. 550 a.C. (ca. ultimo quarto VII – prima metà VI sec. a.C.).
Datazione relativa: ultimo quarto VII sec. – 500/490 a.C.
Bibliografia: Montana et al. 2021, 15 no. K 22256 fig. 5 tabb. 3. 6 (PPG-II).
Confronti: Panvini et al. 2009a, 71. 75 no. 91; 78–80 nn. 133–138; 87. 91 no. 174; Guglielmino 2000, 706 tav. CXXV, 3.

420 K 22259 A–C (tavv. 28. 81)
QAREA, F2003, Agora550/551/552, Ab. Steinpackung III / 607W / 510.
A: Lu: 3.3cm; La: 2.2cm; Dm: 11.6cm; S: 0.3cm; H: 4.4cm; B: Lu: 4.6cm; La: 3.7cm; C: Lu: 2.8cm; La: 1.9cm.
Colori: impasto: marrone-grigio 7.5YR 5/2; nucleo: grigio 2.5YR 6/1; sup. int: marrone-beige 2.5YR 8/2; sup. est: marrone-beige 2.5YR 8/2; dec: marrone-nera 7.5YR 4/1.
Impasto: C: duro; DS: molto depurato; DI:

grandi; Del: compatto e relativamente omogeneo. Numerosi bianchi distribuiti omogeneamente ad angoli arrotondati (fino a 2mm), bianchi puntiformi, meno frequenti grigi di forma arrotondata, saltuari grigi scuri puntiformi, radi vacuoli di forma allungata, più numerosi vacuoli puntiformi; Mod: tornio lento.
Fr. d'orlo estroflesso e due fr. di pareti di un vaso potorio. Interno decorato con bande concentriche dipinte. All'esterno, banda orizzontale sotto l'orlo e semiarchi dipinti rivolti verso il basso. Superfici lisciate.
NAS: Dipinta monocroma.
Datazione contesto: *t.a.q.* ca. 550 a.C. (ca. ultimo quarto VII – prima metà VI sec. a.C.).
Datazione relativa: ultimo quarto VII sec. – 500/490 a.C.
Bibliografia: Montana et al. 2021, 15 no. K 22259 A tabb. 3. 6 (PPG-II).

421 K 32434 (tavv. 28. 81)
QAREA, F2003, Agora550/551/552, Ab. Steinpackung I.
Lu: 4.5cm; La: 5.5cm; Dm: 13cm sulla carena; S: 0.5-0.6cm.
Colori: impasto: beige 10YR 7/3; sup. int: beige 5YR 7/4-6; sup. est: beige 5YR 7/4-6.
Impasto: C: tenero; DS: molto depurato; DI: medi; Del: L1; Mod: tornio lento.
Fr. di parete forma aperta carenata, tazza. Superfici lisciate.
NAS: Acroma lisciata.
Datazione contesto: *t.a.q.* ca. 550 a.C. (ca. ultimo quarto VII – prima metà VI sec. a.C.).
Datazione relativa: seconda metà VIII sec. – 500/490 a.C.
Bibliografia: inedito.

422 K 22161 (tavv. 28. 82)
QAREA, F2003, Agora550/551/552, Ab. 610W.
Lu: 3.2cm; La: 3.5cm; Dm: indet; S: 0.4-0.6cm; H: 3.6cm.
Colori: impasto: beige-rosso 7.5YR 5/1; sup. int: beige-giallo 7.5YR 8/3; sup. est: beige-giallo 7.5YR 8/3; dec: arancione-marrone 5YR 5/6.
Impasto: C: duro; DS: molto depurato; DI: medi; Del: L2; Mod: tornio lento.
Fr. d'orlo estroflesso svasato all'interno di una forma aperta concavo-carenata, tazza/attingitoio. All'esterno, banda orizzontale sotto l'orlo. Superfici lisciate.
NAS: Dipinta monocroma.
Datazione contesto: *t.a.q.* ca. 550 a.C. (ca. ultimo quarto VII – prima metà VI sec. a.C.).
Datazione relativa: ultimo quarto VII sec. – 500/490 a.C.
Bibliografia: inedito.
Confronti: Campisi 2003, 159 no. D 1 fig. 162.

423 K 22288 (tavv. 28. 82)
QAREA, F2003, Agora550/551/552, Ab. Steinpackung I.
Lu: 11.2cm; La: 8.1cm; Dm: 23cm; S: 0.6-0.7cm; H: 8.4cm.
Colori: impasto: beige 7.5YR 5/1; sup. int: beige-giallo 7.5YR 7-8/3; sup. est: beige-giallo 7.5YR 7-8/3; dec: beige-arancione 5YR 5/6.
Impasto: C: duro; DS: molto depurato; DI: medi; Del: L2; Mod: tornio lento.
Fr. d'orlo estroflesso con attacco d'ansa a bastoncello orizzontale e fr. di parete combaciante di una coppa. Morfologia riconducibile a modelli d'importazione allotri all'isola. Esterno decorato con fascio di linee verticali che partono dalla carena dell'orlo e si dirigono verso la vasca, delimitate in basso da tre linee orizzontali parallele dipinte sotto l'ansa. Superfici lisciate.
NAS: Dipinta monocroma.
Datazione contesto: *t.a.q.* ca. 550 a.C. (ca. ultimo quarto VII – prima metà VI sec. a.C.).
Datazione relativa: ultimo quarto VII sec. – 460/450 a.C.
Bibliografia: Montana et al. 2021, 15 no. K 22288 tabb. 3. 6 (PPG-II).
Confronti: de la Genière 1988, 309–310 no. 163 tavv. CCV. CCVI; Sedita Migliore 1981, 103 no. C fig. 68; Biagini 2008a, 151 no. 25 tav. IV.

424 K 22125 (tavv. 28. 82)
QAREA, F2003, Agora550/551/552, Ab. Steinpackung IV.
Lu: 5.4cm; La: 5.3cm; Dm int: 23cm; S: 0.5cm; H: 5.2cm.
Colori: impasto: grigio 5YR 5/1; sup. int: beige-giallo 7.5YR 8/3; sup. est: beige-giallo 7.5YR 8/3; dec: beige-arancione 5YR 5/6.
Impasto: C: duro; DS: medio depurato; DI: piccoli; Del: L2; Mod: tornio lento.
Fr. d'orlo estroflesso con attacco d'ansa a bastoncello orizzontale di una coppa. Morfologia riconducibile a modelli d'importazione allotri all'isola. L'interno presenta tracce di listelli regolari sulla tesa dell'orlo e tre brevi tratti dipinti nella vasca. All'esterno, brevi tratti lineari sull'attacco d'ansa e resto di una linea verticale più lunga dipinta sul corpo del vaso. Banda orizzontale dipinta sotto l'ansa. Superfici lisciate.
NAS: Dipinta monocroma.
Datazione contesto: *t.a.q.* ca. 550 a.C. (ca. ultimo quarto VII – prima metà VI sec. a.C.).
Datazione relativa: ultimo quarto VII sec. – 460/450 a.C.
Bibliografia: Montana et al. 2021, 15 no. K 22125 tabb. 3. 6 (PPG-II).
Confronti: de la Genière 1988, 309–310 no. 163 tavv. CCV. CCVI; Sedita Migliore 1981, 103 no. C fig. 68.

425 K 28394 (tavv. 28. 82)
QAREA, F2003, Agora550/551/552, Ab. 610W.
Lu: 5.0cm; La: 4.7cm; S: 0.4-0.6cm.
Colori: impasto: beige 7.5YR 4/1; sup. int: beige-giallo 7.5YR 8/3; sup. est: beige-giallo 7.5YR 8/3; dec: beige-arancione 5YR 4/6.
Impasto: C: duro; DS: medio depurato; DI: piccoli; Del: L2; Mod: tornio lento.
Fr. di parete con attacco d'ansa orizzontale di una forma aperta, coppa. Morfologia riconducibile a modelli d'importazione allotri all'isola. All'esterno, tre linee orizzontali parallele dipinte sotto l'attacco d'ansa e una banda sopra l'ansa. Superfici lisciate.
NAS: Dipinta monocroma.
Datazione contesto: *t.a.q.* ca. 550 a.C. (ca. ultimo quarto VII – prima metà VI sec. a.C.).
Datazione relativa: ultimo quarto VII sec. – 460/450 a.C.
Bibliografia: inedito.
Confronti: de la Genière 1988, 309–310 no. 163 tavv. CCV. CCVI; Sedita Migliore 1981, 103 no. C fig. 68.

426 K 27978 (tav. 28)
QAREA, F2003, Agora550/551/552, Ab. Steinpackung V.
Lu: 5.1cm; La: 5.2cm; S: 0.5-0.6cm.
Colori: impasto: beige 10YR 7/4; sup. int: beige 10YR 7/4; sup. est: beige 10YR 7/4; dec: arancione-marrone 5YR 5-6/6.
Impasto: C: duro; DS: molto depurato; DI: grandi; Del: L2; Mod: tornio lento.
Fr. di parete con attacco d'ansa di una forma aperta, vaso potorio. Morfologia riconducibile a modelli d'importazione allotri all'isola. Rivestimento omogeneo all'interno. Superfici lisciate.
NAS: Rivestimento omogeneo opaco / Acroma lisciata.Datazione contesto: *t.a.q.* ca. 550 a.C. (ca. ultimo quarto VII – prima metà VI sec. a.C.).
Datazione relativa: ultimo quarto VII sec. – 460/450 a.C.
Bibliografia: inedito.

427 K 22260 (tavv. 28. 82)
QAREA, F2003, Agora550/551/552, Ab. Steinpackung III.
Lu: 4.1cm; La: 3.3cm; Dm: 9.6cm; S: 0.3cm; H: 4.2cm.
Colori: impasto: beige-giallo 7.5YR 7/4; sup. int: beige 7.5YR 8/3; sup. est: beige 7.5YR 8/3; dec: beige-arancione 5YR 5/6.
Impasto: C: duro; DS: molto depurato; DI: piccoli; Del: L2; Mod: tornio lento.
Fr. d'orlo rientrante di una forma potoria. Morfologia riconducibile a modelli d'importazione allotri all'isola (kotylai in stile lineare di produzione corinzia). All'esterno, dall'alto verso il basso, fascio di brevi tratti verticali delimitati da una serie di linee orizzontali parallele dipinte. Superfici lisciate.
NAS: Dipinta monocroma.
Datazione contesto: *t.a.q.* ca. 550 a.C. (ca. ultimo quarto VII – prima metà VI sec. a.C.).
Datazione relativa: ultimo quarto VII sec. – 460/450 a.C.
Bibliografia: inedito.
Confronti: Gargini 1995, 131 nn. 31. 34 fig. 16 (ciotole tipo E); 134 nn. 44. 45 fig. 17 (skyphoi). Simile: Guglielmino 2000, 706 tav. CXXV, 3.

428 K 32529 (tavv. 28. 82)
QAEO1F, F1995, Agora565, Ab. 109.
Lu: 4.4cm; La: 2.4cm; Dm est: 7.0cm; S: 0.3-0.5cm; H: 2.3cm.
Colori: impasto: arancione-marrone 5YR 6/6; sup. int: beige 10YR 8/1; sup. est: beige 10YR 8/1; ing: beige-bianco 10YR 8/1; dec: rosso scuro 10R 3/4.
Impasto: C: semiduro; DS: molto depurato; DI: medi; Del: mica, grigi puntiformi, vacuoli puntiformi; Mod: tornio lento.
Fr. di forma potoria di piccole dimensioni. All'esterno, due linee orizzontali a zig-zag dipinte. All'interno, lungo l'orlo, linea orizzontale dello stesso colore. Superfici lisciate.
NAS: Dipinta monocroma.
Datazione contesto: *t.a.q.* 500/490 a.C. (ca. fine VII sec. – 500/490 a.C.).
Datazione relativa: ultimo quarto VII sec. – 500/490 a.C.
Bibliografia: inedito.

429 K 32695 (tavv. 28. 82)
QAEO1F, F1996, Agora565, Ab. 104.
Lu: 2.2cm; La: 2.6cm; Dm: indet. (ca. 10.0cm); S: 0.5cm; H: 2.8cm
Colori: impasto: marrone-arancione 7.5YR 7/4; nucleo: grigio 7.5YR 6/1; sup. int: beige 7.5YR 8/3; sup. est: beige 7.5YR 8/3; dec: arancione 7.5YR 5/8.
Impasto: C: tenero; DS: molto depurato; DI: medi; Del: L2; Mod: tornio lento.
Fr. d'orlo leggermente estroflesso di vaso potorio. All'esterno, linea orizzontale lungo l'orlo dalla quale partono due linee verticali. Macchia di colore all'interno. Superfici lisciate.
NAS: Dipinta monocroma.
Datazione contesto: *t.a.q.* 500/490 a.C.
Datazione relativa: ultimo quarto VII sec. – 460/450 a.C.
Bibliografia: inedito.

430 K 16649 (tavv. 28. 82)
QAEO1F, F1995, Agora565, Ab. 110.
Lu: 5.4cm; La: 2.8cm; Dm: 22.0cm; S: 0.5cm; H: 2.7cm.
Colori: impasto: beige-marrone 10YR 7/4; dec: marrone scuro 10YR 3/2-3.
Impasto: C: tenero; DS: estremamente depurato; DI: piccoli; Del: vacuoli puntiformi, rossi puntiformi saltuari, saltuari grigi scuri; Mod: tornio veloce.
Fr. d'orlo quasi retto di coppa. Morfologia riconducibile a modelli d'importazione allotri all'isola (coppa a filetti). All'esterno, sul labbro, tre linee sottili orizzontali dipinte, leggermente diluite. L'interno è completamente dipinto con lo stesso colore, seppur meno diluito, ad eccezione di una linea risparmiata nella parte superiore dell'orlo. Rivestimento interno leggermente scrostato ed evanido. Superfici lisciate.
NAS: Rivestimento omogeneo opaco / Dipinta monocroma.
Datazione contesto: *t.a.q.* 500/490 a.C. (fine VII sec. – 500/490 a.C.).
Datazione relativa: ultimo quarto VII – inizio V sec. a.C.
Bibliografia: Isler 1996a, 56 nota 34.
Confronti: Gargini 1995, 135 no. 46 fig. 18 (coppa – dipinta); Siracusano 1996, tav. c 5 (AGS 5749) (coppa – dipinta).
Per i modelli d'importazione allotri all'isola: v. testo.

431 K 16630 (tavv. 28. 82)
QAEO1F, F1995, Agora565, Ab. 112.
Lu: 4.2cm; La: 2.8cm; Dm: 17.0cm; S: 0.3cm; H: 2.1cm.
Colori: impasto: beige-marrone 10YR 6/3; dec: nero-marrone 10YR 3/1-2.
Impasto: C: tenero; DS: estremamente depurato; DI: piccoli; Del: omogeneo e compatto, vacuoli e grigi saltuari; Mod: tornio veloce.
Fr. d'orlo con attacco d'ansa di coppa. Morfologia riconducibile a modelli d'importazione allotri all'isola. Interno completamente dipinto, miscela di ocre argillose leggermente evanida. All'esterno, linea orizzontale appena sotto l'orlo passante sopra l'attacco dell'ansa. Superfici lisciate.
NAS: Rivestimento omogeneo opaco / Dipinta monocroma.
Datazione contesto: *t.a.q.* 500/490 a.C. (fine VII sec. – 500/490 a.C.).
Datazione relativa: ultimo quarto VII – inizio V sec. a.C.
Bibliografia: Isler 1996a, 56 nota 34.
Confronti: Serra 2016, 124 nn. 188–190 (coppe tipo B); Guglielmino 2000, 706 tav. CXXVI, 3. 4.
Per i modelli d'importazione allotri all'isole: v. testo.

432 K 16666 (tavv. 28. 82)
QAEO1F, F1995, Agora565, Ab. 115.
Lu: 4.3cm; La: 2.0cm; Dm: 14.0cm; S: 0.4cm; H: 2.0cm
Colori: impasto: rosso-marrone 2.5YR 5-6/6; ing: beige 10YR 8/2; dec: marrone-nero 10YR 3/2; marrone-rosso 2.5YR 4/4.
Impasto: C: semiduro; DS: molto depurato; DI: medi; Del: relativamente compatto. Bianchi puntiformi, vacuoli arrotondati e allungati in parte di medio-grandi dimensioni, rossi saltuari molto piccoli; Mod: tornio veloce.
Fr. d'orlo estroflesso di coppa. Morfologia riconducibile a modelli d'importazione allotri all'isola (greco-orientale *B2*). All'esterno, in corrispondenza della tettonica fra orlo e vasca, linea orizzontale marrone-rossa. All'interno, completamente dipinto di marrone nero, ad eccezione dell'orlo. Ingobbio sia all'interno che all'esterno. Superfici lisciate.
NAS: Rivestimento omogeneo opaco / Dipinta monocroma.
Datazione contesto: *t.a.q.* 500/490 a.C. (fine VII sec. – 500/490 a.C.).
Datazione relativa: ultimo quarto VII – inizio V sec. a.C.
Bibliografia: Isler 1996a, 56 nota 3.
Confronti: Serra 2016, 124 no. 189 tav. 24, 2; Guglielmino 2000, 706 tav. CXXVI, 3. 4.
Per i modelli d'importazione allotri all'isola: v. testo.

433 K 16667 (tavv. 28. 82)
QAEO1F, F1995, Agora565, Ab. 115.
Lu: 5.8cm; La: 3.9cm; Dm: 15.0cm; S: 0.3-0.4cm; H: 3.7cm.
Colori: impasto: arancione 5YR 6/6; sup. int: arancione 7.5YR 7/4-6; sup. est: arancione 7.5YR/5YR 7/4; dec: arancione scuro 2.5YR 5/8.
Impasto: C: semiduro; DS: estremamente depurato; DI: grandi; Del: numerosi inclusi rossi e color crema di forma arrotondata medi e grandi, grigi puntiformi, bianchi calcarei, numerosi vacuoli di forma arrotondata; Mod: tornio veloce.
Fr. d'orlo estroflesso con attacco dell'ansa orizzontale a bastoncello di coppa. Morfologia riconducibile a modelli d'importazione allotri all'isola (greco-orientale *B2*). All'interno, banda orizzontale tra orlo e carena. All'esterno, linea orizzontale lungo la parte inferiore dell'orlo seguita da una linea sottile orizzontale al di sotto dell'ansa. Traccia di linea lungo l'orientamento dell'ansa. Superfici lisciate.
NAS: Dipinta monocroma.
Datazione contesto: *t.a.q.* 500/490 a.C. (fine VII sec. – 500/490 a.C.).
Datazione relativa: ultimo quarto VII – inizio V sec. a.C.
Bibliografia: Isler 1996a, 56 nota 34.
Confronti: Serra 2016, 124 no. 190 tav. 24, 3; Guglielmino 2000, 706 tav. CXXVI, 3. 4.
Per i modelli d'importazione allotri all'isole: v. testo.

434 K 32574 (tav. 28)
QAEO1F, F1995, Agora565, Ab. 113.
Lu: 3.3cm; La: 2.9cm; SezAnsa: 0.8cm; S: 0.3cm.
Colori: impasto: beige-giallo 2.5YR 6/4; nucleo: marrone-grigio 2.5YR 5/1; sup. int: rosso-marrone 2.5YR 5/4-6; sup. est: beige-arancione 7.5YR 7/4; dec: rosso-marrone 2.5YR 5/4-6.
Impasto: C: tenero; DS: molto depurato; DI: medi; Del: L1; Mod: tornio lento.
Fr. di parete con attacco d'ansa orizzontale a bastoncello di coppa. Morfologia riconducibile a modelli d'importazione allotri all'isola. All'interno, rivestimento omogeneo. All'esterno, lungo l'ansa, linea orizzontale dipinta; sotto, tre linee orizzontali dipinte. Superfici lisciate.
NAS: Rivestimento omogeneo opaco / Dipinta monocroma.
Datazione contesto: *t.a.q.* 500/490 a.C. (fine VII sec. – 500/490 a.C.).
Datazione relativa: ultimo quarto VII sec. – 460/450 a.C.
Bibliografia: inedito.

435 K 28169 A–B (fig. 39 tavv. 28. 82)
OPH2, F2001/S2011, EU9/PH2 412; PH2 426, Ab. 102 / 8.
Lu: 4.8cm; La: 4.3cm; Dm: ca. 10cm; S: 0.2cm; H: 4.3.
Colori: impasto: beige 10YR 8/4; nucleo: grigio-marrone 10YR 6/2; sup. int: 10YR 8/4; sup. est: beige 10YR 8/4; dec: marrone 7.5YR 4/3; rosso-marrone 2.5YR 3/4.

Impasto: C: tenero; DS: molto depurato; DI: medi; Del: L2; Mod: tornio veloce.
Tre fr. combacianti + due fr. combacianti di coppa. Morfologia che deriva dalle coppe lato K 480. All'interno, banda marrone lungo l'orlo. All'esterno, linea marrone tra labbro e vasca orizzontale dalla quale parte un motivo a gocce oblique marroni. Nella parte inferiore della vasca, banda orizzontale rosso-marrone delimitata superiormente e inferiormente da una linea marrone. Superficie interna ed esterna lisciata.
NAS: Dipinta bicroma.
Datazione contesto: *ante* 460/450 a.C.
Datazione relativa: secondo quarto VI sec. – 460/450 a.C.
Bibliografia: Reusser et al. 2012, 121 nota 49 fig. 6 tav. 15, 6; Serra 2016, 98 fig. 57.
Confronti: Serra 2016, 125 no. 198 tav. 24, 11.

436 K 29198 A–G (fig. 39 tavv. 28. 82)
OPH2, S2013, PH2 426/422, Ab. 252N / 106SE / 107 / 108M / 113.
A: Lu: 9.2cm; La: 6.7cm; Dm orlo: 8.4cm; S: 0.2-0.8cm; H: 5.3cm; B: Lu: 4.2cm; La: 3.3cm; H: 5.5cm; C: Lu: 2.5cm; La: 1.2cm; D: Lu: 2.9cm; La: 1.5cm; E: Lu: 1.9cm; La: 1.4cm; F: Lu: 2.7cm; La: 2.7cm; G: Lu: 2.3cm; La: 1.3cm; H orlo-fondo: 7.3cm
Colori: impasto: marrone 5YR 6/4-6; sup. est: beige 10YR 8/2; dec: rosso-marrone 2.5YR 3/4.
Impasto: C: duro; DS: molto depurato; DI: piccoli; Del: molto compatto e omogeneo, fratture nette. Saltuari grigi di forma arrotondata, radi rossi puntiformi, rari bianchi puntiformi, saltuari vacuoli puntiformi; Mod: tornio veloce.
16 fr. (A: cinque fr.; B: sei fr.; C: un fr.; D: un fr.; E: un fr.; F: un fr.; G: un fr.) formanti un profilo ricostruttivo di forma aperta biconica con labbro estroflesso. Anse a nastro verticali impostate dall'orlo alla parte superiore del corpo. Applicazioni a forma di clessidra orizzontale impostate sulle anse a nastro. All'interno, banda orizzontale sotto l'orlo. All'esterno, dal basso verso l'alto: banda (?) con andamento ondulato nella parte superiore ad indicare la variazione tettonica fra piede mancante e corpo; zona acroma seguita da due bande orizzontali campite con un teorema di tratti a zig-zag con apici arrotondati distinti; registro superiore con analoga campitura e orlo delimitato da una banda più larga. Applicazioni sopra le anse a nastro completamente dipinte sia sulla superficie superiore che laterale. Lungo le anse a nastro, tratto a zig-zag con apici arrotondati irregolari. Le pennellate dei teoremi frontali sono apportate in sovrapposizione anche alle anse. La superficie esterna, pur non mostrando un ingobbio, attesta una colorazione molto chiara, forse dovuto all'utilizzo di acqua marina che crea un effetto più chiaro prima della cottura? Colore evanido a puntini. Superficie esterna molto levigata al tatto. Grandi bolle di cottura visibili all'interno della forma. Interpretato come krateriskos d'imitazione di datazione ellenistica, il contesto di ritrovamento attesta un suo inquadramento cronologico *ante* 460/450 a.C.
NAS: Dipinta monocroma.
Datazione contesto: *ante* 460/450 a.C.
Datazione relativa: ultimo quarto VII sec. – 460/450 a.C.
Bibliografia: Kistler 2017, 119 tav. 18, b–e (disegno incorretto).
Confronti: v. testo.

Attingitoi

437 K 23276 (tavv. 29. 83)
REPH1, F2005, WQ492, Erdsteg E2, Ab. 111.
Lu: 3.4cm; La: 3.4cm; Dm: 15cm; S: 0.7cm; H: 3.2cm.
Colori: impasto: marrone 7.5YR 6/4; nucleo: grigio 10YR 4/1; dec: marrone scuro 10YR 3/1-2.
Impasto: C: tenero; DS: molto depurato; DI: grandi; Del: L0; Mod: a mano.
Fr. d'orlo leggermente ingrossato all'interno di attingitoio con attacco d'ansa. All'esterno, fregio di cerchielli concentrici (tracce di due almeno) delimitati sopra e sotto da tre solchi orizzontali incisi. Resti di incrostazione bianca all'interno delle decorazioni incise e impresse. Rivestimento omogeneo marrone sia all'interno che all'esterno. Superfici lucidate.
NAS: Incisa e impressa con rivestimento omogeneo lucidato.
Datazione contesto: *t.a.q.* ca. 600 a.C. (ca. seconda metà VIII – fine VII sec. a.C.).
Datazione relativa: seconda metà VIII – fine VII sec. a.C.
Bibliografia: inedito.

438 K 32098 (tavv. 29. 83)
REPH1, F2005, WQ492, Erdsteg E1, Ab. 9, Schicht 3.
Lu: 2.7cm; La: 1.3cm; Dm est: 17cm; S: 0.6cm; H: 1.3cm.
Colori: impasto: marrone 7.5YR 5/2; nucleo: grigio scuro GLEY 1 3/N; sup. int: marrone 7.5YR 5/2-3; sup. est: marrone 7.5YR 5/3; dec: marrone 10YR 6/4.
Impasto: C: tenero; DS: molto depurato; DI: grandi; Del: L0; Mod: tornio lento.
Fr. d'orlo leggermente ingrossato all'interno di attingitoio. All'esterno, cinque linee orizzontali incise dalle quali partono due linee oblique in direzione opposte formanti un triangolo con vertice verso l'alto? Tracce di rivestimento sia all'interno che all'esterno in numerosi punti (verosimilmente omogeneo). Presenza di incrostazione bianca all'interno delle decorazioni incise e impresse. Superfici lucidate.
NAS: Indet: incisa e impressa con rivestimento lucidato (omogeneo? non omogeneo?).
Datazione contesto: *t.a.q.* ca. 600 a.C. (ca. seconda metà VIII – fine VII sec. a.C.).
Datazione relativa: seconda metà VIII – fine VII sec. a.C.
Bibliografia: inedito.
Confronti: Spatafora 2003c, 117 no. I 11 fig. 130.

439 K 23174 (tavv. 29. 83)
REPH1, F2005, WQ492, Erdsteg E1, Ab. 7, Schicht 1.
Lu: 3.2cm; La: 3.1cm; Dm: 18cm; S: 0.6cm; H: 2.8cm.
Colori: impasto: marrone chiaro 7.5YR 5/3; nucleo: grigio 7.5YR 4/1; sup. int: beige-marrone 7.5YR 5/3; sup. est: beige-marrone 7.5YR 5/3; dec: beige 7.5YR 8/2.
Impasto: C: semiduro; DS: medio depurato; DI: grandi; Del: L0; Mod: tornio lento.
Fr. d'orlo leggermente ingrossato all'interno di attingitoio. All'esterno, sotto l'orlo, quattro solchi orizzontali incisi dai quali partono le tracce di due solchi obliqui incisi. Presenza di incrostazione bianca all'interno delle decorazioni incise e impresse. Resti di rivestimento in numerosi punti del fr., sia all'interno che all'esterno. Superfici lucidate.
NAS: Indet: Incisa con rivestimento lucidato (omogeneo? Non omogeneo?).
Datazione contesto: *t.a.q.* ca. 600 a.C. (ca. seconda metà VIII – fine VII sec. a.C.).
Datazione relativa: seconda metà VIII – fine VII sec. a.C.
Bibliografia: inedito.

440 K 23230 (tavv. 29. 83)
REPH1, F2005, WQ492, Erdsteg E2, Ab. 5.
Lu: 2.7cm; La: 2.4cm; Dm est: 15cm; S: 0.7cm; H: 1.8cm.
Colori: impasto: marrone 7.5YR 5/3; nucleo: grigio 7.5YR 4/1; sup. int: marrone chiaro 7.5YR 6/3; sup. est: marrone chiaro 7.5YR 6/3; dec: arancione-marrone 7.5YR 5/6.
Impasto: C: semiduro; DS: molto depurato; DI: grandi; Del: L0; Mod: a mano.
Fr. d'orlo svasato di attingitoio. All'esterno, sotto l'orlo, due solchi orizzontali incisi seguiti da fregio orizzontale di cerchielli concentrici impressi (tracce di tre esemplari). Resti d'incrostazione bianca all'interno delle decorazioni incise e impresse. Rivestimento steso a pennellate tendenzialmente orizzontali con miscela densa di colore che lascia unicamente tracce di striature sottili. Superfici lucidate.
NAS: Incisa e impressa con rivestimento omogeneo lucidato (striature sottili).
Datazione contesto: *t.a.q.* ca. 600 a.C. (ca. seconda metà VIII – fine VII sec. a.C.).
Datazione relativa: seconda metà VIII sec. – 570 a.C.
Bibliografia: inedito.
Confronti: Spatafora 2003c, 117 nn. I 12. I 17 fig. 130.

441 K 24284 (tavv. 29. 83)
REPH1, F2005, WQ492, Erdsteg, Ab. 03.
Lu: 5.0cm; La: 2.7cm; Dm: 17cm; S: 0.7cm; H: 2.5cm.
Colori: impasto: marrone 10YR 6/3; nucleo: grigio 10YR 4/1; sup. int: grigio 10YR 5/1; sup. est: beige 10YR 5/1; dec: GLEY 1 2.5/N.
Impasto: C: tenero; DS: molto depurato; DI: grandi; Del: L0; Mod: tornio lento.

Fr. d'orlo svasato all'interno di forma aperta, verosimilmente di attingitoio. All'esterno, sotto l'orlo tre solchi orizzontali incisi seguiti da resti di un fregio a ">>>>" impresso. Resti di incrostazione bianca all'interno delle decorazioni incise e impresse. Rivestimento nero sia all'interno che all'esterno. Superfici lucidate.
NAS: Incisa e impressa con rivestimento omogeneo lucidato.
Datazione contesto: *t.a.q.* ca. 600 a.C. (ca. seconda metà VIII – fine VII sec. a.C.).
Datazione relativa: seconda metà VIII sec. – 570 a.C.
Bibliografia: inedito.
Confronti: Spatafora 2003c, 117 nn. I 12. I 17 figg. 124. 130.

442 K 32077 (tavv. 29. 83)
REPH1, F2005, WQ492, Erdsteg E2, Ab. 2, Schicht 1.
Lu: 2.6cm; La: 2.4cm; Dm int: 13cm; S: 0.5cm; H: 2.3cm.
Colori: impasto: marrone 7.5YR 5/3; nucleo: grigio scuro 10YR 3-4/1; sup. int: grigio 7.5YR 5/2; sup. est: marrone-grigio 7.5YR 5/1-2; dec: beige 10YR 6/3; marrone 10YR 3/1.
Impasto: C: tenero; DS: molto depurato; DI: grandi; Del: L0; Mod: tornio lento.
Fr. d'orlo a tesa orizzontale, svasato nella parte superiore, di attingitoio. All'esterno, sotto l'orlo, tre linee orizzontali incise e tracce di rivestimento lucidato. All'interno, rivestimento non prettamente omogeneo di colore beige e macchie più scure, che non sembrano essere dovute a pennellate intenzionali e neppure a striature sottili. Resti di incrostazione bianca all'interno dei solchi incisi. Superfici lucidate.
NAS: Indet: Incisa e impressa con rivestimento lucidato (omogeneo? Non omogeneo?).
Datazione contesto: *t.a.q.* ca. 600 a.C. (ca. seconda metà VIII – fine VII sec. a.C.).
Datazione relativa: seconda metà VIII sec. – 570 a.C.
Bibliografia: inedito.
Confronti: Spatafora 2003c, 115 no. I 7 fig. 129.

443 K 32183 (tavv. 29. 83)
REPH1, F2005, WQ492, Erdsteg E3, Ab. 4.
Lu: 1.9cm; La: 3.1cm; Dm: indet; S: 0.5cm; H: 2.3cm.
Colori: impasto: arancione-marrone 5YR 6/6; nucleo: grigio 5YR 4/1; sup. int: marrone 7.5YR 5/3; sup. est: marrone 7.5YR 5/3; dec: marrone scuro 7.5YR 4/2.
Impasto: C: tenero; DS: molto depurato; DI: grandi; Del: L1; Mod: tornio lento.
Fr. d'orlo svasato di attingitoio. All'esterno, resti di tre solchi sottili ben definiti orizzontali incisi. Resti di incrostazione bianca all'interno delle decorazioni incise. Sia all'interno che all'esterno rivestimento marrone scuro. Superfici lucidate.
NAS: Incisa con rivestimento omogeneo lucidato.
Datazione contesto: *t.a.q.* ca. 600 a.C. (ca. seconda metà VIII – fine VII sec. a.C.).
Datazione relativa: seconda metà VIII sec. – 570 a.C.
Bibliografia: inedito.

444 K 24294 (tavv. 29. 83)
REPH1, F2006, WQ492, Erdsteg, Ab. 78B.
Lu: 2.9cm; La: 4.2cm; S: 0.6cm.
Colori: impasto: beige-arancione 5YR 8/2; nucleo: grigio 7.5YR 5/1; sup. int: beige-arancione 7.5YR 7/6-2; sup. est: arancione-beige 5YR 7/6; dec: arancione 5YR 7/6.
Impasto: C: tenero; DS: molto depurato; DI: grandi; Del: L1; Mod: a mano.
Fr. di vasca e parete di attingitoio. All'esterno, sulla parete, resti di tre cerchielli concentrici impressi; tra la parete e la vasca, tre solchi orizzontali incisi, seguiti da rettangolo allungato campito da quattro linee a tremolo orizzontali impresse e delimitate da altri tre solchi orizzontali incisi (sottolinea la tettonica dell'attingitoio). Resti di incrostazione bianca all'interno delle decorazioni incise e impresse. Rivestimento omogeneo arancione sia all'interno che all'esterno. Superfici lucidate.
NAS: Incisa e impressa con rivestimento omogeneo lucidato.
Datazione contesto: *t.a.q.* ca. 600 a.C. (ca. seconda metà VIII – fine VII sec. a.C.).
Datazione relativa: seconda metà VIII sec. – 570 a.C.
Bibliografia: inedito.
Osservazioni: Combaciante a **503** (K 24286, 29.06.2023).

445 K 22177 (tavv. 29. 83)
REPH1, F2003, WQ491/492, Ab. 10.
Lu: 3.2cm; La: 3.3cm; Dm: 6cm; S: 0.6-0.7cm.
Colori: impasto: marrone 7.5YR 6/3; nucleo: grigio 7.5YR 5/1; sup. int: marrone 7.5YR 6/2; sup. est: marrone 7.5YR 6/2; dec: marrone-nero 7.5YR 3/1-2.
Impasto: C: semiduro; DS: medio depurato; DI: medi; Del: L0; Mod: a mano.
Fr. di parete con vasca e attacco dell'ansa verticale, probabilmente a bastoncello, di attingitoio. All'esterno, tra parete e vasca, due solchi orizzontali incisi; sulla vasca, resti di quattro solchi obliqui incisi. Resti di incrostazione bianca all'interno dei solchi incisi. Sia all'interno che all'esterno rivestimento marrone-nero. Superfici lucidate.
NAS: Incisa con rivestimento omogeneo lucidato.
Datazione contesto: *t.a.q.* ca. 600 a.C. (ca. seconda metà VIII – fine VII sec. a.C.).
Datazione relativa: seconda metà VIII sec. – 570 a.C.
Bibliografia: inedito.

446 K 22548 (tavv. 29. 83)
REPH1, F2004, WQ491/492, 1-meter Streifen, Ab. 2.
Lu: 2.2cm; La: 3.5cm; Dm: indet; S: 0.8cm.
Colori: impasto: arancione-marrone 5YR 7/6; nucleo: grigio 7.5YR 5/1; sup. int: marrone 5YR 7/4; dec: arancione-marrone 5YR 4-5/6.
Impasto: C: semiduro; DS: molto depurato; DI: grandi; Del: L1; Mod: tornio lento.
Fr. di parete con vasca di attingitoio. All'esterno, sulla parete, resto di fregio orizzontale con cerchielli concentrici; tra la parete e la vasca, tre linee orizzontali incise seguite da un riquadro campito da linee a tremolo orizzontali che ricopre tutta la carena esterna della forma. Resti di incrostazione bianca all'interno dei solchi incisi. Tracce di rivestimento omogeneo sia all'interno che all'esterno. Superfici lucidate.
NAS: Incisa e impressa con rivestimento omogeneo lucidato.
Datazione contesto: *t.a.q.* ca. 600 a.C. (ca. seconda metà VIII – fine VII sec. a.C.).
Datazione relativa: seconda metà VIII sec. – 570 a.C.
Bibliografia: inedito.

447 K 22688 (tavv. 29. 83)
REPH1, F2004, WQ491/492, 1-meter Streifen, Ab. 4.
Lu: 3.5cm; La: 2.2cm; Dm: indet; S: 0.6-0.7cm.
Colori: impasto: marrone-grigio 7.5YR 5/2; nucleo: grigio 10YR 4/1; sup. int: grigio-marrone 7.5YR 5/1; sup. est: grigio-marrone 7.5YR 5/1; dec: marrone-nero 7.5YR 4/1.
Impasto: C: tenero; DS: molto depurato; DI: medi; Del: L0; Mod: tornio lento.
Fr. di parete con vasca di attingitoio. Sulla parete, all'esterno, resti di un cerchiello concentrico, seguito da tre solchi orizzontali incisi. Sulla carena, tra parete e vasca, rettangolo campito da sei linee a tremolo orizzontali impresse, delimitato inferiormente da un solco orizzontale inciso. Resti di incrostazione bianca all'interno dei solchi incisi. Sia all'interno che all'esterno tracce di rivestimento omogeneo. Superfici lucidate.
NAS: Incisa e impressa con rivestimento omogeneo lucidato.
Datazione contesto: *t.a.q.* ca. 600 a.C. (ca. seconda metà VIII – fine VII sec. a.C.).
Datazione relativa: seconda metà VIII – 570 a.C.
Bibliografia: inedito.

448 K 23290 (tavv. 29. 83)
REPH1, F2005, WQ491/492, Schicht 2, E1, Ab. 3 / Reinigung S-Kante.
Lu: 10.3cm; La: 7.1cm; Dm fondo: 4.8cm; Dm carena: 12.8cm; S: 0.6-0.9cm; H: 5.6cm.
Colori: impasto: marrone 5YR 5-6/6; nucleo: grigio 10YR 4/1; sup. int: beige 7.5YR 7/4; sup. est: marrone chiaro 5YR 6/6; 10YR 7/3; dec: arancione-marrone 5YR 6/8; 5/6-8; 4/4-6.
Impasto: C: semiduro; DS: estremamente depurato; DI: grandi; Del: relativamente compatto, numerose inclusioni grigie spigolose, bianchi calcarei, saltuari grigi arrotondati, rossi puntiformi, particelle

carbonizzate, rara *chamotte* di piccola dimensione, radi vacuoli puntiformi, più frequenti di forma allungata; Mod: a mano.Sei fr. combacianti di parete, vasca e fondo piano con attacco d'ansa a nastro verticale di attingitoio. All'esterno, sulla parete, riquadri campiti da tremoli orizzontali impressi delimitati sopra e sotto da tre linee orizzontali incise. Sulla vasca, fregio orizzontale a cerchielli concentrici, delimitato a sua volta da tre linee orizzontali incise sopra e sottostanti. Resti di incrostazione bianca all'interno delle decorazioni incise e impresse. Rivestimento omogeneo steso a pennellate tendenzialmente orizzontali che lasciano tracce di striature. Tracce di bruciato all'interno e all'esterno responsabili di discromie nel rivestimento. Superfici lucidate.
NAS: Incisa e impressa con rivestimento omogeneo lucidato (striature sottili).
Datazione contesto: *t.a.q.* ca. 600 a.C. (ca. seconda metà VIII – fine VII sec. a.C.).
Datazione relativa: seconda metà VIII sec. – 570 a.C.
Bibliografia: inedito.
Confronti: per il fondo piano: Spatafora 2003c, 118 no. I 25 fig. 131 = Trombi 2015, 65–66 no. 510 tav. VI (forma D4, tazze attingitoio).

449 K 32488 (tavv. 29. 83)
QO1F, F2006, EQ1140, Sondage 2, Ab. 29.
Lu: 8.6cm; La: 6.7cm; S: 0.4-0.5cm.
Colori: impasto: beige 10YR 7/4; sup. int: beige 10YR 7-8/4; sup. est: beige 10YR 7-8/4.
Impasto: C: duro; DS: molto depurato; DI: medi; Del: L2; Mod: tornio lento.
Fr. di vasca con attacco della parete di attingitoio (?). Superfici lisciate.
NAS: Acroma lisciata.
Datazione contesto: ca. 630/620 – 570 a.C.
Datazione relativa: seconda metà VIII sec. – 460/450 a.C.
Bibliografia: inedito.

450 K 23791 (tavv. 29. 83)
QO2F, F2006, EQ1139/1140, Sondage 1, Ab. 4W.
Lu: 5.5cm; La: 3.9cm; Dm est: 17.0cm; S: 0.7-0.8cm; H: 2.6cm.
Colori: impasto: beige 7.5YR 7/4; nucleo: grigio chiaro 7.5YR 6/1; sup. int: beige 7.5YR 7/4; sup. est: beige 7.5YR 7/4.
Impasto: C: tenero; DS: molto depurato; DI: grandi; Del: L1; Mod: tornio lento.
Tre fr. combacianti di orlo svasato di attingitoio. All'esterno, quattro solchi incisi orizzontali, larghi (ca. 0.2cm) e di profondità diverse (due profondi, due solo accennati superficialmente). Privo di incrostazione all'interno dei solchi incisi. Superfici lisciate.
NAS: Incisa senza rivestimento.
Datazione contesto: ca. 570 – 540 a.C.
Datazione relativa: ultimo quarto VII sec. – 500/490 a.C.
Bibliografia: inedito.
Confronti: Spatafora 2003c, 117 no. I 17 figg. 124. 130.

451 K 25181 (fig. 45 tavv. 29. 83)
QO2F, F2006, EQ1139/1140, Sondage 1, Ab. 19.
Lu: 6.6cm; La: 4.4cm; Dm: 13cm; S: 0.6cm.
Colori: impasto: beige-marrone 7.5YR 7/4; nucleo: grigio 7.5YR 7/2; sup. int: beige-giallo 10YR 8/4; sup. est: beige-rosso 7.5YR 7/4.
Impasto: C: semiduro; DS: molto depurato; DI: grandi; Del: L1; Mod: tornio lento.
Tre fr. combacianti di parete con attacco della vasca di attingitoio. All'esterno, cinque larghi solchi orizzontali (0.3cm) con incrostazione ma senza rivestimento. Superfici lisciate.
NAS: Incisa senza rivestimento.
Datazione contesto: ca. 630/620 – 570 a.C.
Datazione relativa: ultimo quarto VII sec. – 550/540 a.C.
Bibliografia: inedito.

452 K 22670 (tavv. 29. 83)
QO1/2F, F2004, EQ1139, Sondage, Ab. 10W.
Lu: 3.0cm; La: 2.0cm; Dm est: 12.0cm; S: 0.4cm; H: 1.7cm.
Colori: impasto: marrone 10YR 5/2; nucleo: grigio 10YR 4/1; sup. int: marrone 10YR 6/1-2; sup. est: marrone 10YR 6/1-2; dec: marrone scuro 10YR 3/2.
Impasto: C: tenero; DS: molto depurato; DI: grandi; Del: L0; Mod: tornio lento.
Fr. d'orlo ingrossato all'interno di attingitoio. All'esterno, tre linee irregolari orizzontali incise seguite da resti di due motivi a cerchielli concentrici impressi. Resti minimi di incrostazione bianca all'interno delle decorazioni incise e impresse. Tracce di rivestimento sia all'interno che all'esterno. Superfici lucidate.
NAS: Incisa e impressa con rivestimento omogeneo lucidato.
Datazione contesto: ca. 630/620 – 540 a.C.
Datazione relativa: seconda metà VIII – fine VII sec. a.C.
Bibliografia: inedito.

453 K 22632 (tavv. 29. 83)
QO1/2F, F2004, EQ1139, Sondage, Ab. 10E.
Lu: 6.8cm; La: 4.1cm; Dm: 20.0cm; S: 0.5-0.6cm; H: 3.1cm.
Colori: impasto: beige-rosso 2.5YR 6/6; nucleo: beige 7.5YR 7/4; sup. int: beige 7.5YR 7/6; sup. est: beige 5YR 7/6.
Impasto: C: semiduro; DS: molto depurato; DI: grandi; Del: L1; Mod: tornio lento.
Quattro fr. combacianti d'orlo semplice e parete ad andamento rettilineo di attingitoio. All'esterno, cinque solchi incisi orizzontali, larghi (ca. 0.3cm) e di profondità diverse. Privo di incrostazioni all'interno dei solchi. Superfici lisciate.
NAS: Incisa senza rivestimento.
Datazione contesto: ca. 630/620 – 540 a.C.
Datazione relativa: 550/540 – 460/450 a.C.
Bibliografia: inedito.
Confronti: Spatafora 2003c, 118 no. I 25 fig. 131.

454 K 32457 (tavv. 29. 83)
QO1/2F, F2004, EQ1131, Ab. ZS 3.
Lu: 5.3cm; La: 4.3cm; Dm est: 17.6cm; S: 0.4cm; H: 4.3cm
Colori: impasto: beige 7.5YR 7/4; nucleo: grigio 7.5YR 4/1; sup. int: beige 7.5YR 7/4; sup. est: beige 5YR 7/4.
Impasto: C: tenero; DS: molto depurato; DI: grandi; Del: L1; Mod: tornio lento
Fr. d'orlo semplice e parete ad andamento rettilineo con attacco della vasca di attingitoio. All'esterno tra orlo e vasca otto solchi orizzontali incisi, larghi (0.2cm), di profondità diverse, senza incrostazione. Superfici lisciate.
NAS: Incisa senza rivestimento.
Datazione contesto: ca. 630/620 – 540 a.C.
Datazione relativa: 550/540 – 460/450 a.C.
Bibliografia: inedito.
Confronti: Spatafora 2003c, 118 no. I 25 fig. 131.

455 K 32441 (tav. 29)
QO1/2F, F2004, EQ1139, Sondage, Ab. Steinsturz 1.
Lu: 4.0cm; La: 3.2cm; Dm carena: 15cm; S: 0.4-0.5cm.
Colori: impasto: beige 7.5YR 7/4; nucleo: grigio 7.5YR 6/1; sup. int: beige 7.5YR 7/4; sup. est: beige 7.5YR 7/4.
Impasto: C: tenero; DS: estremamente depurato; DI: medi; Del: L2; Mod: tornio lento.
Fr. di vasca e parete di attingitoio. All'esterno, cinque solchi incisi orizzontali larghi (ca. 0.2cm) senza incrostazione e senza tracce di rivestimento. Superfici lisciate.
NAS: Incisa senza rivestimento.
Datazione contesto: ca. 630/620 – 540 a.C.
Datazione relativa: ultimo quarto VII sec. – 460/450 a.C.
Bibliografia: inedito.

456 K 32460 (tav. 29)
QO1/2F, F2004, EQ1131, Ab. ZS 4.
Lu: 4.0cm; La: 4.0cm; S: 0.5cm.
Colori: impasto: beige 7.5YR 7/4; sup. int: beige 7.5YR 7/4; sup. est: beige 7.5YR 7/4.
Impasto: C: tenero; DS: molto depurato; DI: grandi; Del: L2; Mod: tornio lento.
Fr. di vasca e parete di attingitoio. All'esterno, resti di cinque solchi orizzontali incisi, larghi (ca. 0.3cm) senza incrostazione o resti di rivestimento. Superfici lisciate.
NAS: Incisa senza rivestimento.
Datazione contesto: ca. 630/620 – 540 a.C.
Datazione relativa: ultimo quarto VII sec. – 460/450 a.C.
Bibliografia: inedito.

457 K 22109 (tavv. 30. 83)
QAREA, F2003, Agora550/551/552, Ab. Steinpackung V.
Lu: 4.3cm; La: 4.1cm; Dm: indet; S: 1.0-1.1cm.
Colori: impasto: grigio 10YR 5/2; sup. int: beige 7.5YR 7/4; sup. est: beige 7.5YR 7/4; dec: marrone 7.5YR 6/4-5/4.
Impasto: C: tenero; DS: medio depurato;

DI: grandi; Del: L2; Mod: tornio lento.
Fr. d'orlo ingrossato all'interno di una forma aperta, attingitoio di grandi dimensioni (?). Sulla superficie esterna, resti di rivestimento marrone in numerosi punti. Sotto l'orlo, due solchi orizzontali incisi e resti di due motivi a cerchielli concentrici impressi. Privo di incrostazioni all'interno delle decorazioni. Superfici lisciate.
NAS: Incisa e impressa con rivestimento omogeneo opaco.
Datazione contesto: *t.a.q.* ca. 550 a.C. (ca. ultimo quarto VII – prima metà VI sec. a.C.).
Datazione relativa: seconda metà VII sec. – 550/540 a.C.
Bibliografia: inedito.

458 K 22008 (tavv. 30. 83)
QAREA, F2003, Agora550/551/552, Ab. 608W.
Lu: 9.3cm; La: 4.4cm; Dm: 16.8cm; S: 0.7cm; H: 3.6cm.
Colori: impasto: beige 7.5YR 7/4; sup. int: beige 7.5YR 7/4; sup. est: beige 7.5YR 7/4.
Impasto: C: tenero; DS: molto depurato; DI: grandi; Del: L2; Mod: tornio lento.
Fr. d'orlo semplice e parete ad andamento rettilineo di un attingitoio. Sulla parete esterna, nove solchi orizzontali paralleli incisi. Privo di incrostazioni all'interno dei solchi. Superfici lisciate.
NAS: Incisa senza rivestimento.
Datazione contesto: *t.a.q.* ca. 550 a.C. (ca. ultimo quarto VII – prima metà VI sec. a.C.).
Datazione relativa: 550/540 a.C. – 460/450 a.C.
Bibliografia: inedito.
Confronti: Spatafora 2003c, 118 no. I 25 fig. 131.

459 K 22314 (tavv. 30. 83)
QAREA, F2003, Agora550/551/552, Ab. 606W.
Lu: 9.4cm; La: 4.6cm; Dm: 20.0cm; S: 0.5cm; H: 3.0cm.
Colori: impasto: beige 7.5YR 7/4; sup. int: arancione-beige 5YR 7/6; sup. est: arancione-beige 5YR 7/6.
Impasto: C: tenero; DS: molto depurato; DI: grandi; Del: L1; Mod: tornio lento.
Due fr. combacianti d'orlo semplice e parete ad andamento rettilineo di attingitoio. Sulla parete esterna, sette solchi orizzontali paralleli incisi. Privo di incrostazioni all'interno dei solchi. Superfici lisciate.
NAS: Incisa senza rivestimento.
Datazione contesto: *t.a.q.* ca. 550 a.C. (ca. ultimo quarto VII – prima metà VI sec. a.C.).
Datazione relativa: 550/540 – 460/450 a.C.
Bibliografia: inedito.
Confronti: v. **458**.

460 K 27962 (tavv. 30. 83)
QAREA, F2003, Agora550/551/552, Ab. Steinpackung IV.
Lu: 4.8cm; La: 2.7cm; S: 0.7-0.8cm.
Colori: impasto: beige 7.5YR 8/6; nucleo: grigio 7.5YR 5/1; sup. int: beige 7.5YR 8/6; sup. est: beige 7.5YR 8/6.
Impasto: C: tenero; DS: medio depurato; DI: medi; Del: L2; Mod: tornio lento.
Fr. di parete con attacco della vasca di attingitoio. Attacco dell'orlo conservato, a tesa tendenzialmente orizzontale, eventualmente svasato sulla parte superiore. Sulla parete esterna, solchi orizzontali paralleli incisi, senza rivestimento e senza incrostazioni. Superfici lisciate.
NAS: Incisa senza rivestimento.
Datazione contesto: *t.a.q.* ca. 550 a.C. (ca. ultimo quarto VII – prima metà VI sec. a.C.).
Datazione relativa: ultimo quarto VII sec. – 500/490 a.C.
Bibliografia: inedito.
Confronti: Spatafora 2003c, 115 nn. I 1–3 fig. 129.

461 K 16683 (tavv. 30. 83)
QAEO1F, F1995, Agora565, Ab. 114.
Lu: 7.3cm; La: 3.6cm; Dm: 19.0cm; S: 0.6cm; H: 2.5cm.
Colori: impasto: rosso chiaro 2.5YR 7/6; sup. int: beige-rosso 5YR 7-8/4; sup. est: beige-rosso 5YR 7/4.
Impasto: C: duro; DS: molto depurato; DI: grandi; Del: L1; Mod: tornio lento.
Fr. d'orlo a tesa orizzontale, svasato sulla parte superiore, di attingitoio. All'esterno della parete, resti di cinque solchi orizzontali leggermente irregolari e non ovunque continui, di varie larghezze e profondità. Privo di incrostazioni all'interno dei solchi. Superfici lisciate.
NAS: Incisa senza rivestimento.
Datazione contesto: *t.a.q.* 500/490 a.C. (ca. fine VII sec. – 500/490 a.C.).
Datazione relativa: ultimo quarto VII sec. – 500/490 a.C.
Bibliografia: inedito.
Confronti: Spatafora 2003c, 115 no. I 7 fig. 129.

462 K 16465 (tavv. 30. 83)
QAEO1F, F1995, Agora564/567, Ab. 214.
Lu: 4.8cm; La: 4.3cm; Dm est: 20.0cm; S: 0.7cm; H: 2.8cm.
Colori: impasto: grigio 7.5YR 5-6/1; sup. int: beige 10YR 8/1; sup. est: beige 10YR 8/1.
Impasto: C: duro; DS: molto depurato; DI: grandi; Del: grigi chiari e scuri, bianchi, tutti a spigoli vivi, rare inclusioni di mica, grandi vacuoli; Mod: tornio lento.
Fr. d'orlo svasato di attingitoio. All'esterno, quattro larghi solchi orizzontali (0.2-0.3cm). Sia all'interno che all'esterno tracce di bruciato secondarie. Privo di incrostazioni all'interno dei solchi. Superfici lisciate.
NAS: Incisa senza rivestimento.
Datazione contesto: *t.a.q.* 500/490 a.C. (ca. fine VII sec. – 500/490 a.C.).
Datazione relativa: ultimo quarto VII sec. – 500/490 a.C.
Bibliografia: inedito.
Confronti: v. **461**.

463 K 16466 (tavv. 30. 83)
QAEO1F, F1995, Agora564/567, Ab. 214.
Lu: 5.7cm; La: 3.5cm; Dm est: 15.0cm; S: 0.6cm; H: 2.7cm.
Colori: impasto: beige 10YR 7/4; nucleo: grigio 10YR 6/1; sup. int: beige 10YR 8/3; sup. est: beige 10YR 8/3.
Impasto: C: duro; DS: molto depurato; DI: grandi; Del: L2; Mod: tornio lento.
Fr. d'orlo semplice e parete ad andamento rettilineo di attingitoio. All'esterno, cinque larghi solchi orizzontali incisi senza incrostazione. All'interno, lisciatura in direzioni diverse, ancora molto ben visibili. Superficie esterna lisciata.
NAS: Incisa senza rivestimento.
Datazione contesto: *t.a.q.* 500/490 a.C. (ca. fine VII sec. – 500/490 a.C.).
Datazione relativa: 550/540 – 460/450 a.C.
Bibliografia: inedito.
Confronti: Spatafora 2003c, 118 no. I 25 fig. 131.

464 K 32617 (tavv. 30. 83)
QAEO1F, F1995, Agora565, Ab. 118.
Lu: 4.2cm; La: 4.3cm; Dm carena est: 11.0cm; S: 0.7-1.0cm.
Colori: impasto: marrone 7.5YR 6/4; nucleo: grigio 7.5YR 5/1; sup. int: beige 7.5YR 8/3; sup. est: beige 7.5YR 8/3.
Impasto: C: duro; DS: molto depurato; DI: grandi; Del: L2; Mod: tornio lento.
Fr. di parete e vasca di attingitoio. Sulla parete esterna solchi orizzontali incisi. Sulla vasca resti di verosimile quadrato inciso campito da linee a tremolo impresse verticali. Tracce d'incrostazione bianca all'interno delle decorazioni incise e impresse. Privo di rivestimento. Superfici lisciate.
NAS: Incisa e impressa senza rivestimento.
Datazione contesto: *t.a.q.* 500/490 a.C. (ca. fine VII sec. – 500/490 a.C.).
Datazione relativa: ultimo quarto VII sec. – 550/540 a.C.
Bibliografia: inedito.
Confronti: Spatafora 2003c, 115 no. I 2 fig. 129.

465 K 32530 (tavv. 30. 83)
QAEO1F, F1995, Agora565, Ab. 109.
Lu: 4.2cm; La: 2.9cm; SezAnsa: 1.6cm; S: 0.5cm.
Colori: impasto: marrone 5YR 6/6; nucleo: grigio 5YR 4/1; sup. int: marrone 5YR 6/4; sup. est: marrone 2.5YR 6/6.
Impasto: C: tenero; DS: estremamente depurato; DI: piccoli; Del: L1; Mod: tornio lento.
Fr. di parete con carena e attacco d'ansa verticale a bastoncello di attingitoio. Sotto l'ansa, motivo a cerchielli concentrici impresso fra due linee verticali incise. Senza incrostazioni o rivestimento. Superfici lisciate.
NAS: Incisa e impressa senza rivestimento.
Datazione contesto: *t.a.q.* 500/490 a.C. (ca. fine VII sec. – 500/490 a.C.).
Datazione relativa: 550/540 – 460/450 a.C.
Bibliografia: inedito.

466 K 32564 (tavv. 30. 83)
QAEO1F, F1995, Agora565, Ab. 112.
Lu: 6.5cm; La: 4.3cm; Dm: 10.0cm; S: 0.7-0.9cm.
Colori: impasto: beige 10YR 7/4; sup. int: beige 10YR 8/3; sup. est: beige 10YR 8/3.
Impasto: C: semiduro; DS: estremamente depurato; DI: medi; Del: L2; Mod: tornio lento.
Fr. di parete con carena di attingitoio. All'esterno, sulla parete, resti di due solchi orizzontali incisi; sulla vasca, area delimitata da solchi incisi campita da linee a tremolo oblique impresse. Senza incrostazione o rivestimento. Superfici lisciate.
NAS: Incisa e impressa senza rivestimento.
Datazione contesto: *t.a.q.* 500/490 a.C. (ca. fine VII sec. – 500/490 a.C.).
Datazione relativa: 550/540 sec. – 460/450 a.C.
Bibliografia: inedito.
Confronti: Spatafora 2003c, 117 no. I 21 fig. 130.

467 K 32682 (tavv. 30. 83)
QAEO1F, F1995, Agora564/567, Ab. 215.
Lu: 5.0cm; La: 2.7cm; Dm: 10.0cm; S: 0.4-0.5cm.
Colori: impasto: arancione 5YR 7/8; nucleo: grigio 7.5YR 5/1; sup. int: beige-rosso 5YR 7/8; sup. est: beige 5YR 7/6.
Impasto: C: duro; DS: molto depurato; DI: medi; Del: L1; Mod: tornio lento.
Fr. di parete con vasca di attingitoio. Sulla parete, resto di un solco orizzontale inciso. Sulla vasca, resti di due aree, quadrati (?) delimitati da linee incise e campite da linee a tremolo, in un campo oblique e nell'altro verticali. Senza incrostazione o rivestimento. Superfici lisciate.
NAS: Incisa e impressa senza rivestimento.
Datazione contesto: *t.a.q.* 500/490 a.C. (ca. fine VII sec. – 500/490 a.C.).
Datazione relativa: 550/540 sec. – 460/450 a.C.
Bibliografia: inedito.

468 K 32502 (tavv. 30. 83)
QAEO2F, F1995, Agora565, Ab. 106.
Lu: 4.4cm; La: 4.7cm; Dm: 14.0cm; S: 0.6-0.9cm.
Colori: impasto: grigio 10YR 4/1; sup. int: arancione-marrone 5YR 6/6; sup. est: arancione-marrone 5YR 6/6.
Impasto: C: tenero; DS: molto depurato; DI: grandi; Del: L0; Mod: tornio lento.
Fr. di parte della vasca con carena verso l'orlo di attingitoio. All'esterno, sulla vasca, triangolini dai margini netti creati probabilmente da uno strumento in selce. Senza incrostazioni o rivestimento.
NAS: Impressa senza rivestimento.
Datazione contesto: 500/490 – 480/470-60 a.C.
Datazione relativa: 550/540 – 460/450 a.C.
Bibliografia: inedito.
Confronti: per lo strumento in selce: Gullì in: Trombi 2015, 357–358 fig. 4.1 (schegge in calcite).

469 K 28955 A–C (figg. 39. 45 tavv. 30. 83)
OPH2, S2010/S2011/S2013, PH2 422 (S10); PH2 426/412 (S11); PH2 426/422 (S13), Ab. 103 / Raubgrabung 4, Raum 3; 305 / 112; 113; 153N.
A: Lu: 15cm; La: 13cm; Dm orlo: 20.2; S: 0.5-0.6cm; H: 4.4cm; B: Lu: 10.5cm; La: 8.2cm; C: Lu: 2.2cm; La: 1.6cm.
Colori: impasto: beige-arancione 5YR 6/6; sup. int: beige-arancione 5YR 7/6; sup. est: beige-arancione 5YR 7/6.
Impasto: C: tenero; DS: molto depurato; DI: molto grandi; Del: L1; Mod: tornio lento.
16 fr. in parte combacianti di attingitoio con orlo semplice, leggermente svasato all'interno, parete ad andamento rettilineo e ansa a bastoncello impostata tra orlo e carena (non sormontante). All'esterno dell'orlo, sei solchi orizzontali incise. Sulla vasca, quadrati delimitati da linee incise e campiti da linee a tremolo oblique impresse. Privo di incrostazioni all'interno delle decorazioni. Discromie sulla superficie esterna della forma (segni di cottura secondaria?). Superfici lisciate.
NAS: Incisa e impressa senza rivestimento.
Datazione contesto: *ante* 460/450 a.C.
Datazione relativa: ultimo quarto VII sec. – 460/450 a.C.
Bibliografia: inedito.
Confronti: Trombi in: Panvini – Sole 2009a, 80 no. VII/31. Simile: Spatafora 2003c, 115 no. I 8 fig. 130.
Osservazioni: analisi gascromatografiche (GC-MS), Dr. Florinda Notarstefano (Università del Salento), risultato preliminare: vegetali e resina di Pinaceae.

Vasi da mescita

470 K 24315 A–Q (tavv. 31. 84)
REPH1, F2003, WQ491/492, Ab. 6 / 10 / 11; F2004, WQ491/492, 1-meter Streifen, Ab. 104; F2005, WQ492, Schicht 2, Ab. 2 / Schicht 2, E1, Ab. 3 / Erdsteg E3, Ab. 3; F2006, WQ492, Erdsteg, Ab. 3A / 03 / 03 unten / 04 unten / 78B / 1-meter Streifen Reinigung.
A (orlo): Lu: 7.2cm; La: 11.0cm; S: 1.4-2.9cm; B: Lu: 6.8cm; La: 5.7cm; S: 0.4cm; C: Lu: 17.4cm; La: 15.0cm; S: 1.5-2.1cm; D (ansa): Lu: 12.0cm; La: 7.3cm; S: 1.7-2.5cm; E: Lu: 6.2cm; La: 3.4cm, S: 1.7cm; F: Lu: 4.0; La: 3.6cm; S: 1.5cm; G: Lu: 3.2cm; La: 3.6cm; S: 1.6cm; H: Lu: 2.8cm; La: 2.6cm; S: 1.3cm; I: Lu: 3.8cm; La: 2.5cm; S: 1.8cm; L: Lu: 3.7;La: 2.9cm; S: 1.9cm; M: Lu: 5.6cm; La: 2.6cm; S: 1.5cm; N: Lu: 3.3cm; La: 1.9cm; S: 1.4cm; O: Lu: 4.0cm; La: 4.9cm; S: 1.6cm; P: Lu: 4.3cm; La: 3.1cm; S: 1.4cm; Q: Lu: 3.2cm; La: 3.0cm; S: 1.3cm; Dm orlo: 63.5cm; Dm carena est: 54cm; H composta: 26.7cm
Colori: impasto: marrone 7.5YR 5-6/4; nucleo: grigio scuro 7.5YR 3-4/1; sup. int: in parte marrone scuro 7.5YR 4/1; sup. est: marrone-grigio 7.5YR 6/3; dec: arancione: 5YR 6/6; marrone-rosso: 5YR 4/4-6; marrone scuro: 7.5YR 3/1.
Impasto: C: duro; DS: estremamente depurato; DI: molto grandi; Del: L0; Mod: tornio lento.
23 fr. in parte combacianti (15 elementi non combacianti A–Q senza "j" e "k", orlo ansa e parete carenata) di forma aperta di grandi dimensioni, vaso da mescita. Decorazione esterna dall'alto verso il basso: fregio di cerchielli concentrici impressi (Dm esterno: 1.8cm, quattro cerchi concentrici) delimitati da tre solchi orizzontali incisi sopra e sottostanti; due registri delimitati da tre solchi orizzontali incisi campiti da rettangoli alternati delimitati da un solco verticale inciso e campiti ulteriormente da numerose linee a tremolo orizzontali impresse; registro soprastante la carena (che sottolinea la tettonica del vaso) composto da un fregio a cerchielli concentrici impressi delimitati da tre linee orizzontali incise sopra e sottostanti. Larga ansa a sezione rettangolare attestante due motivi a cerchielli concentrici impressi nella parte mediana in direzione verticale lungo l'ansa (cerchielli più piccoli, Dm: 1.2cm, quattro cerchi concentrici). Resti di incrostazione bianca all'interno delle decorazioni incise e impresse. Rivestimento omogeneo marrone steso a pennellate tendenzialmente orizzontali su tutta la superficie esterna. All'interno, larga fascia sotto l'orlo dipinta con la stessa miscela di ocre argillosa utilizzata per la parte esterna, a striature sottili in direzione orizzontale. Superficie interna lisciata, quella esterna è lucidata. In parte discromie dovuta a difetti di cottura e tracce di bruciato secondarie su alcuni fr. Tracce del tornio visibili su alcuni fr.
NAS: Incisa e impressa con rivestimento omogeneo lucidato (striature sottili).
Datazione contesto: *t.a.q.* ca. 600 a.C. (ca. seconda metà VIII – fine VII sec. a.C.).
Datazione relativa: VIII – fine VII sec. a.C.
Bibliografia: fr. A (K 24315): Isler 2009a, 145 fig. 7; fr. B (ex K 23139): Isler 2009a, 145 fig. 11; fr. C (ex K 22200, pubblicato come fr. di forma chiusa con orientamento errato di 180°): Spatafora – Vassallo 2004, 81 no. 147; Spatafora – Vassallo 2006, 81 no. 147; Isler 2009a, 143 fig. 5; D (ex K 24238): Isler 2009a, 145 fig. 8.
Confronti: Vassallo 1996b, 214 nota 47 tavv. XXIV, 1. XXVIII, 3. Per l'ansa: Spatafora et al. 2009, 656 no. 35 fig. 462. Simili: Fatta 1983, 55 nn. 141–145 tav. 10 (crateri a gambo tipo Vg. 2); Anagnostou – Amari 2004, 70–71 no. II, 11 tav. 1 = Amari 2004, 141 no. II, 11 fig. 94. Numerosi esempi all'interno delle cassette dei materiali inventariati di Monte Iato.
Osservazioni: analisi gascromatografiche (GC-MS), Dr. Florinda Notarstefano (Università del Salento), risultato preliminare: vegetali e resina di Pinaceae. Il fr. di piede K 24281 (*fuori catalogo*) ev. appartenente allo stesso reperto.

471 K 23682 A–D (tav. 31)
REPH1, F2003, WQ491/492, Ab. 11; F2005, WQ492, Erdsteg E3, Ab. 2; F2006, WQ492, Erdsteg, Ab. 1 / 78B.
A: Lu: 11.7cm; La: 12.4cm; S: 1.7cm; B: Lu: 6.8cm; La: 5.0cm; S: 1.5cm; C: Lu: 4.9cm; La: 3.8cm; S: 1.6cm; D: Lu: 5.3cm; La: 4.8cm; S: 1.6cm.
Colori: impasto: marrone 10YR 5/4; nucleo: grigio scuro 10YR 3-4/1; sup. int: marrone 7.5YR 6/3; sup. est: marrone-grigio 10YR 4/1; ing: beige 10YR 7-8/2; dec: marrone-nero 10YR 3/1-2; marrone-rosso: 5YR 5-6/6; marrone scuro: 7.5YR 3/2.
Impasto: C: duro; DS: estremamente depurato; DI: molto grandi; Del: L0; Mod: tornio lento.
Quattro fr. non combacianti (cinque fr. totali) di forma aperta di grandi dimensioni, vaso da mescita. Decorazione esterna dall'alto verso il basso: banda con cerchielli concentrici impressi (quattro, Dm: 1.9cm), delimitati in basso da tre linee orizzontali incise; segue una banda acroma e due registri con riquadri campiti da tremoli orizzontali, sempre delimitati da tre linee orizzontali incise. Resti di incrostazione bianca all'interno delle decorazioni incise e impresse. Rivestimento omogeneo risultante di varie gradazioni di marrone steso a pennellate tendenzialmente orizzontali su tutta la superficie esterna. All'interno, larga fascia sotto l'orlo dipinta con la stessa miscela di ocre argillosa utilizzata per la parte esterna, mostrante striature sottili in direzione orizzontale. Ingobbio all'interno. Superficie interna lisciata, quella esterna è lucidata. In parte discromie dovute a difetti di cottura e tracce di bruciato secondarie. Tracce del tornio visibili su alcuni fr.
NAS: Incisa e impressa con rivestimento omogeneo lucidato (striature sottili).
Datazione contesto: *t.a.q.* ca. 600 a.C. (ca. seconda metà VIII – fine VII sec. a.C.).
Datazione relativa: VIII – fine VII sec. a.C.
Bibliografia: inedito.
Confronti: v. **470**.

472 K 22234 A–F (tav. 31)
REPH1, F2003, WQ491/492, Ab. 10 / 11; F2004, WQ491/492, 1-meter Streifen, Ab. 4; F2006, WQ492, Erdsteg, Ab. 3A.
A: Lu: 5.0cm; La: 5.5cm; S: 1.8cm; B: Lu: 5.7cm; La: 5.5cm; S: 1.7cm; C: Lu: 12.4cm; La: 12cm; S: 1.7-1.9cm; D: Lu: 5.7cm; La: 6.0cm; S: 1.8cm; E: Lu: 7.8cm; La: 5.0cm; S: 1.8cm; F: scheggia.
Colori: impasto: marrone 5YR 5/2; sup. int: marrone 7.5YR 6/3; sup. est: marrone-grigio 5YR 7/4; dec: marrone-nero 5YR 3-4/1.
Impasto: C: semiduro; DS: estremamente depurato; DI: molto grandi; Del: eterogeneo, fratture frastagliate. Frequenti bianchi puntiformi distribuiti omogeneamente e numerosi bianchi-grigi (sabbia, ghiaia?) fino a 3mm, saltuari rossi puntiformi e *chamotte*, frequenti vacuoli di forma allungata, più radi puntiformi; Mod: tornio lento.
Sei fr. non combacianti (dieci fr. totali) di forma aperta di grandi dimensioni, vaso da mescita. Decorazione esterna dall'alto verso il basso: suddivisi in minimo due registri delimitati da tre solchi orizzontali incisi sono presenti riquadri campiti da tremoli orizzontali impressi; sul fr. con l'attacco del fondo o di una carena pronunciata, ulteriori campi rettangolari campiti da tremoli verticali. Resti di incrostazione bianca all'interno delle decorazioni incise e impresse. Resti minimi di rivestimento omogeneo risultante di varie gradazioni di marrone su tutta la superficie esterna. Superficie interna lisciata, quella esterna è lucidata. Tracce del tornio visibili su alcuni fr. Superficie esterna abrasa e in parte scrostata.
NAS: Incisa e impressa con rivestimento omogeneo lucidato (striature sottili).
Datazione contesto: *t.a.q.* ca. 600 a.C. (ca. seconda metà VIII – fine VII sec. a.C.).
Datazione relativa: VIII – fine VII sec. a.C.
Bibliografia: inedito.
Confronti: v. **470**.

473 K 22199 A–B (tav. 31)
REPH1, F2003, WQ491/492, Ab. 11; F2004, WQ491/492, 1-meter Streifen, Ab. 2; F2005, WQ492, Erdsteg E3, Ab. 3.
A: Lu: 9.9cm; La: 6.2cm; S: 1.9-2.4cm; B: Lu: 5.3cm; La: 4.6cm; S: 1.9cm.
Colori: impasto: marrone 10YR 6/4; nucleo: grigio scuro 10YR 4/1; sup. int: marrone 7.5YR 6/2; sup. est: beige 7.5YR 7/4; dec: marrone-nero 5YR 3/1; arancione 5YR 6/6-7; 5/8.
Impasto: C: duro; DS: estremamente depurato; DI: molto grandi; Del: L2; Mod: tornio lento.
Due fr. non combacianti (quattro fr. totali) di forma aperta di grandi dimensioni, vaso da mescita. Decorazione esterna dall'alto verso il basso: banda campita da tremoli orizzontali delimitata da tre solchi orizzontali incisi seguiti da un fregio a cerchielli concentrici (quattro, Dm: 1.8-1.9cm, cerchio interno dello stampo difettato, quasi solo accentuato); sul fr. B è visibile anche una banda acroma. Resti di incrostazione bianca all'interno delle decorazioni incise e impresse. Rivestimento omogeneo risultante di varie gradazioni di marrone steso a pennellate tendenzialmente orizzontali su tutta la superficie esterna. All'interno, larga fascia sotto l'orlo dipinta con la stessa miscela di ocre argillosa utilizzata per la parte esterna, mostrante striature sottili in direzione orizzontale. Superficie interna lisciata, quella esterna è lucidata. In parte discromie dovute a difetti di cottura e tracce di bruciato secondarie su alcuni fr.
NAS: Incisa e impressa con rivestimento omogeneo lucidato (striature sottili).
Datazione contesto: *t.a.q.* ca. 600 a.C. (ca. seconda metà VIII – fine VII sec. a.C.).
Datazione relativa: VIII – fine VII sec. a.C.
Bibliografia: inedito.
Confronti: v. **470**.

474 K 22537 A–C (fig. 45 tav. 31)
REPH1, F2003, WQ491/492, Ab. 9 / 10; F2004, WQ491/492, 1-meter Streifen, Ab. 102.
A: Lu: 6.1cm; La: 7.2cm; S: 2.0cm; B: Lu: 7.5cm; La: 6.6cm; S: 1.9-2.2cm; C: Lu: 4.7cm; La: 4.8cm; S: 2.0cm.
Colori: impasto: marrone 10YR 5/3; nucleo: grigio scuro 10YR 3-4/1; sup. int: marrone 10YR 5/1-2; sup. est: grigio-marrone 10YR 3-4/2; dec: marrone-nero 10YR 3/1.
Impasto: C: duro; DS: estremamente depurato; DI: molto grandi; Del: L0; Mod: tornio lento.
Tre fr. di parete, uno dei quali con verosimile attacco d'ansa, non combacianti di forma aperta di grandi dimensioni, vaso da mescita. Decorazione esterna dall'alto verso il basso: il fr. A presenta sotto il presumibile attacco d'ansa, tre linee orizzontali che delimitano uno spazio campito da losanghe, campite a loro volta in modo alterno da tremoli obliqui; sugli altri fr. sono visibili dei rettangoli campiti con tremoli orizzontali, sempre delimitati da un lato da tre linee orizzontali incise. Resti di incrostazione bianca all'interno delle decorazioni incise e impresse. Rivestimento omogeneo risultante di varie gradazioni di marrone steso a pennellate tendenzialmente orizzontali su tutta la superficie esterna. Superficie interna lisciata; quella esterna lucidata.
NAS: Incisa e impressa con rivestimento omogeneo lucidato (striature sottili).
Datazione contesto: *t.a.q.* ca. 600 a.C. (ca. seconda metà VIII – fine VII sec. a.C.).
Datazione relativa: VIII – fine VII sec. a.C.
Bibliografia: inedito.
Confronti: v. **470**.

475 K 32438 (tavv. 32. 84)
QO1/2F, F2004, EQ1139, Sondage, Ab. 6EI.
Lu: 13.8cm; La: 16.0cm; Dm carena: 36cm; S: 0.9cm.
Colori: impasto: beige 10YR 8/3; sup. int: beige-bianco 2.5Y 8/2; sup. est: beige-bianco 2.5Y 8/2; dec: nero 10YR 2/1.
Impasto: C: duro; DS: molto depurato; DI: grandi; Del: L3; Mod: tornio lento.
Tre fr. combacianti di "calice" di vaso a stelo di grandi dimensioni, vaso da mescita (?). All'esterno, linea orizzontale dipinta lungo la carena. Sulla parte inferiore, banda con motivo ad onda risparmiata (per asportazione di colore con utensile a punto arrotondata) racchiusa sotto da due linee orizzontali dipinte. Superfici lisciate.
NAS: Dipinta monocroma ; Decorazione lineare opaca (-).
Datazione contesto: ca. 630/620 – 540 a.C.
Datazione relativa: ultimo quarto VII sec. – 500/490 a.C.
Bibliografia: inedito.
Confronti: Trombi 2015, 90 no. 931 tav. L (forma T2, vasi su piedi a stelo. Di dimensioni nettamente minori rispetto all'esemplare iatino).

476 K 22149 (tavv. 32. 84)
QAREA, F2003, Agora550/551/552, Ab. 602E.
Lu: 6.3cm; La: 7.9cm; Dm: indet; S: 1.1-2.3cm.
Colori: impasto: beige 7.5YR 6/2-3; sup. int: beige-arancione 7.5YR 7/4; sup. est: beige-arancione 7.5YR 7/4; dec: rosso-arancione 2.5 YR 4/6.
Impasto: C: tenero; DS: medio depurato; DI: molto grandi; Del: L1; Mod: a mano.
Fr. di parete carenata con attacco di larga ansa verticale a nastro di una forma aperta da mescita. Sulla superficie superiore dell'ansa, motivo a rosetta dentellata impresso. Su di un lato, resti di due motivi a cerchielli concentrici impressi. Sull'altro lato, teorema di brevi tratti incisi. Sulla superficie esterna tracce di rivestimento omogeneo. Superficie esterna lisciata.
NAS: Incisa e impressa con rivestimento omogeneo opaco.
Datazione contesto: *t.a.q.* ca. 550 a.C. (ca. ultimo quarto VII – prima metà VI sec. a.C.).
Datazione relativa: seconda metà VII sec. – 550/540 a.C.
Bibliografia: inedito.
Confronti: per la rosetta dentellata v. **496**.

477 K 16611 A–B (fig. 59 tavv. 32. 84)
QAEO1F, F1995/F1996, Agora565, Ab. 113 / Ab. 103.
A: Lu: 9.5cm; La: 6.3cm; S: 0.4-0.7cm; B: Lu: 6.3cm; La: 5.4cm; S: 0.4cm; Dm est: 22.0cm; SezAnsa: 2.3cm; H: 12.2cm.
Colori: impasto: marrone chiaro 10YR 7/4; sup. int: beige 10YR 8/3; sup. est: beige 2.5Y 8/1; ing: beige 2.5Y 8/1; dec: rosso scuro 2.5YR 3/6; marrone-nero 2.5YR 3/1.
Impasto: C: duro; DS: estremamente depurato; DI: medi; Del: L4; Mod: tornio lento.
Due fr. non combacianti d'orlo con attacco d'ansa e parete di vaso da mescita. Morfologia riconducibile a modelli d'importazione allotri all'isola (crateri a colonnette). Sulla tesa dell'orlo, due bande concentriche nere che seguono l'andamento dell'orlo campite all'interno da puntini rossi scuri. All'esterno, dall'alto verso il basso: banda orizzontale rosso scuro seguita da tre linee ad onda orizzontali nere delimitate da una banda orizzontale rossa; fregio di cerchielli concentrici rossi (eseguiti con un compasso) seguiti da due linee orizzontali nere, una banda rossa scura con motivo ad onda risparmiata incisa (utensile appuntito) e altre due linee orizzontali nere dipinte. All'interno, linea/banda nera sotto l'orlo.
NAS: Dipinta bicroma ; Decorazione lineare opaca (-).
Datazione contesto: *t.a.q.* 500/490 a.C. (ca. fine VII sec. – 500/490 a.C.).
Datazione relativa: ultimo quarto VI sec. – 460/450 a.C.
Bibliografia: inedito.
Confronti: Serra 2016, 125 no. 201 tav. 25, 2.

478 K 16665 (tavv. 32. 84)
QAEO1F, F1995, Agora565, Ab. 115.
Lu: 11.2cm; La: 8.8cm; Dm: 20.0cm; SezAnsa: 2.2cm; S: 0.8cm; H: 9.4cm.
Colori: impasto: beige 10YR 8/4; nucleo: grigio 10YR 4-5/1; sup. int: beige 10YR 8/4; sup. est: beige 10YR 8/4; ing: giallo chiaro 10YR 8/4; dec: nero 10YR 3/1; marrone-rosso 5YR 4/6.
Impasto: C: duro; DS: molto depurato; DI: grandi; Del: inclusi medio-grandi, numerosi grigi, saltuari bianchi calcarei puntiformi e vacuoli allungati; Mod: tornio veloce.
Quattro fr. combacianti d'orlo con attacco d'ansa orizzontale a bastoncello di vaso da mescita. Morfologia riconducibile a modelli d'importazione allotri all'isola (crateri a colonnette). Sulla tesa dell'orlo, listelli regolari combinati con forme a "L" (intenzionali) nere. All'esterno, sul collo, linea ad onda racchiusa da due bande orizzontali nere seguite sotto l'ansa da una linea orizzontale marrone-rossa e una banda nera; intorno all'attacco dell'ansa, banda nera. Lungo l'ansa orizzontale, banda nera. All'interno dell'orlo, banda orizzontale nera. Superfici lisciate.
NAS: Dipinta bicroma.
Datazione contesto: *t.a.q.* 500/490 a.C. (ca. fine VII sec. – 500/490 a.C.).
Datazione relativa: secondo quarto VI sec. – 460/450 a.C.
Bibliografia: inedito.
Confronti: Campisi 2003, 191 no. D 191 fig. 179.

479 K 32746 A–B (tavv. 32. 84)
QAEO1F, F1996, Agora565, Ab. 103 / 107.
A: Lu: 6.9cm; La: 3.7cm; S: 0.5cm; B: Lu: 6.9cm; La: 5.6cm; S: 0.6; Dm int: ca. 30.0cm.
Colori: impasto: marrone 5YR 5/8; nucleo: grigio 10YR 5/1; sup. int: marrone-rosso 5YR 6/6; sup. est: indet; ing: beige 7.5YR 8/2; dec: arancione 5YR 6/6; marrone 5YR 4/4.
Impasto: C: duro; DS: estremamente depurato; DI: medi; Del: molto duro e compatto. Cottura a biscotto. Inclusi piccoli e medi bianchi, vacuoli, Entella?; Mod: tornio veloce.
Fr d'orlo a tesa orizzontale e fr. collo di vaso da mescita. Morfologia riconducibile a modelli d'importazione allotri all'isola (crateri a colonnette). Sulla tesa dell'orlo, resti di due listelli a breve distanza l'uno dall'altro. All'esterno, su ingobbio, due bande orizzontali arancioni che racchiudono altre due linee orizzontali marroni, a loro volta tangenti una linea ad onda orizzontale arancione. All'interno, sotto l'orlo, resti di due bande orizzontali su larga banda d'ingobbio. Superfici lisciate.
NAS: Dipinta bicroma.
Datazione contesto: *t.a.q.* 500/490 a.C. (ca. fine VII sec. – 500/490 a.C.).
Datazione relativa: secondo quarto VI sec. – 460/450 a.C.
Bibliografia: inedito.
Confronti: Gargini 1995, 135 no. 47 fig. 18; Kistler et al. 2017b, 1268 inv. K 24509 A (fotografia e scheda); Kistler 2017, 116 tav. 15 b (profilo al centro in basso); Campisi 2003, 191 no. D 191 fig. 179.

480 K 16954 A–B (tavv. 32. 84)
QAEO1F, F1996, Agora565, Ab. 101 / 106.
A: Lu: 7.0cm; La: 8.0cm; S: 1.0-1.1cm; B: Lu: 4.6cm; La: 3.7cm; S: 1.3cm; Dm carena inferiore est: 34.5cm
Colori: impasto: arancione-marrone 2.5YR 5/8; nucleo: giallo scuro 10YR 6/4; sup. int: arancione 2.5YR 6/8; sup. est: 10YR 8/2; dec: marrone-nero 10YR 3/3; rosso scuro 2.5YR 4/6.
Impasto: C: duro; DS: estremamente depurato; DI: medi; Del: L5; Mod: tornio veloce.
Due fr. di parete non combacianti di forma aperta di grandi dimensioni, vaso da mescita. All'esterno, resti di onda dipinta seguita da fregio con resti di tre cerchielli concentrici con banda a zig-zag sottostante. All'interno, tracce di fascia orizzontale rossa scura. Non è visibile il punto d'appoggio del compasso, ma al centro del punto centrale vi è una macchia di colore sopraelevata rispetto al resto. Lo stesso motivo a cerchielli, identico in dimensione, è stato utilizzato anche per **481.** Il fr. B presenta il resto di linea orizzontale e non è più precisamente collocabile nell'apparato decorativo (parte sottostante la carena?). Superfici lisciate.
NAS: Dipinta bicroma.
Datazione contesto: *t.a.q.* 500/490 a.C. (ca. fine VII sec. – 500/490 a.C.).
Datazione relativa: secondo quarto VI sec. – 460/450 a.C.
Bibliografia: inedito.
Confronti: **481–482**.

481 K 32609 A–B (tavv. 32. 84)
QAEO1F, F1995, Agora565, Ab. 116; F2005, Agora553/557/EU SUD9/11, Ab. 502S.
A: Lu: 10.1cm; La: 8.0cm; Dm carena est: 33.8cm; S: 0.7-1.0cm; B: Lu: 9.3cm; La: 8.3cm; S: 1.0cm.
Colori: impasto: beige-marrone 5YR 6/6-8; nucleo: marrone chiaro 5YR 6/2; sup. int: beige 7.5YR 7/4; sup. est: beige 10YR 8/2; dec: marrone-rosso 5YR 4/4.
Impasto: C: duro; DS: estremamente depurato; DI: medi; Del: L5; Mod: tornio lento.
Due fr. non combacianti di parete carenata in due punti di forma aperta di grandi dimensioni, vaso da mescita. Motivo ad onda orizzontale fra carene tra orlo e vasca e fregio a cerchielli concentrici orizzontali sottostanti (cerchielli: Dm est: 2.7cm; La: 0.5cm; Dm: 1.1cm; La: 0.3cm; Pt: 0.2cm) seguita da fregio a zig-zag. All'interno, resti di banda rosso scuro? Stessa stampiglia utilizzata come per **480** e **482**. Superfici lisciate.
NAS: Dipinta monocroma.
Datazione contesto: *t.a.q.* 500/490 a.C. (ca. fine VII sec. – 500/490 a.C.).
Datazione relativa: ultimo quarto VII sec. (in questo caso molto probabilmente

limitato, come **480,** al secondo quarto del VI sec.) – 460/450 a.C.
Bibliografia: inedito.
Confronti: **480. 482**.
Osservazioni: Il frammento A proviene dal saggio NE del vano meridionale dell'oikos. Il frammento B, molto più evanido proviene invece da un'area esterna all'edificio, situata immediatamente ad est del saggio sopracitato.

482 K 32745 (tavv. 32. 84)
QAEO1F, F1995, Agora565, Ab. 102 / 103 / 105.
Lu: 10.3cm; La: 4.6cm; Dm: indet; S: 1.2cm.
Colori: impasto: beige-rosso 2.5YR 6/6; nucleo: beige 10YR 6/4; sup. int: beige 10YR 7/4; sup. est: beige 10YR 7/3; dec: arancione-marrone 5YR 5/6.
Impasto: C: semiduro; DS: estremamente depurato; DI: grandi; Del: L5; Mod: tornio lento.
Tre fr. combacianti di parete di forma aperta di grandi dimensioni, vaso da mescita. All'esterno, resti di tre triangoli penduli con vertice verso il basso e di tre cerchielli concentrici dipinti (non è visibile la punta d'appoggio del compasso). All'interno, banda dipinta dello stesso colore. Stessa stampiglia di **480** e **481**. Superfici lisciate.
NAS: Dipinta monocroma.
Datazione contesto: *t.a.q.* 500/490 a.C. (ca. fine VII sec. – 500/490 a.C.).
Datazione relativa: ultimo quarto VII sec. (in questo caso molto probabilmente limitato, come **480,** al secondo quarto del VI sec.) – 460/450 a.C.
Bibliografia: inedito.
Confronti: **480–481**.

483 K 16534 (tavv. 32. 84)
QAEO1F, F1995, Agora565, Ab. 111.
Lu: 11.3cm; La: 6.0cm; Dm: 24.0cm; S: 0.6cm; H: 6.2cm.
Colori: impasto: grigio-nero 7.5YR 5/1; nucleo: marrone scuro 7.5YR 4/3; sup. int: beige 10YR 8/2; sup. est: beige 10YR 8/2; ing: beige 10YR 8/2; dec: marrone 7.5YR 3-4/2.
Impasto: C: duro; DS: medio depurato; DI: medi; Del: molto omogeneo e compatto; bianchi calcarei saltuari, bianchi squadrati saltuari, grigi chiari di forma squadrata ancora più saltuari, mica, piccoli e radi vacuoli allungati; Mod: tornio veloce.
Fr. d'orlo a tesa orizzontale di forma aperta di grandi dimensioni, probabilmente funzionale ad un vaso da mescita ("dinos"). Cinque listelli regolari sulla tesa dell'orlo e due linee orizzontali marroni appena sotto l'orlo all'esterno, la prima (0.7cm) più larga della seconda (0.5cm). Ingobbio sia all'interno che all'esterno. All'interno, leggera variazione di cromia. Superfici lisciate.
NAS: Dipinta monocroma.
Datazione contesto: *t.a.q.* 500/490 a.C. (ca. fine VII sec. – 500/490 a.C.).
Datazione relativa: ultimo quarto VII sec. – 460/450 a.C.
Bibliografia: inedito.

Vasi su alto piede

484 K 24316 (tavv. 33. 85)
REPH1, F2006, WQ492, Erdsteg, Ab. 03 unten.
Lu: 3.6cm; La: 2.9cm; Dm inferiore: 4cm; S:1.4cm; H: 2.3cm.
Colori: impasto: beige-marrone 10YR 6/2; nucleo: grigio 10YR 4/1; sup. int: beige-marrone 10YR 7/2-3; sup. est: beige-marrone 10YR 7/2-3; dec: marrone scuro 10YR 4/2.
Impasto: C: tenero; DS: molto depurato; DI: grandi; Del: L0; Mod: a mano.
Fr. di stelo di vaso su alto piede di piccole dimensioni. All'esterno, resti di rivestimento marrone scuro steso in modo omogeneo. Superficie fortemente lucidata.
NAS: Rivestimento omogeneo lucidato.
Datazione contesto: *t.a.q.* ca. 600 a.C. (ca. seconda metà VIII – fine VII sec. a.C.).
Datazione relativa: VIII – fine VII sec. a.C.
Bibliografia: inedito.

485 K 23141 (tavv. 33. 85)
REPH1, F2005, WQ492, Schicht 2, E1, Ab. 3.
Lu: 4.8cm; La: 3.4cm; Dm: 9cm; S: 0.8cm; H: 2.1cm;
Colori: impasto: marrone-grigio 10YR 4/1; sup. int: grigio-marrone 10YR 4/1; dec: nero-marrone 10YR 2-3/1.
Impasto: C: duro; DS: estremamente depurato; DI: molto grandi; Del: fratture frastagliate. Frequenti grigi di forma arrotondata e spigolosi, saltuari bianchi puntiformi, rari clasti calcarei, vacuoli principalmente di forma allungata, più rari quelli puntiformi; Mod: a mano.
Fr. di stelo con attacco della vasca di vaso su alto piede. All'esterno, tra la vasca e il piede a stelo, quattro linee orizzontali incise dalle quali partono, sul piede a stelo, due fasci di tre tremoli obliqui in direzione opposte. Resti di incrostazione bianca all'interno delle decorazioni incise e impresse. Rivestimento marrone nero omogeneo sia all'interno che all'esterno. Superfici lucidate.
NAS: Incisa e impressa con rivestimento omogeneo lucidato.
Datazione contesto: *t.a.q.* ca. 600 a.C. (ca. seconda metà VIII – fine VII sec. a.C.).
Datazione relativa: VIII – fine VII sec. a.C.
Bibliografia: inedito.

486 K 22590 A–B (tavv. 33. 85)
REPH1, F2004, WQ491/492, 1-meter Streifen, Ab. 2 / 3.
A: Lu: 10cm; La: 8.2cm; Dm: 5.2cm; S: 0.9-1.0cm; B: Lu: 5.3cm; La: 5.0cm; S: 1.5cm; H: 1.9cm.
Colori: impasto: grigio 10YR 4/1; sup. int: grigio 10YR 4/1; sup. est: marrone chiaro 7.5YR 6/1-2; ing: beige 10YR 8/2; dec: marrone scuro: 7.5YR 5/6-8; 4/3-6; nero-marrone 7.5YR 2.5/1.
Impasto: C: tenero; DS: molto depurato; DI: molti grandi; Del: L0; Mod: tornio lento.
Fr. di vasca con attacco dell'alto piede e fr. non combaciante di stelo di vaso a gambo. All'interno della vasca, rivestimento omogeneo marrone scuro sia all'interno che all'esterno. Sui due fr. combacianti di stelo, ingobbio beige con due bande orizzontali dipinte con la stessa miscela della vasca. Superfici lucidate.
NAS: Rivestimento omogeneo lucidato / Decorazione lineare lucidata (+).
Datazione contesto: *t.a.q.* ca. 600 a.C. (ca. seconda metà VIII – fine VII sec. a.C.).
Datazione relativa: seconda metà VII / ultimo quarto VII – ca. 600. a.C.
Bibliografia: inedito.
Confronti: Trombi 2015, 73–74 no. 1039 tav. LIX (forma E4, scodelle su alto piede o "fruttiere").

487 K 23644 (tavv. 33. 85)
REPH1, F2005, WQ492, Erdsteg E3, Ab. 4S.
Lu: 3.6cm; La: 5.2cm; Dm: max 5.4cm; S: 1.3-1.7cm; H: 5.0cm.
Colori: impasto: grigio 10YR 3/1; sup. int: grigio 10YR 4/1; sup. est: grigio 7.5YR 5/1; dec: rosso: 2.5YR 5/6; marrone scuro: 7.5YR 3/3.
Impasto: C: tenero; DS: molto depurato; DI: grandi; Del: frequenti grigi di forma arrotondata e spigolosi, saltuari bianchi puntiformi, rari clasti calcarei, vacuoli principalmente di forma allungata, più rari quelli puntiformi; Mod: tornio lento.
Due fr. combacianti di stelo di vaso a gambo (parte mediana). All'esterno, rivestimento omogeneo rosso con banda marrone che si restringe verso l'alto seguendo la tettonica del piede. Superficie lucidata.
NAS: Rivestimento non omogeneo lucidato.
Datazione contesto: *t.a.q.* ca. 600 a.C. (ca. seconda metà VIII – fine VII sec. a.C.).
Datazione relativa: seconda metà VIII sec. – 600 a.C.
Bibliografia: inedito.

488 K 32101 (tavv. 33. 85)
REPH1, F2005, WQ492, Erdsteg E2, Ab. 3, Schicht 1.
Lu: 2.7cm; La: 3.9cm; Dm: ca. 3cm; S: 0.8cm.
Colori: impasto: beige 7.5YR 7/3; nucleo: grigio 10YR 4-5/1; sup. int: beige 7.5YR 7/3; sup. est: marrone 7.5YR 6/2; dec: marrone-arancione: 7.5YR 5/6-8; 4/5-6; 3/3-4.
Impasto: C: semiduro; DS: molto depurato; DI: medi; Del: L0; Mod: a mano.
Fr. di stelo di vaso a gambo. All'esterno, resti di tre larghi (0.2cm) solchi orizzontali. Resti di incrostazione bianca all'interno delle decorazioni incise. Rivestimento steso a striature sottili. Superfici lucidate.
NAS: Incisa con rivestimento omogeneo lucidato (striature sottili).
Datazione contesto: *t.a.q.* ca. 600 a.C. (ca. seconda metà VIII – fine VII sec. a.C.).
Datazione relativa: VIII – fine VII sec. a.C.
Bibliografia: inedito.

489 K 32047 (tavv. 33. 85)
REPH1, F2005, WQ492, Erdsteg, Ab. 2, Schicht 1.
Lu: 2.7cm; La: 3.9cm; Dm: ca. 3cm; S:0.8cm.
Colori: impasto: marrone-rosso 5YR 6/8; nucleo: grigio 5YR 6/1; sup. int: marrone-rosso 5YR 6/6; sup. est: marrone-rosso 5YR 5/6; dec: marrone 5YR 5/4.
Impasto: C: semiduro; DS: molto depurato; DI: molto grandi; Del: compatto e relativamente omogeneo. Inclusi bianchi ad angoli arrotondati (fino a 3mm) visibili anche in superficie, bianchi calcarei puntiformi, saltuari grigi scuri a spigoli arrotondati e rossi puntiformi, *chamotte* (fino a 2mm), radi vacuoli puntiformi, saltuari vacuoli allungati; Mod: tornio lento.
Fr. di stelo di vaso a gambo. All'esterno, rivestimento omogeneo. Superficie lucidata.
NAS: Rivestimento omogeneo lucidato.
Datazione contesto: *t.a.q.* ca. 600 a.C. (ca. seconda metà VIII – fine VII sec. a.C.).
Datazione relativa: VIII – fine VII sec. a.C.
Bibliografia: inedito.

490 K 32091 (tavv. 33. 85)
REPH1, F2005, WQ492, Erdsteg E1, Ab. 6, Schicht 1.
Lu: 3.1cm; La: 3.0cm; Dm int: 8.0cm; S: 0.8cm; H: 2.7cm.
Colori: impasto: rosso-beige 2.5YR 7/6; nucleo: grigio 10YR 3-4/1; sup. int: rosso-beige 2.5YR 7/6; sup. est: rosso-beige 2.5YR 7/4; ing: beige 10YR 8/3.
Impasto: C: semiduro; DS: estremamente depurato; DI: grandi; Del: frequenti grigi di forma arrotondata e spigolosi, saltuari bianchi puntiformi, rari clasti calcarei, vacuoli principalmente di forma allungata, più rari quelli puntiformi; Mod: tornio lento.
Fr. di fondo con piede a tromba di alto vaso a stelo. All'esterno e sulla parte d'appoggio del piede, resti di ingobbio beige su superficie ben levigata; All'interno, nessun trattamento di superficie. All'interno, segni del tornio. Superficie esterna lisciata.
NAS: Acroma lisciata.
Datazione contesto: *t.a.q.* ca. 600 a.C. (ca. seconda metà VIII – fine VII sec. a.C.).
Datazione relativa: seconda metà VIII sec. – 500/490 a.C.
Bibliografia: inedito.
Confronti: Fatta 1983, 46 no. 50 tav. 6 (fruttiera tipo F.2).

491 K 32225 (tavv. 33. 85)
REPH1, F2006, WQ492, Erdsteg, Ab. 79B.
Lu: 2.9cm; La: 2.3cm; Dm: ca. 19cm; S: 0.8cm; H: 1.6cm.
Colori: impasto: beige-rosso 2.5YR 5/1; nucleo: grigio 10YR 5/1; sup. int: beige-rosso 2.5YR 7/6; dec: arancione scuro 2.5YR 6/6.
Impasto: C: tenero; DS: molto depurato; DI: grandi; Del: L1; Mod: tornio lento.
Fr. di fondo con largo piede di vaso a gambo (?). All'esterno, rivestimento arancione scuro. Tracce del tornio visibili nettamente sia all'interno che sulla tesa dell'orlo. Superficie esterna lucidata.
NAS: Rivestimento omogeneo lucidato.
Datazione contesto: *t.a.q.* ca. 600 a.C. (ca. seconda metà VIII – fine VII sec. a.C.).
Datazione relativa: seconda metà VIII sec. – 570 a.C.
Bibliografia: inedito.

492 K 24310 (tavv. 33. 85)
QO2F, F2006, EQ1139/1140, Sondage 1, Ab. 13.
Lu: 11.2cm; La: 9.4cm; Dm carena int: 24.0cm; S: 0.9-1.1cm.
Colori: impasto: beige-rosso 5YR 6/6; nucleo: grigio 7.5YR 4/1; sup. int: beige-rosso 5YR 7/6; sup. est: beige-rosso 5YR 7/6; dec: rosso scuro 2.5YR 5/8.
Impasto: C: semiduro; DS: molto depurato; DI: grandi; Del: L1; Mod: tornio veloce.
Quattro fr. combacianti di parete di piede a tromba di grandi dimensioni. All'esterno in alto, due bande orizzontali sopra la carena, seguite da un'altra banda orizzontale dalla quale partono a destra due fasci verticali; a sinistra è visibile una linea verticali. Superficie ben lisciata all'esterno, segni del tornio ben visibili all'interno.
NAS: Dipinta monocroma.
Datazione contesto: ca. 570 – 540 a.C.
Datazione relativa: ultimo quarto VII sec. – 500/490 a.C.
Bibliografia: inedito.

493 K 23922 (tavv. 33. 85)
QO2F, F2006, EQ1139/1140, Sondage, Ab. 8W / Sondage 1, Ab. 6.
Lu: 10.0cm; La: 16.2cm; Dm: 8.5cm; S: 1.0-1.2cm; H: 16.2cm.
Colori: impasto: beige 10YR 7/3; nucleo: beige-grigio 10YR 7/2; sup. int: beige 10YR 8/3; sup. est: beige 10YR 8/2; dec: nero-grigio 10YR 3/1.
Impasto: C: tenero; DS: molto depurato; DI: medi; Del: L3; Mod: tornio lento.
Quattro fr. combacianti di grande vaso su piede a stelo. Parte interna della vasca con banda orizzontale fra base e parete fratturata (non conservata). All'esterno del piede a stelo, entro due bande orizzontali, decorazione a scacchiera formata da rettangoli campiti da linee irregolari orizzontali. Superfici lisciate.
NAS: Dipinta monocroma.
Datazione contesto: ca. 570 – 540 a.C.
Datazione relativa: ultimo quarto VII sec. – 500/490 a.C.
Bibliografia: inedito.
Confronti: Trombi 2015, 90 no. 921 tav. L (forma T1, vasi su piedi a stelo. Di dimensioni nettamente minori rispetto all'esemplare iatino); Congiu in: Guzzone – Congiu 2005, 330 no. 153; Trombi in: Panvini – Sole 2009a, 82. 88 nn. VII/34. VII/47; Pappalardo 2012, 427 fig. 2.

494 K 22677 (tavv. 33. 85)
QO1/2F, F2004, EQ1139, Sondage, Ab. 7El.
Lu: 8.2cm; La: 9.7cm; Dm carena est: 10.0cm; Dm inferiore est: 18cm; S: 0.7-1.2cm; H: 7.2cm.
Colori: impasto: beige 10YR 6/4; nucleo: grigio 10YR 5/1; sup. int: beige 10YR 7/3; sup. est: indet; ing: beige-bianco 10YR 8/1; dec: marrone-nero 10YR 3/1.
Impasto: C: duro; DS: estremamente depurato; DI: grandi; Del: molto omogeneo e compatto, bianchi, grigi scuri, vacuoli arrotondati; Mod: tornio veloce.
Fr. di grande piede a gambo. All'esterno, tracce di due bande (?) orizzontali dipinte su ingobbio. All'interno sono ben evidenti i segni del tornio e, nella parte supposta inferiore, resti di ingobbio con tracce di colore, banda (?). Superficie esterna lisciata.
NAS: Dipinta monocroma.
Datazione contesto: ca. 630/620 – 540 a.C.
Datazione relativa: ultimo quarto VII sec. – 500/490 a.C.
Bibliografia: inedito.
Confronti: Sole in: Guzzone – Congiu 2005, 292 no. 125.

495 K 22694 A–B (tavv. 33. 85)
QO1/2F, F2004, EQ1139, Sondage, Ab. Steinsturz 3 / Steinsturz 4.
A: Lu: 9.7cm; La: 9.5cm; Dm: 25.0cm; S: 0.8-1.1cm; H: 9.6cm; B: Lu: 25.0cm; La: 12.0cm; S: 0.9-1.1cm; H: 9.3cm.
Colori: impasto: beige-rosso 5YR 7/6; nucleo: grigio 5YR 5/1; sup. int: beige-rosso 7.5YR 8/4; sup. est: beige-rosso 7.5YR 8/4.
Impasto: C: tenero; DS: molto depurato; DI: grandi; Del: L2; Mod: tornio veloce.
Due fr. non combacianti (A: un fr.; B: cinque fr.) di piede di vaso a gambo. All'interno, linee del tornio eccezionalmente ben marcate. Superficie esterna lisciata.
NAS: Acroma lisciata.
Datazione contesto: ca. 630/620 – 540 a.C.
Datazione relativa: VIII sec. – 500/490 a.C.
Bibliografia: inedito.
Confronti: Anagnostou – Amari 2004, 105 no. V, 68 tav. XXIII = Amari 2004, 138 no. V, 68 fig. 93 (piattello su alto piede).

496 K 22030 (tavv. 33. 85)
QAREA, F2003, Agora550/551/552, Ab. Steinpackung II.
Lu: 4.9cm; La: 4.7cm; Dm max est: 11.6cm; S: 1.5-1.6cm.
Colori: impasto: grigio 7.5YR 5/2; sup. int: beige 7.5YR 6/4; sup. est: beige 7.5YR 6/4.
Impasto: C: tenero; DS: medio depurato; DI: grandi; Del: L2; Mod: a mano.
Fr. di stelo di alto vaso con verosimile piede a tromba. Sulla superficie esterna, solco inciso orizzontale sormontato da resti di almeno due motivi a rosetta dentellata impressa (fregio?). Privo di incrostazioni all'interno delle decorazioni. All'esterno lisciato.
NAS: Incisa e impressa senza rivestimento.
Datazione contesto: *t.a.q.* ca. 550 a.C. (ca. ultimo quarto VII – prima metà VI sec. a.C.).
Datazione relativa: ultimo quarto VII sec. – 500/490 a.C.
Bibliografia: inedito.
Confronti: per la stampiglia: **476**.

497 K 22144 (tavv. 33. 85)
QAREA, F2003, Agora550/551/552, Ab. 609W.
Lu: 3.8cm; La: 3.6cm; Dm int: ca. 5cm; S: 0.8cm; H: 3.8cm.
Colori: impasto: grigio 10YR 8/4; nucleo: grigio 10YR 7/2 e 6/1; sup. int: grigio-beige 10YR 8/2; sup. est: grigio-beige 10YR 8/2; dec: marrone-nero 10YR 8/4.
Impasto: C: duro; DS: molto depurato; DI: piccoli; Del: L3; Mod: tornio lento.
Fr. di gambo con attacco della vasca di una forma aperta verosimilmente con piede a tromba. All'esterno, tre linee orizzontali parallele dipinte.
NAS: Dipinta monocroma.
Datazione contesto: *t.a.q.* ca. 550 a.C. (ca. ultimo quarto VII – prima metà VI sec. a.C.).
Datazione relativa: ultimo quarto VII sec. – 500/490 a.C.
Bibliografia: inedito.
Confronti: Pappalardo 2012, 427 fig. 2.

498 K 27961 (tavv. 33. 85)
QAREA, F2003, Agora550/551/552, Ab. Steinpackung III.
Lu: 11.5cm; La: 5.5cm; Dm int: indet (ca. 49cm); S: 2.4cm; H: 5.4cm.
Colori: impasto: grigio 7.5YR 4/1; sup. int: beige 5YR 7/6; sup. est: beige 5YR 7/6.
Impasto: C: duro; DS: estremamente depurato; DI: molto grandi; Del: L1; Mod: tornio lento.
Fr. di fondo di alto piede a gambo di grandi dimensioni. Superficie esterna lisciata.
NAS: Acroma lisciata.
Datazione contesto: *t.a.q.* ca. 550 a.C. (ca. ultimo quarto VII – prima metà VI sec. a.C.).
Datazione relativa: VIII sec. – 500/490 a.C.
Bibliografia: inedito.

499 K 16709 (tavv. 33. 85)
QAEO1F, F1995, Agora565, Ab. 116.
Lu: 8.4cm; La: 6.5cm; Dm fondo: 10.0cm; S: 0.9cm.
Colori: impasto: beige 7.5YR 7/4; nucleo: grigio 10YR 4-5/1; sup. int: beige 7.5YR 7/4; sup. est: beige 7.5YR 7/4.
Impasto: C: semiduro; DS: molto depurato; DI: grandi; Del: L2; Mod: tornio lento.
Fr. di parte superiore di vaso a gambo con parte della base della forma aperta soprastante. Listello plastico tra piede e forma aperta. Al di sotto, decorazione ad unghiate impresse; al di sopra, larga banda delimitata da un solco inciso campito da brevi tremoli obliqui impressi. Sulla vasca, resti di triangoli (?) con vertice verso il basso delimitati da solchi incisi e campiti da tremoli obliqui in direzione opposta rispetto a quelli della banda. Incrostazioni biancastra all'interno delle decorazioni. Lisciato all'interno e all'esterno nella parte superiore. All'interno del piede leggere tracce di bruciato?
NAS: Incisa e impressa senza rivestimento.
Datazione contesto: *t.a.q.* 500/490 a.C. (ca. fine VII sec. – 500/490 a.C.).
Datazione relativa: ultimo quarto VII sec. – 550/440 a.C.
Bibliografia: inedito.
Confronti: Panvini et al. 2009a, 141. 142 no. 19; Spatafora – Vassallo 2002, 95. 97 no. 175.

500 K 16710 (fig. 45 tavv. 33. 85)
QAEO1F, F1995, Agora565, Ab. 116.
Lu: 8.4cm; La: 11.5cm; Dm fondo conservato: 38cm; S: 0.9-1.8cm; H: 7.4cm.
Colori: impasto: beige-rosso 7.5YR 6/6; nucleo: grigio 7.5YR 5/1; sup. int: beige-rosso 7.5YR 7/4-6; sup. est: beige-rosso 7.5YR 7/4-6.
Impasto: C: tenero; DS: molto depurato; DI: grandi; Del: L1; Mod: tornio lento.
Fr. di piede di forma aperta (?) di grandi dimensioni su alto piede, vaso da mescita (?). All'esterno, due profondi solchi orizzontali leggermente irregolari seguiti da fregio a cerchielli concentrici crestati (irregolari) a loro volta seguiti da tre profonde linee incise in orizzontale molto irregolari. Verso l'attacco del fondo, resti di triangolo (?) con vertice verso l'alto delimitato da solchi incisi obliqui e campito da linee a tremolo oblique. Seppur modellato al tornio lento le decorazioni esterne sono estremamente irregolari, le linee sono tirate a mano senza l'aiuto del tornio. Resti di incrostazione all'interno delle decorazioni incise e impresse. Superficie esterna lisciate.
NAS: Incisa e impressa senza rivestimento.
Datazione contesto: *t.a.q.* 500/490 a.C. (ca. fine VII sec. – 500/490 a.C.).
Datazione relativa: ultimo quarto VII sec. – 550/540 a.C.
Bibliografia: inedito.

501 K 16968 (tavv. 33. 85)
QAEO1F, F1996, Agora565, Ab. 103.
Lu: 9.3cm; La: 9.6cm; Dm massimo est: 17.7cm; Dm vasca est: 14cm; S: 0.7-0,8cm; H: 6.0cm.
Colori: impasto: beige 7.5YR 6-7/3; sup. int: beige 5YR 7/4; sup. est: beige 5YR 7/4; dec: rosso 2.5YR 3-4/4.
Impasto: C: duro; DS: estremamente depurato; DI: medi; Del: L1; Mod: tornio veloce.
Fr. di vasca con attacco dell'alto piede a stelo di forma aperta. All'esterno dell'attacco dell'alto piede, banda orizzontale seguita da due linee orizzontali rosse. Segue una banda acroma e una linea orizzontale con sbavatura. Colore saturo. Sulla superficie interna del piede tracce di bruciato e di fuliggine (primarie?). Superfici lisciate.
NAS: Dipinta monocroma.
Datazione contesto: *t.a.q.* 500/490 a.C. (ca. fine VII sec. – 500/490 a.C.).
Datazione relativa: ultimo quarto VII sec. – 500/490 a.C.
Bibliografia: inedito.

502 K 32719 (tavv. 33. 85)
QAEO1F, F1996, Agora565, Ab. 106.
Lu: 2.8cm; La: 3.3cm; Dm est: 10cm; S: 0.8cm; H: 2.8cm.
Colori: impasto: rosso-marrone 2.5YR 5/6; nucleo: beige-grigio 10YR 6/4 / 10YR 4/1; sup. int: arancione 2.5YR 6/6; sup. est: arancione 2.5YR 6/6.
Impasto: C: tenero; DS: molto depurato; DI: grandi; Del: presenza di malacofauna, grigi scuri arrotondati (fino a 2mm), grigi di forma arrotondata, saltuari rossi puntiformi, bianchi calcarei, saltuari bianchi a spigoli arrotondati (fino a 3mm), vacuoli puntiformi; Mod: tornio lento.
Fr. di fondo di alto piede di forma aperta? Ben lisciato all'esterno. Nessun trattamento visibile all'interno.
NAS: Acroma lisciata.
Datazione contesto: *t.a.q.* 500/490 a.C. (ca. fine VII sec. – 500/490 a.C.).
Datazione relativa: VIII sec. – 500/490 a.C.
Bibliografia: inedito.

Fondi di forme aperte

503 K 24286 (fig. 57 tavv. 34. 86)
REPH1, F2006, WQ492, Erdsteg, Ab. 79B.
Lu: 5.1cm; La: 4.8cm; Dm fondo: 5cm; S: 0.9-1.0cm; H: 2.7cm.
Colori: impasto: marrone chiaro 10YR 5-6/2; nucleo: grigio 10YR 4/1; dec: marrone chiaro 5YR 6/6.
Impasto: C: semiduro; DS: molto depurato; DI: grandi; Del: L1; Mod: tornio lento.
Fr. di fondo piano di attingitoio. All'esterno, resti di una linea orizzontale incisa seguita da una banda senza decorazione e da un fregio a cerchielli concentrici impressi delimitati in alto da una linea e in basso da tre linee orizzontali incise. Resti di incrostazione bianca all'interno delle decorazioni incise e impresse. Rivestimento omogeneo marrone interno ed esterno. Superfici lucidate.
NAS: Incisa e impressa con rivestimento omogeneo lucidato.
Datazione contesto: *t.a.q.* ca. 600 a.C. (ca. seconda metà VIII – fine VII sec. a.C.).
Datazione relativa: seconda metà VIII sec. – 570 a.C.
Bibliografia: inedito.
Confronti: Spatafora 2003c, 118 no. I 25 fig. 131.
Osservazioni: Combaciante a **444** (K 24294, 29.06.2023).

504 K 23069 (tavv. 34. 86)
REPH1, F2005, WQ492, Erdsteg, Ab. 1, Schicht1; Reinigung.
Lu: 4.3cm; La: 4.1cm; Dm: 4.0cm; S: 0.5-0.6cm; H: 2.2cm.
Colori: impasto: marrone 7.5YR 5-6/2; nucleo: grigio 7.5YR 4/1; sup. int: marrone 7.5YR 5/2; sup. est: grigio 7.5YR 4/1; dec: marrone scuro 7.5YR 3-4/2.
Impasto: C: tenero; DS: molto depurato; DI: grandi; Del: L0; Mod: a mano.
Tre fr. combacianti di fondo piano di forma aperta di piccole-medie dimensioni. All'esterno, sulla parete raggruppamenti di cerchielli concentrici impressi distribuiti in modo non omogeneo (raggruppamento di sei cerchielli e resti di altri due). Sulla

superficie inferiore della forma, due linee parallele campite da vari brevi solchi sottili intersecanti tra di loro. Resti di rivestimento solo all'interno. Superficie interna lucidata, quella esterna lisciata.
NAS: Incisa e impressa senza rivestimento, sup. lisciata / Rivestimento omogeneo lucidato.
Datazione contesto: *t.a.q.* ca. 600 a.C. (ca. seconda metà VIII – fine VII sec. a.C.).
Datazione relativa: seconda metà VII/ ultimo quarto VII – primo quarto VI sec. a.C. (eventualmente fino alla metà del VI sec. a.C.)
Bibliografia: inedito.

505 K 23072 (tavv. 34. 86)
REPH1, F2005, WQ492, Schicht 2, Ab. 1 / 2.
Lu: 5.6cm; La: 4.9cm; Dm: 10.0cm; S: 0.6-0.8cm; H: 1.8cm.
Colori: impasto: marrone 7.5YR 6/3; nucleo: grigio 10YR 4/1; sup. est: marrone 7.5YR 6/3; dec: marrone scuro 5YR 3/3; arancione-marrone 5YR 5/8.
Impasto: C: tenero; DS: estremamente depurato; DI: medi; Del: L0; Mod: tornio lento.
Fr. di fondo piano di forma aperta. All'interno, rivestimento marrone scuro, quasi nero, omogeneo e fortemente lucidato. All'esterno, rivestimento arancione-marrone, steso a striature sottili, anche sulla superficie inferiore del fondo. Superfici lucidate.
NAS: Rivestimento omogeneo lucidato (striature sottili).
Datazione contesto: *t.a.q.* ca. 600 a.C. (ca. seconda metà VIII – fine VII sec. a.C.).
Datazione relativa: seconda metà VIII sec. – 570 a.C.
Bibliografia: Isler 2009a, 145 fig. 11.

506 K 23792 (tavv. 34. 86)
QO2F, F2006, EQ1139/1140, Sondage 1, Ab. 4W.
Lu: 11.0cm; La: 6.4cm; Dm: 6.0cm; S: 0.5-0.8cm; H: 2.8cm.
Colori: impasto: beige-rosso 5YR 7/6; nucleo: beige 5YR 7/2; sup. int: beige-rosso 7.5YR 7/4; sup. est: beige-rosso 5YR-7.5YR 7/4; dec: rosso scuro 2.5YR 4/6.
Impasto: C: tenero; DS: estremamente depurato; DI: medi; Del: L1; Mod: a mano.
Quattro fr. combacianti di fondo piano di forma aperta (?) con decorazione sulla superficie inferiore del fondo. Superficie interna molto consumata. All'esterno, sulla parte inferiore della parete, tre linee orizzontali dipinte. Sulla superficie inferiore del fondo, resti dipinti di motivo a "S" ("mezza svastica"). All'interno, leggere tracce di bruciato (probabilmente secondarie). Superficie esterna lisciata.
NAS: Dipinta monocroma.
Datazione contesto: ca. 570 – 540 a.C.
Datazione relativa: ultimo quarto VII sec. – 460/450 a.C.
Bibliografia: inedito.

507 K 28397 (tavv. 34. 86)
QAREA, F2003, Agora550/551/552, Ab. 610E.
Lu: 4.9cm; La: 4.6cm; Dm: 7cm; S: 0.5-0.7cm; H: 2.5cm.
Colori: impasto: beige 7.5YR 4/1; sup. est: beige 7.5YR 8/3; dec: beige-arancione 7.5YR 5/6.
Impasto: C: duro; DS: molto depurato; DI: medi; Del: L2; Mod: tornio lento.
Fr. di fondo piano di una forma aperta. All'esterno, due linee orizzontali dipinte. All'interno, rivestimento omogeneo. Superficie inferiore del fondo completamente dipinto. Superficie interna lucidata, quelle esterna è lisciata.
NAS: Rivestimento omogeneo lucidato / Dipinta monocroma.
Datazione contesto: *t.a.q.* ca. 550 a.C. (ca. ultimo quarto VII – prima metà VI sec. a.C.).
Datazione relativa: ultimo quarto VII – primo quarto VI sec. a.C. (eventualmente fino alla metà del VI sec.).
Bibliografia: inedito.

508 K 22090 (tavv. 34. 86)
QAREA, F2003, Agora550/551/552, Ab. 607E.
Lu: 7.2cm; La: 4.2cm; Dm: 4.8cm; S: 0.3-0.5cm; H: 3.2cm.
Colori: impasto: beige-giallo 7.5YR 7/3; sup. int: beige-giallo 7.5YR 8/3; sup. est: beige-giallo 7.5YR 8/3; dec: beige-arancione 7.5YR 6/8 e arancione-rosso 2.5YR 4/6.
Impasto: C: duro; DS: molto depurato; DI: medi; Del: L2; Mod: tornio lento.
Fr. di fondo piano di una forma aperta. L'esterno presenta una serie di tre linee sottili orizzontali con miscela diluita racchiuse da due più larghe con miscela densa. Sulla parete vicino all'attacco del fondo, linea di un colore più scuro. Lo stesso colore è stato utilizzato anche per la decorazione, probabilmente a croce, sulla parte inferiore del fondo. All'interno il rivestimento è omogeneo. Superficie interna ed esterna lisciata.
NAS: Rivestimento omogeneo opaco / Dipinta monocroma.
Datazione contesto: *t.a.q.* ca. 550 a.C. (ca. ultimo quarto VII – prima metà VI sec. a.C.).
Datazione relativa: primo quarto del VI sec. a.C.
Bibliografia: inedito.

509 K 22129 (tavv. 34. 86)
QAREA, F2003, Agora550/551/552, Ab. Steinpackung IV.
Lu: 8.4cm; La: 4.9cm; Dm int: ca. 6cm; S: 0.4-0.7cm; H: 3.2cm.
Colori: impasto: beige-giallo 7.5YR 6/1; sup. int: beige-giallo 7.5YR 8/3; sup. est: beige-giallo 7.5YR 8/3; dec: beige-arancione 5YR 5/6.
Impasto: C: duro; DS: molto depurato; DI: medi; Del: L2; Mod: tornio lento.
Due fr. combacianti di fondo piano di una forma aperta. All'esterno, serie di linee orizzontali parallele dipinte con resti di una macchia verticale intersecante sulla parte inferiore della parete. Sulla parte inferiore del fondo resti di motivo a croce dipinto. Superfici lisciate.
NAS: Dipinta monocroma.
Datazione contesto: *t.a.q.* ca. 550 a.C. (ca. ultimo quarto VII – prima metà VI sec. a.C.).
Datazione relativa: ultimo quarto VII sec. – 460/450 a.C.
Bibliografia: inedito.

510 K 22289 (tavv. 34. 86)
QAREA, F2003, Agora550/551/552, Ab. Steinpackung I.
Lu: 8.5cm; La: 8.0cm; Dm: 5cm; S: 0.4-0.7cm; H: 3.3cm.
Colori: impasto: beige 7.5YR 6/4; sup. int: beige-giallo 7.5YR 8/2-3; sup. est: beige-giallo 7.5YR 8/2-3; dec: beige-arancione 7.5YR 5/4.
Impasto: C: duro; DS: molto depurato; DI: medi; Del: L2; Mod: tornio lento.
Fr. di fondo piano di una forma aperta. L'esterno presenta linee orizzontali parallele dipinte. Decorazione radiale dipinta sulla parte inferiore del fondo e resti di un solco inciso (segno del vasaio?). Superfici lisciate.
NAS: Dipinta monocroma.
Datazione contesto: *t.a.q.* ca. 550 a.C. (ca. ultimo quarto VII – prima metà VI sec. a.C.).
Datazione relativa: ultimo quarto VII sec. – 460/450 a.C.
Bibliografia: inedito.
Confronti: per la decorazione sul fondo: Campisi 2003, 160 no. D 13 fig. 161.

511 K 22309 (tavv. 34. 86)
QAREA, F2003, Agora550/551/552, Ab. 607W.
Lu: 6.1cm; La: 4.0cm; Dm: 4.0cm; S: 0.3-0.4cm; H: 3.4cm.
Colori: impasto: beige-giallo 7.5YR 7/4; sup. int: beige-giallo 7.5YR 8/3; sup. est: beige-giallo 7.5YR 8/3; dec: beige-arancione 2.5YR 4-5/6.
Impasto: C: tenero; DS: molto depurato; DI: medi; Del: L2; Mod: tornio veloce?
Fr. di fondo piano di una forma aperta. Sintassi decorativa ispirata ai fregi zoomorfi di origine corinzia (?). All'esterno, dal basso, banda orizzontale delimitante un fregio zoomorfo di "insetti" verso destra. Sei pennellate distinte realizzate con due pennelli di dimensioni diverse per rappresentare il "grillo" o l'"amantide religiosa". Tracce della stessa decorazione zoomorfa sono visibili sui due lati, alla stessa altezza. Sopra il fregio, linee orizzontali parallele dipinte. Resti di decorazione dipinta sulla parte inferiore del fondo. Superfici lisciate.
NAS: Dipinta monocroma.
Datazione contesto: *t.a.q.* ca. 550 a.C. (ca. ultimo quarto VII – prima metà VI sec. a.C.).
Datazione relativa: ultimo quarto VII sec. – 460/450 a.C.
Bibliografia: Russenberger 2015, 117 nota 111.

512 K 22128 (tav. 34)
QAREA, F2003, Agora550/551/552, Ab. Steinpackung IV.
Lu: 4.5cm; La: 4.0cm; Dm: 5.0cm; S: 0.5-0.7cm; H: 1.8cm.
Colori: impasto: beige-giallo 7.5YR 8/4; nucleo: grigio 7.5YR 5/1; sup. int: beige-giallo 7.5YR 8/4; sup. est: beige-giallo 7.5YR 8/4; dec: arancione-giallo 5YR 5/4.
Impasto: C: duro; DS: molto depurato; DI: medi; Del: L2; Mod: tornio lento.
Fr. di fondo piano di una forma aperta. Quattro linee orizzontali di diversa larghezza con miscela di ocre argillose semi-diluita sulla parete. Sulla superficie inferiore del fondo, motivo radiale (con tre raggi) con miscela densa. Superfici lisciate.
NAS: Dipinta monocroma.
Datazione contesto: *t.a.q.* ca. 550 a.C. (ca. ultimo quarto VII – prima metà VI sec. a.C.).
Datazione relativa: ultimo quarto VII sec. – 460/450 a.C.
Bibliografia: inedito.

513 K 28412 (tav. 34)
QAREA, F2003, Agora550/551/552, Ab. Steinpackung IV.
Lu: 3.7cm; La: 3.2cm; Dm: 4.0cm; S: 0.6-0.8cm; H: 1.8cm.
Colori: impasto: beige-rosso 2.5YR 8/4; nucleo: grigio 7.5YR 7/3; sup. int: beige-rosso 2.5YR 8/4; sup. est: beige-rosso 2.5YR 8/4; dec: rosso-marrone 2.5YR 4/6.
Impasto: C: tenero; DS: molto depurato; DI: grandi; Del: L1; Mod: tornio lento.
Fr. di fondo piano di una forma aperta. All'esterno della parete, tre linee sottili parallele. Sul fondo, motivo radiale o a croce dipinta. Superfici lisciate.
NAS: Dipinta monocroma.
Datazione contesto: *t.a.q.* ca. 550 a.C. (ca. ultimo quarto VII – prima metà VI sec. a.C.).
Datazione relativa: ultimo quarto VII sec. – 460/450 a.C.
Bibliografia: inedito.

514 K 28393 (tav. 34)
QAREA, F2003, Agora550/551/552, Ab. 609E.
Lu: 3.4cm; La: 2.9cm; Dm: indet; S: 0.5cm; H: 1.1cm.
Colori: impasto: beige-giallo 7.5YR 8/3; nucleo: marrone chiaro 7.5YR 5/3; sup. int: beige-giallo 7.5YR 6/6; sup. est: beige-giallo 7.5YR 6/6; dec: arancione scuro 2.5YR 5/6.
Impasto: C: duro; DS: molto depurato; DI: medi; Del: L2; Mod: tornio lento.
Fr. di fondo piano di una forma aperta. Sulla superficie inferiore del fondo, cerchio concentrico con colore semi-diluito e solco inciso, probabilmente croce (segno di vasaio?). Superfici lisciate.
NAS: Dipinta monocroma.
Datazione contesto: *t.a.q.* ca. 550 a.C. (ca. ultimo quarto VII – prima metà VI sec. a.C.).
Datazione relativa: ultimo quarto VII sec. – 460/450 a.C.
Bibliografia: inedito.

515 K 32732 (tavv. 34. 86)
QAEO1F, F1996, Agora565, Ab. 107.
Lu: 4.7cm; La: 4.9cm; Dm: 6.4cm; S: 0.5cm; H: 2.4cm.
Colori: impasto: rosso-marrone 2.5YR 5/6; nucleo: beige-grigio 7.5YR 5/4; sup. int: marrone-rosso 2.5YR 6/6; sup. est: marrone-rosso 2.5YR 6/6.
Impasto: C: duro; DS: molto depurato; DI: grandi; Del: vacuoli, grigi chiari.
Impasto abbastanza omogeneo e compatto; Mod: tornio veloce.
Fr. di fondo piano (leggermente concavo, quasi impercettibile) di forma aperta. Sulla superficie inferiore del fondo sono visibile le linee della corda, createsi quando la forma è stata staccata dal tornio veloce. Superfici lisciate.
NAS: Acroma lisciata.
Datazione contesto: *t.a.q.* 500/490 a.C. (ca. fine VII sec. – 500/490 a.C.).
Datazione relativa: 550/540 – 460/450 a.C.
Bibliografia: inedito.

516 K 32697 (tavv. 34. 86)
QAEO1F, F1995, Agora565, Ab. 104.
Lu: 5.0cm; La: 3.8cm; Dm fondo: 7.0cm; S: 0.7-0.8cm; H: 1.9cm.
Colori: impasto: grigio 10YR 5/1; sup. int: grigio 10YR 6/1; sup. est: beige 10YR 7-8/4; dec: arancione 5YR 5-6/6.
Impasto: C: duro; DS: estremamente depurato; DI: medi; Del: L2 Mod: tornio lento.
Fr. di fondo piano di una forma aperta. All'esterno, sulla parete, quattro linee orizzontali dipinte. Sulla superficie inferiore del fondo, resti di due linee incise, motivo radiale (segno di vasaio?) e resti di una linea dipinta, forse interpretabile come croce. Tracce di bruciato all'interno. Superfici lisciate.
NAS: Dipinta monocroma.
Datazione contesto: *t.a.q.* 500/490 a.C. (ca. fine VII sec. – 500/490 a.C.).
Datazione relativa: ultimo quarto VII sec. – 460/450 a.C.
Bibliografia: inedito.

517 K 32683 (tavv. 34. 86)
QAEO1F, F1995, Agora564/567, Ab. 215.
Lu: 3.5cm; La: 3.0cm; Dm fondo: 9.0cm; S: 0.3-0.6cm; H: 1.1cm.
Colori: impasto: beige 10YR 7/2; nucleo: grigio chiaro 10YR 7/1; sup. int: beige 10YR 7/2-3; sup. est: beige 10YR 7/2-3; dec: marrone-nero 10YR 3/1.
Impasto: C: duro; DS: estremamente depurato; DI: medi; Del: L3; Mod: tornio lento.
Fr. di fondo concavo di forma aperta. All'esterno, sulla parete, resti di una linea orizzontale; superficie inferiore del fondo completamente dipinta con "petalo" risparmiato (tetraskeles).
NAS: Dipinta monocroma.
Datazione contesto: *t.a.q.* 500/490 a.C. (ca. fine VII sec. – 500/490 a.C.).
Datazione relativa: ultimo quarto VII sec. – 460/450 a.C.
Bibliografia: inedito.
Confronti: Serra 2016, 140 no. 347 tav. 38, 10.

518 K 16627 (tavv. 34. 86)
QAEO1F, F1995, Agora565, Ab. 112.
Lu: 6.0cm; La: 3.0cm; Dm: 6cm; S: 0.8-0.9cm; H: 1.9cm.
Colori: impasto: marrone chiaro 5YR 6/6; nucleo: grigio 5YR 5/1; sup. int: marrone chiaro 7.5YR 7/4; sup. est: marrone chiaro 5YR 6/3; ing: marrone chiaro 5YR 6/3; dec: marrone scuro 7.5YR 3/1; rosso-marrone 2.5YR 4/8.
Impasto: C: duro; DS: estremamente depurato; DI: medi; Del: compatto. Numerosi bianchi puntiformi, mica dorata, grigi scuri, vacuoli arrotondati, grigi chiari di forma arrotondata; Mod: tornio veloce.
Fr. di fondo leggermente concavo di forma aperta. Sulla parete, linea orizzontale marrone scuro, seguita da banda rosso scuro lungo il fondo. Sulla superficie inferiore del fondo, resti di motivo a svastica marrone scuro. Ingobbio sia all'interno che all'esterno. Superfici lisciate.
NAS: Dipinta bicroma.
Datazione contesto: *t.a.q.* 500/490 a.C. (ca. fine VII sec. – 500/490 a.C.).
Datazione relativa: 550/540 – 460/450 a.C.
Bibliografia: inedito.

519 K 32698 (tavv. 34. 86)
QAEO1F, F1996, Agora565, Ab. 104.
Lu: 4.5cm; La: 4.0cm; Dm fondo: 9.0cm; S: 0.5-0.6cm; H: 2.1cm.
Colori: impasto: beige-giallo 7.5YR 8/3; sup. int: beige 7.5YR 8/3; sup. est: beige 7.5YR 8/3; dec: marrone scuro 7.5YR 3/2; arancione 5YR 6/8.
Impasto: C: duro; DS: estremamente depurato; DI: medi; Del: L2 Mod: tornio lento.
Fr. di fondo concavo di forma aperta. Sulla parete esterna, resti di due linee orizzontali arancioni. Sulla superficie inferiore del fondo, tracce di croce dipinta arancione. All'interno, due linee orizzontali marroni scure e superficie consumata. Superfici lisciate.
NAS: Dipinta bicroma
Datazione contesto: *t.a.q.* 500/490 a.C. (ca. fine VII sec. – 500/490 a.C.).
Datazione relativa: 550/540 – 460/450 a.C.
Bibliografia: inedito.

520 K 32738 (tavv. 34. 86)
QAEO2F, F1996, Agora565, Ab. 204.
Lu: 6.3cm; La: 3.9cm; Dm est: 5.0cm; S: 0.6-0.7cm; H: 2.3cm.
Colori: impasto: beige 10YR 7/4; nucleo: grigio 10YR 7/1; sup. int: beige 10YR 8/3; sup. est: beige 2.5Y 8/2; dec: nero 10YR 2/1.
Impasto: C: semiduro; DS: molto depurato; DI: grandi; Del: L3; Mod: tornio veloce.
Fr. di fondo concavo di forma aperta. All'esterno della parete, tracce di due linee orizzontali dipinte (molto evanide) e, sulla superficie inferiore della forma, resti

di motivo interpretabile come svastica. Piccola bolla di cottura all'interno. Superfici lisciate.
NAS: Dipinta monocroma
Datazione contesto: 500/490 – 480/470-60 a.C.
Datazione relativa: 550/540 – 460/450 a.C.
Bibliografia: inedito.

521 K 32521 (tav. 34)
QAEO2F, F1995, Agora565, Ab. 108.
Lu: 3.4cm; La: 3.0cm; Dm: 7.0cm; S: 0.3-0.4cm; H: 1.1cm.
Colori: impasto: beige 10YR 7/4; sup. int: beige 10YR 8/2; sup. est: beige 10YR 8/2; dec: marrone scuro 10YR 3/2.
Impasto: C: tenero; DS: estremamente depurato; DI: medi; Del: L2; Mod: tornio lento.
Fr. di fondo concavo di forma aperta. Due linee di spessori diversi decorano la parete esterna. Sulla superficie inferiore del fondo, resti di decorazione non determinata. Superfici lisciate.
NAS: Dipinta monocroma
Datazione contesto: 500/490 – 480/470-60 a.C.
Datazione relativa: 550/540 – 460/450 a.C.
Bibliografia: inedito.

Askoi

522 K 24292 (tavv. 35. 87)
REPH1, F2006, WQ492, Erdsteg, Ab. 78B.
Lu: 4.3cm; La: 3.9cm; Dm: 12cm; S: 0.6cm.
Colori: impasto: marrone chiaro 10YR 6/2; nucleo: grigio 10YR 5/1; sup. int: beige 10YR 7/2; sup. est: beige 10YR 6/2; dec: marrone scuro 10YR 4/2
Impasto: C: tenero; DS: molto depurato; DI: grandi; Del: L0; Mod: tornio lento.
Fr. di parete carenata di askos. All'esterno, sopra la carena, linea orizzontale incisa seguita da motivo a triangoli con vertici verso l'alto campiti da linee oblique e delimitate in basso da altre due linee orizzontali incise. Resti di incrostazione bianca all'interno dei solchi incisi. Resti minimi di rivestimento marrone scuro. Superficie esterna lucidata.
NAS: Indet: Incisa con rivestimento lucidato (omogeneo? Non omogeneo?).
Datazione contesto: *t.a.q.* ca. 600 a.C. (ca. seconda metà VIII – fine VII sec. a.C.).
Datazione relativa: VIII – fine VII sec. a.C.
Bibliografia: inedito.
Confronti: Trombi 2015, 123–124 nn. 858. 1052 tav. XXI (forma R2, askoi); Fatta 1983, 63–64 nn. 276–279. 286. 287 tav. 20 (tipo K.1).

523 K 32034 (tavv. 35. 87)
REPH1, F2005, WQ492, Schicht 2, E1, Ab. 3.
Lu: 3.5cm; La: 2.5cm; Dm carena est: 4.4cm; S: 0.7cm; H: 2.3cm.
Colori: impasto: marrone 10YR 5/2; nucleo: grigio 10YR 4-5/1; sup. int: grigio-marrone 10YR 5/2; sup. est: marrone 10YR 6/2; dec: marrone 7.5YR 5/6.
Impasto: C: tenero; DS: molto depurato; DI: medi; Del: L0; Mod: tornio lento.
Fr. di parete carenata di askos. All'esterno, sopra la carena, tre linee orizzontali dalle quali partono verso l'alto una serie di linee oblique incise. Rivestimento marrone abbastanza omogeneo, steso a striature sottili, alcune leggermente più scure del colore base. Resti d'incrostazione bianca all'interno dei solchi incisi. Superficie esterna lucidata.
NAS: Incisa e impressa con rivestimento omogeneo lucidato (striature sottili).
Datazione contesto: *t.a.q.* ca. 600 a.C. (ca. seconda metà VIII – fine VII sec. a.C.).
Datazione relativa: VIII – fine VII sec. a.C.
Bibliografia: inedito.
Confronti: Trombi 2015, 123–124 nn. 858. 1052 tav. XXI (forma R2, askoi); Fatta 1983, 63–64 no. 286 tav. 20 (askos tipo K.1); 64 nn. 289. 291 tav. 20 (askos tipo K.2).

524 K 22208 (tavv. 35. 87)
REPH1, F2003, WQ491/492, Ab. 11.
Lu: 4.4cm; La: 2.5cm; Dm: 11cm; S: 0.5cm; H: 2.0cm.
Colori: impasto: marrone 7.5YR 6/4; nucleo: grigio scuro 10YR 4/1; sup. int: grigio 10YR 4/1; sup. est: marrone chiaro 7.5YR 7/3; dec: arancione-marrone 5YR 5/8-4/6.
Impasto: C: semiduro; DS: molto depurato; DI: grandi; Del: L0; Mod: tornio lento.
Fr. di parete carenata di askos, con parete esterna carenata. All'esterno, sulla carena, resti di due solchi orizzontali incisi. Resti d'incrostazione bianca all'interno dei solchi. Rivestimento arancione-marrone steso in maniera non molto omogenea, seppur nemmeno a striature sottili o a pennellate irregolari. Superficie esterna lucidata. All'interno sono visibili le tracce del tornio.
NAS: Indet: Incisa con rivestimento lucidato (omogeneo? Non omogeneo?).
Datazione contesto: *t.a.q.* ca. 600 a.C. (ca. seconda metà VIII – fine VII sec. a.C.).
Datazione relativa: VIII – fine VII sec. a.C.
Bibliografia: inedito.
Confronti: Trombi 2015, 123–124 nn. 858. 1052 tav. XXI (forma R2, askoi); Fatta 1983, 63–64 nn. 276–279. 286. 287 tav. 20 (tipo K.1).

525 K 22547 (tavv. 35. 87)
REPH1, F2004, WQ491/492, 1-meter Streifen, Ab. 2.
Lu: 4.2cm; La: 5.0cm; Dm: 6cm; S: 0.7-0.8cm.
Colori: impasto: marrone-grigio 10YR 5/2; nucleo: grigio 10YR 4/1; sup. int: grigio 10YR 4-6/1; sup. est: indet; dec: marrone 10YR 5-6/2.
Impasto: C: tenero; DS: molto depurato; DI: medi; Del: L0; Mod: tornio lento.
Tre fr. combacianti di collo di askos. All'esterno, fregio formato da tre tremoli orizzontali delimitati sopra e sotto da tre linee orizzontali incise. Incrostazione bianca all'interno delle decorazioni incise e impresse. Rivestimento omogeneo marrone. Superficie esterna lucidata.
NAS: Incisa e impressa con rivestimento omogeneo lucidato.
Datazione contesto: *t.a.q.* ca. 600 a.C. (ca. seconda metà VIII – fine VII sec. a.C.).
Datazione relativa: VIII – fine VII sec. a.C.
Bibliografia: inedito.
Confronti: Fatta 1983, 63–64 nn. 276. 279 tav. 20 (askoi tipo K.1).

526 K 32035 (tavv. 35. 87)
REPH1, F2005, WQ492, Schicht 2, E1, Ab. 3.
Lu: 4.0cm; La: 3.3cm; Dm: 4cm; S: 0.8cm.
Colori: impasto: grigio GLEY 1 3/N; sup. int: grigio 10YR 5/1; sup. est: grigio 10YR 5/1; dec: nero GLEY 1 3/N.
Impasto: C: semiduro; DS: molto depurato; DI: medi; Del: L0; Mod: tornio lento.
Fr. di collo di askos. All'esterno, resti di tremoli orizzontali impressi e rivestimento nero-marrone. Sulla superficie interna, resti di macchia colata all'interno della forma. Superficie esterna mal conservata ma decorazione ancora riconoscibile. Resti di incrostazione bianca all'interno della decorazione impressa. Superficie esterna in origine lucidata.
NAS: Indet: Impressa con rivestimento lucidato (omogeneo? Non omogeneo?).
Datazione contesto: *t.a.q.* ca. 600 a.C. (ca. seconda metà VIII – fine VII sec. a.C.).
Datazione relativa: VIII – fine VII sec. a.C.
Bibliografia: inedito.
Confronti: Fatta 1983, 63 no. 277 tav. 20 (askos tipo K.1).

527 K 24278 (tavv. 35. 87)
REPH1, F2006, WQ492, Erdsteg, Ab. 02.
Lu: 3.9cm; La: 3.1cm; Dm: 5cm; S: 0.7-0.9cm.
Colori: impasto: marrone chiaro 7.5YR 6/2; nucleo: grigio 10YR 4-5/1; sup. int: marrone 7.5YR 6/1-2; sup. est: marrone chiaro 7.5YR 6-7/2; dec: marrone-nero 7.5YR 4/2.
Impasto: C: tenero; DS: molto depurato; DI: grandi; Del: L0; Mod: tornio lento.
Fr. di collo con attacco della carena esterna di askos. All'esterno, fregio composto da tre linee a tremolo orizzontali impresse delimitate sopra e sotto da tre solchi orizzontali incisi. Resti di incrostazione bianca all'interno delle decorazioni incise e impresse. Sporadiche tracce di rivestimento marrone-nero in alcuni punti, lucidati.
NAS: Indet: Incisa e impressa con rivestimento lucidato (omogeneo? Non omogeneo?).
Datazione contesto: *t.a.q.* ca. 600 a.C. (ca. seconda metà VIII – fine VII sec. a.C.).
Datazione relativa: VIII – fine VII sec. a.C.
Bibliografia: inedito.
Confronti: variante tra Trombi 2015, 123–124 nn. 1052. 764 tav. XXI (forme R2 e R4, askoi).

528 K 24312 (tavv. 35. 87)
REPH1, F2006, WQ492, Erdsteg, Ab. 6A.
Lu: 2.2cm; La: 3.2cm; Dm: 4cm; S: 0.7cm.
Colori: impasto: beige 10YR 7/3; sup. int: grigio 10YR 6/1-2; dec: arancione-marrone 7.5YR 6-7/6.
Impasto: C: tenero; DS: estremamente depurato; DI: grandi; Del: compatto e

omogeneo. Inclusi grigi e rossastri distribuiti omogeneamente, per lo più di forma arrotondata, rari bianchi puntiformi, media presenza di vacuoli puntiformi, più radi quelli di forma allungata; Mod: tornio lento.
Fr. di collo di askos. All'esterno, tre solchi orizzontali incisi. Resti di incrostazione bianca all'interno dei solchi incisi. Rivestimento omogeneo arancione-marrone. Superficie esterna lucidata.
NAS: Incisa e impressa con rivestimento omogeneo lucidato.
Datazione contesto: *t.a.q.* ca. 600 a.C. (ca. seconda metà VIII – fine VII sec. a.C.).
Datazione relativa: VIII – fine VII sec. a.C.
Bibliografia: inedito.

529 K 24240 (tavv. 35. 87)
REPH1, F2006, WQ492, Erdsteg, Ab. 3A.
Lu: 3.1cm; La: 2.8cm; Dm: 9cm; S: 0.9-1.0cm; H: 2.0cm.
Colori: impasto: grigio 10YR 4/1; sup. int: grigio-marrone 10YR 5-6/1; dec: grigio scuro 10YR 4/1.
Impasto: C: tenero; DS: molto depurato; DI: grandi; Del: frequenti grigi di forma arrotondata e spigolosi, saltuari bianchi puntiformi, rari clasti calcarei, vacuoli principalmente di forma allungata, più rari quelli puntiformi; Mod: tornio lento.
Fr. di piede a tromba di forma chiusa di piccole dimensioni (askos?). Resti di due linee orizzontali incise in corrispondenza del cambio della direzione della parete. Tracce di incrostazione bianca all'interno dei solchi incisi. Rivestimento omogeneo grigio scuro. Superficie esterna lucidata.
NAS: Indet: Incisa con rivestimento lucidato (omogeneo? Non omogeneo?).
Datazione contesto: *t.a.q.* ca. 600 a.C. (ca. seconda metà VIII – fine VII sec. a.C.).
Datazione relativa: VIII – fine VII sec. a.C.
Bibliografia: inedito.
Confronti: Trombi 2015, 124–125 no. 1090 tav. XXI (forma R5, askos).

530 K 32020 (tavv. 35. 87)
REPH1, F2004, WQ491/492, 1-meter Streifen, Ab. 2.
Lu: 2.1cm; La: 2.3cm; Dm carena est: 5.2cm; S: 0.6cm.
Colori: impasto: beige 10YR 6/2; nucleo: grigio 10YR 4/1; sup. int: beige 7.5YR 7/4; sup. est: beige 10YR 6/2.
Impasto: C: tenero; DS: molto depurato; DI: grandi; Del: L0; Mod: a mano.
Fr. di parete, probabilmente appartenente all'area dell'ansa, di askos lenticolare. All'esterno, due linee orizzontali incise dalle quali partono quattro linee oblique. Superficie lucidate. Non sembrano esserci resti di rivestimento.
NAS: Incisa senza rivestimento (superfici lucidate).
Datazione contesto: *t.a.q.* ca. 600 a.C. (ca. seconda metà VIII – fine VII sec. a.C.).
Datazione relativa: seconda metà VII – fine VII sec. a.C.
Bibliografia: inedito.
Confronti: Fatta 1983, 64 no. 291 tav. 20 (askos tipo K.2) = Trombi 2015, 124 no. 1136 tav. XXI (forma R3, askos).

531 K 22801 (tavv. 35. 87)
QO1/2F, F2004, EQ1139, Sondage, Ab. Steinsturz 4.
Lu: 3.5cm; La: 4.0cm; Dm est: 10.0cm; S: 0.4-0.7cm.
Colori: impasto: marrone 7.5YR 4/2; nucleo: grigio 10YR 3/1; sup. int: grigio-marrone 5YR 4/1; sup. est: marrone chiaro 7.5YR 6/2.
Impasto: C: duro; DS: molto depurato; DI: medi; Del: L0; Mod: tornio lento.
Fr. di spalla di askos lenticolare. All'esterno, linee orizzontali incise seguite, in corrispondenza del cambiamento della curvatura della forma, da linee oblique tangenti formanti un triangolo con vertice verso l'alto acromo. Leggere tracce di bruciato sia all'interno che all'esterno. Superficie esterna lisciata.
NAS: Incisa senza rivestimento.
Datazione contesto: ca. 630/620 – 540 a.C.
Datazione relativa: ultimo quarto VII – fine VII sec. a.C.
Bibliografia: inedito.
Confronti: Fatta 1983, 64 no. 291 tav. 20 (askos tipo K.2) = Trombi 2015, 124 no. 1136 tav. XXI (forma R3, askos).

532 K 32447 (tav. 35)
QO1/2F, F2004, EQ1139, Sondage, Ab. Steinsturz 3.
Lu: 4.1cm; La: 3.0cm; S: 0.6cm.
Colori: impasto: beige 10YR 7/4; sup. int: beige 10YR 7/4; sup. est: beige 10YR 7/4; dec: arancione scuro 5YR 5/6.
Impasto: C: tenero; DS: estremamente depurato; DI: medi; Del: L2; Mod: tornio lento.
Fr. di spalla con crivello, verosimilmente di askos con filtro. All'esterno, tra collo e spalla, resti di una linea orizzontale dalla quale ne parte un'altra obliqua; due fori intenzionali si trovano in corrispondenza della fine della spalla e dell'attacco del collo. Superficie esterna lisciata.
NAS: Dipinta monocroma.
Datazione contesto: ca. 630/620 – 540 a.C.
Datazione relativa: prima metà VI sec. a.C.
Bibliografia: inedito.
Confronti: Trombi 2015, 125 tav. XLVIII (forma R3, askos [Museo di Agrigento]); Trombi 1999, 284 nn. R2. R3 tav. LXXXVII.

Brocche

533 K 32056 (tavv. 35. 88)
REPH1, F2005, WQ492, Erdsteg, Ab. 5, Schicht 1.
Lu: 3.6cm; La: 4.6cm; Dm: indet; S: 0.3cm; H: 3.5cm.
Colori: impasto: beige-rosso 2.5YR/5YR 7/4; nucleo: grigio 10YR 4/1; sup. int: beige-rosso 2.5YR/5YR 7/4; sup. est: beige-rosso 2.5YR/5YR 7/4.
Impasto: C: tenero; DS: molto depurato; DI: grandi; Del: L2; Mod: tornio lento.
Fr. d'orlo estroflesso ingrossato verso l'interno con fr. d'ansa a bastoncello verticale di brocca. Superficie esterna lisciata.
NAS: Acroma lisciata.
Datazione contesto: *t.a.q.* ca. 600 a.C. (ca. seconda metà VIII – fine VII sec. a.C.).
Datazione relativa: seconda metà VIII sec. – 460/450 a.C.
Bibliografia: inedito.
Confronti: Fatta 1983, 60–61 no. 220 tav. 17 (brocca tipo Br.5).

534 K 22216 A–B (fig. 44 tavv. 35. 88)
REPH1, F2006, WQ491/492, Ab. 11.
A: Lu: 6.7cm; La: 7.1cm; Dm: indet; S: 0.6cm; H: 7.2cm; B: Lu: 3.6cm; La: 3.2cm.
Colori: impasto: beige 7.5YR 7/4; nucleo: grigio 7.5YR 5/1; sup. int: beige 7.5YR 7/4; sup. est: beige 7.5YR 7/3; dec: arancione 5YR 5-6/8.
Impasto: C: tenero; DS: molto depurato; DI: grandi; Del: L2; Mod: tornio lento.
Tre fr. combacianti d'orlo trilobato/collo e un fr. di collo non combaciante di brocca trilobata con decorazione lineare lucidata all'esterno. Sul collo, fasce verticali che intersecano una banda orizzontale tra collo e spalla, di colore arancione, non molto precise. All'interno dell'orlo, stesso colore in parte colato lungo l'interno del collo. Superficie esterna lucidata.
NAS: Decorazione lineare lucidata (+).
Datazione contesto: *t.a.q.* ca. 600 a.C. (ca. seconda metà VIII – fine VII sec. a.C.).
Datazione relativa: seconda metà VII / ultimo quarto VII – primo quarto VI sec. a.C.
Bibliografia: inedito.

535 K 32193 (tavv. 35. 88)
REPH1, F2005, WQ492, Erdsteg E2, Ab. 109.
Lu: 2.3cm; La: 3.5cm; Dm: indet; S: 0.5cm; H: 3.2cm.
Colori: impasto: beige 10YR 7/3; nucleo: grigio 10YR 6/1; sup. int: marrone chiaro 7.5YR 7/3; sup. est: marrone-grigio 7.5YR 7/2; dec: indet.
Impasto: C: tenero; DS: estremamente depurato; DI: medi; Del: relativamente compatto e omogeneo. Inclusi grigi e rossastri distribuiti omogeneamente di piccole dimensioni, per lo più di forma arrotondata, rari bianchi puntiformi, media presenza di vacuoli puntiformi, più radi quelli di forma allungata; Mod: tornio lento.
Fr. d'orlo trilobato di brocca. All'esterno, 1.5cm sotto l'orlo, tre solchi sottili orizzontali incisi seguiti da due linee a tremolo orizzontali impresse. Superficie in cattivo stato di conservazione. Non analogo rispetto agli altri reperti indagati. Anche se la decorazione ricorda molto quella delle brocche trilobate da Sant'Angelo Muxaro, la decorazione si trova troppo in alto nel presente esemplare. Verosimilmente di produzione non locale.
NAS: Indet: Incisa e impressa con/senza rivestimento.
Datazione contesto: *t.a.q.* ca. 600 a.C. (ca. seconda metà VIII – fine VII sec. a.C.).

Datazione relativa: indet.
Bibliografia: inedito.
Confronti: Siracusano 1996, tav. b 3 (AGS 4076).

536 K 32012 (fig. 45 tavv. 35. 88)
REPH1, F2003, WQ491/492, Ab. 11.
Lu: 2.3cm; La: 2.9cm; Dm: 6cm; S: 0.5-0.6cm.
Colori: impasto: marrone 7.5YR 6/4; nucleo: grigio 10YR 4/1; sup. int: grigio 10YR 5/1; sup. est: grigio 10YR 5/2; dec: marrone 10YR 3/1.
Impasto: C: tenero; DS: molto depurato; DI: medi; Del: L0; Mod: a mano.
Fr. di parete molto convessa di forma chiusa di piccole dimensioni, brocca? All'esterno, resti di tre solchi orizzontali dai quali parte un fascio di solchi obliqui incisi (dieci). Resti di incrostazione bianca all'interno delle decorazioni incise. Rivestimento omogeneo nero. Superficie esterna lucidata.
NAS: Incisa con rivestimento omogeneo lucidato.
Datazione contesto: *t.a.q.* ca. 600 a.C. (ca. seconda metà VIII – fine VII sec. a.C.).
Datazione relativa: seconda metà VIII – 570 sec. a.C.
Bibliografia: inedito.
Confronti: Trombi 2015, 115–116 no. 1131 tav. XIX (forma Q2, brocche di piccole dimensioni).

537 K 24407 A–B (tavv. 35. 88)
QO1F, F2006, EQ1139/1140, Sondage 1, Ab. 24 / Sondage 2, Ab. 27 / 30 / 36.
A/B/C: Lu: 5.7cm / 2.6cm; La: 4.0cm / 4.0cm; Dm: 5.6cm; S: 0.2-0.3cm / 0.3-0.4cm.
Colori: impasto: marrone-arancione 2.5YR 5/6; nucleo: grigio 5YR 4/1; sup. int: arancione 2.5YR 5-6/6; sup. est: arancione 2.5YR 5/6.
Impasto: C: duro; DS: estremamente depurato; DI: piccoli; Del: numerosa mica dorata, vacuoli puntiformi; Mod: tornio veloce.
Due fr. di collo non combacianti di forma chiusa, brocca. All'esterno del fr. A è visibile un fregio a riquadri delimitati da linee incise verticali campite da linee tangenti formanti delle "V" e delle "V" capovolte incise. Sul fr. B i campi sono delimitati da linee oblique, dunque di forma triangolare (?). Superficie esterna lisciata.
NAS: Incisa senza rivestimento.
Datazione contesto: ca. 630/620 – 570 a.C.
Datazione relativa: ultimo quarto VII sec. – 460/450 a.C.
Bibliografia: inedito.

538 K 24798 (tav. 35)
QO1F, F2006, EQ1139/1140, Sondage 1, Ab. 25.
Lu: 4.9cm; La: 3.4cm; Dm: ca. 13cm; S: 0.5-0.6cm; H: 3.4cm.
Colori: impasto: beige 7.5YR 7/4; nucleo: grigio 7.5YR 6/1; sup. int: beige 7.5YR 7/4; sup. est: beige 7.5YR 7/4; dec: arancione 5YR 5/8.
Impasto: C: tenero; DS: molto depurato; DI: medi; Del: L2; Mod: tornio lento.
Fr. d'orlo di brocca trilobata. All'esterno, corrispondente al cambio di tettonico della forma tra l'orlo e il collo, linea orizzontale. All'interno dell'orlo, fascio di cinque listelli verticali dipinti. Superficie esterna lisciata.
NAS: Dipinta monocroma.
Datazione contesto: ca. 630/620 – 570 a.C.
Datazione relativa: ultimo quarto VII sec. – 460/450 a.C.
Bibliografia: inedito.

539 K 24307 (tavv. 35. 88)
QO2F, F2006, EQ1139/1140, Sondage 1, Ab. 13.
Lu: 5.1cm; La: 3.8cm; Dm: indet. (ca. 12cm); S: 0.5cm; H: 3.8cm.
Colori: impasto: beige-rosso 7.5YR 6/6; nucleo: grigio 7.5YR 5/1; sup. int: beige-rosso 7.5YR 7/4; sup. est: 7.5YR 7/4; dec: arancione-rosso 2.5YR 4/8.
Impasto: C: tenero; DS: molto depurato; DI: grandi; Del: L2; Mod: tornio lento.
Fr. d'orlo di brocca trilobata. All'esterno, corrispondente al cambio di tettonico della forma tra l'orlo e il collo, linea orizzontale dalla quale partono due linee oblique tangenti formanti un triangolo con vertice verso l'alto? All'interno, lungo la tesa dell'orlo resti di cinque listelli regolari. Superfici lisciate.
NAS: Dipinta monocroma.
Datazione contesto: ca. 630/620 – 570 a.C.
Datazione relativa: ultimo quarto VII sec. – 460/450 a.C.
Bibliografia: inedito.

540 K 23796 (tavv. 35. 88)
QO2F, F2006, EQ1139/1140, Sondage 1, Ab. 4W.
Lu: 6.2cm; La: 5.6cm; S: 0.3cm.
Colori: impasto: marrone 2.5YR 5/8; nucleo: grigio 2.5YR 5/1; sup. int: marrone 7.5YR 6/4; sup. est: indet; ing:beige 10YR 7/2-3; dec: nero 10YR 3/1.
Impasto: C: duro; DS: molto depurato; DI: grandi; Del: numerosi bianchi di forma arrotondata da medi a grandi, grigi arrotondati grandi, saltuari rossi puntiformi e vacuoli allungati; Mod: tornio lento.
Cinque fr. combacianti di spalla di brocca. All'esterno, macchie indefinite di colore su ingobbio beige. Produzione probabilmente non locale.
NAS: Dipinta monocroma.
Datazione contesto: ca. 630/620 – 570 a.C.
Datazione relativa: ultimo quarto VII sec. – 460/450 a.C.
Bibliografia: inedito.

541 K 22785 (tavv. 35. 88)
QO1/2F, F2004, EQ1139, Sondage, Reinigung.
Lu: 4.1cm; La: 4.3cm; Dm est: 5.2cm; S: 0.4-0.5cm; H: 4.3cm.
Colori: impasto: marrone 10YR 6/1-2; sup. int: grigio-marrone 10YR 6/1-2; sup. est: grigio-marrone 10YR 6/1-2; dec: grigio scuro 10YR 3-4/1.
Impasto: C: duro; DS: molto depurato; DI: medi; Del: molto sabbioso anche in superficie; sabbia, mica, grigi frastagliati, vacuoli arrotondati; Mod: tornio lento.
Fr. d'orlo di brocca trilobata di piccole dimensioni. All'esterno, tra due solchi incisi orizzontali, fascio di tre solchi obliqui seguiti da altri otto solchi obliqui. Senza incrostazioni all'interno delle decorazioni. Resti di rivestimento grigio scuro all'esterno. Superficie esterna lucidata.
NAS: Incisa con rivestimento omogeneo lucidato.
Datazione contesto: ca. 630/620 – 540 a.C.
Datazione relativa: seconda metà VIII sec. – 570 a.C.
Bibliografia: inedito.

542 K 28384 (tav. 36)
QAREA, F2003, Agora550/551/552, Ab. 608E.
Lu: 3.0cm; La: 1.5cm; S: 0.2cm.
Colori: impasto: arancione-rosa 5YR 6/1; sup. int: arancione-rosa 5YR 7/6; sup. est: arancione-rosa 5YR 7/6; ing: beige 7.5YR 8/2; dec: marrone 7.5YR 4-3/1.
Impasto: C: duro; DS: molto depurato; DI: medi; Del: compatto e omogeneo. Saponoso al tatto. Presenza di mica, radi inclusi rossi puntiformi, saltuari grigi di forma arrotondata e bianchi puntiformi, vacuoli puntiformi; Mod: tornio lento.
Fr. d'orlo trilobato riferibile ad una brocca. Superficie esterna lisciata ed ingubbiata. Listelli regolari dipinti sulla tesa.
NAS: Dipinta monocroma.
Datazione contesto: *t.a.q.* ca. 550 a.C. (ca. ultimo quarto VII – prima metà VI sec. a.C.).
Datazione relativa: ultimo quarto VII sec. – 460/450 a.C.
Bibliografia: inedito.
Confronti: per la forma e l'impasto: Tardo 1999a, 139 nn. 78. 79 fig. 148.

543 K 28388 (tav. 36)
QAREA, F2003, Agora550/551/552, Ab. 609W.
Lu: 5.5cm; La: 3.7cm; Dm: ca. 16cm; S: ca. 0.3-0.5cm.
Colori: impasto: grigio 7.5YR 5/1; sup. int: arancione-marrone 5YR 6/6; sup. est: arancione-marrone 5YR 6/6; ing: beige 5YR 8/2; dec: marrone 5YR 4/2.
Impasto: C: duro; DS: molto depurato; DI: grandi; Del: L2; Mod: tornio lento.
Fr. d'orlo trilobato riferibile ad una brocca. Superficie esterna lisciata ed ingubbiata. Listelli regolari dipinti sulla tesa delimitati da una banda orizzontale all'interno della forma.
NAS: Dipinta monocroma.
Datazione contesto: *t.a.q.* ca. 550 a.C. (ca. ultimo quarto VII – prima metà VI sec. a.C.).
Datazione relativa: ultimo quarto VII sec. – 460/450 a.C.
Bibliografia: inedito.
Confronti: per la forma e l'impasto: Tardo 1999a, 139 nn. 78. 79 fig. 148.

544 K 21986 (tavv. 36. 88)
QAREA, F2003, Agora550/551/552, Ab. 608E.
Lu: 5.4cm; La: 3.5cm; Dm est: 5.4-6.4cm; S: 0.4cm; H: 4.7cm.
Colori: impasto: beige-grigio 10YR 5/1; sup. int: marrone chiaro 10YR 5/1; sup. est: marrone chiaro 10YR 5/1; dec: marrone 10YR 3/2.
Impasto: C: duro; DS: molto depurato; DI: grandi; Del: compatto e relativamente omogeneo. Numerosi bianchi puntiformi e saltuariamente ad angoli arrotondati, grigi ad angoli arrotondati (fino a 2mm), grigi carbonizzati, saltuari rossi puntiformi, vacuoli di forma allungata; Mod: tornio lento.
Fr. di lungo collo di brocca. Sulla parte superiore, linea o banda orizzontale dipinta. Sulla parte inferiore, motivo a sei onde parallele. Superficie esterna lisciata.
NAS: Dipinta monocroma.
Datazione contesto: *t.a.q.* ca. 550 a.C. (ca. ultimo quarto VII – prima metà VI sec. a.C.).
Datazione relativa: ultimo quarto VII sec. – 460/450 a.C.
Bibliografia: inedito.

545 K 22264 (tavv. 36. 88)
QAREA, F2003, Agora550/551/552, Ab. Steinpackung III.
Lu: 4.7cm; La: 3.7cm; Dm est: 6.3-7.4cm; S: 0.2-0.4cm; H: 4.4cm.
Colori: impasto: grigio-marrone 7.5YR 5/4; sup. int: grigio-marrone 7.5YR 5/4; sup. est: grigio-marrone 7.5YR 5/4; dec: marrone 7.5YR 4/2.
Impasto: C: duro; DS: molto depurato; DI: medi; Del: compatto e relativamente omogeneo. Numerosi grigi scuri di forma arrotondata (fino a 1mm), radi bianchi calcarei, bianchi puntiformi meno frequenti, saltuari rossi puntiformi, radi vacuoli di forma allungata, più numerosi vacuoli puntiformi; Mod: tornio lento.
Fr. di collo di forma chiusa, brocca. All'esterno, linea o banda orizzontale indicante forse la tettonica tra collo e spalla (non conservata). Sul collo, motivo a linee oblique tangenti dipinto. Superficie esterna lisciata.
NAS: Dipinta monocroma.
Datazione contesto: *t.a.q.* ca. 550 a.C. (ca. ultimo quarto VII – prima metà VI sec. a.C.).
Datazione relativa: ultimo quarto VII sec. – 460/450 a.C
Bibliografia: Riehle et al. 2021, 4. 6 no. M.Iato50 (NAA Group IatA).

546 K 22091 A–B (tavv. 36. 88)
QAREA, F2003, Agora550/551/552, Ab. 607E.
A: Lu: 7.4cm; La: 7.2cm; Dm massimo est: 8.1cm; S: 0.3-0.6cm; H: 6.3cm; B: Lu: 4.6cm; La: 2.6cm.
Colori: impasto: grigio 7.5YR 5/1; sup. int: grigio-beige 7.5YR 5/2; ing: grigio 2.5Y 7/2; dec: marrone-grigio 2.5Y 3/1.
Impasto: C: duro; DS: molto depurato; DI: medi; Del: *chamotte* (fino a 2mm), bianchi di piccola-media dimensione, color rosato distribuiti omogeneamente, saltuarie particelle di colore nero, saltuari vacuoli di forma allungata e puntiforme.
Impasto compatto; Mod: tornio lento.
Due fr. di parete, uno dei quali con attacco d'ansa riferibile ad una brocca monoansata di piccole dimensioni. Linee verticali dipinte delimitate da una banda orizzontale. Superficie esterna ingubbiata e lisciata.
NAS: Dipinta monocroma.
Datazione contesto: *t.a.q.* ca. 550 a.C. (ca. ultimo quarto VII – prima metà VI sec. a.C.).
Datazione relativa: ultimo quarto VII sec. – 460/450 a.C.
Bibliografia: Riehle et al. 2021, 4. 6 no. M.Iato49 fig. 14 (NAA Group IatA); Montana et al. 2021, 18 no. K 22091 B tabb. 3. 6 (PPG-III).
Confronti: morfologia analoga, ma di cottura a temperature minori: **547**.

547 K 22112 (tavv. 36. 88)
QAREA, F2003, Agora550/551/552, Ab. Steinpackung V.
Lu: 6.3cm; La: 3.9cm; Dm massimo est: 9.6cm; S: 0.3-0.4cm; H: 3.7cm.
Colori: impasto: beige-giallo 7.5YR 8/3; sup. int: beige-giallo 7.5YR 8/2; sup. est: beige-giallo 7.5YR 8/2; dec: arancione 5YR 5/6.
Impasto: C: duro; DS: molto depurato; DI: medi; Del: L2; Mod: tornio lento.
Fr. di parete con attacco d'ansa a bastoncello verticale di una brocca monoansata di piccole dimensioni. Sopra l'attacco d'ansa, banda orizzontale dipinta che sottolinea la tettonica del vaso fra il collo e la spalla. Da quest'ultima partono delle linee verticali dipinte. Superficie esterna lisciata.
NAS: Dipinta monocroma.
Datazione contesto: *t.a.q.* ca. 550 a.C. (ca. ultimo quarto VII – prima metà VI sec. a.C.).
Datazione relativa: ultimo quarto VII sec. – 460/450 a.C.
Bibliografia: Montana et al. 2021, 15 no. K 22112 tabb. 3. 6 (PPG-II).
Confronti: morfologia analoga, ma di cottura a temperature superiori: **546**.

548 K 28541 (tavv. 36. 88)
QAREA, F2003, Agora550/551/552, Ab. 607E.
Lu: 4.3cm; La: 3.9cm; S: 0.5-0.6cm.
Colori: impasto: grigio 10YR 6/1; sup. int: grigio-beige 10YR 7/3; sup. est: grigio-beige 10YR 7/3; ing: beige 10YR 8/2; dec: marrone 10YR 4/2.
Impasto: C: duro; DS: molto depurato; DI: grandi; Del: compatto e relativamente omogeneo. Numerosi bianchi puntiformi e saltuariamente ad angoli arrotondati, grigi ad angoli arrotondati (fino a 2mm), grigi carbonizzati, saltuari grigi scuri arrotondati, saltuari rossi puntiformi, vacuoli di forma allungata; Mod: tornio lento.
Fr. di parete con beccuccio, probabilmente riferibile ad una brocca globulare. Resti di una banda orizzontale dipinta sopra il beccuccio e linee verticali dipinte accanto al foro. Superficie esterna ingubbiata e lisciata.
NAS: Dipinta monocroma.
Datazione contesto: *t.a.q.* ca. 550 a.C. (ca. ultimo quarto VII – prima metà VI sec. a.C.).
Datazione relativa: ultimo quarto VII sec. – 460/450 a.C.
Bibliografia: inedito.
Confronti: per la morfologia con beccuccio: Gargini 1995, 154 no. 137 fig. 28 (dipinta); Fatta 1983, 222 no. 384 (stralucido [?]).

549 K 22033 A–C (tavv. 36. 88)
QAREA, F2003, Agora550/551/552, Ab. Steinpackung II / 609W / 608E / 607E.
A: Lu: 9.1cm; La: 5.6cm; Dm fondo: 7.6cm; S: 0.4-0.7cm; B: Lu: 10.5cm; La: 8.3cm; C: Lu: 6.2cm; La: 4.9cm.
Colori: impasto: grigio chiaro GLEY 2 6/5PB; sup. int: beige 10YR 7/4; sup. est: beige 10YR 7/4; dec: rosso-marrone 2.5YR 4/4.
Impasto: C: duro; DS: molto depurato; DI: medi; Del: molto compatto e omogeneo. Leggermente saponoso al tatto. Saltuari grigi di forma arrotondata, radi rossi puntiformi, rari bianchi puntiformi, saltuari vacuoli puntiformi; Mod: tornio lento.
Sei fr. di fondo piano bombato all'interno e parete di una brocca di piccole dimensioni (trilobata?) a profilo ovoide. Sulla spalla, decorazione a raggiera delimitata da una banda orizzontale dipinta. Al di sopra del fondo, ulteriore banda orizzontale dipinta. Superficie esterna lisciata. Colore conservato a puntini. Stato di conservazione analogo alla pisside **740**.
NAS: Dipinta monocroma.
Datazione contesto: *t.a.q.* ca. 550 a.C. (ca. ultimo quarto VII – prima metà VI sec. a.C.).
Datazione relativa: ultimo quarto VII sec. – 460/450 a.C.
Bibliografia: inedito.
Confronti: Boardman – Hayes 1966, 47 no. 590 tav. 30 (reperto corinzio); Panvini et al. 2009a, 218. 224 no. 145 (dipinta). Per la decorazione a raggiera sulla spalla analoga, di produzione *indigena*: Panvini 2006b, 32 no. F Inv. MR 237 (brocca trilobata); 47 no. B Inv. MR 957 (krateriskos); Panvini 2006a, 83 no. F Inv. 965 (anfora); dal quartiere orientale (fuori fase): K 21408 (*fuori catalogo*); da QAREA: K 28387 A–C (*fuori catalogo*).

550 K 16607 (tavv. 36. 88)
QAEO1F, F1995, Agora565, Ab. 113.
La: 12.1cm; Dm int: 6.1cm; SezAnsa: 2.2x1.1cm; S: 0.5cm; H: 12.5cm.
Colori: impasto: marrone 5YR 6/6; nucleo: grigio 10YR 5/1; sup. int: marrone chiaro 7.5YR 7/4; sup. est: marrone chiaro 10YR 8/3; ing: beige-giallo 10YR 8/3; dec: marrone 7.5YR 4/2.
Impasto: C: duro; DS: molto depurato; DI: medi; Del: omogeneo e compatto, bianchi calcarei saltuari, grigi chiari puntifor-

mi, grigi scuri saltuari, vacuoli arrotondati; Mod: tornio veloce.
Nove fr. combacianti di brocca trilobata con ansa a nastro verticale quasi integra probabilmente a profilo globulare. All'esterno dell'orlo, motivo a semicerchi; all'interno, listelli regolari. Appena sotto l'orlo, all'esterno, linea orizzontale seguita da motivo a linee oblique tangenti a zigzag lungo il collo. Tra collo e spalla, linea orizzontale dalla quale partono cinque fasci verticali da entrambi i lati dell'ansa verticale. Sotto, resti di una linea arcuata assecondata da una fila puntinata, volatile? Sull'ansa a nastro, listelli orizzontali. Ingobbio all'esterno. Superficie lisciata.
NAS: Dipinta monocroma.
Datazione contesto: *t.a.q.* 500/490 a.C. (ca. fine VII sec. – 500/490 a.C.).
Datazione relativa: fine VI sec. – 460/450 a.C.
Bibliografia: inedito.
Confronti: Trombi 2015, 113 no. 453 tav. XLIV (forma P9, brocche).

551 K 16608 A–B (tavv. 36. 88)
QAEO1F, F1995, Agora565, Ab. 113 / 114 / 115 / 117.
A: Lu: 6.8cm; La: 8.4cm; S: 0.2-0.3cm; B: Lu: 3.7cm; La: 4.5cm; S: 0.2-0.3cm; Dm collo: 4.2cm; SezAnsa: 1.7x0.8cm; H: 8.4cm.
Colori: impasto: marrone-arancione 5YR 5-6/8; nucleo: marrone scuro 2.5YR 5/4; sup. int: arancione 5YR 7/6; sup. est: beige-arancione 7.5YR 8/4; ing: beige 5YR 7/4; dec: arancione-marrone 2.5YR 5/8.
Impasto: C: duro; DS: molto depurato; DI: medi; Del: compatto e omogeneo, saltuari grandi vacuoli, mica, grigi di forma squadrata; Mod: tornio lento.
Sette fr. combacianti d'orlo, collo e spalla, e un fr. di collo e spalla non combaciante di brocca trilobata con ansa a nastro verticale a profilo verosimilmente troncoconico. Sulla tesa dell'orlo, brevi tratti verticali, listelli a raggruppamenti regolari. All'esterno, sul collo, linee tangenti a zig-zag. Tra collo e spalla, banda orizzontale dalla quale partono linee verticali formanti dei motivi metopali campiti con dei triangoli. Superficie lisciata.
NAS: Dipinta monocroma.
Datazione contesto: *t.a.q.* 500/490 a.C. (ca. fine VII sec. – 500/490 a.C.).
Datazione relativa: ultimo quarto VII sec. – 460/450 a.C.
Bibliografia: inedito.
Confronti: per la morfologia dell'orlo e i listelli all'interno: Serra 2016, 131 nn. 255. 259 tav. 30, 1. 4.

552 K 32727 (tavv. 36. 88)
QAEO1F, F1996, Agora565, Ab. 107.
Lu: 4.6cm; La: 3.6cm; Dm est: 15.0cm; S: 0.8cm; H: 3.6cm.
Colori: impasto: beige 10YR 7/4; sup. int: beige-bianco 10YR 8/2; sup. est: beige-bianco 10YR 8/2.
Impasto: C: duro; DS: molto depurato; DI: grandi; Del: L3; Mod: tornio veloce.
Fr. d'orlo trilobato di brocca in ceramica acroma. Superficie esterna lisciata.
NAS: Acroma lisciata.
Datazione contesto: *t.a.q.* 500/490 a.C. (ca. fine VII sec. – 500/490 a.C.).
Datazione relativa: seconda metà VIII sec. – 460/450 a.C.
Bibliografia: inedito.
Confronti: simile, ma senza bugna: Termini 2003, 246 no. C 69 fig. 212.

553 K 17069 A–E (tavv. 36. 89)
QAEO2F, F1996, Agora565, Ab. 204.
A: Lu: 10.0cm; La: 8.5cm; S: 0.3-0.5cm; B: Lu: 4.6cm; La: 4.0cm; S: 0.3cm; C: Lu: 3.4cm; La: 4.0cm; S: 0.3-0.4cm; D: Lu: 2.5cm; La: 3.2cm; S: 0.4cm; E: Lu: 6.8cm; La: 4.5cm; S: 0.4-0.5cm; H: 8.6cm.
Colori: impasto: marrone chiaro 10YR 6/3; sup. int: marrone chiaro 7.5YR 7/2; sup. est: beige-grigio 10YR 6/3; dec: marrone scuro 10YR 3/2.
Impasto: C: semiduro; DS: estremamente depurato; DI: grandi; Del: bianchi e grigi scuri puntiformi, sparsi uniformemente, crema arrotondati molto saltuari, vacuoli puntiformi distribuiti in modo omogeneo, malacofauna; Mod: tornio veloce.
Fr. di brocca, molto probabilmente trilobata, a profilo verosimilmente troncoconico (10 fr. totali). Attacco d'orlo, collo, spalla e fr. del ventre. Sull'orlo, listelli regolari all'interno. Sul collo, banda orizzontale, linee orizzontali leggermente oblique non tangenti e linee corte ad onda orizzontale sulla zona frontale. La spalla/ventre presenta una zona frontale a frangia delimitata da una banda verticale, con volatile rivolto a sinistra e motivo vegetale stilizzato lineare. Fr. E con linee verticali e fascio di onde verticali. Superficie esterna lisciata.
NAS: Dipinta monocroma.
Datazione contesto: 500/490 – 480/470-60 a.C.
Datazione relativa: fine VI sec. – 460/450 a.C.
Bibliografia: Isler 1996b, 11 fig. 18; Isler 1997b, 50 nota 28; Fuchs Käch 2001, 126 tav. 25, 2; Russenberger 2015, 113–115 note 89. 99. 102 fig. 6.13, 1.

554 K 16570 (tavv. 37. 89)
QAEO2F, F1995, Agora565, Ab. 108.
Lu: 9.4cm; La: 4.9cm; S: 0.4cm.
Colori: impasto: marrone chiaro 10YR 7/3; sup. int: beige 10YR 8/3; sup. est: beige 10YR 8/1; dec: marrone 10YR 3/3, rosso scuro 2.5YR 3/6.
Impasto: C: tenero; DS: estremamente depurato; DI: medi; Del: L4; Mod: tornio veloce.
Fr. di ventre di brocca probabilmente trilobata con decorazione a volatile all'esterno. Banda orizzontale tra collo e spalla, da dove parte un fascio di quattro listelli verticali. Area laterale della brocca campita da un motivo vegetale stilizzato a linee dipinte marroni e da un volatile dipinto di rosso (parte posteriore). Superficie esterna lisciata.
NAS: Dipinta bicroma.
Datazione contesto: 500/490 – 480/470-60 a.C.
Datazione relativa: fine VI sec. – 460/450 a.C.
Bibliografia: Russenberger 2015, 113. 115 note 89. 100 fig. 6.13, 10.

555 K 32668 (tavv. 37. 89)
QAEO2F, F1995, Agora564/567, Ab. 209.
Lu: 10.1cm; La: 6.4cm; Dm massimo est: 15.8cm; S: 0.5-0.8cm; H: 6.5cm.
Colori: impasto: marrone chiaro 7.5YR 6/4; sup. int: beige-giallo 10YR 8/4; sup. est: beige 10YR 8/3; dec: nero 7.5YR 3/1, rosso scuro 2.5YR 4/8.
Impasto: C: duro; DS: molto depurato; DI: grandi; Del: mica, bianchi, rossi; Mod: tornio lento.
Fr. di parete molto convessa di forma chiusa, brocca. Morfologia riconducibile a modelli d'importazione allotri all'isola (corinzia [?]). Dall'alto verso il basso, un motivo a cerchielli concentrici seguito al lato da quattro linee verticali parallele nere e da un semiarco rosso. Tutte le forme sono tangenti a una linea orizzontale nera. Segue un'altra sottile linea nera, una banda orizzontale rossa, un'altra linea nera e infine una banda nera orizzontale. Superficie esterna lisciata.
NAS: Dipinta bicroma.
Datazione contesto: 500/490 – 480/470-60 a.C.
Datazione relativa: secondo quarto VI sec. – 460/450 a.C.
Bibliografia: inedito.

556 K 32736 (tavv. 37. 89)
QAEO2F, F1995, Agora565, Ab. 204.
Lu: 4.9cm; La: 2.5cm; Dm: indet. (ca. 16cm); S: 0.5cm; H: 2.4cm.
Colori: impasto: marrone chiaro 10YR 6/4; nucleo: grigio 10YR 5/1; sup. int: beige 10YR 8/1; sup. est: beige 10YR 8/1; dec: indet.
Impasto: C: duro; DS: molto depurato; DI: medi; Del: L3; Mod: tornio veloce.
Fr. d'orlo di brocca trilobata. All'esterno, resti di decorazione nera, con motivo non identificabile: motivo ad onda (?) con linea orizzontale sottostante? Evanido. Lisciato all'interno e all'esterno.
NAS: Dipinta monocroma.
Datazione contesto: 500/490 – 480/470-60 a.C.
Datazione relativa: ultimo quarto VII sec. – 460/450 a.C.
Bibliografia: inedito.

557 K 24106 (fig. 35 tavv. 37. 89)
QAE1, F2006/S2009/S2011, Agora551/EU SUD5, Ab. 201 (F06); Ab. 2/101 (S09); Ab. 1 (S11).
Lu: 17.0cm; La: 17.0cm; Dm orlo: 5.5cm; Dm fondo: 8.2cm; SezAnsa: 2.7x1.3cm; S: 0.4cm; H: 23.6cm.
Colori: impasto: beige 5YR 6/4; nucleo: grigio GLEY 2 5/5PB; sup. int: beige 5YR

7/4; sup. est: beige 2.5Y 8/2; ing: beige 2.5Y 8/2; dec: marrone-nero 7.5YR 2.5-3/3; rosso scuro 10R 4/6.
Impasto: C: duro; DS: molto depurato; DI: medi; Del: L4; Mod: tornio veloce.
63 fr. combacianti di brocca trilobata a profilo globulare con ansa bipartita verticale e cuspide leggermente rialzata. All'interno dell'orlo, listelli regolari a fasci di cinque di colore marrone-nero. Sul collo, la parte frontale è decorata da tre linee verticali marroni-nere campite da quadrati rossi scuri posizionati a rombi; le parti laterali del collo, invece, presentano un motivo di cinque onde parallele orizzontali leggermente irregolari marroni-nere. Tra collo e spalla, linea orizzontale marrone-nera. La parte frontale del ventre è decorata da tre registri, formati da rispettivamente una linea orizzontale marrone-nera, dalla quale parte un teorema a gocce dello stesso colore. Le gocce, seguendo la tettonica del vaso, aumentano di dimensione verso il basso. I registri sono delimitati di lato da, rispettivamente, una banda delimitata da linee verticali marroni-nere campita da rombi rossi, racchiusa fra due bande delimitate da linee verticali marroni-neri campite da una linea a zig-zag verticale rossa. Le parti laterali vicino all'ansa sono delimitate, su ciascun lato, da cinque listelli verticali marroni-neri che formano dei campi metopali. All'interno dei campi, nella loro parte superiore, tre gocce (quella centrale più grande e lunga rispetto alle laterali) e due motivi a spirale che partono dai vertici superiori esterni e si ricongiungono nella parte centrale del campo. I motivi a spirale sono formati da, rispettivamente, una linea ricurva e un motivo a cerchielli concentrici rossi creato con il compasso (Dm est: 2-2.1cm: tre cerchi). L'ansa bipartita presenta raggruppamenti di cinque brevi listelli orizzontali marroni-neri. La zona posteriore, sotto l'ansa bipartita, mostra, in basso, una linea ricurva, che riprende l'attacco dell'ansa. Da essa partono due linee arcuate divergenti verso l'esterno che formano un motivo a "x". L'intero teorema viene delimitano, nella parte inferiore della forma, da una linea marrone-nera seguita da una larga banda rossa scuro e un'altra linea orizzontale marrone-nera. Lungo il profilo del piede si trova una linea orizzontale marrone-nera. All'interno, evidenti bolle di cottura, molte delle quali scoppiate. Ansa non perfettamente verticale e schiacciata nella parte frontale sinistra. Esterno ingubbiato e lisciato.
NAS: Dipinta bicroma.
Datazione contesto: 500/490 – 460/450 a.C.
Datazione relativa: 500/490 – 460/450 a.C.
Bibliografia: Isler 2006c, 661 fig. 466; Isler 2007, 109 tav. 15, 11; Isler 2009a, 156 fig. 19; Reusser et al. 2010, 119. 120 note 41. 43; Russenberger 2015, 113 nota 39; Kistler – Mohr 2015, 409 fig. 22.9; Kistler – Mohr 2016, 86 fig. 7.
Confronti: Fiorentini 1985/1986, 35 no. 14 tav. XXVIII (con collo più corto); Tigano 1985/1986, 68–73, in particolare no. CL 2631 tav. LVII (varietà B2 analogo per la morfologia della pancia); no. CL 2598 tav. LVII (varietà B1 analogo per l'altezza del collo).

558 K 27209 (fig. 35 tavv. 37. 89)
QAE1, S2009, Agora551, Ab. 2/101.
Lu: 10.1cm; La: 10.3cm; Dm: 4.3cm; SezAnsa: 2.6x1.3cm; S: 0.3-0.4cm; H: 9.9cm.
Colori: impasto: beige 5YR 7/4; nucleo: grigio GLEY 2 5/5PB; sup. int: beige-arancione 5YR 7/4; sup. est: beige 10YR 8/2; ing: beige 10YR 8/2; dec: marrone-nero 10YR 3/2; rosso scuro 2.5YR 3/6.
Impasto: C: duro; DS: estremamente depurato; DI: medi; Del: L4; Mod: tornio veloce.
Fr. di brocca trilobata con ansa leggermente rialzata con cuspide verticale bipartita. Linea rosso scuro dipinta lungo l'orlo trilobato. Fascio di cinque listelli regolari marroni-neri sulla tesa ai lati dell'ansa, quest'ultima leggermente cuspidata e verticalmente bipartita, con cinque brevi tratti perpendicolari all'andamento dell'ansa di colore marrone-nero sia nella parte superiore che nella parte inferiore. Il collo è delimitato in alto e in basso da una linea orizzontale che racchiude nella parte frontale due fregi di rombi rossi (quattro per fila) racchiusi da linee verticali marroni-nere. Ai lati del collo, teorema di cinque onde orizzontali parallele leggermente irregolari. Sul ventre, nella parte frontale, pannello con resti di decorazione a frangia marrone-nera conservata per due registri (verosimilmente in origine delle gocce). Il pannello è delimitato al lato da due fasce composte da una fila centrale di rombi rossi scuri verticali delimitati a lato da due strette fasce, ciascuna delle quali è formata da due linee verticali campite con motivo a zig-zag verticale rosso scuro. Di lato, analogamente a **557**, resti di due linee oblique che partono dagli estremi esterni di un campo metopale formato da cinque linee verticali accanto all'ansa che racchiudono tre gocce, la centrale delle quali più grande e lunga delle altre; le linee oblique dovevano probabilmente terminare in una decorazione a cerchiello concentrico, analogamente alla brocca **557**. Schema decorativo identico a **557**, fatta eccezione per la linea rosso scuro lungo l'orlo della trilobata e per il fascio di tratti orizzontali marroni-neri anche sulla parte superiore dell'ansa.
NAS: Dipinta bicroma.
Datazione contesto: 500/490 – 460/450 a.C.
Datazione relativa: 500/490 – 460/450 a.C.
Bibliografia: Reusser et al. 2010, 120 tav. 22, 1; Kistler – Mohr 2015, 409 fig. 22.9; Kistler – Mohr 2016, 86 fig. 7.
Confronti: v. **557**.
Osservazioni: analisi gascromatografiche (GC-MS), Dr. Florinda Notarstefano (Università del Salento), risultato preliminare: negativo.

559 K 18323 (fig. 35 tavv. 37. 89)
QAE1, F1997/F2009/S2009/S2011, Agora 551/557, Sondage 104 (F97) / Ab. 2/101 (F09) / Ab. 101/2 (S09) / Ab. 1 (S11).
Lu: 14.0cm; La: 14.0cm; Dm: 6.1cm; SezAnsa: 2.5x1.2cm; S: 0.4-0.5cm; H: 19.8cm.
Colori: impasto: marrone chiaro 7.5YR 5/3; sup. int: beige-marrone 7.5YR 8/2; sup. est: beige 2.5Y 8/1-2; ing: beige 2.5Y 8/1-2; dec: marrone-nero 10YR 3/2; rosso 2.5YR 3-4/4.
Impasto: C: duro; DS: estremamente depurato; DI: medi; Del: L4; Mod: tornio veloce.
47 fr. combacianti di brocca trilobata quasi integra, corpo piriforme e ansa a nastro verticale con cuspide leggermente rialzata sopra l'ansa. Le rientranze della bocca trilobata sono sottolineate da una linea arcuata marrone-nera lungo l'orlo. Sotto l'orlo linea orizzontale marrone-nera. Lungo la circonferenza massima della pancia, banda rosso scuro delimitata sopra e sotto da una linea marrone-nera sottile, leggermente irregolare. Segue uno spazio acromo di ca. 2.7cm e una linea orizzontale marrone-nera, raddoppiata per una lunghezza di ca. 13cm. Sull'ansa, linea perpendicolare all'andamento dell'ansa (orizzontale) con sorta di croce sottostante.
NAS: Dipinta bicroma.
Datazione contesto: 500/490 – 460/450 a.C.
Datazione relativa: secondo quarto VI sec. – 460/450 a.C.
Bibliografia: Isler 1997a, 26 fig. 15; Isler 1998, 42 nota 26; Spatafora – Vassallo 2004, 86 no. 156; Spatafora – Vassallo 2006, 86 no. 156; Reusser et al. 2010, 119 nota 41; Kistler – Mohr 2015, 409 fig. 22.9; Kistler – Mohr 2016, 86 fig. 7.

560 K 27102 A–D (fig. 34 tavv. 37. 90)
QAE1, S2009, Agora550/553/ Agora550/551/553, Ab. 104 / Ab. 402.
A: Lu: 8.3cm; La: 12.8cm; S: 0.4cm; H: 12.8cm; B: Lu: 10.4cm; La: 7.4cm; S: 0.4cm; H: 6.3cm; C: Lu: 3.5cm; La: 5.4cm; S: 0.4cm; D: Lu: 8.7cm; La: 7.6cm; S: 0.3-0.4cm; H: 2.7cm; Dm collo est: 9.5cm; Dm spalla est: 19.6cm; SezAnsa: 2.9x2.4cm.
Colori: impasto: grigio 10YR 4/1-2; nucleo: marrone 5YR 5/4; sup. int: beige 7.5YR 6-7/3; sup. est: beige-marrone 10YR 7-8/3; ing: beige 10YR 7-8/3; dec: marrone scuro 7.5YR 3/3; marrone-rosso 7.5YR 4/4.
Impasto: C: semiduro; DS: estremamente depurato; DI: piccoli; Del: inclusi medio-piccoli, bianchi calcarei e non arrotondati, alcuni color nocciola arrotondati, saltuari grigi scuri, rossi squadrati; Mod: tornio veloce.
Quattro fr. non combacianti (19 fr. totali; A: undici fr. combacianti collo/spalla con attacco dell'ansa a bastoncello verticale, parte retrostante; B: cinque fr. combacianti di spalla, parte frontale; C: un fr. pancia parte laterale; D: due fr. combacianti fondo concavo profilato) di brocca trilobata a profilo troncoconico. Sul collo fascio di

quattro/cinque onde orizzontali irregolari, più o meno all' parallele e racchiuse, in corrispondenza del cambio di tettonica, da una linea/banda orizzontale. Sulla parte retrostante, da una linea verticale che parte dall'attacco dell'ansa si articolano, sia a destra che a sinistra, brevi tratti orizzontali di altezze variabili. A sinistra, accanto all'attacco dell'ansa, un fascio di cinque listelli verticali paralleli forma un motivo metopale, mentre a destra dell'attacco dell'ansa si trovano i resti di tre linee oblique (cresta di un volatile?). Nella parte frontale, delle larghe bande oblique delimitano la parte centrale formata da tre motivi a frangia nella parte superiore (linea orizzontale marrone scura con piccoli tratti verticali che formano delle frange dello stesso colore ma più diluito, leggermente più rossastro) e, in basso, da un fregio a cinque triangoli penduli. Accanto alle bande oblique, un motivo puntinato. Sul fr. C è visibile la figura che campiva gli spazi laterali, ovvero un volatile. Dal becco del volatile linea serpeggiante rossa (verme? Lombrico?). Lungo il profilo del fondo, linea orizzontale dipinta. Superficie esterna ingubbiata e lisciata.
NAS: Dipinta monocroma.
Datazione contesto: 500/490 – 460/450 a.C.
Datazione relativa: fine VI sec. – 460/450 a.C.
Bibliografia: inedito.
Confronti: **562**.

561 K 28851 (fig. 39 tavv. 38. 90)
OPH2, S2013, PH2 422, Ab. 104S / 105S / 105M / 106SE / 107.
La: 23.0cm; Dm orlo: 13cm; S: 0.4cm; H: 26.9cm.
Colori: impasto: beige 7.5YR 6-7/6; nucleo: grigio 7.5YR 7/1; sup. est: beige 7.5YR 7/4; dec: rosso-marrone 2.5YR4/6; marrone 7.5YR 3/3.
Impasto: C: duro; DS: molto depurato; DI: grandi; Del: L2; Mod: tornio veloce.
52 fr. combacianti di brocca con orlo estroflesso, collo distinto e corpo troncoconico. Ansa verticale a nastro impostata sulla spalla giungente all'orlo. Decorazione ad onde parallele orizzontali rosso-marroni (quattro) delimitate, sul collo, da una linea orizzontale marrone. Sull'estensione maggiore della pancia, banda orizzontale rosso-marrone delimitata da una linea marrone. Superficie esterna lisciata. All'interno, tracce della modellazione al tornio.
NAS: Dipinta bicroma.
Datazione contesto: *ante* 460/450 a.C.
Datazione relativa: secondo quarto VI sec. – 460/450 a.C.
Bibliografia: Reusser et al. 2014, 103 nota 60 tav. 14, 3.
Confronti: Kistler et al. 2017b, 516 inv. K 19584 A.
Osservazioni: analisi gascromatografiche (GC-MS), Dr. Florinda Notarstefano (Università del Salento), risultato preliminare: negativo.

562 K 28171 A–B (fig. 39 tav. 38)
OPH2, S2011/S2013, PH2 426/422, Ab. 8 / 102 (S11); 111 (S13).
A: Lu: 8.5cm; La: 5.3cm; S: 0.4cm (parete); 0.5cm (collo); B: Lu: 9.6; La: 7.5.
Colori: impasto: beige 7.5YR 7/4; nucleo: grigio-marrone 7.5YR 6/1; sup. est: beige 7.5YR 7/4; ing: beige 7.5YR 8/2; dec: rosso-marrone 2.5YR3/6; marrone 5YR 3/3.
Impasto: C: duro; DS: molto depurato; DI: grandi; Del: a matrice molto compatta e omogenea. Inclusioni bianche calcaree (fino a 2mm), saltuari grigi di forma arrotondata, vacuoli puntiformi; Mod: tornio veloce.
Otto fr. (A: cinque fr.; B: tre fr.) combacianti di parete (pancia con attacco del collo) di brocca verosimilmente trilobata. Tra collo e spalla, due linee orizzontali (marrone quella superiore, rossa-marrone quella inferiore) dalle quali parte una decorazione a frange di colore rosso-marrone delimitata ai lati da quattro linee marroni verticali campite all'esterno da puntini rossi. Nelle zone laterali, delimitate da almeno due linee verticali marroni, si trova una raffigurazione zoomorfa: motivo vegetale stilizzato verticale marrone con volatile orientato verso la parte centrale della brocca stilizzato in rosso (raffigurazione antitetica). Dal becco del volatile linea serpeggiante rossa (verme? Lombrico?). Superficie lisciata esterna.
NAS: Dipinta bicroma.
Datazione contesto: *ante* 460/450 a.C.
Datazione relativa: fine VI sec. – 460/450 a.C.
Bibliografia: Reusser et al. 2012, 121 nota 47 tav. 15, 5; Reusser et al. 2014, 104 note 70. 71 tav. 14, 2; Russenberger 2015, 113 nota 89.
Confronti: **560**.

Anfore / Idrie

563 K 22204 (figg. 45. 57 tavv. 38. 91)
REPH1, F2003, WQ491/492, Ab. 11.
Lu: 1.9cm; La: 2.7cm; Dm: indet; S: 0.6cm; H: 2.6cm.
Colori: impasto: grigio 7.5YR 6/1; nucleo: marrone chiaro 7.5YR 6/3; dec: marrone-nero 7.5YR 3-4/1.
Impasto: C: duro; DS: molto depurato; DI: grandi; Del: L0; Mod: a mano.
Fr. d'orlo leggermente estroflesso di forma chiusa, anfora/idria o brocca. All'esterno, due solchi orizzontali incisi seguiti da resti di due cerchielli concentrici (fregio orizzontale) impressi. Resti di incrostazione bianca all'interno della decorazione incisa e impressa. Sia all'interno che all'esterno, rivestimento marrone-nero. Superficie lucidata.
NAS: Incisa e impressa con rivestimento omogeneo lucidato.
Datazione contesto: *t.a.q.* ca. 600 a.C. (ca. seconda metà VIII – fine VII sec. a.C.).
Datazione relativa: VIII – VII sec. a.C. (in uso eventualmente ancora nella prima metà del VI sec. a.C.).
Bibliografia: inedito.
Confronti: Fatta 1983, 57 nn. 190–195 tav. 15 (anfore tipo A.3); 60 no. 231 tav. 17 (brocche tipo Br.5).

564 K 32221 (tavv. 38. 91)
REPH1, F2006, WQ492, Erdsteg, Ab. 78B.
Lu: 3.9cm; La: 2.9cm; Dm: 12cm; S: 0.4cm; H: 2.6cm.
Colori: impasto: marrone 7.5YR 4/2; nucleo: grigio 7.5YR 4/1; sup. int: marrone 7.5YR 5/2; sup. est: marrone 7.5YR 4/1; dec: marrone scuro 7.5YR 3/1.
Impasto: C: semiduro; DS: molto depurato; DI: grandi; Del: L0; Mod: tornio lento.
Fr. d'orlo di forma chiusa, anfora/idria o brocca. All'interno e all'esterno, rivestimento omogeneo. Superficie interna ed esterna lucidata.
NAS: Rivestimento omogeneo lucidato.
Datazione contesto: *t.a.q.* ca. 600 a.C. (ca. seconda metà VIII – fine VII sec. a.C.).
Datazione relativa: VIII – VII sec. a.C. (in uso eventualmente ancora nella prima metà del VI sec. a.C.).
Bibliografia: inedito.
Confronti: Fatta 1983, 57 nn. 190–195 tav. 15 (anfore tipo A.3); 60 no. 231 tav. 17 (brocche tipo Br.5).

565 K 32094 (tavv. 38. 91)
REPH1, F2005, WQ492, Erdsteg E1, Ab. 8, Schicht 1.
Lu: 2.2cm; La: 1.5cm; Dm: 10cm; S: 0.4cm; H: 1.3cm.
Colori: impasto: marrone 2.5YR 6/4; nucleo: grigio 2.5YR 5/1; sup. int: marrone 7.5YR 6/3; sup. est: marrone-rosso 2.5YR 6/6; dec: marrone scuro 2.5YR 3/2; arancione 5YR 7/6.
Impasto: C: tenero; DS: molto depurato; DI: medi; Del: L1; Mod: tornio lento.
Fr. d'orlo di forma chiusa, anfora/idria. Resti di rivestimento in numerosi punti del fr. sia all'interno che all'esterno. Superficie interna ed esterna lucidata.
NAS: Rivestimento omogeneo lucidato.
Datazione contesto: *t.a.q.* ca. 600 a.C. (ca. seconda metà VIII – fine VII sec. a.C.).
Datazione relativa: VIII – VII sec. a.C. (in uso eventualmente ancora nella prima metà del VI sec. a.C.).
Bibliografia: inedito.
Confronti: Fatta 1983, 57 nn. 190–195 tav. 15 (anfore tipo A.3).

566 K 32049 (tavv. 38. 91)
REPH1, F2005, WQ492, Erdsteg, Ab. 6, Schicht 1.
Lu: 1.7cm; La: 2.0cm; Dm: 12cm; S: 0.3cm; H: 1.5cm.
Colori: impasto: beige 5YR 7/4; nucleo: grigio 10YR 5/1; sup. int: beige 2.5YR/5YR 7/4; sup. est: beige 2.5YR/5YR 7/4.
Impasto: C: tenero; DS: molto depurato; DI: grandi; Del: L2; Mod: tornio lento.
Fr. d'orlo di forma chiusa, anfora/idria. Superficie interna ed esterna lisciata.
NAS: Acroma lisciata.
Datazione contesto: *t.a.q.* ca. 600 a.C. (ca. seconda metà VIII – fine VII sec. a.C.).
Datazione relativa: VIII – VII sec. a.C. (in uso eventualmente ancora nella prima metà del VI sec. a.C.).
Bibliografia: inedito.

Confronti: Fatta 1983, 57 nn. 190–195 tav. 15 (anfore tipo A.3).

567 K 22470 (fig. 44 tavv. 38. 91)
REPH1, F2003, WQ491/492, 1-meter Streifen, Ab. 1.
Lu: 2.6cm; La: 2.5cm; Dm: 14cm; S: 0.5cm; H: 2.5cm.
Colori: impasto: marrone 5YR 6/2; nucleo: grigio 5YR 5/1; dec: nero-marrone 10YR 2/1.
Impasto: C: tenero; DS: molto depurato; DI: grandi; Del: compatto. Presenza di malacofauna fino a 2mm. Le altre inclusioni sono di piccole dimensioni e distribuite omogeneamente, grigi di forma arrotondata, residui carbonizzati, saltuari bianchi puntiformi, radi vacuoli puntiformi; Mod: tornio lento.
Fr. d'orlo di forma chiusa, anfora/idria. All'interno e a l'esterno, rivestimento nero-marrone scuro, omogeneo. Superficie interna ed esterna lucidata.
NAS: Rivestimento omogeneo lucidato.
Datazione contesto: *t.a.q.* ca. 600 a.C. (ca. seconda metà VIII – fine VII sec. a.C.).
Datazione relativa: VIII – VII sec. a.C. (in uso eventualmente ancora nella prima metà del VI sec. a.C.).
Bibliografia: inedito.
Confronti: Fatta 1983, 57 nn. 190–195 tav. 15 (anfore tipo A.3).

568 K 22207 (tavv. 38. 91)
REPH1, F2003, WQ491/492, Erdsteg, Ab. 11.
Lu: 3.4cm; La: 2.3cm; Dm: 13cm; S: 0.6cm; H: 2.1cm.
Colori: impasto: beige 10YR 6/2; dec: marrone scuro 10YR 2/2.
Impasto: C: duro; DS: estremamente depurato; DI: medi; Del: compatto. Le altre inclusioni sono di piccole-medie dimensioni e sono distribuite omogeneamente, grigie di forma arrotondata, grigie scure fino a 1mm, radi vacuoli puntiformi; Mod: tornio lento.
Fr. d'orlo di forma chiusa, anfora/idria. All'interno, rivestimento omogeneo. All'esterno omogeneo seppure siano visibili sottili striature. Superficie interna ed esterna lucidata.
NAS: Rivestimento omogeneo lucidato (striature sottili).Datazione contesto: *t.a.q.* ca. 600 a.C. (ca. seconda metà VIII – fine VII sec. a.C.).
Datazione relativa: VIII – VII sec. a.C. (in uso eventualmente ancora nella prima metà del VI sec. a.C.).
Bibliografia: inedito.
Confronti: Leighton 1993, 200–201 no. 442 tav. 126 (*amphora*); Fatta 1983, 57 nn. 190–195 tav. 15 (anfore tipo A.3).

569 K 32044 (tavv. 38. 91)
REPH1, F2005, WQ492, Erdsteg, Ab. 2, Schicht 1.
Lu: 2.2cm; La: 1.6cm; Dm: 10cm; S: 0.2cm; H: 1.1cm.
Colori: impasto: beige 7.5YR 7/4; nucleo: grigio 10YR 4/1; sup. int: beige 7.5YR 7/4; sup. est: beige 10YR 7/4; dec: rosso-arancione 5YR 5/8.
Impasto: C: tenero; DS: molto depurato; DI: medi; Del: compatto. Inclusioni di piccole dimensioni e distribuite omogeneamente, grigi di forma arrotondata, residui carbonizzati, saltuari bianchi puntiformi, radi vacuoli puntiformi; Mod: a mano.
Fr. d'orlo di forma chiusa, anfora/idria. Resti di rivestimento in numerosi punti del fr. sia all'interno che all'esterno. Superficie interna ed esterna lucidata.
NAS: Indet: rivestimento lucidato (omogeneo? Non omogeneo).
Datazione contesto: *t.a.q.* ca. 600 a.C. (ca. seconda metà VIII – fine VII sec. a.C.).
Datazione relativa: VIII – VII sec. a.C. (in uso eventualmente ancora nella prima metà del VI sec. a.C.).
Bibliografia: inedito.
Confronti: Fatta 1983, 57 nn. 173–181 tav. 13 (anfore tipo A.2).

570 K 32037 (tavv. 38. 91)
REPH1, F2005, WQ492, Erdsteg, Ab. 4, Schicht 1.
Lu: 2.9cm; La: 3.4cm; Dm: indet; S: 0.7; H: 2.5cm.
Colori: impasto: marrone 7.5YR 7/4; nucleo: grigio 10YR 4/1; sup. int: marrone 5YR 7/4; sup. est: marrone 5YR 7/4; dec: indet.
Impasto: C: tenero; DS: molto depurato; DI: grandi; Del: L1; Mod: tornio lento.
Fr. d'orlo estroflesso di anfora/idria. All'esterno, tracce di rivestimento. Superficie esterna lucidata.
NAS: Indet: Rivestimento lucidato (omogeneo? Non omogeneo?).
Datazione contesto: *t.a.q.* ca. 600 a.C. (ca. seconda metà VIII – fine VII sec. a.C.).
Datazione relativa: VIII – VII sec. a.C. (in uso eventualmente ancora nella prima metà del VI sec. a.C.).
Bibliografia: inedito.
Confronti: Fatta 1983, 57 nn. 190–195 tav. 15 (anfore tipo A.3).

571 K 32089 (tavv. 38. 91)
REPH1, F2005, WQ492, Erdsteg E1, Ab. 4, Schicht 1.
Lu: 2.6cm; La: 2.3cm; Dm: 9cm; S: 0.3-0.4cm; H: 2.2cm.
Colori: impasto: beige 5YR 7/4; nucleo: grigio 5YR 5/1; sup. int: beige-marrone 7.5YR 7/4; sup. est: beige-marrone 7.5YR 7/4; dec: marrone-rosso 5YR 3/4.
Impasto: C: tenero; DS: estremamente depurato; DI: medi; Del: L2; Mod: tornio lento.
Fr. d'orlo di forma chiusa, anfora/idria. Superficie interna ed esterna lisciata.
NAS: Acroma lisciata.
Datazione contesto: *t.a.q.* ca. 600 a.C. (ca. seconda metà VIII – fine VII sec. a.C.).
Datazione relativa: VIII – VII sec. a.C. (in uso eventualmente ancora nella prima metà del VI sec. a.C.).
Bibliografia: inedito.
Confronti: Fatta 1983, 57 nn. 173–181 tav. 13 (anfore tipo A.2); Leighton 1993, 167–168 no. 57 tav. 70 (*amphora*).

572 K 32099 (tavv. 38. 91)
REPH1, F2005, WQ492, Erdsteg E1, Ab. 9, Schicht 3.
Lu: 4.4cm; La: 3.7cm; Dm: 15cm; S: 0.3cm; H: 3.3cm.
Colori: impasto: beige-grigio 10YR 6/2:5/1; sup. int: beige 10YR 8/4; sup. est: beige 10YR 8/2; ing: beige-bianco 10YR 8/2.
Impasto: C: tenero; DS: molto depurato; DI: grandi; Del: L3; Mod: tornio lento.
Fr. d'orlo svasato all'interno di forma chiusa, anfora/idria. All'esterno e sulla tesa dell'orlo, superficie ben levigata con ingobbio beige-bianco.
NAS: Acroma lisciata.
Datazione contesto: *t.a.q.* ca. 600 a.C. (ca. seconda metà VIII – fine VII sec. a.C.).
Datazione relativa: VIII – VII sec. a.C. (in uso eventualmente ancora nella prima metà del VI sec. a.C.).
Bibliografia: inedito.
Confronti: Fatta 1983, 57 nn. 190–195 tav. 15 (anfore tipo A.3).

573 K 24795 (tavv. 38. 91)
QO1F, F2006, EQ1139/1140, Sondage 1, Ab. 25.
Lu: 7.8cm; La: 5.3cm; Dm est: 20.0cm; S: 0.5cm; H: 3.4cm.
Colori: impasto: beige-rosso 2.5YR 6/6; sup. int: beige-rosso 2.5YR 7/6; sup. est: beige-rosso 2.5YR 7/6; dec: rosso-arancione 2.5YR 4/8.
Impasto: C: tenero; DS: molto depurato; DI: grandi; Del: L1; Mod: tornio lento.
Due fr. combacianti d'orlo a tesa orizzontale con profilo arrotondato e leggera protuberanza che corre lungo il margine interno di anfora/idria. All'interno, lungo la parte superiore del collo, appena sotto la fine della tesa dell'orlo, banda orizzontale dipinta. All'esterno, linea lungo la tesa dell'orlo seguita da una banda orizzontale e altre due linee orizzontali dipinte. Superfici lisciate.
NAS: Dipinta monocroma.
Datazione contesto: ca. 630/620 – 570 a.C.
Datazione relativa: prima metà VI sec. – 500/490 a.C.
Bibliografia: inedito.
Osservazioni: la protuberanza interna non permette una fuoriuscita ottimale dei liquidi. Per la sua fattura irregolare (v. fotografia), è forse riferibile ad un difetto di produzione non intenzionale.

574 K 25286 (tavv. 38. 91)
QO1F, F2006, EQ1140, Sondage 2, Ab. 30.
Lu: 4.5cm; La: 3.2cm; Dm est: 17.6cm; S: 0.5cm; H: 2.0cm.
Colori: impasto: beige 10YR 6/4; sup. int: beige 10YR 8/2; sup. est: 10YR 8/2; dec: marrone-nero 10YR 3/1.
Impasto: C: duro; DS: molto depurato; DI: medi; Del: L3; Mod: tornio lento.
Fr. d'orlo a tesa orizzontale con profilo arrotondato di anfora/idria. All'esterno, lungo l'orlo, linea orizzontale dipinta e resti minimi che indicano la presenza, forse, di un'altra linea orizzontale. Superfici lisciate.

NAS: Dipinta monocroma.
Datazione contesto: ca. 630/620 – 570 a.C.
Datazione relativa: prima metà VI sec. – 500/490 a.C.
Bibliografia: inedito.
Confronti: Serra 2016, 132–133 no. 273 tav. 32, 4 (con bugna); Siracusano 1996, tav. c 9 (AGS 6364).

575 K 25259 A–D (tavv. 39. 91)
QO1F, F2006, EQ1140, Sondage 2, Ab. 33.
A: Lu: 4.9cm; La: 5.9cm; S: 0.4-0.8cm; B: Lu: 4.5cm; La: 4.6cm; S: 0.7-0.8cm; C: Lu: 4.7cm; La: 2.9cm; S: 0.5-0.7cm; D: 3.6cm; La: 4.5cm; S: 0.5-0.6cm.
Colori: impasto: marrone 7.5YR 5/3; sup. int: beige 10YR 7/3; sup. est: grigio 10YR 6/1; ing: grigio chiaro 10YR 6/1; dec: nero-grigio 7.5YR 3/1.
Impasto: C: duro; DS: molto depurato; DI: medi; Del: mica, sabbia, bianchi e grigi puntiformi; Mod: tornio lento.
Quattro fr. non combacianti di collo e spalla di anfora/idria. All'esterno, banda orizzontale tra collo e spalla dalla quale partono quattro listelli verticali delimitanti un'area campita da un motivo vegetale stilizzato lineare. Sul fr. D sono visibili tre bande orizzontali inerenti alla parte inferiore della forma. Superficie esterna lisciata.
NAS: Dipinta monocroma.
Datazione contesto: ca. 630/620 – 570 a.C.
Datazione relativa: ultimo quarto VII sec. – 460/450 a.C.
Bibliografia: inedito.

576 K 25266 (fig. 59 tav. 39)
QO1F, F2006, EQ1140, Sondage 2, Ab. 32.
Lu: 8.4cm; La: 6.5cm; S: 0.7-1.0cm.
Colori: impasto: beige-rosso 2.5YR 7/6; sup. int: beige-rosso 5YR 7/6; sup. est: beige-rosso 2.5YR 7/6; dec: rosso-arancione 2.5YR 5/6.
Impasto: C: tenero; DS: molto depurato; DI: grandi; Del: L1; Mod: tornio lento.
Tre fr. combacianti di collo di anfora/idria. All'esterno, due bande dipinte. All'interno di quella inferiore motivo ad onda risparmiata resa per asporto del colore con un utensile a punta arrotondata.
NAS: Dipinta monocroma ; Decorazione lineare opaca (-).
Datazione contesto: ca. 630/620 – 570 a.C.
Datazione relativa: ultimo quarto VII sec. – 500/490 a.C.
Bibliografia: inedito.

577 K 22613 (tavv. 39. 91)
QO2F, F2004/2006, EQ1139/1140, Sondage, Ab. 9E / Sondage 1, Ab. 13.
Lu: 8.4cm; La: 15.0cm; Dm int: 12.0cm; S: 0.6-0.8cm.
Colori: impasto: rosa 5YR 7/6; sup. int: beige-rosso 5YR 7/6; sup. est: beige 7.5YR 8/4.
Impasto: C: tenero; DS: molto depurato; DI: medi; Del: L2; Mod: tornio lento.
Tre fr. combacianti di collo/spalla di forma chiusa, anfora/idria. All'esterno, sul collo, zone quadrangolari campite da tremoli orizzontali impressi, delimitate in basso da una linea incisa orizzontale; sulla spalla, triangoli incisi con vertice verso l'alto campiti da tremoli obliqui impressi e delimitati, nella parte inferiore, da una linea orizzontale continua incisa. Sulla destra, resti di solco inciso verticale. Sotto, banda acroma delimitata nuovamente da due linee incise orizzontali. Superficie esterna lisciata.
NAS: Incisa e impressa senza rivestimento.
Datazione contesto: ca. 570 – 540 a.C.
Datazione relativa: ultimo quarto VII sec. – 460/450 a.C.
Bibliografia: inedito.

578 K 23783 (tavv. 39. 91)
QO2F, F2006, EQ1139/1140, Sondage 1, Ab. 5 Zentrum / Sondage 1, Ab. 6.
Lu: 10.3cm; La: 10.5cm; Dm: 10.0cm; S: 0.7-0.9cm; H: 9.5cm.
Colori: impasto: beige 10YR 7/4; sup. int: beige 7.5YR 8/3; sup. est: beige 10YR 8/3; dec: rosso-marrone 2.5YR 4/6.
Impasto: C: semiduro; DS: estremamente depurato; DI: medi; Del: L2; Mod: tornio lento.
Quattro fr. combacianti di collo/spalla di anfora/idria. All'esterno, sul collo, è dipinta una linea sottile orizzontale, seguita da una banda orizzontale corrispondente al cambio di tettonica lungo il collo e la spalla. Tangente alla banda, resti di un motivo a rombo campito a reticolo regolare dipinto. Superficie esterna lisciata.
NAS: Dipinta monocroma.
Datazione contesto: ca. 570 – 540 a.C.
Datazione relativa: ultimo quarto VII sec. – 460/450 a.C.
Bibliografia: inedito.

579 K 23878 A–C (tavv. 39. 91)
QO2F, F2004/2006, EQ1139/1140, Sondage 1, Ab. 7 / Sondage, Ab. 7EI.
A/B/C: Lu: 5.8cm / 6.0cm / 5.0cm; La: 4.4cm / 3.4cm / 4.2cm; Dm int: 7.2cm; S: 0.6cm / 0.5cm / 0.9cm.
Colori: impasto: rosso-marrone 5YR 5/6; Nucleo grigio 5YR 5/2-; sup. int: rosso-marrone 5YR 6/6; sup. est: rosso-marrone 5YR 6/6; ing: bianco 2.5Y 8/2; dec: nero 10YR 3/1.
Impasto: C: tenero; DS: estremamente depurato; DI: piccoli; Del: numerosa mica dorata, radi bianchi puntiformi, rossi medi arrotondati radi, vacuoli arrotondati; Mod: tornio lento.
Tre fr. non combacianti di collo profilato di anfora. All'esterno, tracce di colore nero su ingobbio tra le costolature plastiche sul collo. Superficie esterna lisciata.
NAS: Dipinta monocroma.
Datazione contesto: ca. 570 – 540 a.C.
Datazione relativa: ultimo quarto VII sec. – 460/450 a.C.
Bibliografia: inedito.
Confronti: Trombi 2015, 104 no. 356 tav. XXXIX (forma O6, anfore) = Castellana 2000, 267 tav. XL,1; Gargini 1995, 156 no. 149 fig. 29.

580 K 22633 (tavv. 39. 91)
QO1/2F, F2004, EQ1139, Sondage, Ab. 10E.
Lu: 3.7cm; La: 3.0cm; Dm est: 15.0cm; S: 0.4cm; H: 2.7cm.
Colori: impasto: marrone-rosso 5YR 5/6; nucleo: grigio 5YR 5/1; sup. int: marrone 5YR 6/6; sup. est: marrone 5YR 6/4; dec: marrone-rosso 5YR 4/6.
Impasto: C: tenero; DS: molto depurato; DI: grandi; Del: L1; Mod: tornio lento.
Fr. d'orlo di un'anfora/idria o di una brocca. All'esterno, sotto l'orlo, linea orizzontale incisa seguita da parte campita a reticolo regolare inciso. Resti minimi di rivestimento all'esterno e all'interno. Superfici lucidate.
NAS: Incisa con rivestimento omogeneo lucidato.
Datazione contesto: ca. 630/620 – 540 a.C.
Datazione relativa: VIII – VII sec. a.C. (in uso eventualmente ancora nella prima metà del VI sec. a.C.).
Bibliografia: inedito.
Confronti: Trombi 2015, 97–98 no. 1123 tav. XIV (forma O1, anfora); Fatta 1983, 57 nn. 190–195 tav. 15 (anfore tipo A.3); 60 no. 231 tav. 17 (brocche tipo Br.5).

581 K 22635 (tavv. 39. 91)
QO1/2F, F2004, EQ1139, Sondage, Ab. 10E
Lu: 4.0cm; La: 4.0cm; Dm: 10.0-12.0cm; S: 0.6cm; H: 2.6cm.
Colori: impasto: beige 10YR 7/4; nucleo: grigio 10YR 4/1; sup. int: beige 10YR 7/4; sup. est: beige 10YR 7/4; dec: arancione-marrone 7.5YR 5/6.
Impasto: C: tenero; DS: molto depurato; DI: medi; Del: L2; Mod: tornio lento.
Fr. d'orlo di anfora/idria. All'esterno e all'interno, nella parte superiore, rivestimento steso a striature sottili. Superfici lucidate.
NAS: Rivestimento omogeneo lucidato (striature sottili).Datazione contesto: ca. 630/620 – 540 a.C.
Datazione relativa: VIII – VII sec. a.C. (in uso eventualmente ancora nella prima metà del VI sec. a.C.).
Bibliografia: inedito.
Confronti: Gargini 1995, 136 no. 53 fig. 19 (anfora tipo A – dipinta).

582 K 22703 (tavv. 39. 91)
QO1/2F, F2004, EQ1139, Sondage, Ab. 11W.
Lu: 7.8cm; La: 4.8cm; Dm est: 16.2cm; S: 0.5-0.6cm; H: 3.0cm.
Colori: impasto: rosso-marrone 5YR 6/6; nucleo: beige-grigio 5YR 6/3; sup. int: beige-rosso 7.5YR 7/4; sup. est: beige-rosso 7.5YR 7/4; dec: rosso-marrone 2.5YR 5/6.
Impasto: C: semiduro; DS: molto depurato; DI: medi; Del: L2; Mod: tornio lento.
Fr. d'orlo a tesa orizzontale a profilo arrotondato di anfora/idria. All'interno, lungo la parete vicino all'orlo, banda orizzontale dipinta. All'esterno, linea sottile lungo il labbro e resti di due bande (?) orizzontali dipinte.
NAS: Dipinta monocroma.
Datazione contesto: ca. 630/620 – 540 a.C.

Datazione relativa: prima metà VI sec. – 500/490 a.C.
Bibliografia: inedito.
Confronti: Lyons 1996, 213. 217 nn. 32-1. 39-25 tav. 87. 89 (*amphorai*).

583 K 22782 A–E (tavv. 39. 91)
QO1/2F, F2004, EQ1139, Sondage, Ab. 6EII/2 / 6EI.
A–E: Lu: 8.1cm / 6.1cm / 5.5cm / 9.3cm / 9.7cm; La: 10.8cm / 7.6cm / 5.8cm / 5.2cm; Dm orlo: 14.0cm; Dm fondo: 10.0cm; SezAnsa: 2.3x1.7cm; S: 0.2-0.4cm; H: 10.1cm / 4.1cm.
Colori: impasto: marrone 7.5YR 6/6; nucleo: grigio 7.5YR 6/2-; sup. int: marrone 7.5YR 6/6; sup. est: marrone 7.5YR 6/4; ing: beige 7.5YR 7/3; dec: arancione scuro 2.5YR 4/8; bianco 10YR 8/2.
Impasto: C: tenero; DS: estremamente depurato; DI: piccoli; Del: compatto e omogeneo. Estremamente saponoso al tatto. Numerosa mica in superficie, radi inclusi rossi puntiformi, saltuari grigi di forma arrotondata, vacuoli puntiformi. Entella?; Mod: tornio lento.
Cinque fr. non combacianti di anfora/idria con orlo obliquo, ansa a nastro orizzontale e fondo piano (in totale 40 fr. calcolando quelli non inventariati). All'interno della forma, sul collo, larga banda orizzontale, lungo l'orlo, linea dipinta. All'esterno, sotto l'orlo, banda orizzontale. Segue una linea orizzontale tra collo e spalla e una banda orizzontale dalla quale partono cinque linee verticali. Verso il fondo, tre bande orizzontali (fr. non integrato nel disegno), resti di linee orizzontali bianche? Sull'ansa, sette brevi linee verticali. Tracce di ingobbio all'esterno e all'interno del collo. Dipinta evanida. Superficie esterna lisciata.
NAS: Dipinta monocroma.
Datazione contesto: ca. 630/620 – 540 a.C.
Datazione relativa: ultimo quarto VII sec. – 460/450 a.C.
Bibliografia: inedito.
Confronti: Serra 2016, 132 nn. 270–271 (brocche tipo G); Tardo 1999a, 145 no. 137 fig. 149.

584 K 22767 (tavv. 39. 91)
QO1/2F, F2004, EQ1139, Sondage, Ab. 11M.
Lu: 4.5cm; La: 7.1cm; S: 0.5cm.
Colori: impasto: marrone chiaro 10YR 6/4; nucleo: grigio chiaro 10YR 7/1; sup. int: beige-giallo 10YR 8/2; sup. est: beige-giallo 10YR 8/3; ing: beige 10YR 8/3; dec: marrone-arancione 7.5YR 4/6.
Impasto: C: duro; DS: molto depurato; DI: grandi; Del: L2; Mod: tornio lento.
Fr. spalla con attacco d'ansa a bastoncello verticale e attacco di collo d'idria, o brocca di grandi dimensioni (?). All'esterno, linea o banda orizzontale tra collo e spalla, dalla quale partono, a sinistra dell'ansa, due linee verticali e, a destra, una. Sotto l'ansa, due linee orizzontali parallele; sull'ansa a bastoncello, tratti continui orizzontali. Superficie esterna lisciata.
NAS: Dipinta monocroma.
Datazione contesto: ca. 630/620 – 540 a.C.
Datazione relativa: ultimo quarto VII sec. – 460/450 a.C.
Bibliografia: inedito.
Confronti: Trombi 2015, 110–111 no. 901 tav. XLI (forma P5, brocche).

585 K 27928 (tavv. 39. 92)
QAREA, F2003, Agora550/551/552, Ab. 607W.
Lu: 5.0cm; La: 3.6cm; Dm: 20cm; S: 0.6-0.7cm; H: 2.4cm.
Colori: impasto: beige 10YR 7/3; sup. int: arancione 5YR 7/6; sup. est: arancione 5YR 7/6; dec: arancione 2.5YR 6/6.
Impasto: C: tenero; DS: molto depurato; DI: grandi; Del: L1; Mod: tornio lento.
Fr. d'orlo di anfora/idria. Sulla superficie interna ed esterna rivestimento omogeneo. Superfici lisciate.
NAS: Rivestimento omogeneo opaco.
Datazione contesto: *t.a.q.* ca. 550 a.C. (ca. ultimo quarto VII – prima metà VI sec. a.C.).
Datazione relativa: seconda metà VII sec. – 550/540 a.C.
Bibliografia: inedito.
Confronti: Tardo 1999a, 145 no. 131 fig. 149 (dipinta).

586 K 22312 (tavv. 39. 92)
QAREA, F2003, Agora550/551/552, Ab. 607W.
Lu: 5.0cm; La: 3.8cm; Dm: 18cm; S: 0.5-0.6cm; H: 3.0cm.
Colori: impasto: beige-grigio 5YR 7/6; sup. int: arancione 5YR 7/6; sup. est: arancione 5YR 7/6.
Impasto: C: duro; DS: molto depurato; DI: medi; Del: L1; Mod: tornio lento.
Fr. d'orlo a tesa orizzontale arrotondato di anfora/idria. Superficie interna ed esterna lisciata.
NAS: Acroma lisciata.
Datazione contesto: *t.a.q.* ca. 550 a.C. (ca. ultimo quarto VII – prima metà VI sec. a.C.).
Datazione relativa: prima metà VI sec. – 500/490 a.C.
Bibliografia: inedito.
Confronti: Termini 2003, 246 no. C 71 fig. 212; Blasetti Fantauzzi 2018, 105 no. 183 fig. 34 (anfora tipo 1 – dipinta); Falsone et al. 1993, 177 no. 16 fig. 30 (anfora – dipinta).

587 K 22300 (tavv. 39. 92)
QAREA, F2003, Agora550/551/552, Ab. 606W.
Lu: 5.5cm; La: 5.0cm; Dm: 15.6cm; S: 0.6cm; H: 5.2cm.
Colori: impasto: grigio 10YR 5/1; sup. int: grigio 10YR 8/2; sup. est: grigio 10YR 8/2; dec: marrone 10YR 4/1-3/2.
Impasto: C: duro; DS: molto depurato; DI: grandi; Del: compatto e omogeneo. Numerosi bianchi puntiformi e saltuariamente ad angoli arrotondati, grigi ad angoli arrotondati (fino a 2mm), saltuari rossi puntiformi, presenza di mica, saltuari grigi scuri puntiformi, vacuoli di forma allungata; Mod: tornio lento
Fr. d'orlo a tesa orizzontale arrotondato di anfora/idria. Sulla tesa, listelli regolari delimitati da una banda orizzontale dipinta all'interno della forma. All'esterno, due bande orizzontali. Superficie esterna lisciata.
NAS: Dipinta monocroma.
Datazione contesto: *t.a.q.* ca. 550 a.C. (ca. ultimo quarto VII – prima metà VI sec. a.C.).
Datazione relativa: prima metà VI sec. – 500/490 a.C.
Bibliografia: inedito.

588 K 22165 (tavv. 39. 92)
QAREA, F2003, Agora550/551/552, Ab. 605E.
Lu: 7.5cm; La: 6.3cm; Dm: 20cm; S: 0.5-0.6cm; H: 7.0cm.
Colori: impasto: beige 7.5YR 5/1; sup. int: beige 7.5YR 8/3-4; sup. est: beige 7.5YR 8/3-4; dec: beige-arancione 5YR 5/4-6.
Impasto: C: duro; DS: molto depurato; DI: grandi; Del: L2; Mod: tornio lento.
Tre fr. combacianti d'orlo a tesa orizzontale arrotondato di anfora/idria. All'esterno, tre bande orizzontali parallele dipinte. All'interno, la tesa dell'orlo presenta dei listelli regolari delimitati, all'interno della forma, da una banda orizzontale dipinta. Superficie esterna lisciata.
NAS: Dipinta monocroma.
Datazione contesto: *t.a.q.* ca. 550 a.C. (ca. ultimo quarto VII – prima metà VI sec. a.C.).
Datazione relativa: prima metà VI sec. – 500/490 a.C.
Bibliografia: inedito.
Confronti: Campisi 2003, 199 no. D 220 fig. 190; Storti – Vaggioli 1994, 217 no. 6 tav. 39, 1 (US 14014).

589 K 22087 (tavv. 39. 92)
QAREA, F2003, Agora550/551/552, Ab. 609E.
Lu: 10.8cm; La: 4.7cm; Dm: 16.8cm; S: 0.4cm; H: 3.0cm.
Colori: impasto: grigio 5YR 5/1; sup. int: grigio-beige 5YR 6/6; ing: beige 2.5Y 8/2; dec: marrone-grigio 7.5YR 3/1.
Impasto: C: duro (suono metallico); DS: medio depurato; DI: molto grandi; Del: compatto e relativamente omogeneo. Numerosi bianchi ad angoli arrotondati (fino a 2mm), bianchi puntiformi, meno frequenti grigi di forma arrotondata, saltuari grigi scuri puntiformi, numerosi vacuoli di forma allungata, più radi vacuoli puntiformi; Mod: tornio lento.
Fr. d'orlo a tesa orizzontale arrotondato di un'anfora/idria. Listelli regolari sulla tesa dell'orlo dipinti delimitati da una banda orizzontale all'interno della forma. All'esterno due bande orizzontali dipinte. Superficie esterna lisciata e ingubbiata.
NAS: Dipinta monocroma.
Datazione contesto: *t.a.q.* ca. 550 a.C. (ca. ultimo quarto VII – prima metà VI sec. a.C.).
Datazione relativa: prima metà VI sec. – 500/490 a.C.
Bibliografia: inedito.
Confronti: v. **590**.

590 K 22000 (tavv. 39. 92)
QAREA, F2003, Agora550/551/552, Ab. 602W.
Lu: 9.0cm; La: 5.2cm; Dm: 18.4cm; S: 0.4-0.5cm; H: 3.6cm.
Colori: impasto: grigio 7.5YR 5/1; sup. int: grigio 7.5YR 5/1; sup. est: grigio 7.5YR 5/1; ing: beige 2.5Y 7-8/2; dec: marrone-nera 7.5YR 3/1.
Impasto: C: duro; DS: medio depurato; DI: molto grandi; Del: compatto e relativamente omogeneo. Fratture nette. Bianchi calcarei e ad angoli arrotondati, grigi di forma arrotondata, grigi ad angoli arrotondati (fino a 2mm), rossi puntiformi, vacuoli puntiformi; Mod: tornio lento.
Fr. d'orlo a tesa orizzontale arrotondato di un'anfora/idria. Motivo a listelli regolari sulla tesa dell'orlo, delimitato da una banda orizzontale all'interno della forma. Sulla superficie esterna, due linee orizzontali dipinte, evanide. Superficie esterna ingubbiata e lisciata.
NAS: Dipinta monocroma.
Datazione contesto: *t.a.q.* ca. 550 a.C. (ca. ultimo quarto VII – prima metà VI sec. a.C.).
Datazione relativa: prima metà VI sec. – 500/490 a.C.
Bibliografia: inedito.
Confronti: Campisi 2003, 199 no. D 220 fig. 190.

591 K 21972 (tavv. 39. 92)
QAREA, F2003, Agora550/551/552, Ab. 607E.
Lu: 6.9cm; La: 4.0cm; Dm: 20.0; S: 0.4-0.6cm; H: 2.4cm.
Colori: impasto: beige-arancione 5YR 7/6; sup. int: beige-rosso 5YR 6/6; sup. est: beige-rosso 5YR 6/6; dec: rosso 2.5YR 4/6.
Impasto: C: duro; DS: molto depurato; DI: molto grandi; Del: L2; Mod: tornio lento.
Fr. d'orlo estroflesso a tesa orizzontale arrotondata di un'anfora/idria. All'esterno, due bande orizzontali dipinte. Sulla tesa dell'orlo, serie di listelli regolari delimitati da una banda orizzontale dipinti all'interno della forma. Superficie lisciata all'esterno e sulla tesa della forma.
NAS: Dipinta monocroma.
Datazione contesto: *t.a.q.* ca. 550 a.C. (ca. ultimo quarto VII – prima metà VI sec. a.C.).
Datazione relativa: prima metà VI sec. – 500/490 a.C.
Bibliografia: Montana et al. 2021, 15 no. K 21972 fig. 11 b tabb. 3. 6 (PPG-II).
Confronti: Gargini 1995, 136 nn. 51. 52 fig. 19 (anfore tipo A – dipinta).

592 K 21974 (tavv. 40. 92)
QAREA, F2003, Agora550/551/552, Ab. 607E.
Lu: 3.9cm; La: 4.5cm; Dm: 16.0; S: 0.5cm; H: 2.4cm.
Colori: impasto: beige 7.5YR 5/3; sup. int: beige 7.5YR 8/4; sup. est: beige 7.5YR 8/4; dec: arancione 5YR 5/6.
Impasto: C: duro; DS: molto depurato; DI: grandi; Del: L2; Mod: tornio lento.
Fr. d'orlo a tesa orizzontale arrotondato di anfora/idria. All'esterno, banda orizzontale dipinta sotto l'orlo. Sulla tesa dell'orlo, serie di listelli regolari delimitati da una banda orizzontale dipinti all'interno della forma. Presenza di una macchia di colore all'interno. Superficie esterna lisciata.
NAS: Dipinta monocroma.
Datazione contesto: *t.a.q.* ca. 550 a.C. (ca. ultimo quarto VII – prima metà VI sec. a.C.).
Datazione relativa: prima metà VI sec. – 500/490 a.C.
Bibliografia: inedito.

593 K 22184 (tavv. 40. 92)
QAREA, F2003, Agora550/551/552, Ab. 603E.
Lu: 8.4cm; La: 3.5cm; Dm: 18.5cm; S: 0.5cm; H: 2.0cm.
Colori: impasto: beige 7.5YR 6/6; nucleo: grigio chiaro 7.5YR 5/1; sup. int: beige 7.5YR 8/3; sup. est: beige 7.5YR 8/3; dec: beige-arancione 5YR4-5/6.
Impasto: C: duro; DS: molto depurato; DI: molto grandi; Del: L2; Mod: tornio lento.
Due fr. combacianti d'orlo a tesa orizzontale arrotondato di anfora/idria. All'esterno, una banda orizzontale irregolare dipinta. All'interno, listelli regolari sulla tesa dell'orlo delimitati, all'interno della forma, da una banda orizzontale dipinta. Superficie esterna e tesa dell'orlo lisciata.
NAS: Dipinta monocroma.
Datazione contesto: *t.a.q.* ca. 550 a.C. (ca. ultimo quarto VII – prima metà VI sec. a.C.).
Datazione relativa: prima metà VI sec. – 500/490 a.C.
Bibliografia: inedito.
Confronti: Campisi 2003, 199 no. D 215 fig. 190.

594 K 22110 (tav. 40)
QAREA, F2003, Agora550/551/552, Ab. Steinpackung III / Steinpackung V.
Lu: 14.2cm; La: 9.7cm; S: 0.7cm.
Colori: impasto: beige-giallo 7.5YR 6/1; sup. int: beige-giallo 7.5YR 8/3-2; sup. est: beige-giallo 7.5YR 8/3-2; dec: beige-arancione 7.5YR 3/3.
Impasto: C: duro; DS: molto depurato; DI: molto grandi; Del: L2; Mod: tornio lento.
Tre fr. di collo e spalla di una forma chiusa riferibile ad un'anfora/idria. Sul collo, due bande orizzontali delimitano un campo centrale campito da brevi tratti irregolari. Sulla spalla partono dalla banda orizzontale dipinta inferiore delle onde verticali parallele alternate a delle rette. Superficie esterna lisciata.
NAS: Dipinta monocroma.
Datazione contesto: *t.a.q.* ca. 550 a.C. (ca. ultimo quarto VII – prima metà VI sec. a.C.).
Datazione relativa: ultimo quarto VII sec. – 460/450 a.C.
Bibliografia: Montana et al. 2021, 15 no. K 22110 tabb. 3. 6 (PPG-II).

595 K 22131 (tav. 40)
QAREA, F2003, Agora550/551/552, Ab. Steinpackung IV.
Lu: 12.8cm; La: 12.4cm; S: 0.5-0.9cm.
Colori: impasto: beige-giallo 7.5YR 6/2; sup. int: beige-giallo 7.5YR 8/3; sup. est: beige-giallo 7.5YR 8/3; dec: arancione-marrone chiaro 5YR 5-6/6.
Impasto: C: duro; DS: estremamente depurato; DI: medi; Del: L2; Mod: tornio lento.
Tre fr. di parete combacianti di una forma chiusa, anfora/idria. Fasci di linee verticali dipinte delimitati, nella parte inferiore, da una banda orizzontale. Al di sotto, una banda orizzontale più larga della precedente dipinta. Superficie esterna lisciata.
NAS: Dipinta monocroma.
Datazione contesto: *t.a.q.* ca. 550 a.C. (ca. ultimo quarto VII – prima metà VI sec. a.C.).
Datazione relativa: ultimo quarto VII sec. – 460/450 a.C.
Bibliografia: inedito.

596 K 22266 (tav. 40)
QAREA, F2003, Agora550/551/552, Ab. Steinpackung III.
Lu: 10.2cm; La: 9.6cm; S: 0.3-0.5cm.
Colori: impasto: beige 10YR 7/3; sup. int: beige 10YR 8/2; sup.est beige 10YR 8/2; dec: marrone scuro 10YR 3/2.
Impasto: C: duro; DS: molto depurato; DI: medi; Del: L3; Mod: tornio lento.
Fr. di parete di una forma chiusa, anfora/idria. Sulla superficie esterna due bande orizzontali. Da quella inferiore partono tre fasci di linee verticali dipinte che formano un motivo metopale. Superficie esterna lisciata.
NAS: Dipinta monocroma.
Datazione contesto: *t.a.q.* ca. 550 a.C. (ca. ultimo quarto VII – prima metà VI sec. a.C.).
Datazione relativa: ultimo quarto VII sec. – 460/450 a.C.
Bibliografia: inedito.

597 K 22268 (tav. 40)
QAREA, F2003, Agora550/551/552, Ab. Steinpackung II / Steinpackung III.
Lu: 14.7cm; La: 7.2cm; S: 0.5-0.7cm; SezAnsa: 1.8cm.
Colori: impasto: beige 10YR 6/4; nucleo: grigio 10YR 6/1; sup. int: beige 10YR 8/2; sup.est beige 10YR 8/2; dec: marrone scuro 10YR 3/2.
Impasto: C: duro; DS: molto depurato; DI: medi; Del: L3; Mod: tornio lento.
Tre fr. di parete di una forma chiusa con ansa orizzontale semicircolare a bastoncello, anfora/idria. Sull'ansa, serie di listelli regolari. Sulla parete, accanto all'ansa, fascio di linee verticali parallele; sotto l'ansa banda orizzontale dipinta.
NAS: Dipinta monocroma.
Datazione contesto: *t.a.q.* ca. 550 a.C. (ca. ultimo quarto VII – prima metà VI sec. a.C.).
Datazione relativa: ultimo quarto VII sec. – 460/450 a.C.
Bibliografia: inedito.

598 K 20738 (fig. 26 tavv. 40. 92)
QAEA, F2001, Agora550/551/552, Ab. 106.
Lu: 17.4cm; La: 8.4cm; Dm: 17.4cm; SezAnsa: 3.8x1.4cm; S: 0.7cm; H: 8.4cm.

Colori: impasto: beige-verde 5Y 7/2; sup. int: beige-giallo 5Y 8/1; sup. est: beige-giallo 5Y 8/2; dec: marrone-verde 10YR 3/2-3.
Impasto: C: duro; DS: estremamente depurato; DI: medi; Del: inclusi medi-grandi, numerosi grigi scuri arrotondati, bianchi allungati calcarei, vacuoli allungati e puntiformi, rossi saltuari puntiformi; Mod: a tornio veloce.
19 frammenti combacianti (+ dieci non combacianti, non inventariati: sei fr. + due fr. + un fr. + un fr.) d'orlo a tesa orizzontale a profilo leggermente angolato con attacco d'ansa a nastro verticale di idria. All'interno, linea orizzontale sotto l'orlo e banda lungo l'orlo esterno. All'esterno, sul collo, racchiusa da due linee orizzontali, tre onde orizzontali. Sull'orlo bolla di cottura. Superficie esterna lisciata.
NAS: Dipinta monocroma.
Datazione contesto: ca. 550 – 500/490 a.C.
Datazione relativa: metà VI sec. – 460/450 a.C.
Bibliografia: Isler 2002a, 114 nota 16 tav. 28, 7; Isler 2002b, 8 fig. 13; Isler 2004a, 75; Isler 2004b, 10.
Confronti: Serra 2016, 128–129 nn. 232–236 (anfore/hydriai tipo B); Mohr in preparazione, no. 39.

599 K 32673 (tavv. 40. 92)
QAEO1F, F1995, Agora564/567, Ab. 214.
Lu: 4.8cm; La: 5.5cm; Dm orlo: 23.0cm; S: 0.3cm; H: 4.9cm.
Colori: impasto: marrone chiaro 7.5YR 6/4; nucleo: grigio 7.5YR 5/2; sup. int: beige 7.5YR 7/2; sup. est: beige 7.5YR 7/2; dec: rosso 2.5YR 3/6; nero 2.5YR 3/1.
Impasto: C: duro; DS: molto depurato; DI: grandi; Del: mica, bianchi puntiformi, grigi grandi di forma arrotondata; Mod: tornio veloce.
Fr. d'orlo a tesa orizzontale di anfora/idria. Sulla parete esterna, una banda nera seguita da un'altra rossa orizzontale. Sulla tesa dell'orlo, sei listelli regolari neri delimitati da una banda orizzontale dello stesso colore all'interno della forma. Superficie esterna lisciata.
NAS: Dipinta bicroma.
Datazione contesto: *t.a.q.* 500/490 a.C. (ca. fine VII sec. – 500/490 a.C.).
Datazione relativa: secondo quarto VI sec. – 500/490 a.C.
Bibliografia: inedito.

600 K 32559 (tavv. 40. 92)
QAEO1F, F1995, Agora565, Ab. 112.
Lu: 5.3cm; La: 2.2cm; Dm est: 18.0cm; S: 0.5cm; H: 1.4cm.
Colori: impasto: arancione 2.5YR 6/6; nucleo: grigio 2.5YR 5/1; sup. int: arancione 5YR 6/6; sup. est: arancione 5YR 6/6; dec: arancione scuro 2.5YR 5/8.
Impasto: C: duro; DS: molto depurato; DI: grandi; Del: L1; Mod: tornio lento,
Fr. d'orlo a tesa orizzontale con profilo squadrato di una forma chiusa, anfora/idria. All'esterno, sotto l'orlo e sulla parete, linea orizzontale. Superfici lisciate.
NAS: Dipinta monocroma.
Datazione contesto: *t.a.q.* 500/490 a.C. (ca. fine VII sec. – 500/490 a.C.).
Datazione relativa: prima metà VI sec. – 500/490 a.C.
Bibliografia: inedito.

601 K 16761 (tavv. 40. 92)
QAEO1F, F1996, Agora565, Ab. 118.
Lu: 10.7cm; La: 9.4cm; Dm orlo est: 18.0cm; S: 0.6cm; H: 8.3cm.
Colori: impasto: beige-rosso 10YR 6/3-7.5YR 6/6; sup. int: beige 10YR 8/2; sup. est: beige 10YR 8/2; dec: marrone scuro 7.5YR 3/2; rosso marrone 5YR 3/4.
Impasto: C: duro; DS: estremamente depurato; DI: medi; Del: L4; Mod: tornio lento.
Fr. di orlo, collo e spalla di forma chiusa di grandi dimensioni, anfora/idria. All'esterno, banda orizzontale marrone seguita da linea rosso-marrone. Segue un largo spazio acromo, una linea rosso-marrone e una banda marrone situata tra collo e spalla. Sulla tesa dell'orlo, fascio di cinque listelli regolari marroni e, all'interno, banda orizzontale marrone.
NAS: Dipinta bicroma.
Datazione contesto: *t.a.q.* 500/490 a.C. (ca. fine VII sec. – 500/490 a.C.).
Datazione relativa: secondo quarto VI sec. – 500/490 a.C.
Bibliografia: inedito.

602 K 16464 (tavv. 40. 92)
QAEO1F, F1995, Agora564/567, Ab. 214.
Lu: 6.4cm; La: 7.7cm; Dm est: 15.0cm; S: 0.7cm; H: 6.6cm.
Colori: impasto: grigio 10YR 5/2; sup. int: beige 10YR 8/3; sup. est: beige 10YR 8/3; dec: nero-marrone 10YR 3/1.
Impasto: C: duro; DS: estremamente depurato; DI: grandi; Del: L3; Mod: tornio veloce.
Fr. d'orlo e collo di anfora/idria. All'interno, appena sotto l'orlo, banda orizzontale. All'esterno, due bande orizzontali e, sulla tesa dell'orlo, resti di cinque listelli regolari. Superficie esterna lisciata.
NAS: Dipinta monocroma.
Datazione contesto: *t.a.q.* 500/490 a.C. (ca. fine VII sec. – 500/490 a.C.).
Datazione relativa: metà VI sec. – 460/450 a.C.
Bibliografia: inedito.
Confronti: Campisi 1997, 151 no. I 5 fig. 2.

603 K 17296 (tavv. 40. 92)
QAEO1F, F1996, Agora564, Ab. 104 I.
Lu: 14.0cm; La: 4.7cm; Dm est: 21.0cm; S: 0.8cm; H: 4.6cm.
Colori: impasto: marrone-grigio 7.5YR 6/1-2; ing: grigio chiaro 2.5Y 7/2; dec: nero-marrone 10YR 4/1.
Impasto: C: duro; DS: estremamente depurato; DI: grandi; Del: L3; Mod: tornio veloce.
Fr. d'orlo estroflesso di anfora/idria. All'esterno, due bande orizzontali. All'interno, due bande orizzontali. Superficie esterna ingubbiata e lisciata.
NAS: Dipinta monocroma.
Datazione contesto: *t.a.q.* 500/490 a.C. (ca. fine VII sec. – 500/490 a.C.).
Datazione relativa: metà VI sec. – 460/450 a.C.
Bibliografia: inedito.
Confronti: Serra 2016, 128–129 nn. 232–236 (anfore/hydriai tipo B), in particolare 128 no. 233 tav. 28, 2.

604 K 32528 (fig. 44 tavv. 40. 92)
QAEO1F, F1995, Agora565, Ab. 109.
Lu: 6.3cm; La: 3.6cm; Dm: 15cm; S: 0.7cm; H: 2.6cm.
Colori: impasto: grigio 10YR 5/1; sup. int: marrone-grigio 7.5YR 6/1-2; sup. est: marrone-grigio 7.5YR 6/1-2; dec: arancione 7.5YR 5/6; nero 7.5YR 3/1; rosso scuro 5YR 4/6.
Impasto: C: duro; DS: estremamente depurato; DI: medi; Del: molto compatto con inclusioni bianche ad angoli vivi fino a 1mm, alcune verosimilmente calcaree. Chiazze arancioni diffuse (ossido di ferro?). Piccolissimi vacuoli puntiformi; Mod: tornio lento.
Fr. d'orlo estroflesso di anfora/idria in ceramica dipinta policroma. All'interno, linea orizzontale sotto l'orlo di colore rosso scuro. All'esterno, lungo l'orlo, banda nera. Sulla parete esterna, due bande orizzontali arancioni, evanida. Superficie lisciate all'interno e all'esterno.
NAS: Dipinta policroma.
Datazione contesto: *t.a.q.* 500/490 a.C. (ca. fine VII sec. – 500/490 a.C.).
Datazione relativa: metà VI / ultimo quarto VI sec. – 460/450 a.C.
Bibliografia: inedito.
Confronti: Serra 2016, 128–129 nn. 232–236 (anfore/hydriai tipo B).

605 K 16986 A–C (tavv. 40. 92)
QAEO1F, F1995/F1996, Agora565, Ab. 117/107.
A: Lu: 7.7cm; La: 9.4cm; S: 0.5-0.7cm; H: 7.8cm; B: Lu: 10.5cm; La: 2.4cm; S: 0.5cm; H: 1.4cm; C: Lu: 6.1cm; La: 5.2cm; S: 0.5-0.7cm; H: 2.8cm; Dm est: 14.0cm.
Colori: impasto: marrone 10YR 6/4; nucleo: grigio-rosso 10YR 5/1; 2.5YR 5/6; sup. int: beige 10YR 8/3; sup. est: beige 10YR 8/4; dec: nero 2.5YR 3/1; rosso 2.5YR 3/4-6.
Impasto: C: duro; DS: molto depurato; DI: grandi; Del: L5; Mod: tornio veloce.
Tre fr. non combacianti (A: due fr.; B: due fr.; C: un fr.) d'orlo estroflesso, collo e spalla di anfora/idria. All'esterno, sul collo, onda orizzontale rossa seguita da linea orizzontale nera e banda rossa. All'interno, linea nera lungo l'orlo seguita, sempre all'interno, da un'altra linea orizzontale rossa. Superficie esterna lisciata.
NAS: Dipinta bicroma.
Datazione contesto: *t.a.q.* 500/490 a.C. (ca. fine VII sec. – 500/490 a.C.).
Datazione relativa: metà VI sec. – 460/450 a.C.

Bibliografia: inedito.
Confronti: Campisi 2003, 203 no. D 231 fig. 193; Serra 2016, 129 nn. 237–241 (anfore/hydriai tipo C).

606 K 16764 (tavv. 40. 92)
QAEO1F, F1995, Agora565, Ab. 117 / 118.
Lu: 9.1cm; La: 5.9cm; Dm est: 9.4cm; S: 0.2-0.3cm; H: 7.4cm.
Colori: impasto: marrone-grigio 7.5YR 6/2; sup. int: grigio-marrone 7.5YR 7/2-3; sup. est: beige-grigio 7.5YR 7-8/1; dec: nero-grigio 10YR 3/1.
Impasto: C: duro; DS: estremamente depurato; DI: medi; Del: compatto ed omogeneo, mica, bianchi puntiformi, grigi chiari arrotondati, grigio scuro di forma squadrata; Mod: tornio veloce.
Sette fr. combacianti d'orlo/collo/spalla di un'anfora/idria. Sulla tesa dell'orlo, brevi listelli regolari. All'esterno, sul collo, onda orizzontale racchiusa da due linee orizzontali dipinte che sottolineano la tettonica della forma. All'interno dell'orlo, linea orizzontale dipinta.
NAS: Dipinta monocroma.
Datazione contesto: *t.a.q.* 500/490 a.C. (ca. fine VII sec. – 500/490 a.C.).
Datazione relativa: metà VI sec. – 460/450 a.C.
Bibliografia: inedito.
Confronti: Serra 2016, 132 nn. 265–266. 269 (brocche tipo D/F), in particolare 132 no. 266 tav. 31, 3.

607 K 32689 (tavv. 40. 92)
QAEO1F, F1995, Agora565, Ab. 112 / 113.
Lu: 10.9cm; La: 7.1cm; Dm est centrale: 14.0cm; S: 0.5-0.7cm.
Colori: impasto: grigio-marrone 7.5YR 6/3;5/2; sup. int: grigio 2.5Y 7/2; sup. est: grigio 2.5Y 7/2; ing: grigio chiaro 2.5Y 7/2; dec: nero GLEY 1 3/N.
Impasto: C: duro; DS: estremamente depurato; DI: medi; Del: compatto e omogeneo. Vacuoli puntiformi, bianchi calcarei, pochi grigi di forma arrotondata, evidenti inclusioni di *chamotte*; Mod: tornio veloce.
Due fr. combacianti di collo di forma chiusa, anfora/idria, di grandi dimensioni. All'esterno, sul collo, due bande orizzontali che racchiudono un'onda orizzontale dipinta di nero. Superficie esterna ingubbiata e lisciata.
NAS: Dipinta monocroma.
Datazione contesto: *t.a.q.* 500/490 a.C. (ca. fine VII sec. – 500/490 a.C.).
Datazione relativa: ultimo quarto VII sec. – 460/450 a.C.
Bibliografia: inedito.
Confronti: Serra 2016, 132 no. 269 tav. 31, 5.

608 K 32504 (tavv. 40. 92)
QAEO2F, F1995, Agora565, Ab. 106.
Lu: 4.9cm; La: 3.4cm; Dm: 14.0cm; S: 0.5cm; H: 2.2cm.
Colori: impasto: grigio 10YR 4/1; ing: beige 10YR 8/2; dec: arancione-marrone 7.5YR 6/8.
Impasto: C: duro; DS: molto depurato; DI: medi; Del: mica, bianchi calcarei, grigi arrotondati, pochi vacuoli allungati; Mod: tornio veloce.
Fr. d'orlo estroflesso di anfora/idria. All'interno, linea orizzontale dipinta e all'esterno sotto l'orlo banda orizzontale dipinta. Sia all'interno che all'esterno ingubbiato e lisciato.
NAS: Dipinta monocroma.
Datazione contesto: 500/490 – 480/470-60 a.C.
Datazione relativa: metà VI sec. – 460/450 a.C.
Bibliografia: inedito.
Confronti: Serra 2016, 128–129 nn. 232–236 (anfore/hydriai tipo B).

609 K 16569 (tavv. 41. 92)
QAEO2F, F1995, Agora565, Ab. 108.
Lu: 3.4cm; La: 2.8cm; Dm: 9.0cm; S: 0.6cm; H: 2.7cm.
Colori: impasto: beige scuro 7.5YR 7/8; nucleo: beige chiaro 7.5YR 7/4; sup. int: beige 10YR 8/3; sup. est: beige 10YR 8/3; dec: marrone-rosso 2.5YR 4/6.
Impasto: C: semiduro; DS: molto depurato; DI: medi; Del: L2; Mod: tornio lento.
Fr. d'orlo ingrossato verso l'esterno con modanatura esterna di brocca, anfora, o idria? All'interno banda orizzontale che parte dall'orlo, presente anche sulla tesa. Superfici lisciate.
NAS: Dipinta monocroma.
Datazione contesto: 500/490 – 480/470-60 a.C.
Datazione relativa: 500/490 – 460/450 a.C.
Bibliografia: inedito.
Confronti: Serra 2016, 138 no. 324 tav. 37, 4 (forme non identificabili); 132 nn. 267. 268 tavv. 31, 4. 40 (brocche tipo E).

610 K 32685 A–B (tav. 41)
QAEO2F, F1995, Agora565, Ab. 104 / 108.
A: Lu: 5.7cm; La: 5.5cm; S: 0.6-0.8cm; B: Lu: 5.5cm; La: 2.6cm; S: 1.0cm.
Colori: impasto: grigio 10YR 4/1; sup. int: marrone chiaro 7.5YR/5YR 7/4; ing: beige 7.5YR 8/1-2; dec: arancione 7.5YR 4/6-6/6; rosso scuro 2.5YR 4/6.
Impasto: C: duro; DS: molto depurato; DI: medi; Del: numerose inclusioni di colore bianco di grande e di piccola dimensione. Le particelle di colore rosato sono distribuite in modo omogeneo. I vacuoli sono tendenzialmente di forma arrotondata, di piccole dimensioni e sono distribuiti in modo omogeneo. Vi è la presenza di mica puntiforme; Mod: tornio veloce.
Due fr. non combacianti di collo e spalla di forma chiusa, probabilmente di anfora/idria. Sul collo, resti di un motivo ad onda orizzontale rossa racchiusa tra due bande arancioni. Tra il collo e la spalla, banda orizzontale dipinta in arancione dalla quale sono visibili i resti di due corti listelli, cresta di un volatile? Superficie esterna ingubbiata e lisciata.
NAS: Dipinta bicroma.
Datazione contesto: 500/490 – 480/470-60 a.C.
Datazione relativa: secondo quarto VI sec. – 460/450 a.C.
Bibliografia: inedito.

611 K 32748 (fig. 34 tavv. 41. 93)
QAE1, F2004/S2009, Agora553/557 (F04)/ Agora550/553 (S09), Ab. 502 (F04) / Ab. 103 (S09).
Lu: 11.8cm; La: 4.0cm; Dm est: 17.6cm; S: 0.6cm; H: 3.1cm.
Colori: impasto: beige 2.5Y 7/4; nucleo: verde 2.5Y 6/3; sup. int: beige 2.5Y 8/2; sup. est: beige 2.5Y 8/2; dec: marrone-viola 5YR 3/2.
Impasto: C: duro; DS: estremamente depurato; DI: medi; Del: L4; Mod: tornio veloce.
Due fr. combacianti d'orlo a tesa orizzontale a profilo arrotondato di anfora/idria. All'esterno, lungo la tesa dell'orlo, linea orizzontale. Sul collo, un'altra linea orizzontale. All'interno, tre linee irregolari leggermente arcuate realizzate a mano libera. Superfici lisciate.
NAS: Dipinta monocroma.
Datazione contesto: 500/490 – 460/450 a.C.
Datazione relativa: metà VI sec. – 460/450 a.C.
Bibliografia: inedito.
Confronti: Serra 2016, 129 nn. 237–241 (anfore/hydriai tipo C).

612 K 27208 (fig. 35 tavv. 41. 93)
QAE1, S2009, Agora551, Ab. 2/101.
Lu: 12.1cm; La: 5.7cm; Dm orlo: 17.4cm; S: 0.4cm; H: 4.6cm.
Colori: impasto: marrone chiaro 7.5YR6-7/4; nucleo: grigio GLEY 2 6/10PB; sup. int: beige 10YR 8/2; sup. est: beige 10YR 8/2; ing: beige 10YR 8/2; dec: rosso scuro 2.5YR 3/4; marrone scuro 2.5YR 3/1.
Impasto: C: duro; DS: estremamente depurato; DI: grandi; Del: L4; Mod: tornio veloce.
Fr. d'orlo a tesa orizzontale a profilo arrotondato di anfora/idria. All'interno dell'orlo, linea orizzontale marrone scuro. Lungo la tesa dell'orlo, banda rosso scuro seguita, sul collo, da onde parallele orizzontali di colore rosso scuro, intersecanti tra di loro. All'esterno, sulla superficie inferiore della tesa dell'orlo, bolla di cottura. Superfici lisciate.
NAS: Dipinta bicroma.
Datazione contesto: 500/490 – 460/450 a.C.
Datazione relativa: metà VI sec. – 460/450 a.C.
Bibliografia: inedito.
Confronti: Serra 2016, 129 nn. 237–241 (anfore/hydriai tipo C).

613 K 27005 (figg. 30. 34 tavv. 41. 93)
QAE1, S2009, Agora550/551/553, Ab. 4.
Lu: 14.2cm; La: 8.1cm; Dm: 15.2cm; S: 0.6-0.9cm; H: 7.9cm.
Colori: impasto: arancione-marrone 5YR 5/6; sup. int: arancione-marrone 5YR 7/4-6; sup. est: arancione-marrone 5YR 6/4; ing: beige-giallo 10YR 8/2; dec: marrone 5YR 4-5/6; arancione-marrone 5YR 4/3.

Impasto: C: duro; DS: estremamente depurato; DI: medi; Del: bianchi allungati calcarei, vacuoli allungati, rossi saltuari; Entella?; Mod: tornio veloce.
Fr. di orlo svasato all'interno di anfora/idria. All'esterno, due linee orizzontali marroni seguite da una larga banda arancione-marrone e da una linea orizzontale marrone, dalla quale partono quattro listelli verticali. Esterno ingobbio evanido. Superficie lisciata.
NAS: Dipinta bicroma.
Datazione contesto: 500/490 – 460/450 a.C.
Datazione relativa: metà VI sec. – 460/450 a.C.
Bibliografia: inedito.

614 K 28040 A–B (figg. 35. 50 tavv. 41. 93)
QAE1, F2006, Agora551/EU SUD5, Ab. 6.
A: Lu: 22.7cm; La: 19.8cm; S: 0.8-0.9cm B: Lu: 13.7cm; La: 13.8cm; S: 0.5-0.7cm; SezAnsa: 2.3x2.2cm; Dm orlo est: 12cm; Dm massimo: 32cm; H: 26cm.
Colori: impasto: beige 7.5YR 6-7/3; nucleo: grigio 7.5YR 5/1; sup. int: beige 7.5YR 7/2-3; sup. est: beige 10YR 8/3; ing: beige 10YR 8/2; dec: rosso scuro 10YR 3/2; rosso marrone 5YR 4/6.
Impasto: C: duro; DS: molto depurato; DI: medi; Del: L4; Mod: tornio veloce.
A: otto fr. combacianti di parte superiore di idria con ansa verticale e bastoncello leggermente rialzata nella cuspide più alta. B: sette fr. combacianti di parete del corpo. A: lungo la parte interna dell'orlo, linea orizzontale dipinta che si espande lungo l'esterno dell'ansa verticale a bastoncello terminando poco prima della fine dell'ansa. Sulla spalla del corpo globulare, serie di due bande e due linee orizzontali parallele (dall'alto verso il basso: rosso scuro, marrone-nero, due rosse scure) dalla quale partono dei fasci di quattro listelli ciascuno. Tali listelli, verticali e di colore marrone-nero, formano dei campi metopali campiti da simboli ad "S" di colore marrone-nero e delimitati inferiormente da una linea orizzontale rosso scuro e da una banda orizzontale marrone-nera. Superficie esterna ingubbiata e lisciata.
NAS: Dipinta bicroma.
Datazione contesto: 500/490-460/450 a.C.
Datazione relativa: metà VI sec. – 460/450 a.C.
Bibliografia: inedito.
Confronti: Campisi 2003, 203 no. D 231 fig. 193; Serra 2016, 132 no. 239 (brocche tipo F).

615 K 27101 (fig. 34 tavv. 41. 93)
QAE1, S2009, Agora550/551/553, Ab. 402.
Lu: 16.0cm; La: 11.5cm; Dm massimo est: 34.0cm; SezAnsa: 1.6x1.5cm; S: 0.6-0.8cm.
Colori: impasto: marrone 7.5YR 6/3; nucleo: grigio 7.5YR 5-6/1; sup. int: marrone 5YR 6-7/3; sup. est: beige 2.5Y 8/2; ing: beige 2.5Y 8/2; dec: giallo 10YR 7/4-6; marrone-arancione 5YR 4/6.
Impasto: C: duro; DS: estremamente depurato; DI: medi; Del: L4; Mod: tornio veloce.
Quattro fr. combacianti di parete con attacco d'ansa a bastoncello orizzontale leggermente orientata verso l'alto di parte inferiore di anfora/idria. All'esterno, sotto l'attacco dell'ansa, banda gialla delimitata sopra e sotto da una linea marrone-arancione. Superficie esterna ingubbiata e lisciata.
NAS: Dipinta bicroma.
Datazione contesto: 500/490 – 460/450 a.C.
Datazione relativa: secondo quarto VI sec. – 460/450 a.C.
Bibliografia: inedito.

616 K 27017 (figg. 34. 59 tav. 41)
QAE1, S2009, Agora550/551/553, Ab. 104.
Lu: 15.1cm; La: 9.6cm; Dm int: 31.0cm; S: 0.4-0.5cm.
Colori: impasto: beige 5YR 6/6; nucleo: grigio 5YR 6/1; sup. int: arancione chiaro 5YR 7/6; sup. est: beige-arancione 7.5YR 7/4; dec: marrone-nero 5YR 3/1; rosso scuro 2.5YR 3/4-6.
Impasto: C: semiduro; DS: estremamente depurato; DI: medi; Del: L1; Mod: tornio veloce.
Sei fr. combacianti di parte inferiore di anfora/idria. All'esterno, larga banda orizzontale rossa scura con motivo ad onda risparmiata incisa (utensile appuntito). Banda racchiusa da una linea sottile marrone-nera. Tangente alla linea inferiore, fregio di gocce oblique e resti di linea leggermente arcuata verticale (?). Superficie esterna lisciata.
NAS: Dipinta bicroma ; Decorazione lineare opaca (-).
Datazione contesto: 500/490 – 460/450 a.C.
Datazione relativa: ultimo quarto VI sec. – 460/450 a.C.
Bibliografia: inedito.

617 K 22353 A–D (figg. 34. 59 tav. 41)
QAE1, F2004/S2009, Agora550/557 / Agora550/551/553, Ab. 102 / 502 (F04)/ Ab. 402 (S09).
A: Lu: 22.0cm; La: 10.5cm; S: 0.4cm; B: Lu: 8.2cm; La: 6.6cm; S: 0.5cm; C: Lu: 3.7cm; La: 4.0cm; S: 0.4cm; D: Lu: 7.5cm; La: 3.8cm; S: 0.4cm; Dm: 29.0cm.
Colori: impasto: beige 7.5YR 7/2-3; nucleo: grigio GLEY 2 6/5PB; sup. int: beige-grigio 10YR 7/2-3; sup. est: beige 2.5Y 8/2; ing: beige 2.5Y 8/2; dec: nero-marrone 10YR 3/2; rosso scuro 2.5YR 4/4-10R 3/4.
Impasto: C: duro; DS: estremamente depurato; DI: medi; Del: L4; Mod: tornio veloce.
A: sei fr. combacianti di parte inferiore + B: un fr. di parete parte superiore + C/D fr. di parte inferiore di anfora/idria. Il fr. B mostra la parte superiore decorata da una banda rosso scuro orizzontale delimitata a sua volta da una linea superiore ed inferiore marrone-nera; da quella inferiore partono cinque listelli verticali; sugli altri fr. la parte inferiore della forma presenta una banda più larga rosso scuro delimitata, sopra e sotto, da una linea parallela marrone-nero campita da un motivo ad onda risparmiata incisa orizzontale (utensile appuntito); verso il fondo fregio a gocce.
NAS: Dipinta bicroma ; Decorazione lineare opaca (-).
Datazione contesto: 500/490 – 460/450 a.C.
Datazione relativa: ultimo quarto VI sec. – 460/450 a.C.
Bibliografia: Isler 2005b, 6 fig. 14.
Confronti: per la decorazione e la produzione: Serra 2016, 144 no. 390 tav. 43, 6.

618 K 32427 A–J (fig. 39 tavv. 41. 93)
OPH2, S2010/S2011/S2013, PH2 422 (S10) / PH2 422/426 (S11) / PH2 422 (S13), Ab. 106 / Haus 1, Raum 3, Reinigung; 106SW; 106W / Reinigung III; 104S; 106; 106SW; 106W; 107; 402S; 107 Reinigung.
Lu: 18cm; La: 14.8cm; S: 0.4cm.
Colori: impasto: marrone chiaro 10YR 7/3; nucleo: grigio 10YR 5/1; sup. int: beige 10YR 7/3; sup. est: beige 10YR 7/3; dec: marrone scuro 10YR 3/2; rossastro: 5YR 4-5/6.
Impasto: C: semiduro; DS: estremamente depurato; DI: piccoli; Del: L4; Mod: tornio veloce.
37 fr. in parte combacianti di parete e ansa a nastro verticale di idria. Sull'ansa a nastro, listelli orizzontali marroni. Sulla parte sottostante, linea che contorna l'ansa dalla quale partono due linee semiarcuate verso l'esterno che si congiungono a due linee orizzontali parallele marroni scure dalle quali partono verso l'alto quattro listelli verticali formanti un motivo metopale. Nella parte inferiore, due linee orizzontali marroni-nere seguite da una banda rossastra e da due linee orizzontali marroni-nere. Nella parte inferiore della forma, motivo a gocce formante una sorta di raggiera.
NAS: Dipinta bicroma.
Datazione contesto: *ante* 460/450 a.C.
Datazione relativa: secondo quarto VI sec. – 460/450 a.C.
Bibliografia: inedito.
Confronti: per la decorazione e la produzione (con motivo ad onda orizzontale graffita): Serra 2016, 144 no. 390 tav. 43, 6.

Forme chiuse da stoccaggio di medio-grandi dimensioni

619 K 22176 (tavv. 41. 94)
REPH1, F2003, WQ491/492, Ab. 10.
Lu: 2.3cm; La: 3.0cm; Dm: ca. 21cm; S: 1.6cm; H: 2.5cm.
Colori: impasto: grigio GLEY 3/N – 10YR 4/1; sup. int: grigio-marrone 10YR 5/1; sup. est: grigio-marrone 10YR 5/1; dec: nero 10YR 3/1.
Impasto: C: tenero; DS: molto depurato; DI: grandi; Del: frequenti grigi di forma arrotondata e spigolosi, saltuari bianchi puntiformi, rari clasti calcarei, vacuoli principalmente di forma allungata, più rari quelli puntiformi; Mod: a mano.
Fr. d'orlo di forma chiusa di grandi di-

mensioni. All'esterno, tre solchi orizzontali incisi con resti di sei linee a tremolo orizzontali impresse delimitate inferiormente da un solco orizzontali inciso. Incrostazione biancastra all'interno della decorazione. Rivestimento omogeneo sia all'interno che all'esterno. Superficie esterna lucidata.
NAS: Incisa e impressa con rivestimento omogeneo lucidato.
Datazione contesto: *t.a.q.* ca. 600 a.C. (ca. seconda metà VIII – fine VII sec. a.C.).
Datazione relativa: seconda metà VIII sec. – 570 a.C.
Bibliografia: inedito.

620 K 23208 A–D (tavv. 41. 94)
REPH1, F2005, WQ492, Erdsteg E2, Ab. 1 / 3 / 4, Schicht 1; Erdsteg, Reinigung S-Kante.
A: Lu: 11.5cm; La: 11.0cm; S: 1.2-1.3cm; Dm massimo est: 34.8 cm; H: 8.7cm; B: Lu: 5.6cm; La: 4.6cm; S: 1.4cm; Dm orlo: 23.5cm; H: 4.1cm; C: Lu: 2.9cm; La: 3.4cm; S: 1.2cm; D: Lu: 2.7cm; La: 3.7cm; S: 1.5cm.
Colori: impasto: beige 10YR 8/4; nucleo: grigio 10YR 4/1; sup. int: grigio 10YR 4/1; sup. est: beige-giallo 10YR 8/3; dec: marrone-arancione 7.5YR 5-6/8.
Impasto: C: tenero; DS: molto depurato; DI: grandi; Del: L2; Mod: tornio lento.
Quattro fr. non combacianti (A: sei fr.; B: un fr.; C: un fr; D: un fr.) di forma chiusa, vaso di grandi dimensioni biconico. Le pareti conservate non accennano curvature della morfologia. Forma da stoccaggio di alimenti aridi. All'esterno, tre solchi orizzontali incisi, seguiti da riquadro campito da sei linee a tremolo orizzontale impresse e delimitate inferiormente da due linee orizzontali incise. Sulla parte esterna inferiore, banda a zig-zag campita da linee a tremolo oblique impresse e delimitate, in alto e in basso, da due linee orizzontali incise; sopra probabile banda a zig-zag composta da sette linee oblique tangenti. Resti di incrostazione bianca all'interno delle decorazioni incise e impresse. Rivestimento marrone arancione all'esterno. Superficie esterna lucidata.
NAS: Incisa e impressa con rivestimento omogeneo lucidato.
Datazione contesto: *t.a.q.* ca. 600 a.C. (ca. seconda metà VIII – fine VII sec. a.C.).
Datazione relativa: seconda metà VIII sec. – 570 a.C.
Bibliografia: fr. A: Isler 2009a, 145 fig. 10; Isler 2009c, 661 fig. 465.
Confronti: Trombi 2015, 86–87 no. 3 tav. XII (forma S1, orci). Per il modello della forma: Panvini 2006a, 57 no. 3234 (Facies di Pantalica I / II) = Congiu in: Guzzone – Congiu 2005, 198–199 no. 40 = Mollo Mezzena 1993, 155 fig. 34, a (Profilo). Simile: Giglio Cerniglia et al. 2012, 246 fig. 439, 2.
Osservazioni: analisi gascromatografiche (GC-MS), Dr. Florinda Notarstefano (Università del Salento), risultato preliminare: steroli vegetali.

621 K 32043 (tavv. 42. 94)
REPH1, F2005, WQ492, Erdsteg, Ab. 2, Schicht 1.
Lu: 3.6cm; La: 2.4cm; Dm: indet. (ca. 17cm); S: 0.6-0.7cm; H: 1.4cm.
Colori: impasto: beige-rosso 7.5YR 7/4; nucleo: grigio 7.5YR 5-6/1; sup. int: beige-rosso 7.5YR 7/4; sup. est: beige-giallo 10YR 7/4; dec: arancione-rosso 2.5YR 5/8.
Impasto: C: tenero; DS: molto depurato; DI: grandi; Del: L2; Mod: tornio lento.
Fr. d'orlo a tesa orizzontale a profilo arrotondato di forma chiusa. All'esterno, resti di rivestimento. Sulla tesa dell'orlo larghi listelli regolari dipinti. Superfici lucidate.
NAS: Decorazione lineare lucidata (+).
Datazione contesto: *t.a.q.* ca. 600 a.C. (ca. seconda metà VIII – fine VII sec. a.C.).
Datazione relativa: seconda metà VII / ultimo quarto VII – primo quarto VI sec. a.C.
Bibliografia: inedito.

622 K 32129 (tavv. 42. 94)
REPH1, F2005, WQ492, Erdsteg E2, Ab. 108.
Lu: 3.7cm; La: 2.9cm; Dm: indet; S: 0.8cm; H: 1.9cm.
Colori: impasto: marrone 10YR 4/2; nucleo: grigio 10YR 5/2; sup. int: beige 10YR 7/2; sup. est: beige 10YR 7/3; dec: marrone scuro 10YR 3/2; marrone 10YR 4/4.
Impasto: C: tenero; DS: estremamente depurato; DI: grandi; Del: a matrice eterogenea, numerosi inclusi grigi spigolosi (fino a 2mm), più radi grigi arrotondati, saltuari rossi puntiformi, frequenti vacuoli di forma allungata, più radi quelli puntiformi; Mod: tornio lento.
Fr. con orlo ingrossato di forma chiusa di grandi dimensioni. All'esterno, rivestimento marrone scuro steso a striature sottili. Sulla tesa dell'orlo resti minimi di colore marrone, omogeneo. Superfici lucidate.
NAS: Rivestimento omogeneo lucidato (striature sottili).Datazione contesto: *t.a.q.* ca. 600 a.C. (ca. seconda metà VIII – fine VII sec. a.C.).
Datazione relativa: seconda metà VIII sec. – 570 a.C.
Bibliografia: inedito.
Confronti: Campisi 2003, 207 no. D 242 fig. 196 (orcio o forma chiusa di grandi dimensioni – dipinta).

623 K 32048 (tavv. 42. 94)
REPH1, F2005, WQ492, Erdsteg, Ab. 6, Schicht 1.
Lu: 3.5cm; La: 2.0cm; Dm: 8.6cm; S: 0.5cm; H: 2.1cm.
Colori: impasto: beige-rosso 5YR 7/4-6; nucleo: grigio 5YR 6/1; sup. int: beige-rosso 5YR 7/4-6; sup. est: beige-rosso 5YR 7/4-6.
Impasto: C: tenero; DS: molto depurato; DI: grandi; Del: L1; Mod: tornio lento.
Due fr. d'orlo combacianti estroflesso leggermente ingrossato verso l'esterno di forma chiusa di piccole dimensioni. All'esterno, superficie ben levigata, steccata (?) con segni orizzontali di ca. 5mm di larghezza. All'interno, nessun trattamento tranne linee orizzontali leggermente irregolari del tornio lento.
NAS: Acroma lisciata.
Datazione contesto: *t.a.q.* ca. 600 a.C. (ca. seconda metà VIII – fine VII sec. a.C.).
Datazione relativa: seconda metà VIII sec. – 460/450 a.C.
Bibliografia: inedito.
Confronti: Serra 2016, 136 nn. 307–308 (olle tipo F).

624 K 32126 (tavv. 42. 94)
REPH1, F2005, WQ492, Erdsteg E2, Ab. 107.
Lu: 4.1cm; La: 2.8cm; Dm: 10.8cm; S: 0.5-0.6cm; H: 2.8cm.
Colori: impasto: beige 10YR 7/3; nucleo: grigio 10YR 5/1; sup. int: beige 10YR 8/3; sup. est: beige 10YR 8/3; dec: giallo-marrone 10YR 6/6.
Impasto: C: tenero; DS: estremamente depurato; DI: grandi; Del: L3; Mod: tornio lento.
Fr. di forma chiusa di medio-grandi dimensioni. Vaso da stoccaggio. All'esterno e sull'orlo, numerosi resti di colore su più parti della forma. Superficie lucidata dove ben conservata.
NAS: Rivestimento omogeneo lucidato.
Datazione contesto: *t.a.q.* ca. 600 a.C. (ca. seconda metà VIII – fine VII sec. a.C.).
Datazione relativa: seconda metà VIII sec. – 570 a.C.
Bibliografia: inedito.
Confronti: Leighton 1993, 198 no. 420 tav. 123 (*jar*); Campisi 2003, 203 no. D 229 fig. 193 (olla – dipinta).

625 K 22182 (tavv. 42. 94)
REPH1, F2003, WQ491/492, Ab. 10.
Lu: 3.1cm; La: 1.7cm; Dm: 12cm; S: 0.5cm; H: 1.8cm.
Colori: impasto: marrone 7.5YR 6/3; nucleo: grigio 7.5YR 5/1; sup. int: marrone-grigio 10YR 6/2; dec: marrone 7.5YR 4/4.
Impasto: C: tenero; DS: molto depurato; DI: medi; Del: L0; Mod: tornio lento.
Fr. d'orlo estroflesso svasato all'interno di forma chiusa di piccole dimensioni. Rivestimento omogeneo, steso a striature sottili, sia all'esterno che all'interno del labbro. Superficie esterna lucidata.
NAS: Rivestimento omogeneo lucidato (striature sottili).
Datazione contesto: *t.a.q.* ca. 600 a.C. (ca. seconda metà VIII – fine VII sec. a.C.).
Datazione relativa: seconda metà VIII sec. – 570 a.C.
Bibliografia: inedito.

626 K 24288 (tavv. 42. 94)
REPH1, F2006, WQ492, Ab. 80B.
Lu: 5.5cm; La: 5.3cm; Dm carena est: 19.2cm; S: 0.9cm; H: 1.5cm.
Colori: impasto: marrone-rosso 5YR 5/4; nucleo: grigio 5YR 4/1-2; sup. int: grigio-marrone 10YR 5/1-2; dec: grigio scuro 10YR 4-5/1; beige-grigio 10YR 6/2.
Impasto: C: tenero; DS: estremamente

depurato; DI: grandi; Del: a biscotto. Numerosi grigi distribuiti omogeneamente ad angoli arrotondati (ghiaia, fino a 4mm), saltuari bianchi puntiformi, meno frequenti grigi di forma arrotondata e nella stessa frequenza bianchi di forma allungata, residui carbonizzati, radi vacuoli puntiformi, più numerosi vacuoli di forma allungata; Mod: tornio lento.
Due fr. combacianti di parete (spalla) di forma chiusa di medio-grandi dimensioni. All'esterno, rivestimento grigio scuro con delle "bande" beige-marroni stese dopo il rivestimento grigio. Superficie esterna lucidata.
NAS: Rivestimento non omogeneo lucidato.
Datazione contesto: *t.a.q.* ca. 600 a.C. (ca. seconda metà VIII – fine VII sec. a.C.).
Datazione relativa: seconda metà VIII sec. – 600 a.C.
Bibliografia: inedito.
Confronti: Palermo et al. 2009, 60 fig. 2, 29 (incisa).

627 K 22175 (tavv. 42. 94)
REPH1, F2003, WQ491/492, Ab. 10.
Lu: 8.2cm; La: 7.3cm; Dm: indet; S: 0.6-1.0cm; H: 5.4cm.
Colori: impasto: beige-rosso 5YR 7/4-6; nucleo: grigio 7.5YR 6/1-2; sup. int: beige 7.5YR 8/3; ing: beige 10YR 8/2; dec: arancione scuro 2.5YR 6/6.
Impasto: C: duro; DS: molto depurato; DI: grandi; Del: L2; Mod: tornio lento.
Due fr. combacianti di parete di forma chiusa di medie dimensioni, parte inferiore di anfora/idria? All'esterno, ingobbio beige. Solco orizzontale inciso senza incrostazione, ma dipinto e resti di tre fasce verticali dipinte, opache. Superficie esterna lucidata prima dell'apporto delle fasce dipinte.
NAS: Incisa senza rivestimento, superficie lucidata ; Dipinta monocroma.
Datazione contesto: *t.a.q.* ca. 600 a.C. (ca. seconda metà VIII – fine VII sec. a.C.).
Datazione relativa: seconda metà VII sec. – 570 a.C.
Bibliografia: inedito.

628 K 32054 (tavv. 42. 94)
REPH1, F2005, WQ491/492, Erdsteg, Ab. 8, Schicht 1; 1-meter Streifen, Reinigung E-Kante.
Lu: 8.8cm; La: 9.4cm; Dm: 18cm; SezAnsa: 2.2x1.2; S: 0.4cm.
Colori: impasto: beige-rosso 5YR 6/6; nucleo: beige 7.5YR 7/4; sup. int: beige 7.5YR 7/4; sup. est: beige-rosso 2.5YR 7/6; ing: beige 7.5YR 8/3; dec: marrone 7.5YR 5/4.
Impasto: C: duro; DS: molto depurato; DI: grandi; Del: eterogeneo, frattura frastagliata, frequente *chamotte* (fino a 2mm), bianchi e rossi puntiformi, radi grigi di forma arrotondata, frequenti vacuoli di forma allungata e puntiforme; Mod: tornio lento.
Tre fr. combacianti di parete con ansa verticale a nastro integra (spalla) di forma chiusa di medio-grandi dimensioni. All'esterno, resti di tre larghi (0.4cm) solchi orizzontali, poco profondi. All'esterno, ingobbio beige e resti di rivestimento marrone. Superficie esterna lisciata.
NAS: Incisa con rivestimento omogeneo opaco.
Datazione contesto: *t.a.q.* ca. 600 a.C. (ca. seconda metà VIII – fine VII sec. a.C.).
Datazione relativa: seconda metà VII sec. – 550/540 a.C.
Bibliografia: inedito.

629 K 25284 (tavv. 42. 94)
QO1F, F2006, EQ1140, Sondage 2, Ab. 30.
Lu: 4.0cm; La: 3.2cm; Dm: indet. (ca. 22.0cm); S: 0.95cm; H: 2.4cm.
Colori: impasto: beige 10YR 6/4; nucleo: grigio 10YR 6/4; sup. int: marrone chiaro 10YR 6/2; sup. est: marrone chiaro 10YR 6/2; dec: marrone scuro 10YR 3/2.
Impasto: C: tenero; DS: molto depurato; DI: grandi; Del: bianchi calcarei, grigi di forma arrotondata, vacuoli puntiformi; Mod: tornio lento.
Fr. d'orlo estroflesso di forma da stoccaggio di grandi dimensioni. All'esterno, tre linee orizzontali incise seguite da fregio di cerchielli concentrici impressi. Priva di incrostazione all'interno delle decorazioni. Resti minimi di rivestimento lucidato sia all'interno che all'esterno.
NAS: Incisa e impressa con rivestimento omogeneo lucidato.
Datazione contesto: ca. 630/620 – 570 a.C.
Datazione relativa: seconda metà VIII sec. – 570 a.C.
Bibliografia: inedito.
Confronti: Serra 2016, 135 no. 300 (olle tipo C1).

630 K 25270 (tavv. 42. 94)
QO1F, F2006, EQ1139/1140, Sondage 2, Ab. 34 / Sondage 1, Ab. 25.
Lu: 10.8cm; La: 6.1cm; Dm: 10.8cm; S: 0.5cm; H: 6.0cm.
Colori: impasto: beige-rosso 5YR 7/4; nucleo: grigio 5YR 7/2; sup. int: beige 7.5YR 7-8/4; sup. est: beige 7.5YR 8/4.
Impasto: C: tenero; DS: molto depurato; DI: grandi; Del: L1; Mod: tornio lento.
Quattro fr. d'orlo obliquo di forma chiusa da stoccaggio, orciolo. Parte interna molto erosa, superficie quasi non conservata; inclusi visibili in superficie. All'esterno ben lisciato.
NAS: Acroma lisciata.
Datazione contesto: ca. 630/620 – 570 a.C.
Datazione relativa: seconda metà VIII sec. – 460/450 a.C.
Bibliografia: inedito.
Confronti: Termini 2003, 246 no. C 69 fig. 212 (con bugna); Falsone et al. 1993, 181 nn. 27. 28 figg. 27. 31.

631 K 32490 A–B (tavv. 42. 94)
QO1F, F2006, EQ1140, Sondage 2, Ab. 29 / 30.
A/B: Lu: 9.6cm / 9.1cm; La: 4.3cm / 8.6cm; Dm: 13.2cm; S: 0.3-0.4cm / 0.3-0.4cm; H: 4.4cm.
Colori: impasto: marrone 10YR 6/1-2; sup. int: beige 10YR 7-8/4; sup. est: beige 2.5Y 8/2; ing: bianco 10YR 6/1-2.
Impasto: C: duro; DS: molto depurato; DI: grandi; Del: compatto e relativamente omogeneo. Numerosi bianchi puntiformi e saltuariamente ad angoli arrotondati, grigi ad angoli arrotondati (fino a 2mm), grigi scuri puntiformi, saltuari rossi puntiformi, vacuoli di forma allungata; Mod: tornio veloce.
Due fr. combacianti d'orlo e quattro di parete non combacianti di forma chiusa da stoccaggio, orciolo. Esterno ingubbiato e lisciato.
NAS: Acroma lisciata.
Datazione contesto: ca. 630/620 – 570 a.C.
Datazione relativa: seconda metà VIII sec. – 460/450 a.C.
Bibliografia: inedito.
Confronti: Falsone et al. 1993, 181 nn. 27. 28 figg. 27. 31.

632 K 25258 (tavv. 42. 94)
QO1F, F2006, EQ1140, Sondage 2, Ab. 33.
Lu: 4.5cm; La: 3.2cm; Dm est: 17.0cm; S: 0.6cm; H: 2.7cm.
Colori: impasto: beige 7.5YR 7/3; sup. int: beige 10YR 7/4; sup. est: beige-rosso 7.5YR 7/4; dec: arancione-marrone 5YR 6/8.
Impasto: C: tenero; DS: molto depurato; DI: medi; Del: L1; Mod: tornio lento.
Fr. d'orlo svasato all'interno con foro passante direttamente nell'orlo di forma da stoccaggio di medie dimensioni. Foro funzionale allo stoccaggio in sospensione orizzontale della forma al soffitto. All'interno, tre solchi poco profondi incisi nella parte superiore della forma. Sia all'interno che all'esterno, resti minimi di rivestimento. All'interno, evidenti tracce di bruciato/esposizione secondaria a fonti di calore. Superfici lucidate.
NAS: Incisa con rivestimento omogeneo lucidato (striature sottili).
Datazione contesto: ca. 630/620 – 570 a.C.
Datazione relativa: seconda metà VIII sec. – 570 a.C.
Bibliografia: inedito.
Confronti: Spatafora 2003c, 128 no. I 69 fig. 140.

633 K 25121 (tavv. 42. 94)
QO2F, F2006, EQ1140, Sondage 2, Ab. 24.
Lu: 5.0cm; La: 3.6cm; Dm: 12.0cm; S: 0.6cm; H: 3.6cm.
Colori: impasto: marrone-rosso 5YR 5/6; sup. int: marrone 5YR 6/4; sup. est: marrone 5YR 6/4.
Impasto: C: tenero; DS: estremamente depurato; DI: grandi; Del: numerosi inclusioni visibili in superficie, *chamotte* (fino a 2mm), colore beige a spigoli arrotondati (fino a 3mm), saltuari grigi a spigoli arrotondati (fino a 3mm), bianchi calcarei puntiformi, saltuari bianchi ad angoli arrotondati, vacuoli allungati e puntiformi. Impasto grossolano; Mod: tornio lento.
Fr. d'orlo estroflesso con presa a bugna forata obliquamente tra parete interna

ed esterna di forma chiusa da stoccaggio, olla. Foro funzionale allo stoccaggio in sospensione orizzontale della forma al soffitto. Superficie esterna abrasa, in origine lisciata come visibile in alcuni punti.
NAS: Acroma lisciata.
Datazione contesto: ca. 570 – 540 a.C.
Datazione relativa: seconda metà VIII sec. – 460/450 a.C.
Bibliografia: inedito.
Confronti: senza bugna: Steures 1980, 150 no. N 74:2; con bugna forata diversamente: Campisi 2003, 203 no. D 239 fig. 193 (dipinta); con presa cuspidata: Termini 2003, 246 no. C 69 fig. 212.

634 K 24717 (tavv. 42. 94)
QO2F, F2006, EQ1140, Sondage 2, Ab. 20.
Lu: 2.4cm; La: 3.1cm; Dm est: indet. (ca. 16.0cm); S: 0.7cm; H: 3.0cm.
Colori: impasto: rosso-marrone 2.5YR 5/6; nucleo: marrone 7.5YR 5/4; sup. int: marrone 7.5YR 6/4; ing: beige 2.5YR 8/2.
Impasto: C: tenero; DS: molto depurato; DI: medi; Del: molto eterogeneo, numerosi bianchi calcarei, bianchi a spigoli arrotondati, grigi scuri puntiformi, grigi di forma arrotondata distribuiti in maniera diffusa, *chamotte* (fino a 2mm), vacuoli puntiformi; Mod: tornio lento.
Fr. d'orlo ingrossato verso l'esterno di forma chiusa in ceramica acroma con ingobbio, o in origine dipinta? All'esterno, ingobbio bianco. Superfici lisciate.
NAS: Acroma lisciata.
Datazione contesto: ca. 570 – 540 a.C.
Datazione relativa: seconda metà VIII sec. – 460/450 a.C.
Bibliografia: inedito.
Confronti: Serra 2016, 134–135 nn. 291–299 (olle tipo C).

635 K 32501 (tav. 42)
QO2F, F2004/2006, EQ1139/1140, Sondage, Ab. 3EII / 4EI / 6EII/2; Sondage 1, Ab. 7.
Lu: 19.0cm; La: 13.0cm; S: 0.6-0.7cm.
Colori: impasto: marrone chiaro 10YR 6-7/4; sup. int: beige 10YR 8/4; ing: beige 2.5Y 8/2; dec: marrone-nero10YR 3/1.
Impasto: C: duro; DS: estremamente depurato; DI: grandi; Del: L3; Mod: tornio lento.
Cinque fr. di parete combacianti con attacco dell'ansa a bastoncello orizzontale leggermente orientata verso l'alto, vaso da stoccaggio. All'esterno, resti minimi di dipinta su ingobbio, forma della decorazione indet.
NAS: Dipinta monocroma.
Datazione contesto: ca. 570 – 540 a.C.
Datazione relativa: ultimo quarto VII sec. – 460/450 a.C.
Bibliografia: inedito.

636 K 22768 (tavv. 42. 94)
QO1/2F, F2004, EQ1131, Ab. ZS 1.
Lu: 3.8cm; La: 3.4cm; Dm: 10.0cm; S: 0.3cm; H: 3.4cm.
Colori: impasto: marrone 7.5YR 6/4; nucleo: grigio 7.5YR 6/1; sup. int: marrone 7.5YR 6/3; ing: beige-giallo 10YR 8/3; dec: rosso-marrone 5YR 5/8.
Impasto: C: duro; DS: molto depurato; DI: grandi; Del: *chamotte*, bianchi calcarei e non da puntiformi a grandi, grigi chiari puntiformi, vacuoli allungati; Mod: tornio lento.
Fr. d'orlo svasato all'interno di forma chiusa da stoccaggio. All'esterno, tra orlo e spalla, linea orizzontale dipinta. In superficie sono visibili numerosi inclusioni di *chamotte*. Superficie esterna ingubbiata e lisciata.
NAS: Dipinta monocroma.
Datazione contesto: ca. 630/620 – 540 a.C.
Datazione relativa: ultimo quarto VII sec. – 460/450 a.C.
Bibliografia: inedito.
Confronti: Campisi 2003, 209 no. D 255 fig. 196.

637 K 22888 (tavv. 42. 94)
QO1/2F, F2004/2006, EQ1131/1139/1140, Ab. ZS 2 / Sondage 1, Ab. 24.
Lu: 13.1cm; La: 14.0cm; Dm: 14.0cm; S: 0.6-0.8cm; H: 13.1cm.
Colori: impasto: grigio 7.5YR 5/1; sup. int: beige 10YR 7/3; sup. est: beige 10YR 7/3.
Impasto: C: semiduro; DS: estremamente depurato; DI: piccoli; Del: L2; Mod: tornio lento.
25 fr. totali di forma chiusa da stoccaggio con orlo bombato e foro di sospensione laterale (3.0x1.6cm). Foro funzionale allo stoccaggio in sospensione della forma al soffitto. Decorazione incisa e impressa in un panello decorativo frontale. Sopra banda a zig-zag acroma chiusa in alto da triangoli penduli campiti da tremoli obliqui e in basso da triangoli analoghi con vertici verso l'alto. Sotto, banda orizzontale acroma delimitata da due solchi incisi orizzontali. Sulla parte inferiore, quadrati (?) acromi delimitati da banda campita da segni a sigma incisi. Superficie esterna lisciata.
NAS: Incisa e impressa senza rivestimento.
Datazione contesto: ca. 630/620 – 540 a.C.
Datazione relativa: ultimo quarto VII sec. – 460/450 a.C.
Bibliografia: Isler 2005b, 10 fig. 71.
Confronti: Spatafora 2003c, 131 no. I 81 figg. 139. 142; simile: Serra 2016, 135 no. 300 (olle tipo C1).
Osservazioni: analisi gascromatografiche (GC-MS), Dr. Florinda Notarstefano (Università del Salento), risultato preliminare: steroli vegetali.

638 K 22621 (tavv. 42. 94)
QO1/2F, F2004, EQ1139, Sondage, Ab. 6EII/2.
Lu: 7.0cm; La: 4.4cm; Dm est: indet. (ca. 45cm); S: 1.4cm; H: 3.2cm.
Colori: impasto: beige 5YR 6/4; nucleo: grigio 5YR 5-6/1; sup. int: beige 7.5YR7/4; sup. est: beige 7.5YR 7/4; dec: rosso 2.5YR 4/8.
Impasto: C: tenero; DS: molto depurato; DI: medi; Del: L1; Mod: tornio lento.
Fr. d'orlo di forma chiusa da stoccaggio di grandi dimensioni. All'esterno banda orizzontale. All'interno, resti di colore, banda. Superficie esterna lisciata.
NAS: Dipinta monocroma.
Datazione contesto: ca. 630/620 – 540 a.C.
Datazione relativa: ultimo quarto VII sec. – 460/450 a.C.
Bibliografia: inedito.
Confronti: Serra 2016, 134–136 nn. 289. 301–303 (variante tra olle tipo A/D).

639 K 22534 (fig. 48 tavv. 43. 94)
QO1/2F, F2004, EQ1139, Sondage, Ab. 6EI / Reinigung.
Lu: 11.7cm; La: 4.6cm; Dm int: 15.0cm; S: 0.7cm; H: 4.3cm.
Colori: impasto: marrone chiaro 10YR 6/4; nucleo: grigio chiaro 10YR 6/1; sup. int: beige 10YR 8/3; sup. est: beige 10YR 8/3; dec: rosso 2.5YR 4/6.
Impasto: C: tenero; DS: estremamente depurato; DI: medi; Del: L2; Mod: tornio lento.
Tre fr. combacianti d'orlo a tesa orizzontale di forma chiusa da stoccaggio. All'esterno, banda orizzontale dalla quale partono sette linee verticali e due oblique dipinte. A sinistra, altri resti di tre linee oblique (?); sulla tesa dell'orlo resti di cinque listelli regolari. Superficie esterna lisciata.
NAS: Dipinta monocroma.
Datazione contesto: ca. 630/620 – 540 a.C.
Datazione relativa: ultimo quarto VII sec. – 460/450 a.C.
Bibliografia: inedito.
Confronti: Serra 2016, 134 no. 289 (olle tipo A).

640 K 22166 (fig. 44 tavv. 43. 95)
QAREA, F2003, Agora550/551/552, Ab. 605E.
Lu: 4.3cm; La: 4.1cm; Dm: indet; S: 1.2-1.3cm; H: 2.6cm.
Colori: impasto: grigio 7.5YR 6/1; sup. int: beige 7.5YR 7/4; sup. est: beige 7.5YR 7/4; dec: arancione scuro 5YR 6/8-5/6-4/4 e marrone 5YR 5/4.
Impasto: C: tenero; DS: molto depurato; DI: grandi; Del: L1; Mod: tornio lento.
Fr. d'orlo a tesa orizzontale leggermente estroflesso, svasato all'interno di orcio / dolio / pithos di piccole dimensioni. Rivestimento non omogeneo sulla superficie esterna. Sull'orlo, banda concentrica a miscela densa, lineare. Superficie interna ed esterna lisciata.
NAS: Rivestimento non omogeneo opaco / Dipinta monocroma.
Datazione contesto: *t.a.q.* ca. 550 a.C. (ca. ultimo quarto VII – prima metà VI sec. a.C.).
Datazione relativa: ultimo quarto VII sec. – 570 a.C.
Bibliografia: inedito.
Confronti: Termini 2003, 252 no. R 5 fig. 215 (pithos, di dimensioni superiori); Trombi 2015, 95–97 nn. 685. 28 tavv. XXXIV. LX (forma N2, dolio).

641 K 22134 (tavv. 43. 95)
QAREA, F2003, Agora550/551/552,
Ab. Steinpackung IV.
Lu: 11.8cm; La: 5.1cm; Dm: ca. 35cm; S: 1.0-1.1cm; H: 5.1cm.
Colori: impasto: grigio 7.5YR 4/1; sup. int: beige-arancione 7.5YR 8/3; sup. est: beige-arancione 7.5YR 8/3; dec: arancione 2.5YR 6/8 e 5/6.
Impasto: C: duro; DS: molto depurato; DI: molto grandi; Del: L2; Mod: tornio lento.
Due fr. d'orlo combacianti a tesa orizzontale arrotondato di forma chiusa da stoccaggio di medio-grandi dimensioni. Rivestimento non omogeneo, steso a pennellate tendenzialmente orizzontali, sulla superficie esterna fino alla parte inferiore dell'orlo. Superficie esterna lisciata.
NAS: Rivestimento non omogeneo opaco.
Datazione contesto: *t.a.q.* ca. 550 a.C. (ca. ultimo quarto VII – prima metà VI sec. a.C.).
Datazione relativa: seconda metà VIII sec. – 570 a.C.
Bibliografia: inedito.
Confronti: Serra 2016, 134 no. 289 (olle tipo A).

642 K 21978 (tavv. 43. 95)
QAREA, F2003, Agora550/551/552,
Ab. 605W.
Lu: 6.2cm; La: 1.7cm; Dm: 14.8cm; S: 0.3-0.4cm; H: 1.6cm.
Colori: impasto: grigio 5YR 4/1; sup. int: marrone-rosso 5YR 5/6; sup. est: marrone-rosso 5YR 5/6; dec: marrone-rosso 2.5YR 4/4.
Impasto: C: duro; DS: medio depurato; DI: medi; Del: bianchi di media dimensione, piccolissimi vacuoli e mica puntiforme; Mod: tornio lento.
Fr. d'orlo estroflesso di una forma chiusa da stoccaggio, olla. Sulla superficie esterna, sotto l'orlo, quattro linee a tremolo orizzontali impresse. La linea a tremolo più alta è coperta dall'orlo e, quindi, non è visibile nel disegno. All'esterno, resti minimi di rivestimento marrone-rosso, rintracciabile in molteplici punti della superficie. Superficie esterna lisciata.
NAS: Impressa con rivestimento omogeneo opaco.Datazione contesto: *t.a.q.* ca. 550 a.C. (ca. ultimo quarto VII – prima metà VI sec. a.C.).
Datazione relativa: seconda metà VII sec. – 550/540 a.C.
Bibliografia: inedito.
Confronti: Spatafora 2003c, 128 no I 69 fig. 140 (vaso ollare).

643 K 27959 (tavv. 43. 95)
QAREA, F2003, Agora550/551/552,
Ab. Steinpackung III.
Lu: 6.9cm; La: 6.1cm; Dm est: 21cm; S: 1.4cm; H: 5.4cm.
Colori: impasto: grigio 7.5YR 7/6; nucleo: grigio 7.5YR 5/1; sup. int: beige 5YR 7/6; sup. est: beige 5YR 7/6.
Impasto: C: tenero; DS: medio depurato; DI: molto grandi; Del: L3; Mod: tornio lento.
Fr. d'orlo ingrossato verso l'esterno di una forma chiusa da stoccaggio. Superficie esterna lisciata. Lieve discromia all'interno della forma.
NAS: Acroma lisciata.
Datazione contesto: *t.a.q.* ca. 550 a.C. (ca. ultimo quarto VII – prima metà VI sec. a.C.).
Datazione relativa: seconda metà VIII sec. – 460/450 a.C.
Bibliografia: inedito.
Confronti: Serra 2016, 135 no. 300 (olle tipo C1).

644 K 22072 (fig. 45 tavv. 43. 95)
QAREA, F2003, Agora550/551/552,
Ab. 604E.
Lu: 4.8cm; La: 2.6cm; Dm: indet; S: 1.0-1.3cm; H: 1.9cm.
Colori: impasto: grigio 10YR 3/1; sup. int: beige-marrone 7.5YR 8/3; sup. est: beige-marrone 7.5YR 8/3; dec: marrone 5YR 4/4.
Impasto: C: duro; DS: molto depurato; DI: grandi; Del: L0; Mod: tornio lento.
Fr. d'orlo a tesa orizzontale leggermente ingrossato verso l'esterno di forma chiusa di medio-grandi dimensioni. Sulla superficie interna ed esterna, rivestimento omogeneo. All'esterno, solchi orizzontali paralleli incisi e resti di linea verticale, campiti da linee a tremolo impresse orizzontali. Incrostazione biancastra all'interno delle decorazioni. Superfici lisciate.
NAS: Incisa e impressa con rivestimento omogeneo opaco.
Datazione contesto: *t.a.q.* ca. 550 a.C. (ca. ultimo quarto VII – prima metà VI sec. a.C.).
Datazione relativa: seconda metà VII sec. – 550/540 a.C.
Bibliografia: inedito.

645 K 22113 (tavv. 43. 95)
QAREA, F2003, Agora550/551/552,
Ab. Steinpackung V.
Lu: 5.5cm; La: 5.4cm; Dm int: 12cm; S: 0.6cm; H: 5.4cm.
Colori: impasto: grigio 10YR 5/1; sup. int: marrone scuro 10YR 5/4; ing: beige 10YR 8/2; dec: marrone 2.5YR 3/4.
Impasto: C: molto duro; DS: medio depurato; DI: molto grandi; Del: *chamotte* di grandi dimensioni (5-6mm), inclusi bianchi, marroni puntiformi, beige e raramente rosati da puntiformi fino a 2mm; Mod: tornio lento.
Fr. d'orlo estroflesso riferibile ad una forma chiusa di medio-grandi dimensioni da stoccaggio. Banda orizzontale dipinta sullo stacco fra collo e spalla, dalla quale parte un fascio di tremoli verticali dipinti. Superficie esterna ingubbiata e lisciata.
NAS: Dipinta monocroma.
Datazione contesto: *t.a.q.* ca. 550 a.C. (ca. ultimo quarto VII – prima metà VI sec. a.C.).
Datazione relativa: ultimo quarto VII sec. – 460/450 a.C.
Bibliografia: Montana et al. 2021, 18 no. K 22113 tabb. 3. 6 (PPG-III).
Confronti: Guglielmino 2000, 706 tav. CXXVIII, 5.

646 K 22272 (tavv. 43. 95)
QAREA, F2003, Agora550/551/552,
Ab. Steinpackung III.
Lu: 6.1cm; La: 4.4cm; Dm: 14cm; S: 0.7cm; H: 4.4cm.
Colori: impasto: grigio 7.5YR 4/1; sup. int: beige-arancione 7.5YR 7/4; sup. est: beige-arancione 7.5YR 7/4.
Impasto: C: tenero; DS: molto depurato; DI: grandi; Del: L1; Mod: tornio lento.
Fr. d'orlo di una forma chiusa da stoccaggio con orlo retto estroflesso, orciolo. Superficie esterna lisciata.
NAS: Acroma lisciata.
Datazione contesto: *t.a.q.* ca. 550 a.C. (ca. ultimo quarto VII – prima metà VI sec. a.C.)
Datazione relativa: seconda metà VIII sec. – 460/450 a.C.
Bibliografia: inedito.
Confronti: Falsone et al. 1993, 181 nn. 27. 28 figg. 27. 31 (orciolo); Leighton 1993, 190 no. 318 tav. 111 (*jar*); 200 no. 435 tav. 125 (*rim sherd* – indet).

647 K 27954 (tavv. 43. 95)
QAREA, F2003, Agora550/551/552,
Ab. Steinpackung III.
Lu: 4.5cm; La: 3.9cm; S: 0.7-1.0cm.
Colori: impasto: grigio 7.5YR 5/1; sup. int: beige 7.5YR 6/2; sup. est: beige 7.5YR 6/2.
Impasto: C: semiduro; DS: medio depurato; DI: molto grandi; Del: numerosi bianchi puntiformi visibili anche in superficie, saltuari grigi scuri di forma arrotondata, grigi a spigoli arrotondati (fino a 2mm), presenza di mica, grigi di forma arrotondati con angoli carbonizzati, vacuoli puntiformi, radi di forma allungata; Mod: tornio lento.
Fr. di spalla di forma chiusa di grandi dimensioni. All'esterno fasci obliqui di linee incise, in origine a zig-zag? Superficie esterna lisciata.
NAS: Incisa senza rivestimento.
Datazione contesto: *t.a.q.* ca. 550 a.C. (ca. ultimo quarto VII – prima metà VI sec. a.C.).
Datazione relativa: ultimo quarto VII sec. – 460/450 a.C.
Bibliografia: inedito.
Confronti: Panvini et al. 2009a 87. 91 no. 172.

648 K 22262 (tavv. 43. 95)
QAREA, F2003, Agora550/551/552,
Ab. Steinpackung III.
A: Lu: 6.8cm; La: 5.8cm; Dm: 22.4cm; S: 0.7-0.9cm; H: 3.0cm.
Colori: impasto: grigio 7.5YR 7-8/2; sup. int: grigio-beige 10YR 8/2; sup. est: grigio-beige 10YR 8/2; dec: marrone-nero 10YR 8/4.
Impasto: C: duro; DS: estremamente depurato; DI: molto grandi; Del: L3; Mod: tornio lento.
Fr. di fondo di una forma chiusa con foro di versamento riferibile ad una forma da stoccaggio per olio vegetale. Il foro è stato effettuato dall'esterno verso l'interno. Accanto a quest'ultimo, sulla superficie esterna, linea verticale dipinta.

NAS: Dipinta monocroma.
Datazione contesto: *t.a.q.* ca. 550 a.C. (ca. ultimo quarto VII – prima metà VI sec. a.C.).
Datazione relativa: ultimo quarto VII sec. – 460/450 a.C.
Bibliografia: inedito.
Confronti: Adamesteanu 1958, 351 sepoltura 65 fig. 99; 358 sepoltura 75 fig. 102; Lyons 1996, 214 nn. 32-6. 32-7 tavv. 63. 88; Albanese Procelli 2003 178–180 tav. XVIII, 2 (da Butera, Morgantina e Lipari-Diana); Lamagna 2005, 101 (Mendolito di Adrano); Meligunìs Lipára II, 136 Tomba 376 no. 6a tav. LII; Da QAE1: **662**.

649 K 22231 A–C (figg. 22. 26 tavv. 43. 95)
QAEA, F2003, Agora550/551/552, Ab. 601.
Lu: 30.0cm; La: 17.5cm; Dm int: 43.0cm; S: 1.8cm; H: 17.0cm.
Colori: impasto: arancione 2.5YR 5/8; nucleo: grigio 10YR 5/1; sup. int: arancione 2.5YR-5YR 6/8; sup. est: beige 10YR 7/4; ing: beige 10YR 7/4.
Impasto: C: duro; DS: estremamente depurato; DI: molto grandi; Del: inclusi molto grandi bianchi calcarei che emergono in superficie, altrimenti molto compatto ed omogeneo con pochi vacuoli, grigi chiari e rossi saltuari; Mod: a tornio lento.
A: cinque fr. combacianti, B: due fr. d'orlo, C: un fr. d'orlo ingrossato verso l'esterno di forma chiusa da stoccaggio in ceramica acroma (simile a un dinos). Superficie esterna ingubbiata e lisciata.
NAS: Acroma lisciata.
Datazione contesto: ca. 550–500/490 a.C.
Datazione relativa: seconda metà VIII sec. – 460/450 a.C.
Bibliografia: Isler 2004a, 75; Isler 2004b, 10 figg. 13. 14.
Confronti: Termini 2003, 253 no. R 11 fig. 218 (orcio). Simile, a bande: Tardo 1999c, 179–180 no. 273 figg. 180. 181 (Deinos/stamnos – di tradizione greca a bande); Schlotzhauer – Villing 2006, 62 fig. 34 (dinos – da Naukratis).

650 K 22280 (fig. 26 tavv. 43. 95)
QAEA, F2003, Agora550/551/552, Ab. 601.
Lu: 33.5cm; Dm orlo est: 14.8cm; Dm massimo: 36.5cm; SezAnsa: 3x14.5cm; S: 0.8cm; H: 29cm.
Colori: impasto: beige 7.5YR 7/3; sup. int: beige 7.5YR 7/3; sup. est: beige 7.5YR 7/3; dec: marrone 5YR 6/6; bordeaux-marrone 10R 3/3.
Impasto: C: tenero; DS: molto depurato; DI: grandi; Del: L2; Mod: a tornio lento.
58 fr. combacianti di forma chiusa da stoccaggio, forma stamnoide. All'interno, banda orizzontale leggermente irregolare di 1.1-1.6cm di larghezza direttamente sotto l'orlo marrone. Sull'orlo, listelli regolari marroni. Sul collo/spalla una banda orizzontale marrone seguita da una parallela di colore bordeaux-marrone. Da quella inferiore partono cinque listelli verticali marroni formanti un primo fregio superiore metopale campito da una coppia di spirali antitetiche tangenti marroni. Il fregio è delimitato nella parte sottostante da una banda orizzontale marrone seguita da una banda parallela orizzontale bordeaux-marrone. Da essa partono altri teoremi di cinque linee verticali marroni che formano un secondo registro metopale campito da una croce accompagnata lateralmente da due semiarchi antistanti. Il registro termina con una singola banda orizzontale marrone. La parte inferiore della forma è acroma. All'altezza della fine del primo registro sono conservate tre bugne plastiche dipinte di marrone (di una quarta bugna si conserva solo l'attacco). Anse decorate con tre teoremi di cinque listelli regolari paralleli marroni intervallati da zone acrome. Difficile stabilire il colore per ciascuna parte della decorazione a causa della temperatura irregolare di cottura del vaso che ha creato discromie nella resa finale. All'interno, tracce di bruciato sulla parte inferiore da un lato, avvenute prima della rottura del vaso. Modellato a mano e in seguito rifinito sul tornio lento (all'interno sono evidenti le tracce del colombino).
NAS: Dipinta bicroma.
Datazione contesto: ca. 550-500/490 a.C.
Datazione relativa: secondo quarto VI sec. – 460/450 a.C.
Bibliografia: Isler 2004a, 75; Isler 2004b, 10 fig. 15; Spatafora – Vassallo 2004, 82 no. 151; Isler 2006c, 539 fig. 284; Spatafora – Vassallo 2006, 81 no. 151; Isler 2009a, 207 fig. 72.
Confronti: Da Monte Iato I-K 3737, Riehle et al. 2021, 9 no. M.Iato43 fig. 15 (profilo).

651 K 16762 (tavv. 43. 96)
QAEO1F, F1995, Agora565, Ab. 117.
Lu: 8.0cm; La: 4.7cm; Dm: 28.0cm; S: 0.7cm; H: 4.6cm.
Colori: impasto: marrone 5YR 6/4; nucleo: grigio 5YR 6/1; sup. int: marrone chiaro 5YR 7/4-7.5YR 6/4; sup. est: beige 10YR 8/2; ing: bianco-beige 10YR 8/2; dec: marrone-nero 10YR 3/1.
Impasto: C: duro; DS: estremamente depurato; DI: piccoli; Del: compatto e omogeneo. Numerosissima mica dorata, grigi puntiformi e saltuari bianchi medi di forma squadrata.
Impasto molto saponoso al tatto; Mod: tornio veloce.
Fr. d'orlo a tesa quasi orizzontale di forma chiusa da stoccaggio. Sulla tesa, resti di sei listelli regolari marroni-neri. All'esterno, sotto l'orlo, due bande orizzontali marroni-nere su ingobbio bianco-beige. Superficie esterna lisciata.
NAS: Dipinta monocroma.
Datazione contesto: *t.a.q.* 500/490 a.C. (ca. fine VII sec. – 500/490 a.C.).
Datazione relativa: ultimo quarto VII sec. – 460/450 a.C.
Bibliografia: inedito.
Confronti: Serra 2016, 136 no. 303 tav. 34, 3 (olla tipo D); Gargini 1995, 139 no. 65 fig. 20 (olla); Tardo 1999a, 150–151 no. 172 fig. 151 (orcio).

652 K 16612 (tavv. 44. 96)
QAEO1F, F1995, Agora565, Ab. 113.
Lu: 4.2cm; La: 1.1cm; Dm: 19-20.0cm; S: 0.5cm; H: 1.3cm.
Colori: impasto: grigio 10YR 5/2; nucleo: grigio GLEY 1 6/N; sup. int: grigio GLEY 1 5-6/N; sup. est: grigio GLEY 1 5-6/N.
Impasto: C: semiduro, leggermente scalfibile con una punta d'acciaio; DS: estremamente depurato, alta frequenza di inclusi; DI: molto piccoli (< 0.2mm); Del: mica, numerosi grigi chiari di forma arrotondata, saltuari grigi carbonizzati, radi bianchi calcarei puntiformi, vacuoli puntiformi e allungati; Mod: tornio veloce.
Fr. d'orlo a tesa orizzontale di forma chiusa. Orlo con tre scanalature superiori sulla tesa. Superfici lisciate.
NAS: Incisa senza rivestimento.
Datazione contesto: *t.a.q.* 500/490 a.C. (ca. fine VII sec. – 500/490 a.C.).
Datazione relativa: ultimo quarto VII sec. – 460/450 a.C.
Bibliografia: inedito.
Confronti: Serra 2016, 135 no. 298 tav. 33, 5 (dipinta).

653 K 32600 (tavv. 44. 96)
QAEO1F, F1995, Agora565, Ab. 115.
Lu: 7.4cm; La: 3.9cm; Dm int: 27.0cm; S: 0.7cm; H: 2.9cm.
Colori: impasto: marrone-rosso 7.5YR 6/4; 2.5YR 6/8; sup. int: marrone-rosso 7.5YR 6/4; sup. est: marrone-rosso 7.5YR 6/4; dec: marrone 5YR 4/6.
Impasto: C: duro; DS: estremamente depurato; DI: medi; Del: L2; Mod: tornio lento.
Fr. d'orlo a tesa orizzontale di forma chiusa da stoccaggio. All'interno della forma, banda orizzontale appena sotto l'orlo. Sulla tesa dell'orlo motivo a croci. All'esterno, banda orizzontale sotto l'orlo e resti di motivo ad onda orizzontale. Superfici lisciate.
NAS: Dipinta monocroma.
Datazione contesto: *t.a.q.* 500/490 a.C. (ca. fine VII sec. – 500/490 a.C.).
Datazione relativa: ultimo quarto VII sec. – 460/450 a.C.
Bibliografia: inedito.

654 K 32604 (tavv. 44. 96)
QAEO1F, F1995, Agora565, Ab. 116.
Lu: 6.3cm; La: 2.8cm; Dm est: 16.0cm; S: 0.6cm; H: 1.9cm.
Colori: impasto: beige-verde 5Y 7/3; sup. int: beige 10YR 8/1; sup. est: beige 10YR 8/1; dec: nero 10YR 3/1.
Impasto: C: tenero; DS: estremamente depurato; DI: medi; Del: eterogeneo, fratture frastagliate, vacuoli di forma allungata, grigi scuri di forma arrotondata (fino a 2mm), rossi puntiformi saltuari, grigi scuri di forma arrotondata (fino 1mm); Mod: tornio lento.
Fr. d'orlo a tesa orizzontale con profilo arrotondato di forma chiusa da stoccaggio. Banda orizzontale all'interno, sotto l'orlo, (tutta la parte conservata è nera) e all'esterno nera. Dipinta molto screpolata

e in parte evanida. Superfici lisciate.
NAS: Dipinta monocroma.
Datazione contesto: *t.a.q.* 500/490 a.C. (ca. fine VII sec. – 500/490 a.C.).
Datazione relativa: ultimo quarto VII sec. – 460/450 a.C.
Bibliografia: inedito.

655 K 16714 (tavv. 44. 96)
QAEO1F, F1995, Agora565, Ab. 116.
Lu: 6.8cm; La: 8.9cm; Dm: 26.0cm; S: 1.3cm; H: 8.1cm.
Colori impasto: grigio 10YR 5/1; sup. int: beige 10YR 8/2; sup. est: beige 10YR 8/2; dec: marrone scuro 10YR 3/4.
Impasto: C: duro; DS: estremamente depurato; DI: grandi; Del: compatto e relativamente omogeneo. Inclusi grigi scuri a spigoli arrotondati, radi bianchi calcarei, bianchi ad angoli arrotondati (fino a 2mm), presenza di mica, saltuari vacuoli allungati, pochi vacuoli puntiformi; Mod: tornio veloce.
Fr. d'orlo a tesa orizzontale arrotondato della parte superiore di forma chiusa stoccaggio di medio-grandi dimensioni. Sulla tesa dell'orlo, larghi listelli regolari. All'interno, sotto l'orlo, larga banda orizzontale. All'esterno, larga banda orizzontale dipinta. Superficie esterna lisciata.
NAS: Dipinta monocroma.
Datazione contesto: *t.a.q.* 500/490 a.C. (ca. fine VII sec. – 500/490 a.C.).
Datazione relativa: ultimo quarto VII sec. – 460/450 a.C.
Bibliografia: inedito.
Confronti: Campisi 2003, 190 no. D 187 fig. 184.

656 K 32717 (tavv. 44. 96)
QAEO1F, F1996, Agora565, Ab. 106.
Lu: 6.7cm; La: 4.9cm; Dm est: 14.0cm; S: 0.9-1.2cm; H: 4.5cm.
Colori: impasto: beige 7.5YR 7/4; nucleo: grigio 7.5YR 6/1; sup. int: beige-rosso 5YR 7/4; sup. est: beige-rosso 5YR 7/4-6.
Impasto: C: duro; DS: estremamente depurato; DI: grandi; Del: L1; Mod: tornio veloce.
Due fr. combacianti d'orlo obliquo svasato all'interno di forma chiusa da stoccaggio. Superficie esterna lisciata.
NAS: Acroma lisciata.
Datazione contesto: *t.a.q.* 500/490 a.C. (ca. fine VII sec. – 500/490 a.C.).
Datazione relativa: seconda metà VIII sec. – 460/450 a.C.
Bibliografia: inedito.
Confronti: Campisi 2003, 203 no. D 234–D 236 fig. 193 (dipinta).

657 K 32715 (tavv. 44. 96)
QAEO1F, F1996, Agora565, Ab. 106.
Lu: 3.4cm; La: 3.0cm; Dm est: 13.0cm; S: 0.5cm; H: 3.0cm.
Colori: impasto: marrone 5YR 6/6; sup. int: beige 5YR 7/4-6; sup. est: beige 5YR 7/4.
Impasto: C: semiduro; DS: estremamente depurato; DI: medi; Del: L1; Mod: tornio veloce.
Fr. d'orlo retto obliquo di forma chiusa di medie dimensioni da stoccaggio. Superficie esterna lisciata.
NAS: Acroma lisciata.
Datazione contesto: *t.a.q.* 500/490 a.C. (ca. fine VII sec. – 500/490 a.C.).
Datazione relativa: seconda metà VIII sec. – 460/450 a.C.
Bibliografia: inedito.

658 K 32606 (tavv. 44. 96)
QAEO1F, F1995, Agora565, Ab. 116.
Lu: 5.5cm; La: 3.5cm; Dm: 12.0cm; S: 0.8cm; H: 3.5cm.
Colori: impasto: marrone scuro 7.5YR 5/3; sup. int: marrone chiaro 5YR/7.5YR 7/4; sup. est: marrone chiaro 5YR/7.5YR 7/4.
Impasto: C: tenero; DS: estremamente depurato; DI: medi; Del: L1; Mod: tornio lento.
Fr. d'orlo estroflesso di forma chiusa da stoccaggio, olla. Superficie esterna lisciata.
NAS: Acroma lisciata.
Datazione contesto: *t.a.q.* 500/490 a.C. (ca. fine VII sec. – 500/490 a.C.).
Datazione relativa: seconda metà VIII sec. – 460/450 a.C.
Bibliografia: inedito.
Confronti: Campisi 2003, 208 no. D 253 fig. 196 (dipinta).

659 K 16414 A–E (tav. 44)
QAEO1F, F1995, Agora564/567/565, Ab. 212 / 213; Ab. 118.
A: Lu: 9.0cm; La: 6.0cm; S: 0.5cm; B: Lu: 8.0cm; la: 6.0cm; S: 0.6cm; C: Lu: 9.3cm; La: 7.7cm; S: 0.5cm; D: Lu:4.2cm; La:6.5cm; S: 0.6cm; E: Lu: 5.4cm; La: 3.1cm; S: 0.5cm.
Colori: impasto: grigio 10YR 5/1; sup. int: grigio 10YR 6/2; sup. est: beige 10YR 8/2; ing: beige-bianco 10YR 8/2; dec: nero 10YR 3/1; rosso 2.5YR 3/6
Impasto: C: duro (suono metallico); DS: molto depurato; DI: grandi; Del: molto compatto, fratture nette. Inclusi bianchi puntiformi, saltuari bianchi a spigoli arrotondati (fino a 2mm), grigi arrotondati carbonizzati, vacuoli puntiformi e radi di forma allungata; Mod: tornio veloce.
Cinque fr. non combacianti di parete (A: due fr; B: due fr. (ex K 16421); C: due fr. da F1995, Agora565, 118; D: un fr. da F95, Agora 564/567, 213; E: un fr. da F95, Agora564/567 212) di forma chiusa da stoccaggio. Fregio orizzontale di quadrati neri racchiuso da due larghe bande orizzontale rosse seguite da una linea orizzontale sottile nera. Da questa partono dei listelli verticali neri formanti un motivo metopale campito da una grossa linea a zig-zag o a sigma capovolta di colore nero diluito, a sua volta delimitata inferiormente da una larga banda nera. Evidenti bolle di cottura.
NAS: Dipinta bicroma.
Datazione contesto: *t.a.q.* 500/490 a.C. (ca. fine VII sec. – 500/490 a.C.).
Datazione relativa: secondo quarto VI sec. – 460/450 a.C.
Bibliografia: inedito.

660 K 32670 (tavv. 44. 96)
QAEO2F, F1995, Agora564/567, Ab. 212.
Lu: 5.8cm; La: 4.0cm; Dm: 14cm; S: 0.3-0.5cm; H: 3.6cm.
Colori: impasto: beige 10YR 7/4; sup. int: beige 10YR 8/4; sup. est: beige 10YR 8/4.
Impasto: C: semiduro; DS: estremamente depurato; DI: medi; Del: L2; Mod: tornio veloce.
Due fr. d'orlo estroflesso di forma chiusa di medie dimensione da stoccaggio, anfora/idria oppure olla. All'interno sono ben visibili i segni del tornio. Superficie esterna lisciata.
NAS: Acroma lisciata.
Datazione contesto: 500/490 – 480/470-60 a.C.
Datazione relativa: seconda metà VIII sec. – 460/450 a.C.
Bibliografia: inedito.
Confronti: Termini 2003, 248 no. C 75 fig. 212 (olla).

661 K 32519 (fig. 43 tavv. 44. 96)
QAEO2F, F1995, Agora565, Ab. 108.
Lu: 3.4cm; La: 4.3cm; Dm massimo est: 15.6cm; S: 0.4cm; H: 1.9cm.
Colori: impasto: grigio 7.5YR 5/1; sup. int: beige 7.5YR 7/6; sup. est: beige 7.5YR 7/6; dec: marrone-rosso 5YR 4/6.
Impasto: C: tenero; DS: estremamente depurato; DI: medi; Del: molta mica, sabbiosa al tatto, bianchi calcarei, rossi puntiformi, grigi di forma arrotondata, impasto compatto; Mod: tornio veloce.
Fr. di forma chiusa di medie dimensione da stoccaggio. Bugna triangolare forata verticalmente e posizionata in obliquo sulla spalla, funzionale allo stoccaggio in sospensione della forma al soffitto. Resti di colore all'esterno sopra la bugna, linea orizzontale.
NAS: Dipinta monocroma.
Datazione contesto: 500/490 – 480/470-60 a.C.
Datazione relativa: ultimo quarto VII sec. – 460/450 a.C.
Bibliografia: inedito.
Confronti: Steures 1980, 80 no. NW 11:1 (incisa).

662 K 28044 (figg. 35. 37 tavv. 44. 96)
QAE1, S2011, Agora551, Ab. 1.
Lu: 41.5cm; La: 35.0cm; Dm pancia int: 32.5cm; Dm fondo: 13.0cm; SezAnsa: 2.1x2.2cm; S: 0.6-0.8cm; H: 33.0cm.
Colori: impasto: marrone 7.5YR 5/4; nucleo: grigio GLEY 2 4-5/5PB; sup. int: beige-arancione 5YR-7.5YR 7/4; sup. est: beige 2.5Y 7-8/1-2; ing: beige-bianco 2.5Y 7-8/1-2.
Impasto: C: duro; DS: molto depurato; DI: grandi; Del: inclusi medio-grandi grigi chiari di forma arrotondata, grigi scuri sfaldati, bianchi calcarei saltuari, vacuoli allungati; Mod: tornio veloce.
87 fr. combacianti di forma da stoccaggio per olio vegetale con due anse a bastoncello orizzontali leggermente orientate verso l'alto e beccuccio nella

parte inferiore. Ingobbio steso a pennellate orizzontali, in parte in varie direzioni. Foro eseguito con un giro di pollice intorno al beccuccio. Sulla parte inferiore, ingobbio leggermente più rosato. Piccola parte con discromia dovuta ad una fonte di calore. Superficie esterna lisciata.
NAS: Acroma lisciata.
Datazione contesto: 500/490 – 460/450 a.C.
Datazione relativa: seconda metà VIII sec. – 460/450 a.C.
Bibliografia: Reusser et al. 2012, 117 nota 26 fig. 4 tav. 14, 3; Reusser et al. 2014, 92 nota 2.
Confronti: **648**; Adamesteanu 1958, 351 sepoltura 65 fig. 99; 358 sepoltura 75 fig. 102; Lyons 1996, 214 nn. 32-6. 32-7 tavv. 63. 88; Albanese Procelli 2003 178–180 tav. XVIII, 2 (da Butera, Morgantina e Lipari-Diana); Lamagna 2005, 101 (Mendolito di Adrano); Meligunìs Lipára II, 136 Tomba 376 no. 6a tav. LII. Senza foro conservato: Leighton 1993, 172 no. 119 tav. 81 (*amphora*).
Osservazioni: analisi gascromatografiche (GC-MS), Dr. Florinda Notarstefano (Università del Salento), risultato preliminare: olio vegetale (probabilmente d'oliva).

663 K 24660 (figg. 35. 37 tavv. 44. 96)
QAE1, F2006/F2009, Agora551/EU SUD5 (F06) / Agora551 (F09), Ab. 6 (F06) / Ab. 2/101 (F09).
Dm orlo: 25.7-26.5cm; Dm fondo: 18.5-19.0cm; Dm max: 35.0cm; S: 0.8-0.9cm; H: 49.3cm.
Colori: impasto: marrone-rosso 2.5YR 6/4-6; nucleo: grigio scuro GLEY 2 4/5PB; sup. int: marrone-rosso 5YR 7/3-4; sup. est: marrone-rosso 2.5YR 6/4-6.
Impasto: C: semiduro; DS: estremamente depurato; DI: medi; Del: inclusi medio-grandi, impasto frastagliato, grigi scuri allungati, bianchi calcarei piccoli di forma allungata, vacuoli allungati; Mod: a mano
46 fr. combacianti di orcio / dolio / pithos di piccole dimensioni (trasportabile a mano) con protomi cuspidate forate verticalmente. H collo: 11cm; larghezza massima pancia; 35cm; dm: fori di sospensione: 0.8-0.9cm; lunghezza di trattenuta di sospensione: 5cm. Superficie esterna lisciata.
NAS: Acroma lisciata.
Datazione contesto: 500/490 – 460/450 a.C.
Datazione relativa: seconda metà VIII sec. – 460/450 a.C.
Bibliografia: Isler 2006c, 661 fig. 467; Isler 2007, 110 tav. 15, 15; Isler 2009a,156 fig. 20; Reusser et al. 2010, 119. 120 note 40. 42. 45; Reusser et al. 2012, 117 nota 25; Kistler – Mohr 2015, 388 nota 25 fig. 22.9; Kistler – Mohr 2016, 86 nota 29 fig. 7. Privo di numero d'inventario: Mohr 2012, 24.
Confronti: v. testo. Morfologicamente non preciso ma con tre protomi cuspidate non forate: Spatafora et al. 2009, 655 fig. 458, 12; simile per la morfologia dell'orlo: Termini 2003, 252 no. R 4 fig. 215.
Osservazioni: le descrizioni dell'impasto e delle superfici sono state effettuate grazie ai fr. combacianti presenti nei magazzini di San Cipirello, ritrovati in seguito al restauro della forma, e dunque non integrati. Dalle fotografie sono ben riconoscibili forti discromie della superficie esterna, attualmente completamente consolidata verosimilmente con paraloid e macchiato di gesso in numerosi punti. Forse in origine era presente un ingobbio beige (10YR 7/2) non verificabile con sicurezza dai fr. non integrati.

664 K 24042 (fig. 35 tavv. 44. 96)
QAE1, F2006, Agora550/553/557/EU SUD9/11, Ab. 501.
Lu: 11.7cm; La: 9.0cm; Dm int: 23.0cm; S: 1.0cm; H: 7.8cm.
Colori: impasto: marrone chiaro 10YR 7/3; sup. int: beige 2.5Y 8/2; sup. est: beige 10YR 8/1-2; ing: beige 2.5Y 8/2.
Impasto: C: duro; DS: estremamente depurato; DI: grandi; Del: L2; Mod: tornio lento
Due fr. combacianti d'orlo ingrossato verso l'esterno con beccuccio/foro passante nella parte superiore a sezione ovale con segmento retto nella parte superiore. Lisciato in direzione orizzontale all'esterno.
NAS: Acroma lisciata.
Datazione contesto: 500/490 – 460/450 a.C.
Datazione relativa: seconda metà VIII sec. – 460/450 a.C.
Bibliografia: inedito.

665 K 28041 (fig. 35 tavv. 45. 96)
QAE1, F2006, Agora551/EU SUD5, Ab. 6.
Lu: 21.7cm; La: 18.0cm; Dm: 11-11.2cm; S: 0.5cm; H: 6.7cm.
Colori: impasto: beige 7.5YR 7/4; nucleo: grigio 7.5YR 6/1; sup. int: beige 7.5YR 7/3-4; sup. est: beige 10YR 8/3; ing: beige-giallo 10YR 8/3.
Impasto: C: semiduro; DS: estremamente depurato; DI: medi; Del: L5; Mod: tornio veloce.
17 fr. combacianti di forma chiusa da stoccaggio, orciolo. All'esterno, superficie estremamente screpolata. L'impasto si frastaglia a schegge.
NAS: Acroma lisciata.
Datazione contesto: 500/490 – 460/450 a.C.
Datazione relativa: seconda metà VIII sec. – 460/450 a.C.
Bibliografia: inedito.
Confronti: Leighton 1993, 173 no. 120 tav. 81 (*jar*); 178 no. 188 tav. 91 = Leighton 2012, 263 no. 225 fig. 4.24 (*jar*); Falsone et al. 1993, 181 nn. 27. 28 figg. 27. 31 (orciolo).

666 K 28307 (fig. 39 tavv. 45. 96)
OPH2, S2011, PH2 422, Ab. 14.
Lu: 24cm; La: 24cm; Dm orlo: 24cm; S: 0.8cm; H: 11.5cm.
Colori: impasto: marrone 5YR 5/4-6; nucleo: grigio chiaro 5YR 5/1; sup. int: beige 2.5Y 7/2; sup. est: beige 2.5Y 7-8/2.
Impasto: C: duro; DS: estremamente depurato; DI: molto grandi; Del: L3; Mod: tornio lento.
Tre fr. combacianti d'orlo e collo di orcio / dolio / pithos di piccole dimensioni con orlo a tesa orizzontale a profilo angolato. Parte superiore fino all'attacco della spalla integra. Superficie esterna lisciata.
NAS: Acroma lisciata.
Datazione contesto: *ante* 460/450 a.C.
Datazione relativa: seconda metà VIII sec. – 460/450 a.C.
Bibliografia: Reusser et al. 2012, 126 nota 91.
Confronti: Termini 2003, 253 no. R 9 fig. 218.

Fondi di forme chiuse

667 K 32203 (tavv. 45. 97)
REPH1, F2006, WQ492, Ab .2.
Lu: 4.6cm; La: 3.0cm; Dm: 5cm; S: 1.0-1.8cm; H: 2.7cm.
Colori: impasto: marrone 7.5YR 6/2; nucleo: grigio 10YR 4/1; sup. int: marrone-grigio 7.5YR 6/1-2; sup. est: marrone-grigio 7.5YR 6/1-2; dec: nero-marrone 10YR 3/1.
Impasto: C: semiduro; DS: estremamente depurato; DI: medi; Del: L0; Mod: tornio lento.
Fr. di fondo piano di forma chiusa di piccole dimensioni, brocca? All'esterno, sulla parete, bande verticali delimitate da due solchi sottili incisi campite da un motivo a "^" arrotondate ("u" al contrario) impresse. Resti di incrostazione bianca all'interno delle decorazioni incise. Rivestimento omogeneo sia sulla parete sia sulla superficie inferiore del fondo. Superficie esterna lucidata.
NAS: Incisa e impressa con rivestimento omogeneo lucidato.
Datazione contesto: *t.a.q.* ca. 600 a.C. (ca. seconda metà VIII – fine VII sec. a.C.).
Datazione relativa: seconda metà VIII sec. – 570 a.C.
Bibliografia: inedito.

668 K 24289 (tavv. 45. 97)
REPH1, F2006, WQ492, Ab. 78B.
Lu: 4.3cm; La: 3.6cm; Dm: 4cm; S: 0.9-1.3cm; H: 2.1cm.
Colori: impasto: grigio 10YR 3/1; sup. int: grigio scuro 10YR 3/1; sup. est: grigio-marrone 10YR 5/1; dec: marrone-nero 10YR 3/1-2.
Impasto: C: duro; DS: molto depurato; DI: molto grandi; Del: L0; Mod: tornio lento.
Fr. di fondo piano di forma chiusa di piccole dimensioni, brocca? All'esterno, cinque solchi verticali partenti dal fondo verso l'alto. All'esterno rivestimento, superficie lucidata.
NAS: Indet: Incisa con rivestimento lucidato (omogeneo? Non omogeneo?).
Datazione contesto: *t.a.q.* ca. 600 a.C. (ca. seconda metà VIII – fine VII sec. a.C.).
Datazione relativa: seconda metà VIII sec. – 570 a.C.
Bibliografia: inedito.
Confronti: Trombi 2015, 115–116 nn. 1130.

1131 tav. XIX (forma Q2, brocche di piccole dimensioni).

669 K 32201 (tavv. 45. 97)
REPH1, F2006, WQ492, Ab. 1.
Lu: 3.6cm; La: 3.9cm; Dm: 7.0cm; S: 1.1-1.3; H: 2.8cm.
Colori: impasto: marrone 5YR 6/3; nucleo: grigio 10YR 4/1; sup. int: marrone 7.5YR 7/3; sup. est: beige-rosso 7.5YR 7/3; dec: rosso-arancione 5YR 5/8.
Impasto: C: semiduro; DS: molto depurato; DI: grandi; Del: L2; Mod: tornio lento.
Fr. di fondo piano di forma chiusa di medie dimensioni, brocca? All'esterno della parete, rivestimento rosso scuro omogeneo, o steso a striature sottili. Superficie esterna lucidata.
NAS: Rivestimento omogeneo lucidato (striature sottili).
Datazione contesto: *t.a.q.* ca. 600 a.C. (ca. seconda metà VIII – fine VII sec. a.C.).
Datazione relativa: seconda metà VIII sec. – 570 a.C.
Bibliografia: inedito.

670 K 22220 (tavv. 45. 97)
REPH1, F2003, WQ491/492, Ab. 11.
Lu: 6.4cm; La: 4.7cm; Dm: 8cm; S: 1.1cm; H: 3.9cm.
Colori: impasto: beige 7.5YR 7/6; nucleo: grigio 10YR 4/1; sup. int: marrone-grigio 10YR 5/2; sup. est: beige 7.5YR 7/4; dec: arancione 2.5YR 5/6-8.
Impasto: C: duro; DS: molto depurato; DI: grandi; Del: L2; Mod: tornio lento.
Fr. di fondo piano di forma chiusa di piccole dimensioni, brocca? All'esterno, rivestimento steso a pennellate irregolari. Macchia di colore sulla superficie inferiore del fondo. Superficie esterna lucidata.
NAS: Rivestimento non omogeneo lucidato.
Datazione contesto: *t.a.q.* ca. 600 a.C. (ca. seconda metà VIII – fine VII sec. a.C.).
Datazione relativa: seconda metà VIII sec. – 600 a.C.
Bibliografia: inedito.

671 K 22221 (tavv. 45. 97)
REPH1, F2003, WQ491/492, Ab. 11.
Lu: 6.0cm; La: 7.0cm; Dm: 5cm; S: 0.5-0.6cm; H: 3.3cm.
Colori: impasto: marrone 10YR 7/3; nucleo: grigio 10YR 4-5/1; sup. int: grigio 10YR 4/1; sup. est: beige 10YR 7/3; dec: marrone scuro 10YR 3/3-4.
Impasto: C: tenero; DS: molto depurato; DI: molto grandi; Del: L0; Mod: tornio lento.
Fr. di fondo piano di forma chiusa di piccole dimensioni, brocca? Sia all'esterno della parete che sulla superficie inferiore del fondo, rivestimento marrone steso a striature sottili, o pennellate di intensità irregolare. Superficie esterna lucidata.
NAS: Rivestimento omogeneo lucidato (striature sottili).
Datazione contesto: *t.a.q.* ca. 600 a.C. (ca. seconda metà VIII – fine VII sec. a.C.).
Datazione relativa: seconda metà VIII sec. – 570 a.C.
Bibliografia: inedito.

672 K 32185 (tavv. 45. 97)
REPH1, F2005, WQ492, Erdsteg E3, Ab. 4.
Lu: 6.8cm; La: 4.2cm; Dm: 8.0cm; S: 1.1-1.2; H: 2.5cm.
Colori: impasto: rosso-marrone 5YR 6/6; nucleo: grigio-marrone 5YR 5/1; sup. int: marrone 7.5YR 6/2; sup. est: rosso-marrone 7.5YR 6/2; dec: marrone-rosso 5YR 5/8.
Impasto: C: duro; DS: estremamente depurato; DI: molto grandi; Del: L1; Mod: a mano.
Quattro fr. combacianti di fondo piano di forma chiusa di medie dimensioni. All'esterno della parete, resti di rivestimento non omogeneo steso a pennellate irregolari. Sulla superficie inferiore del fondo, variazione cromatica tendente al beige-bianco. All'interno forti tracce di bruciato lungo tutte le fratture e sostanza (?) bianca all'interno. Superficie esterna lucidata.
NAS: Rivestimento non omogeneo lucidato.
Datazione contesto: *t.a.q.* ca. 600 a.C. (ca. seconda metà VIII – fine VII sec. a.C.).
Datazione relativa: seconda metà VIII sec. – 600 a.C.
Bibliografia: inedito.

673 K 22222 (tavv. 45. 97)
REPH1, F2003, WQ491/492, Ab. 11.
Lu: 6.8cm; La: 4.2cm; Dm: 10cm; S: 0.9-1.0cm; H: 2.3cm.
Colori: impasto: marrone-grigio 10YR 5/2; nucleo: grigio 10YR 4/1; sup. int: grigio 10YR 5/1; sup. est: beige 10YR 5/1; dec: grigio scuro GLEY 1 3/N.
Impasto: C: tenero; DS: molto depurato; DI: grandi; Del: L0; Mod: a mano.
Fr. di fondo piano di forma chiusa di medie dimensioni. All'esterno della parete, resti di rivestimento steso a pennellate irregolari di colore di intensità diversa. Superficie esterna lucidata.
NAS: Rivestimento non omogeneo lucidato.
Datazione contesto: *t.a.q.* ca. 600 a.C. (ca. seconda metà VIII – fine VII sec. a.C.).
Datazione relativa: seconda metà VIII sec. – 600 a.C.
Bibliografia: inedito.

674 K 32086 (tavv. 45. 97)
REPH1, F2005, WQ492, Erdsteg E2, Ab. 2, Schicht 1.
Lu: 4.9cm; La: 2.8cm; Dm: 9.0cm; S: 0.6; H: 2.3cm.
Colori: impasto: beige-giallo 10YR 8/4; nucleo: beige 10YR 7/4; sup. int: beige 10YR 7/4; sup. est: beige 10YR 8/4; dec: marrone 7.5YR 5/6.
Impasto: C: tenero; DS: molto depurato; DI: medi; Del: L2; Mod: tornio lento.
Fr. di fondo piano di forma chiusa di medie dimensioni. All'esterno, sulla parete, rivestimento omogeneo. La morfologia è forse riferibile ad una forma da stoccaggio e non da servizio, vista la superficie inferiore acroma. Superficie esterna lucidata.
NAS: Rivestimento omogeneo lucidato.
Datazione contesto: *t.a.q.* ca. 600 a.C. (ca. seconda metà VIII – fine VII sec. a.C.).
Datazione relativa: seconda metà VIII sec. – 570 a.C.
Bibliografia: inedito.

675 K 32107 (tavv. 45. 97)
REPH1, F2005, WQ492, Erdsteg E2, Ab. 4.
Lu: 3.0cm; La: 3.4cm; Dm: 9cm; S: 1.5-1.7cm; H: 2.6cm
Colori: impasto: marrone 5YR 6/6; nucleo: marrone 7.5YR 7/4; sup. int: marrone 7.5YR 7/4; sup. est: marrone 2.5YR 7/6; dec: indet.
Impasto: C: tenero; DS: molto depurato; DI: grandi; Del: eterogeneo, fratture frastagliate. Frequenti bianchi puntiformi distribuiti omogeneamente e numerosi bianchi-grigi (sabbia-ghiaia?) fino a 3mm, saltuari rossi puntiformi e *chamotte*, frequenti vacuoli di forma allungata, più radi puntiformi; Mod: a mano.
Fr. di fondo piano di forma chiusa di medio-grandi dimensioni. All'esterno, fascio di sei solchi verticali incisi. Resti di incrostazione bianca all'interno della decorazione. Superficie esterna consumata, in origine lisciata.
NAS: Indet: Incisa con/senza rivestimento.
Datazione contesto: *t.a.q.* ca. 600 a.C. (ca. seconda metà VIII – fine VII sec. a.C.).
Datazione relativa: indet.
Bibliografia: inedito.

676 K 32135 (tavv. 45. 97)
REPH1, F2005, WQ492, Erdsteg N, Ab. 2.
Lu: 7.6cm; La: 7.2cm; Dm: 14cm; S:0.7-1.0cm; H: 5.5cm.
Colori: impasto: beige 10YR 7/3; nucleo: in parte grigio 10YR 6/1; sup. int: beige 10YR 8/1; sup. est: beige 10YR 8/2.
Impasto: C: duro; DS: estremamente depurato; DI: molto grandi; Del: a matrice eterogenea, numerosi inclusi grigi spigolosi (fino a 2mm), più radi grigi arrotondati, saltuari grigi scuri (fino a 2mm), saltuari rossi puntiformi, clasti calcarei molto grandi (fino a 1cm), frequenti vacuoli di forma allungata, più radi quelli puntiformi; Mod: tornio lento.
Fr. di fondo piano di forma chiusa di medio-grandi dimensioni. Superficie interna lisciata con tracce di striature sottili, tipo pettine, precottura, seppur siano visibili i segni del tornio. All'esterno, superficie lisciata con numerose fessure e inclusioni visibili in superficie.
NAS: Acroma lisciata.
Datazione contesto: *t.a.q.* ca. 600 a.C. (ca. seconda metà VIII – fine VII sec. a.C.).
Datazione relativa: seconda metà VIII sec. – 460/450 a.C.
Bibliografia: inedito.

677 K 32019 (tavv. 45. 97)
REPH1, F2004, WQ491/492, 1-meter Streifen, Ab. 1.
Lu: 4.5cm; La: 5.2cm; Dm: 9cm; S: 0.9-1.3cm; H: 2.8cm.
Colori: impasto: marrone 5YR 5/3; 5YR 7/4; nucleo: grigio 10YR 5/1; sup. int: marrone scuro 5YR 5/3; sup. est: beige-rosso 5YR 7/4.
Impasto: C: semiduro; DS: estremamente depurato; DI: grandi; Del: eterogeneo, fratture frastagliate. Frequenti bianchi puntiformi distribuiti omogeneamente e numerosi bianchi-grigi (sabbia-ghiaia?) fino a 3mm, frequenti vacuoli di forma allungata, più radi puntiformi; Mod: tornio lento.
Fr. di fondo, forse leggermente concavo, di difficile determinazione a causa dello stato di conservazione, di forma chiusa di medie dimensioni. All'interno tracce di bruciato.
NAS: Acroma lisciata.
Datazione contesto: *t.a.q.* ca. 600 a.C. (ca. seconda metà VIII – fine VII sec. a.C.).
Datazione relativa: seconda metà VIII sec. – 460/450 a.C.
Bibliografia: inedito.

678 K 32029 A–B (tavv. 45. 97)
REPH1, F2004, WQ491/492, 1-meter Streifen, Ab. 2 / 5.
A: Lu: 8.5cm; La: 6.7cm; Dm: 18cm; S: 1.3-1.4cm; H: 4.7cm; B: Lu: 6.2cm; La: 8.1cm; S: 1.0-1.5cm.
Colori: impasto: marrone-rosso 5YR 6/6; nucleo: grigio 5YR 5/1; sup. int: marrone chiaro 10YR 6/3; sup. est: beige-rosso 5YR 7/6.
Impasto: C: duro; DS: estremamente depurato; DI: grandi; Del: eterogeneo, fratture frastagliate. Frequenti bianchi puntiformi distribuiti omogeneamente e numerosi bianchi-grigi (sabbia-ghiaia?) fino a 3mm, saltuari rossi puntiformi e *chamotte*, radi clasti calcarei, frequenti vacuoli di forma allungata, più radi puntiformi; Mod: tornio lento.
Un fr. di fondo piano e un fr. di parete di forma chiusa di grandi dimensioni. All'esterno, tracce di bruciato sulla parete. All'interno, lungo tutta la superficie, striature sottili in direzione orizzontale e patina sul fondo (resti organici?). All'esterno, traccia di bruciato lungo una linea orizzontale lungo la circonferenza della parete appena sopra il fondo e leggera traccia anche sul fr. di parete. Superficie esterna lisciata.
NAS: Acroma lisciata.
Datazione contesto: *t.a.q.* ca. 600 a.C. (ca. seconda metà VIII – fine VII sec. a.C.).
Datazione relativa: seconda metà VIII sec. – 460/450 a.C.
Bibliografia: inedito.

679 K 24383 (tavv. 45. 97)
QO1F, F2006, EQ1139/1140, Sondage 1, Ab. 22.
Lu: 6.2cm; La: 5.8cm; Dm: 10cm; S: 0.3-0.5cm; H: 2.8cm.
Colori: impasto: beige-rosso 5YR 7/6; sup. int: beige-rosso 5YR 7/4; sup. est: beige-rosso 5YR 7/4; dec: rosso 2.5YR 5/6; 5YR 5/6.
Impasto: C: tenero; DS: molto depurato; DI: medi; Del: L1; Mod: tornio lento.
Due fr. di fondo piano di forma chiusa, brocca? All'esterno, resti di quattro linee orizzontali dipinte. Sulla superficie inferiore del fondo resti di colore, petalo. Superficie esterna lisciata.
NAS: Dipinta monocroma.
Datazione contesto: ca. 630/620 – 570 a.C.
Datazione relativa: ultimo quarto VII sec. – 460/450 a.C.
Bibliografia: inedito.

680 K 24794 (tavv. 45. 97)
QO1F, F2006, EQ1139/1400, Sondage 1, Ab. 25.
Lu: 10.4cm; La: 11.7cm; Dm: 9.0cm; S: 0.7-0.8cm; H: 9.4cm.
Colori: impasto: grigio 7.5YR 5/1; sup. int: marrone-rosso 2.5YR 6/6; sup. est: marrone-rosso 2.5YR 5-6/8; dec: marrone scuro 7.5YR 4/2.
Impasto: C: duro; DS: estremamente depurato; DI: medi; Del: a matrice molto compatta e omogenea. Inclusi grigi-scuri puntiformi e a spigoli arrotondati (vulcanici?), bianchi calcarei puntiformi e saltuariamente a spigolo arrotondati, vacuoli allungati; Mod: tornio lento.
Due fr. combacianti di fondo piano di forma chiusa di grandi dimensioni. All'esterno, banda delimitata da doppie linee orizzontali incise. Nella parte inferiore, triangolo delimitato da linea obliqua incisa e campito da linee a tremolo verticali. All'esterno, tracce di rivestimento marrone scuro. Leggere tracce di bruciato all'interno. Superficie esterna lisciata.
NAS: Incisa e impressa con rivestimento omogeneo opaco.
Datazione contesto: ca. 630/620 – 570 a.C.
Datazione relativa: seconda metà VII sec. – 550/540 a.C.
Bibliografia: inedito.

681 K 23784 A–B (tavv. 45. 97)
QO2F, F2006, EQ1139/1140, Sondage 1, Ab. 5 Zentrum / Sondage 2, Ab. 26.
A/B: Lu: 5.3cm / 4.0cm; La: 3.4cm / 3.8cm; Dm: 9.0cm; S: 0.2-0.3cm / 0.4cm; H: 2.8cm.
Colori: impasto: marrone-rosso 5YR 6/6; nucleo: marrone 7.5YR 5/4; sup. int: marrone 5YR 6/4; sup. est: marrone 7.5YR 6/4; ing: bianco 2.5Y 8/1; dec: nero 10YR 3/1.
Impasto: C: tenero; DS: estremamente depurato; DI: piccoli; Del: numerosi inclusi micacei, saltuari bianchi calcarei allungati, pochi grigi leggermente squadrati medio-grandi. Molto saponoso al tatto, Entella?; Mod: tornio lento.
Fr. di fondo a disco e un fr. di parete di forma chiusa di medie dimensioni, brocca? All'esterno, linea evanida di colore nero lungo l'attacco del fondo. Tracce di un'altra linea orizzontale nera sono conservate sul fr. B. Resti di ingobbio all'esterno e sulla superficie inferiore del fondo. Sono bene visibili le tracce del tornio all'interno. Superficie esterna lisciata.
NAS: Dipinta monocroma.
Datazione contesto: ca. 570 – 540 a.C.
Datazione relativa: metà VI sec. – 460/450 a.C.
Bibliografia: inedito.

682 K 32477 (tavv. 45. 97)
QO2F, F2006, EQ1139/1140, Sondage 1, Ab. 5 Zentrum / 18.
Lu: 13.4cm; La: 11.7cm; Dm: 7.8cm; S: 0.6-0.9cm; H: 5.3cm.
Colori: impasto: marrone 7.5YR 6/6; nucleo: grigio 7.5YR 4/1; sup. int: marrone 7.5YR 6/6; sup. est: marrone 7.5YR 6/6.
Impasto: C: duro; DS: estremamente depurato; DI: grandi; Del: L2; Mod: tornio lento.
Sei fr. di fondo piano di forma chiusa di medio-grandi dimensioni. Superfici esterna lisciata.
NAS: Acroma lisciata.
Datazione contesto: ca. 570 – 540 a.C.
Datazione relativa: seconda metà VIII sec. – 460/450 a.C.
Bibliografia: inedito.

683 K 32496 (tavv. 45. 97)
QO2F, F2006, EQ1139/1140, Sondage 1, Ab. 4W.
Lu: 12.3cm; La: 6.2cm; Dm: 9.8cm; S: 0.3-0.6cm; H: 3.1cm.
Colori: impasto: marrone chiaro 10YR 6/4; nucleo: grigio 10YR 5/1; sup. int: marrone 7.5YR 7/4; sup. est: beige 10YR 7/3.
Impasto: C: duro; DS: molto depurato; DI: grandi; Del: L5; Mod: tornio lento.
Fr. di fondo convesso di forma chiusa di medio-grandi dimensioni. Superficie esterna lisciata.
NAS: Acroma lisciata.
Datazione contesto: ca. 570 – 540 a.C.
Datazione relativa: seconda metà VIII sec. – 460/450 a.C.
Bibliografia: inedito.

684 K 27952 (tavv. 46. 97)
QAREA, F2003, Agora550/551/552, Ab. Steinpackung III.
Lu: 4.2cm; La: 3.7cm; Dm: ca. 7cm; S: 0.3-0.6cm; H: 1.5cm.
Colori: impasto: grigio 7.5YR 5/2; sup. int: beige 5YR 6/6; sup. est: beige 5YR 6/6.
Impasto: C: tenero; DS: molto depurato; DI: medi; Del: L1; Mod: a mano
Fr. di fondo piano di una forma chiusa di piccole-medie dimensioni, brocca? Due linee oblique incise, campite da una serie di tremoli obliqui impressi. Privo di resti incrostazioni all'interno delle decorazioni. Superficie esterna lisciata.
NAS: Incisa e impressa senza rivestimento.
Datazione contesto: *t.a.q.* ca. 550 a.C. (ca. ultimo quarto VII – prima metà VI sec. a.C.).
Datazione relativa: ultimo quarto VII sec. – 460/450 a.C.
Bibliografia: inedito.

685 K 28406 (tavv. 46. 97)
QAREA, F2003, Agora550/551/552,
Ab. Steinpackung III.
Lu: 5.6cm; La: 2.8cm; Dm: ca. 4cm;
S: 0.6cm; H: 1.6cm.
Colori: impasto: beige-arancione 7.5YR 5/1; sup. int: beige-rosso 2.5YR 6/6; sup. est: beige-rosso 2.5YR 6/6; dec: rosso 2.5YR 5/6.
Impasto: C: duro; DS: medio depurato; DI: grandi; Del: L1; Mod: tornio lento.
Fr. di fondo piano di forma chiusa, brocca? All'esterno, linee orizzontali dipinte. Sulla superficie inferiore del fondo resti di una linea incisa (marchio del vasaio?). Superficie esterna lisciata.
NAS: Dipinta monocroma.
Datazione contesto: *t.a.q.* ca. 550 a.C. (ca. ultimo quarto VII – prima metà VI sec. a.C.).
Datazione relativa: ultimo quarto VII sec. – 460/450 a.C.
Bibliografia: inedito.
Confronti: per delle incisioni sulla superficie inferiore del fondo: Leighton 1993, 200 no. 438 tav. 126; Biagini 2008a, 149 no. 17 tav. XII.

686 K 28407 (tavv. 46. 97)
QAREA, F2003, Agora550/551/552,
Ab. Steinpackung III.
Lu: 5.2cm; La: 4.4cm; Dm: 5.2cm; S: 0.3-0.7cm; H: 1.6cm.
Colori: impasto: beige-arancione 5YR 6/6; sup. int: beige-rosso 5YR 7/4; sup. est: beige-rosso 5YR 7/4; dec: rosso 2.5YR 5/6.
Impasto: C: tenero; DS: molto depurato; DI: grandi; Del: L1; Mod: tornio lento.
Due fr. combacianti di fondo piano di una forma chiusa, brocca? All'esterno, linee orizzontali dipinte. Sulla superficie inferiore del fondo, motivo radiale dipinto e resti di una croce incisa (segno del vasaio?). Superficie esterna lisciata.
NAS: Dipinta monocroma.
Datazione contesto: *t.a.q.* ca. 550 a.C. (ca. ultimo quarto VII – prima metà VI sec. a.C.).
Datazione relativa: ultimo quarto VII sec. – 460/450 a.C.
Bibliografia: inedito.
Confronti: Per la decorazione sul fondo senza incisioni: Campisi 2003, 160 no. D 13 fig. 161. Con incisioni ma senza motivo dipinto: Leighton 1993, 200 no. 438 tav. 126. Con incisione e decorazione dipinta: Biagini 2008a, 149 no. 17 tav. XII.

687 K 22261 (tav. 46)
QAREA, F2003, Agora550/551/552,
Ab. Steinpackung II.
Lu: 6.0cm; La: 2.9cm; Dm: ca. 5-6cm;
S: 0.3cm; H: 1.0cm.
Colori: impasto: beige-giallo 7.5YR 7/3; sup. int: beige-giallo 7.5YR 8/2; sup. est: beige-giallo 7.5YR 8/2; dec: arancione 7.5YR 5/6.
Impasto: C: duro; DS: molto depurato; DI: piccoli; Del: L2; Mod: tornio lento.
Fr. di fondo piano di una forma chiusa di piccole dimensioni, brocca? All'esterno, linee orizzontali parallele dipinte. Decorazione radiale dipinta sulla parte inferiore del fondo. Superficie esterna lisciata.
NAS: Dipinta monocroma.
Datazione contesto: *t.a.q.* ca. 550 a.C. (ca. ultimo quarto VII – prima metà VI sec. a.C.).
Datazione relativa: ultimo quarto VII sec. – 460/450 a.C.
Bibliografia: inedito.
Confronti: Per la decorazione sul fondo: Campisi 2003, 160 no. D 13 fig. 161.

688 K 28392 (tavv. 46. 97)
QAREA, F2003, Agora550/551/552,
Ab. 609E.
Lu: 7.9cm; La: 3.1cm; Dm: 9.2cm; S: 0.8-0.9cm; H: 2.5cm.
Colori: impasto: grigio 10YR 8/2; sup. int: grigio-beige 10YR 7/4; sup. est: grigio-beige 10YR 7/4; dec: marrone-nero 10YR 3/2.
Impasto: C: duro; DS: molto depurato; DI: grandi; Del: L3; Mod: tornio lento.
Due fr. combacianti di fondo a disco di una forma chiusa, brocca? Sulla superficie esterna due bande orizzontali parallele dipinte. Superficie esterna lisciata.
NAS: Dipinta monocroma.
Datazione contesto: *t.a.q.* ca. 550 a.C. (ca. ultimo quarto VII – prima metà VI sec. a.C.).
Datazione relativa: metà VI sec. – 460/450 a.C.
Bibliografia: inedito.
Confronti: Gargini 1995, 146 no. 98 fig. 23 (forma aperta); 147 no. 106 fig. 24 (forma chiusa).

689 K 32436 (tavv. 46. 97)
QAREA, F2003, Agora550/551/552,
Ab. Steinpackung V.
Lu: 7.8cm; La: 7.5cm; Dm: 9cm; S: 1.0cm;
H: 5.0cm.
Colori: impasto: grigio 10YR 5/1; sup. int: marrone-rosso 2.5YR 5/4; ing: beige 10YR 7-8/1.
Impasto: C: duro; DS: estremamente depurato; DI: grandi; Del: numerosi bianchi puntiformi visibili anche in superficie, saltuari grigi scuri di forma arrotondata, grigi a spigoli arrotondati (fino a 2mm), presenza di mica, grigi di forma arrotondati con angoli carbonizzati, presenza di malacofauna, saltuari neri puntiformi, vacuoli puntiformi, radi di forma allungata; Mod: tornio veloce.
Fr. di fondo concavo di forma chiusa di medio-grandi dimensioni. Superficie esterna lisciata con ingobbio.
NAS: Acroma lisciata.
Datazione contesto: *t.a.q.* ca. 550 a.C. (ca. ultimo quarto VII – prima metà VI sec. a.C.).
Datazione relativa: metà VI sec. – 460/450 a.C.
Bibliografia: inedito.

690 K 32429 (tavv. 46. 97)
QAREA, F2003, Agora550/551/552,
Ab. 609W.
Lu: 8.4cm; La: 4.5cm; Dm: 8cm; S: 1.2cm;
H: 1.9cm.
Colori: impasto: grigio 5YR 5/1; sup. int: marrone 2.5YR 5/4; sup. est: marrone 2.5YR 5/4.
Impasto: C: duro; DS: estremamente depurato; DI: medi; Del: compatto e relativamente omogeneo. Inclusi grigi scuri a spigoli arrotondati, radi bianchi calcarei, bianchi ad angoli arrotondati (fino a 2mm), presenza di mica, saltuari vacuoli allungati, pochi vacuoli puntiformi. Presenza di malacofauna; Mod: tornio lento.
Fr. di fondo con piede ad anello di forma chiusa di medie dimensioni. Superficie esterna lisciata.
NAS: Acroma lisciata.
Datazione contesto: *t.a.q.* ca. 550 a.C. (ca. ultimo quarto VII – prima metà VI sec. a.C.).
Datazione relativa: metà VI sec. – 460/450 a.C.
Bibliografia: inedito.

691 K 21971 (tavv. 46. 97)
QAREA, F2003, Agora550/551/552,
Ab. 607E.
Lu: 4.9cm; La: 4.6cm; Dm est: 10cm;
S: 0.8cm; H: 2.2cm.
Colori: impasto: beige-grigio 7.5YR 6/4; nucleo: grigio 7.5YR 6/2; sup. int: beige 7.5YR 8/3; sup. est: beige 7.5YR 8/3.
Impasto: C: duro; DS: estremamente depurato; DI: grandi; Del: compatto e relativamente omogeneo. Numerosi bianchi puntiformi e saltuariamente ad angoli arrotondati, presenza di inclusi bianchi di forma allungata e piatta (clasti calcarei naturali?), grigi ad angoli arrotondati (fino a 2mm), saltuari rossi puntiformi, vacuoli di forma allungata; Mod: a mano.
Due fr. combacianti di fondo piano di una forma chiusa. All'interno è ancora visibile l'utilizzo della tecnica a colombino. Sulla superficie esterna, linee oblique incise, probabilmente attribuibili a decorazione a triangoli con il vertice verso l'alto campiti da linee a tremolo orizzontali impresse. Privo di incrostazioni all'interno delle decorazioni. Superficie esterna lisciata.
NAS: Incisa e impressa senza rivestimento.
Datazione contesto: *t.a.q.* ca. 550 a.C. (ca. ultimo quarto VII – prima metà VI sec. a.C.).
Datazione relativa: ultimo quarto VII sec. – 460/450 a.C.
Bibliografia: inedito.

692 K 28556 (tavv. 46. 97)
QAREA, F2003, Agora550/551/552,
Ab. Steinpackung IV.
Lu: 5.0cm; La: 4.7cm; Dm: 10.0cm; S: 1.1cm fondo/ 1.4cm parete; H: 4.0cm.
Colori: impasto: grigio: 5YR 7/6; nucleo: grigio 7.5YR 4/1; sup. int: beige-rosso 5YR 7/4; dec: arancione-rosso 5YR 5/4.
Impasto: C: duro; DS: molto depurato; DI: molto grandi; Del: inclusi grigi-neri squadrati e di forma arrotondata, bianchi calcarei, vacuoli allungati; Mod: a mano.
Fr. di fondo piano di una forma chiusa, brocca? Sulla superficie esterna, inclusa la superficie inferiore del fondo, decorazione a flabelli con trattamento della superficie lucidata. Ceramica piumata proveniente dalla parte centro-occidentale dell'isola?

NAS: Piumata (?).
Datazione contesto: *t.a.q.* ca. 550 a.C. (ca. ultimo quarto VII – prima metà VI sec. a.C.).
Datazione relativa: seconda metà VIII sec. – 550/540 a.C.
Bibliografia: inedito.
Confronti: Leighton 1993, 178 no. 184 tav. 38.

693 K 28390 (tavv. 46. 97)
QAREA, F2003, Agora550/551/552, Ab. 609W / 609E.
Lu: 13.5cm; La: 9.0cm; Dm: 11.5cm; S: 0.7-0.9cm; H: 5.7cm.
Colori: impasto: beige-giallo 10YR 6/3; sup. int: beige-giallo 10YR 8/4; sup. est: beige-giallo 10YR 8/4; dec: beige-arancione 7.5YR 4/6.
Impasto: C: duro; DS: molto depurato; DI: grandi; Del: L2; Mod: tornio lento.
Due fr. combacianti di fondo piano di una forma chiusa. All'esterno, banda orizzontale dipinta. Sulla parte inferiore del fondo linea incisa (danneggiamento da piccone?). Superficie esterna lisciata. All'interno tracce di bruciato.
NAS: Dipinta monocroma.
Datazione contesto: *t.a.q.* ca. 550 a.C. (ca. ultimo quarto VII – prima metà VI sec. a.C.).
Datazione relativa: ultimo quarto VII sec. – 460/450 a.C.
Bibliografia: inedito.

694 K 22004 (tavv. 46. 97)
QAREA, F2003, Agora550/551/552, Ab. 602W.
Lu: 8.2cm; La: 7.5cm; Dm: 26cm; S: 0.9-1.0cm; H: 4.0cm.
Colori: impasto: grigio 10YR 6/1-2; sup. int: grigio 10YR 6/1-2; sup. est: grigio 10YR 6/1-2.
Impasto: C: duro; DS: estremamente depurato; DI: molto grandi; Del: a matrice eterogenea, numerosi inclusi grigi spigolosi (fino a 2mm), più radi grigi arrotondati, saltuari marroni-rossi fino a 0.5mm (*chamotte*), rari bianchi puntiformi, frequenti vacuoli di forma allungata, più radi quelli puntiformi; Mod: tornio lento.
Fr. di fondo piano di una forma chiusa di grandi dimensioni. Tracce di bruciato all'interno. All'esterno screpolato. Superficie esterna lisciata.
NAS: Acroma lisciata.
Datazione contesto: *t.a.q.* ca. 550 a.C. (ca. ultimo quarto VII – prima metà VI sec. a.C.).
Datazione relativa: seconda metà VIII sec. – 460/450 a.C.
Bibliografia: inedito.

695 K 32430 (tavv. 46. 97)
QAREA, F2003, Agora550/551/552, Ab. 609W.
Lu: 10.7cm; La: 7.0cm; Dm: 27cm; S: 1.4cm; H: 3.2cm.
Colori: impasto: beige 10YR 7/4; sup. int: beige 10YR 7/4; sup. est: beige 10YR 7/4.
Impasto: C: duro; DS: estremamente depurato; DI: molto grandi; Del: L2; Mod: a mano.
Fr. di fondo di forma chiusa, verosimilmente di orcio / dolio / pithos di piccole dimensioni. Superficie esterna lisciata.
NAS: Acroma lisciata.
Datazione contesto: *t.a.q.* ca. 550 a.C. (ca. ultimo quarto VII – prima metà VI sec. a.C.).
Datazione relativa: seconda metà VIII sec. – 460/450 a.C.
Bibliografia: inedito.

696 K 16647 (tavv. 46. 98)
QAEO1F, F1996, Agora565, Ab. 110.
Lu: 5.5cm; La: 4.3cm; Dm: ca. 4.0cm; S: 0.7cm; H: 1.5cm.
Colori: impasto: grigio scuro 10YR 3/1; sup. int: grigio scuro 10YR 4/1; sup. est: marrone 10YR 6/4; 4/1-2.
Impasto: C: semiduro; DS: estremamente depurato; DI: medi; Del: compatto e omogeneo. Numerose inclusioni di piccole dimensioni grigie e bianche puntiformi, vacuoli puntiformi; Mod: tornio veloce.
Fr. di fondo piano di forma chiusa. Sulla superficie inferiore del fondo, sette cerchielli concentrici. Sulla parete, motivo a raggiera formato da linee incise campite da linee a tremolo verticali. Incrostazioni biancastre all'interno delle decorazioni. Superficie esterna lisciata, probabilmente di colore marrone in origine (10YR 6/4).
NAS: Incisa e impressa senza rivestimento.
Datazione contesto: *t.a.q.* 500/490 a.C. (ca. fine VII sec. – 500/490 a.C.).
Datazione relativa: ultimo quarto VII – metà VI sec. a.C.
Bibliografia: inedito.

697 K 32553 (tavv. 46. 98)
QAEO1F, F1995, Agora565, Ab. 111.
Lu: 2.3cm; La: 2.4cm; Dm: 5.0cm; S: 0.4-0.5cm; H: 1.2cm.
Colori: impasto: grigio GLEY 1 5/N; sup. int.: grigio 10YR 5/1; sup.est: grigio 10YR 4-5/1; ing: indet.
Impasto: C: duro; DS: estremamente depurato; DI: piccoli; Del: compatto e omogeneo, inclusi grigi puntiformi e radi vacuoli puntiformi, saltuarie inclusioni bianche calcaree in quantità minima; Mod: tornio veloce.
Fr. di fondo piano forma chiusa di piccole dimensioni. Impasto buccheroide. Finissime e fittissime linee del tornio veloce all'interno. All'esterno, ingobbio grigio scuro appena percepibile.
NAS: Acroma lisciata.
Datazione contesto: *t.a.q.* 500/490 a.C. (ca. fine VII sec. – 500/490 a.C.).
Datazione relativa: ultimo quarto VII sec. – 460/450 a.C.
Bibliografia: inedito.

698 K 32522 (tavv. 46. 98)
QAEO1F, F1995, Agora565, Ab. 108.
Lu: 5.4cm; La: 5.3cm; Dm: 6.0cm; S: 0.5-0.6cm; H: 2.9cm.
Colori: impasto: grigio 10YR 5/1; sup. int: grigio 10YR 7/1; sup. est: beige-grigio 10YR 5/1; dec: marrone scuro 10YR 4/3, rosso-marrone 2.5YR 4/6.
Impasto: C: duro; DS: estremamente depurato; DI: medi; Del: mica, grigi e bianchi puntiformi; Mod: tornio veloce.
Fr. di fondo piano di forma chiusa, brocca? All'esterno, dal basso verso l'alto, banda orizzontale marrone, due linee sottili orizzontali rosse e motivo a cerchielli concentrici rossi. La superficie inferiore del fondo sembra essere completamente dipinta di marrone con parte risparmiata. Superficie esterna lisciata.
NAS: Dipinta bicroma.
Datazione contesto: 500/490 – 480/470-60 a.C.
Datazione relativa: secondo quarto VI sec. – 460/450 a.C.
Bibliografia: inedito.

699 K 16626 (tavv. 46. 98)
QAEO1F, F1995, Agora565, Ab. 112.
Lu: 6.4cm; La: 3.2cm; Dm fondo: 4.4cm; S: 0.7-0.9cm; H: 1.8cm.
Colori: impasto: marrone chiaro 7.5YR 6/6; nucleo: marrone grigio 7.5YR 6/2; sup. int: beige 7.5YR 7/4; sup. est: beige 7.5YR 7/3; dec: marrone scuro 7.5YR 3-4/1.
Impasto: C: duro; DS: estremamente depurato; DI: medi; Del: L5; Mod: tornio veloce.
Fr. di fondo leggermente concavo di forma chiusa, brocca? All'esterno della parete due linee orizzontali parallele (quella vicina al fondo più larga di quella superiore). Sulla superficie inferiore del fondo resti di motivo probabilmente a croce. Superficie esterna lisciata.
NAS: Dipinta monocroma.
Datazione contesto: *t.a.q.* 500/490 a.C. (ca. fine VII sec. – 500/490 a.C.).
Datazione relativa: metà VI sec. – 460/450 a.C.
Bibliografia: inedito.

700 K 16765 (figg. 44. 51 tavv. 46. 98)
QAEO1F, F1995, Agora565, Ab. 117.
Lu: 10.9cm; La: 7.1cm; Dm fondo: 5.8cm; S: 0.3-0.5cm; H: 3.1cm.
Colori: impasto: marrone 7.5YR 6/3; sup. int: beige 10YR 8/2; sup. est: marrone chiaro 7.5YR 7/3; dec: rosso scuro 2.5YR 3/6; grigio-nero 7.5YR 4/1.
Impasto: C: duro; DS: estremamente depurato; DI: piccoli; Del: L5; Mod: tornio veloce.
Fr. leggermente concavo di forma chiusa, brocca? All'esterno, linea grigio scura seguita da fregio a cerchielli concentrici rossi scuri (cerchio esterno: 0.3cm; interno: 0.5cm + punto) effettuati al compasso (punto centrale impresso) seguiti da due linee orizzontali grigie (quella superiore con sbavatura) e linea rossa scura lungo il fondo. La parte inferiore del fondo nero presenta una tetraskeles risparmiata (quattro petali stilizzati?). Superficie esterna lisciata.
NAS: Dipinta bicroma.
Datazione contesto: *t.a.q.* 500/490 a.C. (ca. fine VII sec. – 500/490 a.C.).

Datazione relativa: metà VI sec. – 460/450 a.C.
Bibliografia: inedito.
Confronti: per la morfologia e per la decorazione sulla superficie inferiore del fondo: Serra 2016, 140 no. 347 tav. 38, 10.

701 K 32731 (tavv. 46. 98)
QAEO1F, F1996, Agora565, Ab. 107.
Lu: 7.2cm; La: 4.0cm; Dm fondo: 7.4cm; S: 0.6cm; H: 1.9cm.
Colori: impasto: marrone chiaro 7.5YR 7/4; nucleo: grigio 7.5YR 6/1; sup. int: beige 7.5YR 7/3; sup. est: beige 10YR 8/3; dec: marrone 7.5YR 4/2; rosso 2.5YR 3-4/6.
Impasto: C: duro; DS: estremamente depurato; DI: medi; Del: L5; Mod: tornio veloce.
Fr. di fondo concavo profilato di forma chiusa, brocca? All'esterno, sul profilo del fondo, linea orizzontale rossa seguita più in alto da una linea orizzontale marrone. Superficie esterna lisciata.
NAS: Dipinta bicroma.
Datazione contesto: *t.a.q.* 500/490 a.C. (ca. fine VII sec. – 500/490 a.C.).
Datazione relativa: metà VI sec. – 460/450 a.C.
Bibliografia: inedito.

702 K 32730 (tavv. 46. 98)
QAEO1F, F1995, Agora565, Ab. 107.
Lu: 6.3cm; La: 4.3cm; Dm: 7.6cm; S: 0.5-0.7m; H: 3.2cm.
Colori: impasto: grigio scuro 10YR 5/1; sup. int: grigio 10YR 5/1; ing: beige 10YR 4/1; dec: nero 10YR 3/2; rosso scuro 2.5YR 4/6.
Impasto: C: duro; DS: estremamente depurato; DI: medi; Del: L4; Mod: tornio veloce.
Fr. di fondo concavo profilato di forma chiusa, brocca? All'esterno, sul profilo del fondo, linea orizzontale nera seguita più in alto da una orizzontale bordeaux. Superficie esterna ingubbiata e lisciata.
NAS: Dipinta bicroma.
Datazione contesto: *t.a.q.* 500/490 a.C. (ca. fine VII sec. – 500/490 a.C.).
Datazione relativa: metà VI sec. – 460/450 a.C.
Bibliografia: inedito.

703 K 32523 (tavv. 46. 98)
QAEO1F, F1995, Agora565, Ab. 108.
Lu: 6.5cm; La: 4.1cm; Dm: 6.0cm; S: 0.6-0.9cm; H: 2.6cm.
Colori: impasto: grigio 10YR 4/1; sup. int: grigio-marrone 10YR 6/2; sup. est: beige-giallo 5YR/7.5YR 7/6; dec: marrone-rosso 5YR 3/4, rosso 2.5YR 4/8.
Impasto: C: duro; DS: estremamente depurato; DI: medi; Del: L2; Mod: tornio veloce.
Fr. di fondo concavo profilato di forma chiusa, brocca? Sulla parete, resti di una banda orizzontale marrone-rossa e linea orizzontale rossa lungo il profilo dell'orlo. Sulla superficie inferiore del fondo, probabile resto di motivo a svastica. Superficie esterna lisciata.
NAS: Dipinta bicroma.
Datazione contesto: *t.a.q.* 500/490 a.C. (ca. fine VII sec. – 500/490 a.C.).
Datazione relativa: metà VI sec. – 460/450 a.C.
Bibliografia: inedito.
Confronti: per quanto riguarda la morfologia del piede: Serra 2016, 140 no. 351 tav. 39, 4.

704 K 32552 (tavv. 46. 98)
QAEO1F, F1995, Agora565, Ab. 111.
Lu: 6.2cm; La: 3.1cm; Dm: 10.0cm; S: 0.6cm; H: 2.2cm.
Colori: impasto: beige-giallo 10YR 8/2; sup. int: beige 10YR 7/2; sup. est: beige 10YR 7/2.
Impasto: C: tenero; DS: estremamente depurato; DI: piccoli; Del: vacuoli allungati; Mod: tornio veloce.
Fr. di fondo concavo profilato di forma chiusa, brocca. Superficie esterna lisciata.
NAS: Acroma lisciata.
Datazione contesto: *t.a.q.* 500/490 a.C. (ca. fine VII sec. – 500/490 a.C.).
Datazione relativa: metà VI sec. – 460/450 a.C.
Bibliografia: inedito.
Confronti: Termini 2003, 248 no. C 75 figg. 212. 213.

705 K 32551 (tavv. 47. 98)
QAEO1F, F1995, Agora565, Ab. 111.
Lu: 9.1cm; La: 7.5cm; Dm fondo: 9.2cm; S: 0.7-0.9cm; H: 3.7cm.
Colori: impasto: grigio 5YR 4/1; sup. int: marrone 5YR 7/4; ing: bianco-beige 7.5YR 6-7/2.
Impasto: C: duro; DS: molto depurato; DI: grandi; Del: mica, bianchi puntiformi, grigi di forma squadrata, vacuoli arrotondati, rossi arrotondati saltuari, bianchi grandi e molto grandi calcarei; Mod: tornio lento.
Fr. di fondo piano leggermente concavo profilato di forma chiusa, brocca? Ingobbio crema all'esterno. Superficie lisciata.
NAS: Acroma lisciata.
Datazione contesto: *t.a.q.* 500/490 a.C. (ca. fine VII sec. – 500/490 a.C.).
Datazione relativa: metà VI sec. – 460/450 a.C.
Bibliografia: inedito.
Confronti: Termini 2003, 248 no. C 75 figg. 212. 213.

706 K 32573 (tavv. 47. 98)
QAEO1F, F1995, Agora565, Ab. 113.
Lu: 12.2cm; La: 6.2cm; Dm: 6.8cm; S: 0.3-0.5cm; H: 5.0cm.
Colori: impasto: arancione-rosso 2.5YR 6/6; nucleo: marrone-grigio 2.5YR 6/1; sup. int: beige 10YR 8/2; sup. est: arancione 10YR 8/2; ing: beige 10YR 8/2.
Impasto: C: duro; DS: molto depurato; DI: grandi; Del: Inclusi medi grandi, grigi, rossi e bianchi puntiformi fino a grandi; Mod: tornio veloce.
Otto fr. combacianti di fondo piano e parete di forma chiusa. Ingobbio all'interno ed evidenti tracce del tornio (striature sottili). All'esterno, superficie ben lisciata.
NAS: Acroma lisciata.
Datazione contesto: *t.a.q.* 500/490 a.C. (ca. fine VII sec. – 500/490 a.C.).
Datazione relativa: seconda metà VIII sec. – 460/450 a.C.
Bibliografia: inedito.

707 K 16763 (tavv. 47. 98)
QAEO1F, F1995, Agora565, Ab. 117 / 118.
Lu: 15.4cm; La: 10.7cm; Dm: 5.8cm; S: 0.5-1.1cm; H: 4.3cm.
Colori: impasto: marrone 2.5YR 6/6; nucleo: grigio 2.5YR 5/1; sup. int: marrone 2.5YR 6/6; sup. est: marrone 5YR 6/6.
Impasto: C: duro; DS: molto depurato; DI: grandi; Del: mica, grigi di forma arrotondata grandi saltuari, radi bianchi calcarei, vacuoli allungati, visibili anche in superficie; Mod: tornio lento
Sei fr. di fondo piano di forma chiusa di medio-grandi dimensioni. All'interno, sono ben visibile le tracce a striature sottili del tornio. Superficie all'esterno lisciata.
NAS: Acroma lisciata.
Datazione contesto: *t.a.q.* 500/490 a.C. (ca. fine VII sec. – 500/490 a.C.).
Datazione relativa: seconda metà VIII sec. – 460/450 a.C.
Bibliografia: inedito.

708 K 32621 (tavv. 47. 98)
QAEO1F, F1995, Agora565, Ab. 118.
Lu: 8.8cm; La: 6.7cm; Dm: 6.5cm; S: 0.6-1.6cm; H: 5.6cm.
Colori: impasto: grigio scuro 10YR 4/1; sup. int: grigio chiaro 10YR 7/1-2; sup. est: grigio scuro 10YR 3-4/1.
Impasto: C: duro; DS: estremamente depurato; DI: medi; Del: relativamente compatto, saltuari grigi di forma arrotondata fino a 2mm, altrimenti impasto molto omogeneo con inclusioni di piccole dimensioni. Clasti calcarei longitudinali, rari bianchi puntiformi, saltuari vacuoli di forma allungata; Mod: tornio veloce.
Fr. di fondo piano di forma chiusa. Superficie interna completamente bruciata e patina grigia indet. All'esterno resti di sostanza nera, pece?
NAS: Acroma lisciata.
Datazione contesto: *t.a.q.* 500/490 a.C. (ca. fine VII sec. – 500/490 a.C.).
Datazione relativa: seconda metà VIII sec. – 460/450 a.C.
Bibliografia: inedito.

709 K 32690 A–B (tavv. 47. 98)
QAEO1F, F1995/F1996, Agora565, Ab. 117 / 118 / 107.
A: Lu: 18.0cm; S: 0.5-0.9cm; H: 13.8cm B: Lu: 8.0; La: 6.6cm; Dm: 12.0cm; S: 0.5-0.8cm.
Colori: impasto: grigio 7.5YR 5/1; sup. int: marrone chiaro 7.5YR 6/4; ing: bianco beige 2.5Y 8/2.
Impasto: C: duro; DS: molto depurato; DI: grandi; Del: bianchi, grigi e color crema di grandi dimensioni saltuari, vacuoli allungati. Poca mica; Mod: tornio veloce.
Due fr. non combacianti (A: sette fr.; B:

due fr.) di fondo concavo di forma chiusa di medio-grandi dimensioni in ceramica acroma? All'interno, evidenti tracce del tornio. All'esterno, ingobbio anche sulla superficie inferiore della forma (brocca?) con visibili striature orizzontali. Evidenti bolle di cottura e numerosi vacuoli sulla superficie esterna.
NAS: Acroma lisciata.
Datazione contesto: *t.a.q.* 500/490 a.C. (ca. fine VII sec. – 500/490 a.C.).
Datazione relativa: metà VI sec. – 460/450 a.C.
Bibliografia: inedito.

710 K 32601 (tavv. 47. 98)
QAEO1F, F1995, Agora565, Ab. 115.
Lu: 10.2cm; La: 7.5cm; Dm: 8.5cm; S: 0.5-1.3cm; H: 5.7cm.
Colori: impasto: marrone chiaro 7.5YR 7/4; nucleo: grigio 7.5YR 6/1; sup. est: beige 7.5YR 7/3; dec: arancione 7.5YR 5/8; marrone-arancione 7.5YR 3/3.
Impasto: C: duro; DS: molto depurato; DI: grandi; Del: L2; Mod: tornio lento.
Fr. di parete con attacco di fondo piano di forma chiusa, brocca? Sulla parete, resti di due coppie di linee orizzontali (una è forse una banda). La coppia superiore è tendente all'arancione (più diluita) mentre quella inferiore, più satura, tende al marrone scuro. Sulla superficie inferiore del fondo, resti di banda dipinta (motivo a croce?). Superficie esterna lisciata.
NAS: Dipinta monocroma.
Datazione contesto: *t.a.q.* 500/490 a.C. (ca. fine VII sec. – 500/490 a.C.).
Datazione relativa: ultimo quarto VII sec. – 460/450 a.C.
Bibliografia: inedito.

711 K 16457 (tavv. 47. 98)
QAEO1F, F1995, Agora564/567, Ab. 215.
Lu: 4.0cm; La: 6.0cm; Dm fondo: 9.0cm; S: 0.9-1.0cm; H: 2.8cm.
Colori: impasto: beige-rosso 5YR 6/6; nucleo: beige 7.5YR 7/4; sup. int: beige-rosso 5YR 7/4; sup. est: beige 7.5YR 7/4.
Impasto: C: semiduro; DS: molto depurato; DI: medi; Del: L2; Mod: tornio lento.
Fr. di fondo piano di forma chiusa in ceramica acroma? con decorazione a zig-zag sulla superficie inferiore del fondo graffita (segno di vasaio sul fondo?). Superficie esterna lisciata.
NAS: Acroma lisciata.
Datazione contesto: *t.a.q.* 500/490 a.C. (ca. fine VII sec. – 500/490 a.C.).
Datazione relativa: ultimo quarto VII sec. – 460/450 a.C.
Bibliografia: inedito.

712 K 32676 (tavv. 47. 98)
QAEO1F, F1995, Agora564/567, Ab. 214.
Lu: 12.1cm; La: 6.7cm; Dm fondo: 9.0cm; S: 0.4-2.4cm; H: 5.1cm.
Colori: impasto: marrone 5YR 4/6; nucleo: grigio 5YR 4/1; sup. int: marrone 5YR 6/4; ing: beige 10YR 7/3; dec: nero 10YR 3/1.
Impasto: C: duro; DS: molto depurato; DI: grandi; Del: bianchi calcarei saltuari grandi, altrimenti vacuoli puntiformi; Mod: tornio lento.
Fr. di fondo piano di forma chiusa di medio-grandi dimensioni. All'esterno, sulla parete, due bande orizzontali nere dipinte su ingobbio. All'interno, segni del tornio. Superficie esterna lisciata. Evidenti bolle di cottura.
NAS: Dipinta monocroma.
Datazione contesto: *t.a.q.* 500/490 a.C. (ca. fine VII sec. – 500/490 a.C.).
Datazione relativa: ultimo quarto VII sec. – 460/450 a.C.
Bibliografia: inedito.

713 K 32667 (tavv. 47. 98)
QAEO2F, F1995, Agora564/567, Ab. 209.
Lu: 4.1cm; La: 5.4cm; Dm: 5.0cm; S: 0.4-0.6cm; H: 3.2cm.
Colori: impasto: beige-giallo 5YR 6/6; nucleo: beige 10YR 7/3; sup. est: beige-giallo 10YR 8/3-4; dec: arancione-marrone 5YR 5/8.
Impasto: C: semiduro; DS: molto depurato; DI: grandi; Del: L2; Mod: tornio lento.
Fr. di fondo piano di forma chiusa, brocca? All'esterno della parete, resti di quattro linee orizzontali appena sopra il fondo e, dopo un interspazio, resto di un'ulteriore linea orizzontale. Sulla superficie inferiore del fondo, resti di un listello probabilmente interpretabile come motivo radiale. Tracce di bruciato secondarie all'interno.
NAS: Dipinta monocroma.
Datazione contesto: 500/490 – 480/470-60 a.C.
Datazione relativa: metà VI sec. – 460/450 a.C.
Bibliografia: inedito.

714 K 32513 (tavv. 47. 98)
QAEO2F, F1995, Agora565, Ab. 107.
Lu: 7.3cm; La: 4.7cm; Dm: 9.2cm; S: 0.5-0.9cm; H: 3.0cm.
Colori: impasto: beige-marrone 10YR 6/4; nucleo: grigio 10YR 6/1; sup. int: beige-marrone 10YR 8/3; sup. est: beige-marrone 10YR 8/1; dec: marrone-nero 10YR 3/3.
Impasto: C: duro; DS: estremamente depurato; DI: medi; Del: L3; Mod: tornio lento.
Fr. di fondo concavo profilato di forma chiusa, brocca? Banda orizzontale sulla parte profilata all'esterno della forma. All'interno resti organici? Superficie esterna lisciata.
NAS: Dipinta monocroma.
Datazione contesto: 500/490 – 480/470-60 a.C.
Datazione relativa: metà VI sec. – 460/450 a.C.
Bibliografia: inedito.

715 K 32749 (fig. 34 tavv. 47. 98)
QAE1, S2009, Agora550/551/553, Ab. 402.
Lu: 10.0cm; La: 4.8cm; Dm fondo: 6.0cm; S: 0.9cm; H: 2.4cm.
Colori: impasto: marrone chiaro 10YR 7/3; sup. int: beige 10YR 8/2-3; sup. est: beige 10YR 8/2-3.
Impasto: C: semiduro; DS: estremamente depurato; DI: medi; Del: L2; Mod: tornio lento.
Fr. di fondo leggermente convesso in ceramica acroma con tre solchi circolari all'interno di forma aperta? Verosimilmente forma da stoccaggio in sospensione orizzontale dal soffitto.
NAS: Acroma lisciata.
Datazione contesto: 500/490 – 460/450 a.C.
Datazione relativa: seconda metà VIII sec. – 460/450 a.C.
Bibliografia: inedito.

Pithoi

716 K 32132 (tavv. 47. 99)
REPH1, F2005, WQ492, Erdsteg E2, Ab. 109.
Lu: 5.3cm; La: 5.4cm; Dm: ca. 40cm; S: 2.9cm; H: 4.9cm.
Colori: impasto: beige 7.5YR 7/4; nucleo: grigio 7.5YR 5/1; sup. int: beige 7.5YR 8/3; sup. est: beige 7.5YR 8/3; dec: arancione 7.5YR 6/8.
Impasto: C: semiduro; DS: molto depurato; DI: molto grandi; Del: L2; Mod: a mano.
Fr. d'orlo ingrossato verso l'esterno, leggermente estroflesso di pithos (?) con banda orizzontale dipinta all'esterno sotto l'orlo.
NAS: Dipinta monocroma.
Datazione contesto: *t.a.q.* ca. 600 a.C. (ca. seconda metà VIII – fine VII sec. a.C.).
Datazione relativa: seconda metà VII sec. a.C.
Bibliografia: inedito.
Confronti: Termini 2003, 253 no. R 8 fig. 218; Solo in fotografia, dunque non confermabile: Panvini 2006a, 50 no. 2534 (capanna 1, Abitato di Sabucina); Meligunìs Lipára I, nn. 1. 2 tav. XXXVII.

717 K 23643 A–B (tav. 47)
REPH1, F2005, WQ492, Erdsteg E2, Ab. 7 / Erdsteg E3, Ab. 4S.
A: Lu: 6.8cm; La: 5.9cm; S: 2.1-2.6cm; B: Lu: 9.2cm; La: 6.8cm; S: 2.4-2.7cm.
Colori: impasto: marrone 7.5YR 5/2; nucleo: grigio 10YR 4/1; sup. int: marrone-grigio 7.5YR 5/1-2; sup. est: marrone 7.5YR 6/4; dec: marrone scuro 2.5YR 4/4 marrone-rosso 2.5YR 3/2.
Impasto: C: duro; DS: estremamente depurato; DI: molto grandi; Del: L0; Mod: a mano.
Due fr. non combacianti (A: 1 fr.; B: 3 fr.) di pithos. All'esterno, resti di decorazione a spina di pesce su listello plastico rialzato. All'esterno, rivestimento omogeneo steso a pennellate tendenzialmente orizzontali risultante di varie gradazioni di marrone. Superficie esterna lisciata.
NAS: Incisa con rivestimento omogeneo opaco.
Datazione contesto: *t.a.q.* ca. 600 a.C. (ca. seconda metà VIII – fine VII sec. a.C.).
Datazione relativa: seconda metà VIII sec. – 550/540 a.C.
Bibliografia: inedito.

718 K 22284 A–F (tav. 47)
REPH1, F2003/F2004/F2005, WQ491/492, Ab. 7 / 8 / 9 / 11 (F03); 1-meter Streifen, Ab. 1 (F04); Erdsteg, Ab. 6, Schicht 1 (F05).
A: Lu: 8.1cm; La: 6.9cm; S: 1.5/2cm; B: Lu: 8.2cm; La: 5.8cm; S: 1.8cm; C: Lu: 10.7cm; La: 12cm; S: 2.3/3cm; D: Lu: 4.7cm; La: 6.5cm; S: 1.8/2cm; E: Lu: 3.6cm; La: 3.6cm; S: 2.1cm; F: Lu: 3.4cm; La: 2.8; S: 1.6-1.8cm.
Colori: impasto: beige-rosso 5YR 7/6; nucleo: grigio scuro 10YR 4/1; sup. int: beige-rosso 5YR 7/6; sup. est: beige-rosso 5YR 7/6.
Impasto: C: duro; DS: molto depurato; DI: molto grandi; Del: L1; Mod: a mano.
Sei fr. non combacianti di parete di pithos cordonato con decorazione a spina di pesce. A: sul listello fasce di linee oblique verso un lato, triangolo risparmiato e linee oblique verso il lato opposto. B: resti di linee oblique (nove). C: solo listello. D: resti di due linee oblique sul listello. E: spina di pesce. F: resti di listello. Superfici esterna lisciata.
NAS: Incisa senza rivestimento.
Datazione contesto: *t.a.q.* ca. 600 a.C. (ca. seconda metà VIII – fine VII sec. a.C.).
Datazione relativa: ultimo quarto VII sec. – 460/450 a.C.
Bibliografia: inedito.

719 K 32219 (tav. 47)
REPH1, F2006, WQ492, Ab. 5A.
Lu: 12.5cm; La: 15cm; S:2.5cm.
Colori: impasto: beige-rosso 5YR 6/4; nucleo: grigio scuro 10YR 4-5/1; sup. int: beige-rosso 5YR/7.5YR 7/4; sup. est: beige-rosso 5YR/7.5YR 7/4.
Impasto: C: semiduro; DS: molto depurato; DI: molto grandi; Del: L1; Mod: a mano.
Quattro fr. combacianti di pithos con largo listello soprelevato verticale. All'interno, striature sottili irregolari in più direzioni, ma specialmente in senso orizzontale. All'esterno superficie lisciata.
NAS: Acroma lisciata.
Datazione contesto: *t.a.q.* ca. 600 a.C. (ca. seconda metà VIII – fine VII sec. a.C.).
Datazione relativa: seconda metà VIII sec. – 460/450 a.C.
Bibliografia: inedito.

720 K 24752 (tav. 47)
QO1F, F2006, EQ1140, Sondage 2, Ab. 36.
Lu: 5cm; La: 4.6cm; S: 1.5-1.6cm.
Colori: impasto: beige-rosso 7.5YR 7/4; nucleo: grigio 7.5YR 4/1; sup. int: beige-rosso 5YR 7/4-6; sup. est: beige-rosso 10YR 8/3.
Impasto: C: tenero; DS: molto depurato; DI: molto grandi; Del: L1; Mod: a mano.
Fr. di parete di pithos con decorazione a spina di pesce incisa. Superficie esterna lisciata.
NAS: Incisa senza rivestimento.
Datazione contesto: *t.a.q.* ca. 600 a.C. (ca. seconda metà VI – fine VII sec. a.C.).
Datazione relativa: ultimo quarto VII sec. – 460/450 a.C.
Bibliografia: inedito.

721 K 23786 A–E (tavv. 48. 99)
QO2F, F2006, EQ1139/1140, Sondage 1, Ab. 5 Zentrum / Ab. 4E; F2004, EQ1139, Sondage, 6EI / 6EII/2 / 3EII; F2006, EQ1139/1140, Sondage 1, Ab. 4W / 6; Sondage 3, Ab. 6 / 7E.
A/B/C/D/E: Lu: 9.1cm / 8.2cm / 28.0cm / 21.0cm / 28.0cm; La: 8.0cm / 10.2cm / 23.0cm / 26.0cm / 22.0cm; Dm: 40.0-41.0cm; S: 1.9-2.4cm / 1.7-1.9cm / 1.4-2cm / 1.1-1.6cm / 0.9-1.8cm; H: 4.5cm / 5.7cm.
Colori: impasto: beige-rosa 2.5YR 6/6; nucleo: grigio 2.5YR 6/1; sup. int: beige-rosa 7.5YR 7/4 e 8/4; sup. est: beige-bianco 10YR 8/3 e 2.5YR 7/4.
Impasto: C: duro; DS: estremamente depurato; DI: grandi; Del: L2; Mod: misto (mano/tornio).
Cinque fr. non combacianti (23 fr. totali) di orlo, collo e spalla di pithos. Orlo irregolare come mostrato dai due disegni. Orlo e collo lavorato al tornio, corpo a mano. Superficie esterna lisciata.
NAS: Acroma lisciata.
Datazione contesto: ca. 570 – 540 a.C.
Datazione relativa: seconda metà VIII sec. – 460/450 a.C.
Bibliografia: inedito.

722 K 24266 A–B (tavv. 48. 99)
QO2F, F2004/2006, EQ1131/1139/1140, Ab. ZS 2 / Sondage, Ab. 9E; Sondage 1, Ab. 13 / Sondage 1, Ab. 7.
A/B: Lu: 25cm / 25.0cm; La: 17.8cm / 17.8cm; Dm: 33.6cm; S: 1.7-2.0cm; H: 17.8cm.
Colori: impasto: grigio scuro GLEY 2 4/10B; sup. int: marrone-rosa 5YR 7/6 e 7/2; sup. est: grigio 10YR 7/2.
Impasto: C: duro; DS: estremamente depurato; DI: molto grandi; Del: grandi inclusi bianchi, *chamotte* saltuaria, mica, grigi squadrati di grande dimensione; Mod: mano/tornio lento.
Due fr. non combacianti (7 fr. totali) d'orlo estroflesso di pithos. Superficie esterna molto screpolata. È visibile la lavorazione in due parti e la giuntura fra corpo e collo della forma. In superficie sono visibili numerosi inclusi bianchi molto grandi. Superficie esterna lisciata.
NAS: Acroma lisciata.
Datazione contesto: ca. 570 – 540 a.C.
Datazione relativa: seconda metà VIII sec. – 460/450 a.C.
Bibliografia: inedito.

723 K 23885 (tav. 48)
QO2F, F2006, EQ1139/1140, Sondage 1, Ab. 7.
Lu: 11.5cm; La: 10.2cm; S: 1.7-1.8cm.
Colori: impasto: beige-rosso 5YR 7/4; nucleo: beige 10YR 8/2; sup. int: beige-rosso 10YR 8/3; sup. est: beige-rosso 7.5YR 8/4; dec: rosso 2.5YR 5/8 marrone-nero 2.5YR 3/1.
Impasto: C: semiduro; DS: estremamente depurato; DI: molto grandi; Del: L2; Mod: a mano.
Fr. di "presa", parte decorativa cuspidata di pithos. All'esterno, tracce di colore, da una parte di tonalità rosso-marrone, dall'altra tendente al nero per un difetto di cottura. In origine monocroma. Superficie esterna screpolata.
NAS: Dipinta monocroma.
Datazione contesto: ca. 570 – 540 a.C.
Datazione relativa: ultimo quarto VII sec. – 460/450 a.C.
Bibliografia: inedito.

724 K 24386 (tav. 48)
QO2F, F2006, EQ1139/1140, Sondage 1, Ab. 21.
Lu: 23.0cm; La: 14cm; S: 1.9-2.8cm.
Colori: impasto: beige 10YR 7/4; nucleo: grigio 10YR 7/3; sup. int: beige 7.5YR 7-8/2; sup. est: beige 10YR 8/3; dec: arancione 5YR 5/6 marrone 5YR 3/3.
Impasto: C: semiduro; DS: estremamente depurato; DI: molto grandi; Del: L2; Mod: a mano.
Cinque fr. combacianti di parete di pithos. All'esterno, incrocio di bande dipinte, di cui una orizzontale in cui si trovano onde risparmiate incrociate, create per asportazione del colore con un pennello o un lembo di tessuto. Discromia esterna dovuta alla cottura. Ben lisciato sia all'interno che all'esterno. Tracce di bruciato all'interno.
NAS: Dipinta monocroma ; Decorazione lineare opaca (-).
Datazione contesto: ca. 570 – 540 a.C.
Datazione relativa: ultimo quarto VII sec. – metà VI sec. a.C.
Bibliografia: inedito.

725 K 32426 (fig. 15 tav. 48)
QO2F, F2006, EQ1139/1140, Sondage 1, Ab. 11 / 13 / 20.
Lu: 34.0cm; La: 34cm; Dm: 34cm; S: 1.9cm; H: 3.8cm.
Colori: impasto: beige 10YR 7/4; nucleo: grigio 10YR 5/1; sup. int: beige-rosso 10YR 8/4; sup. est: beige-rosso 10YR 7/4.
Impasto: C: tenero; DS: estremamente depurato; DI: molto grandi; Del: L2; Mod: a mano.
Nove fr. combacianti di fondo piano quasi integro di pithos. Tracce della superficie d'appoggio durante l'essicamento sulla superficie inferiore del fondo (irregolare).
NAS: Acroma lisciata.
Datazione contesto: ca. 570 – 540 a.C.
Datazione relativa: seconda metà VIII sec. – 460/450 a.C.
Bibliografia: inedito.
Osservazioni: due fr. sono stati fotografati *in situ* sullo scavo indicando la potenza dell'erosione degli strati del vano nord verso quello sud.

726 K 22684 (tavv. 48. 99)
QO1/2F, F2004, EQ1139, Sondage, Ab. Steinsturz 1.
Lu: 13.5cm; La: 9.5cm; Dm: ca. 46–50.0cm; S: 2.16cm; H: 7.0cm.
Colori: impasto: beige-rosso 5YR 6/6; nucleo: grigio 10YR 4/1; sup. int: beige-rosso

5YR 7/3-4; sup. est: beige-rosso 5YR 7/3-4.
Impasto: C: semiduro; DS: estremamente depurato; DI: molto grandi; Del: L1; Mod: tornio lento.
Due fr. d'orlo ingrossato verso l'esterno di pithos. Ben lisciato sia all'interno che all'esterno.
NAS: Acroma lisciata.
Datazione contesto: ca. 630/620 – 540 a.C.
Datazione relativa: seconda metà VIII sec. – 460/450 a.C.
Bibliografia: inedito.
Confronti: Guglielmino 2000, 706 tav. CXXIX, 1; Campisi 2003, 207 no. D 243 figg. 194. 197 (dipinta).

727 K 22130 (tav. 48)
QAREA, F2003, Agora550/551/552, Ab. Steinpackung IV.
Lu: 14.7cm; La: 14.2cm; S: 2.2cm.
Colori: impasto: beige 7.5YR 7/4; nucleo: grigio 2.5Y 5/1; sup. int: grigio-beige 2.5YR 8/2; sup. est: grigio-beige 2.5YR 8/2; dec: marrone-nero 7.5YR 4/1.
Impasto: C: duro; DS: estremamente depurato; DI: molto grandi; Del: L3; Mod: a mano.
Fr. di parete di pithos. Sulla superficie esterna larga banda verticale (4.9cm) dipinta. Superficie esterna lisciata.
NAS: Dipinta monocroma.
Datazione contesto: *t.a.q.* ca. 550 a.C. (ca. ultimo quarto VII – prima metà VI sec. a.C.).
Datazione relativa: ultimo quarto VII sec. – 460/450 a.C.
Bibliografia: inedito.

728 K 28386 (tav. 48)
QAREA, F2003, Agora550/551/552, Ab. 608E.
Lu: 6.2cm; La: 4.6cm; S: 1.2-1.5cm.
Colori: impasto: marrone grigio, Munsell indet; sup. int: marrone chiaro 10YR 7/2; sup. est: marrone chiaro 10YR 7/2; dec: marrone-rosso 5YR 4/1.
Impasto: C: duro; DS: estremamente depurato; DI: molto grandi; Del: a matrice molto eterogenea rispetto alla maggior parte dei fr. presi in considerazione. Numerosi inclusi grigi scuri-neri di forma tondeggiante e in parte angolati (fino a 2mm), bianchi ad angoli arrotondati (fino a 5mm) più radi, bianchi puntiformi, saltuari inclusi di *chamotte* (fino a 3mm), numerosi vacuoli puntiformi e di forma allungata, sabbia (?); Mod: a mano.
Fr. di parete di pithos con due bande semiarcuate dipinte all'esterno. Superficie esterna lisciata.
NAS: Dipinta monocroma.
Datazione contesto: *t.a.q.* ca. 550 a.C. (ca. ultimo quarto VII – prima metà VI sec. a.C.).
Datazione relativa: ultimo quarto VII sec. – 460/450 a.C.
Bibliografia: inedito.

729 K 16704 (tavv. 48. 99)
QAEO1F, F1995, Agora565, Ab. 116.
Lu: 14.4cm; La: 8.7cm; Dm: 38.0cm; S: 1.9cm; H: 6.2cm.
Colori: impasto: beige 7.5YR 7/4; nucleo: grigio 7.5YR 5/1; sup. int: beige 10YR 8/2; sup. est: beige 7.5YR 8/3; dec: rosso-marrone 2.5YR 3/3.
Impasto: C: duro; DS: estremamente depurato; DI: molto grandi; Del: L1; Mod: a mano.
Fr. d'orlo a tesa orizzontale con profilo arrotondato di pithos. All'esterno, sotto l'orlo, larga banda dipinta con miscela diluita. All'interno, resti di colore marrone su tutta la superficie conservata del collo. Sulla tesa dell'orlo, listelli regolari dipinti. Tracce di bruciato all'interno. Superficie esterna lisciata.
NAS: Dipinta monocroma.
Datazione contesto: *t.a.q.* 500/490 a.C. (ca. fine VII sec. – 500/490 a.C.).
Datazione relativa: ultimo quarto VII sec. – 460/450 a.C.
Bibliografia: inedito.
Confronti: Campisi 2003, 207 no. D 243 figg. 194. 197 (pithos) = Trombi 2015, 96 no. 589 tav. XXXV (forma N3, dolio).

730 K 16586 (tav. 48)
QAEO1F, F1995, Agora565, Ab. 111.
Lu: 14.5cm; La: 9.2cm; SezAnsa: 3.2cm; S: 1.5cm; H: 10.0cm.
Colori: impasto: beige-marrone 7.5YR 6/4; sup. int: marrone 7.5YR 7/3; sup. est: beige-grigio 2.5Y 7/2; ing: giallo-marrone 2.5Y 7/2; dec: nero-marrone 7.5YR 4/1.
Impasto: C: duro; DS: estremamente depurato; DI: molto grandi; Del: bianchi calcarei di piccole dimensioni distribuiti omogeneamente, più rari bianchi con spigoli arrotondati (fino a 3mm), grigi di forma arrotondata (fino a 2mm), grigi scuri puntiformi, rossi puntiformi, vacuoli allungati e puntiformi, screpolature in superficie; Mod: a mano.
Fr. di parete con ansa verticale a nastro integra di pithos. Resti di colore nero all'esterno, non identificabili in uno schema decorativo. Ansa aggiunta alla parete in un momento successivo alla modellazione del corpo della forma ceramica. Superficie esterna lisciata.
NAS: Dipinta monocroma.
Datazione contesto: *t.a.q.* 500/490 a.C. (ca. fine VII sec. – 500/490 a.C.).
Datazione relativa: seconda metà VIII sec. – 460/450 a.C.
Bibliografia: inedito.
Confronti: Trombi 2015, 95–96 nn. 72. 589 tavv. XXXIV. XXXV (forme N2 e N3, dolii).

731 K 24052 (fig. 34 tavv. 48. 100)
QAE1, F2006, Agora550/551/557/EU SUD9/11, Ab. 604.
Lu: 37.0cm; La: 37.0cm; Dm orlo: 37.0cm; Dm collo (in media): 23.5cm; S: 1.5cm; H: 13.0cm.
Colori: impasto: marrone 7.5YR 6/4; nucleo: marrone-grigio 7.5YR 6/2; sup. int: beige 7.5YR 7-8/3; sup. est: beige 7.5YR 7-8/3.
Impasto: C: duro; DS: estremamente depurato; DI: molto grandi; Del: L1-L2; Mod: a mano.
Nove fr combacianti d'orlo a tesa orizzontale con profilo squadrato e collo formanti l'apertura integra di pithos di medio-grandi dimensioni in ceramica acroma? In origine dipinto? Superficie esterna ben lisciata, che mostra all'interno lunghe screpolature. Sulla tesa dell'orlo, quattro fori simmetrici (Dm dei fori: 1.1cm) creati dall'alto verso il basso (sono visibili le sbavature sulla parte inferiore della tesa), funzionali alla chiusura con coperchio della forma (?). Spessore orlo: 2.3cm.
NAS: Acroma lisciata.
Datazione contesto: 500/490 – 460/450 a.C.
Datazione relativa: seconda metà VIII sec. – 460/450 a.C.
Bibliografia: Isler 2007, 108 tav. 15, 5.
Confronti: Mühlenbock 2008, 82 fig. 30.
Senza fori: Guglielmino 2000, 706 tav. CXXIX, 1; Kistler et al. 2018, 255 fig. 9.

732 K 33096 (figg. 35. 37 tavv. 49. 100)
QAE1, F2006, Agora551/EU SUD5, Ab. 6/201.
Dm orlo: 64-65.0cm; Dm massimo: 80cm; S: 1.5-3.0cm; H: 110cm.
Colori: impasto: beige/beige-rosso 5YR 6/4; 2.5YR 6/6; nucleo: grigio chiaro 10YR 5/1; sup. int: arancione-rosso 2.5YR 6/6; sup. est: beige 7.5YR 7/4; ing: beige 7.5YR 7/4; dec: marrone-nero 10YR 3/1-2; marrone-arancione 5YR 5/6.
Impasto: C: duro; DS: estremamente depurato; DI: grandi; Del: L1; Mod: a mano.
22 fr. d'orlo + 134 fr. di parete per un totale di 156 fr. (+ sacchetto con fr. di parete non tutti appartenenti al pithos in questione, non calcolati) di pithos a tesa orizzontale ingrossato verso l'esterno, con collo e "presa" cuspidata. Sulla tesa dell'orlo, larghi listelli regolari a distanza di ca. 12-15cm tra di loro. Sul collo, motivo ad onda orizzontale irregolare (quasi a zig-zag) con grande pennello di ca. 4cm di larghezza; tra collo e spalla, larga banda orizzontale; sulla pancia tre motivi equidistanti formati da tre larghe bande verticali che seguono la tettonica del vaso campite da un motivo a zig-zag verticale, in parte quasi onda. Dipinta diluita, monocroma nera-marrone con difetto di cottura in più punti risultante arancione-marrone. All'interno e all'esterno discromie: parte superiore grigia, inferiore arancione-rosso. Superficie screpolata. Costruzione a colombino a distanza di ca. 22cm da parte all'altra. Superficie esterna ingubbiata e lisciata.
NAS: Dipinta monocroma.
Datazione contesto: 500/490 – 460/450 a.C.
Datazione relativa: ultimo quarto VII sec. – 460/450 a.C.
Bibliografia: privo di numero d'inventario: Isler 2007, 110 nota 20; Reusser et al. 2010, 119–120 nota 40; Reusser et al. 2012, 117 nota 24; Mohr 2012, 24.
Confronti: Vassallo 2010, 45 fig. 31; Guglielmino 2000, 706 tav. CXXIX, 1; Serra 2016, 137 no. 316 tav. 36, 1. Per le prese: Albanese Procelli 2003, 200 tav. XXVII, 6

(Butera). Per la decorazione e le prese: Vassallo – Valentino 2012, 53 fig. 107 (Himera). Simile per la decorazione: Adamesteanu 1958, 451 sepoltura 150 figg. 163. 164.
Osservazioni: analisi gascromatografiche (GC-MS), Dr. Florinda Notarstefano (Università del Salento), risultato preliminare: steroli vegetali.
La morfologia corretta è riprodotta dal disegno. Dato lo stato di conservazione originale dei frammenti, non è più possibile determinare l'esatta posizione della decorazione del collo rispetto a quella ad onde verticali della parete. Il restauro del pithos (v. fotografie) presenta invece un profilo errato. Difatti, la porzione superiore (orlo e collo) e quella inferiore (parete), non presentavano in origine attacchi tra di loro.

733 K 28442 (figg. 35. 37 tav. 49)
QAE1, S2010, Agora551, Ab. Reinigung.
Lu: 24.6cm; La: 22.0cm; S: 2.2cm.
Colori: impasto: marrone-rosso 2.5YR 5-6/6;5/3; nucleo: grigio 10YR 4-5/1; sup. int: arancione 2.5YR 6/6; sup. est: beige 2.5Y 7-8/2; ing: beige 2.5Y 7-8/2; dec: marrone 10YR 3-4/4.
Impasto: C: duro; DS: estremamente depurato; DI: grandi; Del: inclusi grandi-molto grandi, bianchi calcarei e non, grigi scuri quasi neri arrotondati e squadrati, rossi puntiformi saltuari vacuoli arrotondati, beige di varie dimensioni e marroni (*chamotte*?); Mod: a mano.
Dieci fr. di parete di pithos. All'esterno, resti minimi di linea orizzontale dalla quale partono due fasce verticali oblique campite al centro da una linea ad onda verticale. Colore unico, ma diluito in determinati punti come, ad esempio, in corrispondenza della linea ad onda verticale. Superficie esterna ingubbiata e lisciata.
NAS: Dipinta monocroma.
Datazione contesto: 500/490 – 460/450 a.C.
Datazione relativa: ultimo quarto VII sec. – 460/450 a.C.
Bibliografia: inedito.

Pissidi

734 K 32470 (tavv. 50. 101)
QO2F, F2006, EQ1139/1140, Sondage 1, Ab. 13.
Lu: 2.5cm; La: 2.2cm; Dm collo est: 5cm; S: 0.2cm; H: 1.2cm.
Colori: impasto: beige-rosso 10YR 7/4; sup. int: beige-giallo 10YR 7/4; sup. est: beige-giallo 10YR 7/4; dec: arancione-marrone 5YR 5/6.
Impasto: C: tenero; DS: estremamente depurato; DI: medi; Del: L2; Mod: tornio lento.
Fr. di spalla con attacco dell'ansa verticale a nastro di forma chiusa di piccole dimensioni, pisside stamnoide. All'esterno, linea verticale passante lungo l'ansa e la parete e macchia o linea obliqua accanto dipinta.
NAS: Dipinta monocroma.
Datazione contesto: ca. 570 – 540 a.C.
Datazione relativa: ultimo quarto VII sec. – 460/450 a.C.
Bibliografia: inedito.
Confronti: Guglielmino 2000, 706 tav. CXXVIII, 1. 2.

735 K 22622 (tavv. 50. 101)
QO1/2F, F2004, EQ1139, Sondage, Ab. 6EII/2.
Lu: 5.4cm; La: 3.7cm; Dm int: 5.0cm; S: 0.4cm; H: 2.2cm.
Colori: impasto: marrone chiaro 7.5YR 6/3; sup. int: beige 7.5YR 7/4; sup. est: beige 7.5YR 7/4; dec: rosso 2.5YR 4/6.
Impasto: C: tenero; DS: molto depurato; DI: grandi; Del: L1; Mod: tornio lento.
Fr. d'orlo orizzontale nella parte superiore con corpo ovoide di pisside. All'esterno, sull'orlo, linea orizzontale dipinta dalla quale partono resti molto evanidi di linee verticali formanti dei campi metopali.
NAS: Dipinta monocroma.
Datazione contesto: ca. 630/620 – 540 a.C.
Datazione relativa: ultimo quarto VII sec. – 460/450 a.C.
Bibliografia: inedito.
Confronti: Serra 2016, 136 no. 311 tav. 35, 2; Gargini 1995, 139 no. 64 fig. 20; Campisi 2003, 201 no. D 225 fig. 192.

736 K 22685 (tavv. 50. 101)
QO1/2F, F2004, EQ1139, Sondage, Ab. Steinsturz 1.
Lu: 2.4cm; La: 3.0cm; Dm collo est: 3.6cm; S: 0.3cm.
Colori: impasto: marrone chiaro 7.5YR 6/6; sup. int: beige 10YR 7/3; ing: beige 10YR 8/1; dec: marrone-nero 10YR 3/2.
Impasto: C: semiduro; DS: estremamente depurato; DI: piccoli; Del: molto compatto e omogeneo. Leggermente saponoso al tatto. Saltuari grigi di forma arrotondata, radi rossi puntiformi, rari bianchi e neri puntiformi, saltuari vacuoli puntiformi; Mod: tornio veloce.
Fr. di collo e spalla di forma chiusa globulare di piccole dimensioni, pisside. All'esterno, linea o banda orizzontale tra collo e spalla seguita da un motivo a cerchielli concentrici dipinti. È visibile il punto centrale dove era stata appoggiata la punta del compasso. La miscela utilizzata non mostra la stessa saturazione in ogni punto. Superficie esterna ingubbiata e lisciata.
NAS: Dipinta monocroma.
Datazione contesto: ca. 630/620 – 540 a.C.
Datazione relativa: ultimo quarto VII sec. – 460/450 a.C.
Bibliografia: inedito.

737 K 22140 (fig. 26 tavv. 50. 101)
QAEA, F2003, Agora550/551/552, Ab. 601.
Lu: 3.5cm; La: 3.2cm; Dm int: 6.0cm; S: 0.5cm; H: 1.3cm.
Colori: impasto: arancione-marrone 5YR-7.5YR 8/3; nucleo: grigio chiaro 7.5YR 7/1; sup. int: beige-grigio 10YR 7/1-2; sup. est: beige 10YR 8/1; ing: beige 10YR 8/1; dec: marrone 5YR 3/2-3.
Impasto: C: duro; DS: estremamente depurato; DI: medi; Del: L4; Mod: a tornio veloce.
Fr. di spalla di pisside globulare. All'esterno, sulla spalla, resti di tre linee orizzontali, l'inferiore delle quali è contornata sia sopra che sotto da puntini tangenti alla linea. Superficie esterna ingubbiata e lisciata.
NAS: Dipinta monocroma.
Datazione contesto: ca. 550 – 500/490 a.C.
Datazione relativa: ultimo quarto VII sec. – 460/450 a.C.
Bibliografia: inedito.
Confronti: per l'orientamento della spalla: Serra 2016, 136 nn. 309. 311 tav. 35, 1. 2.

738 K 16964 A–B (tavv. 50. 101)
QAEO1F, F1996, Agora565, Ab. 103 / 107.
A: Lu: 5.5cm; La: 2.2cm; B: Lu: 4.0cm; La: 2.1cm; Dm spalla: 8.8cm; S: 0.3cm; H: 1.3cm.
Colori: impasto: marrone chiaro 7.5YR 5/4; nucleo: grigio 7.5YR 5/1; sup. int: marrone chiaro 7.5YR 7/3; sup. est: beige 10YR 7-8/3; dec: nero 10YR 3/1.
Impasto: C: duro; DS: molto depurato; DI: medi; Del: bianchi calcarei e non, mica, rossi saltuari, grigi ovali allungati, beige; Mod: tornio veloce.
Due fr. di parete (spalla) con attacco d'ansa orizzontale probabilmente a nastro non combacianti (A: due fr.; B: un fr.) di pisside stamnoide. Banda orizzontale dalla quale parte un fregio a gocce. Sotto l'attacco d'ansa, attacco di probabile linea o banda orizzontale dipinta. Superficie esterna lisciata.
NAS: Dipinta monocroma.
Datazione contesto: *t.a.q.* 500/490 a.C. (ca. fine VII sec. – 500/490 a.C.).
Datazione relativa: ultimo quarto VII sec. – 460/450 a.C.
Bibliografia: inedito.

739 K 27008 (fig. 34 tavv. 50. 101)
QAE1, S2009, Agora550/551/553, Ab. 4.
Lu: 13.3cm; La: 13.0cm; Dm orlo est: 7.3cm; Dm spalla: 13.3cm; S: 0.2cm; H: 4.5cm.
Colori: impasto: marrone 7.5YR 6/4; sup. int: beige 7.5YR 7/3; sup. est: beige 7.5YR 8/2; dec: marrone-nero 10YR 3/1.
Impasto: C: semiduro; DS: estremamente depurato; DI: piccoli; Del: omogeneo, inclusi beige arrotondati, mica, grigi scuri di forma arrotondata saltuari, bianchi calcarei e non, rossi puntiformi saltuari; Mod: tornio veloce.
Sette fr. combacianti, parte superiore integra di pisside stamnoide con anse a nastro posizionate verticalmente e orlo leggermente estroflesso. All'esterno lungo l'orlo linea orizzontale così come tra collo e spalla. Da quest'ultima partente motivo a gocce (sette da un lato, otto dall'altro). Sull'ansa tre listelli perpendicolari all'andamento dell'ansa. Superficie molto chiara, trattamento della superficie con acqua marina?
NAS: Dipinta monocroma.

Datazione contesto: 500/490 – 460/450 a.C.
Datazione relativa: fine VI – inizio V sec. a.C.
Bibliografia: Reusser et al. 2010, 118 tav. 22, 3.
Confronti: v. testo.

740 K 28927 A–C (fig. 39 tavv. 50. 101)
OPH2, S2011/S2013, PH2 428/422, Ab. 106N / 104M; 153M.
A: Lu: 6.0cm; La: 4.6cm; Dm massimo: 11.4cm; S: 0.2-0.3cm; H: 7.0cm; B: Lu: 4.3cm; La: 4.4cm; C: Lu: 1.5cm; La: 1.7cm.
Colori: impasto: marrone 7.5YR 5/6; sup. int: 7.5YR 5/6; ing: beige 7.5YR 8/3; dec: nero 10YR 3/1; rosso-marrone 2.5YR 3/6.
Impasto: C: duro; DS: molto depurato; DI: grandi; Del: compatto e relativamente omogeneo. Leggermente saponoso al tatto. Numerosi grigi scuri di forma arrotondata e in parte spigolosa, radi rossi puntiformi, distribuzione media di bianchi puntiformi, presenza di mica, saltuari vacuoli puntiformi; Mod: tornio veloce.
Sei fr. (A: quattro fr.; B: un fr.; C: un fr.) di pisside globulare con attacco di anse a nastro orizzontali. All'esterno, dal basso verso l'altro: resto di linea o banda orizzontale rossa marrone, seguita da una zona acroma e una linea nera. Nella parte con diametro di estensione massimo, banda orizzontale rosso-marrone delimitata inferiormente e superiormente da una linea nera. Al di sopra dell'impostazione delle anse linea orizzontale nera. All'interno, sotto l'orlo, linea orizzontale rossa-marrone. Superficie esterna lisciata.
NAS: Dipinta bicroma.
Datazione contesto: *ante* 460/450 a.C.
Datazione relativa: secondo quarto VI sec. – 460/450 a.C.
Bibliografia: inedito.
Confronti: Serra 2016, 136 no. 309 tav. 35, 1. Simile di produzione greco-orientale a bande (modello?): Boldrini 1994, 250 no. 511.

Coperchi

741 K 32213 (tavv. 50. 102)
REPH1, F2006, WQ492, Ab. 01.
Lu: 3.5cm; La: 4.5cm; Dm: 11cm; S: 0.5-0.7cm; H: 1.6cm.
Colori: impasto: marrone 7.5YR 6/4; nucleo: grigio 10YR 4/1; sup. int: marrone chiaro 5YR 5/2; sup. est: marrone chiaro 7.5YR 6/3; dec: marrone scuro 10YR 3/2.
Impasto: C: tenero; DS: molto depurato; DI: grandi; Del: L0; Mod: tornio lento.
Fr. di coperchio di forma di piccole dimensioni con orlo leggermente svasato e arrotondato alle estremità. Tracce di rivestimento omogeneo all'esterno. Superficie esterna lucidata.
NAS: Rivestimento omogeneo lucidato.
Datazione contesto: *t.a.q.* ca. 600 a.C. (ca. seconda metà VIII – fine VII sec. a.C.).
Datazione relativa: seconda metà VIII sec. – 570 a.C.
Bibliografia: inedito.

742 K 32038 (tavv. 50. 102)
REPH1, F2005, WQ492, Erdsteg, Ab. 1, Schicht 1.
Lu: 4.7cm; La: 3.8cm; Dm: 10cm; S: 0.8cm; H: 2.4cm.
Colori: impasto: arancione-marrone 5YR 5/8; nucleo: marrone-rosso 5YR 6/6; sup. int: marrone 7.5YR 5/2; sup. est: marrone-arancione 5YR 6/6.
Impasto: C: semiduro; DS: molto depurato; DI: grandi; Del: compatto e relativamente omogeneo. Inclusi bianchi a angoli arrotondati (fino a 3mm) visibili anche in superficie, bianchi calcarei puntiformi, saltuari grigi scuri a spigoli arrotondati e rossi puntiformi, *chamotte* (fino a 2mm), radi vacuoli puntiformi, saltuari vacuoli allungati; Mod: tornio lento.
Fr. di coperchio di forma di piccole dimensioni con orlo ingrossato e larga tesa d'appoggio. Superficie esterna lisciata.
NAS: Acroma lisciata.
Datazione contesto: *t.a.q.* ca. 600 a.C. (ca. seconda metà VIII – fine VII sec. a.C.).
Datazione relativa: seconda metà VIII sec. – 460/450 a.C.
Bibliografia: inedito.
Osservazioni: impasto sabbioso, analogo alle forme di cottura di alimenti, escluso funzionalmente a causa delle dimensioni.

743 K 32146 (tavv. 50. 102)
REPH1, F2005, WQ492, Erdsteg E1, Ab. 12A, Schicht 3.
Lu: 2.7cm; La: 2.2cm; Dm: 13cm; S: 0.7cm; H: 1.6cm.
Colori: impasto: beige 7.5YR 8/3; nucleo: grigio chiaro 7.5YR 6/1; sup. int: beige 7.5YR 8/3; sup. est: beige 7.5YR 8/3.
Impasto: C: semiduro; DS: molto depurato; DI: medi; Del: L2; Mod: a mano.
Fr. di coperchio di forma di piccole dimensioni con orlo indistinto, leggermente appiattito alle estremità. Superficie esterna lucidata.
NAS: Acroma lucidata.
Datazione contesto: *t.a.q.* ca. 600 a.C. (ca. seconda metà VIII – fine VII sec. a.C.).
Datazione relativa: seconda metà VIII sec. – 630/620 a.C.
Bibliografia: inedito.

744 K 32223 (tavv. 50. 102)
REPH1, F2005, WQ492, Erdsteg, Ab. 78B.
Lu: 2.8cm; La: 2.3cm; Dm: ca. 10cm; S: 0.4cm; H: 1.3cm.
Colori: impasto: marrone-grigio 10YR 5/1-2; sup. int: marrone-rosso 5YR 6/6; sup. est: marrone-grigio 10YR 5/1 con patina 10YR 8/3; dec: grigio scuro 10YR 3/1.
Impasto: C: tenero; DS: molto depurato; DI: grandi; Del: L0; Mod: tornio lento.
Fr. di coperchio di piccole dimensioni con orlo arrotondato alle estremità. All'esterno, rivestimento omogeneo steso, solo con qualche sottile striatura di colore grigio scuro. Superficie interna senza trattamento. Superficie esterna lucidata.
NAS: Rivestimento omogeneo lucidato (striature sottili).
Datazione contesto: *t.a.q.* ca. 600 a.C. (ca. seconda metà VIII – fine VII sec. a.C.).
Datazione relativa: seconda metà VIII – 570 a.C.
Bibliografia: inedito.

745 K 32484 (tavv. 50. 102)
QO2F, F2006, EQ1140, Sondage 2, Ab. 24.
Lu: 2.5cm; La: 3.2cm; Dm: indet. (ca. 12-14cm); S: 0.5cm; H: 1.4cm.
Colori: impasto: beige 7.5YR 7/4; sup. int: beige 7.5YR 7/4; sup.est beige 7.5YR 7/4.
Impasto: C: semiduro; DS: molto depurato; DI: grandi; Del: L2; Mod: tornio lento.
Fr. d'orlo coperchio di piccole-medie dimensioni (?) con orlo indistinto, leggermente appiattito alle estremità. All'esterno, resti di quattro solchi orizzontali incisi (0.2cm) senza incrostazione e senza rivestimento. Superficie esterna lisciata.
NAS: Incisa senza rivestimento.
Datazione contesto: ca. 570 – 540 a.C.
Datazione relativa: ultimo quarto VII sec. – 460/450 a.C.
Bibliografia: inedito.
Osservazioni: si esclude l'identificazione con un attingitoio.

746 K 24385 (tavv. 50. 102)
QO2F, F2006, EQ1139/1140, Sondage 1, Ab. 21.
Lu: 6.4cm; La: 4.1; Dm: 23.0cm; S: 0.5cm; H: 2.6cm.
Colori: impasto: beige 10YR 8/2; sup. int: beige 10YR 8/2; sup. est: beige 10YR 8/2; dec: marrone-nero 10YR 3/1.
Impasto: C: tenero; DS: molto depurato; DI: grandi; Del: L3; Mod: tornio lento.
Fr. di coperchio di forma di medio-grandi dimensioni con orlo leggermente svasato e arrotondato alle estremità. All'esterno dell'orlo, tracce di una linea orizzontale seguita da un motivo ad onda orizzontale a sua volta seguita da altri resti dipinti di un'altra linea orizzontale. Superficie esterna lisciata.
NAS: Dipinta monocroma.
Datazione contesto: ca. 570 – 540 a.C.
Datazione relativa: ultimo quarto VII sec. – 460/450 a.C.
Bibliografia: inedito.
Confronti: Gargini 1995, 150 no. 118 fig. 25 (forma incerta, base di vaso a gambo, Dm: 26.8cm).
Osservazioni: Se l'ampiezza del diametro può indurre a interpretare il frammento anche come fondo di vaso su alto piede, lo spessore della parete sembra tuttavia essere troppo sottile.

747 K 22584 (tavv. 50. 102)
QO1/2F, F2004, EQ1139, Sondage, Ab. 8W.
Lu: 2.2cm; La: 1.8cm; Dm: 6.0cm; S: 0.3cm; H: 1.3cm.
Colori: impasto: beige 10YR 8/4; sup. int: beige 10YR 8/3; sup. est: beige 10YR 8/3; dec: arancione-rosso 2.5YR 5/8.
Impasto: C: tenero; DS: molto depurato; DI: medi; Del: L1; Mod: tornio lento.
Fr. di coperchio di piccole dimensioni con

orlo leggermente svasato e arrotondato alle estremità. Tesa dell'orlo dipinta, superficie lisciata. All'esterno resti di colore. Superficie esterna e tesa lucidata.
NAS: Rivestimento omogeneo lucidato.
Datazione contesto: ca. 630/620 – 540 a.C.
Datazione relativa: seconda metà VIII sec. – 570 a.C.
Bibliografia: inedito.

748 K 32431 (tavv. 50. 102)
QAREA, F2003, Agora550/551/552, Ab. 610E.
Lu: 3.1cm; La: 2.4cm; Dm: 14cm; S: 0.6cm; H: 1.6cm.
Colori: impasto: beige 7.5YR 7/3; sup. int: beige 5YR 6/6; sup. est: beige 5YR 6/6.
Impasto: C: duro; DS: molto depurato; DI: medi; Del: a matrice compatta e relativamente omogeneo. Numerosi inclusi bianchi puntiformi calcarei e bianchi a spigoli arrotondati (fino a 1 mm), grigi scuri di forma arrotondati, grigi a spigoli arrotondati distribuiti omogeneamente, vacuoli puntiformi; Mod: tornio lento.
Fr. coperchio di piccole-medie dimensioni con orlo ingrossato e tesa d'appoggio. Superficie esterna lisciata.
NAS: Acroma lisciata.
Datazione contesto: *t.a.q.* ca. 550 a.C. (ca. ultimo quarto VII – prima metà VI sec. a.C.).
Datazione relativa: seconda metà VIII sec. – 460/450 a.C.
Bibliografia: inedito.

749 K 27931 (tavv. 50. 102)
QAREA, F2003, Agora550/551/552, Ab. 607E.
Lu: 4.2cm; La: 3.8cm; Dm: indet; S: 0.7-0.8cm; H: 1.6cm.
Colori: impasto: grigio 5YR 6/1; sup. est: arancione-beige 5YR 7/6.
Impasto: C: duro; DS: molto depurato; DI: grandi; Del: L1; Mod: tornio lento.
Fr. di coperchio di medie dimensioni con orlo ingrossato e larga tesa d'appoggio. All'esterno lisciato.
NAS: Acroma lisciata.
Datazione contesto: *t.a.q.* ca. 550 a.C. (ca. ultimo quarto VII – prima metà VI sec. a.C.).
Datazione relativa: seconda metà VIII sec. – 460/450 a.C.
Bibliografia: inedito.

750 K 28367 (tavv. 50. 102)
QAREA, F2003, Agora550/551/552, Ab. 604E.
Lu: 3.8cm; La: 2.6cm; Dm: indet; S: 0.5cm; H: 2.0cm.
Colori: impasto: beige-giallo 7.5YR 5/2; sup. int: beige-giallo 7.5YR 8/2; dec: beige-arancione 7.5YR 7/6.
Impasto: C: duro; DS: molto depurato; DI: medi; Del: L2; Mod: tornio lento.
Fr. di coperchio di medie dimensioni con orlo leggermente svasato e arrotondato alle estremità. Superficie esterna decorata con due linee orizzontali dipinte. Nella parte interna non è visibile nessun tipo di trattamento. Superficie esterna lucidata.
NAS: Decorazione lineare lucidata (+).
Datazione contesto: *t.a.q.* ca. 550 a.C. (ca. ultimo quarto VII – prima metà VI sec. a.C.).
Datazione relativa: seconda metà VII / ultimo quarto VII – primo quarto VI sec. a.C.
Bibliografia: inedito.
Osservazioni: si esclude l'identificazione come fr. di piede a tromba di vaso a gambo a causa dello spessore delle pareti.

751 K 28379 (tavv. 50. 102)
QAREA, F2003, Agora550/551/552, Ab. 607E.
Lu: 3.2cm; La: 3.7cm; Dm: indet; S: 0.6cm; H: 2.2cm.
Colori: impasto: beige-giallo 7.5YR 6/3; sup. int: beige-giallo 7.5YR 8/4; sup. est: beige-giallo 7.5YR 8/4; dec: beige-arancione 5YR 6/8.
Impasto: C: duro; DS: molto depurato; DI: molto grandi; Del: L2; Mod: tornio lento.
Fr. di coperchio di medie dimensioni con orlo leggermente svasato e arrotondato alle estremità. All'esterno, due linee orizzontali dipinte. Nella parte interna non è visibile nessun tipo di trattamento. Superficie esterna lisciata.
NAS: Dipinta monocroma.
Datazione contesto: *t.a.q.* ca. 550 a.C. (ca. ultimo quarto VII – prima metà VI sec. a.C.).
Datazione relativa: ultimo quarto VII sec. – 460/450 a.C.
Bibliografia: inedito.
Confronti: Gargini 1995, 149 no. 117 fig. 25 (forma incerta, base di vaso a gambo, Dm: 26.8cm).
Osservazioni: si esclude l'identificazione come fr. di piede a tromba di vaso a gambo a causa dello spessore delle pareti.

752 K 27214 (fig. 26 tavv. 50. 102)
QAEA, S2009, Agora550/551/553, Ab. 305.
Lu: 4.7cm; La: 3.7cm; Dm est: 19.0cm; S: 0.7cm; H: 3.3cm.
Colori: impasto: marrone 7.5YR 7/4; nucleo: grigio 7.5YR 5/1; sup. int: marrone 7.5YR 7/4-6; sup. est: marrone-arancione 5YR.7.5YR 7/4; dec: rosso-marrone 2.5YR 4-5/8.
Impasto: C: duro; DS: molto depurato; DI: grandi; Del: L1; Mod: a tornio lento.
Fr. di coperchio di medio-grandi dimensioni con orlo ingrossato. All'esterno, linea orizzontale rosso-marrone seguita da resti di altra linea orizzontale, più tendente al marrone. Superficie esterna lisciata.
NAS: Dipinta monocroma.
Datazione contesto: ca. 550 – 500/490 a.C.
Datazione relativa: ultimo quarto VII sec. – 460/450 a.C.
Bibliografia: inedito.

753 K 32694 (tavv. 51. 102)
QAEO1F, F1996, Agora565, Ab. 104.
Lu: 3.1cm; La: 3.3cm; Dm est: 24.0cm; S: 0.4cm; H: 2.0cm.
Colori: impasto: marrone-arancione 5YR 6/6; sup. int: beige 5YR 7/4; sup. est: beige 5YR 6/4.
Impasto: C: semiduro; DS: estremamente depurato; DI: medi; Del: L1; Mod: tornio veloce.
Fr. di coperchio di medie dimensioni con orlo inferiormente piatto ed introflesso. Lisciato sia all'interno che all'esterno. All'interno striature a stecca.
NAS: Acroma lisciata.
Datazione contesto: *t.a.q.* 500/490 a.C. (ca. fine VII sec. – 500/490 a.C.).
Datazione relativa: seconda metà VIII sec. – 460/450 a.C.
Bibliografia: inedito.

754 K 32718 (tavv. 51. 102)
QAEO1F, F1996, Agora565, Ab. 106.
Lu: 2.1cm; La: 2.6cm; Dm: 3.5cm; S: 0.4-0.6cm.
Colori: impasto: beige 10YR 8/3; sup. int: beige 10YR 8/3; sup. est: beige 10YR 8/3; dec: arancione 5YR 6/8.
Impasto: C: semiduro; DS: estremamente depurato; DI: medi; Del: L2; Mod: tornio veloce.
Fr. coperchio di piccole dimensioni. All'esterno, resto di una linea sottile orizzontale. All'interno, completamente dipinto in maniera satura, resti di due linee sottili sulla tesa. Superfici lisciate.
NAS: Dipinta monocroma.
Datazione contesto: *t.a.q.* 500/490 a.C. (ca. fine VII sec. – 500/490 a.C.).
Datazione relativa: ultimo quarto VII sec. – 460/450 a.C.
Bibliografia: inedito.

755 K 32720 (tavv. 51. 102)
QAEO1F, F1996, Agora565, Ab. 106.
Lu: 4.8cm; La: 2.9cm; Dm fondo: 12.0cm; S: 0.6cm; H: 1.3cm.
Colori: impasto: marrone-rosso 2.5YR 6/8; nucleo: grigio 2.5YR 5/1; sup. int: marrone chiaro 7.5YR 7/4; sup. est: marrone chiaro 5YR 7/4; dec: arancione scuro 2.5YR 5/6.
Impasto: C: duro; DS: estremamente depurato; DI: medi; Del: mica, bianchi/grigi molto piccoli arrotondati, vacuoli allungati, Entella? Mod: tornio veloce.
Fr. di coperchio di piccole-medie dimensioni con orlo arrotondato alle estremità. Resti di due linee orizzontali all'esterno, evanide, non ben delimitate. Superfici lisciate.
NAS: Dipinta monocroma.
Datazione contesto: *t.a.q.* 500/490 a.C. (ca. fine VII sec. – 500/490 a.C.).
Datazione relativa: ultimo quarto VII sec. – 460/450 a.C.
Bibliografia: inedito.
Confronti: Gargini 1995, 149 no. 116 fig. 25 (forma incerta, base di vaso a gambo, Dm: 19cm).
Osservazioni: Si esclude l'identificazione come fr. di piede a tromba di vaso a gambo a causa dello spessore delle pareti e del diametro.

756 K 26941 (fig. 34 tavv. 51. 102)
QAE1, F2006/S2009, Agora550/551/557/EU SUD9/11 (F06)/ Agora550/551/553 (S09), Ab. 603 (F06) / Ab. 3 (S09).

Lu: 15.0cm; La: 9.5cm; Dm: 15.0cm; S: 0.4-0.5cm; H: 7.1cm.
Colori: impasto: marrone chiaro 7.5YR 6-7/7; sup. int: beige 7.5YR-10YR 7/4; sup. est: beige 10YR 7-8/3; dec: rosso scuro 2.5YR 4/6; marrone-nero 10YR 3/2.
Impasto: C: duro; DS: molto depurato; DI: medi; Del: L5; Mod: tornio veloce.
Tre fr. combacianti di coperchio a calotta con orlo retto e presa a bottone. Morfologia riconducibile a modelli d'importazione allotri all'isola. Parte superiore, dove si trova la presa a bottone, completamente dipinto rosso scuro, delimitato da una linea orizzontale marrone-nera. Lungo la parte della carena due linee orizzontali marroni-nere e sulla parte esterna dell'orlo fregio a triangoli con vertice verso l'alto (raggiera) marrone-nera. Superficie esterna lisciata.
NAS: Dipinta bicroma.
Datazione contesto: 500/490 – 460/450 a.C.
Datazione relativa: secondo quarto VI sec. – 460/450 a.C.
Bibliografia: Reusser et al. 2010, 117 nota 31.
Confronti: greco-orientale, inerente ad una pisside, dunque, di dimensioni più piccole: Boldrini 2000, 106 fig. 3, 20 (d'ispirazione corinzia, nota 8 per ulteriori confronti). Per un coperchio indigeno in ceramica incisa senza rivestimento: Isler 2009a, 158 fig. 28. Simile, ma acromo: Steures 1980, 116 no. N 8:6.

757 K 31484 (fig. 39 tavv. 51. 102)
OPH2, S2013, PH2 426, Ab. 201S.
Lu: 6.2cm; La: 4.1cm; Dm: ca. 20cm; S: 0.4-0.6cm; H: 1.6cm.
Colori: impasto: marrone chiaro 7.5YR 5/2; sup. int: 7.5YR 6/6; sup. est: 7.5YR 6/6; dec: marrone-nero 7.5YR 3/2.
Impasto: C: duro; DS: molto depurato; DI: grandi; Del: L2; Mod: tornio veloce.
Fr. di coperchio di forme da stoccaggio con orlo arrotondato alle estremità. Sulla superficie superiore resti di decorazione a larga pennellata a "V". Superficie lisciata all'esterno.
NAS: Dipinta monocroma.
Datazione contesto: *ante* 460/450 a.C.
Datazione relativa: ultimo quarto VII sec. – 460/450 a.C.
Bibliografia: inedito.

Vasellame da fuoco modellato al tornio

758 K 32032 A–C (fig. 55 tavv. 51. 103)
REPH1, F2003/F2005, WQ491/492, Ab. 9 (F03); Erdsteg, Ab. 6, Schicht 1 / 1-meter Streifen, Reinigung E-Kante / Erdsteg, Ab. 6 / 10 / Erdsteg E1, Ab. 3 (F05).
Lu: 9.5cm; La: 7.1cm; Dm: ca. 19cm; Presa: La: 1.1; S: 0.6cm; H: 6.8.
Colori: impasto: rosso-marrone 2.5YR 5/6; nucleo: grigio 10YR 4/1; sup. int: rosso-marrone 2.5YR 6/6; sup. est: marrone scuro 2.5YR 6/4-6.
Impasto: C: duro; DS: estremamente depurato; DI: grandi; Del: FT; Mod: tornio.
Quattro fr. combacianti d'orlo leggermente ingrossato verso l'esterno con fr. di parete e presa quasi integra e due fr. di presa non combacianti di pignatta modellata al tornio. All'interno, striature sottili in senso orizzontale, stile pettine, precottura. All'esterno, leggere tracce di bruciato sulla parte inferiore della presa e striature sottili in più direzioni, precottura.
NAS: Cucina tornita.
Datazione contesto: *t.a.q.* ca. 600 a.C. (ca. seconda metà VIII – fine VII sec. a.C.).
Datazione relativa: seconda metà VIII – terzo quarto VII sec. a.C.
Bibliografia: inedito.
Confronti: Caltabiano – Spagnoli 2010, 130 no. MD.07.2246/19 tav. XIII = Guastella 2020, 88 no. MD.07.2246/19 figg. 4. 5. 19.

759 K 32228 (tavv. 51. 103)
REPH1, F2006, WQ492, Ab. 04 unten.
Lu: 4.5cm; La: 3.0cm; Dm: 11cm; S: 0.3cm; H: 2.8cm.
Colori: impasto: rosso-marrone 2.5YR 5/8; nucleo: grigio 2.5YR 3/1; sup. int: marrone-rosso 2.5YR 6/4-6; sup. est: rosso-marrone 2.5YR 6/6.
Impasto: C: semiduro; DS: molto depurato; DI: grandi; Del: FT; Mod: tornio.
Fr. d'orlo leggermente ingrossato verso l'esterno di pignatta troncoconica modellata al tornio. All'interno, striature sottili orizzontali, rifinita al tornio. Esterno e tesa dell'orlo lisciate con cura. Si nota una sbavatura all'interno della tesa dell'orlo.
NAS: Cucina tornita.
Datazione contesto: *t.a.q.* ca. 600 a.C. (ca. seconda metà VIII – fine VII sec. a.C.).
Datazione relativa: seconda metà VIII – terzo quarto VII sec. a.C.
Bibliografia: inedito.
Confronti: v. **758**.

760 K 32198 (tavv. 51. 103)
REPH1, F2005, WQ492, Erdsteg, Ab. 3, Schicht 1.
Lu: 4.2cm; La: 3.7cm; Dm: ca. 15cm; S: 0.6cm; H: 3.6cm.
Colori: impasto: rosso-marrone 10YR 5/6; nucleo: grigio 5YR 3/1; sup. int: rosso-marrone 10R 5/6; sup. est: marrone 2.5YR 5/6.
Impasto: C: duro; DS: estremamente depurato; DI: grandi; Del: FT; Mod: tornio.
Fr. d'orlo leggermente svasato all'interno e parete rientrante con attacco di presa orizzontale di pignatta modellata al tornio. All'esterno lisciato. All'interno e sulla tesa dell'orlo sono visibili striature sottili orizzontali regolari che testimoniano l'impiego del tornio. Il fr. è stato esposto ad una fonte di calore intensa dopo la sua frattura, come lasciano immaginare le tracce di bruciato sia all'interno che all'esterno.
NAS: Cucina tornita.
Datazione contesto: *t.a.q.* ca. 600 a.C. (ca. seconda metà VIII – fine VII sec. a.C.).
Datazione relativa: seconda metà VIII – terzo quarto VII sec. a.C.
Bibliografia: inedito.
Confronti: v. **758**.

761 K 32195 (fig. 56 tavv. 51. 103)
REPH1, F2005, WQ492, Erdsteg E2, Ab. 108.
Lu: 2.7cm; La: 2.6cm; Dm: 13cm; S: 0.6cm; H: 2.5cm.
Colori: impasto: rosso-marrone 2.5YR 5/6; nucleo: grigio 5YR 4/1; sup. int: rosso-marrone 2.5YR 6/4-6; sup. est: rosso-marrone 2.5YR 6/4-6.
Impasto: C: tenero; DS: molto depurato; DI: grandi; Del: FT; Mod: tornio.
Fr. d'orlo leggermente ingrossato verso l'esterno di pignatta eseguita al tornio.
NAS: Cucina tornita.
Datazione contesto: *t.a.q.* ca. 600 a.C. (ca. seconda metà VIII – fine VII sec. a.C.).
Datazione relativa: seconda metà VIII – terzo quarto VII sec. a.C.
Bibliografia: inedito.
Confronti: v. **758**.

762 K 32030 (tavv. 51. 103)
REPH1, F2004, WQ491/492, 1-meter Streifen, Ab. 2.
Lu: 8.1cm; La: 5.5cm; Dm: ca. 20cm; S: 0.5-0.8cm; H: 4.8cm.
Colori: impasto: rosso-marrone 2.5YR 5/6; 2.5YR 4/2; nucleo: grigio 10YR 4/1; sup. int: rosso-marrone 2.5YR 6/4-6; sup. est: marrone scuro 2.5YR 4/2.
Impasto: C: semiduro; DS: estremamente depurato; DI: grandi; Del: FT; Mod: tornio.
Due fr. combacianti di fondo leggermente convesso di pignatta modellata al tornio. All'interno, evidenti tracce del tornio e superficie ben levigata con tracce di bruciato sul fondo. All'esterno, parete lisciata con tracce di striature sottili tipo pettine. Parte inferiore del fondo senza trattamento con superficie grossolana. Sul fondo e sulla parte esterna della forma, discromie a causa dell'esposizione a fonti di calore.
NAS: Cucina tornita.
Datazione contesto: *t.a.q.* ca. 600 a.C. (ca. seconda metà VIII – fine VII sec. a.C.).
Datazione relativa: seconda metà VIII – terzo quarto VII sec. a.C.
Bibliografia: inedito.

763 K 32199 A–B (tavv. 51. 103)
REPH1, F2005, WQ492, Erdsteg E2, Ab. 2, Schicht 1 / Ab. 110, Schicht 3.
A: Lu: 9.4cm; La: 5.0cm; Dm: 23-26cm; S: 0.6-0.9cm; H: 2.7cm; B: Lu: 4.6cm; La: 3.8cm; S: 0.5cm.
Colori: impasto: marrone 7.5YR 4-5/4; nucleo: grigio GLEY 1 3/N; sup. int: ocra 5YR 7/4; sup. est: marrone scuro 7.5YR 4-5/2.
Impasto: C: duro; DS: estremamente depurato; DI: grandi; Del: FT; Mod: tornio.
Due fr. combacianti di fondo leggermente convesso, un fr. di parete di pignatta modellata al tornio. Superficie interna con striature sottili in senso orizzontale molto regolari e tracce di bruciato sul fondo. All'esterno, superficie lisciata con forti discromie a causa dell'esposizione al calore. Nessuna traccia di fuliggine.
NAS: Cucina tornita.
Datazione contesto: *t.a.q.* ca. 600 a.C. (ca.

seconda metà VIII – fine VII sec. a.C.).
Datazione relativa: seconda metà VIII – terzo quarto VII sec. a.C.
Bibliografia: inedito.

764 K 32200 (tavv. 51. 103)
REPH1, F2005, WQ492, Erdsteg E1, Ab. 8, Schicht 1.
Lu: 2.1cm; La: 2.9cm; Dm: indet; S: 0.7cm; H: 2.4cm.
Colori: impasto: rosso-marrone 2.5YR 4/6; nucleo: grigio 5YR 4/1; sup. int: rosso-marrone 2.5YR 5/6; sup. est: rosso-marrone 2.5YR 5/6.
Impasto: C: semiduro; DS: molto depurato; DI: grandi; Del: FT; Mod: tornio.
Fr. d'orlo ingrossato verso l'esterno di olla in ceramica da fuoco modellata al tornio.
NAS: Cucina tornita.
Datazione contesto: *t.a.q.* ca. 600 a.C. (ca. seconda metà VIII – fine VII sec. a.C.).
Datazione relativa: seconda metà VIII – terzo quarto VII sec. a.C.
Bibliografia: inedito.
Confronti: Mozia XII, 284–286 nn. MD.04.1112/ 62. 64. 66–73 tavv. LXXXV. LXXXVI.

765 K 32229 (tavv. 51. 103)
REPH1, F2006, WQ492, Ab. 02.
Lu: 5.3cm; La: 2.9cm; Dm: ca. 10cm; S: 0.5cm; H: 5.2cm.
Colori: impasto: marrone 5YR 6/4-6; nucleo: grigio GLEY 1 3/N; sup. int: ocra 5YR/7.5YR 6/6; sup. est: marrone 5YR 6/4.
Impasto: C: duro; DS: molto depurato; DI: grandi; Del: FT; Mod: tornio.
Fr. d'orlo ingrossato verso l'esterno di olla in ceramica da fuoco modellata al tornio. All'esterno tracce di bruciato.
NAS: Cucina tornita.
Datazione contesto: *t.a.q.* ca. 600 a.C. (ca. seconda metà VIII – fine VII sec. a.C.).
Datazione relativa: seconda metà VIII – terzo quarto VII sec. a.C.
Bibliografia: inedito.
Confronti: Mozia XII, 284–286 nn. MD.04.1112/ 62. 64. 66–73 tavv. LXXXV. LXXXVI.
Osservazioni: analisi gascromatografiche (GC-MS), Dr. Florinda Notarstefano (Università del Salento), risultato preliminare: grassi animali.

766 K 32211 (tavv. 51. 103)
REPH1, F2006, WQ492, Ab. 03 unten.
Lu: 2.8cm; La: 3.9cm; Dm: indet; S: 0.7-1.0cm; H: 3.9cm.
Colori: impasto: marrone 7.5YR 6/4; nucleo: grigio 10YR 3-4/1; sup. int: marrone 7.5YR 6/4; sup. est: marrone 5YR 6/4.
Impasto: C: duro; DS: molto depurato; DI: grandi; Del: FT; Mod: tornio.
Fr. d'orlo leggermente ingrossato verso l'esterno, scodellone (?) da fuoco. Parte esterna e tesa dell'orlo lisciate. L'interno non mostra segni di ulteriori trattamenti.
NAS: Cucina tornita.
Datazione contesto: *t.a.q.* ca. 600 a.C. (ca. seconda metà VIII – fine VII sec. a.C.).
Datazione relativa: seconda metà VIII – terzo quarto VII sec. a.C.
Bibliografia: inedito.

767 K 32060 (tavv. 51. 103)
REPH1, F2005, WQ492, Erdsteg E1, Ab. 2, Schicht 1.
Lu: 6.0cm; La: 4.3cm; Dm: 19cm; S: 0.8cm; H: 3.0cm.
Colori: impasto: marrone scuro 5YR 4/2; nucleo: grigio 5YR 4/1; sup. int: marrone scuro/fuliggine 7.5YR 3/2; sup. est: arancione-marrone 5YR 5/6.
Impasto: C: tenero; DS: estremamente depurato; DI: medi; Del: compatto e relativamente omogeneo. Inclusi bianchi a angoli arrotondati (fino a 2mm) visibili anche in superficie, bianchi calcarei puntiformi, saltuari grigi scuri a spigoli arrotondati e rossi puntiformi, *chamotte* (fino a 2mm), radi vacuoli puntiformi, saltuari vacuoli allungati. Numerosa attestazione di mica dorata in superficie; Mod: tornio.
Fr. d'orlo ingrossato verso l'esterno e leggermente verso l'interno, attacco di presa di scodellone, o bacino da fuoco. Tutta la parte interna presenta tracce di bruciato e fuliggine. Entrambe le superfici sono molto ruvide e sabbiose al tatto e caratterizzate da abbondante mica in superficie.
NAS: Cucina tornita.
Datazione contesto: *t.a.q.* ca. 600 a.C. (ca. seconda metà VIII – fine VII sec. a.C.).
Datazione relativa: seconda metà VIII – terzo quarto VII sec. a.C.
Bibliografia: inedito.
Confronti: v. testo.

Vasellame da fuoco modellato a mano

768 K 32076 (tavv. 52. 104)
REPH1, F2005, WQ492, Erdsteg E2, Ab. 1, Schicht 1.
Lu: 4.2cm; La: 4.6cm; Dm: ca. 23cm; S: 1.2-1.4cm; H: 4.8cm.
Colori: impasto: marrone-rosso 5YR 5/6; sup. int: marrone chiaro: 5YR 6/4; sup. est: marrone 5YR 6/4.
Impasto: C: tenero; DS: estremamente depurato; DI: medi; Del: FM; Mod: a mano.
Fr. d'orlo retto e parete introflessa di pignatta modellata a mano. Sia all'interno che all'esterno, superficie lisciata. All'esterno più scuro: discromie dovute all'esposizione al calore.
NAS: Fuoco modellato a mano.
Datazione contesto: *t.a.q.* ca. 600 a.C. (ca. seconda metà VIII – fine VII sec. a.C.).
Datazione relativa: seconda metà VIII sec. – 460/450 a.C.
Bibliografia: inedito.
Confronti: Valentino 2003, 258 no. F 11 fig. 220.

769 K 32087 (tavv. 52. 104)
REPH1, F2005, WQ492, Erdsteg E2, Ab. 2, Schicht 1.
Lu: 4.1cm; La: 2.9cm; Dm: ca. 24cm; S: 1.2cm; H: 2.8cm.
Colori: impasto: marrone-rosso 2.5YR 5/6; sup. int: marrone-rosso: 2.5YR 5-6/6; sup. est: marrone-rosso 2.5YR 5-6/6.
Impasto: C: tenero; DS: estremamente depurato; DI: grandi; Del: FM; Mod: a mano.
Fr. d'orlo retto di pignatta modellata a mano. Superficie interna ed esterna lisciata. All'esterno, leggermente più scuro: discromie da esposizione a fonti di calore.
NAS: Fuoco modellato a mano.
Datazione contesto: *t.a.q.* ca. 600 a.C. (ca. seconda metà VIII – fine VII sec. a.C.).
Datazione relativa: seconda metà VIII sec. – 460/450 a.C.
Bibliografia: inedito.
Confronti: Valentino 2003, 257 no. F 1 fig. 220.

770 K 32104 (tavv. 52. 104)
REPH1, F2005, WQ492, Erdsteg E2, Ab. 3, Schicht 1.
Lu: 3.4cm; La: 4.2cm; Dm: ca. 30cm; S: 1.0cm; H: 3.8cm.
Colori: impasto: rosso-marrone 5YR 5/6 sup. int: rosso-marrone 5YR 6/6; sup. est: marrone scuro 5YR 6/4.
Impasto: C: tenero; DS: estremamente depurato; DI: grandi; Del: FM; Mod: a mano.
Fr. orlo leggermente rientrante di pignatta da fuoco modellata a mano.
NAS: Fuoco modellato a mano.
Datazione contesto: *t.a.q.* ca. 600 a.C. (ca. seconda metà VIII – fine VII sec. a.C.).
Datazione relativa: seconda metà VIII sec. – 460/450 a.C.
Bibliografia: inedito.

771 K 32090 (tavv. 52. 104)
REPH1, F2005, WQ492, Erdsteg E1, Ab. 6, Schicht 1.
Lu: 3.6cm; La: 1.8cm; Dm: ca. 34cm; S: 1.0cm; H: 1.8cm.
Colori: impasto: rosso-marrone 5YR 6/4; sup. int: marrone 5YR 6/3; sup. est: marrone 5YR 6/4.
Impasto: C: tenero; DS: estremamente depurato; DI: medi; Del: FM; Mod: a mano.
Fr. d'orlo retto di forma aperta da fuoco modellata a mano, pignatta (?). Lisciata sia all'interno che all'esterno. All'esterno, sotto l'orlo linea leggermente più incavata rispetto al resto.
NAS: Fuoco modellato a mano.
Datazione contesto: *t.a.q.* ca. 600 a.C. (ca. seconda metà VIII – fine VII sec. a.C.).
Datazione relativa: seconda metà VIII sec. – 460/450 a.C.
Bibliografia: inedito.

772 K 32148 (tavv. 52. 104)
REPH1, F2005, WQ492, Erdsteg, Ab. 10, Schicht 3.
Lu: 3.4cm; La: 2.3cm; Dm: ca.9-10cm; S: 0.8-0.9cm; H: 1.8.
Colori: impasto: marrone 7.5YR 5/4; nucleo: marrone scuro 7.5YR 4/1-2; sup. int: marrone 7.5YR 6/3; sup. est: marrone 5YR 5/3.
Impasto: C: tenero; DS: estremamente depurato; DI: medi; Del: FM; Mod: a mano.
Fr. di fondo piano profilato di pignatta

modellata a mano. All'interno, superficie leggermente lisciata. All'esterno, parete lisciata e superficie inferiore del fondo leggermente irregolare con lievi variazioni cromatiche dovute all'esposizione al calore. Pignatta miniaturistica?
NAS: Fuoco modellato a mano.
Datazione contesto: *t.a.q.* ca. 600 a.C. (ca. seconda metà VIII – fine VII sec. a.C.).
Datazione relativa: seconda metà VIII sec. – 460/450 a.C.
Bibliografia: inedito.
Confronti: per quanto riguarda il profilo ma non la dimensione: Valentino 2003, 258 no. F 7 fig. 220.

773 K 24787 (tavv. 52. 104)
QO1F, F2006, EQ1139/1400, Sondage 1, Ab. 15.
Lu: 11cm; La: 7.8cm; Dm est: 23.0cm; S: 1.7cm; H: 7.6cm.
Colori: impasto: marrone 7.5YR 5/4; nucleo: grigio scuro 7.5YR 5/4; sup. int: marrone 10YR 6/4; sup. est: marrone 7.5YR 6/4-6.
Impasto: C: tenero; DS: estremamente depurato; DI: grandi; Del: FM; Mod: a mano.
Quattro fr. combacianti di pignatta troncoconica con presa orizzontale modellata a mano. Lisciato sia all'interno che all'esterno (sono visibili delle striature sottili stile "pettine"). All''esterno forti tracce di bruciato, più leggere nella parte interna. Presa molto allungata rispetto al solito.
NAS: Fuoco modellato a mano.
Datazione contesto: ca. 630/620 – 570 a.C.
Datazione relativa: seconda metà VIII sec. – 460/450 a.C.
Bibliografia: inedito.
Confronti: per la lunghezza della presa: Valentino 2003, 259 no. F 40 fig. 222.

774 K 23884 (fig. 53 tavv. 52. 104)
QO2F, F2006, EQ1139/1140, Sondage 1, Ab. 7.
Lu: 7.4cm; La: 7.1cm; Dm est: 20.0cm; S: 0.9-1.0cm; H: 6.6cm.
Colori: impasto: beige 10YR 7/4; nucleo: marrone chiaro 10YR 6/3; sup. int: beige 7.5YR 7/4-6; sup. est: bruciato.
Impasto: C: tenero; DS: estremamente depurato; DI: grandi; Del: FM; Mod: a mano.
Fr. di fondo piano profilato di pignatta modellata a mano.
NAS: Fuoco modellato a mano.
Datazione contesto: ca. 570 – 540 a.C.
Datazione relativa: seconda metà VIII sec. – 460/450 a.C.
Bibliografia: inedito.
Confronti: Valentino 2003, 258 no. F 7 fig. 220.

775 K 22373 (tavv. 52. 104)
QO1/2F, F2004, EQ1139, Sondage, Ab. 3EII.
Lu: 13.2cm; Dm est: 24.0cm; S: 1.1cm; H: 10.1cm.
Colori: impasto: beige 7.5YR 6/6; sup. int: beige 7.5YR 7/4; sup. est: beige 7.5YR 7/4.
Impasto: C: semiduro; DS: estremamente depurato; DI: grandi; Del: FM; Mod: a mano.
Un profilo completo di pignatta modellata a mano (12 fr. totali). Lisciato sia all'interno che all'esterno, seppure con qualche impronta digitale. Superficie inferiore del fondo completamente carbonizzata, con leggere tracce di bruciato sulla parete esterna.
NAS: Fuoco modellato a mano.
Datazione contesto: ca. 630/620 – 540 a.C.
Datazione relativa: seconda metà VIII sec. – 460/450 a.C.
Bibliografia: inedito.

776 K 22587 (tavv. 52. 104)
QO1/2F, F2004, EQ1139, Sondage, Ab. 8W.
Lu: 4.3cm; La: 3.0cm; Dm: indet. (ca. 19cm); S: 0.7cm; H: 2.7cm.
Colori: impasto: marrone 7.5YR 7/4; nucleo: grigio 10YR 3/1; sup. int: marrone chiaro 7.5YR 7/4; sup. est: marrone chiaro 7.5YR 7/4.
Impasto: C: tenero; DS: estremamente depurato; DI: grandi; Del: FM; Mod: a mano.
Fr. d'orlo estroflesso con attacco di presa di pignatta modellata a mano. Tracce di bruciato all'interno della forma e leggermente nella parte esterna sotto la presa.
NAS: Fuoco modellato a mano.
Datazione contesto: ca. 630/620 – 540 a.C.
Datazione relativa: inizio VI / secondo quarto VI sec. – 460/450 a.C.
Bibliografia: inedito.
Confronti: Valentino 2003, 261 no. F 44 fig. 222.

777 K 22657 (tavv. 52. 104)
QO1/2F, F2004, EQ1139, Sondage, Ab. 9W.
Lu: 8.8cm; La: 5.2cm; Dm: indet; S: 0.8-1.1cm.
Colori: impasto: marrone scuro 7.5YR 4/3; nucleo: grigio 7.5YR 5/2; sup. int: beige 7.5YR 7/4; sup. est: bruciato.
Impasto: C: tenero; DS: estremamente depurato; DI: grandi; Del: FM; Mod: a mano.
Due fr. combacianti di parete con presa integra di pignatta modellata a mano. Ben lisciato sia all'interno che all'esterno. Impasto leggermente multicolore, completamente bruciato all'esterno, soprattutto nella parte inferiore all'altezza della presa.
NAS: Fuoco modellato a mano.
Datazione contesto: ca. 630/620 – 540 a.C.
Datazione relativa: seconda metà VIII sec. – 460/450 a.C.
Bibliografia: inedito.
Confronti: per la presa: Valentino 2003, 257 no. F 1 fig. 220.

778 K 32448 (fig. 14 tav. 52)
QO1/2F, F2004, EQ1131, Ab. ZS 4.
Lu: 6.1cm; La: 5.5cm; Dm: indet; S: 1.1-2.1cm; H: 6.3cm.
Colori: impasto: marrone scuro 7.5YR 4/3; nucleo: grigio 7.5YR 5/2; sup. int: beige 7.5YR 7/4; sup. est: bruciato.
Impasto: C: tenero; DS: estremamente depurato; DI: grandi; Del: FM; Mod: a mano.
Tre fr. di fondo piano di pignatta modellata a mano. All'interno, resti di incrostazioni (resti organici?). Esterno bruciato, ad eccezione della superficie inferiore del fondo. Interno lisciato meglio che all'esterno.
NAS: Fuoco modellato a mano.
Datazione contesto: ca. 630/620 – 540 a.C.
Datazione relativa: seconda metà VIII sec. – 460/450 a.C.
Bibliografia: inedito.
Confronti: Valentino 2003, 264 no. F 50 fig. 225 (teglia).
Osservazioni: ritrovati in prossimità del focolare nel vano sud.

779 K 32437 (tav. 52)
QO1/2F, F2004, EQ1139, Sondage, Ab. 10E.
Lu: 11.0cm; La: 10.7cm; S: 1.6cm.
Colori: impasto: marrone-rosso 5YR 6/6; nucleo: carbonizzato 10YR 4/1; sup. int: beige-marrone 7.5YR 7/4; sup. est: beige 10YR 7-8/2 ing: beige 10YR 7-8/2.
Impasto: C: tenero; DS: estremamente depurato, alta frequenza di inclusi; DI: medi (fino a 2mm); Del: FM; Mod: a mano.
Cinque fr. combacianti di fondo di pignatta o teglia modellata a mano. Fondo con parte carbonizzata, rivestita, dopo la carbonizzazione, con una sostanza beige (?). Sulla superficie inferiore del fondo, tracce quasi rettangolari di bruciato, forse identificabili con i punti d'appoggio non carbonizzati del fornello utilizzato?
NAS: Fuoco modellato a mano.
Datazione contesto: ca. 630/620 – 540 a.C.
Datazione relativa: seconda metà VIII sec. – 460/450 a.C.
Bibliografia: inedito.

780 K 22011 (tavv. 52. 104)
QAREA, F2003, Agora550/551/552, Ab. 608W.
Lu: 5.1cm; La: 4.9cm; Dm est: 27cm; S: 0.9-1.1cm; H: 5.0cm.
Colori: impasto: grigio 5YR 5/6; sup. est: marrone-rosso 2.5YR 5/6.
Impasto: C: tenero; DS: estremamente depurato; DI: molto grandi; Del: FM; Mod: a mano.
Fr. d'orlo con presa orizzontale con vertici verso l'alto di una pignatta modellata a mano.
NAS: Fuoco modellato a mano.
Datazione contesto: *t.a.q.* ca. 550 a.C. (ca. ultimo quarto VII – prima metà VI sec. a.C.).
Datazione relativa: seconda metà VIII sec. – 460/450 a.C.
Bibliografia: inedito.
Confronti: per la forma: Valentino 2003, 257 no. F 1 fig. 220; per la presa: 258 nn. F 6. F 8 fig. 221.

781 K 22049 (tavv. 52. 104)
QAREA, F2003, Agora550/551/552, Ab. 610E.
Lu: 7.1cm; La: 5.2cm; Dm: 15.6cm; S: 0.8-0.9cm; H: 5.0cm.
Colori: impasto: grigio 7.5YR 3/2; sup. est: arancione-marrone 2.5YR 5/6.
Impasto: C: duro; DS: molto depurato; DI: molto grandi; Del: FM; Mod: a mano.
Fr. d'orlo retto con presa di una pignatta.
NAS: Fuoco modellato a mano.

Datazione contesto: *t.a.q.* ca. 550 a.C. (ca. ultimo quarto VII – prima metà VI sec. a.C.).
Datazione relativa: seconda metà VIII sec. – 460/450 a.C.
Bibliografia: inedito.
Confronti: Valentino 2003, 257 no. F 1 fig. 220; Leighton 1993, 211 no. 573 tav. 145.

782 K 32435 (tavv. 52. 104)
QAREA, F2003, Agora550/551/552, Ab. Steinpackung V.
Lu: 4.5cm; La: 3.5cm; Dm orlo: ca. 17cm; S: 0.9cm; H: 3.6cm.
Colori: impasto: marrone 7.5YR 6/4; sup. int: beige 5YR 6/6; sup. est: beige 5YR 6/6.
Impasto: C: tenero; DS: estremamente depurato; DI: grandi; Del: FM; Mod: a mano.
Fr. d'orlo leggermente estroflesso di pignatta modellata a mano. Tracce di bruciato all'esterno.
NAS: Fuoco modellato a mano.
Datazione contesto: *t.a.q.* ca. 550 a.C. (ca. ultimo quarto VII – prima metà VI sec. a.C.).
Datazione relativa: inizio VI / secondo quarto VI sec. – 450/450 a.C.
Bibliografia: inedito.
Confronti: Valentino 2003, 258 no. F 5 fig. 220.

783 K 27930 (tavv. 52. 104)
QAREA, F2003, Agora550/551/552, Ab. 607E.
Lu: 6.2cm; La: 5.0cm; Dm est: 16.5cm; S: 1.2-1.4cm; H: 6.1cm.
Colori: impasto: grigio 7.5YR 3/1; sup. est: beige-marrone 7.5YR 7/4-6.
Impasto: C: duro; DS: estremamente depurato; DI: molto grandi; Del: FM; Mod: a mano.
Fr. d'orlo estroflesso di una pignatta. All'interno e all'esterno lisciato. Tracce di bruciato sulla superficie esterna.
NAS: Fuoco modellato a mano.
Datazione contesto: *t.a.q.* ca. 550 a.C. (ca. ultimo quarto VII – prima metà VI sec. a.C.).
Datazione relativa: inizio VI / secondo quarto VI sec. – 460/450 a.C.
Bibliografia: inedito.
Confronti: Valentino 2003, 258. 259 nn. F 5. F 39 figg. 220. 222.

784 K 21970 (tavv. 52. 104)
QAREA, F2003, Agora550/551/552, Ab. 610E.
Lu: 11.4cm; La: 11.3cm; Dm: ca. 18cm; S: 1.3-1.5cm; H: 11.8cm.
Colori: impasto: grigio scuro 10YR 3/2; sup. est: marrone 10YR 6/4.
Impasto: C: duro; DS: estremamente depurato; DI: molto grandi; Del: FM; Mod: a mano.
Quattro fr. combacianti formanti un profilo integro di pignatta troncoconica. Superficie interna lisciata, tracce di bruciato all'esterno.
NAS: Fuoco modellato a mano.
Datazione contesto: *t.a.q.* ca. 550 a.C. (ca. ultimo quarto VII – prima metà VI sec. a.C.).
Datazione relativa: inizio VI / secondo quarto VI sec. – 460/450 a.C.
Bibliografia: inedito.
Confronti: Valentino 2003, 258. 259 nn. F 5. F 39 figg. 220. 222.

785 K 32677 (tavv. 52. 104)
QAEO1F, F1995, Agora564/567, Ab. 214.
Lu: 4.3cm; La: 3.9cm; Dm int: 20.0cm; S: 1.0cm; H: 3.9cm.
Colori: impasto: marrone-arancione 5YR 6/4; nucleo: grigio 10YR 2/1; sup. int: marrone chiaro 7.5YR 6/6; sup. est: marrone chiaro 5YR 6/6.
Impasto: C: semiduro; DS: estremamente depurato; DI: medi; Del: FT; Mod: a mano.
Fr. d'orlo di pignatta modellata a mano. Leggermente lisciato sia all'interno che all'esterno.
NAS: Fuoco modellato a mano.
Datazione contesto: *t.a.q.* 500/490 a.C. (ca. fine VII sec. – 500/490 a.C.).
Datazione relativa: seconda metà VIII sec. – 460/450 a.C.
Bibliografia: inedito.

786 K 32578 (tavv. 52. 104)
QAEO1F, F1995, Agora565, Ab. 113.
Lu: 3.9cm; La: 3.2cm; Dm: indet (ca. 25.0cm); S: 1.2cm; H: 2.7cm.
Colori: impasto: marrone 7.5YR 6/4-6.
Impasto: C: tenero; DS: estremamente depurato; DI: grandi; Del: FM; Mod: a mano.
Fr. d'orlo retto di pignatta modellata a mano. Striature sottili all'interno. Leggermente lisciato sia all'interno che all'esterno. All'esterno, variazione cromatica dovuta all'esposizione al fuoco.
NAS: Fuoco modellato a mano.
Datazione contesto: *t.a.q.* 500/490 a.C. (ca. fine VII sec. – 500/490 a.C.).
Datazione relativa: seconda metà VIII sec. – 460/450 a.C.
Bibliografia: inedito.
Confronti: Valentino 2003, 257 no. F 1 fig. 220.

787 K 32577 (tavv. 52. 104)
QAEO1F, F1995, Agora565, Ab. 113.
Lu: 3.3cm; La: 3.5cm; Dm: indet; S: 0.8cm; H: 3.5cm.
Colori: impasto: marrone 7.5YR 5/6; nucleo: grigio 7.5YR 3/1.
Impasto: C: duro; DS: estremamente depurato; DI: grandi; Del: FM; Mod: a mano.
Fr. d'orlo retto con parete leggermente rientrante di pignatta modellata a mano. Leggermente lisciato sia all'interno che all'esterno, striature sottili.
NAS: Fuoco modellato a mano.
Datazione contesto: *t.a.q.* 500/490 a.C. (ca. fine VII sec. – 500/490 a.C.).
Datazione relativa: seconda metà VIII sec. – 460/450 a.C.
Bibliografia: inedito.
Confronti: Valentino 2003, 257 no. F 1 fig. 220.

788 K 32595 (tavv. 52. 104)
QAEO1F, F1995, Agora565, Ab. 114.
Lu: 2.1cm; La: 3.2cm; Dm: indet; S: 1.2cm.
Colori: impasto: marrone 5YR 5/6; nucleo: grigio 5YR 3/3.
Impasto: C: tenero; DS: estremamente depurato; DI: medi; Del: FM.
Impasto grossolano; Mod: a mano.
Fr. d'orlo retto leggermente rientrante di pignatta modellata a mano. Leggermente lisciato sia all'interno che all'esterno.
NAS: Fuoco modellato a mano.
Datazione contesto: *t.a.q.* 500/490 a.C. (ca. fine VII sec. – 500/490 a.C.).
Datazione relativa: seconda metà VIII sec. – 460/450 a.C.
Bibliografia: inedito.
Confronti: Valentino 2003, 257 no. F 1 fig. 220.

789 K 32598 (tavv. 53. 104)
QAEO1F, F1995, Agora565, Ab. 114.
Lu: 4.6cm; La: 4.3cm; Dm: indet; S: 1.5cm; H: 4.1cm.
Colori: impasto: marrone 5YR 5/6.
Impasto: C: tenero; DS: estremamente depurato; DI: medi; Del: FM; Mod: a mano.
Fr. d'orlo retto appuntito di pignatta modellata a mano. Leggermente lisciato sia all'interno che all'esterno. Patina all'interno (residui organici?); all'esterno tracce di bruciato.
NAS: Fuoco modellato a mano.
Datazione contesto: *t.a.q.* 500/490 a.C. (ca. fine VII sec. – 500/490 a.C.).
Datazione relativa: seconda metà VIII sec. – 460/450 a.C.
Bibliografia: inedito.

790 K 32585 (tavv. 53. 104)
QAEO1F, F1995, Agora565, Ab. 114.
Lu: 5.5cm; La: 4.7cm; Dm: ca. 18.0cm; SezAnsa: 1.0cm; S: 1.0cm; H: 4.7cm.
Colori: impasto: marrone 7.5YR 6/4; nucleo: grigio 10YR 4/1; sup. int: marrone 7.5YR 6/4; sup. est: marrone 7.5YR 6/4.
Impasto: C: tenero; DS: estremamente depurato; DI: medi; Del: FM; Mod: a mano.
Fr. d'orlo estroflesso e presa orizzontale di pignatta modellata a mano. Leggermente lisciato sia all'interno che all'esterno (striature sottili, tipo pettine). Tracce di bruciato sulla superficie inferiore della presa e sulla parete sottostante.
NAS: Fuoco modellato a mano.
Datazione contesto: *t.a.q.* 500/490 a.C. (ca. fine VII sec. – 500/490 a.C.).
Datazione relativa: inizio VI / secondo quarto VI sec. – 460/450 a.C.
Bibliografia: inedito.
Confronti: Valentino 2003, 259 no. F 39 fig. 222.

791 K 32597 (tavv. 53. 104)
QAEO1F, F1995, Agora565, Ab. 114.
Lu: 2.6cm; La: 2.6cm; Dm: indet; S: 1.0cm.
Colori: impasto: marrone 7.5YR 5/3; nucleo: grigio 7.5YR 4/1.
Impasto: C: tenero; DS: estremamente depurato; DI: medi (con rari inclusi fino a 3mm); Del: FM; Mod: a mano.
Fr. d'orlo leggermente estroflesso di pignatta modellata a mano. Leggermente lisciato sia all'interno che all'esterno. Tracce

di bruciato all'esterno e leggermente anche all'interno (quelle interne secondarie?).
NAS: Fuoco modellato a mano.
Datazione contesto: *t.a.q.* 500/490 a.C. (ca. fine VII sec. – 500/490 a.C.).
Datazione relativa: inizio VI / secondo quarto VI sec. – 460/450 a.C.
Bibliografia: inedito.
Confronti: Valentino 2003, 258 no. F 5 fig. 220.

792 K 32680 (tavv. 53. 104)
QAEO1F, F1995, Agora564/567, Ab. 215.
Lu: 6.1cm; La: 4.5cm; Dm int: 21.0cm; S: 1.3cm; H: 4.0cm.
Colori: impasto: marrone-grigio 7.5YR 4/3; nucleo: grigio 7.5YR 3/1; sup. int: marrone-arancione 2.5YR 6/6; sup. est: marrone 7.5YR 6/4.
Impasto: C: tenero; DS: estremamente depurato; DI: grandi (fino a 6mm); Del: FM; Mod: a mano.
Fr. d'orlo leggermente estroflesso di pignatta modellata a mano. All'interno, striatura obliqua, quasi orizzontale, mentre la parte superiore presenta tracce di bruciato (traccia dell'utilizzo di un coperchio? La striatura si trova in corrispondenza del cambio di andamento dell'orlo che diventa estroflesso). All'esterno completamente bruciato.
NAS: Fuoco modellato a mano.
Datazione contesto: *t.a.q.* 500/490 a.C. (ca. fine VII sec. – 500/490 a.C.).
Datazione relativa: inizio VI / secondo quarto VI sec. – 460/450 a.C.
Bibliografia: inedito.
Confronti: Valentino 2003, 258. 259 nn. F 5. F 39 figg. 220. 222.

793 K 32570 (tavv. 53. 104)
QAEO1F, F1995, Agora565, Ab. 112.
Lu: 5.9cm; La: 6.2cm; Dm int: 17.0cm; S: 1.4cm; H: 6.3cm.
Colori: impasto: beige-rosso 2.5YR 5/6; sup. int: rosso-beige 2.5YR 6/4-6; sup. est: marrone 5YR 4/4.
Impasto: C: tenero; DS: estremamente depurato; DI: grandi (fino a 4mm); Del: FM; Mod: a mano.
Due fr. combacianti d'orlo leggermente estroflesso di pignatta modellata a mano. Leggermente lisciato sia all'interno che all'esterno. Sia all'interno che all'esterno sono visibili striature sottili, tipo pettine.
NAS: Fuoco modellato a mano.
Datazione contesto: *t.a.q.* 500/490 a.C. (ca. fine VII sec. – 500/490 a.C.).
Datazione relativa: inizio VI / secondo quarto VI sec. – 460/450 a.C.
Bibliografia: inedito.
Confronti: Valentino 2003, 258. 259 nn. F 5. F 39 figg. 220. 222.

794 K 32538 (tavv. 53. 104)
QAEO1F, F1995, Agora565, Ab. 110.
Lu: 6.3cm; La: 4.3cm; Dm int: 19.0cm; S: 0.5-0.7cm; H: 4.5cm.
Colori: impasto: marrone-grigio 7.5YR 4/1-2; nucleo: rosso-marrone 5YR 5/6.
Impasto: C: tenero; DS: estremamente depurato; DI: grandi (fino a 3mm); Del: FM; Mod: a mano.
Orlo con labbro fortemente estroflesso, quasi pendulo e presa orizzontale concava verso l'alto di pignatta modellata a mano. Tracce di bruciato sia all'interno che all'esterno.
NAS: Fuoco modellato a mano.
Datazione contesto: *t.a.q.* 500/490 a.C. (ca. VII sec. – 500/490 a.C.).
Datazione relativa: inizio VI / secondo quarto VI sec. – 460/450 a.C. Bibliografia: inedito.

795 K 32586 (tavv. 53. 105)
QAEO1F, F1995, Agora565, Ab. 114.
Lu: 12.5cm; La: 10.1cm; Dm: ca. 36.0cm; S: 0.9-1.3cm; H: 10.1cm.
Colori: impasto: marrone 7.5YR 5/6.
Impasto: C: tenero; DS: estremamente depurato; DI: medi; Del: FM; Mod: a mano.
Due fr. combacianti di fondo piano di pignatta modellata a mano. Leggermente lisciato sia all'interno che all'esterno. All'interno sono ancora ben visibili le striature sottili tipo pettine, meno evidenti all'esterno. Tracce di bruciato sia all'interno che all'esterno della forma (primarie). Superficie inferiore irregolare (si notano tracce della base di appoggio della forma in fase di essicamento). Nessuna traccia di bruciato sulla superficie inferiore del fondo.
NAS: Fuoco modellato a mano.
Datazione contesto: *t.a.q.* 500/490 a.C. (ca. fine VII sec. – 500/490 a.C.).
Datazione relativa: seconda metà VIII sec. – 460/450 a.C.
Bibliografia: inedito.
Confronti: Valentino 2003, 261 no. F 42 fig. 222.

796 K 32679 (tavv. 53. 105)
QAEO1F, F1995, Agora564/567, Ab. 214.
Lu: 6.8cm; La: 5.0cm; Dm: ca. 19.0cm; S: 0.7-1.7cm; H: 3.9cm.
Colori: impasto: beige-marrone 10YR 6/4; nucleo: grigio 10YR 5/1.
Impasto: C: semiduro; DS: estremamente depurato; DI: medi; Del: FM; Mod: a mano.
Fr. di fondo piano profilato di pignatta modellata a mano. Leggermente lisciato sia all'interno che all'esterno. Leggere tracce di bruciato sulla superficie inferiore irregolare ma non così evidenti da presupporre che la forma fosse a diretto contatto con la brace. Sono visibili le tracce della base di appoggio della forma in fase di essicamento.
NAS: Fuoco modellato a mano.
Datazione contesto: *t.a.q.* 500/490 a.C. (ca. fine VII sec. – 500/490 a.C.).
Datazione relativa: seconda metà VIII sec. – 460/450 a.C.
Bibliografia: inedito.
Confronti: Valentino 2003, 258 nn. F 5. F 7 fig. 220.

797 K 32678 (tavv. 53. 105)
QAEO1F, F1995, Agora564/567, Ab. 214.
Lu: 5.4cm; La: 4.9cm; Dm: ca. 20.0cm; S: 0.6-1.6cm; H: 4.4cm.
Colori: impasto: rosso-marrone 2.5YR 4/8.
Impasto: C: tenero; DS: estremamente depurato; DI: piccoli; Del: FM. Mod: a mano.
Fr. di fondo piano profilato di pignatta modellata a mano. Leggermente lisciato sia all'interno che all'esterno. All'esterno, sulla parete, tracce di bruciato ma non sulla superficie inferiore del fondo. Superficie inferiore del fondo irregolare con tracce della base di appoggio della forma in fase di essicamento.
NAS: Fuoco modellato a mano.
Datazione contesto: *t.a.q.* 500/490 a.C. (ca. fine VII sec. – 500/490 a.C.).
Datazione relativa: seconda metà VIII sec. – 460/450 a.C.
Bibliografia: inedito.

798 K 32671 (tavv. 53. 105)
QAEO2F, F1995, Agora564/567, Ab. 212.
Lu: 5.3cm; La: 4.0cm; Dm: indet. (ca. 29.0cm); S: 1.1cm; H: 4.0cm.
Colori: impasto: marrone-nero 5YR 5/4; nucleo: grigio scuro 5YR 3/1.
Impasto: C: duro; DS: estremamente depurato; DI: medi; Del: FM; Mod: a mano.
Fr. d'orlo di pignatta troncoconica con attacco di presa frammentario. Tracce di bruciato sia all'interno che all'esterno. Superfici leggermente lisciate.
NAS: Fuoco modellato a mano.
Datazione contesto: 500/490 – 480/470-60 a.C.
Datazione relativa: seconda metà VIII sec. – 460/450 a.C.
Bibliografia: inedito.
Confronti: per l'orlo ma non l'orientamento della parete: Valentino 2003, 257 no. F 2 fig. 221.

799 K 32524 (tavv. 53. 105)
QAEO2F, F1995, Agora565, Ab. 108.
Lu: 8.2cm; La: 7.5cm; Dm: ca. 24cm; S: 0.9-1.2cm; H: 7.7cm.
Colori: impasto: grigio 10YR 4/1; sup. int: marrone chiaro 5YR 7/6; sup. est: marrone 7.5YR 7/4.
Impasto: C: semiduro; DS: estremamente depurato; DI: medi; Del: FM; Mod: a mano.
Fr. di fondo piano irregolare di pignatta modellata a mano. Leggermente lisciato all'interno e all'esterno. Superficie inferiore del fondo irregolare con tracce della base di appoggio della forma in fase di essicamento. Tracce di bruciato sulle pareti esterne, non sul fondo.
NAS: Fuoco modellato a mano.
Datazione contesto: 500/490 – 480/470-60 a.C.
Datazione relativa: seconda metà VIII sec. – 460/450 a.C.
Bibliografia: inedito.
Confronti: Valentino 2003, 258 no. F 11 fig. 220.

800 K 27010 A–B (figg. 32. 34 tavv. 53. 105)QAE1, F2004/S2009, Agora553/557 / Agora550/551/553, Ab. 502 (F04) / Ab. 4 (S09).
A: Lu: 14.0cm; La: 11.2cm; S: 0.9-1.3cm;

B: Lu: 14.2cm; La: 6.4cm; S: 1.0cm; C: Lu: 9.7cm; La: 5.1cm; S: 1.0cm; Dm orlo est: 22.5cm; presa (La): 7.9cm; H: 11.2cm.
Colori: impasto: marrone chiaro 7.5YR 6/4; nucleo: marrone scuro 7.5YR 4-5/3; sup. int: beige-arancione 7.5YR 7/4-6; sup. est: beige (carbonizzato) 7.5YR 7/4-6.
Impasto: C: semiduro; DS: estremamente depurato; DI: medi; Del: FM; Mod: a mano.
Tre fr. non combacianti di pignatta con minimo due prese modellato a mano. A: undici fr. profilo integro; B: quattro fr. d'orlo e presa; C: un fr. d'orlo (sedici fr. totali). All'interno abbastanza ben lisciato, tendenzialmente in direzione orizzontale, in parte steccato. All'esterno, leggermente lisciato; tracce di bruciatura primaria all'esterno e secondarie (dopo essersi frantumato) evidenti sulla parte laterale conservata.
NAS: Fuoco modellato a mano.
Datazione contesto: 500/490 – 460/450 a.C.
Datazione relativa: 500/490 – 460/450 a.C.
Bibliografia: Reusser et al. 2010, 118 nota 29.
Confronti: v. testo; Kistler et al. 2017b, 1817 inv. I-K 354; Mohr in preparazione, no. 43.

801 K 24112 (figg. 32. 35 tavv. 53. 105)
QAE1, F2006, Agora551/EU SUD5, Ab. 201.
Lu: 7.0cm; La: 5.6cm; Dm: 18.0cm; SezAnsa: 4.5x1.2cm; S: 0.9cm; H: 6.0cm.
Colori: impasto: marrone-arancione 7.5YR 5/4; nucleo: grigio 7.5YR 5/1; sup. int: marrone 5YR 5-6/4; sup. est: marrone 5YR 5-6/4.
Impasto: C: tenero-semiduro; DS: estremamente depurato; DI: medi; Del: FM; Mod: a mano.
Fr. d'orlo leggermente estroflesso appiattito nella parte superiore con presa orizzontale leggermente orientata verso l'alto di pignatta modellata a mano. Discromia dovuta all'esposizione a forti fonti di calore nella parte inferiore del vaso, sotto la presa, e, in forma minore, fino all'orlo. Leggermente lisciato sia all'interno che all'esterno.
NAS: Fuoco modellato a mano.
Datazione contesto: 500/490 – 460/450 a.C.
Datazione relativa: seconda metà VIII sec. – 460/450 a.C.
Bibliografia: inedito.
Confronti: Mohr in preparazione, no. 42. Per la presa: Valentino 2003, 261 nn. F 41 fig. 222.

802 K 24108 (figg. 30. 32. 34 tavv. 53. 105)
QAE1, F2006, Agora550/553/557/EU SUD9/11, Ab. 604.
Lu: 15.0cm; La: 12.4cm; Dm orlo: 14.5cm; Dm fondo: 13.2cm; SezAnsa: 3.5x1.0cm; S: 0.7-0.8cm; H: 7.0cm.
Colori: impasto: beige-arancione 5YR 6/6; nucleo: marrone scuro 5YR 3/1; sup. int: beige 5YR-7.5YR 7/4; sup. est: beige 5YR-7.5YR 7/4.
Impasto: C: semiduro; DS: estremamente depurato; DI: medi; Del: FM; Mod: a mano.
21 fr. combacianti di pignatta di piccole dimensioni con orlo retto e presa orizzontale, in origine probabilmente due, modellata a mano. Lisciato sia all'interno che all'esterno, tendenzialmente in direzione orizzontale. All'esterno, e in parte all'interno, zone carbonizzate (secondarie?). Superficie inferiore esterna del fondo carbonizzata.
NAS: Fuoco modellato a mano.
Datazione contesto: 500/490 – 460/450 a.C.
Datazione relativa: seconda metà VIII sec. – 460/450 a.C.
Bibliografia: Isler 2007, 109 tav. 15, 12; Isler 2009a, 154; Reusser et al. 2010, 118 nota 28; Kistler – Mohr 2015, 388.
Confronti: v. testo.
Osservazioni: analisi gascromatografiche (GC-MS), Dr. Florinda Notarstefano (Università del Salento), risultato preliminare: grassi vegetali, grassi animali e tracce di resina di Pinaceae.

803 K 22225 A–B (tavv. 53. 105)
REPH1, F2003, WQ491/492, Ab. 9 / 10.
Lu: 10.1cm; La: 9.5cm; Dm: 35cm; SezAnsa: 3.3cm; S: 1.2cm; H: 7.2cm.
Colori: impasto: marrone-rosso 2.5YR 5/6; sup. int: marrone chiaro 5YR 6/3.
Impasto: C: tenero; DS: estremamente depurato; DI: molto grandi; Del: FM; Mod: a mano.
Dodici fr. formanti un profilo integro di teglia modellata a mano. Parte esterna con tracce di bruciato. Parte interna ben lisciata di colore tendenzialmente beige (residui di una sorta di rivestimento?).
NAS: Fuoco modellato a mano.
Datazione contesto: *t.a.q.* ca. 600 a.C. (ca. seconda metà VIII – fine VII sec. a.C.).
Datazione relativa: seconda metà VIII sec. – 460/450 a.C.
Bibliografia: inedito.
Confronti: Valentino 2003, 264 nn. F 49. F 50 fig. 225.

804 K 32171 (tavv. 53. 105)
REPH1, F2005, WQ492, Erdsteg E2, Ab. 7.
Lu: 4.8cm; La: 6cm; Dm: 22cm; S: 1.2cm; H: 4.4cm.
Colori: impasto: rosso-marrone 2.5YR 6/4; sup. int: rosso-marrone 2.5YR 6/4; sup. est: marrone 2.5YR 4/2.
Impasto: C: tenero; DS: estremamente depurato; DI: grandi; Del: FM.
Impasto grossolano; Mod: a mano.
Due fr. combacianti fondo piano profilato di teglia modellata a mano. All'interno, lisciato in maniera molto grossolana; all'esterno, lisciato con più cura. Parte inferiore del fondo abbastanza regolare, priva d'impronte della superficie di appoggio durante la fase d'essicamento della forma. Leggere variazioni cromatiche sulla parete ma non sulla superficie inferiore del fondo.
NAS: Fuoco modellato a mano.
Datazione contesto: *t.a.q.* ca. 600 a.C. (ca. seconda metà VIII – fine VII sec. a.C.).
Datazione relativa: seconda metà VIII sec. – 460/450 a.C.
Bibliografia: inedito.
Confronti: Valentino 2003, 264 no. F 50 fig. 225.

805 K 32031 (fig. 52 tavv. 53. 105)
REPH1, F2004, WQ491/492, 1-meter Streifen, Ab. 2.
Lu: 4.5cm; La: 3.5cm; Dm: 18cm; S: 1.1cm; H: 2.6cm.
Colori: impasto: marrone-rosso 5YR 5/6; nucleo: marrone 5YR 5/3; sup. int: marrone chiaro: 5YR 6/3; sup. est: marrone scuro 5YR 6/3.
Impasto: C: medi; DS: estremamente depurato; DI: grandi; Del: FM; Mod: a mano.
Fr. d'orlo retto e parete estroflessa di teglia di piccole-medie dimensioni modellata a mano con tracce di bruciato all'esterno. All'interno, superficie ben lisciata con tracce di striature sottili in orizzontale, specie di pettine? Ingobbio oppure solo lisciato? All'esterno si notano le stesse tracce di striature sottili orizzontali con discromie a causa dell'esposizione al calore.
NAS: Fuoco modellato a mano.
Datazione contesto: *t.a.q.* ca. 600 a.C. (ca. seconda metà VIII – fine VII sec. a.C.).
Datazione relativa: seconda metà VIII sec. – 460/450 a.C.
Bibliografia: inedito.
Confronti: Valentino 2003, 264 no. F 50 fig. 225.

806 K 32432 (tavv. 53. 105)
QAREA, F2003, Agora550/551/552, Ab. 610E.
Lu: 6.8cm; La: 7.8cm; Dm orlo: ca. 30cm; S: 1.0-1.2cm; H: 3.9cm.
Colori: impasto: marrone-rosso 5YR 5/6; sup. int: beige 7.5YR 7/3; sup. est: marrone scuro 5YR 5/6.
Impasto: C: tenero; DS: estremamente depurato; DI: grandi; Del: FM; Mod: a mano.
Fr. a profilo integro di teglia modellata a mano. Parte esterna completamente attestante tracce di bruciato.
NAS: Fuoco modellato a mano.
Datazione contesto: *t.a.q.* ca. 550 a.C. (ca. ultimo quarto VII – prima metà VI sec. a.C.).
Datazione relativa: seconda metà VIII sec. – 460/450 a.C.
Bibliografia: inedito.
Confronti: Valentino 2003, 264 no. F 50 fig. 225.

807 K 32537 (tavv. 53. 105)
QAEO1F, F1995, Agora565, Ab. 110.
Lu: 6.4cm; La: 4.8cm; Dm: ca. 25.0cm; S: 1.0-1.2cm; H: 4.1cm.
Colori: impasto: marrone 5YR 5/3; nucleo: grigio 5YR 4/1; sup. int: marrone 5YR 6/4-6; sup. est: marrone 5YR 5/3.
Impasto: C: tenero; DS: estremamente depurato; DI: grandi; Del: FM; Mod: a mano.
Fr. d'orlo retto, parete leggermente rientrante, fondo piano di teglia modellata a mano. Nessuna traccia di bruciato diretta sulla forma.

NAS: Fuoco modellato a mano.
Datazione contesto: *t.a.q.* 500/490 a.C. (ca. fine VII sec. – 500/490 a.C.)
Datazione relativa: seconda metà VIII sec. – 460/450 a.C.
Bibliografia: inedito.
Confronti: Leighton 2012, 249 no. 169 fig. 4.16.

808 K 28437 A–B (figg. 32. 35. 54 tavv. 54. 105)QAE1, F2006, Agora551/EU SUD5, Ab. 6/201.
A: Lu: 12.2cm; La: 8.4cm; S: 0.6-0.8cm; H: 3.8cm; B: Lu: 6.5cm; La: 6.9cm; S: 0.7cm; H: 3.0cm; Dm orlo: 38.0cm; Dm fondo est: 31cm; SezAnsa: 4.4x1.1cm.
Colori: impasto: beige-arancione 5YR 6/6; nucleo: beige 10YR 7/4; sup. int: beige 10YR 6-7/4; sup. est: beige 10YR 7-8/3.
Impasto: C: tenero; DS: estremamente depurato; DI: medi; Del: FM; Mod: a mano.
Quattro fr. combacianti ed uno non combaciante pertinenti a un profilo intero di teglia con presa modellata a mano. Leggermente lisciato all'interno, segni irregolari sulla superficie del fondo, lievi tracce di bruciato all'interno, presa orientata verso il basso e leggermente ricurva verso l'alto.
NAS: Fuoco modellato a mano.
Datazione contesto: 500/490-460/450 a.C.
Datazione relativa: seconda metà VIII sec. – 460/450 a.C.
Bibliografia: inedito.
Confronti: con presa orientata verso il basso: Valentino 2003, 264 no. F 49 fig. 225.

809 K 23906 (figg. 32. 34 tavv. 54. 105) QAE1, F2006, Agora550/553/557/EU SUD9/11, Ab. 1.
Lu: 12.8cm; La: 9.4cm; Dm orlo est: 46.0cm; Dm fondo: 40.0cm; S: 1.0cm; H: 2.8cm.
Colori: impasto: beige 10YR 7/4; nucleo: grigio 10YR 5/1; sup. int: beige 10YR 7/4; sup. est: beige bruciato 7.5YR 7/4.
Impasto: C: semiduro; DS: estremamente depurato; DI: medi; Del: FM; Mod: a mano.
Quattro fr. combacianti formanti un profilo integro di teglia molto bassa modellata a mano. All'interno, ben lisciato. Esterno con tracce di bruciato verticali e delimitate da linee rette; appena lisciato. Superficie inferiore del fondo con discromie, ma non completamente carbonizzato, con tracce della superficie d'appoggio durante l'essicamento della forma.
NAS: Fuoco modellato a mano.
Datazione contesto: 500/490 – 460/450 a.C.
Datazione relativa: seconda metà VIII sec. – 460/450 a.C.
Bibliografia: inedito.

810 K 27009 A–D (figg. 32. 34 tavv. 54. 105)QAE1, F2006/S2009, Agora550/553/557/EU SUD9/11 / Agora220/551/553, Ab. 604 (F06)/ Ab. 4 (S09).
A: Lu: 15.6cm; La: 8.4cm; S: 1.2-1.7cm; B: Lu: 9.7cm; La: 5.8cm; S: 1.6cm; C: Lu: 8.4cm; La: 7.1cm; S: 1.3cm; D: Lu: 9.6cm; La: 5.4cm; S: 0.9cm; Dm orlo est: 52cm; Dm fondo: ca. 44cm; H: 5.9cm.
Colori: impasto: marrone-arancione 7.5YR 7/4-6; nucleo: carbonizzato; sup. int: beige-arancione 7.5YR 7/4; sup. est: bruciato.
Impasto: C: semiduro; DS: estremamente depurato; DI: grandi; Del: FM; Mod: a mano.
Quattro fr. non combacianti (A: otto fr; B: cinque fr. C: cinque fr. con presa; D: nove fr. di fondo) di teglia con sorta di presa e fondo piano modellata a mano. All'interno ben lisciato, tendenzialmente in direzione orizzontale, saltuariamente in direzione verticale. Esterno meno lisciato con alcune zone completamente carbonizzate. Superficie inferiore del fondo interamente carbonizzata. Tutto il fr. C è meno carbonizzato rispetto agli altri, sorta di presa nella parte inferiore.
NAS: Fuoco modellato a mano.
Datazione contesto: 500/490 – 460/450 a.C.
Datazione relativa: seconda metà VIII sec. – 460/450 a.C.
Bibliografia: Reusser et al. 2010, 118 nota 29.
Confronti: Valentino 2003, 264 no. F 49 fig. 225; Leighton 1993, 199 no. 427 tav. 124.

811 K 21996 (tavv. 54. 106)
REPH1, F2003, WQ491/492, Ab. 2.
Lu: 6.4cm; La: 3.6cm; Dm:19cm; S: 1.0cm; H: 3.6cm.
Colori: impasto: marrone-rosso 2.5YR 5/6-4; nucleo: marrone scuro 7.5YR 2.5/1; sup. int: marrone-rosso 5YR 5/6; sup. est: marrone-rosso 5YR 5/6.
Impasto: C: tenero; DS: estremamente depurato; DI: grandi; Del: FM; Mod: a mano.
Due fr. orlo combacianti a tesa quasi orizzontale di grande forma chiusa, verosimilmente una sorta di olla.
NAS: Fuoco modellato a mano.
Datazione contesto: *t.a.q.* ca. 600 a.C. (ca. seconda metà VIII – fine VII sec. a.C.).
Datazione relativa: indet.
Bibliografia: inedito.

812 K 27106 A–C (figg. 32. 34 tavv. 54. 106)QAE1, F2009, Agora550/551/553, Ab. 402.
A: Lu: 9.0cm; La: 9.5cm; S: 1.1-1.3cm; H: 8.6cm; B: Lu: 9.4cm; La: 7.0cm; S: 1.1cm; C: Lu: 8.2cm; La: 5.2cm; S: 1.3-1.5cm; H: 6.7cm; Dm orlo est: 30.5cm; Dm fondo: 23.0cm.
Colori: impasto: beige 7.5YR 6/4; nucleo: grigio 10YR 3-4/1; sup. int: beige-arancione 7.5YR 7/4-6; sup. est: beige-arancione 7.5YR 7/4.
Impasto: C: semiduro; DS: estremamente depurato; DI: grandi; Del: FT; Mod: tornio lento.
Due fr. d'orlo estroflesso non combacianti e tre fr. combacianti fondo convesso di olla con attacchi di prese semicircolari esterne? All'esterno, parti mancanti pertinenti a un semiarco orizzontale, forse attacchi di prese, o arcuate orizzontali con i vertici verso il basso? Sulla parete esterna del fondo lievi tracce di bruciato, nessuna sulla superficie inferiore del fondo.
NAS: Fuoco modellato a mano.
Datazione contesto: 500/490 – 460/450 a.C.
Datazione relativa: indet.
Bibliografia: Reusser et al. 2010, 118 nota 29.

813 K 27289 (figg. 32. 34 tavv. 54. 106) QAE1, F2006, Agora550/553/557/EU SUD9/11, Ab. 603.
Lu: 4.9cm; La: 4.6cm; Dm est: 19.0cm; S: 0.9cm; H: 4.8cm.
Colori: impasto: marrone 10YR 6/3; nucleo: grigio 10YR 4/1; sup. int: marrone 10YR 6/2; sup. est: marrone 10YR 6-7/4.
Impasto: C: tenero; DS: molto depurato; DI: medi; Del: FM; Mod: a mano.
Fr. d'orlo estroflesso di olla modellata a mano con tracce di bruciato sia all'interno che all'esterno. All'esterno, leggermente lisciato in senso orizzontale, forse con panno? Discromia dovuta all'esposizione a forti fonti di calore sia all'interno che all'esterno.
NAS: Fuoco modellato a mano.
Datazione contesto: 500/490 – 460/450 a.C.
Datazione relativa: seconda metà VIII sec. – 460/450 a.C.
Bibliografia: inedito.

814 K 23883 (tavv. 54. 106)
QO2F, F2006, EQ1139/1140, Sondage 1, Ab. 7.
Lu: 4.5cm; La: 6.3cm; Dm est: 22.0cm; S: 1.4cm; H: 6.2cm.
Colori: impasto: marrone 5YR 6/6; nucleo: grigio scuro; sup. int: marrone chiaro 5YR 6/6; sup. est: marrone/bruciato 5YR 5/3.
Impasto: C: tenero; DS: estremamente depurato; DI: grandi; Del: FM; Mod: a mano
Fr. di coperchio modellato a mano. Lisciato all'interno, leggermente lisciato anche all'esterno con forti tracce di bruciato.
NAS: Fuoco modellato a mano.
Datazione contesto: ca. 570 – 540 a.C.
Datazione relativa: secondo quarto VI sec. – 460/450 a.C.
Bibliografia: inedito.

815 K 22668 (tavv. 54. 106)
QO1/2F, F2004, EQ1139, Sondage, Ab. 10W.
Lu: 4.8cm; La: 1.5cm; Dm est: 18.0cm; S: 0.3cm; H: 0.9cm.
Colori: impasto: marrone 7.5YR 5/4; sup. int: marrone 7.5YR 5/4; sup. est: marrone-grigio 7.5YR 4/4.
Impasto: C: duro; DS: estremamente depurato; DI: piccoli; Del: molto sabbioso; Mod: tornio veloce.
Fr. di coperchio modellato al tornio. All'esterno, tracce di bruciato e discromia.
NAS: Cucina tornita.
Datazione contesto: ca. 630/620 – 540 a.C.
Datazione relativa: secondo quarto VI sec. – 460/450 a.C.
Bibliografia: inedito.

816 K 16715 (tavv. 54. 106)
QAEO1F, F1995, Agora565, Ab. 116.
Lu: 15.3cm; La: 12.3cm; Dm est: 43.0cm; S: 0.9-1.0cm; H: 10.7cm.
Colori: impasto: beige-rosso 5YR 6/6; nucleo: grigio 5YR 4/1; sup. int: beige 5YR 6/6; sup. est: beige 7.5YR 7/4.
Impasto: C: tenero; DS: estremamente depurato; DI: medi; Del: FM; Mod: a mano.
Sei fr. d'orlo combacianti di scodellone in ceramica d'impasto modellato a mano. Lisciato all'esterno, più grossolano all'interno.
NAS: Acroma lisciata (scodelloni da cucina).
Datazione contesto: *t.a.q.* 500/490 a.C. (ca. fine VII sec. – 500/490 a.C.).
Datazione relativa: seconda metà VIII sec. – 460/450 a.C.
Bibliografia: inedito.
Confronti: Valentino 2003, 265 no. F 54 fig. 228; Guastella 2013, 85 fig. 4.

817 K 32596 (tavv. 54. 106)
QAEO1F, F1995, Agora565, Ab. 114.
Lu: 2.7cm; La: 3.7cm; Dm: indet; S: 1.2cm; H: 3.4cm.
Colori: impasto: marrone 5YR 6/6; nucleo: grigio 10YR 4/1.
Impasto: C: tenero; DS: estremamente depurato; DI: grandi; Del: a biscotto, numerosi inclusi color crema grandi, ma non in superficie; Mod: a mano.
Fr. d'orlo leggermente estroflesso di scodellone modellato a mano. Leggermente lisciato sia all'interno che all'esterno. Tracce minime all'esterno di variazione cromatica dovuta all'esposizione a forti fonti di calore.
NAS: Acroma lisciata (scodelloni da cucina).
Datazione contesto: *t.a.q.* 500/490 a.C. (ca. fine VII sec. – 500/490 a.C.).
Datazione relativa: seconda metà VIII sec. – 460/450 a.C.
Bibliografia: inedito.
Confronti: Valentino 2003, 265 no. F 54 fig. 228.

818 K 32569 (tavv. 54. 106)
QAEO1F, F1995, Agora565, Ab. 112.
Lu: 4.3cm; La: 4.3cm; Dm: indet; S: 1.0cm; H: 3.9cm.
Colori: impasto: marrone 5YR 6/6; sup. int: marrone 5YR 7/4; sup. est: marrone 5YR 7/4.
Impasto: C: tenero; DS: estremamente depurato; DI: grandi; Del: friabile con numerosi inclusi anche rossi, poca mica, grigi di grande dimensione, vacuoli allungati; Mod: a mano.
Tre fr. combacianti d'orlo leggermente estroflesso di scodellone modellato a mano. Leggermente lisciato sia all'interno che all'esterno. Sono visibili tracce poco profonde di strumento a pettine? Striature molto sottili. Non sono presenti tracce di bruciato.
NAS: Acroma lisciata (scodelloni da cucina).
Datazione contesto: *t.a.q.* 500/490 a.C. (ca. fine VII sec. – 500/490 a.C.).
Datazione relativa: seconda metà VIII sec. – 460/450 a.C.
Bibliografia: inedito.
Confronti: Valentino 2003, 265 no. F 54 fig. 228.

819 K 32579 (tavv. 54. 106)
QAEO1F, F1995, Agora565, Ab. 113.
Lu: 6.2cm; La: 7.7cm; Dm: 25.0cm; S: 1.6cm; H: 7.7cm.
Colori: impasto: marrone 5YR 5/6-8; nucleo: marrone scuro 5YR 4/2-3.
Impasto: C: tenero; DS: estremamente depurato; DI: grandi; Del: saponoso al tatto, frequenti marroni rossi di media dimensioni, presenti anche in superficie, bianchi di grande dimensione di forma squadrata (fino a 4mm), saltuari grigi di forma arrotondata, saltuari grigi ad angoli netti, numerose inclusioni di *chamotte* in parte di grande dimensione (fino a 4mm), frequenti vacuoli allungati e puntiformi; Mod: a mano.
Fr. di fondo piano di scodellone modellato a mano. Leggermente lisciato all'esterno. All'interno, lisciatura eseguita con più cura (tracce del trattamento visibili in direzione verticale). Tracce di bruciato all'esterno della parete. Dalle tracce non sembra che lo scodellone sia stato a diretto contatto con la brace.
NAS: Acroma lisciata (scodelloni da cucina).
Datazione contesto: *t.a.q.* 500/490 a.C. (ca. fine VII sec. – 500/490 a.C.).
Datazione relativa: seconda metà VIII sec. – 460/450 a.C.
Bibliografia: inedito.
Confronti: Valentino 2003, 265 no. F 54 fig. 228.

820 K 32433 (tavv. 54. 106)
QAREA, F2003, Agora550/551/552, Ab. 610E.
Lu: 3.3cm; La: 5.4cm; Dm orlo:ca. 8-10cm; S: 1.5cm; H: 5.5cm.
Colori: impasto: grigio 5YR 4/1; sup. int: beige 5YR 6/6; sup. est: beige 5YR 6/6.
Impasto: C: tenero; DS: estremamente depurato; DI: grandi; Del: leggermente saponoso al tatto, frequenti inclusioni marroni-rosse (*chamotte*) di medio-grandi dimensioni (fino a 6mm), saltuari grigi scuri-neri di medie dimensioni (fino a 1.5mm). Numerosi inclusi (ghiaia) fino a 3mm di grandezza. Rari bianchi calcarei, bianchi ad angoli arrotondati (fino a 2mm), frequenti vacuoli allungati e puntiformi.
Impasto grossolano; Mod: a mano.
Fr. a profilo integro di scodella di piccole dimensioni (portaspezie?) modellato a mano. Impasto analogo a quello delle forme da fuoco.
NAS: Fuoco modellato a mano.
Datazione contesto: *t.a.q.* ca. 550 a.C. (ca. ultimo quarto VII – prima metà VI sec. a.C.).
Datazione relativa: indet.
Bibliografia: inedito.
Osservazioni: disegno con diametro di 10 cm.

Sostegni

821 V 3540 A–F (tavv. 55. 107)
REPH1, F2005/F2006, WQ492, Erdsteg, Ab. 2, Schicht 1; Erdsteg E1, Ab. 10, Schicht 3; Erdsteg E2, Abhub 4 / 107 / 110; Erdsteg E3, Ab. 4S (F05); Ab. 05 unten (F06).
A: Lu: 6.0cm; La: 5.1cm; Dm:10 e 9cm; S: 2.0cm; H: 5.1cm; B: Lu: 2.6cm; La: 4.2cm; S: 2.1cm; H: 3.6cm; C: Lu: 2.9cm; La: 2.6cm; S: 1.7cm; H: 2.3cm; D: Lu: 1.8cm; La: 2.2cm; S: 1.7cm; H: 2.1cm; E: Lu: 2.0cm; La: 2.8cm; F: Lu: 2.5cm; La: 3.6cm; S: 1.6cm; H: 2.3cm.
Colori: impasto: beige 7.5YR 7/4; sup. int: beige 7.5YR 8/1; sup. est: beige 10YR 8/2.
Impasto: C: semiduro; DS: estremamente depurato; DI: grandi; Del: saponoso al tatto, presenza molto frequente di inclusioni rossastre-marroni (colore tendente al mattone, *chamotte*?) di piccole-medie dimensioni (fino a 2mm) ben visibili anche in superficie. Saltuari grigi scuri-neri di medie dimensioni (fino a 2mm). Rari bianchi calcarei, frequenti vacuoli puntiformi. Impasto a matrice relativamente compatta; Mod: a mano.
Quattro fr. di fondo non combacianti (A: due fr.; B; C; F), fr. d'orlo (D) e un fr. di parete (E) di sostegno fittile a clessidra modellato a mano con foro centrale passante. Tracce di bruciato all'interno del canale centrale.
NAS: Fittile: sostegni.
Datazione contesto: *t.a.q.* ca. 600 a.C. (ca. seconda metà VIII – fine VII sec. a.C.).
Datazione relativa: seconda metà VIII sec. – 460/450 a.C.
Bibliografia: inedito.
Confronti: De Simone 2003, 361 nn. T 83. T 84 fig. 295.

822 V 3541 (tavv. 55. 107)
REPH1, F2005, WQ492, Erdsteg E3, Ab. 3S.
Lu: 6.9cm; La: 5.3cm; Dm:11cm; S:2.1-2.7cm; H: 4.3cm.
Colori: impasto: marrone chiaro 7.5YR 6/6; sup. int: marrone chiaro 10YR 7/3; sup. est: beige 10YR 8/3.
Impasto: C: semiduro; DS: estremamente depurato; DI: grandi; Del: saponoso al tatto, presenza molto frequente di inclusioni rossastre-marroni (colore tendente al mattone, *chamotte*?) di piccole-medie dimensioni (fino a 2mm) ben visibili anche in superficie. Saltuari grigi scuri-neri di medie dimensioni (fino a 2mm). Rari bianchi calcarei, saltuari bianchi di forma arrotondata (ghiaia, fino a 4mm) frequenti vacuoli puntiformi.
Impasto a matrice relativamente compatta; Mod: a mano.
Fr. di fondo troncoconico di sostegno fittile a clessidra modellato a mano con foro centrale passante. Tracce di bruciato all'interno del canale centrale.
NAS: Fittile: sostegni.
Datazione contesto: *t.a.q.* ca. 600 a.C. (ca. seconda metà VIII – fine VII sec. a.C.).
Datazione relativa: seconda metà VIII sec. – 460/450 a.C.

Bibliografia: inedito.
Confronti: De Simone 2003, 361 no. T 84 fig. 295.

823 V 3542 A–B (tavv. 55. 107)
REPH1, F2005, WQ492, Erdsteg E2, Ab. 2, Schicht 1 / Erdsteg E3, Ab. 3S.
A: Lu: 5.1cm; La: 5.3cm; Dm: 10cm; S: 1.5cm; H: 3.4cm; B: Lu: 2.4cm; La: 3.3cm; S: 1.1cm.
Colori: impasto: marrone-rosso 5YR 6/6; sup. int: beige 10YR 8/3; sup. est: beige 10YR 8/3.
Impasto: C: semiduro; DS: estremamente depurato; DI: grandi; Del: saponoso al tatto, presenza molto frequente di inclusioni rossastre-marroni (colore tendente al mattone, *chamotte*?) di piccole-medie dimensioni (fino a 2mm) ben visibili anche in superficie. Saltuari grigi scuri-neri di medie dimensioni (fino a 2mm). Rari bianchi calcarei, frequenti vacuoli puntiformi. Impasto a matrice relativamente compatta; Mod: a manoDue fr. di fondo e un fr. di parete di sostegno fittile a clessidra modellato a mano con foro centrale passante. Tracce di bruciato all'interno del canale centrale.
NAS: Fittile: sostegni
Datazione contesto: *t.a.q.* ca. 600 a.C. (ca. seconda metà VIII – fine VII sec. a.C.).
Datazione relativa: seconda metà VIII sec. – 460/450 a.C.
Bibliografia: inedito.
Confronti: De Simone 2003, 361 no. T 85 fig. 295.

824 V 2321 (tavv. 55. 107)
QO1/2F, F2004, EQ1139, Sondage, Ab. Steinsturz 2.
Lu: 4.8cm; La: 3.2cm; Dm: 12.0cm; S: 2.2cm; H: 2.5cm.
Colori: impasto: marrone 7.5YR 6/8; sup. int: beige-marrone 7.5YR 7/4; sup. est: beige-marrone 7.5YR 7/4.
Impasto: C: tenero; DS: estremamente depurato; DI: grandi; Del: leggermente saponoso al tatto.
Impasto omogeneo e compatto. *chamotte* (fino a 3mm), bianchi calcarei puntiformi, bianchi a spigoli arrotondati (fino a 2mm), grigi di forma arrotondata, saltuari rossi puntiformi, vacuoli puntiformi; Mod: a mano.
Fr. di fondo di sostegno a clessidra modellato a mano con foro centrale passante. Senza tracce di bruciato.
NAS: Fittile: sostegni.
Datazione contesto: ca. 630/620 – 540 a.C.
Datazione relativa: seconda metà VIII sec. – 460/450 a.C.
Bibliografia: inedito.
Confronti: De Simone 2003, 360 no. T 84 fig. 295.

825 V 2450 (tavv. 55. 107)
QO2F, F2006, EQ1139/1140, Sondage 1, Ab. 4W.
Lu: 6.6cm; La: 3.8cm; Dm: 9.0cm; S: 2.1cm; H: 3.7cm.
Colori: impasto: marrone chiaro 5YR 6/6; sup. int: beige 10YR 7/4; sup. est: beige 10YR 7/4.
Impasto: C: tenero; DS: estremamente depurato; DI: grandi; Del: saponoso al tatto, presenza molto frequente di inclusioni rossastre-marroni (colore tendente al mattone, *chamotte*?) di piccole-medie dimensioni (fino a 2mm) ben visibili anche in superficie. Saltuari grigi scuri-neri di medie dimensioni (fino a 2mm). Rari bianchi calcarei, frequenti vacuoli puntiformi. Impasto a matrice relativamente compatta; Mod: a mano.
Due fr. di fondo di sostegno a clessidra con foro centrale passante e tracce di bruciato all'interno. All'interno, tracce di bruciato a partire da quando il foro centrale si fa più stretto. Molto friabile.
NAS: Fittile: sostegni.
Datazione contesto: ca. 570 – 540 a.C.
Datazione relativa: seconda metà VIII sec. – 460/450 a.C.
Bibliografia: inedito.

826 V 3543 (tavv. 55. 107)
QAREA, F2003, Agora550/551/552, Ab. 604E.
Lu: 3.1cm; La: 2.4cm; Dm: 8.0cm; S: 1.6cm; H: 3.3cm.
Colori: impasto: beige 7.5YR 7/2; nucleo: arancione 7.5YR 7/6.
Impasto: C: tenero; DS: estremamente depurato; DI: grandi; Del: frequente *chamotte* di grandi dimensioni (fino a 9mm), bianchi puntiformi calcarei, bianchi a spigoli arrotondati (fino a 2mm), saltuari grigi di forma arrotondata, vacuoli allungati e puntiformi.
Impasto grossolano; Mod: a mano.
Fr. di sostegno fittile a clessidra modellato a mano. Foro verticale centrale passante. Superficie esterna lisciata. Tracce di bruciato all'interno del canale centrale.
NAS: Fittile: sostegni.
Datazione contesto: *t.a.q.* ca. 550 a.C. (ca. ultimo quarto VII – prima metà VI sec. a.C.).
Datazione relativa: seconda metà VIII sec. – 460/450 a.C.
Bibliografia: inedito.

827 V 2799 (fig. 26 tavv. 55. 107)
QAEA, S2009, Agora550/551/553, Ab. 305.
Lu: 12.0cm; La: 8.1cm; Dm int: 11.7cm; Dm est: ca. 14.0cm; Dm foro: ca. 4.5cm; S: 1.2-1.9cm; H: 8.1cm.
Colori: impasto: marrone-rosso 2.5YR 4/6-7.5YR; nucleo: viola-marrone 2.5YR 3/4; sup. int: beige 10YR 7/4; sup. est: beige 7.5YR 7/2-4.
Impasto: C: duro; DS: estremamente depurato; DI: grandi; Del: leggermente saponoso al tatto, frequenti inclusioni di *chamotte* (fino a 4mm). Bianchi calcarei puntiformi, bianchi a spigoli netti di media dimensione (fino a 2mm), grigi di forma arrotondata di piccole dimensioni, saltuari grigi scuri con angoli arrotondati (fino a 1mm). Frequenti vacuoli di forma allungata e puntiforme.
Impasto grossolano; Mod: a mano.
Tre fr. combacianti di sostegno fittile a clessidra modellato a mano con leggere tracce di bruciato.
Impasto di colorazione molto irregolare. Leggere tracce di bruciato lungo il bordo superiore ma senza fuliggine; solo in tre punti lungo il fondo fuliggine.
NAS: Fittile: sostegni.
Datazione contesto: ca. 550 – 500/490 a.C.
Datazione relativa: seconda metà VIII sec. – 460/450 a.C.
Bibliografia: inedito.

828 V 3549 (tavv. 55. 107)
QAEO1F, F1995, Agora565, Ab. 113.
Lu: 9.3cm; La: 6.6cm; Dm: 11-12.0cm; S: 1.9-2.4cm; H: 5.6cm.
Colori: impasto: beige-marrone 5YR 6/6; sup. int: beige 10YR 7-8/3; sup. est: beige-giallo 10YR 7-8/3.
Impasto: C: tenero; DS: estremamente depurato; DI: grandi; Del: saponoso al tatto, presenza molto frequente di inclusioni rossastre-marroni (colore tendente al mattone, *chamotte*?) di piccole-medie dimensioni (fino a 2mm) ben visibili anche in superficie. Saltuari grigi scuri-neri di medie dimensioni (fino a 2mm). Rari bianchi calcarei, frequenti vacuoli puntiformi. Impasto a matrice relativamente compatta; Mod: a mano
Due fr. combacianti di fondo di sostegno a clessidra con foro centrale. Ben lisciato all'esterno. All'interno del foro variazione sul rosso a causa di esposizione al calore e tracce di bruciato.
NAS: Fittile: sostegni.
Datazione contesto: *t.a.q.* 500/490 a.C. (ca. fine VII sec. – 500/490 a.C.).
Datazione relativa: seconda metà VIII sec. – 460/450 a.C.
Bibliografia: inedito.
Confronti: De Simone 2003, 360 no. T 85 fig. 295.

829 V 3556 (figg. 32. 34 tavv. 55. 107)
QAE1, F2006, Agora550/553/557/EU SUD9/11, Ab. 604.
Lu: 4.4cm; La: 5.4cm; Dm inferiore: 9.8cm; S: 1.6-2.4cm; H: 5.6cm.
Colori: impasto: marrone chiaro 7.5YR 7/4; sup. est: beige 10YR 7/2-3.
Impasto: C: semiduro; DS: estremamente depurato; DI: medi; Del: saponoso al tatto, presenza molto frequente di inclusioni rossastre-marroni (colore tendente al mattone, *chamotte*?) di piccole-medie dimensioni (fino a 2mm) ben visibili anche in superficie. Saltuari grigi scuri, quasi neri di medie dimensioni (fino a 2mm). Rari bianchi calcarei, saltuari bianchi a spigoli arrotondati (fino a 2mm), frequenti vacuoli puntiformi e di forma allungata.
Impasto a matrice relativamente compatta; Mod: a mano, eventualmente rifinito al tornio.
Due fr. combacianti di fondo di sostegno a clessidra con foro passante centrale, modellate a mano. Lisciato all'esterno.

Forma molto regolare rispetto agli altri sostegni. Leggermente bruciato sopra il profilo del fondo e sulla superficie inferiore, così come all'interno del foro passante.
NAS: Fittile: sostegni.
Datazione contesto: 500/490 – 460/450 a.C.
Datazione relativa: seconda metà VIII sec. – 460/450 a.C.
Bibliografia: inedito.
Confronti: De Simone 2003, 361 no. 83 figg. 295. 296 (soprattutto nella fotografia).

830 V 3547 (tavv. 55. 107)
QAEO2F, F1995, Agora565, Ab. 108.
Lu: 4.2cm; La: 1.9cm; S: 1.9cm; H: 7.4cm.
Colori: impasto: marrone 5YR 5/6; sup. int: bruciato; sup. est: marrone 7.5YR 6/4.
Impasto: C: tenero; DS: estremamente depurato; DI: medi; Del: leggermente saponoso al tatto, frequenti marroni rossi di media dimensioni, saltuari bianchi di grandi dimensioni di forma squadrata (fino a 6mm), saltuari grigi scuri di forma arrotondata, frequenti grigi ad angoli netti, rare inclusioni di *chamotte*, frequenti vacuoli allungati e puntiformi, rara mica.
Impasto grossolano; Mod: a mano.
Fr. di sostegno di forma piramidale con base quadrangolare, troncopiramidale (?) forato con canale centrale. All'esterno, linee oblique tangenti incise su entrambi i lati e del sostegno. Tracce di bruciato all'interno del canale.
NAS: Fittile: sostegni.
Datazione contesto: 500/490 – 480/470-60 a.C.
Datazione relativa: 500/490 – 460/450 a.C.
Bibliografia: inedito.
Confronti: verosimilmente ascrivibile ad un'analoga tipologia di sostegno: Kistler et al. 2017b, 636 inv. K 22554; Mohr in preparazione, no. 45.

Piastre fittili

831 V 3545 (tav. 55)
QO1F, F2006, EQ1139/1140, Sondage 1, Ab. 25.
Lu: 8.0cm; La: 4.7cm; Dm: 14cm; S: 0.9-1.0cm; H: 1.1cm.
Colori: impasto: beige 7.5YR 8/4; sup. int: beige 10YR 8/2; sup. est: beige 10YR 8/2.
Impasto: C: tenero; DS: estremamente depurato; DI:medi; Del: leggermente saponoso al tatto, saltuari bianchi di grandi dimensioni di forma squadrata (fino a 2mm), saltuari grigi scuri di forma arrotondata, frequenti grigi ad angoli netti, rare inclusioni di *chamotte*, frequenti vacuoli allungati e puntiformi.
Impasto grossolano ma a matrice più compatta rispetto alle pignatte / teglie; Mod: a mano.
1/5 di piastra fittile circolare formata da quattro fr. combacianti, modellata a mano. Superficie inferiore piana, superficie superiore irregolare.
NAS: Fittile: piastra.
Datazione contesto: ca. 630/620 – 540 a.C.
Datazione relativa: seconda metà VIII sec. – 460/450 a.C.
Bibliografia: inedito.
Confronti: v. testo.

832 V 3560 (figg. 32. 34 tav. 55)
QAE1, S2009, Agora550/551/553, Ab. 4.
Dm: 24.5-25cm; S: 0.9-1.1cm.
Colori: impasto: arancione-marrone 5YR 6/6; 7.5YR 5/4; sup. int: marrone-arancione 5YR 6-7/6; sup. est: beige-grigio 5YR 5-6/1.
Impasto: C: semiduro; DS: estremamente depurato; DI: medi; Del: leggermente saponoso al tatto, saltuari bianchi di grandi dimensioni di forma squadrata (fino a 2mm), saltuari grigi scuri di forma arrotondata, frequenti grigi ad angoli netti, inclusioni di *chamotte*, frequenti vacuoli allungati e puntiformi.
Impasto grossolano ma a matrice più compatta rispetto alle pignatte / teglie; Mod: a mano.
40 fr. combacianti di piastra fittile circolare (più undici fr. non combacianti nel contesto) modellata a mano. Piastra fittile di forma circolare, leggermente lisciata nella parte superiore con lievi discromie dovute al calore lungo i bordi. Parte inferiore leggermente ruvida ma non particolarmente segnata con discromie lungo i bordi.
NAS: Fittile: piastra.
Datazione contesto: 500/490 – 460/450 a.C.
Datazione relativa: seconda metà VIII sec. – 460/450 a.C.
Bibliografia: inedito.
Confronti: v. testo.

833 V 3559 (figg. 32. 34 tav. 55)
QAE1, S2009, Agora550/551/553, Ab. 402.
Lu: 9.6cm; La: 6.8cm; S: 0.9-1.0cm.
Colori: impasto: marrone-grigio 7.5YR 6/3; sup. int: marrone 10YR 6/2; sup. est: beige 10YR 7/2.
Impasto: C: semiduro; DS: estremamente depurato; DI: medi; Del: leggermente saponoso al tatto, saltuari bianchi di grandi dimensioni di forma squadrata (fino a 2mm), saltuari grigi scuri di forma arrotondata, frequenti grigi ad angoli netti, rare inclusioni di *chamotte*, frequenti vacuoli allungati e puntiformi.
Impasto grossolano ma a matrice più compatta rispetto alle pignatte / teglie; Mod: a mano.
Fr. di piastra fittile con sorta di impressione a reticolo regolare sulla superficie superiore, modellata a mano. Superficie superiore lisciata, con impronte di griglia quadrettata leggermente irregolare. Superficie inferiore leggermente irregolare come l'altra piastra fittile. Senza tracce di bruciato.
NAS: Fittile: piastra.
Datazione contesto: 500/490 – 460/450 a.C.
Datazione relativa: seconda metà VIII sec. – 460/450 a.C.
Bibliografia: inedito.
Confronti: v. testo.

Pesi da telaio

834 W 2251 (fig. 26 tavv. 56. 108)
QAEA, S2009, Agora550/551/553, Ab. 305.
Base: 4.6x3.4cm; Parte sup: 1.7x1.2cm; Dm foro: 0.4-0.5cm; H: 7.0cm; P: 91.52g.
Colori: sup. est: beige 7.5YR 6-7/4.
Impasto: C: tenero; Del: sulla base di quanto visibile in superficie (il peso da telaio non è stato campionato poiché integro): presenza di mica, bianchi calcarei puntiformi, bianchi con spigoli arrotondati (fino a 2mm), saltuari rossi puntiformi, grigi scuri spigolosi (fino a 2mm), presenza di *chamotte*, vacuoli allungati; Mod: a mano.
Peso da telaio quasi piramidale modellato a mano con croce incisa sulla parte frontale e foro passante orizzontalmente. Integro senza scheggiature con spigoli arrotondati.
NAS: Fittile: peso da telaio.
Datazione contesto: ca. 550 – 500/490 a.C.
Bibliografia: Reusser et al. 2010, 117 nota 22.
Confronti: per via della croce frontale, ma eseguita diversamente: De Simone 2003, 353 no. T 35 fig. 287.

835 W 2253 (fig. 26 tavv. 56. 108)
QAEA, S2009, Agora550/551/553, Ab. 305.
Base: 3.9x3.3cm; Parte sup: 2.5x1.8cm; Dm foro: 0.4-0.5cm; H: 6.0cm; P: 77.09g.
Colori: impasto: grigio scuro 10YR 4/1; GLEY2 4/5PB; sup. est: grigio 10YR 4-5/1.
Impasto: C: duro; DS: molto depurato; DI: medi; Del: a matrice compatta e relativamente omogeneo. Frequenti grigi di forma arrotondata di piccole dimensioni, grigi a spigoli arrotondati (fino 1.5mm) bianchi calcarei puntiformi, bianchi a spigoli arrotondati (fino a 2mm), vacuoli allungati e puntiformi, saltuaria mica; Mod: a mano.
Peso da telaio troncopiramidale pressoché integro, fatta eccezione per un piccolo angolo frontale, con foro passante orizzontale. Sulla superficie superiore, croce incisa con una sorta di bastoncello? Abbastanza largo (0.2cm) con impressione centrale all'intersezione delle linee. Spigoli squadrati, asse verticale decentrato.
NAS: Fittile: peso da telaio.
Datazione contesto: ca. 550 – 500/490 a.C.
Bibliografia: Reusser et al. 2010, 117 nota 22.

836 W 2255 (fig. 26 tavv. 56. 108)
QAEA, S2009, Agora550/551/553, Ab. 305.
Base: 3.4x3.6cm; Parte sup: 2.4x2.5cm; Dm foro: 0.5-0.6cm; H: 6.9cm; P: 97.63g.
Colori: impasto: beige 10YR 7/4; nucleo: grigio 10YR 7/1; sup. int: beige 10YR 8/3; sup. est: beige 7.5YR 7/4.
Impasto: C: duro; DS: estremamente depurato; DI: medi; Del: saponoso al tatto, presenza molto frequente di inclusioni rossastre-marroni (colore tendente al mattone, *chamotte*?) di piccole-medie dimensioni (fino a 2mm) ben visibili an-

che in superficie. Saltuari grigi scuri-neri di medie dimensioni (fino a 2mm). Rari bianchi calcarei, bianchi ad angoli arrotondati (fino a 2mm), frequenti vacuoli puntiformi.
Impasto a matrice relativamente compatta; Mod: a mano.
Peso da telaio troncopiramidale, quasi quadrangolare con foro passante orizzontalmente. Spigoli squadrati, integro tranne che per un angolo scheggiato in maniera longitudinale nella parte frontale. Asse verticale quasi centrato. Croce incisa nella parte superiore con punto impresso al centro dell'intersezione.
NAS: Fittile: peso da telaio.
Datazione contesto: ca. 550 – 500/490 a.C.
Bibliografia: Reusser et al. 2010, 117 nota 22.
Confronti: De Simone 2003, 353 no. T 30 fig. 289.

837 W 2252 (fig. 26 tavv. 56. 108)
QAEA, S2009, Agora550/551/553, Ab. 305.
Base: 4.4x4.5cm; Parte sup: 2.8x2.7cm; Dm foro: 0.7cm; H: 6.9cm; P: 116.01g.
Colori: impasto: arancione-marrone 5YR 6/6-5/4; sup. int: beige 10YR 8/2; sup. est: beige-arancione 7.5YR 6/4.
Impasto: C: semiduro; DS: estremamente depurato; DI: grandi; Del: leggermente saponoso al tatto, frequenti marroni rossi di media dimensioni, saltuari bianchi di grandi dimensioni di forma arrotondata (fino a 5mm), saltuari grigi scuri di forma arrotondata, frequenti grigi ad angoli netti, rare inclusioni di *chamotte* (fino a 8mm), frequenti vacuoli allungati e puntiformi.
Impasto grossolano; Mod: a mano.
Due fr. combacianti di peso da telaio troncopiramidale con foro passante orizzontale e spigoli arrotondati. Foro passante quasi quadrangolare. Sulla superficie superiore, probabili resti di punto impresso centrale con due linee sottili incisi formanti una croce?
NAS: Fittile: peso da telaio.
Datazione contesto: ca. 550 – 500/490 a.C.
Bibliografia: Reusser et al. 2010, 117 nota 22.
Confronti: De Simone 2003, 353 no. T 30 fig. 289.

838 W 2254 (fig. 26 tavv. 56. 108)
QAEA, S2009, Agora550/551/553, Ab. 305.
Base: 4.5x4.8cm; H: 4.9-5.0cm; P: 106.62g.
Colori: impasto: marrone-grigio 10YR 4/1-2; sup. int: marrone scuro 10YR 3/1-2; sup. est: marrone scuro 10YR 5/3.
Impasto: C: semiduro; DS: estremamente depurato; DI: grandi; Del: leggermente saponoso al tatto, frequenti inclusioni marroni-rosse (*chamotte*) di medio-grandi dimensioni (fino a 5mm), saltuari grigi scuri-neri di medie dimensioni (fino a 1.5mm). Numerosi inclusi (ghiaia) fino a 1.5cm di grandezza. Rari bianchi calcarei, bianchi ad angoli arrotondati (fino a 3mm), frequenti vacuoli allungati e puntiformi.
Impasto grossolano; Mod: a mano.
Fr. (parte inferiore) di peso da telaio troncopiramidale, scheggiato nella parte inferiore e mancante della punta. Angoli squadrati, asse verticale decentrato. Tracce di bruciato su tutte le facce conservate. Quanto al peso, sono stati pesati due fr. (scheggia presente nel contesto, non inventariato, da calcolare appartenente a questo peso).
NAS: Fittile: peso da telaio.
Datazione contesto: ca. 550 – 500/490 a.C.
Bibliografia: Reusser et al. 2010, 117 nota 22.
Confronti: De Simone 2003, 350 no. T 7 fig. 289.

839 W 2446 (fig. 26 tavv. 56. 108)
QAEA, S2009, Agora550/551/553, Ab. 305.
Base: 4.8x3.2cm; H: 3.2cm.
Colori: impasto: beige-grigio 10YR 7-8/1; sup. est: beige (carbonizzata) 10YR 8/2.
Impasto: C: semiduro; DS: estremamente depurato; DI: medi; Del: saponoso al tatto, presenza molto frequente di inclusioni rossastre-marroni (colore tendente al mattone, *chamotte*?) di medio-grandi dimensioni (fino a 4mm) visibili anche in superficie. Saltuari grigi scuri-neri di medie dimensioni (fino a 2mm). Rari bianchi calcarei, frequenti vacuoli puntiformi.
Impasto grossolano; Mod: a mano.
Fr. di fondo peso da telaio troncopiramidale. Lisciato all'esterno, leggere tracce di bruciato da un lato, probabilmente secondarie.
NAS: Fittile: peso da telaio.
Datazione contesto: ca. 550 – 500/490 a.C.
Bibliografia: inedito.

840 W 2447 (fig. 26 tavv. 56. 108)
QAEA, S2009, Agora550/551/553, Ab. 305.
Base: 4.3x2.6cm; H: 5.6cm.
Colori: impasto: marrone scuro 10YR 3-4/2; sup. est: grigio-marrone 10YR 4/1.
Impasto: C: semiduro; DS: estremamente depurato; DI: grandi; Del: leggermente saponoso al tatto, frequenti inclusioni marroni-rosse (*chamotte*) di medio-grandi dimensioni (fino a 4mm), saltuari grigi scuri-neri di medie dimensioni (fino a 1.5mm). Numerosi inclusi (ghiaia) fino a 6mm di grandezza. Rari bianchi calcarei, bianchi ad angoli arrotondati (fino a 3mm), frequenti vacuoli allungati e puntiformi.
Impasto grossolano; Mod: a mano.
Fr. di parte di parete e fondo di peso da telaio troncopiramidale modellato a mano. Leggermente lisciato all'esterno con grandi inclusi visibili in superficie.
NAS: Fittile: peso da telaio.
Datazione contesto: ca. 550 – 500/490 a.C.
Bibliografia: inedito.

841 W 2065 (fig. 34 tavv. 56. 108)
QAE1, F2006, Agora550/553/557/EU SUD9/11, Ab. 603.
Base: 2.5x2.4cm; Parte sup: 2.1x2.7cm; Dm foro: 0.4cm; H: 2.9cm. P: 26.23g.
Colori: sup. est: arancione 5YR 6-7/6.
Impasto: non campionato; Mod: a mano.
Peso da telaio quadrangolare modellato a mano. Foro passante orizzontalmente; peso quasi cubico con asse verticale centrato, saponoso al tatto, spigoli leggermente arrotondati.
NAS: Fittile: peso da telaio.
Datazione contesto: 500/490 – 460/450 a.C.
Bibliografia: inedito.
Confronti: Mozia XI, 192 nn. MC.04.121. MC.04.88. MC.04.99 tav. XXIX.

842 W 2445 (fig. 34 tavv. 56. 108)
QAE1, S2009, Agora550/553, Ab. 3.
Base: 2.5x2.3cm; Dm foro: 0.6cm; H: 1.7cm.
Colori: impasto: marrone-arancione 5YR/7.5YR 6-7/4; nucleo: grigio scuro 7.5YR 4/1; sup. est: marrone-arancione 5YR 6-7/4.
Impasto: C: semiduro; DS: estremamente depurato; DI: medi; Del: leggermente saponoso al tatto, frequenti marroni rossi di media dimensioni, saltuari bianchi di grandi dimensioni di forma arrotondata (fino a 2mm), saltuari grigi scuri di forma arrotondata, frequenti grigi ad angoli netti, rare inclusioni di *chamotte* (fino a 3mm), frequenti vacuoli allungati e puntiformi.
Impasto grossolano; Mod: a mano.
Fr. di peso da telaio troncopiramidale, parte superiore con foro passante orizzontalmente dalla parte frontale, a sezione quadrata nella parte superiore. Modellato a mano, con tracce di bruciato secondarie su un lato.
NAS: Fittile: peso da telaio.
Datazione contesto: 500/490 – 460/450 a.C.
Bibliografia: inedito.

Peso per reti da pesca

843 V 3650 (tavv. 56. 108)
QAEO2F, F1995, Agora565, Ab. 106.
Lu: 2.7cm; La: 2.3cm; S: 0.9cm.
Colori: impasto: marrone 5YR 6/6; nucleo: grigio-marrone 5YR 4/1; sup. int: marrone 5YR 6/6; sup. est: marrone 5YR 6/6.
Impasto: C: tenero; DS: estremamente depurato; DI: grandi; Del: leggermente saponoso al tatto, frequenti marroni rossi di media dimensioni, presenti anche in superficie, saltuari bianchi di media dimensione di forma arrotondata (fino a 2mm), saltuari grigi scuri di forma arrotondata, frequenti grigi ad angoli netti, rare inclusioni di *chamotte* (fino a 2mm), frequenti vacuoli allungati e puntiformi.
Impasto grossolano; Mod: a mano.
Fr. di peso per reti da pesca. Manca la parte superiore, conservato all'incirca per la metà in diametro. Forma cilindrica, molto allungata considerata la lunghezza di minimo 2.7cm. Tracce di bruciato sulla parte esterna. Leggermente lisciato all'esterno, forato lungo l'asse centrale (Dm: 0.5).
NAS: fittili: peso per reti da pesca.

Datazione contesto: 500/490 – 480/470-60 a.C.
Bibliografia: inedito.
Confronti: v. testo.

Fusaiole

844 V 2636 (tav. 56)
QO1F, F2006, EQ1140, Sondage 2, Ab. 32.
Lu: 1.7cm; Dm: indet.; S: 1.5cm; H: 2.1cm.
Colori: impasto: marrone 7.5YR 5/4; sup. est: marrone 7.5YR 6/4.
Impasto: C: tenero; DS: estremamente depurato; DI:medi; Del: leggermente saponoso al tatto, matrice grossolana, presenza di mica, inclusioni bianche puntiformi, grigi di forma squadrata di piccole dimensioni; Mod: a mano.
Fr. di fusaiola biconica perforata verticalmente. È conservata una parte del foro centrale, molto irregolare. Superficie grossolana non lisciata.
NAS: fittile: fusaiole.
Datazione contesto: ca. 630/620 – 540 a.C.
Bibliografia: inedito.
Confronti: De Simone 2003, 357 no. T 75 fig. 290.

845 V 2336 (fig. 14 tavv. 56. 108)
QO1/2F, F2004, EQ1131, Ab. ZS 4.
Lu: 3.2cm; Dm: 0.6cm; S: 2.0cm; H: 2.05cm
Colori: impasto: rosso-marrone 5YR 6/4-6.
Impasto: C: tenero; Del: solo su base autoptica (la fusaiola non è stata campionata): leggermente saponoso al tatto, matrice grossolana, presenza di mica, inclusioni bianche puntiformi, grigi di forma squadrata di piccole dimensioni; Mod: a mano.
Fusaiola biconica quasi simmetrica. Parte inferiore con forti tracce di bruciato. Foro centrale molto irregolare e grossolano con rientranze; superficie grossolana non lisciata.
NAS: fittile: fusaiole.
Datazione contesto: ca. 630/620 – 540 a.C.
Bibliografia: inedito.
Confronti: De Simone 2003, 357 nn. T 67–T 75 figg. 290. 291 (non corrispondenti per quanto riguarda la simmetria della forma biconica).

Lucerne

846 L 1779 A–B (tavv. 57. 108)
QAEO1F, F1995, Agora565, Ab. 113.
Lu: 7.8cm; La: 3.2cm; Dm specchio: 9.0cm; Dm fondo: 9.0cm; S: 0.5cm; H: 2.6cm.
Colori: impasto: marrone-arancione 2.5YR 6/6; ing: beige-grigio 7.5YR 8/1; dec: grigio scuro 10YR 3/1; arancione-marrone 7.5YR 4/6; rosso-marrone 2.5YR 4/4.
Impasto: C: duro; DS: estremamente depurato; DI: medi; Del: L4; Mod: tornio lento.
Cinque fr. (A: quattro fr.; B: un fr.) di lucerna in ceramica dipinta bicroma. Sullo specchio, linea grigio scuro esterna seguita da una arancione-marrone e una leggermente più larga e satura di color rosso-marrone. Parte interna con cono centrale dipinto di grigio scuro, della stessa tonalità in cui è dipinto (ad immersione?) il beccuccio.
NAS: Dipinta bicroma.
Datazione contesto: *t.a.q.* 500/490 a.C. (fine VII sec. – 500/490 a.C.).
Datazione relativa: 550/540 – 500/490 a.C.
Bibliografia: inedito.
Confronti: v. testo.

847 L 1766 (tavv. 57. 108)
QAEO1F, F1995, Agora564/567, Ab. 214.
Lu: 11.2cm; La: 6.4cm; Dm: 12.0cm; S: 0.5cm; H: 2.7cm.
Colori: impasto: grigio 7.5YR 6/1; sup. int: grigio-marrone 7.5YR 6/2; sup. est: grigio-marrone 7.5YR 6/2; dec: grigio scuro 7.5YR 3/1; rosso-marrone 5YR 4/6.
Impasto: C: duro; DS: molto depurato; DI: grandi; Del: bianchi, grigi arrotondati, vacuoli arrotondati; Mod: tornio veloce.
Quattro fr. combacianti di lucerna in ceramica dipinta bicroma. Sullo specchio, cinque linee che seguono l'andamento circolare della lucerna, dall'interno verso l'esterno, rispettivamente nera, rossa, nera, rossa, nera. All'interno della forma, quattro linee circolari, dall'interno verso l'esterno, rispettivamente rossa, nera, rossa, nera. Sullo specchio e all'interno, tracce di bruciato.
NAS: Dipinta bicroma.
Datazione contesto: *t.a.q.* 500/490 a.C. (fine VII sec. – 500/490 a.C.).
Datazione relativa: 550/540 – 500/490 a.C.
Bibliografia: inedito.
Confronti: v. testo.

848 L 2773 (tav. 57)
QAEO1F, F1995, Agora565, Ab. 112.
Lu: 3.2cm; Dm: 8cm; H: 1.8cm.
Colori: impasto: marrone chiaro 7.5YR 6-7/4; sup. int: marrone chiaro 7.5YR 7/3; sup. est: marrone chiaro 7.5YR 7/4; ing: arancione-marrone 7.5YR 7/4; dec: arancione-marrone 7.5YR 6/6; nero 7.5YR 2.5/1.
Impasto: C: semiduro; DS: estremamente depurato; DI: medi; Del: mica, vacuoli e bianchi calcarei bruciati (alone intorno al vacuolo); Mod: tornio veloce.
Fr. di fondo leggermente concavo di lucerna in ceramica dipinta bicroma. All'interno della lucerna, sulla parte inferiore, bande concentriche una marrone e l'altra nera.
NAS: Dipinta bicroma.
Datazione contesto: *t.a.q.* 500/490 a.C. (fine VII sec. – 500/490 a.C.).
Datazione relativa: 550/540 – 500/490 a.C.
Bibliografia: inedito.
Confronti: v. testo.

849 L 2625 (fig. 39 tavv. 57. 108)
OPH2, S2013, PH2 426, Ab. 201MS.
Lu:6.5cm; La: 4.5cm; S: 0.6cm; H: 2.9cm.
Colori: impasto: marrone 10YR 6/4; nucleo: grigio 10YR 3/1; sup. est: marrone 10YR 7/4-6.
Impasto: C: duro; DS: estremamente depurato; DI: molto grandi; Del: leggermente saponoso al tatto, frequenti inclusioni marroni-rosse (*chamotte*) di medio-grandi dimensioni (fino a 4mm), saltuari grigi scuri-neri di medie dimensioni (fino a 1.5mm). Numerosi inclusi (ghiaia) fino a 4mm di grandezza. Rari bianchi calcarei, bianchi ad angoli arrotondati (fino a 2mm), frequenti vacuoli allungati e puntiformi.
Impasto grossolano; Mod: a mano.
Lucerna pressoché integra, ad eccezione di parte dell'orlo superiore, modellata a mano. Lisciata all'esterno. Tracce di bruciato all'interno e nella parte laterale superiore.
Impasto molto simile macroscopicamente a quello utilizzato per il vasellame da fuoco modellato a mano.
NAS: Lucerna acroma modellata a mano.
Datazione contesto: *ante* 460/450 a.C.
Datazione relativa: indet.
Bibliografia: Reusser et al. 2014, 103 nota 64 tav. 14, 7.

Modelli capanna-sacello

850 K 24290 (tavv. 57. 109)
REPH1, F2006, WQ492, Erdsteg, Ab. 78B.
Lu: 3.8cm; La: 3.6cm; Dm: ca. 15cm; S: 0.8-0.9cm; H: 2.4cm.
Colori: impasto: marrone-grigio 10YR 5/3; nucleo: grigio 10YR 4/1; sup. int: marrone-grigio 10YR 5/1-2; sup. est: marrone chiaro 10YR 6/3; dec: marrone-nero 10YR 3/1-2.
Impasto: C: semiduro; DS: molto depurato; DI: molto grandi; Del: L0; Mod: a mano.
Fr. di fondo piano di modello fittile di capanna-sacello circolare. Sulla parete di alzato conservata, fascio di tre solchi orizzontali incisi e, sopra, due linee a zig-zag incise. Resti di incrostazione bianca all'interno delle decorazioni incise. Rivestimento marrone-nero sulla parete esterna e resti di rivestimento marrone anche sulla superficie inferiore del fondo. Superficie esterna dell'alzato lucidata, inferiore esterna lisciata.
NAS: Fittile: modello di capanna-sacello [Incisa con rivestimento omogeneo lucidato (striature sottili)].
Datazione contesto: *t.a.q.* ca. 600 a.C. (ca. seconda metà VIII – fine VII sec. a.C.).
Datazione relativa: seconda metà VIII sec. – 570 a.C.
Bibliografia: inedito.
Confronti: Gullì in: Panvini – Sole 2009a, in particolare: 172. 173. 175 nn. VI/48. VI/50. VI/54.

851 K 21361 (fig. 39 tavv. 57. 109)
OPH2, F2002, EU9/10, Ab. 6.
Lu: 3.5cm; La: 3.7cm; Dm int: ca. 34cm; H: 3.5cm.
Colori: impasto: marrone 5YR 7/6; nucleo: grigio 5YR 5-6/1; sup. int: marrone 5YR 7/6; sup. est: marrone 5YR 7/6.
Impasto: C: tenero; DS: estremamente depurato; DI: grandi; Del: L1; Mod: a mano.
Fr. dello stipite laterale di un modello di

capanna-sacello. Le decorazioni sullo stipite, reso in modo plastico, consistono in linee oblique incise formanti dei triangoli campiti da linee a tremolo oblique impresse. Privo di incrostazioni all'interno delle decorazioni. Superficie lisciata all'esterno.
NAS: Fittile: modello capanna-sacello [Incisa e impressa senza rivestimento].
Datazione contesto: *ante* 460/450 a.C.
Datazione relativa: ultimo quarto VII sec. – 460/450 a.C.
Bibliografia: inedito.
Confronti: Panvini et al. 2009a, 100. 103 no. 35.

852 V 3546 (tavv. 57. 109)
QO, F2006, EQ1140, Sondagen NS Mauer, Ab 1.
(*strato disturbato – fuori contesto, in prossimità dell'angolo NE dell'edificio a due vani*).
Lu: 6.4cm; La: 6.5cm; Dm int: ca. 14cm; S: 0.8-1.2cm.
Colori: impasto: beige-rosso 5YR 7/4; nucleo: beige 10YR 8/2; sup. int: beige 7.5YR 8/4; sup. est: beige 7.5YR 8/4; dec: arancione-rosso 5YR 4/6.
Impasto: C: duro; DS: estremamente depurato; DI: grandi; Del: L1; Mod: tornio lento e a mano.
Fr. di modello di capanna/sacello circolare in ceramica dipinta monocroma. È conservata la parte frontale sinistra del sacello, incluso lo stipite della porta. Nella parte frontale è fratturata la parte del telaio, in origine reso plasticamente come mostrato dai confronti. Lungo lo stipite della porta, linea irregolare verticale dipinta; all'esterno, accanto alla frattura del telaio, resti di due linee orizzontali che racchiudono quattro linee verticali delimitanti un rettangolo campito da un motivo vegetale stilizzato semi arcuato e semi lineare. In corrispondenza di questo motivo, sopra la banda orizzontale, resti di un motivo circolare? All'interno sono ben visibili le tracce del tornio. Verso lo stipite della porta è visibile l'argilla modellata a mano, stesa in direzione verticale per rifinire lo stipite. Superficie esterna lisciata.
NAS: Fittile: modello capanna-sacello [Dipinta monocroma].
Datazione contesto: *ante* 460/450 a.C.
Datazione relativa: ultimo quarto VII sec. – 460/450 a.C.
Bibliografia: inedito.
Confronti: Sole in: Guzzone – Congiu 2005, 288–289 no. 122.

Indeterminati

853 K 23101 (tavv. 58. 110)
REPH1, F2005, WQ492, Erdsteg, Ab. 1, Schicht 1.
Lu: 6.2cm; Dm: 1.5cm.
Colori: impasto: marrone 10YR 5/2; nucleo: grigio 10YR 4/1; sup. est: marrone 10YR 5/2; dec: marrone scuro 5YR 3/3.
Impasto: C: duro; DS: molto depurato; DI: grandi; Del: alta quantità di mica visibile in superficie, grigi di forma arrotondata e squadrata, saltuari bianchi puntiformi; Mod: a mano.
Fr. di oggetto fittile di forma cilindrica. Da un lato del cilindro resti di sei solchi orizzontali incisi, di lunghezza inferiore alla circonferenza. Resti di incrostazione bianca all'interno dei solchi incisi. Resti di rivestimento in numerosi punti del reperto. Superficie lucidata. Ansa? Fr. di modello architettonico?
NAS: Indet: Incisa con rivestimento lucidato (omogeneo? Non omogeneo?).
Datazione contesto: *t.a.q.* ca. 600 a.C. (ca. seconda metà VIII – fine VII sec. a.C.).
Datazione relativa: seconda metà VIII sec. – 570 a.C.
Bibliografia: inedito.

854 K 27953 (tavv. 58. 110)
QAREA, F2003, Agora550/551/552, Ab. Steinpackung III.
Lu: 3.8cm; La: 2.7cm; S: 1.7cm.
Colori: impasto: grigio scuro 10YR 4/1; sup. int: beige 7.5YR 7/3; sup. est: beige 7.5YR 7/3; dec: rosso-marrone 2.5YR 5/6.
Impasto: C: duro; DS: molto depurato; DI: molto grandi; Del: L0; Mod: a mano.
Fr. squadrato su tre lati. Incisioni verticali e oblique sul lato lungo. Incisioni oblique sul lato corto. Superficie interna senza trattamenti. Rivestimento omogeneo su due lati in combinazione con la decorazione incisa e trattamento di superficie lisciata. Modulo di cassettina? Indeterminato.
NAS: Incisa con rivestimento omogeneo opaco.
Datazione contesto: *t.a.q.* ca. 550 a.C. (ca. ultimo quarto VII – prima metà VI sec. a.C.).
Datazione relativa: seconda metà VII sec. – 550/540 a.C.
Bibliografia: inedito.
Confronti: Gullì in Panvini – Sole 2009a, 277–279 nn. VI/254–VI/257.

855 K 16685 (tavv. 58. 110)
QAEO1F, F1995, Agora565, Ab. 114.
Lu: 5.2cm; La: 2.9cm; S: 0.8cm; H: 2.5cm.
Colori: impasto: beige-rosso 5YR 7/4; nucleo: beige 7.5YR 7/3; sup. int: marrone chiaro 7.5YR 7/4; sup. est: marrone chiaro 5YR 7/4.
Impasto: C: tenero; DS: molto depurato; DI: grandi; Del: L1; Mod: a mano.
Fr. di base quadrangolare dalla quale parte una forma troncoconica verso l'alto, base? Sul lato della base quadrangolare, teoria di otto brevi solchi stretti incisi verticalmente. Privo di incrostazioni all'interno delle decorazioni. Leggera variazione cromatica sulla superficie inferiore del fondo, tracce di bruciato?
NAS: Incisa senza rivestimento.
Datazione contesto: *t.a.q.* 500/490 a.C. (ca. fine VII sec. – 500/490 a.C.).
Datazione relativa: ultimo quarto VII sec. – 460/450 a.C.
Bibliografia: inedito.

856 K 32620 (tavv. 58. 110)
QAEO1F, F1995, Agora565, Ab. 118.
Lu: 5.6cm; La: 4.4cm; Dm: 5.5cm; S: 0.3-0.4cm; H: 4.1cm.
Colori: impasto: beige 10YR 8/3; nucleo: grigio 10YR 7/1; sup. int: beige 10YR 8/3; sup. est: beige 10YR 8/3.
Impasto: C: tenero; DS: molto depurato; DI: medi; Del: L2; Mod: tornio veloce.
Cinque fr. combacianti di fondo piano profilato di piccola forma aperta o chiusa, pisside? Tre costolature esterne.
NAS: Acroma lisciata.
Datazione contesto: *t.a.q.* 500/490 a.C. (ca. fine VII sec. – 500/490 a.C.).
Bibliografia: inedito.

857 V 3548 (tav. 58)
QAEO1F, F1995, Agora565, Ab. 111.
Lu: 4.5cm; La: 6.5cm; S: 2.5cm.
Colori: impasto: marrone 5YR 6/6; sup. int: marrone 7.5YR 7/4-6; sup. est: marrone 7.5YR 7/4-6.
Impasto: C: semiduro; DS: molto depurato; DI: grandi; Del: vacuoli allungati, rossi arrotondati saltuari, grigi di forma squadrata, bianchi calcarei; Mod: a mano.
Due fr. combacianti di reperto a "L". Superficie originale conservata su tre lati. Superficie lisciata. Fr. di fornello?
NAS: Fittile: fornello?
Datazione contesto: *t.a.q.* 500/490 a.C. (ca. fine VII sec. – 500/490 a.C.).
Bibliografia: inedito.

Terracotte

858 T 453 (tav. 58)
QAREA, F2003, Agora550/551/552, Ab. Steinpackung IV.
La: 2.8cm; H: 3.9cm.
Colori: impasto: grigio chiaro 10YR 6/1; sup. est: beige-rosso 10YR 7/4; dec: rosso-marrone 2.5YR 4/6.
Impasto: C: duro; DS: medio depurato; DI: grandi; Del: L1; Mod: a mano.
Fr. di testa maschile fittile. Lato destro mancante. Resti di dettagli dipinti lungo il lato sinistro del visto e sulla nuca. Occhi incavati, resi tramite l'impressione del mignolo o dell'indice. Naso indicato da due solchi incisi convergenti nella parte superiore. Bocca resa dall'impressione di un oggetto circolare di piccole dimensioni. Orecchio sinistro modellato con parte della materia argillosa che forma la testa.
NAS: Fittile: terracotta.
Datazione contesto: *t.a.q.* ca. 550 a.C. (ca. ultimo quarto VII – prima metà VI sec. a.C.).
Datazione relativa: prima metà del VI sec. a.C.
Bibliografia: Spatafora – Vassallo 2004, 94 no. 178; Isler 2004b, 12 fig. 20, a–d; Isler 2006c, 540 fig. 287; Isler 2009a, 158 fig. 25, a. b; Isler 2011, 44; Russenber 2015, 105–106 fig. 6.5.
Confronti: per rappresentazioni antropomorfe fittili: Isler 2009b, 105 tav. 18, 6. 7 = Russenberger 2015, 106–108 fig.

6.6; Tusa 1997, 1318 no. 5 tav. 265, 3; Tusa 1997, 1315–1316 no. 1 tav. CCLXIV = Tusa 1988-1989, 69 tav. 20, 3 = La Rosa 1989, fig. 63; Panvini 1993/1994, 756 tav. XXIV, 2 = Panvini 2006a, 12 no. 3108; Panvini et al. 2009a, 74 no. 112. Per rappresentazioni in bronzo: Panvini 2006a, 209 no. A Inv. MS 482; 210 no. MS 352; de La Geniére 1997, 1031 tav. CCI, 8.

859 T 551 (fig. 26 tav. 58)
QAEA, S2009, Agora550/551/553, Ab. 305.
Lu: 2.7cm; La: 1.3cm; S: 0.9-1.1cm.
Colori: impasto: marrone 5YR 6/4-6; sup. int: marrone 7.5YR 6-7/4; sup. est: marrone 7.5YR 6-7/4.
Impasto: C: semiduro; DS: molto depurato; DI: medi; Del: leggermente saponoso al tatto, frequenti marroni rossi di media dimensioni, saltuari bianchi puntiformi, saltuari grigi scuri di forma arrotondata, frequenti grigi ad angoli netti, frequenti vacuoli allungati e puntiformi.
Impasto grossolano; Mod: a mano.
Corno fittile a profilo ricurvo con sezione circolare. Mutilo nella parte finale, privo della base. Leggermente lisciato all'esterno, scheggiatura dovuta alla trowel.
NAS: Fittile: terracotta
Datazione contesto: ca. 550 – 500/490 a.C.
Bibliografia: inedito.
Confronti: v. testo.

Metalli

Bronzo

860 B 1786 (tav. 58)
REPH, F2003, WQ491/492, Ab. 10.
Lu: 2.9cm; La: 1.3cm; Peso: 3.1g.
Lamina in bronzo rettangolare, lievemente conica in sezione e fratturata su tre lati. Fr. di punta di lancia o di rasoio.
NAS: Metalli: bronzo.
Datazione contesto: *t.a.q.* ca. 600 a.C. (ca. seconda metà VIII – fine VII sec. a.C.).
Bibliografia: Isler 2004b, 14–15; Isler 2009a, 145 nota 53; Isler 2016, 171–172 fig. 9; Baitinger in preparazione, no. 29.
Confronti: v. testo.

861 B 1926 (tav. 58)
QO2F, F2006, EQ1139/1140, Sondage 1, Ab. 21.
Lu: 0.3cm; La: 0.2cm.
"Sfera" in bronzo di minuscole dimensioni. Parte di corrosione di un altro reperto?
NAS: Metalli: bronzo.
Datazione contesto: ca. 570 – 540 a.C.
Bibliografia: inedito.
Confronti: v. testo.

862 B 1777 (tav. 58)
QAREA, F2003, Agora550/551/552, Ab. Steinpackung IV.
Dm: ca. 0.8cm; S: 0.2-0.3cm; Peso: 0.53g.
Fr. di anello a sezione circolare di piccole dimensioni in bronzo. Probabilmente elemento di catenella.
NAS: Metalli: bronzo.
Datazione contesto: *t.a.q.* ca. 550 a.C. (ca. ultimo quarto VII – prima metà VI sec. a.C.).
Bibliografia: Baitinger in preparazione, no. 88.
Confronti: v. testo.

863 B 1790 (tav. 58)
QAREA, F2003, Agora550/551/552, Ab. 603W.
L: 1.3cm; Dm centro: 1.1cm; Dm alle estremità: 0.8cm; S: 0.1cm; H: 1.3cm; Peso: 3.84g.
Perla biconica forata di piccole dimensioni in bronzo.
NAS: Metalli: bronzo.
Datazione contesto: *t.a.q.* ca. 550 a.C. (ca. ultimo quarto VII – prima metà VI sec. a.C.).
Bibliografia: Spatafora – Vassallo 2004, 95 no. 183; Isler 2004b, 11 fig. 17; Isler 2009a, 145 nota 53; Baitinger in preparazione, no. 15.
Confronti: v. testo.

864 B 2095 A–D (fig. 34 tav. 59)
QAE1, S2009, Agora550/551/553, Ab. 402.
A: Lu: 2.7cm; La: 2.1cm; B: Lu: 3.0cm; La: 1.9cm; C: Lu: 1.3cm; La: 0.9cm; D: Lu: 1.1cm; La: 1.3cm; S: 0.05cm.
Quattro fr. non combacianti di grattugia in bronzo. Fori della grattugia a sezione quadrangolare, in media 0.2x0.2cm di larghezza. Sono conservati su due lati i bordi: da un lato listello in bronzo di larghezza 0.6cm, dall'altro 0.4cm di larghezza. Lamina sottile di 0.05cm di spessore, battuta da un lato.
NAS: Metalli: bronzo.
Datazione contesto: 500/490 – 460/450 a.C.
Bibliografia: Reusser et al. 2010, 118 tav. 22, 6; Kistler – Mohr 2015, 388 nota 30; Baitinger in preparazione, no. 67.
Confronti: De Simone 2003, 374 M23 fig. 309.

865 B 1281 A–B (tavv. 59. 110)
QAEO1F, F1995, Agora565, Ab. 111.
A: Lu: 5.1cm; La: 0.3cm; S: 0.2cm; B: Lu: 2.1cm; La: 0.3cm; S: 0.2cm.
Oggetto allungato a sezione piena semicircolare, con andamento leggermente curvilineo, formato da due fr. non combacianti in bronzo. Fr. di staffa di fibula?
NAS: Metalli: bronzo.
Datazione contesto: *t.a.q.* 500/490 a.C. (ca. fine VII sec. – 500/490 a.C.).
Bibliografia: inedito.
Confronti: v. testo.

Ferro

866 V 2315 (tav. 59)
QO1/2F, F2004, EQ1139, Sondage, Ab. 9W.
Lu: 3.7cm; La: 1.3cm; S: 0.8cm.
Perno (?). Altamente corroso.
NAS: Metalli: ferro.
Datazione contesto: ca. 630/620 – 540 a.C.
Bibliografia: inedito.

Strumenti litici (?)

867 V 2324 (tav. 59)
QO1/2F, F2004, EQ1131, Ab. ZS 1.
Lu: 2.2cm; La: 2.1cm; S: 0.5cm.
Scheggia naturale, strumento litico, o punzone per decorazioni incise sulle forme vascolari? In selce di colore ambrato.
NAS: Geologico: strumenti litici (?).
Datazione contesto: ca. 630/620 – 540 a.C.
Bibliografia: inedito.
Confronti: v. testo.

868 V 2225 (tavv. 59. 110)
QAREA, F2003, Agora550/551/552, Ab .608E.
Lu: 3.1cm; La: 2.0cm; S: 0.1-0.7cm.
Scheggia naturale, strumento litico o punzone per decorazioni incise sulle forme vascolari? In selce di colore bianca.
NAS: Geologico: strumenti litici (?).
Datazione contesto: *t.a.q.* ca. 550 a.C. (ca. ultimo quarto VII – prima metà VI sec. a.C.).
Bibliografia: inedito.
Confronti: v. testo.

Vetro

869 G 1160 (fig. 34 tavv. 59. 110)
QAE1, F2006, Agora550/553/557/EU SUD9/11, Ab. 603Lu: 0.8cm; La: 0.7cm; Dm: 0.6cm; S: 0.13-0.16cm.
Fr. molto sottile di perla ad occhi stratificati in pasta vitrea azzurra. Perla formata da due cordoni sovrapposti. La decorazione ad occhi, tre dei quali conservati, è il risultato di una combinazione cromatica di paste vitree bianche e blu scure.
NAS: Varia: vetro.
Datazione contesto: 500/490 – 460/450 a.C.
Bibliografia: inedito.
Confronti: Guzzone 2003c, 125 fig. 3 (da Fontana Calda, VI–V sec. a.C.); Goldstein 1979, 115–116 no. 239 tav. 9 (VI–III sec. a.C.); Arveiller-Dulong – Nenna 2011, 94 no. 158; 136 no. 187, 4/13; 194 nn. 251. 252 (VI–III sec. a.C.).

Selezioni di tipologie decorative attestate nei vari contesti

Contesto Reph (VIII – VII sec. a.C.)

870 K 22212 (fig. 59 tav. 59)
REPH1, F2003, WQ491/492, Ab. 11.
Lu: 4.6cm; La: 4.6cm; S: 1.0cm.
Colori: impasto: marrone chiaro 7.5YR 7/3; nucleo: grigio 7.5YR 5/1; sup. int: beige 7.5YR 7/3; sup. est: beige 7.5YR 7/2; dec: arancione-marrone 7.5YR 5/6-8; 4/6.
Impasto: C: tenero; DS: molto depurato; DI: grandi; Del: L0; Mod: a mano.
Fr. di parete di forma chiusa di medie dimensioni. All'esterno larga banda (3.4cm) con due onde orizzontali a risparmio rese per asportazione del colore con un pennello o un lembo di tessuto. Superficie esterna lucidata.
NAS: Decorazione lineare lucidata (+) ; Decorazione lineare lucidata (-).

Datazione contesto: *t.a.q.* ca. 600 a.C. (ca. seconda metà VIII – fine VII sec. a.C.).
Datazione relativa: seconda metà VII / ultimo quarto VII – primo quarto VI sec. a.C.
Bibliografia: inedito.

871 K 23103 (fig. 44 tav. 59)
REPH1, F2005, WQ492, Erdsteg, Ab. 2, Schicht 1.
Lu: 6.6cm; La: 7.0cm; S: 1.8cm.
Colori: impasto: beige 10YR 7/4; nucleo: grigio 10YR 4/1; sup. int: beige-giallo 10YR 7/4; sup. est: beige-rosso 7.5YR 7/4; dec: rosso-arancione 2.5YR 5/8.
Impasto: C: semiduro; DS: estremamente depurato; DI: grandi; Del: L2; Mod: a mano.
Fr. di parete forma chiusa di grandi dimensioni. All'esterno, rivestimento omogeneo con, nella parte superiore, tre linee orizzontali risparmiate rese per asportazione del colore con un pennello o un lembo di tessuto. Superfici lisciate.
NAS: Decorazione lineare opaca (-).
Datazione contesto: *t.a.q.* ca. 600 a.C. (ca. seconda metà VIII – fine VII sec. a.C.).
Datazione relativa: seconda metà VIII sec. – 550/540 a.C.
Bibliografia: inedito.

872 K 23149 A–E (tav. 59)
REPH1, F2005, WQ492, Erdsteg E1, Ab. 2 / 4, Schicht 1; Erdsteg, Ab. 7, Schicht 1; Erdsteg E2, Ab. 106 / 107.
A: Lu: 7.5cm; La: 7.1cm; Dm: ca. 24cm; S: 1.0cm; B: Lu: 3cm; La: 6.6cm; S: 1.0cm; C: Lu: 3cm; La: 2.8cm; S: 0.9cm; D: Lu: 3cm; La: 3.1cm; S: 1cm; E: Lu: 4.4cm; La: 2.7cm; S: 0.8cm.
Colori: impasto: beige 10YR 7/3; nucleo: grigio 10YR 4/1; sup. int: beige-rosso 7.5YR 7/4; sup. est: beige-giallo 10YR 8/3; dec: arancione-rosso 2.5YR 6/8 / 5/6.
Impasto: C: tenero; DS: molto depurato; DI: medi; Del: L2; Mod: tornio lento.
Cinque fr. non combacianti di forma chiusa di medio-grandi dimensioni con decorazione lineare all'esterno non lucidata (A: due fr.; B: due fr.; C-E: un fr.). All'esterno, resti di diverse linee orizzontali e due fr. mostrano linee verticali che intersecano una delle linee orizzontali. Superficie lucidata, decorazione lineare opaca. Il trattamento di lucidatura è stato effettuato prima dell'apporto della decorazione lineare.
NAS: Acroma lucidata ; Dipinta monocroma.
Datazione contesto: *t.a.q.* ca. 600 a.C. (ca. seconda metà VIII – fine VII sec. a.C.).
Datazione relativa: ultimo quarto VII sec. – 600 a.C.
Bibliografia: Isler 2006b, 7 fig. 40; Isler, 2006c, 661 fig. 465; Isler 2009a, 145 fig. 10.

873 K 32045 A–B (tav. 59)
REPH1, F2005, WQ492, Erdsteg, Ab. 2, Schicht 1.
A: Lu: 2.9cm; La: 3.1cm; Dm: indet; S: 0.3-0.7cm; H: 2.7cm.
Colori: impasto: beige-rosso 5YR 7/6; nucleo: beige 7.5YR 7/4; sup. int: beige-rosso 7.5YR 7/4; sup. est: beige-giallo 7.5YR 7/4; dec: arancione 5YR 6/8;
Impasto: C: tenero; DS: molto depurato; DI: grandi; Del: L2; Mod: tornio lento.
Fr. d'orlo trilobato e un fr. di parete non combacianti di brocca trilobata. All'esterno, sul fr. dell'orlo, macchia di colore; sulla parete resti di linea verticale. Superficie esterna lucidata.
NAS: Decorazione lineare lucidata (+).
Datazione contesto: *t.a.q.* ca. 600 a.C. (ca. seconda metà VIII – fine VII sec. a.C.).
Datazione relativa: seconda metà VII / ultimo quarto VII – primo quarto VI sec. a.C.
Bibliografia: inedito.

874 K 32114 (tav. 59)
REPH1, F2005, WQ492, Erdsteg E2, Ab. 5.
Lu: 2.7cm; La: 3.4cm; Dm: indet; S: 0.5cm; H: 3.4cm.
Colori: impasto: beige-rosso 5YR 6/8; nucleo: grigio chiaro 5YR 5/1; sup. int: beige 7.5YR 7/4; sup. est: beige 7.5YR 7/3; dec: arancione-marrone 7.5YR 5/6.
Impasto: C: semiduro; DS: molto depurato; DI: grandi; Del: L2; Mod: tornio lento.
Fr. d'orlo trilobato di brocca. All'esterno, resti di colore che potrebbero indicare due linee tendenzialmente verticali oppure semicircolari. All'interno, lungo l'orlo, banda orizzontale su ingobbio. Superficie lucidata.
NAS: Decorazione lineare lucidata (+).
Datazione contesto: *t.a.q.* ca. 600 a.C. (ca. seconda metà VIII – fine VII sec. a.C.).
Datazione relativa: seconda metà VII / ultimo quarto VII – primo quarto VI sec. a.C.
Bibliografia: inedito.
Confronti: **873**.

875 K 32131 (tav. 59)
REPH1, F2005, WQ492, Erdsteg E2, Ab. 108.
Lu: 2.0cm; La: 5.4cm; Dm: indet; S: 0.5cm; H: 5.2cm.
Colori: impasto: beige-giallo 7.5YR 7/4; sup. int: beige 7.5YR 8/3; sup. est: beige 7.5YR 8/3; dec: arancione-marrone 7.5YR 5/6.
Impasto: C: tenero; DS: molto depurato; DI: grandi; Del: L2; Mod: tornio lento.
Due fr. combacianti di brocca trilobata. All'esterno, linea verticale. All'interno, lungo l'orlo, linea "orizzontale" che segue l'andamento dell'orlo trilobato. Superficie lucidata.
NAS: Decorazione lineare lucidata (+).
Datazione contesto: *t.a.q.* ca. 600 a.C. (ca. seconda metà VIII – fine VII sec. a.C.).
Datazione relativa: seconda metà VII / ultimo quarto VII – primo quarto VI sec. a.C.
Bibliografia: inedito.
Confronti: **873**.

876 K 32081 (tav. 59)
REPH1, F2005, WQ492, Erdsteg E2, Ab. 2, Schicht 1.
Lu: 2.5cm; La: 2.3cm; S: 0.6cm.
Colori: impasto: grigio 10YR 7-8/2; sup. int: beige 10YR 7-8/2; sup. est: beige 10YR 7/2; ing: beige 10YR 7-8/2; dec: marrone-rosso 5YR 5/6; rosso 2.5YR 4/6.
Impasto: C: tenero; DS: molto depurato; DI: medi; Del: L0; Mod: tornio lento.
Fr. di parete forma aperta. All'esterno, due linee orizzontali incise con resti di rivestimento marrone-rosso. All'interno, completamente dipinto di rosso con linea orizzontale beige-grigia intenzionale. Assenti le incrostazioni all'interno dei solchi incisi. Superfici lucidate.
NAS: Incisa con rivestimento omogeneo lucidato / Decorazione lineare lucidata (-).
Datazione contesto: *t.a.q.* ca. 600 a.C. (ca. seconda metà VIII – fine VII sec. a.C.).
Datazione relativa: seconda metà VIII sec – 630/620 a.C.
Bibliografia: inedito.

877 K 23228 (fig. 44 tav. 59)
REPH1, F2005, WQ492, Erdsteg E2, Ab. 3, Schicht 1.
Lu: 5.2cm; La: 3.8cm; S: 1.1cm.
Colori: impasto: beige 7.5YR 7/4; nucleo: grigio 10YR 4/1; sup. int: beige-rosso 7.5YR 7/4; sup. est: beige-rosso 7.5YR 8/3; dec: arancione 5YR 6/8; arancione scuro 2.5YR 5/6.
Impasto: C: tenero; DS: molto depurato; DI: molto grandi; Del: L2; Mod: tornio lento.
Fr. di parete forma aperta di grandi dimensioni, bacino? All'interno, rivestimento omogeneo con linea a risparmio dai margini netti (intenzionale). All'esterno, banda orizzontale dipinta. Superficie interna lucidata, esterna lisciata.
NAS: Decorazione lineare lucidata (-) / Dipinta monocroma.
Datazione contesto: *t.a.q.* ca. 600 a.C. (ca. seconda metà VIII – fine VII sec. a.C.).
Datazione relativa: seconda metà VII / ultimo quarto VII sec. – 550/540 a.C.
Bibliografia: inedito.

878 K 23638 (tav. 59)
REPH1, F2005, WQ492, Erdsteg E3, Ab. 1.
Lu: 5.0cm; La: 3.6cm; S: 1.6cm.
Colori: impasto: beige 10YR 6/3; nucleo: grigio 10YR 4/1; sup. int: beige 10YR 7/3; sup. est: beige-giallo 7.5YR 7/3; dec: arancione-marrone 5YR 5/8.
Impasto: C: tenero; DS: estremamente depurato; DI: grandi; Del: L2; Mod: tornio lento.
Fr. di parete di forma chiusa di grandi dimensioni. All'esterno, resti di banda orizzontale intersecante con una fascia verticale, entrambe non precise. Superficie esterna lisciata.
NAS: Dipinta monocroma.
Datazione contesto: *t.a.q.* ca. 600 a.C. (ca. seconda metà VIII – fine VII sec. a.C.).
Datazione relativa: ultimo quarto VII sec. – 460/450 a.C.
Bibliografia: inedito.

879 K 23684 (tav. 59)
REPH1, F2005, WQ492, Erdsteg E3, Ab. 2.
Lu: 5.2cm; La: 3.8cm; S: 1.6cm.
Colori: impasto: marrone chiaro 7.5YR 6/4; nucleo: grigio 10YR 4/1; sup. int: beige 7.5YR 8/3; sup. est: beige 7.5YR 7/3; dec: arancione 5YR 6/8.
Impasto: C: tenero; DS: estremamente depurato; DI: grandi; Del: L2; Mod: a mano.
Fr. di parete di forma aperta (?) di grandi dimensioni. All'esterno, banda orizzontale intersecante probabilmente con una fascia verticale, anche se sembra esserci una macchia di colore circolare accanto alla fascia (macchia o decorazione diversa?). Superficie lisciata.
NAS: Dipinta monocroma.
Datazione contesto: *t.a.q.* ca. 600 a.C. (ca. seconda metà VIII – fine VII sec. a.C.).
Datazione relativa: ultimo quarto VII sec. – 460/450 a.C.
Bibliografia: inedito.

880 K 23639 (tav. 59)
REPH1, F2005, WQ492, Erdsteg E3, Ab. 1.
Lu: 4.3cm; La: 3.1cm; S: 0.8cm.
Colori: impasto: beige 10YR 6/3; nucleo: grigio 10YR 5/1-2; sup. int: beige-marrone 10YR 7/2; sup. est: beige-rosso 7.5YR 7/3; dec: arancione-marrone 2.5YR 5/8.
Impasto: C: tenero; DS: molto depurato; DI: grandi; Del: L2; Mod: tornio lento.
Fr. di parete di forma chiusa di medie dimensioni. All'esterno, banda orizzontale dipinta e resti di macchia circolare sottostante. Superficie esterna lisciata.
NAS: Dipinta monocroma.
Datazione contesto: *t.a.q.* ca. 600 a.C. (ca. seconda metà VIII – fine VII sec. a.C.).
Datazione relativa: ultimo quarto VII sec. – 460/450 a.C.
Bibliografia: inedito.

881 K 24287 (tav. 59)
REPH1, F2006, WQ492, Erdsteg, Ab. 79B.
Lu: 7.2cm; La: 3.4cm; Dm: 19cm; S: 1.0-1.2cm.
Colori: impasto: beige 5YR 6/4; nucleo: grigio 10YR 4/1; sup. int: beige-rosso 5YR 7/4; sup. est: beige-rosso 7.5YR 7/4; dec: arancione 2.5YR 6/8.
Impasto: C: tenero; DS: molto depurato; DI: grandi; Del: L2; Mod: tornio lento.
Fr. di parete forma aperta di medio-grandi dimensioni. All'esterno, resti di due bande orizzontali opache. Superficie lisciata.
NAS: Dipinta monocroma.
Datazione contesto: *t.a.q.* ca. 600 a.C. (ca. seconda metà VIII – fine VII sec. a.C.).
Datazione relativa: ultimo quarto VII sec. – 460/450 a.C.
Bibliografia: inedito.

882 K 31973 A–B (tav. 59)
REPH1, F2003, WQ491/492, Ab. 5 / 6.
A: Lu: 5.7cm; La: 3.5cm; Dm: 21cm; S: 0.9-1.1cm; B: Lu: 1.7cm; La: 1.7cm; S: 0.9cm.
Colori: impasto: beige 7.5YR 7/4; sup. int: beige 7.5YR 8/4; sup. est: beige 7.5YR 8/4.
Impasto: C: tenero; DS: estremamente depurato; DI: grandi; Del: L2; Mod: tornio lento
Due fr. non combacianti di parete di forma chiusa di medie dimensioni (anfora/idria?). All'esterno, resti di triangoli, probabilmente con vertici rivolti verso l'alto e delimitati da linee oblique incise campite da linee a tremolo oblique impresse. Resti di incrostazioni bianche all'interno delle decorazioni incise e impresse. Superficie lisciata.
NAS: Incisa e impressa senza rivestimento.
Datazione contesto: *t.a.q.* ca. 600 a.C. (ca. seconda metà VIII – fine VII sec. a.C.).
Datazione relativa: ultimo quarto VII sec. – 550/540 a.C.
Bibliografia: inedito.

883 K 32172 (tav. 59)
REPH1, F2005, WQ492, Erdsteg E3, Ab.1.
Lu: 3.4cm; La: 2.8cm; S: 1.1cm.
Colori: impasto: marrone chiaro 7.5YR 7/4; sup. int: beige-rosso 7.5YR 8/4; sup. est: beige-giallo 10YR 8/4; dec: arancione-marrone 7.5YR 6/6.
Impasto: C: semiduro; DS: molto depurato; DI: grandi; Del: L2; Mod: tornio lento.
Fr. di parete di forma chiusa di grandi dimensioni. All'esterno, resti di un solco orizzontale inciso con sotto brevi tratti triangolari impressi che formano una decorazione a "^" una sotto l'altra. Resti di rivestimento all'esterno, superficie lucidata.
NAS: Indet: Incisa con rivestimento lucidato (omogeneo? Non omogeneo?).
Datazione contesto: *t.a.q.* ca. 600 a.C. (ca. seconda metà VIII – fine VII sec. a.C.).
Datazione relativa: seconda metà VIII sec. – 570 a.C.
Bibliografia: inedito.
Osservazioni: il reperto esemplifica l'importanza dell'osservazione accurata dei fr. per determinare la presenza o meno dei rivestimenti opachi o lucidati. Anche se a prima vista potrebbe infatti essere definito come "incisa senza rivestimento", le minime tracce di colore visibili su tutto il fr. ne determinano l'inquadramento cronologico ancora al VIII – pieno VII sec. a.C.

884 K 23075 (tav. 60)
REPH1, F2005, WQ492, Erdsteg, Ab. 1 / 2, Schicht 1.
Lu: 4.6cm; La: 4.6cm; S: 0.6cm.
Colori: impasto: marrone 5YR 6/4; nucleo: grigio 7.5YR 4/1; sup. int: beige-grigio 10YR 7/2; sup. est: marrone 2.5YR/5YR 6/6; dec: rosso scuro 5YR 5/8.
Impasto: C: duro; DS: estremamente depurato; DI: medi; Del: L2; Mod: tornio lento.
Quattro fr. combacianti di parete di forma chiusa di piccole dimensioni. Due registri suddivisi da una banda acroma delimitata da solchi orizzontali incisi. Riquadri campiti da linee a tremolo verticali impresse e linee oblique tangenti incise. Rivestimento omogeneo all'esterno. Superficie lucidata.
NAS: Indet: Incisa e impressa con rivestimento lucidato (omogeneo? Non omogeneo?).
Datazione contesto: *t.a.q.* ca. 600 a.C. (ca. seconda metà VIII – fine VII sec. a.C.).
Datazione relativa: seconda metà VIII sec. – 570 a.C.
Bibliografia: inedito.

885 K 32111 A–C (tav. 60)
REPH1, F2005, WQ492, Erdsteg E2, Ab. 4.
A: Lu: 2.9cm; La: 2.7cm; Dm est: 15 cm; S: 0.6cm; H: 2.0cm; B: Lu: 4.5cm; La: 5.2cm; S: 0.7-0.9cm; C: Lu: 2.1cm; La: 2.2cm; S: 0.5cm.
Colori: impasto: beige-rosso 2.5YR 7/6; nucleo: grigio-marrone 10YR 5/1; sup. int: arancione 2.5YR 7/6; ing: beige 10YR 8/3; dec: marrone 10YR 5/4.
Impasto: C: duro; DS: estremamente depurato; DI: grandi; Del: a biscotto, compatto. Bianchi puntiformi e a spigoli arrotondati distribuiti omogeneamente, grigi di forma arrotondata e sporadici rossi-marroni di forma tendenzialmente arrotondata (*chamotte*), vacuoli allungati e saltuariamente puntiformi; Mod: tornio lento.
Fr. d'orlo obliquo e due fr. di parete non combacianti di parete di forma chiusa. All'esterno, sul fr. B, sono conservati tre larghi solchi orizzontali incisi (La: 0.3cm). Ingobbio beige e resti di colore marrone sul fr. C., brillante. Superficie esterna lucidata.
NAS: Indet: Incisa con rivestimento lucidato (omogeneo? Non omogeneo?).
Datazione contesto: *t.a.q.* ca. 600 a.C. (ca. seconda metà VIII – fine VII sec. a.C.).
Datazione relativa: seconda metà VIII sec. – 570 a.C.
Bibliografia: inedito.
Osservazioni: il reperto mostra la difficoltà e i limiti della metodologia di analisi. Se fosse stato unicamente ritrovato il fr. A, questo sarebbe stato esaminato statisticamente sotto la categoria "acroma lisciata"; solo il fr. B, sotto la categoria "incisa senza rivestimento" e il fr. C, sotto "rivestimento lucidato".

CONTESTO QO1F (ca. 630/620 – 570 a.C.)

886 K 25262 (tav. 60)
QO1F, F2006, EQ1140, Sondage 2, Ab. 32.
Lu: 2.2cm; La: 2.3cm; Dm: indet; S: 0.3cm; H: 2.2cm.
Colori: impasto: beige 7.5YR 7/4; sup. int: beige 7.5YR 7/4; sup. est: beige 7.5YR 7/4; dec: rosso 2.5YR 4/8.
Impasto: C: tenero; DS: estremamente depurato; DI: piccoli; Del: L1; Mod: tornio lento.
Fr. d'orlo di brocca trilobata. All'esterno rivestimento omogeneo, evanido. All'interno colore apportato solo lungo l'orlo. Superfici lucidate.
NAS: Rivestimento omogeneo lucidato.

Datazione contesto: ca. 630/620 – 570 a.C.
Datazione relativa: seconda metà VIII sec. – 570 a.C.
Bibliografia: inedito.
Osservazioni: all'interno del contesto di prima fase del quartiere orientale sono ancora presenti ceramiche con superfici integralmente colorate e brillanti. Anche se il fr. è di piccole dimensioni, la superficie esterna è tale da far presupporre che non si tratti di una decorazione lineare.

887 K 24406 (tav. 60)
QO1F, F2006, EQ1139/1140, Sondage 1, Ab. 24.
Lu: 3.8cm; La: 3.0cm; S: 0.4-0.5cm.
Colori: impasto: beige 10YR 6/4; nucleo: grigio 10YR 4/1; sup. int: beige 10YR 7/4; sup. est: beige 10YR 7/4; dec: arancione 5YR 5-6/8.
Impasto: C: tenero; DS: molto depurato; DI: grandi; Del: L2; Mod: tornio lento.
Fr. di parete forma chiusa di piccole-medie dimensioni. All'esterno, superficie lucidata e resti di rivestimento non omogeneo. È possibile distinguere la diversa intensità delle pennellate, malgrado la superficie leggermente erosa. Sembra essere stata eseguita una decorazione ad onde tendenzialmente orizzontali, intenzionale.
NAS: Rivestimento non omogeneo lucidato.
Datazione contesto: ca. 630/620 – 570 a.C.
Datazione relativa: seconda metà VIII sec. – 600 a.C.
Bibliografia: inedito.
Osservazioni: all'interno del contesto di prima fase del quartiere orientale sono ancora presenti ceramiche con superfici integralmente colorate e brillanti. La decorazione del reperto sembra essere stata eseguita in maniera più regolare rispetto alle attestazioni del contesto di VIII – VII sec. a.C.

888 K 25264 (tav. 60)
QO1F, F2006, EQ1140, Sondage 2, Ab. 32.
Lu: 2.7cm; La: 3.3cm; S: 0.6-0.7cm.
Colori: impasto: marrone 7.5YR 6/2; nucleo: grigio 7.5YR 5/1; sup. int: marrone chiaro 7.5YR 6/3; sup. est: marrone chiaro 7.5YR 6/3; dec: marrone-rosso 5YR 4-5/6.
Impasto: C: tenero; DS: molto depurato; DI: grandi; Del: L0; Mod: tornio lento.
Fr. di parete carenata di forma. All'esterno, resti di un solco orizzontale inciso. Sia all'interno che all'esterno rivestimento steso a striature sottili irregolari. Superfici lucidate.
NAS: Incisa con rivestimento omogeneo lucidato (striature sottili).
Datazione contesto: ca. 630/620 – 570 a.C.
Datazione relativa: seconda metà VIII sec. – 600 a.C.
Bibliografia: inedito.
Osservazioni: all'interno del contesto di prima fase del quartiere orientale sono ancora presenti ceramiche con superfici integralmente colorate e brillanti. Il reperto, verosimilmente appartenente a una fruttiera o scodella, è del tutto comparabile a quanto attestato all'interno del contesto di VIII-VII sec. a.C. e suggerisce la possibile correlazione cronologica fra i contesti anche unicamente sulla base dei reperti indigeni.

889 K 25263 (tav. 60)
QO1F, F2006, EQ1140, Sondage 2, Ab. 32.
Lu: 5.2cm; La: 3.0cm; S: 1.2cm.
Colori: impasto: beige 7.5YR 7/4; nucleo: grigio 10YR 4-5/1; sup. int: beige 7.5YR 7/4; sup. est: beige-rosso 7.5YR 7/4; dec: arancione-marrone 7.5YR 6/8.
Impasto: C: semiduro; DS: molto depurato; DI: grandi; Del: L2; Mod: tornio lento.
Fr. di parete di forma aperta di grandi dimensioni, bacino? All'interno, rivestimento steso a pennellate irregolari. All'esterno acromo. Superficie interna lucidata, esterna lisciata.
NAS: Rivestimento non omogeneo lucidato / Acroma lisciata.
Datazione contesto: ca. 630/620 – 570 a.C.
Datazione relativa: seconda metà VIII sec. – 600 a.C.
Bibliografia: inedito.
Osservazioni: attestazione di ceramiche a rivestimento non omogeneo lucidato, ancora all'interno del contesto dell'inizio del VI sec. a.C.

890 K 24405 (tav. 60)
QO1F, F2006, EQ1139/1140, Sondage 1, Ab. 24.
Lu: 5.8cm; La: 5.1cm; Dm: 10cm; S: 0.7-0.9cm.
Colori: impasto: grigio 7.5YR 5/1; sup. int: marrone 7.5YR 6/4; sup. est: marrone scuro 7.5YR 4/2.
Impasto: C: duro; DS: estremamente depurato; DI: medi; Del: omogeneo grigio, mica, bianchi, *chamotte*, grigi scuri, vacuoli allungati; Mod: tornio veloce.
Fr. di parete di forma chiusa. All'esterno, fregio delimitato in alto e in basso da un solco orizzontale inciso campito da onde o tremoli verticali paralleli impressi. Privo d'incrostazione biancastra all'interno della decorazione incisa e impressa. Superficie esterna lisciata.
NAS: Incisa e impressa senza rivestimento.
Datazione contesto: ca. 630/620 – 570 a.C.
Datazione relativa: ultimo quarto VII sec. – 460/450 a.C.
Bibliografia: inedito.
Osservazioni: produzione molto particolare raramente attestata sul Monte Iato. Verosimilmente proveniente da un altro centro di produzione indigeno. Cottura ad alte temperature.

891 K 24793 (tav. 60)
QO1F, F2006, EQ1139/1140, Sondage 1, Ab. 25.
Lu: 3.7cm; La: 2.8cm; Dm: 12cm; S: 0.4-0.5cm.
Colori: impasto: marrone-rosso 2.5YR 5/6; nucleo: grigio 2.5YR 4/1; sup. int: marrone-rosso 2.5YR 5/8; sup. est: marrone-rosso 2.5YR 5/4.
Impasto: C: semiduro; DS: estremamente depurato; DI: piccoli; Del: compatto e omogeneo. Numerosa mica, anche in superficie, vacuoli; Mod: tornio veloce.
Fr. di parete di forma chiusa globulare di medie dimensioni. All'esterno, fascio di minimo sette linee incise oblique tangenti formanti un motivo a zig-zag. Leggere tracce di bruciato all'esterno. Superficie esterna lisciata.
NAS: Incisa senza rivestimento.
Datazione contesto: ca. 630/620 – 570 a.C.
Datazione relativa: ultimo quarto VII sec. – 460/450 a.C.
Bibliografia: inedito.
Osservazioni: esempio di produzione in "incisa senza rivestimento" supplementare e incrostazione biancastra. D'impasto e aspetto diversi rispetto alla grande quantità di ceramica dello stesso tipo attestata all'interno del contesto. Proveniente da un altro centro di produzione indigeno?

892 K 25248 (tav. 60)
QO1F, F2006, EQ1140, Sondage 2, Ab. 29.
Lu: 3.5cm; La: 2.6cm; S: 1.0cm.
Colori: impasto: grigio scuro 10YR 3/1; sup. int: grigio scuro 10YR 4/1; sup. est: grigio scuro 10YR 5/1.
Impasto: C: tenero; DS: molto depurato; DI: molto grandi; Del: numerosi bianchi e grigi chiari arrotondati e spigolosi e scuri, saltuari vacuoli allungati; Mod: tornio lento.
Fr. di parete di forma chiusa di grandi dimensioni. Linea orizzontale incisa seguita da riquadro campito da piccoli quadranti impressi.
NAS: Incisa e impressa senza rivestimento.
Datazione contesto: ca. 630/620 – 570 a.C.
Datazione relativa: ultimo quarto VII sec. – 460/450 a.C.
Bibliografia: inedito.
Confronti: per la decorazione: Gullì in: Trombi 2015, 357–358 fig. 4.1 (schegge in calcite); Cooper 2007, 88 no. 24400 (Monte Polizzo).
Osservazioni: esempio di produzione in ceramica "incisa senza rivestimento" supplementare e incrostazione biancastra. D'impasto e aspetto diversi rispetto alla grande quantità di ceramica dello stesso tipo attestata all'interno del contesto. Proveniente da un altro centro di produzione indigeno?

893 K 25285 (tav. 60)
QO1F, F2006, EQ1140, Sondage 2, Ab. 30.
Lu: 6.0cm; La: 7.2cm; S: 1.1-1.5cm.
Colori: impasto: beige 10YR 7/4; nucleo: grigio 10YR 4/1; sup. int: beige 10YR 7/4; sup. est: beige 10YR 7/4.
Impasto: C: tenero; DS: molto depurato; DI: grandi; Del: L2; Mod: tornio lento.
Fr. di parete di forma chiusa di grandi dimensioni. All'esterno, fregio verticale delimitato da linee incise sia orizzontali che verticali con piccoli rettangoli campiti

da un cerchio crestato e, superiormente, da una semplice cerchio impresso? Priva d'incrostazione biancastra all'interno della decorazione. Superficie esterna lisciata.
NAS: Incisa e impressa senza rivestimento.
Datazione contesto: ca. 630/620 – 570 a.C.
Datazione relativa: ultimo quarto VII sec. – 460/450 a.C.
Bibliografia: inedito.
Osservazioni: esempio di produzione in "incisa senza rivestimento" supplementare e incrostazione biancastra. Il fr. rispecchia le caratteristiche della maggior parte di attestazioni di questa tipologia, d'impasto verosimilmente locale.

894 K 24790 (tav. 60)
QO1F, F2006, EQ1139/1140, Sondage 1, Ab. 25.
Lu: 2.1cm; La: 1.7cm; S: 0.3cm.
Colori: impasto: grigio 10YR 5/1; sup. int: grigio scuro 10YR 5/1; sup. est: grigio scuro 10YR 4/1.
Impasto: C: duro; DS: estremamente depurato; DI: piccoli; Del: compatto e omogeneo. Mica e vacuoli arrotondati, rari grigi di forma arrotondata; Mod: tornio lento.
Fr. di parete (collo/spalla?) di forma chiusa di piccole dimensioni. All'esterno, linea orizzontale incisa seguita da triangoli penduli di piccole dimensioni impressi, probabilmente creati per pressione di un oggetto litico? La pressione ha creato due "bozzi" all'interno della forma. Superficie lisciata. Cottura riducente.
NAS: Incisa e impressa senza rivestimento.
Datazione contesto: ca. 630/620 – 570 a.C.
Datazione relativa: ultimo quarto VII sec. – 460/450 a.C.
Bibliografia: inedito.
Confronti: Cooper 2007, 88 no. 24923 (Monte Polizzo).
Osservazioni: esempio di produzione in "incisa e impressa senza rivestimento" supplementare e incrostazione biancastra. Il fr. appartiene a quanto altrimenti chiamato ad "impasto buccheroide".

895 K 25268 (tav. 60)
QO1F, F2006, EQ1140, Sondage 2, Ab. 34.
Lu: 5.5cm; La: 3.8cm; S: 0.3-0.7cm.
Sette fr. di scodella con parete carenata. All'interno completamente dipinta. All'esterno decorazione a linee sottili orizzontali.
NAS: Rivestimento omogeneo opaco / Dipinta monocroma.
Datazione contesto: ca. 630/620 – 570 a.C.
Datazione relativa: ultimo quarto VII sec. – 500/490 a.C.
Bibliografia: inedito.
Osservazioni: non ritrovato nei magazzini; indicazioni sulla base della documentazione originale di scavo. La documentazione fotografica attesta con sicurezza la presenza del rivestimento omogeneo all'interno e la decorazione lineare all'esterno, così come il trattamento della superficie lisciata.

CONTESTO QO2F (ca. 570 – 540 a.C.)

896 K 24337 (tav. 60)
QO2F, F2006, EQ1139/1140, Sondage 1, Ab. 14.
Lu: 2.2cm; La: 2.2cm; S: 0.7cm.
Colori: impasto: marrone 7.5YR 5/2; nucleo: grigio 10YR 3-4/1; sup. int: marrone 7.5YR 5/2; sup. est: marrone 7.5YR 5/2; dec: 10YR 3/2.
Impasto: C: tenero; DS: molto depurato; DI: grandi; Del: L0; Mod: tornio lento.
Fr. di parete di forma aperta. Sia all'interno che all'esterno, rivestimento omogeneo. Superfici lucidate.
NAS: Rivestimento omogeneo lucidato.
Datazione contesto: ca. 570 – 540 a.C.
Datazione relativa: seconda metà VIII sec. – 570 a.C.
Bibliografia: inedito.
Osservazioni: uno dei pochi fr. di questa tipologia ceramica, ancora attestata all'interno dello strato di seconda fase dell'edificio. Le sue dimensioni ed il suo stato di conservazione potrebbero indicare che la forma non fosse più in uso durante tale fase cronologica.

897 K 24338 (tav. 60)
QO2F, F2006, EQ1139/1140, Sondage 1, Ab. 14.
Lu: 2.7cm; La: 2.7cm; S: 0.6cm.
Colori: impasto: marrone 10YR 6/3; nucleo: grigio 10YR 4/1; sup. int: grigio-marrone 10YR 5/1; sup. est: marrone 10YR 6-7/3; dec: marrone scuro 10YR 3/4.
Impasto: C: tenero; DS: molto depurato; DI: grandi; Del: L0; Mod: tornio lento.
Fr. di parete di forma chiusa di medie dimensioni. All'esterno, rivestimento omogeneo. Superficie lucidata.
NAS: Rivestimento omogeneo lucidato.
Datazione contesto: ca. 570 – 540 a.C.
Datazione relativa: seconda metà VIII sec. – 570 a.C.
Bibliografia: inedito.
Osservazioni: uno dei pochi fr. di questa tipologia ceramica, ancora attestata all'interno dello strato di seconda fase dell'edificio. Le sue dimensioni ed il suo stato di conservazione potrebbero indicare che la forma non fosse più in uso durante tale fascia cronologica.

898 K 24623 (tav. 60)
QO2F, F2006, EQ1140, Sondage 2, Ab. 26.
Lu: 4.0cm; La: 3.7cm; S: 1.2-1.3cm.
Colori: impasto: beige 7.5YR 7/4; nucleo: grigio 10YR 4/1; sup. int: beige 7.5YR 7/4; sup. est: beige 5YR 7/4; dec: arancione-marrone 2.5YR 5/6.
Impasto: C: tenero; DS: molto depurato; DI: grandi; Del: L2; Mod: tornio lento.
Fr. di parete di forma chiusa di grandi dimensioni (anfora?). All'esterno, tra collo e spalla tre linee incise orizzontali parallele seguite da un fregio a cerchielli concentrici impressi con resti di rivestimento. Superficie esterna lucidata.
NAS: Incisa e impressa con rivestimento omogeneo lucidato.
Datazione contesto: ca. 570 – 540 a.C.
Datazione relativa: seconda metà VIII sec. – 570 a.C.
Bibliografia: inedito.
Osservazioni: uno dei pochi fr. di questa tipologia ceramica, ancora attestata all'interno dello strato di seconda fase dell'edificio. Le sue dimensioni ed il suo stato di conservazione potrebbero indicare che la forma non fosse più in uso durante tale fascia cronologica.

899 K 23879 (tav. 60)
QO2F, F2006, EQ1139/1140, Sondage 1, Ab. 7.
Lu: 4.7cm; La: 5.3cm; S: 1.0-1.1cm.
Colori: impasto: beige-rosso 5YR 7/6; nucleo: grigio 5YR 5/1; sup. int: beige-rosso 5YR 7/6; sup. est: beige-rosso 5YR 7/4; dec: arancione-marrone 5YR 6/6.
Impasto: C: tenero; DS: molto depurato; DI: grandi; Del: L1; Mod: tornio lento.
Fr. di parete di forma chiusa di grandi dimensioni. All'esterno, resti di larga banda con due onde quasi parallele a risparmio. Onde rese per asportazione del colore con un pennello o un lembo di tessuto. Superficie lisciata.
NAS: Dipinta monocroma ; Decorazione lineare opaca (-).
Datazione contesto: ca. 570 – 540 a.C.
Datazione relativa: ultimo quarto VII sec. – 550/540 a.C.
Bibliografia: inedito.

900 K 24306 (tav. 60)
QO2F, F2006, EQ1139/1140, Sondage 1, Ab. 13.
Lu: 3.8cm; La: 4.1cm; S: 0.9cm.
Colori: impasto: beige 10YR 8/3; nucleo: grigio 10YR 6/1; sup. int: beige 10YR 8/1; sup. est: beige 10YR 8/2.
Impasto: C: tenero; DS: molto depurato; DI: grandi; Del: L2; Mod: tornio lento.
Fr. di parete di forma chiusa di grandi dimensioni. All'esterno, nella parte superiore, triangoli con il vertice rivolto verso l'alto e delimitati da solchi incisi campiti da tremoli, o linee oblique; lo strumento utilizzato da una parte è liscio, dall'altra presenta delle dentellature che ne determinano l'aspetto di motivo a tremolo. Il medesimo strumento è utilizzato nel registro sottostante, per un triangolo composto da più linee tangenti con il vertice verso l'alto. Privo d'incrostazione biancastra all'interno della decorazione. Superficie esterna lisciata.
NAS: Incisa e impressa senza rivestimento.
Datazione contesto: ca. 570 – 540 a.C.
Datazione relativa: ultimo quarto VII sec. – 460/450 a.C.
Bibliografia: inedito.

901 K 24336 (tav. 60)
QO2F, F2006, EQ1139/1140, Sondage 1, Ab. 14.
Lu: 3.5cm; La: 3.2cm; S: 0.5cm.
Colori: impasto: marrone-rosso 7.5YR 4/4;

sup. int: grigio scuro 10YR 4/1; sup. est: grigio scuro 10YR 4/1.
Impasto: C: duro; DS: estremamente depurato; DI: piccoli; Del: mica, bianchi, grigi, vacuoli, tutto estremamente omogeneo e di piccole dimensioni; Mod: tornio veloce.
Fr. di parete di forma chiusa di medie dimensioni. All'esterno, linea orizzontale incisa e resti di due riquadri delimitati da linee incise oblique campiti da linee a tremolo oblique impresse. Priva di incrostazione biancastra all'interno della decorazione supplementare. Superficie esterna estremamente ben lisciata, ma non lucidata.
NAS: Incisa e impressa senza rivestimento.
Datazione contesto: ca. 570 – 540 a.C.
Datazione relativa: ultimo quarto VII sec. – 460/450 a.C.
Bibliografia: inedito.
Confronti: Cooper 2007, 89 no. 24992 (Monte Polizzo).
Osservazioni: esempio di produzione in "incisa e impressa senza rivestimento" supplementare e incrostazione biancastra. D'impasto e aspetto diversi rispetto alla grande quantità di ceramica dello stesso tipo attestata all'interno del contesto. Verosimilmente proveniente da un altro centro di produzione indigeno.

902 K 23881 (tav. 60)
QO2F, F2006, EQ1139/1140, Sondage 1, Ab. 7.
Lu: 3.2cm; La: 4.6cm; Dm: ca. 20-26cm; S: 0.6cm.
Colori: impasto: marrone 7.5YR 6/4; nucleo: grigio 7.5YR 6/1; sup. int: marrone 7.5YR 6/3; sup. est: indet; ing: beige 7.5YR 8/2; dec: nero 10YR 2/1 rosso scuro 10R 3/4.
Impasto: C: semiduro; DS: molto depurato; DI: grandi; Del: L5; Mod: tornio lento.
Fr. di parete di forma chiusa di piccole-medie dimensioni, globulare, brocca? All'esterno, banda orizzontale nera seguita da un motivo a cerchiello concentrico violaceo tangente una breve linea obliqua nera. Tracce di altre tre linee oblique nere. Il motivo a cerchiello è stato dipinto grazie all'utilizzo di un compasso, come è visibile dal punto d'appoggio del compasso al centro della decorazione. Le due circonferenze sono tuttavia state eseguite in tecniche diverse: quella esterna, al compasso, quella interna invece, a mano libera.
NAS: Dipinta bicroma.
Datazione contesto: ca. 570 – 540 a.C.
Datazione relativa: secondo quarto VI sec. – 460/450 a.C.
Bibliografia: inedito.
Osservazioni: esempio di reperto a decorazione dipinta che utilizza due miscele di ocre argillose per creare una decorazione bicroma. Attestazione più antica del tipo, insieme a **903,** sulla totalità dei contesti presi in considerazione.

903 K 32497 (tav. 60)
QO2F, F2006, EQ1139/1140, Sondage 1, Ab. 4W.
Lu: 4.8cm; La: 3.1cm; S: 0.3cm.
Colori: impasto: beige 10YR 7/1-2; sup. int: beige 10YR 8/2; sup. est: beige 10YR 8/2; dec: giallo 7.5YR 7/4 rosso scuro 2.5YR 3/6.
Impasto: C: duro; DS: estremamente depurato; DI: medi; Del: L4; Mod: tornio veloce.
Fr. di parete di forma aperta di piccole-medie dimensioni. All'esterno, banda gialla racchiusa da due bande bordeaux orizzontali. All'interno, linea gialla racchiusa tra due linee bordeaux dipinte.
NAS: Dipinta bicroma.
Datazione contesto: ca. 570 – 540 a.C.
Datazione relativa: secondo quarto VI sec. – 460/450 a.C.
Bibliografia: inedito.
Osservazioni: esempio di reperto a decorazione dipinta che utilizza due miscele di ocre argillose per creare una decorazione bicroma. Attestazione più antica del tipo, insieme a **902,** sulla totalità dei contesti presi in considerazione.

CONTESTO QO1/2 (ca. 630/620 – 540 a.C.)

904 K 22576 (tav. 60)
QO1/2F, F2004, EQ1139, Sondage, Ab. 6EII/2.
Lu: 4.2cm; La: 4.5cm; S: 1.3-1.7cm.
Colori: impasto: beige 7.5YR 7/4; nucleo: grigio 10YR 4/1; sup. int: beige 7.5YR 7/4; sup. est: beige 7.5YR 7/4; dec: marrone scuro 10YR 3/2.
Impasto: C: tenero; DS: molto depurato; DI: grandi; Del: L2; Mod: tornio lento.
Fr. di parete di forma chiusa di grandi dimensioni. All'esterno, nella parte superiore, fregio di cerchielli concentrici impressi delimitati da tre linee orizzontali incise e seguite da campi romboidali. Quest'ultimi sono a loro volta delimitati da linee oblique incise tangenti e campite da tremoli obliqui impressi. Resti di incrostazione bianca all'interno delle decorazioni. Tracce di rivestimento omogeneo all'esterno. Superficie lucidata.
NAS: Incisa e impressa con rivestimento omogeneo lucidato.
Datazione contesto: ca. 630/620 – 540 a.C.
Datazione relativa: seconda metà VIII sec. – 570 a.C.
Bibliografia: inedito.
Osservazioni: uno dei pochi fr. di questa tipologia ceramica ancora attestata all'interno dello strato di prima o seconda fase dell'edificio. Le sue dimensioni ed il suo stato di conservazione indicano chiaramente la sua natura residuale rispetto allo stato di conservazione degli altri reperti con impasti analoghi.

905 K 22669 (tav. 60)
QO1/2F, F2004, EQ1139, Sondage, Ab. 10W.
Lu: 3.1cm; La: 2.4cm; Dm est: 22cm; S: 0.7cm; H: 2.4cm.
Colori: impasto: marrone 7.5YR 7/4; nucleo: grigio 7.5YR 4/1; sup. int: grigio-marrone 10YR 5/1; sup. est: grigio-marrone 10YR 5/1; dec: marrone scuro 7.5YR 3/4; beige 7.5YR 7/3.
Impasto: C: tenero; DS: molto depurato; DI: grandi; Del: L0; Mod: tornio lento.
Fr. d'orlo ingrossato e parete rientrante di fruttiera o scodella. All'esterno, tre solchi orizzontali incisi larghi 0.4cm di profondità diverse. Sia all'interno che all'esterno, rivestimento diluito risultante di due tonalità diverse. Superfici lucidate.
NAS: Incisa con rivestimento omogeneo lucidato.
Datazione contesto: ca. 630/620 – 540 a.C.
Datazione relativa: seconda metà VIII sec. – 570 a.C.
Bibliografia: inedito.
Osservazioni: uno dei pochi fr. di questa tipologia ceramica ancora attestata all'interno dello strato di prima o seconda fase dell'edificio. Le sue dimensioni ed il suo stato di conservazione indicano chiaramente la sua natura residuale rispetto allo stato di conservazione degli altri reperti con impasti analoghi.

906 K 22612 (tav. 60)
QO1/2F, F2004, EQ1139, Sondage, Ab. 9E.
Lu: 6.5cm; La: 3.8cm; Dm est: 11cm; S: 0.5-0.6cm.
Colori: impasto: grigio 7.5YR 5/1; sup. int: marrone-rosso 2.5YR 6/6; sup. est: marrone-rosso 2.5YR 6/4.
Impasto: C: duro; DS: molto depurato; DI: medi; Del: omogeneo grigio, compatto, pochi vacuoli allungati, mica, rossi arrotondati, grigi sfaldati; Mod: tornio veloce.
Fr. di parete di forma chiusa. All'esterno, teoria di "S" impresse seguite da due solchi incisi ben marcati, banda acroma e nuovamente due solchi incisi ben marcati. Superficie lisciata.
NAS: Incisa e impressa senza rivestimento.
Datazione contesto: ca. 630/620 – 540 a.C.
Datazione relativa: ultimo quarto VII sec. – 460/450 a.C.
Bibliografia: inedito.
Osservazioni: esempio di produzione in "incisa e impressa senza rivestimento" supplementare e incrostazione biancastra. D'impasto e aspetto diversi rispetto alla grande quantità di ceramica dello stesso tipo attestata all'interno del contesto. Proveniente da un altro centro di produzione indigeno?

907 K 22592 (tav. 60)
QO1/2F, F2004, EQ1139, Sondage, Ab. 8E.
Lu: 4.2cm; La: 5.0cm; Dm int: 6.0cm; S: 0.5-0.6cm.
Colori: impasto: grigio 7.5YR 5/1; sup. int: marrone 5YR 6/6; sup. est: marrone 5YR 6/6.
Impasto: C: duro; DS: estremamente depurato; DI: piccoli; Del: vacuoli, grigi sfaldati, grigi scuri di forma arrotondata; Mod: tornio veloce.

Fr. di collo di forma chiusa. All'esterno, resti di due fasci d linee oblique tangenti incise. Nella parte superiore è visibile la lisciatura all'interno del collo. Superficie esterna lisciata.
NAS: Incisa senza rivestimento.
Datazione contesto: ca. 630/620 – 540 a.C.
Datazione relativa: ultimo quarto VII sec. – 460/450 a.C.
Bibliografia: inedito.
Osservazioni: esempio di produzione in "incisa senza rivestimento" supplementare e incrostazione biancastra. D'impasto e aspetto diversi rispetto alla grande quantità di ceramica dello stesso tipo attestata all'interno del contesto. Proveniente da un altro centro di produzione indigeno?

908 K 22743 (tav. 61)
QO1/2F, F2004, EQ1139, Sondage, Ab. Steinsturz 6.
Lu: 4.6cm; La:4.3cm; S: 0.7-0.8cm.
Colori: impasto: marrone-rosso 5YR 4/6; nucleo: grigio 10YR 4/1; sup. int: marrone scuro 7.5YR 4/2; sup. est: grigio scuro 10YR 4/2.
Impasto: C: duro; DS: estremamente depurato; DI: medi; Del: mica e bianchi puntiformi; Mod: tornio veloce.
Fr. di parete di forma chiusa di grandi dimensioni. All'esterno motivo a sigma paralleli delimitati da due linee incise orizzontali seguite da fascio di quattro linee oblique tangenti ad altre linee oblique formanti delle punte laterali. Superficie esterna lisciata.
NAS: Incisa e impressa senza rivestimento.
Datazione contesto: ca. 630/620 – 540 a.C.
Datazione relativa: ultimo quarto VII sec. – 460/450 a.C.
Bibliografia: inedito.
Confronti: Spatafora – Fresina 1991, 19 no. 21 (Monte Maranfusa).
Osservazioni: esempio di produzione in "incisa senza rivestimento" supplementare e incrostazione biancastra. D'impasto e aspetto diversi rispetto alla grande quantità di ceramica dello stesso tipo attestata all'interno del contesto. Proveniente verosimilmente da un altro centro di produzione indigeno.

909 K 22693 (tav. 61)
QO1/2F, F2004, EQ1139, Sondage, Ab. Steinsturz 3.
Lu: 4.5cm; La: 3.4cm; S: 0.5cm.
Colori: impasto: marrone-rosso 7.5YR 4/4; nucleo: grigio 7.5YR 3/2; sup. int: grigio scuro 10YR 4/1; sup. est: grigio scuro 10YR 4/1.
Impasto: C: duro; DS: estremamente depurato; DI: medi Del: solo un filo sottile al nucleo dell'impasto di un altro colore, altrimenti molto omogeneo e finemente depurato, grandi bianchi calcarei, altrimenti tutto di piccolissime dimensioni, mica, vacuoli; Mod: tornio veloce.
Fr. di parete di forma indeterminata. Nella parte esterna centrale, grande motivo a cerchielli concentrici (Dm est: 2.2cm, senza cresta) crestato esteriormente (Dm est: 3cm, con cresta) contornato a sua volta da due piccoli cerchi concentrici impressi (Dm: 1.1cm). Superficie lisciata.
NAS: Incisa e impressa senza rivestimento.
Datazione contesto: ca. 630/620 – 540 a.C.
Datazione relativa: ultimo quarto VII sec. – 460/450 a.C.
Bibliografia: inedito.
Confronti: Spatafora 1991, 19 no. 21 (Monte Maranfusa).
Osservazioni: esempio di produzione in "incisa e impressa senza rivestimento" supplementare e incrostazione biancastra. D'impasto e aspetto diversi rispetto alla grande quantità di ceramica dello stesso tipo attestata all'interno del contesto. Proveniente verosimilmente da un altro centro di produzione indigeno.

910 K 32442 (tav. 61)
QO1/2F, F2004, EQ1139, Sondage, Ab. Steinsturz 1.
Lu: 3.1cm; La: 2.6cm; S: 0.5cm.
Colori: impasto: beige 5YR 7/4; sup. int: beige 7.5YR 8/4; sup. est: beige 7.5YR 8/4.
Impasto: C: tenero; DS: molto depurato; DI: medi; Del: L1; Mod: a mano?
Fr. di parete forma chiusa. All'esterno, decorazione a solchi tangenti, abbastanza larghi senza incrostazione e senza resti di rivestimento. All'interno molto irregolare, modellato a mano? Superficie lisciata.
NAS: Incisa senza rivestimento.
Datazione contesto: ca. 630/620 – 540 a.C.
Datazione relativa: ultimo quarto VII sec. – 460/450 a.C.
Bibliografia: inedito.
Osservazioni: esempio di produzione in "incisa senza rivestimento" supplementare e incrostazione biancastra. Rispecchia la qualità attestata dalla maggior parte dei materiali provenienti dai contesti rispecchianti questa tipologia decorativa. Verosimilmente di produzione locale.

911 K 22707 (fig. 59 tav. 61)
QO1/2F, F2004, EQ1139, Sondage, Ab. Steinsturz 5.
Lu: 16.5cm; La: 12.3cm; S: 0.6-1.0cm.
Colori: impasto: beige 10YR 8/3; nucleo: grigio 10YR 7/1; sup. int: beige 10YR 8/3; sup. est: beige 10YR 8/3; dec: marrone 10YR 4/3.
Impasto: C: tenero; DS: molto depurato; DI: medi; Del: L2; Mod: tornio lento.
Sei fr. combacianti di parete di forma chiusa di grandi dimensioni. All'esterno, larga banda orizzontale evanida, con resti di motivo ad onda risparmiata resa per asportazione del colore con un pennello o un lembo di tessuto. Da questa banda parte, da un lato, un'altra banda perpendicolare ad essa con resti evanidi dello stesso motivo ad onda risparmiata. Superficie lisciata.
NAS: Dipinta monocroma ; Decorazione lineare opaca (-).
Datazione contesto: ca. 630/620 – 540 a.C.
Datazione relativa: ultimo quarto VII sec. – 550/540 a.C.
Bibliografia: inedito.

912 K 32455 (tav. 61)
QO1/2F, F2004, EQ1139, Sondage, Ab. Steinsturz 6.
Lu: 12.3cm; La: 7.4cm; Dm: 31cm; S: 0.8-1.0cm.
Colori: impasto: beige 7.5YR 6/6; nucleo: grigio 7.5YR 5/1; sup. int: beige 10YR 7-8/4; sup. est: beige 10YR 7-8/4; dec: arancione-marrone 2.5YR 5/6-8.
Impasto: C: tenero; DS: molto depurato; DI: medi; Del: L2; Mod: tornio lento.
Due fr. combacianti di parete di forma aperta di grandi dimensioni, bacino o mortaio. All'interno, resti di larga banda con motivo ad onde intrecciate risparmiate rese per asportazione del colore con un pennello o un lembo di tessuto. Tracce di bruciato più o meno al centro della decorazione. All'esterno, tracce di colore; motivo indet. Superfici lisciate.
NAS: Dipinta monocroma ; Decorazione lineare opaca (-).
Datazione contesto: ca. 630/620 – 540 a.C.
Datazione relativa: ultimo quarto VII sec. – 550/540 a.C.
Bibliografia: inedito.

CONTESTO QAREA (ca. ultimo quarto VII sec. – 550 a.C.)

913 K 21979 (tav. 61)
QAREA, F2003, Agora550/551/552, Ab. 605W.
Lu: 5.5cm; La: 4.0cm; S: 0.5-0.9cm.
Colori: impasto: grigio 7.5YR 5/1; sup. int: grigio 7.5YR 6/3; sup. est: beige 7.5YR 8/2; dec: marrone 7.5YR 4/3.
Impasto: C: duro; DS: molto depurato; DI: grandi; Del: inclusi grigi scuri e marrone-rosso (*chamotte*?) fino a più di 2mm, bianchi puntiformi fino a 1mm, rosati puntiformi e particelle nere puntiformi, vacuoli puntiformi e allungati; Mod: tornio lento.
Fr. di parete con attacco d'ansa di una forma chiusa. Tre linee verticali e resti di un motivo vegetale stilizzato arcuato. Superficie esterna ingubbiata e lisciata.
NAS: Dipinta monocroma.
Datazione contesto: *t.a.q.* ca. 550 a.C. (ca. ultimo quarto VII – prima metà VI sec. a.C.).
Datazione relativa: ultimo quarto VII sec. – 460/450 a.C.
Bibliografia: Montana et al. 2021, 15 no. K 21979 tabb. 3. 6 (PPG-I).
Confronti: per la decorazione, da QAREA: K 28421 (*fuori catalogo*).

914 K 21988 (tav. 61)
QAREA, F2003, Agora550/551/552, Ab. 608E.
Lu: 5.4cm; La: 3.5cm; S: 0.6cm.
Colori: impasto: beige-arancione 7.5YR 6/2; sup. int: beige-rosso 5YR 7/4; sup. est: beige-rosso 5YR 7/4; dec: rosso 2.5YR 4/6.

Impasto: C: duro; DS: estremamente depurato; DI: grandi; Del: L2; Mod: tornio lento.
Fr. di parete di forma chiusa. Sulla superficie esterna, motivo ad onde parallele verticali tangenti dipinte. Superficie esterna lisciata.
NAS: Dipinta monocroma.
Datazione contesto: *t.a.q.* ca. 550 a.C. (ca. ultimo quarto VII – prima metà VI sec. a.C.).
Datazione relativa: ultimo quarto VII sec. – 460/450 a.C.
Bibliografia: inedito.

915 K 22009 (tav. 61)
QAREA, F2003, Agora550/551/552, Ab. 608W.
Lu: 6.4cm; La: 6.2cm; S: 1.4-1.7cm.
Colori: impasto: grigio-marrone 10YR 4/1 e 5/2; sup. int: grigio-marrone 10YR 4/1 e 5/2; sup. est: grigio-marrone 10YR 4/1 e 5/2.
Impasto: C: duro; DS: medio depurato; DI: molto grandi; Del: L0; Mod: tornio lento.
Fr. di parete di grande forma chiusa, vista la quasi assoluta assenza di concavità del reperto. Sulla superficie esterna, una serie orizzontale di cinque cerchi con all'interno un punto impresso e delimitati, sopra e sotto, da quattro linee incise. Incrostazioni biancastre all'interno delle decorazioni. Superficie lisciata.
NAS: Incisa e impressa senza rivestimento.
Datazione contesto: *t.a.q.* ca. 550 a.C. (ca. ultimo quarto VII – prima metà VI sec. a.C.).
Datazione relativa: ultimo quarto VII sec. – 550/540 a.C.
Bibliografia: inedito.
Confronti: per la stampiglia ad impressione: Leighton 1993, 165 no. 27 tav. 67 (*bowl*); 192 no. 347 tavv. 45. 114 (*bowl*); 194 no. 375 tav. 117 (*bowl*).

916 K 22034 (fig. 58 tav. 61)
QAREA, F2003, Agora550/551/552, Ab. Steinpackung II.
Lu: 7.6cm; La: 6.0cm; S: 0.5-0.6cm.
Colori: impasto: beige 10YR 7/4; sup. int: beige 10YR 8/2; sup. est: beige 10YR 8/2; dec: rosso scuro 2.5YR 3/3, arancione-giallo 10YR 6/6.
Impasto: C: duro; DS: molto depurato; DI: medi; Del: L3; Mod: tornio lento.
Tre fr. combacianti di parete di una forma chiusa. Sulla superficie esterna banda orizzontale arancione-gialla e due motivi a cerchi concentrici (tre cerchi e un punto al centro) rosso scuro effettuati con un compasso. Unica miscela di ocre.
NAS: Dipinta monocroma.
Datazione contesto: *t.a.q.* ca. 550 a.C. (ca. ultimo quarto VII – prima metà VI sec. a.C.).
Datazione relativa: ultimo quarto VII sec. – 460/450 a.C.
Bibliografia: inedito.
Confronti: per la decorazione: Campisi 2003, 217. 219 nn. D 328. D 331 fig. 202; Gargini 1995, 121 no. 22 fig. 11.

917 K 22047 (tav. 61)
QAREA, F2003, Agora550/551/552, Ab. 610E.
Lu: 7.3cm; La: 6.6cm; S: 1.0cm.
Colori: impasto: marrone 7.5YR 7/4; nucleo: grigio 10YR 6/2; sup. int: arancione 2.5YR 7/8 e 7/6-4; sup. est: arancione 2.5YR 7/8 e 7/6-4; dec: arancione-rosso 2.5YR 5-6/6.
Impasto: C: duro; DS: molto depurato; DI: grandi; Del: L1; Mod: tornio lento.
Due fr. combacianti di parete di forma chiusa di grandi dimensioni, vista l'assenza quasi totale di convessità. Sulla superficie esterna, dall'alto verso il basso: banda orizzontale marrone nero, banda risparmiata, banda orizzontale arancione-rossa dipinta con motivo ad onda risparmiata, resa per asportazione del colore preesistente con un pennello o un lembo di tessuto. Unica miscela di ocre utilizzata in densità diverse.
NAS: Dipinta monocroma ; Decorazione lineare opaca (-).
Datazione contesto: *t.a.q.* ca. 550 a.C. (ca. ultimo quarto VII – prima metà VI sec. a.C.).
Datazione relativa: ultimo quarto VII sec. – 460/450 a.C.
Bibliografia: inedito.

918 K 22073 (tav. 61)
QAREA, F2003, Agora550/551/552, Ab. 604E.
Lu: 5.5cm; La: 4.4cm; S: 1.0cm.
Colori: impasto: grigio 5YR 5/1; sup. int: beige 5YR 7/6; sup. est: beige 5YR 7/6.
Impasto: C: tenero; DS: molto depurato; DI: grandi; Del: L1; Mod: tornio lento.
Fr. di parete di una forma aperta di grandi dimensioni, vaso da mescita? Sulla superficie esterna, due file di motivi a cerchielli concentrici dentati orizzontali impressi, in alto, linea orizzontale incisa. Privo di rivestimento o incrostazioni biancastre all'interno della decorazione. Superficie interna ed esterna lisciata.
NAS: Incisa e impressa senza rivestimento.
Datazione contesto: *t.a.q.* ca. 550 a.C. (ca. ultimo quarto VII – prima metà VI sec. a.C.).
Datazione relativa: ultimo quarto VII sec. – 460/450 a.C.
Bibliografia: inedito.
Confronti: Vassallo 1999b, 123 no. 50 fig. 137; Spatafora 2003c, 135 no. I 102 fig. 148.

919 K 22092 (tav. 61)
QAREA, F2003, Agora550/551/552, Ab. 607E.
Lu: 7.5cm; La: 4.0cm; S: 0.5-0.7cm.
Colori: impasto: beige 7.5YR 6/1; sup. int: beige 2.5YR 7/6; sup. est: beige 2.5YR 7/6; dec: rosso 2.5YR 5/6.
Impasto: C: duro; DS: molto depurato; DI: medi; Del: L1; Mod: tornio lento.
Due fr. combacianti di parete di forma chiusa. Sulla superficie esterna, due linee verticali campite da un motivo a linee di zig-zag parallele orizzontali dipinte.
NAS: Dipinta monocroma.
Datazione contesto: *t.a.q.* ca. 550 a.C. (ca. ultimo quarto VII – prima metà VI sec. a.C.).
Datazione relativa: ultimo quarto VII sec. – 460/450 a.C.
Bibliografia: inedito.

920 K 22133 (fig. 59 tav. 61)
QAREA, F2003, Agora550/551/552, Ab. Steinpackung IV.
Lu: 7.5cm; La: 4.3cm; S: 0.6-0.7cm.
Colori: impasto: beige 7.5YR 6/6; sup. int: beige 5YR 7/4; sup. est: beige 5YR 7/4; dec: rosso 2.5YR 4-5/6.
Impasto: C: duro; DS: medio depurato; DI: medi; Del: L1; Mod: tornio lento.
Fr. di parete di forma chiusa. Sulla superficie esterna, resti di due bande orizzontali dipinte. Quella inferiore presenta un motivo ad onda risparmiata resa per asportazione del colore preesistente con un pennello o un lembo di tessuto.
NAS: Dipinta monocroma ; Decorazione lineare opaca (-).
Datazione contesto: *t.a.q.* ca. 550 a.C. (ca. ultimo quarto VII – prima metà VI sec. a.C.).
Datazione relativa: ultimoq quarto VII sec. – 550/540 a.C.
Bibliografia: inedito.

921 K 22270 (fig. 59 tav. 61)
QAREA, F2003, Agora550/551/552, Ab. Steinpackung III.
Lu: 5.9cm; La: 4.6cm; S: 1.3cm.
Colori: impasto: beige 2.5YR 7/2; sup. int: beige-rosso 5YR 7/4; sup. est: beige-rosso 5YR 7/4; dec: rosso 2.5YR 5/6 e 5/4.
Impasto: C: duro; DS: estremamente depurato; DI: molto grandi; Del: L1; Mod: tornio lento.
Fr. di parete di forma chiusa. Sulla superficie esterna, banda orizzontale dipinta con motivo ad onda risparmiata resa per asportazione del colore preesistente. In questo caso il colore non sembra essere stato asportato da un pennello o un lembo di tessuto, bensì da uno strumento rigido quale un bastoncino in legno con punta arrotondata. I margini della decorazione sono netti.
NAS: Dipinta monocroma ; Decorazione lineare opaca (-).
Datazione contesto: *t.a.q.* ca. 550 a.C. (ca. ultimo quarto VII – prima metà VI sec. a.C.).
Datazione relativa: ultimo quarto VII sec. – 500/490 a.C.
Bibliografia: inedito.

922 K 22307 (tav. 61)
QAREA, F2003, Agora550/551/552, Ab. 607W.
Lu: 4.5cm; La: 4.0cm; S: 1.4cm.
Colori: impasto: grigio 10YR 4/1; sup. int: marrone 7.5YR 5/4; sup. est: marrone 7.5YR 5/4; dec: marrone-rosso 5YR 5/4.
Impasto: C: tenero; DS: molto depurato; DI: molto grandi; Del: L0; Mod: tornio lento.
Fr. di parete di forma chiusa. Sulla superficie esterna, dall'alto verso il basso: serie di linee a tremolo orizzontali impresse, tre linee orizzontali incise, superficie risparmiata, altre tre linee orizzontali incise e

resti di tre motivi a cerchielli concentrici impressi. Incrostazioni bianche all'interno delle decorazioni. Resti di rivestimento all'esterno, lucidato.
NAS: Incisa e impressa con rivestimento omogeneo lucidato.
Datazione contesto: *t.a.q.* ca. 550 a.C. (ca. ultimo quarto VII – prima metà VI sec. a.C.).
Datazione relativa: seconda metà VIII sec. – 570 a.C.
Bibliografia: inedito.

923 K 22311 (tav. 61)
QAREA, F2003, Agora550/551/552, Ab. 607W.
Lu: 9.3cm; La: 9.4cm; S: 1.1-1.5cm.
Colori: impasto: grigio-beige 10YR 8/3; sup. int: grigio-beige 10YR 7/1; dec: arancione-rosso 5YR 7-6-5/8 e 4/6.
Impasto: C: tenero; DS: estremamente depurato; DI: grandi; Del: L2; Mod: tornio lento.
Due fr. combacianti di parete di forma chiusa. Rivestimento non omogeneo sulla superficie esterna. Superficie lisciata.
NAS: Rivestimento non omogeneo opaco.
Datazione contesto: *t.a.q.* ca. 550 a.C. (ca. ultimo quarto VII – prima metà VI sec. a.C.).
Datazione relativa: seconda metà VIII sec. – 570 a.C.
Bibliografia: inedito.

924 K 27919 (tav. 61)
QAREA, F2003, Agora550/551/552, Ab. 604E.
Lu: 2.5cm; La: 1.7cm; S: 0.6cm.
Colori: impasto: grigio 7.5YR 4/4; nucleo: grigio 7.5YR 4/2; sup. int: marrone 7.5YR 5/3; sup. est: marrone 7.5YR 5/3; dec: marrone 7.5YR 3/3.
Impasto: C: tenero; DS: medio depurato; DI: grandi; Del: L0; Mod: a mano.
Fr. di parete probabilmente riferibile ad una forma chiusa (parte interna mal conservata). Sulla superficie esterna, due linee orizzontali incise e resti di tre motivi a cerchielli concentrici dentellati impressi. Incrostazioni biancastre all'interno delle decorazioni. Resti minimi di rivestimento all'esterno. Superficie lucidata.
NAS: Indet: Incisa e impressa con rivestimento lucidato (omogeneo? Non omogeneo?).
Datazione contesto: *t.a.q.* ca. 550 a.C. (ca. ultimo quarto VII – prima metà VI sec. a.C.).
Datazione relativa: seconda metà VIII sec. – 570 a.C.
Bibliografia: inedito.

925 K 27920 (tav. 61)
QAREA, F2003, Agora550/551/552, Ab. 604E.
Lu: 2.6cm; La: 2.8cm; S: 0.7-0.8cm.
Colori: impasto: grigio-marrone 10YR 5/2; sup. int: marrone 5YR 6/6; dec: marrone 5YR 4-5/2.
Impasto: C: tenero; DS: medio depurato; DI: piccoli; Del: L0; Mod: tornio lento.
Fr. di parete di forma chiusa. Sulla superficie esterna, e resti di una linea orizzontale incisa e di un'altra obliqua, entrambe campite da tre linee a tremolo impresse. Incrostazioni biancastre all'interno delle decorazioni. Rivestimento omogeneo all'esterno. Superficie lucidata.
NAS: Incisa e impressa con rivestimento omogeneo lucidato.
Datazione contesto: *t.a.q.* ca. 550 a.C. (ca. ultimo quarto VII – prima metà VI sec. a.C.).
Datazione relativa: seconda metà VIII sec. – 570 a.C.
Bibliografia: inedito.

926 K 27927 (tav. 61)
QAREA, F2003, Agora550/551/552, Ab. 607W.
Lu: 3.4cm; La: 3.5cm; S: 0.6-0.7cm.
Colori: impasto: grigio 7.5YR 4/1; sup. int: arancione-marrone 7.5YR 6/6; dec: marrone-rosso 2.5YR 5/4.
Impasto: C: tenero; DS: molto depurato; DI: grandi; Del: relativamente compatto, saltuari grigi di forma arrotondata fino a 2mm, altrimenti impasto molto omogeneo con inclusioni di piccole dimensioni. Clasti calcarei longitudinali, rari bianchi puntiformi, saltuari vacuoli di forma allungata; Mod: a mano.
Fr. di parete di forma chiusa. All'esterno, due motivi a cerchielli concentrici impressi delimitati sopra e sotto da linee orizzontali incise. Incrostazioni biancastre all'interno delle decorazioni. Rivestimento omogeneo all'esterno. Superficie lucidata.
NAS: Incisa e impressa con rivestimento omogeneo lucidato.
Datazione contesto: *t.a.q.* ca. 550 a.C. (ca. ultimo quarto VII – prima metà VI sec. a.C.).
Datazione relativa: seconda metà VIII sec. – 570 a.C.
Bibliografia: inedito.

927 K 27963 (tav. 61)
QAREA, F2003, Agora550/551/552, Ab. Steinpackung IV.
Lu: 4.3cm; La: 3.0cm; S: 0.4-0.8cm.
Colori: impasto: grigio 7.5YR 6/1; sup. int: beige 7.5YR 7/4; sup. est: beige 7.5YR 7/4.
Impasto: C: duro; DS: molto depurato; DI: medi; Del: L2; Mod: tornio lento.
Fr. di parete di forma chiusa. All'esterno, linea verticale incisa e un fascio di linee a tremolo impresse. Tracce di incrostazioni biancastra all'interno delle decorazioni. Superficie esterna lisciata
NAS: Incisa e impressa senza rivestimento.
Datazione contesto: *t.a.q.* ca. 550 a.C. (ca. ultimo quarto VII – prima metà VI sec. a.C.).
Datazione relativa: ultimo quarto VII sec. – 550/540 a.C.
Bibliografia: inedito.

928 K 27964 (tav. 61)
QAREA, F2003, Agora550/551/552, Ab. Steinpackung IV.
Lu: 3.9cm; La: 1.7cm; S: 0.4-0.6cm.
Colori: impasto: grigio 7.5YR 5/2; sup. int: beige 7.5YR 7/4; sup. est: beige 7.5YR 7/4.
Impasto: C: tenero; DS: medio depurato; DI: medi; Del: L2; Mod: tornio lento.
Fr. di parete di forma aperta. Sulla superficie esterna, probabili triangoli penduli incisi campiti da un motivo impresso a tremoli orizzontali. Tracce di incrostazioni biancastre all'interno delle decorazioni. Superfici lisciate.
NAS: Incisa e impressa senza rivestimento.
Datazione contesto: *t.a.q.* ca. 550 a.C. (ca. ultimo quarto VII – prima metà VI sec. a.C.).
Datazione relativa: ultimo quarto VII sec. – 550/540 a.C.
Bibliografia: inedito.

929 K 28420 (tav. 61)
QAREA, F2003, Agora550/551/552, Ab. Steinpackung V.
Lu: 6.3cm; La: 5.4cm; S: 0.4-0.5cm.
Colori: impasto: beige-giallo 7.5YR 6/1; sup. int: beige 7.5YR 8/3; sup. est: beige 7.5YR 8/3; dec: arancione 5YR 4/6.
Impasto: C: duro; DS: estremamente depurato; DI: grandi; Del: L2; Mod: tornio lento.
Fr. di parete di forma chiusa. All'esterno, fascio di linee verticali dipinte tangenti ad una banda orizzontale con motivo ad onda risparmiata resa per asportazione del colore preesistente con un pennello o un lembo di tessuto. Al di sotto, zona risparmiata e banda orizzontale dipinta. Superficie esterna lisciata.
NAS: Dipinta monocroma ; Decorazione lineare opaca (-).
Datazione contesto: *t.a.q.* ca. 550 a.C. (ca. ultimo quarto VII – prima metà VI sec. a.C.).
Datazione relativa: ultimo quarto VII sec. – 550/540 a.C.
Bibliografia: inedito.

930 K 28421 (tav. 61)
QAREA, F2003, Agora550/551/552, Ab. Steinpackung V.
Lu: 3.4cm; La: 2.6cm; S: 0.3-0.4cm.
Colori: impasto: beige-marrone 7.5YR 5/3; sup. int: beige-marrone 7.5YR 5/3; ing: beige 2.5YR 8/2; dec: marrone 10YR 4/1.
Impasto: C: duro; DS: molto depurato; DI: grandi; Del: compatto e relativamente omogeneo. Numerosi bianchi puntiformi e saltuariamente ad angoli arrotondati (fino a 1.5mm), grigi ad angoli arrotondati (fino a 2mm), presenza di *chamotte*, vacuoli puntiformi; Mod: tornio lento.
Fr. di collo di forma chiusa probabilmente riferibile ad una brocca di piccole dimensioni. Banda orizzontale dipinta e resti di due motivi vegetali stilizzati arcuati. Superficie esterna ingubbiata e lisciata.
NAS: Dipinta monocroma.
Datazione contesto: *t.a.q.* ca. 550 a.C. (ca. ultimo quarto VII – prima metà VI sec. a.C.).
Datazione relativa: ultimo quarto VII sec. – 460/450 a.C.
Bibliografia: inedito.

931 K 28542 (tav. 61)
QAREA, F2003, Agora550/551/552, Ab. 608W.
Lu: 4.2cm; La: 3.5cm; S: 0.7-0.8cm.
Colori: impasto: grigio: 10YR 4/1; sup. int:

beige-rosso 10YR 8/4; dec: arancione-rosso 5YR 5/4.
Impasto: C: tenero; DS: molto depurato; DI: grandi; Del: numerosi inclusi di forma squadrata e puntiformi neri, vacuoli puntiformi; Mod: a mano.
Fr. di parete di forma chiusa. Sulla superficie esterna, decorazione a flabelli con trattamento della superficie lucidata. Ceramica piumata proveniente dalla parte centro-occidentale dell'isola?
NAS: Piumata (?).
Datazione contesto: *t.a.q.* ca. 550 a.C. (ca. ultimo quarto VII – prima metà VI sec. a.C.).
Datazione relativa: seconda metà VIII sec. – 550/540 a.C.
Bibliografia: inedito.
Confronti: per forme chiuse con decorazione piumata: Leighton 1993, 168 no. 61 tavv. 31. 71 (*amphora*); 169 no. 72 tav. 73 (*jar*); 175 no. 152 tavv. 34. 83 (*amphora*); 177–178 no. 182 tavv. 37. 88 (jug); 178 nn. 184–185 tavv. 38. 90 (*amphorae*); Spatafora 2003d, 108 no. P 86 fig. 122 (anfora [?]).

932 K 28553 (tav. 61)
QAREA, F2003, Agora550/551/552, Ab. Steinpackung III.
Lu: 5.1cm; La: 4.4cm; S: 0.8-0.9cm.
Colori: impasto: grigio GLEY 2 2.5/5PB; sup. int: grigio-nero GLEY 2 5/5PB.
Impasto: C: duro; DS: estremamente depurato; DI: piccoli; Del: vacuoli puntiformi; Mod: a mano.
Due fr. combacianti di parete di una forma chiusa. All'esterno steccato. Cottura riducente.
Impasto buccheroide.
NAS: Acroma lucidata.
Datazione contesto: *t.a.q.* ca. 550 a.C. (ca. ultimo quarto VII – prima metà VI sec. a.C.).
Datazione relativa: seconda metà VIII sec. – 630/620 a.C.
Bibliografia: inedito.

933 K 21989 (tav. 61)
QAREA, F2003, Agora550/551/552, Ab. 608E.
Lu: 7.4cm; La: 5.5cm; S: 0.8cm.
Colori: impasto: beige-giallo 7.5YR 7/3; sup. int: beige 7.5YR 8/2; sup. est: beige 7.5YR 8/2; dec: arancione-marrone 7.5YR 5/6; marrone più scuro 7.5YR 4/6.
Impasto: C: duro; DS: molto depurato; DI: medi; Del: L2; Mod: tornio lento.
Fr. di parete di forma chiusa probabilmente riferibile ad un'anfora o ad un'idria. Decorazione in origine effettuata grazie a due miscele di ocre argillose diverse, visibili grazie allo stato di conservazione differente delle linee e delle bande orizzontali dipinte. Nella parte inferiore del fr., resti di linee verticali. Superficie esterna lisciata.
NAS: Dipinta bicroma.
Datazione contesto: *t.a.q.* ca. 550 a.C. (ca. ultimo quarto VII – prima metà VI sec. a.C.).
Datazione relativa: secondo quarto VI sec. – 460/450 a.C.
Bibliografia: inedito.

CONTESTO QAEO1F (ca. fine VII sec. – 500/490 a.C.)

934 K 32543 (tav. 62)
QAEO1F, F1995, Agora565, Ab. 110.
Lu: 5.8cm; La: 4.3cm; Dm: ca. 9cm; S: 0.5-0.6cm.
Colori: impasto: arancione-marrone 5/7.5YR 7/4; sup. int: arancione-marrone 7.5YR 7/4; sup. est: arancione-marrone 7.5YR 7/4; dec: nero 10YR 3/2; rosso scuro 2.5YR 3/6.
Impasto: C: semiduro; DS: molto depurato; DI: medi; Del: L5; Mod: tornio lento.
Fr. di collo di forma chiusa di piccole-medie dimensioni, brocca? All'esterno, motivo ad onda orizzontale rosso scuro racchiusa tra resti di due linee, o bande (?) orizzontali nere. Superficie lisciata.
NAS: Dipinta bicroma.
Datazione contesto: *t.a.q.* ca. 500/490 a.C. (ca. fine VII sec. – 500/490 a.C.).
Datazione relativa: secondo quarto VI sec. – 460/450 a.C.
Bibliografia: inedito.

935 K 32544 (tav. 62)
QAEO1F, F1995, Agora565, Ab. 110.
Lu: 4.5cm; La: 3.8cm; S: 0.6cm.
Colori: impasto: beige-marrone 10YR 6/3; nucleo: grigio 10YR 6/1; sup. int: beige 10YR 7/2; sup. est: beige-marrone 10YR 8/2; ing: beige 10YR 8/2; dec: nero 10YR 3/1; rosso scuro 2.5YR 3/6.
Impasto: C: duro; DS: estremamente depurato; DI: grandi; Del: L4; Mod: tornio veloce.
Fr. di parete leggermente convessa di forma chiusa di piccole-medie dimensioni, brocca? Dall'alto verso il basso: banda orizzontale nera con motivo ad onda resa a risparmio (e due linee orizzontali parallele rosse scure. Sotto, si sviluppano in direzioni opposte oblique delle linee nere. Superficie lisciata.
NAS: Dipinta bicroma ; Decorazione lineare opaca (-).
Datazione contesto: *t.a.q.* ca. 500/490 a.C. (ca. fine VII sec. – 500/490 a.C.).
Datazione relativa: secondo quarto VI sec. a.C.
Bibliografia: inedito.

936 K 32545 (tav. 62)
QAEO1F, F1995, Agora565, Ab. 110.
Lu: 4.2cm; La: 4.3cm; S: 0.4-0.7cm.
Colori: impasto: marrone chiaro 7.5YR 6/4; sup. int: marrone chiaro 10YR 7/4; sup. est: marrone chiaro 10YR 8/3; dec: nero 10YR 2/1; marrone-rosso 2.5YR 3/6.
Impasto: C: duro; DS: estremamente depurato; DI: medi; Del: L4; Mod: tornio veloce.
Fr. parete, spalla di forma chiusa di piccole-medie dimensioni, brocca? Dall'alto verso il basso: linea orizzontale nera diluita dalla quale partono delle linee rosse (quasi delle bande) verticali di breve lunghezza e tangenti ad una linea orizzontale nera diluita, dalla quale si sviluppano, a loro volta, cinque listelli verticali neri saturi. Superficie lisciata.
NAS: Dipinta bicroma.
Datazione contesto: *t.a.q.* ca. 500/490 a.C. (ca. fine VII sec. – 500/490 a.C.).
Datazione relativa: secondo quarto VI sec. – 460/450 a.C.
Bibliografia: inedito.

937 K 32554 (tav. 62)
QAEO1F, F1995, Agora565, Ab. 111.
Lu: 5.9cm; La: 4.7cm; S: 0.6-1.1cm.
Colori: impasto: arancione-marrone 5YR 6/6; nucleo: grigio 10YR 4/1; sup. int: arancione-marrone 5YR 6/4; sup. est: arancione-marrone 5YR 6/4.
Impasto: C: semiduro; DS: estremamente depurato; DI: medi; Del: compatto, saltuari bianchi calcarei, grigi di forma squadrata, radi rossi puntiformi, vacuoli allungati; Mod: tornio veloce.
Tre fr. combacianti di spalla di forma chiusa di grandi dimensioni. Tra due solchi incisi orizzontali, motivo a triangoli con vertici verso l'alto campiti da quadrati di piccole dimensioni con spigoli netti (impressioni da conchiglia?). Resti di incrostazione biancastra all'interno delle decorazioni. Superficie lisciata.
NAS: Incisa e impressa senza rivestimento.
Datazione contesto: *t.a.q.* ca. 500/490 a.C. (ca. fine VII sec. – 500/490 a.C.).
Datazione relativa: ultimo quarto VII sec. – 550/540 a.C.
Bibliografia: inedito.

938 K 16711 (tav. 62)
QAEO1F, F1995, Agora565, Ab. 116.
Lu: 6.1cm; La: 6.1cm; S: 1.5-1.6cm.
Colori: impasto: marrone 7.5YR 6/4; nucleo: grigio 7.5YR 4/1; sup. int: bruciato; sup. est: beige 7.5YR 7/4.
Impasto: C: duro; DS: molto depurato; DI: grandi; Del: L0; Mod: a mano.
Fr. di parete di forma chiusa di grandi dimensioni. Superficie interna mal conservata con tracce di bruciato? All'esterno, riquadri delimitati da doppi solchi campiti. Sopra, resti di linee incise oblique tangenti. Sotto, fascia campita da sigma impressi. Privo di incrostazioni bianche all'interno delle decorazioni. Superficie esterna lisciata.
NAS: Incisa e impressa senza rivestimento.
Datazione contesto: *t.a.q.* ca. 500/490 a.C. (ca. fine VII sec. – 500/490 a.C.).
Datazione relativa: ultimo quarto VII sec. – 460/450 a.C.
Bibliografia: inedito.

939 K 32611 (tav. 62)
QAEO1F, F1995, Agora565, Ab. 116.
Lu: 5.3cm; La: 4.0cm; S: 0.2cm.
Colori: impasto: beige-rosso 5YR 7/4; nucleo: marrone-grigio 10YR 7/1; sup. int: beige 5YR 7/4; sup. est: beige 5YR 7/4.
Impasto: C: duro; DS: molto depurato; DI: grandi; Del: L1; Mod: a mano.
Fr. di parete di forma chiusa di grandi dimensioni. Due linee quasi perpendico-

lari tangenti l'una all'altra e formanti un triangolo o un trapezio campiti da linee a tremolo oblique impresse. Attingitoio di grandi dimensioni? Forma chiusa con triangolo a clessidra? Leggermente lisciato all'interno. Resti di incrostazioni bianche all'interno delle decorazioni.
NAS: Incisa e impressa senza rivestimento.
Datazione contesto: *t.a.q.* ca. 500/490 a.C. (ca. fine VII sec. – 500/490 a.C.).
Datazione relativa: ultimo quarto VII sec. – 550/540 a.C.
Bibliografia: inedito.

940 K 32614 (tav. 62)
QAEO1F, F1995, Agora565, Ab. 117.
Lu: 5.0cm; La: 4.8cm; S: 1.2cm.
Colori: impasto: arancione-beige 7.5YR 7/4; nucleo: grigio 10YR 5/1; sup. int: beige 7.5YR 7/4; sup. est: beige 7.5YR 7/4; dec: arancione 2.5YR 6/6.
Impasto: C: semiduro; DS: estremamente depurato; DI: grandi; Del: L1; Mod: tornio lento.
Due fr. combacianti di parete di forma chiusa (?) oppure aperta di grandi dimensioni, forse un vaso da mescita? All'esterno, da due linee incise orizzontali si sviluppano, verso l'alto e verso il basso, due motivi a triangoli incisi antistanti e campiti da linee a tremolo oblique impresse. Resti di rivestimento omogeneo su tutta la superficie esterna. Resti di incrostazione biancastra all'interno delle decorazioni. Superficie esterna lisciata.
NAS: Incisa e impressa con rivestimento omogeneo opaco.
Datazione contesto: *t.a.q.* ca. 500/490 a.C. (ca. fine VII sec. – 500/490 a.C.).
Datazione relativa: seconda metà VII sec. – 550/540 a.C.
Bibliografia: inedito.

941 K 32618 (tav. 62)
QAEO1F, F1995, Agora565, Ab. 118.
Lu: 4.6cm; La: 2.5cm; S: 1.0cm.
Colori: impasto: beige-rosso 5YR 6/6; nucleo: grigio 5YR 6/1; sup. int: beige-rosso 5YR 7/4; sup. est: beige-rosso 7.5YR 7/4.
Impasto: C: duro; DS: molto depurato; DI: medi; Del: L1; Mod: tornio lento.
Fr. di vasca di attingitoio (?). Resti di decorazione probabilmente a quadrati delimitati da linee sottili incise e campite da linee a tremolo. Resti di incrostazione biancastra all'interno delle decorazioni. Superfici lisciate
NAS: Incisa e impressa senza rivestimento.
Datazione contesto: *t.a.q.* ca. 500/490 a.C. (ca. fine VII sec. – 500/490 a.C.).
Datazione relativa: ultimo quarto VII sec. – 550/540 a.C.
Bibliografia: inedito.

942 K 32619 (tav. 62)
QAEO1F, F1995, Agora565, Ab. 118.
Lu: 3.7cm; La: 3.1cm; S: 1.0cm.
Colori: impasto: marrone 5YR 6/4-6; nucleo: grigio 7.5YR 4/1; sup. int: beige 5YR 6/6; sup. est: beige 5YR 6/6; dec: nero 7.5YR 3/1.
Impasto: C: tenero; DS: molto depurato; DI: grandi; Del: L2; Mod: tornio lento.
Fr. di parete forma aperta. Resti di tre cerchielli concentrici delimitati, sia verso l'alto che verso il basso, da due solchi orizzontali incisi. Sia all'interno che all'esterno tracce di rivestimento nero, omogeneo. Resti di incrostazione biancastra all'interno delle decorazioni. Superfici lucidate.
NAS: Incisa e impressa con rivestimento omogeneo lucidato.
Datazione contesto: *t.a.q.* ca. 500/490 a.C. (ca. fine VII sec. – 500/490 a.C.).
Datazione relativa: seconda metà VIII sec. – 570 a.C.
Bibliografia: inedito.

943 K 32622 (tav. 62)
QAEO1F, F1995, Agora565, Ab. 118.
Lu: 8.2cm; La: 8.9cm; S: 0.7cm.
Colori: impasto: marrone-rosso 5YR 6/6; nucleo: marrone 5YR 6/3; sup. int: marrone chiaro 7.5YR 7/3; sup. est: beige 10YR 8/2; dec: nero 2.5YR 3/1; 2.5YR 4/6.
Impasto: C: duro; DS: estremamente depurato; DI: grandi; Del: L4; Mod: tornio veloce.
Tre fr. combacianti di parete di forma chiusa, anfora/idria? Metope formate da due bande orizzontali e fasci di linee verticali nere campite da banda a "S" orientata in verticale di colore rosso scuro. Superfici lisciate.
NAS: Dipinta bicroma.
Datazione contesto: *t.a.q.* ca. 500/490 a.C. (ca. fine VII sec. – 500/490 a.C.).
Datazione relativa: secondo quarto VI sec. – 460/450 a.C.
Bibliografia: inedito.

944 K 32625 (tav. 62)
QAEO1F, F1995, Agora565, Ab. 118.
Lu: 3.4cm; La: 3.8cm; S: 0.5cm.
Colori: impasto: beige 10YR 8/2; nucleo: beige 10YR 8/3; sup. int: beige 10YR 8/2; sup. est: beige 10YR 8/2; dec: rosso 5YR 4/6; nero 2.5YR 3/1.
Impasto: C: duro; DS: estremamente depurato; DI: medi; Del: L4; Mod: tornio veloce.
Fr. di parete di forma chiusa, brocca? Da due linee sottili orizzontali nere partono altre due linee verticali rosse che delimitano un fregio a rombi neri delimitati a loro volta da due linee verticali (interne nere, esterne rosse). Superfici lisciate.
NAS: Dipinta bicroma.
Datazione contesto: *t.a.q.* ca. 500/490 a.C. (ca. fine VII sec. – 500/490 a.C.).
Datazione relativa: secondo quarto VI sec. – 460/450 a.C.
Bibliografia: inedito.

945 K 32691 A–B (tav. 62)
QAEO1F, F1995, Agora565, Ab. 111 / 115.
A: Lu: 7.7cm; La: 6.3cm; Dm: 24cm; S: 0.5-0.6cm; B: Lu: 5.3cm; La: 5.5cm; S: 0.4-0.5cm.
Colori: impasto: beige-marrone 10YR 7/4; nucleo: grigio 10YR 5/1; sup. int: beige 10YR 8/3; sup. est: beige 10YR 8/3; dec: rosso 2.5YR 3/4-6; marrone scuro 10YR 4/2.
Impasto: C: duro; DS: estremamente depurato; DI: medi; Del: L5; Mod: tornio veloce.
Due fr. (A: un fr.; B: due fr.) non combacianti di parete di forma chiusa. Dall'alto verso il basso: resti di semiarchi tangenti su una linea orizzontale rosse scure, banda acroma campita da brevi tratti verticali rossi seguita da tre linee orizzontali (la prima linea è più larga e marrone scuro, le altre due sono rosse), dall'ultima delle quali partono, sul fr. A, quattro linee verticali marroni formanti un motivo metopale. Tale motivo è campito, sul fr. A, da una linea arcuata rossa (di cui si conserva solo una traccia). Sul fr. B, stesso apparato decorativo, ad eccezione della linea arcuata nella parte inferiore. Superfici lisciate.
NAS: Dipinta bicroma.
Datazione contesto: *t.a.q.* ca. 500/490 a.C. (ca. fine VII sec. – 500/490 a.C.).
Datazione relativa: secondo quarto VI sec. – 460/450 a.C.
Bibliografia: inedito.

CONTESTO QAEO2F (ca. 500/490 – 480/470-60 a.C.)

946 K 17067 (tav. 62)
QAEO2F, F1996, Agora565, Ab. 204.
Lu: 6.9cm; La: 5.2cm; S: 1.3cm.
Colori: impasto: beige-rosso 5YR 6/6; nucleo: grigio 5YR 4/1-2; sup. int: beige-rosso 7.5YR 7/4; sup. est: beige-rosso 5YR 7/4; dec: arancione-marrone 5YR 5/8.
Impasto: C: semiduro; DS: estremamente depurato; DI: molto grandi; Del: L1; Mod: tornio lento.
Fr. di parete di forma aperta di grande dimensione, vaso da mescita? Parete ad orientamento estroflesso ben lisciata all'interno. All'esterno, dall'alto, linea orizzontale incisa, banda acroma, due linee orizzontali incise e fregio di cerchielli concentrici con piccolo difetto della stampiglia. All'esterno, tracce di rivestimento omogeneo. Privo di incrostazioni biancastre all'interno delle decorazioni. Superficie esterna lucidata.
NAS: Incisa e impressa con rivestimento omogeneo lucidato.
Datazione contesto: 500/490 – 480/470-60 a.C.
Datazione relativa: seconda metà VIII sec. – 570 a.C.
Bibliografia: inedito.

947 K 16458 (tav. 62)
QAEO2F, F1995, Agora564/567, Ab. 209.
Lu: 3.1cm; La: 4.0cm; S: 0.5cm.
Colori: impasto: marrone chiaro 7.5YR 7/3; nucleo: grigio 7.5YR 6/1; sup. int: marrone chiaro 7.5YR 7/4; sup. est: marrone chiaro 7.5YR 7/4; dec: arancione chiaro 5YR 5/6; arancione-marrone 5YR 4/4
Impasto: C: duro; DS: molto depurato; DI: medi; Del: L5; Mod: tornio lento.
Due fr. combacianti di parete di forma

chiusa di piccole dimensioni, brocca? All'esterno, fregio di quadrati, o rombi in dipinta diluita delimitati da due bande dello stesso colore ma saturo. Superficie esterna lisciata.
NAS: Dipinta monocroma.
Datazione contesto: 500/490 – 480/470-60 a.C.
Datazione relativa: ultimo quarto VII sec. – 460/450 a.C.
Bibliografia: inedito.

948 K 17068 (tav. 62)
QAEO2F, F1996, Agora565, Ab. 204.
Lu: 4.8cm; La: 3.4cm; Dm: 13cm; S: 0.4cm.
Colori: impasto: marrone chiaro 10YR 6/4; sup. int: beige 10YR 7/3; sup. est: beige 2.5Y 7-8/2; ing: beige 2.5Y 7/2; dec: marrone scuro 5YR 3/3-4.
Impasto: C: duro; DS: estremamente depurato; DI: medi; Del: vacuoli, rossi saltuari; Mod: tornio veloce.
Fr. di spalla di forma chiusa di piccole-medie dimensioni, pyxis? All'esterno, sulla spalla, resti di cinque "S" delimitate, dove cambia l'andamento della parete, da due linee orizzontali. Superfici lisciate.
NAS: Dipinta monocroma.
Datazione contesto: 500/490 – 480/470-60 a.C.
Datazione relativa: ultimo quarto VII sec. – 460/450 a.C.
Bibliografia: inedito.

949 K 32508 (tav. 62)
QAEO2F, F1996, Agora565, Ab. 106.
Lu: 5.5cm; La: 2.4cm; S: 0.3cm.
Colori: impasto: arancione 7.5YR 6/8; nucleo: grigio 7.5YR 5/1; sup. int: arancione 5YR 6/8; sup. est: beige 7.5Y 8/3; dec: marrone scuro 7.5YR 3/2; rosso 2.5YR 3/6.
Impasto: C: duro; DS: molto depurato; DI: grandi; Del: compatto. Numerosa mica, bianchi, grigi, rossi puntiformi saltuari, vacuoli arrotondati; Mod: tornio veloce.
Due fr. combacianti di spalla con attacco minimo del collo di brocca. Motivo metopale formato da linea o banda orizzontale tra collo e spalla marrone scuro dalla quale partono linee marroni e onde rosse verticali alternate tra di loro. Superficie esterna lisciata.
NAS: Dipinta bicroma.
Datazione contesto: 500/490 – 480/470-60 a.C.
Datazione relativa: secondo quarto VI sec. – 460/450 a.C.
Bibliografia: inedito.

950 K 32512 (tav. 62)
QAEO2F, F1995, Agora565, Ab. 107.
Lu: 4.9cm; La: 4.7cm; Dm: indet; S: 0.3-0.4cm; H: 4.3cm.
Colori: impasto: grigio 7.5YR 6/1; sup. int: beige-giallo 7.5YR 7/4; sup. est: beige-giallo 7.5Y 7/4; dec: arancione-marrone 5YR 5/8.
Impasto: C: tenero; DS: estremamente depurato; DI: medi; Del: L2; Mod: tornio veloce.
Fr. d'orlo di brocca trilobata. Resti di due linee abbastanza ondulate orizzontali che tracciano il contorno di una sorta di "foglia" orizzontale. Superficie lisciata.
NAS: Dipinta monocroma.
Datazione contesto: 500/490 – 480/470-60 a.C.
Datazione relativa: ultimo quarto VII sec. – 460/450 a.C.
Bibliografia: inedito.

951 K 32525 A–H (tav. 62)
QAEO2F, F1995, Agora565, Ab. 108.
A: Lu: 8.9cm; La: 9.8cm; Dm: indet; S: 0.4cm.
Colori: impasto: beige-rosso 5YR 6/6; nucleo: grigio 10YR 4/1; sup. int: beige-rosso 5YR 7/4; sup. est: beige-rosso 5Y 7/4; dec: marrone 7.5YR 3/3; rosso scuro 2.5YR 4/6.
Impasto: C: tenero; DS: estremamente depurato; DI: medi; Del: L2; Mod: tornio lento.
15 fr. totali d'orlo trilobato con ansa a nastro soprelevata di brocca. Rappresentazione di volatile? Brocca suddivisa in un motivo metopale con motivo a frangia sul collo. Decorazione di colore marrone e rosso scuro, evanida. Superficie esterna lisciata.
NAS: Dipinta bicroma.
Datazione contesto: 500/490 – 480/470-60 a.C.
Datazione relativa: secondo quarto VI sec. – 460/450 a.C.
Bibliografia: inedito.
Osservazioni: raffigurato solo il fr. A.

952 K 16984 (tav. 62)
QAEO2F, F1995, Agora565, Ab. 107.
Lu: 8.9cm; La: 9.8cm; S: 0.4cm.
Colori: impasto: beige 10YR 6/4; nucleo: grigio 10YR 5/1; sup. int: beige 7.5YR 7/3; sup. est: beige 10YR 8/3; dec: marrone 10YR 5/3; rosso scuro 2.5YR 3/6.
Impasto: C: duro; DS: estremamente depurato; DI: medi; Del: L4; Mod: tornio veloce.
Fr. di spalla con attacco del collo di brocca, probabilmente trilobata. All'esterno, tre linee orizzontali marroni delimitate da una linea obliqua. Dalle linee orizzontali partono brevi tratti verticali rossi scuri formanti un motivo a frangia. Superficie esterna lisciata.
NAS: Dipinta bicroma.
Datazione contesto: 500/490 – 480/470-60 a.C.
Datazione relativa: secondo quarto VI sec. – 460/450 a.C.
Bibliografia: inedito.

953 K 16622 (tav. 62)
QAEO2F, F1995, Agora565, Ab. 107.
Lu: 4.2cm; La: 4.5cm; Dm: 10-11cm; S: 0.4cm; H: 4.5cm.
Colori: impasto: beige 10YR 8/4; sup. int: beige 10YR 8/2; sup. est: beige 10YR 8/2; dec: nero-marrone 10YR 3/2; rosso scuro 2.5YR 3/6.
Impasto: C: tenero; DS: estremamente depurato; DI: piccoli; Del: L4; Mod: tornio veloce.
Fr. d'orlo trilobato di brocca di medio-grandi dimensioni. All'interno, larga banda orizzontale che parte dall'orlo di colore rosso-marrone sotto la quale corre una linea sottile nera parallela. All'esterno, linea nera orizzontale racchiusa entro due linee rosse. Superfici lisciate.
NAS: Dipinta bicroma.
Datazione contesto: 500/490 – 480/470-60 a.C.
Datazione relativa: secondo quarto VI sec. – 460/450 a.C.
Bibliografia: inedito.

Astragali

954 V 3552 (fig. 26)
QAEA, F2003, Agora550/551/552, Ab. 601.
Lu: 2.9cm; La: 1.8cm.
Un astragalo in osso ovino-caprino (lavorato?).
NAS: Organico: astragali.
Datazione contesto: ca. 550 – 500/490 a.C.
Bibliografia: inedito.

955 V 3558 (fig. 26)
QAEA, S2009, Agora550/551/553, Ab. 305.
Lu: 2.7cm; La: 1.7cm.
Un astragalo in osso ovino-caprino (lavorato?)
NAS: Organico: astragali.
Datazione contesto: ca. 550 – 500/490 a.C.
Bibliografia: inedito.

956 V 3553 (fig. 35)
QAE1, F2006, Agora551/EU SUD5, Ab. 6.
Lu: 3.7cm; La: 1.8cm; S: 1.9cm.
Un astragalo in osso ovino-caprino (lavorato?)
NAS: Organico: astragali.
Datazione contesto: 500/490 – 460/450 a.C.
Bibliografia: inedito.

957 V 3554 (fig. 35)
QAE1, F2006, Agora551/EU SUD5, Ab. 6.
Lu: 2.9cm; La: 1.6cm; S: 1.8cm.
Un astragalo in osso ovino-caprino (lavorato?)
NAS: Organico: astragali.
Datazione contesto: 500/490 – 460/450 a.C.
Bibliografia: inedito.

958 V 3555 (fig. 35)
QAE1, F2006, Agora551/EU SUD5, Ab. 6.
Lu: 2.6cm; La: 1.7cm.
Un astragalo in osso ovino-caprino (lavorato?)
NAS: Organico: astragali.
Datazione contesto: 500/490 – 460/450 a.C.
Bibliografia: inedito.

959 V 3557 (fig. 35)
QAE1, F2009, Agora551, Ab. 2/101.
Lu: 2.9cm; La: 1.8cm.
Un astragalo in osso ovino-caprino (lavorato?)
NAS: Organico: astragali.
Datazione contesto: 500/490 – 460/450 a.C.
Bibliografia: inedito.

7 REFERENZE E BIBLIOGRAFIA

7.1 Referenze iconografiche

Fig. 1: Google Earth (12.07.2019), con modifiche grafiche di S. Fusetti.

Figg. 2–32: Zürcher Ietas Grabung, con puntuali modifiche grafiche di S. Fusetti.

Fig. 33: Disegno R. Herzig Mötteli.

Figg. 34–39: Zürcher Ietas Grabung, con puntuali modifiche grafiche di S. Fusetti.

Fig. 40: Fotografia macroscopica, S. Fusetti.

Fig. 41: Fotografie: Zürcher Ietas Grabung (D. Aulic-Baumgartner). Impaginazione: S. Fusetti.

Fig. 42: Disegno I. Gullo sulla base di **351** (con decorazione sul fondo modificata).

Figg. 43–45: Fotografie: Zürcher Ietas Grabung. Ingrandimenti e impaginazione: S. Fusetti.

Figg. 46–56: Fotografie al microscopio, M. Palaczyk.

Figg. 57–59: Fotografie: Zürcher Ietas Grabung. Impaginazione: S. Fusetti.

Fig. 60: Grafica, S. Fusetti.

Statt. 1.1.–8.11: S. Fusetti.

Tabb. 1–10: S. Fusetti.

Appendice A.1–2: S. Fusetti.

Appendice B.1: Zürcher Ietas Grabung, con puntuali modifiche grafiche di S. Fusetti.

Appendici B.2–5: S. Fusetti.

Appendice C: Zürcher Ietas Grabung, con puntuali modifiche grafiche di S. Fusetti.

Appendice D.1–2: Zürcher Ietas Grabung, con puntuali modifiche grafiche di S. Fusetti.

Appendici D.3–6: S. Fusetti.

Appendici E.1–G.2: S. Fusetti.

Tavv. 1–110: Fotografie: Zürcher Ietas Grabung. Disegni: S. Fusetti, C. Buoite, L. Cappuccini (nn. **419. 420. 423. 424. 427. 436. 854. 849**), T. Palugyay (nn. **553. 554**), B. Ravalli (nn. **650. 732**). Digitalizzazione: S. Fusetti, B. Ravalli (nn. **650. 732**).

7.2 Bibliografia

La seguente bibliografia è basata sui criteri bibliografici secondo le direttive del Deutsches Archäologisches Institut (DAI).

Documentazione di scavo, inedita, consultabile presso l'Istituto di Archeologia, Dipartimento di Archeologia Classica dell'Università di Zurigo

FB1995
D. Käch, Fundbericht Agora, Schnitte 564/567, 565, 567/568, 25. Kampagne, Frühjahr 1995.

FB1996
D. Käch, Fundbericht Agora, Schnitte 564 (Sondage), 565 (Sondage), 565/578, 568, 578, 579 (Bereich "Oikos-Tempel". Schnitte 566/570/573/574, 577 (Bereich Südbegrenzung Agora). Schnitte 575. Reinigung Agora Sommer 1995, 26. Kampagne, Frühling 1996.

FB1997a
D. Käch, Fundbericht Agora, Schnitte 128/126 (Sondage), 569 (Sondage), 569 (Sondagen-Westerweiterung), (Bereich „Oikos-Tempel", 575, 582, 581 Reinigungen, 27. Kampagne, Frühjahr 1997.

FB1997b
D. Käch, Abtragen der Mauern im Bereich der Südbegrenzung der Agora, Absenken unter abgetragenen MA-Mauern, Abtragen MA-Mauern VII und MA-Bankett VIII, Schnitte 561/563, 562, 551/570 (Sondage), 580, 27. Kampagne, Frühjahr 1997.

FB2001a
D. Hatzikonstantinou, Fundbericht Westquartier, Schnitt 491/492, 31. Kampagne, Frühjahr 2001.

FB2001b
M. Mohr, Fundbericht Agora, Schnitte 550/551/552, 550, 578, EU Süd ½, EU Süd 5, EU Süd 9, EU Süd 11, 31. Kampagne, Frühjahr 2001.

FB2002
D. Hatzikonstantinou, Fundbericht Westquartier, Schnitte 491/492, 492, 493, 492/493, PH66, 32. Kampagne, Frühjahr 2002.

FB2003a
D. Hatzikonstantinou, Fundbericht Westquartier, Schnitt PH66, 491/492, 493, 494, 33. Kampagne, Frühjahr 2003.

FB2003b
M. Mohr, Fundbericht Agora, Schnitte 550/551/552, 550/553/560, 553/557, EU Süd 1/2, 33. Kampagne, Frühjahr 2003.

FB2004a
R. Göldi, Fundbericht Westquartier, Schnitte 491/492, 495, 496, 34. Kampagne, Frühjahr 2004.

FB2004b
M. Bürge, Fundbericht Ostquartier, Schnitte 1105/1148, 1156, 1106, 1146, 1139, 1131, 1137, 1159, 34. Kampagne, Frühjahr 2004.

FB2004c
M. Mohr, Fundbericht Agora, Schnitte 553/557, 553/557/EU Süd 9/11, EU Süd ½, 591, 565/569/578/591, 34. Kampagne, Frühjahr 2004.

FB2005a
R. Göldi, Fundbericht Westquartier, Schnitte 492, 495, 497, 35. Kampagne, Frühjahr 2005.

FB2005b
M. Mohr, Fundbericht Agora, Schnitte 553/557/EU Süd 9/11, 591, 592, EU Süd 2, 35. Kampagne, Frühjahr 2005.

FB2006a
M. Giger, Fundbericht Westquartier, Schnitte 492, 493, 493/495, 495, 495/497, 496, 497, 497/498, 498, 499, 36. Kampagne, Frühjahr 2006.

FB2006b
M. Bürge, Fundbericht Ostquartier, Schnitte 1129/1156, 1138/1139, 1139/1140, 1140, 1132/1140, 36. Kampagne, Frühjahr 2006.

FB2006c
M. Mohr, Fundbericht Agora, Schnitte 108/EU Süd ½, 550/553/557/EU Süd 9/11, 551/EU Süd 5, 592, 36. Kampagne, Frühjahr 2006.

FB2009
M. Mohr, Fundbericht Agora, Schnitte 550/551/553, 551, 551/570, EU Süd 5/9, Nachinventar F2006 (550/553/557/EU Süd 9/11), 39. Kampagne, Sommer 2009.

FB2010
M. Mohr, Fundbericht Agora, Schnitte 108/555/558, 551, 551/570, 558/596, EU Süd 9, 40. Kampagne, Sommer 2010.

FB2011
M. Mohr, Schnitt 551, Reinigung archaische Struktur Agora Süd, Nachinventar archaische Befunde Agora Süd F00/03/04/05/06/S09, 41. Kampagne, Sommer 2011.

FB2014
F. Mascherin, Fundbericht Westquartier, Schnitte 65 (PH1), 65/66 (PH1)/491/492, 491, 495/496, 497, 700, 44. Kampagne, Sommer 2014.

FB2016
F. Mascherin, Fundbericht Westquartier, Reinigung Peristylhaus 1, Reinigungen im Bereich der Sondage 480, Schnitt 497/498/700/702, Reinigung hellenestischer Tempel mit Annex, 46. Kampagne, Sommer 2016.

FB2017
A. Martinet, Fundbericht Westquartier, Schnitt 492, 47. Kampagne, Sommer 2017.

Pubblicazioni

Abadías et al. 2000
X. Aquilué Abadías – P. Castanyer i Masoliver – M Santos Retolaza – J. Tremoleda i Trilla, Les ceràmiques gregues arcaiques de la Palaià Polis d'Empòrion, in: P. Cabrera Bonet – M. Santos Retolaza (ed.), Ceràmiques jònies d'època arcaica: Centres de producció i comercialització al mediterrani occidental. Actes de la Taula Rodona Empúries 26–28.05.1999, Monografies Emporitanes 11 (Barcelona 2000) 285–346.

Adamesteanu 1958
D. Adamesteanu, Butera. Contrada Consi. Scavi e scoperte, MonAnt 44, 1958, 205–672.

Agora IV
R. H. Howland, Greek Lamps and their Survivals, Agora 4 (Princeton 1958).

Agora XII
B. A. Sparkes – L. Talcott, Black and Plain Pottery of the 6th, 5th and 4th centuries B.C, Agora 12 (Princeton 1970).

Agora XXIII
M. B. Moore – M. Z. Pease Philippides, Attic Black-Figured Pottery, Agora 23 (Princeton 1986).

Åkerström 1943
Å. Åkerström, Der geometrische Stil in Italien. Archäologische Grundlagen der frühesten historischen Zeit Italiens, Skrifter utgibna av svenska institutet i Rom. Acta instituti romani regni sueciae 9 (Uppsala 1943).

Alaimo et al. 2000
R. Alaimo – R. Giarrusso – I. Iliopoulos – G. Montana, Coppe tipo lato K480: indagini archeometriche finalizzate alla individuazione del centro di produzione, in: M. Martini – C. D'Amico – L. Fassani – G. Garagnani – S. Improta – M. Milazzo – F. Petrucci – C. Sabbioni (ed.), Atti del I congresso nazionale di Archeometria (Bologna 2000) 413–425.

Albanese Procelli 1982
R. M. Albanese Procelli, Calascibetta (Enna). La necropoli di Cozzo S. Giuseppe in Contrada Realmese, NSc 36, 1982, 425–632.

Albanese Procelli 1993
R. M. Albanese Procelli, Ripostigli di bronzi della Sicilia nel Museo Archeologico di Siracusa (Palermo 1993).

Albanese Procelli 2000
R. M. Albanese Procelli, Il repertorio vascolare della necropoli di Madonna del Piano presso Grammichele (Catania), SicA 33, 2000, 167–180.

Albanese Procelli 2001
R. M. Albanese Procelli, Gli Etruschi in Sicilia, in: G. Camporeale (ed.), Gli Etruschi fuori d'Etruria (Verona 2001) 292–303.

Albanese Procelli 2003
R. M. Albanese Procelli, Sicani, Siculi, Elimi. Forme di identità, modi di contatto e processi di trasformazione, Biblioteca di archeologia 33 (Milano 2003).

Albanese Procelli 2005
R. M. Albanese Procelli, Bucchero etrusco da Leontinoi, in: Gigli 2005, 313–316.

Albanese Procelli 2012
R. M. Albanese Procelli, La Sicilia centro-orientale dal Bronzo recente alla prima età del Ferro, in: Istituto Italiano di Preistoria e Protostoria (ed.), *Dai ciclopi agli ecisti*, 185–205.

Alfaro Giner 2010
Fishing Nets in the Ancient World: The Historical and Archaeological Evidence, in: Bekker-Nielsen – Bernal Casasola 2010, 55–81.

Allegro 1997
N. Allegro, Himera. Una fossa alto-arcaica del Quartiere Est, in: Regione Sicilia. Assessorato dei Beni culturali e ambientali e della Pubblica Istruzione (ed.), Archeologia e territorio (Palermo 1997) 251–265.

Allegro – Vassallo 1992
N. Allegro – S. Vassallo, Himera. Nuove ricerche nella città bassa (1989-1992), Kokalos 38, 1992, 79–150.

Amari 2004
S. Amari, Tipologia dei materiali, in: Rizza – Palermo 2004, 129–178.

Ampolo 2009
C. Ampolo (ed.), Immagine e immagini della Sicilia e di altre isole del Mediterraneo antico. Atti delle seste giornate internazionali di studi sull'area elima e la Sicilia occidentale nel contesto mediterraneo, Erice 12–16.10.2006 (Pisa 2009).

Amyx 1988
D. A. Amyx, Corinthian Vase-Painting of the Archaic Period (London 1988).

Amyx – Lawrence 1996
D. A. Amyx – P. Lawrence, Studies in Archaic Corinthian Vase Painting, Hesperia Suppl. 28 (Princeton 1996).

Anagnostou – Amari 2004
H. Anagnostou – S. Amari, Catalogo dei materiali, in: Rizza – Palermo 2004, 69–127.

Anello 2000
P. Anello, L'area elima tra V e IV sec. a.C., in: *Terze giornate area elima*, 13–39.

Arcelin 1978
C. Arcelin, Recherches sur la céramique grise monochrome de Provence, in: Vallet 1978, 243–247.

Arcelin-Pradelle 1984
C. Arcelin-Pradelle, La céramique grise monochrome en Provence, RANarb Suppl. 10 (Paris 1984).

Arcelin-Pradelle et al. 1982
C. Arcelin-Pradelle – B. Dedet – M. Py, La céramique grise monochrome en Languedoc oriental, RANarb 15, 1982, 19–67.

Arnold 1999
P. J. Arnold III, Tecomates, Residential Mobility, and Early Formative Occupation in Coastal Lowland Mesoamerica, in: Skibo – Feinman 1999, 159–170.

Arveiller-Dulong – Nenna 2011
V. Arveiller-Dulong – M.-D. Nenna, Les verres antiques du Musée du Louvre 3 (Paris 2011).

Bacci – Tigano 1999
G. M. Bacci – G. Tigano (ed.), Da Zancle a Messina. Un percorso archeologico attraverso gli scavi 1 (Palermo 1999).

Baitinger 2016a
H. Baitinger, Die Metallfunde aus Selinunt. Der Fundstoff aus den Grabungen des Deutschen Archäologischen Instituts auf der Agora, Sonderschriften des DAI Rom 19 (Wiesbaden 2016).

Baitinger in preparazione
H. Baitinger, Früheisenzeitliche und archaische Metallfunde vom Monte Iato, in: Mohr – Öhlinger (in preparazione).

BAPD
Beazley Archive Pottery Database, https://www.carc.ox.ac.uk/XDB/ASP/searchOpen.asp (25.06.2023).

Bats 1988
M. Bats, Vaisselle et alimentation à Olbia de Provence (v. 350 – v. 50 av. J. C.). Modèles culturels et catégories céramiques, RANarb Suppl. 18 (Paris 1988).

Bats 1990
M. Bats, En guise d'ouverture: quelques pistes de recherche, in: *Études massaliètes*, 9–12.

Beazley 1932
J. Beazley, Little-Master Cups, JHS 52, 1932, 167–204.

Bechtold 2008
B. Bechtold, Ceramica a vernice nera, in: Camerata Scovazzo 2008, 219–430.

Bekker-Nielsen – Bernal Casasola 2010
T. Bekker-Nielsen – D. Bernal Casasola, Ancient Nets and Fishing Gear. Proceedings of the International Workshop on "Nets and Fishing Gear in Classical Antiquity: A First Approach", Cadiz, November 15 –17 2007 (Aarhus 2010).

Belvedere 2010
O. Belvedere, 3. Contatto culturale e interrelazioni tra Greci e indigeni nel territorio di Himera, in: Tréziny 2010, 55–62.

Benelli et al. 1992
M. V. Benelli – M. De Cesare – M. C. Parra – M. Paoletti, La pluristratificazione insediativa sul Monte Barbaro a Segesta (Area 3000), in: Centro Studi e Documentazione sull'Area Elima (ed.). Atti delle Giornate Internazionali di Studi sull'area elima, Gibellina 19–22 settembre 1991 (Pisa 1992) 99–109.

Benson 1960
J. L. Benson, The Ampersand Painter, AJA 64, 1960, 281–283.

Bernabò-Brea 1958
L. Bernabò-Brea, La Sicilia prima dei greci, Uomo e Mito 1 (Milano 1958).

Bernabò-Brea – Cavalier 1980
B. Bernabò-Brea – M. Cavalier, L'acropoli di Lipari nella preistoria, Meligunis Lipara 4 = Pubblicazioni del Museo Eoliano di Lipari (Palermo 1980).

Bernal Casasola 2010
D. Bernal Casasola, Fishing Tackle in Hispania: Reflections, Proposals and First Results, in: Bekker-Nielsen – Bernal Casasola 2010, 83–137.

Bertucchi 1990
G. Bertucchi, Les amphores massaliètes à Marseille: les différentes productions, in: *Études massaliètes*, 15–20.

Bertucchi 1992
G. Bertucchi, Les amphores et le vin de Marseille. VIe s. avant J.-C. – IIe s. après J.-C., RANarb Suppl. 25 (Paris 1992).

Biagini 2008a
C. Biagini, La ceramica a decorazione geometrica dipinta, in: Camerata Scovazzo 2008, 143–174.

Biagini 2008b
C. Biagini, Lucerne, in: Camerata Scovazzo 2008, 605–631.

Bîrzescu 2012
I. Bîrzescu, Die archaischen und frühklassischen Transportamphoren, Histria 15 (Bucarest 2012).

Blakeway 1932-1933
A. Blakeway, Prolegomena to the Study of Greek Commerce with Italy, Sicily and France in the Eighth and Seventh Centuries B.C., BSA 33, 1932/1933, 170–208.

Blasetti Fantauzzi 2018
C. Blasetti Fantauzzi, Tra Elimi e Greci. La ceramica di età arcaica dai contesti di fondazione della cinta muraria di Erice, Analysis Archeologica 3 (Roma 2018).

Bloesch 1940
H. Bloesch, Formen attischer Schalen von Exekias bis zum Ende des Strengen Stils (Bern 1940).

Bloesch – Isler 1972
H. Bloesch – H. P. Isler, Zürcher Ietas-Grabung, AntK 15, 1972, 33–39.

Blondé 1983
F. Blondé, Greek Lamps from Thorikos, Miscellanea Graeca 6 (Gent 1983).

Boardman – Hayes 1966
J. Boardman – J. Hayes, Excavations at Tocra 1963-1965. The Archaic Deposits I, BSA Suppl. 4 (Oxford 1966).

Boardman – Hayes 1973
J. Boardman – J. Hayes, Excavation at Tocra 1963-1965. The Archaic Deposits II and Later Deposits, BSA Suppl. 10 (Oxford 1973).

Boldrini 1994
S. Boldrini, Le ceramiche ioniche, Gravisca 4 (Bari 1994).

Boldrini 2000
S. Boldrini, Coppe ioniche e altro: una produzione occidentale a Gravisca, in: P. Cabrera Bonet – M. Santos Retolaza (ed.), Ceràmiques jònies d'època arcaica: Centres de producció i comercialització al mediterrani occidental. Actes de la Taula Rodona Empúries 26-28.05.1999, Monografies Emporitanes 11 (Barcelona 2000) 101–110.

Brann 1956
E. Brann, A Well of the "Corinthian" Period Found in Corinth, Hesperia 25, 1956, 350–374.

Brijder 1983
H. A. G. Brijder, Siana Cups I and Komast Cups, Allard Pierson Series 4 (Amsterdam 1983).

Broneer 1938
O. Broneer, Excavations on the North Slope of the Acropolis 1937, Hesperia 7, 1938, 161–263.

Bruni 2009
S. Bruni, Le ceramiche corinzie ed etrusco-corinzie, Gravisca 2 (Bari 2009).

Burgio 2012
A. Burgio, La Sicilia centro-settentrionale tra Himera e Mylae: ipotesi di lettura sulle dinamiche storico-topografiche del territorio, in: Panvini – Sole 2012, 161–171.

Burow 2000
J. Burow, Attisch schwarzfigurige Keramik, in: E. Kunze-Götte – J. Heiden – J. Burow (ed.), Archaische Keramik aus Olympia, OF 28 (Berlin 2000) 199–316.

Caflisch 1991
R. B. Caflisch, Die Firniskeramik vom Monte Iato. Funde 1971-1982, Studia Ietina 4 (Zürich 1991).

Calderone 1985
A. Calderone, L'abitato, in: E. De Miro (ed.), Greci e *indigeni* nella valle dell'Himera. Scavi a Monte Saraceno di Ravanusa, Messina 14.04.–09.05. 1985 (Messina 1985) 67–152.

Caltabiano – Spagnoli 2010
A. Caltabiano – F. Spagnoli, Mozia: la ceramica fenicia arcaica dal sondaggio stratigrafico III nella zona D, in Mozia 2010, 117–149.

Camera 2015
M. Camera, Le coppe di tipo ionico del deposito votivo di piazza San Francesco

a Catania. Alcune riflessioni tra tipologia, produzione e dinamiche territoriali, in: F. Nicoletti (ed.), Catania Antica. Nuove prospettive di ricerca (Palermo 2015) 179–201.

Camera 2018
M. Camera, La ceramica di Licodia Eubea. Forme, decorazione, interpretazione di una classe ceramica indigena nella Sicilia arcaica, Thiasos Monografie 12 (Rom 2018).

Camerata Scovazzo 2008
R. Camerata Scovazzo (ed.), Segesta III. Il sistema difensivo di Porta di Valle (Scavi 1990-1993), Documenti di Archeologia 48 (Trapani 2008).

Campisi 1997
L. Campisi, La Montagnola di Marineo. La ceramica indigena a decorazione dipinta, in: Regione Sicilia. Assessorato dei Beni culturali e ambientali e della Pubblica Istruzione (ed.), Archeologia e territorio (Palermo 1997) 147–152.

Campisi 2003
L. Campisi, La ceramica indigena a decorazione geometrica dipinta, in: Spatafora 2003a, 157–228.

Canzanella 1993
M. G. Canzanella, L'insediamento rurale nella regione di Entella dall'età arcaica al VII sec. d. C., in: Nenci 1993, 197–338.

Carta Geologica d'Italia
ISPRA (Istituto Superiore per la Protezione e la Ricerca Ambientale, Servizio Geologico d'Italia), Organo Cartografico dello Stato (Legge 68 del 2.2.1960), Carta Geologica d'Italia, dai rilevamenti geologici 1:10'000, Partinico F. 594, Corleone foglio 607 (dalla Carta 1:50'000 dell'I.G.M), www.isprambiente.gov.it/Media/carg/607_CORLEONE/Foglio.html (17.04.2019).

Castellana 2000
G. Castellana, Nuovi dati sull'insediamento di Montagnoli presso Menfi, in: *Terze giornate area elima*, 263–271.

Cavalier 1985
M. Cavalier, Les amphores du VIe aus IVe siècle dans les fouilles de Lipari, Cahiers des Amphores archaïques et classiques 1 = Cahiers du Centre Jean Bérars 11 (Napoli 1985).

Cherici 1988
A. Cherici, Ceramica etrusca della collezione Poggiali di Firenze, Archaeologica 79 (Roma 1988).

Cilia 1980-1981
E. Cilia, Cozzo Matrice - Scavi 1979. Aspetti e problemi di una ricerca su un centro *indigeno* ellenizzato, Kokalos 26/27, 2, 1980/1981, 613–619.

Cohen 2006
B. Cohen, Entries 90–99 in: B. Cohen (ed.), The Colors of Clay. Special Techniques in Athenian Vases. Catalogo della mostra Malibu (Los Angeles 2006) 300–316.

Coleman Carter 1998
J. Coleman Carter (ed.), The Necropoleis, The Chora of Metaponto 2 (Austin 1998).

Colonna – Peribeni 1970
G. Colonna – E. Peribeni, La ceramica e gli atri rinvenimenti, in: Santa Severa (Roma). Scavi del santuario etrusco di Pyrgi (1959-1967), NSc 24, Suppl., 1970, 234–249.

Cooper 2007
J. M. Cooper, Traditions in Profile: A Chronological Sequence of Western Sicilian Ceramics (7th-6th c. BC) (Diss. State University of New York at Buffalo 2007).

Corinth IV, 2
O. Broneer, Terracotta Lamps, Corinth 4,2 (Cambridge 1930).

Corinth VII, 1
S. S. Weinberg, The Geometric and Orientalizing Pottery, Corinth 7, 1 (Cambridge 1943).

Corinth VII, 2
D. A. Amyx – P. Lawrence, Archaic Corinthian Pottery and the Anaploga Well, Corinth 7, 2 (Princeton 1975).

Corinth VII, 5
M. K. Risser, Corinthian Conventionalizing Pottery, Corinth 7, 5 (Princeton 2001).

Corinth XIII
C. W. Blegen – H. Palmer – R. S. Young, The North Cemetery, Corinth 13 (Princeton 1964).

Corinth XV, 3
A. N. Stillwell – J. L. Benson, The Potters' Quarter. The Pottery, Corinth 15, 3 (Princeton 1984).

Corinth XVIII, 7
N. Bookidis – E. G. Pemberton, The Sanctuary of Demeter and Kore. The Greek Lamps and Offering Trays, Corinth 18, 7 (Princeton 2015).

Cuomo di Caprio 1985
N. Cuomo di Caprio, La ceramica in archeologia. Antiche tecniche di lavorazione e moderni metodi d'indagine, La fenice 6 (Roma 1985).

Cuomo di Caprio 2007
N. Cuomo di Caprio, Ceramica in archeologia 2. Antiche tecniche di lavorazione e moderni metodi di indagine, StA 144 (Roma 2007).

Cuozzo et al. 2006
M. Cuozzo – B. d'Agostino – L. Del Verme, Cuma. Le fortificazioni 2. I materiali dai terrapieni arcaici (Napoli 2006).

CVA Berlin DDR 1
E. Rohde, Corpus Vasorum Antiquorum, Deutsche Demokratische Republik 3, Staatliche Museen zu Berlin, Antikensammlung 1 (Berlin 1990).

CVA Berlin 6
C. Dehl-von Kaenel, Corpus Vasorum Antiquorum, Deutschland 53, Berlin, Antikenmuseum 6 (München 1986).

CVA Berlin 17
N. Zimmermann-Elseify, Corpus Vasorum Antiquorum, Deutschland 102, Berlin, Antikensammlung 17 (München 2017).

CVA Caltagirone 1
G. Giada, Corpus Vasorum Antiquorum, Italia 76, Caltagirone - Museo della Ceramica, Collezione Russo-Perez 1 (Roma 2012).

CVA Ferrara 2
S. Patitucci, Corpus Vasorum Antiquorum, Italia 48, Museo Archeologico Nazionale di Ferrara 2 (Roma 1971).

CVA Gela 2
M. Cristofani Martelli, Corpus Vasorum Antiquorum, Italia 53, Museo Archeologico Nazionale di Gela, Collezione Navarra 2 (Roma 1973).

CVA Gela 3
F. Giudice, Corpus Vasorum Antiquorum, Italia 54, Museo Archeologico Nazionale di Gela 3, Collezione Navarra (Roma 1974).

CVA Malibu 2
A. J. Clark, Corpus Vasorum Antiquorum, United States of America 25, Malibu, The J. Paul Getty Museum 2 (Malibu 1990).

CVA Napoli 6
M. Borriello, Corpus Vasorum Antiquorum, Italia 71, Museo Nazionale di Napoli 6, Collezione Spinelli 2 (Roma 2003).

CVA Omaha 1
A. Steiner, Corpus Vasorum Antiquorum, United States of America 21, Joslyn Art Museum 1, Omaha, Nebraska (Omaha 1986).

CVA Oxford 2
J. D. Beazley – H.G.G. Payne – E. R. Price, Corpus Vasorum Antiquorum, Great Britain 9, Oxford 2, Ashmolean Museum (Oxford 1931).

CVA Palermo Mormino 1
J. de La Genière, Corpus Vasorum Antiquorum, Italia 50, Palermo, Collezione Mormino Banco di Sicilia 1 (Roma 1971).

CVA Paris Biblio 1
S. Lambrino, Corpus Vasorum Antiquorum, France 7, Paris – Bibliothèque Nationale 1 (Paris 1928).

CVA RGZM 1
A. Büsing-Kolbe, Corpus Vasorum Antiquorum, Deutschland 42, Mainz, Römisch-Germanisches Zentralmuseum 1 (München 1977).

CVA Stuttgart 1
E. Kunze-Gotte, Corpus Vasorum Antiquorum, Deutschland 26, Stuttgart, Württembergisches Landesmuseum 1 (München 1965).

CVA St. Petersburg 7
A. Bukina, Corpus Vasorum Antiquorum, Russia 14, The State Hermitage Museum St. Petersburg 7 (Roma 2009).

CVA St. Petersburg 9
A. Bukina, Corpus Vasorum Antiquorum, Russia 16, The State Hermitage Museum St. Petersburg 9 (Roma 2009).

CVA St. Petersburg 10
A. Petrakova, Corpus Vasorum Antiquorum, Russia 18, The State Hermitage Museum St. Petersburg 10 (Roma 2009).

CVA St. Petersburg 12
A. Bukina, Corpus Vasorum Antiquorum, Russia 21, The State Hermitage Museum St. Petersburg 12 (Roma 2008).

CVA Zürich 2
S. Buzzi, Corpus Vasorum Antiquorum, Schweiz 9, Zürich, Öffentliche Sammlungen 2 (Basel 2014).

Dai ciclopi agli Ecisti
Istituto Italiano di Preistoria e Protostoria (ed.), Dai ciclopi agli ecisti. Società e territorio nella Sicilia preistorica e protostorica. Atti della XLI riunione scientifica, San Cipirello (PA) 16–19 novembre 2006 (Firenze 2012).

Dalcher 1994
K. Dalcher, Das Peristylhaus 1 von Iaitas: Architektur und Baugeschichte, Studia letina 6 (Zürich 1994).

De Cesare 1994
M. De Cesare, Entella. Relazione preliminare delle campagne di scavo 1990-1991. SAS 15, AnnPisa 24/1, 1994, 235–246.

De Cesare et al. 1994
M. De Cesare – C. A. Di Noto – M. Gargini, Entella. Relazione preliminare delle campagne di scavo 1990-1991. Edificio ellenistico (SAS 3), AnnPisa 24/1, 1994, 153–192.

de La Genière 1975
J. de La Genière, Saggi sull'acropoli di Selinunte. Relazione preliminare, Kokalos 21, 1975, 68–107.

de La Genière 1988
J. de La Genière, Alla ricerca di Segesta arcaica, AnnPisa 18/2, 1988, 287–316.

De Simone 2003
R. De Simone, Oggetti fittili, terrecotte, metalli, oggetti in pietra, astragali d'osso, in: Spatafora 2003a, 347–378.

Dehl-von Kaenel 1995
C. Dehl-von Kaenel, Die archaische Keramik aus dem Malophoros-Heiligtum in Selinunt. Die korinthischen, lakonischen, ostgriechischen, etruskischen und megarischen Importe sowie die „argivische-monochrome" und lokale Keramik aus den alten Grabungen (Berlin 1995).

Del Vais 2003
C. Del Vais, La ceramica a figure nere, a figure rosse e a vernice nera, in: Spatafora 2003a, 307–346.

Denaro 2003a
M. Denaro, Ceramica greco-orientale e classi di produzione coloniale, in: Spatafora 2003a, 281–299.

Denaro 2003b
M. Denaro, Le lucerne, in: Spatafora 2003a, 301–306.

Di Maggio et al. 2015
C. Di Maggio – G. Madonia – M. Vattano, Inquadramento geologico, in: C. Trombi (ed.), La ceramica indigena decorata della Sicilia occidentale. Tipologia e produzione (Mantova 2015) 21–24.

Di Noto 1995
C. A. Di Noto, La ceramica indigena a decorazione geometrica incisa e impressa, in: *Entella I*, 77–110.

Di Sandro 1990
N. Di Sandro, Aspetti quantitativi e tipologici delle anfore marsigliesi in Magna Grecia e Sicilia, in: *Études massaliètes*, 235–239.

Di Stefano 1993-1994
G. Di Stefano, Il relitto di Punta Braccetto (Camarina), gli emporia e i relitti di età arcaica lungo la costa meridionale della Sicilia, Kokalos 39/40, *1993/1994, 111–141.*

Di terra in terra
Sopraintendenza per i beni culturali e ambientali di Palermo (ed.), Di terra in terra. Nuove scoperte archeologiche nella provincia di Palermo, Catalogo della mostra Palermo (Palermo 1991).

Diehl 1964
E. Diehl, Die Hydria. Formgeschichte und Verwendung im Kult des Altertums (Mainz 1964).

Dusinberre 1999
E. R. M. Dusinberre, Satrapal Sardis: Achaemenid Bowls in Achaemenid Capital, AJA 103, 1999, 73–102.

Entella I
G. Nenci (ed.), Entella I (Pisa 1995).

Études massaliètes
M. Bats, Les amphores de Marseille grecque. Chronologie et diffusion (VIe-Ier s. av. J.-C.). Actes de la table-ronde de Lattes, 11 mars 1989, Études massaliètes 2 (Aix-en-Provence 1990).

Falsone et al. 1993
G. Falsone – C. A. Di Noto – M. J. Becker, Due tombe arcaiche da Entella, in: Nenci 1993, 157–194.

Fatta 1983
V. Fatta, La ceramica geometrica di Sant'Angelo Muxaro. Analisi e classificazione della collezione del Museo di Palermo (Palermo 1983).

Ferreri 2012
G. Ferreri, Monte D'Oro di Montelepre. La necropoli di Manico di Quarara. Nuovi dati, in: *Sicilia occidentale 2012*, 251–259.

Filippi 2012
A. Filippi, L'età del Bronzo e del Ferro nei territori di Alcamo, Erice e Trapaci, in: *Dai ciclopi agli ecisti*, 1256–1260.

Filippi 2014
A. Filippi, Preistoria e protostoria trapanese (Erice 2014).

Fiorentini 1985/1986
G. Fiorentini, La necropoli indigena di età greca di Valle Oscura (Marianopoli), QuadAMess 1, 1985/86, 31–54.
Fourmont 1981
M. Fourmont, Sélinonte. Fouille dans la région nord-ouest de la rue F, SicA 46-47, 1981, 5–26.

Fourmont 1992
M. Fourmont, Les ateliers de Sélinonte (Sicile), in: F. Blondé – J. Y. Perreault (ed.), Les ateliers de potiers dans le monde grec aux époques géométrique, archaïque et classique. Actes de la Table Ronde Athènes 2.-3. octobre 1987, BCH Suppl. 23 (Paris 1992) 57–68.

Frasca 1995
M. Frasca, Il Colle della Metapiccola (Lentini, Siracusa), in: A. M. Bietti Sestieri – M. C. Lentini – G. Voza (ed.),

Sicilia orientale ed Isole Eolie, Guide Archeologiche. Preistoria e Protostoria in Italia 12 (Forlì 1995) 419–433.

Frey-Kupper 2013
S. Frey-Kupper, Die antiken Fundmünzen vom Monte Iato 1971–1990. Ein Beitrag zur Geldgeschichte Westsiziliens, Studia Ietina 10 (Lausanne 2013).

Frielinghaus 2014
H. Frielinghaus, Red-Figured Cups in the Kerameikos, in: J. H. Oakley (ed.), Athenian Potters and Painters III (Oxford 2014) 40–48.

Fuchs 1996
J. Fuchs, Monte Iato. Die frühe einheimische Keramik. Grabungskampagnen 1971–1994 (Lizentiatsarbeit Universität Zürich 1996).

Fuchs Käch 2001
J. Fuch Käch, Vogeldarstellungen auf «Dipintakeramik» vom Monte Iato, in: S. Buzzi – D. Käch – E. Kistler – E. Mango – M. Palaczyk – O. Stefani (ed.), Zona Archeologica. Festschrift für Hans Peter Isler zum 60. Geburtstag, Antiquitas 42 (Bonn 2001) 175–182.

Fusetti 2013
S. Fusetti, Indagini da uno strato di riempimento arcaico sottostante l'agorà di Monte Iato (PA) risalente alla prima metà del VI sec. a.C.: I materiali (Masterarbeit Universität Zürich 2013).

Fusetti in preparazione
S. Fusetti, Una nuova tipologia di skyphos attico? (in preparazione).

Galli 2004
V. Galli, Le lucerne greche e locali, Gravisca 11 (Bari 2004).

Gantès 1990
L.-F. Gantès, Les amphores massaliètes à Marseille: approche quantitative, in: *Études massaliètes*, 21–23.

Gantès 2000
L.-F. Gantès, Un atelier de Grèce d'Occident à l'époque archaïque: l'exemple de Marseille, in: P. Cabrera Bonet – M. Santos Retolaza (ed.), Ceràmiques jònies d'època arcaica: Centres de producció i comercialització al mediterrani occidental. Actes de la Taula Rodona Empúries 26-28.05.1999, Monografies Emporitanes 11 (Barcelona 2000) 111–123.

Gargini 1994
M. Gargini, Entella. Relazione preliminare delle campagne di scavo 1990-1991. Ceramica indigena a decorazione geometrica dipinta e ingubbiata dalla Trincea nr. 1, AnnPisa 24/1, 1994, 132–135.

Gargini 1995
M. Gargini, La ceramica indigena a decorazione geometrica dipinta, in: *Entella I*, 111–161.

Gassner 2003
V. Gassner, Materielle Kultur und kulturelle Identität in Elea in spätarchaisch-frühklassischer Zeit. Untersuchungen zur Gefäss- und Baukeramik aus der Unterstadt (Grabungen 1987-1994), AF 8 = Velia Studien 2 (Wien 2003).

Giannopoulou 2010
M. Giannopoulou, Pithoi. Technology and History of Storage Vessels through the Ages, BAR International Series 2140 (Oxford 2010).

Gigli 1988-1989
R. Gigli, Appendice II. I saggi nelle necropoli est e ovest (1982). Relazione preliminare, in: R. M. Albanese – E. Procelli (ed.), Ramacca (Catania). Saggi di scavo nelle contrade Castellito e Montagna negli anni 1978, 1981 e 1982, NSc Suppl I (Serie 8) 42/43, 1988/1989, 151–159.

Gigli 2005
R. Gigli, ΜΕΓΑΛΑΙ ΝΗΣΟΙ. Studi dedicati a Giovanni Rizza II, Studi e materiali di archeologia mediterranea 3 (Palermo 2005).

Giglio Cerniglia et al. 2012
R. Giglio Cerniglia – G. Falsone – P. Sconzo, Nuove ricerche a Castellazzo di Poggioreale. Campagne 2008–2009, in: *Sicilia occidentale 2012*, 239–250.

Giudice – Panvini 2003
F. Giudice – R. Panvini (ed.), Il Greco, il barbaro e la ceramica attica. Immaginario del diverso, processi di scambio e autorappresentazione degli *indigeni* 2. Atti del Convegno Internazionale di Studi Catania, Caltanissetta, Gela, Camarina, Vittoria, Siracusa, 14-19 maggio 2001, Monografie della Scuola di Specializzazione in Archeologia dell'Università di Catania 2 (Roma 2003).

Giudice et al. 1992
F. Giudice – S. Tusa – S. Tusa, La collezione archeologica del Banco di Sicilia (Palermo 1992).

Goldstein 1979
S. M. Goldstein, Pre-Roman and Early Roman Glass in the Corning Museum of Glass (Corning 1979).

Gran-Aymerich 2017
J. Gran-Aymerich, Les vases de Bucchero. Le monde étrusque entre Orient et Occident, Bibliotheca Archaeologica 55 (Roma 2017).

Gras 1985
M. Gras, Trafics tyrrhéniens archaïques, BEFAR 258 (Roma 1985).

Gras 1980-1981
M. Gras, La Sicile et l'Italie centrale au VIIe siècle et dans la première moitié du VIe siècle avant J.-C, Kokalos 26/27, 1980/1981, 99–138.

Guastella 2018
C. Guastella, Approaching to the Impasto Ware of Local, Phoenician and Punic Tradition in Sicily, Sardinia, Corsica et Baleares Antiquae 16, 2018, 81–96.

Guastella 2020
C. Guastella, Le ceramiche d'impasto dalla zona D a Mozia. Aspetti socio-economici in ambito domestico, VicOr 24, 2020, 85–107.

Guirard in preparazione
A. Guirard, Zwischen lokaler Tradition und urbaner Innovation: Die Sakraltopographie von Iaitas/Ietas (Monte Iato, PA) in hellenistisch-römischer Zeit (Diss. Universität Zürich, in preparazione).

Guglielmino 1997
R. Guglielmino, Materiali arcaici e problemi di ellenizzazione ad Entella, in: *Seconde giornate area elima*, 923–956.

Guglielmino 2000
R. Guglielmino, Entella. Un'area artigianale extraurbana di età extraurbana, in: *Terze giornate area elima*, 701–713.

Gullì 1991
D. Gullì, La necropoli indigena di età greca di Vassallaggi (S. Cataldo), QuadAMess 6, 1991, 23–42.

Gullì 2005
D. Gullì, Caratteri di un centro *indigeno* nella valle del Platani. Nuove richerche, Sicilia Antiqua 2, 2005, 9–62.

Gullì 2009
D. Gullì, I modellini di capanna a pianta circolare di Casteltermini, in: Panvini – Sole 2009b, 259–265.

Gullì 2016
D. Gullì, Casteltermini: un centro della Sikania, Kokalos 53, 2016, 101–157.

Gullì et al. 2012
D. Gullì – G. Montana – A. M. Polito – C. Trombi, Nuovi dati archeologici e archeometrici sulla produzione di ceramica indigena della Sicilia occidentale, in: Panvini – Sole 2012, 497–507.

Guzzone 2003a
C. Guzzone, La necropoli di Piano della Fiera, in: R. Panvini (ed.), Butera dalla

preistoria all'età medievale (Caltanissetta 2003) 55–79.

Guzzone 2003b
C. Guzzone, L'abitato in contrada Consi e lo scarico in contrada Santa Croce, in: R. Panvini (ed.), Butera dalla preistoria all'età medievale (Caltanissetta 2003) 81–88.

Guzzone 2003c
C. Guzzone, La stipe o deposito votivo di Fontana Calda, in: R. Panvini (ed.), Butera dalla preistoria all'età medievale (Caltanissetta 2003) 121–131.

Guzzone – Congiu 2005
C. Guzzone – M. Congiu (ed.), Sikania. Tesori archeologici della Sicilia centro-meridionale secoli XIII – VI sec. a.C. = Archäologische Schätze aus Zentral- und Südsizilien; Catalogo della mostra Wolfsburg – Hamburg (Catania 2005).

Hatzivassiliou 2010
E. Hatzivassiliou, Athenian Black Figure Iconography between 510 and 475 B.C., Tübinger Archäologische Forschungen 6 (Rahden 2010).

Heesen 2011
P. Heesen, Athenian Little-master Cups (Alkmaar 2011).

Heesen – Iozzo 2019
P. Heesen – M. Iozzo, Athenian Black-Figure Cups from the Campana Collection in the National Archaeological Museum of Florence (Firenze 2019).

Himera II
N. Allegro – O. Belvedere – N. Bonacasa – R. M. Bonacasa Carra – C. A. Di Stefano – E. Epifanio – E. Joly – M. T. Manni Piraino – A. Tullio – A. Tusa Cutroni (ed.), Himera II. Campagne di scavo 1966-1973 (Roma 1976).

Himera V
N. Allegro (ed.), Himera V. L'abitato. Isolato II. I blocchi 1-4 della zona 4 (Palermo 2008).

Hoernes 2013
M. Hoernes, Die ceramica dipinta (Diplomarbeit Universität Innsbruck 2013).

Iacobazzi 2004
B. Iacobazzi, Le ceramiche attiche a figure nere I, Gravisca 5 (Bari 2004).

Iozzo 2002
M. Iozzo, La Collezione Astarita nel Museo Gregoriano Etrusco 2, 1. Ceramica attica a figure nere. Vasi Antichi Dipinti del Vaticano (Città del Vaticano 2002).

Iozzo 2006
M. Iozzo, Osservazioni sulle più antiche importazioni di ceramica greca a Chiusi e nel suo territorio (circa 650/20-550/520 a.C.), in: J. de La Genière (ed.), Les clients de la céramique grecque. Cahiers du CVA France 1 (Paris 2006) 107–132. 231–242.

Iozzo 2012
M. Iozzo, Ceramica greca a figure nere di produzione non attica, Collezione Astarita nel Museo Gregoriano I, 1 = Vasi antichi dipinti del Vaticano (Vaticano 2012).

Isler 1982
H. P. Isler, Monte Iato. Dodicesima campagna di scavo, SicA 49-50, 1982, 7–26.

Isler 1983a
H. P. Isler, Grabungen auf dem Monte Iato 1982, AntK 26, 1983, 37–42.

Isler 1983b
H. P. Isler, Monte Iato. Tredicesima campagna di scavo, SicA 52-53, 1983, 17–32.

Isler 1984a
H. P. Isler, Grabungen auf dem Monte Iato 1983, AntK 27, 1984, 25–32.

Isler 1984b
H. P. Isler, Der Tempel der Aphrodite, Studia Ietina 2 (Zürich 1984) 11–116.

Isler 1990a
H. P. Isler, Monte Iato, in: G. Nenci – S. Tusa – V. Tusa (ed.), Gli elimi e l'area elima fino all'inizio della prima guerra punica. Atti del seminario di studi, Palermo – Contessa Entellina 25-28 maggio 1989, Archivio Storico Siciliano (Serie 4) 14/15, 1988-1989 (Palermo 1990) 277–285.

Isler 1990b
H. P. Isler, Monte Iato: la ventesima campagna di scavo, SicA 23/74, 1990, 7–27.

Isler 1994a
H. P. Isler, Grabungen auf dem Monte Iato 1993, AntK 37, 1994, 31–42.

Isler 1994b
H. P. Isler, Monte Iato: la ventiquattresima campagna di scavo, SicA 85-86, 1994, 27–47.

Isler 1995a
H. P. Isler, Monte Iato: la venticinquesima campagna di scavo, SicA 87-89, 1995, 19–38.

Isler 1995b
H. P. Isler, Grabungen auf dem Monte Iato 1994, AntK 38, 1995, 26–37.

Isler 1996a
H. P. Isler, Grabungen auf dem Monte Iato 1995, AntK 39, 1996, 52–64.

Isler 1996b
H. P. Isler, Monte Iato: la ventiseiesima campagna di scavo, SicA 90-92, 1996, 7–30.

Isler 1997a
H. P. Isler, Monte Iato: la ventisettesima campagna di scavo, SicA, 93-95, 1997, 23–44.

Isler 1997b
H. P. Isler, Grabungen auf dem Monte Iato 1996, AntK 40, 1997, 48–60.

Isler 1998
H. P. Isler, Grabungen auf dem Monte Iato 1997, AntK 41, 1998, 40–50.

Isler 1999a
H. P. Isler, Monte Iato: la ventinovesima campagna di scavo, SicA 32/97, 1999, 5–33.

Isler 1999b
H. P. Isler, *Indigeni* e Greci nella Sicilia occidentale: le più antiche importazioni greche a Monte Iato, in: M. Castoldi (ed.), Κοινα. Miscellanea di studi archeologici in onore di Piero Orlandini (Milano 1999) 143–156.

Isler 2000a
H. P. Isler, Monte Iato. Guida archeologica, Nuovo Museo Palermo 3 (Palermo 2000).

Isler 2000b
H. P. Isler, Grabungen auf dem Monte Iato 1999, AntK 43, 2000, 110–120.

Isler 2002a
H. P. Isler, Grabungen auf dem Monte Iato 2001, AntK45, 2002, 112–123.

Isler 2002b
H. P. Isler, Monte Iato: la trentunesima campagna di scavo, SicA 100, 2002, 5–29.

Isler 2003
H. P. Isler, Grabungen auf dem Monte Iato 2002, AntK 46, 2003, 81–91.

Isler 2004a
H. P. Isler, Grabungen auf dem Monte Iato 2003, AntK 47, 2004, 72–84.

Isler 2004b
H. P. Isler, Monte Iato: la trentatreesima campagna di scavo, SicA 102, 2004, 5–33.

Isler 2005a
H. P. Isler, Grabungen auf dem Monte Iato 2004, AntK 48, 2005, 103–111.

Isler 2005b
H. P. Isler, Monte Iato: la trentaquattresima campagna di scavi, SicA 103, 2005, 5–38.

Isler 2005c
H. P. Isler, Mondo *indigeno* e mondo greco: il caso di Monte Iato, in: Gigli 2005, 11–28.

Isler 2006a
H. P. Isler, Grabungen auf dem Monte Iato 2005, AntK 49, 2006, 65–76.

Isler 2006b
H. P. Isler, Monte Iato: la trentaquincesima campagna di scavo, SicA 104, 2006, 5–32.

Isler 2006c
H. P. Isler, Monte Iato: scavi 2001-2003, in: C. Ampolo (ed.), Guerra e pace in Sicilia e nel Mediterraneo antico (VIII–III sec. a.C.). Arte, prassi e teoria della pace e della guerra. Atti delle quinte giornate internazionali di studi sull'area elima e la Sicilia occidentale nel contesto mediterraneo, Erice, 12-15 ottobre 2003 (Pisa 2006) 539–544.

Isler 2007
H. P. Isler, Grabungen auf dem Monte Iato 2006, AntK 50, 2007, 108–118.

Isler 2008
H. P. Isler, Grabungen auf dem Monte Iato 2007, AntK 51, 2008, 134–145.

Isler 2009a
H. P. Isler, Die Siedlung auf dem Monte Iato in archaischer Zeit, JdI 124, 2009, 135–222.

Isler 2009b
H. P. Isler, Grabungen auf dem Monte Iato im Herbst 2007 und im Jahr 2008, AntK 52, 2009, 95–109.

Isler 2009c
H. P. Isler, Monte Iato: scavi 2004-2006, in: Ampolo 2009, 661–669.

Isler 2011
H. P. Isler, Monte Iato. Scavi 2007-2008, SicA 105, 2011, 34–56.

Isler 2012a
H. P. Isler, Monte Iato: scavi 2007-2008, in: *Sicilia occidentale 2012*, 91–103.

Isler 2012b
H. P. Isler, Case arcaiche del VII e VI secolo a.C. a Monte Iato, in: Panvini – Sole 2012, 107–113.

Isler 2016
H. P. Isler, Monte Iato: il periodo arcaico alla luce delle ultime scoperte, Kokalos 53, 2016, 159–176.

Ismaelli 2011
T. Ismaelli, Archeologia del Culto a Gela. Il Santuario del Predio Sola, Beni Archeologici. Conoscenza e tecnologie 9 (Bari 2011).

Jacobsen – Handberg 2010
J. K. Jacobsen – S. Handberg, Excavation on the Timpone della Motta, Francavilla Marittima (1992-2004), 1. The Greek Pottery, Bibliotheca Archaeologica 21 (Bari 2010).

Johansen 1966
F. Johansen, Les vases sicyoniens 2(Kopenhagen 1966).

Johnston – Jones 1978
A. W. Johnston – R. E. Jones, The "SOS" Amphora, BSA 73, 1978, 103–141.

Jordan 1988
J. Jordan, Attic Black-Figured Eye-Cups (Diss. New York University 1988).

Käch 2006
D. Käch, Die Öllampen vom Monte Iato. Grabungskampagnen 1971-1992, Studia Ietina 9 (Lausanne 2006).

Kerameikos VII, 2
E. Kunze-Götte – K. Tancke – K. Vierneisel, Die Nekropole von der Mitte des 6. bis zum Ende des 5. Jahrhunderts. Die Beigaben, Kerameikos VII, 2 (München 1999).

Kerameikos XI
I. Scheibler, Griechische Lampen, Kerameikos 11 (Berlin 1976).

Kistler 2009
E. Kistler, Connected: cultura simposiale intermediterranea e i gruppi elitari in Sicilia arcaica, in: Ampolo 2009, 743–762.

Kistler 2011
E. Kistler, 9. Wohnen in Compounds: Haus-Gesellschaften und Soziale Gruppenbildung im frühen West- und Mittelsizilien (12.–6. Jh. v. Chr.), in: M. Gleba – H. W. Horsnæs (ed.), Communicating Identity in Italic Iron Age Communities (Oxford 2011) 130–154.

Kistler 2014
E. Kistler, Die Mediterranée im 6. und frühen 5. Jh. v. Chr. – Eine Welt in Bewegung, AA 2014, 1, 2014, 181–204.

Kistler 2015
E. Kistler, Zwischen Lokalität und Kolonialität. Alternative Konzepte und Thesen zur Archäologie eines indigenen Kultplatzes auf dem Monte Iato (Westsizilien: 7. Jh. v. Chr. – 1. Jh. n. Chr.), in: T. L. Kienlin (ed.), Fremdheit. Perspektiven auf das Andere, UPA 264 = Kölner Beiträge zu Archäologie und Kulturwissenschaften 1 (Bonn 2015) 195–218.

Kistler 2016
E. Kistler, The MEDIterranean Sea. Mediterrenean Object Histories and Their Counter-Histories, in: M. Dabag – D. Haller – N. Jaspert – A. Lichtenberger (ed.), New Horizons. Mediterranean Research in the 21st Century, Mittelmeerstudien 10 (Paderborn 2016) 237–265.

Kistler 2017
E. Kistler, Lokal divergierende Antworten auf die Krater-isierung West- und Mittelsiziliens (6./5. Jh. v. Chr.). Perspektiven des Binnenlandes, in: L. Cappuccini – C. Leypold – M. Mohr (ed.), Fragmenta Mediterranea. Contatti, tradizioni e innovazioni in Grecia, Magna Grecia, Etruria e Roma. Studi in Onore di Christoph Reusser (Firenze 2017) 111–131.

Kistler 2020
E. Kistler, The Late Archaic House at Monte Iato: Greek-Style Architecture, Ritual Abandonment and the Politics of Indigeneity in Western Sicily (500–460/50 BC), AncWestEast 19, 2020, 43–78.

Kistler – Mohr 2015
E. Kistler – M. Mohr, Monte Iato: Two Late Archaic Feasting Places between the Local and the Global, in: *Sanctuaries and the Power of Consumption*, 385–415.

Kistler – Mohr 2016
E. Kistler – M Mohr, The Archaic Monte Iato: between Coloniality and Locality, in: H. Baitinger (ed.), Materielle Kultur und Identität im Spannungsfeld zwischen mediterraner Welt und Mitteleuropa, Akten der Internationalen Tagung am Römisch-Germanischen Zentralmuseum Mainz, 22.-24. Oktober 2014, RGZM – Tagungen 27 (Mainz 2016) 81–98.

Kistler et al. 2013
E. Kistler – B. Öhlinger – M. Steger, «Zwischen Aphrodite-Tempel und spätarchaischem Hause». Die Innsbrucker Kampagne 2011 auf dem Monte Iato (Sizilien), ÖJh 82, 2013, 227–258.

Kistler et al. 2014
E. Kistler – B. Öhlinger – N. Mölk – M. Steger, «Zwischen Aphrodite-Tempel und spätarchaischem Haus». Die Innsbrucker Kampagnen 2012 und 2013 auf dem Monte Iato (Sizilien), ÖJh 83, 2014, 157–200.

Kistler et al. 2015
E. Kistler – B. Öhlinger – T. Dauth – R. Irovec – B. Wimme – G. Slepecki, «Zwischen Aphrodite-Tempel und spätarchaischem Haus II». Die Innsbrucker Kampagne 2014 auf dem Monte Iato (Sizilien), ÖJh 84, 2015, 129–164.

Kistler et al. 2017a
E. Kistler – B. Öhlinger – T. Dauth – R. Irovec – B. Wimmer, Archaika as a Resource. The Production of Locality and Colonial Empowerment on Monte Iato (Western Sicily) around 500 BC, in: A. K. Scholz – M. Bartelheim – R. Hardenberg

– J. Staecker (ed.), ResourceCultures. Sociocultural Dynamics and the Use of Resources. Theories, Methods, Perspectives, RessourcenKulturen 5 (Tübingen 2017) 159–175.

Kistler et al. 2017b
E. Kistler – B. Öhlinger – T. Dauth – S. Ludwig – M. Hoernes – R. Irovec – S. Kössler – S. Rainer – E. Trenkwalder – B. Wimmer, Monte Iato: Keramik. Grabung: spätarchaisches Haus WQ 450 ff. (Innsbruck 2017), https://diglib.uibk.ac.at/ulbtirolfodok/download/pdf/2304070?originalFilename=true (23.01.2023); disponibile anche via: http://resolver.obvsg.at/urn:nbn:at:at-ubi:3-2035 (08.01.2024); https://diglib.uibk.ac.at/2304070 (08.01.2024).

Kistler et al. 2018a
E. Kistler – B. Öhlinger – T. Dauth – N. Mölk – R. Irovec – B. Wimmer – G. Forstenpointner, «Zwischen Aphrodite-Tempel und spätarchaischem Haus II». Die Innsbrucker Kampagnen 2015 und 2016 auf dem Monte Iato (Sizilien), ÖJh 87, 2018, 249–299.

Kistler et al. 2018b
E. Kistler – B. Öhlinger – T. Dauth – N. Mölk – R. Irovec – B. Wimmer, Ergebnisse der siebten Grabungskampagne am Monte Iato der Universität Innsbruck (2018), Zwischenbericht FWF der Wissenschaftsfonds P 30478 «Zwischen Aphrodite-Tempel und spätarchaischem Haus III», https://www.academia.edu/45186795/Ergebnisse_der_siebten_Grabungskampagne_am_Monte_Iato_der_Universität_Innsbruck_2018_ (14.08.2022).

Kistler et al. in preparazione
E. Kistler – M. Mohr – B. Öhlinger – T. Dauth – G. Forstenpointner – S. Fusetti – R. Irovec – U. Thanheiser – B. Wimmer, Monte Iato before the Hellenistic Settlement: An Archaeological Survey, in: Mohr – Öhlinger (in preparazione).

Kustermann Graf 2002
A. Kustermann Graf, Selinunte. Necropoli di Manicalunga. Le tombe della Contrada Gaggera (Soveria Mannelli 2002).

La Rosa 1989
V. La Rosa, Le popolazioni della Sicilia. Sicani, Siculi, Elimi, in: G. Pugliese Carratelli (ed.), Italia omnium terrarum parens. La civiltà degli Enotri, Choni, Ausoni, Sanniti, Lucani, Brettii, Sicani, Siculi, Elimi, Antica Madre, Collana di studi sull'Italia antica 12 (Milano 1989) 3–110.

Lamagna 2003
G. Lamagna, Ceramiche attiche da Monte Balchino di Caltagirone: importazioni e imitazioni, in: Giudice – Panvini 2003, 43–62.

Lamagna 2005
G. Lamagna, Il centro indigeno di Mendolito di Adrano, in: F. Privitera – U. Spigo (ed.), dall'Alcantara agli Iblei. La ricerca archeologica in provincia di Catania. Catalogo della mostra Catania (Palermo 2005) 99–102.

Lambrugo 2013
C. Lambrugo, Profumi di argilla. Tombe con unguentari corinzi nella necropoli arcaica di Gela, StA 185 (Roma 2013).

Lanza Catti 2014
E. Lanza Catti, Archaic and Black-gloss Fine Wares, in: E. Lanza Catti – K. Swift (ed.), A Greek Farmhouse at Ponte Fabrizio, The Chora of Metaponto 5 (Austin 2014) 173–223.

La Rosa 1989
V. La Rosa, Le popolazioni della Sicilia. Sicani, Siculi, Elimi, in: G. Pugliese Carratelli (ed.), Italia omnium terrarum parens. La civiltà degli Enotri, Choni, Ausoni, Sanniti, Lucani, Brettii, Sicani, Siculi, Elimi, Antica Madre, Collana di studi sull'Italia antica 12 (Milano 1989) 3–110.

Lawall 1995
M. L. Lawall, Transport Amphoras and Trademarks: Imports to Athens and Economic Diversity in the Fifth Century B.C. (Diss. University of Michigan 1995).

Leighton 1993
R. Leighton, The Protohistoric Settlement on the Cittadella, Morgantina Studies 4 (Princeton 1993).

Leighton 2012
R. Leighton, Prehistoric Houses at Morgantina. Excavations on the Cittadella of Morgantina in Sicily 1989-2004, Accordia Specialist Studies on Italy 15 (London 2012).

Lippolis 1996
E. Lippolis (ed.), I Greci in Occidente. Arte e artigianato in Magna Grecia (Napoli 1996).

Lissarrague 1990
F. Lissarrague, Le peintre du Pithos ou l'image illisible, CdA29, 1990, 99–105.

Lo Cascio 1999
P. Lo Cascio, Pesi da rete in argilla, SicA 32/97, 1999, 181–198.

Lo Porto 1960
F. G. Lo Porto, Ceramica arcaica dalla necropoli di Taranto, ASAtene 37/38, 1959/1960, 7–230.

Lo Schiavo 2009
F. Lo Schiavo, Fibule a gomito di tipo elimo ed altre fibule da Erice e Segesta, in: Ampolo 2009, 739–741.

Lo Schiavo 2010
F. Lo Schiavo, Le fibule dell'Italia meridionale e della Sicilia dall'età del Bronzo recente al VI secolo a. C., PBF 14 (Stuttgart 2010).

Lynch 2011
K. M. Lynch, The Symposium in Context. Pottery from a Late Archaic House near the Athenian Agora, Hesperia Suppl. 46 (Princeton 2011).

Lyons 1996
C. L. Lyons, The Archaic Cemeteries, Morgantina Studies 5 (Princeton 1996).

Mächler 2014
C. Mächler, Die Wanddekorationssysteme des Peristylhauses 2 auf dem Monte Iato. Die Stuckprofile des Andron der nördlichen Raumzeile sowie seiner hofseitigen Fassade, in: A. Haug – D. Steuernagel (ed.), Hellenistische Häuser und ihre Funktionen. Internationale Tagung Kiel, 4. bis 6. April 2013 (Bonn 2014) 125–141.

Malagardis 2017
N. Malagardis, Skyphoi attiques à figures noires. Typologie et recherches - Ateliers et peintres, Bibliothèque de la société archéologique d'Athènes 313 (Athen 2017).

Malkin 2002
I. Malkin, A Colonial Middle Ground: Greek, Etruscan, and Local Elites in the Bay of Naples, in: C. L. Lyons – J. K. Papadopoulos (ed.), The Archaeology of Colonialism, Issues & Debates 9 (Los Angeles 2002) 151–181.

Mammina 2008
G. Mammina, Ceramiche arcaiche: 'corinzia' e 'greco orientale', in: Camerata Scovazzo 2008, 175–186.

Mannino – Spatafora 1995
G. Mannino – F. Spatafora, Mokarta. La necropoli di Cresta di Gallo, QuadMusSalinas Suppl. 1 (Palermo 1995).

Maruggi 1996
G. A. Maruggi, Le produzioni ceramiche arcaiche, in: Lippolis 1996, 247–268.

Martinelli et al. 2012
M. C. Martinelli – E. Procelli – M. Pacciarelli – M. Cavalier, L'età del Bronzo antica e media nella Sicilia orientale e nella zona dello Stretto di Messina, in: *Dai ciclopi agli Ecisti*, 157–184.

Megara Hyblaea II
G. Vallet – F. Villard, Mégara Hyblaea II. La céramique archaïque, École fraçaise de Rome, Mélanges d'Archéologie et d'histoire Suppl. 1 (Paris 1964).

Meligunìs Lipára I
L. Bernabò-Brea – M. Cavalier, La stazione preistorica della contrada Diana e la necropoli protostorica di Lipari, Meligunìs Lipára 1 (Palermo 1960).

Meligunìs Lipára II
L. Bernabò-Brea – M. Cavalier, La necropoli greca e romana nella contrada Diana, Meligunìs Lipára 2 (Palermo 1965).

Meligunìs Lipára XI
L. Bernabò Brea – M. Cavalier – F. Villard, Gli scavi nella necropoli greca e romana di Lipari nell'area del terreno vescovile, Meligunìs Lipára 11, 2 (Palermo 2001).

Melikian – Chirvani 1993
A. S. Melikian – Chirvani, The International Achaemenid Style, BAsInst 7, 1993, 111–130.

Meola I, 1996
E. Meola, La necropoli di Selinunte I Buffa, I (Palermo 1996).

Meola II, 1997
E. Meola, La necropoli di Selinunte I Buffa, II (Palermo 1997).

Meola III, 1998
E. Meola, La necropoli di Selinunte I Buffa, III (Palermo 1998).

Mertens 2003
D. Mertens, Selinus I. Die Stadt und die Mauern, Deutsches Archäologisches Institut Rom. Sonderschriften 13 (Mainz 2003).

Michelini 1995
C. Michelini, Ceramiche greche arcaiche e classiche di importazione e di imitazione, in: *Entella I*, 42–44.

Michelini 2002a
C. Michelini, Coppe di tipo "ionico", laconico e "Iato K480", in: Mozia 2002, 157–164.

Michelini 2002b
C. Michelini, Ceramica a vernice nera, in: Mozia 2002, 165–201.

Mistireki 2019
A. Mistireki, Die Lopades von Spina – Griechische Kochgefässe in Etrurien?, AntK 62, 2019, 35–57.

Mistireki 2023
A. Mistireki, Spina. Wohnen und Handwerk im Venedig der Antike. Zur Rekonstruktion eines Hauses und dessen Ausstattung im 4. Jh. v. Chr., Zürcher Archäologische Forschungen 9 (Rahden/Westf. 2023).

Mohr 2012
M. Mohr, Die archaische Vorbebauung unter der hellenistischen Agora auf dem Monte Iato bei San Cipirello – Bestandesaufnahme eines Ausgrabungs- und Publikationsprojektes, Bull. Schweizer Arbeitsgemeinschaft Klassische Archäologie 2012, 23–27.

Mohr 2019
M. Mohr, Foschungen auf dem Monte Iato 2018, AntK 62, 2019, 121–134.

Mohr 2021
M. Mohr, Foschungen auf dem Monte Iato 2019 und 2020, AntK 64, 2021, 121–126.

Mohr in preparazione
M. Mohr, Die archaischen Gebäude K, L und O im Westquartier, in: Mohr – Öhlinger (in preparazione).

Mohr – Notarstefano 2017
M. Mohr – F. Notarstefano, The Consumption of Beer on Archaic Monte Iato (Sicily): Preliminary Results and Insights Gained from Gas Chromatographical Analyses, in: E. C. Portale – G. Galioto (ed.), Scienza e Archeologia. Un efficace connubio per la divulgazione della cultura scientifica (Pisa 2017) 135–141.

Mohr – Öhlinger in preparazione
M. Mohr – B. Öhlinger (ed.), Neue Forschungen zur Siedlung auf dem Monte Iato in vorhellenistischer Zeit, Studia Ietina = Zürcher Archäologische Forschungen (in preparazione).

Mohr – Reusser 2017
M. Mohr – C. Reusser, Forschungen auf dem Monte Iato 2016, AntK 60, 2017, 91–108.

Mohr – Reusser 2018
M. Mohr – C. Reusser, Forschungen auf dem Monte Iato 2017, AntK 61, 2018, 88–107.

Mollo Mezzena 1993
R. Mollo Mezzena, Sabucina, recenti scavi nell'area fuori le mura. Risultati e problematiche, in: P. Meli – G. Cavaleri (ed.), Storia e Archeologia della media e bassa valle dell'Himera, Atti del convegno, Licata – Caltanissetta 30–31 Maggio 1987 (Palermo 1993) 137–182.

Montana et al. 2021
G. Montana – A. M. Polito – E. Kistler – M. Mohr – F. Spatafora, The indigenous Settlement of Monte Iato (western Sicily): an Ethnoarchaeometric Approach for outlining Local Archaic Ceramic Productions, Archaeological and Anthropological Sciences 13, 142, 2021, 1–26, https://doi.org/10.1007/s12520-021-01380-7.

Morel 1994-1995
J.-P. Morel, Les rapports entre la Sicile et la Gaule jusqu'au VIème siècle av. J.-C., Kokalos 39/40, 1994/1995, 333–361.

Morris – Tusa 2004
I. Morris – S. Tusa, Scavi sull'acropoli di Monte Polizzo, 2000-2003, SicA 37, 2004, 35–84.

Morris et al. 2001
I. Morris – T. Jackman – E. Blake – S. Tusa, Stanford University Excavations on the Acropolis of Monte Polizzo, Sicila, I: Preliminary Report on the 2000 Season, MemAmAc 46, 2001, 253–271.

Morris et al. 2002
I. Morris – T. Jackman – E. Blake – S. Tusa, Stanford University Excavations on the Acropolis of Monte Polizzo, Sicila, II: Preliminary Report on the 2001 Season, MemAmAc 47, 2002, 153–198.

Morris et al. 2003
I. Morris – T. Jackman – E. Blake – B. Garnand – S. Tusa, Stanford University Excavations on the Acropolis of Monte Polizzo, Sicila, III: Preliminary Report on the 2002 Season, MemAmAc 48, 2003, 243–315.

Morris et al. 2004
I. Morris – T. Jackman – B. Garnand – E. Blake – S. Tusa, Stanford University Excavations on the Acropolis of Monte Polizzo, Sicily, IV: Preliminary Report on the 2003 season, MemAmAc 48, 2004, 197–279.

Moschonissioti 2017
S. Moschonissioti, The City of Mende during the Late Eighth and Seventh Centuries BC, in: X. Charalambidou – C. Morgan (ed.), Interpreting the Seventh Century BC. Tradition and Innovation (Oxford 2017) 355–363.

Mozia XI
L. Nigro (ed.), Mozia. Zona C. Il Tempio del Kothon. Rapporto preliminare delle campagne di scavi XXIII e XXIV (2003–2004) condotte congiuntamente con il Servizio Beni Archeologici della Soprinzendenza Regionale per i Beni Culturali e Ambientali di Trapani, Mozia XI, Quaderni di Archeologia fenicio-punica 2 (Roma 2005).

Mozia XII
L. Nigro (ed.), Zona D. La "Casa del sacello domestico", il "Basamento meridionale" e il Sondaggio stratificato I. Rapporto preliminare delle campagne di scavi XXIII e XXIV (2003-2004) condotte congiuntamente con il Servizio Beni Archeologici della Soprintendenza Regionale per i Beni Culturali e Ambientali di Trapani, Mozia XII, Quaderni

di Archeologia fenicio-punica 3 (Roma 2007).

Mozia 2002
M. L. Famà (ed.), Mozia. Gli scavi nella "Zona A" dell'abitato (Bari 2002).

Mozia 2010
L. Nigro (ed.), Motya and the Phoenician Ceramic Repertoire between the Levant and the West 9th - 6th Century BC. Proceedings of the International Conference held in Rome, 26th February 2010, Quaderni di Archeologia fenicio-punica 5 (Roma 2010).

Mühlenbock 2008
C. Mühlenbock, Fragments from a Mountain Society. Tradition, Innovation and Interaction at Archaic Monte Polizzo, Sicily, GOTARC Series B, Gothenburg Archaeological Thesis 50 (Göteborg 2008).

Mühlenbock 2013
C. Mühlenbock, Having an Axe to Grind: An Examination of Tradition in the Sicilian Iron Age, in: S. Bergerbrant – S. Sabatini (ed.), Counterpoint: Essays in Archaeology and Heritage Studies in Honour of Professor Kristian Kristiansen, BAR International Series 2508 (Oxford 2013) 401–409.

Mühlenbock 2015
C. Mühlenbock, Expanding the Circle of Trust: Tradition and Change in Iron Age Communities in Western Sicily, in: J. Fejfer – M. Moltesen – A. Rathje (ed.), Tradition. Transmission of Culture in the Ancient World, ActaHyp 14 (Copenhagen 2015) 239–268.

Mühlenbock – Prescott 2004
C. Mühlenbock – C. Prescott, Scandinavian-Sicilian Archaeological Project. House 1. Annual Report 1999-2000 (Göteborg 2004).

Munsell 2000
Munsell Soil Color Chart (New Windsor 2000).

Naso – Trojsi 2009
A. Naso – G. Trojsi, Funde aus Milet. Etruscan Bucchero from Miletus: Preliminary Report, AA, 2009, 1, 2009, 135–150.

Naukratis III
U. Schlotzhauer – S. Weber, Griechische Keramik des 7. und 6. Jahrhunderts v. Chr. aus Naukratis und anderen Orten in Ägypten, Archäologische Studien zu Naukratis 3 (Worms 2012).

Neeft 1996
C. W. Neeft, Ceramica di imitazione corinzia, in: Lippolis 1996, 281–291.

Neeft 2012
C. W. Neeft, Absolute Chronology and Corinthian Pottery, in: Panvini – Sole 2012, 485–496.

Nenci 1993
G. Nenci (ed.), Alla ricerca di Entella (Pisa 1993).

Nickels 1978
A. Nickels, Contribution à l'étude de la céramique grise archaïque en Languedoc-Roussillon, in: Vallet 1978, 248–267.

Nicoletti – Tusa 2012
F. Nicoletti – S. Tusa, L'età del Bronzo nella Sicilia occidentale, in: *Dai ciclopi agli Ecisti*, 105–130.

Nigro 2010
L. Nigro, Alle origini di Mozia: stratigrafia e ceramica del tempio del kothon dall'VIII al VI sec. a.C., in: Mozia 2010, 1–48.

Notarstefano 2012
F. Notarstefano, Ceramica e alimentazione. L'analisi chimica dei residui organici nelle ceramiche applicata ai contesti archeologici, Beni Archeologici Conoscenza e Tecnologie Quaderno 10 (Bari 2012).

Notarstefano in preparazione
F. Notarstefano, in: Mohr – Öhlinger (in preparazione).

Odyssée gauloise
S. Verger – L. Pernet (ed.), Une Odyssée gauloise. Parures de femmes à l'origine des premiers échanges entre la Grèce et la Gaule, Collection Archéologie de Montpellier Agglomération AMA 4 (Arles 2013).

Öhlinger 2015
B. Öhlinger, Ritual und Religion im archaischen Sizilien. Formations- und Transformationsprozesse binnenländischer Kultorte im Kontext kultureller Kontakte, Italiká 4 (Wiesbaden 2015).

Öhlinger et al. 2019
B. Öhlinger – E. Kistler – B. Wimmer – R. Irovec – T. Dauth – G. Weissengruber – G. Forstenpointner, Monte Iato: Negotiating Indigeneity in a Archaic Contact Zone in the Interior of Western Sicily, in: D. Booms – P. J. Higgs (ed.), Sicily: Heritage of the World, British Museum Research Publication 222 (London 2019) 7–17.

Orlandini 1956
P. Orlandini, Gela, NSc 10, 1956, 203–401.

Orlandini 1971
P. Orlandini, Vassallaggi. Scavi 1961. La necropoli meridionale, NSc Suppl. 25, 1971.

Orsi 1898
P. Orsi, Le necropoli di Licodia Eubea ed i vasi del quarto periodo siculo, Mittheilungen des Kaiserlich Deutschen Archaeologischen Instituts. Roemische Abtheilungen 13, 1898, 305–366.

Orsi 1899
P. Orsi, Pantalica, MonAnt 9, 1899, 33–116.

Palaczyk 2016
M. Palaczyk, Rez. zu R. D. Klug, Griechische Transportamphoren im regionalen und überregionalen Handel. Untersuchungen in griechischen und nicht-griechischen Kontexten in Unteritalien und Sizilien vom 8. bis zum 5. Jh. v. Chr., Studien zur Mediterranen Archäologie 4 (Rahden/Westf. 2013), Gnomon 88, 2016, 370–373.

Palaczyk in preparazione
M. Palaczyk, in: Mohr – Öhlinger (in preparazione).

Paleothodoros 2003
D. Paleothodoros, The Pithos painter, Eulimene 4, 2003, 62–75.

Palermo punica
C. M. Mirabella (ed.), Palermo punica, Catalogo della mostra Palermo (Palermo 1998).

Palermo 1981
D. Palermo, Polizzello, in: G. Rizza (ed.), Contributi alla conoscenza dell'età del ferro in Sicilia. Monte Finocchito e Polizzello, CronA 20, 1981, 103–147.

Palermo – Tanasi 2006
D. Palermo – D. Tanasi, Diodoro a Polizzello, in: C. Micciche – S. Modeo – L. Santagati (ed.), Diodoro Siculo e la Sicilia indigena. Atti del Convegno di Studi, Caltanissetta 21 – 22 maggio 2005 (Palermo 2006) 89–102.

Palermo et al. 2009
D. Palermo – D. Tanasi – E. Pappalardo, Polizzello. Le origini del Santuario, in: M. Congiu – C. Miccichè – S. Modeo (ed.), Eis Akra. Insediamenti d'altura in Sicilia dalla Preistoria al III sec. a.C. (Caltanissetta 2009) 53–84.

Panvini 1993/1994
R. Panvini, Ricerche nel territorio di Monte S. Giuliano (CL), Monte Desusino, S. Giovanni Gemini, Caltabellotta, Sant'Anna, Kokalos 39/40, 1993/1994, 755–763.

Panvini 2006a
R. Panvini (ed.), Caltanissetta. Il Museo archeologico 2(Caltanissetta 2006).

Panvini 2006b
R. Panvini (ed.), Marianopoli. Il Museo Archeologico (Caltanissetta 2006).

Panvini 2012
R. Panvini, L'età del bronzo nella Sicilia centro-meridionale, in: *Dai ciclopi agli Ecisti*, 131–156.

Panvini – Giudice 2003
R. Panvini – F. Giudice (ed.), Ta Attika. Veder greco a Gela. Ceramiche attiche figurate dall'antica colonia. Cataloge della mostra Gela (Roma 2003).

Panvini – Sole 2009a
R. Panvini – L. Sole (ed.), La Sicilia in età arcaica. Dalle apoikiai al 480 a.C. Catalogo della mostra Caltanissetta (Palermo 2009).

Panvini – Sole 2009b
R. Panvini – L. Sole (ed.), La Sicilia in età arcaica. Dalle apoikiai al 480 a.C. Contributi dalle recenti indagini archeologiche (Palermo 2009).

Panvini – Sole 2012
R. Panvini – L. Sole (ed.), La Sicilia in età arcaica. Dalle apoikiai al 480 a.C. Atti del Convegno Internazionale I–II, Caltanissetta 27–29 marzo 2008 (Caltanissetta 2012).

Panvini – Tortorici 2012
R. Panvini – E. Tortorici, La rotta ed il carico, in: D. Vullo (ed.), La nave greca arcaica di Gela. Dallo scavo al recupero (Palermo 2012) 121–132.

Panvini et al. 2009a
R. Panvini – C. Guzzone – D. Palermo (ed.), Polizzello. Scavi del 2004 nell'area del santuario arcaico dell'acropoli (Palermo 2009).

Panvini et al. 2009b
R. Panvini – C. Guzzone – M. Congiu (ed.), Sabucina, Cinquant'anni di studi e ricerche archeologiche (Caltanissetta 2009).

Papa 2014
M. A. Papa, L'intervisibilità. Analisi del paesaggio nella chora della colonia greca di Himera, in: CLUE+ (ed.), Proceedings of the 3rd International Landscape Archaeology Conference, Rome 17th – 20th of September 2014 [LAC 2014 Proceedings] (03.08.2020 created, 16.11.2021 modified), https://dx.doi.org/10.5463/lac.2014.48.

Pappalardo 2012
E. Pappalardo, Continuità e cambiamento: nuovi dati dall'Acropoli di Polizzello di età arcaica, in: Panvini – Sole 2012, 507–517.

Pappalardo 2015
E. Pappalardo, *Indigeni* e Greci a Polizzello: l'edificio della Terrazza Inferiore, in: R. Panvini – M. Congiu (ed.), *Indigeni* e greci tra le valli dell'Himera e dell'Halykos, atti del convegno Caltanissetta 16-17 giugno 2012 (Caltanissetta 2015).

Parrini 2004
A. Parrini, La circolazione della ceramica a vernice nera a Spina: commerci e produzioni locali, in: F. Berti – M. Harari (ed.), Storia di Ferrara II, Spina tra Archeologia e Storia (Ferrara 2004) 201–220.

Payne 1931
H. Payne, Necrocorinthia. A Study of Corinthian Art in the Archaic Period (Oxford 1931).

Pelagatti – Stibbe 1990
P. Pelagatti – C. M. Stibbe (ed.), Lakonikà. Ricerche e nuovi materiali di ceramica laconica, BdA Suppl. 64 (Rom 1990).

Perachora 1962
T. J. Dunbabin, Perachora. The Sanctuaries of Hera Akraia and Limenia II. Pottery, Ivories, Scarabs, and other Objects from the Votive Deposit of Hera Limenia (Oxford 1962).

Perna 2009
K. Perna, Il settore sud-occidentale, in: R. Panvini – C. Guzzone – D. Palermo (ed.), Polizzello. Scavi del 2004 nell'area del santuario arcaico dell'acropoli. (Palermo 2009) 177–246.

Pizzo 1998-1999
M. Pizzo, Vassallaggi (S. Cataldo, Caltanissetta). La necropoli meridionale, scavi 1956, NSc (Serie 9) 9/10, 1998/1999, 207–395.

Prescott – Mühlenbock 2003
C. Prescott – C. Mühlenbock, Preliminary Views on Elymians and Ethnicity Landscape and Identity, in: J. Bergstøl (ed.), Scandinavian Archaeological Practice in Theory. Proceedings from the 6th Nordic TAG Oslo 2001, Oslo Archaeological Series 1 (Oslo 2003) 26–37.

Prescott – Mühlenbock 2013
C. Prescott – C. Mühlenbock, House 1, Monte Polizzo, Sicily: from Excavation of a Ruin to Steps Towards an Interpretation of a Household, in: M. Madella – G. Kovács – B. Kulcsarne-Berzsenyi – I. Briz i Godino (ed.), The Archaeology of Household (Oxford 2013) 217–234.

Prescott et al. 2004
C. Prescott – C. Mühlenbock – E. Englund, Sicilian-Scandinavian Archaeological Project. Annual Report 1998 (Göteborg 2004).

Py 1978
M. Py, Quatre siècles d'amphore massaliète. Essai de classification des bords, Figlina 3, 1978, 1–23.

Rainer 2013
S. Rainer, Die übrige griechische Importkeramik des spätarchaischen Hauses vom Monte Iato (Diplomarbeit Universität Innsbruck 2013).

Randazzo 2000
M. Randazzo, Grammichele: nuovi dati per una carta archeologica, Terravecchia, in: E. Costanzo (ed.), Grammichele. Il Parco archeologico di Occhiolà e la valle dei Margi (Catania 2000) 71–80.

Rasmussen 1979
T. B. Rasmussen, Bucchero Pottery from Southern Etruria (Cambridge 1979).

Reusser 2018
C. Reusser, Ein frührotfiguriger attischer Becher des Malers von Berlin 2268, AntK 61, 2018, 108–110.

Reusser 2021
C. Reusser, The Research Project led by the University of Zurich on Monte Iato: the Last 10 Years, in: C. Prescott – A. Karivieri – P. Campbell – K. Göransson – S. Tusa (ed.), Trinacria, 'An Island outside Time'. International Archaeology in Sicily (Oxford 2021) 121–131.

Reusser et al. 2010
C. Reusser – M. Mohr – C. Russenberger – E. Mango, Forschungen auf dem Monte Iato 2009, AntK 53, 2010, 114–138.

Reusser et al. 2011
C. Reusser – L. Cappuccini – M. Mohr – C. Russenberger – E. Mango, Forschungen auf dem Monte Iato 2010, AntK 54, 2011, 71–104.

Reusser et al. 2012
C. Reusser – L. Cappuccini – M. Mohr – C. Russenberger – E. Mango, Forschungen auf dem Monte Iato 2011, AntK 55, 2012, 112–137.

Reusser et al. 2014
C. Reusser – L. Cappuccini – M. Mohr – C. Russenberger – J. Perifanakis, Forschungen auf dem Monte Iato 2013, AntK 57, 2014, 92–113.

Reusser et al. 2015
C. Reusser – M. Mohr – J. Perifanakis, Forschungen auf dem Monte Iato 2014, AntK 58, 2015, 111–128.

Reusser et al. 2016
C. Reusser – J. Perifanakis – M. Mohr, Forschungen auf dem Monte Iato 2015, AntK 59, 2016, 66–81.

Rey 2000
T. Rey, Eisenzeitliche Holztassen aus dem Tessin im Schweizerischen Landesmuseum in Zürich, in: R. C. De Marinis - S. Biaggio Simona (ed.), I Leponti tra mito e realtà. Raccolta di saggi in occasione della mostra I (Locarno 2000) 407–414.

Riediker-Liechti 2019
E. Riediker-Liechti 2019, Bronzeobjekte aus der römischen Garküche auf dem Monte Iato (PA), in: P. Baas (ed.), Resource, Reconstruction, Representation, Role. Proceedings of the XXth International Congress on Ancient Bronzes, Tübingen 17–21 April 2018, BAR International Series 2958 (Oxford 2019) 389–395.

Riediker-Liechti 2020
E. Riediker-Liechti, Eine römische Garküche auf dem Monte Iato (Sizilien). Untersuchungen zu einem Gastronomiebetrieb der frühen Kaiserzeit (Diss. Universität Zürich 2020).

Riehle et al. 2021
K. Riehle – E. Kistler – C. Heitz – B. Öhlinger – H. Mommsen, Local Potter's Reactions. Three Case Studies from Southern Italy and Sicily, JASc Reports 39, 2021, 1–12, https://doi.org/10.1016/j.jasrep.2021.103182.

Rizza 1957
G. Rizza, Leontini. Scavi e ricerche degli anni 1954-1955, BdA 42, 1957, 63–73.

Rizza – Palermo 2004
G. Rizza – D. Palermo (ed.), La necropoli di Sant'Angelo Muxaro. Scavi Orsi – Zanotti Bianco 1931-1932, CronA 24/25, 1985/1986 (Palermo 2004).

Rizzo 1990
M. A. Rizzo, Le anfore da trasporto e il commercio etrusco arcaico I. Complessi tombali dall'Etruria meridionale, Studi di archeologia 3 (Rom 1990).

Rouillard et al. 2010
P. Rouillard – J.-Chr. Sourisseau – A. Ivantchik, Les chronologies, in: R. Étienne (ed.), La Méditerranée au VIIe siècle av. J.-C. Essais d'analyses archéologiques, Travaux de la Maison René Ginouvès 7 (Paris 2010) 27–38.

Russenberger 2011
C. Russenberger, Monte Iato (PA): Ultime testimonianze di una cultura indigena attorno al 300 a.C., in: M. Dalla Riva (ed.), Meetings between Cultures in the Ancient Mediterranean. Proceedings of the 17th International Congress of Classical Archaeology, Rome, 22nd-26th of September 2008, Suppl. Bollettino di Archeologia online, (Roma 2008) 12–22, http://151.12.58.75/archeologia/bao_document/articoli/2_RUSSENBERGER.pdf (03.02.2013).

Russenberger 2014
C. Russenberger, 200 Jahre Wohnen im Peristylhaus 2 auf dem Monte Iato: Materialien für eine Analyse der Raumfunktionen und der Raumhierarchien, in: A. Haug – D. Steuernagel (ed.), Hellenistische Häuser und ihre Funktionen. Internationale Tagung Kiel, 4. bis 6. April 2013 (Bonn 2014) 57–83.

Russenberger 2015
C. Russenberger, Bildproduktion und gesellschaftliche Entwicklung der indigenen Kulturen West- und Zentralsiziliens in archaischer Zeit, in: *Sanctuaries and the Power of Consumption*, 99–135.

Russenberger 2016
C. Russenberger, Punier am Berg. Archäologische Szenarien punischer Präsenz im Binnenland des frühhellenistischen Westsizilien am Beispiel des Monte Iato, in: F. Schön – H. Töpfer (ed.), Karthago Dialoge. Karthago und der punische Mittelmeerraum – Kulturkontakte und Kulturtransfers im 1. Jahrtausend vor Christus., RessourcenKulturen 2 (Tübingen 2016) 227–251.

Russenberger 2017
C. Russenberger, Modalités archéologiques de la présence punique à l'intérieur de la Sicile occidentale au début de la période hellénistique: l'example de Monte Iato, in: H. Dridi – D. Wieland-Leibundgut – J. Kraese (ed.), Phéniciens et puniques en méditerranée. L'apport de la recherche suisse, Philainos 2 (Roma 2017) 79–99.

Russenberger 2019
C. Russenberger, Seguire il Belice. Interessi economici e formazione di identità culturali nell'entroterra dell'eparchia punica: l'esempio di Monte Iato, SicA 111, 2019, 237–261.

Russenberger et al. 2016
C. Russenberger – A. Polito – G. Montana, Ceramica dipinta e di uso comune acroma di Monte Iato. Contributo per una prima caratterizzazione della produzione locale della prima età ellenistica (fine del IV – prima metà del III sec. a.C.), FACEM (version December/06/2016) 1–16, http://www.facem.at/project-papers.php (16.09.2018).

Sacchetti 2012
F. Sacchetti, Les amphores grecques dans le nord de l'Italie. Échanges commerciaux entre les Apennins et les alpes aux époques archaïque et classique, Bibliothèque d'Archéologie Méditerranéenne et Africaine 10 (Arles 2012).

Sanctuaries and the Power of Consumption
E. Kistler – B. Öhlinger – M. Mohr – M. Hoernes (ed.), Sanctuaries and the Power of Consumption. Networking and the Formation of Elites in the Archaic Western Mediterranean World. Proceedings of the International Conference in Innsbruck, 20th-23rd March 2012, Philippika 92 (Wiesbaden 2015).

Scafuro 2015
M. Scafuro, L'area tra il Kolonos Agoraios e l'Aeropago dall'XI al VI sec. a.C. Contesti e aree funzionali, Scuola di Archeologia e di Topografia di Atene e dell'Attica 8 (Athen 2015).

Schlotzhauer 2001
U. Schlotzhauer, Die südionischen Knickrandschalen. Eine chronologische Untersuchung zu den sog. Ionischen Schalen in Milet. (Diss. Ruhr-Universität Bochum 2001), https://www.academia.edu/9426181/Die_s%C3%BCdionischen_Knickrandschalen_Eine_chronologische_Untersuchung_zu_den_sog_Ionischen_Schalen_in_Milet (21.12.2018).

Schlotzhauer – Villing 2006
U. Schlotzhauer – A. Villing, East Greek Pottery from Naukratis: The current State of Research, in: A. Villing – U. Schlotzhauer (ed.), Naukratis: Greek Diversity in Egypt. Studies on East Greek Pottery and Exchange in the Eastern Mediterranean, British Museum Research Publication 162 (London 2006) 53–68.

Schneider 1989
G. Schneider, Naturwissenschaftliche Kriterien und Verfahren zur Beschreibung von Keramik. Diskussionsergebnisse der Projektgruppe Keramik im Arbeitskreis Archäometrie in der Fachgruppe Analytische Chemie der Gesellschaft Deutscher Chemiker, ActaPraehistA 21, 1989, 7–39.

Seconde giornate area elima
Centri Studi e Documentazione sull'Area Elima (ed.), Atti delle seconde giornate Internazionali di studi sull'area elima, Gibellina, 22-26 ottobre 1994 (Pisa 1992).

Sedita Migliore 1981
M. Sedita Migliore, Sabucina. Studio sulla zona archeologica di Caltanissetta (Palermo 1981).

Semeraro – Notarstefano 2004
G. Semeraro – F. Notarstefano, Forma e funzione: osservazioni sul rapporto fra nuovi sviluppi dell'archeologia e il linguaggio descrittivo, Archeologia e Calcolatori 15, 2004, 161–183.

Serra 2016
A. Serra, La ceramica a decorazione geometrica dipinta da Segesta nel quadro delle produzioni della Sicilia occindetale, BAR International Series 2779 (Oxford 2016).

Sicilia occidentale 2012
C. Ampolo (ed.), Sicilia occidentale. Studi, rassegne, ricerche. Atti delle settime giornate internazionali di studi sull'area

elima e la Sicilia occidentale nel contesto mediterraneo. Erice, 12-15.10.2009 (Pisa 2012).

Siracusano 1996
S. Siracusano, L'acropoli, in: A. Calderone – M. Caccamo Caltabiano – E. De Miro – A. Denti – A. Siracusano (ed.), Monte Saraceno di Ravanusa. Un ventennio di ricerche e studi, Monografie di archeologia. Quaderni di Archeologia Suppl. 5 (Messina 1996) 7–40.

Skarlatidou 2002
E. Skarlatidou, Una tomba arcaica in Macedonia. Nuovi dati per un riesame della cronologia della ceramica corinzia, ASAtene 80, 1, 2002, 281–307.

Skibo 1999
J. M. Skibo, Pottery and People, in: Skibo – Feinman 1999, 1–8.

Skibo – Blinman 1999
J. M. Skibo – E. Blinman, Exploring the Origins of Pottery on the Colorado Plateau, in: Skibo – Feinman 1999, 171–183.

Skibo – Feinman 1999
J. M. Skibo – G. M. Feinman, Pottery and People. A Dynamic Interaction (Salt Lake City 1999).

Slaska 1990
M. Slaska, Le anfore massaliote in Etruria meridionale, in: *Études massaliètes*, 223–233.

Smith 1985
M. F. Smith Jr., Toward an Economic Interpretation of Ceramics: Relating Vessel Size and Shape to Use, in: B. A. Nelson (ed.), Decoding Prehistoric Ceramics, Publications in Archaeology (Carbondale 1985) 254–309.

Sourisseau 1997 I
J.-C. Sourisseau, Recherches sur les amphores de Provence et de la basse Vallée du Rhône aux Époques archaïque et classique (fin VIIe – début IVe s. av. J.-C.) Volume I: synthèse (Diss. Université de Provence Aix-Marseille I 1997).

Sourisseau 1997 II
J.-C. Sourisseau, Recherches sur les amphores de Provence et de la basse Vallée du Rhône aux Époques archaïque et classique (fin VIIe – début IVe s. av. J.-C.) Volume II (1): La documentation archéologique, Marseille (Diss. Université de Provence Aix-Marseille I 1997).

Sourisseau 1997 III
J.-C. Sourisseau, Recherches sur les amphores de Provence et de la basse Vallée du Rhône aux Époques archaïque et classique (fin VIIe – début IVe s. av. J.-C.) Volume II (2): La documentation archéologique, Arles, Martigues, Saint-Blaise et les découvertes sous-marines (Diss. Université de Provence Aix-Marseille I 1997).

Sourisseau 2000
J.-C. Sourisseau, Les importations d'amphores grecques à Marseille aux VIe et Ve s. av. J.-C.: Bilan quantitatif, in: P. Cabrera Bonet – M. Santos Retolaza (ed.), Ceràmiques jònies d'època arcaica: Centres de producció i comercialització al mediterrani occidental. Actes de la Taula Rodona Empúries 26-28.05.1999, Monografies Emporitanes 11 (Barcelona 2000) 137–144.

Sourisseau 2013
J.-C. Sourisseau, Amphores et céramiques massaliètes du VIe siècle avant J.-C., in: *Odyssée gauloise*, 337–339.

Sparkes 2008
B. A. Sparkes, Why Special Techniques, in: K. Lapatin (ed.), Papers on Special Techniques in Athenian Vases. Proceedings of a symposium held in connection with the Exhibition The Color of Clay: Special Techniques in Athenian Vases, at the Getty Villa, June 15–17, 2006 (Los Angeles 2008) 23–34.

Spatafora 1997
F. Spatafora, La Montagnola di Marineo. Nuovi scavi nell'abitato (1991-1993), in: Regione Sicilia. Assessorato dei Beni culturali e ambientali e della Pubblica Istruzione (ed.), Archeologia e territorio (Palermo 1997) 111–136.

Spatafora 2002
F. Spatafora, La Montagnola – Makella, in: Spatafora – Vassallo 2002, 87–97.

Spatafora 2003a
F. Spatafora (ed.), Monte Maranfusa. Un insediamento nella Media Valle del Belice. L'abitato *indigeno*, Beni Culturali Palermo 7 (Palermo 2003).

Spatafora 2003b
F. Spatafora, L'indagine archeologica, in: Spatafora 2003a, 17–86.

Spatafora 2003c
F. Spatafora, La ceramica indigena a decorazione geometrica impressa e incisa, in: Spatafora 2003a, 109–156.

Spatafora 2003d
F. Spatafora, Ceramica d'impasto di età protostorica, in: Spatafora 2003a, 89–108.

Spatafora 2009a
F. Spatafora, Scavi e ricerche nel territorio di Palermo nel triennio 2004-2006, in: Ampolo 2009, 623–631.

Spatafora 2009b
F. Spatafora, Spazio abitativo e architettura domestica negli insediamenti *indigeni* della Sicilia occidentale, in: M. C. Belarte (ed.), L'espai domèstic i l'organització de la societat a la protohistòria de la Mediterrània occidental (Ier milleni a.C.). Actes de la IV Reunió Internacional d'Arqueologia de Calafell, Calafell – Tarragona, 6 al 9 de març de 2007, Arqueo Mediterrània 11 (Barcellona 2009) 363–377.

Spatafora 2010
F. Spatafora, Per un'archeologia degli incontri: Sicani ed Elimi nella Sicilia greca, in Tréziny 2010, 25–39.

Spatafora 2012
F. Spatafora, Le vie dell'acqua: città e villaggi nelle vallate fluviali della Sicilia centro-occidentale tra età arcaica ed ellenismo, in: A. Calderone (ed.), Cultura e religione delle acque. Atti del convegno interdisciplinare "Qui fresca l'acqua mormora…" (S. Quasimodo , Sapph. fr. 2,5), Messina 29–30 marzo 2011 (Roma 2012) 301–313.

Spatafora 2014
F. Spatafora, Formazione e caratteri identitari delle comunità *indigene* nella Sicilia occidentale, in: G. Greco – B. Ferrara (ed.), Segni di appartenenza e identità di comunità nel mondo *indigeno*. Atti del Seminario di Studi, Napoli 6-7 luglio 2012, Quaderni del Centro di Studi Magna Grecia 18 (Napoli 2014) 369–383.

Spatafora – Fresina 1991
F. Spatafora – A. Fresina, Monte Maranfusa, in: *Di terra in terra*, 3–26.

Spatafora – Vassallo 2002
F. Spatafora – S. Vassallo (ed.), Sicani Elimi e Greci. Storie di contatti e terre di frontiera. Catalogo della mostra Palermo (Palermo 2002).

Spatafora – Vassallo 2004
F. Spatafora – S. Vassallo (ed.), Das Eigene und das Andere. Griechen, Sikaner und Elymer. Neue archäologische Forschungen im antiken Sizilien, Catalogo della mostra Zürich (Palermo 2004).

Spatafora – Vassallo 2006
F. Spatafora – S. Vassallo (ed.), Des Grecs en Sicile. Grecs et indigènes en Sicile occidentale d'après les fouilles archéologiques. Catalogo della mostra Marsiglia (Palermo 2006).

Spatafora et al. 2009
F. Spatafora – T. Scarano – G. Maggiuli – G. De Giosa, Monte Triona (Bisacquino, Palermo). Rapporto preliminare della prima campagna di ricognizione, in: Ampolo 2009, 654–659.

Steures 1980
D. C. Steures, Monte Finocchito Revisited, Allard Pierson Series 2 (Amsterdam 1980).

Stibbe 1972
C. M. Stibbe, Lakonische Vasenmaler des sechsten Jahrhunderts v. Chr., Studies in Ancient Civilization 1 (Amsterdam 1972).

Stibbe 1994
C. M. Stibbe, Laconian Drinking Vessels and Other Open Shapes, Laconian Black-Glazed Pottery 2, Allard Pierson Series, Scripta Minora 4 (Amsterdam 1994).

Stibbe 2000
C. M. Stibbe, Laconian Oil Flasks and Other Closed Shapes, Laconian Black-Glazed Pottery III, Allard Pierson Series, Scripta Minora 5 (Amsterdam 2000).

Storti – Vaggioli 1994
S. Storti – M. A. Vaggioli, Entella. Relazione preliminare delle campagne di scavo 1990-1991. Le mura (SAS 14), AnnPisa 24/1, 1994, 193–234.

Strong 1966
D. E. Strong, Greek and Roman Gold and Silver Plate (London 1966).

Tanasi 2012a
D. Tanasi, La Montagna di Polizzello alla fine dell'Età del Bronzo: il caso dell'Edificio Nord sull'acropoli, in: *Dai ciclopi agli Ecisti*, 967–972 (DVD con pdf supplementare).

Tanasi 2012b
D. Tanasi, Nuove evidenze ceramiche del periodo Bronzo/Ferro dall'acropoli della Montagna di Polizzello, in: *Dai ciclopi agli Ecisti*, 1321–1325 (DVD con pdf supplementare).

Tanner in preparazione
A. Tanner, in: Mohr – Öhlinger (in preparazione).

Tardo 1999a
V. Tardo, Ceramica indigena a decorazione dipinta, in: Vassallo 1999a, 137–159.

Tardo 1999b
V. Tardo, Bacini – Mortai, in: Vassallo 1999a, 233–236.

Tardo 1999c
V. Tardo, Ceramica di importazione, coloniale e di tradizione greca, in: Vassallo 1999a, 162–198.

Termini 2003
A. Termini, La ceramica indigena acroma ed i grossi contenitori, in: Spatafora 2003a, 229–253.

Terranova 2012
M. Terranova, Monte Iato: i reperti della Casa arcaica 1 (vano orientale) (Masterarbeit Università degli Studi di Palermo 2012).

Terranova – Lo Campo 2003
F. Terranova – P. Lo Campo, Indagini bioarcheologiche sui reperti di Colle Madore, in: Vassallo 1999a, 283–284.

Terze giornate area Elima
Centro Studi e Documentazione sull'Area Elima (ed.), Atti delle terze giornate internazionali di studi sull'area elima, Gibellina, Erice, Contessa Entellina, 23-26.10.1997 (Pisa 2000).

Thorne Campbell 1938
M. Thorne Campbell, A Well of the Black-Figured Period at Corinth, Hesperia 7, 1938, 557–611.

Tigano 1985/1986
G. Tigano, Ceramica indigena da Sabucina (Caltanissetta). Oinochoai trilobate a decorazione geometrica, QuadAMess 1, 1985/1986, 55–78.

Tiverios 1991
M. Tiverios, Rez. zu D. A. Amyx, Corinthian Vase Painting of the Archaic Period (London 1988), Gnomon 63, 1991, 630–634.

Treister 2007
M. Y. Treister, The Toreutics of Colchis in the 5th – 4th Centuries BC. Local Traditions, Outside Influences, Innovations, AncCivScytSib 13, 2007, 67–107.

Tréziny 1989
H. Tréziny, Kaulonia I. Sondages sur la Fortification Nord (1982-1985), Cahiers du Centre Jean Bérard 13 (Napoli 1989).

Tréziny 2010
H. Tréziny (ed.), Grecs et indigène de la Catalogne à la mer noire. Actes des rencontres du programme européen Ramses2 (2006–2008), Bibliothèque d'Archéologie Méditerranéenne et Africaine 3 (Aix-en-Provence 2010).

Trombi 1999
C. Trombi, La ceramica indigena dipinta della Sicilia dalla seconda metà del IX sec. a.C. al V sec. a.C., in: M. Barra Bagnasco – E. De Miro – A. Pinzone (ed.), Origini e incontri di culture nell'antichità: Magna Grecia e Sicilia: stato degli studi e prospettive di ricerca. Atti dell'incontro di Studi, Messina 2-4 dicembre 1996, Pelorias 4 (Messina 1999) 275–293.

Trombi 2003a
C. Trombi, Considerazioni sui vasi *indigeni* con applicazioni plastiche della Sicilia occidentale (VII-V sec. a.C.) in: G. Fiorentini – M. Caltabiano – A. Calderone (ed.), Archeologia del Mediterraneo. Studi in onore di Ernesto De Miro, Bibliotheca Archaeologica 35 (Roma 2003) 693–710.

Trombi 2003b
C. Trombi, La ceramica indigena a decorazione monocroma e/o bicroma di Monte Saraceno di Ravanusa, QuadAMess 4, 2003, 61–82.

Trombi 2015
C. Trombi, La ceramica indigena decorata della Sicilia occidentale. Tipologia e produzione (Mantova 2015).

Tsingarida 2003
A. Tsingarida, Des offrandes pour l'éternité. Les vases de la "Tombe Sotadès" in: P. Rouillard – A. Verbanck-Piérard (ed.), Le vase grec et ses destins (München 2003) 67–78.

Turco 2000
M. Turco, La necropoli di Cassibile. Scavi Paolo Orsi 1897 e 1923, Cahiers du Centre Jean Bérard 21 (Napoli 2000).

Tusa 1971
V. Tusa, Solunto. Nuovi contributi alla soluzione del problema storico-topografico, Kokalos 17, 1971, 33–48.

Tusa 1988-1989
V. Tusa, Sicani ed elimi, Kokalos 34/35, 1988/1989, 47–73.

Tusa 1994
S. Tusa, Sicilia preistorica (Palermo 1994).

Tusa 1997
V. Tusa, L'elemento figurativo presso gli Elimi, in: *Seconde giornate area elima*, 1315–1327.

Tusa 2012
S. Tusa, L'età del Ferro nella Sicilia occidentale, in: *Dai ciclopi agli Ecisti*, 207–230.

Tzochev 2011
C. Tzochev, Archaic Amphora Import from Thracian Sites Around the Bay of Bourgas, in: C. Tzochev – T. Stoyanov – A. Bozkova (ed.), PATABS II. Production and Trade of Amphorae in the Black Sea. Acts of the International Round Table 26th – 30th September 2007 (Sofia 2011) 73–86.

Ugolini 2015
C.-A. De Chazelles – D. Ugolini (ed.), Montlaurès (Narbonne, Aude) à la fin du premier âge du Fer, MAM 36 (Lattes 2015).

Ure 1927
P. N. Ure, Sixth and Fifth Century Pottery from Excavation made at Rhitsona by R. M. Burrows in 1909 and by P. N. Ure and A. D. Ure in 1921 and 1922 (London 1927).

Valentino 2003
M. Valentino, La ceramica da fuoco e da cucina, in: Spatafora 2003a, 255–267.

Vallet 1978
G. Vallet, Les céramiques de la Grèce de l'est et leur diffusion en Occident. Colloque international, Naples 6-9 juillet 1976, Colloques internationaux du Centre National de la recherche scientifique 569 = Bibliothèque de l'institut français de Naples 4 (Paris 1978)

Van den Boom 1990
H. Van den Boom, Amphoren der Heuneburg, in: *Études massaliètes*, 263–266.

Van der Wielen-Van Ommeren – De Lachenal 2006
F. Van der Wielen-Van Ommeren – L. De Lachenal, La dea di Sibari e il santuario ritrovato. Studi sui rinvenimenti dal Timpone Motta di Francavilla Marittima. Ceramiche di importazione, di produzione coloniale e indigena, BdA I, 1 (Roma 2006).

Vanderpool 1938
E. Vanderpool, The Rectangular Rock-Cut Shaft, Hesperia 7, 1938, 363–411.

Vassallo 1991
S. Vassallo, Montagna dei Cavalli, in: *Di terra in terra*, 117–136.

Vassallo 1996a
S. Vassallo, Coppe tipo "Iato K480". Tipologia e diffusione, QuadMusSalinas 2, 1996, 91–113.

Vassallo 1996b
S. Vassallo, Il territorio di Himera in età arcaica, Kokalos 42, 1996, 199–223.

Vassallo 1999a
S. Vassallo (ed.), Colle Madore. Un caso di ellenizzazione in terra sicana. Collana di studi e ricerche, Beni culturali Palermo (Palermo 1999).

Vassallo 1999b
S. Vassallo, Ceramica indigena a decorazione impressa e incisa, in: Vassallo 1999a, 122–136.

Vassallo 1999c
S. Vassallo, Coppe tipo "Iato K480", in: Vassallo 1999a, 199–202.

Vassallo 1999d
S. Vassallo, Himera, necropoli di Pestavecchia. Un primo bilancio sulle anfore da trasporto, Kokalos 45, 1999, 329–379.

Vassallo 1999e
S. Vassallo, Le fasi storiche, in: Vassallo 1999a, 59–75.

Vassallo 2000
S. Vassallo, Abitati *indigeni* ellenizzati della Sicilia centro-occidentale dalla vitalità tardo-arcaica alla crisi del V sec. a.C., in: *Terze giornate area elima*, 983–1008.

Vassallo 2002
S. Vassallo, Himera. La colonia greca e gli *indigeni*, in: Spatafora – Vassallo 2002, 37–55.

Vassallo 2003
S. Vassallo, Dati preliminari sulle importazioni attiche nella necropoli orientale di Himera, in: Giudice – Panvini 2003, 89–93.

Vassallo 2005
S. Vassallo, Himera, Città greca. Guida alla storia e ai monumenti, Beni Culturali Palermo 8 (Palermo 2005).

Vassallo 2010
S. Vassallo, L'incontro tra *indigeni* e Greci di Himera nella Sicilia centro-settentrionale (VII–V sec. a.C.), in: Tréziny 2010, 41–54.

Vassallo – Valentino 2012
S. Vassallo – M. Valentino, Scavi nella necropoli occidentale di Himera, il paesaggio e le tipologie funerarie, in: *Sicilia occidentale 2012*, 49–58.

Verger 2011
S. Verger, Dévotions féminines et bronzes de l'extrême nord dans le Thesmophorion de Géla, in: F. Quantin (ed.), Archéologie des religions antiques. Contributions à l'étude des sanctuaires et de la piété en Méditerranée (Grèce, Italie, Sicile, Espagne), Archaia 1 (Pau 2011) 15–76.

Vierneisel – Kaeser 1990
K. Vierneisel – B. Kaeser, Kunst der Schale. Catalogo della mostra München (München 1990).

Villard 1960
F. Villard, La céramique grecque de Marseille (VIe-IVe siècle). Essai d'Histoire économique, BEFAR 195 (Paris 1960).

Villard 1962
F. Villard, Les canthares de bucchero et la chronologie du commerce étrusque d'exportation, in: M. Renard (ed.), Hommages à Albert Grenier. Collection Latomus 58 (Bruxelles 1962) 1625–1635.

Villard – Vallet 1955
F. Villard – G. Vallet, Megara Hyblaea V. Lampes du VIIe siècle et Chronologie des coupes ioniennes, MEFRA 67, 1955, 7–34.

Villing – Pemberton 2010
A. Villing – E. G. Pemberton, Mortaria from Ancient Corinth. Form and Function, Hesperia 79 (2010) 555–638.

von Hase 1989
F.-W. von Hase, Der etruskische Bucchero aus Karthago. Ein Beitrag zu den frühen Handelsbeziehungen im westlichen Mittelmeergebiet (7.-6. Jahrhundert v. Chr.), JbRGZM 36, 1989, 327–410.

Walsh – Antonaccio 2014
J. St. P. Walsh – C. Antonaccio, Athenian Black Gloss Pottery: a View from the West, OxfJA 33, 2014, 47–67.

Walton et al. 2009
M. S. Walton – E. Doehne – K. Trentelman – G. Chiari – J. Maish – A. Buxbaum, Characterization of Coral Red Slips on Greek Attic Pottery, Archaeometry 51, 3, 2009, 383–396.

Wegner 1989
M. Wegner, Korinthische Amphoriskoi, Boreas 12, 1989, 199–202.

Weinberg 1948
S. S. Weinberg, A Cross-Section of Corinthian Antiquities (Excavation of 1940), Hesperia 17, 1948, 197–241.

Weiss 2019
C. Weiss, Die mittelalterlichen Fundmünzen und Gewichte vom Monte Iato auf Sizilien. Die Grabungskampagnen 1971–2008, Studia Ietina 11 = Zürcher Archäologische Forschungen 6 (Rahden/Westf. 2019).

8 INDICI ANALITICI

8.1 INDICE GEOGRAFICO

8.2 INDICE DEI PITTORI E DEI GRUPPI

Ceramica attica

Ceramica corinzia

Ceramica laconica

TABELLE E APPENDICI

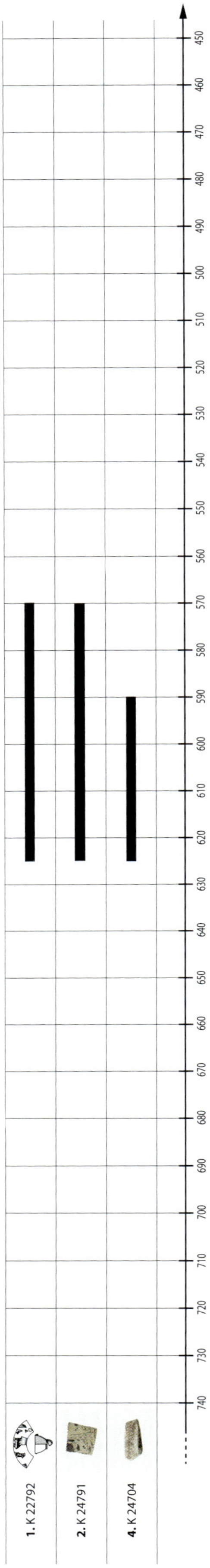

Tab. 1: Datazione – Edificio quartiere orientale – Prima fase

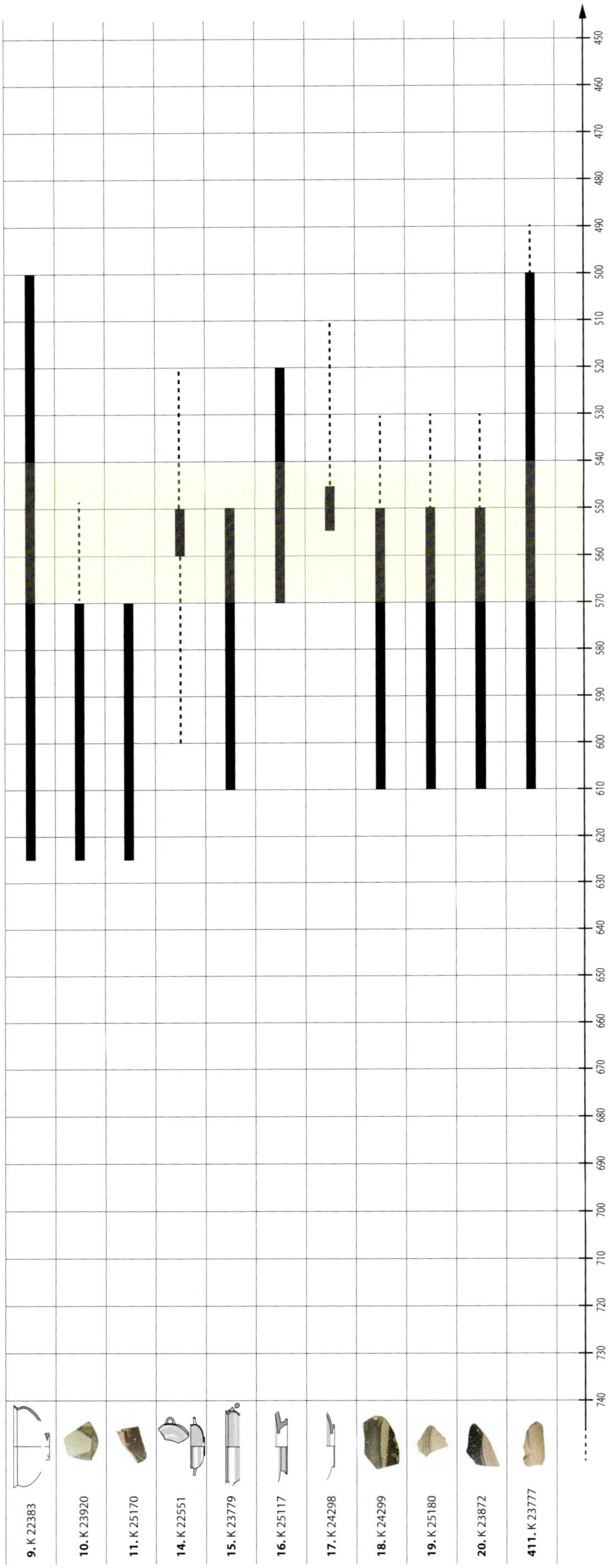

Tab. 2: Datazione – Edificio quartiere orientale – Seconda fase

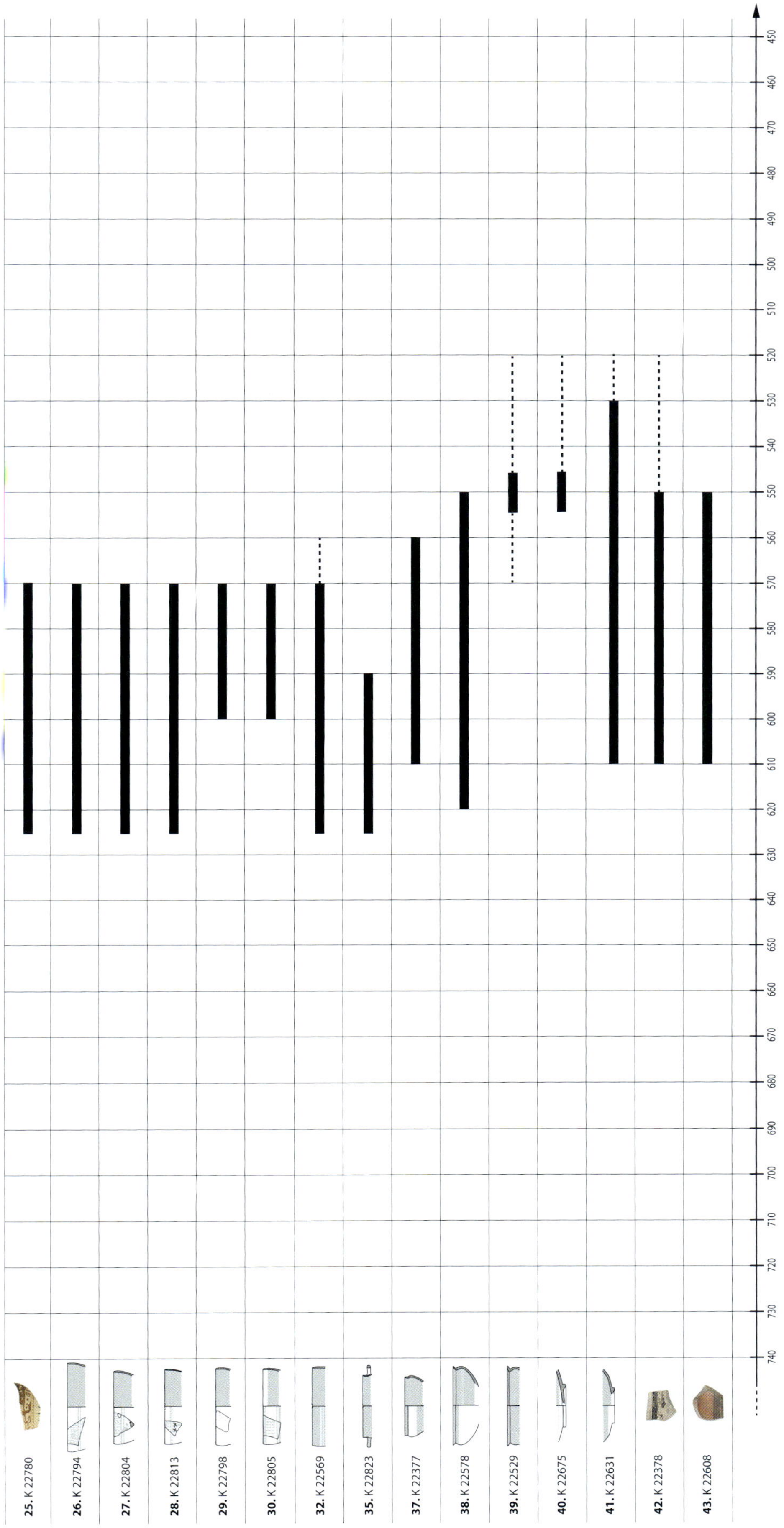

Tab. 3: Datazione – Edificio quartiere orientale – Strati erosi di prima o seconda fase

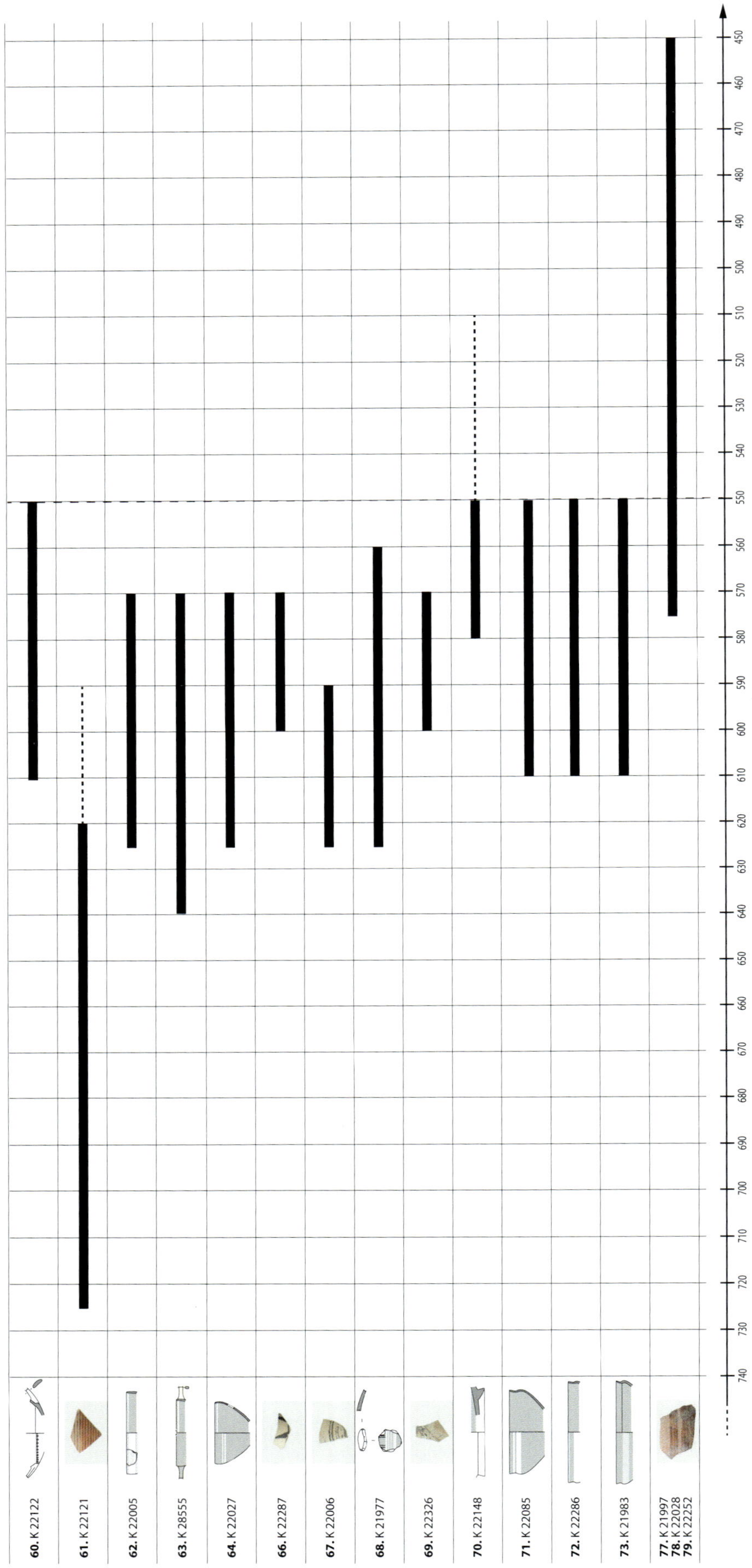

Tab. 4: Datazione – Contesto agorà – Riempimento adibito alla costruzione dell'Edificio A

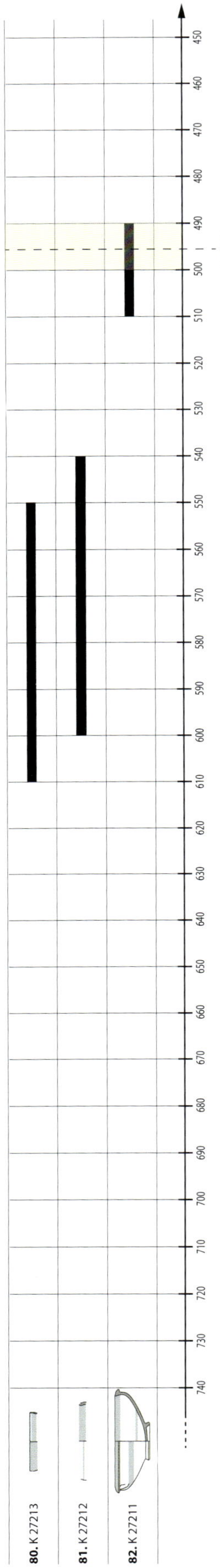

Tab. 5: Datazione – Contesto agorà – Edificio A

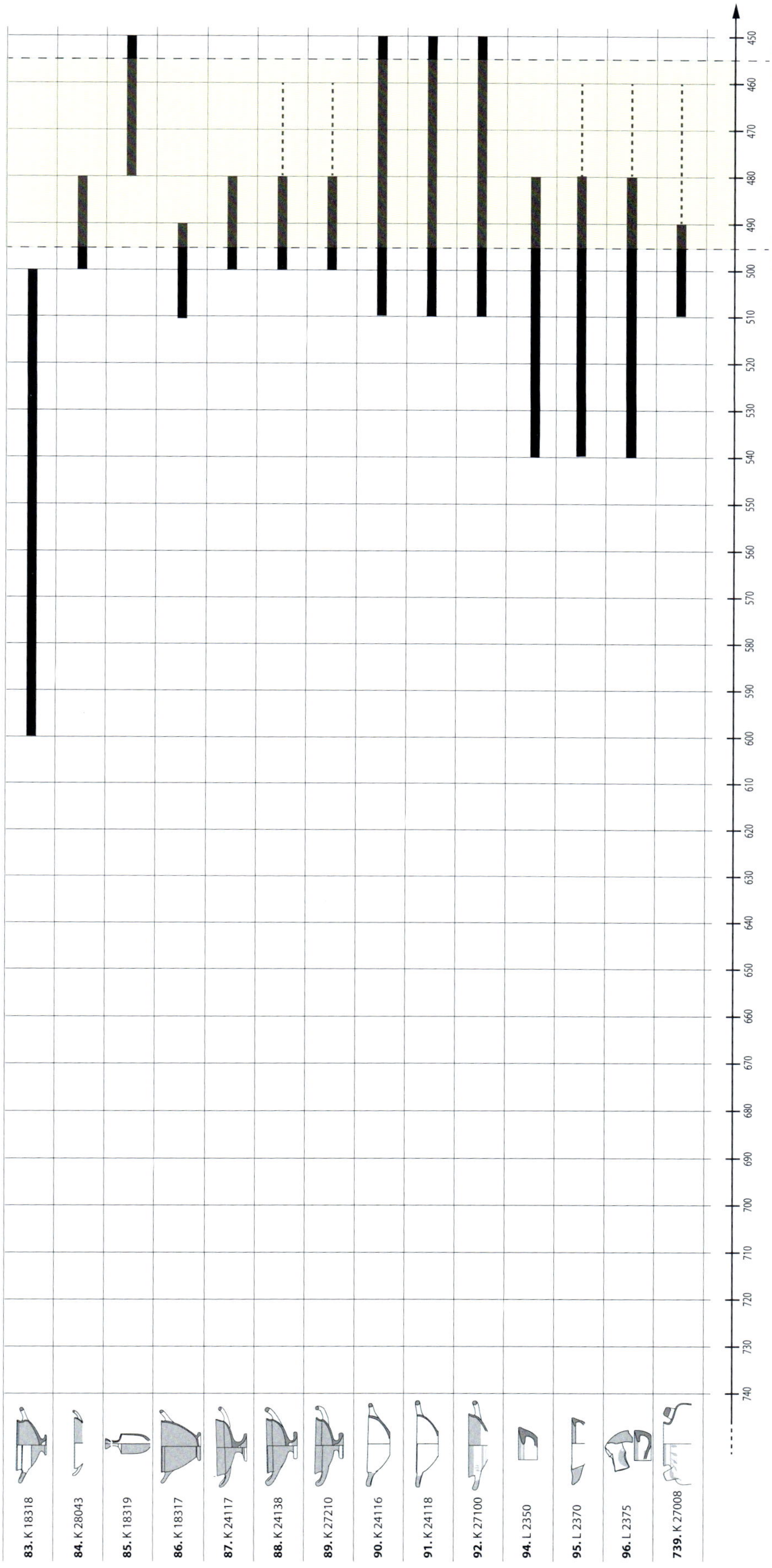

Tab. 6: Datazione – Contesto agorà – Edificio 1

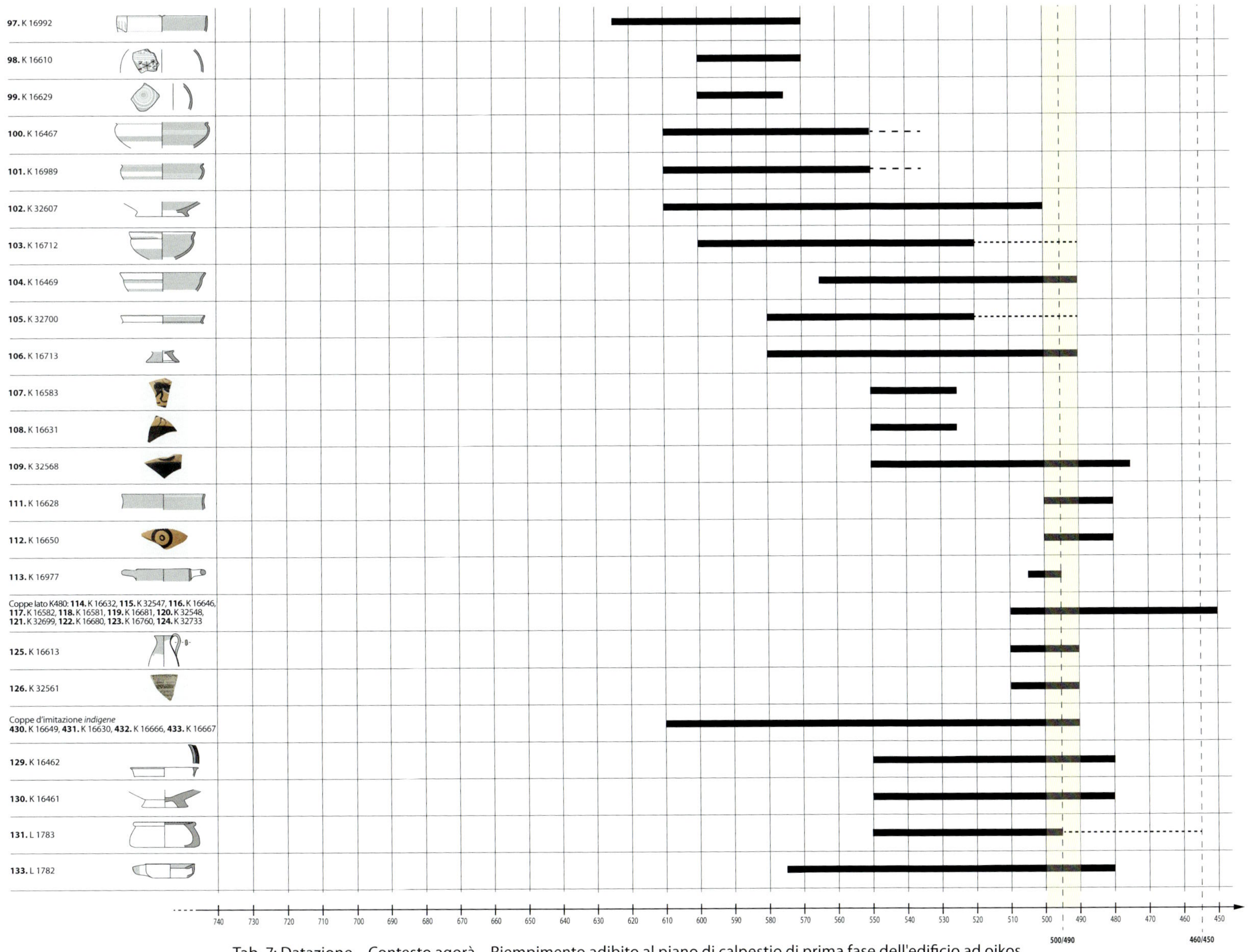

Tab. 7: Datazione – Contesto agorà – Riempimento adibito al piano di calpestio di prima fase dell'edificio ad oikos

Tab. 8: Datazione – Contesto agorà – Riempimento adibito al piano di calpestio di seconda fase dell'edificio ad oikos

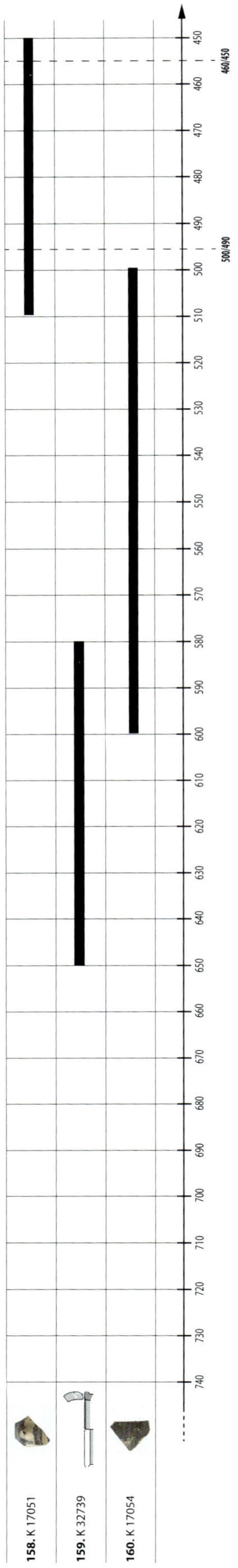

Tab. 9: Datazione – Contesto agorà – Riempimento adibito al piano di calpestio di prima o seconda ase dell'edificio ad oikos

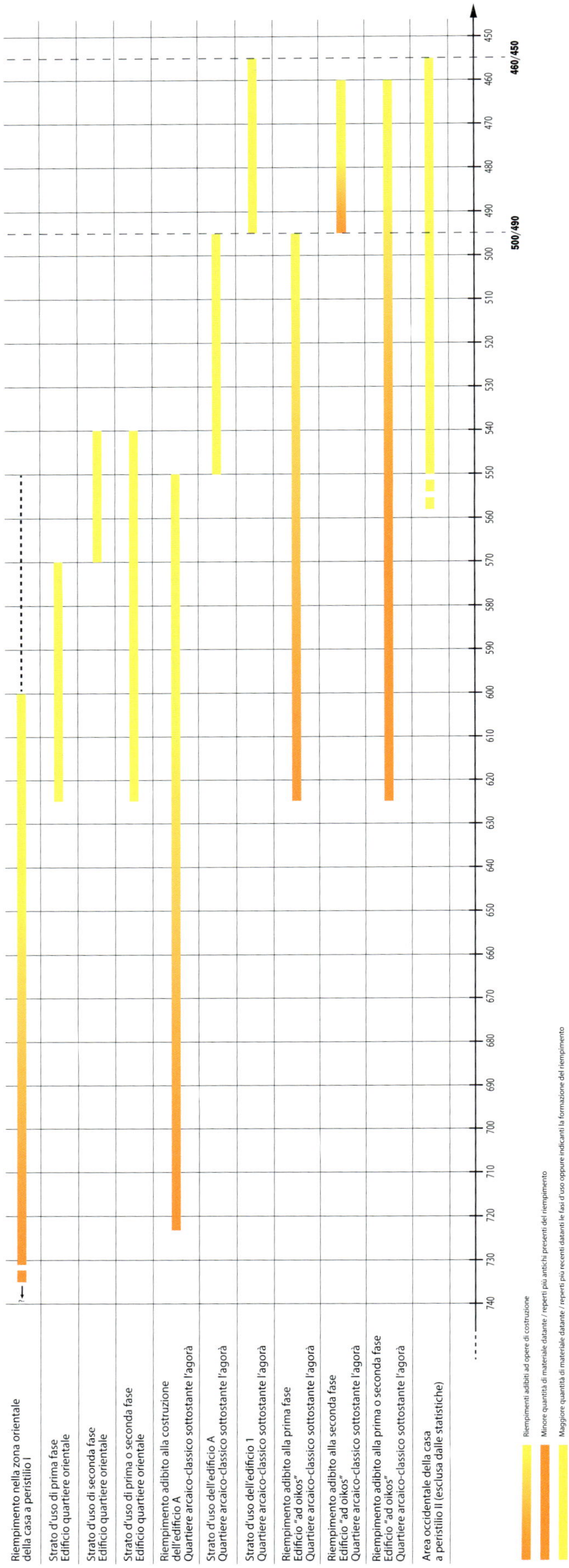

Tab. 10: Datazione di tutti i contesti presi in esame

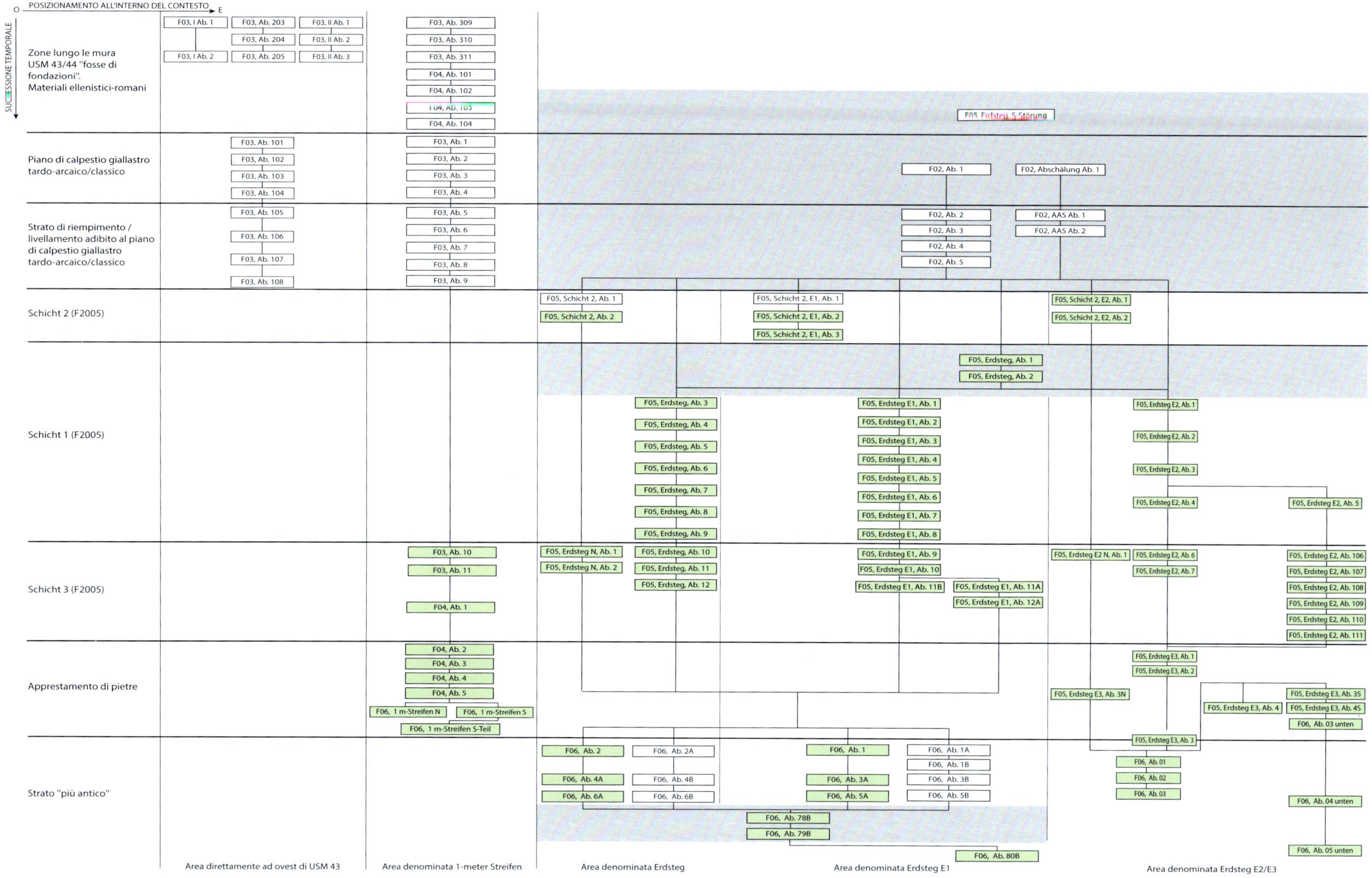

Contesto quartiere occidentale WQ 491/492: Successione delle battute dello scavo con suddivisione degli strati. In verde le battute integralmente documentate

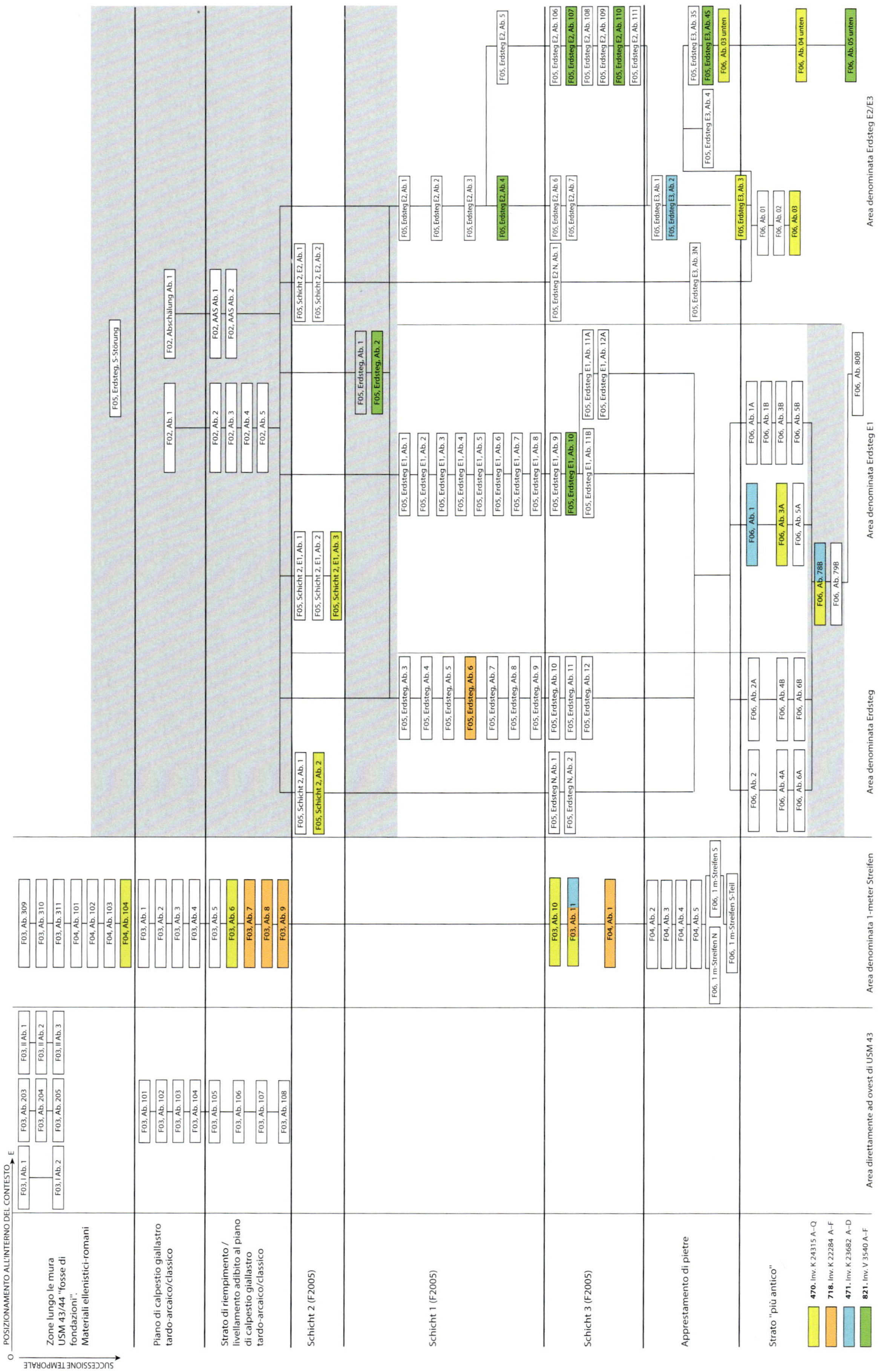

Contesto quartiere occidentale WQ 491/492: Successione delle battute dello scavo con suddivisione degli strati. Selezione di reperti combacianti attestanti l'interpretazione del contesto come riempimento

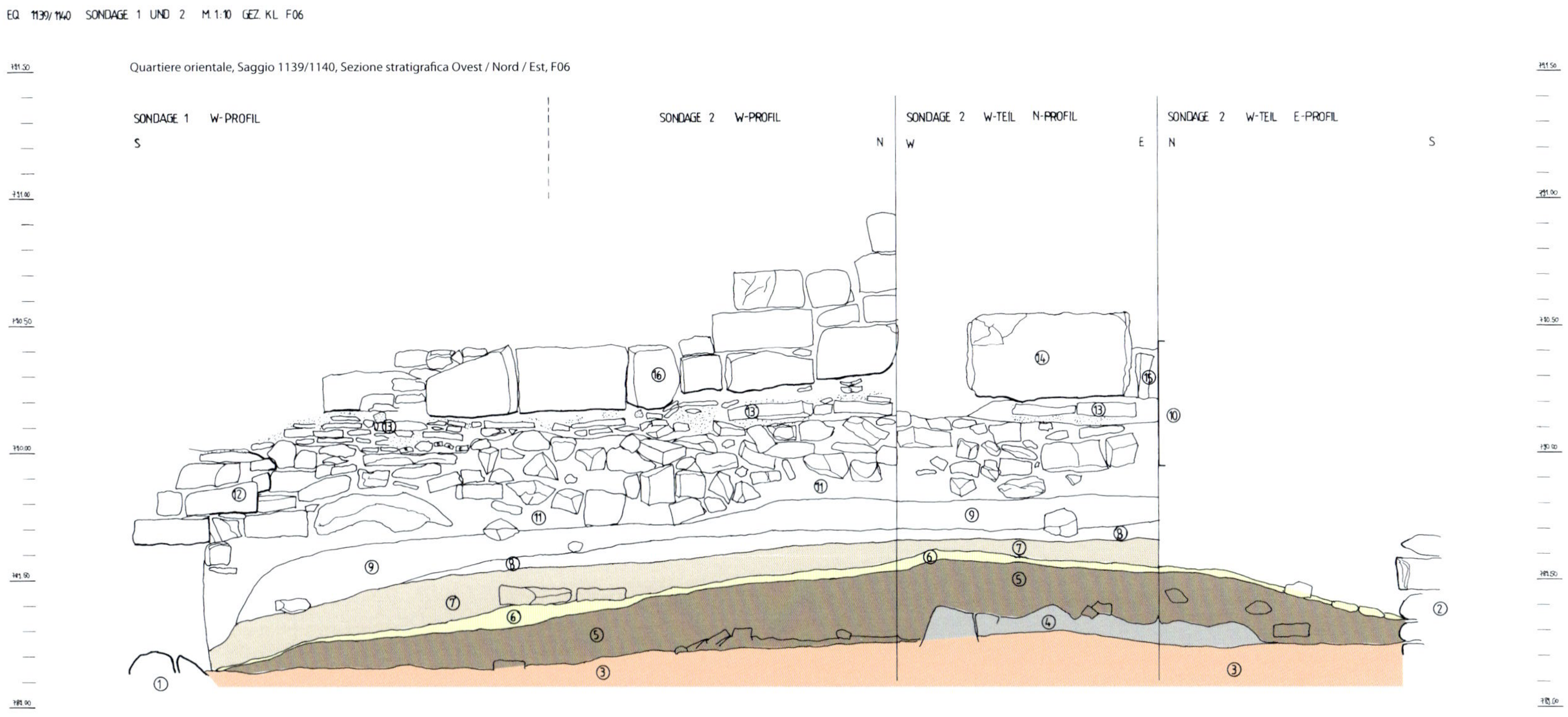

Leggenda:

1. Ortostate dello scalino superiore verso l'entrata del vano settentrionale
2. Piedistallo formato da pietre calcaree di media dimensione
3. Battuto compatto formato da pietre calcaree rossastre di piccole dimensioni, piano di calpestio di prima fase
4. Strato compatto formato da calce, in parte pietre calcaree rossastre di piccole dimensioni e pietre calcaree in posizione di crollo
5. Strato a matrice argillo-limosa di colore marrone chiaro con inclusioni frustoli di carbone di dimensioni variabili e saltuarie pietre di piccola dimensione
6. Battuto compatto con inclusioni di pietre calcaree e soprattutto arenarie di piccole dimensioni, piano di calpestio di seconda fase
7. Strato a matrice argillo-limosa di colore marrone con rari frustoli di carbone e pietruzze bianche di piccolissime dimensioni
8. Strato di colore grigio-marrone con numerosi frustoli di carbone e pietre di piccola dimensione
9. Strato friabile di colore grigio-marrone con numerose inclusioni di pietre di piccola dimensione
10. Ortostate in pietra calcarea del cortile della casa a peristilio E2 di epoca ellenistica
11. Strato di colore grigio-marrone con numerose pietre calcaree orientate orizzontalmente nella parte superiore dello strato
12. Resti di un antico muro con andamento EW poggiante sullo strato 11
13. Strato di calce con inclusioni di pietre sottili e frammenti di tegole (Z) orientati orizzontalmente, strato di livellamento del sottopavimento del cortile della casa a peristilio E2
14. Blocco in pietra calcarea di grandi dimensioni, in posizione secondaria (epoca medievale)
15. Riempimento con pietra calcarea fra 10 e 14
16. Muro medievale con andamento NS

Contesto quartiere orientale EQ 1139/1140: Sezione stratigrafica, vano settentrionale

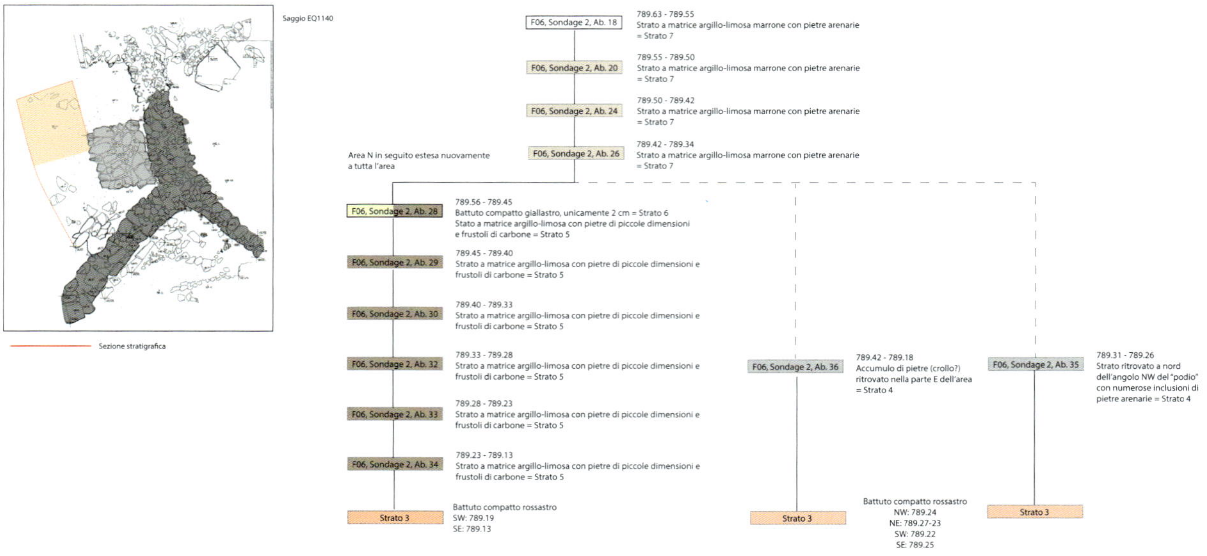

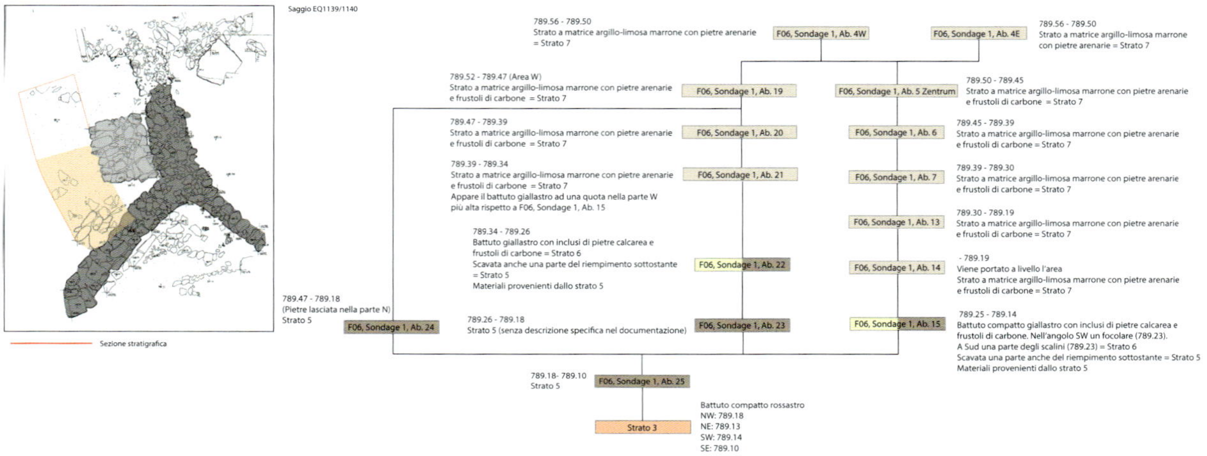

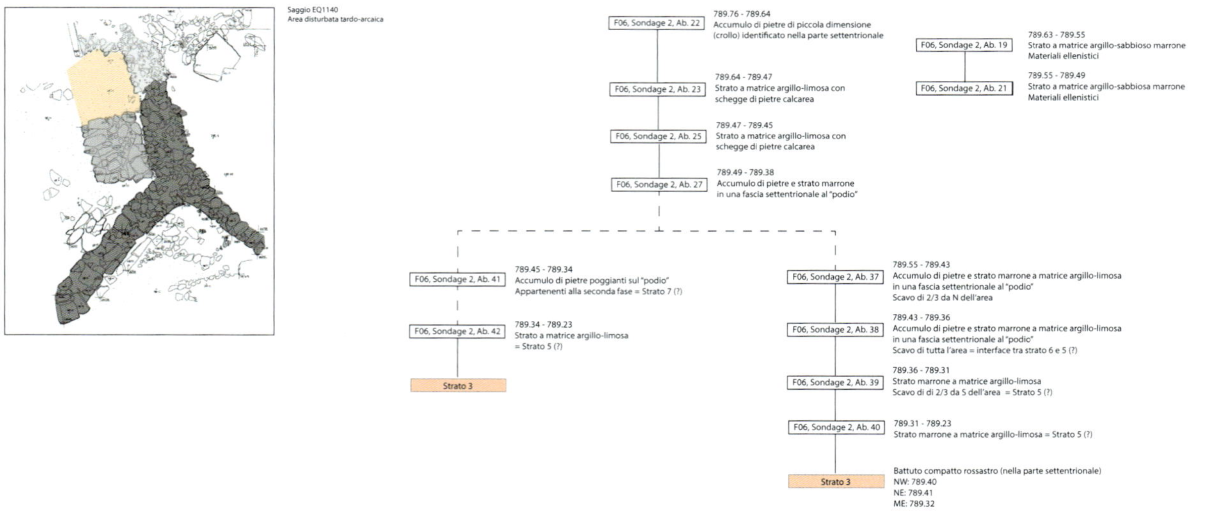

Contesto quartiere orientale EQ 1139/1140: Correlazione fra le battute di scavo del vano nord e la sezione stratigrafica (APPENDICE B.1)

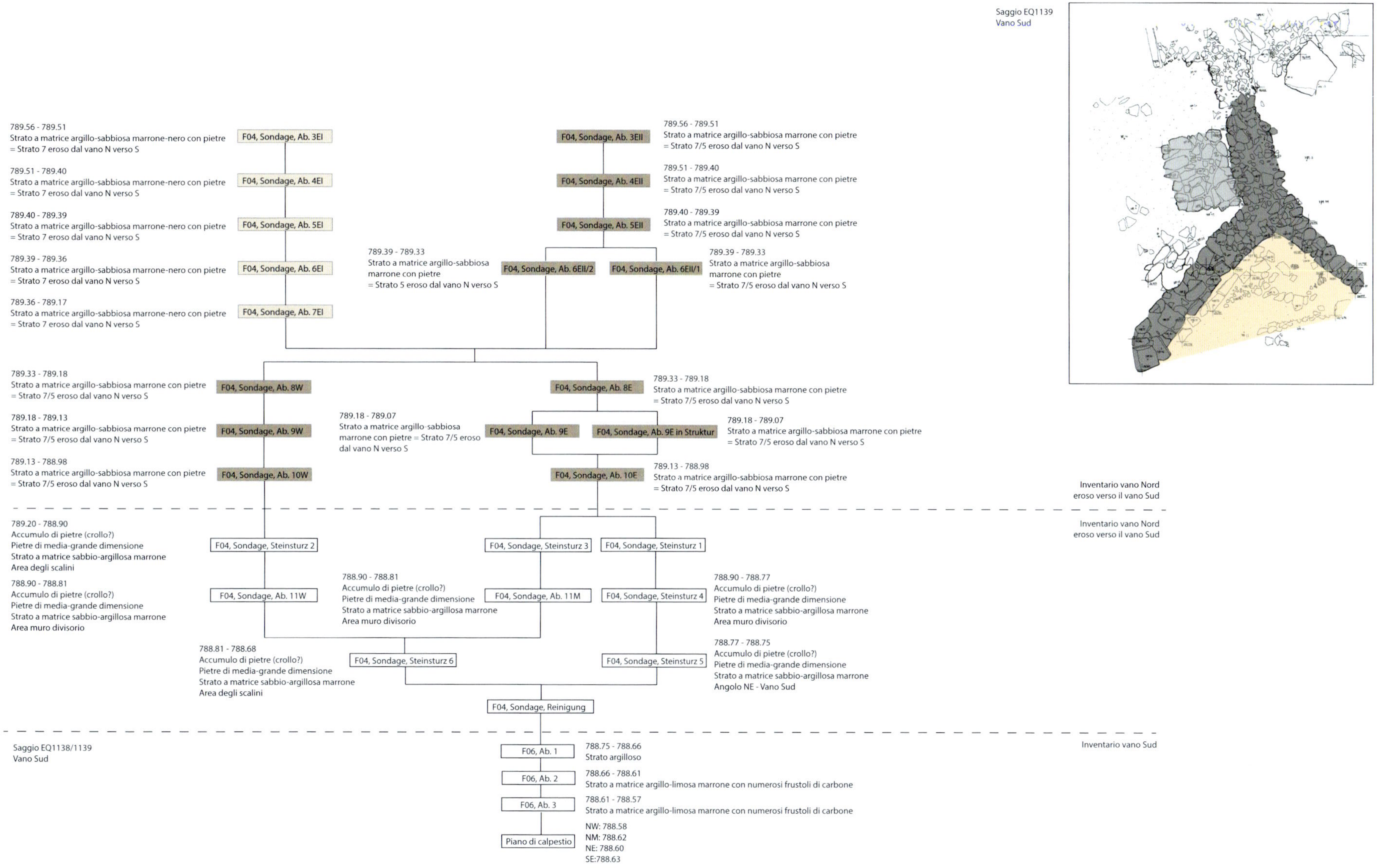

Contesto quartiere orientale EQ 1139/1140: Correlazione fra le battute di scavo del vano sud e la sezione stratigrafica (APPENDICE B.1)

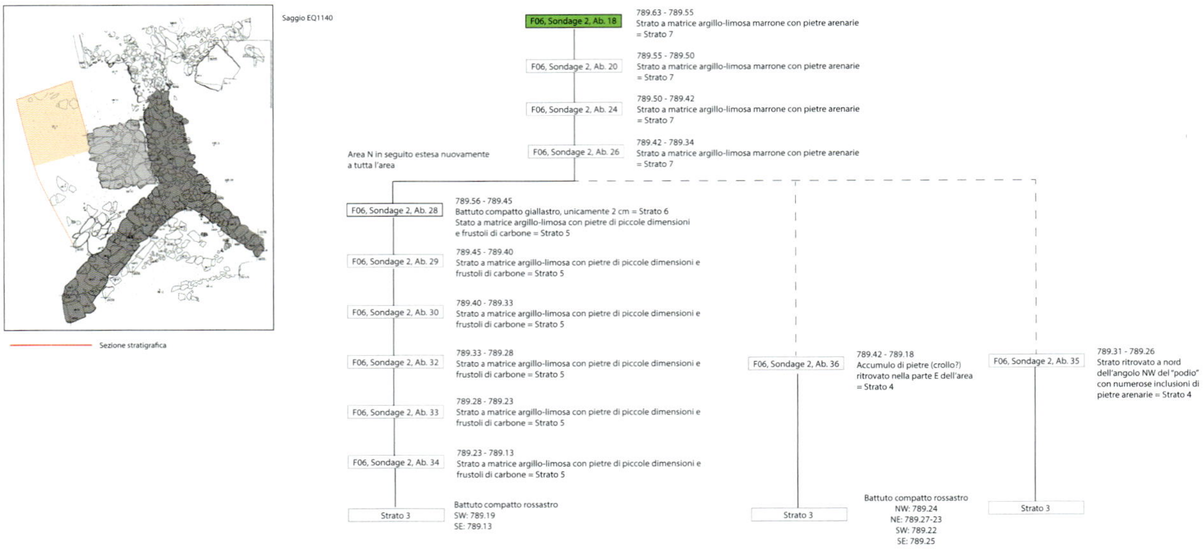

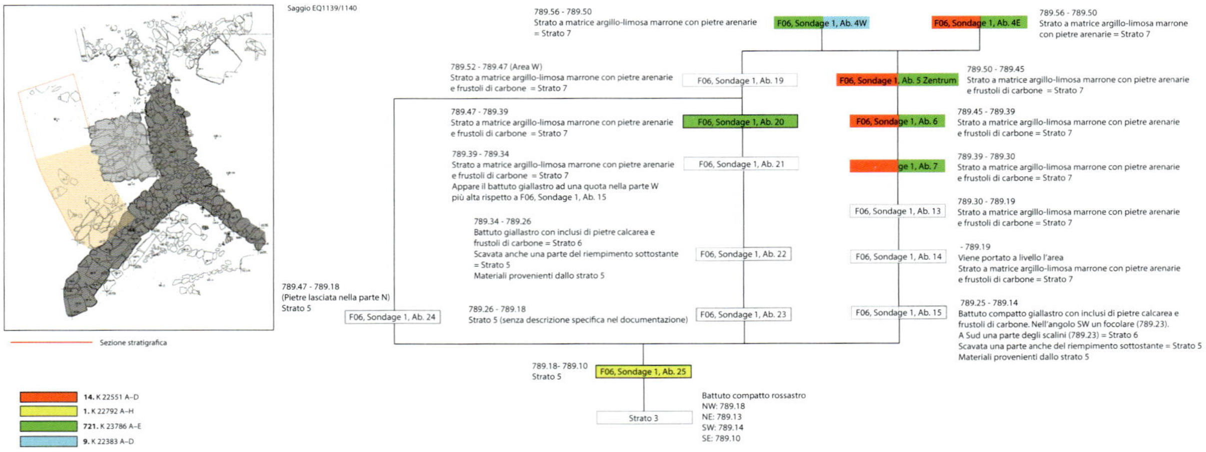

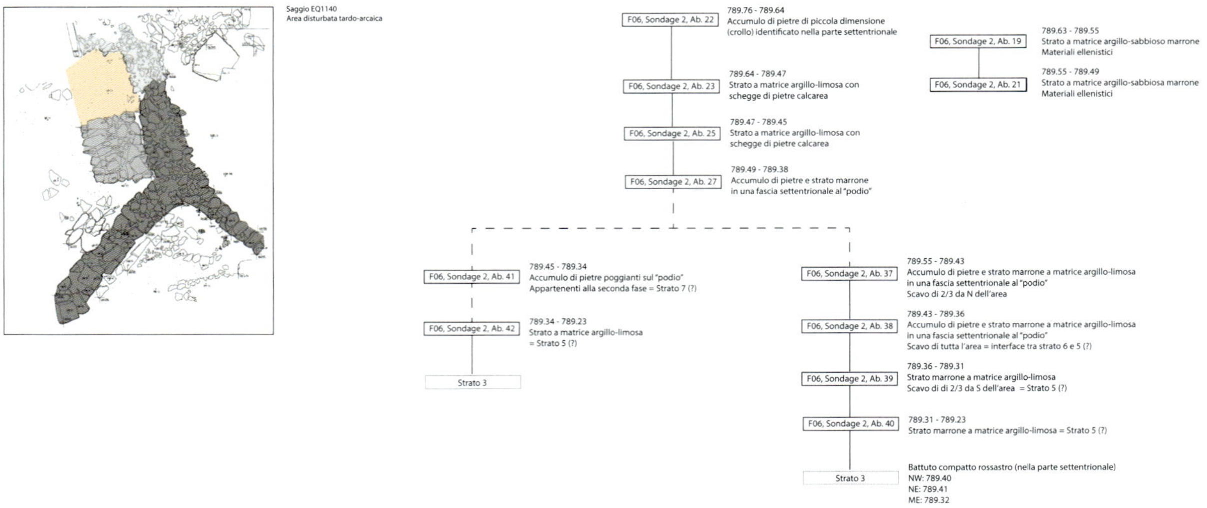

Contesto quartiere orientale EQ 1139/1140:
Selezione di reperti con frammenti combacianti indicanti la presenza di strati erosi dal vano settentrionale verso il vano meridionale
(cfr. APPENDICE B.5)

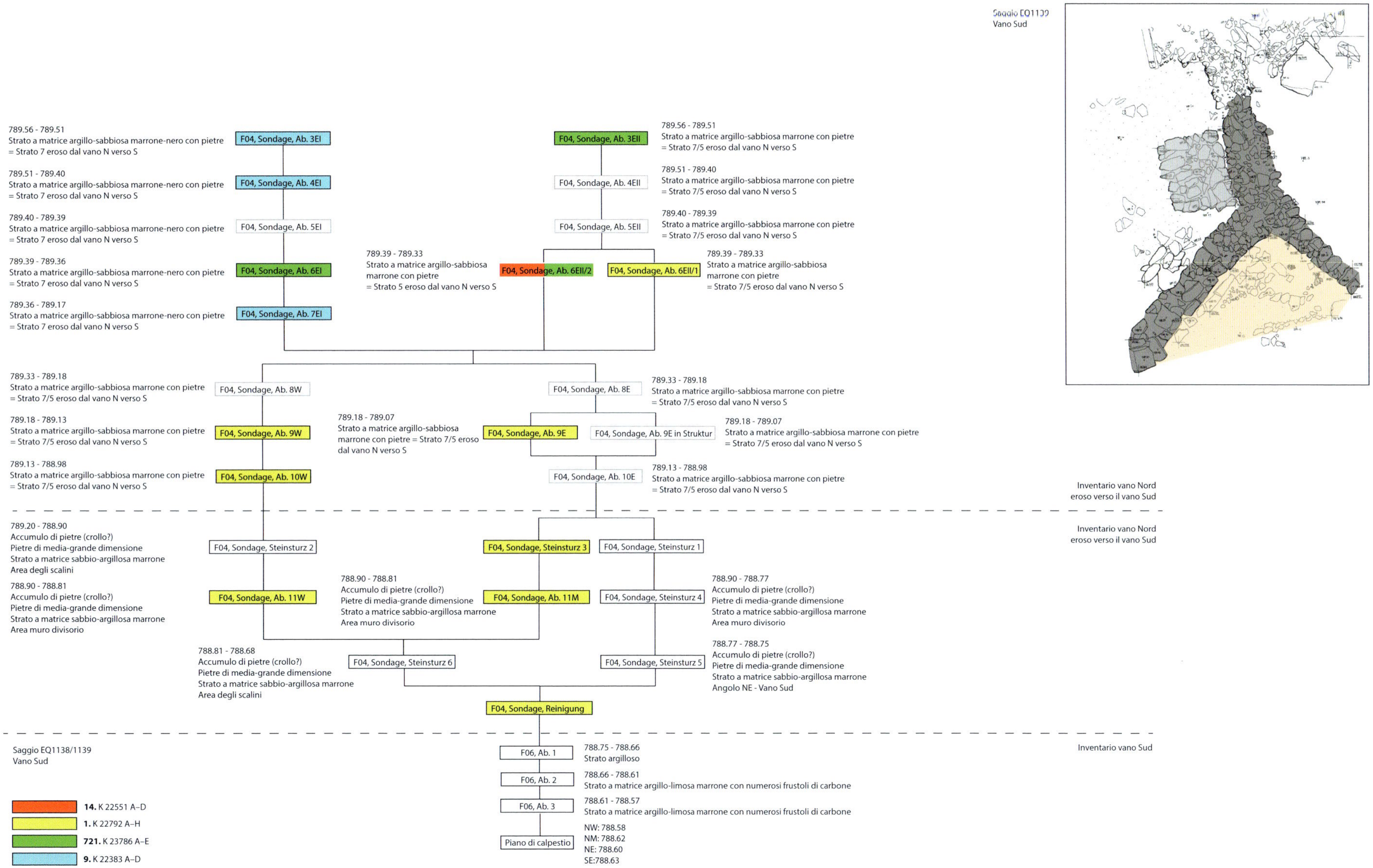

Contesto quartiere orientale EQ 1139/1140: Selezione di reperti con frammenti combacianti indicanti la presenza di strati erosi dal vano settentrionale verso il vano meridionale (cfr. APPENDICE B.4)

F2003, Agora Saggio 552, sezione orientale

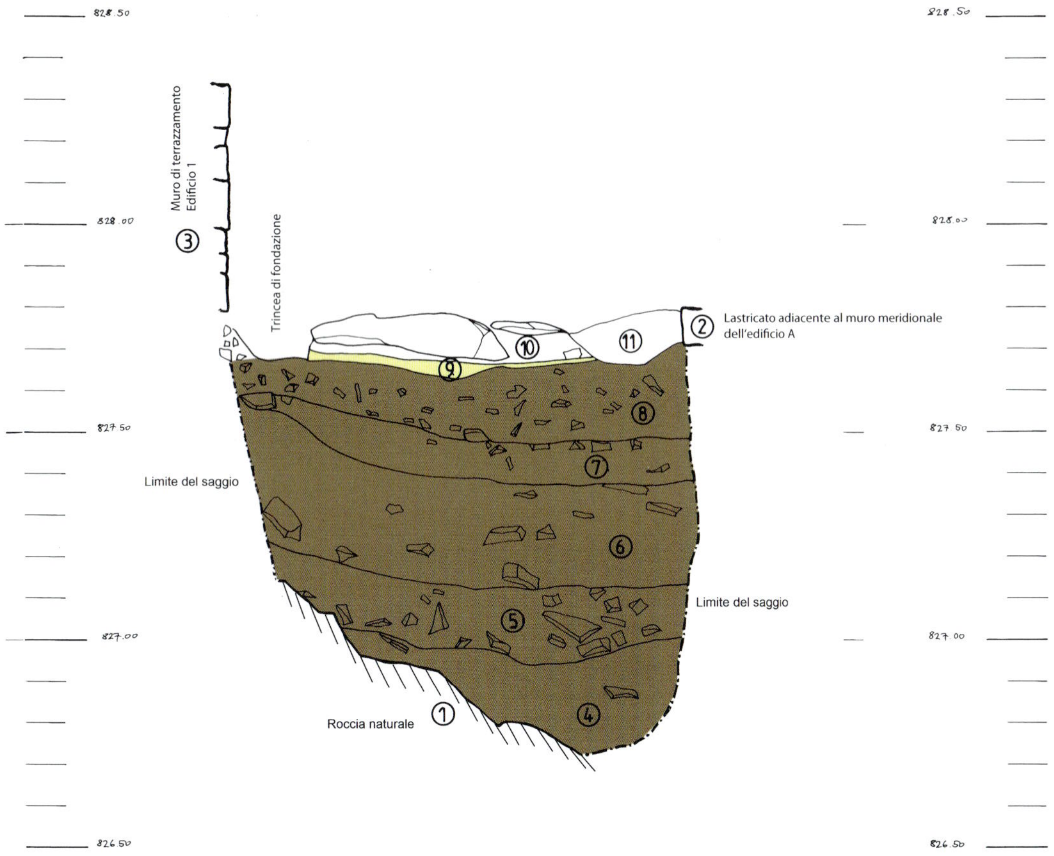

Leggenda:
1. Roccia naturale
2. Lastricato adiacente al muro meridionale dell'edificio A
3. Muro di terrazzamento dell'edificio 1
4. Strato a matrice argillosa marrone-grigio con numerosi frustoli di carbone e saltuarie pietre di piccola dimensione
5. Accumulo di pietre e strato a matrice argillosa marrone-grigio con frustoli di carbone
6. Strato a matrice argillosa con numerosi frustoli di carbone
7. Strato di colore grigio-giallo con frustoli di carbone, numerose schegge di pietra calcarea e saltuarie schegge di pietra arenaria
8. Strato di colore grigio-giallo con frustoli di carbone e numerose schegge di pietra calcarea e arenaria
9. Battuto compatto di colore giallastro formato da pietra arenaria macinata
10. Strato compatto di colore grigio a matrice sabbio-argillosa
11. Banda di malta di colore rosato

Corrispondenze nella documentazione di scavo FB2003b:
Strato 4: F03, Steinpackung V
Strato 5: F03, Steinpackung I-IV
Strato 6: F03, Ab. 606W; 607E; 607W; 608E; 608W; 609E; 609W; 610E; 610W
Strato 7: F03, Ab. 605E; 606E
Strato 8: F03, Ab. 603E; 603W; 604E; 604W; 605E; 605W
Strato 9: F03, Ab. 602E; 602W

Reperti trovanti frammenti combacianti provenienti da più strati:
64 (K 22027 A-C): 603W / 606W / Steinpackung II (strato 8 / 6 / 5)
329 (K22271 A-B): 606W / Steinpackung III (strato 6 / 5)
345 (K22160): 602W / 610W (strato 9 / 6)
419 (K22256): 606W / Steinpackung III (strato 6 / 5)
420 (K22259 A-C): 510 / 607W / Steinpackung III (strato 6 / 5)
549 (K22033 A-C): 607E / 608E / 609W / Steinpackung II (strato 6 / 5)
594 (K22110): Steinpackung III / Steinpackung V (strato 5 / 4)
K22267 A-C: 608E / Steinpackung III / Steinpackung IV (strato 6 / 5)
K28391: 605E / 609W (strato 8 / 6)

Contesto agorà – Riempimento 550/551/552: Sezione stratigrafica NS, versante E

Sezione stratigrafica

F1996, Sezione W, Agora 564/565/567/578: Sondaggi lungo il muro orientale dell'edificio ad oikos.
Taglio NS:

Leggenda

1. Lastricato dell'agorà ellenistico-romana
2. Muro settentrionale dell'edificio (USM201/209)
3. Muro divisorio del vano settentrionale con andamento EW di epoca ellenistico-romana (USM216)
4. Muro divisorio con andamento EW dell'edificio (USM205/212)
5. Muro divisorio del vano meridionale con andamento EW di epoca ellenistico-romana (USM217)
6. Muro meridionale dell'edificio (USM203)
7. Muro con andamento EW (USM 221)
8. Roccia arenaria
9. Riempimento della fossa di fondazione del muro 7 (USM221). Strato marrone scuro-grigio con inclusioni di frustoli di carbone e saltuarie pietre (presenza di meno pietre rispetto allo strato 10)
10. Accumulo di pietre
11. Strato marrone scuro-nero con inclusioni di frustoli di carbone
12. Accumulo di pietre adibito come fondamenta, soprattutto pietre di grandi dimensioni
13. Strato marrone scuro omogeneo con inclusioni di frustoli di carbone
14. Accumulo di pietre
15. Strato compatto formato da pietra arenaria farinosa (piano di calpestio)
16. Accumulo di pietre

16b. Ev. accumulo di pietre, altrimenti strato 17

17. Strato marrone scuro-nero con inclusioni di pietre di media dimensioni e frustoli di carbone
18. Strato di colore "scuro", tegole di epoca medievale ecc. Strato medievale
19. Accumulo di pietre
20. Strato marrone scuro con inclusioni di pietre di piccola dimensione e frustoli di carbone
21. Accumulo di pietre
22. Accumulo di pietre, eventualmente =21
23. Strato marrone scuro con pietra arenaria farinosa
24. Strato compatto formato da pietra arenaria farinosa (piano di calpestio), analogo a 15 e 26
25. Strato a matrice argillo-sabbiosa di colore marrone-grigio scuro con numerose inclusioni di piccole pietre arenarie e frustoli di carbone
26. Strato compatto formato da pietra arenaria farinosa (piano di calpestio) e pietre arenarie

Contesto agorà – Oikos 564/565/567: Posizionamento della sezione stratigrafica NS, versante O e leggenda degli strati (cfr. APPENDICE D.2)

F1996, Sezione W, Agora 564/565/567/578: Sondaggi lungo il muro orientale dell'edificio ad oikos.
Taglio NS:

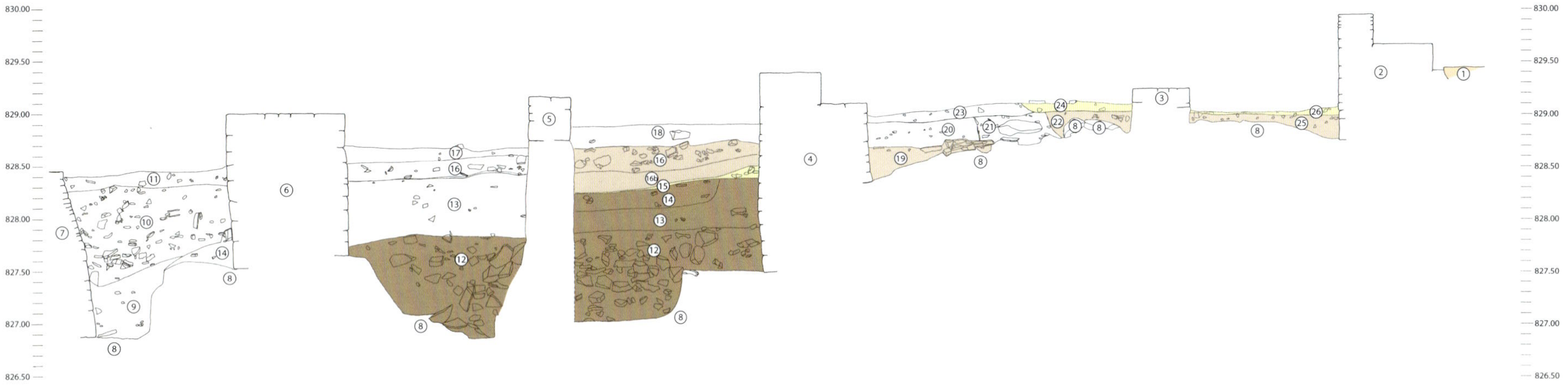

	Lastricato agorà
	Battuti in pietra arenaria farinosa
	Riempimento tardo-arcaico adibito alla seconda fase dell'edificio
	Riempimento tardo-arcaico adibito alla prima fase dell'edificio
23 / 20 / 21	Strati ellenistici-romani
18	Strato medievale
17	Strato ellenistico-romano
16 / 13	Strati arcaici sconvolti da 17

Contesto agorà – Oikos 564/565/567: Sezione stratigrafica NS, versante O

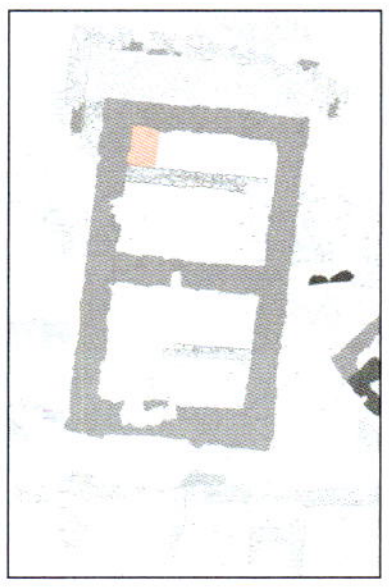

Saggio 564/567

F95, Ab. 105 — 829.03 - 828.88
Battuto compatto giallo

F95, Ab. 106 — 829.88 - 828.80
Strato marrone-grigio con pietre

F95, Ab. 107 — 829.80 - 828.87
Strato argilloso marrone scuro con frustoli di carbone

F95, Ab. 108 — 829.87 - 828.57
Accumulo di pietre NW
Fossa di fondazione lungo USM204
Strato argilloso marrone con numerose scheggie di pietre calcarea

F95, Ab. 109 — 829.80 - 828.62
Accumulo di pietre SE
Strato marrone scuro con frustoli di carbone = Strato 25 (?)

Roccia — NW: 828.57 / 828.68
NE: 828.61 / 828.71
SW: 828.73
SE: 828.73 / 828.62

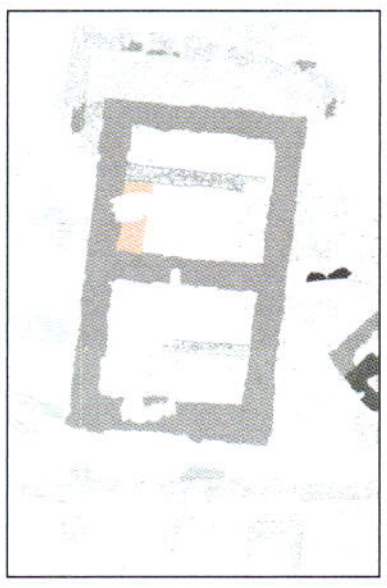

Saggio 564/567

Area S

F95, Ab. 207 — 828.93 - 828.84
Battuto compatto giallo = Strato 24

F95, Ab. 208 — 828.84 - 828.76
Strato con pietra arenaria farinosa, pietre più numerose
Colore più scuro e meno sabbio-argillosa di F95, Ab. 207 = Strato 20 (?)

F95, Ab. 209 — 828.76 - 828.71
Strato marrone argillo-sabbiosa con frustoli di carbone e pietre più numerose = Strato 25 (?)

F95, Ab. 212 — 828.71 - 828.61
Strato marrone scuro / giallo a matrice sabbio-argillosa con frustoli di carbone, pietre di media dimensione, scheggie di pietra calcarea = Strato 25 (?)

F95, Ab. 213 — 828.68 - 828.55
Accumulo di pietre. Strato marrone-nero a matrice sabbio-argillosa con frustoli di carbone e pietre di media dimensione = Strato 19 (?)

F95, Ab. 214 — 828.55 - 828.46
Accumulo di pietre di media e grande dimensione. A NE meno pietre = Strato 19 (?)

F95, Ab. 215 — 828.46 - 828.34
Accumulo di pietre di media e grande dimensione. Minore quantità di pietre
Strato grigio-marrone in parte giallo a causa della vicinanza della roccia a matrice sabbio-argillosa con frustoli di carbone = Strato 19 (?)

Roccia — NW: 828.40
NE: 828.39
SW: 828.35
SE: 828.34

Area N

F95, Ab. 216 — - 828.70
Accumulo di pietre sottostante il battuto giallo. Strato compatto scuro = Strato 22 (?)
Privo di materiali

Roccia — NE: 828.67
SW: 827.96
SE: 828.55

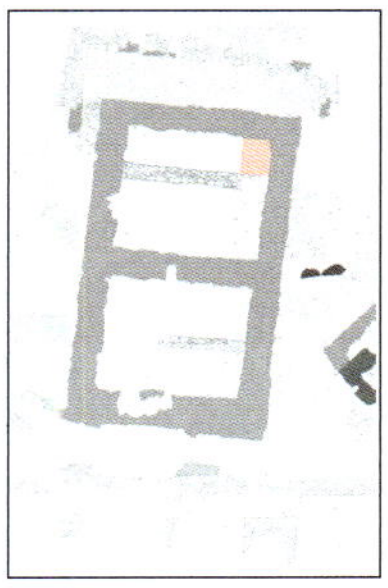

Saggio 564/567

F95, Ab. 111 — 829.09 - 828.99
Battuto compatto giallo
più spesso nella parte E rispetto a W
= Strato 26

F95, Ab. 112 — 829.99 - 828.85
Strato marrone-grigio, compatto, con pietre di piccola dimensione
= Strato 25

F95, Ab. 113 — 829.85 - 828.81
Strato argilloso marrone grigio con frustoli di carbone
= Strato 25

Roccia — NW: 828.81 / 828.92
NE: 828.93
SW: 828.43
SE: 828.97/828.92

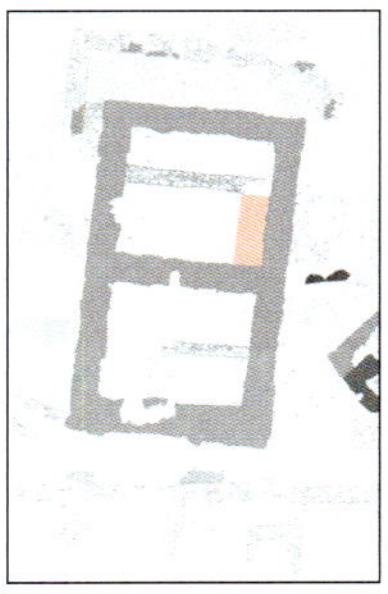

Saggio 564

F96, Ab. 101 — 829.05 - 828.96
Battuto compatto giallo (N), più sottile verso S
=Strato 23 + 24

F96, Ab. 102 — 828.96 - 828.88
Strato con pietra arenaria farinosa, pietre più numerose
= Strato 23 + 24

F96, Ab. 104 I / F96, Ab. 104 II — 829.99 - 828.75
Accumulo di pietre (N)
in strato argilloso nero
104 I parte settentrionale = Strato 22
104 II parte meridionale = Strato 21

Roccia — NW: 828.91
NE: 828.83
SW: 828.79
SE: 828.76

F96, Ab. 103 — 829.88 - 828.75
Strato argilloso marrone scuro con frustoli di carbone e pietre di piccole dimensione (S)
= Strato 20

F96, Ab. 105 — 828.75 - 828.67
Strato argilloso marrone-grigio con frustoli di carbone e pietre di media dimensione
= Strato 20

F96, Ab. 107 — 828.72 - 828.35
Accumulo di pietre W
Strato marrone scuro con pietre di media dimensione e numerosi frustoli di carbone
= Strato 19

F96, Ab. 106 — 828.67 - 828.25
Strato marrone scuro con frustoli di carbone e quasi privo di pietre.
Non presente nella sezione

Roccia — NW: 828.56
NE: 828.64
SW: 828.35
SE: 828.25

Contesto agorà – Oikos 564/567: Correlazione fra le battute di scavo del vano nord e la sezione stratigrafica (APPENDICE D.1–D.2)

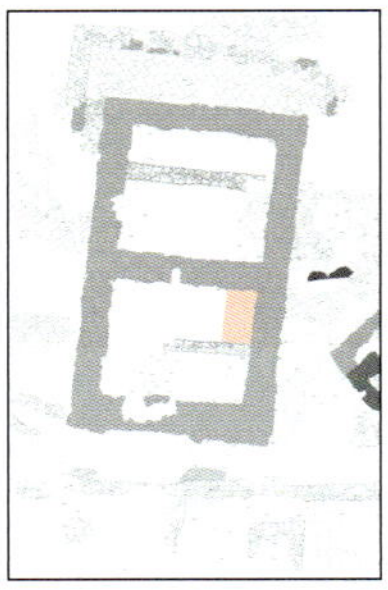

Saggio 565

F95, Ab. 105 — 828.67 - 828.50
Accumulo di pietre di media dimensione
Strato marrone-nero, in parte anche pietre di grandi dimensioni = Strato 16

F95, Ab. 106 — 828.50 - 828.43
Strato grigio-nero con saltuarie pietre (prob. appartenenti ancora allo strato 16) e frustoli di carbone = Strato 16b

F95, Ab. 107 — 828.53 - 828.42
Battuto compatto giallo formato da pietra arenaria farinosa, pietruzze arenarie, frustoli di carbone e pietre calcaree = Strato 15

F95, Ab. 108 — 828.42 - 828.30
Strato marrone-giallo, più giallo di Ab. 106 a causa delle pietre arenarie di dimensioni maggiori, frustoli di carbone e pietre di media dimensione = Strato 15 (strato preparatorio, non presente in sezione)

F95, Ab. 109 — 828.30 - 828.25
Strato marrone scuro con frustoli di carbone = Strato 15 (strato preparatorio, parte meridionale in sezione)

F95, Ab. 110 — 828.34 - 828.14 (N) / 828.03 (S)
Accumulo di pietre (S) = Strato 14
+ Strato N senza pietre, strato marrone scuro con frustoli di carbone = Strato 13

F95, Ab. 111 — 828.14 - 828.03
Strato marrone scuro con frustoli di carbone = Strato 13

F95, Ab. 112 — 828.03 - 827.93
Strato marrone scuro con frustoli di carbone = Strato 13

F95, Ab. 113 — 827.93 - 827.84
Strato marrone scuro con frustoli di carboni = Strato 13

F95, Ab. 114 — 827.84 - 827.79
Strato marrone scuro con frustoli di carboni = Strato 13

F95, Ab. 115 — 827.79 - 827.59
Strato marrone scuro con frustoli di carboni = Strato 13

F95, Ab. 116 — 827.86 - 827.52
Accumulo di pietre (N) = Strato 12
a N pietre di dimensioni più grandi

F95, Ab. 117 — 827.52 - 827.28
Accumulo di pietre (S) = Strato 12
Strato marrone scuro con frustoli di carbone
Pietre di dimensione maggiore rispetto a quelle a N (Ab. 116)

F95, Ab. 118 — 827.28 - 827.03
Accumulo di pietre di grandi dimensioni = Strato 12

Roccia — NW: 827.48, NE: 827.86, SW: 827.46, SE: 827.58

Roccia — NW: 827.08, NE: 827.04, SW: 827.03, SE: 827.14

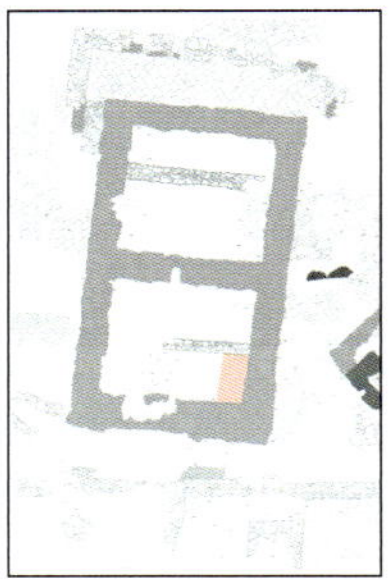

Saggio 565

F95, Ab. 201 — 828.67 - 828.61
Strato marrone-nero a matrice sabbio-argillosa con frustoli di carbone e pietre di media dimensione = Strato 17

F95, Ab. 202 — 828.61 - 828.42
Strato marrone-nero a matrice sabbio-argillosa con frustoli di carbone = Strato 17

F95, Ab. 203 — 828.63 - 828.42
Accumulo di pietre = Strato 16

F95, Ab. 204 — 828.42 - 828.27
Strato marrone-nero a matrice sabbio-argillosa con frustoli di carbone e pietre di media dimensione = Strato 13

F95, Ab. 205 — 828.27 - 828.17
Strato marrone scuro a matrice argillo-sabbiosa con frustoli di carbone e una quantità minore di pietre rispetto a F95, Ab. 204 = Strato 13

F95, Ab. 206 — 828.17 - 828.09
Strato marrone scuro a matrice argillo-sabbiosa con frustoli di carbone
Nella parte settentrionale maggiore quantità di pietre = Strato 13

F95, Ab. 207 — 828.09 - 827.99
Strato marrone scuro a matrice argillo-sabbiosa più compatto con frustoli di carbone e una maggiore quantità di pietre = Strato 13

F96, Ab. 101 — 827.99 - 827.82
Strato grigio-nero a matrice sabbio-argillosa con frustoli di carbone e saltuarie pietre di media dimensione = Strato 13

F96, Ab. 102 — 827.82 - 827.73
Strato grigio-nero a matrice sabbio-argillosa con frustoli di carbone e saltuarie pietre di media dimensione = Strato 13

F96, Ab. 103 — 827.73 - 827.56
Accumulo di pietre di media e grande dimensione = Strato 12

F96, Ab. 104 — 827.56 - 827.47
Accumulo di pietre di media e grande dimensione
Strato marrone-grigio con numerosi frustoli di carbone = Strato 12

F96, Ab. 105 — 827.47 - 827.37
Accumulo di pietre di media e grande dimensione = Strato 12

F96, Ab. 106 — 827.37 - 827.27
Accumulo di pietre di media e grande dimensione
Strato marrone-grigio con numerosi frustoli di carbone = Strato 12

F96, Ab. 107 — 827.27 - 826.84
Accumulo di pietre di media e grande dimensione = Strato 12

Roccia — NW: 826.84, NE: 826.86, SW: 827.00, SE: 827.80

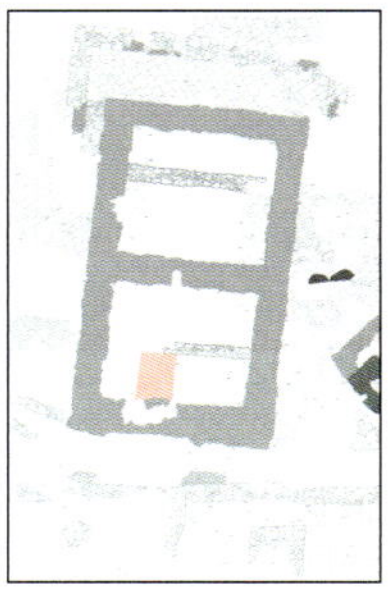

Saggio 565

F96, Ab. 201 — 828.64 - 828.56
Strato mescolato: la fossa medievale + strato di età ellenistico-romana

F96, Ab. 202 II — 828.56 - 828.36
Strato grigio-marrone chiaro a matrice sabbio-argillosa = Strato 17 (?)

F96, Ab. 204 — 828.61 - 828.22
Accumulo di pietre = Strato 16 (?)

F96, Ab. 203 II — 828.36 - 828.22
Strato omogeneo, parte N a matrice sabbio-argillosa = Strato 17 (?)

F96, Ab. 205 II — 828.22 - 828.10
Strato marrone scuro-nero a matrice sabbiosa-argillosa e pietre di media dimensione = Strato 13 (?)

F96, Ab. 206 II — 828.10 - 828.02
Strato marrone scuro-nero a matrice sabbiosa-argillosa e pietre di media dimensione = Strato 13 (?)
Nella parte N strato nero a matrice argillo-limoso con pietre = Non presente in sezione

F96, Ab. 207 II — 828.02 - 827.97
Strato nero a matrice argillo-limosa con pietre, privo di materiali = Non presente in sezione

F96, Ab. 209 — 827.97 - 827.80
Strato nero a matrice argillo-limosa, omogeneo senza pietre, privo di materiali = Non presente in sezione

Roccia — NW: 827.84, NE: 827.86, SW: 827.80, SE: 827.85

Accumulo di pietre — N: 827.61, SW: 827.54, SE: 827.61

Contesto agorà – Oikos 565: Correlazione fra le battute di scavo del vano sud e la sezione stratigrafica (APPENDICE D.1–D.2)

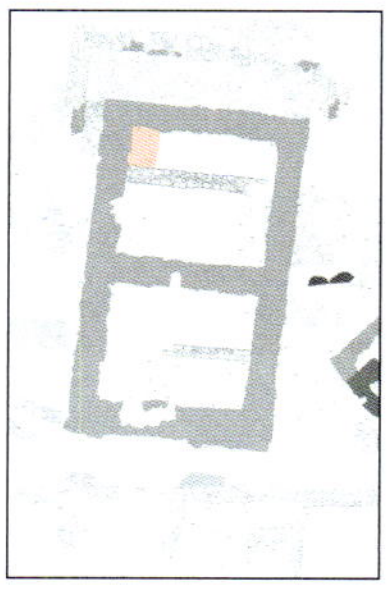

Saggio 564/567

F95, Ab. 105 — 829.03 - 828.88
Battuto compatto giallo

F95, Ab. 106 — 829.88 - 828.80
Strato marrone-grigio con pietre

F95, Ab. 107 — 829.80 - 828.87
Strato argilloso marrone scuro con frustoli di carbone

F95, Ab. 108 — 829.87 - 828.57
Accumulo di pietre NW
Fossa di fondazione lungo USM204
Strato argilloso marrone con numerose scheggie di pietre calcarea

F95, Ab. 109 — 829.80 - 828.62
Accumulo di pietre SE
Strato marrone scuro con frustoli di carbone = Strato 25 (?)

Roccia — NW: 828.57 / 828.68
NE: 828.61 / 828.71
SW: 828.73
SE: 828.73 / 828.62

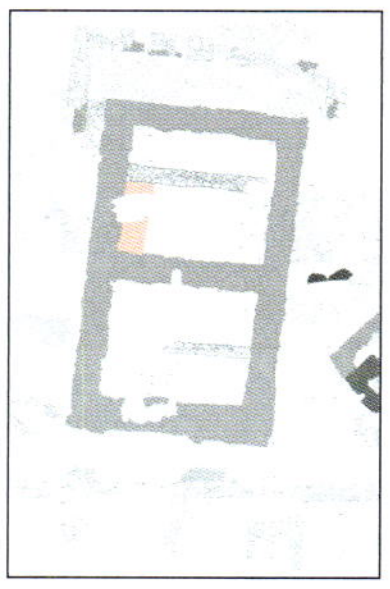

Saggio 564/567

Area S

F95, Ab. 207 — 828.93 - 828.84
Battuto compatto giallo = Strato 24

F95, Ab. 208 — 828.84 - 828.76
Strato con pietra arenaria farinosa, pietre più numerose
Colore più scuro e meno sabbio-argillosa di F95, Ab. 207 = Strato 20 (?)

F95, Ab. 209 — 828.76 - 828.71
Strato marrone argillo-sabbiosa con frustoli di carbone e pietre più numerose
= Strato 25 (?)

F95, Ab. 212 — 828.71 - 828.61
Strato marrone scuro / giallo a matrice sabbio-argillosa con frustoli di carbone,
pietre di media dimensione, scheggie di pietra calcarea = Strato 25 (?)

F95, Ab. 213 — 828.68 - 828.55
Accumulo di pietre. Strato marrone-nero a matrice sabbio-argillosa con frustoli di carbone e
pietre di media dimensione = Strato 19 (?)

F95, Ab. 214 — 828.55 - 828.46
Accumulo di pietre di media e grande dimensione. A NE meno pietre = Strato 19 (?)

F95, Ab. 215 — 828.46 - 828.34
Accumulo di pietre di media e grande dimensione. Minore quantità di pietre
Strato grigio-marrone in parte giallo a causa della vicinanza della roccia a matrice sabbio-argillosa
con frustoli di carbone = Strato 19 (?)

Roccia — NW: 828.40
NE: 828.39
SW: 828.35
SE: 828.34

Area N

F95, Ab. 216 — - 828.70
Accumulo di pietre sottostante il battuto giallo
Strato compatto scuro = Strato 22 (?)
Privo di materiali

Roccia — NE: 828.67
SW: 827.96
SE: 828.55

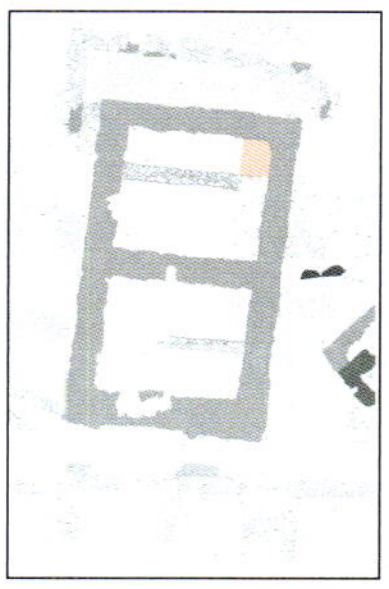

Saggio 564/567

F95, Ab. 111 — 829.09 - 828.99
Battuto compatto giallo
più spesso nella parte E rispetto a W
= Strato 26

F95, Ab. 112 — 829.99 - 828.85
Strato marrone-grigio, compatto, con pietre di piccola dimensione
= Strato 25

F95, Ab. 113 — 829.85 - 828.81
Strato argilloso marrone grigio con frustoli di carbone
= Strato 25

Roccia — NW: 828.81 / 828.92
NE: 828.93
SW: 828.43
SE: 828.97/828.92

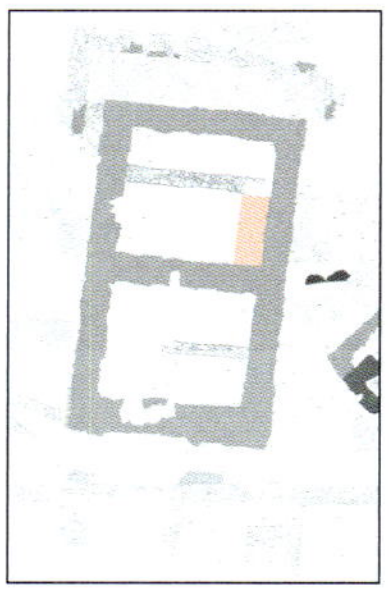

Saggio 564

F96, Ab. 101 — 829.05 - 828.96
Battuto compatto giallo (N), più sottile verso S
=Strato 23 + 24

F96, Ab. 102 — 828.96 - 828.88
Strato con pietra arenaria farinosa, pietre più numerose
= Strato 23 + 24

F96, Ab. 104 I / F96, Ab. 104 II — 829.99 - 828.75
Accumulo di pietre (N)
in strato argilloso nero
104 I parte settentrionale = Strato 22
104 II parte meridionale = Strato 21

Roccia — NW: 828.91
NE: 828.83
SW: 828.79
SE: 828.76

F96, Ab. 103 — 829.88 - 828.75
Strato argilloso marrone scuro con frustoli
di carbone e pietre di piccole dimensione (S)
= Strato 20

F96, Ab. 105 — 828.75 - 828.67
Strato argilloso marrone-grigio con frustoli
di carbone e pietre di media dimensione
= Strato 20

F96, Ab. 107 — 828.72 - 828.35
Accumulo di pietre W
Strato marrone scuro con pietre di
media dimensione e numerosi
frustoli di carbone
= Strato 19

F96, Ab. 106 — 828.67 - 828.25
Strato marrone scuro
con frustoli di carbone
e quasi privo di pietre.
Non presente nella sezione

Roccia — NW: 828.56
NE: 828.64
SW: 828.35
SE: 828.25

Contesto agorà – Oikos 564/565/567: Selezione di reperti con frammenti combacianti
(659 in grigio scuro trovante attacchi tra il vano S e il vano N, cfr. APPENDICE D.6)

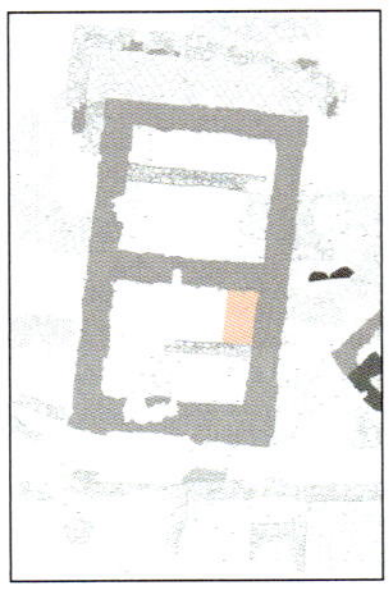

Saggio 565

- F95, Ab. 105 — 828.67 - 828.50 Accumulo di pietre di media dimensione Strato marrone-nero, in parte anche pietre di grandi dimensioni = Strato 16
- F95, Ab. 106 — 828.50 - 828.43 Strato grigio-nero con saltuarie pietre (prob. appartenenti ancora allo strato 16) e frustoli di carbone = Strato 16b
- F95, Ab. 107 — 828.53 - 828.42 Battuto compatto giallo formato da pietra arenaria farinosa, pietruzze arenarie, frustoli di carbone e pietre calcaree = Strato 15
- F95, Ab. 108 — 828.42 - 828.30 Strato marrone-giallo, più giallo di Ab. 106 a causa delle pietre arenarie di dimensioni maggiori, frustoli di carbone e pietre di media dimensione = Strato 15 (strato preparatorio, non presente in sezione)
- F95, Ab. 109 — 828.30 - 828.25 Strato marrone scuro con frustoli di carbone = Strato 15 (strato preparatorio, parte meridionale in sezione)
- F95, Ab. 110 — 828.34 - 828.14 (N) / 828.03 (S) Accumulo di pietre (S) = Strato 14 + Strato N senza pietre, strato marrone scuro con frustoli di carbone = Strato 13
- F95, Ab. 111 — 828.14 - 828.03 Strato marrone scuro con frustoli di carbone = Strato 13
- F95, Ab. 112 — 828.03 - 827.93 Strato marrone scuro con frustoli di carbone = Strato 13
- F95, Ab. 113 — 827.93 - 827.84 Strato marrone scuro con frustoli di carboni = Strato 13
- F95, Ab. 114 — 827.84 - 827.79 Strato marrone scuro con frustoli di carboni = Strato 13
- F95, Ab. 115 — 827.79 - 827.59 Strato marrone scuro con frustoli di carboni = Strato 13
- F95, Ab. 116 — 827.86 - 827.52 Accumulo di pietre (N) = Strato 12 a N pietre di dimensioni più grandi
- F95, Ab. 117 — 827.52 - 827.28 Accumulo di pietre (S) = Strato 12 Strato marrone scuro con frustoli di carbone Pietre di dimensione maggiore rispetto a quelle a N (Ab. 116)
- F95, Ab. 118 — 827.28 - 827.03 Accumulo di pietre di grandi dimensioni = Strato 12
- Roccia — NW: 827.48 NE: 827.86 SW: 827.46 SE: 827.58
- Roccia — NW: 827.08 NE: 827.04 SW: 827.03 SE: 827.14

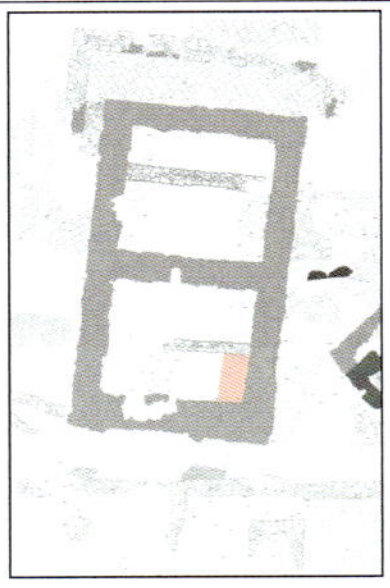

Saggio 565

- F95, Ab. 201 — 828.67 - 828.61 Strato marrone-nero a matrice sabbio-argillosa con frustoli di carbone e pietre di media dimensione = Strato 17
- F95, Ab. 202 — 828.61 - 828.42 Strato marrone-nero a matrice sabbio-argillosa con frustoli di carbone = Strato 17
- F95, Ab. 203 — 828.63 - 828.42 Accumulo di pietre = Strato 16
- F95, Ab. 204 — 828.42 - 828.27 Strato marrone-nero a matrice sabbio-argillosa con frustoli di carbone e pietre di media dimensione = Strato 13
- F95, Ab. 205 — 828.27 - 828.17 Strato marrone scuro a matrice argillo-sabbiosa con frustoli di carbone e una quantità minore di pietre rispetto a F95, Ab. 204 = Strato 13
- F95, Ab. 206 — 828.17 - 828.09 Strato marrone scuro a matrice argillo-sabbiosa con frustoli di carbone Nella parte settentrionale maggiore quantità di pietre = Strato 13
- F95, Ab. 207 — 828.09 - 827.99 Strato marrone scuro a matrice argillo-sabbiosa più compatto con frustoli di carbone e una maggiore quantità di pietre = Strato 13
- F96, Ab. 101 — 827.99 - 827.82 Strato grigio-nero a matrice sabbio-argillosa con frustoli di carbone e saltuarie pietre di media dimensione = Strato 13
- F96, Ab. 102 — 827.82 - 827.73 Strato grigio-nero a matrice sabbio-argillosa con frustoli di carbone e saltuarie pietre di media dimensione = Strato 13
- F96, Ab. 103 — 827.73 - 827.56 Accumulo di pietre di media e grande dimensione = Strato 12
- F96, Ab. 104 — 827.56 - 827.47 Accumulo di pietre di media e grande dimensione Strato marrone-grigio con numerosi frustoli di carbone = Strato 12
- F96, Ab. 105 — 827.47 - 827.37 Accumulo di pietre di media e grande dimensione = Strato 12
- F96, Ab. 106 — 827.37 - 827.27 Accumulo di pietre di media e grande dimensione Strato marrone-grigio con numerosi frustoli di carbone = Strato 12
- F96, Ab. 107 — 827.27 - 826.84 Accumulo di pietre di media e grande dimensione = Strato 12
- Roccia — NW: 826.84 / NE: 826.86 SW: 827.00 / SE: 827.80

LEGGENDA

103. K 16712 A-B	**551.** K 16608
116. K 16646	**607.** K 32689
150. K 17053	**610.** K 32685 A-B
372. K 32693 A-B	**659.** K 16414 A-E
381. K 16995	**707.** K 16763
477. K 16611 A-B	**945.** K 32691 A-B
480. K 16954	K 32686
482. K 32745	

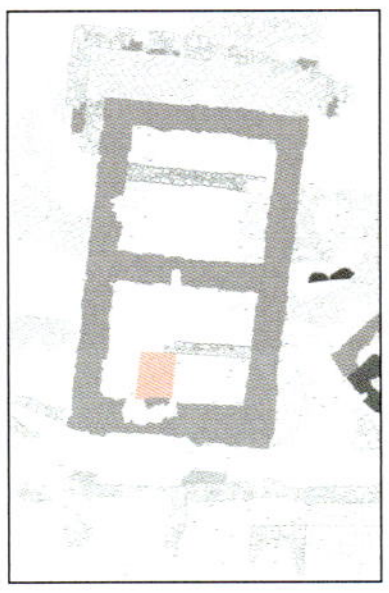

Saggio 565

- F96, Ab. 201 — 828.64 - 828.56 Strato mescolato: la fossa medievale + strato di età ellenistico-romana
- F96, Ab. 202 II — 828.56 - 828.36 Strato grigio-marrone chiaro a matrice sabbio-argillosa = Strato 17 (?)
- F96, Ab. 203 II — 828.36 - 828.22 Strato omogeneo, parte N a matrice sabbio-argillosa = Strato 17 (?)
- F96, Ab. 204 — 828.61 - 828.22 Accumulo di pietre = Strato 16 (?)
- F96, Ab. 205 II — 828.22 - 828.10 Strato marrone scuro-nero a matrice sabbiosa-argillosa e pietre di media dimensione = Strato 13 (?)
- F96, Ab. 206 II — 828.10 - 828.02 Strato marrone scuro-nero a matrice sabbiosa-argillosa e pietre di media dimensione = Strato 13 (?) Nella parte N strato nero a matrice argillo-limoso con pietre = Non presente in sezione
- F96, Ab. 207 II — 828.02 - 827.97 Strato nero a matrice argillo-limosa con pietre, privo di materiali = Non presente in sezione
- F96, Ab. 209 — 827.97 - 827.80 Strato nero a matrice argillo-limosa, omogeneo senza pietre, privo di materiali = Non presente in sezione
- Roccia — NW: 827.84 NE: 827.86 SW: 827.80 SE: 827.85
- Accumulo di pietre — N: 827.61 SW: 827.54 SE: 827.61

Contesto agorà – Oikos 564/565/567: Selezione di reperti con frammenti combacianti (659 in grigio scuro trovante attacchi tra il vano S e il vano N, cfr. APPENDICE D.5)

Suddivisione dei materiali (prima o seconda fase)	Edificio quartiere orientale, Inventario vano nord eroso verso sud (Strato 5+7) + vano sud							
	Inv. Regolare		Inv. Interno		TOT			
	Record	Frammenti	Record	Frammenti	Record	Frammenti	%fr	%rec
Acroma lisciata	19	35	542	573	561	608	37.93	41.80
Dipinta monocroma	51	121	261	293	312	414	25.83	23.25
Fuoco modellate a mano	9	27	180	202	189	229	14.29	14.08
Geologico: strumenti litici (?)	9	9	23	24	32	33	2.06	2.38
Incisa e impressa senza rivestimento	6	30	2	2	8	32	2.00	0.60
Importazioni allotrie all'isola	18	28	0	0	18	28	1.75	1.34
Produzioni regio-coloniali	9	21	4	4	13	25	1.56	0.97
Incisa senza rivestimento	7	10	10	10	17	20	1.25	1.27
Indet: linee (dipinta?) o rivestimento opaco?	1	1	16	17	17	18	1.12	1.27
Indet: rivestimento lucidato (omogeneo? Non omogeneo)	0	0	16	16	16	16	1.00	1.19
Impasto / acroma (scodelloni da cucina)	0	0	16	16	16	16	1.00	1.19
Rivestimento omogeneo lucidato	5	5	9	9	14	14	0.87	1.04
Incisa con rivestimento omogeneo lucidato	5	6	5	6	10	12	0.75	0.75
MD_DA_OO: rivestimento omogeneo opaco / acroma lisciata	0	0	12	12	12	12	0.75	0.89
Rivestimento omogeneo opaco	0	0	9	10	9	10	0.62	0.67
Indet: rivestimento opaco (omogeneo? Non omogeneo)	0	0	9	9	9	9	0.56	0.67
Indet: fuoco e cucina	0	0	9	9	9	9	0.56	0.67
Dipinta monocroma ; decorazione lineare opaca (-)	3	11	0	0	3	11	0.69	0.22
MD_DD_OO: rivestimento omogeneo opaco / dipinta monocroma	1	7	1	1	2	8	0.50	0.15
Indet: incisa con rivestimento lucidato (omogeneo? Non omogeneo?)	1	1	6	6	7	7	0.44	0.52
Incisa con rivestimento omogeneo opaco	1	1	6	6	7	7	0.44	0.52
Incisa e impressa con rivestimento omogeneo lucidato	2	2	3	4	5	6	0.37	0.37
Rivestimento non omogeneo lucidato	2	2	4	4	6	6	0.37	0.45
Fittili: sostegni	3	3	2	2	5	5	0.31	0.37
MD_DA_LO: rivestimento non omogeneo lucidato / acroma lisciata	0	0	5	5	5	5	0.31	0.37
Acroma indet.	0	0	4	5	4	5	0.31	0.30
Indet. MD_DA_LO: rivestimento lucidato (omogeneo? Non omogeneo?) / acroma lisciata	0	0	3	4	3	4	0.25	0.22
Incisa con rivestimento omogeneo lucidato (striature sottili)	3	4	0	0	3	4	0.25	0.22
Decorazione lineare lucidata (+)	1	1	3	3	4	4	0.25	0.30
Rivestimento omogeneo lucidato (striature sottili)	1	1	3	3	4	4	0.25	0.30
Indet: incisa con rivestimento lucidato/opaco	0	0	3	3	3	3	0.19	0.22
MD_ID_OO: incisa senza rivestimento / dipinta monocroma	1	1	1	1	2	2	0.12	0.15
Fittili: fusaiole	1	1	1	1	2	2	0.12	0.15
Dipinta bicroma	2	2	0	0	2	2	0.12	0.15
Cucina tornita	1	1	1	1	2	2	0.12	0.15
Metalli: ferro	1	1	0	0	1	1	0.06	0.07
Fittili: piastre fittili	0	0	1	1	1	1	0.06	0.07
MD_ID_OO: incisa senza rivestimento / rivestimento omogeneo opaco	1	1	0	0	1	1	0.06	0.07
MD_DD_LL: rivestimento non omogeneo lucidato / decorazione lineare lucidata (+)	0	0	1	1	1	1	0.06	0.07
MD_DD_LL: rivestimento omogeneo lucidato / decorazione lineare lucidata (+)	0	0	1	1	1	1	0.06	0.07
Indet: impressa con rivestimento lucidato (omogeneo? Non omogeneo?)	0	0	1	1	1	1	0.06	0.07
Impressa senza rivestimento	1	1	0	0	1	1	0.06	0.07
Indet: incisa e impressa con rivestimento lucidato (omogeneo? Non omogeneo?)	0	0	1	1	1	1	0.06	0.07
Indet: incisa con rivestimento opaco o con decorazione lineare opaca (dipinta)?	0	0	1	1	1	1	0.06	0.07
Rivestimento non omogeneo opaco	0		1	1	1	1	0.06	0.07
Acroma lucidata	0	0	1	1	1	1	0.06	0.07
TOTALE	165	334	1177	1269	1342	1603	100	100

Ceramica acroma *(acroma lisciata / acroma indeterminata / acroma lucidata)*				
	Records	Frammenti	%fr	%records
	566	614	38.30	42.18
Adibiti alla cottura di alimenti *(da fuoco modellata a mano / indet: da fuoco modellato a mano / da fuoco modellata al tornio (cucina tornita) / impasto - scodelloni da fuoco / sostegni fittili / piastre fittili)*				
	Records	Frammenti	%fr	%records
	222	262	16.34	16.54
Ceramiche decorate *(con decorazioni dipinte / con decorazioni incise e/o impresse / con molteplici decorazioni)*				
Con decorazioni dipinte	*Con decorazioni incise e/o impresse*			
	Records	Frammenti	%fr	%records
	488	638	39.80	36.36
Materiali di varia funzione				
	Records	Frammenti	%fr	%records
Geologico: strumenti litici (?)	32	33	2.06	2.38
Fittili: fusaiole	2	2	0.12	0.15
Metalli: ferro	1	1	0.06	0.07
	35	36	2.25	2.61
Indeterminati				
	Records	Frammenti	%fr	%records
	0	0	0.00	0.00
Totale ceramiche *allotrie* (d'importazione + regio-coloniali)				
	Records	Frammenti	%fr	%records
Ceramiche d'importazione	18	28	1.75	1.34
Ceramiche *regio-coloniali*	13	25	1.56	0.97
	31	53	3.31	2.31

Contesto quartiere orientale EQ 1139/1140: Dati quantitativi dei materiali di prima o seconda fase (strati erosi rimescolati)

Ceramiche decorate (prima o seconda fase)	Edificio quartiere orientale, Inventario vano nord eroso verso sud (Strato 5+7) + vano sud					
	TOT					
	Record	Frammenti	%fr	%rec	%fr decorate	%rec decorate
Dipinta monocroma	313	417	26.01	23.32	65.37	64.14
Incisa e impressa senza rivestimento	8	32	2.00	0.60	5.02	1.64
Incisa senza rivestimento	17	20	1.25	1.27	3.14	3.48
Indet: linee (dipinta?) o rivestimento opaco?	17	18	1.12	1.27	2.81	3.49
Indet: rivestimento lucidato (omogeneo? Non omogeneo?)	16	16	1.00	1.19	2.51	3.28
Rivestimento omogeneo lucidato	14	14	0.87	1.04	2.19	2.87
Incisa con rivestimento omogeneo lucidato	10	12	0.75	0.75	1.88	2.05
MD_DA_OO: rivestimento omogeneo opaco / acroma lisciata	12	12	0.75	0.89	1.88	2.45
Rivestimento omogeneo opaco	9	10	0.62	0.67	1.57	1.84
Indet: rivestimento opaco (omogeneo? Non omogeneo?)	9	9	0.56	0.67	1.41	1.84
Dipinta monocroma ; decorazione lineare opaca (-)	2	8	0.50	0.15	1.25	0.41
MD_DD_OO: rivestimento omogeneo opaco / dipinta monocroma	2	8	0.50	0.15	1.26	0.41
Indet: incisa con rivestimento lucidato (omogeneo? Non omogeneo?)	7	7	0.44	0.52	1.10	1.43
Incisa con rivestimento omogeneo opaco	7	7	0.44	0.52	1.10	1.43
Incisa e impressa con rivestimento omogeneo lucidato	5	6	0.37	0.37	0.94	1.02
Rivestimento non omogeneo lucidato	6	6	0.37	0.45	0.94	1.23
MD_DA_LO: rivestimento non omogeneo lucidato / acroma lisciata	5	5	0.31	0.37	0.78	1.02
Indet. MD_DA_LO: rivestimento lucidato (omogeneo? Non omogeneo?) / acroma lisciata	3	4	0.25	0.22	0.63	0.61
Incisa con rivestimento omogeneo lucidato (striature sottili)	3	4	0.25	0.22	0.63	0.61
Decorazione lineare lucidata (+)	4	4	0.25	0.30	0.63	0.82
Rivestimento omogeneo lucidato (striature sottili)	4	4	0.25	0.30	0.63	0.82
Indet: incisa con rivestimento lucidato/opaco	3	3	0.19	0.22	0.47	0.61
MD_ID_OO: incisa senza rivestimento / dipinta monocroma	2	2	0.12	0.15	0.30	0.41
Dipinta bicroma	2	2	0.12	0.15	0.31	0.41
MD_ID_OO: incisa senza rivestimento / rivestimento omogeneo opaco	1	1	0.06	0.07	0.16	0.20
MD_DD_LL: rivestimento non omogeneo lucidato / decorazione lineare lucidata (+)	1	1	0.06	0.07	0.16	0.20
MD_DD_LL: rivestimento omogeneo lucidato / decorazione lineare lucidata (+)	1	1	0.06	0.07	0.16	0.20
Indet: impressa con rivestimento lucidato (omogeneo? Non omogeneo?)	1	1	0.06	0.07	0.16	0.20
Impressa senza rivestimento	1	1	0.06	0.07	0.16	0.20
Indet: incisa e impressa con rivestimento lucidato (omogeneo? Non omogeneo?)	1	1	0.06	0.07	0.16	0.20
Indet: incisa con rivestimento opaco o con decorazione lineare opaca (dipinta)?	1	1	0.06	0.07	0.16	0.20
Rivestimento non omogeneo opaco	1	1	0.06	0.07	0.16	0.20
Totale	488	638	39.80	36.36	100.00	100.00

Con decorazioni dipinte					
Records	Frammenti	%fr	%records	%fr delle decorate	%rec delle decorate
421	540	33.69	31.37	84.65	86.27
Con decorazioni incise e/o impresse					
Records	Frammenti	%fr	%records	%fr delle decorate	%rec delle decorate
67	98	6.11	4.99	15.35	13.73

Con decorazioni dipinte (superfici lucidate)					
Records	Frammenti	%fr	%records	%fr delle decorate	%rec delle decorate
46	46	2.87	3.43	7.21	9.43
Con decorazioni incise e/o impresse (superfici lucidate)					
Records	Frammenti	%fr	%records	%fr delle decorate	%rec delle decorate
27	31	1.93	2.01	4.86	5.53
Con decorazioni dipinte (superfici lisciate / lucidate)					
Records	Frammenti	%fr	%records	%fr delle decorate	%rec delle decorate
8	9	0.56	0.60	1.41	1.64
Con decorazioni incise e /o impresse (superfici lisciate / lucidate)					
Records	Frammenti	%fr	%records	%fr delle decorate	%rec delle decorate
0	0	0.00	0.00	0.00	0.00
Con decorazioni dipinte (superfici lisciate)					
Records	Frammenti	%fr	%records	%fr delle decorate	%rec delle decorate
367	485	30.26	27.35	76.03	75.20
Con decorazioni incise e /o impresse (superfici lisciate)					
Records	Frammenti	%fr	%records	%fr delle decorate	%rec delle decorate
37	64	3.99	2.76	10.02	7.58
Con decorazioni (trattamenti di superficie indeterminate: lucidate / lisciate)					
[*Indeterminati: incisa con rivestimento lucidato/opaco*]					
Records	Frammenti	%fr	%records	%fr delle decorate	%rec delle decorate
3	3	0.19	0.22	0.47	0.61

Con decorazioni dipinte					
Con decorazioni incise e/o impresse					
A superfici lucidate					
Records	Frammenti	%fr	%records	%fr delle decorate	%rec delle decorate
73	77	4.80	5.44	12.07	14.96
A superfici lisciate					
Records	Frammenti	%fr	%records	%fr delle decorate	%rec delle decorate
404	549	34.24	30.11	86.05	82.79
A superficie lisciate e lucidate					
Records	Frammenti	%fr	%records	%fr delle decorate	%rec delle decorate
8	9	0.56	0.60	1.41	1.64
Indeterminate rispetto al trattamento di superficie					
Records	Frammenti	%fr	%records	%fr delle decorate	%rec delle decorate
3	3	0.19	0.22	0.47	0.61

Contesto quartiere orientale EQ 1139/1140: Dati quantitativi dei materiali di prima o seconda fase (strati erosi rimescolati)

Ceramiche decorate (prima o seconda fase)	Edificio quartiere orientale, Inventario vano nord eroso verso sud (Strato 5+7) + vano sud					
	TOT					
	Record	Frammenti	%fr	%rec	%fr decorate	%rec decorate
Dipinta monocroma	313	417	26.01	23.32	65.37	64.14
Incisa e impressa senza rivestimento	8	32	2.00	0.60	5.02	1.64
Incisa senza rivestimento	17	20	1.25	1.27	3.14	3.48
Indet: linee (dipinta?) o rivestimento opaco?	17	18	1.12	1.27	2.81	3.49
Indet: rivestimento lucidato (omogeneo? Non omogeneo?)	16	16	1.00	1.19	2.51	3.28
Rivestimento omogeneo lucidato	14	14	0.87	1.04	2.19	2.87
Incisa con rivestimento omogeneo lucidato	10	12	0.75	0.75	1.88	2.05
MD_DA_OO: rivestimento omogeneo opaco / acroma lisciata	12	12	0.75	0.89	1.88	2.45
Rivestimento omogeneo opaco	9	10	0.62	0.67	1.57	1.84
Indet: rivestimento opaco (omogeneo? Non omogeneo?)	9	9	0.56	0.67	1.41	1.84
Dipinta monocroma ; decorazione lineare opaca (-)	2	8	0.50	0.15	1.25	0.41
MD_DD_OO: rivestimento omogeneo opaco / dipinta monocroma	2	8	0.50	0.15	1.26	0.41
Indet: incisa con rivestimento lucidato (omogeneo? Non omogeneo?)	7	7	0.44	0.52	1.10	1.43
Incisa con rivestimento omogeneo opaco	7	7	0.44	0.52	1.10	1.43
Incisa e impressa con rivestimento omogeneo lucidato	5	6	0.37	0.37	0.94	1.02
Rivestimento non omogeneo lucidato	6	6	0.37	0.45	0.94	1.23
MD_DA_LO: rivestimento non omogeneo lucidato / acroma lisciata	5	5	0.31	0.37	0.78	1.02
Indet. MD_DA_LO: rivestimento lucidato (omogeneo? Non omogeneo?) / acroma lisciata	3	4	0.25	0.22	0.63	0.61
Incisa con rivestimento omogeneo lucidato (striature sottili)	3	4	0.25	0.22	0.63	0.61
Decorazione lineare lucidata (+)	4	4	0.25	0.30	0.63	0.82
Rivestimento omogeneo lucidato (striature sottili)	4	4	0.25	0.30	0.63	0.82
Indet: incisa con rivestimento lucidato/opaco	3	3	0.19	0.22	0.47	0.61
MD_ID_OO: incisa senza rivestimento / dipinta monocroma	2	2	0.12	0.15	0.30	0.41
Dipinta bicroma	2	2	0.12	0.15	0.31	0.41
MD_ID_OO: incisa senza rivestimento / rivestimento omogeneo opaco	1	1	0.06	0.07	0.16	0.20
MD_DD_LL: rivestimento non omogeneo lucidato / decorazione lineare lucidata (+)	1	1	0.06	0.07	0.16	0.20
MD_DD_LL: rivestimento omogeneo lucidato / decorazione lineare lucidata (+)	1	1	0.06	0.07	0.16	0.20
Indet: impressa con rivestimento lucidato (omogeneo? Non omogeneo?)	1	1	0.06	0.07	0.16	0.20
Impressa senza rivestimento	1	1	0.06	0.07	0.16	0.20
Indet: incisa e impressa con rivestimento lucidato (omogeneo? Non omogeneo?)	1	1	0.06	0.07	0.16	0.20
Indet: incisa con rivestimento opaco o con decorazione lineare opaca (dipinta)?	1	1	0.06	0.07	0.16	0.20
Rivestimento non omogeneo opaco	1	1	0.06	0.07	0.16	0.20
Totale	488	638	39.80	36.36	100.00	100.00

Con decorazioni incise					
Records	Frammenti	%fr	%records	%fr delle decorate	%rec delle decorate
51	57	3.55	3.80	8.92	10.45
Con decorazioni impresse					
Records	Frammenti	%fr	%records	%fr delle decorate	%rec delle decorate
2	2	0.12	0.15	0.31	0.41
Con decorazioni incise e impresse					
Records	Frammenti	%fr	%records	%fr delle decorate	%rec delle decorate
14	39	2.43	1.04	6.11	2.87

Decorazioni incise e/o impresse con supplementare rivestimento [in combinazione diretta fra di loro sullo stesso lato del vaso]					
Records	Frammenti	%fr	%records	%fr delle decorate	%rec delle decorate
37	41	2.56	2.76	6.43	7.58
Decorazioni Incise e/o impresse senza rivestimento [in combinazione diretta fra di loro sullo stesso lato del vaso]					
Records	Frammenti	%fr	%records	%fr delle decorate	%rec delle decorate
29	56	3.49	2.16	8.77	5.95
Decorazioni incise e/o impresse, indeterminate rispetto all'attestazione di un rivestimento o di una decorazione lineare					
Records	Frammenti	%fr	%records	%fr delle decorate	%rec delle decorate
1	1	0.06	0.07	0.16	0.20

Decorazione incisa in combinazione con decorazioni lineari dipinte, superfici lisciate					
Records	Frammenti	%fr	%records	%fr delle decorate	%rec delle decorate
2	2	0.12	0.15	0.30	0.41

Ceramiche decorate (prima o seconda fase)	Edificio quartiere orientale, Inventario vano nord eroso verso sud (Strato 5+7) + vano sud					
	TOT					
	Record	Frammenti	%fr	%rec	%fr decorate	%rec decorate
Dipinta monocroma	313	417	26.01	23.32	65.37	64.14
Incisa e impressa senza rivestimento	8	32	2.00	0.60	5.02	1.64
Incisa senza rivestimento	17	20	1.25	1.27	3.14	3.48
Indet: linee (dipinta?) o rivestimento opaco?	17	18	1.12	1.27	2.81	3.49
Indet: rivestimento lucidato (omogeneo? Non omogeneo?)	16	16	1.00	1.19	2.51	3.28
Rivestimento omogeneo lucidato	14	14	0.87	1.04	2.19	2.87
Incisa con rivestimento omogeneo lucidato	10	12	0.75	0.75	1.88	2.05
MD_DA_OO: rivestimento omogeneo opaco / acroma lisciata	12	12	0.75	0.89	1.88	2.45
Rivestimento omogeneo opaco	9	10	0.62	0.67	1.57	1.84
Indet: rivestimento opaco (omogeneo? Non omogeneo?)	9	9	0.56	0.67	1.41	1.84
Dipinta monocroma ; decorazione lineare opaca (-)	2	8	0.50	0.15	1.25	0.41
MD_DD_OO: rivestimento omogeneo opaco / dipinta monocroma	2	8	0.50	0.15	1.26	0.41
Indet: incisa con rivestimento lucidato (omogeneo? Non omogeneo?)	7	7	0.44	0.52	1.10	1.43
Incisa con rivestimento omogeneo opaco	7	7	0.44	0.52	1.10	1.43
Incisa e impressa con rivestimento omogeneo lucidato	5	6	0.37	0.37	0.94	1.02
Rivestimento non omogeneo lucidato	6	6	0.37	0.45	0.94	1.23
MD_DA_LO: rivestimento non omogeneo lucidato / acroma lisciata	5	5	0.31	0.37	0.78	1.02
Indet. MD_DA_LO: rivestimento lucidato (omogeneo? Non omogeneo?) / acroma lisciata	3	4	0.25	0.22	0.63	0.61
Incisa con rivestimento omogeneo lucidato (striature sottili)	3	4	0.25	0.22	0.63	0.61
Decorazione lineare lucidata (+)	4	4	0.25	0.30	0.63	0.82
Rivestimento omogeneo lucidato (striature sottili)	4	4	0.25	0.30	0.63	0.82
Indet: incisa con rivestimento lucidato/opaco	3	3	0.19	0.22	0.47	0.61
MD_ID_OO: incisa senza rivestimento / dipinta monocroma	2	2	0.12	0.15	0.30	0.41
Dipinta bicroma	2	2	0.12	0.15	0.31	0.41
MD_ID_OO: incisa senza rivestimento / rivestimento omogeneo opaco	1	1	0.06	0.07	0.16	0.20
MD_DD_LL: rivestimento non omogeneo lucidato / decorazione lineare lucidata (+)	1	1	0.06	0.07	0.16	0.20
MD_DD_LL: rivestimento omogeneo lucidato / decorazione lineare lucidata (+)	1	1	0.06	0.07	0.16	0.20
Indet: impressa con rivestimento lucidato (omogeneo? Non omogeneo?)	1	1	0.06	0.07	0.16	0.20
Impressa senza rivestimento	1	1	0.06	0.07	0.16	0.20
Indet: incisa e impressa con rivestimento lucidato (omogeneo? Non omogeneo?)	1	1	0.06	0.07	0.16	0.20
Indet: incisa con rivestimento opaco o con decorazione lineare opaca (dipinta)?	1	1	0.06	0.07	0.16	0.20
Rivestimento non omogeneo opaco	1	1	0.06	0.07	0.16	0.20
Totale	488	638	39.80	36.36	100.00	100.00

Con decorazioni incise e/o impresse e rivestimento: superficie lisciata					
Records	Frammenti	%fr	%records	%fr delle decorate	%rec delle decorate
8	8	0.50	0.60	1.25	1.64
Con decorazioni incise e/o impresse e rivestimento: superficie lucidata					
Records	Frammenti	%fr	%records	%fr delle decorate	%rec delle decorate
27	31	1.93	2.01	4.86	5.53
Indeterminati rispetto all'attestazione del trattamento della superficie					
Records	Frammenti	%fr	%records	%fr delle decorate	%rec delle decorate
3	3	0.19	0.22	0.47	0.61

Contesto quartiere orientale EQ 1139/1140: Dati quantitativi dei materiali di prima o seconda fase (strati erosi rimescolati)

Con decorazioni dipinte

Records	Frammenti	%fr	%records	%fr delle decorate	%rec delle decorate
5	87	63.04	22.73	97.75	83.33

Con decorazioni incise e/o impresse

Records	Frammenti	%fr	%records	%fr delle decorate	%rec delle decorate
1	2	1.45	4.55	2.25	16.67

Con decorazioni dipinte (superfici lucidate)

Records	Frammenti	%fr	%records	%fr delle decorate	%rec delle decorate
0	0	0.00	0.00	0.00	0.00

Con decorazioni incise e/o impresse (superfici lucidate)

Records	Frammenti	%fr	%records	%fr delle decorate	%rec delle decorate
0	0	0.00	0.00	0.00	0.00

Con decorazioni dipinte (superfici lisciate / lucidate)

Records	Frammenti	%fr	%records	%fr delle decorate	%rec delle decorate
0	0	0.00	0.00	0.00	0.00

Con decorazioni incise e /o impresse (superfici lisciate / lucidate)

Records	Frammenti	%fr	%records	%fr delle decorate	%rec delle decorate
0	0	0.00	0.00	0.00	0.00

Con decorazioni dipinte (superfici lisciate)

Records	Frammenti	%fr	%records	%fr delle decorate	%rec delle decorate
5	87	63.04	22.73	97.75	83.33

Con decorazioni incise e /o impresse (superfici lisciate)

Records	Frammenti	%fr	%records	%fr delle decorate	%rec delle decorate
1	2	1.45	4.55	2.25	16.67

Con decorazioni (trattamenti di superficie indeterminate: lucidate / lisciate)

Records	Frammenti	%fr	%records	%fr delle decorate	%rec delle decorate
0	0	0.00	0.00	0.00	0.00

Con decorazioni dipinte

Con decorazioni incise e/o impresse

A superfici lucidate

Records	Frammenti	%fr	%records	%fr delle decorate	%rec delle decorate
0	0	0.00	0.00	0.00	0.00

A superfici lisciate

Records	Frammenti	%fr	%records	%fr delle decorate	%rec delle decorate
6	89	64.49	27.27	100	100

A superficie lisciate e lucidate

Records	Frammenti	%fr	%records	%fr delle decorate	%rec delle decorate
0	0	0.00	0.00	0.00	0.00

Indeterminate rispetto al trattamento di superficie

Records	Frammenti	%fr	%records	%fr delle decorate	%rec delle decorate
0	0	0.00	0.00	0.00	0.00

Ceramiche decorate	Quartiere Agora, Edificio A					
	Inv. Regolare		TOT			
	Record	Frammenti	%fr	%rec	%fr delle decorate	%rec delle decorate
Dipinta bicroma	1	58	42.03	4.55	65.17	16.67
Dipinta monocroma	4	29	21.01	18.18	32.58	66.67
MD_ID_OO: incisa senza rivestimento / rivestimento omogeneo opaco	1	2	1.45	4.55	2.25	16.67
TOTALE	6	89	64.49	27.27	100.00	100.00

Con decorazioni incise

Records	Frammenti	%fr	%records	%fr delle decorate	%rec delle decorate
1	2	1.45	4.55	2.25	16.67

Con decorazioni impresse

Records	Frammenti	%fr	%records	%fr delle decorate	%rec delle decorate
0	0	0.00	0.00	0.00	0.00

Con decorazioni incise e impresse

Records	Frammenti	%fr	%records	%fr delle decorate	%rec delle decorate
0	0	0.00	0.00	0.00	0.00

Decorazioni incise e/o impressa con supplementare rivestimento
[in combinazione diretta fra di loro sullo stesso lato del vaso]

Records	Frammenti	%fr	%records	%fr delle decorate	%rec delle decorate
0	0	0.00	0.00	0.00	0.00

Decorazioni Incise e/o impresse senza rivestimento
[in combinazione diretta fra di loro sullo stesso lato del vaso]

Records	Frammenti	%fr	%records	%fr delle decorate	%rec delle decorate
1	2	1.45	4.55	2.25	16.67

Decorazioni incise e/o impresse, indeterminate rispetto all'attestazione di un rivestimento o di una decorazione lineare

Records	Frammenti	%fr	%records	%fr delle decorate	%rec delle decorate
0	0	0.00	0.00	0.00	0.00

Decorazione incise in combinazione con decorazioni lineari dipinti, superfici lisciate

Records	Frammenti	%fr	%records	%fr delle decorate	%rec delle decorate
0	0	0.00	0.00	0.00	0.00

Ceramiche decorate	Quartiere Agora, Edificio A					
	Inv. Regolare		TOT			
	Record	Frammenti	%fr	%rec	%fr delle decorate	%rec delle decorate
Dipinta bicroma	1	58	42.03	4.55	65.17	16.67
Dipinta monocroma	4	29	21.01	18.18	32.58	66.67
MD_ID_OO: incisa senza rivestimento / rivestimento omogeneo opaco	1	2	1.45	4.55	2.25	16.67
TOTALE	6	89	62.60	27.27	100.00	100.00

Con decorazioni incise e/o impresse e rivestimento: superficie lisciata

Records	Frammenti	%fr	%records	%fr delle decorate	%rec delle decorate
0	0	0.00	0.00	0.00	0.00

Con decorazioni incise e/o impresse e rivestimento: superficie lucidata

Records	Frammenti	%fr	%records	%fr delle decorate	%rec delle decorate
0	0	0.00	0.00	0.00	0.00

Indeterminati rispetto all'attestazione del trattamento della superficie

Records	Frammenti	%fr	%records	%fr delle decorate	%rec delle decorate
0	0	0.00	0.00	0.00	0.00

Contesto agorà – Edificio A: Dati quantitativi

Suddivisione dei materiali	Quartiere Agora - Edificio ad oikos - Riempimento adibito al piano di calpestio di prima o seconda							
	Inv. Regolare		Inv. Interno		TOT			
	Record	Frammenti	Record	Frammenti	Record	Frammenti	%fr	%rec
Dipinta monocroma	2	2	44	47	46	49	39.84	53.49
Acroma lisciata	0	0	8	40	8	40	32.52	9.30
Produzioni regio-coloniali	2	3	9	10	11	13	10.57	12.79
Dipinta bicroma	2	2	6	6	8	8	6.50	9.30
Incisa e impressa senza rivestimento	2	2	1	1	3	3	2.44	3.49
Importazioni allotrie all'isola	1	1	1	1	2	2	1.63	2.33
Incisa senza rivestimento	1	1	1	1	2	2	1.63	2.33
MD_DA_LO: rivestimento omogeneo lucidato / acroma lisciata	0	0	1	1	1	1	0.81	1.16
Impressa senza rivestimento	1	1	0	0	1	1	0.81	1.16
Incisa e impressa con rivestimento omogeneo lucidato (striature sottili)	0	0	1	1	1	1	0.81	1.16
Incisa con rivestimento omogeneo opaco	0	0	1	1	1	1	0.81	1.16
Dipinta policroma	1	1	0	0	1	1	0.81	1.16
Rivestimento omogeneo lucidato	0	0	1	1	1	1	0.81	1.16
TOTALE	12	13	74	110	86	123	100	100

Ceramica acroma *(acroma lisciata)*				
	Records	Frammenti	%fr	%records
	8	40	32.52	9.30
Adibiti alla cottura di alimenti				
	Records	Frammenti	%fr	%records
	0	0	0	0
Ceramiche decorate (con decorazioni dipinte / con decorazioni incise e/o impresse / con molteplici decorazioni)				
Con decorazioni dipinte	*Con decorazioni incise e/o impresse*			
	Records	Frammenti	%fr	%records
	65	68	55.28	75.58
Totale ceramiche *allotrie* (d'importazione + regio-coloniali)				
	Records	Frammenti	%fr	%records
Ceramiche d'importazione	2	2	1.63	2.33
Ceramiche *regio-coloniali*	11	13	10.57	12.79
	13	15	12.20	15.12

Suddivisione dei materiali	Quartiere Agora - Edificio ad oikos - Riempimento adibito al piano di calpestio di prima o seconda fase									
Ceramiche decorate	Inv. Regolare		Inv. Interno		TOT					
	Record	Frammenti	Record	Frammenti	Record	Frammenti	%fr	%rec	%fr delle decorate	%rec delle decorate
Dipinta monocroma	2	2	44	47	46	49	39.84	53.49	72.06	70.77
Dipinta bicroma	2	2	6	6	8	8	6.50	9.30	11.76	12.31
Incisa e impressa senza rivestimento	2	2	1	1	3	3	2.44	3.49	4.41	4.62
Incisa senza rivestimento	1	1	1	1	2	2	1.63	2.33	2.94	3.08
MD_DA_LO: rivestimento omogeneo lucidato / acroma lisciata			1	1	1	1	0.81	1.16	1.47	1.54
Impressa senza rivestimento	1	1			1	1	0.81	1.16	1.47	1.54
Incisa e impressa con rivestimento omogeneo lucidato (striature sottili)			1	1	1	1	0.81	1.16	1.47	1.54
Incisa con rivestimento omogeneo opaco			1	1	1	1	0.81	1.16	1.47	1.54
Dipinta policroma	1	1			1	1	0.81	1.16	1.47	1.54
Rivestimento omogeneo lucidato			1	1	1	1	0.81	1.16	1.47	1.54
TOTALE	9	9	56	59	65	68	55.28	75.58	100.00	100.00

Con decorazioni dipinte					
Records	Frammenti	%fr	%records	%fr delle decorate	%rec delle decorate
57	60	48.78	66.28	88.24	87.69
Con decorazioni incise e/o impresse					
Records	Frammenti	%fr	%records	%fr delle decorate	%rec delle decorate
8	8	6.50	9.30	11.76	12.31

Con decorazioni dipinte (superfici lucidate)					
Records	Frammenti	%fr	%records	%fr delle decorate	%rec delle decorate
1	1	0.81	1.16	1.47	1.54
Con decorazioni incise e/o impresse (superfici lucidate)					
Records	Frammenti	%fr	%records	%fr delle decorate	%rec delle decorate
1	1	0.81	1.16	1.47	1.54
Con decorazioni dipinte (superfici lisciate / lucidate)					
Records	Frammenti	%fr	%records	%fr delle decorate	%rec delle decorate
1	1	0.81	1.16	1.47	1.54
Con decorazioni incise e /o impresse (superfici lisciate / lucidate)					
Records	Frammenti	%fr	%records	%fr delle decorate	%rec delle decorate
0	0	0.00	0.00	0.00	0.00
Con decorazioni dipinte (superfici lisciate)					
Records	Frammenti	%fr	%records	%fr delle decorate	%rec delle decorate
55	58	47.15	63.95	85.29	84.62
Con decorazioni incise e /o impresse (superfici lisciate)					
Records	Frammenti	%fr	%records	%fr delle decorate	%rec delle decorate
7	7	5.69	8.14	10.29	10.77

Con decorazioni (trattamenti di superficie indeterminate: lucidate / lisciate)					
Records	Frammenti	%fr	%records	%fr delle decorate	%rec delle decorate
0	0	0.00	0.00	0.00	0.00

Con decorazioni dipinte					
Con decorazioni incise e/o impresse					
A superfici lucidate					
Records	Frammenti	%fr	%records	%fr delle decorate	%rec delle decorate
2	2	1.63	2.33	2.94	3.08
A superfici lisciate					
Records	Frammenti	%fr	%records	%fr delle decorate	%rec delle decorate
62	65	52.85	72.09	95.59	95.38
A superficie lisciate e lucidate					
Records	Frammenti	%fr	%records	%fr delle decorate	%rec delle decorate
1	1	0.81	1.16	1.47	1.54
Indeterminate rispetto al trattamento di superficie					
Records	Frammenti	%fr	%records	%fr delle decorate	%rec delle decorate
0	0	0.00	0.00	0.00	0.00

Contesto agorà – Oikos 564/565/567: Dati quantitativi dei materiali di prima o seconda fase

Suddivisione dei materiali	Quartiere Agora - Edificio ad oikos - Riempimento adibito al piano di calpestio di prima o seconda fase									
Ceramiche decorate	Inv. Regolare		Inv. Interno		TOT					
	Record	Frammenti	Record	Frammenti	Record	Frammenti	%fr	%rec	%fr delle decorate	%rec delle decorate
Dipinta monocroma	2	2	44	47	46	49	39.84	53.49	72.06	70.77
Dipinta bicroma	2	2	6	6	8	8	6.50	9.30	11.76	12.31
Incisa e impressa senza rivestimento	2	2	1	1	3	3	2.44	3.49	4.41	4.62
Incisa senza rivestimento	1	1	1	1	2	2	1.63	2.33	2.94	3.08
MD_DA_LO: rivestimento omogeneo lucidato / acroma lisciata			1	1	1	1	0.81	1.16	1.47	1.54
Impressa senza rivestimento	1	1			1	1	0.81	1.16	1.47	1.54
Incisa e impressa con rivestimento omogeneo lucidato (striature sottili)			1	1	1	1	0.81	1.16	1.47	1.54
Incisa con rivestimento omogeneo opaco			1	1	1	1	0.81	1.16	1.47	1.54
Dipinta policroma	1	1			1	1	0.81	1.16	1.47	1.54
Rivestimento omogeneo lucidato			1	1	1	1	0.81	1.16	1.47	1.54
TOTALE	9	9	56	59	65	68	55.28	75.58	100.00	100.00

Con decorazioni incise					
Records	Frammenti	%fr	%records	%fr delle decorate	%rec delle decorate
3	3	2.44	3.49	4.41	4.62

Con decorazioni impresse					
Records	Frammenti	%fr	%records	%fr delle decorate	%rec delle decorate
1	1	0.81	1.16	1.47	1.54

Con decorazioni incise e impresse					
Records	Frammenti	%fr	%records	%fr delle decorate	%rec delle decorate
4	4	3.25	4.65	5.88	6.15

Decorazioni incise e/o impresse con supplementare rivestimento [in combinazione diretta fra di loro sullo stesso lato del vaso]					
Records	Frammenti	%fr	%records	%fr delle decorate	%rec delle decorate
2	2	1.63	2.33	2.94	3.08

Decorazioni incise e/o impresse senza rivestimento [in combinazione diretta fra di loro sullo stesso lato del vaso]					
Records	Frammenti	%fr	%records	%fr delle decorate	%rec delle decorate
6	6	4.88	6.98	8.82	9.23

Decorazioni incise e/o impresse, indeterminate rispetto all'attestazione di un rivestimento o di una decorazione lineare					
Records	Frammenti	%fr	%records	%fr delle decorate	%rec delle decorate
0	0	0.00	0.00	0.00	0.00

Decorazione incise in combinazione con decorazioni lineari dipinte, superfici lisciate					
Records	Frammenti	%fr	%records	%fr delle decorate	%rec delle decorate
0	0	0.00	0.00	0.00	0.00

Suddivisione dei materiali	Quartiere Agora - Edificio ad oikos - Riempimento adibito al piano di calpestio di prima o seconda fase									
Ceramiche decorate	Inv. Regolare		Inv. Interno		TOT					
	Record	Frammenti	Record	Frammenti	Record	Frammenti	%fr	%rec	%fr delle decorate	%rec delle decorate
Dipinta monocroma	2	2	44	47	46	49	39.84	53.49	72.06	70.77
Dipinta bicroma	2	2	6	6	8	8	6.50	9.30	11.76	12.31
Incisa e impressa senza rivestimento	2	2	1	1	3	3	2.44	3.49	4.41	4.62
Incisa senza rivestimento	1	1	1	1	2	2	1.63	2.33	2.94	3.08
MD_DA_LO: rivestimento omogeneo lucidato / acroma lisciata			1	1	1	1	0.81	1.16	1.47	1.54
Impressa senza rivestimento	1	1			1	1	0.81	1.16	1.47	1.54
Incisa e impressa con rivestimento omogeneo lucidato (striature sottili)			1	1	1	1	0.81	1.16	1.47	1.54
Incisa con rivestimento omogeneo opaco			1	1	1	1	0.81	1.16	1.47	1.54
Dipinta policroma	1	1			1	1	0.81	1.16	1.47	1.54
Rivestimento omogeneo lucidato			1	1	1	1	0.81	1.16	1.47	1.54
TOTALE	9	9	56	59	65	68	55.28	75.58	100.00	100.00

Con decorazioni incise e/o impresse e rivestimento: superficie lisciata					
Records	Frammenti	%fr	%records	%fr delle decorate	%rec delle decorate
1	1	0.81	1.16	1.47	1.54

Con decorazioni incise e/o impresse e rivestimento: superficie lucidata					
Records	Frammenti	%fr	%records	%fr delle decorate	%rec delle decorate
1	1	0.81	1.16	1.47	1.54

Indeterminati rispetto all'attestazione del trattamento della superficie					
Records	Frammenti	%fr	%records	%fr delle decorate	%rec delle decorate
0	0	0.00	0.00	0.00	0.00

Contesto agorà – Oikos 564/565/567: Dati quantitativi dei materiali di prima o seconda fase

TAVOLE

1. Inv. K 22792 A–G

2. Inv. K 24791

3. Inv. K 24782

4. Inv. K 24704

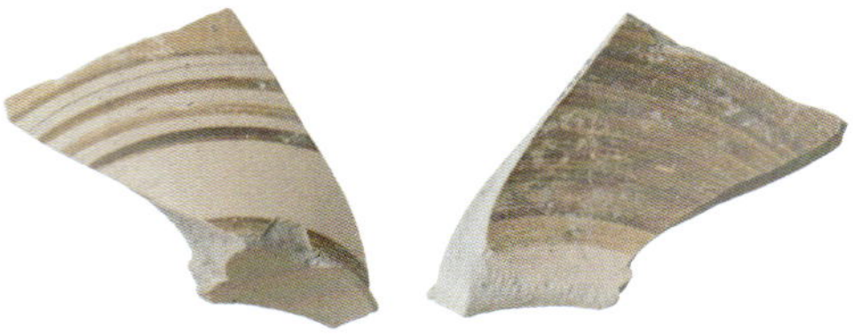

5. Inv. K 24783

6. Inv. K 24788

7. Inv. K 25247

8. Inv. K 32489

9. Inv. K 22383 A–D

1–8 Quartiere orientale – Prima fase
9 Quartiere orientale – Seconda fase

10. Inv. K 23920

11. Inv. K 25170

12. Inv. K 24335

13. Inv. K 23778

15. Inv. K 23779

16. Inv. K 25117

14. Inv. K 22551

17. Inv. K 24298

18. Inv. K 24299

19. Inv. K 25180

20. Inv. K 23872

21. Inv. K 24300

10–21 Quartiere orientale – Seconda fase

22. Inv. K 23789

23. Inv. K 23873

24. Inv. K 23874

25. Inv. K 22780 A–C

26. Inv. K 22794

27. Inv. K 22804

28. Inv. K 22813

29. Inv. K 22798

30. Inv. K 22805

31. Inv. K 22384

32. Inv. K 22569

33. Inv. K 22531

34. Inv. K 22800

35. Inv. K 22823

37. Inv. K 22377 A–B

38. Inv. K 22578

22–24 Quartiere orientale – Seconda fase
25–38 Quartiere orientale – Prima o seconda fase

39. Inv. K 22529

40. Inv. K 22675

41. Inv. K 22631

42. Inv. K 22378

43. Inv. K 22608

44. Inv. K 22530

45. Inv. K 22728

46. Inv. K 22610

47. Inv. K 22691

48. Inv. K 22385

49. Inv. K 22609

51. Inv. K 22533

50. Inv. K 22532

52. Inv. K 24701

53. Inv. K 25122

54. Inv. K 25196

55. Inv. K 25195

56. Inv. K 25381

57. Inv. K 24729

58. Inv. K 25123

59. Inv. L 2424

39–51 Quartiere orientale – Prima o seconda fase
52–59 Quartiere orientale – Rifacimento (?) angolo NE

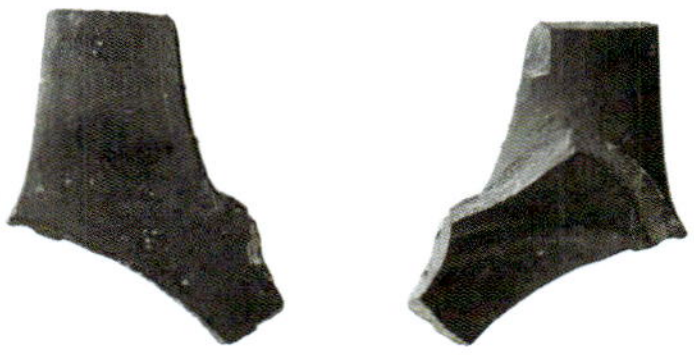

60. Inv. K 22122

63. Inv. K 28555

64. Inv. K 22027 A–C

61. Inv. K 22121

62. Inv. K 22005

65. Inv. K 21982

66. Inv. K 22287

67. Inv. K 22006

68. Inv. K 21977

69. Inv. K 22326

70. Inv. K 22148

71. Inv. K 22085 A–B

72. Inv. K 22286

73. Inv. K 21983 A

74. Inv. K 22120 A. C

75. Inv. K 22164

76. Inv. K 21980

78. Inv. K 22028

60–78 Agorà – Riempimento adibito alla costruzione dell'edificio A

82. Inv. K 27211

82. Impasto K 27211 (scala 10:1)

80. Inv. K 27213

81. Inv. K 27212

80–82 Agorà – Edificio A – Strato di abbandono

83. Inv. K 18318

84. Inv. K 28043

85. Inv. K 18319 A–C

86. Inv. K 18317

83–86 Agorà – Edificio 1 – Strato di abbandono

87. Inv. K 24117 A

88. Inv. K 24138

89. Inv. K 27210

90. Inv. K 24116 A

91. Inv. K 24118

92. Inv. K 27100 A–B

93. Inv. K 24040

94. Inv. L 2350

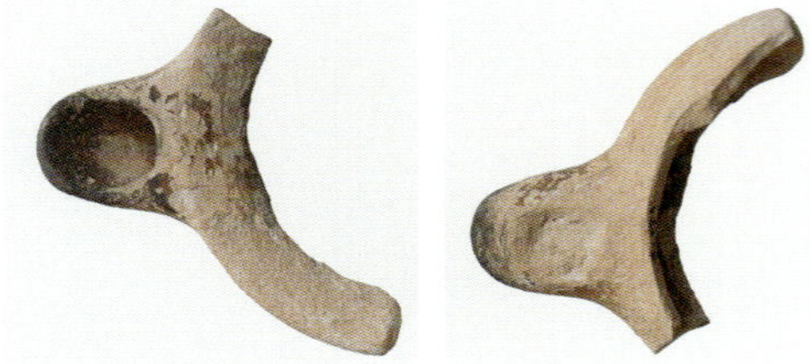

95. Inv. L 2370

96. Inv. L 2375 A–B

87–96 Agorà – Edificio 1 – Strato di abbandono

97. Inv. K 16992

98. Inv. K 16610

99. Inv. K 16629

100. Inv. K 16467

101. Inv. K 16989

102. Inv. K 32607

103. Inv. K 16712 A

104. Inv. K 16469

105. Inv. K 32700

106. Inv. K 16713

107. Inv. K 16583

108. Inv. K 16631

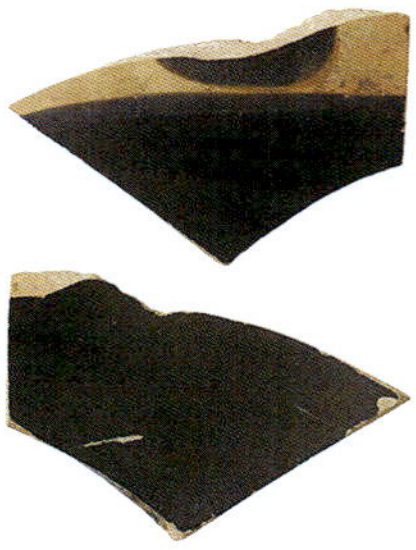

109. Inv. K 32568

110. Inv. K 32567

111. Inv. K 16628

112. Inv. K 16650

113. Inv. K 16977

114. Inv. K 16632

97–114 Agorà – Oikos – Riempimento adibito al piano di calpestio di prima fase dell'edificio

115. Inv. K 32547

116. Inv. K 16646

117. Inv. K 16582

118. Inv. K 16581

119. Inv. K 16681

120. Inv. K 32548

121. Inv. K 32699

122. Inv. K 16680

123. Inv. K 16760

124. Inv. K 32733

125. Inv. K 16613

126. Inv. K 32561

127. Inv. K 32546

128. Inv. K 32712

129. Inv. K 16462

129. Impasto K 16462 (scala 10:1)

130. Inv. K 16461

115–130 Agorà – Oikos – Riempimento adibito al piano di calpestio di prima fase dell'edificio

131. Inv. L 1783

132. Inv. L 2772

133. Inv. L 1782

134. Inv. L 2775

135. Inv. K 16642

136. Inv. K 17072

137. Inv. K 16540

138. Inv. K 16541

139. Inv. K 32506

141. Inv. K 16641 A–D

140. Inv. K 16574

142. Inv. K 16576

143. Inv. K 26455 A–B

131–134 Agorà – Oikos – Riempimento adibito al piano di calpestio di prima fase dell'edificio
135–143 Agorà – Oikos – Riempimento adibito al piano di calpestio di seconda fase dell'edificio

144. Inv. K 16572

145. Inv. K 16575 A. C

146. Inv. K 16571

147. Inv. K 16459

145. Inv. K 16575 B

148. Inv. K 17073

149. Inv. K 16573

150. Inv. K 17053

151. Inv. K 16621

152. Inv. K 17066

153. Inv. K 16542 A–B

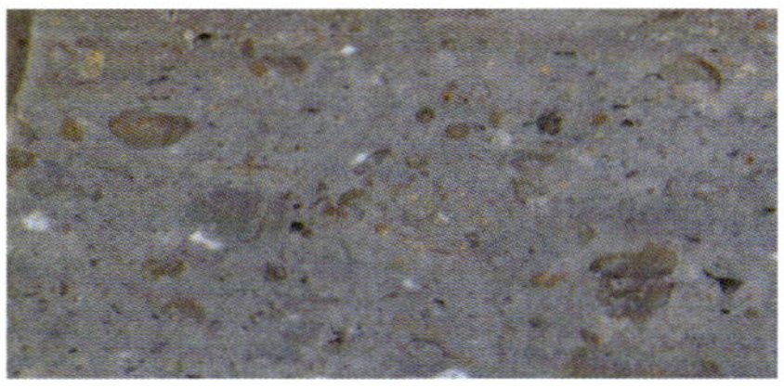

153. Impasto K 16542 A (scala 10:1)

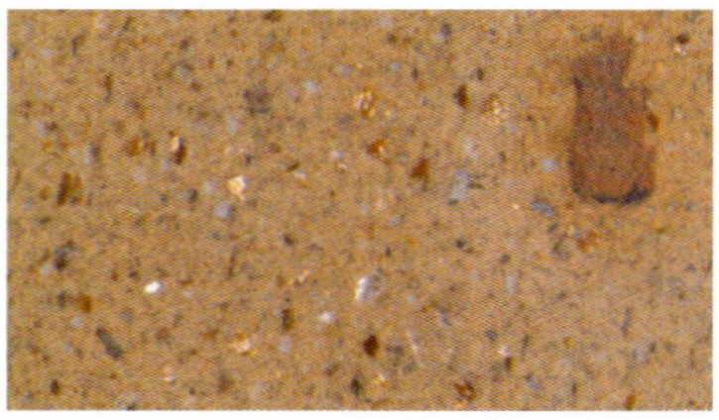

154. Impasto K 16577 (scala 10:1)

155. Inv. K 16623

154. Inv. K 16577

156. Inv. L 1784

157. Inv. L 1785

144–157 Agorà – Oikos – Riempimento adibito al piano di calpestio di seconda fase dell'edificio

158. Inv. K 17051

159. Inv. K 32739

160. Inv. K 17054

REPERTI *INDIGENI*

161. Inv. K 24132

162. Inv. K 24276

163. Inv. K 23117

164. Inv. K 22471 A.C.

165. Inv. K 24152

166. Inv. K 24296

167. Inv. K 22217

168. Inv. K 22209

169. Inv. K 24313

170. Inv. K 24280

158–160 Agorà – Oikos – Riempimento adibito al piano di calpestio di prima o seconda fase dell'edificio
161–170 Contesto VIII – VII sec. a.C.

171. Inv. K 23685

172. Inv. K 22218

173. Inv. K 24324

174. Inv. K 24789

175. Inv. K 32471

176. Inv. K 32486

177. Inv. K 23882 A–C

178. Inv. K 23776

180. Inv. K 22564

179. Inv. K 32461 A–C

171–173 Contesto VIII – VII sec. a.C. / **174–176** Contesto ca. 630/620 – 570 a.C. / **177–178** Contesto ca. 570 – 540 a.C.
179–180 Contesto ca. 630/620 – 540 a.C.

181. Inv. K 22574

182. Inv. K 22620

183. Inv. K 22269

184. Inv. K 22169

185. Inv. K 28396

186. Inv. K 27969

187. Inv. K 27968

188. Inv. K 22089

189. Inv. K 22163

190. Inv. K 27939

191. Inv. K 28417

192. Inv. K 22168

181–182 Contesto ca. 630/620 – 540 a.C.
183–192 Contesto ca. ultimo quarto VII sec. – 550 a.C.

TAVOLA 16 Reperti *indigeni* — Bacini / scodelloni / mortai (193–202) – Scodelle / «fruttiere» (203–205)

193. Inv. K 27960

194. Inv. K 22304

195. Inv. K 22263

196. Inv. K 32747

197. Inv. K 32549

198. Inv. K 32675

199. Inv. K 32582

200. Inv. K 32527

201. Inv. K 32674

202. Inv. K 24113

203. Inv. K 32007

204. Inv. K 32214

205. Inv. K 32058

193–195 Contesto ca. ultimo quarto VII sec. – 550 a.C. / **196** Contesto ca. 550 – 500/490 a.C.
197–201 Contesto ca. fine VII sec. – 500/490 a.C. / **202** Contesto ca. 500/490 – 460/450 a.C.
203–205 Contesto VIII – VII sec. a.C.

206. Inv. K 22206

207. Inv. K 22205

208. Inv. K 22210

209. Inv. K 32057

210. Inv. K 23123

211. Inv. K 32069

212. Inv. K 32008

213. Inv. K 32127

214. Inv. K 22591

215. Inv. K 32103

216. Inv. K 32074

217. Inv. K 23104

218. Inv. K 32120

219. Inv. K 23227

220. Inv. K 24291

221. Inv. K 32080

222. Inv. K 32079

223. Inv. K 32144

224. Inv. K 23683

225. Inv. K 32208

226. Inv. K 32227

206–226 Contesto VIII – VII sec. a.C.

227. Inv. K 32124

228. Inv. K 23255

229. Inv. K 22550

230. Inv. K 22180

231. Inv. K 32006

232. Inv. K 22201

233. Inv. K 23256

234. Inv. K 32112

235. Inv. K 32027

236. Inv. K 23151

237. Inv. K 23100

238. Inv. K 24129

239. Inv. K 32174

240. Inv. K 32209

241. Inv. K 32055

242. Inv. K 24784

243. Inv. K 25269

244. Inv. K 32491

227–241 Contesto VIII – VII sec. a.C. / **242–244** Contesto ca. 630/620 – 570 a.C.

245. Inv. K 32473

246. Inv. K 24401

247. Inv. K 25265

248. Inv. K 32485

249. Inv. K 24785

250. Inv. K 24404

251. Inv. K 22388

252. Inv. K 32493

253. Inv. K 23787

254. Inv. K 32498

255. Inv. K 32472

256. Inv. K 24302

257. Inv. K 24301

258. Inv. K 24303

259. Inv. K 23877

260. Inv. K 32495

261. Inv. K 23782

262. Inv. K 23921

263. Inv. K 23875

264. Inv. K 23876

265. Inv. K 23793

245–251 Contesto ca. 630/620 – 570 a.C. / **252–265** Contesto ca. 570 – 540 a.C.

266. Inv. K 32494

268. Inv. K 32499

267. Inv. K 23923

269. Inv. K 24309

270. Inv. K 22686

271. Inv. K 22596

272. Inv. K 22601

273. Inv. K 22570

274. Inv. K 22786

275. Inv. K 32440

276. Inv. K 22766 A–B

277. Inv. K 22579

278. Inv. K 32444

279. Inv. K 32459

280. Inv. K 22744

281. Inv. K 22659

282. Inv. K 22671 A

266–269 Contesto ca. 570 – 540 a.C. / **270–282** Contesto ca. 630/620 – 540 a.C.

283. Inv. K 22600

284. Inv. K 22660

285. Inv. K 22616

286. Inv. K 22599

287. Inv. K 22597

288. Inv. K 27976

289. Inv. K 27948

290. Inv. K 28363

291. Inv. K 27973

292. Inv. K 27974

293. Inv. K 27943

294. Inv. K 22299

295. Inv. K 27934

296. Inv. K 27912

297. Inv. K 27926

298. Inv. K 27972

299. Inv. K 22074

300. Inv. K 27917

301. Inv. K 27941

302. Inv. K 27925

303. Inv. K 32428

283–287 Contesto ca. 630/620 – 540 a.C. / **288–303** Contesto ca. ultimo quarto VII sec. – 550 a.C.

304. Inv. K 22328

305. Inv. K 22111

306. Inv. K 22170

307. Inv. K 22126

308. Inv. K 22124

309. Inv. K 21998

310. Inv. K 22257

311. Inv. K 22010

312. Inv. K 27929

313. Inv. K 27938

314. Inv. K 27916

315. Inv. K 21975

316. Inv. K 22254

317. Inv. K 21999

318. Inv. K 22174

319. Inv. K 22159

320. Inv. K 22258

321. Inv. K 22146

322. Inv. K 22253

323. Inv. K 27915

324. Inv. K 28402

304–324 Contesto ca. ultimo quarto VII sec. – 550 a.C.

325. Inv. K 28375

326. Inv. K 27940

327. Inv. K 27935

328. Inv. K 27944

329. Inv. K 22271 A

330. Inv. K 27914

331. Inv. K 22147

332. Inv. K 22308

333. Inv. K 27966

334. Inv. K 27942

335. Inv. K 27975

336. Inv. K 27913

337. Inv. K 22255

338. Inv. K 27922

339. Inv. K 27958

340. Inv. K 27967

341. Inv. K 27949

342. Inv. K 22002

343. Inv. K 22032

344. Inv. K 27957

345. Inv. K 22160

325–345 Contesto ca. ultimo quarto VII sec. – 550 a.C.

346. Inv. K 22031

347. Inv. K 22036

348. Inv. K 22290

349. Inv. K 28557

350. Inv. K 22088

351. Inv. K 22086

352. Inv. K 28410

353. Inv. K 22141 B

354. Inv. K 22171

355. Inv. K 22138

356. Inv. K 27215

357. Inv. K 32723

358. Inv. K 32709

359. Inv. K 32711

360. Inv. K 32705

361. Inv. K 16456

362. Inv. K 32550

363. Inv. K 16978

364. Inv. K 16988

365. Inv. K 32728

366. Inv. K 32541

346–354 Contesto ca. ultimo quarto VII sec. – 550 a.C. / **355–356** Contesto ca. 550 – 500/490 a.C.
357–366 Contesto ca. fine VII sec. – 500/490 a.C.

367. Inv. K 32713

368. Inv. K 32714

369. Inv. K 32603

370. Inv. K 32599

371. Inv. K 32572

373. Inv. K 16645

372. Inv. K 32693 A–B

374. Inv. K 32581 A–B

375. Inv. K 16614

376. Inv. K 16609 A–D

377. Inv. K 32696

378. Inv. K 32532

379. Inv. K 32724

367–379 Contesto ca. fine VII sec. – 500/490 a.C.

380. Inv. K 32557

381. Inv. K 16995

382. Inv. K 16585

383. Inv. K 32729

384. Inv. K 16455

385. Inv. K 32575

386. Inv. K 32526

387. Inv. K 32666

388. Inv. K 32520

389. Inv. K 16420

390. Inv. K 32515

391. Inv. K 32516

392. Inv. K 32517

393. Inv. K 32737

394. Inv. K 17070

395. Inv. K 27287

396. Inv. K 27206

397. Inv. K 28436

398. Inv. K 24107

380–385 Contesto ca. fine VII sec. – 500/490 a.C. / **386–394** Contesto ca. 500/490 – 480/470-60 a.C.
395–398 Contesto ca. 500/490 – 460/450 a.C.

399. Inv. K 23263

400. Inv. K 32078

401. Inv. K 32222

402. Inv. K 31972 A–B

403. Inv. K 32169

404. Inv. K 32075

405. Inv. K 32095

406. Inv. K 32153

407. Inv. K 25267

408. Inv. K 32474

409. Inv. K 24797

410. Inv. K 24308

411. Inv. K 23777

412. Inv. K 24384

413. Inv. K 22585

414. Inv. K 32446

415. Inv. K 22662

416. Inv. K 28362

417. Inv. K 28372

418. Inv. K 21976

419. Inv. K 22256

399–406 Contesto VIII – VII sec. a.C. / **407–409** Contesto ca. 630/620 – 570 a.C. / **410–413** Contesto ca. 570 – 540 a.C.
414–415 Contesto ca. 630/620 – 540 a.C. / **416–419** Contesto ca. ultimo quarto VII sec. – 550 a.C.

420. Inv. K 22259 A–C

421. Inv. K 32434

422. Inv. K 22161

423. Inv. K 22288

424. Inv. K 22125

425. Inv. K 28394

426. Inv. K 27978

427. Inv. K 22260

428. Inv. K 32529

429. Inv. K 32695

430. Inv. K 16649

431. Inv. K 16630

432. Inv. K 16666

433. Inv. K 16667

434. Inv. K 32574

435. Inv. K 28169 A–B

436. Inv. K 29198 B

436. Inv. K 29198 C

436. Inv. K 29198 A

420–427 Contesto ca. ultimo quarto VII sec. – 550 a.C. / **428–434** Contesto ca. fine VII sec. – 500/490 a.C.
435–436 Contesto *ante* 460/450 a.C.

437. Inv. K 23276

438. Inv. K 32098

439. Inv. K 23174

440. Inv. K 23230

441. Inv. K 24284

442. Inv. K 32077

443. Inv. K 32183

444. Inv. K 24294

445. Inv. K 22177

446. Inv. K 22548

447. Inv. K 22688

448. Inv. K 23290

449. Inv. K 32488

450. Inv. K 23791

451. Inv. K 25181

452. Inv. K 22670

453. Inv. K 22632

454. Inv. K 32457

455. Inv. K 32441

456. Inv. K 32460

437–448 Contesto VIII – VII sec. a.C. / **449** Contesto ca. 630/620 – 570 a.C.
450–451 Contesto ca. 570 – 540 a.C. / **452–456** Contesto ca. 630/620 – 540 a.C.

457. Inv. K 22109

458. Inv. K 22008

459. Inv. K 22314

460. Inv. K 27962

461. Inv. K 16683

462. Inv. K 16465

463. Inv. K 16466

464. Inv. K 32617

465. Inv. K 32530

466. Inv. K 32564

467. Inv. K 32682

468. Inv. K 32502

469. Inv. K 28955 A–C

457–460 Contesto ca. ultimo quarto VII sec. – 550 a.C. / **461–467** Contesto ca. fine VII sec. – 500/490 a.C.
468 Contesto ca. 500/490 – 480/470-60 a.C. / **469** Contesto *ante* 460/450 a.C.

470. Inv. K 24315 A–D

471. Inv. K 23682 A–D

472. Inv. K 22234 A. C–D

473. Inv. K 22199 A–B

474. Inv. K 22537 A–C

470–474 Contesto VIII – VII sec. a.C.

475. Inv. K 32438

476. Inv. K 22149

477. Inv. K 16611 A–B

478. Inv. K 16665

479. Inv. K 32746 A–B

480. Inv. K 16954 A–B

482. Inv. K 32745

481. Inv. K 32609 A–B

483. Inv. K 16584

475 Contesto ca. 630/620 – 540 a.C. / **476** Contesto ca. ultimo quarto VII sec. – 550 a.C.
477–483 Contesto ca. fine VII sec. – 500/490 a.C.

484. Inv. K 24316

485. Inv. K 23141

487. Inv. K 23644

486. Inv. K 22590 A–B

488. Inv. K 32101

489. Inv. K 32047

490. Inv. K 32091

491. Inv. K 32225

492. Inv. K 24310

493. Inv. K 23922

494. Inv. K 22677

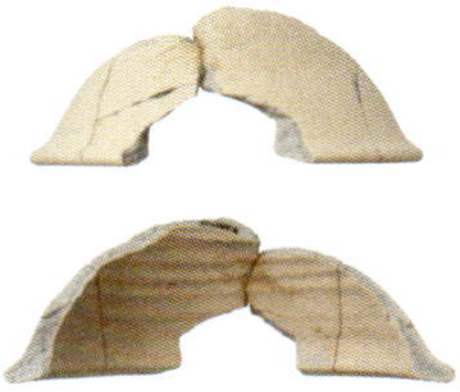

495. Inv. K 22694 A

496. Inv. K 22030

497. Inv. K 22144

498. Inv. K 27961

499. Inv. K 16709

500. Inv. K 16710

501. Inv. K 16968

502. Inv. K 32719

484–491 Contesto VIII – VII sec. a.C. / **492–493** Contesto ca. 570 – 540 a.C. / **494–495** Contesto ca. 630/620 – 540 a.C.
496–498 Contesto ca. ultimo quarto VII sec. – 550 a.C. / **499–502** Contesto ca. fine VII sec. – 500/490 a.C.

503. Inv. K 24286

504. Inv. K 23069

505. Inv. K 23072

506. Inv. K 23792

507. Inv. K 28397

508. Inv. K 22090

509. Inv. K 22129

510. Inv. K 22289

512. Inv. K 22128

513. Inv. K 28412

511. Inv. K 22309

514. Inv. K 28393

515. Inv. K 32732

516. Inv. K 32697

517. Inv. K 32683

518. Inv. K 16627

519. Inv. K 32698

520. Inv. K 32738

521. Inv. K 32521

503–505 Contesto VIII – VII sec. a.C. / **506** Contesto ca. 570 – 540 a.C. / **507–514** Contesto ca. ultimo quarto VII sec. – 550 a.C.
515–519 Contesto ca. fine VII sec. – 500/490 a.C. / **520–521** Contesto ca. 500/490 – 480/470-60 a.C.

522. Inv. K 24292

523. Inv. K 32034

524. Inv. K 22208

525. Inv. K 22547

526. Inv. K 32035

527. Inv. K 24278

528. Inv. K 24312

529. Inv. K 24240

530. Inv. K 32020

531. Inv. K 22801

532. Inv. K 32447

533. Inv. K 32056

534. Inv. K 22216 A

535. Inv. K 32193

536. Inv. K 32012

537. Inv. K 24407 A

538. Inv. K 24798

539. Inv. K 24307

540. Inv. K 23796

541. Inv. K 22785

522–530 Contesto VIII – VII sec. a.C. / **531–532** Contesto ca. 630/620 – 540 a.C. / **533–536** Contesto VIII – VII sec. a.C.
537–538 Contesto ca. 630/620 – 570 a.C. / **539–540** Contesto ca. 570 – 540 a.C. / **541** Contesto ca. 630/620 – 540 a.C.

542. Inv. K 28384

543. Inv. K 28388

544. Inv. K 21986

545. Inv. K 22264

546. Inv. K 22091 A

547. Inv. K 22112

548. Inv. K 28541

549. Inv. K 22033 A–C

550. Inv. K 16607

551. Inv. K 16608 A

552. Inv. K 32727

553. Inv. K 17069 A–E

542–549 Contesto ca. ultimo quarto VII sec. – 550 a.C. / **550–552** Contesto ca. fine VII sec. – 500/490 a.C.
553 Contesto ca. 500/490 – 480/470-60 a.C.

554. Inv. K 16570

555. Inv. K 32668

556. Inv. K 32736

557. Inv. K 24106

558. Inv. K 27209

559. Inv. K 18323

560. Inv. K 27102 A–D

554–556 Contesto ca. 500/490 – 480/470-60 a.C. / **557–560** Contesto ca. 500/490 – 460/450 a.C.

561. Inv. K 28851

562. Inv. K 28171 A–B

563. Inv. K 22204

564. Inv. K 32221

565. Inv. K 32094

566. Inv. K 32049

567. Inv. K 22470

568. Inv. K 22207

569. Inv. K 32044

570. Inv. K 32037

571. Inv. K 32089

572. Inv. K 32099

573. Inv. K 24795

574. Inv. K 25286

561–562 Contesto *ante* 460/450 a.C. **/ 563–572** Contesto VIII – VII sec. a.C. / **573–574** Contesto ca. 630/620 – 570 a.C.

575. Inv. K 25259 A

576. Inv. K 25266

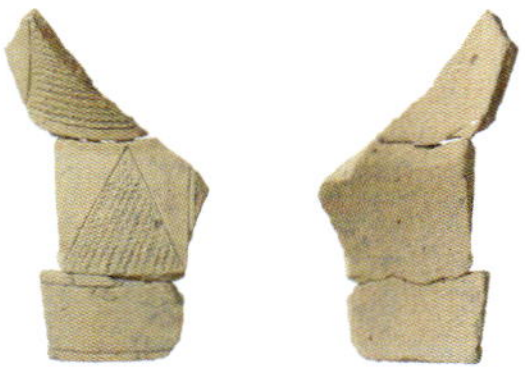

577. Inv. K 22613

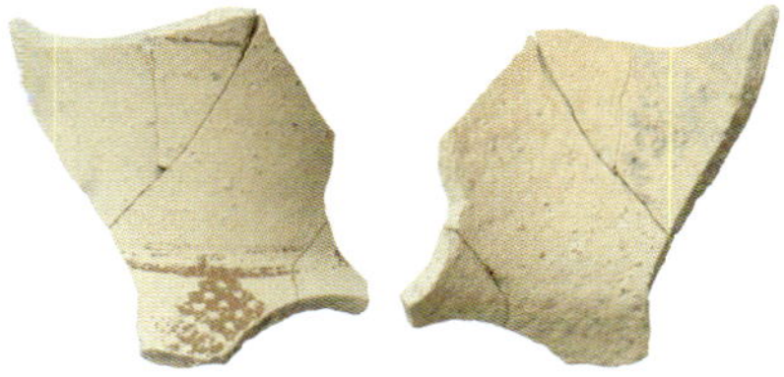

578. Inv. K 23783

580. Inv. K 22633

581. Inv. K 22635

579. Inv. K 23878 A–C

582. Inv. K 22703

584. Inv. K 22767

585. Inv. K 27928

583. Inv. K 22782 A–E

586. Inv. K 22312

587. Inv. K 22300

588. Inv. K 22165

589. Inv. K 22087

590. Inv. K 22000

591. Inv. K 21972

575–576 Contesto ca. 630/620 – 570 a.C. / **577–579** Contesto ca. 570 – 540 a.C.
580–584 Contesto ca. 630/620 – 540 a.C. / **585–591** Contesto ca. ultimo quarto VII sec. – 550 a.C.

592. Inv. K 21974

593. Inv. K 22184

594. Inv. K 22110

595. Inv. K 22131

596. Inv. K 22266

597. Inv. K 22268

598. Inv. K 20738

599. Inv. K 32673

600. Inv. K 32559

601. Inv. K 16761

602. Inv. K 16464

603. Inv. K 17296

604. Inv. K 32528

605. Inv. K 16986 A–C

606. Inv. K 16764

607. Inv. K 32689

608. Inv. K 32504

592–597 Contesto ca. ultimo quarto VII sec. – 550 a.C. / **598** Contesto ca. 550 – 500/490 a.C.
599–607 Contesto ca. fine VII sec. – 500/490 a.C. / **608** Contesto ca. 500/490 – 480/470-60 a.C.

609. Inv. K 16569

610. Inv. K 32685 A–B

611. Inv. K 32748

612. Inv. K 27208

613. Inv. K 27005

614. Inv. K 28040 A–B

615. Inv. K 27101

616. Inv. K 27017

617. Inv. K 22353 A–D

618. Inv. K 32427 D. A. J. I

619. Inv. K 22176

620. Inv. K 23208 A–B

609–610 Contesto ca. 500/490 – 480/470-60 a.C. / **611–617** Contesto ca. 500/490 – 460/450 a.C.
618 Contesto *ante* 460/450 a.C. / **619–620** Contesto VIII – VII sec. a.C.

621. Inv. K 32043

622. Inv. K 32129

623. Inv. K 32048

624. Inv. K 32126

625. Inv. K 22182

626. Inv. K 24288

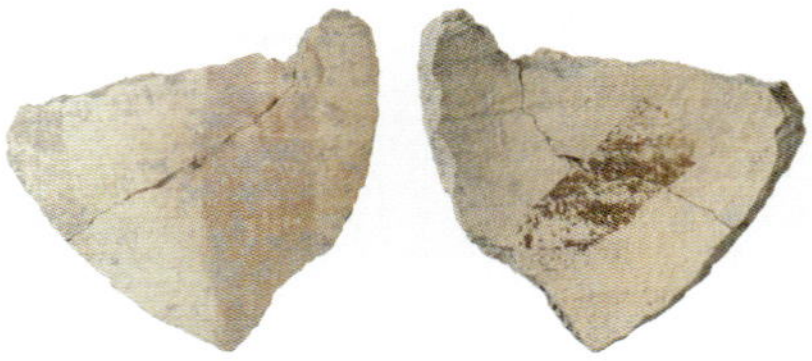

627. Inv. K 22175

628. Inv. K 32054

629. Inv. K 25284

630. Inv. K 25270

631. Inv. K 32490 A–B

632. Inv. K 25258

633. Inv. K 25121

634. Inv. K 24717

635. Inv. K 32501

636. Inv. K 22768

638. Inv. K 22621

637. Inv. K 22888

621–628 Contesto VIII – VII sec. a.C. / **629–632** Contesto ca. 630/620 – 570 a.C. / **633–635** Contesto ca. 570 – 540 a.C.
636–638 Contesto ca. 630/620 – 540 a.C.

639. Inv. K 22534

640. Inv. K 22166

641. Inv. K 22134

642. Inv. K 21978

643. Inv. K 27959

644. Inv. K 22072

645. Inv. K 22113

646. Inv. K 22272

647. Inv. K 27954

648. Inv. K 22262

649. Inv. K 22231 B

651. Inv. K 16762

650. Inv. K 22280

639 Contesto ca. 630/620 – 540 a.C. / **640–648** Contesto ca. ultimo quarto VII sec. – 550 a.C.
649–650 Contesto ca. 550 – 500/490 a.C. / **651** Contesto ca. fine VII sec. – 500/490 a.C.

652. Inv. K 16612

653. Inv. K 32600

654. Inv. K 32604

655. Inv. K 16714

656. Inv. K 32717

657. Inv. K 32715

658. Inv. K 32606

659. Inv. K 16414 A–B

659. Inv. K 16414 C–E

660. Inv. K 32670

661. Inv. K 32519

664. Inv. K 24042

662. Inv. K 28044

663. Inv. K 24660

652–659 Contesto ca. fine VII sec. – 500/490 a.C. / **660–661** Contesto ca. 500/490 – 480/470-60 a.C.
662–664 Contesto ca. 500/490 – 460/450 a.C.

665. Inv. K 28041 **666.** Inv. K 28307

667. Inv. K 32203 **668.** Inv. K 24289 **669.** Inv. K 32201

670. Inv. K 22220 **671.** Inv. K 22221 **672.** Inv. K 32185

673. Inv. K 22222 **674.** Inv. K 32086 **675.** Inv. K 32107

676. Inv. K 32135 **677.** Inv. K 32019 **678.** Inv. K 32029 A–B

679. Inv. K 24383 **680.** Inv. K 24794 **682.** Inv. K 32477

681. Inv. K 23784 A–B **683.** Inv. K 32496

665 Contesto ca. 500/490 – 460/450 a.C. / **666** Contesto *ante* 460/450 a.C.
667–678 Contesto VIII – VII sec. a.C. / **679–680** Contesto ca. 630/620 – 570 a.C. / **681–683** Contesto ca. 570 – 540 a.C.

684. Inv. K 27952

685. Inv. K 28406

686. Inv. K 28407

687. Inv. K 22261

688. Inv. K 28392

689. Inv. K 32436

690. Inv. K 32429

691. Inv. K 21971

692. Inv. K 28556

693. Inv. K 28390

694. Inv. K 22004

695. Inv. K 32430

696. Inv. K 16647

697. Inv. K 32553

698. Inv. K 32522

699. Inv. K 16626

700. Inv. K 16765

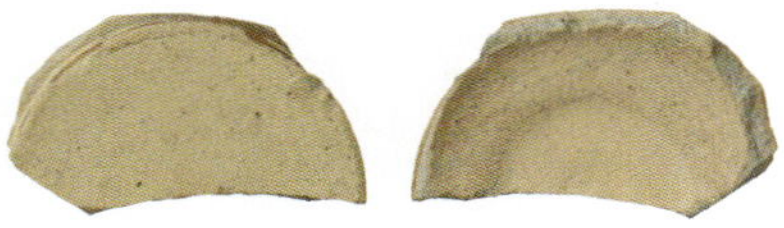

701. Inv. K 32731

702. Inv. K 32730

703. Inv. K 32523

704. Inv. K 32552

684–695 Contesto ca. ultimo quarto VII sec. – 550 a.C. / **696–704** Contesto ca. fine VII sec. – 500/490 a.C.

705. Inv. K 32551

706. Inv. K 32573

707. Inv. K 16763

708. Inv. K 32621

709. Inv. K 32690 A

710. Inv. K 32601

711. Inv. K 16457

712. Inv. K 32676

713. Inv. K 32667

714. Inv. K 32513

715. Inv. K 32749

716. Inv. K 32132

717. Inv. K 23643 A–B

718. Inv. K 22284 A–F

719. Inv. K 32219

720. Inv. K 24752

705–712 Contesto ca. fine VII sec. – 500/490 a.C. **/ 713–714** Contesto ca. 500/490 – 480/470-60 a.C.
715 Contesto ca. 500/490 – 460/450 a.C. / **716–719** Contesto VIII – VII sec. a.C. / **720** Contesto ca. 630/620 – 570 a.C.

721. Inv. K 23786 A–E

722. Inv. K 24266 A–B

723. Inv. K 23885

724. Inv. K 24386

725. Inv. K 32426

726. Inv. K 22684

727. Inv. K 22130

728. Inv. K 28386

729. Inv. K 16704

730. Inv. K 16586

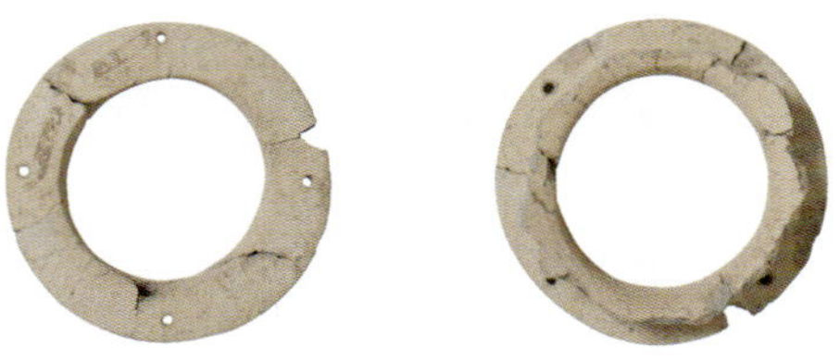

731. Inv. K 24052

721–725 Contesto ca. 570 – 540 a.C. / **726** Contesto ca. 630/620 – 540 a.C. / **727–728** Contesto ca. ultimo quarto VII sec. – 550 a.C.
729–730 Contesto ca. fine VII sec. – 500/490 a.C. / **731** Contesto ca. 500/490 – 460/450 a.C.

732. Inv. K 33096

733. Inv. K 28442

732–733 Contesto ca. 500/490 – 460/450 a.C.

734. Inv. K 32470

735. Inv. K 22622

736. Inv. K 22685

737. Inv. K 22140

738. Inv. K 16964 A–B

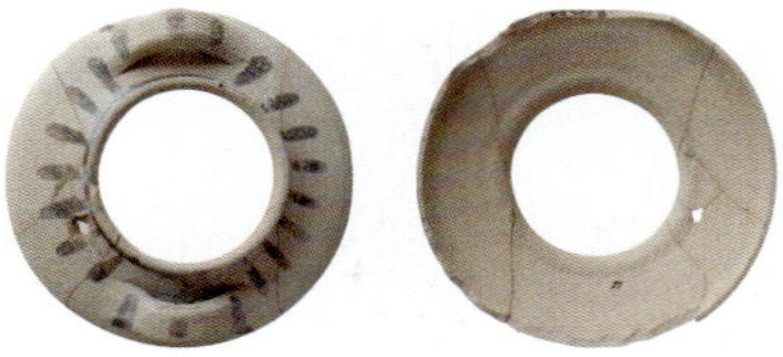

739. Inv. K 27008

740. Inv. K 28927 A–B

741. Inv. K 32213

742. Inv. K 32038

743. Inv. K 32146

744. Inv. K 32223

745. Inv. K 32484

746. Inv. K 24385

747. Inv. K 22584

748. Inv. K 32431

749. Inv. K 27931

750. Inv. K 28367

751. Inv. K 28379

752. Inv. K 27214

734 Contesto ca. 570 – 540 a.C. / **735–736** Contesto ca. 630/620 – 540 a.C. / **737** Contesto ca. 550 – 500/490 a.C.
738 Contesto ca. fine VII sec. – 500/490 a.C. / **739** Contesto ca. 500/490 – 460/450 a.C. / **740** Contesto *ante* 460/450 a.C.
741–744 Contesto VIII – VII sec. a.C. / **745–746** Contesto ca. 570 – 540 a.C. / **747** Contesto ca. 630/620 – 540 a.C.
748–751 Contesto ca. ultimo quarto VII sec. – 550 a.C. / **752** Contesto ca. 550 – 500/490 a.C.

753. Inv. K 32694

754. Inv. K 32718

755. Inv. K 32720

756. Inv. K 26941

757. Inv. K 31484

759. Inv. K 32228

760. Inv. K 32198

758. Inv. K 32032 A–C

761. Inv. K 32195

762. Inv. K 32030

763. Inv. K 32199 A–B

764. Inv. K 32200

765. Inv. K 32229

766. Inv. K 32211

767. Inv. K 32060

753–755 Contesto ca. fine VII sec. – 500/490 a.C. / **756** Contesto ca. 500/490 – 460/450 a.C.
757 Contesto *ante* 460/450 a.C. / **758–767** Contesto VIII – VII sec. a.C.

768. Inv. K 32076

769. Inv. K 32087

770. Inv. K 32104

771. Inv. K 32090

772. Inv. K 32148

773. Inv. K 24787

774. Inv. K 23884

776. Inv. K 22587

775. Inv. K 22373

777. Inv. K 22657

778. Inv. K 32448

779. Inv. K 32437

780. Inv. K 22011

781. Inv. K 22049

782. Inv. K 32435

783. Inv. K 27930

784. Inv. K 21970

785. Inv. K 32677

786. Inv. K 32578

787. Inv. K 32577

788. Inv. K 32595

768–772 Contesto VIII – VII sec. a.C. / **773** Contesto ca. 630/620 – 570 a.C. / **774** Contesto ca. 570 – 540 a.C.
775–779 Contesto ca. 630/620 – 540 a.C. / **780–784** Contesto ca. ultimo quarto VII sec. – 550 a.C.
785–788 Contesto ca. fine VII sec. – 500/490 a.C.

789. Inv. K 32598

790. Inv. K 32585

791. Inv. K 32597

792. Inv. K 32680

793. Inv. K 32570

794. Inv. K 32538

795. Inv. K 32586

796. Inv. K 32679

797. Inv. K 32678

798. Inv. K 32671

799. Inv. K 32524

800. Inv. K 27010 A

801. Inv. K 24112

802. Inv. K 24108

803. Inv. K 22225 A–B

804. Inv. K 32171

805. Inv. K 32031

806. Inv. K 32432

807. Inv. K 32537

789–797 Contesto ca. fine VII sec. – 500/490 a.C. / **798–799** Contesto ca. 500/490 – 480/470-60 a.C.
800–802 Contesto ca. 500/490 – 460/450 a.C. / **803–805** Contesto VIII – VII sec. a.C.
806 Contesto ca. ultimo quarto VII sec. – 550 a.C. / **807** Contesto ca. fine VII sec. – 500/490 a.C.

TAVOLA 54

Reperti *indigeni* — Vasellame da fuoco modellato a mano

808. Inv. K 28437 A–B

810. Inv. K 27009 A–D

809. Inv. K 23906

811. Inv. K 21996

813. Inv. K 27289

812. Inv. K 27106 A–C

814. Inv. K 23883

815. Inv. K 22668

816. Inv. K 16715

817. Inv. K 32596

818. Inv. K 32569

819. Inv. K 32579

820. Inv. K 32433

808–810 Contesto ca. 500/490 – 460/450 a.C. / **811** Contesto VIII – VII sec. a.C.
812–813 Contesto ca. 500/490 – 460/450 a.C. / **814** Contesto ca. 570 – 540 a.C. / **815** Contesto ca. 630/620 – 540 a.C.
816–819 Contesto ca. fine VII sec. – 500/490 a.C. / **820** Contesto ca. ultimo quarto VII sec. – 550 a.C.

821. Inv. V 3540 A–F

822. Inv. V 3541

823. Inv. V 3542 A–B

824. Inv. V 2321

825. Inv. V 2450

826. Inv. V 3543

827. Inv. V 2799

828. Inv. V 3549

829. Inv. V 3556

830. Inv. V 3547

832. Inv. V 3560

831. Inv. V 3545

833. Inv. V 3559

821–823 Contesto VIII – VII sec. a.C. / **824** Contesto ca. 630/620 – 540 a.C. / **825** Contesto ca. 570 – 540 a.C.
826 Contesto ca. ultimo quarto VII sec. – 550 a.C. / **827** Contesto ca. 550 – 500/490 a.C.
828 Contesto ca. fine VII sec. – 500/490 a.C. / **829** Contesto ca. 500/490 – 460/450 a.C.
830 Contesto ca. 500/490 – 480/470-60 a.C. / **831** Contesto ca. 630/620 – 540 a.C.
832–833 Contesto ca. 500/490 – 460/450 a.C.

TAVOLA 56 Reperti *indigeni* — Pesi da telaio (834–842) – Peso per reti da pesca (843) – Fusaiole (844–845)

834. Inv. W 2251

835. Inv. W 2253

836. Inv. W 2255

837. Inv. W 2252

838. Inv. W 2254

839. Inv. W 2446

840. Inv. W 2447

841. Inv. W 2065

842. Inv. W 2445

843. Inv. V 3650

844. Inv. V 2636

845. Inv. V 2336

834–840 Contesto ca. 550 – 500/490 a.C. / **841–842** Contesto ca. 500/490 – 460/450 a.C.
843 Contesto ca. 500/490 – 480/470-60 a.C.
844 Contesto ca. 630/620 – 570 a.C. / **845** Contesto ca. 630/620 – 540 a.C.

846. Inv. L 1779 A–B

847. Inv. L 1766

848. Inv. L 2773

849. Inv. L 2625

850. Inv. K 24290

851. Inv. K 21361

852. Inv. V 3546

846–848 Contesto ca. fine VII sec. – 500/490 a.C. / **849** Contesto *ante* 460/450 a.C.
850 Contesto VIII – VII sec. a.C. / **851** Contesto *ante* 460/450 a.C.
852 Quartiere Orientale – strato disturbato – fuori contesto – in prossimità dell'angolo NE dell'edificio a due vani

853. Inv. K 23101

854. Inv. K 27953

855. Inv. K 16685

856. Inv. K 32620

857. Inv. V 3548

858. Inv. T 453

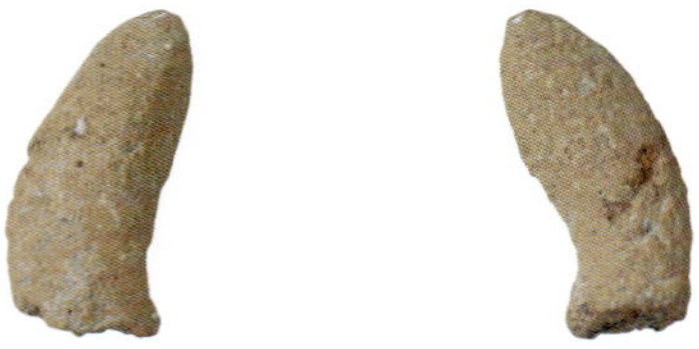

859. Inv. T 551

860. Inv. B 1786

861. Inv. B 1926

862. Inv. B 1777

863. Inv. B 1790

853. 860 Contesto VIII – VII sec. a.C. / **854. 858. 862–863** Contesto ca. ultimo quarto VII sec. – 550 a.C.
855–857 Contesto ca. fine VII sec. – 500/490 a.C. / **859** Contesto ca. 550 – 500/490 a.C.
861 Contesto ca. 570 – 540 a.C.

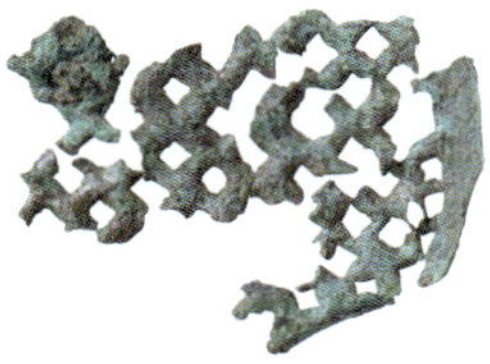

864. Inv. B 2095 A–D

865. Inv. B 1281 A–B

866. Inv. V 2315

867. Inv. V 2324

868. Inv. V 2225

869. Inv. G 1160

870. Inv. K 22212

871. Inv. K 23103

872. Inv. K 23149 A–E

873. Inv. K 32045 A–B

874. Inv. K 32114

875. Inv. K 32131

876. Inv. K 32081

877. Inv. K 23228

878. Inv. K 23638

879. Inv. K 23684

880. Inv. K 23639

881. Inv. K 24287

882. Inv. K 31973 A–B

883. Inv. K 32172

864. 869 Contesto ca. 500/490 – 460/450 a.C. / **865** Contesto ca. fine VII sec. – 500/490 a.C.
866–867 Contesto ca. 630/620 – 540 a.C. / **868** Contesto ca. ultimo quarto VII sec. – 550 a.C. / **870–883** Contesto VIII – VII sec. a.C.

884. Inv. K 23075

885. Inv. K 32111 A–C

886. Inv. K 25262

887. Inv. K 24406

888. Inv. K 25264

889. Inv. K 25263

890. Inv. K 24405

891. Inv. K 24793

892. Inv. K 25248

893. Inv. K 25285

894. Inv. K 24790

895. Inv. K 25268

896. Inv. K 24337

897. Inv. K 24338

898. Inv. K 24623

899. Inv. K 23879

900. Inv. K 24306

901. Inv. K 24336

902. Inv. K 23881

903. Inv. K 32497

904. Inv. K 22576

905. Inv. K 22669

906. Inv. K 22612

907. Inv. K 22592

884–885 Contesto VIII – VII sec. a.C. / **886–895** Contesto ca. 630/620 – 570 a.C.
896–903 Contesto ca. 570 – 540 a.C. / **904–907** Contesto ca. 630/620 – 540 a.C.

908. Inv. K 22743

909. Inv. K 22693

910. Inv. K 32442

911. Inv. K 22707

912. Inv. K 32455

913. Inv. K 21979

914. Inv. K 21988

915. Inv. K 22009

916. Inv. K 22034

917. Inv. K 22047

918. Inv. K 22073

919. Inv. K 22092

920. Inv. K 22133

921. Inv. K 22270

922. Inv. K 22307

923. Inv. K 22311

924. Inv. K 27919

925. Inv. K 27920

926. Inv. K 27927

927. Inv. K 27963

928. Inv. K 27964

929. Inv. K 28420

930. Inv. K 28421

931. Inv. K 28542

932. Inv. K 28553

933. Inv. K 21989

908–912 Contesto ca. 630/620 – 540 a.C. / **913–933** Contesto ca. ultimo quarto VII sec. – 550 a.C.

934. Inv. K 32543

935. Inv. K 32544

936. Inv. K 32545

937. Inv. K 32554

938. Inv. K 16711

939. Inv. K 32611

940. Inv. K 32614

941. Inv. K 32618

942. Inv. K 32619

943. Inv. K 32622

944. Inv. K 32625

945. Inv. K 32691 A–B

946. Inv. K 17067

947. Inv. K 16458

948. Inv. K 17068

949. Inv. K 32508

950. Inv. K 32512

951. Inv. K 32525 A

952. Inv. K 16984

953. Inv. K 16622

934–945 Contesto ca. fine VII sec. – 500/490 a.C. / **946–953** Contesto ca. 500/490 – 480/470-60 a.C.

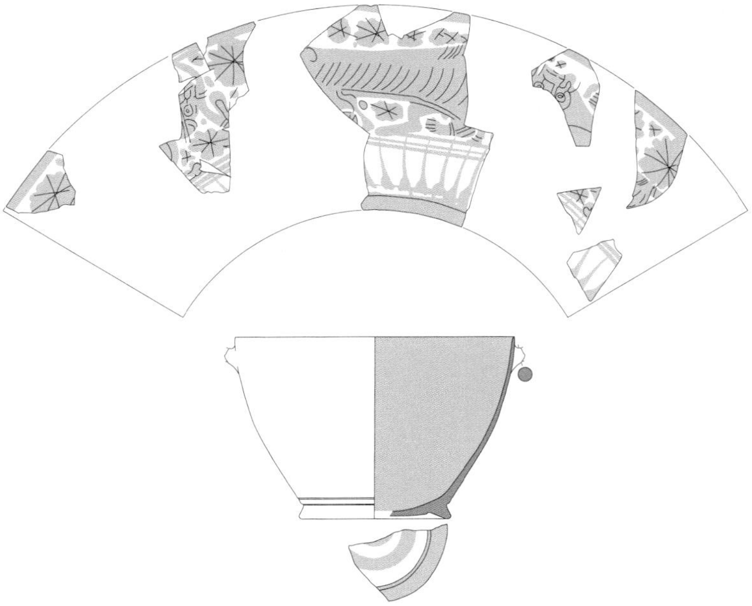

1. Inv. K 22792 A–G (1:4)

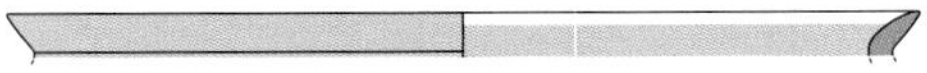

4. Inv. K 24704 (1:2)

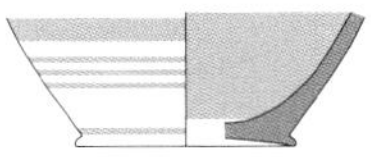

5. Inv. K 24783 (1:4)

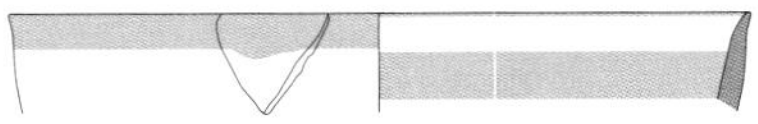

6. Inv. K 24788 (1:4)

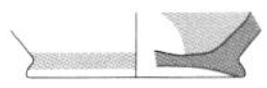

7. Inv. K 25247 (1:4)

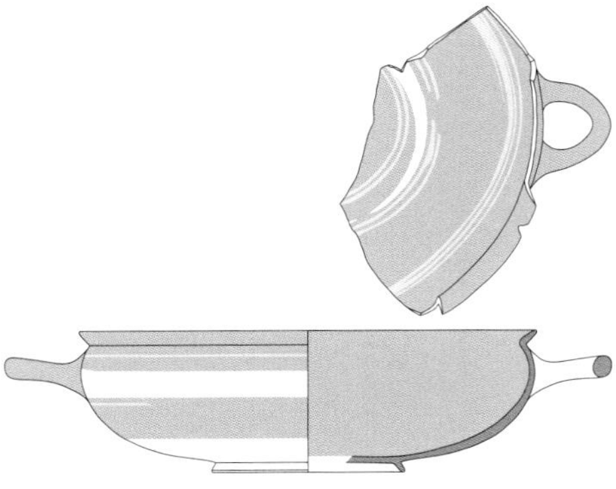

14. Inv. K 22551 (1:4)

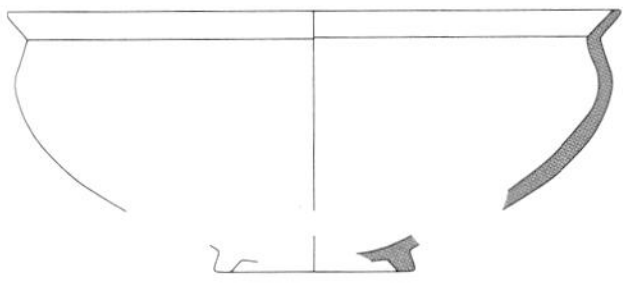

9. Inv. K 22383 A–D (1:4)

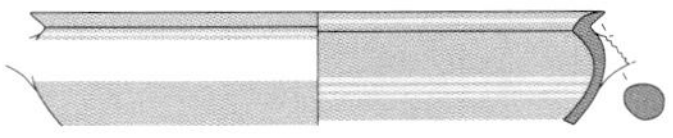

15. Inv. K 23779 (1:4)

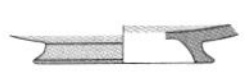

16. Inv. K 25117 (1:4)

17. Inv. K 24298 (1:4)

1–7 Quartiere orientale - Prima fase
9–17 Quartiere orientale - Seconda fase

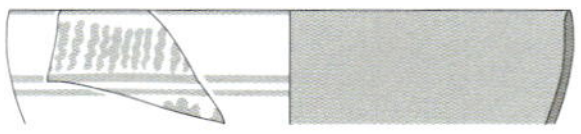

26. Inv. K 22794 (1:4)

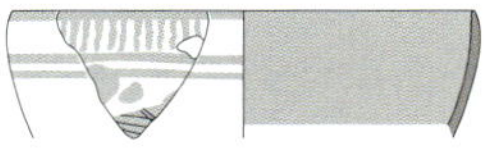

27. Inv. K 22804 (1:4)

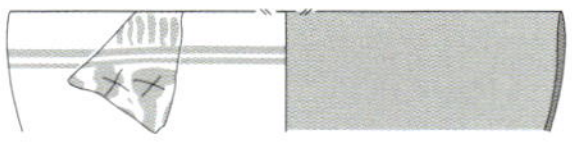

28. Inv. K 22813 (1:4)

29. Inv. K 22798 (1:4)

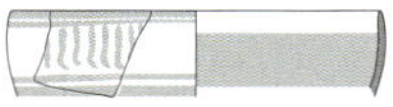

30. Inv. K 22805 (1:4)

32. Inv. K 22569 (1:4)

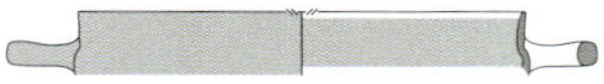

35. Inv. K 22823 (1:4)

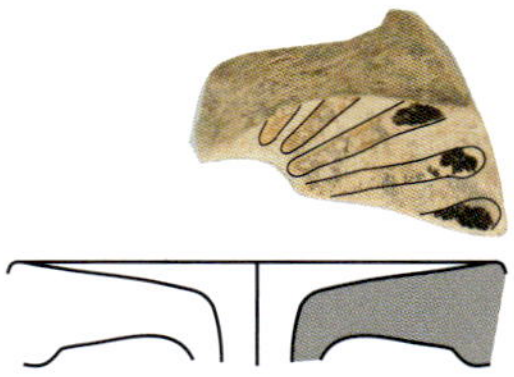

36. Inv. K 22577 (1:1)

37. Inv. K 22377 A–D (1:4)

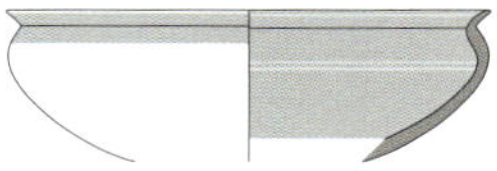

38. Inv. K 22578 (1:4)

39. Inv. K 22529 (1:4)

40. Inv. K 22675 (1:4)

41. Inv. K 22631 (1:4)

51. Inv. K 22533 (1:4)

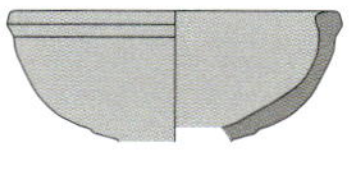

53. Inv. K 25122 (1:4)

54. Inv. K 25196 (1:4)

55. Inv. K 25195 (1:4)

26–51 Quartiere orientale - Prima fase o seconda fase (strati erosi verso sud)
53–55 Quartiere orientale – Rifacimento (?) angolo NE

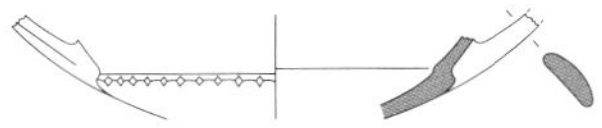

60. Inv. K 22122 (1:4)

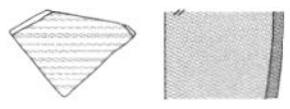

61. Inv. K 22121 (1:4)

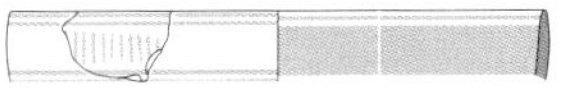

62. Inv. K 22005 (1:4)

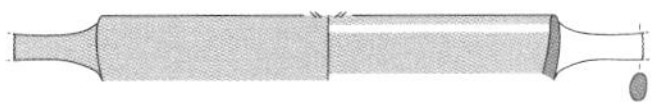

63. Inv. K 28555 (1:4)

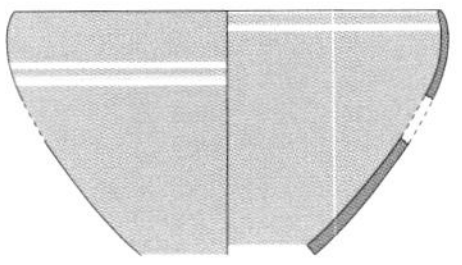

64. Inv. K 22027 A–C (1:4)

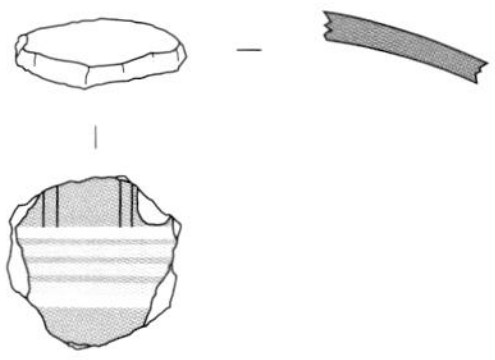

68. Inv. K 21977 (1:2)

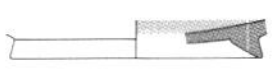

70. Inv. K 22148 (1:4)

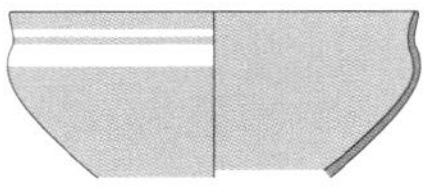

71. Inv. K 22085 A–B (1:4)

72. Inv. K 22286 (1:4)

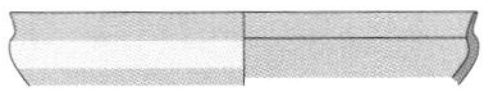

73. Inv. K 21983 A–B (1:4)

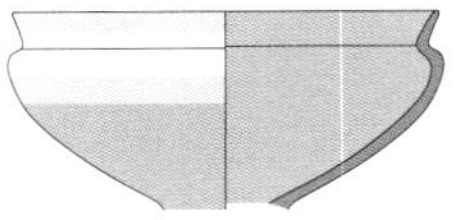

74. Inv. K 22120 A–C (1:4)

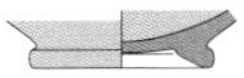

75. Inv. K 22164 (1:4)

78. Inv. K 22028 (1:4)

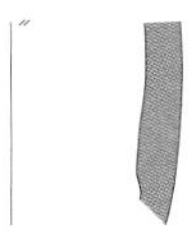

79. Inv. K 22252 (1:4)

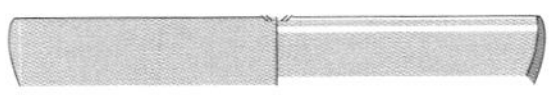

80. Inv. K 27213 (1:4)

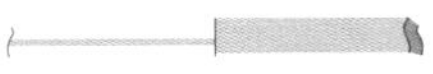

81. Inv. K 27212 (1:4)

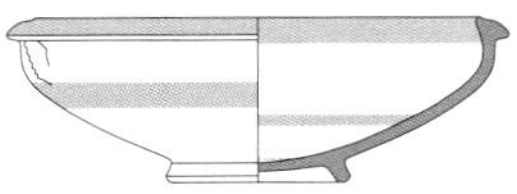

82. Inv. K 27211 (1:4)

60–79 Agorà – Riempimento adibito alla costruzione dell'edificio A
80–82 Agorà – Edificio A – Strato di abbandono

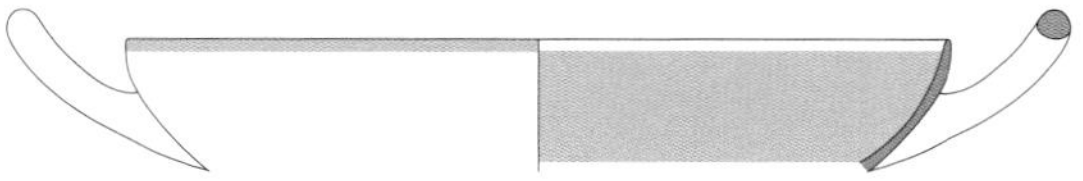

84. Inv. K 28043 (1:4)

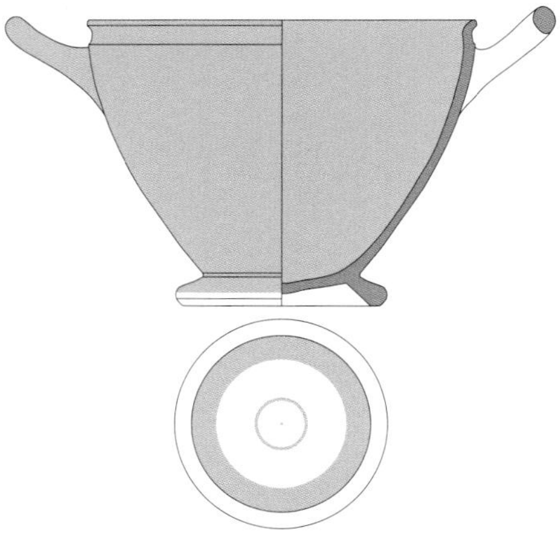

86. Inv. K 18317 (1:4)

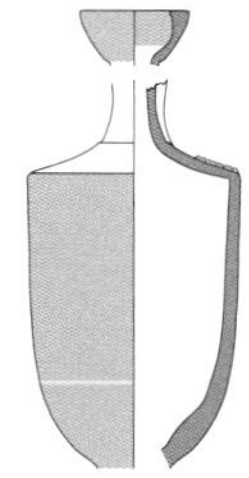

85. Inv. K 18319 A–C (1:4)

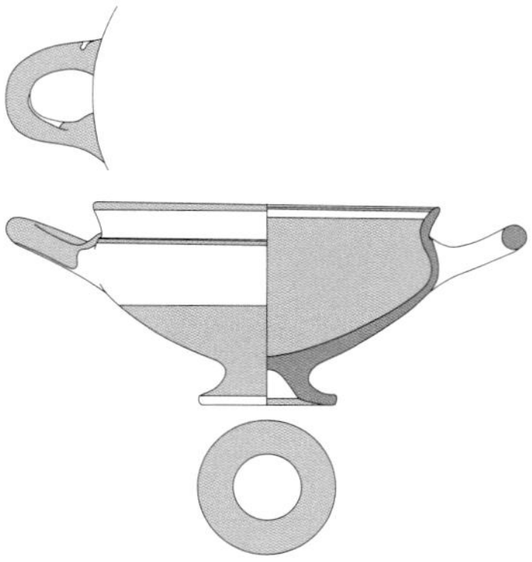

83. Inv. K 18318 (1:4)

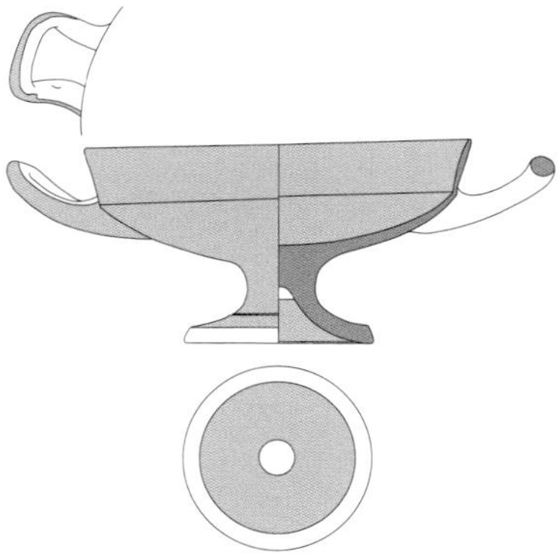

87. Inv. K 24117 (1:4)

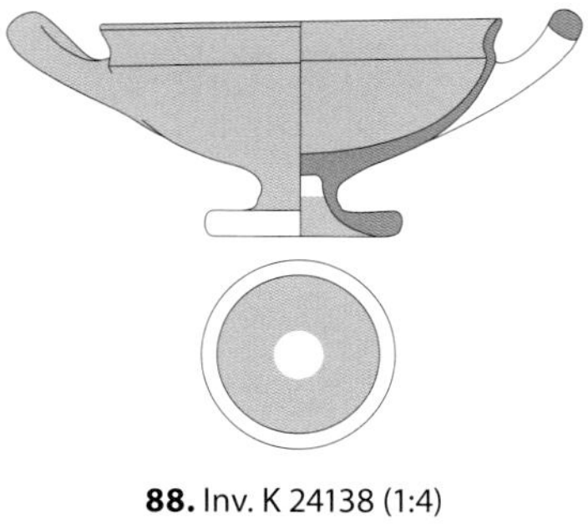

88. Inv. K 24138 (1:4)

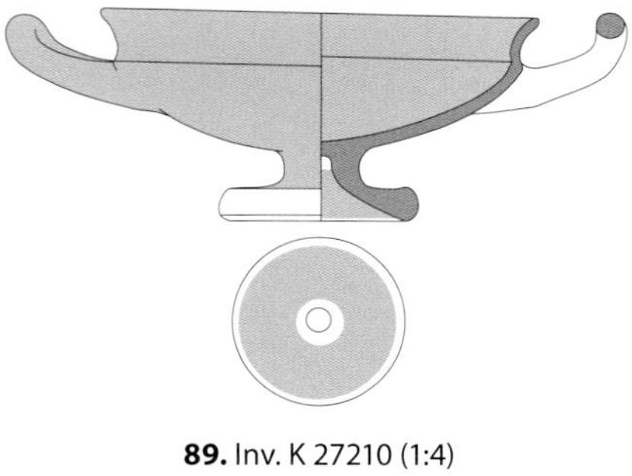

89. Inv. K 27210 (1:4)

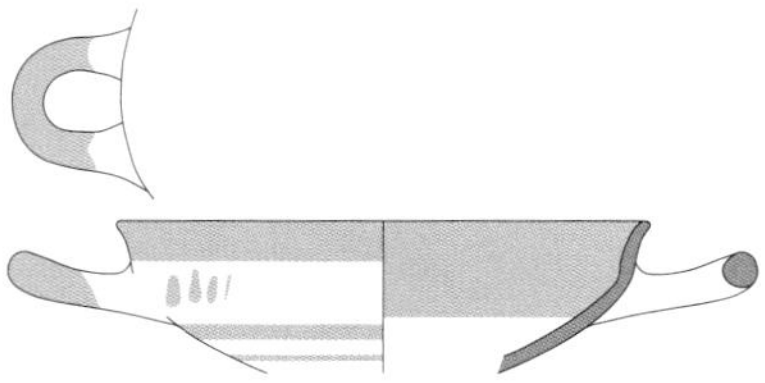

92. Inv. K 27100 A–B (1:4)

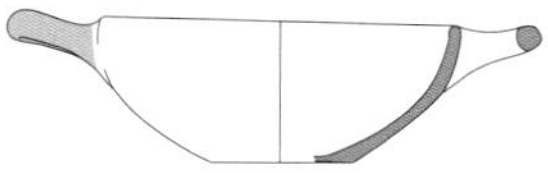

90. Inv. K 24116 (1:4)

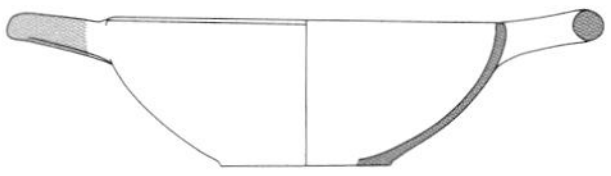

91. Inv. K 24118 (1:4)

94. Inv. L 2350 (1:4)

95. Inv. L 2370 (1:4)

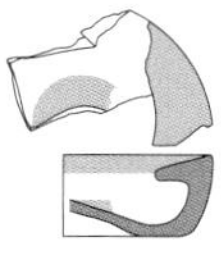

96. Inv. L 2375 A–B (1:4)

83–96 Agorà – Edificio 1– Strato di abbandono

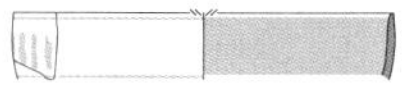
97. Inv. K 16992 (1:4)

98. Inv. K 16610 (1:4)

99. Inv. K 16629 (1:4)

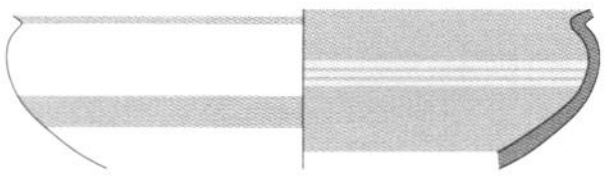
100. Inv. K 16467 (1:4)

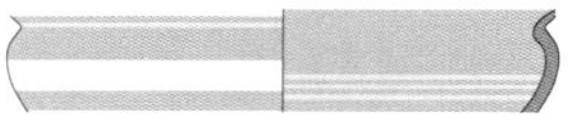
101. Inv. K 16989 (1:4)

102. Inv. K 32607 (1:4)

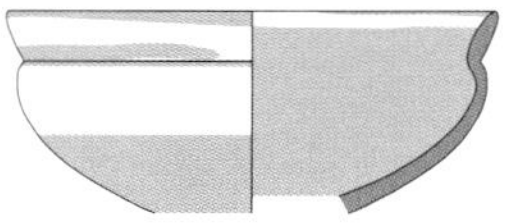
103. Inv. K 16712 A–B (1:4)

104. Inv. K 16469 (1:4)

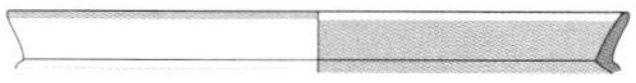
105. Inv. K 32700 (1:4)

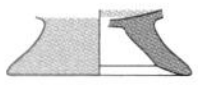
106. Inv. K 16713 (1:4)

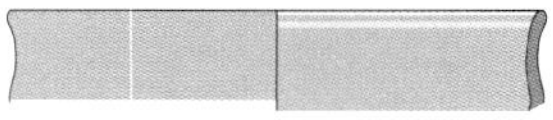
111. Inv. K 16628 (1:4)

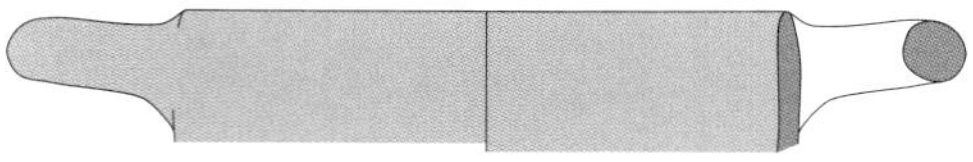
113. Inv. K 16977 (1:4)

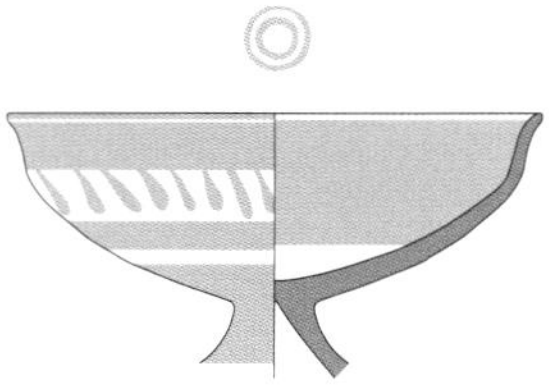
114. Inv. K 16632 (1:4)

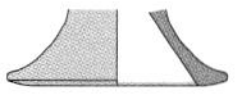
123. Inv. K 16760 (1:4)

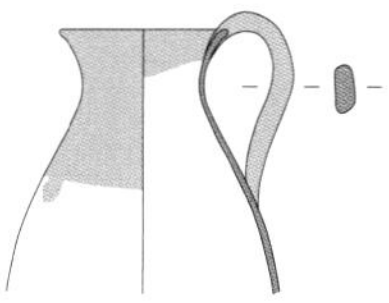
125. Inv. K 16613 (1:4)

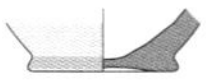
128. Inv. K 32712 (1:4)

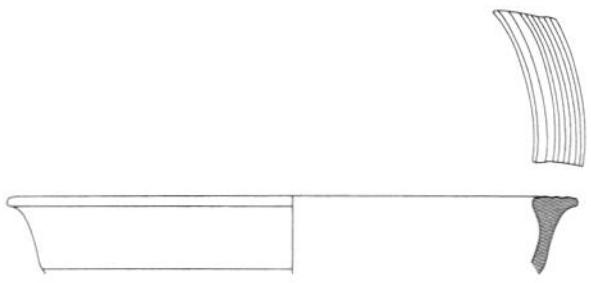
129. Inv. K 16462 (1:4)

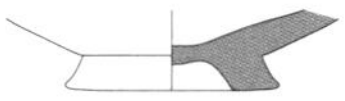
130. Inv. K 16461 (1:4)

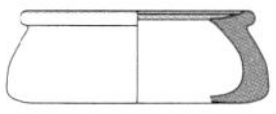
131. Inv. L 1783 (1:4)

132. Inv. L 2772 (1:4)

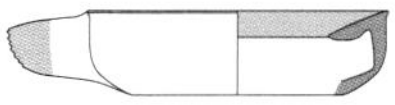
133. Inv. L 1782 (1:4)

97–133 Agorà – Oikos – Riempimento adibito al piano di calpestio di prima fase dell'edificio

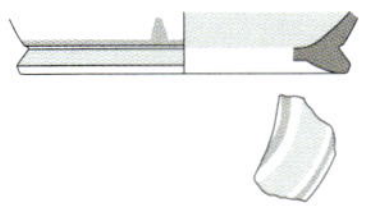

136. Inv. K 17072 (1:4)

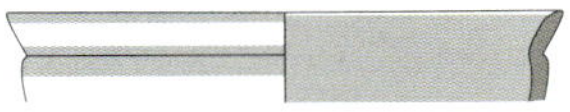

137. Inv. K 16540 (1:4)

138. Inv. K 16541 (1:4)

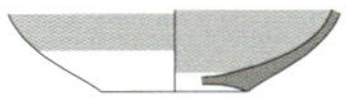

140. Inv. K 16574 (1:4)

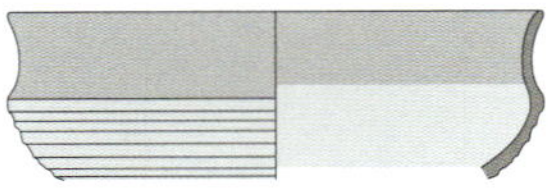

143. Inv. K 26455 A–B (1:4)

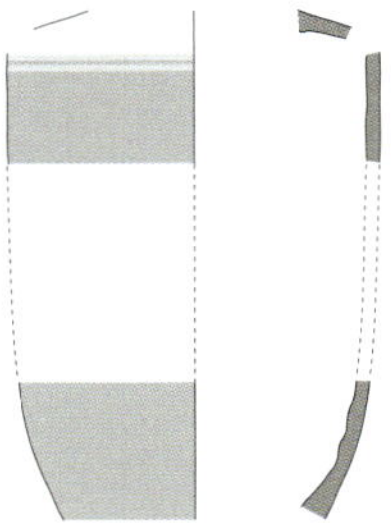

141. Inv. K 16641 A–D (1:4)

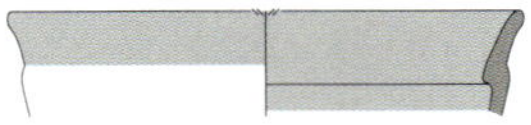

144. Inv. K 16572 (1:4)

145. Inv. K 16575 A–C (1:4)

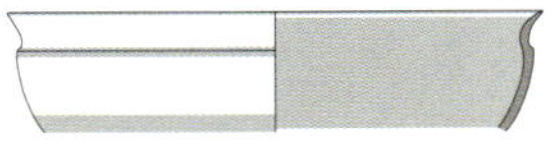

146. Inv. K 16571 (1:4)

147. Inv. K 16459 (1:4)

148. Inv. K 17073 (1:4)

149. Inv. K 16573 (1:4)

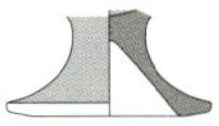

151. Inv. K 16621 (1:4)

152. Inv. K 17066 (1:4)

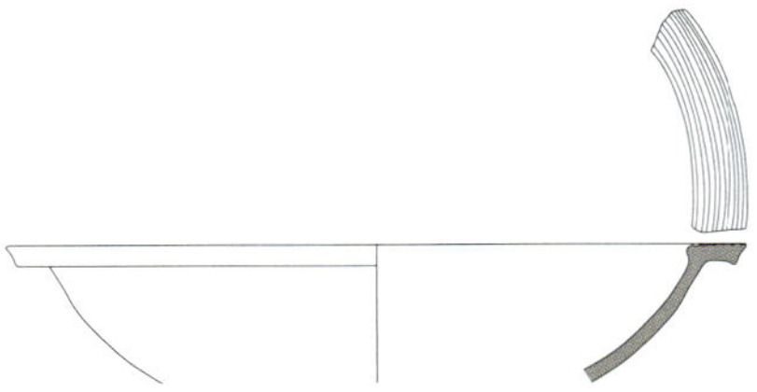

153. Inv. K 16542 A–B (1:4)

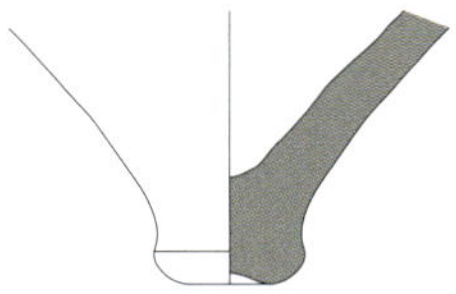

154. Inv. K 16577 (1:4)

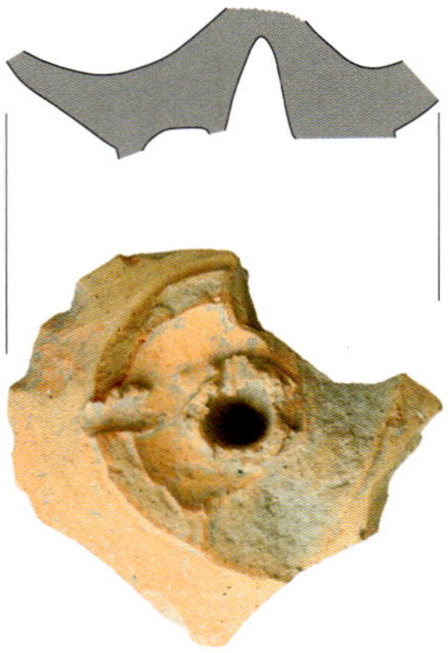

157. Inv. L 1785 (1:2)

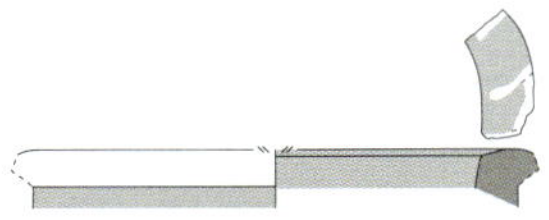

159. Inv. K 32739 (1:4)

136–158 Agorà – Oikos – Riempimento adibito al piano di calpestio di seconda fase dell'edificio
159 Agorà – Oikos – Riempimento adibito al piano di calpestio di prima o seconda fase dell'edificio

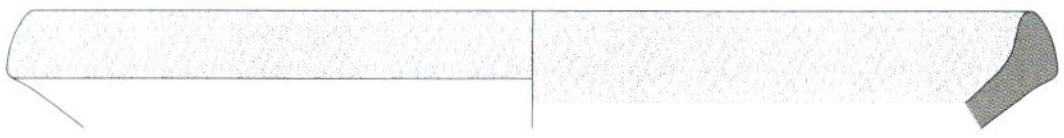

161. Inv. K 24132 (1:5)

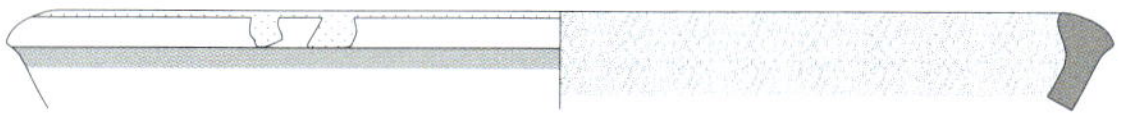

162. Inv. K 24276 (1:6)

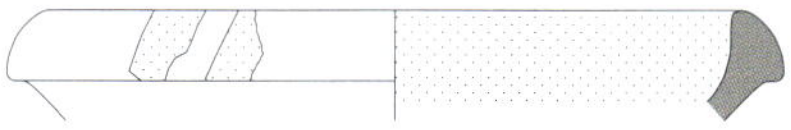

163. Inv. K 23117 (1:5)

164. Inv. K 22471 (1:6)

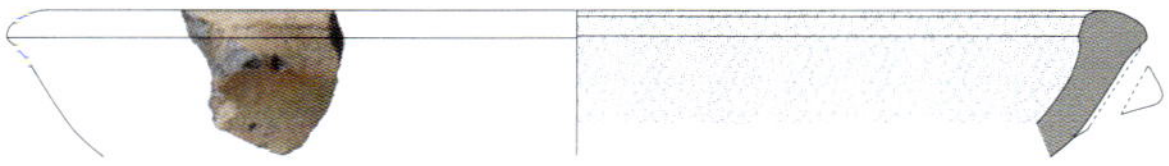

165. Inv. K 24152 (1:5)

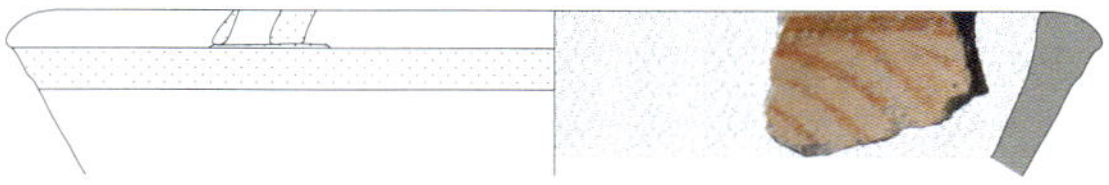

166. Inv. K 24296 (1:5)

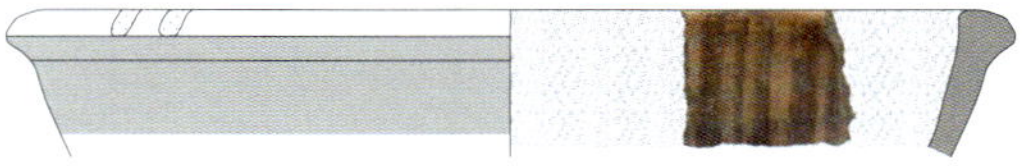

167. Inv. K 22217 (1:5)

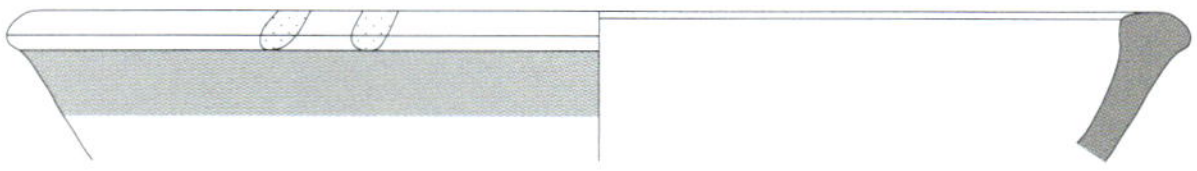

168. Inv. K 22209 (1:5)

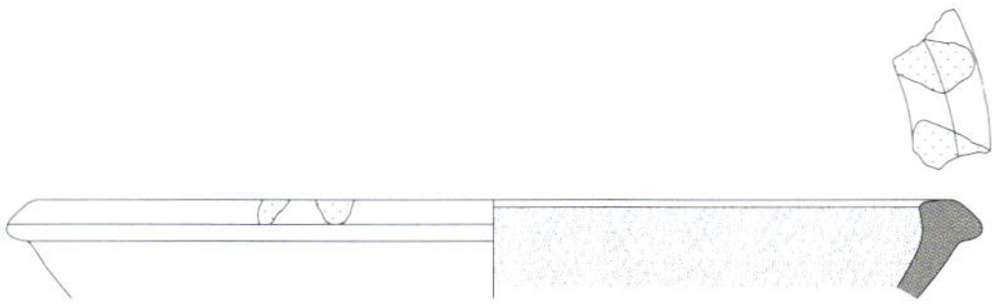

169. Inv. K 24313 (1:5)

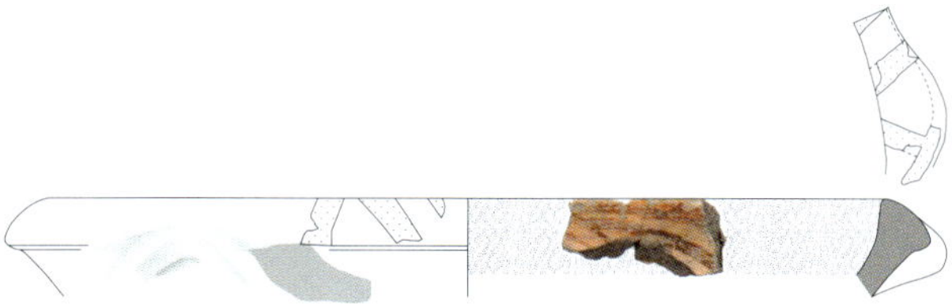

170. Inv. K 24280 (1:5)

171. Inv. K 23685 (1:5)

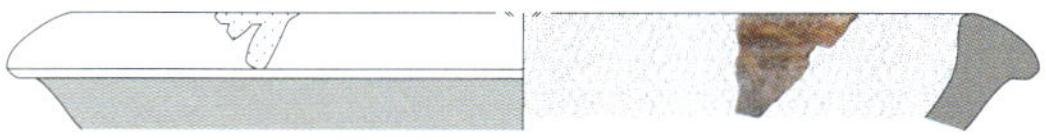

172. Inv. K 22218 (1:5)

173. Inv. K 24324 (1:5)

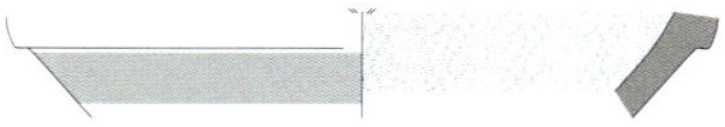

174. Inv. K 24789 (1:5)

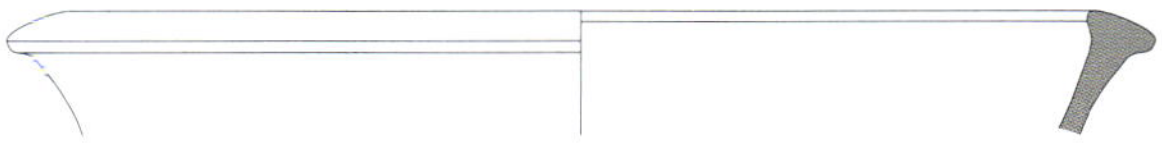

175. Inv. K 32471 (1:5)

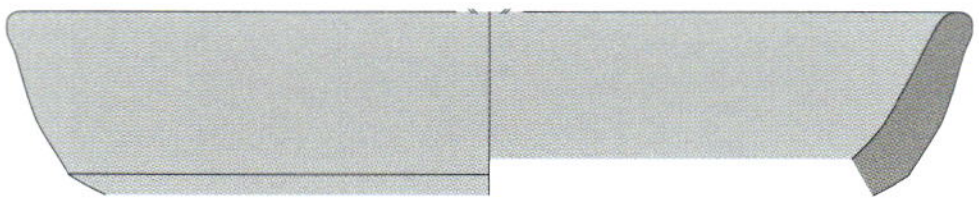

176. Inv. K 32486 (1:5)

161–173 Contesto VIII – VII sec. a.C. / **174–176** Contesto ca. 630/620 – 570 a.C.

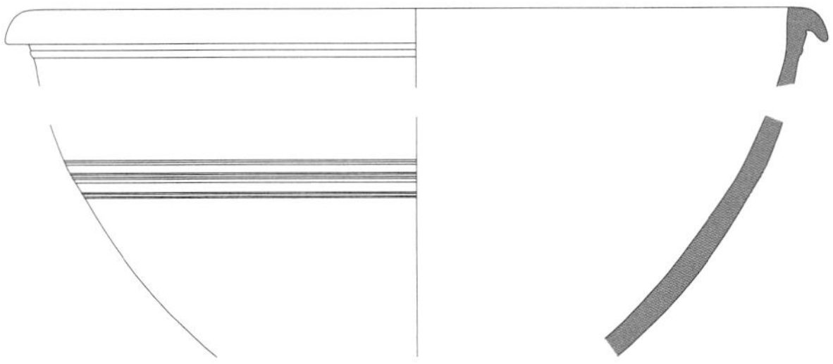

177. Inv. K 23882 (1:6)

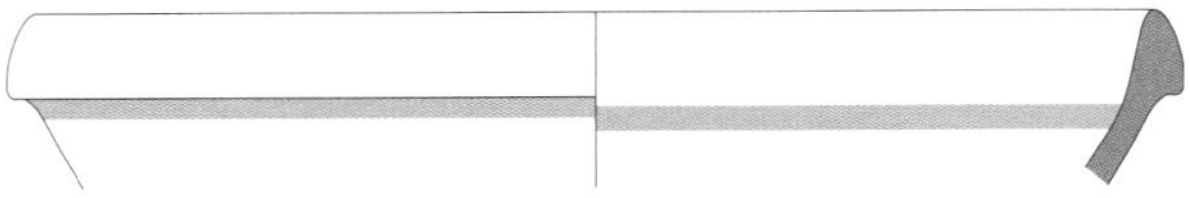

178. Inv. K 23776 (1:5)

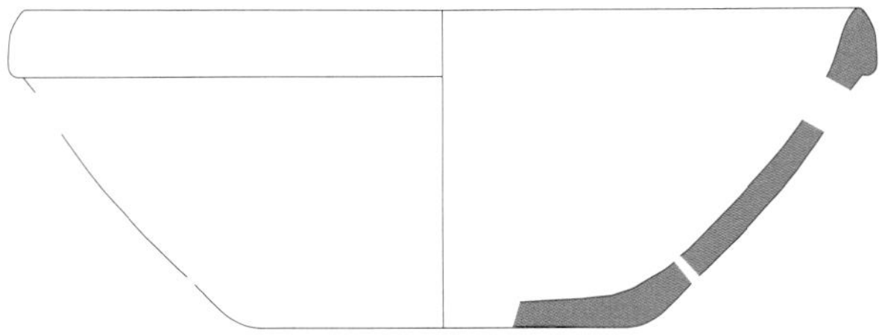

179. Inv. K 32461 (1:5)

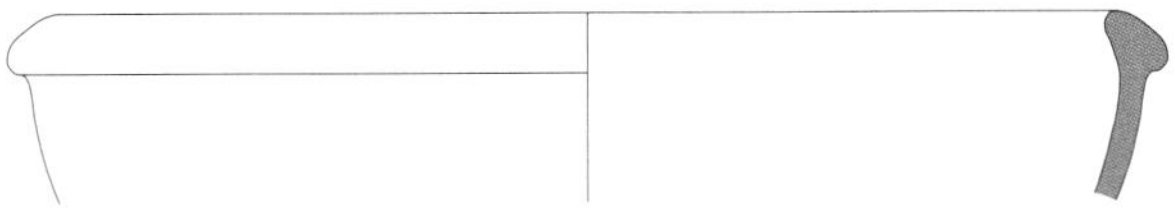

180. Inv. K 22564 (1:6)

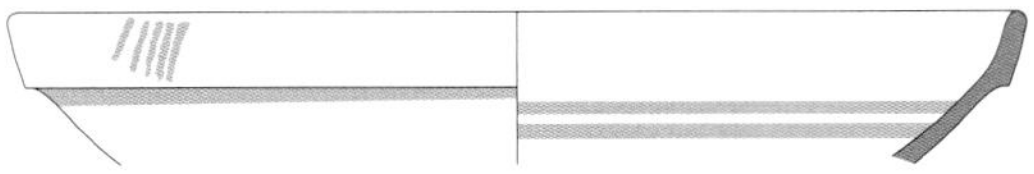

181. Inv. K 22574 (1:8)

182. Inv. K 22620 (1:5)

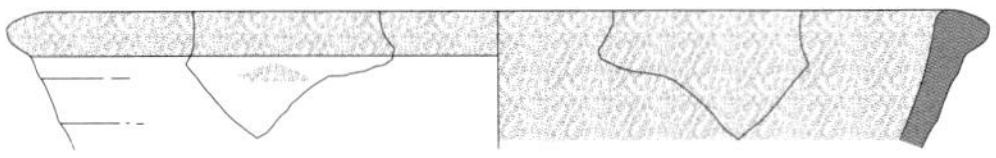

183. Inv. K 22269 (1:6)

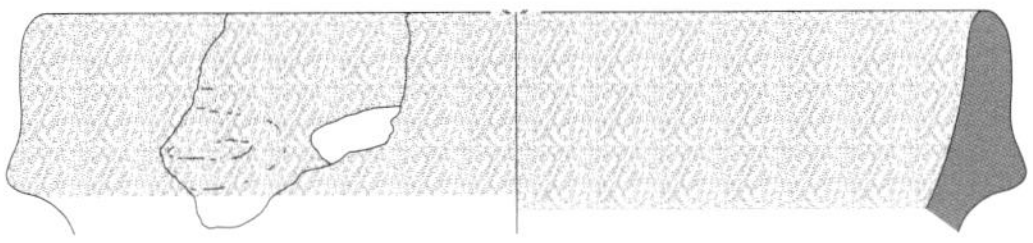

184. Inv. K 22169 (1:6)

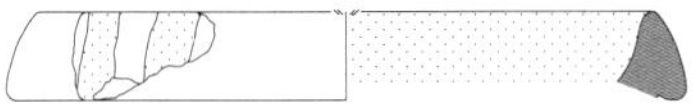

185. Inv. K 28396 (1:5)

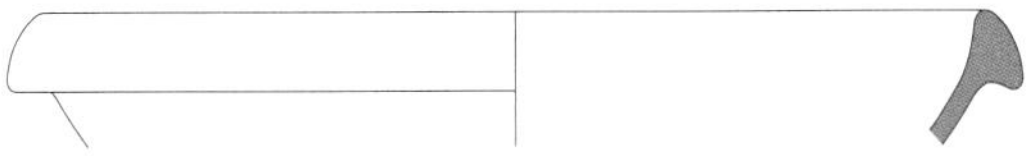

186. Inv. K 27969 (1:6)

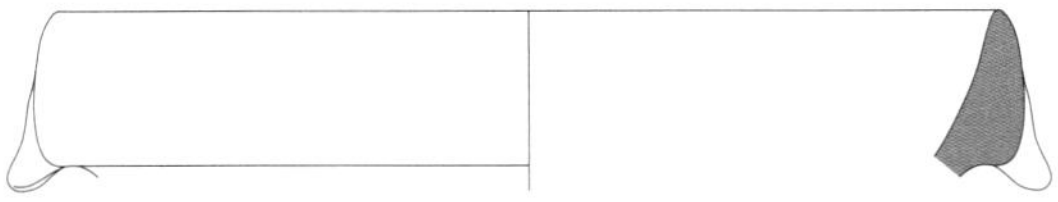

187. Inv. K 27968 (1:5)

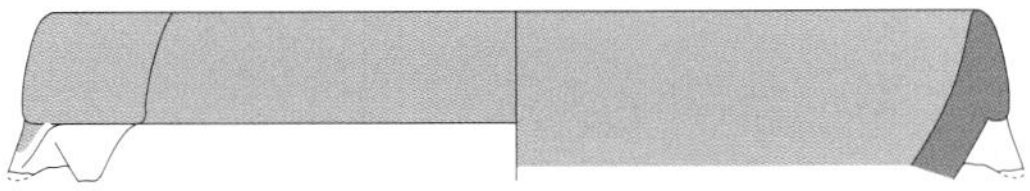

188. Inv. K 22089 (1:5)

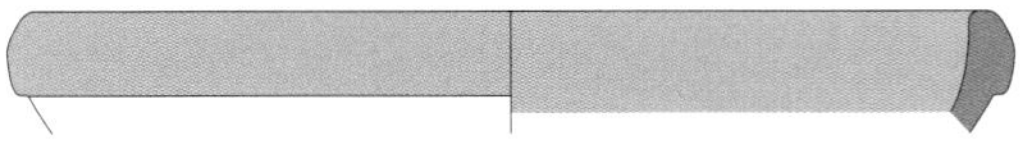

189. Inv. K 22163 (1:6)

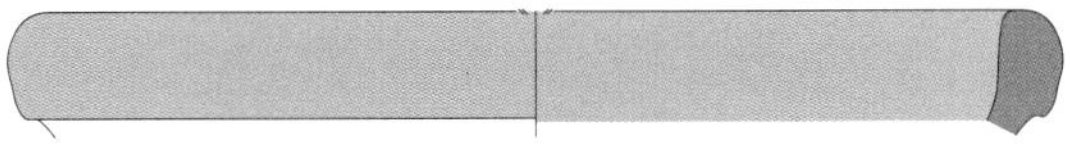

190. Inv. K 27939 (1:5)

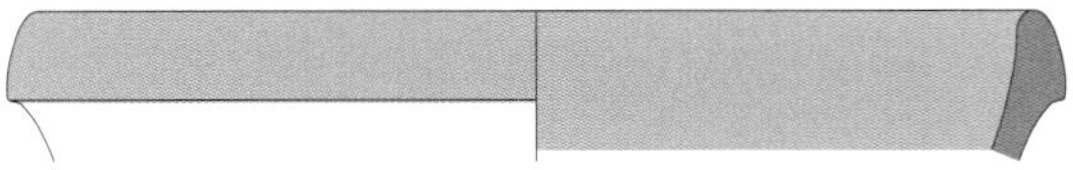

191. Inv. K 28417 (1:6)

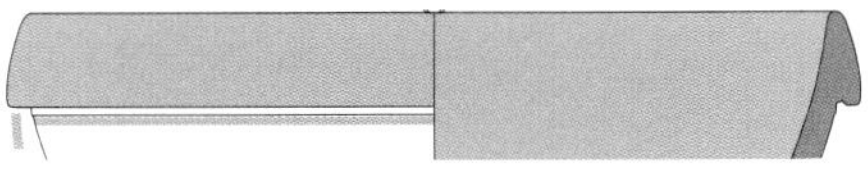

192. Inv. K 22168 (1:6)

177–178 Contesto ca. 570 – 540 a.C. / **179–182** Contesto ca. 630/620 – 540 a.C. / **183–192** Contesto ca. ultimo quarto VII sec. – 550 a.C.

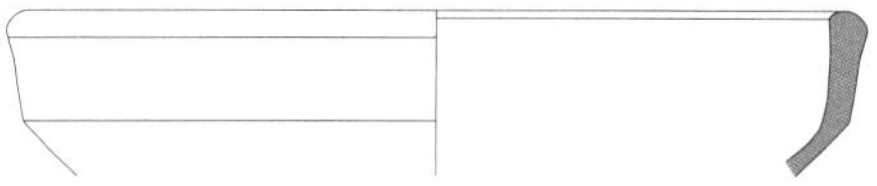

193. Inv. K 27960 (1:5)

194. Inv. K 22304 (1:6)

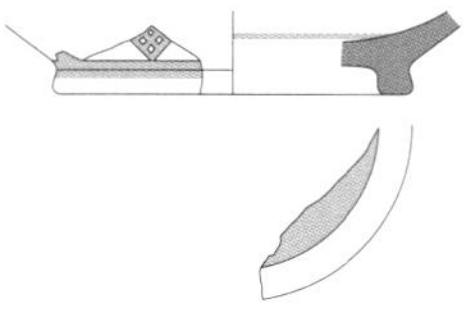

195. Inv. K 22263 (1:5)

196. Inv. K 32747 (1:5)

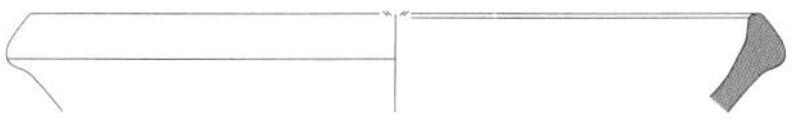

197. Inv. K 32549 (1:5)

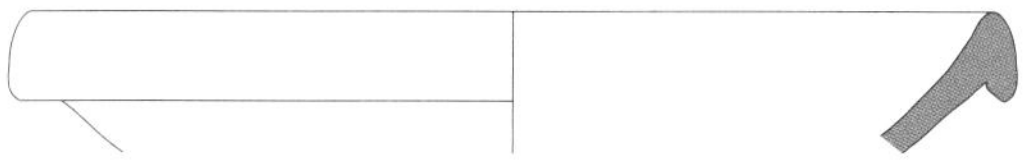

198. Inv. K 32675 (1:6)

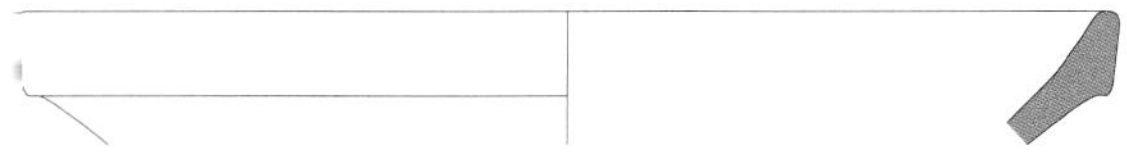

199. Inv. K 32582 (1:6)

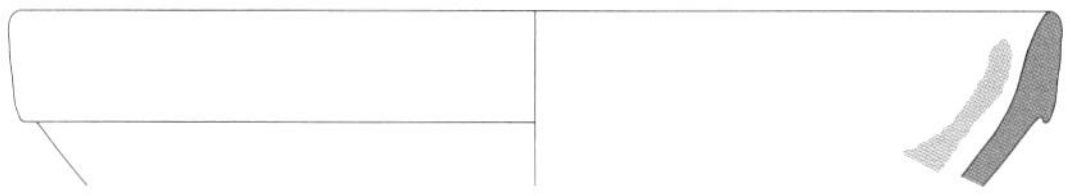

200. Inv. K 32527 (1:6)

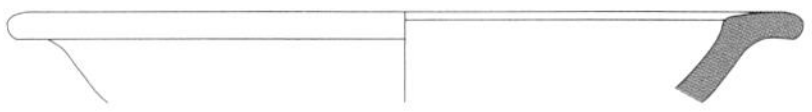

201. Inv. K 32674 (1:5)

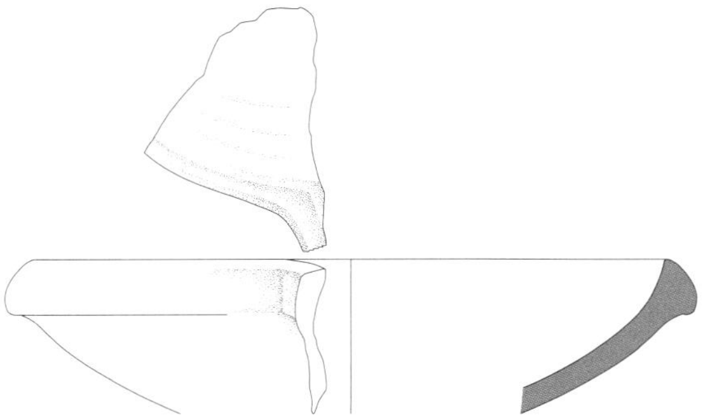

202. Inv. K 24113 (1:5)

193–195 Contesto ca. ultimo quarto VII sec. – 550 a.C. / **196** Contesto ca. 550 – 500/490 a.C.
197–201 Contesto ca. fine VII sec. – 500/490 a.C. / **202** Contesto ca. 500/490 – 460/450 a.C.

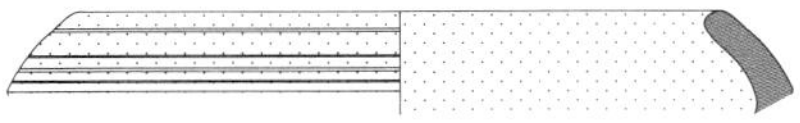

203. Inv. K 32007 (1:4)

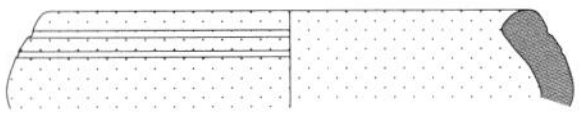

204. Inv. K 32214 (1:4)

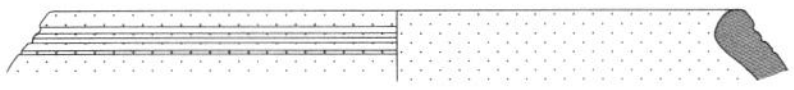

205. Inv. K 32058 (1:4)

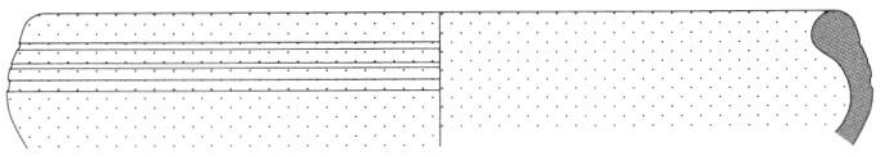

206. Inv. K 22206 (1:4)

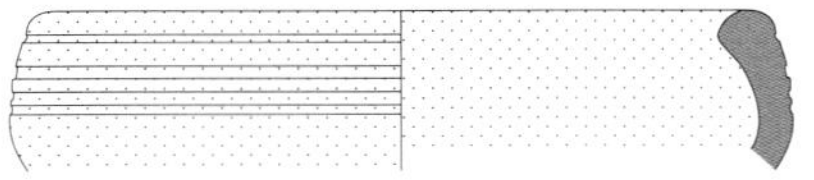

207. Inv. K 22205 (1:4)

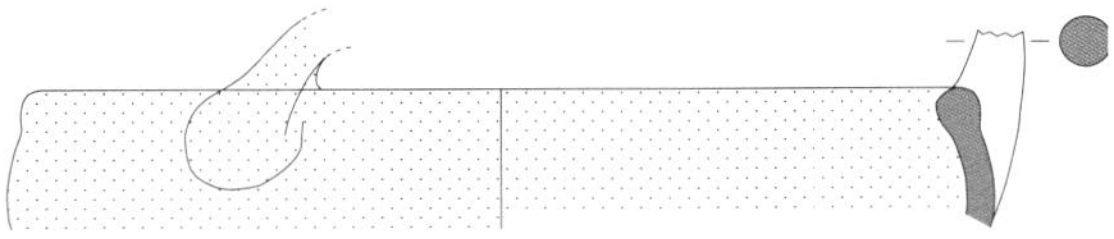

208. Inv. K 22210 (1:4)

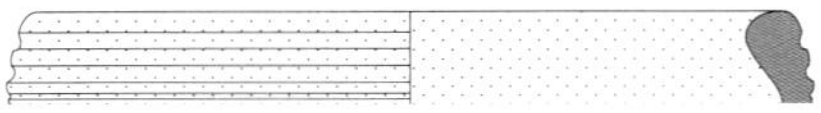

209. Inv. K 32057 (1:4)

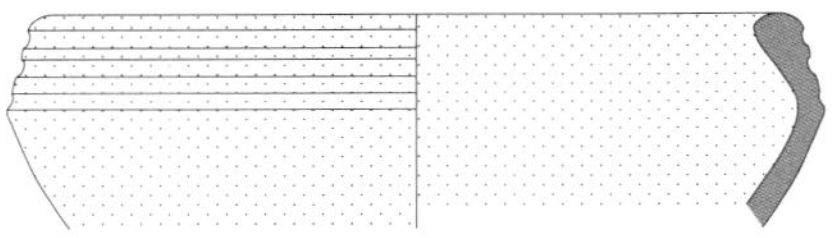

210. Inv. K 23123 (1:4)

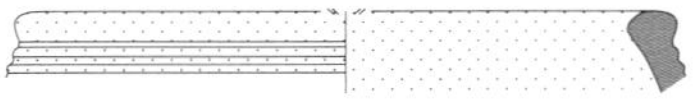

211. Inv. K 32069 (1:4)

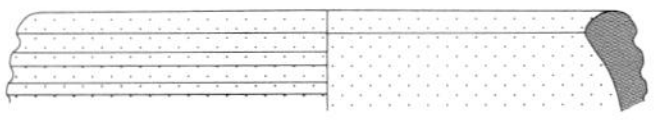

212. Inv. K 32008 (1:4)

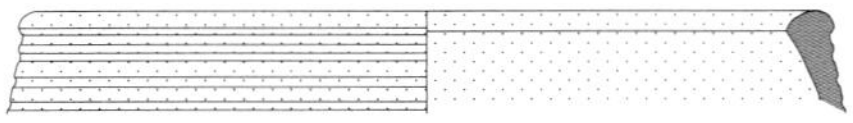

213. Inv. K 32127 (1:4)

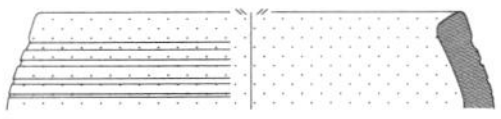

214. Inv. K 22591 (1:4)

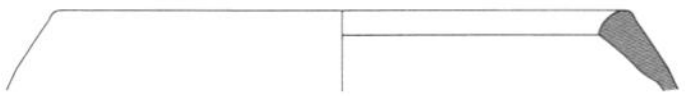

215. Inv. K 32103 (1:4)

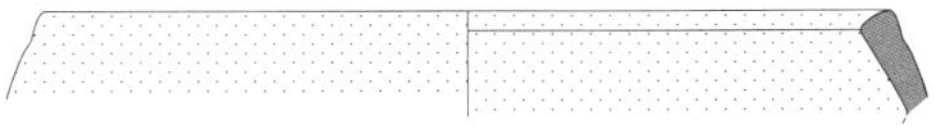

216. Inv. K 32074 (1:4)

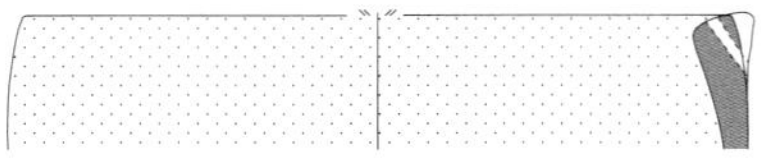

217. Inv. K 23104 (1:4)

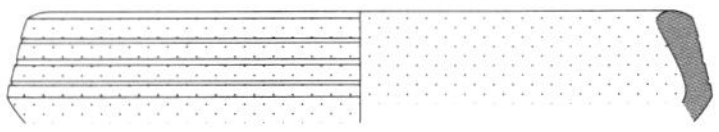

218. Inv. K 32120 (1:4)

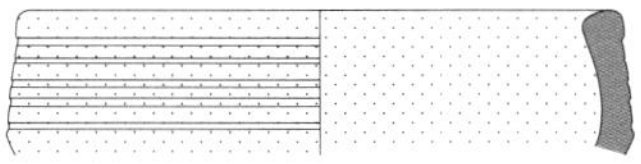

219. Inv. K 23227 (1:4)

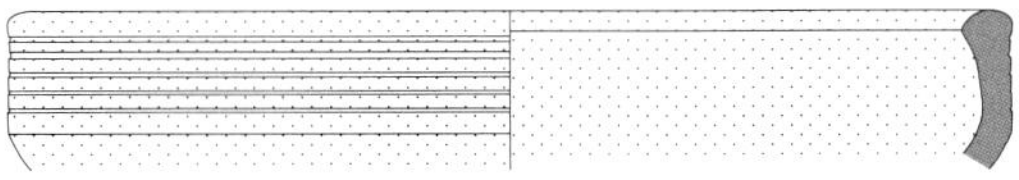

220. Inv. K 24291 (1:4)

203–220 Contesto VIII – VII sec. a.C.

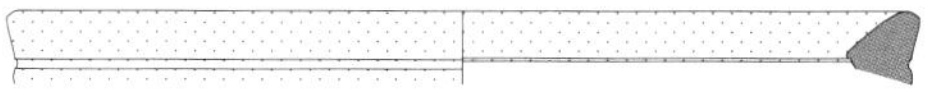

221. Inv. K 32080 (1:4)

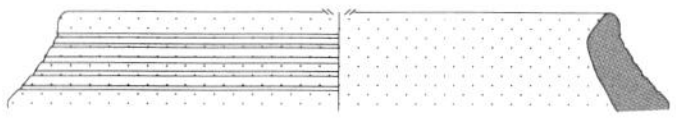

222. Inv. K 32079 (1:4)

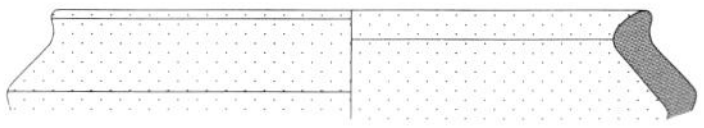

223. Inv. K 32144 (1:4)

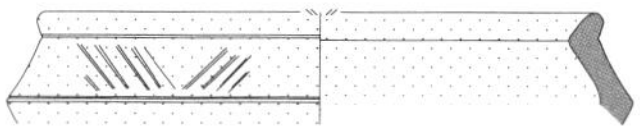

224. Inv. K 23683 (1:4)

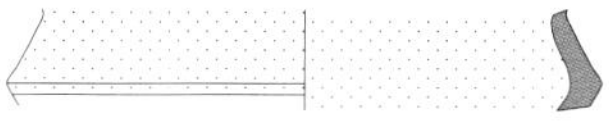

225. Inv. K 32208 (1:4)

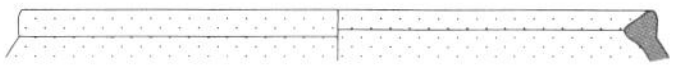

226. Inv. K 32227 (1:4)

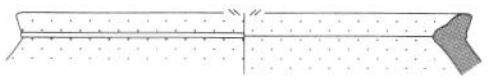

227. Inv. K 32124 (1:4)

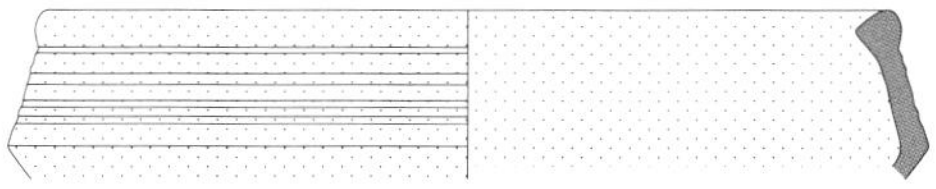

228. Inv. K 23255 (1:4)

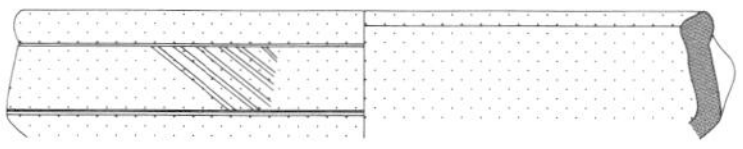

229. Inv. K 22550 (1:4)

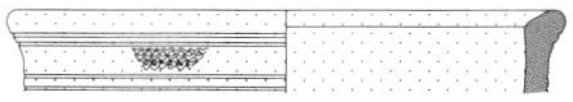

230. Inv. K 22180 (1:4)

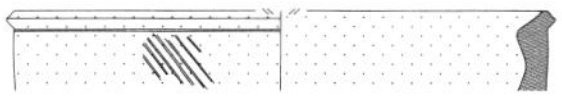

231. Inv. K 32006 (1:4)

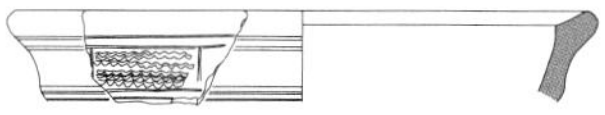

232. Inv. K 22201 (1:4)

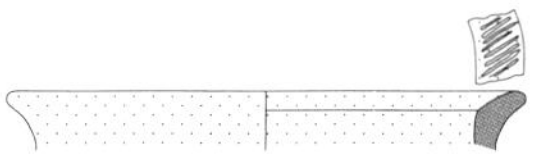

233. Inv. K 23256 (1:4)

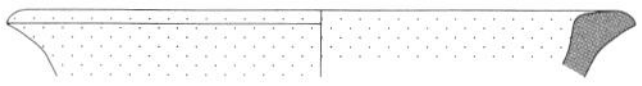

234. Inv. K 32112 (1:4)

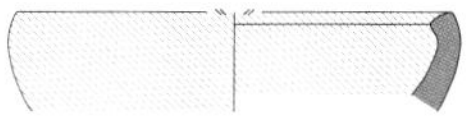

235. Inv. K 32027 (1:4)

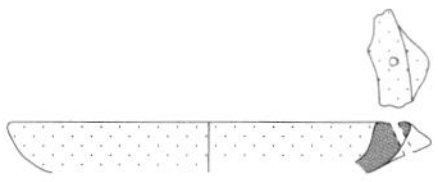

236. Inv. K 23151 (1:4)

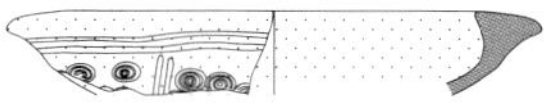

237. Inv. K 23100 (1:4)

238. Inv. K 24129 (1:4)

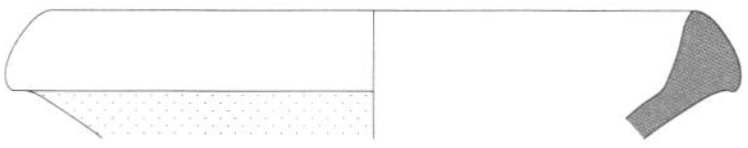

239. Inv. K 32174 (1:5)

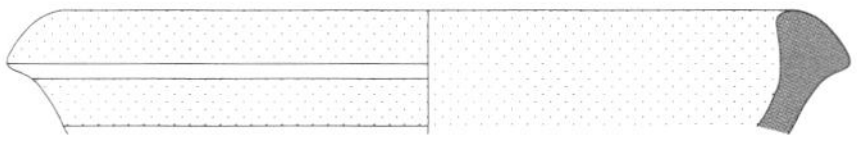

240. Inv. K 32209 (1:5)

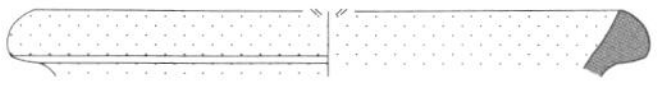

241. Inv. K 32055 (1:4)

221–241 Contesto VIII – VII sec. a.C.

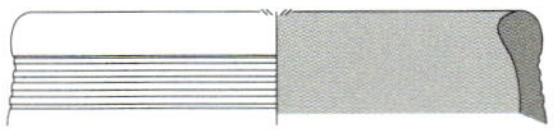
242. Inv. K 24784 (1:4)

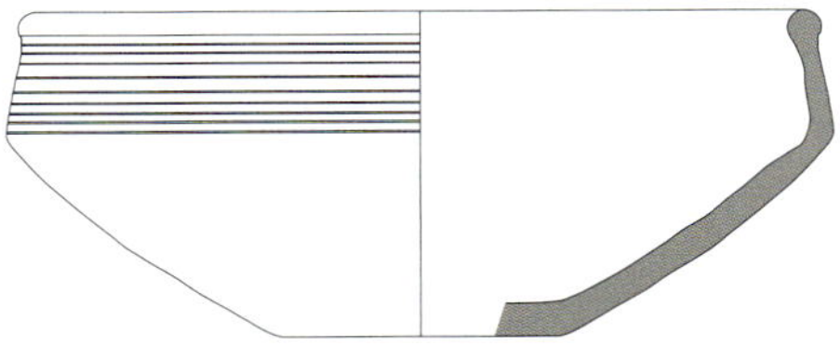
243. Inv. K 25269 (1:4)

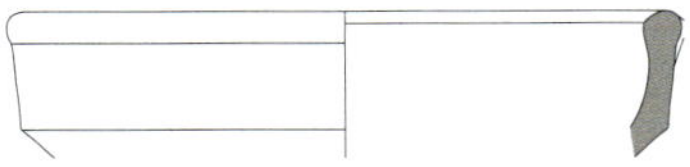
244. Inv. K 32491 (1:4)

245. Inv. K 32473 (1:4)

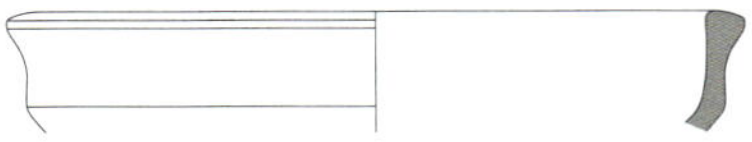
246. Inv. K 24401 (1:4)

247. Inv. K 25265 (1:4)

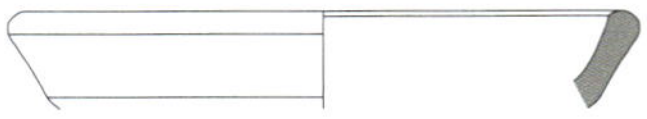
248. Inv. K 32485 (1:4)

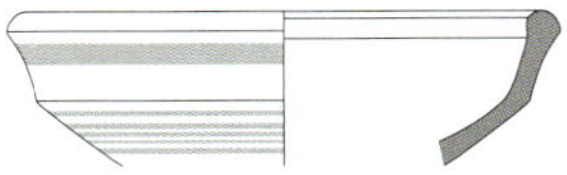
249. Inv. K 24785 (1:4)

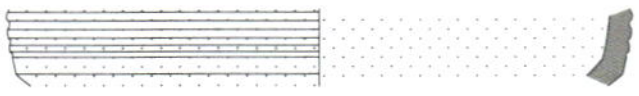
250. Inv. K 24404 (1:4)

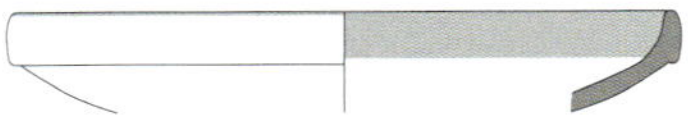
251. Inv. K 22388 (1:5)

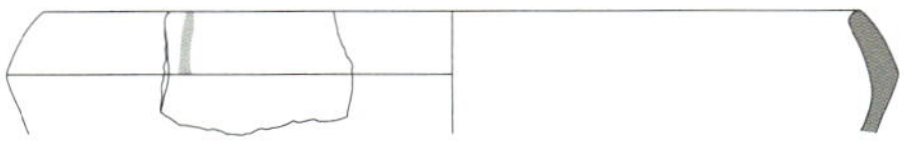
252. Inv. K 32493 (1:4)

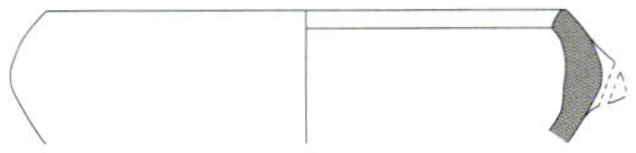
253. Inv. K 23787 (1:4)

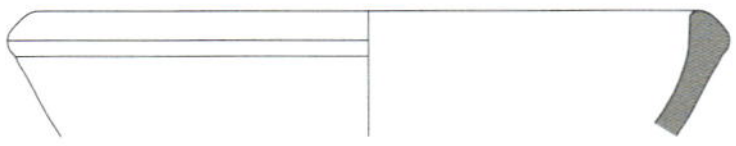
254. Inv. K 32498 (1:4)

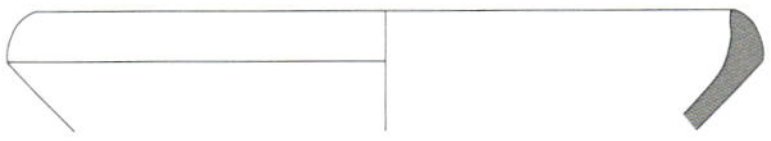
255. Inv. K 32472 (1:4)

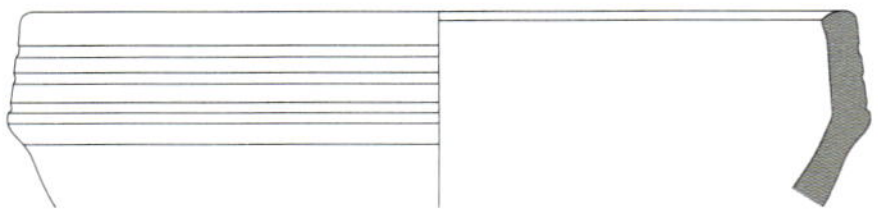
256. Inv. K 24302 (1:4)

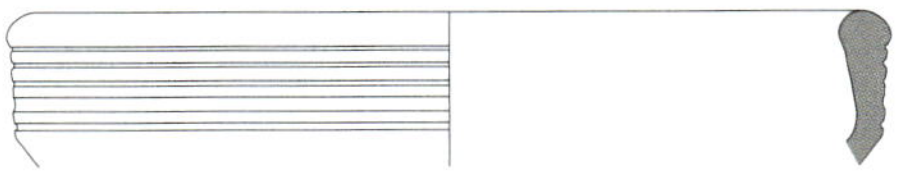
257. Inv. K 24301 (1:4)

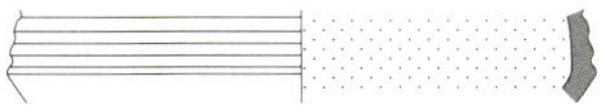
258. Inv. K 24303 (1:4)

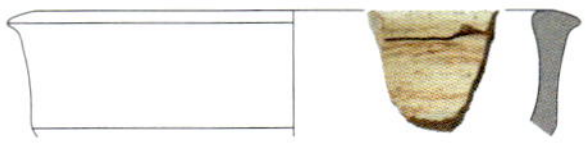
259. Inv. K 23877 (1:4)

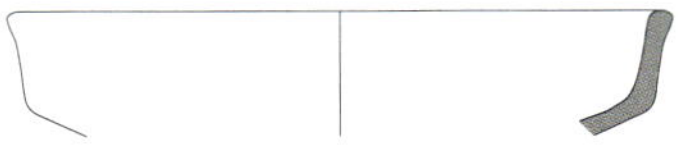
260. Inv. K 32495 (1:4)

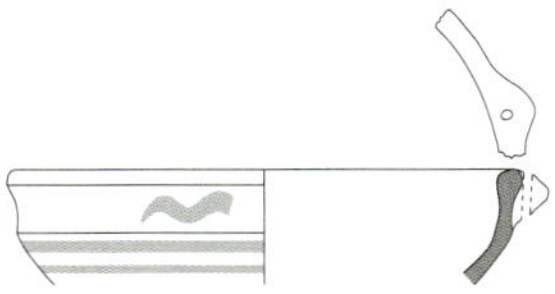
261. Inv. K 23782 (1:4)

262. Inv. K 23921 (1:4)

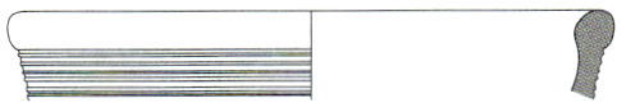
263. Inv. K 23875 (1:4)

242–251 Contesto ca. 630/620 – 570 a.C. / **252–263** Contesto ca. 570 – 540 a.C.

264. Inv. K 23876 (1:4)

265. Inv. K 23793 (1:4)

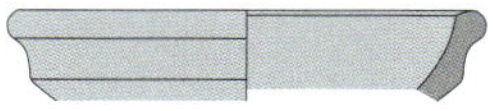

266. Inv. K 32494 (1:4)

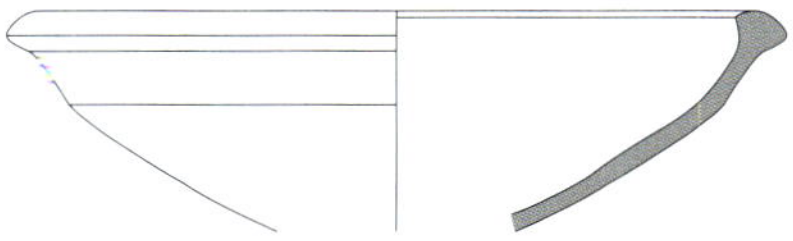

267. Inv. K 23923 (1:4)

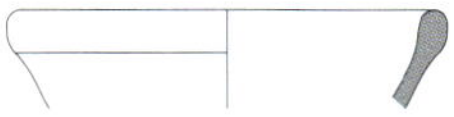

268. Inv. K 32499 (1:4)

269. Inv. K 24309 (1:4)

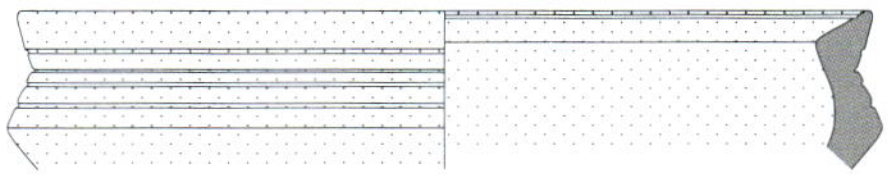

270. Inv. K 22686 (1:4)

271. Inv. K 22596 (1:4)

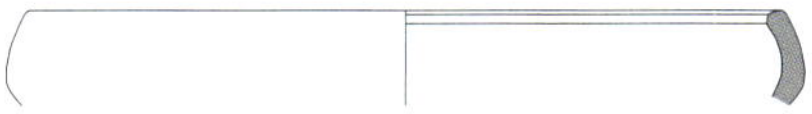

272. Inv. K 22601 (1:4)

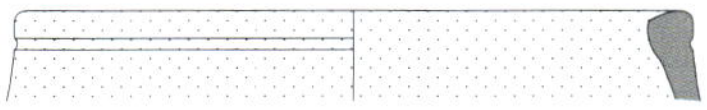

273. Inv. K 22570 (1:4)

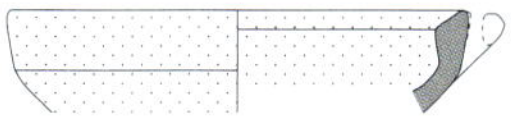

274. Inv. K 22786 (1:4)

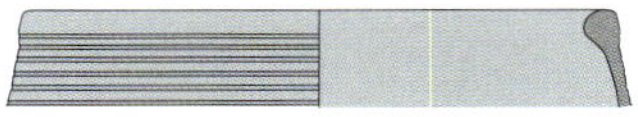

275. Inv. K 32440 (1:4)

276. Inv. K 22766 (1:4)

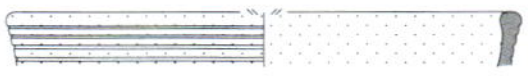

277. Inv. K 22579 (1:4)

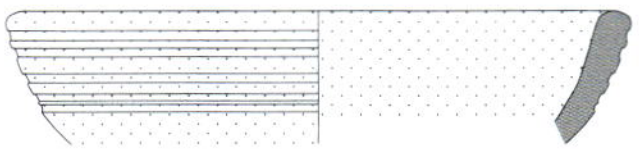

278. Inv. K 32444 (1:4)

279. Inv. K 32459 (1:4)

280. Inv. K 22744 (1:4)

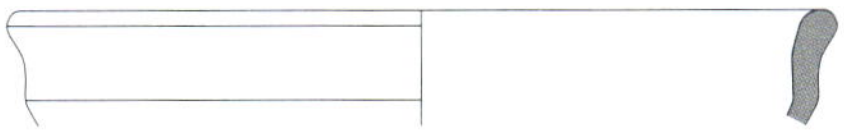

281. Inv. K 22659 (1:4)

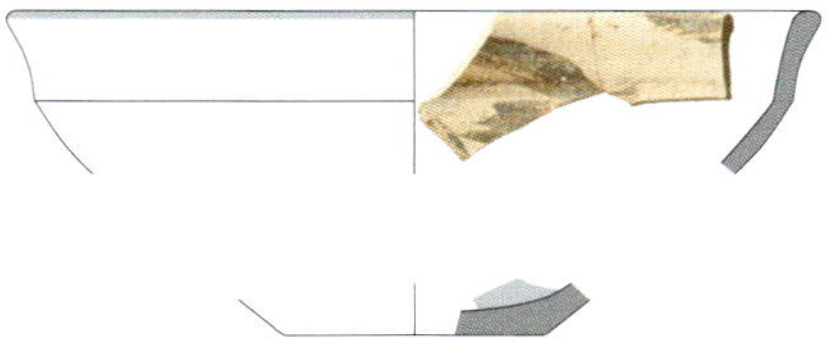

282. Inv. K 22671 (1:4)

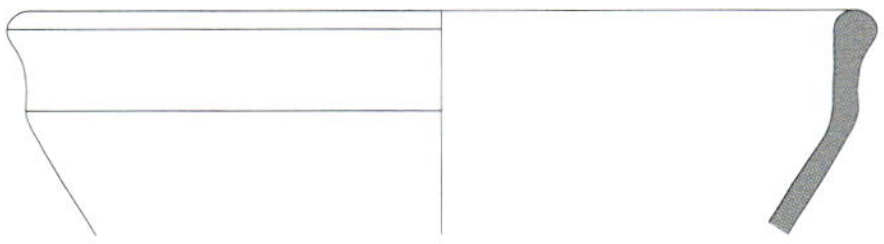

283. Inv. K 22600 (1:4)

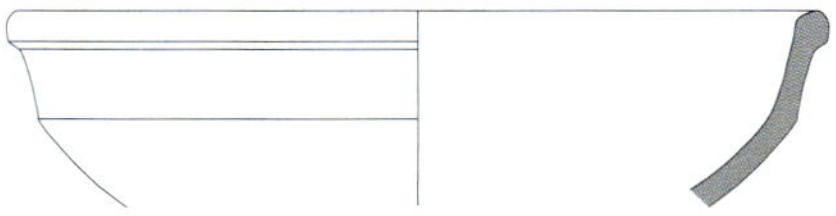

284. Inv. K 22660 (1:4)

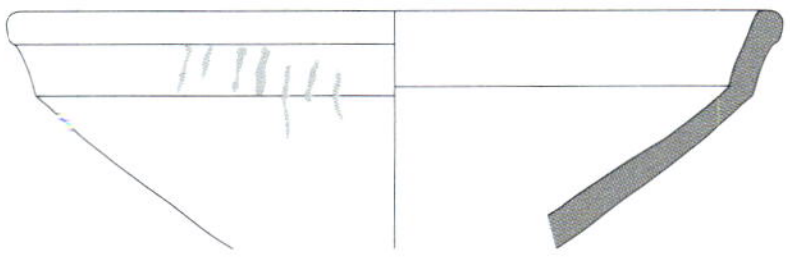

285. Inv. K 22616 (1:4)

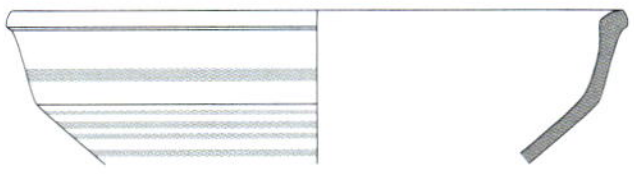

286. Inv. K 22599 (1:4)

287. Inv. K 22597 (1:4)

264–269 Contesto ca. 570 – 540 a.C. / **270–287** Contesto ca. 630/620 – 540 a.C.

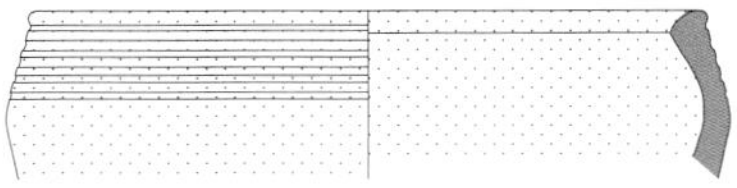

288. Inv. K 27976 (1:4)

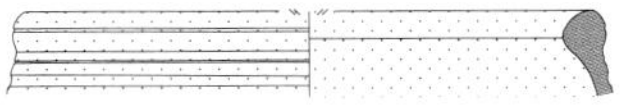

289. Inv. K 27948 (1:4)

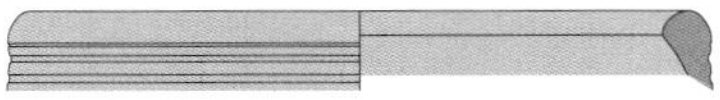

290. Inv. K 28363 (1:4)

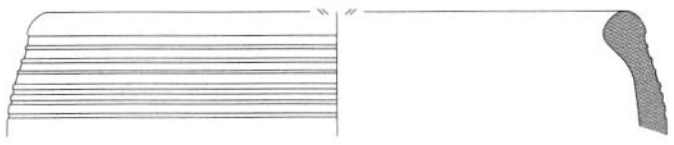

291. Inv. K 27973 (1:4)

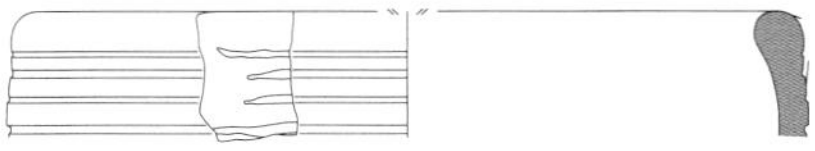

292. Inv. K 27974 (1:4)

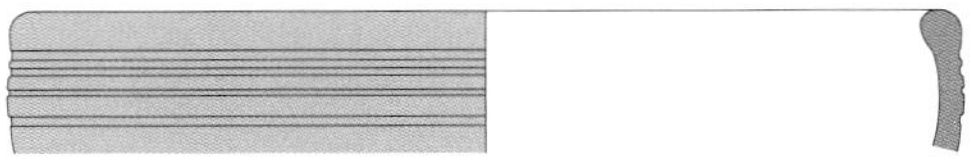

293. Inv. K 27943 (1:4)

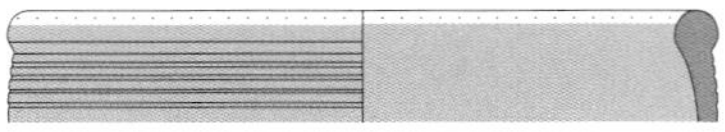

294. Inv. K 22299 (1:4)

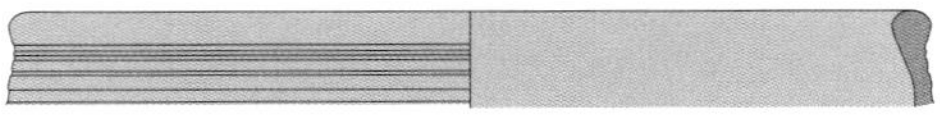

295. Inv. K 27934 (1:4)

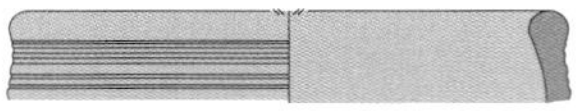

296. Inv. K 27912 (1:4)

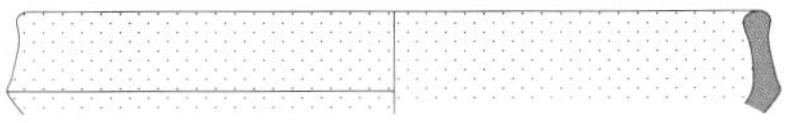

297. Inv. K 27926 (1:4)

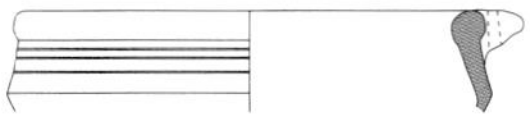

298. Inv. K 27972 (1:4)

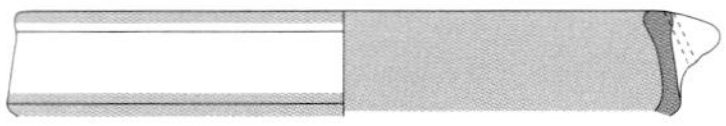

299. Inv. K 22074 (1:4)

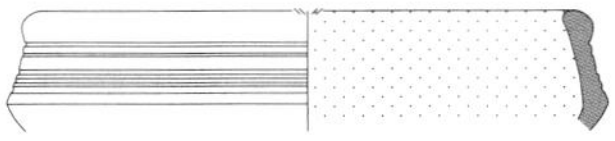

300. Inv. K 27917 (1:4)

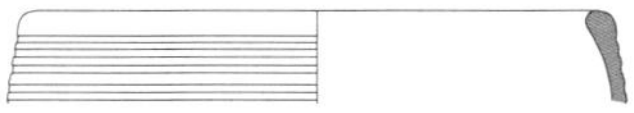

301. Inv. K 27941 (1:4)

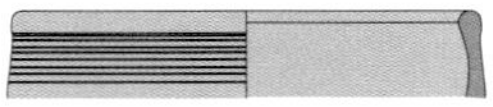

302. Inv. K 27925 (1:4)

303. Inv. K 32428 (1:4)

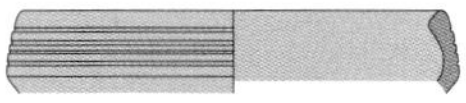

304. Inv. K 22328 (1:4)

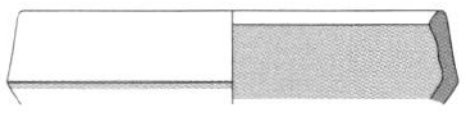

305. Inv. K 22111 (1:4)

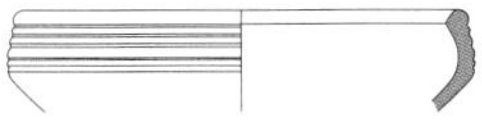

306. Inv. K 22170 (1:4)

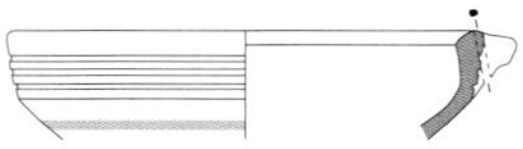

307. Inv. K 22126 (1:4)

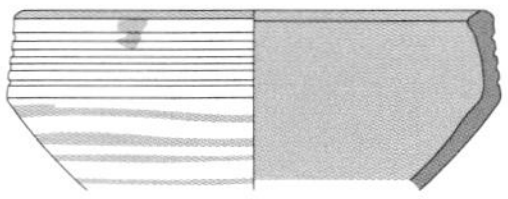

309. Inv. K 21998 (1:4)

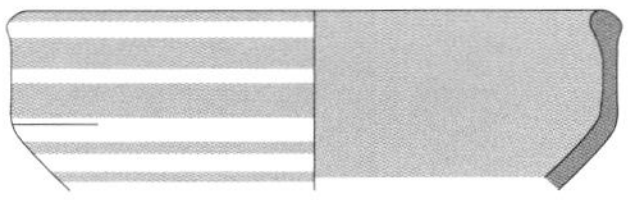

310. Inv. K 22257 (1:4)

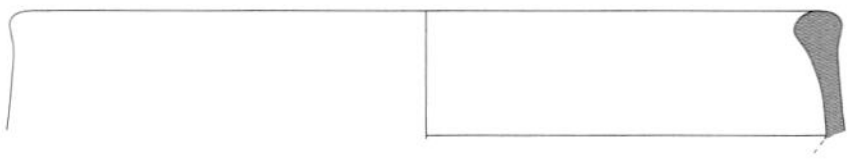

311. Inv. K 22010 (1:4)

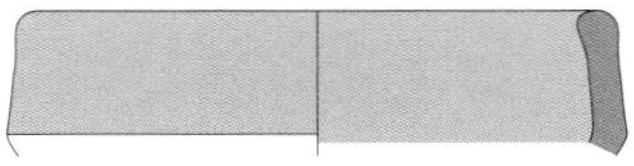

312. Inv. K 27929 (1:4)

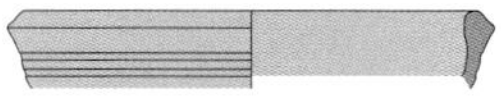

313. Inv. K 27938 (1:4)

314. Inv. K 27916 (1:4)

315. Inv. K 21975 (1:4)

288–315 Contesto ca. ultimo quarto VII sec. – 550 a.C.

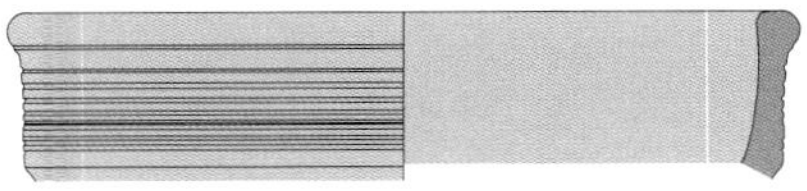

316. Inv. K 22254 (1:4)

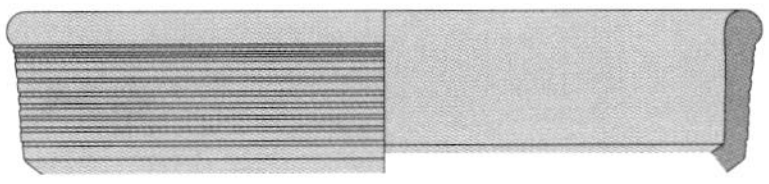

317. Inv. K 21999 (1:4)

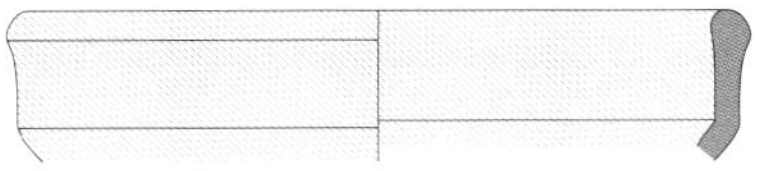

318. Inv. K 22174 (1:4)

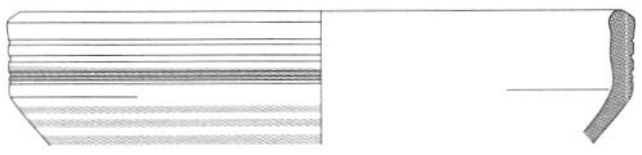

319. Inv. K 22159 (1:4)

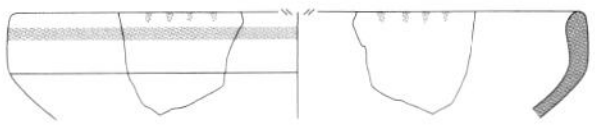

320. Inv. K 22258 (1:4)

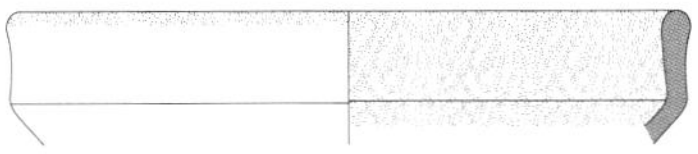

321. Inv. K 22146 (1:4)

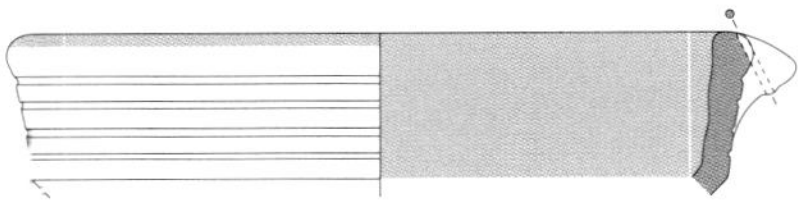

322. Inv. K 22253 (1:4)

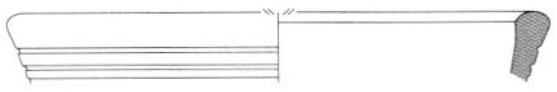

323. Inv. K 27915 (1:4)

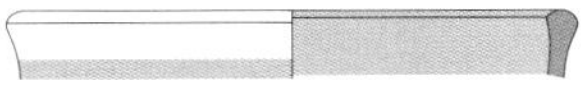

324. Inv. K 28402 (1:4)

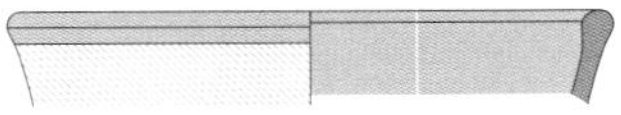

325. Inv. K 28375 (1:4)

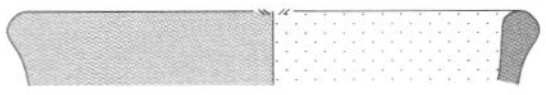

326. Inv. K 27940 (1:4)

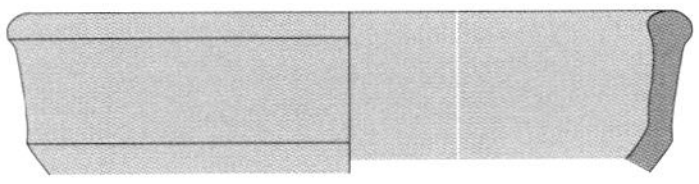

327. Inv. K 27935 (1:4)

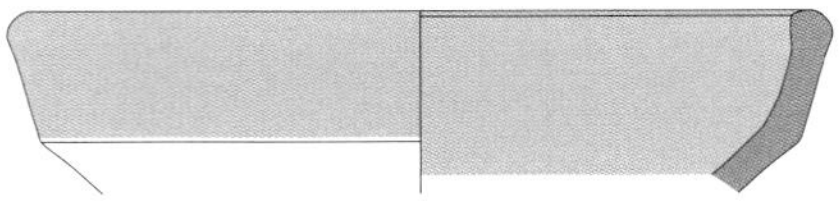

328. Inv. K 27944 (1:4)

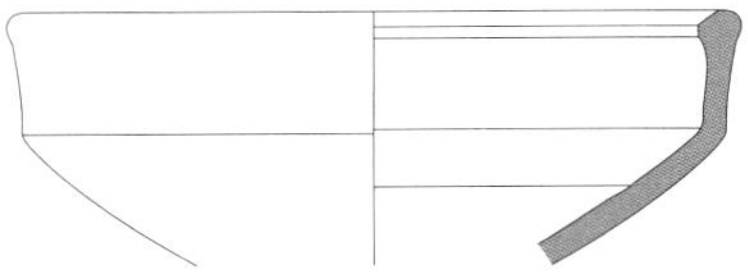

329. Inv. K 22271 (1:4)

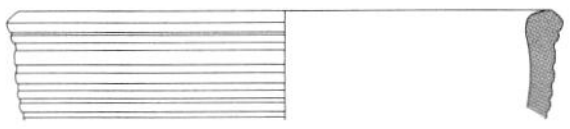

330. Inv. K 27914 (1:4)

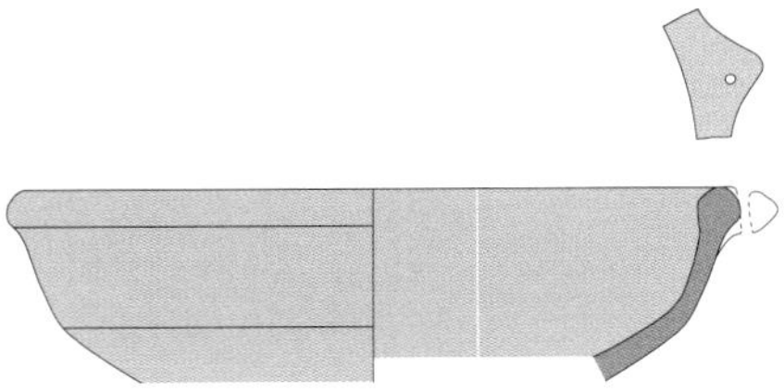

331. Inv. K 22147 (1:4)

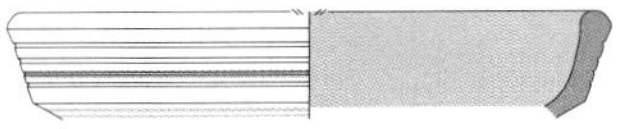

332. Inv. K 22308 (1:4)

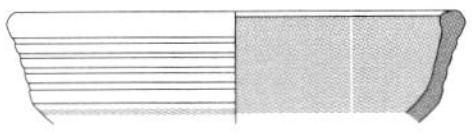

333. Inv. K 27966 (1:4)

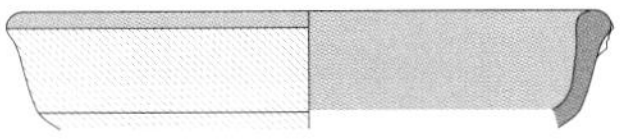

334. Inv. K 27942 (1:4)

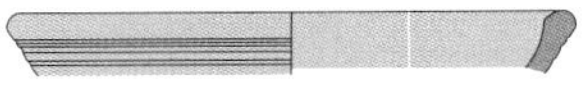

335. Inv. K 27975 (1:4)

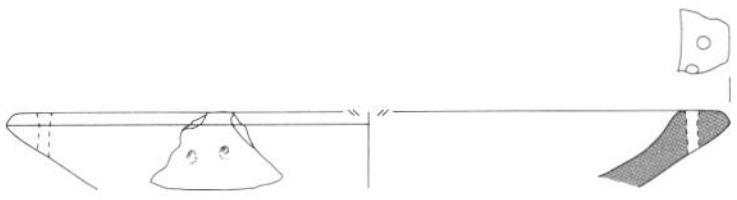

336. Inv. K 27913 (1:4)

316–336 Contesto ca. ultimo quarto VII sec. – 550 a.C.

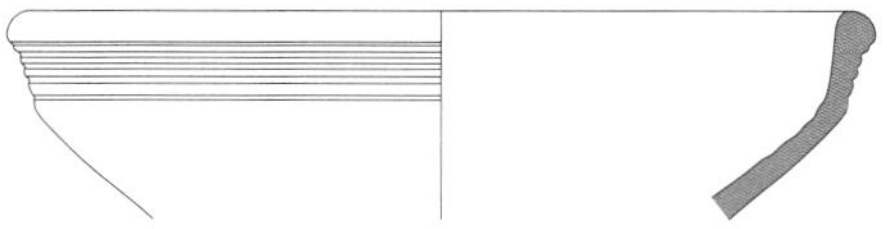

337. Inv. K 22255 (1:4)

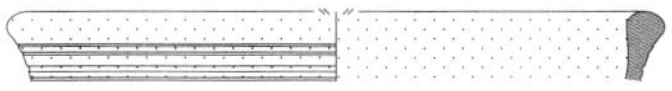

338. Inv. K 27922 (1:4)

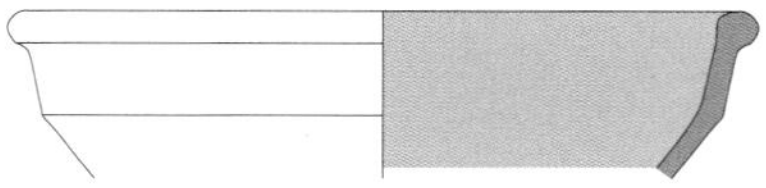

339. Inv. K 27958 (1:4)

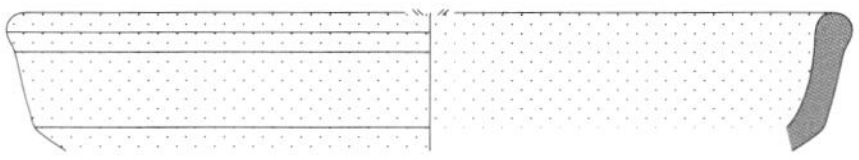

340. Inv. K 27967 (1:4)

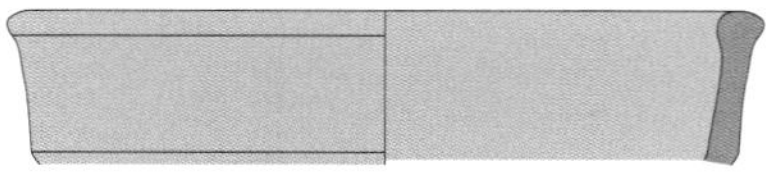

341. Inv. K 27949 (1:4)

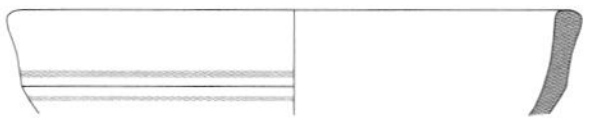

342. Inv. K 22002 (1:4)

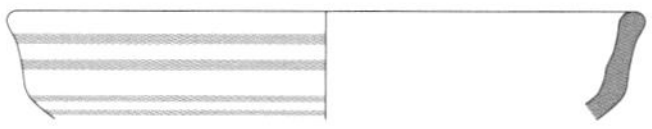

343. Inv. K 22032 (1:4)

344. Inv. K 27957 (1:4)

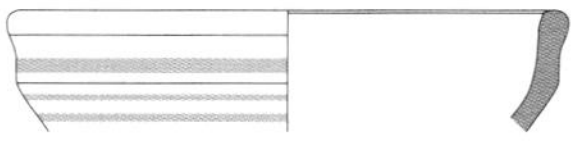

345. Inv. K 22160 (1:4)

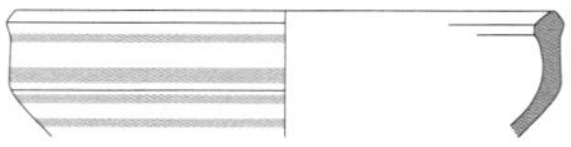

346. Inv. K 22031 (1:4)

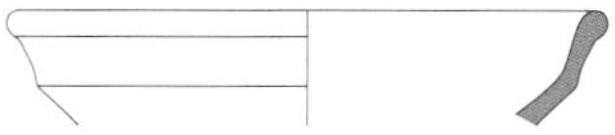

347. Inv. K 22036 (1:4)

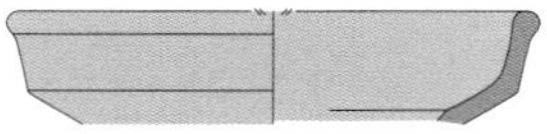

348. Inv. K 22290 (1:4)

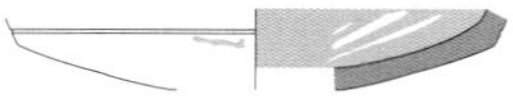

349. Inv. K 28557 (1:4)

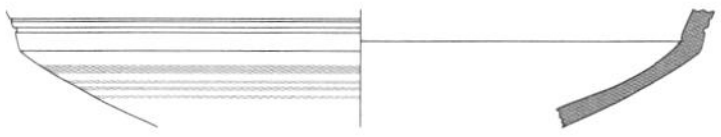

350. Inv. K 22088 (1:4)

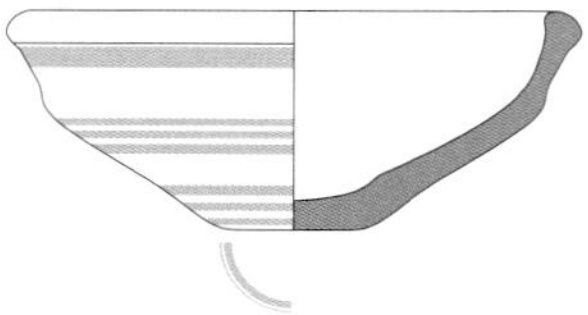

351. Inv. K 22086 (1:4)

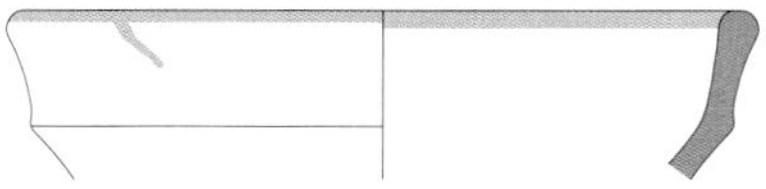

352. Inv. K 28410 (1:4)

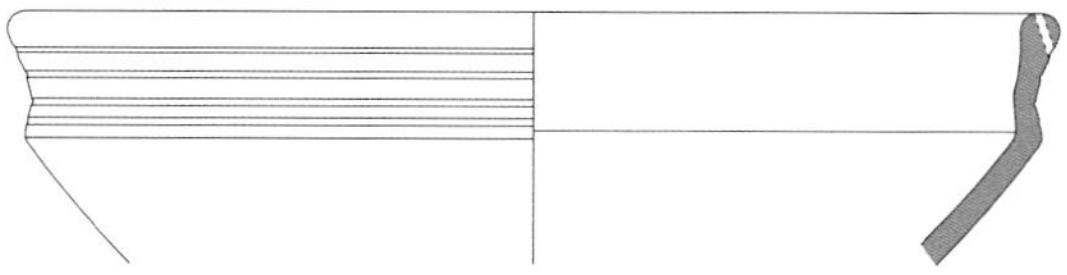

353. Inv. K 22141 (1:4)

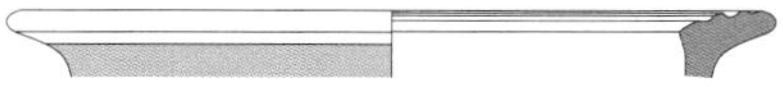

354. Inv. K 22171 (1:4)

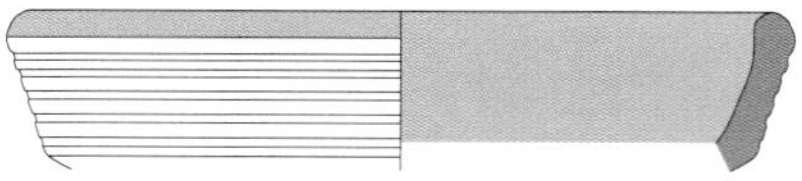

355. Inv. K 22138 (1:4)

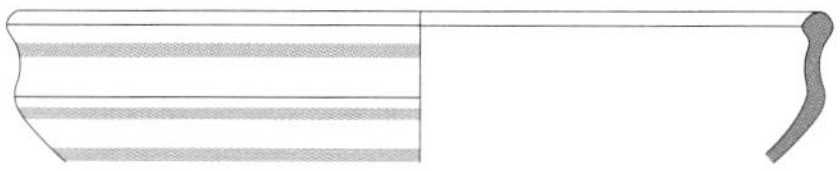

356. Inv. K 27215 (1:4)

337–354 Contesto ca. ultimo quarto VII sec. - 550 a.C. / **355–356** Contesto ca. 550 - 500/490 a.C.

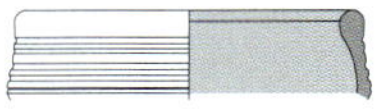

357. Inv. K 32723 (1:4)

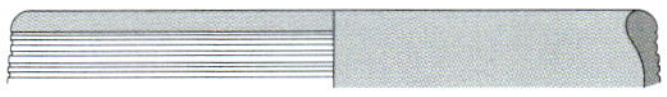

358. Inv. K 32709 (1:4)

359. Inv. K 32711 (1:4)

360. Inv. K 32705 (1:4)

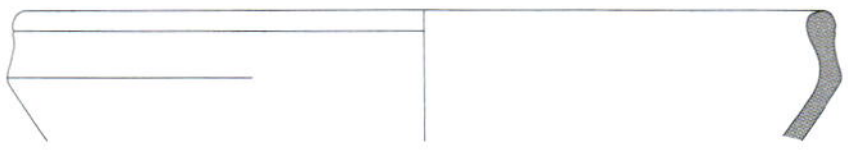

361. Inv. K 16456 (1:4)

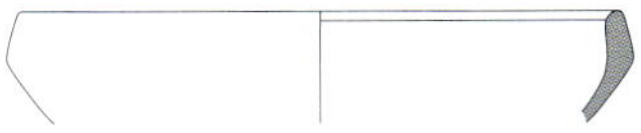

362. Inv. K 32550 (1:4)

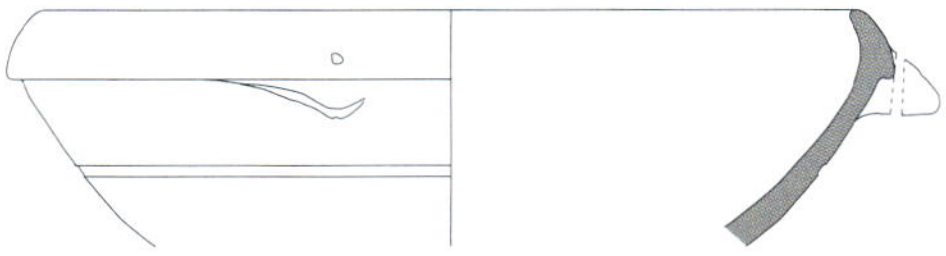

363. Inv. K 16978 (1:4)

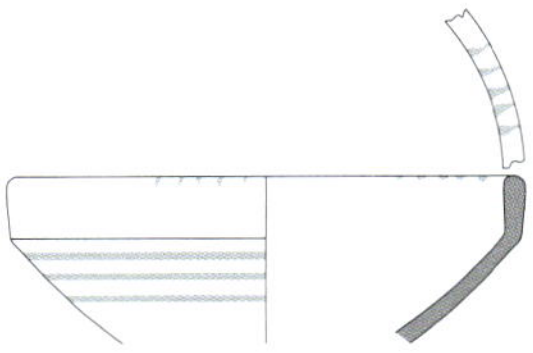

364. Inv. K 16988 (1:4)

365. Inv. K 32728 (1:4)

366. Inv. K 32541 (1:4)

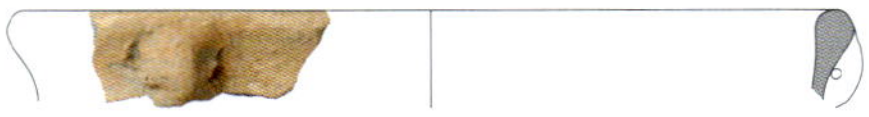

367. Inv. K 32713 (1:4)

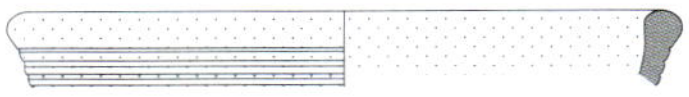

368. Inv. K 32714 (1:4)

369. Inv. K 32603 (1:4)

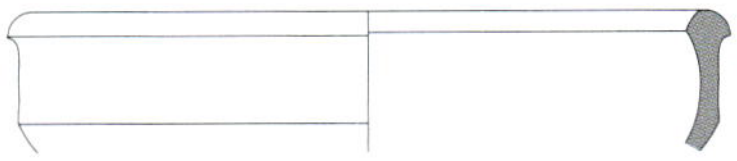

370. Inv. K 32599 (1:4)

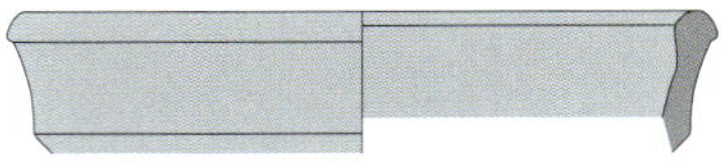

371. Inv. K 32572 (1:4)

372. Inv. K 32693 (1:4)

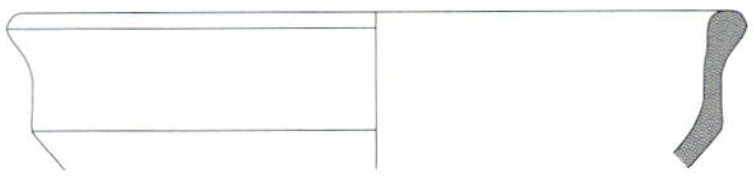

373. Inv. K 16645 (1:4)

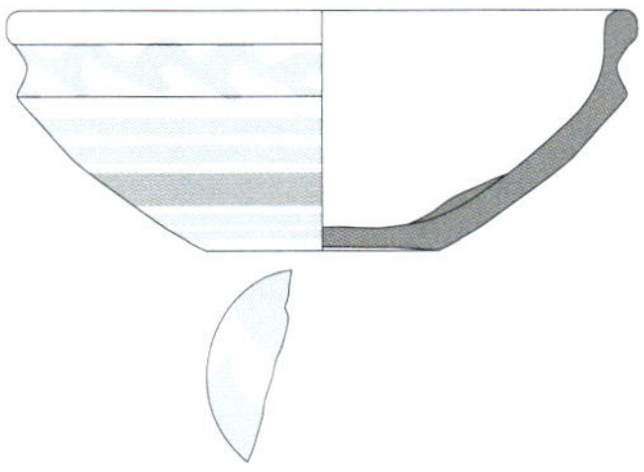

375. Inv. K 16614 (1:4)

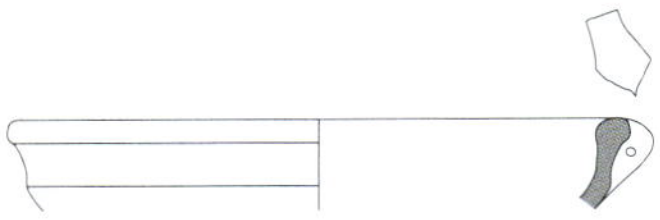

374. Inv. K 32581 (1:4)

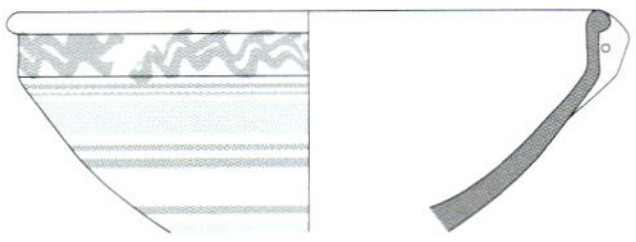

376. Inv. K 16609 (1:4)

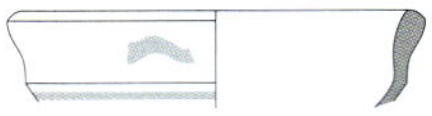

377. Inv. K 32696 (1:4)

357–377 Contesto ca. fine VII sec. – 500/490 a.C.

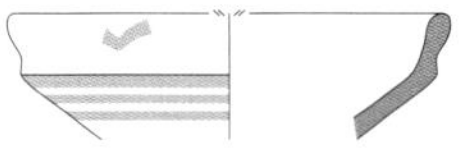

378. Inv. K 32532 (1:4)

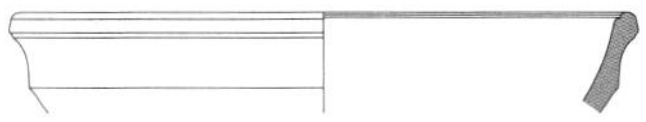

379. Inv. K 32724 (1:4)

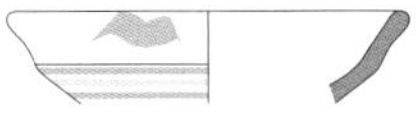

380. Inv. K 32557 (1:4)

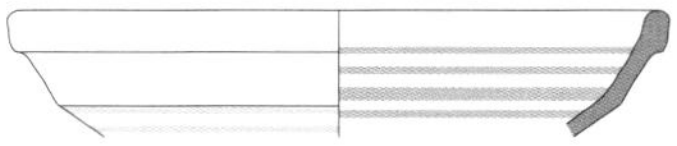

381. Inv. K 16995 (1:4)

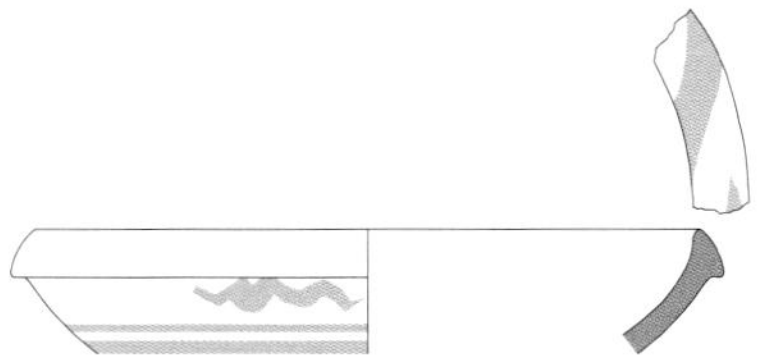

382. Inv. K 16585 (1:4)

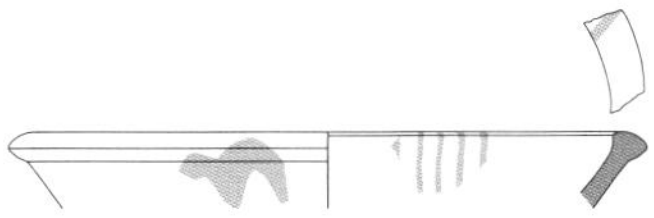

383. Inv. K 32729 (1:4)

384. Inv. K 16455 (1:4)

385. Inv. K 32575 (1:4)

386. Inv. K 32526 (1:4)

387. Inv. K 32666 (1:4)

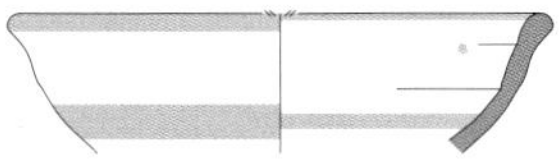

388. Inv. K 32520 (1:4)

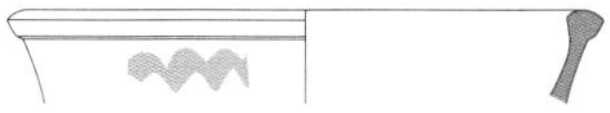

389. Inv. K 16420 (1:4)

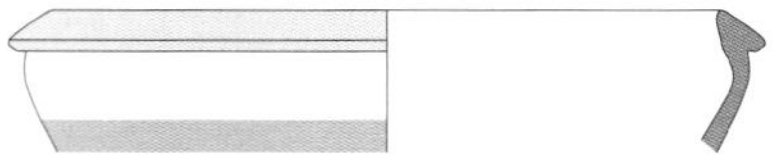

390. Inv. K 32515 (1:4)

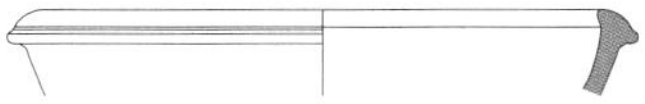

391. Inv. K 32516 (1:4)

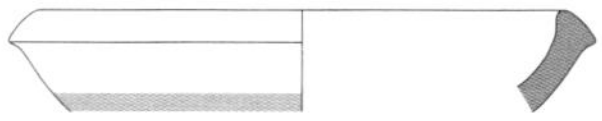

392. Inv. K 32517 (1:4)

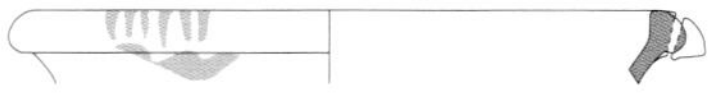

393. Inv. K 32737 (1:4)

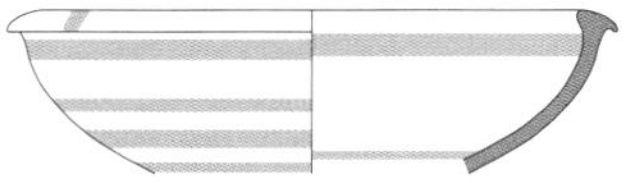

394. Inv. K 17070 (1:4)

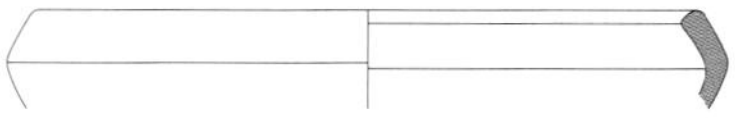

395. Inv. K 27287 (1:4)

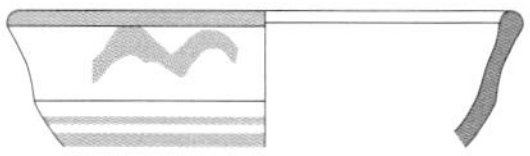

396. Inv. K 27206 (1:4)

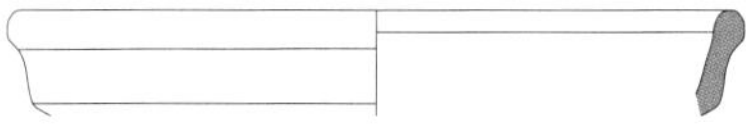

397. Inv. K 28436 (1:4)

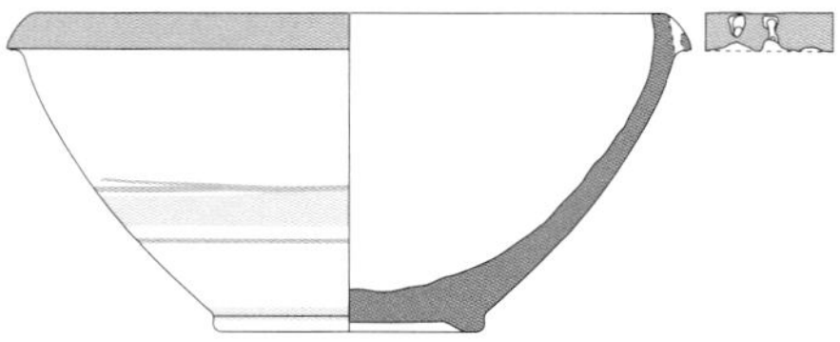

398. Inv. K 24107 (1:4)

378–385 Contesto ca. fine VII sec. – 500/490 a.C. / **386–394** Contesto ca. 500/490 – 480/470-60 a.C.
395–398 Contesto ca. 500/490 – 460/450 a.C.

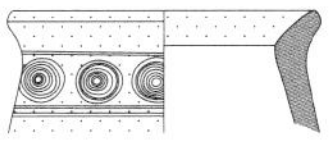

399. Inv. K 23263 (1:4)

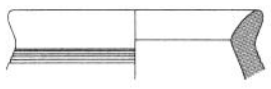

400. Inv. K 32078 (1:4)

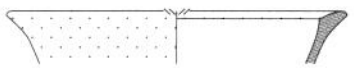

401. Inv. K 32222 (1:4)

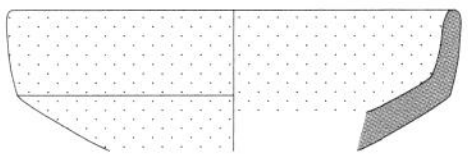

402. Inv. K 31972 (1:4)

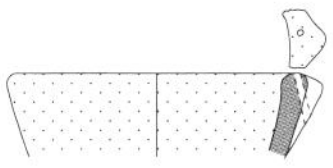

403. Inv. K 32169 (1:4)

404. Inv. K 32075 (1:4)

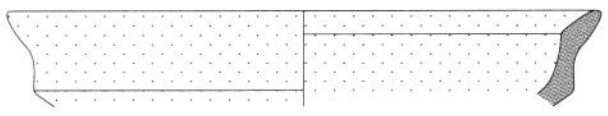

405. Inv. K 32095 (1:4)

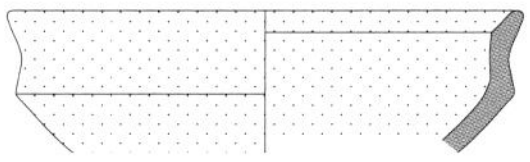

406. Inv. K 32153 (1:4)

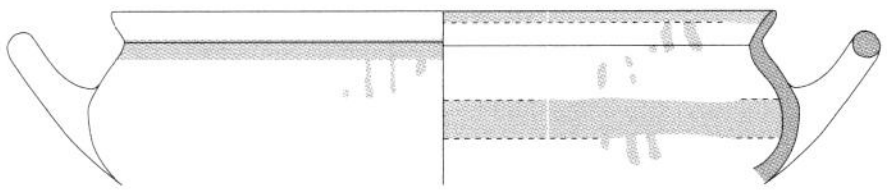

407. Inv. K 25267 (1:4)

408. Inv. K 32474 (1:4)

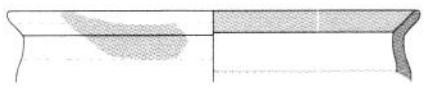

410. Inv. K 24308 (1:4)

411. Inv. K 23777 (1:4)

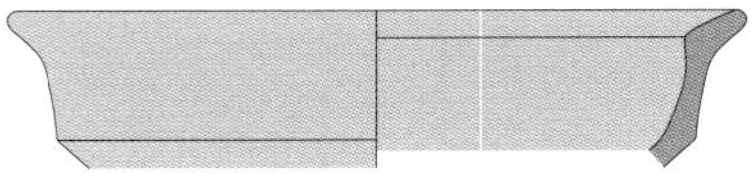

412. Inv. K 24384 (1:4)

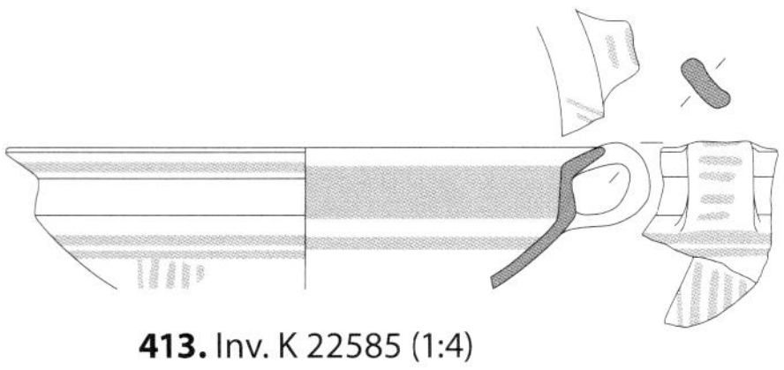

413. Inv. K 22585 (1:4)

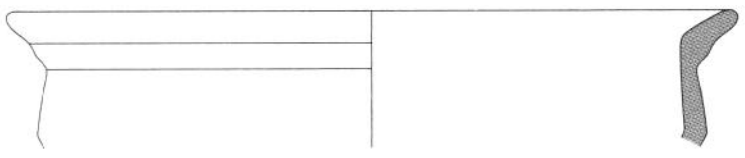

414. Inv. K 32446 (1:4)

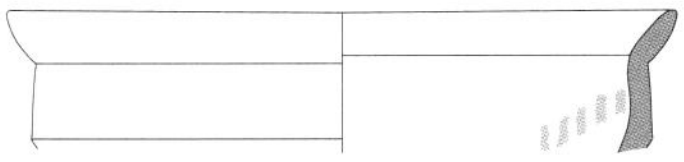

415. Inv. K 22662 (1:4)

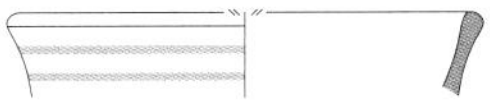

416. Inv. K 28362 (1:4)

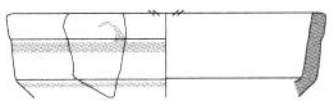

417. Inv. K 28372 (1:4)

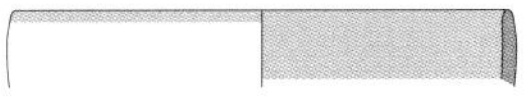

418. Inv. K 21976 (1:4)

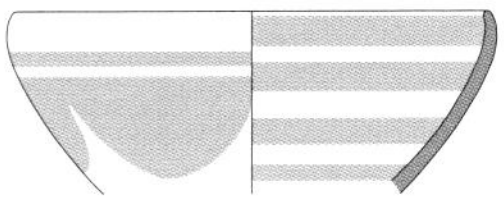

419. Inv. K 22256 (1:4)

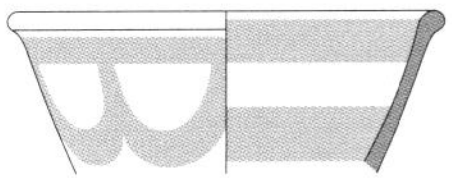

420. Inv. K 22259 (1:4)

421. Inv. K 32434 (1:4)

399–406 Contesto VIII – VII sec. a.C. / **407–408** Contesto ca. 630/620 – 570 a.C. / **410–413** Contesto ca. 570 – 540 a.C.
414–415 Contesto ca. 630/620 – 540 a.C. / **416–421** Contesto ca. ultimo quarto VII sec. – 550 a.C.

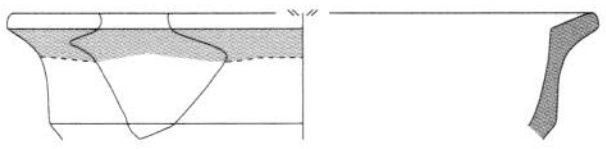

422. Inv. K 22161 (1:4)

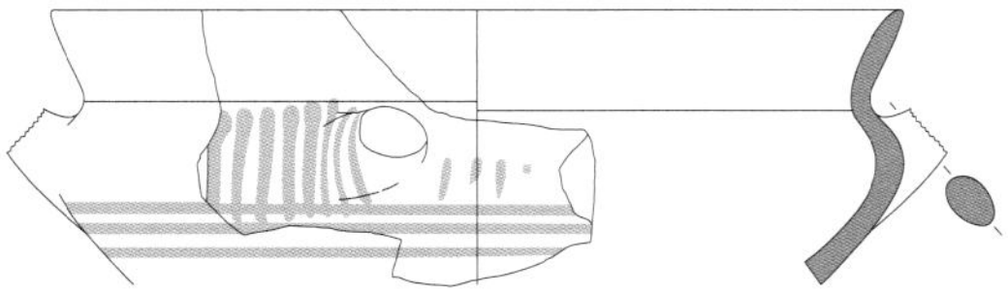

423. Inv. K 22288 (1:4)

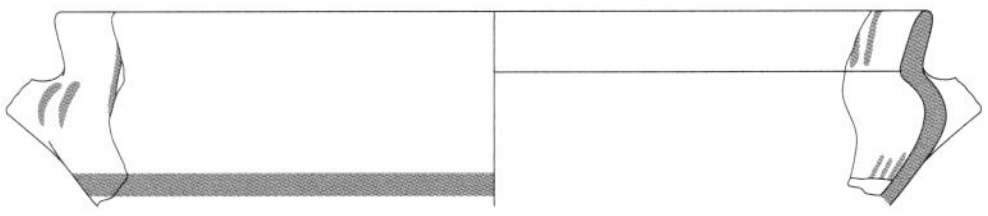

424. Inv. K 22125 (1:4)

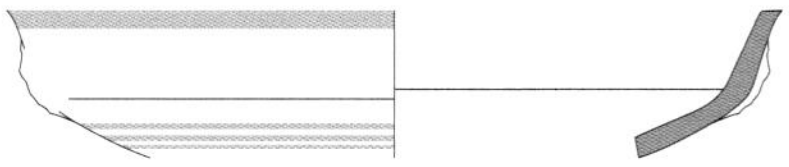

425. Inv. K 28394 (1:4)

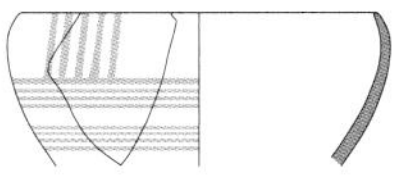

427. Inv. K 22260 (1:4)

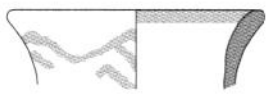

428. Inv. K 32529 (1:4)

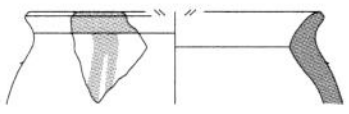

429. Inv. K 32695 (1:4)

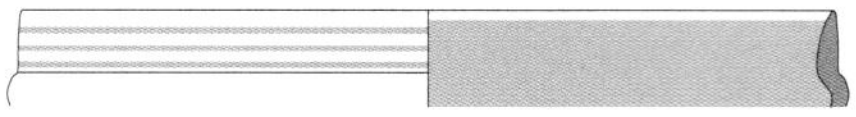

430. Inv. K 16649 (1:4)

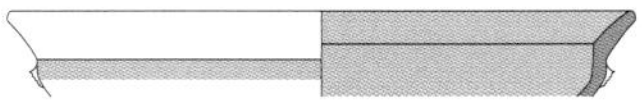

431. Inv. K 16630 (1:4)

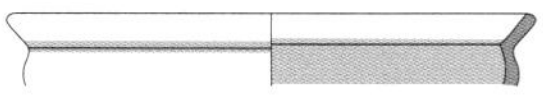

432. Inv. K 16666 (1:4)

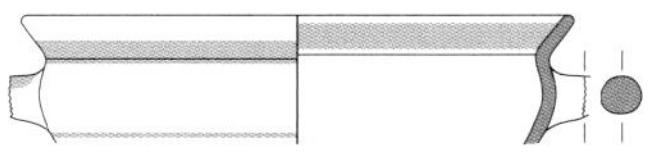

433. Inv. K 16667 (1:4)

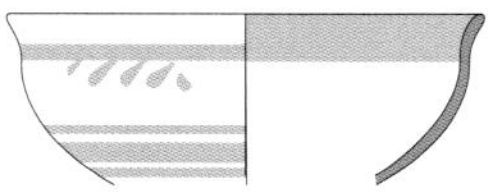

435. Inv. K 28169 (1:4)

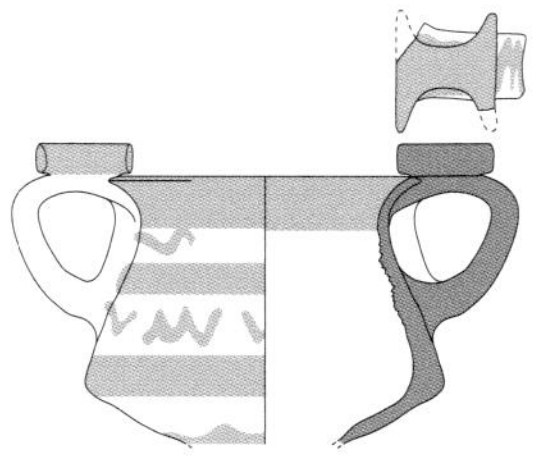

436. Inv. K 29198 (1:4)

422–427 Contesto ca. ultimo quarto VII sec. – 550 a.C. / **428–433** Contesto ca. fine VII sec. – 500/490 a.C.
435–436 Contesto *ante* 460/450 a.C.

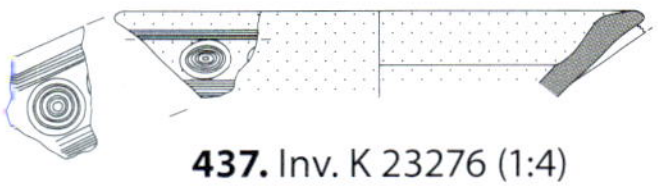

437. Inv. K 23276 (1:4)

438. Inv. K 32098 (1:4)

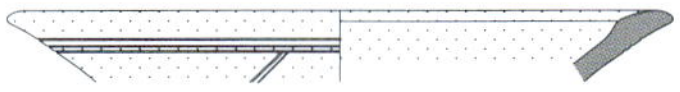

439. Inv. K 23174 (1:4)

440. Inv. K 23230 (1:4)

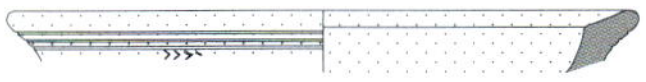

441. Inv. K 24284 (1:4)

442. Inv. K 32077 (1:4)

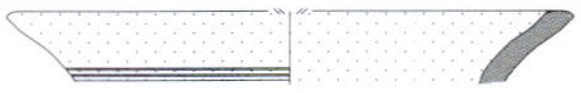

443. Inv. K 32183 (1:4)

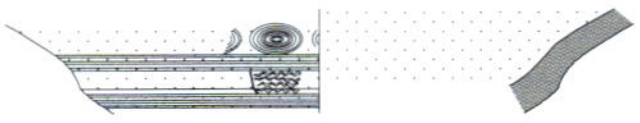

444. Inv. K 24294 (1:4)

445. Inv. K 22177 (1:4)

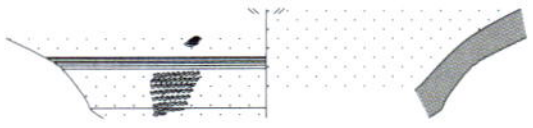

446. Inv. K 22548 (1:4)

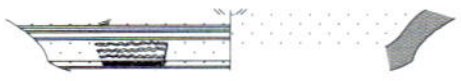

447. Inv. K 22688 (1:4)

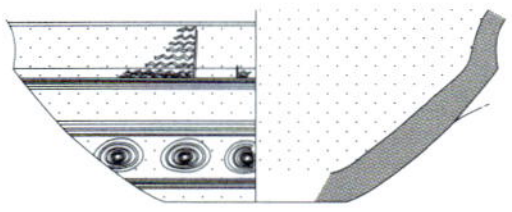

448. Inv. K 23290 (1:4)

449. Inv. K 32488 (1:4)

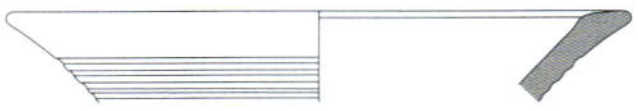

450. Inv. K 23791 (1:4)

451. Inv. K 25181 (1:4)

452. Inv. K 22670 (1:4)

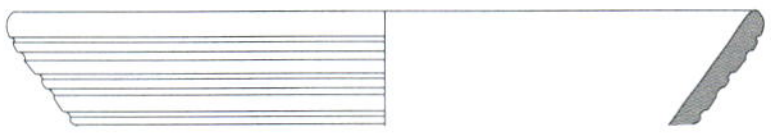

453. Inv. K 22632 (1:4)

454. Inv. K 32457 (1:4)

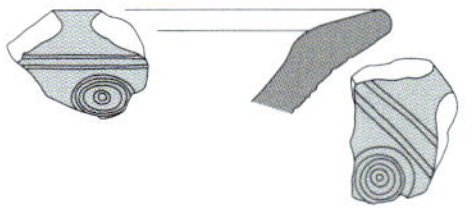

457. Inv. K 22109 (1:4)

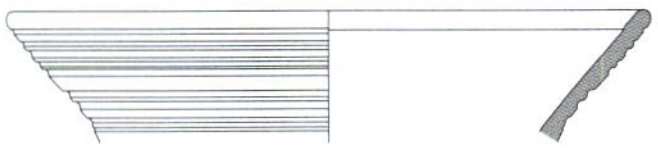

458. Inv. K 22008 (1:4)

459. Inv. K 22314 (1:4)

460. Inv. K 27962 (1:4)

461. Inv. K 16683 (1:4)

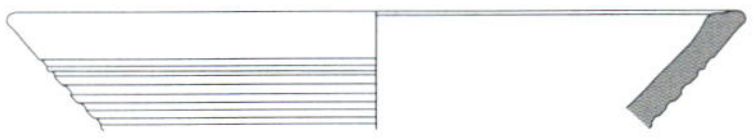

462. Inv. K 16465 (1:4)

463. Inv. K 16466 (1:4)

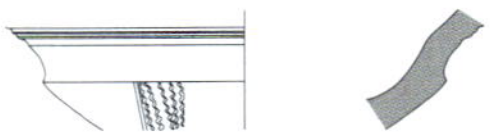

464. Inv. K 32617 (1:4)

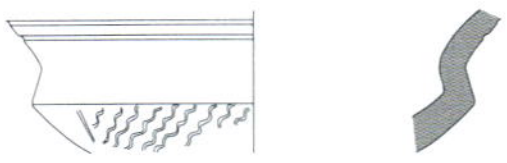

466. Inv. K 32564 (1:4)

467. Inv. K 32682 (1:4)

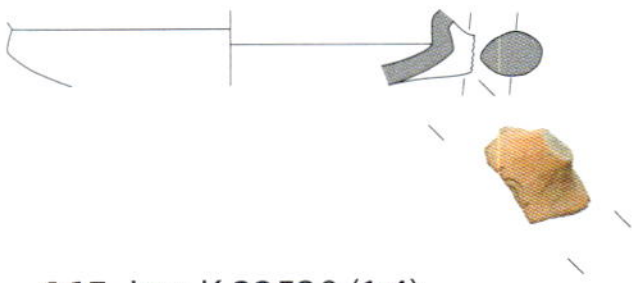

465. Inv. K 32530 (1:4)

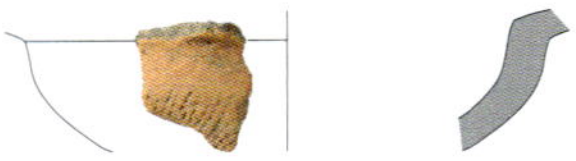

468. Inv. K 32502 (1:4)

469. Inv. K 28955 (1:4)

437–448 Contesto VIII – VII sec. a.C. / **449** Contesto ca. 630/620 – 570 a.C. / **450–451** Contesto ca. 570 – 540 a.C.
452–454 Contesto ca. 630/620 – 540 a.C. / **457–460** Contesto ca. ultimo quarto VII sec. – 550 a.C.
461–467 Contesto ca. fine VII sec. – 500/490 a.C. / **468** Contesto ca. 500/490 – 480/470-60 a.C.
469 Contesto *ante* 460/450 a.C.

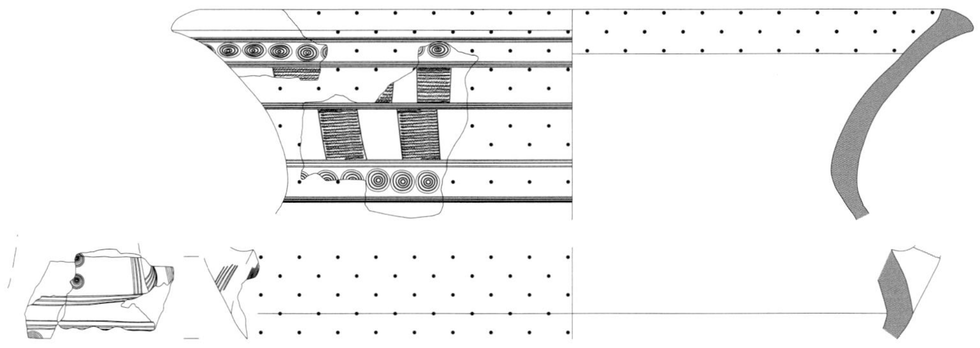

470. Inv. K 24315 (1:6)

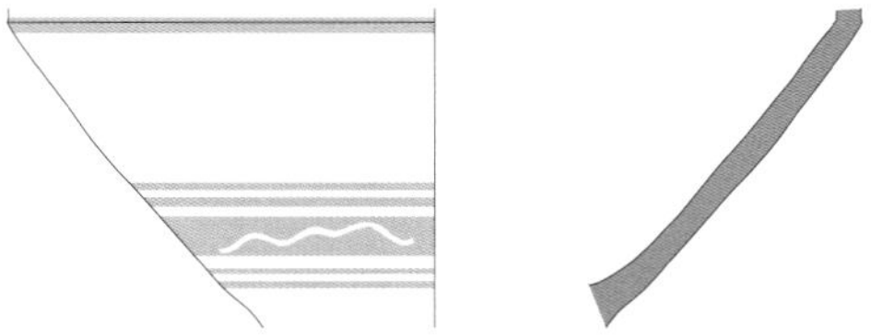

475. Inv. K 32438 (1:6)

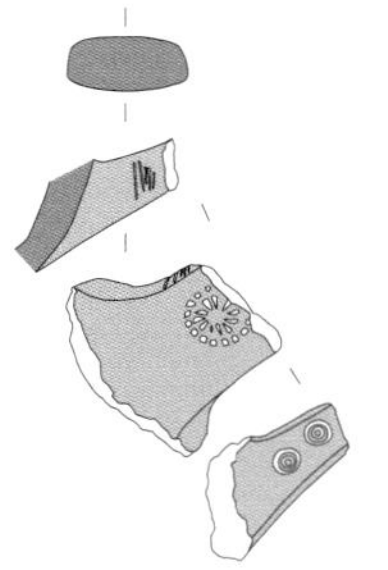

476. Inv. K 22149 (1:6)

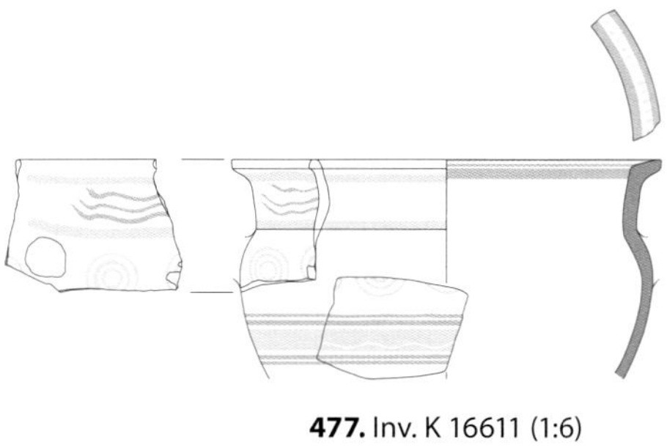

477. Inv. K 16611 (1:6)

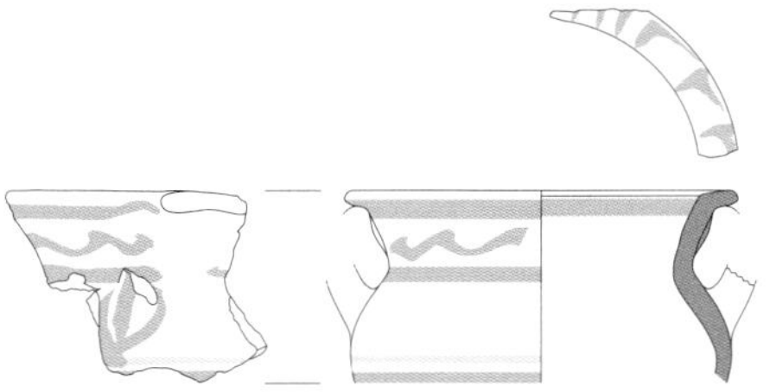

478. Inv. K 16665 (1:6)

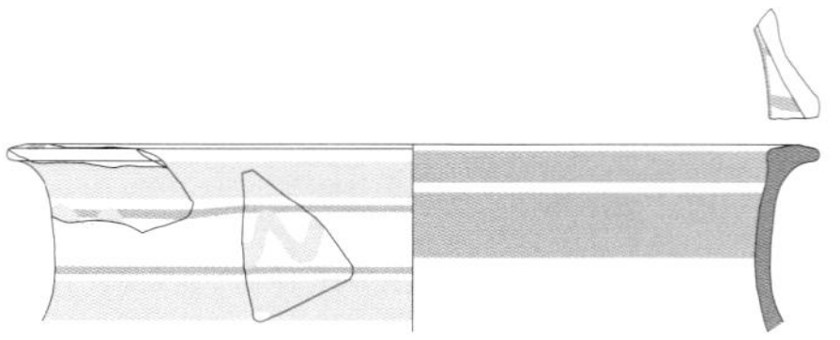

479. Inv. K 32746 (1:6)

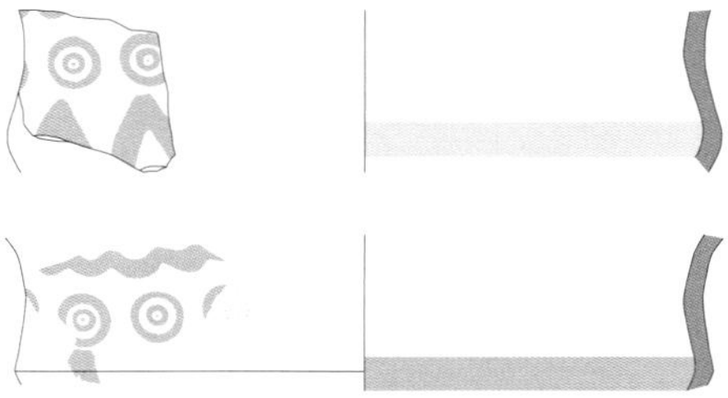

480. Inv. K 16954 (1:6) / **481.** Inv. K 32609 (1:6)

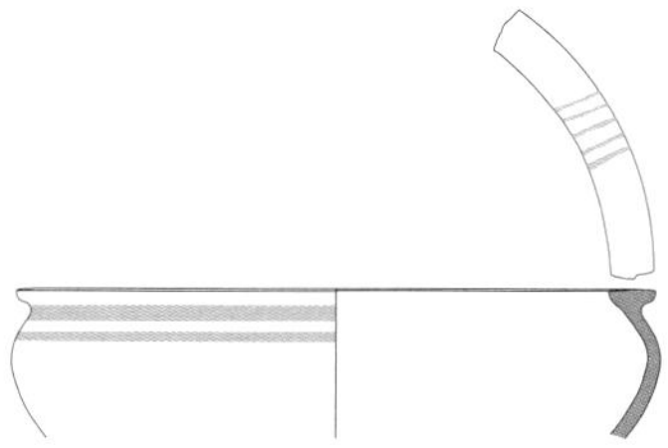

483. Inv. K 16584 (M: 1:6)

470 Contesto VIII – VII sec. a.C. / **475** Contesto ca. 630/620 – 540 a.C. / **476** Contesto ca. ultimo quarto VII sec. – 550 a.C.
477–483 Contesto ca. fine VII sec. – 500/490 a.C.

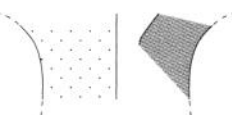
484. Inv. K 24316 (1:4)

485. Inv. K 23141 (1:4)

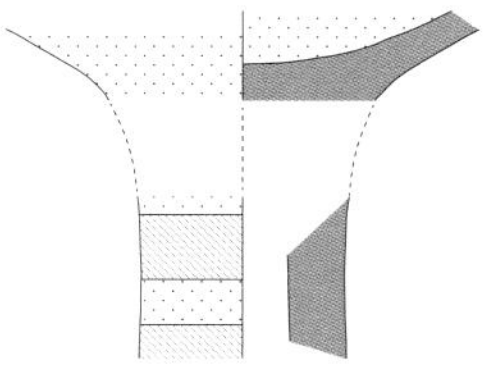
486. Inv. K 22590 (1:4)

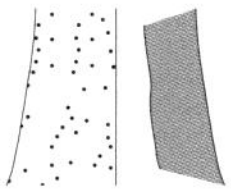
487. Inv. K 23644 (1:4)

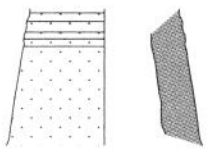
488. Inv. K 32101 (1:4)

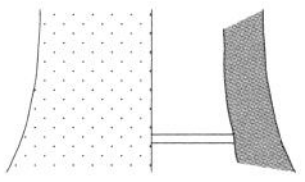
489. Inv. K 32047 (1:4)

490. Inv. K 32091 (M: 1:4)

491. Inv. K 32225 (1:4)

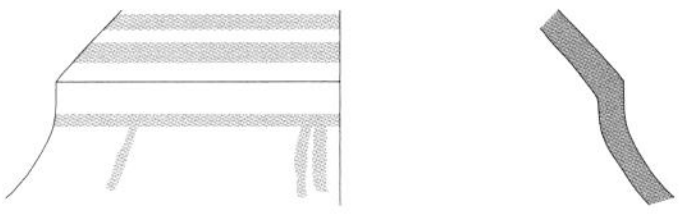
492. Inv. K 24310 (1:6)

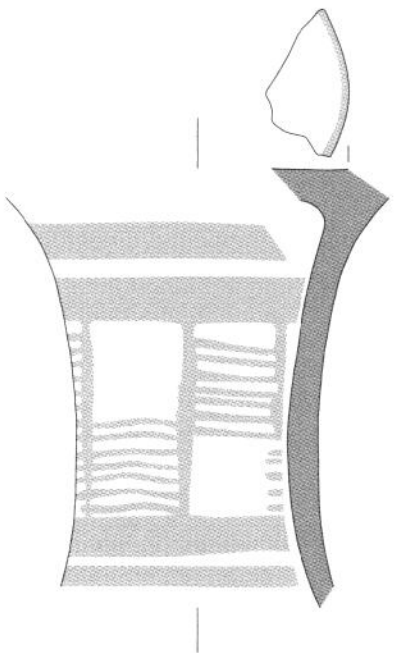
493. Inv. K 23922 (1:6)

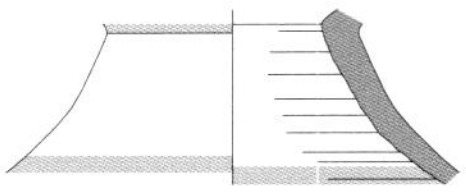
494. Inv. K 22677 (1:6)

495. Inv. K 22694 (1:6)

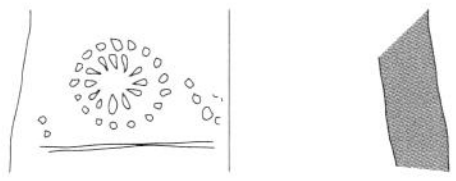
496. Inv. K 22030 (1:4)

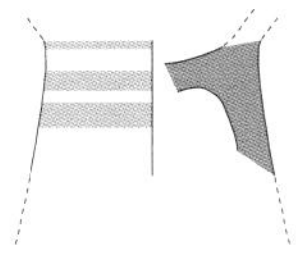
497. Inv. K 22144 (1:4)

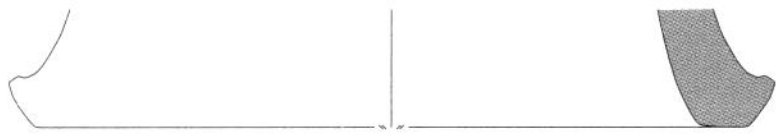
498. Inv. K 27961 (1:6)

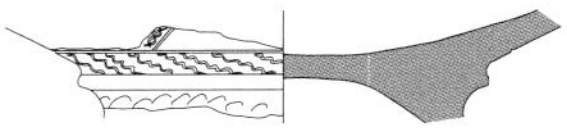
499. Inv. K 16709 (1:4)

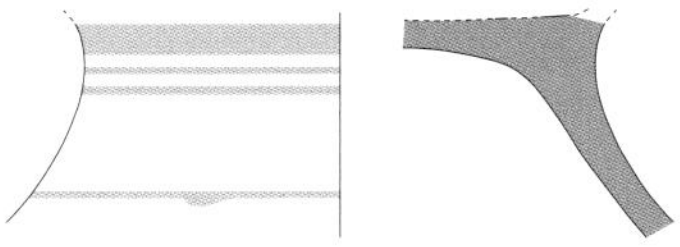
501. Inv. K 16968 (1:4)

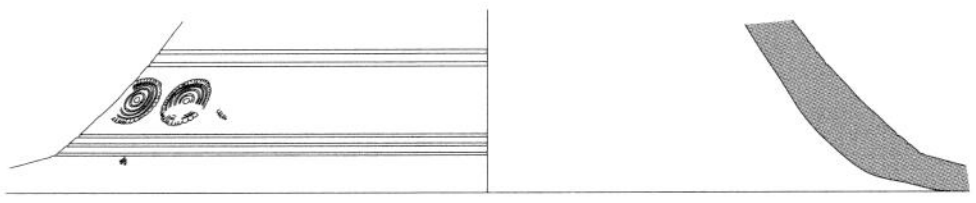
500. Inv. K 16710 (1:6)

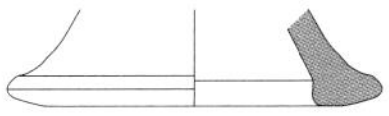
502. Inv. K 32719 (1:4)

484–491 Contesto VIII – VII sec. a.C. / **492–493** Contesto ca. 570 – 540 a.C. / **494–495** Contesto ca. 630/620 – 540 a.C.
496–498 Contesto ca. ultimo quarto VII sec. – 550 a.C. / **499–502** Contesto ca. fine VII sec. – 500/490 a.C.

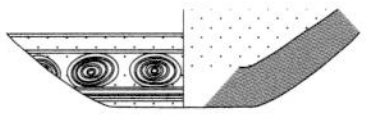

503. Inv. K 24286 (1:4)

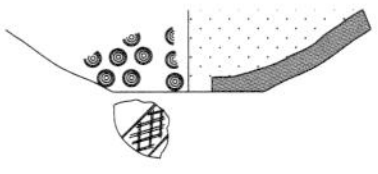

504. Inv. K 23069 (1:4)

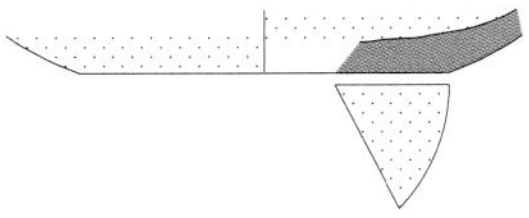

505. Inv. K 23072 (1:4)

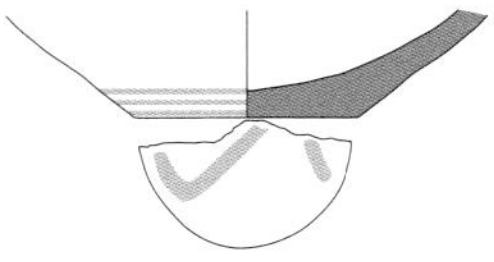

506. Inv. K 23792 (1:4)

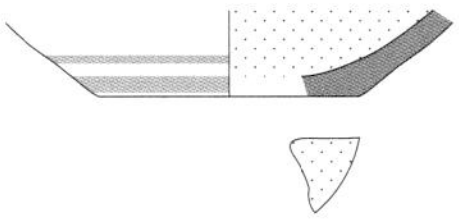

507. Inv. K 28397 (1:4)

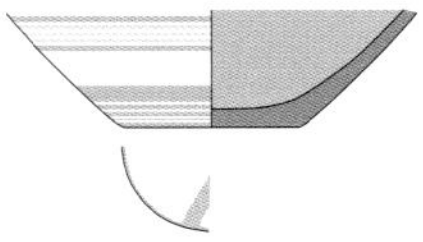

508. Inv. K 22090 (1:4)

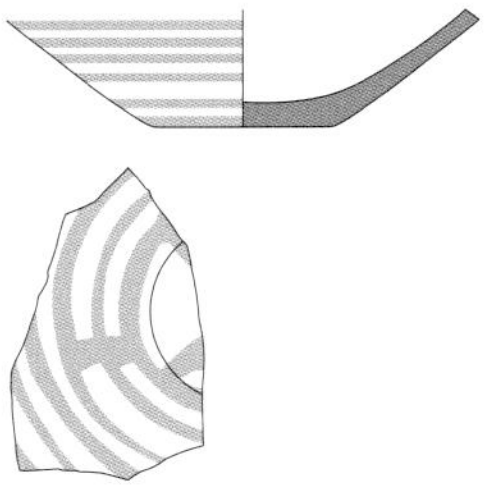

509. Inv. K 22129 (1:4)

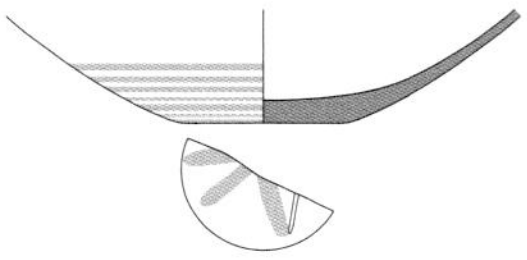

510. Inv. K 22289 (1:4)

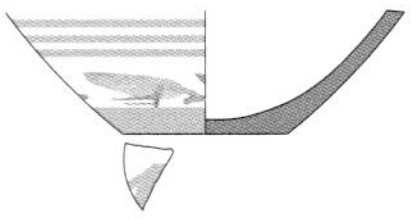

511. Inv. K 22309 (1:4)

515. Inv. K 32732 (1:4)

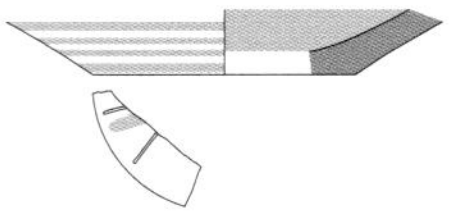

516. Inv. K 32697 (1:4)

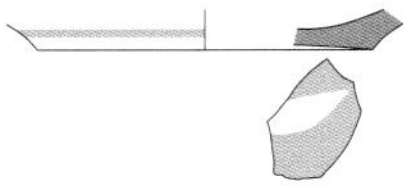

517. Inv. K 32683 (1:4)

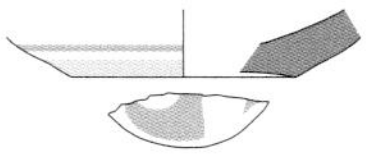

518. Inv. K 16627 (1:4)

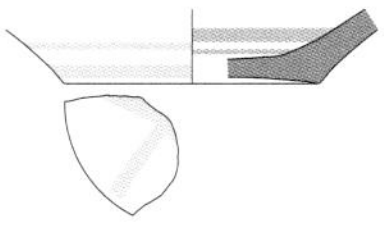

519. Inv. K 32698 (1:4)

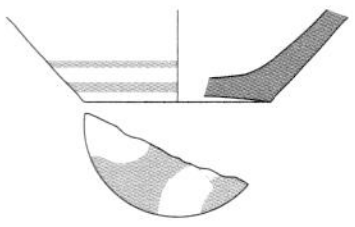

520. Inv. K 32738 (1:4)

503–505 Contesto VIII – VII sec. a.C. / **506** Contesto ca. 570 – 540 a.C. / **507–511** Contesto ca. ultimo quarto VII sec. – 550 a.C.
515–519 Contesto ca. fine VII sec. – 500/490 a.C. / **520** Contesto ca. 500/490 – 480/470-60 a.C.

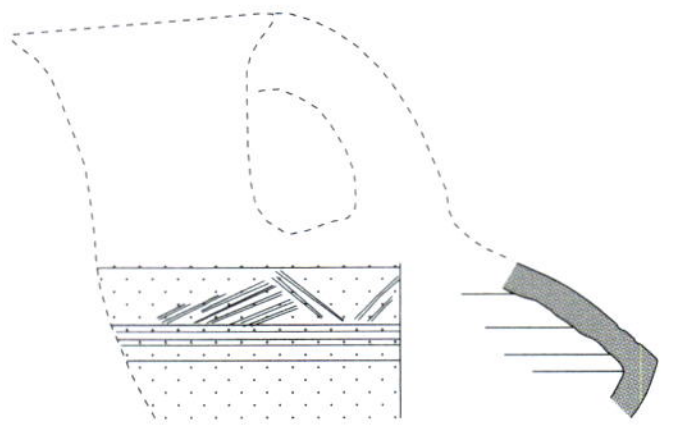

522. Inv. K 24292 (1:3)

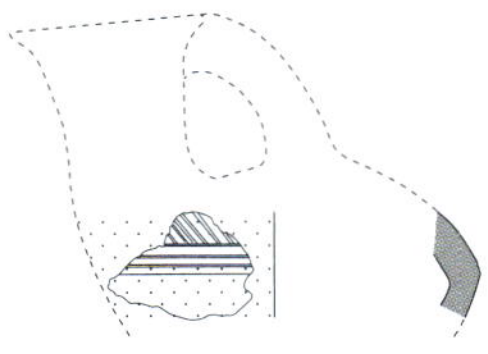

523. Inv. K 32034 (1:3)

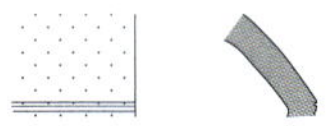

524. Inv. K 22208 (1:3)

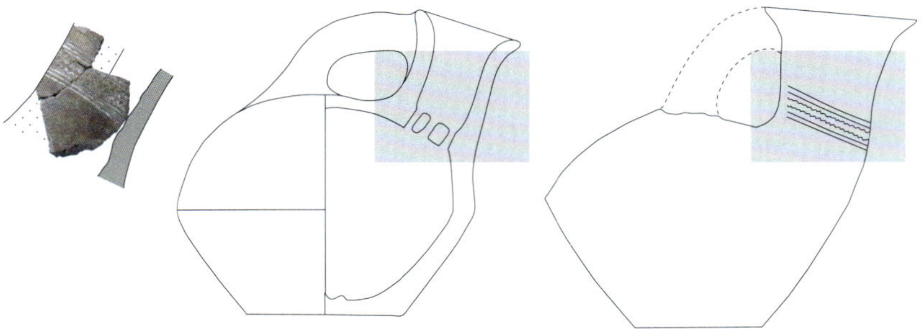

525. Inv. K 22547 (1:3)

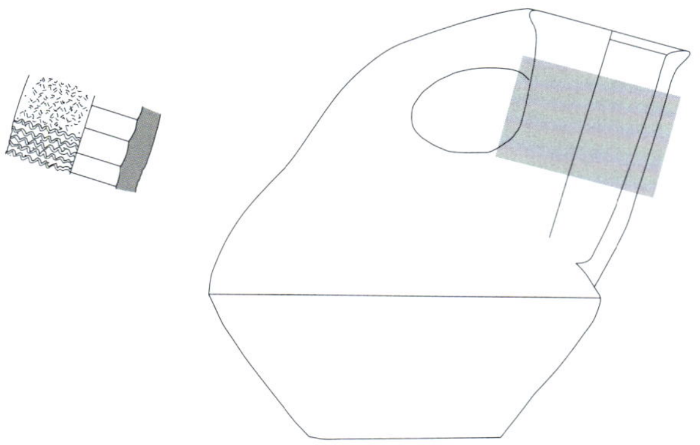

526. Inv. K 32035 (1:3)

527. Inv. K 24278 (1:2)

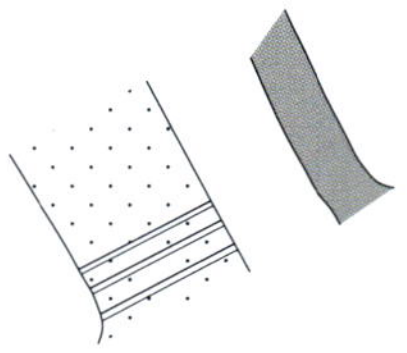

528. Inv. K 24312 (1:2)

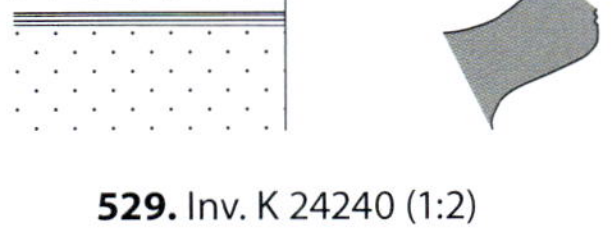

529. Inv. K 24240 (1:2)

530. Inv. K 32020 (1:2)

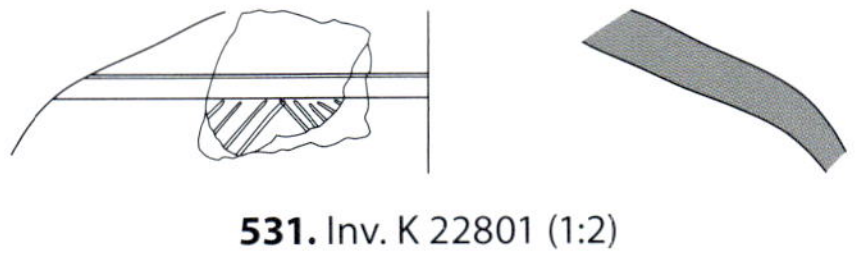

531. Inv. K 22801 (1:2)

522–530 Contesto VIII – VII sec. a.C. / **531** Contesto ca. 630/620 – 540 a.C.

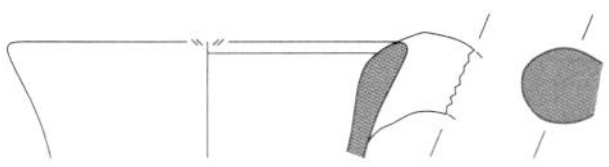

533. Inv. K 32056 (1:4)

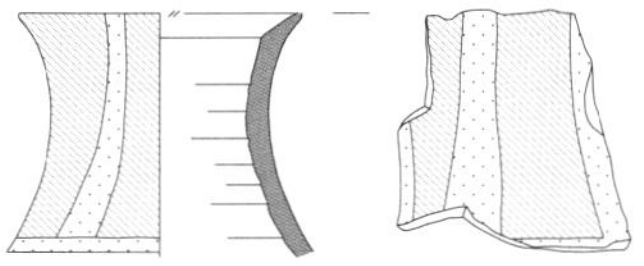

534. Inv. K 22216 (1:4)

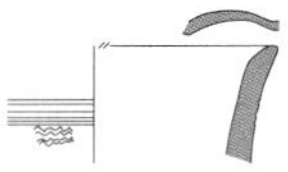

535. Inv. K 32193 (1:4)

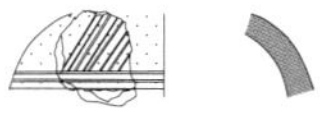

536. Inv. K 32012 (1:4)

537. Inv. K 24407 (1:4)

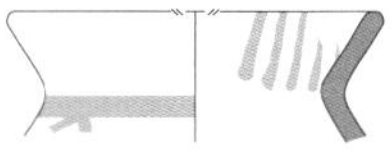

539. Inv. K 24307 (1:4)

540. Inv. K 23796 (1:4)

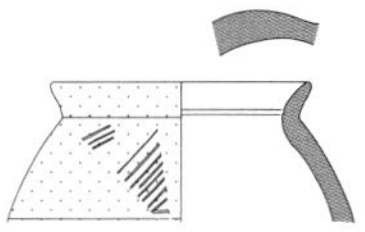

541. Inv. K 22785 (1:4)

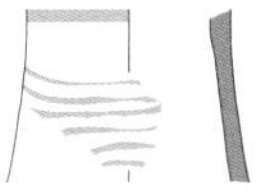

544. Inv. K 21986 (1:4)

545. Inv. K 22264 (1:4)

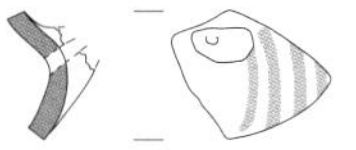

548. Inv. K 28541 (1:4)

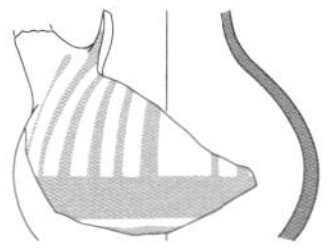

546. Inv. K 22091 (1:4)

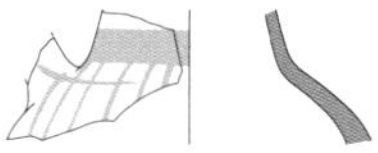

547. Inv. K 22112 (1:4)

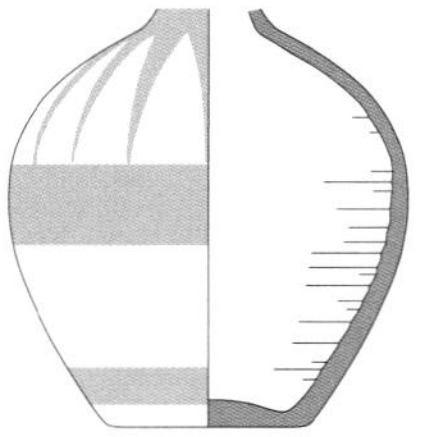

549. Inv. K 22033 (1:4)

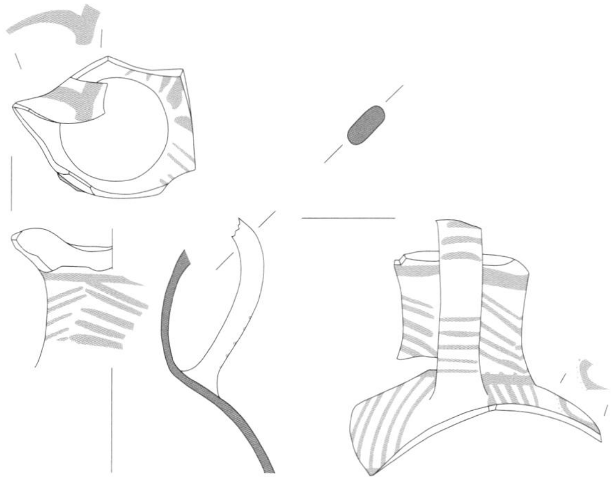

550. Inv. K 16607 (1:4)

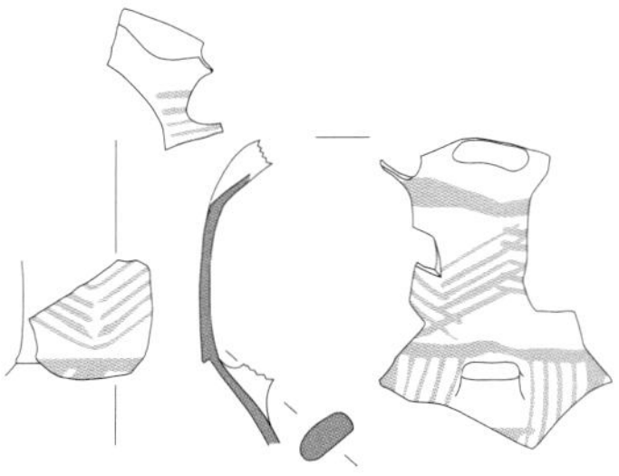

551. Inv. K 16608 (1:4)

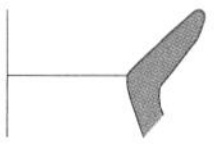

552. Inv. K 32727 (1:4)

533–536 Contesto VIII – VII sec. a.C. / **537** Contesto ca. 630/620 – 570 a.C. / **539–540** Contesto ca. 570 – 540 a.C.
541 Contesto ca. 630/620 – 540 a.C. / **544–549** Contesto ca. ultimo quarto VII sec. – 550 a.C.
550–552 Contesto ca. fine VII sec. – 500/490 a.C.

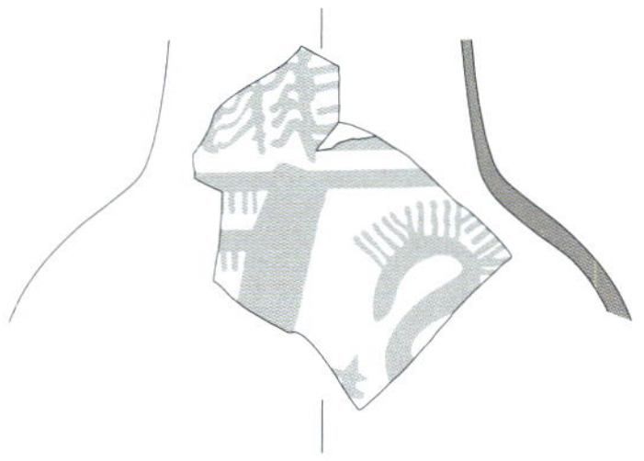

553. Inv. K 17069 (1:4)

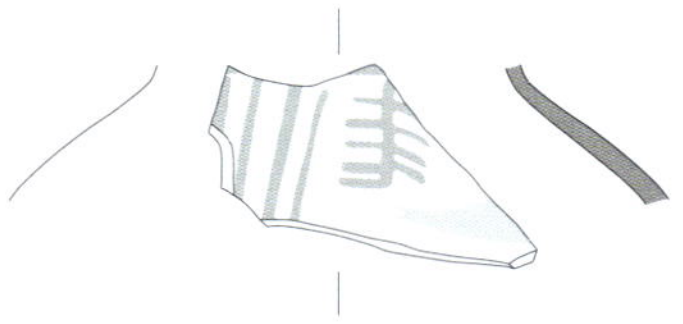

554. Inv. K 16570 (1:4)

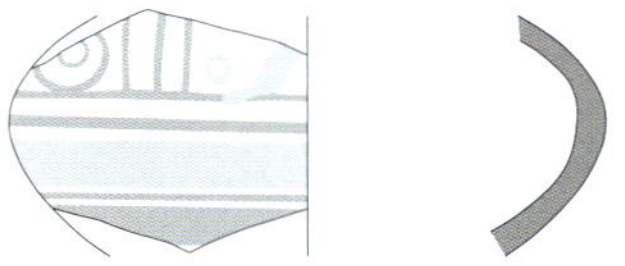

555. Inv. K 32668 (1:4)

556. Inv. K 32736 (1:4)

557. Inv. K 24106 (1:4)

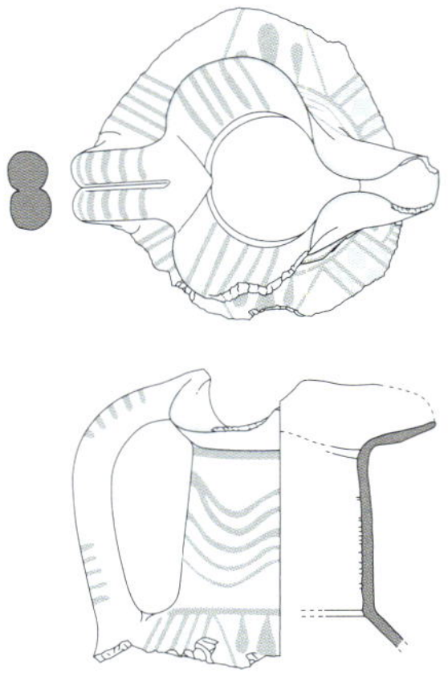

558. Inv. K 27209 (1:4)

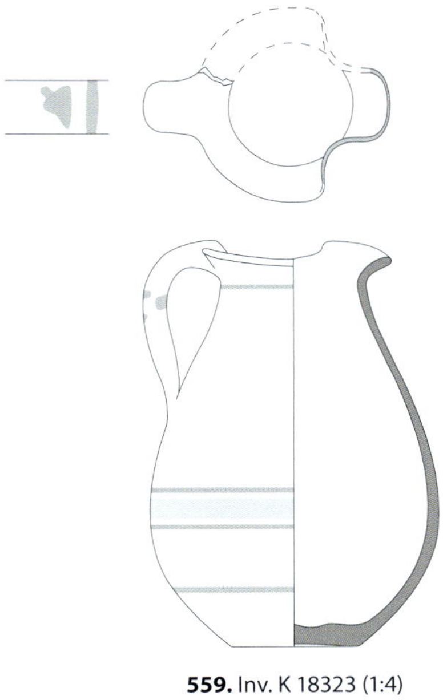

559. Inv. K 18323 (1:4)

553–556 Contesto ca. 500/490 – 480/470-60 a.C. / **557–559** Contesto ca. 500/490 – 460/450 a.C.

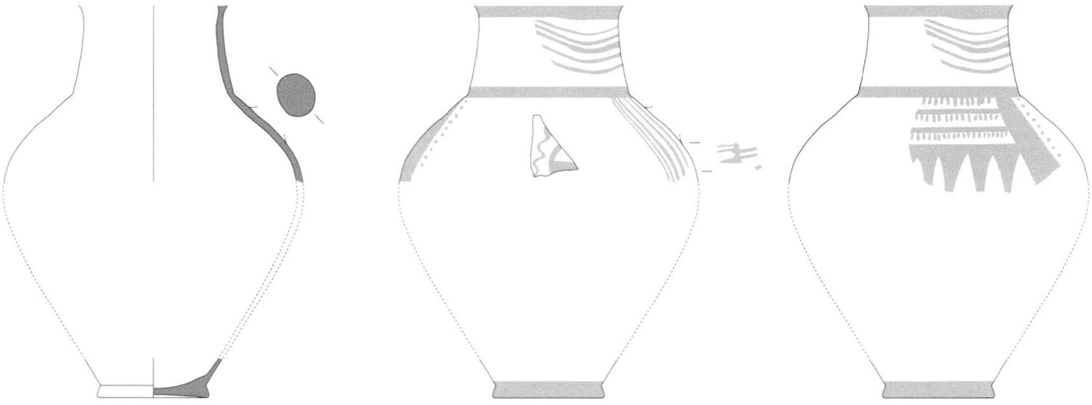

560. Inv. K 27102 (1:5)

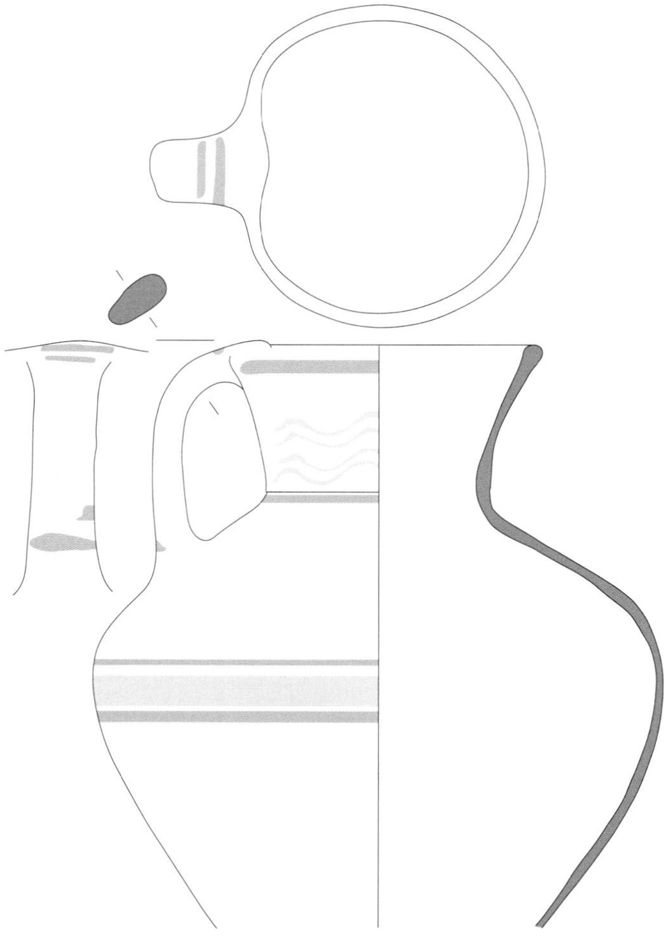

561. Inv. K 28851 (1:3)

560 Contesto ca. 500/490 – 460/450 a.C. / **561** Contesto *ante* 460/450 a.C.

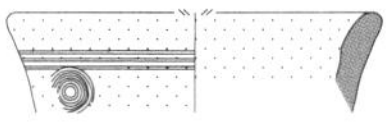
563. Inv. K 22204 (1:4)

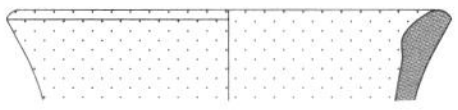
564. Inv. K 32221 (1:4)

565. Inv. K 32094 (1:4)

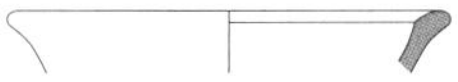
566. Inv. K 32049 (1:4)

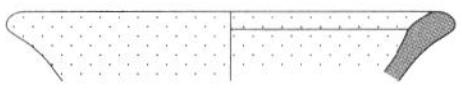
567. Inv. K 22470 (1:4)

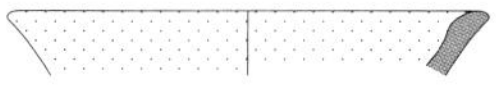
568. Inv. K 22207 (1:4)

569. Inv. K 32044 (1:4)

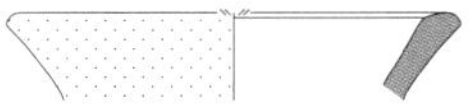
570. Inv. K 32037 (1:4)

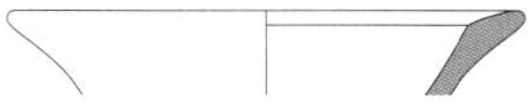
571. Inv. K 32089 (1:4)

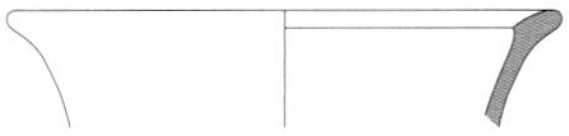
572. Inv. K 32099 (1:4)

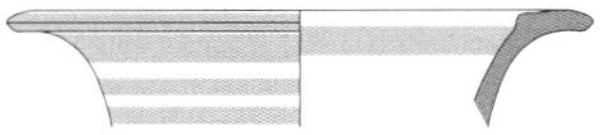
573. Inv. K 24795 (1:5)

574. Inv. K 25286 (1:5)

575. Inv. K 25259 (1:4)

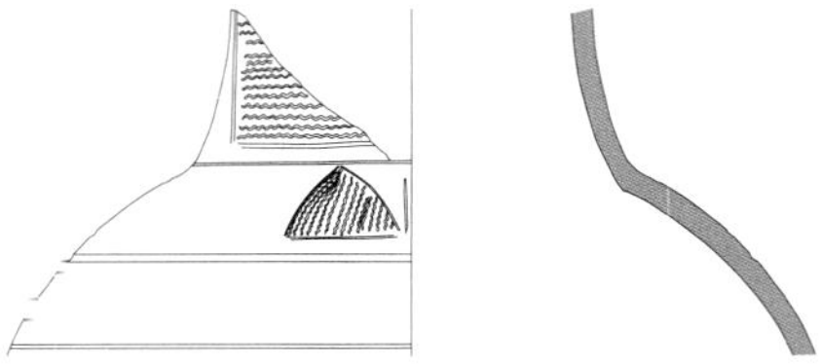
577. Inv. K 22613 (1:5)

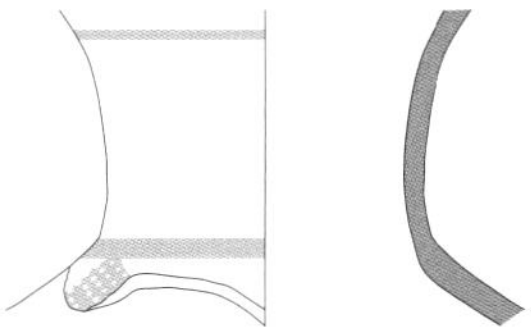
578. Inv. K 23783 (1:5)

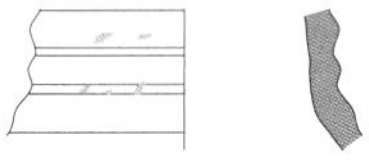
579. Inv. K 23878 (1:4)

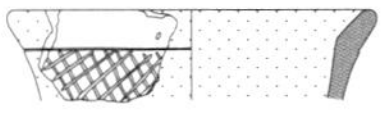
580. Inv. K 22633 (1:4)

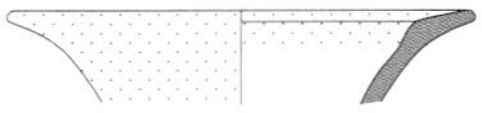
581. Inv. K 22635 (1:4)

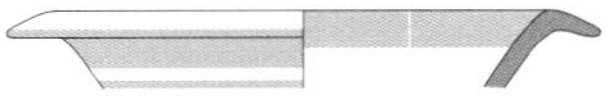
582. Inv. K 22703 (1:5)

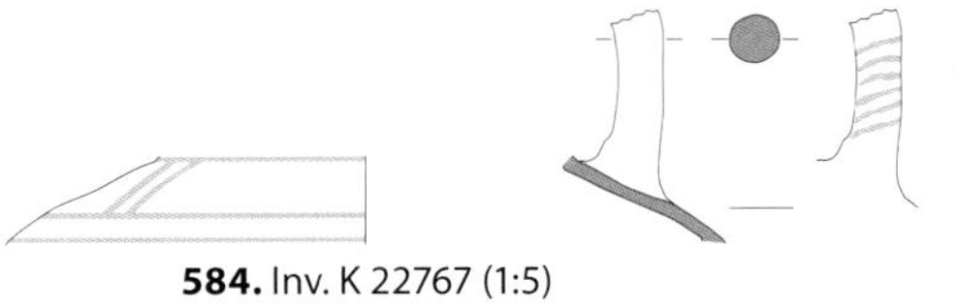
584. Inv. K 22767 (1:5)

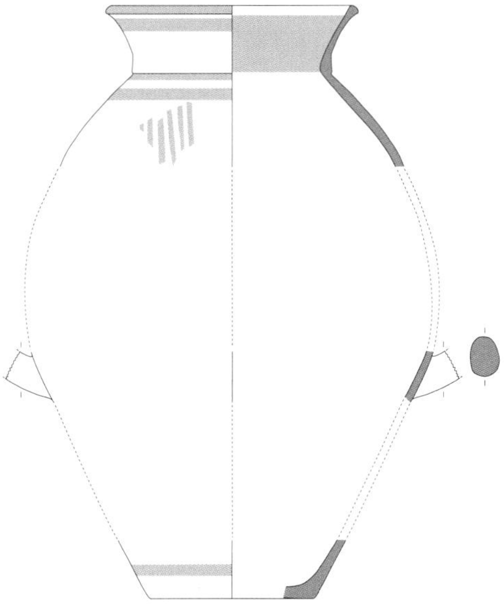
583 Inv. K 22782 (1:5)

563–572 Contesto VIII – VII sec. a.C. / **573–575** Contesto ca. 630/620 – 570 a.C. / **577–579** Contesto ca. 570 – 540 a.C.
580–584 Contesto ca. 630/620 – 540 a.C.

585. Inv. K 27928 (1:5)

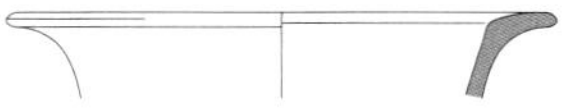
586. Inv. K 22312 (1:5)

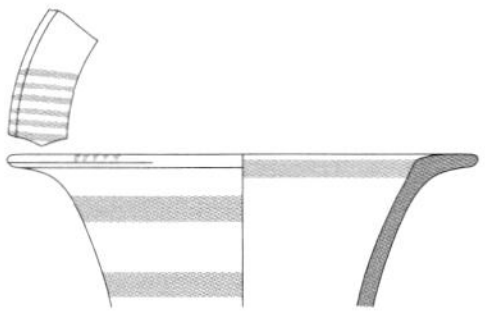
587. Inv. K 22300 (1:5)

588. Inv. K 22165 (1:5)

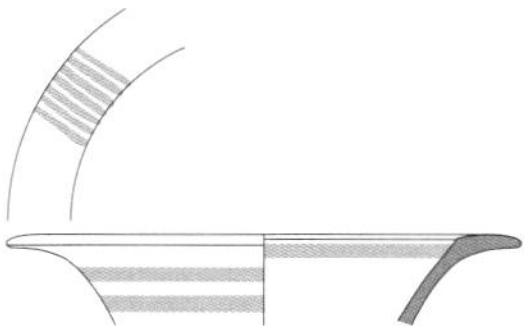
589. Inv. K 22087 (1:5)

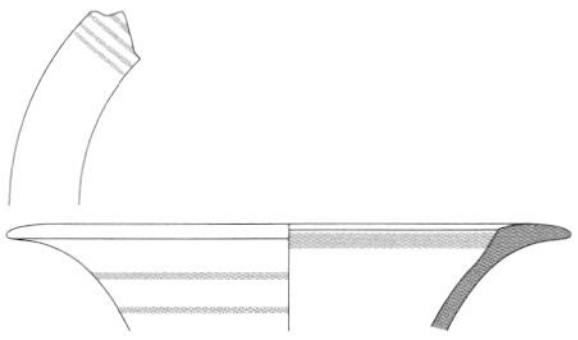
590. Inv. K 22000 (1:5)

591. Inv. K 21972 (1:5)

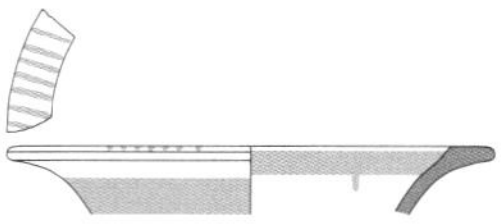
592. Inv. K 21974 (1:5)

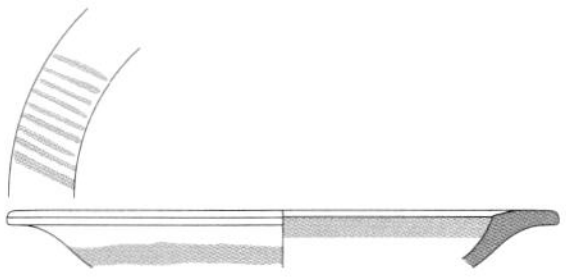
593. Inv. K 22184 (1:5)

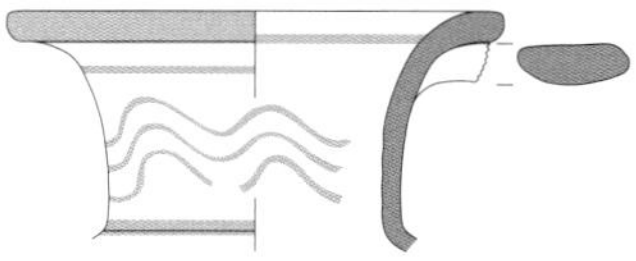
598. Inv. K 20738 (1:5)

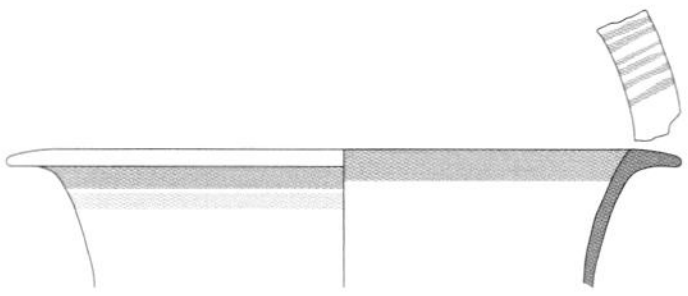
599. Inv. K 32673 (1:5)

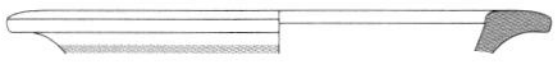
600. Inv. K 32559 (1:5)

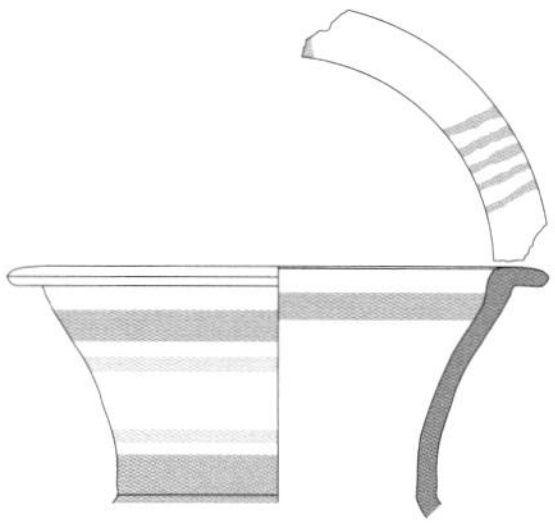
601. Inv. K 16761 (1:5)

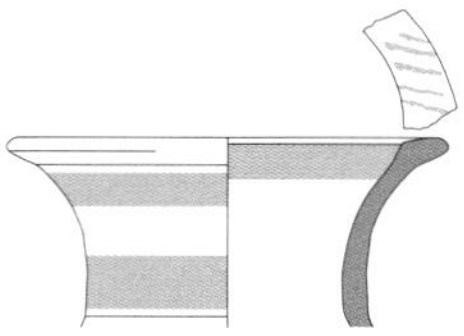
602. Inv. K 16464 (1:5)

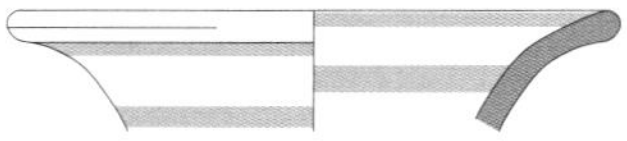
603. Inv. K 17296 (1:5)

604. Inv. K 32528 (1:5)

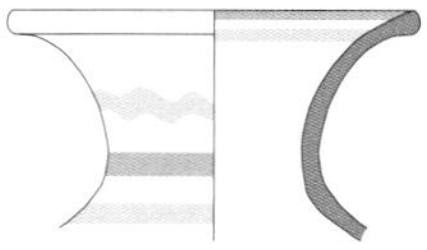
605. Inv. K 16986 (1:5)

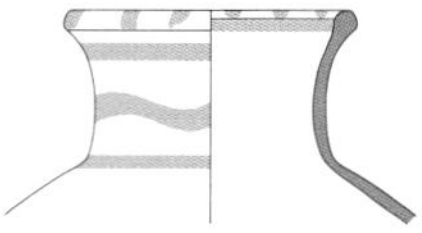
606. Inv. K 16764 (1:5)

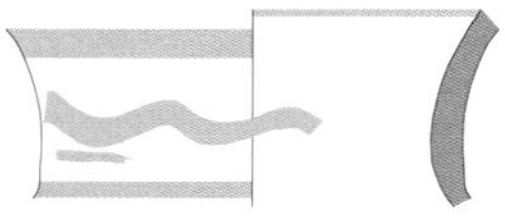
607. Inv. K 32689 (1:5)

608. Inv. K 32504 (1:5)

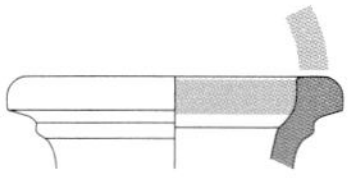
609. Inv. K 16569 (1:4)

585–593 Contesto ca. ultimo quarto VII sec. – 550 a.C. / **598** Contesto ca. 550 – 500/490 a.C.
599–607 Contesto ca. fine VII sec. – 500/490 a.C. / **608–609** Contesto ca. 500/490 – 480/470-60 a.C.

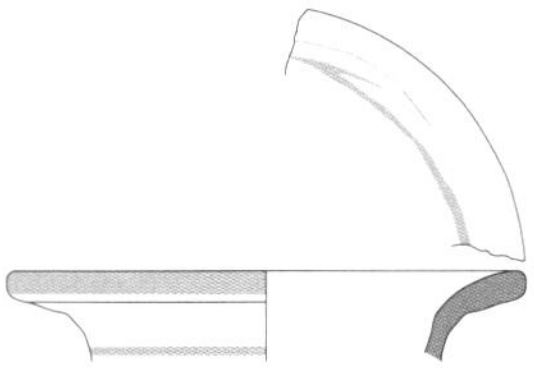

611. Inv. K 32748 (1:5)

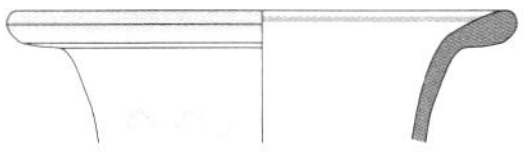

612. Inv. K 27208 (1:5)

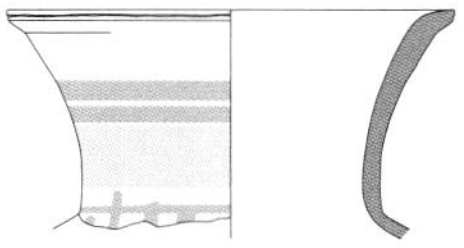

613. Inv. K 27005 (1:5)

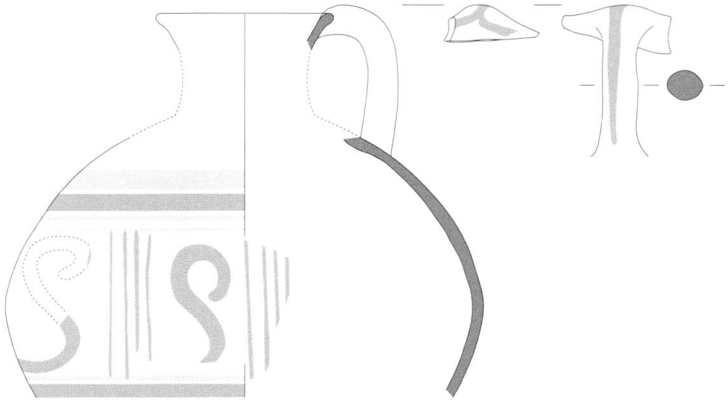

614. Inv. K 28040 (1:5)

615. Inv. K 27101 (1:5)

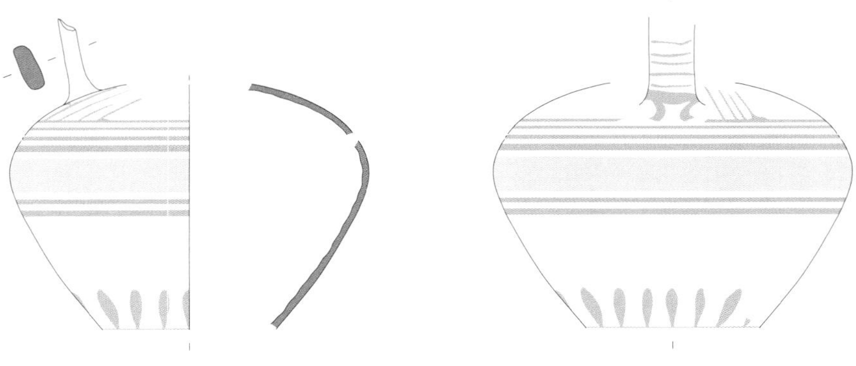

618. Inv. K 32427 (1:5)

611–615 Contesto ca. 500/490 – 460/450 a.C. / **618** Contesto *ante* 460/450 a.C.

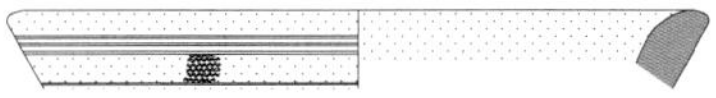
619. Inv. K 22176 (1:5)

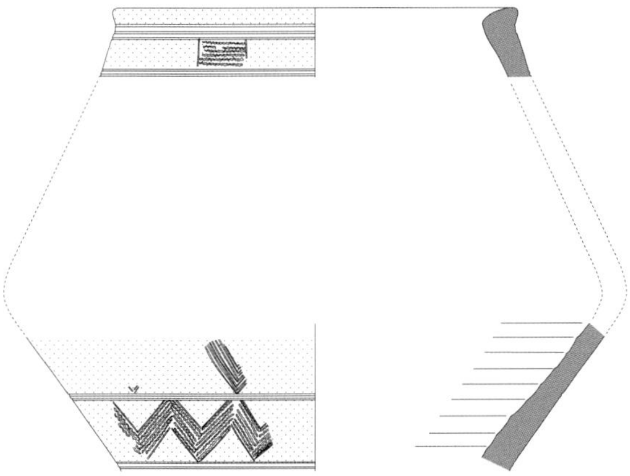
620. Inv. K 23208 (1:5)

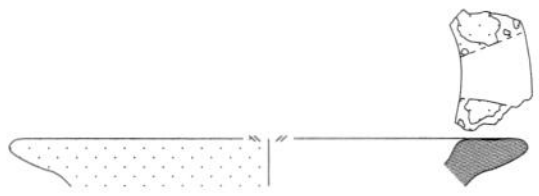
621. Inv. K 32043 (1:4)

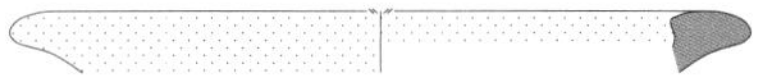
622. Inv. K 32129 (1:5)

623. Inv. K 32048 (1:5)

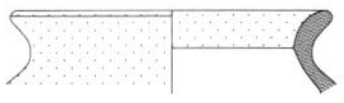
624. Inv. K 32126 (1:5)

625. Inv. K 22182 (1:5)

626. Inv. K 24288 (1:5)

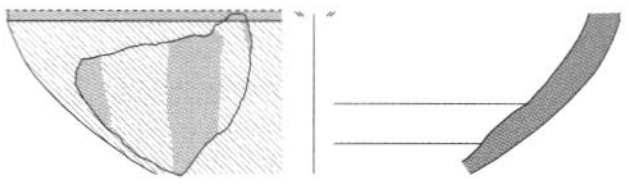
627. Inv. K 22175 (1:5)

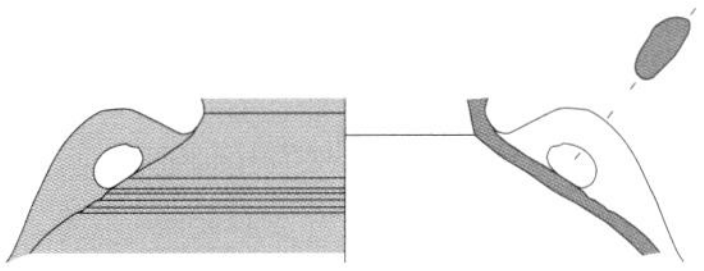
628. Inv. K 32054 (1:5)

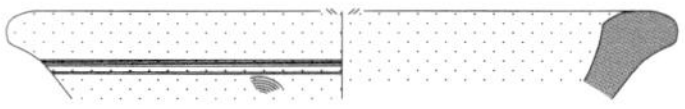
629. Inv. K 25284 (1:4)

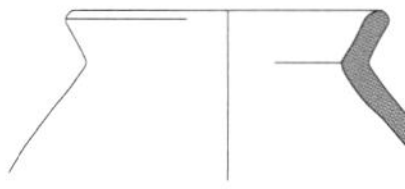
630. Inv. K 25270 (1:5)

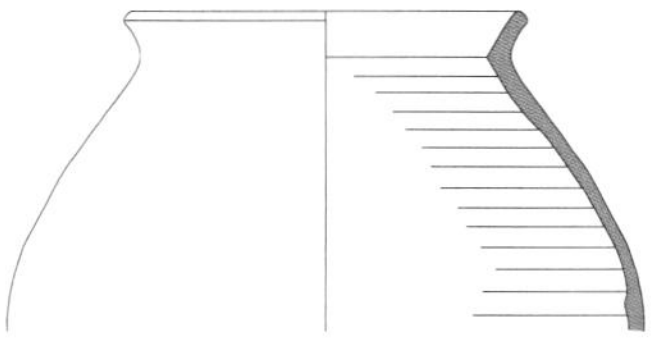
631. Inv. K 32490 (1:5)

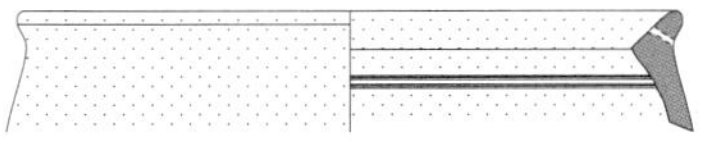
632. Inv. K 25258 (1:4)

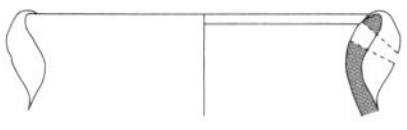
633. Inv. K 25121 (1:5)

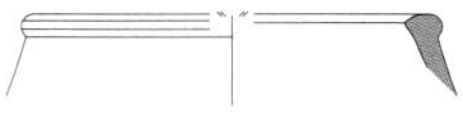
634. Inv. K 24717 (1:5)

636. Inv. K 22768 (1:4)

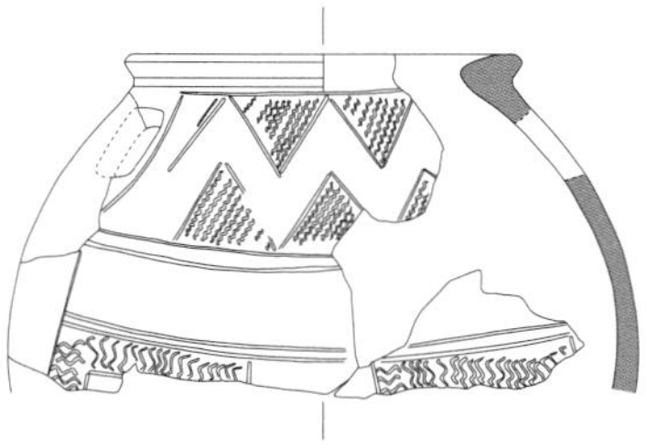
637. Inv. K 22888 (1:5)

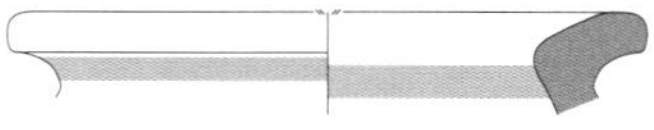
638. Inv. K 22621 (1:5)

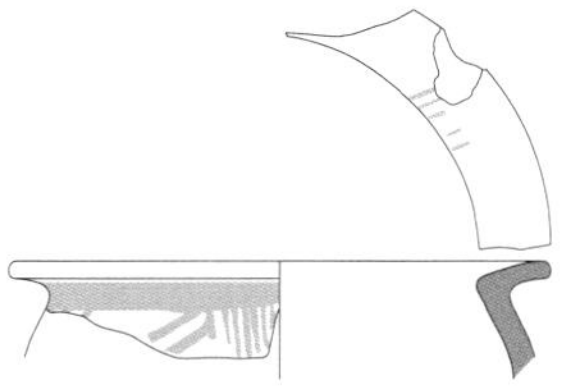
639. Inv. K 22534 (1:5)

619–628 Contesto VIII – VII sec. a.C. / **629–632** Contesto ca. 630/620 – 570 a.C. / **633–634** Contesto ca. 570 – 540 a.C.
636–639 Contesto ca. 630/620 – 540 a.C.

640. Inv. K 22166 (1:5)

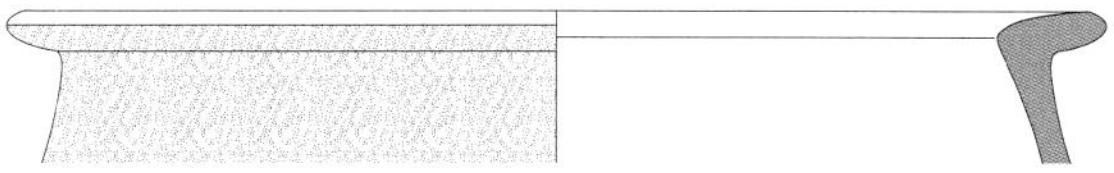

641. Inv. K 22134 (1:5)

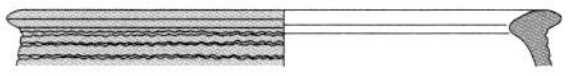

642. Inv. K 21978 (1:4)

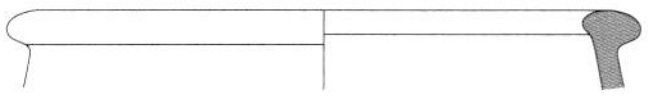

643. Inv. K 27959 (1:5)

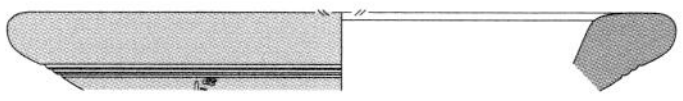

644. Inv. K 22072 (1:4)

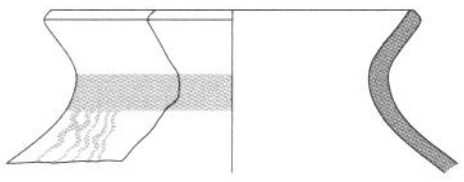

645. Inv. K 22113 (1:5)

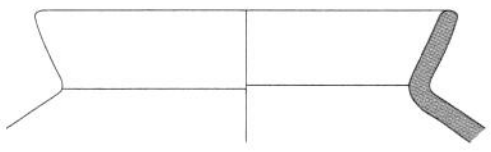

646. Inv. K 22272 (1:5)

647. Inv. K 27954 (1:5)

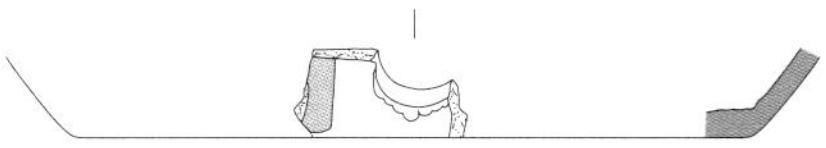

648. Inv. K 22262 (1:5)

649. Inv. K 22231 (1:5)

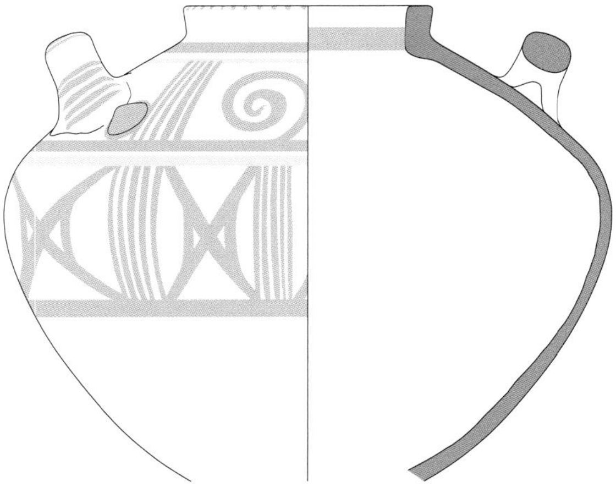

650. Inv. K 22280 (1:5)

640–648 Contesto ca. ultimo quarto VII sec. – 550 a.C. / **649–650** Contesto ca. 550 – 500/490 a.C.

651. Inv. K 16762 (1:5)

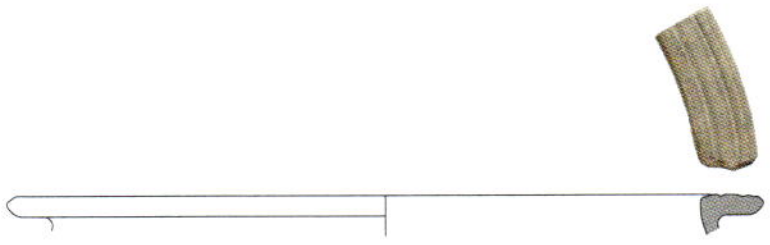

652. Inv. K 16612 (1:4)

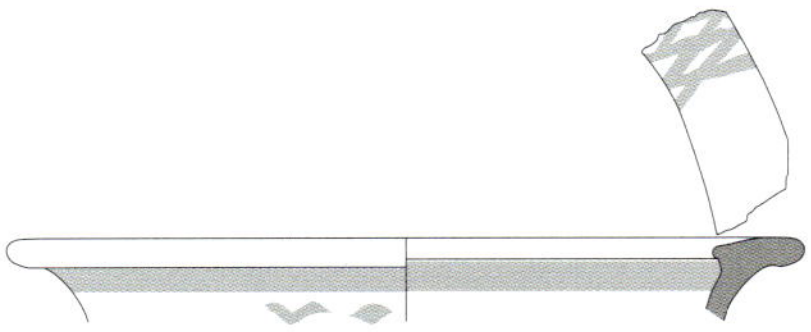

653. Inv. K 32600 (1:5)

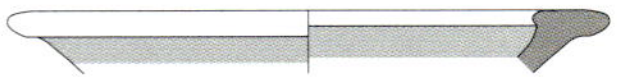

654. Inv. K 32604 (1:4)

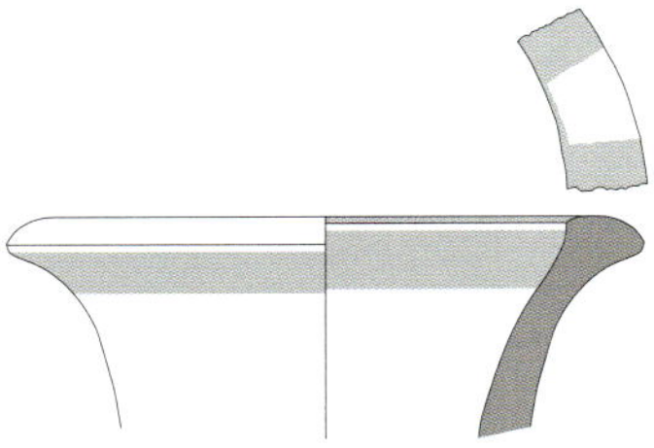

655. Inv. K 16714 (1:5)

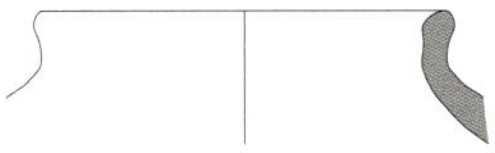

656. Inv. K 32717 (1:5)

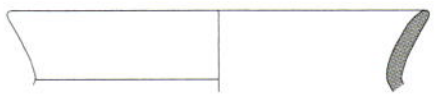

657. Inv. K 32715 (1:5)

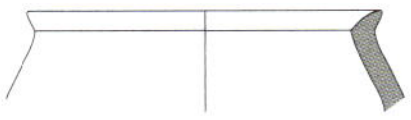

658. Inv. K 32606 (1:5)

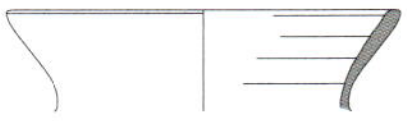

660. Inv. K 32670 (1:5)

661. Inv. K 32519 (1:5)

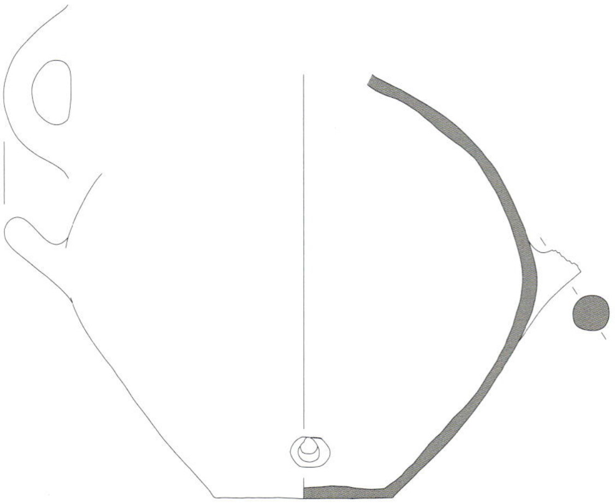

662. Inv. K 28044 (1:6)

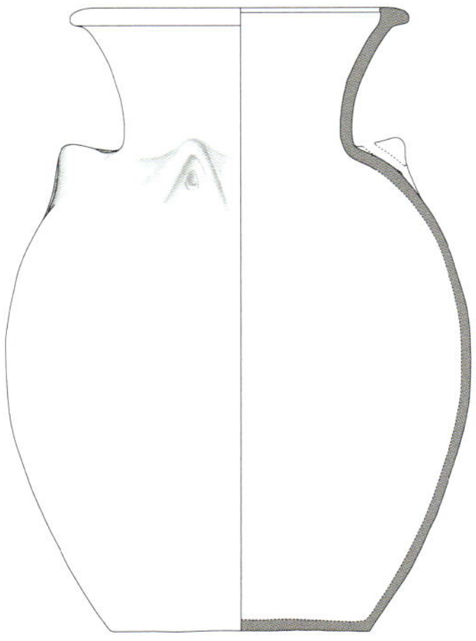

663. Inv. K 24660 (1:8)

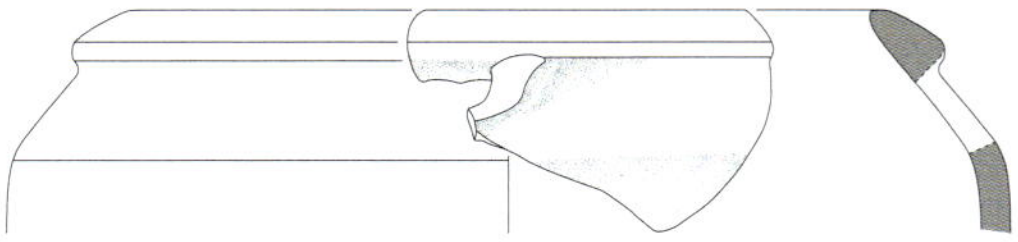

664. Inv. K 24042 (1:5)

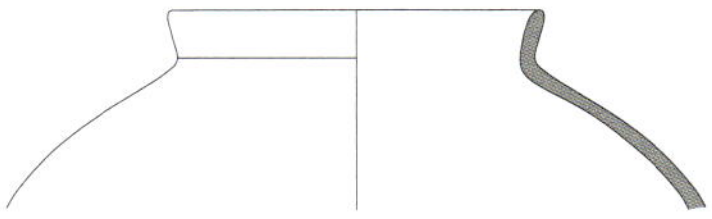

665. Inv. K 28041 (1:5)

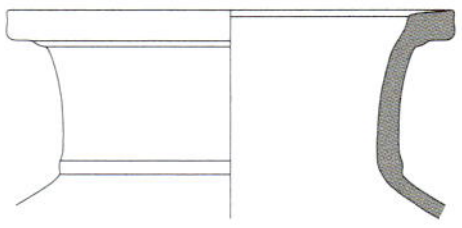

666. Inv. K 28307 (1:8)

651–658 Contesto ca. fine VII sec. – 500/490 a.C. / **660–661** Contesto ca. 500/490 – 480/470-60 a.C.
662–665 Contesto ca. 500/490 – 460/450 a.C. / **666** Contesto *ante* 460/450 a.C.

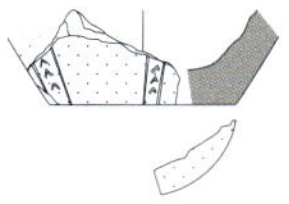
667. Inv. K 32203 (1:4)

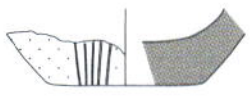
668. Inv. K 24289 (1:4)

669. Inv. K 32201 (1:4)

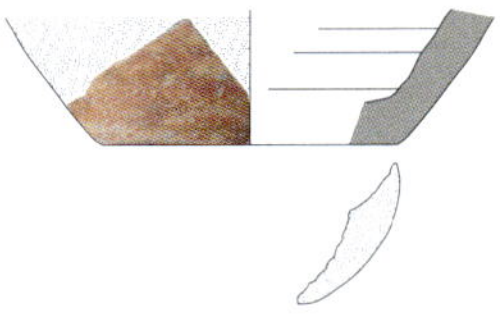
670. Inv. K 22220 (1:4)

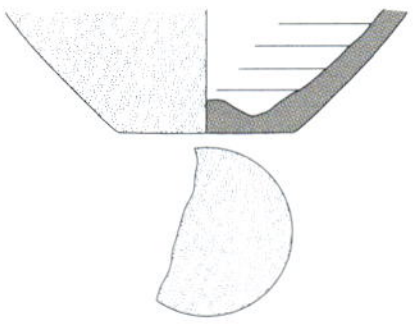
671. Inv. K 22221 (1:4)

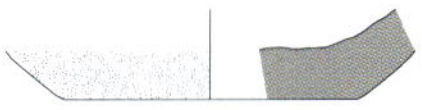
672. Inv. K 32185 (1:4)

673. Inv. K 22222 (1:4)

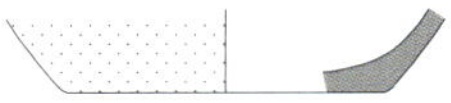
674. Inv. K 32086 (1:4)

675. Inv. K 32107 (1:4)

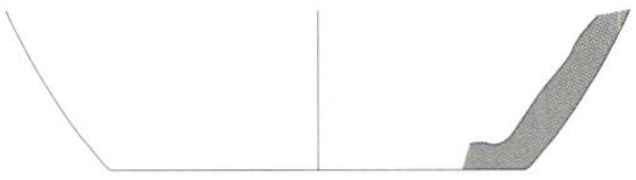
676. Inv. K 32135 (1:5)

677. Inv. K 32019 (1:5)

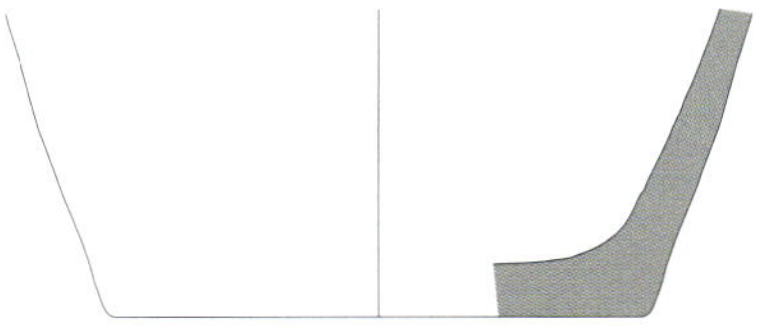
678. Inv. K 32029 (1:5)

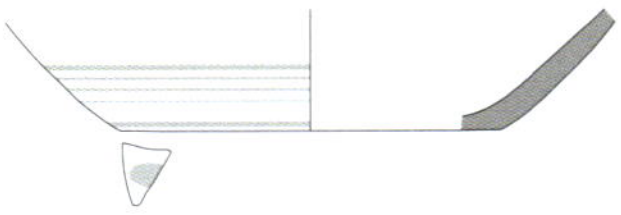
679. Inv. K 24383 (1:4)

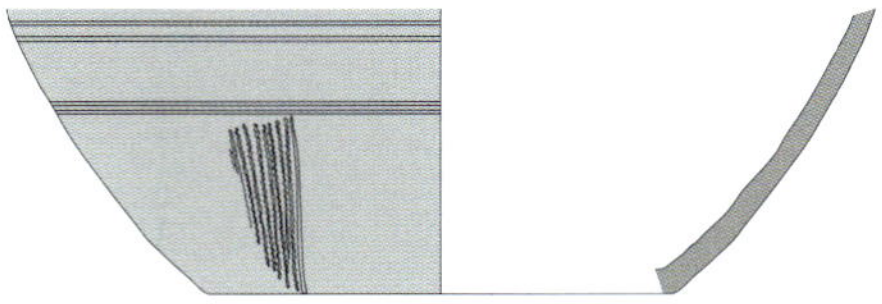
680. Inv. K 24794 (1:5)

681. Inv. K 23784 (1:4)

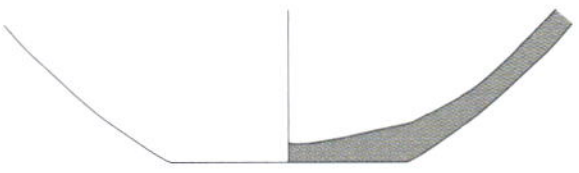
682. Inv. K 32477 (1:5)

683. Inv. K 32496 (1:5)

684. Inv. K 27952 (1:4)

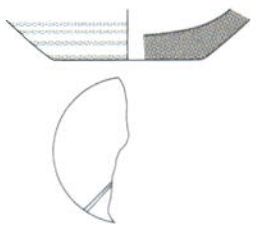
685. Inv. K 28406 (1:4)

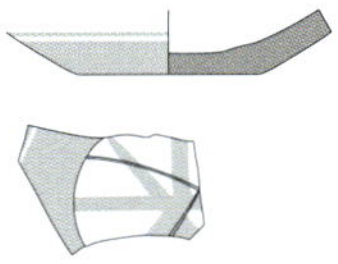
686. Inv. K 28407 (1:4)

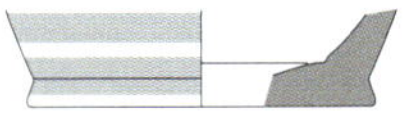
688. Inv. K 28392 (1:4)

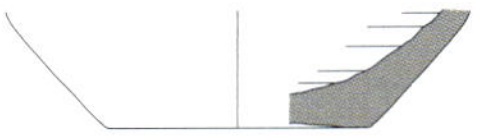
689. Inv. K 32436 (1:5)

690. Inv. K 32429 (1:5)

691. Inv. K 21971 (1:5)

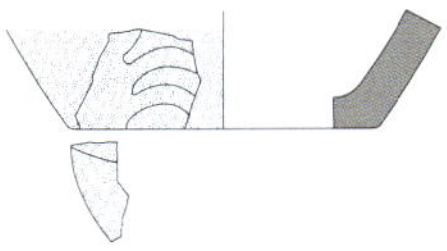
692. Inv. K 28556 (1:5)

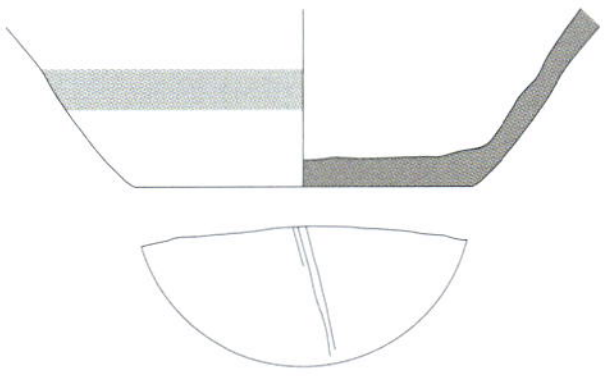
693. Inv. K 28390 (1:5)

694. Inv. K 22004 (1:5)

695. Inv. K 32430 (1:5)

667–678 Contesto VIII – VII sec. a.C. / **679–680** Contesto ca. 630/620 – 570 a.C. / **681–683** Contesto ca. 570 – 540 a.C.
684–695 Contesto ca. ultimo quarto VII sec. – 550 a.C.

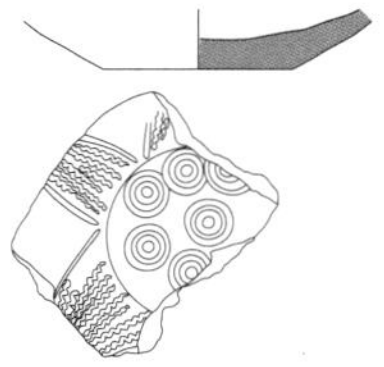

696. Inv. K 16647 (1:4)

697. Inv. K 32553 (1:4)

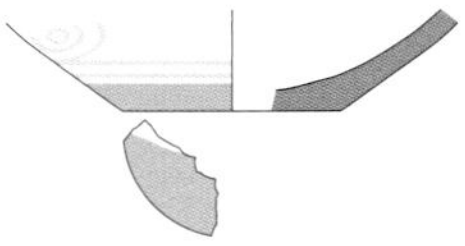

698. Inv. K 32522 (1:4)

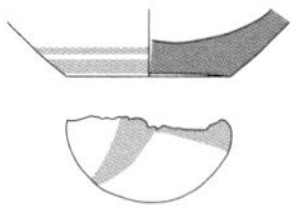

699. Inv. K 16626 (1:4)

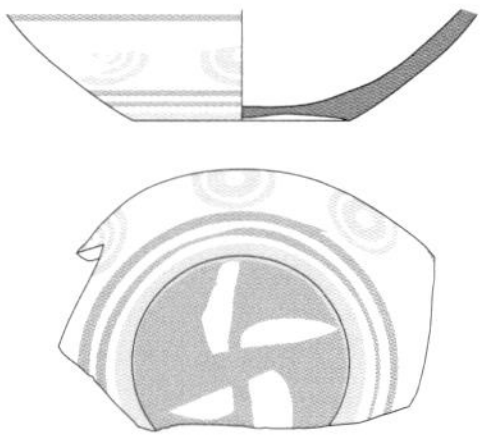

700. Inv. K 16765 (1:4)

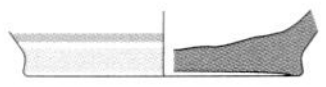

701. Inv. K 32731 (1:4)

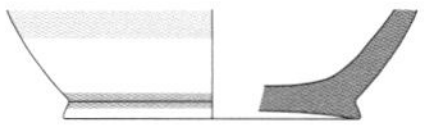

702. Inv. K 32730 (1:4)

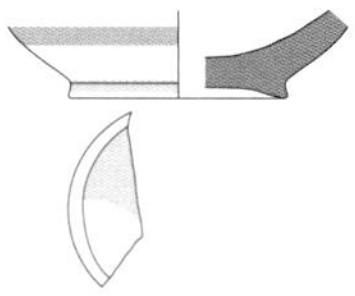

703. Inv. K 32523 (1:4)

704. Inv. K 32552 (1:4)

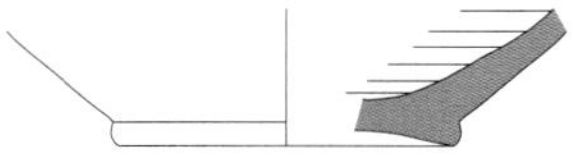

705. Inv. K 32551 (1:4)

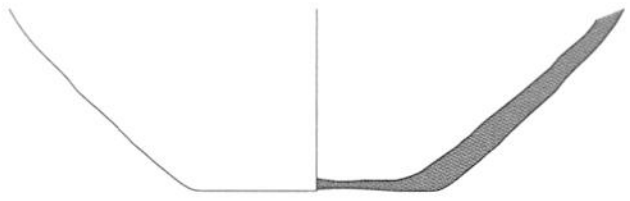

706. Inv. K 32573 (1:4)

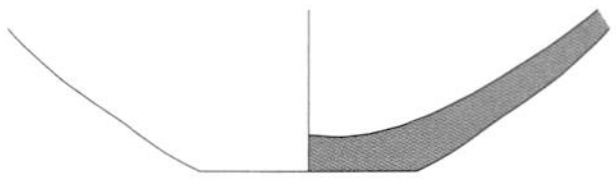

707. Inv. K 16763 (1:4)

708. Inv. K 32621 (1:5)

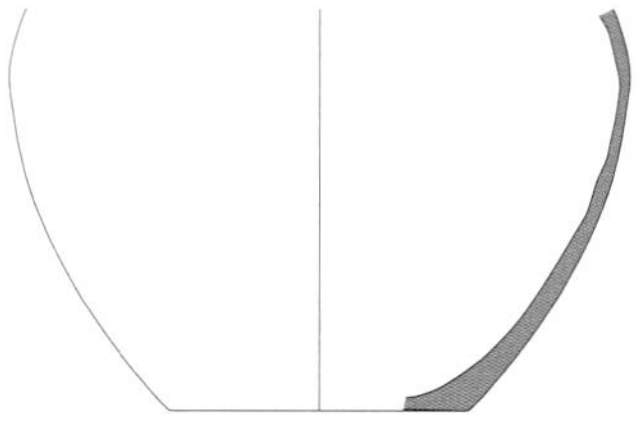

709. Inv. K 32690 (1:5)

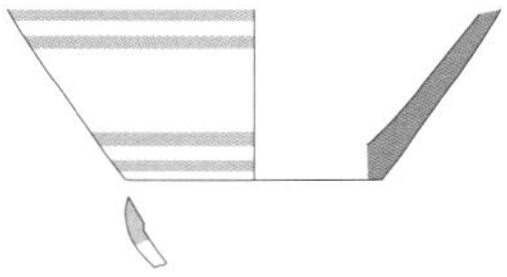

710. Inv. K 32601 (1:5)

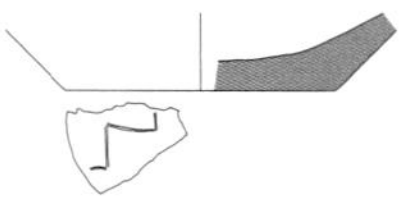

711. Inv. K 16457 (1:5)

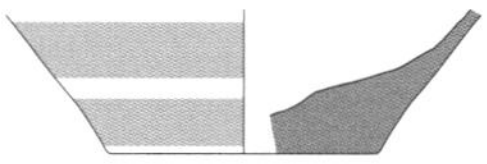

712. Inv. K 32676 (1:5)

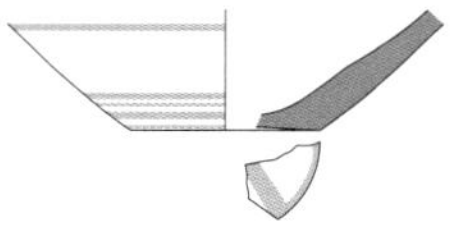

713. Inv. K 32667 (1:4)

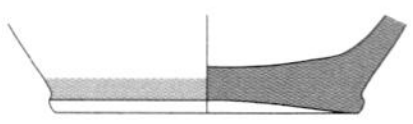

714. Inv. K 32513 (1:4)

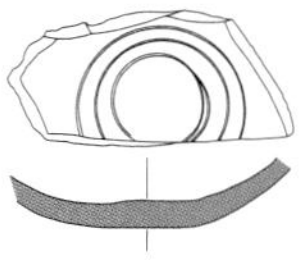

715. Inv. K 32749 (1:5)

696–712 Contesto ca. fine VII sec. – 500/490 a.C. **/ 713–714** Contesto ca. 500/490 – 480/470-60 a.C.
715 Contesto ca. 500/490 – 460/450 a.C.

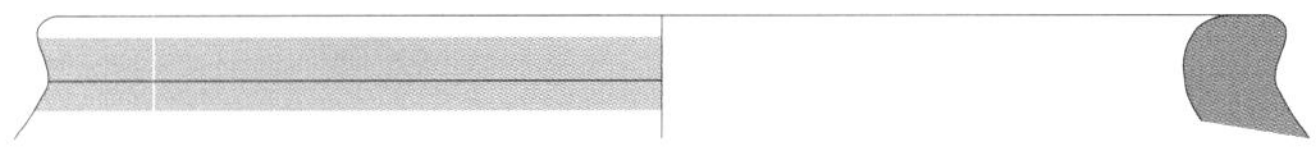

716. Inv. K 32132 (1:5)

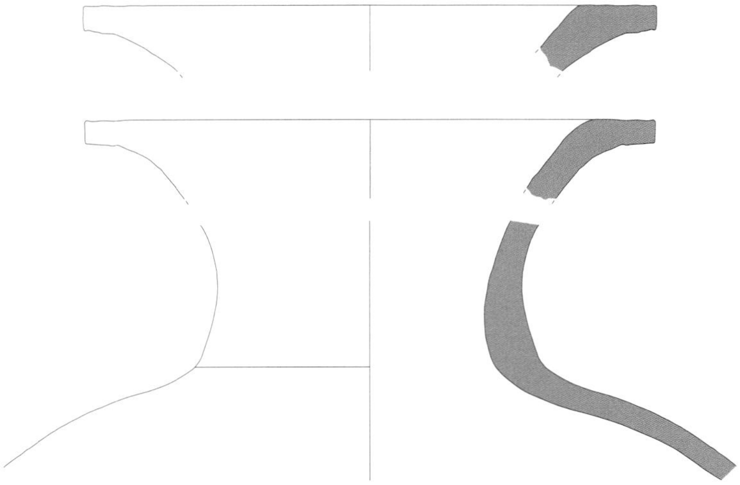

721. Inv. K 23786 (1:5)

722. Inv. K 24266 (1:5)

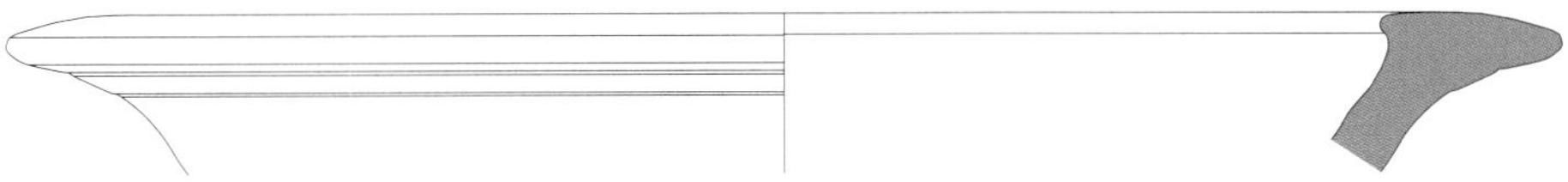

726. Inv. K 22684 (1:5)

729. Inv. K 16704 (1:5)

716 Contesto VIII – VII sec. a.C. / **721–722** Contesto ca. 570 – 540 a.C.
726 Contesto ca. 630/620 – 540 a.C. / **729** Contesto ca. fine VII sec. – 500/490 a.C.

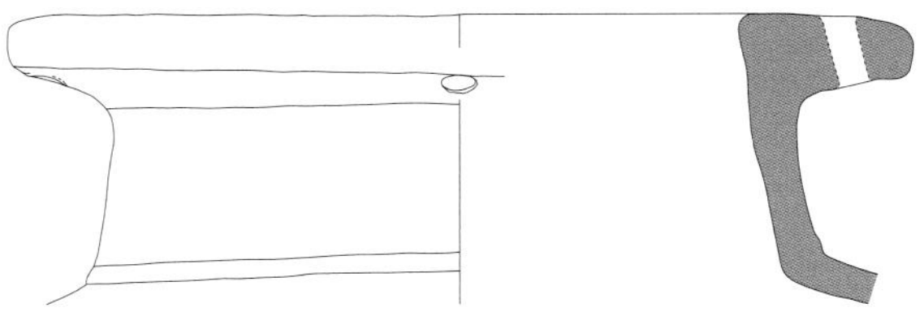

731. Inv. K 24052 (1:5)

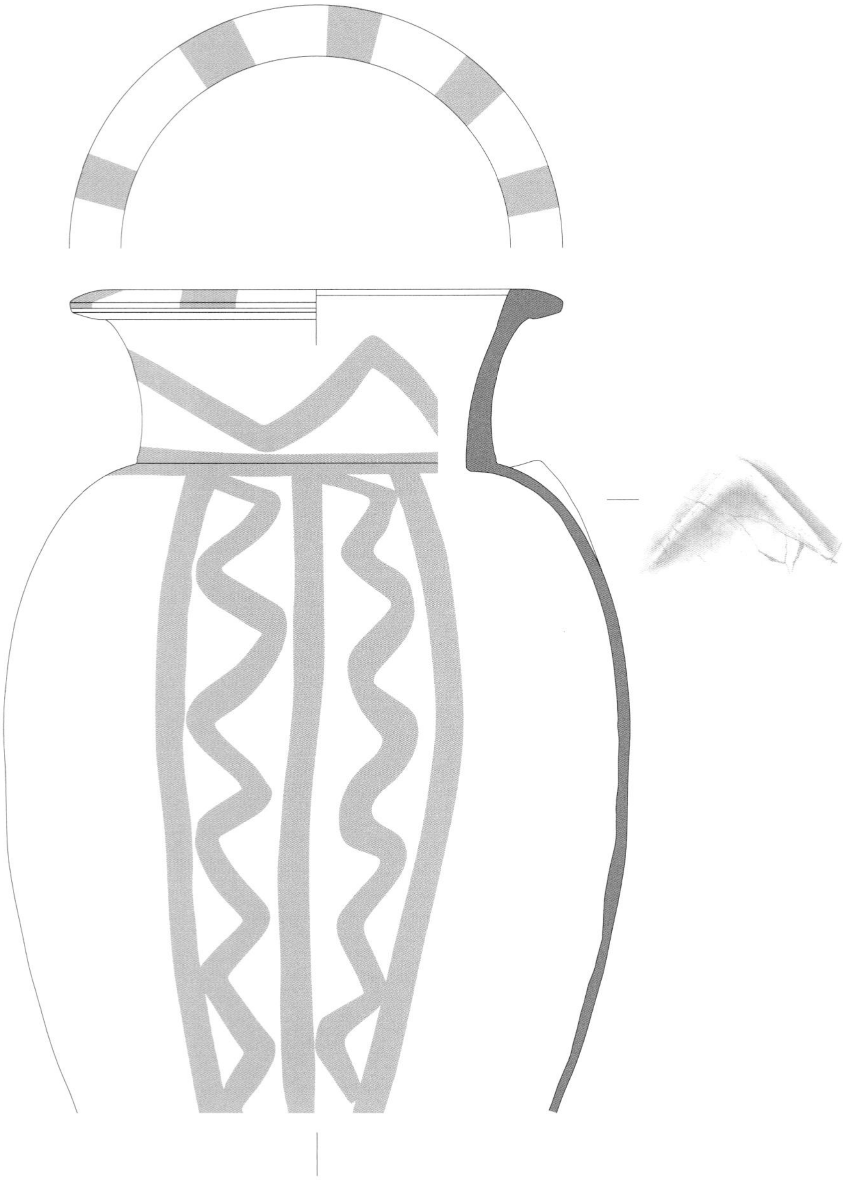

732. Inv. K 33096 (1:10)

731–732 Contesto ca. 500/490 – 460/450 a.C.

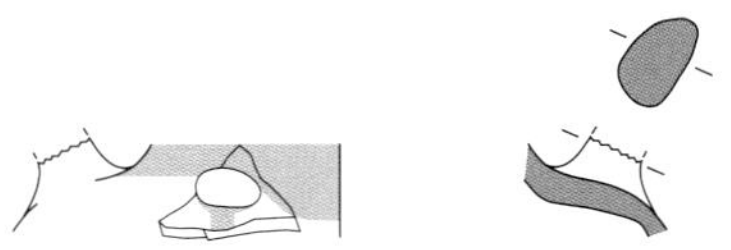

734. Inv. K 32470 (1:2)

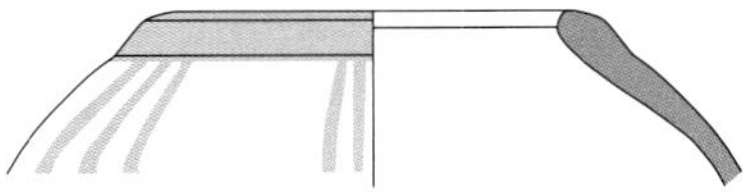

735. Inv. K 22622 (1:2)

736. Inv. K 22685 (1:2)

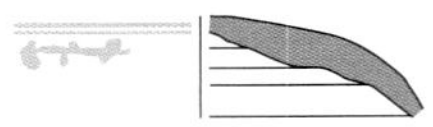

737. Inv. K 22140 (1:2)

738. Inv. K 16964 (1:2)

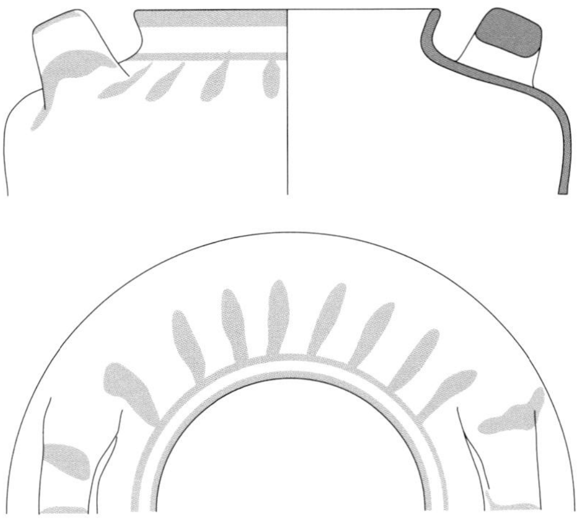

739. Inv. K 27008 (1:2)

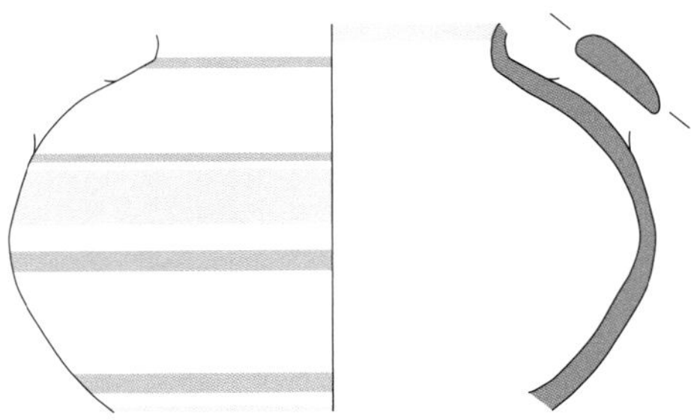

740. Inv. K 28927 (1:2)

734 Contesto ca. 570 – 540 a.C. / **735–736** Contesto ca. 630/620 – 540 a.C. / **737** Contesto ca. 550 – 500/490 a.C.
738 Contesto ca. fine VII sec. – 500/490 a.C. / **739** Contesto ca. 500/490 – 460/450 a.C. / **740** Contesto *ante* 460/450 a.C.

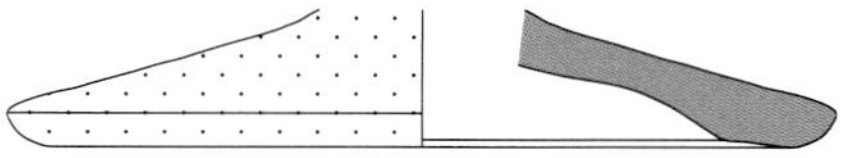

741. Inv. K 32213 (1:2)

742. Inv. K 32038 (1:2)

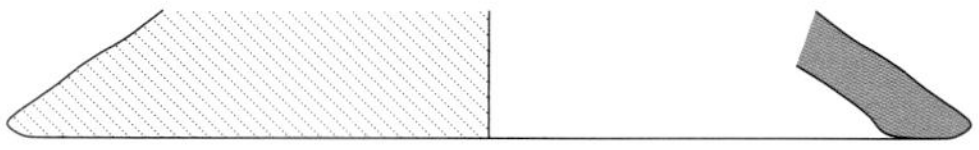

743. Inv. K 32146 (1:2)

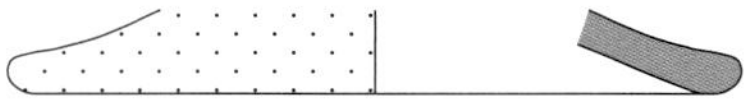

744. Inv. K 32223 (1:2)

745. Inv. K 32484 (1:2)

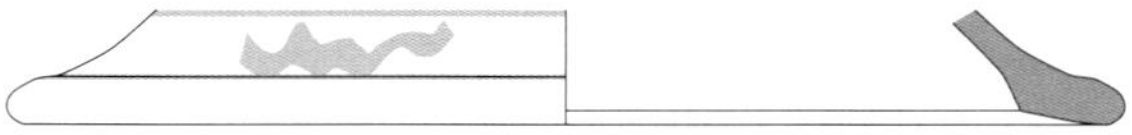

746. Inv. K 24385 (1:3)

747. Inv. K 22584 (1:2)

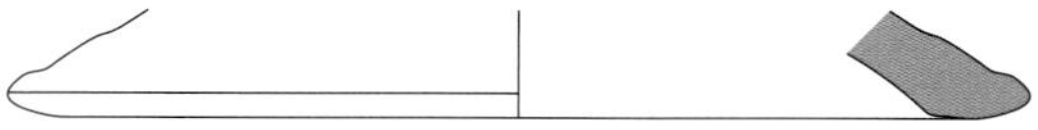

748. Inv. K 32431 (1:2)

749. Inv. K 27931 (1:3)

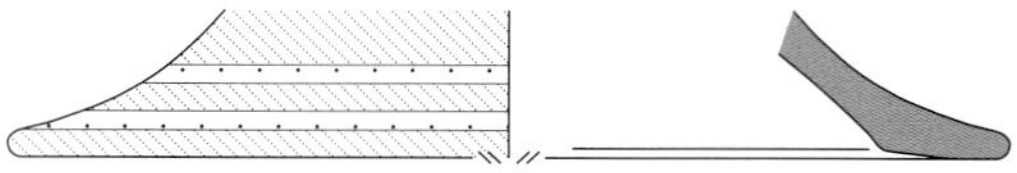

750. Inv. K 28367 (1:2)

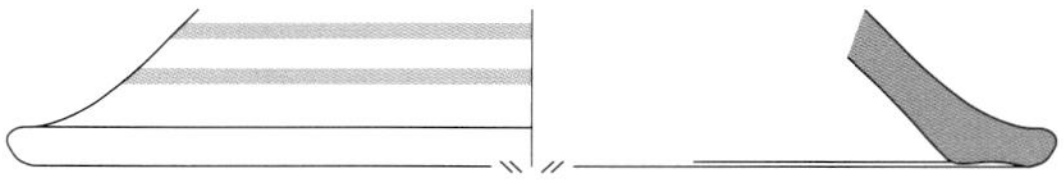

751. Inv. K 28379 (1:2)

752. Inv. K 27214 (1:3)

753. Inv. K 32694 (1:3)

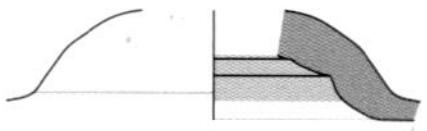

754. Inv. K 32718 (1:2)

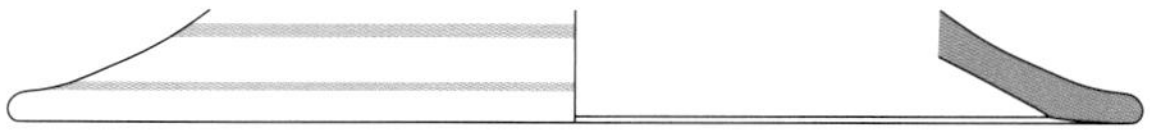

755. Inv. K 32720 (1:2)

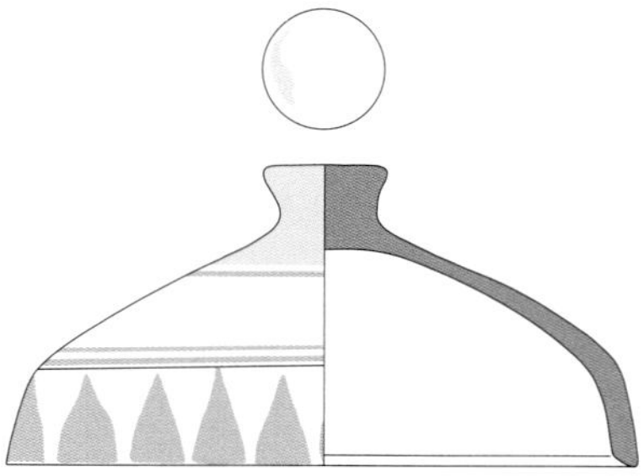

756. Inv. K 26941 (1:3)

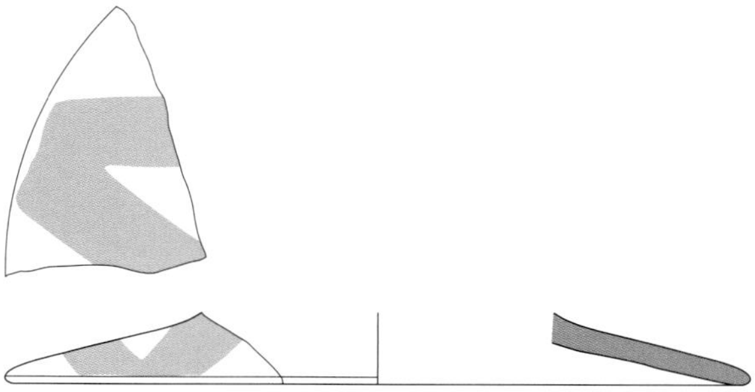

757. Inv. K 31484 (1:2)

741–744 Contesto VIII – VII sec. a.C. / **745–746** Contesto ca. 570 – 540 a.C. / **747** Contesto ca. 630/620 – 540 a.C.
748–751 Contesto ca. ultimo quarto VII sec. – 550 a.C. / **752** Contesto ca. 550 – 500/490 a.C.
753–755 Contesto ca. fine VII sec. – 500/490 a.C. / **756** Contesto ca. 500/490 – 460/450 a.C.
757 Contesto *ante* 460/450 a.C.

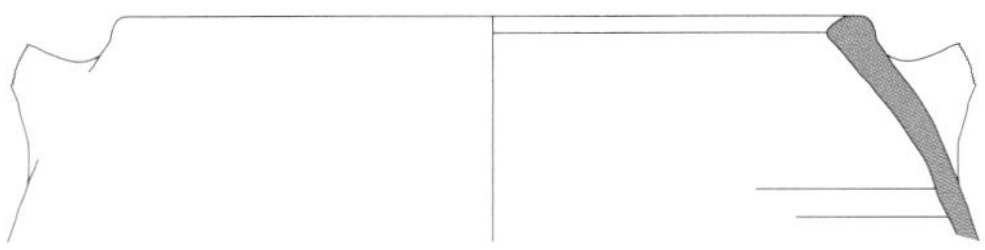

758. Inv. K 32032 (1:4)

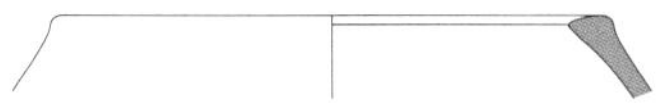

759. Inv. K 32228 (1:4)

760. Inv. K 32198 (1:4)

761. Inv. K 32195 (1:4)

762. Inv. K 32030 (1:4)

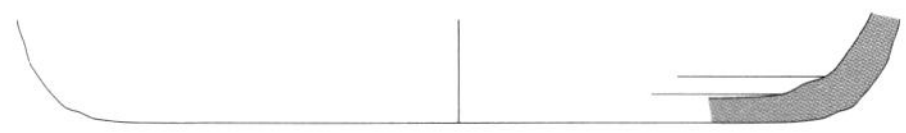

763. Inv. K 32199 (1:4)

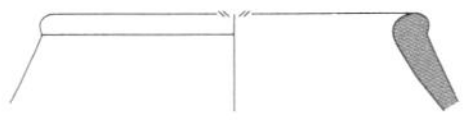

764. Inv. K 32200 (1:4)

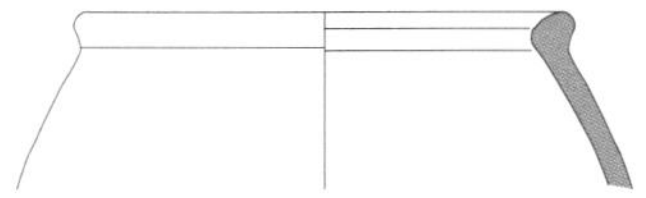

765. Inv. K 32229 (1:4)

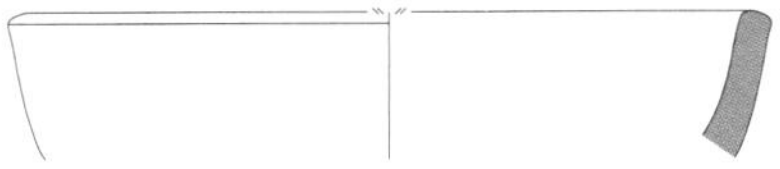

766. Inv. K 32211 (1:4)

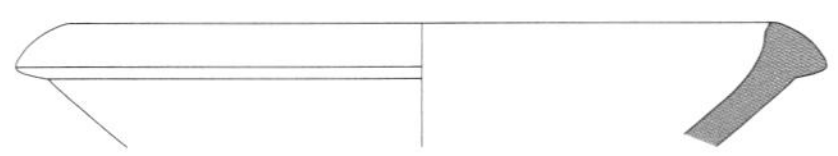

767. Inv. K 32060 (1:4)

758–763 Pignatte, **764–765** Olle, **766–767** Scodelloni da fuoco, contesto VIII – VII sec. a.C.

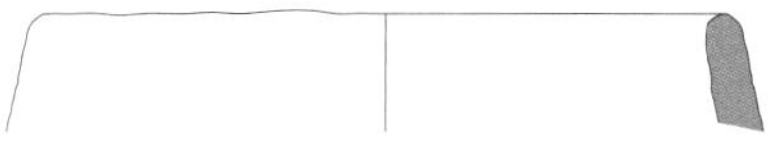
768. Inv. K 32076 (1:5)

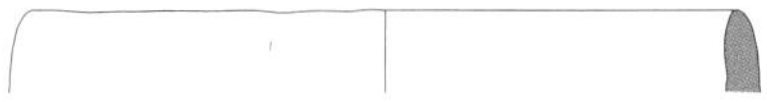
769. Inv. K 32087 (1:5)

770. Inv. K 32104 (1:6)

771. Inv. K 32090 (1:6)

772. Inv. K 32148 (1:5)

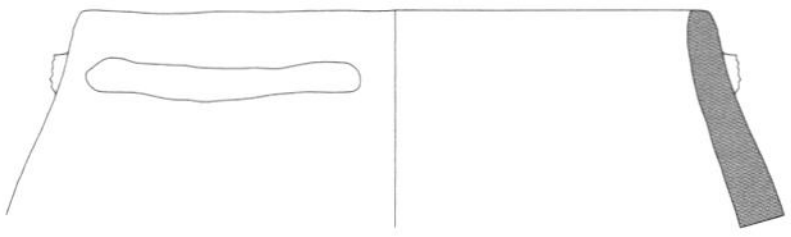
773. Inv. K 24787 (1:5)

774. Inv. K 23884 (1:5)

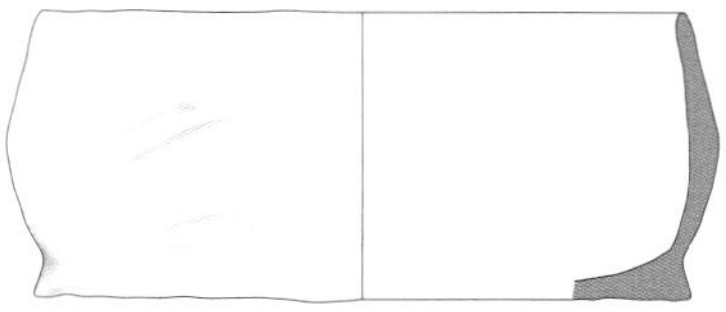
775. Inv. K 22373 (1:5)

776. Inv. K 22587 (1:5)

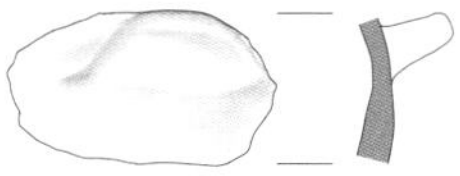
777. Inv. K 22657 (1:5)

780. Inv. K 22011 (1:5)

781. Inv. K 22049 (1:5)

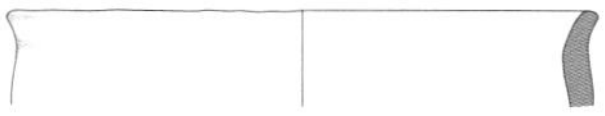
782. Inv. K 32435 (1:5)

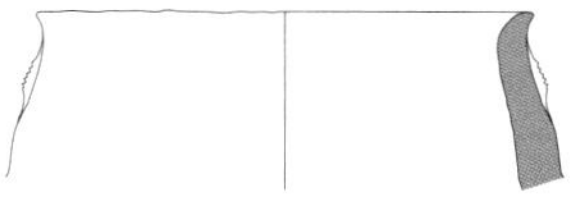
783. Inv. K 27930 (1:5)

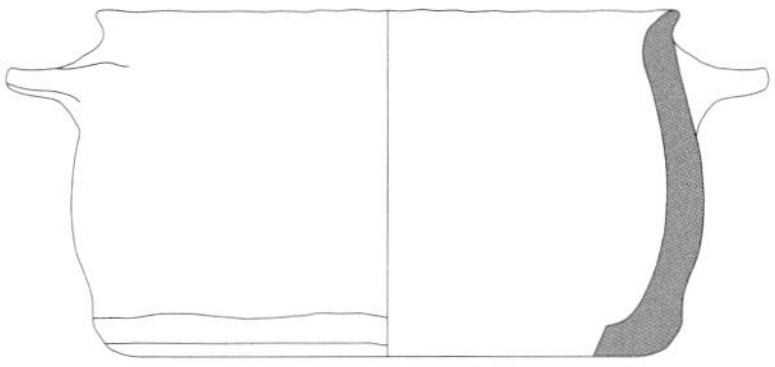
784. Inv. K 21970 (1:5)

785. Inv. K 32677 (1:5)

786. Inv. K 32578 (1:5)

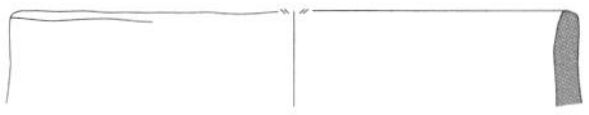
787. Inv. K 32577 (1:5)

788. Inv. K 32595 (1:5)

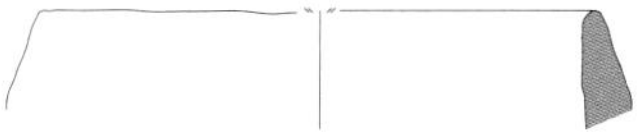
789. Inv. K 32598 (1:5)

790. Inv. K 32585 (1:5)

791. Inv. K 32597 (1:5)

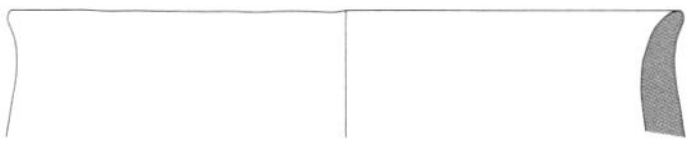
792. Inv. K 32680 (1:5)

793. Inv. K 32570 (1:5)

794. Inv. K 32538 (1:5)

768–772 Pignatte, contesto VIII – VII sec. a.C. / **773** Pignatta, contesto ca. 630/620 – 570 a.C. / **774** Pignatta, contesto ca. 570 – 540 a.C. / **775–777** Pignatte, contesto ca. 630/620 – 540 a.C. / **780–784** Pignatte, contesto ca. ultimo quarto VII sec. – 550 a.C. / **785–794** Pignatte, contesto ca. fine VII sec. – 500/490 a.C.

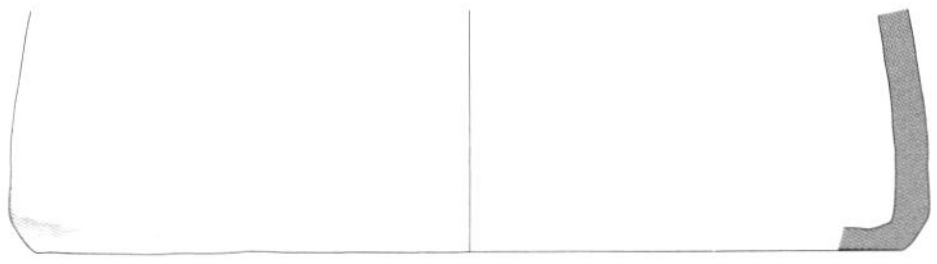

795. Inv. K 32586 (1:6)

796. Inv. K 32679 (1:5)

797. Inv. K 32678 (1:5)

798. Inv. K 32671 (1:5)

799. Inv. K 32524 (1:5)

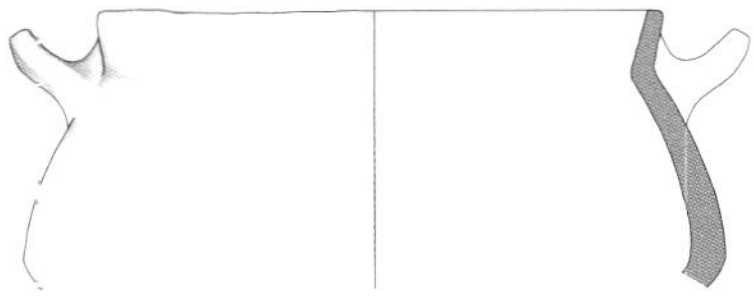

800. Inv. K 27010 (1:6)

801. Inv. K 24112 (1:5)

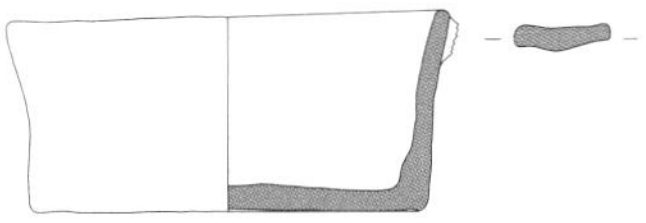

802. Inv. K 24108 (1:5)

803. Inv. K 22225 (1:6)

804. Inv. K 32171 (1:6)

805. Inv. K 32031 (1:6)

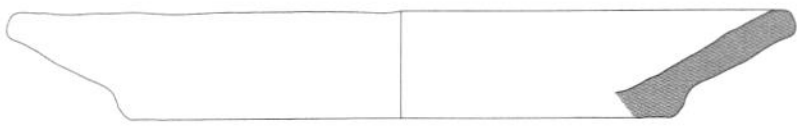

806. Inv. K 32432 (1:6)

807. Inv. K 32537 (1:6)

808. Inv. K 28437 (1:6)

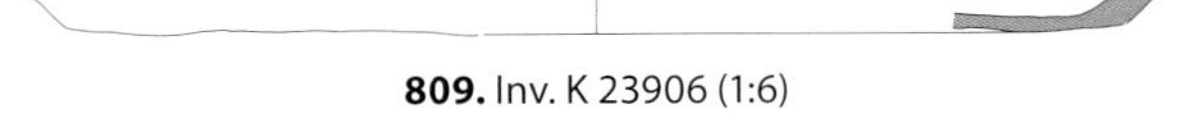

809. Inv. K 23906 (1:6)

810. Inv. K 27009 (1:6)

795–797 Pignatte, contesto ca. fine VII sec. – 500/490 a.C. / **798–799** Pignatte, contesto ca. 500/490 – 480/470-60 a.C.
800–802 Pignatte, contesto ca. 500/490 – 460/450 a.C. / **803–805** Teglie, contesto VIII – VII sec. a.C.
806 Teglia, contesto ca. ultimo quarto VII sec. – 550 a.C. / **807** Teglia, contesto ca. fine VII sec. – 500/490 a.C.
808–810 Teglie, contesto ca. 500/490 – 460/450 a.C.

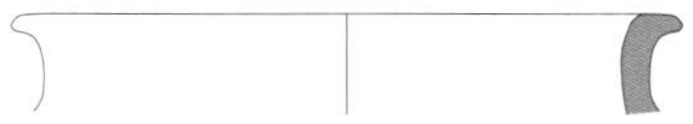

811. Inv. K 21996 (1:5)

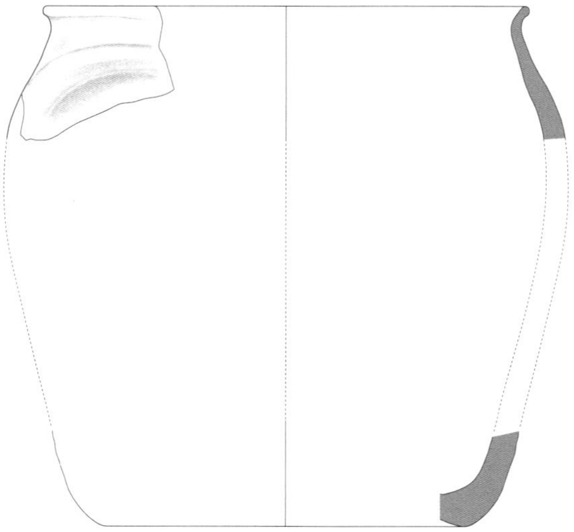

812. Inv. K 27106 (1:5)

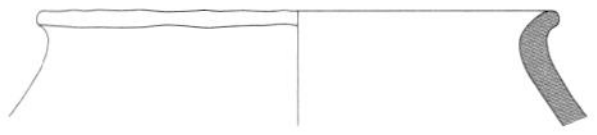

813. Inv. K 27289 (1:5)

814. Inv. K 23883 (1:5)

815. Inv. K 22668 (1:4)

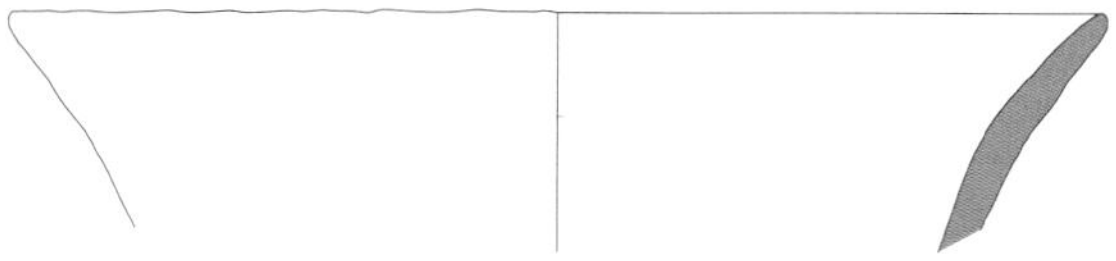

816. Inv. K 16715 (1:6)

817. Inv. K 32596 (1:6)

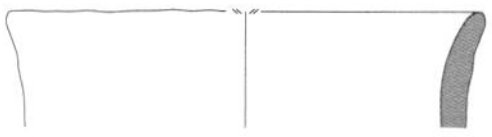

818. Inv. K 32569 (1:5)

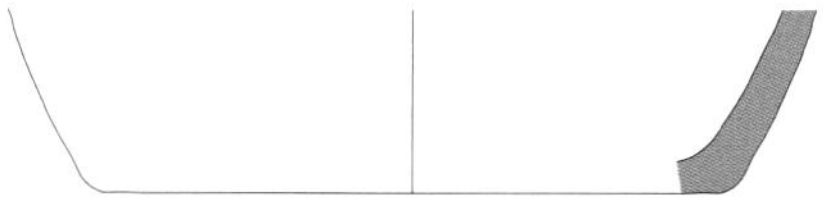

819. Inv. K 32579 (1:5)

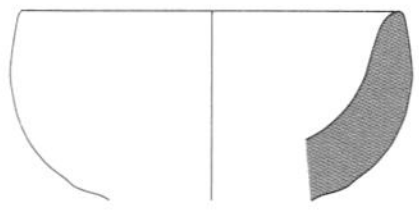

820. Inv. K 32433 (1:4)

811 Olla, contesto VIII – VII sec. a.C. / **812–813** Olle, contesto ca. 500/490 – 460/450 a.C. / **814** Coperchio, contesto ca. 570 – 540 a.C.
815 Coperchio, contesto ca. 630/620 – 540 a.C. / **816–819** Scodelloni da fuoco, contesto ca. fine VII sec. – 500/490 a.C.
820 Portaspezie (?), contesto ca. ultimo quarto VII sec. – 550 a.C.

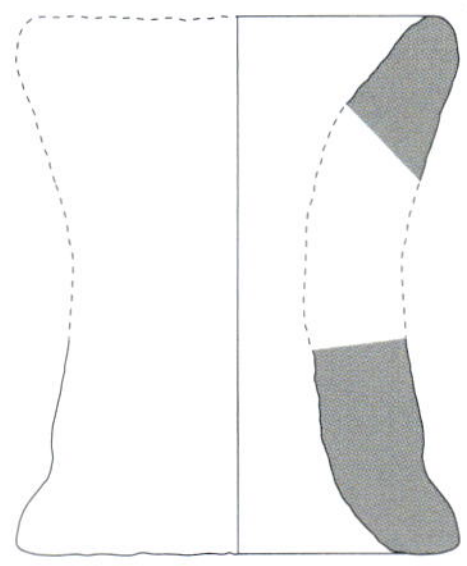

821. Inv. V 3540 (1:3)

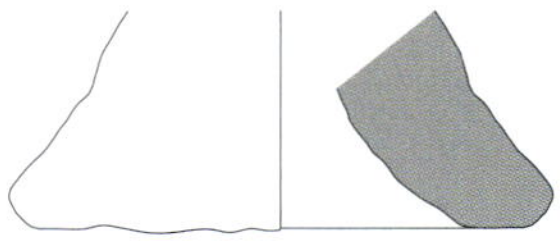

822. Inv. V 3541 (1:3)

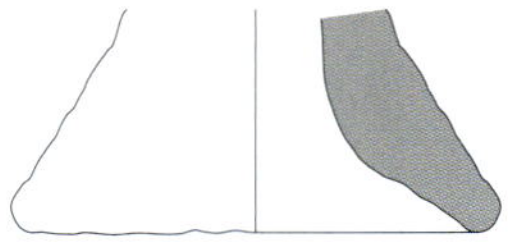

823. Inv. V 3542 (1:3)

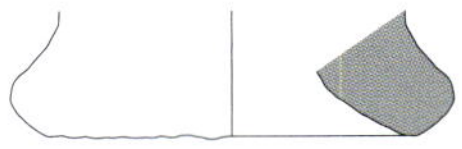

824. Inv. V 2321 (1:3)

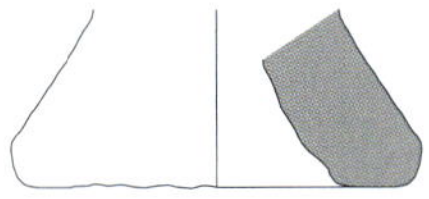

825. Inv. V 2450 (1:3)

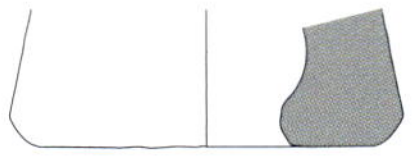

826. Inv. V 3543 (1:3)

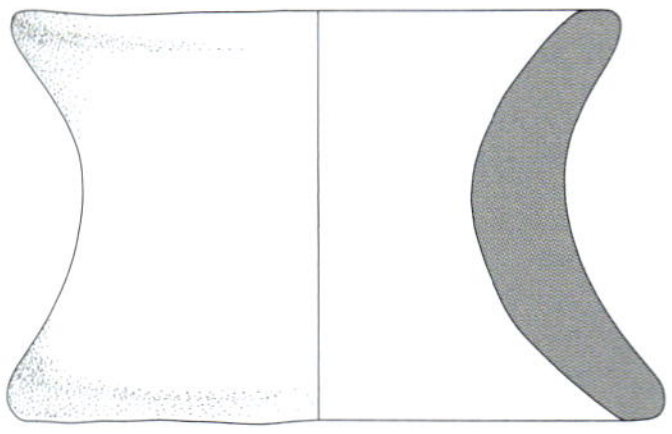

827. Inv. V 2799 (1:3)

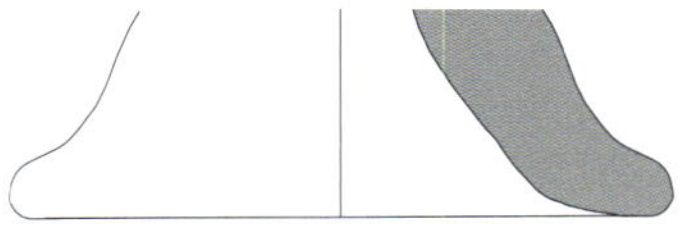

828. Inv. V 3549 (1:3)

829. Inv. V 3556 (1:3)

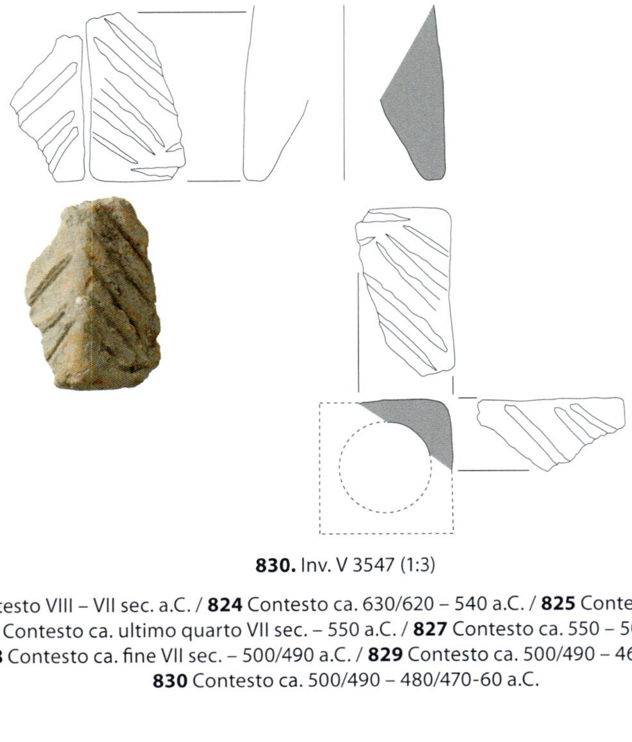

830. Inv. V 3547 (1:3)

821–823 Contesto VIII – VII sec. a.C. / **824** Contesto ca. 630/620 – 540 a.C. / **825** Contesto ca. 570 – 540 a.C.
826 Contesto ca. ultimo quarto VII sec. – 550 a.C. / **827** Contesto ca. 550 – 500/490 a.C.
828 Contesto ca. fine VII sec. – 500/490 a.C. / **829** Contesto ca. 500/490 – 460/450 a.C.
830 Contesto ca. 500/490 – 480/470-60 a.C.

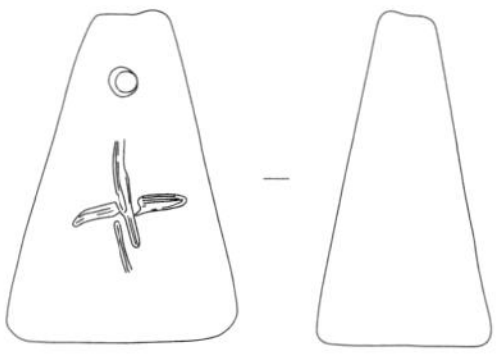
834. Inv. W 2251 (1:3)

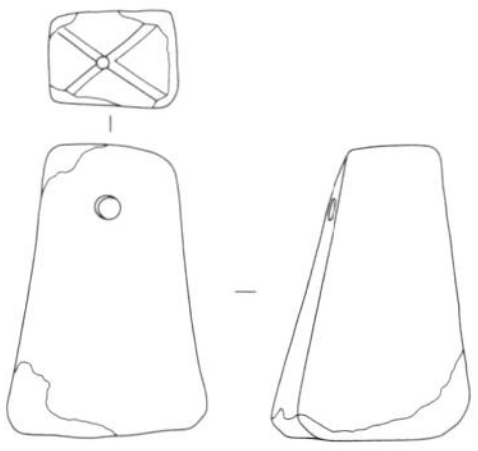
835. Inv. W 2253 (1:3)

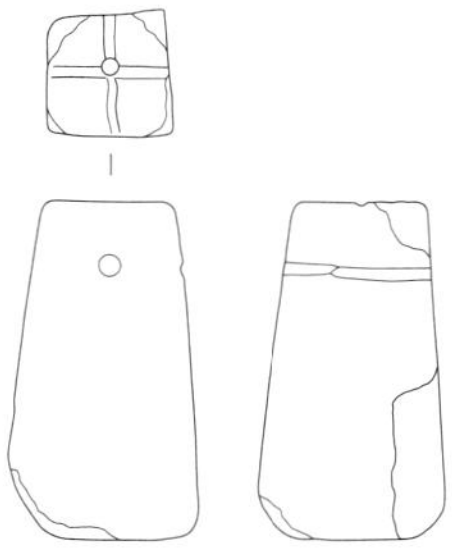
836. Inv. W 2255 (1:3)

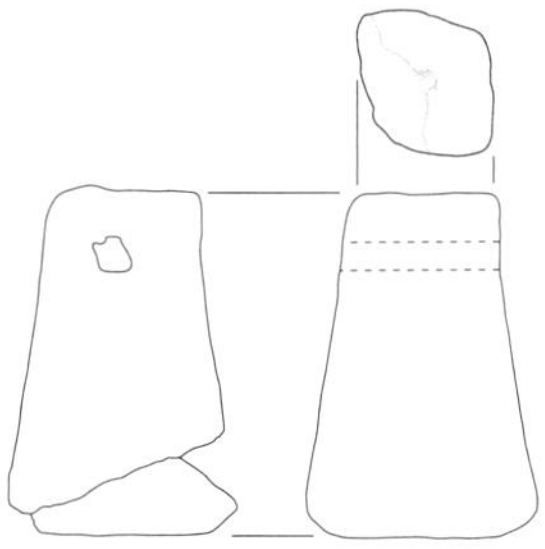
837. Inv. W 2252 (1:3)

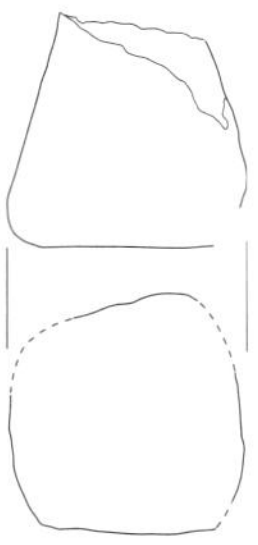
838. Inv. W 2254 (1:3)

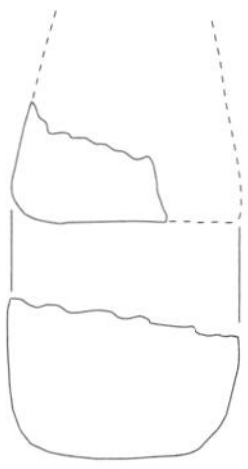
839. Inv. W 2446 (1:3)

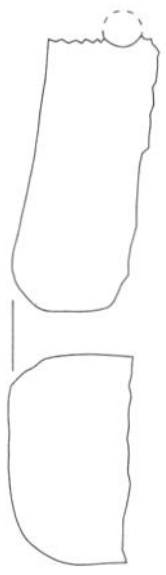
840. Inv. W 2447 (1:3)

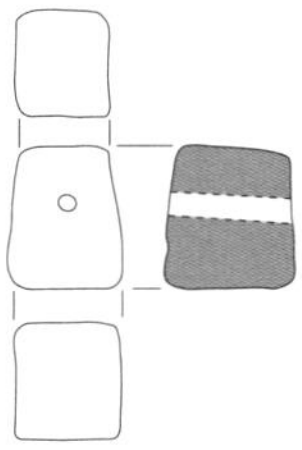
841. Inv. W 2065 (1:3)

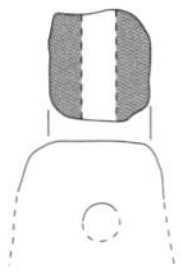
842. Inv. W 2445 (1:3)

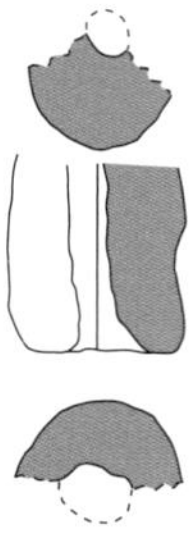
843. Inv. V 3650 (1:2)

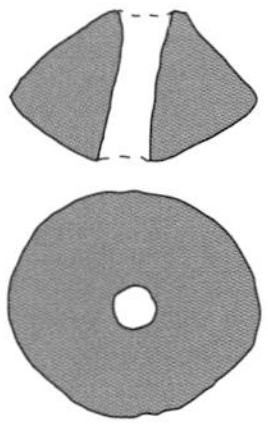
845. Inv. V 2336 (1:2)

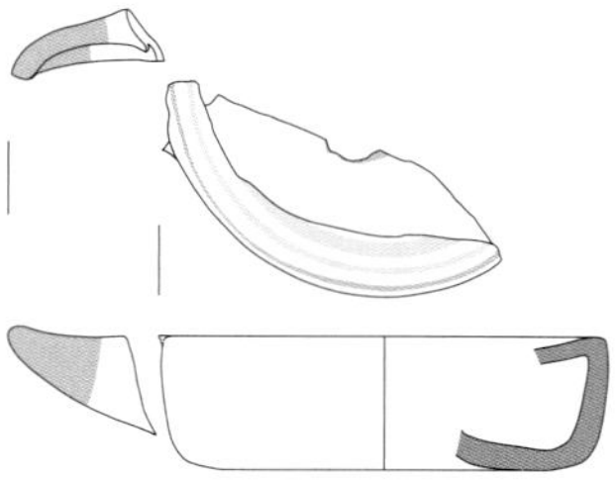
846. Inv. L 1779 (1:3)

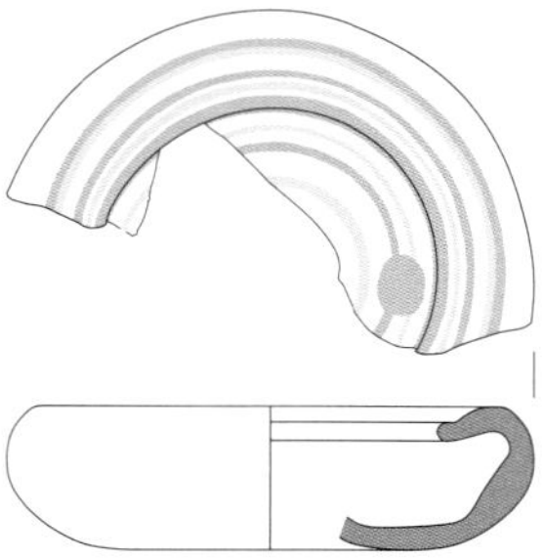
847. Inv. L 1766 (1:3)

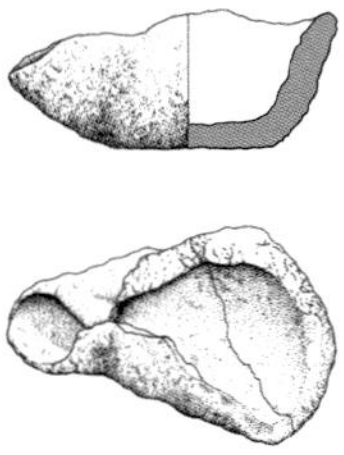
849. Inv. L 2625 (1:3)

834–840 Contesto ca. 550 – 500/490 a.C. / **841–842** Contesto ca. 500/490 – 460/450 a.C.
843 Contesto ca. 500/490 – 480/470-60 a.C. / **845** Contesto ca. 630/620 – 540 a.C.
846–847 Contesto ca. fine VII sec. – 500/490 a.C. / **849** Contesto *ante* 460/450 a.C.

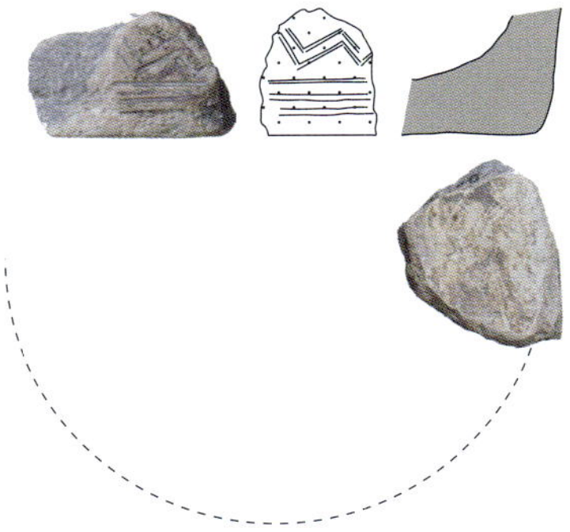

850. Inv. K 24290 (1:2)

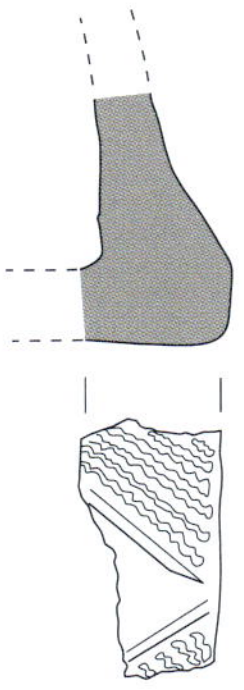

851. Inv. K 21361 (1:2)

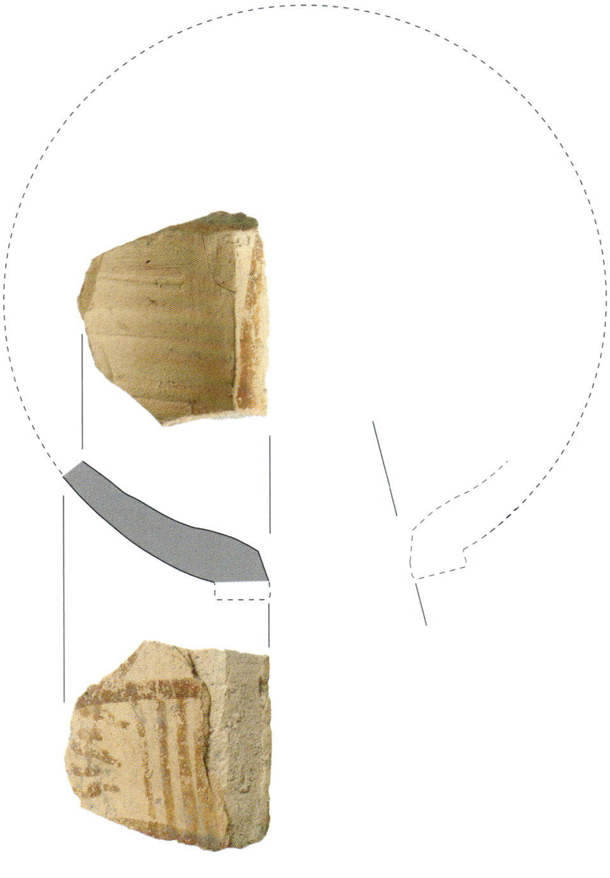

852. Inv. V 3546 (1:2)

850 Contesto VIII – VII sec. a.C. / **851** Contesto *ante* 460/450 a.C.
852 Quartiere Orientale – strato disturbato – fuori contesto – in prossimità dell'angolo NE dell'edificio a due vani

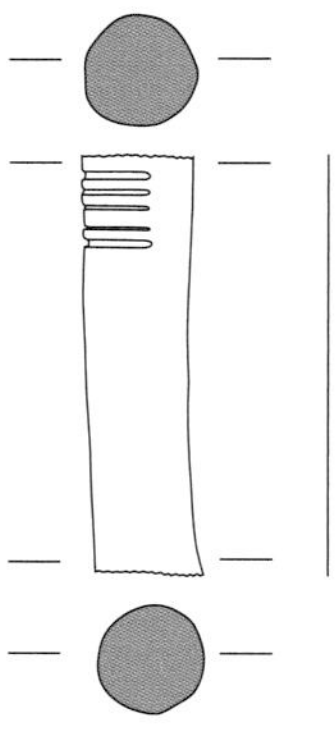

853. Inv. K 23101 (1:2)

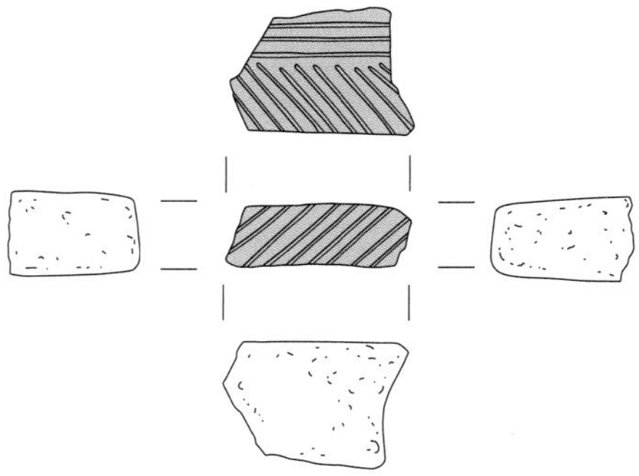

854. Inv. K 27953 (1:2)

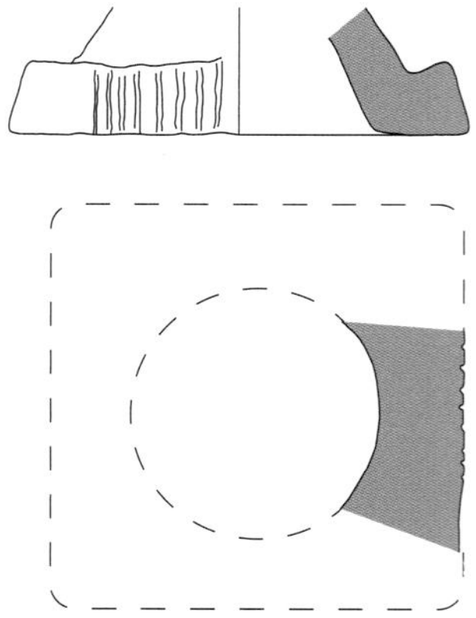

855. Inv. K 16685 (1:2)

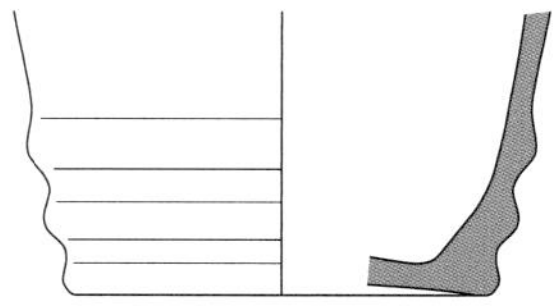

856. Inv. K 32620 (1:2)

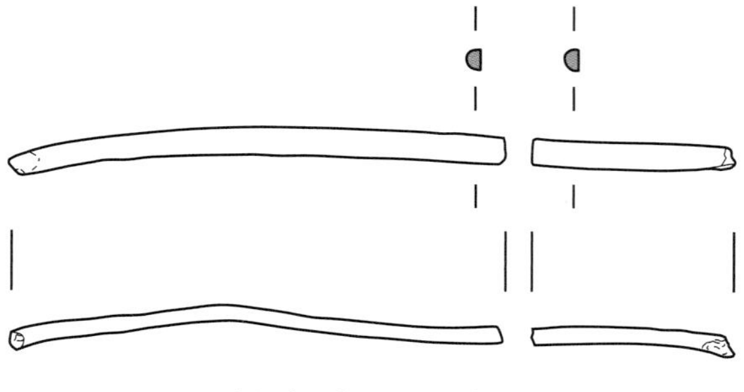

865. Inv. B 1281 A–B (1:1)

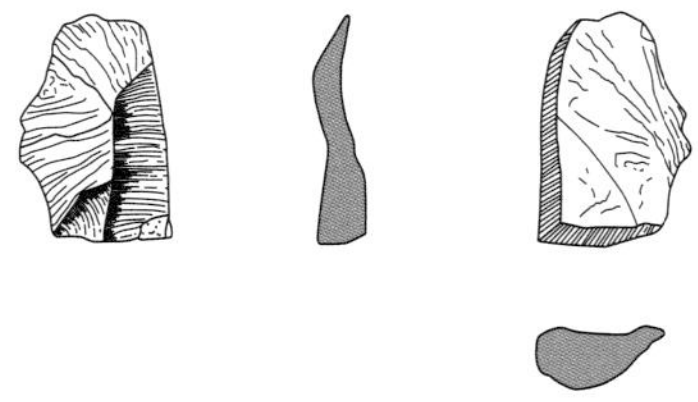

868. Inv. V 2225 (1:2)

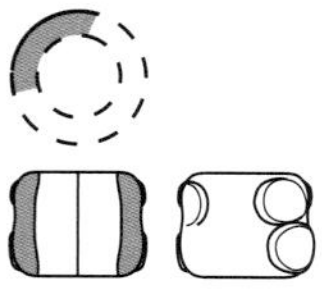

869. Inv. G 1160 (1:1)

853 Contesto VIII – VII sec. a.C. / **854. 868** Contesto ca. ultimo quarto VII sec. – 550 a.C.
855–856. 865 Contesto ca. fine VII sec. – 500/490 a.C. / **869** Contesto ca. 500/490 – 460/450 a.C.